Recommended by **Teachers**
Trusted by **Toppers**

All in One®

हिंदी केंद्रिक
कक्षा 12

EVERYTHING YOU NEED TO SCORE

- सभी खंडों–अपठित बोध, अभिव्यक्ति एवं माध्यम व पाठ्यपुस्तक की अध्ययन सामग्री
- वस्तुनिष्ठ प्रश्नों का कवरेज
- NCERT, बोर्ड परीक्षा व अन्य महत्त्वपूर्ण प्रश्न
- प्रतिदर्श प्रश्न–पत्र

CBSE परीक्षा 2026

Recommended by **Teachers**
Trusted by **Toppers**

All in One

हिंदी कोर

कक्षा 12

EVERYTHING YOU NEED TO SCORE

सभी खंडों–अपठित बोध, अभिव्यक्ति एवं माध्यम व पाठ्यपुस्तक की अध्ययन सामग्री

वस्तुनिष्ठ प्रश्नों का कवरेज

NCERT, बोर्ड परीक्षा व अन्य महत्त्वपूर्ण प्रश्न

प्रतिदर्श प्रश्न–पत्र

CBSE परीक्षा 2026

लेखिका
ऋतिका खरबंदा

arihant
SUCCESS AND NOTHING LESS

arihant
SUCCESS AND NOTHING LESS

अरिहन्त प्रकाशन

(स्कूल डिवीज़न सीरीज़)

卐 रजि. कार्यालय

'रामछाया' 4577/15, अग्रवाल रोड, दरिया गंज, नई दिल्ली-110002
फोन: 011-47630600, 43518550; फैक्स: 011-23280316

मुख्य कार्यालय

कालिन्दी, टी०पी० नगर, मेरठ (यूपी)-250002 फोन: 0121-7156203, 7156204

卐 शाखा कार्यालय

आगरा, अहमदाबाद, बरेली, बंगलुरु, चेन्नई, दिल्ली, गुवाहाटी, हैदराबाद,
जयपुर, झाँसी, कोलकाता, लखनऊ, नागपुर तथा पुणे

卐 PO No : TXT-XX-XXXXXXX-X-XX

Published by Arihant Publications (India) Ltd.

'अरिहन्त' की पुस्तकों के बारे में अधिक जानकारी के लिए हमारी वेबसाइट
www.arihantbooks.com पर लॉग इन करें या info@arihantbooks.com पर सम्पर्क करें।

Follow us on

卐 मूल्य ₹ 400.00

प्रोडक्शन टीम

पब्लिशिंग मैनेजर	कवर डिज़ाइनर	इनर डिज़ाइनर
महेन्द्र सिंह रावत, केशव मोहन	सलमान	अंकित त्यागी
प्रोजेक्ट हैड	**पेज लेआउट**	**प्रूफ रीडर**
मोहित महरोल	रवि सागर, दिवाकर गौड़	दीपक, शिवानी

Index *cum* Study Planner

Studied | Revised | Exam ready

खंड क : अपठित बोध

खंड ख : अभिव्यक्ति और माध्यम

आरोह भाग-2 : गद्य भाग

One Book- Endless Features

to Help you Succeed

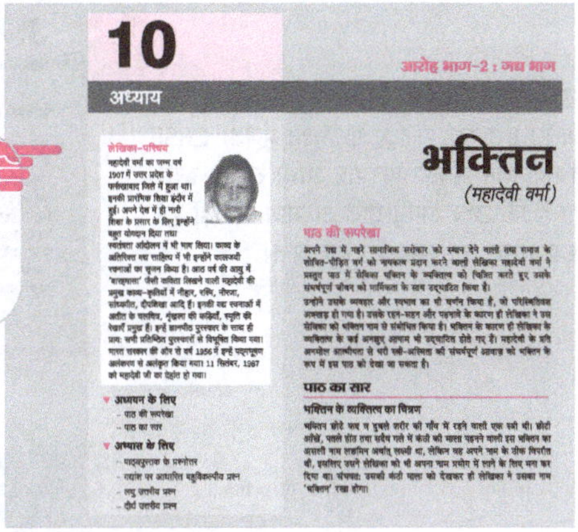
10

अध्याय

आरोह भाग-2 : गद्य भाग

भक्तिन

(महादेवी वर्मा)

पाठ की रूपरेखा

पाठ का सार

पाठ का सार

सभी अध्यायों को सरल शब्दों में Cover किया गया है, जिससे छात्र संपूर्ण अध्याय के CRUX को कम-से-कम समय में समझ सकें व याद कर सकें।

पाठ्यपुस्तक के प्रश्नोत्तर

पाठ्यपुस्तक के प्रत्येक अध्याय में NCERT पाठ्यपुस्तक के अभ्यास प्रश्नों का उत्तर सरल भाषा में दिया गया है तथा उतना ही उत्तर दिया गया है जितना की प्रश्न में अनिवार्य रूप से पूछा गया है। NCERT प्रश्नोत्तर को यहाँ देने का मुख्य उद्देश्य यह है कि छात्र NCERT का पूर्ण अभ्यास एक ही पुस्तक में कर सकें।

शब्दार्थ

पाठ्यपुस्तक के प्रत्येक अध्याय में दिए गए कठिन शब्दों को उनके सरल अर्थ के साथ 'शब्दार्थ' रूप में दिया गया है, जिससे छात्र कठिन शब्दों को सरलता से समझ सकें व उनके अर्थ के साथ उन्हें याद कर सकें।

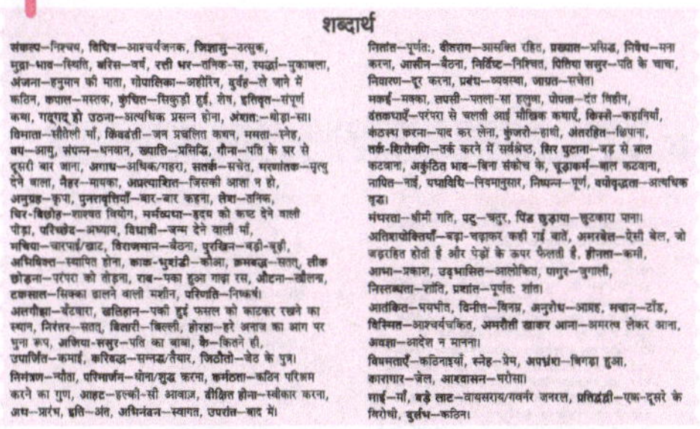
शब्दार्थ

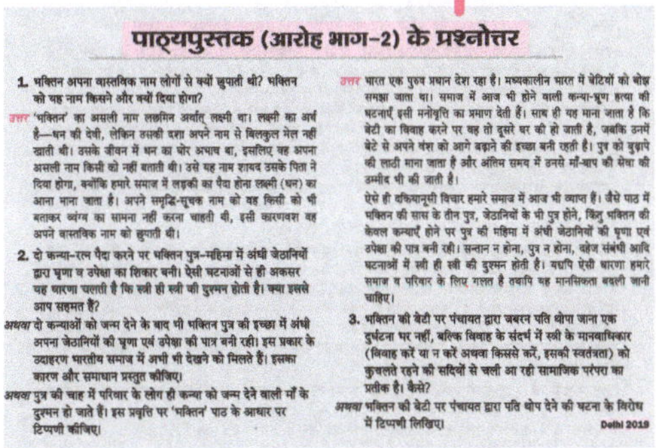
पाठ्यपुस्तक (आरोह भाग-2) के प्रश्नोत्तर

One Book- Endless Features

to Help you Succeed

अभ्यास प्रश्न

पाठ्यपुस्तक के प्रत्येक अध्याय के NCERT प्रश्नोत्तर के पश्चात् 'अभ्यास प्रश्न' दिया गया है। इस खंड में दिए गए प्रश्न पूर्णतः CBSE के नवीनतम पाठ्यक्रम व नवीनतम सैंपल पेपर पर आधारित हैं। इसे देने का मुख्य उद्देश्य यह है कि छात्र अपने द्वारा अध्याय में पढ़ी हुई पाठ्य सामग्री से संबंधित प्रश्नोत्तर का अध्ययन कर सकें।

प्रतिदर्श प्रश्न-पत्र (Model Paper)

पुस्तक के अंत में CBSE के नवीनतम पाठ्यक्रम व नवीनतम सैंपल पेपर पर आधारित प्रतिदर्श प्रश्न-पत्र दिए गए हैं। सभी प्रतिदर्श प्रश्न-पत्रों को परीक्षा पैटर्न व समय-सीमा को ध्यान में रखकर तैयार किया गया है। इन प्रतिदर्श प्रश्न-पत्रों की प्रैक्टिस कर छात्र परीक्षा की सटीक तैयारी कर सकते हैं।

स्वमूल्यांकन

अध्याय के इस चरण में छात्र अध्याय से संबंधित अपने ज्ञान का मूल्यांकन कर सकते हैं। इस चरण में दिए गए सभी प्रश्न पूर्णतः CBSE के नवीनतम पाठ्यक्रम व नवीनतम सैंपल पेपर पर आधारित हैं।

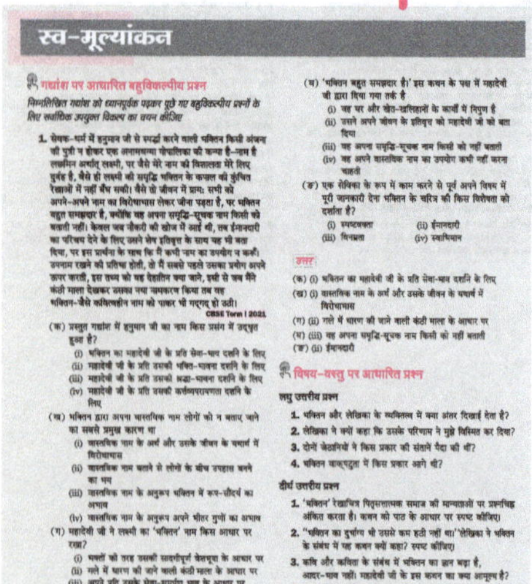

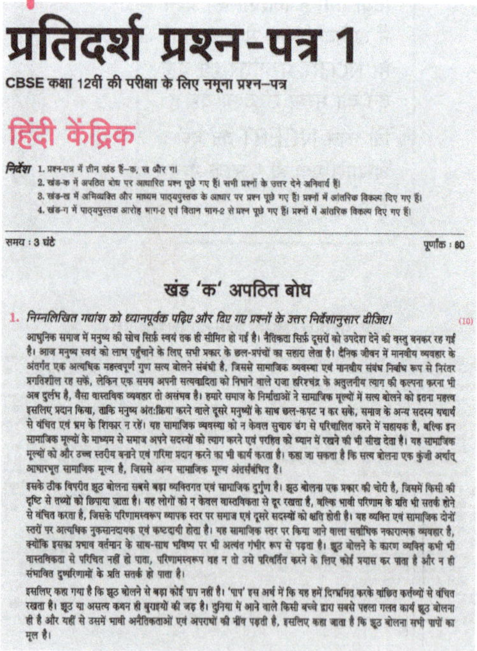

नवीनतम पाठ्यक्रम

हिंदी (आधार) कोड सं० 302 कक्षा 12वीं 2025-26

- प्रश्न-पत्र तीन खंडों-खंड 'क', 'ख' और 'ग' में होगा।
- खंड-क में अपठित बोध पर आधारित प्रश्न पूछे जाएँगे। सभी प्रश्नों के उत्तर देने होंगे।
- खंड-ख में अभिव्यक्ति और माध्यम पाठ्यपुस्तक के आधार पर प्रश्न पूछे जाएँगे। प्रश्नों में आंतरिक विकल्प दिए जाएँगे।
- खंड-ग में आरोह भाग-2 एवं वितान भाग-2 पाठ्यपुस्तकों के आधार पर प्रश्न पूछे जाएँगे। प्रश्नों में आंतरिक दिए जाएँगे।

निर्धारित समय-3 घंटे **भारांक-100**

	खंड-क अपठित बोध	**18**
1.	01 अपठित गद्यांश (लगभग 250 शब्दों का) पर आधारित बोध, चिंतन, विश्लेषण पर बहुविकल्पीय प्रश्न, अतिलघूत्तरात्मक प्रश्न, लघूत्तरात्मक प्रश्न पूछे जाएँगे। (बहुविकल्पीय प्रश्न 01 अंक x 3 प्रश्न = 3 अंक, अतिलघूत्तरात्मक प्रश्न 01 अंक x 1 प्रश्न = 1 अंक, लघूत्तरात्मक प्रश्न 02 अंक x 3 प्रश्न = 6 अंक)	10
2.	01 अपठित पद्यांश (लगभग 100 शब्दों का) पर आधारित बोध, सराहना, सौंदर्य, चिंतन, विश्लेषण आदि पर बहुविकल्पीय प्रश्न, अतिलघूत्तरात्मक प्रश्न, लघूत्तरात्मक प्रश्न पूछे जाएँगे। (बहुविकल्पीय प्रश्न 01 अंक x 3 प्रश्न = 3 अंक, अतिलघूत्तरात्मक प्रश्न 01 अंक x 1 प्रश्न = 1 अंक, लघूत्तरात्मक प्रश्न 02 अंक x 2 प्रश्न = 4 अंक)	08
	खंड-ख अभिव्यक्ति और माध्यम पुस्तक के आधार पर पाठ संख्या 3, 4, 5, 11, 12 तथा 13 पर आधारित	**22**
3.	दिए गए 03 अप्रत्याशित विषयों में से किसी 01 विषय पर आधारित लगभग 120 शब्दों में रचनात्मक लेखन (06 अंक × 01 प्रश्न)	06
4.	पाठ संख्या 3, 4, 5, 11 तथा 13 पर आधारित (02 अंक × 04 प्रश्न = 08 अंक) (लगभग 40 शब्दों में), (04 अंक × 02 प्रश्न = 08 अंक) (लगभग 80 शब्दों में) (विकल्प सहित)	16
	खंड-ग आरोह भाग-2 एवं वितान भाग-2 पाठ्यपुस्तकों के आधार पर	**40**
5.	पठित काव्यांश पर आधारित 05 बहुविकल्पीय प्रश्न (01 अंक × 05 प्रश्न)	05
6.	काव्य खंड पर आधारित 03 प्रश्नों में से किन्हीं 02 प्रश्नों के उत्तर (लगभग 60 शब्दों में) (03 अंक × 02 प्रश्न)	06
7.	काव्य खंड पर आधारित 03 प्रश्नों में से किन्हीं 02 प्रश्नों के उत्तर (लगभग 40 शब्दों में) (02 अंक × 02 प्रश्न)	04
8.	पठित गद्यांश पर आधारित 05 बहुविकल्पीय प्रश्न (01 अंक × 05 प्रश्न)	05
9.	गद्य खंड पर आधारित 03 प्रश्नों में से किन्हीं 02 प्रश्नों के उत्तर (लगभग 60 शब्दों में) (03 अंक × 02 प्रश्न)	06
10.	गद्य खंड पर आधारित 03 प्रश्नों में से किन्हीं 02 प्रश्नों के उत्तर (लगभग 40 शब्दों में) (02 अंक × 02 प्रश्न)	04
11.	वितान के पाठों पर आधारित 03 में से किन्हीं 02 प्रश्नों के उत्तर (लगभग 60 शब्दों में) (05 अंक × 02 प्रश्न)	10

12.	(अ) श्रवण तथा वाचन	10
	(ब) परियोजना कार्य	10
	कुल अंक	100

निर्धारित पुस्तकें

1. **आरोह, भाग–2**, एन.सी.ई.आर.टी., नई दिल्ली द्वारा प्रकाशित
2. **वितान, भाग–2**, एन.सी.ई.आर.टी., नई दिल्ली द्वारा प्रकाशित
3. **'अभिव्यक्ति और माध्यम'**, एन.सी.ई.आर.टी., नई दिल्ली द्वारा प्रकाशित

नोट : पाठ्यक्रम के निम्नलिखित पाठ हटा दिए गए हैं

आरोह भाग–2

काव्य खंड
- गजानन माधव मुक्तिबोध–सहर्ष स्वीकारा है (पूरा पाठ)
- फ़िराक गोरखपुरी–गज़ल

गद्य खंड
- विष्णु खरे – चार्ली चैप्लिन यानी हम सब (पूरा पाठ)
- रज़िया सज्जाद ज़हीर – नमक (पूरा पाठ)

वितान भाग–2
- एन फ्रैंक – डायरी के पन्ने

01 अध्याय

खंड क : अपठित बोध

अपठित गद्यांश

अपठित गद्यांश का अर्थ

अपठित का सामान्य अर्थ है-'बिना पढ़ा हुआ' अर्थात् जो नियमित अध्ययन के लिए निर्धारित पाठ्यपुस्तक का हिस्सा न हो। इस प्रकार 'अपठित गद्यांश' वह रचना-अंश होता है, जिसे गद्य के रूप में हमने पहले न पढ़ा हो।

प्रश्न प्रारूप

गद्यांश की संख्या 1

शब्द-सीमा 250

- बहुविकल्पीय प्रश्न
- अतिलघु उत्तरीय प्रश्न
- लघु उत्तरीय प्रश्न

कुल अंक 10

अपठित गद्यांश को हल करने के चरणबद्ध तरीके

- सर्वप्रथम दिए गए अपठित गद्यांश को दो-तीन बार ध्यानपूर्वक पढ़कर उसके मूलभाव को भली-भाँति समझना चाहिए।
- गद्यांश में दी गई महत्त्वपूर्ण सूचनाओं को रेखांकित करते रहना चाहिए। इससे प्रश्नों को हल करने में आसानी होती है।
- भाषिक संरचना एवं व्याकरण संबंधी प्रश्नों के लिए गद्यांश में दिए गए कठिन शब्दों, मुहावरों आदि को रेखांकित करना चाहिए।
- शीर्षक संबंधी प्रश्न पर विशेष ध्यान देना चाहिए तथा पूरे गद्यांश को पढ़ने व समझने के पश्चात् ही उसका उत्तर तर्क सहित लिखना चाहिए। अन्य प्रश्नों को भी ध्यानपूर्वक पढ़ने व समझने के पश्चात् ही उसका उत्तर लिखना प्रारंभ करना चाहिए।

अपठित गद्यांश के प्रश्नों को हल करते समय ध्यान रखने योग्य बातें

- गद्यांश के भावार्थ (मूल भाव) को उचित प्रकार समझना चाहिए तथा प्रश्नों के उत्तर गद्यांश में ही ढूँढने चाहिए।
- गद्यांश में सूचनाओं के माध्यम से किसी बात का वर्णन किया जाता है, उन सूचनाओं पर विशेष ध्यान देना चाहिए।
- शीर्षक के चयन के दौरान इस बात पर ध्यान दिया जाना चाहिए कि वह गद्यांश के मूल भाव को प्रकट करता हो।
- शीर्षक का चयन करते समय प्रथम या अंतिम पंक्ति पर विशेष ध्यान देना चाहिए, लेकिन उसी के आधार पर अंतिम निष्कर्ष नहीं निकाल लेना चाहिए।
- लेखक के विचार को ध्यान में रखकर ही अपने उत्तरों का चयन करना चाहिए।
- प्रत्येक प्रश्न का उत्तर गद्यांश के अनुरूप ही होना चाहिए। गद्यांश के बाहर के मिलते-जुलते भावों का प्रयोग नहीं करना चाहिए।

सैंपल गद्यांश

यहाँ कुछ उदाहरण दिए जा रहे हैं। विद्यार्थी इन उदाहरणों की मदद से अपठित गद्यांशों को सही प्रकार से हल करना सीख सकते हैं। निम्नलिखित गद्यांशों को पढ़कर इन पर पूछे गए प्रश्नों के उत्तर दीजिए

गद्यांश 1

इतिहास से विरासत में हमें 'भारतीय संगीत' जैसी अमूल्य निधि मिली है। अन्य देशों के संगीत की अपेक्षा इसकी विशेषता हमारे पूर्वजों की मान्यता के आधार पर है। भारत में संगीत क्षणिक आमोद-प्रमोद या अतृप्त तृष्णा की वस्तु न होकर, समस्त ब्रह्मांड से ऐक्य का आभास है, आनंद प्रदान करने वाली आध्यात्मिक साधना है। मानव को ब्रह्म तक ले जाने वाला मार्ग है। संगीत के इस स्वभाव और ध्येय को हमारी सभ्यता के प्रारंभ में ही हमारे देश के लोगों ने पहचान लिया था और इसका विकास इन्हीं आदर्शों के अनुकूल किया गया था। भारतवासियों के संगीत-प्रेमी होने की बात का उल्लेख मैगस्थनीज भी कर गए हैं। दूसरी शताब्दी ई.पू. में उन्होंने 'इन्डिका' नामक अपने ग्रंथ में लिखा है कि 'सब जातियों की अपेक्षा भारतीय लोग संगीत के कहीं अधिक प्रेमी हैं।'

सहस्रों वर्षों से हमारे घरेलू और सांसारिक जीवन में लगभग सभी कार्य किसी-न-किसी प्रकार के संगीत से आरंभ होते रहे हैं। जन्म से लेकर मृत्यु तक यह संगीत हमारे साथ बना रहता है।

नामकरण, कर्णच्छेदन, विवाह इत्यादि में तो संगीत होता ही है। साथ ही ऐसा कोई तीज-त्योहार नहीं होता, जिसमें संगीत न हो। घर में ही क्यों, हमारे यहाँ तो खेत में, चौपाल में, चक्की चलाने में और धान कूटने के समय भी संगीत चलता ही रहता है। यह हमारे जन-जीवन के उल्लास को प्रकट करने का प्रभावी साधन है ही, साथ में उसको गतिमान बनाने का भी प्रबल अस्त्र है। संगीत रचनात्मक कार्यों में अग्रसर होने की सामूहिक स्फूर्ति और प्रेरणा प्रदान करता है और वह सामूहिक शक्ति देता है, जो हमें उन कार्यों को करने योग्य बनाता है, जो अकेले या समूह में संगीत की प्रेरणा के बिना नहीं कर पाते। **CBSE 2025**

बहुविकल्पीय प्रश्न

(क) संगीत वह अमूल्य निधि है, जो
(i) मानव को ब्रह्म तक ले जाने का मार्ग है।
(ii) अतृप्त साधनों की पूर्ति में सहायक है।
(iii) हमारे लक्ष्य पर पहुँचने का मार्ग है।
(iv) कुछ ही लोगों के लिए सुखकारक है।

(ख) संगीत के प्रभाव को भारतीयों ने कब पहचाना?
(i) हमारी सभ्यता से भी पहले (ii) हमारी सभ्यता के प्रारंभ में
(iii) यूनानी सभ्यता के आगमन पर (iv) सृष्टि की रचना होते ही

(ग) निम्नलिखित कथन तथा कारण को ध्यान से पढ़कर सर्वाधिक उचित विकल्प का चयन कर कीजिए।
कथन सगीत जन-जीवन के उल्लास को प्रकट करने का प्रभावी साधन है।
कारण हमारे सभी कार्य किसी-न-किसी प्रकार के संगीत से आरंभ होते हैं।
(i) कथन और कारण दोनों गलत हैं।
(ii) कारण सही है, लेकिन कथन गलत है।
(iii) कथन और कारण दोनों सही हैं, लेकिन कारण, कथन की सही व्याख्या नहीं करता है।
(iv) कथन और कारण दोनों सही हैं तथा कारण, कथन की सही व्याख्या करता है।

अतिलघूत्तरात्मक प्रश्न

(घ) भारतीय जनमानस में संगीत की क्या महत्ता है? किन्हीं दो बिंदुओं का उल्लेख कीजिए।

लघूत्तरात्मक प्रश्न

(ङ) "संगीत जीवन-पर्यंत हमारे साथ बना रहता है" किन्हीं चार उदाहरणों से इस कथन की पुष्टि कीजिए।

(च) रचनात्मक कार्यों में संगीत की भूमिका को स्पष्ट करने वाले दो बिन्दुओं का उल्लेख कीजिए।

(छ) गाँवों में संगीत की लोकप्रियता को प्रकट करने वाले दो उदाहरणों का उल्लेख कीजिए।

उत्तर

(क) (i) मानव को ब्रह्म तक ले जाने का मार्ग है।

(ख) (ii) हमारी सभ्यता के प्रारंभ में

(ग) (iv) कथन और कारण दोनों सही हैं तथा कारण, कथन की सही व्याख्या करता है।

(घ) भारतीय जनमानस में संगीत की महत्ता निम्न प्रकार है
1. **आध्यात्मिक एवं सांस्कृतिक महत्त्व** भारतीय संगीत केवल मनोरंजन का साधन नहीं, बल्कि यह भजन, कीर्तन और धार्मिक अनुष्ठानों का महत्त्वपूर्ण हिस्सा है, जो आत्मिक शांति प्रदान करता है।
2. **जीवन के प्रत्येक पहलू में संगीत का समावेश** जन्म से मृत्यु तक नामकरण, कर्णच्छेदन, विवाह एवं अंतिम संस्कार जैसे अवसरों पर संगीत महत्त्वपूर्ण भूमिका निभाता है।

(ङ) संगीत जीवन पर्यंत हमारे साथ बना रहता है; जैसे—
1. **जन्म पर लोरी गायन** शिशु के जन्म के बाद माँ लोरी गाकर उसे सुलाती है।
2. **संस्कारों में संगीत** नामकरण, कर्णच्छेदन और विवाह जैसे शुभ अवसरों पर संगीत अनिवार्य रूप से शामिल होता है।
3. **त्योहारों और लोक परंपराओं में संगीत** होली, दिवाली, नवरात्रि आदि में भजन और लोकगीत गाए जाते हैं।
4. **अंतिम संस्कार में भजन और शांति पाठ** मृत्यु के समय भी भजन, मंत्रोच्चारण और शांति पाठ के माध्यम से श्रद्धांजलि दी जाती हैं।

(च) रचनात्मक कार्यों में संगीत की भूमिका निम्न प्रकार है

1. **सामूहिक स्फूर्ति और प्रेरणा** संगीत हमें उन कार्यों को करने के योग्य बनाता है, जो बिना संगीत की प्रेरणा के संभव नहीं होते अर्थात् संगीत कार्य करने की ऊर्जा को बढ़ाता है और सामूहिक शक्ति प्रदान करता है, जिससे कठिन कार्य भी आसानी से पूरे हो जाते हैं।
2. **गतिशीलता और उत्साह बढ़ाना** संगीत न केवल उल्लास प्रकट करने का प्रभावी साधन है, बल्कि यह कार्यों को गतिमान भी बनाता है; जैसे– धान कूटने, चक्की चलाने और खेतों में काम करने के दौरान गाए जाने वाले गीत श्रम को आनंददायक बना देते हैं।

(छ) गाँवों में संगीत की लोकप्रियता को प्रकट करने वाले दो उदाहरण निम्नलिखित हैं

1. **खेती-किसानी में संगीत** किसान खेतों में काम करते समय लोकगीत गाते हैं, जिससे उन्हें कार्य करने की प्रेरणा और आनंद मिलता है।
2. **गाँव की चौपाल और लोक पर्व** चौपालों, मेले, और त्योहारों में आल्हा, बिरहा, और भजन-कीर्तन गाए जाते हैं, जो गाँवों में संगीत प्रेम और सांस्कृतिक एकता को दर्शाते हैं।

गद्यांश 2

अच्छी बात करने वाला सभी का मान सम्मान हासिल करता है, जबकि अनावश्यक रूप से तिक्त बात करने वाला अपने तमाम गुणों के बावजूद समाज में समुचित सम्मान नहीं प्राप्त कर पाता। बात व्यक्तिगत संबंधों की करें या राष्ट्रीय और अंतर्राष्ट्रीय संबंधों की, हर जगह बातों की जादूगरी का बोलबाला है। बातों ने बड़े-से-बड़े युद्ध को रोका है, तो बड़े से बड़ा युद्ध करवाया भी है।

बातों की महत्ता इससे साबित होती है कि वह सकारात्मक भाव से कही जा रही हैं या नकारात्मक भाव से। बातें किसी के दिल से निकली हों, वे राग या विराग होती हैं। इसका असर बोलने और सुनने वाले दोनों पर होता है। कबीर कहते हैं "ऐसी वाणी बोलिए मन का आपा खोए, औरन को शीतल करे, आपहू शीतल होए।"

किसी व्यक्ति की सफलता इन्हीं राहों से होकर गुज़रती है। व्यक्ति की बातें उसके व्यक्तित्व का आइना होती हैं। पहले धैर्य के साथ सुनना, समझना, मनन करना, फिर बोलना, यह कला जिस व्यक्ति में होती है, वह जीवन की हर बाजी को जीतने की क्षमता रखता है। कोई नौकरीपेशा हो, व्यापारी हो, कलाकार हो या अन्य कार्य करता हो, सभी की सफलता और स्थायित्व के लिए वाकपटुता आवश्यक है। बातों के संदर्भ में एक आवश्यक बात यह भी है कि व्यक्ति की कथनी और करनी में सामंजस्य आवश्यक है। 'कहना कुछ, करना कुछ' जैसी चीजें पूरे समाज को चोटिल करती हैं। आजीवन वास्तविक साधुत्व को जीते राष्ट्रपिता गाँधी के विवेकपूर्ण और ओजस्वी वक्तृत्व क्षमता के आगे शक्तिशाली फिरंगी और तमाम लोग नतमस्तक हो जाते थे।

(साभार-संगीता सहाय जनसत्ता 23 अप्रैल, 2024) **CBSE SQP 2024**

बहुविकल्पीय प्रश्न

(क) बात का महत्त्व किस पर आधारित होता है?

(i) माहौल पर
(ii) सकारात्मक या नकारात्मक होने पर
(iii) संवेदनशीलता पर
(iv) बोलने सुनने वालों पर

(ख) बापू के आचरण में हमें क्या नहीं मिलेगा?

(i) कथनी करनी में समानता
(ii) साधुत्व
(iii) जीतने की इच्छा
(iv) वाकपटुता

(ग) निम्नलिखित कथनों पर विचार कीजिए

कथन 1 बात में सकारात्मक, नकारात्मक ऊर्जा होती है।
कथन 2 बात सम्मान अपमान का आधार हो सकती है।
कथन 3 विवाद का समाधान बात पर आधारित होता है।
कथन 4 तिक्त बात करने वाले गुणी होते हैं।

गद्यांश के अनुसार कौन सा/से कथन सही है/हैं?

(i) 1 और 2 (ii) केवल 2
(iii) 1, 2 और 3 (iv) 3 और 4

अतिलघूत्तरात्मक प्रश्न

(घ) व्यक्ति की सफलता का मार्ग क्या है?

लघूत्तरात्मक प्रश्न

(ङ) युद्ध करवाने और रोकने की जादूगरी का आधार बातें कैसे हो सकती हैं?

(च) कबीर के दोहे में वाणी अर्थात् बातों की शीतलता से क्या आशय है?

(छ) कथनी और करनी का भेद समाज को कैसे चोट पहुँचाता है?

उत्तर

(क) (ii) सकारात्मक या नकारात्मक होने पर

(ख) (iv) वाकपटुता

(ग) (iii) 1, 2 और 3

(घ) व्यक्ति की सफलता का मार्ग बात को धैर्य से सुनना, समझना, मनन करना, फिर बोलना है।

(ङ) युद्ध करवाने या रोकने की जादूगरी का आधार बातें, इसलिए हो सकती हैं, क्योंकि बातों से बड़े-से-बड़े युद्ध को आपसी समझौते व व्यवहार से रोका जा सकता है, साथ ही बातों को नकारात्मक रूप से पेश करके बड़े-से-बड़ा युद्ध करवाया भी जा सकता है।

(च) कबीर के दोहे में वाणी अर्थात् बातों की शीतलता से तात्पर्य है कि मनुष्य की वाणी का प्रभाव सुनने वाले व बोलने वाले दोनों पर ही होता है, इसलिए ऐसी वाणी बोलनी चाहिए, जो हमें भी शीतलता प्रदान करें तथा सुनने वाले को भी शीतलता प्रदान करें। हमारी वाणी सकारात्मक ऊर्जा प्रदान करने वाली होनी चाहिए।

(छ) कथनी और करनी का भेद समाज को चोट पहुँचाना है, क्योंकि जब व्यक्ति कहता कुछ है और उसके अनुरूप कार्य न करके कुछ और कार्य करता है, तो उसकी कथनी अर्थात् कहने व करनी अर्थात् करने में भेद हो जाना है, तो समाज के लिए अनुपयुक्त है।

परीक्षा अभ्यास

निम्नलिखित गद्यांशों को ध्यानपूर्वक पढ़कर पूछे गए बहुविकल्पीय, अतिलघु व लघु उत्तरीय प्रश्नों के उत्तर दीजिए।

गद्यांश 1

सुचारित्र्य के दो सशक्त स्तंभ हैं— प्रथम सुसंस्कार और द्वितीय-सत्संगति। सुसंस्कार जीवन की सत्संगति व सत्कर्मों की अर्जित संपत्ति है और सत्संगति वर्तमान जीवन की दुर्लभ विभूति है। जिस प्रकार कुधातु की कठोरता और कालिख पारस के स्पर्श से कोमलता और कमनीयता में बदल जाती है, ठीक उसी प्रकार कुमार्गी का कालुष्य सत्संगति से स्वर्णिम आभा में परिवर्तित हो जाता है। सतत सत्संगति से विचारों को नई दिशा मिलती है और अच्छे विचार मनुष्य को अच्छे कर्मों के लिए प्रेरित करते हैं। परिणामत: सुचरित्र का निर्माण होता है। आचार्य हजारी प्रसाद द्विवेदी ने लिखा है ''महाकवि टैगोर के पास बैठने मात्र से ऐसा प्रतीत होता था मानो भीतर का देवता जाग गया हो।''

वस्तुत: चरित्र से ही जीवन की सार्थकता है। चरित्रवान व्यक्ति ही समाज की शोभा है, शक्ति है। सुचारित्र्य से व्यक्ति ही नहीं, समाज भी सुवासित होता है और इस सुवास से राष्ट्र यशस्वी बनता है। विदुर जी की उक्ति अक्षरश: सत्य है कि सुचरित्र के बीज हमें भले ही वंश परंपरा से प्राप्त हो सकते हैं पर चरित्र-निर्माण व्यक्ति के अपने बलबूते पर निर्भर है। आनुवंशिक परंपरा, परिवेश और परिस्थिति उसे केवल प्रेरणा दे सकते हैं पर उसका अर्जन नहीं कर सकते; वह व्यक्ति को उत्तराधिकार में प्राप्त नहीं होता।

व्यक्ति-विशेष के शिथिल चरित्र होने से पूरे राष्ट्र पर चरित्र संकट उपस्थित हो जाता है, क्योंकि व्यक्ति पूरे राष्ट्र का एक घटक है। अनेक व्यक्तियों से मिलकर एक परिवार, अनेक परिवारों से एक कुल, अनेक कुलों से एक जाति या समाज और अनेकानेक जातियों और समाज-समुदायों से मिलकर ही एक राष्ट्र बनता है। आज जब लोग राष्ट्रीय चरित्र-निर्माण की बात करते हैं, तब वे स्वयं उस राष्ट्र के आचरक घटक हैं—इस बात को विस्मृत कर देते हैं। **CBSE 2024 (Modified)**

बहुविकल्पीय प्रश्न

(क) निम्नलिखित कथनों पर विचार कीजिए

कथन 1 शिथिल चरित्र से ही जीवन सार्थक है।
कथन 2 शिथिल चरित्र से ही राष्ट्र निर्माण संभव है।
कथन 3 आनुवंशिक परंपरा से ही चरित्र अर्जन संभव है।
कथन 4 उदात्त चरित्र से ही जीवन की सार्थकता है।

गद्यांश के अनुसार कौन-सा/से कथन सही है/हैं?
(i) केवल 1
(ii) 2 और 3
(iii) केवल 4
(iv) केवल 2

(ख) ''कुधातु की कठोरता और कालिख पारस के स्पर्श से कोमलता और कमनीयता में बदल जाती है।'' इस उदाहरण के मूल भाव को व्यक्त करने वाली कहावत है
(i) परहित सरिस धर्म नहीं भाई
(ii) बिनु सत्संग विवेक न होई
(iii) सठ सुधरहिं सतसंगति पाई
(iv) जहाँ सुमति तहँ संपत्ति नाना

(ग) विदुर जी की उक्ति के संदर्भ में क्या सत्य नहीं है?
(i) सुचरित्र के बीज परंपरा से प्राप्त हो सकते हैं।
(ii) चरित्र-निर्माण व्यक्ति के स्वयं के प्रयासों पर निर्भर है।
(iii) परिस्थिति उसे केवल प्रेरणा दे सकती है।
(iv) चरित्र-निर्माण संगति से होता है।

अतिलघूत्तरात्मक प्रश्न

(घ) ''सत्संगति वर्तमान जीवन की <u>दुर्लभ विभूति</u> है।'' पंक्ति में रेखांकित पद का आशय हो सकता है

लघूत्तरात्मक प्रश्न

(ङ) गद्यांश के अनुसार सतत सत्संगति से क्या प्राप्त होता है?

(च) आचार्य हजारी प्रसाद द्विवेदी के कथन के माध्यम से लेखक ने क्या उल्लेख किया है?

(छ) शिथिल चरित्र संपूर्ण राष्ट्र को कैसे प्रभावित करता है?

गद्यांश 2

तकनीक की हर नई छलांग उत्साह भी पैदा करती है और चिंता भी लाती है। 'डीपमाइंड' और 'ओपनएआई' जैसी कंपनियों द्वारा बनाए गए नए स्मार्ट चैटबॉट्स ने लोगों का मन मोह लिया है। इनमें इंसानों की तरह सवालों के जवाब देने की क्षमता है। ये बारीकियों की व्याख्या कर सकते हैं, साथ ही तथ्यों को विश्वास के साथ साझा भी कर सकते हैं। ये चैटबॉट नए नहीं हैं। इंसानों के संवाद करने में सक्षम कंप्यूटर प्रोग्राम या चैटबॉट्स की अवधारणा का 1950 के दशक से ही एक इतिहास रहा है। शुरुआती चैटबॉट्स में से एक एलिजा है, जिसे 1960 के दशक में कंप्यूटर वैज्ञानिक जोसेफ बीजेनबाम ने प्राकृतिक भाषा प्रसंस्करण और कृत्रिम बुद्धिमत्ता प्रौद्योगिकी का परीक्षण करने के लिए बनाया था। यह कीवर्ड और वाक्यांशों का जवाब देकर सहज ढंग से संवाद कर सकता था। चैटजीपीटी को अभी तक का सबसे उन्नत चैटबॉट माना जा रहा है।

चैटजीपीटी को ओपनएआई द्वारा विकसित किया गया है। यह भाषा का एक मॉडल है, जो इंसानों की तरह ही प्रतिक्रिया करता है। कुछ चैटबॉट ज्यादा जटिल संवाद करने में भी सक्षम होते हैं और समय के साथ अपनी प्रतिक्रियाओं को बेहतर बनाने के लिए मशीन लर्निंग

एल्गोरिदम का उपयोग करते हैं। अभी चैटजीपीटी सहित अधिकांश चैटबॉट्स अपने लिए सूचनाएँ एक विशाल, लेकिन एक सीमित दायरे से ही प्राप्त करते हैं। जैसे चैटजीपीटी का ताजा संस्करण वर्ष 2021 के अंत तक संचित हुई सूचनाओं तक सीमित है। चैटबॉट अपनी प्रतिक्रिया में कहीं अधिक मुखर हैं और किसी जिज्ञासा पर ज्यादा ध्यान केंद्रित करते हैं जबकि ऐसा करना गूगल या बिंग के लिए मुश्किल है। हालाँकि, चैटजीपीटी की इंसानों जैसी प्रतिक्रिया में सूचना स्रोत का जिक्र नहीं होता और न ही कोई लिंक या उद्धरण दिया जाता है। इसके साथ आसान बातचीत ने दुनियाभर में धूम मचा दी है। उत्साही लोग तरह-तरह के सवाल पूछ रहे हैं। हर संवाद के साथ चैटबॉट का भी परीक्षण और प्रशिक्षण चल रहा है।

फिर भी एक चैटबॉट सब कुछ नहीं जानता, जबकि इसका इजहार या इसकी अभिव्यक्ति या लेखन इंसानों की तरह ही है। इसकी जानकारी गलत और दोषपूर्ण भी हो सकती है। इनको अभी भी कई बाधाओं या हदों को पार करना है, सूचनाओं को बढ़ाना है। कई भाषाओं के विकल्पों के साथ डिजिटल संचार पाठ से आवाज़ की ओर बढ़ रहा है। हर शब्द स्वरबद्ध होता जा रहा है। एलेक्सा जैसे सर्च इंजन और आवाज़ आधारित अन्य सहायकों से आगे जाने के लिए चैटबॉट्स को ज्यादा सूचनाओं की जरूरत पड़ेगी। लोगों की जिज्ञासाओं को शब्दों से ही नहीं स-स्वर शांत करना होगा।

स्पैरो चैटबॉट जीपीटी की तुलना में कुछ बेहतर है। जल्द ही गलत सवालों को पहचानने वाले चैटबॉट भी आ जाएँगे। अगर समझदारी से इस्तेमाल हुआ, तो चैटबॉट हमारे बहुत काम आएँगे।

CBSE 2024 (Modified)

बहुविकल्पीय प्रश्न

(क) 'एक चैटबॉट सब कुछ नहीं जानता'-लेखक के इस कथन का कारण है

(i) चैटबॉट द्वारा कभी-कभी गलत और दोषपूर्ण जानकारी देना।
(ii) चैटबॉट में संचित सूचनाओं का सीमित दायरे में होना।
(iii) चैटबॉट का हर संवाद के साथ परीक्षण और प्रशिक्षण चलना।
(iv) इंसानों जैसी प्रतिक्रिया में लिंक या उदाहरण न दे पाना ।

(ख) निम्नलिखित कथनों पर विचार कीजिए

1. चैटबॉट्स जटिल संवाद करने में सक्षम हैं।
2. चैटबॉट्स का विकास मानव जीवन के एकाकीपन को दूर करने में सक्षम है।
3. चैटबॉट्स मानव द्वारा पूछे गए सवालों का जवाब अपने विवेक के आधार पर देता है।
4. भविष्य में चैटबॉट्स सही गलत को पहचानने में सक्षम होंगे।

गद्यांश के अनुसार कौन-सा/से कथन सही है/हैं?

(i) केवल 1 (ii) केवल 3
(iii) 1 और 4 (iv) 2 और 3

(ग) **कथन** (A) तकनीकी प्रगति उत्साह के साथ-साथ चिंता का कारण भी है।

कारण (R) यह जीवन को सरल बनाने के साथ जटिल बना रही है।

(i) कथन (A) और कारण (R) दोनों सही हैं तथा कारण (R), कथन (A) की सही व्याख्या करता है।
(ii) कथन (A) और कारण (R) दोनों सही हैं, लेकिन कारण (R), कथन (A) की सही व्याख्या नहीं करता है।
(iii) कथन (A) सही है, किंतु कारण (R) गलत है।
(iv) कथन (A) गलत है, लेकिन कारण (R) सही है।

अतिलघूत्तरात्मक प्रश्न

(घ) चैटबॉट्स से क्या अभिप्राय है?

लघूत्तरात्मक प्रश्न

(ङ) 'डिजिटल दुनिया पाठ से आवाज़ की ओर बढ़ रही है'—पंक्ति से क्या अभिप्राय है?

(च) चैटबॉट्स की सबसे बड़ी कमी क्या है?

(छ) गूगल या बिंग की तुलना में चैटबॉट्स के अधिक प्रभावशाली होने का क्या कारण है?

गद्यांश 3

समाज में, परिवार में विविध कुल परंपराओं को अनदेखा नहीं किया जा सकता। हमारे वयोवृद्ध ही इन संस्कृतियों एवं परंपराओं के वाहक होते हैं और इनसे भली-भाँति परिचित होते हैं। वयोवृद्ध परिवार के तरुण सदस्यों को धर्मोन्मुख करते हैं, धार्मिक विधि-विधानों का महत्त्व समझाते हैं। वे भौतिकता और आध्यात्मिकता में संतुलन कायम करना सिखाते हैं। वे ही परिवार में शांति के उपाय, लोक-व्यवहार, रीति-नीति आदि के बारे में सद्गुण विकसित करने में सहायक होते हैं और संस्कारों की नींव रखते हैं।

अत: किसी भी कारणवश परिवार के वृद्धजनों का अनादर एवं अपमान नहीं होना चाहिए। तरुणों का यह परम कर्त्तव्य हो जाता है कि वे उनकी भावनाओं को ठेस न पहुँचाए और उनके मान-सम्मान में कोई कमी न आने दें तथा उनकी सुरक्षा कोमलता से करें। भौतिक जीवन-शैली के चलते भारतीय सनातन संस्कृति के मूल्य बदलते जा रहे हैं, जिसका परिणाम बुजुर्गों की उपेक्षा एवं उनका तिरस्कार है। बुजुर्गों को दरकिनार करने से आज परिवारों में कलह क्लेश, दु:ख-संताप बढ़ रहा है। भौतिक जीवन-शैली से हमारी आस्थाओं के मूल्य ही बदल गए हैं। मानसिक अशांति बढ़ रही है, रोग-शोक बढ़ रहे हैं।

परिवार के तरुण सदस्यों से यह अपेक्षा की जाती है कि वे परिवार के वृद्धजनों को अपने से अलग न करें एवं उनका यथोचित मान-सम्मान करें। परिवार, समाज की कसौटी पर खरी उतरने वाली धारणाओं, मान्यताओं एवं परंपराओं को तोड़ने-मोड़ने का या उनकी अनदेखी करने का प्रयास कदापि न करें। संस्कार वहीं अच्छे होंगे, जहाँ बुजुर्गों का, माँ-बाप का मान-सम्मान करते हुए उनके द्वारा निर्देशित संस्कृति एवं परंपराओं का ध्यान रखा जाएगा। बुजुर्ग जीवन के मूल्यों को जानने वाले होते हैं। उनका भी कर्त्तव्य है कि वे परिवार के हर मामले में अनावश्यक हस्तक्षेप इसलिए न करें कि वे बुजुर्ग हैं। उनको भी हृदय की विशालता बनाए रखने में संकोच नहीं करना चाहिए।

CBSE 2023 (Modified)

बहुविकल्पीय प्रश्न

(क) वृद्धजनों को संस्कारों और रीति-रिवाजों का वाहक क्यों माना जाता है?
(i) क्योंकि वे जीवन-मूल्यों को जानने वाले होते हैं
(ii) क्योंकि वे इन्हें आने वाली पीढ़ियों तक पहुँचाते हैं
(iii) क्योंकि वे निष्ठा और लगन से इनका पालन करते हैं
(iv) क्योंकि वे जीवन में इनके महत्त्व से परिचित हैं

(ख) वृद्धजनों का अनादर करने के परिणामों के विषय में कौन-सा कथन असत्य है?
(i) सामाजिक व पारिवारिक विघटन
(ii) समाज और परिवार में कुव्यवस्था
(iii) परिवार में कलह-क्लेश, दु:ख-संताप
(iv) भौतिकता और आध्यात्मिकता का असंतुलन

(ग) **कथन** (A) भारतीय सनातन संस्कृति के मूल्य बदलते जा रहे हैं।
कारण (R) भौतिक जीवन-शैली का प्रभाव सर्वत्र हावी हो रहा है।
(i) कथन (A) और कारण (R) दोनों सही हैं तथा कारण (R), कथन (A) की सही व्याख्या करता है।
(ii) कथन (A) और कारण (R) दोनों सही हैं, लेकिन कारण (R), कथन (A) की सही व्याख्या नहीं करता है।
(iii) कथन (A) सही है, किंतु कारण (R) गलत है।
(iv) कथन (A) गलत है, लेकिन कारण (R) सही है।

अतिलघुत्तरात्मक प्रश्न

(घ) बुजुर्गों के प्रति बढ़ती उपेक्षा और तिरस्कार का क्या कारण है?

लघुत्तरात्मक प्रश्न

(ङ) भौतिक सुख-सुविधा के साधनों की वृद्धि ने जीवन को सुगम बनाने के साथ-साथ क्या दु:खद स्थितियाँ दी हैं?

(च) पारिवारिक विघटन को रोकने के लिए गद्यांश में वृद्धों से क्या अपेक्षा की गई है?

(छ) "भौतिक जीवन-शैली से हमारी आस्थाओं के मूल्य ही बदल गए हैं।" पंक्ति का क्या आशय है?

गद्यांश 4

सनातन काल से ही भारत में शारीरिक, मानसिक और आध्यात्मिक विकास के लिए योग द्वारा शरीर, मन और मस्तिष्क को पुष्ट किए जाने का उल्लेख मिलता है। इसलिए लोग नीरोग और दीर्घजीवी होते थे।

भारतीय संस्कृति और दर्शन किसी देश या जाति के लिए नहीं, अपितु समस्त मानव जाति के कल्याण के लिए है। अत: भारतीय संस्कृति को सच्चे अर्थ में मानवता की संस्कृति कहा जा सकता है। योग हमें वैज्ञानिकता के साथ समग्र जीवन-शैली के प्रति जागरूक करता है, जिससे जीवन के प्रति सकारात्मक दृष्टिकोण उत्पन्न होता है। साथ ही, इससे न केवल शातिप्रिय जीवन पद्धति को बढ़ावा मिलता है, बल्कि पर्यावरण संरक्षण और प्रकृति के साथ मानवतापूर्ण संबंध स्थापित करने का संदेश भी प्राप्त होता है। भारत ने योग को हमेशा से सीमा, संस्कृति और भाषा से ऊपर रखा है। इसे यदि सही तरीके से समझा जाए और नियमित अभ्यास किया जाए, तो कई समस्याओं का समाधान निकाला जा सकता है। 'योग' शब्द की उत्पत्ति संस्कृत के 'युज्' शब्द से हुई है, जिसका तात्पर्य जोड़ना एवं एकीकरण करने से है। आध्यात्मिक स्तर पर जुड़ने का अर्थ है, आत्मा का सार्वभौमिक चेतना से मिलन और व्यावहारिक स्तर पर योग को शरीर, मन और भावनाओं को संतुलित करने तथा सामंजस्य बनाए रखने का एक साधन माना जाता है।

कोरोना काल में न केवल भारत, बल्कि वैश्विक स्तर पर सभी ने योग की महत्ता को देखा और जाना कि योग तनाव घटाता है, रोग प्रतिरोधक क्षमता बढ़ाता है। यह प्राचीन विद्या है और जीवन को नीरोगी रखने की एक दिव्य विद्या है।

कोरोना काल में हम सभी ने अनुभव किया है कि योग हमें भयमुक्त, भाव में जीना सिखाता है। योग स्वस्थ और सुखी रहने के लिए अद्भुत प्रभावी विधि है, इसलिए घर-घर, हर घट, हर घाट पर योग होना चाहिए। योग सदाबहार है, रामबाण है, योग संजीवनी है। योग से तन स्वस्थ और मन विकार-मुक्त होता है।

हम योग को एक टोल फ्री नंबर की तरह उपयोग कर सकते हैं। जिस प्रकार टोल फ्री नंबर को कोई भी, कहीं से, कभी भी डायल कर सकता है, उसी प्रकार योग भी है। जब तन-मन के लिए सच्चे मन से जागिए, तभी योग साकार हो जाता है। योग के माध्यम से हम जितने गहरे उतरेंगे, उतने शांत होंगे और पाएँगे कि अशांत करने वाले सारे तत्त्वों की धीरे-धीरे पहचान हो रही है और घने अँधेरे की जगह प्रकाश ले रहा है तथा जीवन निरंतर आनंदमय हो रहा है। समस्या शारीरिक हो या फिर पर्यावरण की, इनका समाधान है—योग। आज बढ़ते प्रदूषण का समाधान केवल प्रकृतिमय जीवन पद्धति और सतत तथा सुरक्षित विकास में निहित है। यह संदेश योग के माध्यम से जीवन में आता है। अत: योग को आत्मसात कर हम स्वस्थ प्रकृतिमय जीवन जी सकते हैं।

CBSE 2023 (Modified)

बहुविकल्पीय प्रश्न

(क) भारतीय संस्कृति को मानवता की संस्कृति कहे जाने का क्या आधार है?
(i) समस्त मानव जाति को आश्रय देने की भावना
(ii) संसार की सबसे प्राचीन संस्कृति होना
(iii) समस्त मानव जाति के प्रति कल्याण की भावना
(iv) समस्त मानव जाति को योग की शिक्षा देना

(ख) निम्नलिखित कथनों पर विचार कीजिए
1. योग तनाव घटाता है।
2. रोग-प्रतिरोधक क्षमता बढ़ाता है।
3. योग सभी समस्याओं का समाधान है।

गद्यांश के अनुसार, कौन-सा/से कथन सही है/हैं?
(a) केवल 1
(b) केवल 3
(c) 1 और 2
(d) 2 और 3

(ग) **कथन** (A) घर-घर, हर घट, हर घाट पर योग होना चाहिए।
कारण (R) योग से तन स्वस्थ और मन विकार-मुक्त होता है।
(i) कथन (A) और कारण (R) दोनों सही हैं तथा कारण (R), कथन (A) की सही व्याख्या करता है।
(ii) कथन (A) और कारण (R) दोनों सही हैं, लेकिन कारण (R), कथन (A) की सही व्याख्या नहीं करता है।
(iii) कथन (A) सही है, किंतु कारण (R) गलत है।
(iv) कथन (A) गलत है, लेकिन कारण (R) सही है।

अतिलघुत्तरात्मक प्रश्न

(घ) योग और टोल फ्री नंबर में क्या समानता नहीं है?

लघुत्तरात्मक प्रश्न

(ङ) योग शरीर को स्वस्थ रखने के साथ-साथ क्या प्रेरणा देता है?
(च) योग को संजीवनी क्यों कहा गया है?
(छ) गद्यांश के आधार पर प्राचीनकाल में लोगों के निरोग और दीर्घजीवी होने का क्या कारण था?

गद्यांश 5

वृद्धावस्था की समस्या मशीनीकृत विश्व की उपज है, जो हमारे देश तक ही सीमित नहीं है। यह बहुत से विकसित देशों का भी सिरदर्द है। औद्योगीकरण एवं पश्चिमी सभ्यता के कारण, संयुक्त परिवार के टूटने के परिणामस्वरूप तथा हमारे सिद्धांतों में परिवर्तन के कारण वृद्ध व्यक्ति कई गंभीर समस्याओं से जूझते हैं एवं उनका जीवन वास्तव में कष्टकर हो जाता है। वृद्धावस्था में वृद्ध व्यक्ति अपने बच्चों से शारीरिक, नैतिक, वित्तीय एवं भावनात्मक सहारे की ज़रूरत महसूस करते हैं और बच्चे अपने भविष्य को सँवारने की समस्याओं एवं पारिवारिक जीवन की उलझन में अपने माता-पिता की जरूरतों तथा उनकी भावना को संतुष्ट करने में अयोग्य होते हैं।

वृद्ध व्यक्तियों को परिवार एवं समाज पर बोझ एवं थोपे गए सदस्य की भावना से ग्रसित होकर लोग उनकी उपेक्षा करते हैं। बच्चे, पौत्र-पौत्रियाँ और घरेलू नौकर तक उनकी ओर ध्यान नहीं देते एवं हर बात पर उनका तिरस्कार करते हैं। वृद्ध व्यक्तियों के प्रति उनका रवैया अवमानानापूर्ण एवं अपमानजनक होता है। इससे वृद्ध व्यक्ति निराशा के अथाह सागर में डूब जाते हैं तथा शारीरिक एवं मानसिक तनाव में रहते हैं।

वृद्ध व्यक्ति भी विचित्र स्वभाव द्वारा अपनी प्रतिक्रिया व्यक्त करते हैं तथा युवा लोगों से लंबे तर्क करके स्वयं को मूर्ख बनाते हैं, क्योंकि उनके तर्क कोई सुनना नहीं चाहता। वे सही हो सकते हैं, किंतु उनकी उम्र सही नहीं होती। उनके अच्छे कार्य भी पसंद नहीं किए जाते। यहाँ तक कि जब वे युवाओं पर अपने प्यार की वर्षा करते हैं, तो उन्हें ऊँची आवाज में बोलकर अपमानित किया जाता है।

वृद्धावस्था की समस्याओं के समाधान काफी आसान एवं हमारी पहुँच के अंदर हैं। यह समस्या आधुनिक समय की उपज है, इसका समाधान वृद्धों के लिए अलग आवास बनाना नहीं है, बल्कि उनका ध्यान रखना, प्यार एवं स्नेह देना है। अपनी प्रवृत्ति में सकारात्मक परिवर्तन ही एकमात्र समाधान है। तभी हम इस समस्या को समाप्त करने में सक्षम होंगे।

बहुविकल्पीय प्रश्न

(क) वृद्धावस्था की समस्या किस जीवन-शैली की देन है?
(i) पौराणिक (ii) रूढ़िवादी
(iii) मशीनीकृत (iv) सामाजिक

(ख) अपना भविष्य सुधारने की समस्याओं एवं पारिवारिक जीवन में उलझे रहने का क्या परिणाम होता है?
(i) माता-पिता की जरूरत पर ध्यान न दे पाना
(ii) अपने जीवन के स्वर्णिम क्षणों को नष्ट कर देना
(iii) जीवन के वास्तविक आनंद से परिचित न होना
(iv) निराशा एवं हताश जीवन-शैली

(ग) **कथन** (A) वृद्ध व्यक्ति निराश के अथाह सागर में डूब जाते हैं।
कारण (R) वृद्धि व्यक्तियों से अवमाननापूर्ण एवं अपमानजनक व्यवहार किया जाता है।
(i) कथन (A) और कारण (R) दोनों सही हैं तथा कारण (R) कथन (A) की सही व्याख्या करता है।
(ii) कथन (A) और कारण (R) दोनों सही हैं, लेकिन कारण (R) कथन (A) की सही व्याख्या नहीं करता है।
(iii) कथन (A) सही है, किंतु कारण (R) गलत है।
(iv) कथन (A) गलत है, लेकिन कारण (R) सही है।

अतिलघूत्तरात्मक प्रश्न

(घ) वृद्ध व्यक्तियों के प्रति किनका रवैया अपमानजनक होता है?

लघूत्तरात्मक प्रश्न

(ङ) वृद्ध व्यक्ति युवा लोगों से लंबे तर्क करके स्वयं को मूर्ख बनाते हैं, क्यों?
(च) वृद्धावस्था की समस्या का समाधान कैसे किया जा सकता है?
(छ) वृद्ध व्यक्ति किस कारण अनेक गंभीर समस्याओं से जूझते हैं?

गद्यांश 6

संसार का इतिहास राजाओं, शासकों की उच्च महत्त्वाकांक्षाओं से भरा पड़ा है। भूमि और धन-संपत्ति पर आधिपत्य जमाने की लिप्सा के कारण उन्होंने तबाही मचाई। इन मानवता-विरोधी अपराधों से उनकी आत्मा पर कोई प्रभाव नहीं पड़ा। उनकी उच्च महत्त्वाकांक्षा के कारण नैतिकता के सभी नियम धरे के धरे रह गए। ईश्वर से विद्रोह करने वाले शैतान से लेकर, विश्वविजय का सपना देखने वाले बीसवीं शताब्दी के तानाशाहों तक, एक तरफ तो अत्याचार और यातना की कहानी मिलती है और दूसरी तरफ दु:ख और पीड़ा की।

महाभारत दुर्योधन की महत्त्वाकांक्षा का ही परिणाम था, जिसके कारण संपूर्ण कुल का विनाश हो गया था। प्रारंभ से ही उसने राजा बनने और शासन करने की महत्त्वाकांक्षा पाल रखी थी। इसी के लिए उसने अपने चचेरे भाइयों, पांडवों को मारने के षड्यंत्र रचे। उसने उन्हें जिंदा जलाने का प्रयास किया और जब वे इससे बच निकले तो जुए में चालाकी से हराकर वनवास भेज दिया।

वनवास की शर्त पूरी होने पर भी उसने पांडवों को उनका राज्य नहीं लौटाया। अंततः महाभारत का युद्ध हुआ, जिससे संपूर्ण देश शताब्दियों तक कमजोर और निर्बल बना रहा। 5,000 वर्ष बीतने के बाद भी भारत उस गौरव और महिमा को प्राप्त करने में असमर्थ रहा है। इस प्रकार उच्च महत्त्वाकांक्षा देशों का विनाश करती है और शांति को नष्ट कर सकती है।

सिकंदर में भी विश्व-विजय की महत्त्वाकांक्षा थी। उसने अपना अभियान मैक्डोनिया से प्रारंभ किया जो ट्राय, पिर्सया और भारतभूमि तक फैला। उसने अपने सैनिकों को पर्सिया और पड़ोसी नगरों को तहस-नहस करने तथा सभी वयस्कों को बलि चढ़ाने का आदेश दिया। भारतभूमि में भी उसका व्यवहार इससे अच्छा नहीं था, यद्यपि पोरस के साहस ने इस देश को विनाश से बचा लिया। जब सिकंदर मरा तो वह साम्राज्य जो उसने दूसरों से छीना था, वह छिन्न-भिन्न हो गया। चारों ओर अव्यवस्था और अराजकता फैल गई। शेष कहानी निर्मम तानाशाही और अस्तव्यस्तता की है। हर स्थान पर प्रांतीय शासकों ने अपने छोटे-छोटे राज्य बना लिए। चारों ओर बेईमानी और अपराध का साम्राज्य हो गया और इन शांतिपूर्ण स्थानों पर जीवन नारकीय हो गया, इसीलिए कहा गया है कि महत्त्वाकांक्षा का दूसरा नाम अराजकता है।

(क) संसार में तबाही मचने का क्या कारण रहा है?
(i) युद्ध नीति (ii) अनैतिकता
(iii) आधिपत्य जमाने की लिप्सा (iv) बंधनों की अधिकता

(ख) सिकंदर का राज्य छिन्न-भिन्न होने का क्या परिणाम हुआ?
(i) देश में शांति की स्थापना
(ii) अव्यवस्था और अराजकता फैल गई
(iii) तानाशाही की स्थापना
(iv) जीवन सहज हो गया

(ग) **कथन** (A) संसार का इतिहास शासकों की उच्च महत्त्वाकांक्षा से भरा है।
कारण (R) महत्त्वाकांक्षा के कारण व्यक्ति के चरित्र में चोरी व डकैती आदि बुराइयाँ आ जाती हैं।
(i) कथन (A) और कारण (R) दोनों सही हैं तथा कारण (R), कथन (A) की सही व्याख्या करता है।
(ii) कथन (A) और कारण (R) दोनों सही हैं, लेकिन कारण (R), कथन (A) की सही व्याख्या नहीं करता है।
(iii) कथन (A) सही है, किंतु कारण (R) गलत है।
(iv) कथन (A) गलत है, लेकिन कारण (R) सही है।

अतिलघुत्तरात्मक प्रश्न

(घ) पड़ोसी नगरों को नष्ट करने और सभी वयस्कों को बलि चढ़ाने का आदेश किसके द्वारा दिया गया?

लघुत्तरात्मक प्रश्न

(ङ) महाभारत किसकी महत्त्वाकांक्षाओं का परिणाम था और क्यों?
(च) मानवता विरोधी अपराधों से किसकी आत्मा पर कोई प्रभाव नहीं पड़ता?
(छ) महत्त्वाकांक्षा व्यक्ति को क्या बना देती है?

गद्यांश 7

कवियों, शायरों तथा आम आदमी को सम्मोहित करने वाला 'पलाश' आज संकट में है। वैज्ञानिकों ने चेतावनी दी है कि यदि इसी प्रकार पलाश का विनाश जारी रहा, तो यह 'ढाक के तीन पात' वाली कहावत में ही बचेगा। अरावली और सतपुड़ा पर्वत शृंखलाओं में जब पलाश वृक्ष चैत (वसंत) में फूलता था, तो लगता था कि वन में आग लग गई हो अथवा अग्नि देव फूलों के रूप में खिल उठे हों। पलाश पर एक-दो दिन में ही संकट नहीं आ गया है।

पिछले तीस-चालीस वर्षों में दोना-पत्तल बनाने वाले कारखाने बढ़ने, गाँव-गाँव में चकबंदी होने तथा वन माफ़ियाओं द्वारा अँधाधुँध कटान करने के कारण उत्तर प्रदेश, मध्य प्रदेश, बिहार, पश्चिम बंगाल, पंजाब, हरियाणा, राजस्थान, कर्नाटक, महाराष्ट्र आदि प्रांतों में पलाश के वन घटकर 10% से भी कम रह गए हैं। वैज्ञानिकों ने पलाश वनों को बचाने के लिए ऊतक संवर्द्धन (टिशू कल्चर) द्वारा परखनली में पलाश के पौधों को विकसित कर एक अभियान चलाकर पलाश वन रोपने की योजना प्रस्तुत की है। हरियाणा तथा पुणे में ऐसी दो प्रयोगशालाएँ भी खोली गई हैं। एक समय था, जब बंगाल का पलाशी का मैदान तथा अरावली की पर्वत-मालाएँ टेसू के फूलों के लिए दुनियाभर में मशहूर थीं। विदेशों से लोग पलाश के रक्तिम वर्ण के फूल देखने आते थे।

कबीर ने तो 'खांखर भया पलाश' कहकर पलाश की तुलना एक ऐसे सुंदर-सजीले नवयुवक से की है, जो अपनी जवानी में तो सबको आकर्षित कर लेता है, किंतु बुढ़ापे में अकेला रह जाता है। वसंत व ग्रीष्म ऋतु में जब तक टेसू में फूल व हरे-भरे पत्ते रहते हैं, उसे सभी निहारते हैं, किंतु शेष आठ महीने वह पतझड़ का शिकार होकर झाड़-झंखाड़ की तरह रह जाता है। पर्यावरण के लिए प्लास्टिक-पॉलीथीन पर रोक लगने के बाद पलाश की उपयोगिता महसूस की गई, जिसके पत्ते दोने, थैले, पत्तल, थाली, गिलास सहित न जाने कितने उपयोग में आ सकते हैं। पिछले तीस-चालीस वर्षों में 90% वन नष्ट कर डाले गए। बिना पानी के बंजर, ऊसर तक में उग आने वाले इस पेड़ की नई पीढ़ी तैयार नहीं हुई। यदि यही स्थिति रही और समाज जागरूक न हुआ, तो पलाश विलुप्त वृक्ष हो जाएगा।

बहुविकल्पीय प्रश्न

(क) अरावली और सतपुड़ा में पलाश के वृक्ष कैसे लगते थे?
(i) वन में लगी आग के समान
(ii) ढाक के तीन पात के समान
(iii) वर्षा ऋतु में इंद्रधनुष के समान
(iv) गाँव में खिले टेसू के फूल के समान

(ख) **कथन** (A) पलाश के वृक्षों की संख्या कम हो रही थी।
कारण (R) पलाश के वृक्षों का कारखानों में महत्त्व न दिया जाना।
(i) कथन (A) और कारण (R) दोनों सही हैं तथा कारण (R), कथन (A) की सही व्याख्या करता है।
(ii) कथन (A) और कारण (R) दोनों सही है, लेकिन कारण (R), कथन (A) की सही व्याख्या नहीं करता है।
(iii) कथन (A) सही है, किंतु कारण (R) गलत है।
(iv) कथन (A) गलत है, लेकिन कारण (R) सही है।

(ग) पलाश के फूलों को स्थान दिया गया है
1. विभिन्न कवियों की रचना में
2. कला एवं संस्कृति में
3. लोक गीतों में

कूट

(i) 1 और 3 (ii) केवल 2
(iii) 2 और 3 (iv) केवल 3

अतिलघूत्तरात्मक प्रश्न

(घ) कबीर ने पलाश की तुलना किससे की है?

लघूत्तरात्मक प्रश्न

(ङ) पलाश की उपयोगिता कब महसूस की गई?
(च) पलाश के वृक्षों को बचाने के लिए क्या-क्या किया जा रहा है?
(छ) किन प्रांतों में पलाश के वन कम हो गए हैं और क्यों?

गद्यांश 8

तत्त्ववेत्ता शिक्षाविदों के अनुसार विद्या दो प्रकार की होती है। प्रथम वह, जो हमें जीवनयापन के लिए अर्जन करना सिखाती है और द्वितीय वह, जो हमें जीना सिखलाती है। इनमें से एक का भी अभाव जीवन को निरर्थक बना देता है। बिना कमाए जीवन-निर्वाह संभव नहीं। कोई भी नहीं चाहेगा कि वह माता-पिता, परिवार के किसी सदस्य, जाति या समाज पर परावलंबी हो।

ऐसी विद्या से विहीन व्यक्ति का जीवन दूभर हो जाता है, वह दूसरों के लिए भार बन जाता है। साथ ही, दूसरी विद्या के बिना सार्थक जीवन नहीं जिया जा सकता। बहुत अर्जित कर लेने वाले व्यक्ति का जीवन यदि सुचारु रूप से नहीं चल रहा है, उसमें यदि वह जीवंत-शक्ति नहीं है, जो उसके अपने जीवन को तो सत्पथ पर अग्रसर करती ही है, साथ ही वह अपने समाज, जाति एवं राष्ट्र के लिए भी मार्गदर्शन करती है, तो उसका जीवन भी मानव-जीवन का अभिधान नहीं पा सकता। वह भारवाही गर्दभ बन जाता है या पूँछ-सींग-विहीन पशु कहा जाता है।

वर्तमान भारत में पहली विद्या का प्रायः अभाव दिखाई देता है, परंतु दूसरी विद्या का रूप भी विकृत ही है, क्योंकि न तो स्कूल-कॉलेजों से शिक्षा प्राप्त करके निकला छात्र जीविकार्जन के योग्य बन पाता है और न ही वह उन संस्कारों से युक्त हो पाता है, जिनसे व्यक्ति 'कु' से 'सु' बनता है, सुशिक्षित, सुसभ्य और सुसंस्कृत कहलाने का अधिकारी होता है। वर्तमान शिक्षा-पद्धति के अंतर्गत हम जो विद्या प्राप्त कर रहे हैं, उसकी विशेषताओं को सर्वथा नकारा भी नहीं जा सकता।

यह शिक्षा कुछ सीमा तक हमारे दृष्टिकोण को विकसित भी करती है, हमारी मनीषा को प्रबुद्ध बनाती है तथा भावनाओं को चेतन करती है, किंतु कला, शिल्प, प्रौद्योगिकी आदि की शिक्षा नाममात्र की होने के फलस्वरूप इस देश के स्नातक के लिए जीविकार्जन टेढ़ी खीर बन जाता है और बृहस्पति बना युवक नौकरी की तलाश में अर्जियाँ लिखने में ही अपने जीवन का बहुमूल्य समय बर्बाद कर लेता है। जीवन के सर्वांगीण विकास को ध्यान में रखते हुए यदि शिक्षा के क्रमिक सोपानों पर विचार किया जाए, तो भारतीय विद्यार्थी को सर्वप्रथम इस प्रकार की शिक्षा दी जानी चाहिए जो आवश्यक हो, दूसरी जो उपयोगी हो और तीसरी जो हमारे जीवन को परिष्कृत एवं अलंकृत करती हो। ये तीनों सीढ़ियाँ एक के बाद एक आती हैं, इनमें व्यतिक्रम नहीं होना चाहिए। इस क्रम में व्याघात आ जाने से मानव-जीवन का चारु प्रासाद खड़ा करना असंभव है। यह तो भवन की छत बनाकर नींव बनाने के सदृश है। वर्तमान भारत में शिक्षा की अवस्था देखकर ऐसा प्रतीत होता है कि प्राचीन भारतीय दार्शनिकों ने 'अन्न' से 'आनंद' की ओर बढ़ने को जो 'विद्या का सार' कहा था, वह सर्वथा समीचीन ही था।

बहुविकल्पीय प्रश्न

(क) गद्यांश के अनुसार जीवनयापन के लिए अर्जन करना कौन सिखाता है?
(i) परिवार (ii) प्रथम प्रकार की विद्या
(iii) द्वितीय प्रकार की विद्या (iv) समाज

(ख) 'कु' से 'सु' बनाने में क्या आशय सन्निहित है?
(i) दुर्लभ से सुलभ बनाना (ii) दुर्गम से सुगम बनाना
(iii) दुष्कर से सुकर बनाना (iv) दुर्जन से सुजन बनाना

(ग) प्रस्तुत गद्यांश किस विषय-वस्तु पर आधारित है?
(i) जीने की कला पर
(ii) वर्तमान भारतीय शिक्षा पर
(iii) मानव जीवन की सार्थकता पर
(iv) शिक्षा के सोपान पर

अतिलघूत्तरात्मक प्रश्न

(घ) देश के स्नातक के लिए टेढ़ी खीर क्या बन जाता है?

लघूत्तरात्मक प्रश्न

(ङ) भारतीय विद्यार्थी को कैसी शिक्षा दी जानी चाहिए?
(च) वर्तमान भारत में शिक्षा की अवस्था देखकर कैसा प्रतीत होता है?
(छ) गद्यांश के अनुसार, व्यक्ति पूँछ-सींग-विहीन पशु कब कहा जाता है?

गद्यांश 9

आज की दुनिया के संदर्भ में दो बातों का ध्यान रखना आवश्यक है—हम एक ऐसी दुनिया में रह रहे हैं, जहाँ परफेक्शन का बोलबाला है। इसमें से प्रत्येक किसी-न-किसी के प्रति किसी हद तक जवाबदेह है। ऐसे परिदृश्य में सबसे कठिन हो जाता है अपनी आलोचना को स्वीकार कर पाना। हालाँकि यह भी सच है कि कैसी भी आलोचना स्वीकारना मुश्किल ही होता है, भले ही वह हमारी भलाई के लिए ही क्यों न हो। आलोचना एक दोधारी तलवार की तरह होती है। एक ओर आप इसके आधार पर अपने झूठे अहं को दरकिनार कर गहरी समझ विकसित कर सकते हैं, तो एक ओर आलोचना को दिल पर लेकर संबंधित शख्स से अपने संबंध बिगाड़ सकते हैं। कह सकते हैं कि यह व्यक्ति विशेष पर निर्भर करता है कि वह आलोचना को किस तरह लेता है। उससे अपना विकास करता है या झूठे अहं में पड़ अपने को

ही सही मानता रहता है। भले ही आलोचना कितनी ही चोट क्यों न पहुँचाए, लेकिन दूसरे को पूरे ध्यान व गंभीरता के साथ सुनें। आलोचना रूपी सलाह को सिरे से खारिज़ करने से बेहतर होगा कि जो सही हो, उसे आत्मसात् करें। उसे स्वीकार कर स्वयं का विकास करें। इस क्रम में अपनी निर्णायक क्षमता का बेहतर प्रयोग कर वही बातें स्वीकार करें, जो आप पर लागू होती हैं। ऐसा न हो कि आलोचना का वह हिस्सा भी मान लें, जो आप पर लागू ही न होता हो।

भले ही आप कितने ही सफ़ल क्यों न हो जाएँ, लेकिन यह ध्यान रखें कि सुधार की संभावना हमेशा रहती है। इसे मान लेने से सकारात्मक आलोचना अपने हित में लेने की आदत हो जाती है। इसके लिए दिमाग हमेशा खुला रखने की आवश्यकता है। किसी ने कोई बात की, जो आलोचना है, तो तुरंत ही किसी निर्णय पर पहुँचने के बजाय उस बात पर गंभीरता से मनन करें। ईमानदारी से विचार करें कि कही गई बात में कहीं भी कोई रत्तीभर भी सच्चाई है। आलोचनात्मक टिप्पणी की सारगर्भिता का सही आकलन परिपक्वता और विकास की दिशा में उठा पहला कदम होता है। बात भले आचार-व्यवहार, जीवन-शैली में बदलाव की हो या फिर कार्यशैली में परिवर्तन की। हमें हमेशा जागरूक रहना होगा कि हम कैसे इन क्षेत्रों में अपनी शक्ति बढ़ा सकते हैं। आलोचना दो तरह की होती है। एक का मकसद आपकी कमियों को सामने लाकर उसे दूर करना होता है, जबकि एक महज ईर्ष्यावश या पूर्वाग्रह से ग्रसित होती है। आवश्यकता इसके अंतर को समझने की है। कमियों को इंगित करती यानी सकारात्मक आलोचना को अंगीकार करने की आवश्यकता है, जबकि नकारात्मक आलोचना और उसे करने वाले से दूरी बनाने में ही भलाई निहित है।

बहुविकल्पीय प्रश्न

(क) आलोचना को आत्मसात् करके क्या किया जा सकता है?
(i) दूसरों की बुराई (ii) स्वयं की निंदा
(iii) स्वयं का विकास (iv) संबंधों को खराब

(ख) किस बात को मान लेने से सकारात्मक आलोचना अपने हित में लेने की आदत हो जाती है?
(i) दूसरों की कही प्रत्येक बात
(ii) मनुष्य गलतियों का पुतला है
(iii) सामाजिक संबंध सर्वोपरि है
(iv) सुधार की संभावना हमेशा रहती है

(ग) प्रस्तुत गद्यांश किस विषय-वस्तु पर आधारित है?
(i) आलोचक के गुण पर (ii) व्यक्ति विशेष की मन: स्थिति पर
(iii) व्यक्ति की कमियों पर (iv) आलोचना के महत्त्व पर

अतिलघूत्तरात्मक प्रश्न

(घ) अपनी निर्णायक क्षमता का बेहतर प्रयोग करके आलोचना में से किसे स्वीकार करना चाहिए?

लघूत्तरात्मक प्रश्न

(ङ) "आलोचना एक दोधारी तलवार की तरह होती है" पंक्ति का क्या आशय है?

(च) आलोचनात्मक टिप्पणी की सारगर्भिता का आकलन क्या होता है?

(छ) हमें किस प्रकार की आलोचना को स्वीकार करना चाहिए?

गद्यांश 10

विज्ञान आज के मानव-जीवन का अविभाज्य एवं घनिष्ठ अंग बन गया है। मानव-जीवन का कोई भी क्षेत्र विज्ञान के अश्रुतपूर्व आविष्कारों से अछूता नहीं रहा। इसी से आधुनिक युग विज्ञान का युग कहलाता है। आज विज्ञान ने पुरुष और नारी, साहित्यकार और राजनीतिज्ञ, उद्योगपति और कृषक, पूँजीपति और श्रमिक, चिकित्सक और सैनिक, अभियंता और शिक्षक तथा धर्मज्ञ और तत्त्वज्ञ सभी को और सभी क्षेत्रों में किसी-न-किसी रूप में अपने अप्रतिम प्रदेय से अनुगृहीत किया है। आज समूचा परिवेश विज्ञानमय हो गया है। विज्ञान के चरण गृहिणी के रसोईघर से लेकर बड़ी-बड़ी प्राचीरों वाले भवनों और अट्टालिकाओं में ही दृष्टिगत नहीं होते, प्रत्युत वे स्थल और जल की सीमाओं को लाँघकर अंतरिक्ष में भी गतिशील हैं।

वस्तुत: विज्ञान अद्यतन मानव की सबसे बड़ी शक्ति बन गया है। इसके बल से मनुष्य प्रकृति और प्राणिजगत् का शिरोमणि बन सका है। विज्ञान के अनुग्रह से वह सभी प्रकार की सुविधाओं और संपदाओं का स्वामित्व प्राप्त कर चुका है। अब वह ऋत-ऋतुओं के प्रकोप से भयाक्रांत एवं संत्रस्त नहीं है। विद्युत ने उसे आलोकित किया है, उष्णता और शीतलता दी है, बटन दबाकर किसी भी कार्य को संपन्न करने की ताकत भी दी है। मनोरंजन के विविध साधन उसे सुलभ हैं। यातायात एवं संचार के साधनों के विकास से समय और स्थान की दूरियाँ बहुत कम हो गई हैं और समूचा विश्व एक परिवार-सा लगने लगा है।

कृषि और उद्योग के क्षेत्र में उत्पादन की तीव्र वृद्धि होने के कारण आज दुनिया पहले से अधिक धन-धान्य से संपन्न है। शिक्षा और चिकित्सा के क्षेत्र में विज्ञान की देन अभिनंदनीय है। विज्ञान के सहयोग से मनुष्य धरती और समुद्र के अनेक रहस्य हस्तामलक करके अब अंतरिक्ष लोक में प्रवेश कर चुका है। सर्वोपरि, विज्ञान ने मनुष्य को बौद्धिक विकास प्रदान किया है और वैज्ञानिक चिंतन-पद्धति दी है। वैज्ञानिक चिंतन-पद्धति से मनुष्य अंधविश्वासों और रूढ़ि-परंपराओं से मुक्त होकर स्वस्थ एवं संतुलित ढंग से सोच-विचार कर सकता है और यथार्थ एवं सम्यक् जीवन जी सकता है। इससे मनुष्य के मन को युगों के अंधविश्वासों, भ्रमपूर्ण और दकियानूसी विचारों, भय और अज्ञानता से मुक्ति मिली है। विज्ञान की यह देन स्तुत्य है। मानव को चाहिए कि वह विज्ञान की इस समग्र देन को रचनात्मक कार्यों में सुनियोजित करें।

बहुविकल्पीय प्रश्न

(क) आज विज्ञान को मनुष्य के जीवन का अभिन्न अंग क्यों माना जा सकता है?
(i) विज्ञान के आविष्कार अभूतपूर्व हैं
(ii) विज्ञान ने सभी क्षेत्रों में मानव को प्रभावित किया है
(iii) विज्ञान ने आर्थिक उन्नति प्रदान की है
(iv) आधुनिक युग विज्ञान का युग है

(ख) वैज्ञानिक चिंतन पद्धति के प्रभाव से व्यक्ति का जीवन कैसा हो सकता है?

1. यथार्थ 2. बनावटी 3. सम्यक्

4. दकियानूसी विचारों, भय और अज्ञानता से मुक्ति

कूट

(i) केवल 1 (ii) केवल 2

(iii) 1, 3 और 4 (iv) केवल 3

(ग) **कथन** (A) समूचा विश्व एक परिवार के समान लगता है।

कारण (R) यातायात एवं संचार के साधनों के विकास से समय और स्थान की दूरियाँ बहुत कम हो गई हैं।

(i) कथन (A) और कारण (R) दोनों सही हैं तथा कारण (R), कथन (A) की सही व्याख्या करता है।

(ii) कथन (A) और कारण (R) दोनों सही हैं, लेकिन कारण (R), कथन (A) की सही व्याख्या नहीं करता है।

(iii) कथन (A) सही है, किंतु कारण (R) गलत है।

(iv) कथन (A) गलत है, लेकिन कारण (R) सही है।

अतिलघूत्तरात्मक प्रश्न

(घ) मानव से विज्ञान की देन को किन कार्यों में नियोजित करने की अपेक्षा है?

लघूत्तरात्मक प्रश्न

(ङ) विज्ञान के सहयोग से मनुष्य ने कहाँ प्रवेश कर लिया है?

(च) शिक्षा और चिकित्सा के क्षेत्र में विज्ञान का क्या योगदान है?

(छ) वैज्ञानिक चिंतन-पद्धति से मनुष्य को किससे मुक्ति मिली है?

गद्यांश 11

वर्तमान सांप्रदायिक संकीर्णता के विषम वातावरण में संत-साहित्य की उपादेयता बहुत है। संतों में शिरोमणि कबीरदास भारतीय धर्म निरपेक्षता के आधार पुरुष हैं। संत कबीर एक सफल साधक, प्रभावशाली उपदेशक, महान नेता और युग-द्रष्टा थे। उनका समस्त काव्य विचारों की भव्यता और हृदय की तन्मयता तथा औदार्य से परिपूर्ण हैं। उन्होंने कविता के सहारे अपने विचारों और भारतीय धर्म-निरपेक्षता के आधार को युग-युगांतर के लिए अमरता प्रदान की। कबीर ने धर्म को मानव धर्म के रूप में देखा था। सत्य के समर्थक कबीर हृदय में विचार-सागर और वाणी में अभूतपूर्व शक्ति लेकर अवतरित हुए थे। उन्होंने लोक-कल्याण की कामना से प्रेरित होकर स्वानुभूति के सहारे काव्य रचना की।

वे पाठशाला या मकतब की ड्योढ़ी से दूर जीवन के विद्यालय में 'मसि कागद छुयो नहिं' की दशा में जी कर सत्य, ईश्वर पर विश्वास, प्रेम, अहिंसा, धर्म-निरपेक्षता और सहानुभूति का पाठ पढ़ाकर अनुभूतिमूलक ज्ञान का प्रसार कर रहे थे। कबीर ने समाज में फैले हुए मिथ्याचारों और कुत्सित भावनाओं की धज्जियाँ उड़ा दीं। स्वकीय भोगी हुई वेदनाओं के आक्रोश से भरकर समाज में फैले हुए ढोंग और पाखंडों, कुत्सित विचारधाराओं के प्रति दो टूक शब्दों में उन्होंने जो बातें कहीं, उनसे समाज की आँखें फटी-की-फटी रह गईं और साधारण जनता उनकी वाणियों से चेतना प्राप्त कर उनकी अनुगामिनी बनने को व्यग्र हो उठी। देश की सामाजिक, राजनीतिक, धार्मिक, आर्थिक एवं सांस्कृतिक आदि सभी प्रकार की समस्याओं का समाधान वैयक्तिक जीवन के माध्यम से प्रस्तुत करने का अनूठा प्रयत्न संत कबीर ने किया। उन्होंने बाँह उठाकर बलपूर्वक कहा

कबीरा खड़ा बाज़ार में, लिए लुकाठी हाथ।
जो घर जारे आपना, चले हमारे साथ।।

बहुविकल्पीय प्रश्न

(क) वर्तमान युग में संत साहित्य को अधिक उपयोगी क्यों माना जाता है?

(i) सांप्रदायिक भेदभाव के कारण

(ii) प्रेम, भाइचारे एवं सद्भावना पर अत्यधिक बल देने के कारण

(iii) कबीर के विचारों को महत्त्वपूर्ण न मानने के कारण

(iv) लोक-कल्याण को महत्त्व न देने के कारण

(ख) कबीर ने अपने विचारों और भारतीय धर्म-निरपेक्षता के आधार को किसके माध्यम से युगों-युगांतर के लिए अमरता प्रदान की?

(i) धर्म (ii) जाति

(iii) ज्ञान (iv) कविता

(ग) प्रस्तुत गद्यांश किस विषय-वस्तु पर आधारित है?

(i) संत साहित्य (ii) भक्तिकालीन साहित्य

(iii) युग द्रष्टा: संत कबीर (iv) कबीर का समकालीन समाज

अतिलघूत्तरात्मक प्रश्न

(घ) गद्यांश में कबीरदास के लिए किस-किस उपमान का प्रयोग किया गया है?

लघूत्तरात्मक प्रश्न

(ङ) कबीरदास का समस्त काव्य किससे परिपूर्ण है?

(च) कबीरदास किस दशा में रहकर ज्ञान का प्रसार कर रहे थे?

(छ) कबीरदास ने देश की समस्याओं का समाधान किस माध्यम से प्रस्तुत करने का प्रयत्न किया?

गद्यांश 12

भारतीय मनीषा ने कला, धर्म, दर्शन और साहित्य के क्षेत्र में नाना भाव से महत्त्वपूर्ण फल पाए हैं और भविष्य में भी महत्त्वपूर्ण फल पाने की योग्यता का परिचय वह दे चुकी हैं, परंतु नाना कारणों से समूची जनता एक ही धरातल पर नहीं है और सबकी चिंतन-दृष्टि भी एक नहीं है।

जल्दी ही कोई फल पा लेने की आशा में अटकलपच्चू सिद्धांत कायम कर लेना और उसके आधार पर कार्यक्रम बनाना अभीष्ट सिद्धि में सब समय सहायक नहीं होगा। विकास की नाना सीढ़ियों पर खड़ी जनता के लिए नाना प्रकार के कार्यक्रम आवश्यक होंगे।

उद्देश्य की एकता ही विविध कार्यक्रमों में एकता ला सकती है, परंतु इतना निश्चित है कि जब तक हमारे सामने उद्देश्य स्पष्ट नहीं हो जाता, तब तक कोई भी कार्य, कितनी ही व्यापक शुभेच्छा के साथ

क्यों न आरम्भ किया जाए, वह फलदायक नहीं होगा। बहुत-से लोग हिंदू-मुस्लिम एकता को या हिंदू-संगठन को ही लक्ष्य मानकर उपाय सोचने लगते हैं।

वस्तुत: हिंदू-मुस्लिम एकता भी साधन है, साध्य नहीं। साध्य है मनुष्य को पशु समान स्वार्थी धरातल से ऊपर उठाकर 'मनुष्यता' के आसन पर बैठाना। हिंदू और मुस्लिम यदि मिलकर संसार में लूट-खसोट मचाने के लिए साम्राज्य स्थापित करने निकल पड़े तो उस हिंदू-मुस्लिम मिलन से मनुष्यता काँप उठेगी। परंतु हिंदू-मुस्लिम मिलन का उद्देश्य है मनुष्य को दासता, मोह, कुसंस्कार और परमुखापेक्षिता से बचाना, मनुष्य को क्षुद्र स्वार्थ और अहमिका की दुनिया से ऊपर उठाकर सत्य, न्याय और औदार्य की दुनिया में ले जाना, मनुष्य द्वारा मनुष्य के शोषण को हटाकर परस्पर सहयोगिता के पवित्र बंधन में बाँधना। मनुष्य का सामूहिक कल्याण ही हमारा लक्ष्य हो सकता है। वही मनुष्य का सर्वोत्तम प्राप्य है।

आर्य, द्रविड़, शक, नाग, आभीर आदि जातियों के सैकड़ों वर्षों के संघर्ष के बाद हिंदू दृष्टिकोण बना है। नए सिरे से भारतीय दृष्टिकोण बनाने के लिए इतने ही लंबे अरसे की जरूरत नहीं है। आज हम इतिहास को अधिक यथार्थ ढंग से समझ सकते हैं और तद्नुकूल अपने विकास की योजना बना सकते हैं। धैर्य हमें कभी नहीं छोड़ना चाहिए। इतिहास विधाता के इंगित को समझकर ही हम अपनी योजना बनाएँ, तो सफलता की आशा कर सकते हैं।

बहुविकल्पीय प्रश्न

(क) प्रस्तुत गद्यांश किस विषय-वस्तु पर आधारित है?
 (i) इतिहास विधाता की इंगिता (ii) भारत का नव-निर्माण
 (iii) हिंदू-मुस्लिम एकता (iv) मानव हित

(ख) अटकलपच्चू सिद्धांत के आधार पर कार्यक्रम बनाने से क्या होगा?
 (i) यह अभीष्ट फल की प्राप्ति में सदैव सहायक नहीं होगा
 (ii) इससे सफलता अवश्य मिलेगी
 (iii) इससे सफलता का कोई मार्ग नहीं मिलेगा
 (iv) उपरोक्त सभी

(ग) किस प्रकार के हिंदू-मुस्लिम मिलन से मानवता काँप उठेगी?
 (i) दोनों मिलकर लूट-खसोट मचाने के लिए नया राज्य स्थापित करें
 (ii) भ्रष्टाचार में लिप्त हो जाए
 (iii) हिंदू-मुस्लिम ऐक्य को चरम लक्ष्य मानें
 (iv) विश्व बंधुत्व की भावना का विकास करें

अतिलघूत्तरात्मक प्रश्न

(घ) भविष्य में महत्त्वपूर्ण फल पाने की योग्यता का परिचय किसने दिया?

लघूत्तरात्मक प्रश्न

(ङ) हिंदू-मुस्लिम एकता का क्या उद्देश्य है?

(च) "हिंदू-मुस्लिम एकता भी साधन है साध्य नहीं" लेखक ने ऐसा क्यों कहा?

(छ) लेखक के अनुसार, सफलता पाने के लिए हमें क्या करना चाहिए?

गद्यांश 13

शिक्षा जीवन के सर्वांगीण विकास हेतु अनिवार्य है। शिक्षा के बिना मनुष्य विवेकशील और शिष्ट नहीं बन सकता। विवेक से मनुष्य में सही और गलत का चयन करने की क्षमता उत्पन्न होती है। विवेक से ही मनुष्य के भीतर उसके चारों ओर घटते घटनाक्रमों के प्रति एक उचित दृष्टिकोण उत्पन्न होता है। शिक्षा ही मानव-को-मानव के प्रति मानवीय भावनाओं से पोषित करती है।

शिक्षा से मनुष्य अपने परिवेश के प्रति जाग्रत होकर कर्त्तव्याभिमुख हो जाता है। 'स्व' से 'पर' की ओर अग्रसर होने लगता है। निर्बल की सहायता करना, दुखियों के दु:ख दूर करने का प्रयास करना, दूसरों के दु:ख से दु:खी हो जाना और दूसरों के सुख से स्वयं सुख का अनुभव करना जैसी बातें एक शिक्षित मानव में सरलता से देखने को मिल जाती हैं। इतिहास, साहित्य, राजनीतिशास्त्र, समाजशास्त्र, दर्शनशास्त्र इत्यादि पढ़कर विद्यार्थी विद्वान् ही नहीं बनता, वरन् उसमें एक विशिष्ट जीवन दृष्टि, रचनात्मकता और परिपक्वता का सृजन भी होता है। शिक्षित सामाजिक परिवेश में व्यक्ति अशिक्षित सामाजिक परिवेश की तुलना में सदैव ही उच्च स्तर पर जीवनयापन करता है।

आज के आधुनिक युग में शिक्षा का अर्थ बदल रहा है। शिक्षा भौतिक आकांक्षा की पूर्ति का साधन बनती जा रही है। व्यावसायिक शिक्षा के अंधानुकरण से छात्र सैद्धांतिक शिक्षा से दूर होते जा रहे हैं, जिसके कारण रूस की क्रांति, फ्रांस की क्रांति, अमेरिकी क्रांति, समाजवाद, पूँजीवाद, राजनीतिक व्यवस्था, सांस्कृतिक मूल्यों आदि की सामान्य जानकारी भी व्यावसायिक शिक्षा ग्रहण करने वाले छात्रों को नहीं है।

यह शिक्षा का विशुद्ध रोज़गारोन्मुखी रूप है। शिक्षा के प्रति इस प्रकार का संकुचित दृष्टिकोण अपनाकर विवेकशील नागरिकों का निर्माण नहीं किया जा सकता। भारत जैसे विकासशील देश में शिक्षा रोज़गार का साधन न होकर साध्य हो गई है।

इस कुप्रवृत्ति पर अंकुश लगाना आवश्यक है। जहाँ मानविकी के छात्रों को पत्रकारिता, साहित्य-सृजन, विज्ञापन, जनसंपर्क इत्यादि कोर्स भी कराए जाने चाहिए, ताकि उन्हें रोज़गार के लिए भटकना न पड़े, वहीं व्यावसायिक कोर्स करने वाले छात्रों को मानविकी के विषय; जैसे—इतिहास, साहित्य, राजनीतिशास्त्र, दर्शन आदि का थोड़ा-बहुत अध्ययन अवश्य करना चाहिए, ताकि समाज को विवेकशील नागरिक प्राप्त होते रहें, तभी समाज में संतुलन बना रह सकेगा।

बहुविकल्पीय प्रश्न

(क) एक शिक्षित व्यक्ति में समाज कल्याण हेतु किन बातों का होना आवश्यक है?
 (i) निर्बल की सहायता करना
 (ii) दूसरों के दु:ख से दु:खी हो जाना
 (iii) दु:खियों के दु:ख दूर करने का प्रयास करना
 (iv) उपरोक्त सभी

(ख) "शिक्षा भौतिक आकांक्षा की पूर्ति का साधन बनती जा रही है।" पंक्ति का क्या आशय है?
 (i) व्यावसायिक शिक्षा मनुष्य को सभी सुविधाएँ उपलब्ध कराती है

(ii) व्यावसायिक शिक्षा वर्तमान में मात्र धन कमाने का साधन बनती जा रही है
(iii) व्यावसायिक शिक्षा मनुष्य के लक्ष्य प्राप्ति का साधन बन रही है
(iv) व्यावसायिक शिक्षा मानवीय मूल्यों का विस्तार करने का साधन है

(ग) व्यावसायिक शिक्षा ग्रहण करने वाले छात्रों को किसकी जानकारी नहीं होती?

1. राजनीतिक व्यवस्था
2. सांस्कृतिक मूल्यों की
3. सामाजिक इतिहास की

कूट

(i) केवल 1 (ii) केवल 2
(iii) 1 और 2 (iv) 1, 2 और 3

अतिलघूत्तरात्मक प्रश्न

(घ) व्यावसायिक कोर्स करने वाले छात्रों को किसका अध्ययन अवश्य करना चाहिए?

लघूत्तरात्मक प्रश्न

(ङ) स्व से पर की ओर अग्रसर होने से क्या तात्पर्य है?
(च) शिक्षा का विशुद्ध रोजगारोन्मुखी रूप क्या है?
(छ) विद्यार्थी में रचनात्मकता और परिपक्वता का सृजन कैसे होता है?

गद्यांश 14

आधुनिक समाज में मनुष्य की सोच सिर्फ़ स्वयं तक ही सीमित हो गई है। नैतिकता सिर्फ़ दूसरों को उपदेश देने की वस्तु बनकर रह गई है। आज मनुष्य स्वयं को लाभ पहुँचाने के लिए सभी प्रकार के छल-प्रपंचों का सहारा लेता है। दैनिक जीवन में मानवीय व्यवहार के अंतर्गत एक अत्यधिक महत्त्वपूर्ण गुण सत्य बोलने संबंधी है, जिससे सामाजिक व्यवस्था एवं मानवीय संबंध निर्बाध रूप से निरंतर प्रगतिशील रह सकें, लेकिन एक समय अपनी सत्यवादिता को निभाने वाले राजा हरिश्चंद्र के अतुलनीय त्याग की कल्पना करना भी अब दुर्लभ है, वैसा वास्तविक व्यवहार तो असंभव है।

हमारे समाज के निर्माताओं ने सामाजिक मूल्यों में सत्य बोलने को इतना महत्त्व इसलिए प्रदान किया, ताकि मनुष्य अंत:क्रिया करने वाले दूसरे मनुष्यों के साथ छल-कपट न कर सके, समाज के अन्य सदस्य यथार्थ से वंचित एवं भ्रम के शिकार न रहें।

यह सामाजिक व्यवस्था को न केवल सुचारु ढंग से परिचालित करने में सहायक है, बल्कि इन सामाजिक मूल्यों के माध्यम से समाज अपने सदस्यों को त्याग करने एवं परहित को ध्यान में रखने की भी सीख देता है। यह सामाजिक मूल्यों को और उच्च स्तरीय बनाने एवं गरिमा प्रदान करने का भी कार्य करता है। कहा जा सकता है कि सत्य बोलना एक कुंजी अर्थात् आधारभूत सामाजिक मूल्य है, जिससे अन्य सामाजिक मूल्य अंतर्संबंधित हैं।

इसके ठीक विपरीत झूठ बोलना सबसे बड़ा व्यक्तिगत एवं सामाजिक दुर्गुण है। झूठ बोलना एक प्रकार की चोरी है, जिसमें किसी की दृष्टि से तथ्यों को छिपाया जाता है।

यह लोगों को न केवल वास्तविकता से दूर रखता है, बल्कि भावी परिणाम के प्रति भी सतर्क होने से वंचित करता है, जिसके परिणामस्वरूप व्यापक स्तर पर समाज एवं दूसरे सदस्यों को क्षति होती है। यह व्यक्ति एवं सामाजिक दोनों स्तरों पर अत्यधिक नुकसानदायक एवं कष्टदायी होता है।

यह सामाजिक स्तर पर किया जाने वाला सर्वाधिक नकारात्मक व्यवहार है, क्योंकि इसका प्रभाव वर्तमान के साथ-साथ भविष्य पर भी अत्यंत गंभीर रूप से पड़ता है। झूठ बोलने के कारण व्यक्ति कभी भी वास्तविकता से परिचित नहीं हो पाता, परिणामस्वरूप वह न तो उसे परिवर्तित करने के लिए कोई प्रयास कर पाता है और न ही संभावित दुष्परिणामों के प्रति सतर्क हो पाता है।

इसलिए कहा गया है कि झूठ बोलने से बड़ा कोई पाप नहीं है। 'पाप' इस अर्थ में कि यह हमें दिग्भ्रमित करके वांछित कर्त्तव्यों से वंचित रखता है। झूठ या असत्य कथन ही बुराइयों की जड़ है। दुनिया में आने वाले किसी बच्चे द्वारा सबसे पहला गलत कार्य झूठ बोलना ही है और यहीं से उसमें भावी अनैतिकताओं एवं अपराधों की नींव पड़ती है, इसलिए कहा जाता है कि झूठ बोलना सभी पापों का मूल है।

बहुविकल्पीय प्रश्न

(क) निम्नलिखित कथनों पर विचार कीजिए।

1. आजकल लोग दूसरों को ही नैतिकता का उपदेश देना जानते हैं।
2. दैनिक जीवन में कभी-कभी असत्य बोलना भी पाप नहीं है।
3. झूठ बोलना चोरी नहीं, बल्कि एक प्रकार की कला है।
4. लगातार सत्य बोलने से सामाजिक स्तर गिरने लगता है।

गद्यांश के अनुसार कौन-सा/से कथन सही है/हैं?

(i) केवल 1
(ii) केवल 2
(iii) 2 और 3
(iv) 1 और 4

(ख) निम्नलिखित में से कौन-सा कथन 'झूठ' के संदर्भ में असत्य है?

(i) यह व्यक्तिगत तथा सामाजिक दुर्गुण है।
(ii) इसमें तथ्यों को स्पष्ट किया जाता है।
(iii) यह लोगों को वास्तविकता से दूर रखता है।
(iv) यह व्यक्ति और सामाजिक दोनों स्तरों पर नुकसानदायी है।

(ग) "झूठ बोलने से बड़ा कोई पाप नहीं है", ऐसा कहने का क्या कारण हो सकता है?

(i) झूठ व्यक्ति अपने हित के लिए बोलता है।
(ii) झूठ हमें दिग्भ्रमित करके वांछित कर्त्तव्यों से वंचित रखता है।
(iii) झूठ सामाजिक बुराइयों को जड़ से समाप्त करता है।
(iv) झूठ का वास्तविकता से पर्दा हटाया जा सकता है।

अतिलघूत्तरात्मक प्रश्न

(घ) मानवीय व्यवहार का अत्यंत महत्त्वपूर्ण गुण किसे माना गया है?

लघूत्तरात्मक प्रश्न

(ङ) हमारे समाज के निर्माताओं ने सामाजिक मूल्यों में सत्य वाचन को अत्यधिक महत्त्व क्यों दिया है?

(च) झूठ को सभी पापों का मूल क्यों कहा गया है?

(छ) आधुनिक समाज में नैतिकता कहाँ तक सीमित हो गई है और क्यों?

गद्यांश 15

आज किसी भी व्यक्ति का सबसे अलग एक टापू की तरह जीना संभव नहीं रह गया है। मानव समाज में विभिन्न पंथों और विविध मत-मतांतरों के लोग साथ-साथ रह रहे हैं। ऐसे में यह अधिक आवश्यक हो गया है कि लोग एक-दूसरे को जानें; उनकी आवश्यकताओं को, उनकी इच्छाओं-आकांक्षाओं को समझें; उन्हें वरीयता दें और उनके धार्मिक विश्वासों, पद्धतियों, अनुष्ठानों को सम्मान दें। भारत जैसे देश में यह और भी अधिक आवश्यक है, क्योंकि यह देश किसी एक धर्म, मत या विचारधारा का नहीं है।

स्वामी विवेकानंद इस बात को समझते थे और अपने आचार-विचार में वे अपने समय से बहुत आगे थे। उन्होंने धर्म को मनुष्य की सेवा के केंद्र में रखकर ही आध्यात्मिक चिंतन किया था। उन्होंने यह विद्रोही बयान दिया कि इस देश के तैंतीस करोड़ भूखे, दरिद्र और कुपोषण के शिकार लोगों को देवी-देवताओं की तरह मंदिरों में स्थापित कर दिया जाए और मंदिरों से देवी-देवताओं की मूर्तियों को हटा दिया जाए। उनका दृढ़ मत था कि विभिन्न धर्मों-संप्रदायों के बीच संवाद होना ही चाहिए।

वे विभिन्न संप्रदायों की अनेकरूपता को उचित और स्वाभाविक मानते थे। स्वामी जी विभिन्न धार्मिक आस्थाओं के बीच सामंजस्य स्थापित करने के पक्षधर थे और सभी को एक ही धर्म का अनुयायी बनाने के विरुद्ध थे। वे कहा करते थे—"यदि सभी मानव एक ही धर्म को मानने लगें, एक ही पूजा-पद्धति को अपना लें और एक-सी नैतिकता का अनुपालन करने लगें, तो यह सबसे दुर्भाग्यपूर्ण बात होगी, क्योंकि यह सब हमारे धार्मिक और आध्यात्मिक विकास के लिए प्राणघातक होगा तथा हमें हमारी सांस्कृतिक जड़ों से काट देगा।"

बहुविकल्पीय प्रश्न

(क) 'टापू की तरह' जीने से लेखक का क्या अभिप्राय है?
- (i) घमंड में रहना
- (ii) समाज से अलग रहना
- (iii) समाज से जुड़कर रहना
- (iv) विनम्र बनकर रहना

(ख) निम्नलिखित कथनों पर विचार कीजिए

1. लोगों को समाज में एक-दूसरे को जानने की आवश्यकता नहीं है।
2 हमारे देश में किसी एक ही धर्म या संप्रदाय के लोग नहीं रहते।
3. विवेकानंद जी के अनुसार, सभी को अलग-अलग धर्म का अनुयायी होना चाहिए।
4. मनुष्य का प्रमुख धर्म प्राणिमात्र की सेवा करना ही नहीं होना चाहिए।

गद्यांश के अनुसार कौन-सा/से कथन सही है/हैं?
- (i) केवल 1
- (ii) केवल 2
- (iii) 2 और 3
- (iv) 1 और 4

(ग) विवेकानंद जी ने मंदिरों में किन्हें स्थापित करने का मत दिया?
- (i) देवियों को
- (ii) देवताओं को
- (iii) दरिद्र व कुपोषण के शिकार लोगों को
- (iv) सामान्य मनुष्यों को

अतिलघूत्तरात्मक प्रश्न

(घ) विवेकानंद जी ने किसको मनुष्य की सेवा के केंद्र में रखकर आध्यात्मिक चिंतन किया?

लघूत्तरात्मक प्रश्न

(ङ) स्वामी विवेकानंद को अपने समय से बहुत आगे क्यों कहा गया है?

(च) स्वामी जी के मत में सबसे दुर्भाग्य पूर्ण स्थिति क्या होगी और क्यों?

(छ) भारत देश में क्या आवश्यक है और क्यों?

उत्तर

गद्यांश 1

(क) (iii) केवल 4

(ख) (iii) सठ सुधरहिं सतसंगति पाई

(ग) (iv) चरित्र-निर्माण संगति से होता है।

(घ) प्रस्तुत पंक्ति में रेखांकित पद 'दुर्लभ विभूति' का आशय विलक्षण वैभव से है। सत्संगति को वर्तमान जीवन की दुर्लभ विभूति कहा गया है।

(ङ) गद्यांश के अनुसार, सतत् सत्संगति से विचारों को नई दिशा मिलती है। अच्छे विचार मनुष्य को अच्छे कर्म के लिए प्रेरित करते हैं, जिसके परिणामस्वरूप सुचरित्र का निर्माण होता है।

(च) आचार्य हजारी प्रसाद द्विवेदी के कथन के माध्यम से लेखक ने सत्संगति के प्रभाव का उल्लेख किया है। सत्संगति से विचारों को नई दिशा मिलती है तथा सुचरित्र का निर्माण होता है। महाकवि टैगोर के पास बैठने मात्र से ऐसा लगता है, जैसे भीतर का देवता जाग गया हो।

(छ) शिथिल चरित्र से पूरे राष्ट्र पर चरित्र संकट उपस्थित हो जाता है, क्योंकि व्यक्ति पूरे राष्ट्र का एक घटक है। व्यक्ति के शिथिल चरित्र से राष्ट्र का चरित्र भी प्रभावित होता है।

गद्यांश 2

(क) (ii) चैटबॉट में संचित सूचनाओं का सीमित दायरे में होना।

(ख) (iii) 1 और 4

(ग) (i) कथन (A) और कारण (R) दोनों सही हैं तथा कारण (R), कथन (A) की सही व्याख्या करता है।

(घ) चैटबॉट्स से अभिप्राय ऐसी रोबोटिक मशीन से है, जो मनुष्य का काम कर सके।

(ङ) 'डिजिटल दुनिया पाठ से आवाज़ की ओर बढ़ रही है' पंक्ति से अभिप्राय है कि इस डिजिटल दुनिया में स्वरबद्ध शब्दों का महत्त्व बढ़ रहा है। वर्तमान में डिजिटल युग में सभी पठनीय वस्तुएँ स्वरबद्ध होती जा रही हैं। कई भाषाओं में डिजिटल संचार वॉकल अर्थात् आवाज़ के माध्यम से अपने कार्य को सुचारु ढंग से पूर्ण कर रहा है। 'एलेक्सा' जैसे सर्च इंजन डिजिटल संचार की स्वरबद्धता के प्रतीक बनकर उभरे हैं।

(च) चैटबॉट्स की सबसे बड़ी कमी यह है कि इसकी जानकारी गलत और दोषपूर्ण भी हो सकती है, इसलिए इसे अभी अनेक बाधाओं को पार करके सूचनाओं को बढ़ाना है।

(छ) गूगल या बिंग की तुलना में चैटबॉट्स के अधिक प्रभावशाली होने का कारण चैटबॉट्स का प्रतिक्रिया में मुखर होना और जिज्ञासा पर ज्यादा ध्यान केंद्रित करना है।

गद्यांश 3

(क) (iv) क्योंकि वे जीवन में इनके महत्त्व से परिचित हैं

(ख) (i) सामाजिक व पारिवारिक विघटन

(ग) (i) कथन (A) और कारण (R) दोनों सही हैं तथा कारण (R), कथन (A) की सही व्याख्या करता है।

(घ) गद्यांश के अनुसार बुजुर्गों के प्रति बढ़ती उपेक्षा और तिरस्कार का कारण भौतिक जीवन-शैली का प्रभाव है।

(ङ) गद्यांश के अनुसार, भौतिक सुख-सुविधा के साधनों की वृद्धि ने जीवन को सुगम बनाने के साथ-साथ शारीरिक और मानसिक व्याधियों जैसी दुःखद स्थितियाँ दी हैं, जिसके चलते मानसिक अशांति बढ़ रही है, रोग-शोक बढ़ रहे हैं। भौतिक जीवन-शैली से भारतीय सनातन के मूल्य बदलते जा रहे हैं।

(च) प्रस्तुत गद्यांश में पारिवारिक विघटन को रोकने के लिए वृद्धों से यह अपेक्षा की गई है कि वे परिवार के हर मामले में अनावश्यक हस्तक्षेप न करें। यद्यपि वे बुजुर्ग हैं तथापि उन्हें भी हृदय की विशालता बनाए रखने में संकोच नहीं करना चाहिए।

(छ) प्रस्तुत पंक्ति का आशय है कि भौतिक जीवन-शैली ने हमारी आस्थाओं के मूल्य बदल दिए हैं, इसलिए हम अर्थ प्रधान तक सीमित होकर रह गए हैं। भौतिक जीवन-शैली के कारण ही सनातन संस्कृति के मूल्य बदलते जा रहे हैं।

गद्यांश 4

(क) (iii) समस्त मानव जाति के प्रति कल्याण की भावना

(ख) (iii) 1 और 2

(ग) (i) कथन (A) और कारण (R) दोनों सही हैं तथा कारण (R), कथन (A) की सही व्याख्या करता है।

(घ) योग और टोल फ्री नंबर में समानता है कि इसे कोई भी कभी भी व कहीं से भी प्राप्त कर सकता है, किंतु योग व टोल फ्री नंबर दोनों का लाभ सबके द्वारा प्राप्त किया जा रहा है यह समानता नहीं है।

(ङ) योग शरीर को स्वस्थ रखने के साथ-साथ समग्र जीवन-शैली के प्रति भी जागरूक करता है, जिससे जीवन के प्रति सकारात्मक दृष्टिकोण उत्पन्न हो साथ ही योग समस्त मानवता के कल्याण और प्रकृतिमय जीवन पद्धति अपनाने के लिए भी प्रेरित करता है।

(च) योग को संजीवनी इसलिए कहा गया है, क्योंकि योग शरीर को स्वस्थ बनाता है। योग से तन स्वस्थ और मन विकार मुक्त होता है। योग स्वस्थ और सुखी रहने के लिए अद्भुत व प्रभावी विधि है, इसलिए योग को सदाबहार, रामबाण व संजीवनी कहा गया है।

(छ) प्राचीनकाल में लोगों के निरोग और दीर्घजीवी होने का एकमात्र कारण योग था। योग को जीवन का अभिन्न अंग माना गया है। सनातन काल से ही भारत में शारीरिक, मानसिक और आध्यात्मिक विकास के लिए योग द्वारा शरीर, मन और मस्तिष्क को पुष्ट किए जाने का उल्लेख मिलता है।

गद्यांश 5

(क) (iii) मशीनीकृत

(ख) (i) माता-पिता की ज़रूरत पर ध्यान न दे पाना

(ग) (i) कथन (A) और कारण (R) दोनों सही हैं तथा कारण (R), कथन (A) की सही व्याख्या करता है।

(घ) वृद्ध व्यक्तियों के प्रति बच्चे, पौत्र-पौत्रियाँ और घरेलू नौकर का रवैया अपमानजनक होता है।

(ङ) वृद्ध व्यक्ति युवा लोगों से लंबे तर्क करके स्वयं को मूर्ख बनाते हैं, क्योंकि उनके तर्क कोई सुनना नहीं चाहता। वे सही हो सकते हैं, किंतु उनकी आयु सही नहीं होती। उनके अच्छे कार्य भी पसंद नहीं किए जाते। यहाँ तक कि जब वे युवाओं पर अपने प्यार की वर्षा करते हैं, तो उन्हें ऊँची आवाज में बोलकर अपमानित किया जाता है।

(च) वृद्धावस्था की समस्या आधुनिक समय की उपज है, इसका समाधान वृद्धों के लिए अलग आवास बनाना नहीं है, बल्कि उनका ध्यान रखना, प्यार एवं स्नेह देना है। हमें यह ध्यान रखना चाहिए कि हम भी एक दिन वृद्ध होंगे और यदि हमारे बच्चे भी हमारे साथ ऐसा व्यवहार करेंगे, तो हम भी प्रसन्न एवं खुश नहीं रह सकेंगे। इसलिए अपनी प्रवृत्ति में सकारात्मक परिवर्तन ही एकमात्र समाधान है तभी इस समस्या को समाप्त किया जा सकता है।

(छ) वृद्ध व्यक्ति औद्योगिकरण एवं पश्चिमी सभ्यता के कारण, संयुक्त परिवार के टूटने के परिणामस्वरूप तथा हमारे सिद्धांतों में परिवर्तन के कारण अनेक गंभीर समस्याओं से जूझते हैं एवं उनका जीवन बहुत कष्टकर हो जाता है।

गद्यांश 6

(क) (iii) आधिपत्य जमाने की लिप्सा

(ख) (ii) अव्यवस्था और अराजकता फैल गई

(ग) (ii) कथन (A) और कारण (R) दोनों सही हैं, लेकिन कारण (R), कथन (A) की सही व्याख्या नहीं करता है।

(घ) पड़ोसी नगरों को नष्ट करने और सभी वयस्कों को बलि चढ़ाने का आदेश सिकंदर के द्वारा दिया गया।

(ङ) महाभारत दुर्योधन की महत्त्वाकांक्षा का परिणाम था, क्योंकि दुर्योधन ने प्रारंभ से ही राजा बनने और शासन करने की महत्त्वाकांक्षा पाल रखी थी, इसके लिए उसने अपने चचेरे भाइयों, पांडवों को मारने के षड्यंत्र रचे। उसने उन्हें जिंदा जलाने का प्रयास किया और जुए में चालाकी से हराकर वनवास भेज दिया। वनवास की शर्त पूरी होने पर भी उसने पांडवों को राज्य नहीं लौटाया, तो अंततः महाभारत युद्ध हुआ।

(च) मानवता विरोधी अपराधों से ईश्वर को मानने वाले राजाओं की और तानशाहों की आत्मा पर कोई प्रभाव नहीं पड़ता, क्योंकि अपनी उच्च महत्त्वाकांक्षाओं को पूरा करने के लिए इन्होंने चारों ओर तबाही मचाई है, एक तरफ तो इनकी अत्याचार और यातना की कहानी मिलती है तथा दूसरी ओर दुःख और पीड़ा की।

(छ) महत्त्वाकांक्षा व्यक्ति को झूठा और बेईमान बना देती है, उसके मुँह में राम और बगल में छुरी होती है। वह मित्रता के सभी बंधनों को तोड़कर केवल निजी स्वार्थ में लिप्त रहता है।

गद्यांश 7

(क) (i) वन में लगी आग के समान

(ख) (ii) कथन (A) और कारण (R) दोनों सही हैं, लेकिन कारण (R), कथन (A) की सही व्याख्या नहीं करता है।

(ग) (iii) 2 और 3

(घ) कबीर ने 'खांखर भया पलाश' कहकर पलाश की तुलना सुंदर सजीले नवयुवक से की है।

(ङ) पलाश की उपयोगिता पर्यावरण के लिए प्लास्टिक-पॉलीथीन पर रोक लगने के बाद महसूस की गई, जिसके पत्ते दोने, थैले, पत्तल, थाली, गिलास सहित न जाने कितने उपयोग में आ सकते हैं।

(च) पलाश के वृक्षों को बचाने के लिए वैज्ञानिकों ने ऊतक संवर्द्धन (टिशू कल्चर) द्वारा परखनली में पलाश वन रोपने की योजना प्रस्तुत की है, हरियाणा तथा पुणे में ऐसी दो प्रयोगशालाएँ भी खोली गई हैं।

(छ) उत्तर प्रदेश, मध्य प्रदेश, बिहार, पश्चिम बंगाल, पंजाब हरियाणा, राजस्थान, कर्नाटक, महाराष्ट्र आदि प्रांतों में पलाश के वन घटकर 10% से भी कम हो गए हैं, क्योंकि पिछले तीस-चालीस वर्षों से दोना-पत्तल बनाने वाले कारखाने बढ़ने, गाँव-गाँव में चकबंदी होने तथा वन माफियाओं द्वारा इन वनों की अँधाधुंध कटाई हो रही है।

गद्यांश 8

(क) (ii) प्रथम प्रकार की विद्या

(ख) (iv) दुर्जन से सुजन बनाना

(ग) (iv) शिक्षा के सोपान पर

(घ) देश के स्नातक के लिए जीविकार्जन टेढ़ी खीर बन जाता है अर्थात् वर्तमान समय में स्नातकों के लिए रोजगार पाना अत्यधिक कठिन होता जा रहा है।

(ङ) भारतीय विद्यार्थी को सर्वप्रथम इस प्रकार की शिक्षा दी जानी चाहिए, जो आवश्यक हो, दूसरी जो उपयोगी हो और तीसरी जो हमारे जीवन को परिष्कृत और अलंकृत करती हो। ये तीनों सीढ़ियाँ एक के बाद एक आती हैं, इनमें व्यतिक्रम नहीं होना चाहिए।

(च) वर्तमान भारत में शिक्षा की अवस्था देखकर ऐसा प्रतीत होता है कि प्राचीन भारतीय दार्शनिकों ने 'अन्न से आनंद' की ओर बढ़ने को जो 'विद्या का सार' कहा था, वह सर्वथा समीचीन ही था।

(छ) गद्यांश के अनुसार, बहुत अर्जित कर लेने वाले व्यक्ति का जीवन यदि सुचारु रूप से नहीं चल रहा है, उसमें यदि वह जीवंत-शक्ति नहीं है, जो उसके अपने जीवन को तो सत्पथ पर अग्रसर करती ही है और साथ ही वह अपने समाज, जाति एवं राष्ट्र के लिए भी मार्गदर्शन करती है, तो उसका जीवन भी मानव-जीवन का अभिधान नहीं पा सकता। वह भारवाही गर्दभ बन जाता है या पूँछ-सींग-विहीन पशु कहा जाता है।

गद्यांश 9

(क) (iii) स्वयं का विकास

(ख) (iv) सुधार की संभावना हमेशा रहती है

(ग) (iv) आलोचना के महत्त्व पर

(घ) अपनी निर्णायक क्षमता का बेहतर प्रयोग करके आलोचना में वे बातें जो पीड़ा पहुँचाए, उन्हें स्वीकार करना चाहिए।

(ङ) इस पंक्ति से आशय है कि एक ओर आलोचना के माध्यम से व्यक्ति अपने अहंकार को दूर कर गहरी समझ विकसित कर सकता है या फिर आलोचना को दिल पर लेकर संबंधित व्यक्ति से अपने संबंध बिगाड़ सकता है।

(च) आलोचनात्मक टिप्पणी की सारगर्भिता का आकलन परिपक्वता और विकास की दिशा में उठा पहला कदम होता है। बात भले आचार-व्यवहार, जीवन-शैली में बदलाव की हो या फिर कार्यशैली में परिवर्तन की। हमें हमेशा जागरूक रहना होगा कि हम कैसे इन क्षेत्रों में अपनी शक्ति बढ़ा सकते हैं।

(छ) आलोचना दो तरह की होती है, एक का मकसद कमियों को सामने लाकर उसे दूर करना होता है, जबकि एक महज ईर्ष्यावश या पूर्वाग्रह से ग्रसित होती है। हमें कमियों को इंगित करती अर्थात् सकारात्मक आलोचना को स्वीकार करना चाहिए।

गद्यांश 10

(क) (ii) विज्ञान ने सभी क्षेत्रों में मानव को प्रभावित किया है

(ख) (iii) 1, 3 और 4

(ग) (i) कथन (A) और कारण (R) दोनों सही हैं तथा कारण (R), कथन (A) की सही व्याख्या करता है।

(घ) मानव से विज्ञान की देन को रचनात्मक कार्यों में नियोजित करने की अपेक्षा है।

(ङ) विज्ञान के सहयोग से मनुष्य धरती और समुद्र के अनेक रहस्य जानकर अब अंतरिक्ष लोक में प्रवेश कर चुका है और नए-नए आविष्कार कर रहा है।

(च) शिक्षा और चिकित्सा के क्षेत्र में विज्ञान की देन अभिनंदनीय है। चिकित्सा के क्षेत्र में विज्ञान के द्वारा वैज्ञानिक उपकरणों, यंत्रों, औषधियों के आविष्कार से रोगों की पहचान, निराकरण तथा बीमारियों का उन्मूलन आदि संभव हो सका है। शिक्षा के क्षेत्र में भी नई-नई तकनीकों द्वारा छात्रों को शिक्षा प्रदान की जा रही है।

(छ) वैज्ञानिक चिंतन-पद्धति से मनुष्य अंधविश्वासों और रूढ़ि-परंपराओं से मुक्त होकर स्वस्थ एवं संतुलित ढंग से सोच-विचार कर सकता है और यथार्थ एवं सम्यक् जीवन जी सकता है। इससे मनुष्य के मन को युगों के अंधविश्वासों, भ्रमपूर्ण और दकियानूसी विचारों, भय और अज्ञानता से मुक्ति मिली है।

गद्यांश 11

(क) (ii) प्रेम, भाइचारे एवं सद्भावना पर अत्यधिक बल देने के कारण

(ख) (iv) कविता

(ग) (iii) युग द्रष्टाः संत कबीर

(घ) गद्यांश में कबीरदास के लिए एक सफल साधक, प्रभावशाली उपदेशक, महान नेता और युग-द्रष्टा जैसे उपमानों का प्रयोग किया गया है।

(ङ) कबीरदास का समस्त काव्य विचारों की भव्यता और हृदय की तन्मयता तथा औदार्य से परिपूर्ण हैं। उन्होंने लोक-कल्याण की कामना से प्रेरित होकर स्वानुभूति के सहारे काव्य रचना की।

(च) कबीरदास पाठशाला या मकतब की ड्योढ़ी से दूर जीवन के विद्यालय में 'मसि कागद छुयो नहिं' की दशा में रहकर सत्य, ईश्वर पर विश्वास, प्रेम, अहिंसा, धर्म-निरपेक्षता और सहानुभूति का पाठ पढ़ाकर अनुभूतिमूलक ज्ञान का प्रसार कर रहे थे।

(छ) कबीरदास ने देश की सामाजिक, राजनीतिक, धार्मिक, आर्थिक एवं सांस्कृतिक आदि सभी प्रकार की समस्याओं का समाधान वैयक्तिक जीवन के माध्यम से प्रस्तुत करने का अनूठा प्रयत्न किया। उन्होंने बाँह उठाकर बलपूर्वक कहा

"कबीरा खड़ा बाज़ार में, लिए लुकाटी हाथ।
जो घर जारे आपना, चले हमारे साथ।।"

गद्यांश 12

(क) (iii) हिंदू-मुस्लिम एकता

(ख) (i) यह अभीष्ट फल की प्राप्ति में सदैव सहायक नहीं होगा

(ग) (i) दोनों मिलकर लूट-खसोट मचाने के लिए नया राज्य स्थापित करें

(घ) भविष्य में महत्त्वपूर्ण फल पाने की योग्यता का परिचय भारतीय मनीषा ने दिया।

(ङ) हिंदू-मुस्लिम एकता का उद्देश्य मनुष्य को दासता, मोह, कुसंस्कार और परमुखापेक्षिता से बचाना, मनुष्य को क्षुद्र स्वार्थ और अहमिका की दुनिया से ऊपर उठाकर सत्य, न्याय और औदार्य की दुनिया में ले जाना, मनुष्य द्वारा मनुष्य के शोषण को हटाकर परस्पर सहयोगिता के पवित्र बंधन में बाँधना है।

(च) "हिंदू-मुस्लिम एकता भी साधन है साध्य नहीं" लेखक ने ऐसा इसलिए कहा, क्योंकि बहुत-से लोग हिंदू-मुस्लिम एकता या हिंदू संगठन को लक्ष्य मान बैठते हैं और इस एकीकरण का उपाय सोचने लगते हैं, जबकि यह एकता साधन मात्र है, साध्य नहीं। वास्तव में मनुष्य में पशुओं जैसी स्वार्थी सोच समाप्त कर, परोपकार की भावना जगाते हुए मनुष्यता के आसन पर प्रतिष्ठित करना ही साध्य है।

(छ) लेखक के अनुसार, सफलता पाने के लिए हमें भारतीय दृष्टिकोण बनाना चाहिए। यह कार्य आसानी से किया जा सकता है, क्योंकि अब भारतीयों में इतिहास को समझने की दृष्टि विकसित हो गई है। इतिहास की इसी समझ के साथ हम नई योजनाएँ बना सकते हैं। इसके अतिरिक्त इतिहास निर्माताओं के संकेतों को समझकर योजनाएँ बनाने में सफलता पाई जा सकती है।

गद्यांश 13

(क) (iv) उपरोक्त सभी

(ख) (ii) व्यावसायिक शिक्षा वर्तमान में मात्र धन कमाने का साधन बनती जा रही है

(ग) (iv) 1, 2 और 3

(घ) व्यावसायिक कोर्स करने वाले छात्रों को मानविकी विषय का अध्ययन अवश्य करना चाहिए।

(ङ) 'स्व' से 'पर' की ओर अग्रसर होने से तात्पर्य है– परोपकार करना, निर्बल की सहायता करना, दुखियों के दुःख दूर करने का प्रयास करना, दूसरों के दुःख से दुःखी हो जाना और दूसरों के सुख से स्वयं सुख का अनुभव करना।

(च) छात्र व्यावसायिक शिक्षा के अंधानुकरण से छात्र सैद्धांतिक शिक्षा से दूर होते जा रहे हैं, जिसके कारण रूस की क्रांति, अमेरिका क्रांति, समाजवाद, पूँजीवाद, राजनीतिक व्यवस्था, सांस्कृतिक मूल्यों आदि की सामान्य जानकारी भी व्यावसायिक शिक्षा ग्रहण करने वाले छात्रों को नहीं है। यह शिक्षा का विशुद्ध रोजगारोन्मुखी रूप है।

(छ) विद्यार्थी में रचनात्मकता और परिपक्वता का सृजन इतिहास, साहित्य, राजनीतिशास्त्र, समाजशास्त्र, दर्शनशास्त्र इत्यादि पढ़कर होता है। वह सदैव उच्च स्तर पर जीवनयापन करता है। वह एक विवेकशील नागरिक बनता है।

गद्यांश 14

(क) (i) केवल 1

(ख) (ii) इसमें तथ्यों को स्पष्ट किया जाता है

(ग) (ii) झूठ हमें दिग्भ्रमित करके वांछित कर्त्तव्यों से वंचित रखता है।

(घ) मानवीय व्यवहार का अत्यंत महत्त्वपूर्ण गुण उसके सत्य वाचन (बोलने) को कहा गया है।

(ङ) हमारे समाज के निर्माताओं ने सामाजिक मूल्यों में सत्य वाचन को अत्यधिक महत्त्व इसलिए दिया है, जिससे मनुष्य अंतःक्रिया करने वाले दूसरे मनुष्यों के साथ छल-कपट न कर सके, समाज के सदस्य यथार्थ से वंचित एवं भ्रम के शिकार न हों। समाज के निर्माताओं द्वारा किया गया यह कार्य सामाजिक मूल्यों को उच्च स्तरीय बनाने एवं गरिमा प्रदान करने के लिए किया गया है।

(च) प्रस्तुत गद्यांश में स्पष्ट किया गया है कि दुनिया में कदम रखने वाले किसी भी बच्चे द्वारा सबसे पहला गलत कार्य उसके झूठ बोलने से ही प्रारंभ होता है। झूठ बोलना प्रारंभ करके ही वह गलत मार्ग की ओर अग्रसर होता है और यहीं से उसकी भावी अनैतिक गतिविधियों तथा अपराध करने की शुरुआत होती है। इस कारण झूठ को सभी पापों का मूल कहा गया है।

(छ) आधुनिक समाज में नैतिकता मात्र दूसरों को उपदेश देने तक सीमित हो गई है, क्योंकि मनुष्य केवल अपने लाभ के बारे में सोचता है, चाहे उसके लिए उसे छल-प्रपंच का ही सहारा क्यों न लेना पड़े। आज मनुष्य अपने स्वार्थ की सिद्धि के लिए दूसरों का अहित करने से भी पीछे नहीं हटता।

गद्यांश 15

(क) (ii) समाज से अलग रहना

(ख) (iii) 2 और 3

(ग) (iii) दरिद्र व कुपोषण के शिकार लोगों का

(घ) विवेकानंद जी ने धर्म को मनुष्य की सेवा के केंद्र में रखकर आध्यात्मिक चिंतन किया।

(ङ) स्वामी विवेकानंद को अपने समय से बहुत आगे इसलिए कहा गया है, क्योंकि वे जानते थे कि भारत में एक धर्म, मत या विचारधारा नहीं चल सकती। उनमें संवाद होना अनिवार्य है।

(च) स्वामी जी के मत में सबसे दुर्भाग्य पूर्ण स्थिति वह होगी जब सभी व्यक्ति एक ही धर्म और पूजा-पद्धति व नैतिकता का अनुपालन करने लगेंगे। यदि ऐसा होता है, तो इससे यहाँ धार्मिक व आध्यात्मिक विकास हो जाएगा।

(छ) भारत देश में यह अधिक आवश्यक है कि लोग एक-दूसरे को जाने, उनकी आवश्यकताओं, इच्छाओं-आकांक्षाओं को समझें और उनके धार्मिक विश्वासों, पद्धतियों, अनुष्ठानों को सम्मान दें, क्योंकि यह देश किसी एक धर्म, मत या विचारधारा का नहीं है।

स्वमूल्यांकन

निम्नलिखित पद्यांशों को ध्यानपूर्वक पढ़कर पूछे गए बहुविकल्पीय अतिलघु व लघुउत्तरीय प्रश्नों के उत्तर दीजिए।

गद्यांश 1

आजकल सबसे बड़ी समस्या पाश्चात्यीकरण को आधुनिकीकरण की प्रक्रिया समझने संबंधी भूल है। समाजशास्त्रीय दृष्टिकोण से पाश्चात्यीकरण एवं आधुनिकीकरण की प्रक्रियाएँ सिद्धांततः भिन्न हैं, लेकिन व्यावहारिक रूप में कुछ भिन्नता होने के बावजूद उनमें काफ़ी समानता है। सरल शब्दों में कहें, तो भारत में आधुनिकीकरण की प्रक्रिया पश्चिमीकरण की प्रक्रिया द्वारा ही प्रारंभ होती है।

पश्चिमीकरण की प्रक्रिया में जहाँ पश्चिमी संस्कृति का अनुकरण किया जाता है, जिसमें आधुनिक मूल्यों के साथ-साथ कुछ रूढ़िवादी परंपराएँ भी शामिल रहती हैं, जबकि आधुनिकीकरण की प्रक्रिया एक मूल्य भारित अवधारणा है अर्थात् आधुनिक मूल्यों का अनुकरण करना एवं उनके अनुरूप व्यवहार करना आधुनिकीकरण है। इस तरह पश्चिमीकरण की प्रक्रिया के अंतर्गत आँखें मूँदकर पाश्चात्य देशों की संस्कृति का अनुकरण करना ही आधुनिकीकरण नहीं है। यही कारण है कि पश्चिमीकरण के अंतर्गत मौजूद आधुनिक मूल्यों का अनुकरण करना तो तार्किक एवं उपयुक्त लगता है, लेकिन पाश्चात्य संस्कृति के अन्य तत्त्वों का अंधानुकरण अनुचित। पाश्चात्य संस्कृति का अनुकरण करने की होड़ में हम अपनी भाषा, संस्कृति, वेशभूषा, कला, रहन-सहन, साहित्य आदि सभी को भूल गए हैं। आधुनिकता की इस दौड़ में हमने आर्थिक के साथ-साथ सांस्कृतिक क्षेत्र में भी अत्यंत प्रगति की है।

शिक्षा का प्रसार, संचार साधनों का विकास, भौतिकवादी संस्कृति का प्रचार आदि कारकों ने रूढ़िग्रस्त परंपरागत भारतीय आदर्शों में अनेक सकारात्मक परिवर्तन किए हैं। रूढ़िग्रस्त, आडंबरपूर्ण एवं अतार्किक धर्म के प्रति लोगों का लगाव कम होता जा रहा है। अधिकांश लोग अब भाग्य की अपेक्षा कर्म पर विश्वास करने लगे हैं। आधुनिकता आज समय की माँग है।

बहुविकल्पीय प्रश्न

(क) प्रस्तुत गद्यांश किस विषय-वस्तु पर आधारित है?
- (i) आधुनिकता का महत्त्व
- (ii) पश्चिमीकरण का प्रभाव
- (iii) भारत में आधुनिकता और पश्चिमीकरण का प्रभाव
- (iv) पाश्चात्य संस्कृति की विशेषता

(ख) पाश्चात्यीकरण एवं आधुनिकीकरण की प्रक्रिया सिद्धांततः किस दृष्टिकोण से भिन्न मानी गई है?
- (i) सामाजिक दृष्टिकोण
- (ii) राजनीतिक दृष्टिकोण
- (iii) समाजशास्त्रीय दृष्टिकोण
- (iv) धार्मिक दृष्टिकोण

(ग) **कथन** (A) आधुनिकीकरण की प्रक्रिया में आधुनिकीकरण है।

कारण (R) पाश्चात्य संस्कृति का अनुकरण करने की होड़ में हम सब कुछ भूल गए हैं।
- (i) कथन (A) और कारण (R) दोनों सही हैं तथा कारण (R), कथन (A) की सही व्याख्या करता है।
- (ii) कथन (A) और कारण (R) दोनों सही हैं, लेकिन कारण (R), कथन (A) की सही व्याख्या नहीं करता है।
- (iii) कथन (A) सही है, किंतु कारण (R) गलत है।
- (iv) कथन (A) गलत है, लेकिन कारण (R) सही है।

अतिलघूत्तरात्मक प्रश्न

(घ) आधुनिकता के कारण लोगों का लगाव किस ओर बढ़ा है?

लघूत्तरात्मक प्रश्न

(ङ) पाश्चात्य संस्कृति का अनुकरण करने के क्या परिणाम सामने आए हैं?

(च) पश्चिमीकरण की प्रक्रिया में क्या शामिल रहता है?

(छ) पश्चिमीकरण के अंतर्गत क्या करना तार्किक एवं उपयुक्त लगता है?

गद्यांश 2

राष्ट्रीय भावना के अभ्युदय एवं विकास के लिए भाषा भी एक प्रमुख तत्त्व है। मानव-समुदाय अपनी संवेदनाओं, भावनाओं एवं विचारों की अभिव्यक्ति हेतु भाषा का साधन अपरिहार्यतः अपनाता है, इसके अतिरिक्त उसके पास कोई अन्य विकल्प नहीं है। दिव्य-ईश्वरीय आनंदानुभूति के संबंध में भले ही कबीर ने 'गूँगे केरी शर्करा' उक्ति का प्रयोग किया था, पर इससे उनका लक्ष्य शब्द-रूप भाषा के महत्त्व को नकारना नहीं था। प्रत्युत उन्होंने भाषा को 'बहता नीर' कहकर भाषा की गरिमा प्रतिपादित की थी। विद्वानों की मान्यता है कि भाषा तत्त्व राष्ट्रहित के लिए आवश्यक है। जिस प्रकार किसी एक राष्ट्र के भू-भाग की भौगोलिक विविधताएँ तथा उसके पर्वत, सागर, सरिताओं आदि की बाधाएँ उस राष्ट्र के निवासियों के परस्पर मिलने-जुलने में अवरोधक सिद्ध हो सकती हैं, उसी प्रकार भाषागत विभिन्नता से भी उनके पारस्परिक संबंधों में निर्बाधता नहीं रह पाती। आधुनिक विज्ञान-युग में यातायात एवं संचार के साधनों की प्रगति से भौगोलिक बाधाएँ अब पहले की तरह बाधित नहीं करतीं। इसी प्रकार यदि राष्ट्र की एक संपर्क भाषा का विकास हो जाए, तो पारस्परिक संबंधों के गतिरोध बहुत सीमा तक समाप्त हो सकते हैं।

मानव-समुदाय को एक जीवित-जाग्रत एवं जीवंत शरीर की संज्ञा दी जा सकती है और उसका अपना एक निश्चित व्यक्तित्व होता है। भाषा अभिव्यक्ति के माध्यम से इस व्यक्तित्व को साकार करती है, उसके अमूर्त मानसिक वैचारिक स्वरूप को मूर्त एवं बिंबात्मक रूप प्रदान

करती है। मनुष्यों के विविध समुदाय हैं, उनकी विविध भावनाएँ हैं, विचारधाराएँ हैं, संकल्प एवं आदर्श हैं, उन्हें भाषा ही अभिव्यक्त करने में सक्षम होती है। साहित्य, शस्त्र, गीत-संगीत आदि में मानव-समुदाय अपने आदर्शों, संकल्पनाओं, अवधारणाओं एवं विशिष्टताओं को वाणी देता है, पर क्या भाषा के अभाव में काव्य, साहित्य, संगीत आदि का अस्तित्व संभव है? वस्तुत: ज्ञानराशि एवं भावराशि का अपार संचित कोश जिसे साहित्य का अभिधान दिया जाता है, शब्द रूप ही तो है। अत: इस संबंध में वैमत्स की किंचित् गुंजाइश नहीं है कि भाषा ही एक ऐसा साधन है, जिससे मनुष्य एक-दूसरे के निकट आ सकते हैं, उनमें परस्पर घनिष्ठता स्थापित हो सकती है। यही कारण है कि एक भाषा बोलने एवं समझने वाले लोग परस्पर एकानुभूति रखते हैं, उनके विचारों में ऐक्य रहता है। अत: राष्ट्रीय भावना के विकास के लिए भाषा तत्त्व परम आवश्यक है।

बहुविकल्पीय प्रश्न

(क) गद्यांश के अनुसार, भाव एवं विचार-विनिमय का सक्षम साधन किसे माना गया है?

(i) काव्य एवं साहित्य को (ii) ललित कलाओं को
(iii) शब्दरूपी भाषा को (iv) प्रतीक एवं संकेत को

(ख) राष्ट्रीय भावना के विकास के लिए भाषा तत्त्व को आवश्यक क्यों माना है, क्योंकि

1. वह ज्ञानराशि का अपार भंडार है।
2. वह शब्द रूप है और उसमें साहित्य सर्जना सम्भव है।
3. वह मानव समुदाय की विचाराभिव्यक्ति का साधन है।
4. वह मानव समुदाय में एकानुभूति और विचार का साधन है।

कूट

(i) 1 और 2 (ii) केवल 4
(iii) केवल 3 (iv) 2 और 3

(ग) प्रस्तुत गद्यांश किस विषय-वस्तु पर आधारित है?

(i) भाषा बहता नीर
(ii) साहित्य भाषा
(iii) राष्ट्रीयता और भाषा तत्त्व
(iv) राष्ट्र का विकास

अतिलघूत्तरात्मक प्रश्न

(घ) मनुष्य के पास अपने भावों, विचारों और आदर्शों आदि को सुरक्षित रखने का सशक्त माध्यम क्या है?

लघूत्तरात्मक प्रश्न

(ङ) देश के हित के लिए सम्पर्क भाषा क्यों आवश्यक है?
(च) कबीर ने भाषा को किस प्रकार गरिमा प्रदान की?
(छ) मनुष्य को परस्पर जोड़ने का कार्य कौन करता है?

गद्यांश 3

हर समाज की एक मातृभाषा होती है। उसका अपना विशिष्ट साहित्य होता है। उस भाषा के साहित्य का अध्ययन करके हम उस भाषा-भाषी समाज के बारे में, उसकी सभ्यता और संस्कृति के बारे में ज्ञान प्राप्त कर सकते हैं। विदेशी भाषा का अध्ययन करना बुरी बात नहीं है। इससे हमारी संवेदना व्यापक होती है, हमारे ज्ञान का विस्तार होता है, हमारे मानवीय दृष्टिकोण में व्यापकता आती है और विचारों में उदारता का समावेश होता है। इस दृष्टिकोण से यदि हम सोचें तो कई मायनों में विदेशी भाषा का ज्ञान प्राप्त करना केवल अच्छा ही नहीं वरन् आज की परिस्थितियों में अनिवार्य भी है। अंतर्राष्ट्रीय संबंधों की स्थापना में विदेशी भाषा का ज्ञान बहुत व्यापक सिद्ध होता है। हम जिसे अपना बनाना चाहते हैं, उसकी भाषा का ज्ञान हमारे पास है, तो हम उससे सुगमता से संबंध स्थापित कर सकते हैं। किंतु इसका अर्थ यह नहीं है कि विदेशी भाषा का ज्ञान प्राप्त करने के मोह में हम अपनी ही भाषा की उपेक्षा कर दें। भाषा किसी जाति की सभ्यता और संस्कृति की वाहक होती है।

यदि हमारे पास अपनी भाषा का ज्ञान नहीं होगा तो हम अपनी पहचान खो देंगे। अपनी भाषा या मातृभाषा में हमारा हृदय बोलता है। हमारा राष्ट्र-हृदय उसमें धड़कता है, इसलिए विदेशी भाषा की अपेक्षा मातृभाषा का महत्त्व अधिक होता है। एक स्वाभिमानी स्वतंत्र राष्ट्र अपनी भाषा के स्थान पर किसी विदेशी भाषा को शिक्षा या राज-काज की भाषा के रूप में ग्रहण करना किसी दृष्टिकोण से उचित नहीं कहा जा सकता। जब तक कोई राष्ट्र अपनी भाषा को नहीं अपनाता तब तक वह स्वावलंबी नहीं बन सकता, विकास नहीं कर सकता। उसकी सारी शक्ति अनुवाद और अनुकरण में ही समाप्त हो जाती है। उसकी मौलिक प्रतिभा कुण्ठित हो जाती है। प्रशासक और जनता के बीच एक गहरी खाई बन जाती है, जिसे पाटने के लिए दलाल बीच में आकर अपना स्वार्थ सिद्ध करने में लग जाते हैं। इसलिए कोई विदेशी भाषा चाहे कितनी ही समृद्ध क्यों न हो, उसका चाहे कितना ही व्यापक क्षेत्र क्यों न हो, पर अपनी मातृभाषा के सामने उसका कोई सार्थक महत्त्व नहीं हो सकता। मातृभाषा चिंतन और मनन की भाषा होती है, परंपरा का वह जीवंत प्रतिबिंब है। संपूर्ण समाज उसी के माध्यम से स्वयं को व्यक्त करता है।

बहुविकल्पीय प्रश्न

(क) किसी विशेष भाषा-भाषी समाज, उसकी सभ्यता और संस्कृति के विषय में जानकारी कैसे प्राप्त की जा सकती है?

(i) उस समाज में प्रचलित भाषा को अपनाकर
(ii) उस भाषा-भाषी समाज के साथ विशेष संपर्क स्थापित कर
(iii) उस भाषा-भाषी समाज के साहित्य का अध्ययन कर
(iv) मानवीय दृष्टिकोण में व्यापकता लाकर

(ख) हम जिसे अपना बनाना चाहते हैं, उससे सुगमता से संबंध किसके माध्यम से स्थापित कर सकते हैं?

(i) उसकी सराहना करके
(ii) उसकी भाषा का ज्ञान प्राप्त करके
(iii) उसे अनेक प्रकार के उपहार देकर
(iv) उसकी नकल करके

(ग) गद्यांश के अनुसार, निम्न में से किस स्थिति में प्रशासक और जनता के बीच गहरी खाई बन जाती है?

(i) विदेशी भाषा को प्रशासकीय भाषा के रूप में अपनाने से
(ii) मातृभाषा को विदेशी भाषा की अपेक्षा अधिक महत्त्व देने से
(iii) विदेशी भाषा के मूल्य को कम आँकने से
(iv) कुशल एवं दक्ष दलाल का अभाव होने से

अतिलघूत्तरात्मक प्रश्न

(घ) संपूर्ण समाज की अभिव्यक्ति का माध्यम किसे माना गया है?

लघूत्तरात्मक प्रश्न

(ङ) मनुष्य स्वावलंबी कब बन सकता है?

(च) गद्यांश में ऐसा क्यों कहा गया है कि विदेशी भाषा का अध्ययन बुरी बात नहीं है?

(छ) विदेशी भाषा का ज्ञान कब उपयोगी सिद्ध होता है?

गद्यांश 4

महात्मा गाँधी उस महान व्यक्ति का नाम है, जो हिंसा को अहिंसा से, घृणा को प्रेम से और अविश्वास को विश्वास से जीतने में यकीन रखते थे। आज गाँधीजी तो नहीं हैं, लेकिन उनके विचार एवं क्रियात्मक योगदान 21वीं शताब्दी में भी उतने ही प्रासंगिक हैं, जितने पहले थे। महात्मा गाँधी ने जनभावना को महत्त्व देकर और परंपरागत राष्ट्रवाद को परिष्कृत कर 21वीं सदी के लिए एक आदर्श प्रस्तुत किया। विभिन्न समुदायों के बीच समन्वय स्थापित करने के लिए उन्होंने विविध प्रकार के रचनात्मक कार्यक्रम प्रस्तुत किए। गाँधीजी की विचारधारा परंपरागत राष्ट्रीयता से ऊपर थी। उनका राष्ट्रधर्म वैश्विक था। वे भारतीय संस्कृति से प्रभावित होते हुए भी वेदों में अभिव्यक्त संपूर्ण पृथ्वी के वंदन में विश्वास करते थे—'माता भूमिः पुत्रोऽहं पृथिव्याः।' गाँधीजी ने राष्ट्रवाद को भारतीय चिंतन के अनुरूप वैश्विक बनाकर संकटग्रस्त विश्व को एक नई दिशा प्रदान की।

गाँधीवाद के अंतर्गत सर्वधर्म समभाव की नीति की प्रासंगिकता आज स्पष्ट है। सर्वधर्म समभाव का विचार आज एक सामाजिक एवं सांस्कृतिक अनिवार्यता बन चुका है। धर्म तो व्यक्तिगत आस्था का विषय है। उसे सामाजिक स्तर पर लाने के लिए 'सर्वधर्म समभाव' तक आना ही होगा। धार्मिक कट्टरता आज हमें आण्विक आतंकवाद की दहलीज़ पर पहुँचा चुकी है। ऐसी विषम परिस्थिति में ही स्वामी विवेकानंद ने 'विश्व धर्म' एवं गुरुदेव रवींद्रनाथ ने 'मानव धर्म' की संकल्पना की थी।

यदि विज्ञान सार्वभौमिक हो सकता है, तो धर्म भी सार्वभौमिक होना चाहिए, क्योंकि किसी भी धर्म को श्रेष्ठ समझने का अर्थ है, दूसरे धर्म को हीन समझना नहीं। गाँधीजी ने इस तथ्य को समझाते हुए धर्म को वैश्विक एवं सार्वभौमिक बनाने की कोशिश की। आज के उत्तर-आधुनिक समाज में भी संकुचित सांप्रदायिक विचारधारा एवं अंध कट्टरतावाद को कैसे स्वीकार किया जा सकता है?

धर्म को सिर्फ़ नैतिकता का पर्याय मानना चाहिए। आज के वैश्विक संकट का एक प्रमुख कारण सिद्धांतविहीन राजनीति है। मैकियावेली की नीति से असहमत होते हुए गाँधीवाद के अंतर्गत राजनीति में साधन शुद्धि का समावेश कर राजनीति को एक नया आयाम प्रदान किया गया। गाँधीजी ने अन्याय का प्रतिकार करने के लिए शस्त्र के स्थान पर निःशस्त्र वीरता को प्रदर्शित किया। अहिंसक प्रतिकार को सामूहिक रूप प्रदान कर उसे अत्यधिक शक्तिशाली हथियार बना दिया। आज सभी लोकतांत्रिक समाजों में इस शक्तिशाली हथियार का सर्वाधिक उपयोग होता है।

बहुविकल्पीय प्रश्न

(क) महात्मा गाँधी ने 21वीं सदी के लिए एक आदर्श प्रस्तुत किया
1. जनभावना को महत्त्व देकर
2. परंपरागत राष्ट्रवाद को परिष्कृत कर
3. अपने विचारों को प्रस्तुत कर
4. राजनीति में समावेश कर

कूट

(i) केवल 1 (ii) 1 और 2
(iii) केवल 2 (iv) केवल 4

(ख) धर्म को सामाजिक स्तर पर लाने के लिए क्या करना होगा?
(i) सर्वधर्म समभाव को अपनाना
(ii) व्यक्तिगत आधार को अपनाना
(iii) सांस्कृतिक महत्त्व को अपनाना
(iv) राष्ट्रवाद को अपनाना

(ग) गाँधीजी ने अन्याय का प्रतिकार करने के लिए शस्त्र के स्थान पर किसको प्रदर्शित किया?
(i) धर्म को (ii) समुदाय को
(iii) निःशस्त्र वीरता को (iv) हिंसा को

अतिलघूत्तरात्मक प्रश्न

(घ) गाँधीजी का राष्ट्र धर्म कैसा था?

लघूत्तरात्मक प्रश्न

(ङ) धार्मिक कट्टरता की समाप्ति के लिए रवींद्रनाथ टैगोर ने किसकी संकल्पना की?

(च) विभिन्न समुदायों के बीच समन्वय स्थापित करने के लिए गाँधीजी ने क्या किया?

(छ) गद्यांश के अनुसार, गाँधीजी ने राष्ट्रवाद को भारतीय चिंतन के अनुरूप वैश्विक बनाकर क्या कार्य किया?

गद्यांश 5

भारतीय संस्कृति की सबसे बड़ी विशेषता रही है—'अनेकता में एकता।' यद्यपि ऊपरी तौर पर भारत के विभिन्न प्रदेशों में पर्याप्त भिन्नता दिखाई देती है, तथापि अपने आचार-विचारों की एकता के कारण यहाँ सदा सामासिक संस्कृति का रूप देखने को मिलता है। यही कारण है कि विभिन्नताओं के होते हुए भी भारत सदियों से एक भौगोलिक, राजनीतिक एवं सांस्कृतिक इकाई के रूप में विश्व में अपना स्थान बनाए हुए हैं। इसलिए भारत में अनेकता में एकता के सदैव दर्शन होते हैं। भारतीय संस्कृति में आध्यात्मिकता और भौतिकता दोनों का ही मिश्रण रहा है।

अतः इसकी प्राचीनता, इसकी गतिशीलता, इसका लचीलापन, इसकी ग्रहणशीलता, इसका सामाजिक स्वरूप और अनेकता के भीतर मौजूद एकता ही इसकी प्रमुख विशेषता है। इस विशेषता के कारण ही भारतीय संस्कृति विश्व में अपना एक विशिष्ट स्थान रखती है। भारतीय संस्कृति का इतिहास बहुत प्राचीन है। वास्तव में, संस्कृति का निर्माण एक लंबी परंपरा के बाद होता है। संस्कृति वस्तुतः विचार और आचरण के वे

नियम और मूल्य हैं, जिन्हें कोई समाज अपने अतीत से प्राप्त करता है। इसलिए कहा जा सकता है कि इसे हम अपने अतीत से विरासत के रूप में प्राप्त करते हैं। दूसरे शब्दों में कहें तो संस्कृति एक विशिष्ट जीवन-शैली का नाम है। यह एक सामाजिक विरासत है, जो परंपरा से चली आती रही है। प्राय: सभ्यता और संस्कृति को एक ही मान लिया जाता है, परंतु इसमें भेद है। सभ्यता में मनुष्य के जीवन का भौतिक पक्ष प्रधान होता है अर्थात् सभ्यता का अनुमान सुख-सुविधाओं से लगाया जा सकता है। इसके विपरीत संस्कृति में आचार और विचार पक्ष की प्रधानता होती है। इस प्रकार, 'सभ्यता' को शरीर माना जा सकता है तथा 'संस्कृति' को आत्मा, इसलिए इन दोनों को अलग-अलग करके नहीं देखा जा सकता। वास्तव में, दोनों एक-दूसरे के पूरक हैं।

बहुविकल्पीय प्रश्न

(क) गद्यांश में सामाजिक विरासत किसे कहा गया है?
(i) संस्कृति को (ii) भौतिक पक्ष को
(iii) विचार को (iv) आचरण को

(ख) **कथन** (A) भारतीय संस्कृति विश्व में अपना विशिष्ट स्थान रखती है।
कारण (R) भारत में अनेकता में एकता के सदैव दर्शन होते हैं।
(i) कथन (A) और कारण (R) दोनों सही हैं तथा कारण (R), कथन (A) की सही व्याख्या करता है।
(ii) कथन (A) और कारण (R) दोनों सही हैं, लेकिन कारण (R), कथन (A) की सही व्याख्या नहीं करता है।
(iii) कथन (A) सही है, किंतु कारण (R) गलत है।
(iv) कथन (A) गलत है, लेकिन कारण (R) सही है।

(ग) सभ्यता का अनुमान किससे लगाया जा सकता है?
(i) भीतरी उन्नति से (ii) सुख-सुविधाओं से
(iii) परोपकारिता से (iv) व्यावहारिकता से

अतिलघूत्तरात्मक प्रश्न

(घ) आचार और विचार पक्ष की प्रधानता किसमें होती है?

लघूत्तरात्मक प्रश्न

(ङ) भारतीय संस्कृति में किसका मिश्रण रहा है?
(च) भारत में सामाजिक संस्कृति का रूप दिखाई पड़ने का क्या कारण है?
(छ) भारतीय संस्कृति की सबसे बड़ी विशेषता किसे माना गया है?

गद्यांश 6

भारत एक विशाल देश है, जिसमें भिन्न-भिन्न प्रकार की समस्याएँ व्याप्त हैं, जिनमें से एक है—जनसंख्या वृद्धि। जनसंख्या वृद्धि देश के विकास में बाधा का कार्य करती है, इसलिए हमारी सर्वोच्च प्राथमिकता जनसंख्या वृद्धि को रोकना है। इस क्षेत्र में हमारे सभी प्रयत्न निष्फल रहे हैं। ऐसा क्यों है? यह इसलिए भी हो सकता है, क्योंकि समस्या को देखने का हर एक का अलग दृष्टिकोण है। जनसंख्याशास्त्रियों के लिए यह आँकड़ों का अंबार है। अफसरशाही के लिए यह टारगेट तय करने की कार्यविधि है। राजनीतिज्ञ इसे वोट बैंक की दृष्टि से देखता है। ये सब अपने-अपने ढंग से समस्या को सुलझाने में लगे हैं।
अत: पृथक्-पृथक् किसी के हाथ सफलता नहीं लगी।

परंतु यह स्पष्ट है कि परिवार के आकार पर आर्थिक विकास और शिक्षा का बहुत प्रभाव पड़ता है। यहाँ आर्थिक विकास का तात्पर्य पाश्चात्य मतानुसार भौतिकवाद नहीं जहाँ बच्चों को बोझ माना जाता है। हमारे लिए तो यह सम्मानपूर्वक जीने के स्तर से संबंधित है। यह मौजूदा संपत्ति के समतामूलक विवरण पर ही निर्भर नहीं है वरन् ऐसी शैली अपनाने से संबंधित है, जिसमें अस्सी करोड़ लोगों की ऊर्जा का बेहतर उपयोग हो सके। इसी प्रकार स्त्री-शिक्षा भी है। यह समाज में एक नए प्रकार का चिंतन पैदा करेगी, जिससे सामाजिक और आर्थिक विकास के नए आयाम खुलेंगे और साथ ही बच्चों के विकास का नया रास्ता भी खुलेगा। अत: जनसंख्या की समस्या सामाजिक है। इसे सरकार अकेले नहीं सुलझा सकती। केंद्रीकरण से हटकर इसे ग्राम-ग्राम, व्यक्ति-व्यक्ति तक पहुँचाना होगा। जब तक यह जन-आंदोलन नहीं बन जाता, तब तक सफलता मिलना संदिग्ध है।

बहुविकल्पीय प्रश्न

(क) प्रस्तुत गद्यांश किस विषय-वस्तु पर आधारित है?
(i) जनसंख्या वृद्धि: समस्या और समाधान पर
(ii) आर्थिक विकास में जनसंख्या की भूमिका पर
(iii) विकास के नए आयाम पर
(iv) शिक्षा के योगदान पर

(ख) निम्नलिखित कथनों पर विचार कीजिए।
1. भारत में समस्याओं की कमी नहीं है।
2. भारत के विकास में कोई भी समस्या बाधक नहीं है।
3. आर्थिक विकास से तात्पर्य 'भौतिकवाद' से है।
4. जनसंख्या वृद्धि के नियंत्रण में 'स्त्री-शिक्षा' का स्थान महत्त्वपूर्ण है।

गद्यांश के अनुसार कौन-सा/से कथन सही है/हैं?
(i) केवल 1 (ii) केवल 2
(iii) 2 और 3 (iv) 1 और 4

(ग) गद्यांश के अनुसार, आर्थिक विकास से क्या तात्पर्य है?
(i) सम्मानपूर्वक जीने का स्तर (ii) भौतिकवाद
(iii) शिक्षा का स्तर (iv) संपन्नता

अतिलघूत्तरात्मक प्रश्न

(घ) जनसंख्या वृद्धि को रोकना हमारी सर्वोच्च प्राथमिकता क्यों है?

लघूत्तरात्मक प्रश्न

(ङ) जनसंख्या वृद्धि को रोकने के लिए किस प्रकार का दृष्टिकोण अपनाना चाहिए?
(च) सामाजिक विकास को किस प्रकार बढ़ाया जा सकता है?
(छ) जनसंख्या नियंत्रण के लिए समाज में किस प्रकार का दृष्टिकोण अपनाया जाता है?

गद्यांश 7

साहित्य में मानवीय समाज के सुख-दुख, आशा-निराशा, साहस-भय और उत्थान-पतन का स्पष्ट चित्रण रहता है। साहित्य की इन्हीं खूबियों के कारण इसे 'समाज का दर्पण' कहा जाता है। वास्तव में, देखा जाए तो साहित्य एक स्वायत्त आत्मा है और उसकी सृष्टि करने वाला भी ठीक से यह नहीं बता सकता कि उसके रचे साहित्य की गूँज कब और कहाँ तक जाएगी? कहने का तात्पर्य यह है कि यदि साहित्य समाज में नैतिक सत्य की चिंता है, तो यह समाज की दूरगामी वृत्तियों का रक्षक तत्त्व भी है।

कहा जा सकता है कि साहित्य में सत्य की साधना है, शिवत्व की कामना है और सौंदर्य की अभिव्यंजना है। शुद्ध जीवंत एवं उत्कृष्ट साहित्य मानव एवं समाज की संवेदना और उसकी सहज वृत्तियों को, युगों-युगों तक जन-जन के मानस को रससिक्त करता रहता है। तभी तो शेक्सपियर हों या कालिदास उनकी कृतियाँ आज भी अपनी रससुधा से लोगों के हृदय को आप्लावित कर रही हैं।

एक बात और राजनीतिक दृष्टि से विश्व चाहे कितने ही गुटों में क्यों न बँट गया हो, चाहे उसके मतभेद की खाई कितनी ही गहरी क्यों न हो गई हो, किंतु साहित्य के प्रांगण में सब एक ही हैं, क्योंकि दुनिया का मानव एक है तथा उसकी वृत्तियाँ भी सब जगह और सब कालों में एक समान हैं। प्राचीन ग्रीक साहित्य क्यों प्रिय लगता है, जबकि वह ग्रीक समाज की दास-प्रथा, स्त्रियों की दुर्दशा तथा श्रम से घृणा जैसी विकृतियों से पीड़ित था। वस्तुत: वह आज भी प्रिय एवं आकर्षक इसलिए लगता है, क्योंकि इसमें मनुष्यता का एक युग चित्रित हुआ है। इसमें कोई दो राय नहीं कि मनुष्य के सहज स्वभाव के अनुसार, साहित्य भी परिवर्तित होता रहता है। कारण यह है कि साहित्यकार समय की विचारधारा से अछूता नहीं रह सकता।

साहित्य ही वर्तमान को सामने रखकर भविष्य की रूपरेखा तय करता है। समाज की सुषुप्त विवेकशक्ति को जाग्रत करना साहित्य का बुनियादी लक्ष्य है। अपने समय के सच को उजागर करने के साथ ही गुणात्मक साहित्य सदैव प्रासंगिक बना रहता है तथा जनमानस को आलोक स्तंभ के समान एक दिशा और प्रकाश देता है। कहने की आवश्यकता नहीं कि श्रेष्ठ साहित्य वही होता है, जो अपने भीतर-बाहर सार्वभौमिक मूल्यों, संदेशों एवं उद्देश्यों को समाए रहता है।

बहुविकल्पीय प्रश्न

(क) साहित्य की किस खूबी के कारण इसे समाज का दर्पण कहा जाता है?
- (i) मानव समाज का चित्रण करने के कारण
- (ii) साहित्यकारों को सम्मान देने के कारण
- (iii) समाज के एक पक्ष का चित्रण करने के कारण
- (iv) इतिहास का चित्रण करने के कारण

(ख) निम्नलिखित कथनों पर विचार कीजिए।
1. साहित्य एक परायत्त आत्मा है।
2. साहित्य को समाज का दर्पण कहा जाता है।
3. साहित्य 'सत्यम् शिवम् सुंदरम्' का प्रतिनिधित्व करता है।
4. साहित्य पर समय और परिस्थिति का प्रभाव नहीं पड़ता।

गद्यांश के अनुसार कौन-सा/से कथन सही है/हैं?
- (i) केवल 1 (ii) केवल 2
- (iii) 2 और 3 (iv) 1 और 4

(ग) किस प्रकार का साहित्य सदैव प्रासंगिक बना रहता है?
- (i) गुणों से परिपूर्ण
- (ii) अपने समय के सत्य को उजागर करने वाला
- (iii) (i) और (ii) दोनों
- (iv) बुराइयों का प्रदर्शन करने वाला

अतिलघूत्तरात्मक प्रश्न

(घ) शेक्सपियर की कृतियाँ लोकप्रिय क्यों हैं?

लघूत्तरात्मक प्रश्न

(ङ) विश्व का विभिन्न गुटों में बँटने से साहित्य पर क्या प्रभाव पड़ेगा?

(च) साहित्य का बुनियादी लक्ष्य क्या है?

(छ) श्रेष्ठ साहित्य किसे कहा जाता है?

गद्यांश 8

भाषा का एक प्रमुख गुण है—सृजनशीलता। हिंदी में सृजनशीलता का अद्भुत गुण है, अद्भुत क्षमता है, जिससे वह निरंतर प्रवाहमान है। हिंदी ही ऐसी भाषा है, जिसमें समायोजन की पर्याप्त और जादुई शक्ति है। अन्य भाषाओं और संस्कृतियों के शब्दों को हिंदी जिस अधिकार और सहजता से ग्रहण करती है, उससे हिंदी की संभावनाएँ प्रशस्त होती हैं। हिंदी के लचीलेपन ने अनेक भाषाओं के शब्दों को ही नहीं, उनके सांस्कृतिक तेवरों को भी अपने में समेट लिया है। यही कारण है कि हिंदी सामाजिक संस्कृति तथा विविध भाषा-भाषियों और धर्मावलंबियों की प्रमुख पहचान बन गई है। अरबी, फ़ारसी, तुर्की, अंग्रेज़ी आदि के शब्द हिंदी की शब्द-संपदा में ऐसे मिल गए हैं, जैसे वे जन्म से ही इसी भाषा परिवार के सदस्य हों। यह समाहार उसकी जीवंतता का प्रमाण है।

आज हम परहेज़ी होकर, शुद्धतावाद की जड़ मानसिकता में क़ैद होकर नहीं रह सकते। सूचना-क्रांति, तकनीकी-विकास और वैज्ञानिक आविष्कारों के दबाव ने हमें सबसे संवाद करने के अवसर दिए हैं। विश्व-ग्राम की संकल्पना से हिंदी को निरंतर चलना होगा। इसके लिए आवश्यक है—आधुनिक प्रयोजनों के अनुरूप विकास और भाषा एवं लिपि से संबंधित यांत्रिक साधनों का विकास। इंटरनेट से लेकर बाज़ार तक, राजकाज से लेकर शिक्षा और न्याय के मंदिरों तक हिंदी को उपयोगी और कार्यक्षम बनाने के लिए उसका सरल-सहज होना आवश्यक है और उसकी ध्वनि, लिपि, शब्द-वर्तनी, वाक्य-रचना आदि का मानकीकृत होना भी आवश्यक है।

बहुविकल्पीय प्रश्न

(क) हिंदी की संभावनाएँ कैसे प्रशस्त होती गई हैं?
- (i) अन्य भाषाओं के शब्दों को सहजता से ग्रहण करने से
- (ii) अपने सांस्कृतिक स्वरूप से
- (iii) अपनी तटस्थता से
- (iv) अन्य भाषाओं को तुच्छ समझकर

(ख) प्रस्तुत गद्यांश किस विषय-वस्तु पर आधारित है?
(i) हिंदी भाषा पर
(ii) हिंदी भाषा और अन्य भाषा पर
(iii) हिंदी भाषा और तकनीकी युग पर
(iv) हिंदी के विकास पर

(ग) निम्न कथनों पर विचार कीजिए
1. हिंदी अंतर्राष्ट्रीय सीमाओं में भारत का प्रतिनिधित्व तब कर सकती है, जब सरकार की तत्परता होगी।
2. हिंदी भारत का प्रतिनिधित्व तब कर सकती है, जब जनता की इच्छा शक्ति होगी।
3. जब सरकार की तत्परता के साथ जनता की इच्छा शक्ति को हिंदी से जोड़ा जाएगा, तब वह भारत का प्रतिनिधित्व करेगी।
4. हिंदी भारत का प्रतिनिधित्व तब करेगी, जब उसे अधिक महत्त्व मिलने लगेगा।

गद्यांश के अनुसार कौन-सा/से कथन सही है/हैं?
(i) केवल 1
(ii) 1 और 4
(iii) केवल 3
(iv) केवल 2

अतिलघूत्तरात्मक प्रश्न

(घ) हिंदी भाषा के संदर्भ में शुद्धतावादी होने से क्या तात्पर्य है?

लघूत्तरात्मक प्रश्न

(ङ) हिंदी सामाजिक संस्कृति तथा विविध भाषा-भाषियों और धर्मावलंबियों की प्रमुख पहचान बन गई, क्यों?

(च) हिंदी की जीवंतता का प्रमाण क्या है?

(छ) हिंदी को उपयोगी और कार्यक्षम बनाने के लिए उसे कैसा होना चाहिए?

02

अध्याय

अपठित पद्यांश

अपठित पद्यांश का अर्थ

कविता (काव्य) का वह अंश, जिसका पहले कभी अध्ययन नहीं किया गया हो, अपठित पद्यांश कहलाता है। अपठित पद्यांश का उद्देश्य काव्य-पंक्तियों में प्रयुक्त शब्दों के अर्थ जानना, भाव समझना, विश्लेषण करना, काव्य सौंदर्य को समझना, भाषाशैली को पहचानना आदि में विद्यार्थियों की क्षमता को परखना होता है। अपठित पद्यांश के अंतर्गत विद्यार्थियों को काव्य-पंक्तियों के भावार्थ (मूल भाव) व केंद्रीय भाव को समझकर उसका सावधानीपूर्वक, गंभीरता व गहनता से अध्ययन करना अत्यंत आवश्यक है।

▼ प्रश्न प्रारूप

पद्यांश की संख्या 1

शब्द-सीमा 100

- बहुविकल्पीय प्रश्न
- अतिलघु उत्तरीय प्रश्न
- लघु उत्तरीय प्रश्न

कुल अंक 8

अपठित पद्यांश को हल करने के चरणबद्ध तरीके

- सर्वप्रथम दिए गए अपठित पद्यांश को दो-तीन बार ध्यानपूर्वक पढ़कर उसके मूलभाव को आत्मसात् (समझना) करना चाहिए।
- पद्यांश में दिए गए **महत्त्वपूर्ण संदर्भों** को रेखांकित करते रहना चाहिए। इससे प्रश्नों को हल करने में आसानी होती है।
- भाषिक संरचना एवं व्याकरण सम्बन्धी प्रश्नों के लिए काव्यांश में दिए गए कठिन शब्दों को रेखांकित करना चाहिए।
- पद्यांश में प्रयुक्त अंलकार, रस, छंद आदि भाषिका बिंदुओं को गंभीरता से हल करना चाहिए।

अपठित पद्यांश को हल करते समय ध्यान रखने योग्य बातें

- कवि के विचारों को ध्यान में रखकर ही सर्वाधिक उचित विकल्प का चुनाव अपने उत्तर के रूप में करना चाहिए।
- सही उत्तर के विकल्प का चुनाव करते समय एकाग्र होना चाहिए तथा प्रश्न की प्रकृति पूरी तरह स्पष्ट होने पर ही विकल्प का चयन करना चाहिए।
- सभी प्रश्नों को ध्यानपूर्वक पढ़ने व समझने के पश्चात् ही उसके उत्तर का चुनाव करना चाहिए।
- पद्यांश पर आधारित कथन व **कथन/कारण** वाले बहुविकल्पीय प्रश्नों को हल करने हेतु सर्वप्रथम उनके केंद्र बिंदु व मुख्य उद्देश्य को समझना चाहिए। इसके पश्चात् ही सही विकल्प का चयन करना चाहिए।
- अंत में एक बार सभी प्रश्नों के उत्तर को ध्यानपूर्वक पढ़कर जाँच लेना चाहिए।

सैंपल पद्यांश

यहाँ कुछ उदाहरण दिए जा रहे हैं। विद्यार्थी इन उदाहरणों की मदद से अपठित पद्यांशों को सही प्रकार से हल करना सीख सकते हैं। निम्नलिखित पद्यांशों को पढ़कर इन पर पूछे गए प्रश्नों के उत्तर दीजिए

पद्यांश 1

ग्राम, नगर या कुछ लोगों का नाम नहीं होता है देश
संसद, सड़कों, आयोगों का नाम नहीं होता है देश
देश नहीं होता है केवल सीमाओं से घिरा मकान
देश नहीं होता है कोई सजी हुई ऊँची दुकान
देश नहीं क्लब, जिसमें बैठ करते रहें सदा हम मौज
देश नहीं केवल बंदूकें, देश नहीं होता है फ़ौज
जहाँ प्रेम के दीपक जलते, वहीं हुआ करता है देश
जहाँ इरादे नहीं बदलते, वहीं हुआ करता है देश
सज्जन सीना ताने चलते, वहीं हुआ करता है देश
हर दिल में अरमान मचलते, वहीं हुआ करता है देश
वहीं होता जो सचमुच आगे बढ़ता क़दम-क़दम
धर्म, जाति, भाषाएँ जिसका ऊँचा रखती हैं परचम
पहले हम खुद को पहचानें, फिर पहचानें अपना देश
एक दमकता सत्य बनेगा, नहीं रहेगा सपना देश **CBSE 2024**

बहुविकल्पीय प्रश्न

(क) कवि के अनुसार देश नाम है
(i) ग्राम, नगर या कुछे लोगों का
(ii) सीमाओं और सरहदों से घिरे भूखंड का
(iii) परस्पर सौहार्द, अटल संकल्प, सहृदयता एवं उत्तरोत्तर उन्नति का
(iv) फ़ौज एवं शस्त्रों के ज़खीरों का

(ख) सुमेलित कीजिए।

	सूची-I		सूची-II
A.	संसद	1.	आवागमन की सुविधा के लिए बना समतल मार्ग
B.	सड़क	2.	सर्वोच्च विधायी निकाय
C.	आयोगों	3.	विशेष कार्य के निमित्त सरकार द्वारा गठित संगठन

कूट

	A	B	C		A	B	C
(i)	2	1	3	(ii)	3	2	1
(iii)	1	2	3	(iv)	2	3	1

(ग) 'पहले हम खुद को पहचानें, फिर पहचानें अपना देश' पंक्ति का क्या तात्पर्य है?
(i) निज दुर्बलताओं को पहचान कर सबलताओं में बदलना
(ii) अपनी उन्नति के विषय में सोचना
(iii) निज लाभ के लिए प्रयत्नशील रहना
(iv) अपने परिवार के हित के लिए प्रयासरत रहना

अतिलघूत्तरात्मक प्रश्न

(घ) देश का मस्तक ऊँचा रखने में किस-किस का महत्त्वपूर्ण योगदान है?

लघूउत्तरात्मक प्रश्न

(ङ) देश केवल सत्य मात्र न रहकर दमकता सत्य बनेगा कैसे? स्पष्ट कीजिए।

(च) पद्यांश के आधार पर बताइए कि देश किनका नहीं होता?

उत्तर

(क) (iii) परस्पर सौहार्द, अटल संकल्प, सहृदयता एवं उत्तरोत्तर उन्नति का

(ख) (i) 213

(ग) (i) निज दुर्बलताओं को पहचान कर सबलताओं में बदलना

(घ) देश का मस्तक ऊँचा रखने में विविध धर्म, जाति एवं भाषा के एकत्त्व का महत्त्वपूर्ण योगदान है।

(ङ) देश केवल सत्य मात्र न रहकर एक दमकते सत्य की भाँति सदैव चमकेगा। ऐसा व्यक्ति के विचारों में उनके सदाचरण एवं सद्गुणों में रहकर ही संभव है जहाँ, मनुष्यों में प्रेम व सौहार्द का भाव विख्यात हो।

(च) प्रस्तुत कविता में देश किसी ग्राम, नगर या कुछ लोगों का नहीं होता और न ही किसी सड़क, संसद या आयोग का होता है। देश बनता है इसमें रहने वाले लोगों से उनके विचारों से, उनके सदाचरण से, उनके प्रेम व मजबूत इरादों से। देश प्रत्येक उस नागरिक का है जो धर्म, जाति भाषाओं में स्वयं का बँटवारा नहीं होने देता।

पद्यांश 2

नक्शे में जंगल हैं पेड़ नहीं
नक्शे में नदियाँ हैं पानी नहीं
नक्शे में पहाड़ हैं पत्थर नहीं
नक्शे में देश है लोग नहीं
समझ ही गए होंगे आप कि हम सब
एक नक्शे में रहते हैं
हमारी पैंटों और चप्पलों से लेकर
वल्दियत और चोटों के निशान
नब्ज और स्मृतियाँ सहित नप चुके हैं
और नक्शे तैयार हैं
नक्शों में नदियाँ अब भी कितनी
साफ हैं और चमकदार
कहती हुई
'हमें तो अब यहीं अच्छा लगता है'
नक्शों में गतियाँ हैं, लक्ष्य हैं, दिशाएँ हैं
अतीत हैं, भविष्य हैं और सब तरह के रंग
क्या नहीं है
बाजरे की रोटियाँ और धनिए पोदीने की चटनी तक
नक्शे में जा चुकी है
एक लंबे क्यू में खड़े बदहवास हम पूछते हैं
'भाई साहब,
कहीं' हम नक्शे से बाहर तो नहीं छूट जाएँगे।

CBSE 2025

बहुविकल्पीय प्रश्न

(क) पैंट और चप्पल प्रतीकार्थ हैं
(i) शरीर के अधोभाग में धारण करने वाली चीजों के
(ii) दैनिक जीवन में काम आने वाली चीजों के
(iii) शरीर को आराम पहुँचाने वाली चीजों के
(iv) शरीर की सुंदरता को बढ़ाने वाली चीजों के

(ख) 'वल्दियत' शब्द इशारा करता है
(i) नक्शे में खींचे गए निशान की ओर
(ii) देश और समाज से मिली परंपराओं की ओर
(iii) पुरखों और परंपरा से मिली विरासत की ओर
(iv) वालिद से मिली संपत्ति और विरासत की ओर

(ग) काव्यांश में प्रयुक्त 'बाजरे की रोटियाँ और धनिए-पोदीने की चटनी' प्रतीकार्थ है
(i) हमारे स्वाद का
(ii) ग्रामीण भोजन का
(iii) पारंपरिक भोजन का
(iv) सादे भोजन का

अतिलघूत्तरात्मक प्रश्न

(घ) "नब्ज और स्मृतियाँ नप चुके हैं" का क्या अभिप्राय है?

लघूत्तरात्मक प्रश्न

(ङ) "नदियों को नक्शे में ही रहना अच्छा लगता है" पंक्ति के माध्यम से क्या कटाक्ष किया गया है?

(च) "हम नक्शे से बाहर छूट तो नहीं जाएँगे" पंक्ति में प्रयुक्त 'हम' कौन हैं और उनकी क्या चिंता है?

उत्तर

(क) (ii) दैनिक जीवन में काम आने वाली चीजों के
(ख) (iii) पुरखों और परंपरा से मिली विरासत की ओर
(ग) (iii) पारंपरिक भोजन का
(घ) "नब्ज और स्मृतियाँ नप चुके हैं" का अभिप्राय है कि आधुनिक व्यवस्था में व्यक्ति की पहचान, उसकी भावनाएँ, उसकी यादें और व्यक्तिगत जीवन मात्र आँकड़ों में सिमटकर रह गए हैं। अब व्यक्ति का अस्तित्व केवल सरकारी अभिलेखों या डिजिटल रिकॉर्ड्स तक सीमित हो गया है, जिससे मानवीय संवेदनाएँ विलुप्त होती जा रही हैं।
(ङ) "नदियों को नक्शे में ही रहना अच्छा लगता है" इस पंक्ति के माध्यम से वास्तविकता और सरकारी आँकड़ों के बीच विरोधाभास पर कटाक्ष किया गया है। नक्शों में नदियाँ अब भी स्वच्छ और प्रवाहमान दिखती हैं, जबकि वास्तविकता में वे सूख चुकी हैं या प्रदूषित हो गई हैं। यह सरकारी रिपोर्टों और जमीनी हकीकत के बीच के विरोधाभास को उजागर करता है।
(च) "हम नक्शे से बाहर छूट तो नहीं जाएँगे" इसमें 'हम' उन सामान्य लोगों का प्रतीक हैं, जो आधुनिक व्यवस्था के शिकार हो चुके हैं। वे अपनी पहचान, अस्तित्व और अधिकारों को लेकर चिंतित हैं। वे इस बात से भयभीत हैं कि यदि वे इस व्यवस्था में शामिल नहीं हुए या मुख्यधारा से अलग हो गए, तो कहीं वे पूरी तरह से भुला न दिए जाएँ। नक्शे से बाहर छूटने की आशंका उनके इसी भय को दर्शाती है कि कहीं वे अप्रासंगिक न हो जाएँ या समाज में उनकी कोई पहचान ही न बचे।

परीक्षा अभ्यास

निम्नलिखित पद्यांशों को ध्यानपूर्वक पढ़कर पूछे गए बहुविकल्पीय, अतिलघु व लघु उत्तरीय प्रश्नों के उत्तर दीजिए।

पद्यांश 1

अलग नगर के कोलाहल से, अलग पुरी-पुरजन से
कठिन साधना में उद्योगी लगा हुआ तन-मन से।
निज समाधि में निरत, सदा निज कर्मठता में चूर,
वन्यकुसुम-सा खिला कर्ण, जग की आँखों से दूर।
नहीं फूलते कुसुम मात्र राजाओं के उपवन में,
अमित बार खिलते वे पुर से दूर कुञ्ज-कानन में।
समझे कौन रहस्य? प्रकृति का बड़ा अनोखा हाल
गुदड़ी में रखती चुन-चुन कर बड़े कीमती लाल।
जलद-पटल में छिपा, किंतु रवि कब तक रह सकता है?
युग की अवहेलना शूरमा कब तक सह सकता है?
पाकर समय एक दिन आखिर उठी जवानी जाग,
फूट पड़ी सबके समक्ष पौरुष की पहली आग।
रंगभूमि में अर्जुन था सब समाँ अनोखा बाँधे
बढ़ा भीड़-भीतर से सहसा कर्ण शरासन साधे।
कहता हुआ, 'तालियों से क्या रहा गर्व में फूल?
अर्जुन! तेरा सुयश अभी क्षण में होता है धूल।'
तूने जो जो किया, उसे मैं भी दिखला सकता हूँ,
चाहे तो कुछ नयी कलाएँ भी सिखला सकता हूँ।
आँख खोलकर देख, कर्ण के हाथों का व्यापार
फूले सस्ता सुयश प्राप्त कर, उस नर को धिक्कार ।।

CBSE 2023 (Modified)

बहुविकल्पीय प्रश्न

(क) काव्यांश में कठिन साधना में निरत किसे बताया गया है?
(i) कर्ण को
(ii) अर्जुन को
(iii) भीम को
(iv) दुर्योधन को

(ख) प्रकृति का रहस्य समझ से परे क्यों होता है?
निम्नलिखित कथनों पर विचार कीजिए
कथन 1. शक्ति और सामर्थ्य से अलग घटना होने से
कथन 2. प्रकृति में विद्यमान भिन्नताओं से
कथन 3. प्रकृति के रहस्यों से अनजान रहने से
कथन 4. मनुष्य का अपना सीमित सामर्थ्य होने से
विकल्प
(i) केवल 1 (ii) केवल 3
(iii) 2 और 3 (iv) 1 और 4

(ग) "जलद-पटल में छिपा, किंतु रवि कब तक रह सकता है" पंक्ति का भाव है
(i) बादल सूर्य को ढक नहीं सकता ।
(ii) प्रतिभा को छिपाया नहीं जा सकता ।
(iii) बादलरूपी चादर सूर्य को ढक लेती है।
(iv) सूर्य शक्ति का प्रतीक है।

अतिलघूत्तरात्मक प्रश्न

(घ) कर्ण ने अर्जुन को क्यों ललकारा होगा?

लघूत्तरात्मक प्रश्न

(ङ) कर्ण किस प्रकार के मनुष्यों को धिक्कारता है?

(च) प्रस्तुत काव्यांश का मूलभाव स्पष्ट कीजिए।

पद्यांश 2

हो गया पूर्ण अज्ञातवास,
पांडव लौटे वन से सहास,
पावक में कनक-सदृश तप कर
वीरत्व लिए कुछ और प्रखर
नस-नस में तेज-प्रवाह लिए,
कुछ और नया उत्साह लिए।
सच है, विपत्ति जब आती है
कायर को ही दहलाती है,
शूरमा नहीं विचलित होते,
क्षण एक नहीं धीरज खोते,
विघ्नों को गले लगाते हैं,
काँटों में राह बनाते हैं।
मुख से न कभी उफ कहते हैं,
संकट का चरण न गहते हैं,
जो आ पड़ता सब सहते हैं
उद्योग निरत नित रहते हैं
भूलों का मूल नसाने को
खुद बढ़ विपत्ति पर छाने को।
है कौन विघ्न ऐसा जग में
टिक सके वीर नर के मग में
खम ठोंक ठेलता है जब नर,
पर्वत के जाते पाँव उखड़।
मानव जब जोर लगाता है,
पत्थर पानी बन जाता है।

CBSE 2023 (Modified)

बहुविकल्पीय प्रश्न

(क) 'अज्ञातवास' का अर्थ है?
(i) वन में बसना
(ii) गाँव में बसना
(iii) अनजान स्थान पर रहना
(iv) गुप्त रूप से रहना

(ख) पांडव वन से किस रूप में लौटे थे?
(i) कमज़ोर होकर (ii) दृढ़ होकर
(iii) निर्विकार भाव से (iv) बदले की भावना से

(ग) विपत्ति में किसे घबराहट होती है?
(i) कायर को (ii) कमजोर को
(iii) साहसी को (iv) वीर को

अतिलघुत्तरात्मक प्रश्न

(घ) 'पर्वत के जाते पाँव उखड़'-पंक्ति का क्या आशय है?

लघुत्तरात्मक प्रश्न

(ङ) 'मानव जब ज़ोर लगता है'-पंक्ति में मनुष्य के किस प्रकार के गुण की ओर संकेत है?

(च) प्रस्तुत कविता में कायर व शूरमा के किन गुणों व अवगुणों का वर्णन हुआ है?

पद्यांश 3

मैं कब कहता हूँ जग मेरी दुर्धर गति के अनुकूल बने,
मैं कब कहता हूँ जीवन-मरु नंदन-कानन का फूल बने?
काँटा कठोर है, तीखा है, उसमें उसकी मर्यादा है,
मैं कब कहता हूँ वह घटकर प्रांतर का ओछा फूल बने?
मैं कब कहता हूँ मुझे युद्ध में कहीं न तीखी चोट मिले?
मैं कब कहता हूँ प्यार करूँ तो मुझे प्राप्ति की ओट मिले?
मैं कब कहता हूँ विजय करूँ मेरा ऊँचा प्रासाद बने?
या पात्र जगत की श्रद्धा की मेरी धुंधली-सी याद बने?
पथ मेरा रहे प्रशस्त सदा क्यों विकल करे यह चाह मुझे?
नेतृत्व न मेरा छिन जावे क्यों इसकी हो परवाह मुझे?
मैं प्रस्तुत हूँ चाहे मेरी मिट्टी जनपद की धूल बने-
फिर उस धूली का कण-कण भी मेरा गति-रोधक शूल बने!
CBSE 2024 (Modified)

बहुविकल्पीय प्रश्न

(क) सुमेलित कीजिए।

	सूची I		सूची II
A.	जीवन-मरु	1.	सुखद परिस्थितियाँ
B.	नन्दन-कानन	2.	विपरीत परिस्थितियाँ
C.	गति-रोधक	3.	उत्तरोत्तर उन्ति में बाधक

विकल्प

	A	B	C		A	B	C
(i)	1	2	3	(ii)	2	1	3
(iii)	3	2	1	(iv)	3	1	2

(ख) मैं कब कहता हूँ-पंक्ति में 'कब' क्या इंगित करता है?
(i) सदैव निराकांक्षी
(ii) सदैव आकांक्षी
(iii) सदैव अभिलाषी
(iv) सदैव अस्थिर

(ग) संसार के विषय में कवि का क्या विचार है?
(i) संसार उसकी गति से चले
(ii) संसार तीव्र गति से चले
(iii) संसार धीमी गति से चले
(iv) संसार अपनी गति से चले

अतिलघूत्तरात्मक प्रश्न

(घ) 'वह घटकर प्रांतर का ओछा फूल बने'-से कवि का तात्पर्य है

लघूत्तरात्मक प्रश्न

(ङ) "मैं कब कहता हूँ"-पंक्ति से क्या अभिप्राय है?

(च) जीवन-मरु नंदन कानन का फूल में कौन-सा अलंकार उपयुक्त है?

पद्यांश 4

सामने कुहरा घना है
और मैं सूरज नहीं हूँ
क्या इसी अहसास में जिऊँ
या जैसा भी हूँ नन्हा-सा
एक दिया तो हूँ
क्यों न उसी की उजास में जिऊँ
हर आने वाला क्षण
मुझे यही कहता है-
अरे भई, सूरज तो नहीं हो तुम
और मैं कहता हूँ-
न सही सूरज
एक नन्हा दिया तो हूँ
जितनी भी है लौ मुझमें
उसे लेकर जिया तो हूँ।
कम-से-कम मैं उनमें तो नहीं
जो चाँद दिल के बुझाए बैठे हैं
रात को अमावस बनाए बैठे हैं
उड़ते फिर रहे थे जो जुगनू आँगन में
उन्हें भी मुट्ठियों में दबाए बैठे हैं। **CBSE 2024 (Modified)**

बहुविकल्पीय प्रश्न

(क) "सामने कुहरा घना है-" पंक्ति में 'कुहरा' किस ओर संकेत करता है?

(i) अँधेरा (ii) हताशा-निराशा
(iii) धुंध (iv) अंधकार

(ख) 'जैसा भी हूँ नन्हा-सा एक दिया तो हूँ' कथन में निहित भाव है

(i) आत्मविश्वास का (ii) निराशा का
(iii) हताशा का (iv) दृढ़ता का

(ग) सुमेलित कीजिए

	सूची I		सूची II
A.	सूरज	1.	शक्तियों को नियंत्रण में करना
B.	अमावस	2.	घनघोर निराशा
C.	जुगनू दबाना	3.	सर्वशक्ति संपन्नता

विकल्पः

	A	B	C		A	B	C
(i)	1	2	3	(ii)	3	1	2
(iii)	3	2	1	(iv)	2	3	1

अतिलघूत्तरात्मक प्रश्न

(घ) 'जो चाँद दिल के बुझाए बैठे हैं'-पंक्ति द्वारा कवि ने किन्हें संबोधित किया है?

लघूत्तरात्मक प्रश्न

(ङ) यह कविता क्या संदेश देती है?

(च) दीपक की जिजीविषा क्या है?

पद्यांश 5

मैं भी अगर एक छोटा पंछी होता
तो बस्ती बस्ती में फिरता रहता
सुंदर नद-नालों का यार होता
मस्ती में अपनी झूमता रहता। मैं भी अगर ......
आदमी का गुण मुझ में न होता
ईर्ष्या की आग में न जलता होता
स्वार्थ के युद्ध में न मरता मारता
बंब-मिसाइल की वर्षा न करता। मैं भी अगर ......
आँख में दौलत का काजल न पुतता
शान के लिए पराया माल न हड़पता
हर मानव मेरा हित-बंदु होता
रंग-रूप पर अपना गर्व न करता। मैं भी अगर ......
तब सारा जग मेरा अपना होता
पासपोर्ट-वीज़ा कोई न खोजता
स्वच्छंद वन-वन में घूमता होता
विश्व-भर में मेरा अपना राज्य होता। मैं भी अगर ......
प्यार के गीत जन-जन को सुनाता
आवाज से अपनी सब को लुभाता
मानवता की बेदी पर सिर झुकाता
सागर-उर्मिल का झूला झुलाता
मैं भी अगर एक छोटा पंछी होता ।। **CBSE 2023 (Modified)**

बहुविकल्पीय प्रश्न

(क) पंछी के रूप में कवि की क्या अभिलाषा है?

(i) समस्त विश्व पर राज्य करने की
(ii) समस्त विश्व का भ्रमण करने की
(iii) समस्त विश्व में प्रेम-प्रसार करने की
(iv) समस्त वन-प्रदेश में स्वतंत्र घूमने की

(ख) प्रस्तुत काव्यांश में कवि समर्थक है

(i) भ्रमण, हिंसा, भ्रष्टाचार और अहंकार का
(ii) भ्रमण, अहिंसा, ईमानदारी और शानो-शौकत का
(iii) शांति, हिंसा, ईमानदारी और शानो-शौकत का
(iv) शांति, अहिंसा, ईमानदारी और विश्व बंधुत्व का

(ग) 'स्वच्छंद वन-वन में घूमता होता' पंक्ति में आए 'स्वच्छंद' शब्द का पर्यायवाची नहीं है

(i) आज़ाद (ii) निरंकुश
(iii) मुक्त (iv) नियंत्रित

अतिलघूत्तरात्मक प्रश्न

(घ) 'आदमी का गुण मुझमें होता'-पंक्ति में निहितार्थ गुण से कवि का क्या अभिप्राय है।

लघूत्तरात्मक प्रश्न

(ङ) 'अगर मैं पंछी होता है'-कविता का मूल भाव क्या है?

(च) 'प्यार के गीत जन-जन को सुनाता'-पंक्ति का क्या अर्थ है?

पद्यांश 6

एक बार मुझे आँकड़ों की उल्टियाँ होने लगीं
गिनते गिनते जब संख्या
करोड़ों को पार करने लगी
मैं बेहोश हो गया
होश आया तो मैं अस्पताल में था
खून चढ़ाया जा रहा था
ऑक्सीजन दी जा रही थी
कि मैं चिल्लाया
डॉक्टर मुझे बुरी तरह हँसी आ रही
यह हँसानेवाली गैस है शायद
प्राण बचाने वाली नहीं
तुम मुझे हँसने पर मजबूर नहीं कर सकते
इस देश में हर एक को अफ़सोस के साथ जीने का

पैदाइशी हक़ है वरना
कोई माने नहीं रखते हमारी आज़ादी और प्रजातंत्र
बोलिए नहीं-नर्स ने कहा बेहद कमज़ोर हैं आप
बड़ी मुश्किल से क़ाबू में आया है रक्तचाप
डॉक्टर ने समझाया आँकड़ों का वाइरस
बुरी तरह फैल रहा आजकल
सीधे दिमाग़ पर असर करता
भाग्यवान हैं आप कि बच गए
कुछ भी हो सकता था आपको-
(कवि-कुँवर नारायण) **CBSE SQP 2024**

बहुविकल्पीय प्रश्न

(क) कवि के अनुसार आँकड़ों से क्या किया जा सकता है?
निम्नलिखित कथनों पर विचार कीजिए
कथन 1. आँकड़ों से सच छिपाया जा सकता है।
कथन 2. आँकड़ों से आज़ादी में बाधा उत्पन्न की जा सकती है।
कथन 3. आँकड़ों से अफ़सोस उत्पन्न होता है।
कथन 4. आँकड़ों से हँसाया जा सकता है।

उपर्युक्त में से कौन-सा/से कथन सही है/हैं?
(i) केवल 1 (ii) केवल 3
(iii) 2 और 3 (iv) 1 और 4

(ख) कवि की हँसी का संभावित कारण था -
(i) खून तथा ऑक्सीजन चढ़ाया जाना
(ii) हँसाने वाली गैस
(iii) गलत और झूठे आँकड़े
(iv) आँकड़ों की उल्टियाँ

(ग) सुमेलित कीजिए।

	सूची I		सूची II
A.	आज़ादी और प्रजातन्त्र	1.	गुमराह रखने का हथियार
B.	आँकड़ों का वाइरस	2.	यथार्थ में रहना
C.	अफ़सोस के साथ जीना	3.	सच जानने का अधिकार

कूट

	A	B	C		A	B	C
(i)	2	1	3	(ii)	1	3	2
(iii)	1	2	3	(iv)	3	1	2

अतिलघूत्तरात्मक प्रश्न

(घ) 'आँकड़ों की उल्टियाँ' से कवि का क्या तात्पर्य है?

लघूत्तरात्मक प्रश्न

(ङ) आँकड़ों का वायरस सीधे दिमाग पर कैसे असर करता है?

(च) डॉक्टर के अनुसार कवि के साथ कुछ भी हो सकने से क्या तात्पर्य है?

पद्यांश 7

जो नर आत्म-दान से अपना जीवन-घट भरता है
वही मृत्यु के मुख में भी पड़कर न कभी मरता है।
जहाँ कहीं है ज्योति जगत में, जहाँ कहीं उजियाला
वहाँ खड़ा है कोई अंतिम मोल चुकाने वाला।।
दिया अस्थि देकर दधीचि ने, शिवि ने अंग कतर कर,
हरिश्चंद्र ने कफ़न माँगते हुए सत्य पर अड़कर।
ईसा ने संसार-हेतु शूली पर प्राण गँवाकर
अंतिम मूल्य दिया गाँधी ने तीन गोलियाँ खाकर
हँसकर लिया मरण ओठों पर, जीवन का व्रत पाला,
अमर हुआ सुकरात जगत में पीकर विष का प्याला।
मरकर भी मनसूर नियति की सह पाया ना ठिठोली,
उत्तर में सौ बार चीखकर बोटी-बोटी बोली ।
दान जगत का प्रकृत धर्म है, मनुज व्यर्थ डरता है
एक रोज तो हमें स्वयं सब-कुछ देना पड़ता है।
बचते वही, समय पर जो सर्वस्व दान करते हैं
ऋतु का ज्ञान नहीं जिनको, वे देकर भी मरते हैं।
CBSE 2023 (Modified)

बहुविकल्पीय प्रश्न

(क) संसार में अमर पद को प्राप्त करने के लिए आवश्यक है
(i) आत्मदान करना (ii) परोपकार करना
(iii) त्याग करना (iv) आत्मोत्सर्ग करना

(ख) सत्य पर अडिग रहने वाले महापुरुषों में किसका नाम अमर है?
(i) राम का
(ii) कृष्ण का
(iii) शिवि का
(iv) हरिश्चंद्र का

(ग) काव्यांश में कवि ने महापुरुषों का उल्लेख क्यों किया है?
निम्नलिखित कथनों पर विचार कीजिए
कथन 1 महापुरुषों का परिचय देने के लिए।
कथन 2 महापुरुषों से सीख लेने के लिए।
कथन 3 त्याग और दान की महिमा जानने के लिए।
कथन 4 धर्म की वास्तविकता को जानने के लिए।
कूट
(i) केवल 1 (ii) केवल 3
(iii) 2 और 3 (iv) 1 और 4

अतिलघूत्तरात्मक प्रश्न

(घ) 'ऋतु का ज्ञान नहीं जिनको, वे देकर भी मरते हैं' काव्य-पंक्ति में 'ऋतु' शब्द का क्या अर्थ है?

लघूत्तरात्मक प्रश्न

(ङ) कवि के अनुसार संसार में कौन बच सकता है?

(च) प्रस्तुत काव्यांश के माध्यम से कवि ने क्या संदेश देने का प्रयास किया है?

पद्यांश 8

मित्रता बड़ा अनमोल रतन,
कब उसे तोल सकता है धन?
धरती की तो है क्या बिसात?
आ जाय अगर बैकुंठ हाथ,
उसको भी न्योछावर कर दूँ
कुरुपति के चरणों पर धर दूँ।
सिर लिए स्कंध पर चलता हूँ,
उस दिन के लिए मचलता हूँ,
यदि चले वज्र दुर्योधन पर,
ले लूँ बढ़कर अपने ऊपर।
कटवा दूँ उसके लिए गला,
चाहिए मुझे क्या और भला?
सम्राट बनेंगे धर्मराज,
या पाएगा कुरुराज ताज,
लड़ना भर मेरा काम रहा,
दुर्योधन का संग्राम रहा
मुझको न कहीं कुछ पाना है,
केवल ऋण मात्र चुकाना है।
कुरुराज्य चाहता मैं कब हूँ?
साम्राज्य चाहता मैं कब हूँ?
क्या नहीं आपने भी जाना?
मुझको न आज तक पहचाना?
जीवन का मूल्य समझता हूँ,
धन को मैं धूल समझता हूँ।
धनराशि जोगना लक्ष्य नहीं
साम्राज्य भोगना लक्ष्य नहीं'

CBSE 2023 (Modified)

बहुविकल्पीय प्रश्न

(क) काव्यांश में 'अनमोल रतन' का क्या अर्थ है?
(i) जिसका मूल्य बहुत अधिक हो
(ii) जिसका मूल्य आँका न जा सके
(iii) जिसका मूल्य नापा न जा सके
(iv) जिसका मूल्य जाँचा न जा सके

(ख) किस पर स्वर्ग न्योछावर करने की बात की गई है?
(i) मित्रता पर (ii) धरती पर (iii) धन पर (iv) राज्य पर

(ग) काव्यांश में वक्ता द्वारा युद्ध में सम्मिलित होने का कारण है
(i) साम्राज्य प्राप्ति (ii) कर्त्तव्यपरायणता
(iii) ऋण चुकाना (iv) वीरता-प्रदर्शन

अतिलघूत्तरात्मक प्रश्न

(घ) 'सिर लिए स्कंध पर चलता हूँ'-पंक्ति में स्कंध का क्या अर्थ है?

लघूत्तरात्मक प्रश्न

(ङ) धन को धूल समझने के क्या कारण हो सकते हैं?

(च) 'मित्रता बड़ा अनमोल रतन'-काव्य पंक्ति के माध्यम से 'मित्रता' का मूल्य समझाइए।

पद्यांश 9

झपटता बाज़
फन उठाए साँप
दो पैर पर खड़ी
काँटों से नन्हीं पत्तियाँ खाती
बकरी,
दबे पाँव झाड़ियों में चलता
चीता;
डाल पर उलटा लटक
फल कुतरता तोता
या इन सब की जगह
आदमी होता।
जब भी भूख से लड़ने
कोई खड़ा हो जाता
सुंदर दीखने लगता है।

बहुविकल्पीय प्रश्न

(क) पद्यांश में पशु-पक्षियों की चर्चा किस संदर्भ में की गई है?
(i) भूख से लड़ने के संदर्भ में
(ii) शिकार करने के संदर्भ में
(iii) प्राकृतिक सौंदर्य के संदर्भ में
(iv) मनुष्य से आगे बढ़ने के संदर्भ में

(ख) पद्यांश में दबे पाँव झाड़ियों से चलता हुआ कौन आता है?
(i) तोता (ii) बकरी (iii) चीता (iv) बाज़

(ग) कवि भूख से लड़ने को किसके प्रतीक के रूप में देखता है?
(i) प्राकृतिक गतिविधियों के रूप में
(ii) संघर्ष व दृढ़ता के रूप में
(iii) हिंसक जानवरों के प्रतीक के रूप में
(iv) उपर्युक्त सभी

अतिलघूत्तरात्मक प्रश्न

(घ) प्रस्तुत पद्यांश में बकरी ने पत्तियों का भोजन कहाँ से प्राप्त किया?

लघूत्तरात्मक प्रश्न

(ङ) बाज तथा साँप में कवि को कौन-सा सौंदर्य नजर आता है?

(च) कवि ने वर्तमान समय की किस समस्या को चित्रित किया है?

पद्यांश 10

जी हाँ हुजूर, मैं गीत बेचता हूँ,
मैं तरह-तरह के गीत बेचता हूँ,
मैं किस्म-किस्म के गीत बेचता हूँ,
जी, माल देखिए, दाम बताऊँगा,
बेकाम नहीं हैं, काम बताऊँगा,
कुछ गीत लिखे हैं मस्ती में मैंने,
कुछ गीत लिखे हैं पस्ती में मैंने,
यह गीत सख्त दर्द भुलाएगा,
यह गीत पिया को पास बुलाएगा,
जी, पहले कुछ शर्म लगी मुझको!
पर बाद-बाद में अक्ल जगी मुझको;
जी, लोगों ने तो बेच दिए ईमान,
जी, आप न हों सुनकर ज़्यादा हैरान।

बहुविकल्पीय प्रश्न

(क) प्रस्तुत पद्यांश में कवि किस समस्या से व्यथित है?
(i) काव्य-विषय की समस्या से
(ii) विषय-वस्तु के चुनाव की समस्या से
(iii) बाजारवाद की समस्या से
(iv) गीत बेचने की समस्या से

(ख) 'लोगों ने तो बेच दिए अपने ईमान' पंक्ति संकेत करती है
1. उपभोक्तावादी समाज 2. वस्तुवादी समाज
3. पतनोन्मुखी समाज 4. पूँजीवादी समाज

कूट

(i) केवल कथन 1 (ii) केवल कथन 2
(iii) कथन 1 और 3 (iv) कथन 1, 2 और 3

(ग) कवि ने अपने गीतों की क्या विशेषता बताई है?
(i) मस्ती भरे गीत
(ii) दर्द भुलाने वाले गीत
(iii) पिया को पास बुलाने वाले गीत
(iv) उपर्युक्त सभी

अतिलघूत्तरात्मक प्रश्न

(घ) प्रस्तुत पद्यांश में कवि ने किसकी दुर्दशा को अभिव्यक्त किया है?

लघूत्तरात्मक प्रश्न

(ङ) प्रस्तुत पद्यांश में कवि ने समाज की स्थिति पर व्यंग्य करते हुए क्या कहा है?

(च) प्रस्तुत पद्यांश का मूल भाव क्या है?

पद्यांश 11

मानो, जनता है फूल जिसे अहसास नहीं,
जब चाहो तभी उतार सजा लो दोनों में;
अथवा कोई दुधमुँही जिसे बहलाने के
जंतर-मंतर सीमित हों चार खिलौनों में।
लेकिन होता भूडोल, बवंडर उठते हैं,
जनता जब कोपाकुल हो भृकुटि चढ़ाती है;
दो राह समय के रथ का घर्घर-नाद सुनो,
सिंहासन खाली करो कि जनता आती है।
हुँकारों से महलों की नींव उखड़ जाती,
साँसों के बल से ताज हवा में उड़ता है,
जनता की रोके राह, समय में ताव कहाँ?
वह जिधर चाहती, काल उधर ही मुड़ता है।
अब्दों, शताब्दियों, सहस्राब्द का अंधकार
बीता; गवाक्ष अंबर के दहके जाते हैं;
यह और नहीं कोई, जनता के स्वप्न अजय
चीरते तिमिर का वक्ष उमड़ते जाते हैं।

बहुविकल्पीय प्रश्न

(क) जनता के हुंकारों से महलों की नींव उखड़ने का क्या अभिप्राय है?
(i) अत्याचार सहन करना (ii) शोषकों के घर तोड़ना
(iii) अशांति फैलाना (iv) सत्ता छिनना

(ख) निम्नलिखित कथन कारण को ध्यानपूर्वक पढ़िए उसके बाद दिए गए विकल्पों में से कोई एक सही विकल्प चुनकर लिखिए।
कथन (A) शताब्दियों से फैला अंधकार दूर हो रहा है।
कारण (R) जनता द्वारा अपना अधिकार प्रयोग किया जा रहा है।
(i) कथन (A) तथा कारण (R) दोनों सही हैं तथा कारण (R) कथन (A) की सही व्याख्या करता है।
(ii) कथन (A) गलत है, लेकिन कारण (R) सही है।
(iii) कथन (A) तथा कारण (R) दोनों गलत हैं।
(iv) कथन (A) सही है, लेकिन कारण (R) उसकी गलत व्याख्या करता है।

(ग) 'जंतर-मंतर सीमित हो चार खिलौनों में'—पंक्ति में निहित मूलभाव क्या है?
(i) वायदे मात्र करके जनता को बहलाना
(ii) बच्चों को खिलौने बाँटना
(iii) भारतीय जनता बच्चों के समान कमज़ोर है
(iv) खिलौने रूपी सुंदर बातों द्वारा शासक वर्ग को आकर्षित करना

अतिलघूत्तरात्मक प्रश्न

(घ) जनता का मार्ग रोकने की हिम्मत किसमें नहीं है?

लघूत्तरात्मक प्रश्न

(ङ) जनता की तुलना फूलों से क्यों की गई है?

(च) जनता के क्रोध का क्या परिणाम होता है?

पद्यांश 12

निज भाषा उन्नति अहै, सब उन्नति को मूल।
बिनु निज भाषा ज्ञान के, मिटै न हिय को सूल।।
पढ़े संस्कृत जतन करि, पंडित भे विख्यात।
पै निज भाषा ज्ञान बिन, कहि न सकत इक बात।।
अंग्रेज़ी पढ़ कै जदपि, सब गुन होत प्रबीन।
पै निज भाषा ज्ञान बिन रहत हीन के हीन।।
एक भाषा इक जीव मति सब घर के लोग।
तबै बनत है सबन सों, मिटत मूढ़ता सोग।।
और एक अति लाभ यह यामें प्रगट लखात।
निज भाषा में कीजिए, जो विद्या की बात।।

बहुविकल्पीय प्रश्न

(क) मूर्खता और शोक का शमन करने की विशिष्टता से युक्त कौन होता है?
(i) ज्ञानी जन
(ii) अज्ञानी जन
(iii) अपनी भाषा
(iv) अंग्रेज़ी भाषा

(ख) कवि द्वारा निज भाषा में विद्या की बात को महत्त्व देने का क्या कारण हो सकता है?
(i) अन्य भाषा का बहिष्कार करना
(ii) अपनी भाषा में संप्रेषण की सुगमता अधिक होती है
(iii) अपनी भाषा को विश्व की सर्वश्रेष्ठ भाषा सिद्ध करना
(iv) कठिन विषय अन्य भाषा में जल्दी समझ आता है

(ग) निम्नलिखित कथनों पर विचार कीजिए।
1. मातृभाषा के ज्ञान के बिना मनुष्य अज्ञानी रहता है
2. मातृभाषा के ज्ञान से व्यक्ति की उन्नति संभव नहीं है
3. मातृभाषा के ज्ञान से शीघ्र विद्या प्राप्त हो जाती है

कूट
(i) केवल 1 (ii) केवल 2
(iii) 1 और 3 (iv) 3 और 2

अतिलघूत्तरात्मक प्रश्न

(घ) संस्कृत पढ़ने वालों को कवि ने क्या माना है?

लघूत्तरात्मक प्रश्न

(ङ) कवि ने अपनी भाषा की उन्नति के लिए क्या कहा है?
(च) अंग्रेज़ी पढ़ कै जदपि, सब गुण होत प्रवीन का तात्पर्य है।

पद्यांश 13

है शौक यही अरमान यही,
हम कुछ करके दिखलाएँगे।
मरने वाली दुनिया में हम,
अमरों में नाम लिखाएँगे।
जो लोग गरीब भिखारी हैं,
जिन पर न किसी की छाया है।
हम उनको गले लगाएँगे।
हम उनको सुखी बनाएँगे।
जो लोग अँधेरे घर में हैं,
अपनी ही नहीं नज़र में हैं।
हम उनके कोने-कोने में,
उद्यम का दीप जलाएँगे।
जो लोग हारकर बैठे हैं,
उम्मीद मार कर बैठे हैं।
हम उनके बुझे दिमागों में
फिर से उत्साह जगाएँगे।
रोको मत आगे बढ़ने दो
आज़ादी के दीवाने हैं।
हम मातृभूमि की सेवा में,
अपना सर्वस्व लगाएँगे।
हम उन वीरों के बच्चे हैं,
जो धुन के पक्के सच्चे थे।
हम उनका मान बढ़ाएँगे,

बहुविकल्पीय प्रश्न

(क) कवि किन लोगों के लिए उद्यम का दीप जलाना चाहता है?
(i) जो अज्ञानतावश स्वयं को ही भुला बैठे हैं
(ii) जिन लोगों के घर में प्रकाश की व्यवस्था नहीं है
(iii) जो लोग अंधकारवश स्वयं को नहीं देख पा रहे हैं
(iv) जो आजादी के दीवाने हैं

(ख) कवि किन लोगों में पुन: उत्साह जगाना चाहता है?
1. जो लोग हार मानकर बैठ गए हैं
2. जो लोग जीवन में सम्पन्न है
3. जो लोग अपना उत्साह और आशा खो चुके हैं
4. जो लोग गरीब है

कूट
(i) केवल 1 *(ii)* केवल 2
(iii) 1 और 3 *(iv)* 1 और 2

(ग) पद्यांश में 'हम' शब्द किस अर्थ में प्रयुक्त हुआ है?
(i) देशवासियों के लिए (ii) कवि वर्ग के लिए
(iii) बच्चों के लिए (iv) समाज सेवकों के लिए

अतिलघूत्तरात्मक प्रश्न

(घ) कवि मातृभूमि की सेवा किस प्रकार करना चाहता है?

लघूत्तरात्मक प्रश्न

(ङ) कवि की अभिलाषा क्या है?
(च) प्रस्तुत पद्यांश मे किन लोगों को सुखी करने का संकल्प लिया गया है?

पद्यांश 14

हो दोस्त या कि वह दुश्मन हो,
हो परिचित या परिचय-विहीन
तुम जिसे समझते रहे बड़ा
या जिसे मानते रहे दीन
यदि कभी किसी कारण से
उसके यश पर पड़ती दिखे धूल,
तो सख़्त बात कह उठने की
रे, तेरे हाथों हो न भूल।
मत कहो कि वह ऐसा ही था,
मत कहो कि इसके सौ गवाह,
यदि सचमुच ही वह फिसल गया
या पकड़ी उसने गलत राह,
तो सख़्त बात से नहीं स्नेह से
काम ज़रा लेकर देखो,
अपने अंतर का नेह
अरे, देकर देखो।
कितने भी गहरे रहें गर्त,
हर जगह प्यार जा सकता है,
कितना भी भ्रष्ट ज़माना हो,
हर समय प्यार भा सकता है,
जो गिरे हुओं को उठा सके,
इससे प्यारा कुछ जतन नहीं,
दे प्यार उठा पाए न जिसे
इतना गहरा कुछ पतन नहीं।
देखे से प्यार भरी आँखें
दुस्साहस पीले होते हैं
हर एक धृष्टता के कपोल
आँसू से गीले होते हैं।
तो सख़्त बात से नहीं
स्नेह से काम ज़रा लेकर देखो,

बहुविकल्पीय प्रश्न

(क) प्रस्तुत काव्यांश में कवि ने किस पर प्रकाश डाला है?
(i) प्रेम की शक्ति पर
(ii) गलत राह पर चलने वाले व्यक्ति पर
(iii) व्यक्ति के जीवन पर
(iv) आम आदमी की शक्ति पर

(ख) दी गई सूची-I का सूची-II से सुमेलन कीजिए।

	सूची-I		सूची-II
A.	परिचय-विहीन	1.	हृदय का प्रेम
B.	अंतर का नेह	2.	जिसका कोई अता-पता न हो
C.	दुस्साहस पीले होते	3.	गलत कार्य करने वाले डर जाते हैं

कूट

	A	B	C
(i)	3	1	2
(ii)	1	3	2
(iii)	1	2	3
(iv)	2	1	3

(ग) 'अपने अंतर का नेह अरे, देकर देखो' पंक्ति मे कौन-सा अलंकार है?
(i) अतिशयोक्ति (ii) उत्प्रेक्षा
(iii) उपमा (iv) अनुप्रास

अतिलघूत्तरात्मक प्रश्न

(घ) गलत राह पर चल रहे व्यक्ति को सही राह पर लाने के लिए कैसा व्यवहार किया जाना चाहिए?

लघूत्तरात्मक प्रश्न

(ङ) प्रेम की शक्ति के बारे में कवि की क्या धारणा है?

(च) अंतर का स्नेह बाँटने से व्यक्ति के जीवन पर क्या प्रभाव पड़ता है?

पद्यांश 15

मनमोहनी प्रकृति की जो गोद में बसा है।
सुख स्वर्ग-सा जहाँ है, वह देश कौन-सा है?
जिसके चरण निरंतर रत्नेश धो रहा है।
जिसका मुकुट हिमालय, वह देश कौन-सा है?
नदियाँ जहाँ सुधा की धारा बहा रही हैं।
सींचा हुआ सलोना, वह देश कौन-सा है?
जिसके बड़े रसीले, फल कंद, नाज, मेवे।
सब अंग में सजे हैं, वह देश कौन-सा है?
जिसके सुगंध वाले, सुंदर प्रसून प्यारे।
दिन-रात हँस रहे हैं, वह देश कौन-सा है?
मैदान, गिरि, वनों में, हरियालियाँ महकतीं।
आनंदमय जहाँ है, वह देश कौन-सा है?
जिसकी अनंत वन से धरती भरी पड़ी है।
संसार का शिरोमणि, वह देश कौन-सा है?
सबसे प्रथम जगत में जो सभ्य था यशस्वी।
जगदीश का दुलारा, वह देश कौन-सा है?

बहुविकल्पीय प्रश्न

(क) कवि ने देश का मुकुट हिमालय को क्यों कहा है?
(i) पर्वतों में सबसे कम महत्त्वपूर्ण होने के कारण
(ii) सर्वाधिक ऊँचा होकर मस्तक स्वरूप दिखाई देने के कारण
(iii) धरती से समानता न होने के कारण
(iv) प्राकृतिक सौंदर्य से विरक्त होने के कारण

(ख) दी गई सूची-I का सूची-II से सुमेलन कीजिए

	सूची-I		सूची-II
A.	मनमोहनी	1.	मन को भाने वाली
B.	रत्नेश	2.	सागर, समुद्र
C.	जगदीश का दुलारा	3.	ईश्वर को प्रिय

कूट

	A	B	C		A	B	C
(i)	3	1	2	(ii)	1	3	2
(iii)	1	2	3	(iv)	2	1	3

(ग) 'सुख स्वर्ग-सा जहाँ है, वह देश कौन सा है' पंक्ति में कौन सा अलंकार है?
(i) उपमा (ii) रूपक
(iii) विभावना (iv) श्लेष

अतिलघूत्तरात्मक प्रश्न

(घ) नदियों के जल को किसके समान बताया गया है?

लघूत्तरात्मक प्रश्न

(ङ) भारत के प्राकृतिक सौंदर्य को कवि ने स्वर्ग के सदृश्य क्यों कहा है?

(च) "जिसका चरण निरंतर रत्नेश धो रहा है" पंक्ति से कवि का क्या आशय है?

उत्तर

पद्यांश 1

(क) (i) कर्ण को **(ख)** (ii) केवल 3

(ग) (ii) प्रतिभा को छिपाया नहीं जा सकता।

(घ) अर्जुन को ललकारकर कर्ण अर्जुन से अपने को श्रेष्ठ सिद्ध करना चाहते थे।

(ङ) कर्ण अपनी प्रशंसा में चूर रहने वाले व्यक्तियों व योद्धाओं को धिक्कारता है, जिन्हें अपने सुयश की प्रसिद्धि में ही विलीन रहना आता है, जबकि वह अपने सिद्धांतों का पालन नहीं करता न ही किसी अन्य को स्वयं से सर्वश्रेष्ठ समझता है।

(च) प्रस्तुत काव्यांश में रश्मिरथी के तृतीय सर्ग भाग 1 का वर्णन है, जिसमें कर्ण द्वारा अर्जुन को ललकारना तथा अर्जुन के दंभ का दर्पण की भाँति चूर-चूर करने की बातें कर्ण द्वारा कही गई। वह धनुर्विद्या में अर्जुन से सर्वश्रेष्ठ थे, परंतु उन्हें अपनी कला दिखाने का अवसर नहीं मिला।

पद्यांश 2

(क) (iii) अनजान स्थान पर रहना **(ख)** (ii) दृढ़ होकर

(ग) (i) कायर को

(घ) 'पर्वत के जाते पाँव उखड़' पंक्ति से आशय कठिनाईयों के समाप्त होने से है।

(ङ) व्यक्ति अपनी कड़ी मेहनत और लगन से अपने कठिन कार्यों को भी आसानी से पूरा कर लेता है। मनुष्य जब अपनी सावधानी व बौद्धिक क्षमताओं के आधार पर किसी कार्य को करता है, तभी वह अपने लक्ष्य को प्राप्त करता है। इस कविता में कवि पाठकों को अपनी आकांक्षाओं को पूरा करने की सलाह देता है।

(च) इस कविता के माध्यम से कवि ने मनुष्य की कायरता के बारे में यह वर्णित किया है कि कड़ी विपत्ति आने पर कायर मनुष्य पीठ दिखाकर वहाँ से भाग खड़ा होता है, जबकि शूरमा अपने पथ से तनिक भी विचलित नहीं होते, न ही वह विपत्ति के आने पर धीरज खोते हैं, वह डटकर उन समस्याओं का सामना करते हैं तथा उन्हें उखाड़ फेंकते हैं। इसी में मानव का वीरत्व निहित है।

पद्यांश 3

(क) (ii) 213

(ख) (ii) सदैव आकांक्षी

(ग) (iv) संसार अपनी गति से चले

(घ) कवि अपने संघर्षों व कठिनाइयों से भागना नहीं चाहता तथा उन विपत्तियों को सुखद परिस्थितियों में बदलना चाहता है।

(ङ) ''मै कब कहता हूँ'' से कवि का अभिप्राय यह है कि उसका प्रेम निस्वार्थ हो। वह नहीं चाहता कि प्रेम में उसे कोई लाभ या सुविधा मिले। वह प्रेम को एक स्वभाविक भावना के रूप में देखता है।

(च) जीवन-मरु-नंदन कानन का फूल बने में उपमा अलंकार सुसंगत है, जिसमें 'कानन' और 'फूल' शब्दों के बीच सुगंध और सौंदर्य की तुलना की है।

पद्यांश 4

(क) (ii) हताशा-निराशा **(ख)** (i) आत्मविश्वास का

(ग) (iii) 321

(घ) इस पंक्ति के आधार पर कवि ने उत्साहहीन व्यक्तियों को, उम्मीद की लौ जलाने के लिए कहा है।

(ङ) इस कविता में कुहरा सूर्यास्त का प्रतीक है तथा सूर्योदय' आशा का।

कवि इस कविता के माध्यम से हताशा व निराशा व्यक्ति को जाग्रत रहने का आग्रह करते हैं तथा व्यक्ति को आत्मविश्वास से परिपूर्ण रहना चाहिए। व्यक्ति का अपने मन से हार जाना सही नहीं।

(च) कविता में दीपक की जिजीविषा यह है कि वह भले ही नन्हा व छोटा-सा है, परंतु उसे अपने व्यक्तित्व पर पूरा भरोसा है। दीपक अपने छोटे-से आकार से ही वह खुश है तथा स्वयं के आत्मविश्वास को वह कठिन परिस्थितियों में भी डगमगाने नहीं देता।

पद्यांश 5

(क) (ii) समस्त विश्व का भ्रमण करने की

(ख) (iv) शांति, अहिंसा, ईमानदारी और विश्व बंधुत्व का

(ग) (iv) नियंत्रित

(घ) कवि आदमी में विद्यमान अवगुणों से भली-भाँति परिचित है, घृणा, लाभ, लालच, धोखा आदि। इसलिए वह स्वयं को इन अवगुणों से दूर रखना चाहता है।

(ङ) यदि मनुष्य पंछी होता, तो वह बेपरवाह, आज़ाद-सा आकाश में उड़ता। वह किसी के बंधन में न होता तथा मनुष्य की कमर पर लदी कई वस्तुएँ, मन में घृणा, लालच, बेइमानी, दिखावा, नाम की समानता आदि से कोसों दूर होता। वह संपूर्ण विश्व का भ्रमण शांति, अहिंसा और ईमानदारी से करता। उसके पास स्वतंत्रता ही स्वतंत्रता होती तथा वह संपूर्ण आकाश को अपने नन्हें पंखों से नाप आता।

(च) प्रस्तुत पंक्ति से तात्पर्य है कि यदि मनुष्य पंछी होता तो वह प्यार-भरे मीठे-मीठे गीत सभी लोगों को सुनाता, जिस प्रकार पक्षियों के मधुर गीत मन को प्रचलित करते हैं उसी प्रकार मेरे गीत भी लोगों को लुभाते। इस प्रकार पंछी बनकर प्यार भरे गीत को सम्पूर्ण जगत में फैला देता।

पद्यांश 6

(क) (i) केवल 1

(ख) (iii) गलत और झूठे आँकड़े

(ग) (iv) 312

(घ) आँकड़ों की उल्टियाँ से अभिप्राय मनुष्य का आँकड़ों से अत्यधिक घिरे रहना से है।

(ङ) आँकड़ों से भ्रम उत्पन्न किया जा सकता है, सत्य को छिपाया जा सकता है। इंसान झूठ को सच तथा सच को मिथ्या मानने लगता है। संख्याओं का लंबा-चौड़ा जाल बुना जाता है, जोकि सही नहीं है। यह अत्यधिक खतरनाक होता है।

(च) कवि आँकड़ों का शिकार हो सकता है। ये आँकड़ें अत्यधिक भ्रामकता उत्पन्न करते हैं, सभी अपने-अपने आँकड़ों का खेल खेलने में व्यस्त हैं। आँकड़ों को वे अपने हित में बढ़ा-चढ़ाकर पेश करते हैं, जोकि सच को दबाने, वह झूठ का अपने अनुसार फायदा उठाने को दर्शाते हैं। इन आँकड़ों का प्रभाव डॉक्टर के अनुसार कवि पर खतरनाक व नुकसान पहुँचाने वाला भी हो सकता है।

पद्यांश 7

(क) (i) आत्मदान करना **(ख)** (iv) हरिश्चंद्र का

(ग) (ii) केवल 3

(घ) 'ऋतु' शब्द से अभिप्राय यहाँ समय से है, मनुष्य को समयानुसार ही सही कदम उठाना चाहिए अन्यथा उनके द्वारा किया गया कार्य व्यर्थ है।

(ङ) कवि के अनुसार संसार में वही व्यक्ति बचा रह सकता है, जो दूसरों के लिए अपना सर्वस्व भी न्योछावर कर दे। एक परोपकारी व्यक्ति को दुनिया सदैव सम्मान की दृष्टि से देखती है, उसकी मृत्यु के पश्चात् भी वह दुनिया में अमर रहता है। इसलिए उसी व्यक्ति का जीवन धन्य है, जो त्याग व बलिदान करता है।

(च) कवि ने इस काव्यांश में सहानुभूति को मनुष्य की सबसे बड़ी पूँजी बताया है, क्योंकि यही गुण मनुष्य को महान, उदार और सर्वप्रिय बनाता है। कवि ने दधीचि, कर्ण, हरिश्चंद्र, गाँधीजी आदि महान लोगों के उदाहरण देकर सारी मनुष्यता को त्याग और बलिदान का संदेश दिया है। अपने लिए सभी व्यक्ति जीते हैं, जिन्होंने परोपकार के लिए अपना जीवन त्याग दिया, उनका जीवन ही धन्य है। कवि के अनुसार, मनुष्य को इस नश्वर शरीर के लिए मोह का त्याग कर देना चाहिए, उसे केवल परोपकार करना चाहिए।

पद्यांश 8

(क) (i) जिसका मूल्य अधिक हो **(ख)** (i) मित्रता पर

(ग) (iii) ऋण चुकाना

(घ) इस पंक्ति में स्कंध शब्द का अर्थ 'कंधा' है। दुर्योधन की मित्रता के लिए कर्ण स्वयं को भी न्योछावर करने को आतुर है।

(ङ) धन को धूल समझने के अनेक कारण हो सकते हैं, व्यक्ति के जीवन में स्थायित्व की कमी भी इन कारणों में से एक। कर्ण के जीवन का लक्ष्य मित्रता को भली-भाँति निभाना था, जिसके फलस्वरूप वह किसी साम्राज्य, राजपाट, क्षेत्र, नगर, धन-वैभव आदि के प्रति महत्त्वहीन रहे। कर्ण दुर्योधन के समक्ष इन सभी वस्तुओं को मूल्यहीन समझते थे।

(च) प्रस्तुत कविता में दुर्योधन के प्रति कर्ण की मित्रता का वर्णन है, जहाँ मित्रता कर्ण के लिए अमूल्य निधि है, जिसका कोई मोल नहीं न ही कोई धन और साम्राज्य, इसका स्थान ले सकते हैं। किसी भी मनुष्य के जीवन में एक सच्ची मित्रता अत्यंत महत्त्वपूर्ण रही है, वह अपनी मित्रता के लिए अपना सर्वस्व भी

न्योछावर करने से पीछे नहीं हटते। यह रक्त संबंध से भी परे है। कर्ण स्वयं को एकमात्र मित्र के रूप में देखते रहें और महाभारत के महासंग्राम में मित्रता निभाते-निभाते वीरगति को प्राप्त हुए।

पद्यांश 9

(क) (i) भूख से लड़ने के संदर्भ में **(ख)** (iii) चीता

(ग) (ii) संघर्ष व दृढ़ता के रूप में

(घ) प्रस्तुत पद्यांश में बकरी ने पत्तियों का भोजन काँटों से प्राप्त किया।

(ङ) बाज तथा साँप में कवि को जुझारु प्रवृत्ति का वास्तविक एवं गरिमापूर्ण सौंदर्य नज़र आता है। झपटते बाज और फन उठाए साँप को भूख से लड़ते देखकर कवि को अच्छा लगता है।

(च) कवि ने वर्तमान समय की भूख की समस्या को चित्रित किया है। भूख को मिटाने के लिए जानवर, पशु-पक्षी और मनुष्य आपस में संघर्ष करते रहते हैं।

पद्यांश 10

(क) (iii) बाज़ारवाद की समस्या से **(ख)** (iv) 1, 2 और 3

(ग) (iv) उपर्युक्त सभी

(घ) प्रस्तुत पद्यांश में कवि ने कला और कलाकार की दुर्दशा को अभिव्यक्त किया है।

(ङ) प्रस्तुत पद्यांश में कवि ने समाज की स्थिति पर व्यंग्य करते हुए कहा है कि लोगों ने अर्थ की लालसा में अपना धैर्य और ईमान तक बिक्री के लिए बाज़ार में रख दिया है। वह तो अपना ईमान बचाने के लिए केवल अपने गीत बेच रहा है।

(च) प्रस्तुत पद्यांश में कवि कहना चाहते हैं कि व्यावसायिकता के कारण आज का कवि अपने गीत बेचने के लिए मजबूर है वह ग्राहक की इच्छा के अनुसार गीत लिखने के लिए अभिशप्त है।

पद्यांश 11

(क) (iv) सत्ता छिनना

(ख) (i) कथन (A) तथा कारण (R) दोनों सही हैं तथा कारण (R) कथन (A) की सही व्याख्या करता है।

(ग) (i) वायदे मात्र करके जनता को बहलाना

(घ) जनता का मार्ग रोकने की हिम्मत समय में नहीं है।

(ङ) जनता की तुलना फूल से इसलिए की गई है, क्योंकि फूल की तरह जनता को कभी सिर-आँखों पर बिठाया जाता है तो कभी नीचे गिरा दिया जाता है।

(च) जनता के क्रोध का परिणाम यह होता है कि जनता में क्रान्ति भड़कने लगती है और वह सत्ता को बदल देती है।

पद्यांश 12

(क) (iii) अपनी भाषा

(ख) (ii) अपनी भाषा में संप्रेषण की सुगमता अधिक होती है

(ग) (iii) 1 और 3

(घ) संस्कृत पढ़ने वालो को कवि ने वाणी विहिन पंडित माना है।

(ङ) कवि ने कहा है कि सब प्रकार की उन्नति का आधार अपनी भाषा (हिंदी) की उन्नति करना है। अपनी भाषा के ज्ञान के बिना हृदय का दुःख दूर नहीं हो सकता है।

(च) अंग्रेज़ी पढ़ कै जदपि, सब गुण होत प्रवीन का तात्पर्य है अंग्रेज़ी भाषा के माध्यम से आधुनिक ज्ञान-विज्ञान की बातें सीखी जा सकती हैं, लेकिन जब तक हमें अपनी मातृभाषा का ज्ञान नहीं होगा हम छोटे ही रहेंगे। हम कभी उन्नति नहीं कर सकते।

पद्यांश 13

(क) (i) जो अज्ञानतावश स्वयं को ही भुला बैठे हैं

(ख) (iii) 1 और 3

(ग) (i) देशवासियों के लिए

(घ) कवि मातृभूमि की सेवा अपना सर्वस्व लगाकर करना चाहता है।

(ङ) कवि की अभिलाषा यह है कि मरने से पूर्व देश के लिए कुछ ऐसा करने की जिससे उसका नाम इतिहास में अंकित हो जाए।

(च) प्रस्तुत पद्यांश में जो लोग गरीब हैं, जिन पर किसी की छाया नहीं है, जो लोग असहाय हैं, उन सभी लोगों को सुखी करने का संकल्प लिया गया है।

पद्यांश 14

(क) (i) प्रेम की शक्ति पर

(ख) (iv) 2 1 3

(ग) (iv) अनुप्रास

(घ) गलत राह पर चल रहे व्यक्ति को सही राह पर लाने के लिए प्रेम व अपनेपन का व्यवहार किया जाना चाहिए।

(ङ) कवि की यह धारणा है कि प्रेम में वह शक्ति होती है जो किसी भी व्यक्ति को उचित एवं अभीष्ट मार्ग पर ले आए। प्रेम के द्वारा संसार की सभी बुराइयों को दूर तथा अच्छाइयों का प्रतिस्थापन किया जा सकता है।

(च) अंतर का स्नेह बाँटने से व्यक्ति का स्थान और अधिक ऊँचा हो जाता है। इससे व्यक्ति का जीवन पूर्व की अपेक्षा अधिक सहज एवं कल्याणकारी बन जाता है।

पद्यांश 15

(क) *(ii)* सर्वाधिक ऊँचा होकर मस्तक स्वरूप दिखाई देने के कारण

(ख) *(iii)* 1 2 3

(ग) *(i)* उपमा

(घ) नदियों के जल को अमृत के समान बताया गया है।

(ङ) भारत के प्राकृतिक सौंदर्य को कवि ने स्वर्ग के सदृश्य इसलिए कहा है, क्योंकि इसकी प्राकृतिक सुंदरता में स्वर्ग की सुंदरता, सुख और आनंद का रोचक अनुमान हो रह है।

(च) "जिसका चरण निरंतर रत्नेश धो रहा है" पंक्ति से कवि का आशय है कि भारत देश विश्व का ऐसा महान देश है, जिसकी महानता को प्रकृति भी स्वीकारती है।

स्वमूल्यांकन

निम्नलिखित पद्यांशों को ध्यानपूर्वक पढ़कर पूछे गए बहुविकल्पीय अतिलघु, व लघु उत्तरीय प्रश्नों के उत्तर दीजिए।

पद्यांश 1

पूर्व चलने के, बटोही, बाट की पहचान कर ले।
पुस्तकों में है नहीं छापी गई इसकी कहानी,
हाल इसका ज्ञात होता है न औरों की ज़बानी,
अनगिनत राही गए इस राह से, उनका पता क्या,
पर गए कुछ लोग इस पर, छोड़ पैरों की निशानी,
यह निशानी मूक होकर भी बहुत कुछ बोलती है,
खोल इसका अर्थ, पंथी, पंथ का अनुमान कर ले;
पूर्व चलने के, बटोही, बाट की पहचान कर ले।
यह बुरा है या कि अच्छा, व्यर्थ दिन इस पर बिताना,
जब असंभव छोड़ यह पथ दूसरे पर पग बढ़ाना,
तू इसे अच्छा समझ, यात्रा सरल इससे बनेगी,
सोच मत केवल तुझे ही यह पड़ा मन में बिठाना,
हर सफल पंथी यही विश्वास ले इस पर बढ़ा है,
तू इसी पर आज अपने चित्त का अवधान कर ले;
पूर्व चलने के, बटोही, बाट की पहचान कर ले।
देखते सब हैं इन्हें अपनी उमर, अपने समय में,
और तू कर यत्न भी तो मिल नहीं सकती सफलता,
ये उदय होते हुए, लिए कुछ ध्येय नयनों के निलय,
किंतु जग के पथ पर यदि स्वप्न दो तो सत्य दो सौ,
स्वप्न पर ही मुग्ध मत हो, सत्य का भी ज्ञान कर ले;
पूर्व चलने के, बटोही, बाट की पहचान कर ले।

बहुविकल्पीय प्रश्न

(क) प्रस्तुत पद्यांश में कवि ने किससे आग्रह किया है?
(i) समाज के पूँजीपति वर्ग से
(ii) जीवन पथ पर आगे बढ़ने वाले लोगों से
(iii) जीवन से दु:खी होकर एकांतवास करने वाले लोगों से
(iv) समाज के निम्न वर्ग के लोगों से

(ख) प्रस्तुत पद्यांश में कवि ने स्वप्न के विषय में क्या कहा है?
(i) स्वप्न पर मुग्ध न होकर सत्य को जानना चाहिए
(ii) स्वप्न ही व्यक्ति को आगे बढ़ाना सीखाते हैं
(iii) स्वप्न सुंदर तथा सजीली होते हैं
(iv) स्वप्न सत्य कर्म की ओर प्रवृत करते हैं

(ग) निम्नलिखित कथन कारण को ध्यानपूर्वक पढ़िए उसके बाद दिए गए विकल्पों में से कोई एक सही विकल्प चुनकर लिखिए।
कथन (A) यह निशानी मूक होकर भी बहुत कुछ बोलती है।
कारण (R) कर्महीनता की निशानी मूक होने पर भी सब कुछ बता देती है।
(i) कथन (A) तथा कारण (R) दोनों सही हैं तथा कारण (R) कथन (A) की सही व्याख्या करता है
(ii) कथन (A) गलत है, लेकिन कारण (R) सही हैं
(iii) कथन (A) तथा कारण (R) दोनों गलत हैं
(iv) कथन (A) सही है, लेकिन कारण (R) उसकी गलत व्याख्या करता है

अतिलघूत्तरात्मक प्रश्न

(घ) कवि ने पुस्तकों में क्या नहीं छपे होने की बात की है?

लघूत्तरात्मक प्रश्न

(ङ) पथ की पहचान शीर्षक कविता में किसे और क्या पहचानने की बात कही गई है?

(च) पूर्व चलने के बटोही बाट की पहचान कर ले इसका अर्थ क्या है?

पद्यांश 2

प्राइवेट बस का ड्राइवर है तो क्या हुआ,
सात साल की बच्ची का पिता भी तो है।
सामने गियर के ऊपर
हुक से लटका रखी हैं
काँच की चार गुलाबी चूड़ियाँ
बस की रफ़्तार के मुताबिक
हिलती रहती हैं।
झुक कर मैंने पूछ लिया
खा गया मानो झटका
अधेड़ उम्र का मुच्छड़ रोबीला चेहरा
आहिस्ते से बोला हाँ साहब
लाख कहता हूँ नहीं मानती है मुनिया।
टाँगे हुए है कई दिनों से
अपनी अमानत
यहाँ अब्बा की नज़रों के सामने
मैं भी सोचता हूँ
क्या बिगाड़ती हैं चूड़ियाँ
किस जुर्म पे हटा दूँ इनको यहाँ से?

बहुविकल्पीय प्रश्न

(क) प्रस्तुत पद्यांश में कवि ने किसकी चर्चा की है?
(i) बस ड्राइवर की (ii) एक पिता की
(iii) (i) और (ii) दोनों (iv) समाज के स्वरूप की

(ख) 'बच्ची का पिता भी तो है'—पंक्तियों में निहित भाव क्या है?
(i) बच्ची के प्रति असंवेदनशील भावना
(ii) बच्ची के विवाह के उत्तरदायित्व की भावना
(iii) बच्ची के प्रति आत्मीयता और स्नेह की भावना
(iv) बच्ची के प्रति जिम्मेदारी की भावना

(ग) कवि के पूछने पर ड्राइवर इसलिए झटका खा गया, क्योंकि
(i) उसे अचानक अपनी बेटी की याद आ गई
(ii) वह पूर्ण तत्परता के साथ गाड़ी चला रहा था
(iii) उसे कवि द्वारा किसी प्रश्न के पूछे जाने की उम्मीद न थी
(iv) वह किसी महत्त्वपूर्ण विषय में सोच रहा था

अतिलघूत्तरात्मक प्रश्न

(घ) कवि ने ड्राइवर से क्या प्रश्न किया था?

लघूत्तरात्मक प्रश्न

(ङ) बस में लटकी चूड़ियाँ किसके प्रेम की सूचक हैं?

(च) बस ड्राइवर के चेहरें और उसकी आवाज में निहित विरोधाभास स्पष्ट कीजिए।

पद्यांश 3

कोयल सुना रही है तराने वसंत को,
भँवरे भी आ गए हैं रिझाने वसंत को।
बुलबुल चमन में देखकर तुरंत आ गया,
वसंत आ गया अहा ! वसंत आ गया।।
सोलह सिंगार करके खड़ी है वधू-धरा,
लेकर सुरंग हार खड़ी है वसुंधरा।
सौंदर्य गर्विता वधू का कंत आ गया।
ज्यों भूमिजा के पास उनके राम आ गए,
वृषभानुजा के पास ज्यों कि श्याम आ गए
शकुंतला के पास ज्यों दुष्यंत आ गया,
वसंत आ गया अहा ! वसंत आ गया।।
सर-सर हवा पुकारती वसंत आ गया,
तितली उतारें आरती वसंत आ गया।
सरसों के सर सिहर उठे वसंत आ गया,
चिड़ियों के घर सँवर उठे वसंत आ गया।
नदियों ने छलछला कहा, वसंत आ गया।
झरनों नें गीत गा कहा, वसंत आ गया।
गुलशन में देख-देख गुल अनंत आ गया,
वसंत आ गया अहा ! वसंत आ गया।

बहुविकल्पीय प्रश्न

(क) प्रस्तुत पद्यांश का केंद्रीय भाव क्या है?
(i) वसंत का चित्रण
(ii) प्रकृति का चित्रण
(iii) बसंत के आने पर प्रकृति का मोहक चित्रण
(iv) इतिहास का चित्रण

(ख) बसंत के आगमन पर उल्लासित हो रहा है
1. पशु-पक्षी 2. मानव 3. वनस्पति 4. नदियाँ

कूट
(i) केवल कथन 1 (ii) कथन 2 और 3
(iii) कथन 4 और 1 (iv) कथन 1, 2 और 3

(ग) निम्नलिखित कथन कारण को ध्यानपूर्वक पढ़िए उसके बाद दिए गए विकल्पों में से कोई एक सही विकल्प चुनकर लिखिए।
कथन (A) गुलशन में देख-देख गुलअनन्त आ गया।
कारण (R) अनगिनत फूल वसंत को देखने के साथ-साथ एक-दूसरे को देख-देखकर भी खिल उठे हैं।
(i) कथन (A) तथा कारण (R) दोनों सही हैं तथा कारण (R) कथन (A) की सही व्याख्या करता है
(ii) कथन (A) गलत है, लेकिन कारण (R) सही हैं
(iii) कथन (A) तथा कारण (R) दोनों गलत हैं
(iv) कथन (A) सही है, लेकिन कारण (R) उसकी गलत व्याख्या करता है

अतिलघूत्तरात्मक प्रश्न

(घ) बसंत को रिझाने के लिए कौन आ गया है?

लघूत्तरात्मक प्रश्न

(ङ) बसंत के आने पर दुल्हन रूपी धरती कैसे खड़ी है?
(च) बसंत आने पर भँवरे और कोयल क्या करते हैं?

पद्यांश 4

तुम मांसहीन, तुम रक्तहीन
हे अस्थिशेष! तुम अस्थिहीन,
तुम शुद्ध-बुद्ध आत्मा केवल
हे चिर पुराण! हे चिर नवीन!
तुम पूर्ण इकाई जीवन की,
जिसमें असार भव-शून्य लीन,
आधार अमर, होगी जिस पर
भावी की संस्कृति समासीन।
तुम मांस, तुम्हीं हो रक्त अस्थि—
निर्मित जिनसे नवयुग का तन,
तुम धन्य! तुम्हारा निःस्वार्थ-त्याग
है विश्व भोग का वर साधन,
इस भस्म काम तन की रज से
जग पूर्ण-काम नव जग-जीवन
बीनेगा सत्य-अहिंसा के
ताने-बानों से मानवपन!

बहुविकल्पीय प्रश्न

(क) मानवपन से कवि का क्या तात्पर्य है?
(i) मानव होने का दिखावा करना
(ii) मानव का उदात्त रूप जिसमें एक-दूसरे को सम्मान दिया जाता है
(iii) मानव की तरह व्यवहार न करना
(iv) मानव के लिए बनावटीपन को समाप्त कना

(ख) 'भावी की संस्कृति समासीन' का क्या आशय है?
(i) भविष्य में राष्ट्र की प्रगति की आधारशीला से
(ii) भविष्य में संस्कृति के मतभेद न होने से
(iii) भविष्य और संस्कृति को लेकर संशय से
(iv) भविष्य में राष्ट्र और संस्कृति की अभिन्नता से

(ग) कवि ने भविष्य की मानव-संस्कृति से किसके आदर्शों पर खड़े होने की कामना की है?
(i) पुरातन आदर्शों पर
(ii) हिंसावादी आदर्शों पर
(iii) गाँधीजी के आदर्शों पर
(iv) राजाराम मोहन राय के आदर्शों पर

अतिलघुत्तरात्मक प्रश्न

(घ) कौन हड्डियों का ढाँचा मात्र प्रतीत होते हैं?

लघुत्तरात्मक प्रश्न

(ङ) गाँधीजी को कवि ने चिर पुराण तथा चिर नवीन क्यों कहा है?

(च) सत्य और अहिंसा ने किस प्रकार जग जीवन का सृजन किया?

पद्यांश 5

बन अशोक में लंकेश्वर के जनक-नंदिनी थी रोती,
पूर्वजन्म के किए पाप को नयन सलिल से थी धोती,
जिसका फल पा पृथक् हुई थी प्राणनाथ से वह अपने,
जिसने बना दिए थे सब सुख जैसे निर्धन के सपने।।
घिरी निशाचरियों से वह थी देती दिखलाई ऐसे
काँटों से आवृत्त मृदु वल्ली दिखती मुरझाई जैसे,
अथवा चंद्रकिरण दिखती ज्यों घिरी मेघ के खंडों से,
अथवा ज्यों मुरझाई नलिनी आवृत्त कर्दम पिंडों से।।
पत्र-पीतिमा पतझड़ तरु की छाई थी उसके मुख पर,
काली छाया दुष्टदेव की मँडराती जिससे मिलकर,
लाली मधुर कुसुम पाटल की चली गई थी मुख पर से
पीली सरसों के नयनों से भी थे हिमजल कण बरसे।।
व्यथित हृदय की विकल वेदना रो-रो उठती थी पल-पल,
बहते नयनों के निर्झर थे करते क्रंदन मौन विकल।
खारे आँसू बह नयनों से मलिन कपोलों को करते,
हृदय-कूप-दु:ख मलिन-सलिल को धीरे निष्कासित करते।।
रोते-रोते सूख चला था उसके नयनों का पानी,
समझ नहीं आती है बहुधा मूढ़ दैव को नादानी,
काँप-काँप थे उठते जिसके भय से जग के वीर महा
उसकी ही पत्नी थी रोती नयन-नीर की नदी बहा।।

बहुविकल्पीय प्रश्न

(क) प्रस्तुत पद्यांश में सीता के रोने का क्या कारण था?
(i) अशोक वन में बंदी बनाया जाना
(ii) भूत-प्रेतों का डर सताना
(iii) पर्याप्त सुविधाएँ न मिलना
(iv) ये सभी

(ख) निम्नलिखित कथनों पर विचार कीजिए
1. सीता को रावण ने महल में बंदी बनाकर रखा हुआ था।
2. फूलों की लालिमा के समान सीता के मुख पर प्रसन्नता की आभा दिखाई देती थी।
3. श्रीराम के वियोग में रोते-रोते सीता के नयनों का जल भी सूख गया था।

उपरोक्त कथनों में से कौन-सा/से कथन सही है/हैं?
(i) केवल 1 (ii) केवल 3
(iii) 1 और 2 (iv) 1 और 3

(ग) 'खारे आँसू बह नयनों से मलिन कपोलों को करते' पंक्ति में 'मलिन' का अर्थ है
(i) मैला (ii) खराब (iii) उदास (iv) धूमिल

अतिलघूत्तरात्मक प्रश्न

(घ) आँसुओं से कौन किसको धोती थी?

लघूत्तरात्मक प्रश्न

(ङ) अशोक वाटिका में राक्षसियों से घिरी सीता जी कैसी दिखाई देती थी?

(च) किसके नयनों का पानी सूखा चला था और क्यों?

पद्यांश 6

एक फाइल ने दूसरी फाइल से कहा
बहन लगता है
साहब हमें छोड़कर जा रहे हैं
इसीलिए तो सारा काम
जल्दी-जल्दी निपटा रहे हैं
मैं बार-बार सामने जाती हूँ
रोती हूँ, गिड़गिड़ाती हूँ
करती हूँ विनती हर बार
साहब जी! इधर भी देख लो एक बार।
पर साहब हैं कि......
कभी मुझे नीचे पटक देते हैं
कभी पीछे सरका देते हैं
और कभी-कभी तो
फाइलों के ढेर तले
दबा देते हैं।
अधिकारी बार-बार
अंदर झाँक जाता है
डरते-डरते पूछ जाता है
साहब कहाँ गए......?
हस्ताक्षर हो गए ......?
दूसरी फाइल ने उसे
प्यार से समझाया
जीवन का नया फलसफा सिखाया

बहन! हम यूँ ही रोते हैं
बेकार गिड़गिड़ाते हैं
लोग आते हैं, जाते हैं
हस्ताक्षर कहाँ रुकते हैं
हो ही जाते हैं
पर कुछ बातें ऐसी होती हैं
जो दिखाई नहीं देतीं
और कुछ आवाजें
सुनाई नहीं देतीं
जैसे फूल खिलते हैं
और अपनी महक छोड़ जाते हैं
वैसे ही कुछ लोग
कागज पर नहीं
दिलों पर हस्ताक्षर छोड़ जाते हैं।

बहुविकल्पीय प्रश्न

(क) फाइल द्वारा विनती करने पर साहब ने क्या प्रतिक्रिया व्यक्त की?
(i) फाइल को ध्यान से देखा (ii) फाइल पर हस्ताक्षर किए
(iii) फाइल को नीचे पटक दिया (iv) फाइल को ध्यान से पढ़ा

(ख) निम्नलिखित कथनों पर विचार कीजिए
1. साहब को जाने की जल्दी थी अत: वे ऑफिस का काम जल्दी-जल्दी निपटा रहे थे।
2. अधिकारी जल्दी के कारण साहब से फाइल पर हस्ताक्षर नहीं ले पाता।
3. महान व्यक्ति अपने कार्यों व चरित्र की छाप लोगों के दिलों पर छोड़ जाते हैं।

उपर्युक्त कथनों में से कौन-सा/से सही है/हैं?
(i) केवल 1 (ii) केवल 3
(iii) 1 और 3 (iv) 2 और 3

(ग) दूसरी फाइल ने पहली फाइल को क्या समझाया?
(i) साहब जल्दी जा रहे हैं
(ii) हस्ताक्षर आज नहीं होने वाले हैं
(iii) हम बेकार ही रोते हैं
(iv) जीवन संघर्षों का नाम है

अतिलघूत्तरात्मक प्रश्न

(घ) एक फाइल ने दूसरी फाइल से क्या कहा?

लघूत्तरात्मक प्रश्न

(ङ) साहब जल्दी-जल्दी काम क्यों निपटा रहे थे?

(च) फाइल को सबसे बड़ा दु:ख क्या है?

पद्यांश 7

चंदा-तारों-सी सहज कांति, नदियों में है मुस्कान भरी,
है पवन-झकोरों में दुलार खेतों में है दौलत बिखरी,
पग-पग मेरा विश्वास भरा,
तप से है यह जीवन निखरा,
प्रखर कर्म का पाठ सतत—
पढ़ती मैं भारत माता हूँ।।
मैं वज्र-सदृश विपदाओं को भी अनायास सह लेती हूँ,
सुधा-दान कर औरों को, मैं विष पीकर मुस्काती हूँ,
धीरज का पाठ पढ़ाती हूँ,
गौरव का मार्ग दिखाती हूँ,
मैं सहज बोध, मैं सहज शक्ति—
सुविवेकी भारत माता हूँ।।
मूर्तियाँ बना डालीं सजीव,
अनगढ़ पत्थर को काट-काट,
बंधुता-प्रेम को फैलाया,
अपना ही अंतर बाँट-बाँट,
जिसके गीतों से जगत मुग्ध,
जिसके नृत्यों पर जगत मुग्ध,
जिसकी कविता-धारा अविरल—
बहती वह भारत माता हूँ।।

बहुविकल्पीय प्रश्न

(क) 'अपना ही अन्तर बाँट-बाँट' पंक्ति का क्या भाव है?
(i) स्वयं को विभाजित कर लेना
(ii) देश का विभिन्न प्रांतों में बँटा होना
(iii) भेदभाव तथा जातिवाद को बढ़ावा देना
(iv) समाज से अलग होकर रहना

(ख) प्रस्तुत पद्यांश का केंद्रीय भाव क्या है?
(i) भारतमाता की समृद्धि, धैर्य व सौंदर्य का वर्णन करना
(ii) कवि के कविता कर्म की प्रशंसा करना
(iii) शिल्पकारों के कौशल को अभिव्यक्त करना
(iv) प्राकृतिक सौंदर्य का चित्रण करना

(ग) भारतमाता के संदर्भ में निम्नलिखित कथनों पर विचार कीजिए।
1. गौरव का मार्ग दिखाती है
2. कर्महीनता का संदेश देती है
3. धीरज का पाठ पढ़ाती है
4. कष्ट सहना सिखाती है

कूट
(i) केवल 1 (ii) 1, 3 और 4
(iii) 3 और 4 (iv) केवल 2

अतिलघूत्तरात्मक प्रश्न

(घ) भारत माता कौन-सा पाठ पढ़ाती है?

लघूउत्तरात्मक प्रश्न

(ङ) साहित्य और संगीत के क्षेत्र में भारत समृद्ध देश कैसे है?

(च) "खेतों में है दौलत बिखरी" पंक्ति का भाव स्पष्ट कीजिए।

पद्यांश 8

छोड़ो मत अपनी आन, सीस कट जाए,
मत झुको अनय पर, भले व्योम फट जाए।
दो बार नहीं यमराज कंठ धरता है,
मरता है जो, एक बार ही मरता है।
तुम स्वयं मरण के मुख पर चरण धरो रे।
जीना हो तो मरने से नहीं डरो रे।
स्वातंत्र्य जाति की लगन, व्यक्ति की धुन है,
बाहरी वस्तु यह नहीं, भीतरी गुण है।
नत हुए बिना जो अशनि-घात सहती है।
स्वाधीन जगत में वही जाति रहती है।
वीरत्व छोड़, मत पर का चरण गहो रे।
जो पड़े आन, खुद ही सब अग्न सहो रे।
दासत्व जहाँ है, वहीं स्तब्ध जीवन है,
स्वातंत्र्य निरंतर समर, सनातन रण है।
स्वातंत्र्य समस्या नहीं आज या कल की,
जागृति तीव्र यह घड़ी-घड़ी पल-पल की।
पहरे पर चारों ओर सतर्क लगो रे।
धर धनुष-बाण उद्यत दिन-रात जगो रे।

बहुविकल्पीय प्रश्न

(क) देश की स्वतंत्रता को बनाए रखने के लिए क्या किया जाना चाहिए?

(i) देशवासियों को वीरतापूर्वक रहना चाहिए
(ii) दूसरों के सामने झुकना नहीं चाहिए
(iii) निरंतर संघर्ष करते रहना चाहिए
(iv) उपर्युक्त सभी

(ख) निम्नलिखित कथन कारण को ध्यानपूर्वक पढ़िए उसके बाद दिए गए विकल्पों में से कोई एक सही विकल्प चुनकर लिखिए।

कथन (A) जो पड़े आन खुद ही सब अग्न सहो रे।

कारण (R) व्यक्ति को कष्ट का सामना स्वयं करना चाहिए उसे दूसरे के सहारे की प्रतीक्षा नहीं करनी चाहिए।

(i) कथन (A) तथा कारण (R) दोनों सही हैं तथा कारण (R) कथन (A) की सही व्याख्या करता है।
(ii) कथन (A) गलत है, लेकिन कारण (R) सही हैं।
(iii) कथन (A) तथा कारण (R) दोनों गलत हैं।
(iv) कथन (A) सही है, लेकिन कारण (R) उसकी गलत व्याख्या करता है।

(ग) स्वतंत्रता के बारे में कहा गया है

1. स्वतंत्रता मानव जाति की लगन है
2. स्वतंत्रता व्यक्ति का भीतरी गुण है
3. स्वतंत्रता व्यक्ति को बाँध कर रखती है
4. स्वतंत्रता बाहरी वस्तु है

कूट

(i) केवल 1 *(ii)* 2 और 3
(iii) 1 और 2 *(iv)* केवल 4

अतिलघूत्तरात्मक प्रश्न

(घ) कवि के अनुसार, मनुष्य का भीतरी गुण क्या है?

लघूत्तरात्मक प्रश्न

(ङ) छोड़ो मत अपनी आन-इस पंक्ति के माध्यम से कवि ने क्या संदेश दिया है?

(च) "स्वयं मरण के मुख पर चरण धरो" पंक्ति का क्या आशय है?

01

अध्याय

खंड ख : अभिव्यक्ति और माध्यम

विभिन्न माध्यमों के लिए लेखन

विभिन्न जनसंचार माध्यमों के लिए लेखन के भिन्न-भिन्न तरीके हैं। आज लेखन का विभिन्न क्षेत्रों में प्रयोग किया जा रहा है, जिनकी लेखन शैलियों में विभिन्नताएँ हैं; जैसे-पत्र-पत्रिका, सिनेमा, रेडियो, संचार, साहित्य आदि के लिए।

अभ्यास के लिए

- पाठ्यपुस्तक के प्रश्नोत्तर
- बहुविकल्पीय प्रश्न
- अतिलघु उत्तरीय प्रश्न
- लघु उत्तरीय प्रश्न

प्रमुख जनसंचार माध्यम

जनमानस द्वारा प्रयोग में लाए जाने वाले जनसंचार के विभिन्न माध्यम हैं; जैसे—मुद्रित (प्रिंट), रेडियो, टेलीविजन एवं इंटरनेट। मुद्रित अर्थात् समाचार पत्र-पत्रिकाएँ पढ़ने के लिए, रेडियो सुनने के लिए, टेलीविजन देखने और सुनने के लिए महत्त्वपूर्ण है तथा इंटरनेट से पढ़ने, सुनने और देखने तीनों की आवश्यकताओं की पूर्ति होती है।

जनसंचार के मुद्रित माध्यमों की खूबियाँ (विशेषताएँ)

मुद्रित माध्यमों की निम्नलिखित खूबियाँ (विशेषताएँ) हैं

- मुद्रित माध्यम में लिखे हुए शब्दों में स्थायित्व गुण होता है।
- मुद्रित शब्दों को हम एक बार नहीं, बल्कि अनेक बार पढ़ सकते हैं।
- अपनी रुचि और समझ के अनुसार मुद्रित रूप की सामग्री से परिचित हो सकते हैं।
- मुद्रित विषयों का समयानुरूप का अध्ययन, चिंतन-मनन व विश्लेषण किया जा सकता है।
- जटिल शब्दों के लिए शब्दकोश का भी प्रयोग कर सकते हैं।
- इसके अतिरिक्त विषय, खबर आदि को अपनी रुचि के अनुसार पहले या बाद में पढ़ा जा सकता है।
- किसी भी मुद्रित सामग्री को लंबे समय तक सुरक्षित रखा जा सकता है।
- मुद्रित माध्यम लिखित भाषा का विस्तार है।

जनसंचार के मुद्रित माध्यमों की खामियाँ (कमियाँ)

जनसंचार के मुद्रित माध्यमों में कुछ खामियाँ (कमियाँ) भी हैं, जो निम्नलिखित हैं

- निरक्षरों अथवा अशिक्षित लोगों के लिए यह माध्यम अनुपयोगी है।

- मुद्रित माध्यम में पाठकों के भाषा-ज्ञान के साथ उनके शैक्षिक ज्ञान और योग्यता का भी ध्यान रखना पड़ता है।
- मुद्रित माध्यम में रेडियो व टेलीविजन की तरह तुरंत घटनाओं को संचालित नहीं किया जा सकता, अपितु ये एक निश्चित अवधि में ही प्रकाशित होते हैं।
- समाचार-पत्र 24 घंटे में एक बार, साप्ताहिक पत्रिका सप्ताह में एक बार प्रकाशित होते हैं। अखबार या पत्रिका में समाचार या रिपोर्ट को प्रकाशित करने के लिए एक निश्चित समय सीमा होती है, जो डेडलाइन कहलाती है।
- मुद्रित माध्यम में जगह (स्पेस) का पूरा ध्यान रखा जाता है। विषय व मुद्दे महत्त्व तथा जगह की उपलब्धता के अनुसार प्रकाशित किए जाते हैं।
- मुद्रित माध्यम में गलती व अशुद्धि का विशेष ध्यान रखा जाता है, क्योंकि उसे सुधारने के लिए पत्र-पत्रिका के अगले अंक का इंतजार करना पड़ता है।

मुद्रित (प्रिंट) माध्यम

जनसंचार के आधुनिक माध्यमों में मुद्रित (प्रिंट) माध्यम सबसे प्राचीन माध्यम है, जिसके अंतर्गत समाचार पत्र-पत्रिकाएँ, पुस्तकें आदि आती हैं। मुद्रण का प्रारंभ चीन में हुआ, तत्पश्चात् जर्मनी के गुटेनबर्ग में छापाखाना की खोज हुई। भारत में 1556 ई. में गोवा में पहला छापाखाना खुला। इसका प्रयोग मिशनरियों ने धर्म प्रचार की पुस्तकें छापने के लिए किया था। आज मुद्रण कंप्यूटर की सहायता से होता है।

मुद्रित माध्यमों में लेखन के लिए ध्यान रखने योग्य बातें

मुद्रित माध्यमों में लेखन के लिए निम्नलिखित बातों का ध्यान रखना पड़ता है

- लेखन में भाषा, व्याकरण, शैली, वर्तनी का ध्यान तथा प्रचलित भाषा का प्रयोग करना चाहिए।
- समय-सीमा और आवंटित स्थान के अनुशासन का पालन अवश्य करना चाहिए।
- लेखन व प्रकाशन के बीच गलतियों और अशुद्धियों का शोधन करना अनिवार्य होता है।
- लेखन में सहज प्रवाह के लिए तारतम्यता बनाए रखनी चाहिए।

रेडियो

रेडियो जनसंचार का श्रव्य माध्यम है, जिसमें ध्वनि, शब्द और स्वर ही प्रमुख हैं। रेडियो मुख्य रूप से एक रेखीय (लीनियर) माध्यम है। रेडियो के श्रोता को अपनी सुविधानुसार व इच्छानुसार सुनने की सुविधा नहीं होती है। श्रोताओं को रेडियो पर प्रसारित किए जा रहे बुलेटिन के प्रसारण के समय की प्रतीक्षा करनी पड़ती है और शुरू से अंत तक उसे सुनना पड़ता है। रेडियो समाचार में गूढ़ शब्द आने पर उसका अर्थ शब्दकोश से ढूँढने की सुविधा नहीं होती है।

रेडियो समाचार की संरचना

रेडियो समाचार की संरचना समाचार-पत्रों तथा टीवी की तरह उल्टा पिरामिड शैली पर आधारित होती है, जिसमें अखबार की तरह पीछे लौटकर सुनने की सुविधा नहीं होती। लगभग 90% समाचार या स्टोरीज इस शैली में लिखी जाती है।

उल्टा पिरामिड शैली में समाचार-पत्र के सबसे महत्त्वपूर्ण तथ्य को सबसे पहले लिखा जाता है। उसके बाद घटते हुए महत्त्व क्रम में दूसरे तथ्यों या सूचनाओं को बताया जाता है अर्थात् कहानी की तरह क्लाइमैक्स अंत में नहीं वरन् खबर के प्रारंभ में आ जाता है। इस शैली के अंतर्गत समाचारों को तीन भागों में विभाजित किया जाता है

1. **इंट्रो** यह समाचार का मुख्य भाग होता है।
2. **बॉडी** घटते हुए क्रम में खबर को विस्तार से लिखा जाता है। ब्यौरा प्रस्तुत किया जाता है।
3. **समापन** अधिक महत्त्वपूर्ण न होने पर अथवा स्पेस न होने पर इसे काटकर छोटा भी किया जा सकता है।

रेडियो समाचार लेखन की बुनियादी बातें

समाचार लेखन की बुनियादी बातें निम्नलिखित हैं

- साफ-सुथरी टाइप की हुई कॉपी, ट्रिपल स्पेस में टाइप करते हुए दोनों ओर हाशिए छोड़ें।
- एक पंक्ति में 12-13 शब्दों से अधिक न हों।
- पंक्ति के अंत में विभाजित शब्द का प्रयोग न करें।
- समाचार कॉपी में जटिल एवं संक्षिप्त आकार का प्रयोग न करें।
- लंबे अंकों तथा दिनांक को शब्दों में लिखें।
- निम्नलिखित, क्रमांक, अधोहस्ताक्षरी, किंतु, लेकिन, उपर्युक्त, पूर्वक जैसे शब्दों का प्रयोग नहीं करना चाहिए।
- वर्तनी पर विशेष ध्यान दें।
- आम बोलचाल की भाषा का प्रयोग करें।

टेलीविजन

टेलीविजन जनसंचार का दृश्य-श्रव्य माध्यम है। यह रेडियो की तरह एक रेखीय माध्यम है। टेलीविजन में शब्दों व ध्वनियों की अपेक्षा दृश्यों का अधिक महत्त्व होता है। इसमें दृश्य शब्दों के अनुरूप उनके सहयोगी के रूप में चलते हैं। इसमें कम-से-कम शब्दों में अधिक-से- अधिक खबर बताने की शैली का प्रयोग किया जाता है। अत: टेलीविजन में समाचार लेखन की प्रमुख शर्त दृश्य के साथ लेखन है। टेलीविजन पर खबर दो तरह से पेश की जाती है। इसके शुरुआती हिस्से में मुख्य खबर होती है, जिसे बिना दृश्य के न्यूज रीडर या एंकर पढ़ता है। दूसरा हिस्सा वह होता है, जहाँ परदे पर एंकर के स्थान पर खबर से संबंधित दृश्य दिखाए जाते हैं। इसलिए टेलीविजन पर खबरें दो हिस्सों में विभाजित होती हैं।

टी.वी. (टेलीविजन) खबरों के प्रमुख चरण

प्रिंट अथवा रेडियो की तरह टेलीविजन चैनल का समाचार देने का मूल आधार सूचना देना है। टेलीविजन में यह सूचनाएँ इन चरणों से होकर गुजरती हैं

1. फ्लैश बैक (ब्रेकिंग न्यूज)
2. ड्राई एंकर
3. फोन-इन
4. एंकर विजुअल
5. एंकर बाइट
6. लाइव
7. एंकर पैकेज

टी.वी. के लिए खबर लिखते समय ध्यान देने योग्य बातें

टी.वी. के लिए खबर लिखते समय निम्नलिखित बातों का ध्यान रखना पड़ता है

- टी.वी. के लिए खबर लिखते समय विजुअल और वॉयस ओनर दोनों तरह की आवाजों का ध्यान रखा जाता है।
- अधिकतर टी.वी. की खबर बाइट्स के आस-पास ही बुनी जाती है, इसलिए यह कार्य सावधानीपूर्वक किया जाना चाहिए।
- किसी खबर का वॉयस ओवर लिखते समय उसमें शॉट्स के मुताबिक ध्वनियों के लिए गुंजाइश छोड़ देनी चाहिए।
- ध्वनियों के साथ-साथ दृश्यों के अंतराल का भी खबरों में ध्यान रखा जाना चाहिए।
- खबरों को लिखते समय भाषा का भी विशेष ध्यान रखा जाना चाहिए।
- छोटे-छोटे वाक्यों व सुगठित संपादन का प्रयोग करना चाहिए।

रेडियो और टेलीविजन समाचार की भाषा-शैली

- भाषा के स्तर व गरिमा को बनाए रखते हुए सरल भाषा का प्रयोग करना चाहिए।
- सभी वर्ग तथा स्तर के लोग समझ सकें, इसका ध्यान रखना चाहिए।
- वाक्य छोटे तथा सरल हों एवं वाक्यों में तारतम्यता हो।
- जटिल शब्दों, सामाजिक शब्दों तथा मुहावरों के अनावश्यक प्रयोग से बचना चाहिए।
- जटिल और उच्चारण में कठिन शब्द, संक्षिप्त अंक आदि नहीं लिखने चाहिए, जिन्हें पढ़ने में कठिनाई हो।

इंटरनेट माध्यम

आज की नई पीढ़ी समाचार को इंटरनेट पर देखना व पढ़ना पसंद करती है। इसे इंटरनेट पत्रकारिता, ऑनलाइन पत्रकारिता, साइबर या वेब पत्रकारिता कुछ भी कहा जा सकता है। इसके द्वारा जहाँ हम सूचना, मनोरंजन, ज्ञान तथा निजी व सार्वजनिक संवादों का आदान-प्रदान कर सकते हैं, वहीं यह अश्लीलता, दुष्प्रचार व गंदगी फैलाने का माध्यम भी बना हुआ है। इंटरनेट का प्रयोग समाचारों के संप्रेषण, संकलन तथा सत्यापन एवं पुष्टिकरण में भी किया जा रहा है। टेलीप्रिंटर के समय में जहाँ 1 मिनट में केवल 80 शब्द एक स्थान से दूसरे स्थान पर भेजे जा सकते थे, वहीं आज एक सेकंड में लगभग 70,000 शब्द भेजे जा सकते हैं।

इंटरनेट पत्रकारिता व उसका इतिहास

इंटरनेट पर समाचार-पत्र का प्रकाशन या खबर का आदान-प्रदान ही वास्तव में इंटरनेट पत्रकारिता है। इंटरनेट पर यदि हम किसी भी रूप में समाचारों, लेखों, चर्चा-परिचर्चा, बहसों, फीचर, झलकियों के माध्यम से अपने समय की धड़कनों को अनुभव कर दर्ज करने का कार्य करते हैं, तो वही इंटरनेट पत्रकारिता है।

इसी पत्रकारिता को वेब पत्रकारिता भी कहा जाता है। वर्तमान समय में विश्व स्तर पर इंटरनेट पत्रकारिता का तीसरा दौर चल रहा है, जबकि भारत में दूसरा दौर माना जाता है।

पहला दौर वर्ष 1982 से 1992 तक तथा दूसरा दौर वर्ष 1993 से 2001 तक था। वर्तमान में इंटरनेट पत्रकारिता का तीसरा दौर माना जाता है, जो वर्ष 2002 में प्रारंभ हुआ था।

वास्तव में इंटरनेट पत्रकारिता की शुरुआत वर्ष 1983 से 2002 के बीच हुई। नई वेब भाषा एच. टी. एम. एल., इंटरनेट ईमेल, इंटरनेट एक्सप्लोरर और नेटस्केप ब्राउजर आए। न्यूयॉर्क टाइम्स, वाशिंगटन पोस्ट, सीएनएन, बीबीसी सहित तमाम बड़े घरानों ने इंटरनेट संस्करण निकाले। न्यू मीडिया के नाम पर डॉटकॉम कंपनियों का विस्तार हुआ।

भारत में इंटरनेट पत्रकारिता

भारत के लिए इंटरनेट पत्रकारिता का प्रथम दौर वर्ष 1993 से प्रारंभ माना जाता है और दूसरा दौर वर्ष 2003 से माना जाता है।

भारत में यथार्थ रूप से 'रीडिफ डॉटकॉम', 'इंडिया इंफोलाइन' तथा 'सिफी' जैसी कुछ साइटें वेब पत्रकारिता का कार्य कर रही हैं। 'रीडिफ' को भारत की पहली साइट कहा जा सकता है, जो गंभीरता के साथ इंटरनेट पत्रकारिता कर रही है। वेबसाइट पर विशुद्ध पत्रकारिता करने का श्रेय 'तहलका डॉटकॉम' को जाता है।

हिंदी नेट संसार

हिंदी में नेट पत्रकारिता वेब दुनिया के साथ प्रारंभ हुई। इंदौर में नई दुनिया समूह से प्रारंभ हुआ यह पोर्टल हिंदी का संपूर्ण पोर्टल है। जागरण, अमर उजाला, नई दुनिया, हिंदुस्तान, भास्कर, राजस्थान पत्रिका, नवभारत टाइम्स, प्रभात खबर एवं राष्ट्रीय सहारा के वेब संस्करण प्रारंभ हुए। 'प्रभासाक्षी' नाम से प्रारंभ हुआ अखबार प्रिंट रूप में न होकर केवल इंटरनेट पर उपलब्ध है।

आज पत्रकारिता के अनुसार श्रेष्ठ साइट बीबीसी है। हिंदी वेब जगत में आज अनेक साहित्यिक पत्रिकाएँ चल रही हैं। कुल मिलाकर हिंदी की वेब पत्रकारिता अभी अपने शैशवकाल में ही है। सबसे बड़ी समस्या हिंदी के फॉण्ट की है।

अभी हमारे पास हिंदी का कोई की-बोर्ड नहीं है। जब तक हिंदी में की-बोर्ड का मानकीकरण नहीं हो जाता, तब तक इस समस्या को दूर नहीं किया जा सकता।

पाठ्यपुस्तक (अभिव्यक्ति और माध्यम) के प्रश्नोत्तर

1. नीचे दिए गए प्रश्नों के उत्तर के लिए चार-चार विकल्प दिए गए हैं। सटीक विकल्प पर (✔) का निशान लगाइए

(क) इंटरनेट पत्रकारिता आजकल बहुत लोकप्रिय है, क्योंकि

(i) इससे दृश्य एवं प्रिंट दोनों माध्यमों का लाभ मिलता है

(ii) इससे खबरें बहुत तीव्र गति से पहुँचाई जाती हैं

(iii) इससे खबरों की पुष्टि तत्काल होती है

(iv) इससे न केवल खबरों का संप्रेषण, पुष्टि, सत्यापन ही होता है, बल्कि खबरों के बैकग्राउंडर तैयार करने में तत्काल सहायता मिलती है

उत्तर इससे न केवल खबरों का संप्रेषण, पुष्टि, सत्यापन ही होता है, बल्कि खबरों के बैकग्राउंडर तैयार करने में तत्काल सहायता मिलती है।

(ख) टी.वी. पर प्रसारित खबरों में सबसे महत्त्वपूर्ण है

(i) विजुअल (ii) नेट

(iii) बाइट (iv) ये सभी

उत्तर ये सभी

(ग) रेडियो समाचार की भाषा ऐसी हो

(i) जिसमें आम बोलचाल के शब्दों का प्रयोग हो

(ii) जो समाचारवाचक आसानी से पढ़ सके

(iii) जिसमें आम बोलचाल की भाषा के साथ-साथ सटीक मुहावरों का प्रयोग हो

(iv) जिसमें सामासिक और तत्सम शब्दों की बहुलता हो

उत्तर जो समाचारवाचक आसानी से पढ़ सके

2. विभिन्न जनसंचार माध्यमों- प्रिंट, रेडियो, टेलीविजन, इंटरनेट से जुड़ी पाँच-पाँच खूबियों और खामियों को लिखते हुए एक तालिका तैयार करें।

उत्तर

माध्यम		खूबियाँ (विशेषताएँ)		खामियाँ (कमियाँ)
प्रिंट	1.	छपाई के कारण शब्दों में स्थायित्व रहता है।	1.	निरक्षरों के लिए अनुपयोगी होता है।
	2.	रुचि एवं इच्छानुसार समय मिलने पर पढ़ सकते हैं।	2.	घटना की तात्कालिक जानकारी नहीं मिलती।
	3.	संदर्भ की तरह प्रयोग किया जाता है।	3.	स्पेस का ध्यान रखना होता है।
	4.	पढ़ते समय सोचने-समझने के लिए अपनी सुविधानुसार आजादी होती है।	4.	छपी हुई त्रुटियों का निराकरण नहीं हो पाता।
	5.	इसकी भाषा अनुशासनपूर्ण होती है।	5.	लेखक पाठक के शैक्षिक ज्ञान के अंतर्गत ही लिख सकता है।
रेडियो	1.	कहीं भी सुना जा सकता है।	1.	समाचारों पर विचार करते हुए रुक-रुककर नहीं सुना जा सकता।
	2.	शब्दों का माध्यम है।	2.	एक रेखीय माध्यम है।
	3.	उल्टा पिरामिड शैली में समाचार लिखा जाता है।	3.	समाचार के समय का इंतजार करना पड़ता है।
	4.	साक्षर-निरक्षर सभी के लिए समान रूप से उपयोगी है।	4.	कम आकर्षक है।
	5.	रेडियो श्रोताओं से संचालित माध्यम माना जाता है।	5.	श्रोताओं को बाँधकर रखना प्रसारणकर्ताओं के लिए कठिन होता है।
टेलीविजन	1.	देखने एवं सुनने का माध्यम है।	1.	घटनाओं को बढ़ा-चढ़ाकर दिखाता है।
	2.	सजीव प्रसारण है।	2.	विज्ञापनों की अधिकता होती है।
	3.	ब्रेकिंग न्यूज की व्यवस्था होती है।	3.	निष्पक्षता संदिग्ध होती है।
	4.	आकर्षक माध्यम है।	4.	अत्यधिक बाजारोन्मुख होता है।
	5.	कम-से-कम शब्दों में अधिकतम खबरें पहुँचाने में समर्थ है।	5.	मानक एवं शिष्ट भाषा का अभाव होता है।
इंटरनेट	1.	हर समय समाचार एवं सूचनाएँ उपलब्ध कराता है।	1.	अश्लीलता फैलाने वाला है।
	2.	अत्यंत तीव्र गति वाला माध्यम है।	2.	दुष्प्रचार का साधन है।
	3.	ज्ञान एवं मनोरंजन का अद्भुत खजाना है।	3.	महँगा साधन है।
	4.	समूचा अखबार इंटरनेट पर उपस्थित रहता है।	4.	भ्रामक खबरों की भरमार है।
	5.	साहित्यिक पत्रकारिता हेतु उचित मंच है।	5.	हिंदी के मानक फॉण्ट का अभाव होता है।

3. इंटरनेट पत्रकारिता सूचनाओं को तत्काल उपलब्ध कराता है, परंतु इसके साथ ही उसके कुछ दुष्परिणाम भी हैं। उदाहरण सहित स्पष्ट कीजिए।

उत्तर जिस तरह से हर विषय के पक्ष और विपक्ष होते हैं, उसी प्रकार इंटरनेट के भी दो पक्ष हैं। इंटरनेट पत्रकारिता से हमें सूचनाएँ तत्काल उपलब्ध हो जाती हैं, परंतु इसके साथ ही उसके कुछ दुष्परिणाम भी हैं। इंटरनेट जहाँ

सूचनाओं के आदान-प्रदान का बेहतरीन औजार है, वहीं वह अश्लीलता, दुष्प्रचार और गंदगी फैलाने का भी ज़रिया है। इसके साथ ही यह अत्यंत महँगा साधन भी है।

4. श्रोताओं या पाठकों को बाँधकर रखने की दृष्टि से प्रिंट माध्यम, रेडियो और टी.वी. में से सबसे सशक्त माध्यम कौन है? पक्ष-विपक्ष में तर्क दें।

उत्तर श्रोताओं या पाठकों को बाँधकर रखने की दृष्टि से प्रिंट माध्यम, रेडियो और टी.वी. में से सबसे सशक्त माध्यम है– टी.वी.।

पक्ष में तर्क

- टी.वी. पर समाचार सुनाई देने के साथ-साथ दिखाई भी देते हैं, जिससे सजीवता आती है और यह दर्शकों को बाँधे रखता है।
- यह साक्षर-निरक्षर दोनों ही तरह के दर्शकों के लिए उपयोगी होते हैं।
- कम समय में अधिक व विभिन्न जगहों के समाचार दिखाए जा सकते हैं।
- समाचारों को अलग-अलग तरह से रुचिकर बनाकर दिखाया जाता है।

विपक्ष में तर्क

- गरीब व्यक्ति टी.वी. नहीं खरीद सकता।
- दूर-दराज के स्थानों पर अभी इसकी पहुँच नहीं है।
- समाचार सुनने के लिए समाचार के प्रसारण का इंतजार करना पड़ता है।
- किसी समाचार पर सोच-विचार के लिए नहीं रुक सकते।

5. नीचे दिए गए चित्रों को ध्यान से देखें और इनके आधार पर टी. वी. के लिए तीन अर्थपूर्ण संक्षिप्त स्क्रिप्ट लिखें।

उत्तर (i) यह स्थान प्राकृतिक सौंदर्य एवं शांति से भरपूर है। पहाड़ की ऊँची-ऊँची चोटियाँ मानो आसमान को छू लेना चाहती हैं। आसमान नीले दर्पण जैसा है। नीचे विस्तृत झील में व्यक्ति को एक बड़ी-सी नाव चलाने का आनंद उठाते हुए देखा जा सकता है। खिले कमल से झील का सौंदर्य बढ़ गया है, पर मनुष्य ने लिफाफे, खाली डिब्बे जैसे अपशिष्ट पदार्थ झील में फेंककर इसके सौंदर्य पर धब्बा लगाने में कसर नहीं छोड़ी है।

(ii) गर्मी आई नहीं कि जल संकट बढ़ा और पानी की कमी का रोना शुरू। हम यह क्यों नहीं सोचते कि पानी की बर्बादी में भी तो मनुष्य का ही हाथ है। लोग नलों को खुला छोड़ देते हैं और बहते पानी को रोकने में कोई रुचि नहीं लेते। बहते नलों को बंद करना अपनी शान में कमी समझते हैं।

पानी की इस बर्बादी को रोका जाना चाहिए। यह बर्बाद होता पानी किसी को जीवन दे सकता है। बढ़ते जल संकट को कम करने के लिए सरकार के साथ-साथ लोगों को भी आगे आना होगा और मिल-जुलकर जल संकट का हल खोजते हुए उस पर अमल करना होगा।

(iii) आज के बच्चे कल के नागरिक हैं। इन्हीं पर देश का भविष्य टिका है। पर इन बच्चों का क्या दोष, जिनकी कमर बस्ते के बोझ से टूटी जा रही है। बस्ते का वजन उनके वजन से भारी हो गया है। कमर सीधी करके चलना भी कठिन हो गया है। आज बच्चों की शिक्षा और उनके बस्ते का बोझ कम करने के लिए समय-समय पर सेमीनार आयोजित किए जाते हैं, पर स्थिति वही ढाक के तीन पात वाली ही है। प्रतियोगिता का समय होने की बात कहकर पुस्तकों की संख्या बढ़ा दी जाती है। बच्चों के लिए उनका यह निर्णय कितना भारी पड़ता है, इसकी चिंता किसी को नहीं है। पता नहीं हमारे देश के शिक्षाविदों को बच्चों के स्वास्थ्य का ध्यान कब आएगा।

अभ्यास प्रश्न

बहुविकल्पीय प्रश्न

1. समाचार माध्यमों में किसी समाचार को प्रकाशन हेतु स्वीकार करने की निश्चित समय-सीमा को कहा जाता है CBSE 2024

(क) ऑनलाइन (ख) ऑफलाइन
(ग) डेडलाइन (घ) डेथलाइन

उत्तर (ग) डेडलाइन

2. एच. टी. एम. एल. क्या है?

(क) वेबसाइट (ख) वेबसीरीज
(ग) वेबफिल्म (घ) वेबभाषा

उत्तर (क) वेबसाइट

3. टेलीविजन के लिए समाचार या आलेख लेखन के लिए अनिवार्य है CBSE 2024

(क) शब्द परदे पर दिखने वाले दृश्य के अनुकूल हों
(ख) समाचार की भाषा आँचलिक शब्दावली से युक्त हो
(ग) समाचारों के बीच-बीच में दृश्य अवश्य उपस्थित हों
(घ) बाइट, ग्राफिक के माध्यम से समाचारों की प्रस्तति हो

उत्तर (क) शब्द परदे पर दिखने वाले दृश्य के अनुकूल हों

4. सर्वाधिक महँगा जनसंचार माध्यम कौन-सा है? CBSE SQP Term I 2021

(क) रेडियो (ख) इंटरनेट (ग) टेलीविजन (घ) समाचार-पत्र

उत्तर (ख) इंटरनेट

5. किसी घटना के दृश्य एवं प्रत्यक्षदर्शियों या संबंधित व्यक्तियों का कथन दिखा और सुनाकर ख़बर को प्रामाणिकता प्रदान करना क्या कहलाता है? **CBSE 2024**

(क) एंकर पैकेज (ख) एंकर बाइट
(ग) एंकर विजुअल (घ) ड्राई एंकर

उत्तर (ग) एंकर विजुअल

6. कौन-सा समाचार-पत्र प्रिंट रूप में उपलब्ध न होकर इंटरनेट पर ही उपलब्ध है? **CBSE 2024**

(क) अमर उजाला (ख) जनसत्ता
(ग) प्रभात ख़बर (घ) प्रभासाक्षी

उत्तर (घ) प्रभासाक्षी

7. दृश्यों के साथ खबर लिखने की बुनियादी शर्त किस माध्यम में है? **CBSE 2024**

(क) समाचार-पत्र में (ख) टेलीविजन में
(ग) रेडियो में (घ) इण्टरनेट में

उत्तर (ख) टेलीविजन में

8. किसी व्यक्ति को हिंदी भाषा के शब्दों को समझने में कठिनाई का अनुभव होता है, इसीलिए संचार के निम्नलिखित माध्यमों में से उसके लिए कौन-सा माध्यम उपयुक्त रहेगा? **CBSE 2024**

(क) टी.वी. (ख) समाचार-पत्र
(ग) रेडियो (घ) सिनेमा

उत्तर (ख) समाचार-पत्र

9. टी.वी. पर एंकर द्वारा रिपोर्टर से मिली जानकारी के आधार पर सूचनाएँ देना कहलाता है **CBSE 2024**

(क) ब्रेकिंग न्यूज (ख) ड्राई एंकर
(ग) लाइव (घ) एंकर पैकेज

उत्तर (ख) ड्राई एंकर

10. आधुनिक माध्यमों में सबसे पुराना माध्यम है **CBSE Term I 2021, CBSE SQP 2020**

(क) अखबार (ख) रेडियो
(ग) टेलीविजन (ग) सिनेमा

उत्तर (क) अखबार

11. नेट साउंड किस माध्यम से संबंधित है? **CBSE SQP 2020**

(क) इंटरनेट से (ख) टेलीविजन से
(ग) रेडियो से (घ) सिनेमा से

उत्तर (ख) टेलीविजन से

12. हिंदी में नेट-पत्रकारिता का आरंभ हुआ .... से। **CBSE SQP 2023, 20**

(क) भास्कर (ख) जागरण
(ग) वेब दुनिया (घ) प्रभासाक्षी

उत्तर (ग) वेब दुनिया

13. नेट साउंड या नेट कहते हैं **CBSE 2023**

(क) घटना स्थल से प्रत्यक्षदर्शियों की आवाज को
(ख) शूट करते समय खुद-ब-खुद रिकॉर्ड होने वाली आवाज को
(ग) खबरों को प्रभावशाली बनाने के लिए कृत्रिम आवाज़ को
(घ) नेट के माध्यम से आने वाली आवाज़ को

उत्तर (ख) शूट करते समय खुद-ब-खुद रिकॉर्ड होने वाली आवाज को

14. रेडियो में महत्त्व है **CBSE 2023**

(क) प्रसारणकर्ताओं का
(ख) शब्दों और ध्वनियों का
(ग) छिपे हुए शब्दों का
(घ) दृश्यों और तस्वीरों का

उत्तर (ख) शब्दों और ध्वनियों का

15. जनसंचार के अन्य माध्यमों की तुलना में इंटरनेट पत्रकारिता के तेजी से लोकप्रिय होने का कारण है **CBSE 2023**

(क) पढ़ने, सुनने और देखने की सुविधा का मिलना
(ख) खबरों का तीव्र गति से पहुँचना
(ग) सूचनाओं के विशाल भंडार का होना
(घ) खबरों के संप्रेषण और पुष्टि के लिए बैकग्रांउड तैयार करने में सहायक होना

उत्तर (ख) खबरों का तीव्र गति से पहुँचना

16. उल्टा पिरामिड शैली की लोकप्रियता के संदर्भ में कौन-सा/से कथन सही है/हैं? उचित विकल्प चुनकर लिखिए।

1. समाचार लेखन की सबसे लोकप्रिय, उपयोगी और बुनियादी शैली है।
2. इस शैली में सबसे महत्त्वपूर्ण तथ्य या सूचना पिरामिड के निचले हिस्से में होती है।
3. लेखन और संपादन की सुविधा के कारण यह समाचार लेखन की मानक शैली है।
4. इस शैली का आरंभ द्वितीय विश्वयुद्ध के दौरान हुआ।

कूट

(क) केवल 1
(ख) केवल 4
(ग) 1 और 3
(घ) 1 और 2

उत्तर (ग) 1 और 3

17. सुमेलित कीजिए

सूची I		सूची II	
A.	जनसंचार का प्राचीनतम माध्यम	1.	समाचार का मुख्य भाग
B.	इंट्रो	2.	इंटरनेट पर उपलब्ध
C.	रीडिफ डॉटकॉम	3.	मुद्रित (प्रिंट) माध्यम
D.	प्रभासाक्षी	4.	भारतीय वेब पत्रिका

कूट

	A	B	C	D		A	B	C	D
(क)	4	3	2	1	(ख)	3	1	4	2
(ग)	3	2	1	4	(घ)	2	3	1	4

उत्तर (ख) 3 1 4 2

अतिलघु उत्तरीय प्रश्न

1. भारत में पहला छापाखाना कब, कहाँ व किस उद्देश्य से खोला गया? **CBSE 2024**

अथवा मिशनरियों द्वारा किस उद्देश्य से भारत में पहला छापाखाना खोला गया था? **CBSE Term I 2021**

उत्तर भारत में पहला छापाखाना 1556 ई. में गोवा में खोला गया। इस छापेखाने को मिशनरियों ने धर्म प्रचार की पुस्तकें छापने के लिए खोला था। अब छापेखाने अथवा मुद्रित माध्यमों में अनेक परिवर्तन आ गए हैं।

2. एंकर रिपोर्टर से फोन पर बात करके सूचनाएँ दर्शकों तक पहुँचती हैं, उस प्रक्रिया को क्या कहते हैं?

उत्तर एंकर रिपोर्टर से फोन पर बात करके सूचनाएँ दर्शकों तक पहुँचती हैं, उस प्रक्रिया को फोन-इन कहते हैं।

3. आधुनिक युग में इंटरनेट पत्रकारिता का कौन-सा दौर चल रहा है?

उत्तर आधुनिक युग में इंटरनेट पत्रकारिता का तीसरा दौर चल रहा है।

4. हिंदी में नेट पत्रकारिता की शुरुआत किससे मानी जाती है?

उत्तर हिंदी में नेट पत्रकारिता की शुरुआत वेब दुनिया से मानी जाती है।

5. हिंदी वेब पत्रकारिता की क्या स्थिति है? **CBSE 2025**

उत्तर हिंदी वेब पत्रकारिता अभी अपने शैशवकाल में है और कई चुनौतियों का सामना कर रही है। 'वेब दुनिया' हिंदी वेब पत्रकारिता की शुरुआत करने वाला प्रमुख पोर्टल था, जिसके बाद कई हिंदी समाचार-पत्रों ने अपने ऑनलाइन संस्करण शुरू किए। बीबीसी हिंदी को इंटरनेट के मानदंडों के अनुसार सर्वश्रेष्ठ माना जाता है।

लघु उत्तरीय प्रश्न

1. मुद्रित माध्यम से आप क्या समझते हैं? **CBSE 2023**

उत्तर जनसंचार के माध्यमों में मुद्रित माध्यम सबसे पुराना है। मुद्रण से हमारा तात्पर्य ऐसी तकनीक से है, जिसके द्वारा चित्रों के अतिरिक्त किसी भाषा के ढले, खुदे हुए अक्षरों को मुद्रण सामग्री की सहायता से कागज, कपड़े आदि पर छापा जा सकता है। मुद्रित माध्यम में विचार, सूचनाएँ, जानकारी आदि प्रिंट अर्थात् छपे हुए रूप में होते हैं, इसलिए मुद्रित माध्यम में छपी जानकारी, विचार स्थायी होते हैं। इसके द्वारा पाठक पुस्तक, समाचार-पत्र, पत्रिकाओं आदि को कहीं भी पढ़ सकता है। अतः मुद्रित माध्यम अभिव्यक्ति का सशक्त माध्यम है।

2. जनसंचार का कौन-सा आधुनिक माध्यम सबसे पुराना है? इसकी शुरुआत कैसे हुई? **CBSE 2023**

उत्तर जनसंचार के आधुनिक माध्यमों में सबसे पुराना माध्यम प्रिंट अर्थात् मुद्रण माध्यम है। इसकी शुरुआत चीन से हुई थी, परंतु आधुनिक छापेखाने का आविष्कार जर्मनी के गुटेनबर्ग ने किया था। यूरोप में पुनर्जागरण 'रेनेसाँ' की शुरुआत में छापेखाने की एक महत्त्वपूर्ण भूमिका थी। भारत में पहला छापा खाना 1556 ई. में गोवा में खुला। इसे मिशनरियों ने धर्म प्रचार की पुस्तकें छापने के लिए खोला था।

3. जनसंचार के आधुनिक माध्यमों की विशेषताओं का उल्लेख कीजिए। **CBSE 2023**

अथवा मुद्रित माध्यमों की किन्हीं दो विशेषताओं का उल्लेख कीजिए। **CBSE 2024**

अथवा मुद्रित और प्रिंट माध्यम से आप क्या समझते हैं? इसकी किन्हीं तीन विशेषताओं को रेखांकित कीजिए। **CBSE SQP 2024**

उत्तर जनसंचार के आधुनिक माध्यमों में सबसे पुराना माध्यम प्रिंट (मुद्रित) माध्यम है। आधुनिक युग की शुरुआत ही मुद्रण अर्थात् छपाई के आविष्कार से हुई। मुद्रित माध्यमों के अंतर्गत अखबार, पत्रिकाएँ आदि आते हैं। इनका हमारे दैनिक जीवन में काफी महत्त्व है। इनकी महत्त्वपूर्ण विशेषताएँ निम्नलिखित हैं

(i) मुद्रित माध्यमों में स्थायित्व होता है।
(ii) आप इन्हें अपनी इच्छानुसार पढ़ सकते हैं।
(iii) आप इन्हें लंबे समय तक प्रयोग में ला सकते हैं।
(iv) यह माध्यम लिखित भाषा का विस्तार है।
(v) यह चिंतन, विचार और विश्लेषण का माध्यम है।

4. रेडियो समाचार की संरचना कैसी होती है?

उत्तर रेडियो और अखबारों के समाचार लेखन में भिन्नता होती है। इनकी प्रकृति अलग-अलग होती है। रेडियो समाचार की संरचना टी.वी. व अखबारों की तरह ही उल्टा (इनवर्टेड) पिरामिड शैली में होती है।

इस शैली में समाचार के महत्त्वपूर्ण तथ्य को सबसे पहले लिखते हैं तथा बाद में घटते हुए क्रम में अन्य तथ्यों या सूचनाओं को लिखा व बताया जाता है।

इस शैली में किसी घटना, विचार या समस्या का वर्णन समयानुसार न करके सबसे महत्त्वपूर्ण तथ्य/सूचना से शुरू होता है। अतः इस शैली में क्लाइमेक्स अंत में नहीं, बल्कि आरंभ में ही आ जाता है। उल्टा पिरामिड शैली में कोई निष्कर्ष नहीं होता।

5. टी.वी. खबरों के विभिन्न चरणों के बारे में समझाइए।

अथवा टी.वी. पर प्रसारित होने वाली सूचनाएँ किन-किन चरणों से होकर गुजरती हैं? किन्हीं चार के बारे में विस्तार से लिखिए। **CBSE 2023**

उत्तर टी.वी., प्रिंट, रेडियो आदि माध्यमों पर खबर देने का मूल आधार सबसे पहले सूचना देना होता है। टीवी द्वारा भी ये सूचनाएँ विभिन्न चरणों द्वारा दर्शकों तक पहुँचती हैं। ये चरण निम्नलिखित हैं

(i) **फ़्लैश बैक या ब्रेकिंग न्यूज़** इसमें कम-से-कम शब्दों में केवल सूचना के रूप में कोई बड़ी खबर तुरंत दर्शकों तक पहुँचाई जाती है।

(ii) **ड्राई एंकर** इसके अंतर्गत एंकर खबर के बारे में दर्शकों को सीधे-सीधे बताता है कि कहाँ, क्या, कब और कैसे हुआ।

(iii) **फोन इन** इसमें रिपोर्टर घटनास्थल पर उपस्थित होता है और वहाँ से ज्यादा-से-ज्यादा जानकारियाँ दर्शकों को बताता है।

(iv) **एंकर विजुअल** जब घटना के दृश्य या विजुअल मिल जाते हैं, तब उन दृश्यों के आधार पर खबर लिखी जाती है, जो एंकर पढ़ता है।

(v) **एंकर बाइट** बाइट अर्थात् कथन का टेलीविज़न पत्रकारिता में बड़ा महत्त्व है। टी.वी. में किसी भी खबर की पुष्टि करने के लिए उससे संबंधित बाइट दिखाई जाती है।

(vi) **लाइव** किसी खबर का घटनास्थल से सीधा प्रसारण लाइव कहलाता है। सभी टीवी चैनल वाले ज्यादातर बड़ी खबरों या घटना को दर्शकों तक तत्काल सीधे पहुँचाने का प्रयास करते हैं।

(vii) **एंकर पैकेज** पैकेज किसी भी खबर को संपूर्णता के साथ प्रस्तुत करने का एक माध्यम है। इसमें संबंधित घटना के दृश्य, इससे जुड़े लोगों की बाइट, ग्राफिक द्वारा जरूरी सूचनाएँ आदि होती हैं।

6. रेडियो और टेलीविजन समाचार की भाषा-शैली कैसी होनी चाहिए?

उत्तर रेडियो और टेलीविजन समाचार की भाषा-शैली ऐसी होनी चाहिए, जो सभी को आसानी से समझ में आ सके। इनमें भाषा का स्तर निम्नलिखित रूप में होना चाहिए

(i) भाषा के स्तर पर गरिमा को बनाए रखते हुए सरल भाषा का प्रयोग करें।

(ii) भाषा सभी वर्गों के लोगों की समझ में आनी चाहिए।

(iii) छोटे वाक्य तथा सरल वाक्य हों, साथ ही उनमें कर्णप्रियता हो।

(iv) निम्नलिखित, उपरोक्त, अधोहस्ताक्षरित और क्रमांक आदि जटिल शब्दों के प्रयोग से बचना चाहिए।

(v) गैर-जरूरी विशेषणों, सामासिक और तत्सम शब्दों, अतिरंजित उपमाओं आदि से बचना चाहिए।

7. इंटरनेट पत्रकारिता से आप क्या समझते हैं? भारत में इंटरनेट पत्रकारिता की क्या स्थिति है?

उत्तर इंटरनेट पर समाचार-पत्र का प्रकाशन अथवा खबरों का आदान-प्रदान ही वास्तव में इंटरनेट पत्रकारिता है। इंटरनेट पर हम किसी भी रूप में समाचारों, लेखों, चर्चा-परिचर्चा के साथ वाद-विवादों, फीचर आदि का कार्य कर सकते हैं, इसे ही इंटरनेट पत्रकारिता कहते हैं। इसी पत्रकारिता को वेब पत्रकारिता भी कहा जाता है।

भारत में इंटरनेट पत्रकारिता का अभी दूसरा दौर चल रहा है, जबकि विश्व स्तर पर इंटरनेट पत्रकारिता का तीसरा दौर चल रहा है। भारत के लिए प्रथम दौर वर्ष 1993 से तथा दूसरा दौर वर्ष 2003 से प्रारंभ माना जाता है। भारत में यथार्थ रूप से 'रीडिफ डॉटकॉम', 'इंडिया इंफोलाइन' तथा 'सिफी' जैसी कुछ साइटें वेब पत्रकारिता का कार्य कर रही हैं। रीडिफ को भारत की पहली साइट कहा जा सकता है, जो गंभीरता के साथ इंटरनेट पत्रकारिता कर रही है। वेबसाइट पर विशुद्ध पत्रकारिता करने का श्रेय तहलका डॉटकॉम को जाता है।

8. रेडियो के संदर्भ में श्रव्य माध्यमों की दो सीमाएँ बताइए। किसी एक सीमा से पार पाने का उपाय भी बताइए।

***अथवा* रेडियो संचार का कैसा माध्यम है? इसकी कोई दो सीमाएँ लिखें।** **CBSE SQP 2024**

उत्तर रेडियो संचार का एक तरफा माध्यम है, इसलिए संदेशों के संबंध में कोई प्रतिक्रिया प्राप्त नहीं की जा सकती है। चूँकि श्रोता का ध्यान केवल ध्वनि पर होता है, इसलिए रेडियो के माध्यम से संचारित संदेश केवल उन लोगों तक पहुँच सकते हैं, जो ध्यानपूर्वक और बुद्धिमानी से इसे सुनते हैं। रेडियो से संदेश प्राप्त करने के लिए बहुत सावधान रहना पड़ता है अन्यथा संदेश का कुछ हिस्सा ही याद रहता है। रेडियो में टेलीविज़न द्वारा प्रदान की गई चित्रात्मक गुणवत्ता का अभाव है। प्रतिक्रिया तंत्र की कमी को निम्नलिखित तरीके से दूर किया जा सकता है

- नेटवर्किंग में रेडियो के उपयोग को मजबूत करने के लिए संस्थागत और सामुदायिक स्तर पर श्रोता मंच स्थापित किए जा सकते हैं, जो लोगों की विभिन्न कार्यक्रमों पर प्रतिक्रियाएँ लेकर श्रोताओं पर अनुसंधान के लिए डाटा प्रदान कर सकते हैं और प्रोग्रामिंग को और अधिक सार्थक बना सकते हैं।
- प्रतिक्रियाओं का विश्लेषण करने और क्षेत्र आधारित विकास कार्यक्रमों के उत्पादन में सहायता करने के लिए विशेषज्ञों को रेडियो स्टेशनों से संलग्न किया जा सकता है।

9. मुद्रित माध्यमों के लिए लिखते समय किन बातों का ध्यान रखना आवश्यक है? **CBSE 2023**

उत्तर मुद्रित माध्यमों के लिए लिखते समय निम्नलिखित बातों का ध्यान रखना आवश्यक है

(i) मुद्रित माध्यमों के लिए लेखन करते समय अपने पाठकों के भाषा-ज्ञान व उनकी रुचियों तथा जरूरतों का पूरा ध्यान रखना पड़ता है।

(ii) मुद्रित माध्यमों के लेखकों और पत्रकारों को प्रकाशन की समय-सीमा का पूरा ध्यान रखना पड़ता है।

(iii) मुद्रित माध्यमों में लेखक को जगह (स्पेस) का भी पूरा ध्यान रखना पड़ता है, जैसे किसी अखबार या पत्रिका के संपादक ने यदि आपको 250 शब्दों में रिपोर्ट या फीचर लिखने के लिए कहा है, तो आपको उस शब्द सीमा का ध्यान रखना पड़ेगा।

(iv) मुद्रित माध्यम के लेखक या पत्रकार को इस बात का भी ध्यान रखना पड़ता है कि छपने से पहले आलेख में मौजूद सभी गलतियों और अशुद्धियों को दूर कर दिया जाए।

10. 'इंटरनेट पत्रकारिता' की लोकप्रियता के तीन कारण स्पष्ट कीजिए। **CBSE 2024**

उत्तर 'इंटरनेट पत्रकारिता' की लोकप्रियता के तीन कारण निम्नलिखित हैं

(i) इंटरनेट पर खबरों, अखबारों, पत्र-पत्रिकाओं आदि से सूचनाएँ, जानकारी, घटनाएँ हमें तीव्र गति से प्राप्त हो जाती हैं।

(ii) इंटरनेट पत्रकारिता में खबरों की पुष्टि भी तत्काल होती है।

(iii) इंटरनेट पत्रकारिता से खबरों के बैकग्राउंड तैयार करने में तत्काल सहायता मिलती है।

11. रेडियो जगत में दृश्य से क्या अभिप्राय है? टेलीविजन के लिए दृश्य के साथ लेखन करना क्यों आवश्यक है? उदाहरण सहित लिखिए। **CBSE 2023**

उत्तर मीडिया जगत में दृश्य से अभिप्राय विजुअल मीडिया से होता है; जैसे- फिल्म, टी.वी.शो आदि और टेलीविजन जनसंचार का दृश्य-श्रव्य माध्यम है। यह रेडियो की तरह एक-रेखीय माध्यम है। टेलीविजन में शब्दों व ध्वनियों की अपेक्षा दृश्यों का अधिक महत्त्व होता है। इसमें दृश्य शब्दों के अनुरूप उनके सहयोगी के रूप में चलते हैं। इसमें कम-से-कम शब्दों में अधिक-से-अधिक खबर बताने की शैली का प्रयोग किया जाता है। दृश्य के साथ लेखन करने की आवश्यकता उसकी प्रभावशीलता के कारण होती है, जिससे दर्शकों को समझने में आसानी होती है और वे संदेश को अधिक स्पष्ट रूप से समझ सकते हैं। अतः टेलीविजन में समाचार लेखन की प्रमुख शर्त दृश्य के साथ लेखन है।

12. टेलीविजन माध्यम की किन्हीं तीन विशेषताएँ अथवा तीन कमियों/सीमाओं का उल्लेख कीजिए। **CBSE 2024**

उत्तर टेलीविजन जनसंचार का प्रमुख माध्यम है। इसकी विशेषताएँ निम्नलिखित हैं

- टेलीविजन दृश्य-श्रव्य माध्यम है। इसमें सूचना एवं जानकारी को सुनने के साथ-साथ देख भी सकते हैं।
- टेजीविजन जनसंचार का तीव्र गति से सूचनाओं को संचारित करने का माध्यम है।
- किसी भी घटना का सीधा प्रसारण टेलीविजन की सहायता से देखा जा सकता है।

टेलीविजन की कमियाँ/सीमाएँ

टेलीविजन माध्यम की कमियाँ/सीमाएँ निम्नलिखित हैं

- टेलीविजन पर दिखाए जा रहे कई कार्यक्रमों का समाज पर विशेषकर बच्चों पर बुरा प्रभाव पड़ता है।
- अत्यधिक टेलीविजन को प्रयोग में लाए जाने के कारण समय व्यर्थ होता है।
- टेलीविजन पर कई बार जल्दी सूचनाओं को दर्शाने से उसकी प्रामाणिकता पर प्रश्नचिह्न लग जाता है।

13. मुद्रित माध्यम की तुलना में भाषा-शैली के स्तर पर रेडियो और टी.वी. पर प्रस्तुत किए जाने वाले समाचारों में विशेष सावधानी क्यों बरतनी चाहिए? **CBSE 2024**

अथवा **रेडियो और टी.वी. के लिए समाचार लिखते समय किन-किन बातों का विशेष ध्यान रखना चाहिए?** **CBSE 2023**

उत्तर रेडियो और टी.वी. के लिए समाचार लिखते समय निम्न बातों का विशेष ध्यान रखना चाहिए

- रेडियो और टी.वी. के लिए समाचार लिखते समय सरल व गरिमा के अनुरूप भाषा का प्रयोग किया जाना चाहिए।
- रेडियो और टी.वी. के लिए जटिल व कठिन संक्षिप्ताक्षर, अंक आदि का प्रयोग नहीं किया जाना चाहिए।
- रेडियो और टी.वी. में अत्यधिक आकँड़ों और संख्या का प्रयोग नहीं किया जाना चाहिए।
- इनमें समाचार को कभी भी संख्या से प्रारंभ नहीं करना चाहिए।
- इनमें वाक्य छोटे-छोटे, सरल व तारतम्यता से परिपूर्ण होने चाहिए।
- समाचार सभी वर्ग व स्तर को समझ आ सके, इस बात का विशेष ध्यान रखा जाना चाहिए।

14. जनसंचार के आधुनिक माध्यमों में से सबसे पुराने माध्यम की दो कमियाँ लिखिए। **CBSE 2023**

उत्तर जनसंचार में आधुनिक माध्यमों में से सबसे पुराना माध्यम मुद्रित (प्रिंट) माध्यम है। इसके अंतर्गत समाचार पत्र-पत्रिकाएँ आदि आते हैं। जनसंचार के सबसे पुराने माध्यम (मुद्रित) की कमियाँ निम्नलिखित हैं

- मुद्रित माध्यम अशिक्षित लोगों के लिए अनुपयोगी है। यह टेलीविजन तथा रेडियो की तरह तुरंत घटी घटना की जानकारी नहीं दे पाता।
- समाचार-पत्र निश्चित अवधि-दैनिक, साप्ताहिक तथा मासिक प्रकाशित किया जाता है, जो किसी भी रिपोर्ट के प्रकाशन के लिए एक डेडलाइन होती है।

15. तकनीकी विकास के बावजूद हिंदी की वेब पत्रकारिता अपने शैशवकाल में ही क्यों है? इसके विकास के लिए क्या आवश्यक है? **CBSE 2024**

उत्तर हिंदी में नेट पत्रकारिता 'वेब दुनिया' के साथ शुरू हुई। यह पोर्टल इंदौर के नई दुनिया समूह से शुरू हुआ। यह हिंदी का संपूर्ण पोर्टल है। इसके साथ ही हिंदी के अखबारों ने विश्व-जाल में अपनी उपस्थिति दर्ज करनी शुरू की। आज पत्रकारिता के लिहाज से हिंदी की सर्वश्रेष्ठ साइट बीबीसी है। यही एक साइट है, जो इंटरनेट के मानदंडों के अनुसार चल रही है।

वेब दुनिया ने प्रारंभ में काफी आशाएँ जगाई थीं, किंतु धीरे-धीरे स्टाफ और साइट की अपडेटिंग में कटौती से पत्रकारिता की वह ताजगी जाती रही, जो शुरू में नजर आती थी।

हिंदी वेब जगत में कई साहित्यिक पत्रिकाएँ चल रही हैं, किंतु कुल मिलाकर तकनीकी विकास के बावजूद हिंदी की वेब पत्रकारिता अभी भी अपने शैशवकाल में ही है। इसके विकास के लिए 'हिंदी फोर्ट' व हिंदी 'की-बोर्ड' की आवश्यकता है। डायनमिक फॉण्ट की अनुपलब्धता के कारण हिंदी की ज्यादातर साइटें खुलती ही नहीं हैं। इसके लिए 'की-बोर्ड' का मानकीकरण करना चाहिए।

16. संचार के इलेक्ट्रॉनिक माध्यमों के आ जाने पर भी मुद्रित माध्यमों की लोकप्रियता बने रहने के क्या कारण हैं? **CBSE 2025**

उत्तर संचार के इलेक्ट्रॉनिक माध्यमों के आ जाने के बावजूद मुद्रित माध्यमों की लोकप्रियता बनी हुई है, क्योंकि इसमें स्थायित्व और विश्वसनीयता होती है। पाठक अखबार या पत्रिकाओं को अपनी सुविधा के अनुसार पढ़ सकते हैं और संदर्भ के लिए सुरक्षित भी रख सकते हैं। यह चिंतन, विश्लेषण और गंभीर लेखन का माध्यम है, जहाँ पाठक अपनी रुचि के अनुसार किसी भी समाचार को चुनकर पढ़ सकते हैं। अतः यह गहरी सोच, विश्लेषण और चिंतन का अवसर प्रदान करती है। साथ ही, पढ़ने की स्वतंत्रता और आरामदायक अनुभव इसे आज भी प्रासंगिक बनाए रखते हैं।

स्व-मूल्यांकन

बहुविकल्पीय प्रश्न

1. भारत में पहला छापाखाना कहाँ खुला?

(क) मुंबई में
(ख) कलकत्ता (कोलकाता) में
(ग) गोवा में
(घ) पुदुचेरी में

उत्तर (ग) गोवा में

2. किसी खबर का घटना स्थल से सीधा प्रसारण क्या कहलाता है?

(क) बाइट
(ख) लाइव
(ग) फ़ोन इन
(घ) एंकर पैकेज

उत्तर (ख) लाइव

3. मुद्रण का आरंभ किस देश में हुआ?

(क) भारत में
(ख) जापान में
(ग) चीन में
(घ) इंग्लैंड में

उत्तर (ग) चीन में

4. क्रिकेट मैच का प्रसारण कैसा है?

(क) एंकर पैकेज
(ख) एंकर बाइट
(ग) लाइव (सीधा प्रसारण)
(घ) फोन इन

उत्तर (ग) लाइव (सीधा प्रसारण)

5. दृश्यों के साथ खबर लिखने की बुनियादी शर्त किस माध्यम में है?

(क) समाचार-पत्र में
(ख) टेलीविजन में
(ग) रेडियो में
(घ) इण्टरनेट में

उत्तर (ख) टेलीविजन में

अतिलघु उत्तरीय प्रश्न

6. डेडलाइन क्या है?

7. फ्लैश या ब्रेकिंग न्यूज किसे कहा जाता है?

लघु उत्तरीय प्रश्न

8. इंटरनेट पत्रकारिता क्या है? इसके सदुपयोगों पर प्रकाश डालिए।

9. रेडियो पर प्रसारण के लिए तैयार की जाने वाली समाचार कॉपी की विशेषताएँ लिखिए।

10. टेलीविजन की सीमाओं का वर्णन कीजिए।

11. जनसंचार के आधुनिक माध्यम कौन-से हैं? किन्हीं दो को बताइए।

02

अध्याय

पत्रकारीय लेखन के विभिन्न रूप और लेखन प्रक्रिया

पत्रकारीय लेखन का अर्थ

समाचार माध्यमों में काम करने वाले पत्रकार अपने पाठकों तथा श्रोताओं तक सूचनाएँ पहुँचाने के लिए लेखन के विभिन्न रूपों का प्रयोग करते हैं, इसे ही पत्रकारीय लेखन कहते हैं। पत्रकारिता या पत्रकारीय लेखन के अंतर्गत संपादकीय, समाचार, आलेख रिपोर्ट, फीचर, स्तंभ तथा कार्टून आदि आते हैं।

अभ्यास के लिए

- पाठ्यपुस्तक के प्रश्नोत्तर
- बहुविकल्पीय प्रश्न
- अतिलघु उत्तरीय प्रश्न
- लघु उत्तरीय प्रश्न

पत्रकारीय लेखन का प्रमुख उद्देश्य सूचना देना, शिक्षित करना तथा मनोरंजन आदि करना है। इसके कई प्रकार हैं; जैसे—खोजपरक पत्रकारिता, वॉचडॉग पत्रकारिता और एडवोकेसी पत्रकारिता आदि। पत्रकारीय लेखन का संबंध समसामयिक विषयों, विचारों व घटनाओं से है। पत्रकार को लिखते समय यह ध्यान रखना चाहिए कि वह सामान्य जनता के लिए लिख रहा है, इसलिए उसकी भाषा सरल व रोचक होनी चाहिए।

पत्रकार तीन प्रकार के होते हैं

(i) **पूर्णकालिक पत्रकार** किसी समाचार-पत्र या संगठन के नियमित वेतनभोगी कर्मचारी।

(ii) **अंशकालिक पत्रकार** (स्ट्रिंगर) निश्चित मानदेय पर कार्य करने वाले पत्रकार।

(iii) **फ्रीलांसर या स्वतंत्र पत्रकार** ये किसी संस्था से जुड़े नहीं होते। ये जब लिखते हैं, तो इनका लेख कोई भी छाप सकता है और बदले में एक निश्चित राशि इन्हें भेज दी जाती है।

अच्छे लेखन के लिए ध्यान रखने योग्य बातें

- वाक्य की संरचना जटिल न हो। छोटे-छोटे वाक्यों का प्रयोग किया जाना चाहिए।
- आम बोलचाल के शब्दों व भाषा का प्रयोग करना चाहिए। गैर-जरूरी शब्दों के प्रयोग से बचना चाहिए।
- अच्छा लेख लिखने के लिए प्रसिद्ध लेखकों की रचनाओं का ध्यानपूर्वक अध्ययन करना चाहिए।
- लेखन में विविधता लाने के लिए लोकोक्तियों और मुहावरों का प्रयोग आवश्यकतानुसार करना चाहिए।
- लेखन में अशुद्धियों पर विशेष ध्यान दिया जाना चाहिए।

- लेखन में दूसरों को प्रभावित करने की अपेक्षा अपनी भावनाओं, तथ्यों व विचारों को व्यक्त किया जाना चाहिए।
- अच्छे लेखन के लिए लेखक को दुनिया व आस-पास घटित घटनाओं, विषयों आदि की जानकारी होनी चाहिए।
- विषय से संबंधित तथ्य जुटाने व संबंधित विषय पर गहन विचार करने का धैर्य होना चाहिए।

समाचार लेखन

समाचार लेखन पत्रकारीय लेखन का सबसे प्रमुख व प्रचलित रूप है। विशेषकर अखबारों में समाचार पूर्णकालिक व अंशकालिक पत्रकार लिखते हैं, जिन्हें संवाददाता या रिपोर्ट भी कहा जाता है।

समाचार लेखन की शैली

समाचार अथवा ख़बरें एक विशेष शैली में लिखी जाती हैं, जिसके अंतर्गत सबसे महत्त्वपूर्ण तथ्यों, सूचनाओं एवं जानकारी को सबसे पहले अर्थात् प्रारंभ के अनुच्छेद में लिखा जाता है। इस प्रकार, प्रथम पैराग्राफ में दी जा रही जानकारी को **इंट्रो** या **मुखड़ा** कहा जाता है।

इंट्रो में समाचार के संबंध में क्या, कहाँ, कब और कौन चार प्रश्नों के उत्तर देना आवश्यक होता है। उसके बाद दूसरे पैराग्राफ में कम महत्त्वपूर्ण जानकारी, सूचना या तथ्यों को बताया जाता है, इसे **बॉडी या समाचार का कलेवर** कहा जाता है। समाचार का समापन करते समय यह ध्यान रखना चाहिए कि न केवल उस समाचार के प्रमुख तथ्य आ गए हैं, बल्कि समाचार के मुखड़े और समापन के बीच एक तारतम्यता भी होनी चाहिए। समाचार में तथ्यों तथा उसके विभिन्न पहलुओं को इस तरह से पेश करना चाहिए कि उससे पाठक को किसी निर्णय या निष्कर्ष पर पहुँचने में मदद मिले। समाचार लेखन में **समापन** का होना अनिवार्य नहीं होता।

यदि समापन को हटा दिया जाए तो समाचार को इससे पहले ही समाप्त किया जा सकता है। बॉडी तथा समापन में अन्य दो प्रश्न कैसे और क्यों का उत्तर दिया जाता है। इसे **उल्टा पिरामिड शैली** इसलिए कहा जाता है, क्योंकि समाचार लेखन की इस शैली के अंतर्गत 'क्लाइमेक्स' कथा या कहानी लेखन शैली के विपरीत अर्थात् प्रारंभ में आता है। कथा एवं कहानी लेखन की शैली **सीधा पिरामिड** कहलाती है एवं समाचार लेखन की शैली को उल्टा पिरामिड शैली कहा जाता है।

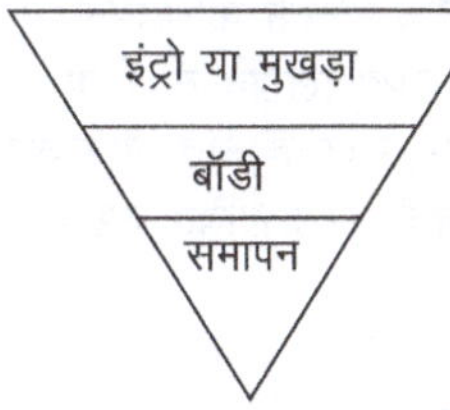

उल्टा पिरामिड में समाचार का ढाँचा

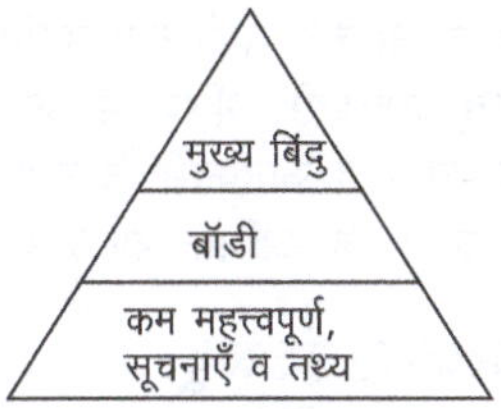

सीधा पिरामिड कथात्मक लेखन

उल्टा पिरामिड की शैली का प्रयोग 19वीं सदी के मध्य से ही प्रारंभ हो गया था, किंतु इसका विकास अमेरिका के गृहयुद्ध के दौरान हुआ, तब संवाददाताओं को अपने समाचार टेलीग्राफ संदेशों के माध्यम से भेजना पड़ता था। इस प्रकार, सेवाएँ महँगी, अनियमित व दुर्लभ थीं। इसलिए संवाददाताओं को किसी खबर को विस्तार से न देकर संक्षेप में देनी होती थी, इसी कारण उल्टा पिरामिड शैली का विकास हुआ और आगे चलकर यह समाचार लेखन की मानक (स्टैंडर्ड) शैली बन गई।

समाचार लेखन और छः ककार

किसी भी समाचार के छः आधारभूत सवाल होते हैं, जिन्हें हिंदी में **छः ककार** कहा जाता है तथा अंग्रेजी में पाँच (5) डब्ल्यू (W) एवं एक एच (H) कहा जाता है। किसी भी समाचार में इन छः ककारों का होना सामान्यतया आवश्यक माना जाता है। ये ककार निम्न हैं

(i) क्या (What) अर्थात् क्या घटित हुआ?
(ii) कब (When) अर्थात् घटना कब घटी?
(iii) कहाँ (Where) अर्थात् घटना किस स्थान पर घटी अर्थात् किस स्थान से संबंधित है?
(iv) कौन (Who) अर्थात् घटना किससे संबंधित है?
(v) क्यों (Why) अर्थात् घटना क्यों घटी?
(vi) कैसे (How) अर्थात् घटना कैसे घटित हुई?

समाचार के इंट्रो या मुखड़े में प्रारंभ में सामान्यतया तीन या चार ककारों—क्या, कौन, कब और कहाँ? को आधार बनाकर खबर को लिखा जाता है। इसके पश्चात् समाचार की बॉडी और समापन में अन्य दो ककारों—कैसे और क्यों का उत्तर दिया जाता है। इन छः ककारों के ही आधार पर समाचार तैयार किया जाता है।

समाचार लेखन के इन छः ककारों में पहले चार ककार सूचनात्मक और तथ्यों पर आधारित होते हैं तथा अन्य दो ककार विवरणात्मक, व्याख्यात्मक और विश्लेषणात्मक पहलू पर आधारित होते हैं।

अखबार में प्रकाशित समाचार-पत्र का उदाहरण

अंबाला में हड़ताल के दौरान बवाल, यूनियन नेता की मौत

देशभर में ट्रेड यूनियनों की 20 जनवरी, 20XX को दो दिनों की हड़ताल के पहले दिन बुधवार को अंबाला में बवाल हो गया। इसकी वजह से रोडवेज़ कर्मचारी और ट्रेड यूनियन के एक नेता की मौत हो गई।

हड़ताल की वजह से सुबह से रोडवेज़ की बसें सड़कों से गायब हैं, जिससे लोगों को परेशानी का सामना करना पड़ रहा है। इसे देखते हुए अंबाला के डीसीपी (अर्बन) अशोक कुमार भारी पुलिस बल और बलदेव नगर के एसएचओ पवन कुमार के साथ रोडवेज़ की वर्कशॉप में कर्मचारियों को बसें चलाने के लिए राज़ी करने के लिए पहुँचे। बातचीत के दौरान एसएचओ पवन कुमार कर्मचारियों से उलझ पड़े। एसएचओ के रवैये से हड़ताली रोडवेज़ कर्मचारी आक्रोश में आ गए और उन्होंने डीसीपी व एसएचओ की गाड़ियों को पलट दिया तथा दोनों की गाड़ियों को क्षतिग्रस्त भी कर दिया। वर्कशॉप में बवाल के दौरान भारी अफरातफरी के बीच एआईटीयूसी के ट्रेजरर नरेंद्र सिंह बस की चपेट में आ गए और उनकी मौत हो गई। बवाल और बढ़ने की आशंका से पुलिस बिना कोई कार्यवाही किए रोडवेज वर्कशॉप से लौट आई। रोडवेज़ की वर्कशॉप पर भारी पुलिस बल तैनात कर दिया गया है।

रोडवेज़ यूनियन ने नरेंद्र सिंह के परिवार के लिए ₹ 20 लाख मुआवजे की माँग की है। यूनियन के अध्यक्ष हरिनारायण शर्मा ने कहा कि 2 घंटे के भीतर नरेंद्र के परिवार के किसी एक सदस्य को सरकारी नौकरी देने और

उनकी मौत के लिए ज़िम्मेदार अधिकारियों के खिलाफ़ एफआईआर दर्ज नहीं की गई, तो कर्मचारी अंबाला-दिल्ली हाइवे जाम कर देंगे।

(समाचार-उद्धरण 'नवभारत टाइम्स' से साभार...)

उपर्युक्त समाचार के प्रारंभ अर्थात् इंट्रो (मुखड़े) में चार ककारों— क्या, कौन, कब और कहाँ के विषय में जानकारी दी गई है। उसके बाद अन्य दो ककारों को उद्घाटित किया गया है। अत: समाचार इसी शैली में ही लिखे जाते हैं। समाचार लिखते समय एक अन्य बात ध्यान रखनी चाहिए कि समाचार में सूचना के स्रोत अर्थात् जिससे जिसकी जानकारी मिली है, उसे भी अवश्य लिखा जाना चाहिए।

विशेष रिपोर्ट कैसे लिखें?

सामान्य समाचारों से अलग वे विशेष समाचार, जो गहरी छानबीन, विश्लेषण और व्याख्या के आधार पर प्रकाशित किए जाते हैं, विशेष रिपोर्ट कहलाते हैं। ऐसी रिपोर्टों को लिखने के लिए किसी घटना, समस्या या मुद्दे की गहरी छानबीन की जाती है तथा उससे संबंधित महत्त्वपूर्ण तथ्यों को इकट्ठा किया जाता है। तथ्यों के विश्लेषण के द्वारा उसके परिणाम, प्रभाव और कारणों को स्पष्ट किया जाता है।

विशेष रिपोर्ट के प्रकार

विशेष रिपोर्ट के निम्न प्रकार हैं

1. **खोजी रिपोर्ट** इस प्रकार की रिपोर्ट में रिपोर्टर मौलिक शोध और छानबीन करके सूचनाओं व तथ्यों को सभी के समक्ष लाता है, जो सार्वजनिक तौर पर पहले से उपलब्ध नहीं थीं। इस प्रकार की रिपोर्ट का प्रयोग भ्रष्टाचार, अनियमितताओं और गड़बड़ियों को सामने लाने के लिए किया जाता है।
2. **इन-डेप्थ रिपोर्ट** इस प्रकार की रिपोर्ट में सार्वजनिक रूप में उपलब्ध तथ्यों, आँकड़ों व सूचनाओं की छानबीन करके उस घटना, समस्या, या मुद्दे से जुड़े प्रमुख पहलुओं को उजागर किया जाता है।
3. **विश्लेषणात्मक रिपोर्ट** इस प्रकार की रिपोर्ट में किसी घटना या समस्या से जुड़े हुए तथ्यों के विश्लेषण एवं व्याख्या पर जोर दिया जाता है।
4. **विवरणात्मक रिपोर्ट** इस प्रकार की रिपोर्ट में घटना अथवा समस्या के विस्तृत एवं सूक्ष्म विवरण सामने लाने का प्रयास किया जाता है।

सामान्यतया विशेष रिपोर्ट की शैली समाचार-लेखन की उल्टा पिरामिड शैली की ही तरह होती है, किंतु कई बार इन्हें फीचर शैली में भी लिखा जाता है। विशेष रिपोर्ट की भाषा सरल, सहज व आम बोलचाल की होनी चाहिए।

विचारपरक लेखन-लेख, टिप्पणियाँ और संपादकीय

अखबारों में समाचार और फीचर के अतिरिक्त विचारपरक सामग्री का भी प्रकाशन होता है। कई अखबारों की पहचान उनके वैचारिक रुझान से होती है। एक तरह से अखबारों में प्रकाशित होने वाले विचारपूर्ण लेखन से उस अखबार की छवि बनती है। अखबारों में संपादकीय पृष्ठ पर प्रकाशित होने वाले संपादकीय अग्रलेख, लेख और टिप्पणियाँ इसी विचारपरक पत्रकारीय लेखन की श्रेणी में आते हैं।

संपादकीय लेखन

संपादक द्वारा किसी प्रमुख घटना या समस्या पर लिखे गए विचारात्मक लेख, जिसे संबंधित समाचार-पत्र की सलाह भी कहा जाता है, को संपादकीय लेखन कहते हैं। संपादकीय लेखन किसी एक व्यक्ति का विचार या राय न होकर समग्र पत्र-समूह की राय होता है, इसलिए संपादकीय में संपादक अथवा लेखक का नाम नहीं लिखा जाता।

स्तंभ लेखन

कुछ महत्त्वपूर्ण लेखक अपने विचारों के लिए जाने जाते हैं। इससे उन लेखकों की लेखन-शैली भी विकसित हो जाती है। लेखकों की लोकप्रियता को व उनकी लेखन-शैली को देखते हुए समाचार-पत्र में उन्हें स्तंभ लिखने के लिए कहा जाता है, जिसमें उन्हें विषय का चुनाव करने की स्वतंत्रता होती है। कुछ लेखकों के स्तंभ इतने अधिक लोकप्रिय होते हैं कि उन्हें उनके स्तंभ द्वारा ही पहचाना जाता है। स्तंभ लेखन में लेखक के स्वयं के विचार प्रमुख होते हैं तथा अपने विचारों को ही लेखक प्रस्तुत करता है परंतु स्तंभ लेखन लिखते समय लेखक तथ्यों को भी ध्यान में रखता है।

संपादक के नाम पत्र

संपादकीय पृष्ठ पर संपादक के नाम पत्र प्रकाशित किए जाते हैं। इसके अंतर्गत पाठक अपने विचारों, समस्याओं, भिन्न-भिन्न मुद्दों आदि को व्यक्त करते हैं। इसके द्वारा नए लेखकों को स्तंभ लिखने का अवसर भी प्राप्त हो जाता है। अत: पाठकों द्वारा संपादक के नाम लिखा गया पत्र जनमत को प्रतिबिंबित करता है।

लेख

समाचार-पत्र में अनेक पत्रकारों एवं विशेषज्ञों के लेख प्रस्तुत किए जाते हैं। लेख लिखते समय प्रस्तुत किए गए विषय पर विस्तार से चर्चा की जाती है। लेख में प्रारंभ, मध्य व अंत को ध्यान में रखकर लेखक अपने विचारों को प्रस्तुत करता है।

लेख फ़ीचर आदि से भिन्न होता है। लेख लिखने में लेखक के विचारों को प्रमुखता देने के साथ तथ्यों को ध्यान में रखना आवश्यक होता है।

लेखक लेख द्वारा अपने विचार प्रस्तुत करते हुए सूचनाओं एवं तथ्यों का विश्लेषण करके तर्क के आधार पर अपनी राय देता है। स्पष्टत: लेख की कोई एक निश्चित शैली नहीं होती। प्रत्येक लेखक की अपनी शैली होती है, किंतु अखबारों, पत्रिकाओं के लिए लेख लिखने के लिए विषय पर अच्छी पकड़ व जानकारी के साथ प्रारंभ, मध्य व अंत आकर्षक रूप में होना चाहिए, जो अधिक-से-अधिक लोगों को प्रभावित कर सके।

साक्षात्कार/इंटरव्यू

साक्षात्कार में पत्रकार द्वारा अन्य व्यक्ति से उसकी भावनाएँ, विचार, राय आदि जानने के लिए सवाल पूछे जाते हैं। एक सफल साक्षात्कार वह होता है, जिसमें पत्रकार उन सभी प्रश्नों के उत्तर प्राप्त कर सके, जिन्हें पाठक/दर्शक/श्रोता जानना चाहते हैं। साक्षात्कार लेने के लिए पत्रकार को उस व्यक्ति के संदर्भ में सभी जानकारियाँ पहले से ज्ञात होनी चाहिए। साक्षात्कार लेने के लिए यह स्पष्ट होना चाहिए कि आप उस व्यक्ति से किन प्रश्नों के उत्तर जानना चाहते हैं? साक्षात्कार लेते समय महत्त्वपूर्ण सूचना एवं जानकारी को साक्षात्कार के समय नोट करते रहना चाहिए।

पाठ्यपुस्तक (अभिव्यक्ति और माध्यम) के प्रश्नोत्तर

1. किसे क्या कहते हैं?

(क) सबसे महत्त्वपूर्ण तथ्य या सूचना को सबसे ऊपर रखना और उसके बाद घटते हुए महत्त्वक्रम में सूचनाएँ देना ....

(ख) समाचार के अंतर्गत किसी घटना का नवीनतम और महत्त्वपूर्ण पहलू ....

(ग) किसी समाचार के अंतर्गत उसका विस्तार, पृष्ठभूमि, विवरण आदि देना ....

(घ) किसी घटना, समस्या या मुद्दे की गहन छानबीन और विश्लेषण .....

(ङ) वह लेख, जिसमें किसी मुद्दे के प्रति समाचार-पत्र को अपनी राय प्रकट होती है ....

उत्तर (क) उल्टा पिरामिड

(ख) रेखांकन एव कार्टोग्राफ

(ग) विशेष रिपोर्ट

(घ) आलेख एवं स्तंभ

(ङ) संपादकीय

2. नीचे दिए गए समाचार के अंश को ध्यानपूर्वक पढ़िए

शांति का संदेश लेकर आए फ़ज़लुर्रहमान

पाकिस्तान में विपक्ष के नेता मौलाना फ़ज़लुर्रहमान ने अपनी भारत-यात्रा के दौरान कहा कि वे शांति व भाईचारे का संदेश लेकर आए हैं। यहाँ दारूलउलूम पहुँचने पर पत्रकार सम्मेलन को संबोधित करते हुए उन्होंने कहा कि दोनों देशों के संबंधो में निरंतर सुधार हो रहा है। प्रधानमंत्री मनमोहन सिंह से गत सप्ताह नई दिल्ली में हुई वार्ता के संदर्भ में एक प्रश्न के उत्तर में उन्होंने कहा कि पाकिस्तानी सरकार ने कश्मीर समस्या के समाधान के लिए 9 प्रस्ताव दिए हैं।

प्रधानमंत्री मनमोहन सिंह ने उन पर विचार करने का आश्वासन दिया है। कश्मीर समस्या के संबंध में मौलाना साहब ने आशावादी रवैया अपनाते हुए कहा कि 50 वर्षों की इतनी बड़ी जटिल समस्या का एक-दो वार्ता में हल होना संभव नहीं है। लेकिन इस समस्या का समाधान अवश्य निकलेगा। प्रधानमंत्री के प्रस्तावित पाकिस्तान दौरे की बाबत उनका कहना था कि निकट भविष्य में यह संभव है और हम लोग उनका ऐतिहासिक स्वागत करेंगे। उन्होंने कहा कि दोनों देशों के रिश्ते बहुत मज़बूत हुए हैं और प्रथम बार सीमाएँ खुली हैं, व्यापार बढ़ा है तथा बसों का आवागमन आरंभ हुआ है।

(क) दिए गए समाचार में से ककार ढूँढकर लिखिए।

(ख) उपर्युक्त उदाहरण के आधार पर निम्नलिखित बिंदुओं को स्पष्ट कीजिए

- इंट्रो
- बॉडी
- समापन

(ग) उपर्युक्त उदाहरण का गौर से अवलोकन कीजिए और बताइए कि ये कौन-सी पिरामिड शैली में है और क्यों?

उत्तर

(क) **क्या** शांति का संदेश।

कौन फ़ज़लुर्रहमान, पाकिस्तान के विपक्षी नेता।

कब दारूलउलूम पहुँचने पर, भारत और पाक के मध्य होने वाली वार्ता के अवसर पर।

कहाँ भारत यात्रा पर आए।

कैसे वार्ता द्वारा दोनों देशों में निकटता लाना और समस्या का हल खोजना।

क्यों कश्मीर समस्या का हल चाहने के उद्देश्य से

(ख) **इंट्रो** पाकिस्तान में विपक्ष के नेता मौलाना फ़ज़लुर्रहमान ने अपनी भारत यात्रा के दौरान कहा कि वे शांति व भाईचारे का संदेश लेकर भारत आए हैं।

बॉडी फ़ज़लुर्रहमान द्वारा दारूलउलूम पहुँचने पर तत्कालीन भारतीय प्रधानमंत्री मनमोहन सिंह के साथ हुई बातचीत को पत्रकारों से बताने का अंश।

समापन भारतीय प्रधानमंत्री को आमंत्रण तथा दोनों देशों के रिश्तों में आई मजबूती संबंधी कथन।

(ग) यह समाचार उल्टा पिरामिड शैली में है, क्योंकि इसमें इंट्रो पहले, बॉडी मध्य में और समापन सबसे अंत में है।

3. एक दिन के किन्हीं तीन समाचार-पत्रों को पढ़िए और दिए गए बिंदुओं के संदर्भ में उनका तुलनात्मक अध्ययन कीजिए।

(क) सूचनाओं का केंद्र/मुख्य आकर्षण

(ख) समाचार का पृष्ठ एवं स्थान

(ग) समाचार की प्रस्तुति

(घ) समाचार की भाषा-शैली

उत्तर

	हिंदुस्तान	नवभारत टाइम्स	पंजाब केसरी
(क)	सूचनाएँ आकर्षक एवं विस्तृत हैं।	सूचनाएँ आकर्षक एवं जिज्ञासापूर्ण हैं।	सूचनाएँ सामान्यतया ठीक हैं।
(ख)	समाचार प्रारंभ के सात-आठ पृष्ठों पर होते हैं।	समाचार पहले, दूसरे, तीसरे और चौथे पृष्ठों पर अधिक हैं।	पहले तीन-चार पृष्ठों पर समाचार हैं।
(ग)	समाचार प्रस्तुति का ढंग रोचक, आकर्षक एवं प्रभावशाली है।	समाचार प्रस्तुति का ढंग आकर्षक एवं प्रभावी है।	समाचार प्रस्तुति का ढंग साधारण है।
(घ)	समाचार की भाषा सरल, सहज तथा स्तरीय है।	भाषा सरल, सुबोध एवं स्तरीय है।	भाषा अच्छी है।

4. अपने विद्यालय और मोहल्ले के आस-पास की समस्याओं पर नज़र डालें। जैसे-पानी की कमी, बिजली की कटौती, खराब सड़कें, सफाई की दुर्व्यवस्था। इनमें से किन्हीं दो विषयों पर रिपोर्ट तैयार करें और अपने शहर के अखबार में भेजें

उत्तर

पानी की कमी

मार्च का महीना बीता नहीं कि पानी की किल्लत शुरू हो गई। तालाब और पोखर सूखने लगे और नलों में भी पानी आना कम हो गया। पानी की कमी और ऊपर से बढ़ती गर्मी, दोनों मिलकर जीना कितना कठिन बना देती हैं, पर परेशानियों का नाम ही तो जीवन है। शहरी क्षेत्रों में यह समस्या और भी विकराल रूप ले लेती है।

अनधिकृत कॉलोनियों में पानी के टैंकर समय पर न आना, सप्ताह में एक-दो बार आने पर युद्ध जैसी स्थिति उत्पन्न होना आम बात हो जाती है। पानी के टैंकर की राह देखते हुए रात बिताना सामान्यतः कोई नई बात नहीं है। चुनावी वादे करने वाले नेता अब दर्शन नहीं देते और शिकायत लेकर जाने पर पल्ला झाड़ने की कोशिश करते नज़र आते हैं। वे कभी जल बोर्ड को दोष देते हैं तो कभी पिछली सरकार को। आखिर यह समस्या लोगों का पीछा कब छोड़ेगी?

सफाई की दुर्व्यवस्था

सफाई का नाम लेते ही जगह-जगह पड़े कूड़े के ढेर, गंदे पानी से भरी नालियाँ, कूड़ेदान के बाहर तक सड़क पर बिखरा कूड़ा और उनमें मुँह मारते जानवरों का दृश्य साकार हो उठता है। कुछ ऐसा दृश्य उत्तरी दिल्ली की पुनर्वास कॉलोनियों में देखा जा सकता हैं। यूँ तो उत्तरी दिल्ली नगर निगम साफ़-सफाई के बड़े-बड़े दावे करता है, पर हल्की-सी बारिश होते ही उसके दावों की पोल खुल जाती है। वर्षा होते ही सड़कों पर पानी का भरना, उनमें कूड़ा-करकट तैरना लोगों को नाक बंद करके जाने के लिए मज़बूर करता है।

ऐसा गंदगीपूर्ण दृश्य देखकर इसे देश की राजधानी का हिस्सा कहने में संकोच होने लगता है। नगर निगम के अध्यक्ष और अधिकारी सफाई-कार्यों का बजट कहीं और खर्च करके तथा सफाई के लिए किए गए कार्यों के झूठे आँकड़े प्रस्तुत करके जनता को धोखा देने का प्रयास करते हैं। उनके इस कृत्य से दिल्ली की आधी से अधिक आबादी साफ हवा-पानी के लिए तरसने को मज़बूर है।

5. किसी क्षेत्र-विशेष से जुड़े व्यक्ति से साक्षात्कार करने के लिए प्रश्न-सूची तैयार कीजिए; जैसे-

- **संगीत/नृत्य**
- **चित्रकला**
- **शिक्षा**
- **अभिनय**
- **साहित्य**
- **खेल**

उत्तर अभिनय की दुनिया में पैर जमा चुके अभिनेता से साक्षात्कार के लिए तैयार की गई प्रश्न-सूची निम्न प्रकार है

(i) आपको अभिनय की दुनिया में आने के लिए प्रेरणा कहाँ से मिली?

(ii) आपको इस क्षेत्र में पैर जमाने के लिए क्या-क्या करना पड़ा?

(iii) आपके अभिनय के क्षेत्र में आने पर आपके माता-पिता की क्या प्रतिक्रिया रही?

(iv) अब तक आपने किन-किन फिल्मों में अपनी प्रतिभा का जौहर दिखाया है?

(v) अभिनय के क्षेत्र में आज आप खुद को कहाँ पाते हैं?

(vi) प्रसिद्धि के शिखर पर पहुँचकर कुछ लोग पैसों के लालच में विज्ञापनों के माध्यम से गलत संदेश देकर अपनी छवि का दुरुपयोग करते हैं। उनके इस कृत्य को आप किस रूप में देखते हैं?

(vii) अभिनय के क्षेत्र में नवागंतुकों की मदद आप कैसे करते हैं?

(viii) अच्छे अभिनय के बाद भी जब आपको सरकार द्वारा पुरस्कृत नहीं किया जाता तब आप कैसा महसूस करते हैं?

(ix) आपकी आने वाली फिल्में कौन-कौन सी हैं? वे आपकी पिछली फिल्मों से किस तरह अलग हैं?

(x) अभिनय की दुनिया में आपने धन तो खूब कमाया पर इससे आपको कितनी संतुष्टि मिली?

(xi) यदि आप अभिनेता न होते तो क्या करना पसंद करते?

नोट अन्य शीर्षकों से संबंधित प्रश्न-सूची छात्र स्वयं तैयार करें।

6. आप अखबार के मुखपृष्ठ पर कौन-से छः समाचार शीर्षक/सुर्खियाँ (हेडलाइन) देखना चाहेंगे? उन्हें लिखिए।

उत्तर अखबार के मुखपृष्ठ पर मैं निम्नलिखित छः समाचार शीर्षक/सुर्खियाँ (हेडलाइन) देखना चाहूँगा

(i) अपने देश की सर्वाधिक महत्त्वपूर्ण एवं चर्चित खबर का शीर्षक।

(ii) महत्त्वपूर्ण विश्वस्तरीय खबर का शीर्षक।

(iii) अपने राज्य की राजधानी संबंधी मुख्य खबर।

(iv) दिल्ली में आयोजित खेलकूद, सांस्कृतिक कार्यक्रम की जानकारी संबंधी शीर्षक।

(v) किनारे बने बॉक्स में मुख्य समाचारों की झलकियाँ।

(vi) मौसम-संबंधी पूर्वानुमान, तापमान, शेयर बाजार भाव आदि की तालिका।

अभ्यास प्रश्न

बहुविकल्पीय प्रश्न

1. पत्रकारीय लेखन के समय क्या ध्यान रखना अत्यंत आवश्यक है?

(क) सूचनाओं की सार्थकता
(ख) समाचार की संवेदनशीलता
(ग) सूचनाओं की तथ्यात्मकता
(घ) उपर्युक्त सभी

उत्तर (घ) उपर्युक्त सभी

2. पत्रकारीय लेखन का संबंध किससे मानते हैं? CBSE 2023

(क) वास्तविक घटनाओं से (ख) साहित्यिक लेखन से
(ग) सृजनात्मक लेखन से (घ) प्रभावकारी विचारों से

उत्तर (क) वास्तविक घटनाओं से

3. आलोक एक पत्रकार हैं। वे किसी खास अखबार से संबंध नहीं रखते अपितु भुगतान के आधार पर अलग-अलग अखबारों के लिए लिखते हैं। उनको किस तरह का पत्रकार कहा जा सकता है? CBSE 2024

(क) पूर्णकालिक पत्रकार
(ख) अंशकालिक पत्रकार
(ग) फ्रीलांसर (स्वतंत्र पत्रकार)
(घ) विशेष संवाददाता पत्रकार

उत्तर (ग) फ्रीलांसर (स्वतंत्र पत्रकार)

4. पत्रकार द्वारा साक्षात्कार लिए जाने का उद्देश्य है CBSE 2024

(क) समाचार, फीचर, विशेष रिपोर्ट के लिए सामग्री एकत्रित करना
(ख) साक्षात्कार देने वाले व्यक्ति को प्रसिद्धि दिलाना
(ग) पत्रकार द्वारा अपनी विशेष योग्यता दर्शाना
(घ) पत्रकार द्वारा अपनी जिज्ञासा पूरी करना

उत्तर (क) समाचार, फीचर, विशेष रिपोर्ट के लिए सामग्री एकत्रित करना

5. पाठकों, दर्शकों और श्रोताओं तक सूचनाएँ पहुँचाने के लिए पत्रकारों द्वारा अपनाए जाने वाले विभिन्न रूप कहलाते हैं CBSE 2024

(क) समाचार लेखन (ख) विचारपरक लेखन
(ग) साहित्यिक लेखन (घ) पत्रकारीय लेखन

उत्तर (घ) पत्रकारीय लेखन

6. साक्षात्कार को किस रूप में लिखा जा सकता है? CBSE 2024

(क) सवाल-जवाब के रूप में (ख) आलेख के रूप में
(ग) (क) और (ख) दोनों (घ) इनमें से कोई नहीं

उत्तर (क) सवाल-जवाब के रूप में

7. पत्रकारीय लेखन का सबसे जाना-माना रूप क्या होता है? CBSE 2024

(क) फीचर (ख) समाचार
(ग) स्तंभ (घ) आलेख

उत्तर (ख) समाचार

8. प्रो. गुप्ता की लेखन में विशेष रुचि है, कॉलेज की पत्रिका के लिए वह लेख लिखते हैं। अब वह समाचार-पत्रों में अपना हाथ माँजना चाहते हैं। उन्हें किस शीर्षक के अंतर्गत अपने लेख भेजने चाहिए? CBSE 2024

(क) संपादक के नाम पत्र (ख) संपादकीय
(ग) स्तंभ लेखन (घ) प्रतिवेदन

उत्तर (क) संपादक के नाम पत्र

9. समाचार संगठन में काम करने वाले नियमित वेतनभोगी पत्रकार को क्या कहते हैं? CBSE SQP Term I 2021

(क) फ्रीलांसर (ख) पूर्णकालिक
(ग) अंशकालिक (घ) अल्पकालिक

उत्तर (ख) पूर्णकालिक

10. समाचार का प्रवेशद्वार किसे माना जाता है?

(क) इंट्रो को (ख) बॉडी को
(ग) शीर्षक को (घ) समापन को

उत्तर (ग) शीर्षक को

11. समाचार लेखन के कितने ककार होते हैं?

(क) चार (ख) पाँच (ग) छः (घ) तीन

उत्तर (ग) छः

12. उल्टा पिरामिड शैली में समाचार कितने भागों में बाँटा जाता है? CBSE SQP 2020

(क) तीन (ख) चार (ग) पाँच (घ) दो

उत्तर (क) तीन

13. 'उल्टा पिरामिड' शैली का संबंध है CBSE 2023

(क) फीचर लेखन से (ख) आलेख लेखन से
(ग) समाचार लेखन से (घ) कथा लेखन से

उत्तर (ग) समाचार लेखन से

14. समाचार लेखन की सर्वाधिक लोकप्रिय और मानक शैली है CBSE Term I 2021

(क) उल्टा पिरामिड शैली (ख) कथात्मक शैली
(ग) काव्यात्मक शैली (घ) सीधा पिरामिड शैली

उत्तर (क) उल्टा पिरामिड शैली

15. समाचार-पत्रों को सामान्य समाचारों से अलग हटकर विशेष क्षेत्रों के बारे में जानकारी क्यों देनी पड़ती है? CBSE 2023

(क) बाजार में टिके रहने के लिए
(ख) सभी तरह के विषयों पर लेखन के लिए
(ग) पाठकों की रुचियों के लिए
(घ) विज्ञापन प्राप्त करने के लिए

उत्तर (ग) पाठकों की रुचियों के लिए

16. इनमें समाचार-पत्र की आवाज किसे माना जाता है? CBSE SQP Term I 2021

(क) फीचर (ख) संपादक के नाम पत्र
(ग) संपादकीय (घ) स्तंभ लेखन

उत्तर (ग) संपादकीय

17. तथ्यों, सूचनाओं तथा आँकड़ों की गहरी छानबीन करने वाली रिपोर्ट को क्या कहते हैं?

(क) विवेचनात्मक रिपोर्ट
(ख) विश्लेषणात्मक रिपोर्ट
(ग) खोजी रिपोर्ट
(घ) इन-डेप्थ रिपोर्ट

उत्तर (घ) इन-डेप्थ रिपोर्ट

18. निम्न में से किसके अंतर्गत लेखक को विषय के चुनाव की स्वतंत्रता प्रदान की जाती है?

(क) लेख (ख) स्तंभ लेखन
(ग) साक्षात्कार (घ) विशेष लेखन

उत्तर (ख) स्तंभ लेखन

19. एक अच्छे व सफल साक्षात्कार के लिए क्या आवश्यक है?

(क) जिस व्यक्ति का साक्षात्कार करने जा रहे हैं, उसके बारे में पर्याप्त जानकारी हो
(ख) आपमें ज्ञान के साथ-साथ संवेदनशीलता, कूटनीति, धैर्य व साहस भी हो
(ग) 'क' और 'ख' दोनों
(घ) उपर्युक्त में से कोई नहीं

उत्तर (ग) 'क' और 'ख' दोनों

20. किसी घटना या समस्या से संबंधित तथ्यों के विस्तृत और सूक्ष्म विवरण को प्रस्तुत करने वाली रिपोर्ट कहलाती है CBSE Term I 2021

(क) विश्लेषणात्मक रिपोर्ट (ख) विवरणात्मक रिपोर्ट
(ग) खोजी रिपोर्ट (घ) इन-डेप्थ रिपोर्ट

उत्तर (ख) विवरणात्मक रिपोर्ट

21. 'न्यूजपेग' से आप क्या समझते हैं? CBSE 2023

(क) कथात्मक शैली में लेखन
(ख) आलेख की तरह लेखन
(ग) केस स्टडी प्रारूप में लेखन
(घ) अन्य खबर से जोड़कर लेखन

उत्तर (ग) केस स्टडी प्रारूप में लेखन

22. संपादकीय पृष्ठ पर प्रकाशित होने वाले संपादकीय लेखन को माना जाता है CBSE 2023

(क) संपादक की आवाज (ख) पत्रकार की आवाज
(ग) अखबार की आवाज (घ) पाठक की आवाज

उत्तर (ग) अखबार की आवाज

अतिलघु उत्तरीय प्रश्न

1. आमुख या इंट्रो की शब्द-सीमा कितनी होनी चाहिए?

उत्तर विद्वानों के मतानुसार आमुख या इंट्रो की शब्द-सीमा 30-35 शब्दों की होनी चाहिए।

2. समाचार की बॉडी या कलेवर क्या होता है?

उत्तर आमुख के बाद समाचार के शेष भाग को उसकी बॉडी या कलेवर कहा जाता है। इसमें समाचार से संबंधित सभी घटनाओं की क्रमबद्ध रूप में प्रस्तुति की जाती है।

3. किसी भी दैनिक समाचार-पत्र में राजनीतिक ख़बरें ज्यादा स्थान क्यों घेरती हैं? इस पर संक्षिप्त टिप्पणी लिखिए।

उत्तर राजनीतिक घटनाओं पर समाचार-पत्रों की नज़र रहती है। वे इन्हें सुर्खियाँ प्रदान करते हैं। इसके प्रति रोचकता तथा संवेदनशीलता पैदा करने का कार्य भी समाचार-पत्रों का ही होता है।

4. आम तौर पर ऐसा माना जाता है कि ख़बरों को बनाते समय जनता की रुचि का ध्यान रखा जाता है। इसके विपरीत जनता की रुचि बनाने-बिगाड़ने में ख़बरों का क्या योगदान होता है?

उत्तर यदि जनसंचार माध्यम जनरुचि का ख्याल नहीं करते हैं, तो उनके प्रति जनता का रुझान कम हो जाता है। समाचारों में अशुद्धियाँ तथा उच्चारण की गलतियों से भी जनता की रुचि उक्त जनसंचार माध्यम में कम हो जाती है।

5. स्तंभ लेखन क्या होता है? समझाइए।

उत्तर कुछ महत्त्वपूर्ण लेखक अपने विचारों को अख़बार के स्तंभ में प्रस्तुत करते हैं। स्तंभ लेखन के अंतर्गत लेखक को अपने विषय का चुनाव करने की स्वतंत्रता होती है।

6. खोजी पत्रकारिता से आप क्या समझते हैं?

उत्तर खोजी पत्रकारिता के द्वारा भ्रष्टाचार, गड़बड़ियों आदि की गहराई से छानबीन करके ऐसे तथ्यों और सूचनाओं को सामने लाने का प्रयास किया जाता है, जिन्हें छिपाने का प्रयास किया जा रहा हो।

7. 'डेडलाइन' का क्या आशय है?

उत्तर कोई भी समाचार-पत्र जिस अवधि के बाद छपता है, वह अवधि ही किसी समाचार के लिए डेडलाइन होती है। प्रायः समाचार-पत्र 24 घंटे बाद छपते हैं। अतः पिछले 24 घंटों की ख़बरें ही छपने योग्य होती हैं। उससे पूर्व की सूचनाएँ बेकार हो जाती हैं। अतः समाचार-पत्रों के लिए 24 घंटे की अवधि डेडलाइन होती है।

8. विशेष रिपोर्ट कैसे लिखी जाती है?

उत्तर विशेष रिपोर्ट विशेष क्षेत्र से जुड़ी घटनाओं से संबंधित होती है। उस क्षेत्र विशेष के संवाददाता द्वारा तथ्यों एवं सूचनाओं का गहन विश्लेषण करके रिपोर्ट को तैयार किया जाता है।

9. अंशकालिक पत्रकार किसे कहते हैं?

उत्तर अंशकालिक पत्रकार समाचार संगठन के लिए एक निश्चित मानदेय के आधार पर काम करते हैं। चूँकि ये पूर्णकालिक पत्रकार नहीं होते। अतः ये एक से अधिक पत्रों के लिए भी काम करते हैं।

लघु उत्तरीय प्रश्न

1. पत्रकारीय लेखन से आप क्या समझते हैं? पत्रकारों के प्रकारों के बार में विस्तार से लिखिए। CBSE 2024, 23

अथवा **पत्रकार कितने प्रकार के होते हैं और अंशकालिक पत्रकार किन्हें कहते हैं तथा इन्हें अन्य किस नाम से जाना जाता है?** CBSE 2024

अथवा **पत्रकारीय लेखन किसे कहते हैं?**

अथवा **पत्रकारों के विभिन्न प्रकारों का उल्लेख करते हुए पूर्णकालिक पत्रकार और स्वतंत्र पत्रकार के अंतर को स्पष्ट कीजिए।** CBSE 2023

उत्तर अखबार या अन्य समाचार माध्यमों में कार्य करने वाले पत्रकार अपने पाठकों, दर्शकों तथा श्रोताओं तक सूचनाएँ पहुँचाने के लिए लेखन के विभिन्न रूपों का प्रयोग करते हैं, इसे ही पत्रकारीय लेखन कहते हैं।

पत्रकारीय लेखन करने वाले पत्रकार तीन प्रकार के होते हैं

(i) **पूर्णकालिक पत्रकार** यह किसी समाचार संगठन में कार्य करने वाला नियमित वेतनभोगी कर्मचारी होता है।

(ii) **अंशकालिक पत्रकार** इसे 'स्ट्रिंगर' भी कहते हैं। यह किसी समाचार संगठन के लिए एक निश्चित मानदेय पर कार्य करता है।

(iii) **फ्रीलांसर पत्रकार** इस पत्रकार का संबंध किसी भी विशेष अखबार से नहीं होता। यह भुगतान के आधार पर अलग-अलग अखबारों के लिए कार्य करता है।

2. समाचार किसे कहते हैं? समाचार के ककारों पर प्रकाश डालिए।

***अथवा* समाचार लेखन के छः ककार कौन-से हैं?** **CBSE SQP Term II 2022**

***अथवा* समाचार लेखन के छः ककारों का उल्लेख करते हुए बताइए कि पहले चार ककारों में किस पहलू पर और अंतिम दो ककारों में किस पहलू पर जोर दिया जाता है?** **CBSE Term II 2022**

उत्तर हिंदी में प्रचलित 'समाचार' शब्द अंग्रेज़ी के NEWS का पर्याय है। NEWS (न्यूज) शब्द चारों दिशाओं (*North, East, West, South*) के नामों का संक्षिप्त रूप है। इस तरह समाचार का संबंध चारों दिशाओं से हो जाता है।

सामाजिक प्राणी होने के नाते मनुष्य अपने आस-पास के समाज एवं देश-दुनिया की घटनाओं के बारे में जानने को उत्सुक रहता है, यह जानकारी हमें 'समाचार' के अंतर्गत प्राप्त होती है। समाचार को परिभाषित करते हुए कहा जाता है कि वह सब कुछ, जिससे हम कल तक अनभिज्ञ थे, जिसके बारे में हमें नहीं पता था, हमारे लिए समाचार है। तात्कालिकता एवं नवीनता समाचार का महत्त्वपूर्ण गुण है। वास्तव में, महत्त्वपूर्ण घटनाओं एवं गतिविधियों का सही एवं पक्षपात रहित विवरण प्रस्तुत करना ही समाचार है।

किसी भी समाचार के छः आधारभूत सवाल होते हैं, जिन्हें हिंदी में **छः ककार** कहा जाता है तथा अंग्रेजी में पाँच (5) डब्ल्यू (W) एवं एक एच (H) कहा जाता है। किसी भी समाचार में इन छः ककारों का होना सामान्यतया आवश्यक माना जाता है। ये ककार निम्न हैं

(i) क्या (What) अर्थात् क्या घटित हुआ?

(ii) कब (When) अर्थात् घटना कब घटी?

(iii) कहाँ (Where) अर्थात् घटना किस स्थान पर घटी अर्थात् किस स्थान से संबंधित है?

(iv) कौन (Who) अर्थात् घटना किससे संबंधित है?

(v) क्यों (Why) अर्थात् घटना क्यों घटी?

(vi) कैसे (How) अर्थात् घटना कैसे घटित हुई?

3. समाचार लेखन से क्या अभिप्राय है? समाचार लेखन के प्रकारों पर विचार कीजिए।

उत्तर 'समाचार लेखन' समाचारों को लिखकर प्रस्तुत करने का ढंग है। समाचार लेखन एक विशिष्ट कला है। समाचार सूचनात्मक एवं तथ्यात्मक होते हैं। चूँकि इनका सीधा संबंध जनमत से है, इसलिए इनकी प्रस्तुति का ढंग अत्यंत महत्त्वपूर्ण है।

समाचार लेखन के प्रकार

समाचार सामान्यतः दो प्रकार से लिखा जाता है

1. **विलोम स्तूपी पद्धति** (उल्टा पिरामिड शैली) इस पद्धति में समाचार लिखते हुए उसका चरमोत्कर्ष प्रारंभ में दिया जाता है तथा घटनाक्रम की व्याख्या करते हुए अंत किया जाता है।
2. **ऊर्ध्वस्तूपी पद्धति** प्रायः समाचार विलोमस्तूपी पद्धति के अनुसार ही लिखे जाते हैं, क्योंकि ऊर्ध्वस्तूपी पद्धति में कम महत्त्वपूर्ण से सर्वाधिक महत्त्वपूर्ण के क्रम में तथ्यों का संकेत किया जाता है। चूँकि पाठक घटना के बारे में शीघ्र सूचना प्राप्त करना चाहता है, इसलिए वह पूरे ब्यौरे को पढ़ने में रुचि नहीं लेता।

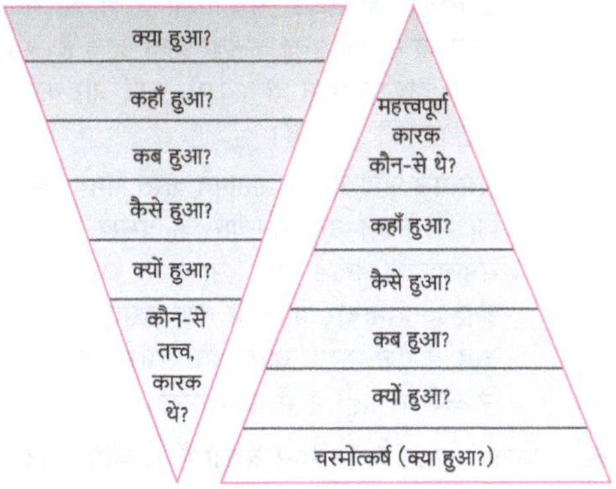

4. समाचार की उल्टा पिरामिड शैली किसे कहते हैं? उल्टा पिरामिड शैली में समाचार लेखन की प्रक्रिया पर प्रकाश डालिए।

***अथवा* समाचार लेखन की रचना प्रक्रिया को स्पष्ट कीजिए।** **CBSE SQP Term II 2022**

***अथवा* समाचार लेखन की उल्टा पिरामिड शैली की विशेषताओं का उल्लेख कीजिए।** **CBSE Term II 2022**

***अथवा* समाचार लेखन की सबसे लोकप्रिय, उपयोगी और बुनियादी शैली कौन-सी है? उसकी विशेषताओं का उल्लेख कीजिए।** **CBSE Term II 2022**

***अथवा* समाचार के इंट्रो और बॉडी से आप क्या समझते हैं? मीडिया में इनका संबंध किससे है? उसे क्या कहा जाता है?** **CBSE 2023**

***अथवा* उल्टा पिरामिड शैली किस प्रकार के लेखन की बुनियादी शैली होती है? इसके मुख्य तीन भागों को स्पष्ट करें।** **CBSE SQP 2024**

***अथवा* समाचार लेखन के समय प्रायः किन प्रश्नों का जवाब देने की कोशिश की जाती है? इन्हें किस रूप में जाना जाता है? समाचार के मुखड़े, बॉडी और समापन में किन प्रश्नों को आधार बनाया जाता है?** **CBSE 2023**

***अथवा* समाचार लिखने की कौन-सी प्रचलित शैली है?** **CBSE 2024**

उत्तर **समाचार की उल्टा पिरामिड शैली से अभिप्राय** किसी समाचार को लिखने या कहने का वह तरीका, जिसमें उस घटना, विचार, समस्या के सबसे अहम तथ्यों या पहलुओं को सबसे बताया जाता है और उसके बाद घटते हुए महत्त्व क्रम ने अन्य तथ्यों या सूचनाओं को लिखा या बताया जाता है। इस शैली में किसी घटना क्रम ब्यौरा कालानुक्रम के बजाय सबसे महत्त्वपूर्ण तथ्य या सूचना से शुरू होता है।

उल्टा पिरामिड शैली में समाचार लेखन की प्रक्रिया समाचार लेखन की उल्टा पिरामिड शैली के अंतर्गत लिखे गए समाचारों को सुविधा की दृष्टि से तीन भागों में विभाजित किया जाता है।

1. **इंट्रो या मुखड़ा** समाचार अथवा खबरें एक विशेष शैली में लिखी जाती हैं, जिसके अंतर्गत सबसे महत्त्वपूर्ण तथ्यों, सूचनाओं एवं जानकारी को सबसे पहले अर्थात् प्रारंभ के अनुच्छेद में लिखा जाता है। इस प्रकार प्रथम पैराग्राफ में दी जा रही जानकारी को इंट्रो या मुखड़ा कहा जाता है। इंट्रो में समाचार के संबंध में क्या, कहाँ, कब और कौन चार प्रश्नों के उत्तर देना आवश्यक होता है।
2. **बॉडी या कलेवर** समाचार के बाद दूसरे पैराग्राफ में कम महत्त्वपूर्ण जानकारी, सूचना या तथ्यों को बताया जाता है, इसे बॉडी या समाचार का कलेवर कहा जाता है। समाचार के इस भाग में छः ककारों में से दो ककारों–क्यों और कैसे का जवाब देने की कोशिश की जाती है।
3. **समापन** समाचार का समापन करते समय यह ध्यान रखना चाहिए कि न केवल उस समाचार के प्रमुख तथ्य आ गए हैं, बल्कि समाचार के मुखड़े और समापन के बीच एक तारतम्यता भी होनी चाहिए। समाचार में तथ्यों तथा उसके विभिन्न पहलुओं को इस तरह से पेश करना चाहिए कि उससे पाठक को किसी निर्णय या निष्कर्ष पर पहुँचने में मदद मिले।

5. समाचार लेखन के विभिन्न चरणों में से शीर्षक तथा स्रोत पर प्रकाश डालिए।

उत्तर **शीर्षक**

समाचार लेखन करते हुए सर्वप्रथम समाचार का शीर्षक देना चाहिए। शीर्षक में समाचार की मुख्य घटना (जिस घटना के संदर्भ में समाचार लिखा जा रहा है) का सांकेतिक उल्लेख होना चाहिए। शीर्षक ऐसा होना चाहिए, जो पाठक को सहज रूप से आकर्षित करे। समाचार का मूलभाव बताएँ, जो पाठक को अपनी रुचि के अनुसार समाचार खोजने में सहायक हो।

- शीर्षक संक्षिप्त, सरल, सार्थक एवं स्पष्ट होना चाहिए।
- शीर्षक को कभी भूतकाल में नहीं लिखना चाहिए।
- शीर्षक में यदि नाम दिया जाना ज़रूरी हो तो महत्त्वपूर्ण तथा विख्यात व्यक्ति का नाम दिया जाना चाहिए।
- शीर्षक समाचार का 'प्रवेशद्वार' माना जाता है। शीर्षक की उपयुक्तता समाचार के महत्त्व को बढ़ाती है।

स्रोत

शीर्षक के पश्चात् समाचार के स्रोत का उल्लेख करना चाहिए; जैसे—

- हमारे विशेष प्रतिनिधि
- व्यक्तिगत संवाददाता
- समाचार प्रदाता एजेंसियाँ
- समाचार ब्यूरो

(स्रोत के अंतर्गत स्थान, व्यक्ति दोनों का उल्लेख करने से समाचार अधिक विश्वसनीय हो जाता है।)

6. समाचार लेखन हेतु आवश्यक तथ्यों का उल्लेख कीजिए।

***अथवा* समाचार लेखन में किन बातों का ध्यान रखा जाता है?** **CBSE 2024**

उत्तर समाचार लेखन हेतु निम्न आवश्यक तथ्यों का ध्यान रखा जाना अनिवार्य है

(i) समाचार लिखने से पूर्व उसकी पृष्ठभूमि का ज्ञान आवश्यक है।

(ii) समाचार प्राप्त होने के बाद उससे संबंधित अनेक पक्षों एवं तथ्यों को समाहित कर समग्रता के साथ लिखना अपेक्षित है।

समाचार लेखन में **चार सकारों** का ध्यान रखना अपेक्षित है

- **सत्यता** समाचार सच्चाई पर आधारित होना चाहिए।
- **स्पष्टता** समाचार अपने अर्थ को सरलता से समझा सके।
- **संक्षिप्तता** समाचार को अति विस्तार से बचना चाहिए।
- **सुरुचि** समाचार की भाषा, शैली एवं प्रस्तुति रोचक होनी चाहिए

(iii) समाचार अनुच्छेदों में विभाजित होना चाहिए।

(iv) अनुच्छेद न तो अधिक बड़े तथा न ही अति संक्षिप्त या लघु होने चाहिए।

(v) एक अनुच्छेद में यथासंभव एक ही आयाम या पक्ष होना चाहिए।

(vi) समाचार में शब्दों की पुनरावृत्ति नहीं होनी चाहिए।

(vii) समाचार की भाषा में सामासिकता का गुण विद्यमान होना चाहिए।

(viii) समाचार लेखन में शब्दों का निरर्थक प्रयोग नहीं करना चाहिए।

7. पत्रकारीय विशेषज्ञता का क्या अर्थ है? यह कैसे प्राप्त की जा सकती है? **CBSE 2024**

***अथवा* पत्रकारीय विशेषज्ञता से क्या आशय है? यह व्यावसायिक विशेषज्ञता से किस रूप में भिन्न है?** **CBSE 2024**

उत्तर पत्रकारीय विशेषज्ञता वह ज्ञान, कौशल और दक्षता है, जो व्यक्ति को पत्रकारिता के क्षेत्र में अद्वितीय बनाती है। यह विशेषज्ञता खबरों को प्राप्त, विश्लेषण और प्रस्तुत करने के लिए आवश्यक उपकरण और तकनीकों का प्रयोग करने में सक्षम बनाती है। इसमें खबरों को संगृहीत करने, लेखन, संपादन, प्रकाशन और प्रसारण के क्षेत्र में निपुणता सम्मिलित हैं।

व्यावसायिक विशेषज्ञता, पत्रकारीय विशेषज्ञता से भिन्न है, क्योंकि व्यावसायिक विशेषज्ञता किसी भी विशेष क्षेत्र में किसी व्यक्ति की विशेष जानकारी, कौशल और अनुभव को संदर्भित करती है।

यह उन्हें उनके कार्य क्षेत्र में अग्रणी बनाती है। इसमें उनके व्यापारिक कौशल, नेटवर्किंग और प्रबंधन क्षमताओं का विकास सम्मिलित है। संक्षेप में पत्रकारीय विशेषज्ञता खबरों के क्षेत्र में ज्ञान और कौशल का परिचय कराती है, जबकि व्यावसायिक विशेषज्ञता किसी निश्चित क्षेत्र में विशेष ज्ञान और कौशल का परिचय कराती है।

8. विशेष रिपोर्ट कैसी होती है? ये कितने प्रकार की होती हैं?

***अथवा* विशेष रिपोर्ट किसे कहा जाता है? यह कैसे तैयार की जाती है?** **CBSE Term II 2022**

उत्तर अखबारों और पत्रिकाओं में किसी घटना, समस्या या मुद्दे की गहरी छानबीन, विश्लेषण और व्याख्या की जाती है, इसे ही विशेष रिपोर्ट कहा जाता है।

विशेष रिपोर्ट निम्नलिखित प्रकार की होती हैं

(i) **खोजी रिपोर्ट** इस रिपोर्ट में रिपोर्टर मौलिक शोध और छानबीन के माध्यम से ऐसी सूचनाएँ या तथ्य सामने लाता है, जो सार्वजनिक तौर पर पहले से उपलब्ध नहीं थीं। खोजी रिपोर्ट का प्रयोग प्रायः भ्रष्टाचार, अनियमितताओं और गड़बड़ियों को उजागर करने के लिए किया जाता है।

(ii) **इन-डेप्थ रिपोर्ट** इस रिपोर्ट में सार्वजनिक तौर पर उपलब्ध तथ्यों, सूचनाओं और आँकड़ों की गहरी छानबीन की जाती है तथा उसके आधार पर किसी घटना, समस्या, मुद्दों से जुड़े महत्त्वपूर्ण पहलुओं को सामने लाया जाता है।

(iii) **विश्लेषणात्मक रिपोर्ट** इस रिपोर्ट में किसी घटना या समस्या से तथ्यों का विश्लेषण या व्याख्या की जाती है।

(iv) **विवरणात्मक रिपोर्ट** इस रिपोर्ट में किसी घटना या समस्या के विवरण को सूक्ष्म या विस्तृत रूप से प्रस्तुत करने का प्रयास किया जाता है।

9. विचारपरक लेखन कैसे होता है? किन्हीं दो विचारपरक लेखन के बारे में बताइए।

अथवा **संपादकीय लेख कौन लिखता है? समाचार-पत्र-पत्रिकाओं में इसका क्या महत्त्व है? इस लेखन के साथ किसी का नाम क्यों नहीं लिखा जाता?** **CBSE 2023**

अथवा **स्तंभ लेखन से आप क्या समझते हैं? टिप्पणी कीजिए।**

अथवा **स्तंभ लेखन किसे कहते हैं? समझाइए।** **CBSE Term II 2022**

उत्तर अखबारों में समाचार और फीचर के अतिरिक्त विचारपरक सामग्री का भी प्रकाशन होता है। कई अखबारों की पहचान उनके वैचारिक रुझान से होती है। एक तरह से अखबारों में प्रकाशित होने वाले विचारपूर्ण लेखन से उस अखबार की छवि बनती है। अखबारों में संपादकीय पृष्ठ पर प्रकाशित होने वाले संपादकीय अग्रलेख, लेख और टिप्पणियाँ इसी विचारपरक पत्रकारीय लेखन की श्रेणी में आते हैं।

संपादकीय लेखन संपादक द्वारा किसी प्रमुख घटना या समस्या पर लिखे गए विचारात्मक लेख, जिसे संबंधित समाचार-पत्र की राय भी कहा जाता है, को संपादकीय कहते हैं। संपादकीय किसी एक व्यक्ति का विचार या राय न होकर समग्र पत्र-समूह की राय होता है, इसलिए संपादकीय में संपादक अथवा लेखक का नाम नहीं लिखा जाता।

स्तंभ लेखन कुछ महत्त्वपूर्ण लेखक अपने विचारों के लिए जाने जाते हैं। इससे उन लेखकों की लेखन-शैली भी विकसित हो जाती है। लेखकों की लोकप्रियता को व उनकी लेखन-शैली को देखते हुए समाचार-पत्र में उन्हें स्तंभ लिखने के लिए कहा जाता है, जिसमें उन्हें विषय का चुनाव करने की स्वतंत्रता होती है।

कुछ लेखकों के स्तंभ इतने अधिक लोकप्रिय होते हैं कि उन्हें उनके स्तंभ द्वारा ही पहचाना जाता है। स्तंभ लेखन में लेखक के स्वयं के विचार प्रमुख होते हैं, अपने विचारों को ही लेखक प्रस्तुत करता है, परंतु स्तंभ लेखन लिखते समय लेखक तथ्यों को भी ध्यान में रखता है।

10. निम्नलिखित पर संक्षिप्त टिप्पणी लिखिए

(i) **लेख** (ii) **साक्षात्कार/इंटरव्यू**

अथवा **पत्रकारिता जगत में साक्षात्कार का क्या महत्त्व है?** **CBSE Term II 2022**

अथवा **एक सफल साक्षात्कार के लिए साक्षात्कारकर्ता में किन गुणों का होना आवश्यक है?** **CBSE Term II 2022**

अथवा **पत्रकारीय साक्षात्कार और सामान्य बातचीत का अंतर स्पष्ट करते हुए साक्षात्कारकर्ता के गुणों का उल्लेख कीजिए** **CBSE 2023**

उत्तर **लेख** समाचार-पत्र में अनेक पत्रकारों एवं विशेषज्ञों के लेख प्रस्तुत किए जाते हैं। लेख लिखते समय प्रस्तुत किए गए विषय पर विस्तार से चर्चा की जाती है। लेख में प्रारंभ, मध्य व अंत को ध्यान में रखकर लेखक अपने विचारों को प्रस्तुत करता है।

लेख फ़ीचर आदि से भिन्न होता है। लेख लिखने में लेखक के विचारों को प्रमुखता देने के साथ तथ्यों को ध्यान में रखना आवश्यक होता है। लेखक लेख द्वारा अपने विचार प्रस्तुत करते हुए सूचनाओं एवं तथ्यों का विश्लेषण करके तर्क के आधार पर अपनी राय देता है। स्पष्टतः लेख लिखने की शैली आकर्षक होनी चाहिए, जो अधिक-से-अधिक लोगों को प्रभावित कर सके।

साक्षात्कार/इंटरव्यू साक्षात्कार में पत्रकार द्वारा अन्य व्यक्ति से उसकी भावनाएँ, विचार, राय आदि जानने के लिए सवाल पूछे जाते हैं। एक सफल साक्षात्कार वह होता है, जिसमें पत्रकार उन सभी प्रश्नों के उत्तर प्राप्त कर सके, जिन्हें पाठक/दर्शक/श्रोता जानना चाहते हैं। साक्षात्कार लेने के लिए पत्रकार को उस व्यक्ति के संदर्भ में सभी जानकारियाँ पहले से ज्ञात होनी चाहिए। साक्षात्कार लेने के लिए यह स्पष्ट होना चाहिए कि आप उस व्यक्ति से किन प्रश्नों के उत्तर जानना चाहते हैं? साक्षात्कार लेते समय महत्त्वपूर्ण सूचना एवं जानकारी को साक्षात्कार के समय नोट करते रहना चाहिए।

11. पत्रकारीय लेखन साहित्यिक लेखन से किस प्रकार भिन्न है? स्पष्ट कीजिए। **CBSE Term II 2022**

अथवा **पत्रकारीय लेखन का संबंध किससे है और यह साहित्यिक और सृजनात्मक लेखन से अलग कैसे है?** **CBSE 2024**

उत्तर पत्रकारीय लेखन समसामयिक और वास्तविक समस्याओं, मुद्दों, घटनाओं आदि से संबंधित होता है। इसमें कल्पनात्मकता का समावेश नहीं होता। अतः यह साहित्यिक तथा सृजनात्मक लेखन से भिन्न होता है, क्योंकि साहित्य में कल्पना का समावेश भी होता है। पत्रकारीय लेखन तात्कालिक होता है। उसमें सृजनात्मक साहित्य की तरह स्थायित्व नहीं होता।

पत्रकार अपने पाठकों की रुचि और आवश्यकता को समझकर लिखता है, जबकि सृजनात्मक साहित्य के लेखक पर ऐसा कोई बंधन नहीं होता। पत्रकारीय लेखन की भाषा सरल तथा सभी पाठकों की समझ में आने वाली होनी चाहिए, साथ ही उसके वाक्य छोटे और सहज होने चाहिए। साहित्यिक लेखन की तरह उसमें क्लिष्ट भाषा व जटिल वाक्य रचना आदि के लिए कोई स्थान नहीं होता है।

12. 'संपादक के नाम पत्र' कॉलम से आप क्या समझते हैं? समाचार-पत्रों में इसकी क्या उपयोगिता है? **CBSE 2023**

उत्तर संपादकीय पृष्ठ पर समाचार-पत्रों तथा पत्रिकाओं में संपादक के नाम पाठकों के पत्र प्रकाशित किए जाते हैं। यह सभी समाचार-पत्रों में एक स्थायी स्तंभ होता है। इसे पाठकों का अपना स्तंभ कहा जाता है, क्योंकि इस स्तंभ के माध्यम से पाठक विभिन्न मुद्दों पर अपनी राय व्यक्त करते हैं, साथ ही विभिन्न जन समस्याओं को भी उठाते हैं।

अतः एक प्रकार से यह स्वतंत्र जनमत को प्रतिबिंबित करता है। यहाँ आवश्यक नहीं है कि समाचार-पत्र पाठकों के द्वारा व्यक्त किए गए सभी विचारों से अपना एकमत रखें। वस्तुतः इस स्तंभ का प्रमुख उद्देश्य नए लेखकों को प्रोत्साहन देने तथा उन्हें उनके विचारों को लिखने का अवसर प्रदान करना है।

स्व-मूल्यांकन

बहुविकल्पीय प्रश्न

1. इनमें से किस पत्रकार का संबंध किसी विशेष अखबार से नहीं होता?

(क) फ्रीलांसर पत्रकार (ख) पूर्णकालिक पत्रकार

(ग) अंशकालिक पत्रकार (घ) ये सभी

उत्तर (क) फ्रीलांसर पत्रकार

2. समाचार लेखन में प्रथम पैराग्राफ में दी जा रही जानकारी को क्या कहते हैं?

(क) मुखड़ा (ख) बॉडी (ग) समापन (घ) इनमें से कोई नहीं

उत्तर (क) मुखड़ा

3. इनमें से किस रिपोर्ट में रिपोर्टर मौलिक शोध या छानबीन के द्वारा सार्वजनिक तौर पर पहले से न उपलब्ध सूचनाओं व तथ्यों को सामने लाता है?

(क) इन-डेप्थ रिपोर्ट (ख) विवरणात्मक रिपोर्ट

(ग) खोजी रिपोर्ट (घ) विश्लेषणात्मक रिपोर्ट

उत्तर (ग) खोजी रिपोर्ट

4. संपादकीय पृष्ठ पर निम्न में से कौन अपने विचारों, समस्याओं, सामाजिक-नैतिक मुद्दों आदि को व्यक्त करते हैं?

(क) संवाददाता (ख) संपादक (ग) पत्रकार (घ) पाठक

उत्तर (घ) पाठक

5. निम्न में से किसके अंतर्गत विशेष क्षेत्र से जुड़ी घटनाओं, समस्याओं का सूक्ष्म विश्लेषण करके उसे पाठकों के समक्ष प्रस्तुत किया जाता है?

(क) विशेषीकृत रिपोर्टिंग (ख) साक्षात्कार (ग) लेख (घ) स्तंभ लेखन

उत्तर (क) विशेषीकृत रिपोर्टिंग

अतिलघु उत्तरीय प्रश्न

6. समाचार कैसे लिखा जाता है?

7. खोजी रिपोर्ट का प्रयोग कहाँ किया जाता है?

लघुउत्तरीय प्रश्न

8. 'स्तंभ लेखन' किस प्रकार के लेखन का एक रूप है? यह कैसे लिखा जाता है?

9. संपादकीय लेखन के बारे में बताइए।

10. उल्टा पिरामिड शैली के प्रयोग की शुरुआत और इसका विस्तार कब हुआ?

03

अध्याय

फीचर व आलेख लेखन

फीचर व आलेख का अर्थ

फीचर अखबार या पत्रिका में छपे किसी विशेष लेख को फीचर कहा जाता है।
आलेख आकलन और विवेचन करके लिखे गए तथ्यात्मक लेख को आलेख कहते हैं।

अभ्यास के लिए

- बहुविकल्पीय प्रश्न
- अतिलघु उत्तरीय प्रश्न
- लघु उत्तरीय प्रश्न

फीचर लेखन

फ़ीचर एक सुव्यवस्थित, सृजनात्मक और आत्मनिष्ठ लेखन है। फ़ीचर का उद्देश्य मुख्य रूप से पाठकों को सूचना देना, शिक्षित करना तथा उनका मनोरंजन करना होता है। समाचार में रिपोर्टर को अपने विचारों को डालने की स्वतंत्रता नहीं होती, परंतु फीचर में लेखक को अपनी राय, दृष्टिकोण और भावनाओं को जाहिर करने का अवसर होता है।

समाचार उल्टा पिरामिड शैली में लिखे जाते हैं, जबकि फ़ीचर लेखन की कोई सुनिश्चित शैली नहीं होती। प्राय: फ़ीचर, समाचार रिपोर्ट से बड़े होते हैं। पत्र-पत्रिकाओं में प्राय: 250 से 2000 शब्दों तक के फीचर छपते हैं।

फीचर का विषय आम विषयों से लेकर गंभीर विषयों तक कुछ भी हो सकता है। फीचर विषय व मुद्दे के अनुसार उसे प्रस्तुत करते हुए दिया जाता है।

फीचर कैसे लिखें?

फीचर लिखते समय निम्नलिखित बातों को ध्यान में रखना आवश्यक हैं

- फीचर की सजीवता हेतु उसमें प्रस्तुत विषय से जुड़े लोगों की मौजूदगी अनिवार्य है।
- फीचर के कथ्यों को पात्रों के माध्यम से बताना चाहिए।
- कहानी बताने का अंदाज ऐसा होना चाहिए कि पाठक ऐसा अनुभव करे कि वे स्वयं देख व सुन रहे हैं।
- फीचर मनोरंजन होने के साथ ही सूचनात्मक भी होने चाहिए।
- फीचर को नीरस शोध रिपोर्ट की भाँति नहीं लिखा जाना चाहिए।
- फीचर सामान्यतया तथ्यों, घटनाओं व सूचनाओं पर आधारित कथात्मक विवरण व विश्लेषण होता है, इसलिए इसकी कोई न कोई थीम होनी चाहिए, उसी के इर्द-गिर्द तथ्य, विचार, सूचनाएँ लिखी जानी चाहिए।

फीचर के प्रकार

फीचर के कुछ अन्य प्रकार निम्नलिखित हैं

(i) खोजपरक फीचर
(ii) साक्षात्कार फीचर
(iii) जीवन-शैली फीचर
(iv) यात्रा फीचर
(v) व्यक्तिचित्र फीचर
(vi) समाचार बैकग्राउंडर
(vii) रूपात्मक फीचर
(viii) विशेष रुचि के फीचर आदि।

फीचर लेखन की प्रक्रिया

फीचर लेखन की कोई निश्चित शैली न होने के कारण फीचर को कहीं से भी शुरू किया जा सकता है। प्रत्येक फीचर में प्रारंभ, मध्य व अंत होता है। फीचर का प्रारंभ आकर्षक और उत्सुकता उत्पन्न करने वाला होना चाहिए। प्रभावी प्रारंभ से पूरा फीचर पठनीय बन सकता है।

फीचर के मध्य भाग में प्रस्तुत विषय से संबंधित आकर्षक व दिलचस्प बातों का वर्णन किया जाना चाहिए तथा फीचर के अंत में विषय से संबंधित योजनाओं, चुनौतियों व उस समस्या या घटना के निवारण हेतु उपाय आदि उद्धृत किए जा सकते हैं।

इस प्रकार, फीचर का प्रारंभ, मध्य और अंत एक संभावित ढाँचा हो सकता है। ध्यान रखें फीचर लिखने के दौरान प्रत्येक पैराग्राफ (अनुच्छेद) को पहले के पैराग्राफ से सहज तरीके से जोड़ा हो, जिससे फीचर की प्रारंभ से अंत से प्रवाह व गति बनी रहे।

फीचर लेखन के गुण

एक श्रेष्ठ फीचर लेखन के निम्नलिखित गुण होते हैं

(i) विश्वसनीयता
(ii) सरसता एवं सहजता
(iii) प्रचलित शब्दावली का प्रयोग
(iv) रोचकता एवं संक्षिप्तता
(v) प्रासंगिकता

फीचर लेखन के उद्देश्य

(i) इसका प्रमुख उद्देश्य ज्ञानवर्द्धन करना है। यह पाठकों को किसी विषय की गहनता से परिचित कराता है।
(ii) पाठकों को सोचने-समझने के लिए प्रेरित करता है।
(iii) पाठकों का ज्ञानवर्द्धन करने के साथ-साथ उनका मनोवैज्ञानिक स्तर पर मनोरंजन भी करता है।

समाचार एवं फीचर

समाचार तथ्यात्मक रिपोर्ट मात्र होता है, जबकि फीचर तथ्यों का ललित भाषा एवं वैयक्तिक शैली में भावनात्मक प्रस्तुति है। समाचार में छः ककारों (क्या, कब, कहाँ, कौन, क्यों एवं कैसे) का होना आवश्यक है, जबकि फीचर में इन ककारों की उपस्थिति अनिवार्य नहीं है। इसके अतिरिक्त, समाचार संक्षिप्त होता है, जबकि फीचर का आकार लेखक की अपनी शैलीगत विशिष्टताओं के साथ अधिक विस्तृत होता है।

लेख एवं फीचर

इन दोनों की लेखन शैली, समाचार लेखन से पूर्णतया भिन्न होती है। पृष्ठभूमि के संदर्भ एवं अध्ययन से एक लेख की रचना की जा सकती है, मगर फीचर की नहीं। फीचर लेखन के लिए अवलोकन, कल्पनाशीलता, अनुभूतियों एवं भावनाओं की आवश्यकता होती है। फीचर लेखन अपेक्षाकृत अधिक कलात्मक एवं कठिन कार्य है।

फीचर लेखन के उदाहरण

1. विद्यालय स्वच्छता अभियान विषय पर एक फीचर तैयार कीजिए। **Delhi 2019**

उत्तर **विद्यालय स्वच्छता अभियान**

विद्यालय में साफ-सफाई का बहुत महत्त्व होता है, क्योंकि विद्यालय विद्यार्थी के लिए दूसरे घर और एक मंदिर के समान होता है, जहाँ विद्या की देवी माँ सरस्वती का वास होता है। स्वच्छता को लेकर हमें सदैव सजग रहना चाहिए। स्वच्छता को बढ़ाने के लिए हमारे देश के प्रधानमंत्री श्री नरेंद्र मोदी ने स्वच्छ भारत अभियान भी चलाया है। स्वच्छ भारत अभियान से अब सभी विद्यालयों को भी जोड़ा गया है। यदि विद्यालय में ही स्वच्छता नहीं होगी, तो प्रतिदिन कोई-न-कोई विद्यार्थी बीमार रहेगा, जिससे उसकी पढ़ाई में बाधा आएगी। विद्यालयों की सफाई बहुत ही गंभीर विषय है। शिक्षकों को विद्यार्थियों को साफ-सफाई के महत्त्व के बारे में बताना चाहिए और साफ़-सफ़ाई के बारे में कई प्रतियोगिताएँ आयोजित करवानी चाहिए।

विद्यालयों में प्रतिवर्ष रंगाई और पुताई का कम होना चाहिए, जिससे स्कूल साफ़-सुथरा दिखाई दे। स्कूलों में बालक-बलिकाओं के लिए अलग-अलग शौचालय की व्यवस्था होनी चाहिए और प्रत्येक शौचालय की नियमित रूप से साफ-सफाई होनी चाहिए।

विद्यालय में समय-समय पर पानी के पाइपों और टंकियों की सफाई होनी चाहिए। विद्यालय के वातावरण को स्वच्छ और सुंदर बनाने के लिए पेड़-पौधे और फूलों के बगीचे लगाने चाहिए, जिससे विद्यालय का वातावरण सुगंधित और प्रदूषित रहित होगा और विद्यार्थियों का स्वास्थ्य भी स्वस्थ रहेगा। विद्यार्थियों को भी स्कूल को स्वच्छ रखने में सहयोग करना चाहिए। उन्हें कचरा यहाँ-वहाँ नहीं फैलाना चाहिए। कूड़ा हमेशा कूड़ेदान में ही डालना चाहिए। विद्यार्थियों को सफ़ाई का विशेष ध्यान रखना चाहिए। साफ-सुथरी वेशभूषा पहननी चाहिए, जिससे वे कम-से-कम बीमार और रोज़ स्कूल जा पाएँ।

2. **अपनी बस्ती के निकट लगने वाले साप्ताहिक बाज़ार को विषय बनाकर एक फीचर तैयार कीजिए।** **Delhi 2019**

उत्तर **अपनी बस्ती के निकट लगने वाले साप्ताहिक बाजार**

साप्ताहिक बाज़ार से तात्पर्य सप्ताह में एक बार लगने वाले बाज़ार से है। साग-सब्जी पैदा करने वाले किसानों और उसे खरीदने वाले आम ग्राहकों के लिए साप्ताहिक बाज़ार फायदे का सौदा बन गए हैं। इस नए उपक्रम से किसान खुश हैं कि उसे नकद पैसे मिल रहे हैं और वह कृषि उपज मंडियों के चँगुल से आज़ाद हो गए हैं, वहीं खरीदार भी संतुष्ट हैं कि उन्हें हर सप्ताह ताज़ी सब्जियाँ उचित भाव में खाने को मिल रही हैं। हमारी बस्ती के निकट सोमवार को साप्ताहिक बाज़ार लगता है।

बाज़ार के कारण वहाँ जाम लग जाता है, जिससे लोगों को आवागमन में परेशानी होती है। कई बार तो स्थिति इतनी भयानक हो जाती है कि पुलिस कर्मचारियों को आकर जाम खुलवाना पड़ता है। सोमवार को लगने वाले बाज़ार के चलते सड़क पर पैदल चलने की भी जगह नहीं रहती। हमारी बस्ती के नागरिकों का कहना है कि साप्ताहिक बाज़ार के दौरान अतिरिक्त यातायात कर्मियों की नियुक्ति होनी चाहिए और सड़क पर रखे वाहनों पर कार्यवाही होनी चाहिए। ऐसे साप्ताहिक बाज़ार वास्तव में उन लोगों के लिए वरदान हैं, जो बहुत दूर क्षेत्र में रहते हैं। इन दिनों वे उचित मूल्य पर अपनी सभी आवश्यक वस्तुओं को खरीद सकते हैं।

3. **'खेल के क्षेत्र में उभरता भारत' विषय पर एक फीचर तैयार कीजिए।** **AI 2019**

उत्तर **खेल के क्षेत्र में उभरता भारत**

वर्तमान समय में खेलों को किसी व्यक्ति के सम्पूर्ण व्यक्तित्व विकास के लिए आवश्यक माना जाता है। अन्तर्राष्ट्रीय स्तर पर खेल में छाप छोड़ना, देश की प्रतिष्ठा तो बनाता ही है, साथ ही खेल को भी गौरवांवित करता है। वर्तमान में खेलों में कई बदलाव आ रहे हैं, जो समय की माँग के अनुरूप हैं।

यह बदलाव राष्ट्रीय एवं अंतर्राष्ट्रीय दोनों ही स्तर पर हो रहे हैं, इसलिए सरकार ने खेलों के विकास के लिए कई कल्याणकारी तथा उत्कृष्ट योजनाओं एवं कार्यक्रमों की शुरुआत की है। इन योजनाओं का उद्देश्य भारत के युवाओं को खेल के लिए प्रोत्साहित एवं आकर्षित करना है। आज हमारे देश ने खेल के क्षेत्र में अपनी महत्त्वपूर्ण भूमिका बना ली है।

आज हमें अपनी विजय पर भरोसा ही नहीं होता। कभी-कभी हम स्वयं अपने प्रदर्शन पर चकित रह जाते हैं। यह सच है कि पिछले कुछ वर्षों में हमारे देश में अंतर्राष्ट्रीय स्तर की योग्यता रखने वाले खिलाड़ियों ने सफलता हासिल की है। उन्हीं के कारण हमारा देश खेल के क्षेत्र में उभरता हुआ दिखाई देता है।

हमारे देश में खेल के क्षेत्र की उपलब्धियाँ अत्यंत क्षीण हैं, लेकिन यह भी सत्य है कि हमारे देश में प्रतिभा की भी कमी नहीं है। यदि स्वस्थ वातावरण तैयार किया जाए और चयन उचित प्रक्रिया द्वारा किया जाए, तो हम इस क्षेत्र में बहुत प्रगति कर सकते हैं।

आलेख लेखन

आलेख गद्य-लेखन की एक विधा है। आलेख वैचारिक गद्य-रचना को कहते हैं, जिसमें किसी विषय विशेष पर विचारों की शृंखलाबद्ध, तर्कपूर्ण एवं विश्लेषणात्मक प्रस्तुति की जाती है। आलेख में किसी वस्तु विचार, घटना अथवा स्थिति की समीक्षा एवं उसका विवेचन किया जाता है।

आलेख लिखने हेतु ध्यान रखने योग्य बातें

- आलेख लिखने वाले व्यक्ति का संबंधित विषय पर सम्यक् चिंतन होना चाहिए।
- आलेख से जुड़े तथ्यों एवं आँकड़ों आदि का उल्लेख पूर्ण-स्पष्टता के साथ करना चाहिए।
- आलेख लिखने हेतु एक वैचारिक एवं तकनीकी कुशलतायुक्त भाषा का प्रयोग करना चाहिए।
- आलेख की भाषा सहज, सरल एवं रोचक होनी चाहिए।
- आलेख के प्रस्तुतीकरण में भ्रामक एवं संदिग्ध जानकारियों का उल्लेख नहीं करना चाहिए।
- आलेख का आमुख (प्रस्तावना) वाला अंश तथा समाप्ति वाला अंश रोचक एवं निष्कर्षपरक होना चाहिए।

आलेखों के उदाहरण

1. **'बदल रही है सरकारी विद्यालयों की छवि' विषय पर एक आलेख तैयार कीजिए।** **Delhi 2019**

उत्तर **बदल रही है सरकारी विद्यालयों की छवि**

शिक्षा ही व्यक्ति का सर्वांगीण विकास करती है और शिक्षा ग्रहण करने के लिए हमें विद्यालयों की आवश्यकता पड़ती है। विद्यालय दो प्रकार के होते हैं- सरकारी विद्यालय और निजी विद्यालय। जहाँ पहले सरकारी विद्यालय की अपेक्षा निजी विद्यालयों का अधिक प्रभाव था, वहीं आज सरकारी विद्यालय भी समाज में अपना विशेष स्थान बना चुके हैं, क्योंकि आज सरकारी विद्यालयों की छवि बदल गई हैं। सरकारी विद्यालयों में सुधार के लिए जो नवाचार अपनाएँ हैं, उनके कारण सरकारी विद्यालयों में विद्यार्थियों का नामांकन तेजी से बढ़ा है। सरकारी विद्यालयों ने अपनी छवि को बदलने के लिए विद्यालयों में आधारभूत सुविधाओं का विकास करने के साथ ही गुणवत्तापूर्ण शिक्षा को सुनिश्चित भी किया है।

परिणाम यह हुआ कि कई लाख नए विद्यार्थियों का सरकारी विद्यालयों में नामांकन हुआ। इन विद्यालयों में पर्याप्त संख्या में शिक्षक, आधारभूत सुविधाएँ; जैसे- कक्षा-कक्ष, छात्र-छात्राओं के लिए अलग-अलग शौचालय, प्रयोगशाला, कंप्यूटर, इंटरनेट आदि सभी सुविधाएँ उपलब्ध हैं। सरकारी स्कूलों की स्थिति अब बदल रही है। इसका श्रेय पूरे एजुकेशन सिस्टम को जाता है।

2. 'बच्चों में दृष्टि-दोष की समस्या' विषय पर एक आलेख तैयार कीजिए। **AI 2019**

उत्तर **बच्चों में दृष्टि-दोष की समस्या**

वर्तमान समय में बच्चों में दृष्टि-दोष की समस्या बढ़ती जा रही हैं। परिवार में प्रत्येक बच्चे को यह समस्या है। आजकल स्कूल से आते ही बच्चे टी.वी. में कार्टून देखने के लिए कई-कई घंटों तक बैठे रहते हैं। बच्चे बाहर निकलकर खेलना नहीं चाहते अर्थात् बाहर का खेल खेलना नहीं चाहते। विडियो गेम व मोबाइल में लगे रहते हैं। इन सबके कारण टी.वी. व मोबाइल से निकलने वाली अल्ट्रावाइलेट किरणें सीधे आँखों को प्रभावित करती हैं। बच्चे अगर अच्छे से पौष्टिक तत्त्व, भरपूर भोजन का सेवन न करें, तो भी आँखों से संबंधित बीमारियाँ होती हैं। बच्चों में दृष्टि-दोष की समस्या के लिए माता-पिता को ज्यादा ध्यान देने की आवश्यकता है। बच्चों की आँखें नाजुक होती हैं, इसलिए उन्हें खास देखभाल की आवश्यकता होती है। बच्चे बार-बार आँखों पर हाथ लगाते हैं, जिसकी वजह से आँखों में संक्रमण की आंशका बढ़ जाती है। कभी-कभी यह संक्रमण बच्चों की आँखों के लिए बहुत नुकसानदेह जो जाता है, इसलिए इसका तुरंत उपचार आवश्यक है।

3. आपने अपने सहपाठियों के साथ कुछ गाँवों की प्राथमिक पाठशालाओं को देखा। शिक्षा का अधिकार कानून के रहते हुए भी उन विद्यालयों में उसका अनुपालन कितना हो पा रहा है और उसकी सीमाएँ क्या हैं—इस विषय पर एक आलेख लिखिए।

उत्तर **शिक्षा का अधिकार**

भारत के कुछ गाँवों में प्राथमिक पाठशालाओं की स्थिति अत्यंत शोचनीय हैं। वहाँ विद्यार्थियों के बैठने की उचित व्यवस्था नहीं है। किसी कमरे में दरी बिछी है, तो किसी कमरे में वह भी नहीं है। कक्षा में श्यामपट्ट की व्यवस्था नहीं है, बिजली एवं पीने के पानी की भी कोई व्यवस्था नहीं है। विद्यालय में अध्यापकों की संख्या कम है। कुछ अध्यापक छुट्टी पर हैं तथा कुछ अध्यापक जो विद्यालय में उपस्थित हैं वह अपना कार्य एवं ज़िम्मेदारी उचित प्रकार से नहीं निभा रहे हैं। भारत में 'शिक्षा का अधिकार' कानून है, जिसका उद्देश्य 6 से 14 वर्ष आयु तक के सभी बच्चों को मुफ्त एवं अनिवार्य, गुणवत्तायुक्त शिक्षा को सुनिश्चित करना है। शिक्षा का अधिकार कानून के उपरांत भी गाँव में विद्यार्थियों को इसका लाभ नहीं मिल पा रहा है, जिसका सर्वप्रथम कारण है कि गाँव में विद्यालय अधिक दूरी पर हैं जहाँ पर विद्यार्थियों एवं अध्यापकों को कई कि.मी. तक पैदल चलना पड़ता है। साथ ही विद्यालयों की स्थिति को देखते हुए व विद्यालय में सुविधाओं के अभाव के कारण माता-पिता अपने बच्चों को विद्यालय भेजना उचित नहीं समझते। शिक्षा का अधिकार कानून के रहते हुए गाँवों की प्राथमिक पाठशालाओं में उसका अनुपालन न होने के कारण इसकी उपयोगिता पर प्रश्नचिह्न लग गया है। किसी भी देश का भविष्य शिक्षित नागरिकों पर निर्भर करता है। अतः शिक्षा के अधिकार कानून का उचित रूप से पालन किया जाना चाहिए।

4. 'कहाँ नहीं है भ्रष्टाचार' विषय पर एक आलेख लिखिए।

उत्तर **कहाँ नहीं है भ्रष्टाचार**

भ्रष्टाचार से तात्पर्य, व्यक्ति द्वारा किए जाने वाले ऐसे अनुचित कार्य से है, जिसे वह अपने पद का लाभ उठाते हुए आर्थिक या अन्य लाभों को प्राप्त करने के लिए स्वार्थपूर्ण ढंग से करता है। आज हमारे देश में धर्म, शिक्षा, राजनीति, प्रशासन, कला, मनोरंजन, खेल-कूद इत्यादि सभी क्षेत्रों में भ्रष्टाचार ने अपने पाँव फैला दिए हैं। रिश्वत लेना-देना, खाद्य-पदार्थों में मिलावट, मुनाफाखोरी, अनैतिक ढंग से धन-संग्रह, कानूनों की अवहेलना करके अपना उल्लू सीधा करना आदि भ्रष्टाचार के ऐसे रूप हैं, जो भारत में ही नहीं, बल्कि संपूर्ण विश्व में व्याप्त हैं। धन की लिप्सा ने आज आर्थिक क्षेत्र में कालाबाजारी, मुनाफाखोरी, रिश्वतखोरी आदि को बढ़ावा दिया है। इसके अतिरिक्त गरीबी, बेरोज़गारी, महँगाई, लालफीताशाही, अशिक्षा, सरकारी कार्यों का विस्तृत क्षेत्र, अत्यधिक प्रतिस्पर्धा आदि कारणों से भ्रष्टाचार में वृद्धि हुई है।

भ्रष्टाचार जहाँ लोगों के नैतिक व चारित्रिक पतन का कारण है वहीं दूसरी ओर इसके कारण देश को आर्थिक क्षति भी उठानी पड़ती है। भ्रष्टाचार के फलस्वरूप ही अधिकारी और व्यापारी वर्ग के पास काला धन अत्यधिक मात्रा में इकट्ठा हो गया है। आज यदि देश का प्रत्येक युवा अपना कर्त्तव्य समझकर भ्रष्टाचार का विरोध करने लगे, तो देश से भ्रष्टाचाररूपी दानव का अंत हो जाएगा।

5. चुने हुए जनप्रतिनिधियों द्वारा संसदीय प्रक्रिया में निरंतर बाधा डालने की प्रवृत्ति पर अपने विचार व्यक्त करते हुए एक आलेख लिखिए।

उत्तर **चुने हुए जनप्रतिनिधियों द्वारा संसदीय प्रक्रिया में बाधा डालने की प्रवृत्ति**

प्रायः देखा जाता है कि संसद में किसी-न-किसी मुद्दे पर चुने हुए जनप्रतिनिधियों द्वारा संसद की प्रक्रिया में निरंतर बाधा डालने की प्रवृत्ति में वृद्धि हो रही है। संसद की प्रत्येक दिन की कार्यवाही को चलाने में सरकार के करोड़ों रुपए खर्च होते हैं, लेकिन सांसदों द्वारा संसदीय प्रक्रिया में बाधा डालने से धन की बर्बादी होती है।

जनप्रतिनिधियों द्वारा संसदीय प्रक्रिया में बाधा डालने से जनहित संबंधी विधेयकों को बनाने एवं लागू करने में व्यवधान उत्पन्न होता है। इससे राष्ट्रीय स्तर के अतिरिक्त वैश्विक स्तर पर देश का अपमान होता है। संसद में जी.एस.टी. (GST) बिल, लोकपाल संबंधी विधेयक, भूमि अधिग्रहण बिल इत्यादि कई दिनों से लंबित पड़े थे तथा अभी भी पड़े हुए हैं।

सांसदों द्वारा संसदीय कार्यवाही रोकने से संसद व संविधान का अपमान होने के साथ जनता का विश्वास भी जनप्रतिनिधियों से समाप्त हो जाता है। जनप्रतिनिधियों का यह व्यवहार उनके जनता के हितैषी स्वरूप को उजागर न करके उनकी सत्तालोलुपता को उजागर करता है। इस प्रकार संसद के कार्य में बाधा उत्पन्न करने वालों को दंड दिया जाना चाहिए।

अभ्यास प्रश्न

बहुविकल्पीय प्रश्न

1. फ़ीचर का प्रमुख उद्देश्य क्या है?

(क) मनोरंजन करना (ख) औपचारिकता
(ग) ज्ञानवर्द्धन करना (घ) सार्थकता

उत्तर (ग) ज्ञानवर्द्धन करना

2. आलेख का आमुख तथा समाप्ति का अंश कैसा होना चाहिए?

(क) सारगर्भित (ख) निष्कर्षपरक
(ग) आकर्षक (घ) चिंतनपरक

उत्तर (ख) निष्कर्षपरक

3. फ़ीचर लेखन के लिए किसकी आवश्यकता होती है?

(क) कल्पनाशक्ति की (ख) अनुभूति की
(ग) अवलोकन की (घ) ये सभी

उत्तर (घ) ये सभी

4. फ़ीचर क्या है?

(क) राजनीतिक विषय पर प्रधान लेख
(ख) सांस्कृतिक विषय पर प्रधान लेख
(ग) किसी विशेष विषय पर प्रधान लेख
(घ) आर्थिक विषय पर प्रधान लेख

उत्तर (ग) किसी विशेष विषय पर प्रधान लेख

5. आलेख लेखन की भाषा कैसी होनी चाहिए?

(क) सरल (ख) सुगम (ग) प्रभावी (घ) ये सभी

उत्तर (घ) ये सभी

6. फीचर लेखन की शैली निम्नलिखित में से किस शैली के निकट है? **CBSE SQP Term I 2021**

(क) काव्यात्मक (ख) कथात्मक
(ग) वक्तव्यात्मक (घ) रूपात्मक

उत्तर (ख) कथात्मक

7. फीचर को किस प्रकार का लेखन माना जाता है? **CBSE 2023**

(क) कथात्मक (ख) आत्मनिष्ठ
(ग) वर्णनात्मक (घ) विवरणात्मक

उत्तर (ख) आत्मनिष्ठ

अतिलघु उत्तरीय प्रश्न

1. ऐसा सुव्यवस्थित, सृजनात्मक और आत्मनिष्ट लेखन, जिसके माध्यम से सूचनाओं के साथ-साथ मनोरंजन पर भी ध्यान दिया जाता है, उसे क्या कहते हैं? **NCERT**

उत्तर ऐसा सुव्यवस्थित, सृजनात्मक और आत्मनिष्ट लेखन, जिसके माध्यम से सूचनाओं के साथ-साथ मनोरंजन पर भी ध्यान दिया जाता है, उसे फीचर कहते हैं।

2. अच्छे फीचर की किन्हीं तीन विशेषताओं का उल्लेख कीजिए। **CBSE SQP 2022-23**

उत्तर अच्छे फीचर की विशेषताएँ निम्नलिखित हैं

(i) यह पाठकों को किसी विषय की गहनता से परिचित कराता है।
(ii) पाठकों को सोचने-समझने के लिए प्रेरित करता है।
(iii) पाठकों का ज्ञानवर्द्धन करने के साथ-साथ उनका मनोवैज्ञानिक स्तर पर मनोरंजन भी करता है।

3. फीचर लेखन के गुण बताइए।

उत्तर एक श्रेष्ठ फीचर लेखन के निम्नलिखित गुण होते हैं

(i) विश्वसनीयता
(ii) सरसता एवं सहजता
(iii) प्रचलित शब्दावली का प्रयोग
(iv) रोचकता एवं संक्षिप्तता
(v) प्रासंगिकता

4. फीचर व लेख में भेद कीजिए।

उत्तर इन दोनों की लेखन-शैली, समाचार लेखन से पूर्णतया भिन्न होती है। पृष्ठभूमि के संदर्भ एवं अध्ययन से एक लेख की रचना की जा सकती है, लेकिन फीचर की नहीं। फीचर लेखन के लिए अवलोकन, कल्पनाशीलता, अनुभूतियों एवं भावनाओं की आवश्यकता होती है। फीचर लेखन अपेक्षाकृत अधिक कलात्मक एवं कठिन कार्य है।

लघु उत्तरीय प्रश्न

1. 'सेना में महिलाओं की बढ़ती रुचि' विषय पर एक फीचर तैयार कीजिए। **AI 2019**

उत्तर **सेना में महिलाओं की बढ़ती रुचि**

भारतीय सेना में महिलाओं की भागीदारी को लेकर लम्बे समय से चर्चा चल रही है। महिलाओं की कम संख्या और महत्त्वपूर्ण ऑपरेशन में उनकी नगण्य भूमिका को लेकर चर्चा होती रही है। भारत में महिलाओं ने 1990 के दशक में आर्मी में जाना शुरू किया। अब अन्य देशों की भाँति ही भारत में भी महिलाओं की सेना में रुचि बढ़ रही है। वर्तमान समय में महिलाएँ अधिक संख्या में सेना में भर्ती हो रही हैं।

आज सारा देश नारी शक्ति को नवयोद्धाओं के नए रूप में देखकर आह्लादित हो रहा है। आज महिलाएँ शिक्षा, इंजीनयरिंग, ऑर्डिनेंस, इंटेलीजेंस और एयर ट्रैफिक सिंग्नल जैसी स्ट्रीम में भी सेवाएँ दे रही हैं। आज अपने साहसिक व रोमांचक कारनामों के लिए भी कई महिला अफसर प्रसिद्ध हैं। पहले सेना के कुछ नियमों के कारण महिलाओं को फ्रंटलाइन में नियुक्त नहीं किया जाता था, किंतु आज महिलाएँ सभी क्षेत्रों में अपनी भागीदारी निभा रही हैं। आज महिलाएँ बी. एस.एफ, नेवी और एन.एसज़ी में कमांडर के पद को चुन रही हैं। आज वो फाइटर प्लेन से दुश्मनों के बंकरों को नष्ट करने की योग्यता रखती हैं। वो दिन दूर नहीं जब स्नाइपर सेल में भी महिलाएँ तैनात होंगी।

2 **आपके द्वारा देखे हुए किसी भी पर्यटन स्थल की प्राकृतिक सुषमा पर एक फीचर लिखिए।**

उत्तर **पर्यटन स्थल की प्राकृतिक सुषमा**

भारत में मसूरी, शिमला, नैनीताल, कश्मीर, कन्याकुमारी, माउंट आबू, कुल्लू-मनाली आदि पर्यटन स्थल हैं। इन पर्यटन स्थलों पर जाकर व इन स्थलों की प्राकृतिक शोभा को देखकर पर्यटकों को अत्यंत आनंद प्राप्त होता है। कुछ समय पूर्व मुझे नैनीताल जाने का अवसर प्राप्त हुआ। 'नैनीताल नगर' जो नैनीताल ज़िले के अंतर्गत आता है एक मुख्य आकर्षण का केंद्र है। यह तीनों ओर से घने-घने वृक्षों की छाया, ऊँचे-ऊँचे पहाड़ों व समुद्रतल से 1937 मीटर ऊँचाई पर स्थित है। नैनीताल के इस ताल में संपूर्ण पर्वतमाला और वृक्षों की छाया स्पष्ट दिखाई देती है। आकाश में छाए हुए बादलों का प्रतिबिंब इस तालाब में इतना सुंदर दिखाई पड़ता है कि इस प्रतिबिंब को देखने के लिए सैकड़ों किलोमीटर दूर से प्रकृति प्रेमी आते हैं। साथ ही नैनी झील भी अत्यंत आकर्षक है। कहा जाता है कि यहाँ डुबकी लगाने से मानसरोवर नदी में डुबकी लगाने जैसा पुण्य प्राप्त होता है।

नैनीताल पर्यटकों, सैलानियों का अत्यंत प्रिय नगर है। दूर-दूर तक फैले पहाड़ हृदय को प्रफुल्लित करते हैं। इन ऊँचे-ऊँचे पहाड़ों को देखकर पर्यटक मुग्ध हो जाते हैं। नैनीताल की सात चोटियाँ नैनीताल की शोभा बढ़ाने में विशेष महत्त्व रखती हैं। स्पष्टतः नैनीताल का अप्रतिम सौंदर्य अत्यंत मनोहारी है।

3. **'भोजन पर सबका अधिकार' विषय पर एक फीचर लिखिए।**

उत्तर **भोजन पर सबका अधिकार**

भारत विकसित देश के रूप में विश्व के अग्रणी देशों की श्रेणी में शामिल होने की अपेक्षा कर रहा है, लेकिन क्या विश्व के अग्रणी देशों में लोगों की एक बड़ी तादाद भूखे पेट सोने के लिए विवश होती है? भारतीय कृषि एवं विकास से संबंधित आँकड़े तो यही बयान करते हैं कि आज भी देश के बड़े हिस्से को भरपेट खाना नसीब नहीं हो पाता इसीलिए इस समस्या का हल निकालने हेतु राष्ट्रीय खाद्य सुरक्षा अभियान की शुरुआत की गई और अंततः 'खाद्य सुरक्षा अधिनियम' पारित किया गया, ताकि भारत का कोई भी व्यक्ति भूखा न रह सके।

मनुष्य को ज़िंदा रहने का अधिकार तो मिलना ही चाहिए और ज़िंदा रहने के लिए भोजन अति आवश्यक है, इससे किसी को मतभेद नहीं हो सकता। जीवन की बुनियादी सुविधाएँ रोटी, कपड़ा एवं मकान हैं, तो इन बुनियादी सुविधाओं की पूर्ति करने की ज़िम्मेदारी किसकी है? हमारी सभ्य लोकतांत्रिक शासन-प्रणाली में सरकार को एक जनकल्याणकारी संस्था माना गया है। सरकार का कर्त्तव्य है कि वह जन-सामान्य के कल्याण के लिए, उनकी मूलभूत आवश्यकताओं की पूर्ति के लिए कार्य करे। अतः यह सरकार की और अंततः समाज की ज़िम्मेदारी बनती है कि वह समाज के सभी लोगों की भोजन संबंधी आवश्यकता की पूर्ति करे। जीवित रहने के लिए हवा, पानी के साथ ही भोजन अत्यावश्यक है, जिसकी पूर्ति करना सरकार एवं समाज का कर्त्तव्य है।

4. **'चुनाव-पूर्व सर्वेक्षण' विषय पर एक फीचर लिखिए।**

उत्तर **चुनाव पूर्व सर्वेक्षण**

चुनाव लोकतांत्रिक प्रणाली में एक महत्त्वपूर्ण भूमिका निभाते हैं। चुनाव के माध्यम से ही जनता अपने प्रतिनिधियों का चयन करती है, जो आगे चलकर शासन प्रणाली को सँभालते हैं। आजकल लोग चुनाव के समय राजनीतिक दलों एवं नेताओं की वास्तविकता जानने के लिए बहुत व्याकुल रहते हैं। ऐसे में मीडिया चुनाव-पूर्व सर्वेक्षण करवाकर लोगों की इस मानसिकता का व्यावसायिक लाभ भी उठाती है और एक जागरूक एवं सतर्क मीडिया की भूमिका भी निभाती है। बुद्धिजीवियों का एक वर्ग कहता है कि ऐसे सर्वेक्षण करके राजनीतिक दल जनता के बीच अपनी विश्वसनीयता बरकरार नहीं रख पाते। जनता स्वयं इस दुविधा में पड़ जाती है कि किसके जीतने की संभावना सर्वाधिक है और वह अपना महत्त्वपूर्ण मत किसे दे? इसी कारण सामान्य मतदाता अपने मत का सही उपयोग नहीं कर पाता। बुद्धिजीवियों का दूसरा वर्ग मानता है कि भारत की जनता को मतदान का लगभग 68 वर्षों का अनुभव है।

अतः ऐसे सर्वेक्षणों से वह प्रभावित नहीं होती और न ही वह अपने मत का दुरुपयोग करती है। भारतीय मतदाता सामान्यतया मत देने में बिचौलियों की सहायता लेता है, उनसे जानकारी प्राप्त करता है, लेकिन अपने यथार्थ विचार को ज़ाहिर नहीं होने देता। चुनाव से पूर्व उसके निर्णय का पता लगा पाना अत्यंत मुश्किल है। हाल ही में, एक स्टिंग ऑपरेशन में चुनाव-पूर्व सर्वेक्षणों में पाई गई गड़बड़ियों को देखते हुए इन पर रोक लगाने के लिए चुनाव आयोग ने कानून में संशोधन करने की सिफारिश की है। इसके अतिरिक्त, चुनाव आयोग ने दिल्ली पुलिस से इस मामले की जाँच कराने की भी माँग की है।

5. **'त्योहारों के नाम पर अपव्यय' विषय पर एक फीचर लिखिए।**

उत्तर **त्योहारों के नाम पर अपव्यय**

हमारा देश त्योहारों का देश माना जाता है। त्योहार हमारे जीवन के अच्छे पहलुओं का सुखद स्मरण कराते हैं। यही कारण है कि हम इन त्योहारों को उत्सवी वातावरण में पूरी धूमधाम से मनाते हैं। त्योहार एक प्रकार से हमारे एवं हमारे पूर्वजों के बीच संपर्क सूत्र का काम भी करते हैं। ये पूर्व एवं वर्तमान पीढ़ी को एक-दूसरे से जोड़ने वाली महत्त्वपूर्ण कड़ियाँ हैं, इसीलिए त्योहारों में परंपराओं एवं रीति-रिवाज़ों का इतना अधिक महत्त्व होता है।

विगत कुछ वर्षों से त्योहारों की पवित्रता एवं उनके वास्तविक उद्देश्यों पर आँच आई है। इनका आयोजन आडंबरपूर्ण हो गया है। सादगी एवं गरिमा का स्थान भड़कीले दिखावे ने ले लिया है। इनके बहाने लोग अपने पैसे एवं रुतबे का भद्दा प्रदर्शन करने लगे हैं। इनके माध्यम से लोग अपने संबंधियों एवं पड़ोसियों को नीचा दिखाने की कोशिश करने लगे हैं, चाहे इसके लिए कितना ही पैसा क्यों न खर्च करना पड़े। इन त्योहारों में अमीर-गरीब का अंतर मुखर होकर सामने आ जाता है। ऐसा लगता है मानो त्योहार तो संपन्न एवं विपन्न लोगों के बीच विभाजक रेखा खींचने के लिए ही आयोजित किए जा रहे हैं। इससे एक अप्रिय एवं कटु प्रतिद्वंद्विता का जन्म होता है, जो समाज एवं इसके सभी सदस्यों के लिए अत्यधिक हानिकारक है। दिखावटी प्रवृत्ति के कारण लोग कर्ज़ लेकर इन त्योहारों पर अपव्यय करते हैं। इस प्रकार के आडंबरपूर्ण आयोजनों से जहाँ राष्ट्रीय बचत में कमी आती है, वहीं महँगाई में भी वृद्धि होती है।

वास्तव में, हमें विभिन्न त्योहारों को सच्ची भावना एवं गरिमा के साथ बिना किसी आडंबर के मनाना चाहिए। धन की उपलब्धता उसके अपव्यय के लिए नहीं है। त्योहार का असली आनंद तो उन्हें सादगीपूर्ण, सच्ची भावना के साथ मनाने तथा आपसी भाईचारा बनाए रखने में ही है।

6. **'बढ़ती जनसंख्या-दर, घटती सुविधाएँ' विषय पर फीचर लिखिए।**

उत्तर **बढ़ती जनसंख्या-दर, घटती सुविधाएँ**

जनसंख्या वृद्धि हमारे देश के आर्थिक विकास के समक्ष सबसे बड़ी चुनौती तो है ही, साथ ही बढ़ती जनसंख्या के अनुपात में आवश्यक

सुविधाओं में वृद्धि नहीं हो पाती है, जिसके कारण सीमित संसाधनों पर ही आवश्यकता से अधिक दबाव पड़ता है। जनसंख्या वृद्धि- दर के अनुपात में रोज़गार के अवसर सृजित नहीं हो पाते हैं, जिसके फलस्वरूप बेरोज़गारी एवं गरीबी में वृद्धि होती है, जो आगे अनेक सामाजिक समस्याओं एवं बुराइयों की जड़ बनती है। जनसंख्या के अनुपात में सुविधाओं में वृद्धि नहीं होने का ही परिणाम है कि सीमित संसाधनों का बँटवारा हमें आवश्यकता से काफ़ी अधिक लोगों के साथ करना पड़ता है, जो उत्तरोत्तर हमारे आर्थिक विकास को और धीमा करता जाता है। सुप्रसिद्ध विचारक गार्नर का कहना है, "किसी भी राज्य के लिए जनसंख्या उससे अधिक नहीं होनी चाहिए, जितनी साधन-संपन्नता राज्य के पास है।"

कृषि ही नहीं, जीवन के लगभग सभी क्षेत्र जनसंख्या वृद्धि के कारण दुष्प्रभावित हैं। परिवहन का मामला हो या औद्योगिक क्षेत्र का, जल-संसाधन हो या भूमि संसाधन, वन संपत्ति हो या सार्वजनिक संपत्ति प्रत्येक क्षेत्र पर जनसंख्या वृद्धि का नकारात्मक प्रभाव पड़ता है। संसाधनों में वृद्धि एक सीमा के बाद नहीं की जा सकती, लेकिन जनसंख्या वृद्धि की सीमा निर्धारित नहीं है। इसका नतीजा सड़कों पर जाम, ट्रेनों में बैठने के लिए मारपीट, स्वच्छ पेय जल की भारी किल्लत, खाद्यान्न के अभाव में भुखमरी, सभी के लिए शिक्षा का अभाव, खेलकूद के साधनों का अभाव, दैनिक आवश्यकताओं की वस्तुओं में अत्यधिक मूल्यवृद्धि, स्वच्छ वायु का अभाव आदि के रूप में सामने आता है। जनसंख्या में अत्यधिक वृद्धि के कारण सुविधाएँ घटती जाती हैं, क्योंकि उनका बँटवारा अधिक लोगों के बीच होने लगता है और संसाधनों या सुविधाओं को एक सीमा के बाद बढ़ाना संभव नहीं है।

7 'भ्रष्टाचार का दानव' विषय पर एक फीचर लिखिए।

उत्तर

भ्रष्टाचार का दानव

भ्रष्टाचार से तात्पर्य भ्रष्ट व्यवहार या अनैतिक व्यवहार से है। यह अत्यंत दुर्भाग्यपूर्ण है कि आज भारतवर्ष भ्रष्टाचार का गढ़ बन गया है। सामाजिक जीवन का कोई भी ऐसा क्षेत्र नहीं रह गया है, जिसमें ईमानदारी का वर्चस्व हो। किसी विद्यालय में प्रवेश पाने का मुद्दा हो या नौकरी मिलने का, कोई घरेलू कार्य कराना हो या कार्यालयी कार्य, भ्रष्टाचार सभी जगह व्याप्त हैं। सरकारी कार्यालयों में तो चक्का तभी घूमता है, जब उसमें घूस का पेट्रोल डाला जाता है। परिवहन विभाग का मामला हो या पुलिस विभाग का सभी जगह भ्रष्टाचार व्याप्त है। गाड़ी चलाए बिना ही ड्राइविंग लाइसेंस ले लीजिए, लेकिन एक निश्चित कीमत चुकाकर। पुलिस विभाग में व्याप्त भ्रष्टाचार के तो कहने ही क्या! जब अपराधी निकल जाता है, तब पुलिस हवा में डंडे चलाती आती है और बेकसूरों को पकड़कर ले जाती है ताकि कागज़ी कार्रवाई की जा सके।

इस देश का सबसे बड़ा भ्रष्टाचारी है—राजनेता, जिसने देश को दलालों का बाज़ार बनाकर रख दिया है। भारत में भ्रष्टाचार इसलिए पनपता है, क्योंकि यहाँ के नेता स्वयं भ्रष्ट हैं। यही कारण है कि वह भ्रष्ट लोगों के विरुद्ध कोई कार्यवाही नहीं करता, कड़ी कार्यवाही तो दूर की बात है। भारतीय प्रेस या मीडिया अभी भी पूरी तरह निःस्वार्थी एवं सतर्क नहीं है। भ्रष्टाचार के दानव को तभी समाप्त किया जा सकता है, जब कोई सशक्त राजनीतिक दल अपनी दृढ़ इच्छा शक्ति दिखाए। इसके अतिरिक्त, भारत के शिक्षक, साहित्यकार, पत्रकार, कृषक, मज़दूर, कलाकार आदि सभी एकजुट होकर देश के नवयुवकों में सच्चे आचरण संबंधी संस्कार उत्पन्न करें तथा भ्रष्टाचार के विरुद्ध सशक्त संघर्ष छेड़ें।

8. 'छात्र असंतोष' विषय पर एक फीचर लिखिए।

उत्तर

छात्र-असंतोष

छात्र असंतोष का आशय है— विद्यार्थियों का वर्तमान शिक्षा एवं शिक्षा प्रणाली से असंतुष्ट होना। विद्यार्थियों की यह असंतुष्टि किसी पाठ्यक्रम को लेकर हो सकती है, शिक्षण प्रक्रिया को लेकर हो सकती है अथवा परीक्षा के मापदंड को लेकर भी हो सकती है। आज निजी शिक्षण संस्थानों की स्थिति यह है कि वहाँ संपन्न परिवारों के बच्चे अधिक शुल्क देकर मनपसंद पाठ्यक्रम आदि पाने में सफल हो जाते है, किंतु निर्धन परिवार के विद्यार्थियों के पास कोई विकल्प नहीं होता।

इस स्थिति से उनके भीतर शिक्षा के प्रति असंतोष की भावना उत्पन्न हो जाती है। यह असंतोष की भावना धीरे-धीरे एक बड़े विद्यार्थी वर्ग को अपनी गिरफ़्त में ले लेती है। शिक्षा के निजीकरण के कारण उच्च शिक्षा प्रदान करने वाले शिक्षण संस्थानों में विद्यार्थियों का अत्यधिक शोषण होता है। विद्यार्थियों के सामने भविष्य में रोज़गार प्राप्त करने की समस्या खड़ी रहती है। कुछ स्वार्थी राजनीतिक दल विद्यार्थियों को अपने साथ मिलाकर अपना उल्लू सीधा करने में जुटे रहते हैं, इसलिए वे शिक्षण संस्थानों में राजनीति को बढ़ावा देते हैं। बेरोज़गारी का डर, पारंपरिक शिक्षा का वर्तमान समय के अनुरूप न होना, व्यावसायिक शिक्षा प्रदान करने वाली स्तरीय शिक्षण संस्थाओं को राजनीति का केंद्र बनाया जाना, शिक्षकों एवं कर्मचारियों का अपने कर्त्तव्यों से विमुख होना इत्यादि भारत में छात्र-असंतोष के कारण हैं।

वास्तव में, छात्र-असंतोष को देश की शिक्षा व्यवस्था में सुधार करके इसे वर्तमान समय के अनुरूप करके दूर किया जा सकता है। साथ ही राजनीति को शिक्षा से दूर रखना होगा और यह देखना होगा कि किसी भी कारणवश विद्यार्थियों का भविष्य अंधकारमय न बने।

9. 'सांप्रदायिकता का ज़हर' विषय पर एक फीचर लिखिए।

उत्तर

सांप्रदायिकता का ज़हर

वर्तमान समय में देश में सांप्रदायिक सद्भावना की अत्यंत आवश्यकता है। देश में स्वतंत्रता से पूर्व ही सांप्रदायिक दंगों ने भयावह रूप धारण कर लिया था। उस समय अनेक हिंदुओं एवं मुसलमानों को मौत के घाट उतार दिया गया था। देश आज़ाद तो हुआ परंतु दो टुकड़ों में बँट गया। हमारे शासकों ने भारत को धर्मनिरपेक्ष राष्ट्र की संज्ञा दी। पाकिस्तान बनने के बावजूद करोड़ों बार सांप्रदायिक दंगे हुए। इन दंगों में लाखों निरीह लोगों को जान से हाथ धोना पड़ा।

वर्ष 2002 में गुजरात के गोधरा में ट्रेन के दरवाजे बंद कर पेट्रोल से आग लगाकर लगभग 250 लोगों को ज़िंदा जला दिया गया। इसके पश्चात् गुजरात में सांप्रदायिक दंगों की आग फैल गई और हज़ारों लोगों को जान से हाथ धोना पड़ा। सांप्रदायिक दंगा करने वाले कुछ लोगों को आजीवन कारावास की सज़ा दी जा चुकी है।

वास्तव में, सरकार किसी भी मूल्य पर अपना शासन बनाए रखना चाहती है। अतः वह अल्पसंख्यकों के हितों की रक्षा के नाम पर कभी मुसलमानों के लिए आरक्षण की बात करती है और कभी ईसाई अल्पसंख्यकों को संतुष्ट करती है। यदि सरकार सत्ता की लिप्सा में अंधी न हो, तो देश में तत्काल सांप्रदायिक सद्भावना स्थापित हो सकती है। सांप्रदायिकता का संबंध जितना धर्म से जुड़ता है, उससे अधिक राजनीति से जुड़ता है। स्वार्थी राजनीतिक तत्त्वों द्वारा अपने हितों की पूर्ति के लिए जनसामान्य के बीच धार्मिक उन्माद पैदा किया जाता है और फिर भड़की सांप्रदायिकता की आग पर वे अपनी रोटियाँ सेंकते हैं। जब तक राजनीतिक इच्छाशक्ति

सुदृढ़ नहीं होगी, तब तक सांप्रदायिकता का दानव हर समाज को लीलता रहेगा।

10. 'धनोपार्जन के मूल्यहीन तरीके' विषय पर एक फीचर लिखिए।

उत्तर **धनोपार्जन के मूल्यहीन तरीके**

संसार में धनोपार्जन के अनेक मूल्यहीन तरीके प्रचलित हैं। अपहरण करना, किसी की हत्या की सुपारी लेना, रक्त बेचना, शरीर के महत्त्वपूर्ण अंग-किडनी आदि बेचना, ठगी करना आदि धनोपार्जन के ऐसे ही कुछ मूल्यहीन तरीके हैं। अनेक स्त्रियाँ गर्भवती होने का ढोंग कर लोगों से भीख माँगती हैं। कुछ लोग जागरण के नाम पर चंदा एकत्रित करते हैं और लोगों को मूर्ख बनाते हैं। कई लोग जेब काटते हैं। इसके अतिरिक्त कुछ लोग दुकानों तथा मकानों में चोरी करते हैं। कुछ लोग सोने के नाम पर पीतल बेचकर या सामान्य चमकीले पत्थर को नागमणि कहकर बेचते हैं। ऐसे लोग अन्य लोगों को धोखा देकर लाखों रुपये अर्जित कर लेते हैं। तथाकथित निर्मल बाबा, संत रामपाल, आसाराम आदि की तरह कुछ लोग धार्मिकता का ढोंग कर करोड़ों रुपए कमाते हैं। कुछ लोग धार्मिक प्रवचन देकर लोगों से लाखों रुपए ऐंठते हैं। कुछ निर्धन लोग अपना रक्त बेचकर धन प्राप्त करते हैं, तो कुछ लोग अंधे होने का ढोंग कर भीख माँगकर हज़ारों रुपए प्रति मास अर्जित करते हैं। इस प्रकार हमारे समाज में अनेक लोग मूल्यहीन तरीकों से धन अर्जित करते हैं। समाज को सबसे अधिक खतरा तो उन सफ़ेदपोश लोगों से है, जो अपने ईमान को गिरवी रखकर देश व समाज को लूटकर धनोपार्जन कर रहे हैं।

11 'आवश्यक सुविधाओं से वंचित भारत के गाँव' विषय पर एक फीचर लिखिए

उत्तर **आवश्यक सुविधाओं से वंचित भारत के गाँव**

भारतवर्ष को गाँवों का देश कहा जाता है, परंतु भारत के अधिकांश गाँवों में आवश्यक सुविधाएँ न के बराबर हैं। स्वतंत्रता से पूर्व तो गाँवों की दशा अत्यंत शोचनीय थी, परंतु स्वतंत्रता के पश्चात् भारत सरकार की ओर से गाँवों की उन्नति एवं विकास के लिए अनेक आवश्यक कदम उठाए गए। परिणामस्वरूप वर्तमान समय में गाँवों में स्कूली शिक्षा की स्थिति में तो सुधार हुआ है, परंतु उच्च-शिक्षा हेतु विद्यार्थियों को शहर का ही रुख करना पड़ता है।

चिकित्सा के नाम पर आज भी भारतीय गाँवों में कोई समुचित प्रबंध नहीं है। सर्वत्र चिकित्सा सुविधाओं का अभाव ही दिखाई पड़ता है। छत्तीसगढ़ तथा झारखंड जैसे राज्यों के गाँवों में तो कई बार रोगियों को चिकित्सा हेतु 20-25 किमी की दूरी तय करनी पड़ती है। ऐसे में कई रोगियों को समय से प्राथमिक चिकित्सा नहीं मिल पाती, जिस कारण उन्हें अपने प्राणों से हाथ धोना पड़ता है।

इसके अतिरिक्त गाँवों में योग्य एवं अनुभवी डॉक्टरों का भी नितांत अभाव है। आजकल के डॉक्टर पिछड़े हुए गाँवों के स्थान पर अत्याधुनिक सुविधाओं वाले शहरी अस्पतालों को ही प्राथमिकता देते हैं। स्थिति का फायदा उठाकर नीम-हकीम तथा झोलाछाप डॉक्टर भोले-भाले ग्रामीणों को खुलकर लूटते हैं। अधिकांश गाँवों में बिजली की सुविधा तो है, परंतु उन्हें इस सुविधा का लाभ दिन में केवल 3 से 4 घंटे तक ही मिल पाता है। हरियाणा, पंजाब आदि कुछ संपन्न राज्यों को छोड़ दिया जाए, तो आज भी भारतीय गाँवों में पक्की सड़कों का अभाव स्पष्ट रूप से दिखाई देता है। सड़कों के नाम पर कच्ची धूल भरी पगडंडियाँ ही आवागमन का एकमात्र साधन हैं। बरसात के समय में तो कीचड़ तथा गड्ढों से भरे इन रास्तों से गुज़रना अत्यंत कष्टकर एवं असुरक्षित होता है। इन सभी समस्याओं को देखते हुए हम कह सकते हैं कि भारतीय गाँव आज भी बुनियादी सुविधाओं से वंचित हैं।

12. 'प्रकृति के रख-रखाव के प्रति उदासीन आधुनिक मानव' विषय पर एक फीचर लिखिए।

उत्तर **प्रकृति के रख-रखाव के प्रति उदासीन आधुनिक मानव**

आधुनिक मानव विकास के नाम पर प्राकृतिक संसाधनों का विनाश कर रहा है। हमारी नदियों और वन संपदा की दशा शोचनीय हो चुकी है। कारखानों का दूषित जल नदियों में छोड़ा जाता है। दिल्ली में यमुना नदी ने तो गंदे नाले का रूप धारण कर लिया है। गंगा नदी की दशा भी कुछ अच्छी नहीं है। कानपुर, इलाहाबाद, वाराणसी (बनारस), कोलकाता में गंगा नदी अत्यंत प्रदूषित है। वास्तविकता तो यह है कि इन नदियों का जल अब स्नान करने योग्य भी नहीं है। प्रशासन नदियों के रख-रखाव के लिए करोड़ों रुपए व्यय करता है, परंतु इस धन का अधिकांश भाग नेताओं और अधिकारियों की जेबों में चला जाता है। पहाड़ों पर अधिक-से-अधिक संख्या में भवन बनने लगे हैं। गंगोत्री जैसे स्थान में सैकड़ों होटल खुल चुके हैं। वनों की अंधाधुंध कटाई होती है। इससे मौसम में भारी बदलाव आ चुका है। मानव समाज प्रकृति के रख-रखाव की ओर अपेक्षित ध्यान नहीं दे रहा है। इसके परिणामस्वरूप प्रदूषण बढ़ता जा रहा है तथा लोगों में असाध्य रोगों की वृद्धि हो रही है।

13. 'आंतरिक समस्याओं से जूझता हमारा देश' विषय पर एक फीचर लिखिए।

उत्तर **आंतरिक समस्याओं से जूझता हमारा देश**

वर्तमान समय में हमारा देश अनेक आंतरिक समस्याओं से जूझ रहा है। जिसके अंतर्गत भ्रष्टाचार की समस्या इस समय भीषण रूप धारण कर चुकी है। पिछले अनेक वर्षों से हमारे स्वनामधन्य नेता बड़े-बड़े घोटाले करने में व्यस्त हैं। 2 जी स्पेक्ट्रम का पौने दो लाख करोड़ रुपये का घोटाला हुआ, राष्ट्रमंडल खेलों का 70 हज़ार करोड़ रुपये का घोटाला हुआ। कुछ समय पूर्व कर्नाटक में येदियुरप्पा ने भी काफ़ी बड़ा घोटाला किया था, जिसके कारण उसे मुख्यमंत्री पद से त्यागपत्र देना पड़ा था।

वस्तुतः भ्रष्टाचार केवल नेताओं तक सीमित नहीं है, बल्कि सरकारी कार्यालयों के अधिकांश अधिकारी एवं कर्मचारी भ्रष्ट हैं। न्याय-व्यवस्था में भी भ्रष्टाचार की जड़ें फैल चुकी हैं। भारत की दूसरी आंतरिक समस्या बढ़ती हुई महँगाई है। महँगाई की मार से आम आदमी त्रस्त है। निर्धन वर्ग के बच्चों को दूध तक उपलब्ध नहीं हो पाता।

निर्धनता और ऋणग्रस्तता के कारण महाराष्ट्र और आंध्र प्रदेश में प्रतिवर्ष हज़ारों किसान आत्महत्या कर लेते हैं। इसके अतिरिक्त नक्सलवाद तथा आतंकवाद की समस्या भी अत्यंत भीषण रूप धारण कर चुकी है। नक्सलवाद के कारण भारत के अनेक राज्यों की जनता पीड़ित है। हमेशा कोई-न-कोई आतंकवादी घटना भी होती रहती है, जिससे सामान्य व्यक्ति स्वयं को असुरक्षित अनुभव करता है। इसके अतिरिक्त बेकारी की समस्या भी देश के युवावर्ग को व्यथित करती है। न्याय के क्षेत्र में विलंबित न्याय की समस्या भी हमारे देश के करोड़ों लोगों को परेशान करती है। इस प्रकार हमारा देश अनेक आंतरिक समस्याओं से जूझ रहा है।

14. वृक्षारोपण की आवश्यकता तथा वृक्षों से होने वाले लाभों को बताते हुए इस विषय पर एक आलेख लिखिए।

उत्तर **वृक्षारोपण की आवश्यकता**

वृक्ष हमारे जीवन के लिए अत्यंत आवश्यक हैं। पर्यावरण संतुलन एवं मानव की वास्तविक प्रगति के लिए वृक्षारोपण आवश्यक है। वृक्ष हमारे लिए कई

प्रकार से लाभदायक होते हैं। जीवों द्वारा छोड़ी गई कार्बन डाइ-ऑक्साइड को ये जीवनदायिनी ऑक्सीजन में बदल देते हैं। वृक्षों के द्वारा हमें विभिन्न प्रकार की औषधियाँ प्राप्त होती हैं। वृक्ष हमें छाया प्रदान करते हैं। वृक्ष जहाँ पर्याप्त मात्रा में होते हैं, वहाँ वर्षा की मात्रा भी सही होती है।

मनुष्य जन्म से लेकर मृत्यु तक वृक्षों एवं उनसे प्राप्त होने वाली विभिन्न प्रकार की वस्तुओं पर निर्भर रहता है। औद्योगीकरण के कारण वैश्विक स्तर पर तापमान में वृद्धि हुई है, फलस्वरूप विश्व की जलवायु में प्रतिकूल परिवर्तन हुआ है। साथ ही समुद्र का जल स्तर उठ जाने के कारण आने वाले वर्षों में कई देशों एवं शहरों की समुद्र में जल-मग्न हो जाने की संभावना है तथा जल-प्रदूषण, वायु-प्रदूषण, भूमि-प्रदूषण एवं ध्वनि-प्रदूषण में निरंतर वृद्धि हो रही है। यदि इस पर नियंत्रण नहीं किया गया, तो परिणाम अत्यंत भयानक होंगे।

इन सभी कारणों को देखते हुए वृक्षारोपण की अत्यंत आवश्यकता है। आज हमें वृक्षारोपण के कार्यक्रमों को प्रोत्साहन देने की अत्यंत आवश्यकता है। इसके लिए लोगों को वृक्षों से होने वाले लाभों से अवगत कराकर उन्हें वृक्ष लगाने के लिए प्रेरित करना होगा। शिक्षा के पाठ्यक्रम में भी वृक्षारोपण को पर्याप्त स्थान देना होगा। प्रदूषण कम करने एवं पर्यावरण को सुरक्षित रखने के लिए वृक्षारोपण अत्यंत आवश्यक है।

15. 'गाँवों में फैलता फ़ैशन' विषय पर एक आलेख लिखिए।

उत्तर **गाँवों में फैलता फ़ैशन**

किसी भी समाज में कोई भी नया फ़ैशन सामान्यतया महानगरों से प्रारंभ होता है। उस फ़ैशन का जैसे-जैसे प्रचलन बढ़ता जाता है, लोगों का ध्यान उसकी ओर आकर्षित होता जाता है। सबसे अलग दिखने की आकांक्षा या इच्छा ही लोगों को नए-नए फ़ैशन अपनाने के लिए बाध्य करती है। महानगरों में उत्पन्न फ़ैशन भी शीघ्र ही विभिन्न गाँवों तक पहुँच जाता है। उन्हें अपनाने की होड़ शहरी लोगों की तरह ग्रामीण लोगों में भी मच जाती है। विज्ञापन के माध्यम से लोगों को यह संदेश जाता है कि आधुनिक फ़ैशन के बिना उन्हें आधुनिक एवं सभ्य नहीं समझा जाएगा। अतः स्वयं को सुंदर, आकर्षक एवं आधुनिक बनाने के लिए गाँववाले भी शहरी लोगों की तरह फ़ैशन के दीवाने बन जाते हैं।

यही कारण है कि आधुनिक पहनावे एवं तौर-तरीकों के बीच पारंपरिक पहनावे एवं तौर-तरीके गायब होते जा रहे हैं। घाघरा, पगड़ी, धोती जैसी पोशाक लुप्त होती जा रही हैं। आधुनिक समय मीडिया की अत्यधिक सक्रियता के कारण गाँव एवं शहर में कोई अंतर नहीं रहने देता। गाँव भी शहरी संस्कृति को ज़ोर-शोर से अपनाने के लिए व्याकुल रहने लगा है। शहर में विकसित कोई भी फ़ैशन कुछ ही दिनों में ग्रामीण समाजों में भी प्रचलित हो जाता है, लेकिन यह परिवर्तन सार्थक है या नहीं इसका उत्तर तो समय ही देगा, लेकिन इतना अवश्य है कि पारंपरिक वेशभूषा को बनाए रखने की ज़िम्मेदारी काफ़ी हद तक गाँवों की हैं, अतः इसका ध्यान अवश्य रखा जाना चाहिए।

16 'हताशा में आशा की किरण, युवा' विषय पर एक आलेख लिखिए।

उत्तर **हताशा में आशा की किरण, युवा**

वर्तमान समाज अन्याय, असमानता, ईर्ष्या, जातिभेद, वर्गभेद, वर्णभेद, सांप्रदायिकता, भ्रष्टाचार, नारी के विरुद्ध हिंसा आदि कई बुराइयों से ग्रस्त हैं। चारों ओर अव्यवस्था एवं अराजकता का माहौल व्याप्त है। समाज में शिक्षा एवं रोज़गार संबंधी इतनी विषम समस्याएँ मौजूद हैं कि चारों तरफ़ निराशा का वातावरण दिखाई देता है। लोग अपने जीवन एवं भविष्य को लेकर आशंकित हैं। समाज में भ्रष्टाचार, अशिक्षा, निर्धनता, असमानता, शोषण, सांप्रदायिकता आदि अनेक ऐसी चुनौतियाँ उपस्थित हैं, जिनका सक्षम तरीके से मुकाबला किए बिना एक स्वस्थ नव-समाज की रचना संभव नहीं है।

इस नव-निर्माण की ज़िम्मेदारी सिर्फ़ युवा वर्ग ही उठा सकता है। सामाजिक मूल्यों को बनाए रखना तथा समाज में सकारात्मक दृष्टिकोण उत्पन्न करना युवा वर्ग द्वारा ही संभव है। शिक्षित युवा वर्ग ही संकीर्ण मानसिकता से ऊपर उठकर समाज को एक ऐसी दिशा प्रदान कर सकता है, जो सभी वर्गों के लोगों के लिए राहत पहुँचाने वाली हो। समाज के नव-निर्माण के कार्य में साहस एवं त्याग की आवश्यकता होगी, पग-पग पर भूलें होने की आशंका मौजूद रहेगी, अतः युवा वर्ग को साहसी, त्याग के लिए तैयार, विवेकी, धैर्यवान एवं दूरद्रष्टा होना पड़ेगा। यदि अपने लक्ष्य पर अपनी नज़रें जमाकर युवा वर्ग ने अपने समुचित कर्त्तव्यों को निभाया, तो दुनिया की कोई भी शक्ति समाज के नव-निर्माण को नहीं रोक सकती। वर्तमान समय में व्याप्त हताशा के माहौल में वही एकमात्र आशा की किरण है।

17. 'श्रम से ही राष्ट्रीय कल्याण' विषय पर एक आलेख लिखिए।

उत्तर **श्रम से ही राष्ट्रीय कल्याण**

श्रम के अभाव में किसी भी राष्ट्र की उन्नति असंभव है। भारतवर्ष विश्व के देशों में एक महत्त्वपूर्ण स्थान रखता है। इसका एक मुख्य कारण यहाँ के निवासियों का परिश्रमी होना है। भारत के नगरों में आज जगह-जगह फ्लाईओवर, अच्छी सड़कें, विशाल भवन आदि दिखाई देते हैं। यह सब मानवीय श्रम का ही परिणाम है। किसान खेती करने में अत्यधिक श्रम करते हैं, तभी देश की जनता को भोजन प्राप्त होता है। किसान यदि श्रम करना छोड़ दें, तो हमारे देश का अस्तित्व ही शेष नहीं रहेगा। इसी प्रकार मज़दूर अपने श्रम द्वारा बड़ी-बड़ी संरचनाओं का निर्माण करते हैं। बिना श्रम के औद्योगिक उत्पादन संभव नहीं है। वस्तुतः प्रत्येक व्यक्ति को मानसिक एवं शारीरिक श्रम करना ही पड़ता है, तभी राष्ट्र के निवासी सुविधापूर्ण ढंग से जीवनयापन कर सकते हैं। जिस राष्ट्र के नागरिक श्रम से जी चुराते हों, वह राष्ट्र उन्नति के पथ पर अग्रसर नहीं हो सकता। वस्तुतः किसानों, मज़दूरों के श्रम से ही राष्ट्र का अस्तित्व बना रहता है। साथ ही, अध्यापक, सरकारी कर्मचारी अथवा अधिकारी आदि भी पर्याप्त परिश्रम करते हैं, तभी राष्ट्र का कल्याण संभव हो पाता है।

18. 'प्रांतीयता का फैलता हुआ विष' विषय पर एक आलेख लिखिए।

उत्तर **प्रांतीयता का फैलता विष**

हमारे देश में पिछले कुछ वर्षों से प्रांतीयता का विष-वृक्ष तेज़ी से फैलता ही जा रहा है। असम, कश्मीर, महाराष्ट्र आदि में यह विष बहुत अधिक फैल चुका है। कश्मीर में भारत के अन्य प्रांतों के लोगों को 'हिंदुस्तानी' कहा जाता है। महाराष्ट्र में बिहार तथा उत्तर प्रदेश के लोगों को 'भैया' कहा जाता है। असम में अन्य प्रांतों के लोगों को सम्मान की दृष्टि से नहीं देखा जाता। कुछ वर्ष पूर्व तक पंजाब में भी अन्य राज्यों के लोगों को घृणा की दृष्टि से देखा जाता था। महाराष्ट्र में 'मराठी मानुष' का बोलबाला है। वहाँ शिवसेना तथा एमएनएस जैसे प्रांतीय राजनीतिक दल कभी गैर-मराठियों को मराठी सीखने के लिए विवश करते हैं, तो कभी नौकरियों में केवल मराठी लोगों को विशेष अवसर देने के लिए आंदोलन करते हैं।

कुछ समय पूर्व बंगलुरु में कार्यरत उत्तर-पूर्वी राज्यों के लोगों को धमकी भरे एसएमएस भेजकर उन्हें अपने-अपने गृहराज्य जाने के लिए विवश

किया गया। उस समय दिल्ली जैसे धर्म-निरपेक्ष प्रदेश में भी उत्तर-पूर्वी राज्यों से आए लोगों में भय व्याप्त हो गया था। वस्तुतः भारत में किसी भी प्रांत के व्यक्ति को कहीं भी रहने का अधिकार है, परंतु अनेक नेता अथवा राजनीतिक दल अपने राजनीतिक स्वार्थों तथा आकांक्षाओं को पूरा करने के लिए प्रांतीयता का विष फैलाते हैं। ऐसे लोगों और राजनीतिक दलों पर कठोर कार्यवाही होनी चाहिए।

19. 'बड़े शहरों के जीवन की चुनौतियाँ' विषय पर आलेख लिखिए।

उत्तर **बड़े शहरों के जीवन की चुनौतियाँ**

वर्तमान समय में बड़े शहरों में निवास करना आसान नहीं है। सबसे पहले तो इन शहरों में आवास की समस्या सामने आती है। यहाँ रहने के लिए साधारण घर भी बीस-पच्चीस लाख रुपये से कम में नहीं मिलता। रहने के लिए यदि 'फ्लोर' लेना हो, तो कम-से-कम एक करोड़ रुपये की आवश्यकता पड़ती है। बड़े शहरों में शिक्षा तथा चिकित्सा सुविधाएँ अत्यंत महँगी हैं। पब्लिक स्कूलों में एक बच्चे को पढ़ाने के लिए छः-सात हज़ार रुपये प्रति महीने खर्च होते हैं। सरकारी अस्पतालों में रोगियों की भीड़ लगी रहती है। निजी चिकित्सालयों में चिकित्सा के लिए हज़ारों रुपये प्रतिदिन व्यय करने पड़ते हैं। वस्तुतः निम्न मध्यवर्ग तथा निर्धन वर्ग के लोगों के लिए बड़े शहरों में रहना अत्यंत कठिन है। शहरों में अराजक तत्त्वों की भी भरमार होती है। नित्य ही बलात्कार, लूटपाट आदि घटनाएँ होती रहती हैं। महिलाओं के लिए सुरक्षा का वातावरण नहीं है। शहरों में यातायात की समस्या भी विकराल रूप धारण कर चुकी है। वाहनों की संख्या इतनी अधिक है कि ट्रैफिक जाम की समस्या का समाधान संभव ही नहीं है। शहरों में दिखावा या आडंबर बहुत बढ़ चुका है। यहाँ अधिकांश व्यक्ति अधिकाधिक धन कमाने के लिए उचित-अनुचित सभी रास्तों को अपनाते हैं। वस्तुतः बड़े शहरों में जीवन बहुत अधिक चुनौतीपूर्ण हो चुका है।

20. 'लड़कियों की घटती जनसंख्या' विषय पर एक आलेख लिखिए।

उत्तर **लड़कियों की घटती जनसंख्या**

भारत में लड़कियों का अनुपात निरंतर घटता ही जा रहा है। दक्षिण भारत की अपेक्षा उत्तर भारत तथा पश्चिमी भारत में यह समस्या प्रबल रूप में दृष्टिगत होती है। हरियाणा, राजस्थान, दिल्ली, गुजरात, महाराष्ट्र, पंजाब, बिहार, उत्तर प्रदेश तथा मध्य प्रदेश में यह समस्या भयावह रूप धारण कर चुकी है। हरियाणा में 1000 लड़कों के अनुपात में 877 लड़कियाँ हैं। ऐसी ही स्थिति उपर्युक्त सभी राज्यों की है। दक्षिण भारतीय राज्यों, जैसे केरल, कर्नाटक आदि में लड़के- लड़कियों के अनुपात में अधिक अंतर नहीं है। वस्तुतः दहेज-प्रथा के कारण अनेक निर्धन माता-पिता कन्या भ्रूण हत्या का घृणित कृत्य कर बैठते हैं।

गुजरात में पहले दूध-पीती प्रथा थी। इस प्रथा के अनुसार लड़की को पैदा होते ही दूध में डुबोकर मार दिया जाता था। पिछले अनेक वर्षों से हज़ारों डॉक्टर कन्या भ्रूण हत्या के जघन्य कार्य द्वारा लाखों रुपए कमा रहे हैं। कन्या भ्रूण हत्या करना अपराध है, दिल्ली, गुजरात और महाराष्ट्र में कुछ समय पूर्व अनेक डॉक्टरों को इस अपराध के लिए जेल भेजा गया, परंतु जब कानून बनाने वाले ही कानून का उल्लंघन करते हैं तो चिकित्सक पाप की सरिता में स्नान क्यों न करें? कई राज्यों में लाखों युवकों को कन्या न मिलने के कारण अविवाहित रहना पड़ता है। इस कारण बलात्कार की घटनाओं में भी वृद्धि हुई है।

अभिनेता आमिर खान ने 'सत्यमेव जयते' में कन्या भ्रूण हत्या पर कार्यक्रम प्रदर्शित कर सामाजिक चेतना जागृत की थी, परंतु अब भी लाखों निर्दोष कन्याओं की हत्या हो रही है। वास्तव में, कन्या भ्रूण हत्या के दोषी को कड़ी सज़ा मिलनी चाहिए तथा दहेज-प्रथा पर पूर्ण प्रतिबंध लगना चाहिए, तभी इस विकराल समस्या को नियंत्रित किया जा सकता है।

21 'युवाओं में बढ़ती नशे की प्रवृत्ति' विषय पर एक आलेख लिखिए।

उत्तर **युवाओं में बढ़ती नशे की प्रवृत्ति**

जीवन विधाता का वरदान है, परंतु युवा पीढ़ी इस वरदान को अभिशाप बनाने की ओर अग्रसर है। आज की युवा पीढ़ी सही दिशा-निर्देश के अभाव में तेज़ी से नशे की प्रवृत्ति का शिकार होती जा रही है। युवा अपने कर्म से विमुख हो नशे के गर्त में डूबकर अपना जीवन व्यर्थ गवाँ रहे हैं। शिक्षा के मंदिरों में भी नशे का व्यापार चरम पर चलता है। नशे के व्यापारी कमज़ोर मानसिकता वाले युवाओं को अपने जाल में फँसाने का कार्य स्कूल, कॉलेजों आदि में भली प्रकार से कर लेते हैं।

जो एक बार नशे की लत का शिकार हो गया, वह आसानी से छूट नहीं पाता। तनाव, असमंजसता, अकेलेपन, घुटन आदि के चलते युवा पीढ़ी नशे का शिकार बनती जा रही है। बीड़ी, सिगरेट, शराब आदि तो नशे के पुराने साधन हो गए हैं, आज की पीढ़ी तो चरस, स्मैक, ब्राउन शूगर, हेरोईन, अफीम आदि के नशे का शिकार हो रही हैं। आज आवश्यकता इस बात की है कि युवा वर्ग अपनी शक्ति और दायित्व दोनों को समझे। स्वस्थ वातावरण में रहे, अच्छी पुस्तकें पढ़े, काम में व्यस्त रहे और मौत के व्यापारियों को चिह्नित कर उन्हें सजा दिलवाए। युवा पीढ़ी के कंधों पर देश की ज़िम्मेदारी टिकी होती है। यदि ये कंधे ही कमज़ोर हो गए तो देश की प्रगति लड़खड़ा जाएगी। युवा वर्ग को अपनी भूमिका समझनी होगी, तथा माता-पिता को भी देखना चाहिए कि उनके द्वारा दी गई सुविधा का बच्चे किस प्रकार उपयोग कर रहे हैं, तब ही इस घातक बीमारी से मुक्ति मिल सकती है।

22. 'किसानों की समस्याओं की अनदेखी' विषय पर एक आलेख लिखिए।

उत्तर **किसानों की समस्याओं की अनदेखी**

भारत एक कृषि-प्रधान देश है। यहाँ की अर्थव्यवस्था मुख्य रूप से कृषि पर आधारित है, इसलिए सरकार को चाहिए कि वह किसानों के हित के प्रति अधिक जागरूक हो, परंतु स्थिति इसके उलट है। सबकी भूख मिटाने वाला किसान आज स्वयं भूखा है, पीड़ित है। सरकारी नीतियाँ नित्य उसके कष्टों की वृद्धि का कारण बनती जा रही हैं। आज़ादी के 69 वर्षों के बाद भी भारतीय किसान आत्महत्या के रास्ते को अपनाने के लिए विवश है। उससे उसकी ज़मीन छीनी जा रही है, घर से बेघर किया जा रहा है।

वह सिर से लेकर पाँव तक कर्ज़ में डूबा हुआ है। उसकी फसलों का मूल्य आसमान छू रहा है, परंतु वह अन्न के दाने-दाने को तरसता है। बिचौलिए उसे श्रम से उगाई गई फसलों को कम कीमत में बेचने के लिए विवश कर देते हैं। जैसे ही फसल बिकी, उनके दाम आसमान छूने लगते हैं।

लूट-खसोट का यह मायावी चक्र रचने वाले लोग सरकारी मशीनरी के साथ मिलीभगत करके किसान की हालत को बद से बदतर बना देने में कोई संकोच नहीं करते हैं।

सरकार किसानों के इस उत्पीड़न को देख-सुन कर भी अनदेखा करती रहती है। भ्रष्टाचार और स्वार्थ की राजनीति के चलते किसानों के हितों में कटौती होती जाती है। 'अपना हाथ जगन्नाथ' बनकर किसानों को अपने उत्थान का स्वयं प्रयास करना होगा। उसे एकजुट होकर खड़ा होना होगा, संगठन बनाने होंगे, पंचायतें करनी पड़ेंगी और सबको मिलकर सरकार पर दबाव बनाना पड़ेगा, जिससे उन्हें आसान किश्तों पर ऋण मिल सके, फसलों की उचित कीमत मिल सके तथा उनकी कृषि-भूमि भू-माफियाओं के चंगुल से मुक्त रह सके। सरकार को भी किसानों की समस्याओं की अनदेखी न कर उनकी समस्या का उचित समाधान करना चाहिए।

23. 'बाल श्रमिकों की समस्या' विषय पर एक आलेख लिखिए।

उत्तर **बाल श्रमिकों की समस्या**

कहा जाता है कि बच्चे देश का भविष्य होते हैं। जब यही भविष्य कच्ची उम्र में सड़कों पर काम करता नज़र आए तो आँखें शर्म से झुकने लगती हैं। भारत-सरकार द्वारा 'बाल श्रम' को अपराध घोषित किया गया है। इस संबंध में यह कानूनी प्रावधान है कि चौदह वर्ष से कम आयु के बालक को कोई नियोक्ता अपने संस्थान या उद्योग में कार्य करने हेतु नियुक्त नहीं कर सकता, परंतु यह दुर्भाग्य है कि कानून-नियम की धज्जियाँ उड़ाते हुए नियोक्ता बालकों को अनेक प्रकार के क्रिया कलापों में संलग्न करके उनसे कार्य करवा रहे हैं, तो दूसरी ओर भूख और गरीबी से बिलबिलाता बचपन काम करने को मजबूर है। पेट पालने के लिए उसे मजबूरी में श्रमिक बनना पड़ता है। बाल श्रमिक का बचपन उससे छिन जाता है, सपने मर जाते हैं, जीवन बोझ बन जाता है। भूख के आगे कानून बेबस रह जाता है। सरकार के पास न तो कोई ऐसा खज़ाना है, न कोई ऐसी योजना, जो बाल श्रमिकों को घर बैठाकर उनके पेट भरने की व्यवस्था कर सके, उन्हें शिक्षित कर सके। अनाथ या अशक्त माता-पिता की संतानें जीविका हेतु काम करने के लिए मजबूर हैं। उनसे आजीविका कैसे छीनें? ऐसे अनेक अनुत्तरित प्रश्न हमें झकझोरते हैं, परंतु कोई ठोस हल नहीं मिलता।

24. 'गाँवों से शहरों की ओर बढ़ रहा पलायन' विषय पर एक आलेख लिखिए।

उत्तर **गाँवों से शहरों की ओर बढ़ रहा पलायन**

वर्तमान में गाँवों से शहरों की ओर पलायन की प्रवृत्ति बढ़ती जा रही है। कभी रोज़गार की तलाश, कभी चकाचौंध और ग्लैमर के प्रति झुकाव, तो कभी अहम् की संतुष्टि के लिए भी गाँव के लोग शहरों की ओर पलायन कर रहे हैं। महानगरों की ओर पलायन करना एक स्वाभाविक प्रवृत्ति है। प्रत्येक व्यक्ति उन्नत कहलाना चाहता है। महानगरों में उन्नति पाने के अवसरों की कोई कमी नहीं है। स्वयं को बड़े महानगर से जुड़ा देखना स्टेटस सिंबल समझा जाता है।

महानगरों में पढ़ाई, नौकरी, व्यवसाय, विकास और मनोरंजन के अनेक साधन एवं अवसर हैं, जिनका लाभ उठाकर व्यक्ति न केवल आर्थिक उन्नति कर सकता है, बल्कि व्यक्तित्व का विकास भी कर सकता है। इसीलिए अवसर मिलते ही गाँवों, कस्बों या छोटे नगरों से लोग महानगर की ओर बढ़ चलते हैं और महानगर के सागर में विलीन हो जाते हैं। यहाँ अनेक प्रकार के कष्ट सहकर रहने में भी उन्हें कोई परेशानी नहीं होती। महानगरों की साफ़ चौड़ी सड़कें, चमक-दमक भरे बाज़ार, मॉल, यातायात आदि उन्हें रोमांचित करते हैं। इनकी तुलना में गाँव-कस्बे आदि फीके और पिछड़े दिखाई देते हैं।

इस पलायन की प्रवृत्ति ने महानगरों की समस्याओं में वृद्धि की है। वहाँ भीड़ बहुत बढ़ गई है। भोजन, पानी, बिजली, यातायात आदि संसाधन कम पड़ने लगे हैं या उनकी कमी होने लगी है। सरकार को चाहिए कि छोटे शहरों में भी रोज़गार के अवसरों और शैक्षिक संस्थानों में बढ़ोतरी के प्रयास करे। वहाँ मनोरंजन और विकास के साधनों को भी बढ़ाया जाना चाहिए, जिससे महानगरों की ओर होता पलायन किसी हद तक नियंत्रित किया जा सकता है।

25. 'नई फ़िल्म, दर्शक नदारद' विषय पर आलेख लिखिए।

उत्तर **नई फ़िल्म, दर्शक नदारद**

फ़िल्म मनोरंजन का अच्छा माध्यम है। मूक फ़िल्मों से शुरू हुआ फ़िल्म-निर्माण का सफर आज बड़े पैमाने पर फ़िल्म-उद्योग के रूप में स्थापित हो चुका है। वर्ष-भर में अनेक फ़िल्में बनती हैं। एक अनुमान के अनुसार, भारत में प्रतिवर्ष लगभग 800 फ़िल्में बनती हैं, जो विश्व में सर्वाधिक है। कुछ फ़िल्में दर्शकों तथा समाज की कसौटी पर खरी उतरकर चल निकलती हैं, तो कुछ बॉक्स ऑफिस पर बिना खाता खोले फ्लॉप हो जाती हैं।

फ़िल्मों के बनने-चलने से अनेक लोगों का भविष्य दाँव पर लगा रहता है। फ़िल्म-निर्माण में काफ़ी धन खर्च होता है। कई बार बहुत पैसा खर्च करने पर भी फ़िल्म दर्शकों की पसंद पर खरी नहीं उतरती। ऐसी ही एक फ़िल्म है 'हमशकल्स', जिसमें महँगे हीरो-हीरोइन, सैट्स और आधुनिकतम तकनीक प्रयुक्त की गई परंतु फिर भी अपने कमज़ोर कथानक और निर्देशन के चलते फ़िल्म दर्शकों को नहीं लुभा पाई। फ़िल्म की सफलता के निर्णायक दर्शक होते हैं। दर्शकों ने ही इस फ़िल्म को नकार दिया। फ़िल्म कब थियेटर्स में लगी और उतर गई, पता ही नहीं चला।

26. 'विज्ञापनों की लुभावनी दुनिया' विषय पर एक आलेख लिखिए।

उत्तर **विज्ञापनों की लुभावनी दुनिया**

आज विज्ञापनों का बोलबाला है। हर बिजनेसमैन अपने उत्पाद को विज्ञापनों के लुभावने आवरण में पैक कर ऊँचे दामों पर बेचने की कला में माहिर हो चला है। जिधर देखो विभिन्न उत्पादों का प्रचार-प्रसार करते रंग-बिरंगे विज्ञापन दिखाई पड़ते हैं। अख़बार, टी.वी., रेडियो, पत्रिकाएँ, दीवारें, गलियाँ, बाज़ार सब विज्ञापनों से भरे पड़े हैं। विज्ञापनों को नित्य आकर्षक बनाने के लिए होड़ लगी रहती है।

बड़े-बड़े कलाकार भी अच्छे धन और प्रचार के लालच में घरेलू प्रयोग की वस्तुओं के विज्ञापन करते दिखाई पड़ते हैं। गोरा बनाने वाली क्रीमों, बाल घने, लंबे और मज़बूत करने के लिए शैम्पू, बर्तन-कपड़े जल्दी धोने-चमकाने के लिए विभिन्न सर्फ-साबुन आदि के अनेक विज्ञापन हैं और उन्हें इतना लुभावना बनाकर प्रस्तुत किया जाता है कि ग्राहक असमंजस में पड़ जाता है कि क्या खरीदे और क्या न खरीदे? परंतु जब वह विज्ञापनों में दिखाए गए उत्पाद को खरीद कर लाता है, तो कई बार परिणाम उसकी अपेक्षा के नितांत विपरीत होता है। दर्शकों और उपभोक्ताओं को सावधान रहने की आवश्यकता है। वे इन लुभावने विज्ञापनों के मायाजाल में न फँसें। जिन वस्तुओं को वह पहले से प्रयोग करते आए हैं, उनकी क्वालिटी के विषय में परेशान न हों। स्वयं भी और अपने परिवार को भी इस भ्रमजाल से निकालें।

स्व-मूल्यांकन

बहुविकल्पीय प्रश्न

1. फीचर किस प्रकार का लेखन है
(क) आत्मनिष्ठ (ख) विवरणात्मक
(ग) वर्णनात्मक (घ) कथात्मक

उत्तर (क) आत्मनिष्ठ

2. फीचर किसके मेल से अच्छा और रोचक बनता है?
(क) फोटो के (ख) रेखांकन के
(ग) ग्राफिक्स के (घ) ये सभी

उत्तर (घ) ये सभी

3. निम्नलिखित में से कौन-सा फीचर लेखन का प्रकार नहीं है?
(क) सामाजिक सांस्कृतिक फीचर (ख) घटनापरक फीचर
(ग) मनोवैज्ञानिक फीचर (घ) साहित्यिक फीचर

उत्तर (ग) मनोवैज्ञानिक फीचर

4. फीचर लेखन का क्या उद्देश्य होता है?
(क) पाठकों को सूचित करना (ख) पाठकों का मनोरंजन करना
(ग) पाठकों को शिक्षित करना (घ) ये सभी

उत्तर (घ) ये सभी

5. फीचर लेखन की शैली निम्नलिखित में से किस शैली के निकट है?
(क) काव्यात्मक (ख) कथात्मक
(ग) वक्तव्यात्मक (घ) रूपात्मक

उत्तर (ख) कथात्मक

अतिलघु उत्तरीय प्रश्न

6. फीचर को परिभाषित कीजिए।

7. फीचर और समाचार में मुख्य अन्तर बताइए।

8. फीचर की भाषा की क्या विशेषता होती है?

लघु उत्तरीय प्रश्न

9. अपने विद्यालय तथा मुहल्ले के आस-पास की समस्याओं पर एक अख़बार के लिए फीचर तैयार कीजिए।

10. बंगाली भाषा के कवि रवींद्रनाथ ठाकुर के जीवन पर आधारित व्यक्तिपरक फीचर तैयार कीजिए।

11. भारत में वन्य जीव संरक्षण के उपायों पर आधारित एक फीचर लिखिए।

12. मोबाइल फोन के तीव्र विस्तार तथा उसके दुष्प्रभाव पर एक फीचर लिखिए।

13. 'राजनीतिक दल और अपराध' विषय पर एक फीचर लिखिए।

14. 'खान-पान और रहन-सहन की बदलती शैली' पर एक आलेख लिखिए।

15. लोकतंत्र की रक्षा कैसे की जा सकती है? इस महत्त्वपूर्ण बिंदु पर एक आलेख तैयार कीजिए।

04
अध्याय

विशेष लेखन–स्वरूप और प्रकार

विशेष लेखन का अर्थ

समाचार-पत्र सामान्य समाचारों के अतिरिक्त साहित्य, विज्ञान, खेल आदि की भी पर्याप्त जानकारी देते हैं। इसी कार्य के अंतर्गत जब किसी विशेष विषय पर सामान्य लेखन से हटकर लेखन किया जाए, तो उसे विशेष लेखन कहते हैं।

अभ्यास के लिए
- पाठ्यपुस्तक के प्रश्नोत्तर
- बहुविकल्पीय प्रश्न
- अतिलघु उत्तरीय प्रश्न
- लघु उत्तरीय प्रश्न

समाचार पत्र-पत्रिकाओं, रेडियो और टीवी में विशेष लेखन के लिए अलग **डेस्क** होता है। उस विशेष डेस्क पर काम करने वाले पत्रकारों का समूह भी अलग होता है, जिनसे यह अपेक्षा की जाती है कि संबंधित विषय या क्षेत्र में उसकी विशेषज्ञता होगी।

संवाददाताओं के बीच काम का विभाजन सामान्यत: उनकी रुचि और ज्ञान को ध्यान में रखते हुए किया जाता है। मीडिया की भाषा में इसे **बीट** कहते हैं। एक संवाददाता की बीट यदि अपराध है, तो इसका अर्थ है कि वह आपराधिक घटनाओं की रिपोर्टिंग के लिए जिम्मेदार होगा।

विशेष लेखन केवल बीट रिपोर्टिंग नहीं है। यह बीट रिपोर्टिंग से आगे एक तरह की **विशेषीकृत** रिपोर्टिंग है, जिसमें न केवल उस विषय की गहन जानकारी होनी चाहिए, बल्कि उसकी रिपोर्टिंग से संबंधित भाषा और शैली पर भी आपका पूरा अधिकार होना चाहिए।

विशेष लेखन के अंतर्गत रिपोर्टिंग के अतिरिक्त विशेष विषय पर फ़ीचर, टिप्पणी, साक्षात्कार, लेख, समीक्षा और स्तंभ भी आते हैं। पत्र-पत्रिकाओं के विशेष लेख लिखने वाले सामान्यत: पेशेवर पत्रकार न होकर विषय विशेषज्ञ होते हैं; जैसे—खेल के लिए हर्षा भोगले, जसदेव सिंह और नरोत्तम पुरी आदि प्रसिद्ध हैं।

बीट रिपोर्टिंग और विशेषीकृत रिपोर्टिंग में अंतर

	बीट रिपोर्टिंग	विशेषीकृत रिपोर्टिंग
1.	बीट रिपोर्टिंग के लिए संवाददाता में उस क्षेत्र की जानकारी होना पर्याप्त है, उसे सामान्य तौर पर खबरें ही लिखनी होती हैं।	विशेषीकृत रिपोर्टिंग के लिए संवाददाता को सामान्य खबरों से आगे बढ़कर उस क्षेत्र से जुड़ी सूचनाओं का गहन विश्लेषण कर पाठकों के लिए उसका अर्थ स्पष्ट करना होता है।
2.	बीट कवर करने वाले रिपोर्टर को संवाददाता कहते हैं।	विशेषीकृत रिपोर्टिंग करने वाले रिपोर्टर को विशेष संवाददाता कहते हैं।

विशेष लेखन की भाषा और शैली

1. विशेष लेखन की भाषा सरल और समझ में आने वाली होनी चाहिए।
2. विशेष लेखन में प्रत्येक क्षेत्र की विशेष तकनीकी शब्दावलियों का प्रयोग किया जाता है; जैसे—
   (i) कारोबार और व्यापार में तेजड़िए, सोना उछला, चाँदी लुढ़की आदि।
   (ii) पर्यावरण संबंधी लेख में आर्द्रता, टैक्सेस कचरा, ग्लोबल वार्मिंग आदि।
3. विशेष लेखन की कोई निश्चित शैली नहीं होती। विषयानुसार उल्टा पिरामिड या फ़ीचर शैली का प्रयोग हो सकता है।
4. पत्रकार चाहे कोई भी शैली अपनाए, लेकिन उसे यह ध्यान में रखना होता है कि विशेष विषय में लिखा गया आलेख सामान्य से अलग होना चाहिए।

विशेष लेखन के क्षेत्र

विशेष लेखन के कई क्षेत्र हैं

- अर्थ व्यापार
- विज्ञान प्रौद्योगिकी
- विदेश
- कानून
- खेल
- शिक्षा
- पर्यावरण
- स्वास्थ्य
- फिल्म मनोरंजन
- कृषि
- रक्षा
- अपराध आदि।

कैसे हासिल करें विशेषज्ञता?

व्यावसायिक रूप से प्रशिक्षित न होने के बाद भी उस विषय में जानकारी और अनुभव के आधार पर अपनी समझ को इस हद तक विकसित करना कि सूचनाओं की सहजता से व्याख्या कर पाठकों को उसका उचित अर्थ समझा सकें, इसे विशेषज्ञता का एक महत्त्वपूर्ण गुण माना जाता है। विशेषज्ञता प्राप्त करने के लिए स्वयं को अपडेट रखना चाहिए; जैसे—

- पुस्तकें पढ़ना
- शब्दकोश, इनसाइक्लोपीडिया आदि का सहारा लेना
- सरकारी, गैर-सरकारी संगठनों से संपर्क रखना
- निरंतर रुचि और सक्रियता आवश्यक है।

कुछ वर्षों में सबसे अधिक महत्त्वपूर्ण रूप से उभरने वाली पत्रकारिता आर्थिक पत्रकारिता है, क्योंकि देश की राजनीति और अर्थव्यवस्था के बीच संबंध बढ़ा है। आर्थिक मामलों की पत्रकारिता सामान्य पत्रकारिता की तुलना में काफी जटिल होती है, क्योंकि आम लोगों को इसकी शब्दावली का अर्थ नहीं पता होता। आर्थिक पत्रकार के समक्ष सबसे बड़ी चुनौती होती है कि वह किसी प्रकार सामान्य पाठक और जानकार पाठक दोनों को भली-भाँति संतुष्ट कर पाता है। किसी भी लेखन को विशिष्टता प्रदान करने के लिए महत्त्व रखने वाली बात यह है कि हमारी बात पाठक, श्रोता तक पहुँच रही है या नहीं तथा तथ्यों और तर्कों में तालमेल है या नहीं।

पाठ्यपुस्तक (अभिव्यक्ति और माध्यम) के प्रश्नोत्तर

1. विज्ञान के क्षेत्र में काम कर रही भारत की पाँच संस्थाओं के नाम लिखें।

उत्तर विज्ञान के क्षेत्र में काम कर रही भारत की पाँच संस्थाएँ निम्नलिखित हैं

(i) साहा नाभिकीय भौतिक संस्थान, कोलकाता।
(ii) भौतिक अनुसंधानशाला, अहमदाबाद।
(iii) गणित एवं विज्ञान संस्थान, चेन्नई।
(iv) अंतरिक्ष भौतिकी प्रयोगशाला, तिरुअनंतपुरम।
(v) मेहता अनुसंधान संस्थान, इलाहाबाद।

2. पर्यावरण पर छपने वाली किन्हीं तीन पत्रिकाओं के नाम लिखें।

उत्तर पर्यावरण पर छपने वाली तीन पत्रिकाएँ निम्नलिखित हैं

(i) पर्यावरण एवं प्रदूषण।
(ii) हमारा जीवन।
(iii) पर्यावरण बचाओ।

3. व्यावसायिक शिक्षा के दस विभिन्न पाठ्यक्रमों के नाम लिखें और उनका ब्यौरा एकत्र करें।

उत्तर व्यावसायिक शिक्षा के दस पाठ्यक्रमों के नाम हैं

(i) जीवन बीमा संबंधी पाठ्यक्रम
(ii) शिक्षण प्रशिक्षण पाठ्यक्रम
(iii) बैंकिंग पाठ्यक्रम
(iv) टंकण एवं आशुलिपि पाठ्यक्रम
(v) होटल मैनेजमेंट पाठ्यक्रम
(vi) फूड टेक्नोलॉजी पाठ्यक्रम
(vii) पुस्तक छपाई पाठ्यक्रम
(viii) बुक बाइंडिंग पाठ्यक्रम
(ix) टूरिज्म प्रबंधन पाठ्यक्रम
(x) मोटर मैकेनिक पाठ्यक्रम

4. निम्न में से किसी एक विषय पर अपने शब्दों में आलेख लिखें

(क) सानिया मिर्जा के खेल के तकनीकी पहलू

(ख) शिक्षा को मौलिक अधिकार बनाए जाने के परिणाम

(ग) सर्राफ में आई तेजी

(घ) फिल्मों में हिंसा

(ङ) पल्स पोलियो अभियान–सफलता या असफलता

(च) कटते जंगल

(छ) ग्रहों पर जीवन की खोज

उत्तर

(क) **सानिया मिर्जा के खेल के तकनीकी पहलू** सानिया मिर्ज़ा एक प्रमुख भारतीय टेनिस खिलाड़ी हैं, जिनकी तकनीकी क्षमताएँ अद्वितीय हैं। उनकी सर्विस तेज और सटीक होती है, जो उन्हें मैच की शुरुआत में बढ़त दिलाती है। उनका ग्राउंडस्ट्रोक भी बहुत प्रभावी है, खासकर फोरहैंड और बैकहैंड शॉट्स, जिनमें वे अपनी ताकत और नियंत्रित गति का बेहतरीन उपयोग करती हैं। सानिया को नेट खेल में भी महारत है और उनकी वॉलीज़ में तेज रिएक्शन और सटीकता होती है। वे डबल्स में भी बहुत सफल रही हैं, जहाँ उनकी कोऑर्डिनेशन और स्ट्रेटेजिक प्ले के कारण टीम की जीत सुनिश्चित होती है। उनके खेल की ताकत उनकी शारीरिक फिटनेस और मानसिक दृढ़ता में निहित है, जो उन्हें कठिन परिस्थितियों में भी मजबूत बनाए रखती है।

(ख) **शिक्षा को मौलिक अधिकार बनाए जाने के परिणाम** भारत में 6 से 14 वर्ष की आयु के बच्चों के लिए शिक्षा को मौलिक अधिकार बनाने से कई सकारात्मक परिवर्तन हुए हैं। संविधान के 86वें संशोधन (2002) और 'शिक्षा का अधिकार अधिनियम' (2009) के माध्यम से यह सुनिश्ति किया गया कि सभी बच्चों को निःशुल्क और अनिवार्य शिक्षा मिले। इससे विद्यालयों में नामांकन दर में वृद्धि हुई, जिससे लगभग 92 लाख बच्चे स्कूल से बाहर रहे, वे भी शिक्षा की मुख्यधारा में शामिल हुए। निजी स्कूलों में 25% सीटें आर्थिक रूप से कमजोर वर्ग के लिए आरक्षित होने से समाज के विभिन्न वर्गों के बीच समानता बढ़ी। इसके अलावा, स्कूलों में बुनियादी सुविधाओं में सुधार और योग्य शिक्षकों की नियुक्ति से शिक्षा की गुणवत्ता में भी सुधार हुआ है।

(ग) **सर्राफे में आई तेजी** हाल के महीनों में सर्राफा बाजार में सोने और चाँदी की कीमतों में उल्लेखनीय वृद्धि देखी गई है। फरवरी, 2025 में एमसीएक्स पर सोने की कीमत 84,200 रुपये प्रति 10 ग्राम तक पहुँच गई, जो एक नया रिकॉर्ड है। इसके अलावा, वैश्विक बाजार में सोने की कीमत 2,900 प्रति औंस के करीब पहुँच गई, जिससे घरेलू बाजार में भी तेजी आई। यह वृद्धि अमेरिकी-चीन व्यापार तनाव और वैश्विक आर्थिक अनिश्चितताओं के कारण सुरक्षित निवेश के रूप में सोने की माँग बढ़ने से हुई है। विशेषज्ञों के अनुसार, सोने की कीमत और ऊँचाई तक पहुँच सकती है, जबकि चाँदी की कीमत 1,00,000 रुपये प्रति किलो तक पहुँचने का अनुमान है।

(घ) **फिल्मों में हिंसा** फिल्मों में हिंसा को एक आकर्षक तत्त्व के रूप में प्रस्तुत किया जाता है, जो दर्शकों का ध्यान खींचने के लिए उपयोग होता है। हालाँकि, लगातार हिंसा दिखाने से समाज पर नकारात्मक प्रभाव पड़ सकता है। कई अध्ययन बताते हैं कि फिल्म में हिंसा की अधिकता युवा वर्ग पर गलत प्रभाव डाल सकती है, जिससे वे हिंसा को सामान्य मानने लगते हैं। इसके अलावा, फिल्मों में हिंसा को अत्यधिक दिखाना समाज में नफरत और आक्रोश को बढ़ावा दे सकता है। बावजूद इसके, कुछ फिल्म निर्माता इसे एक सामाजिक मुद्दे के रूप में प्रस्तुत करते हैं, ताकि दर्शकों को हिंसा के परिणामों के बारे में जागरूक किया जा सके। इस मुद्दे पर संतुलन बनाना आवश्यक है, ताकि मनोरंजन और जिम्मेदारी दोनों का ध्यान रखा जा सके।

(ङ) **पल्स पोलियो अभियान-सफलता या असफलता** पल्स पोलियो अभियान भारत में पोलियो को समाप्त करने के लिए एक महत्त्वपूर्ण कदम था। इस अभियान की शुरुआत 1995 में हुई थी और इसे एक जन जागरूकता अभियान के रूप में आयोजित किया गया। इसके तहत बच्चों को पोलियो की खुराक दी गई, जिससे पोलियो के मामलों में भारी गिरावट आई। परिणामस्वरूप, भारत को 2014 में पोलियो मुक्त घोषित किया गया। हालाँकि, इस अभियान की सफलता के बावजूद कुछ क्षेत्रों में बच्चों तक पहुँचने में कठिनाइयाँ आईं, विशेष रूप से दूर-दराज और झुग्गी-झोंपड़ी इलाकों में। इसके बावजूद, पूरे देश में पोलियो की समाप्ति को एक बड़ी उपलब्धि माना जाता है। यह अभियान यह साबित करता है कि जब सरकार, समाज और स्वास्थ्य विभाग मिलकर काम करते हैं, तो बड़े स्वास्थ्य संकटों को भी समाप्त किया जा सकता है।

(च) **कटते जंगल** वर्तमान में जनसंख्या वृद्धि के कारण जंगल तीव्र गति से कट रहे हैं। लोगों के आवास योग्य मकानों के लिए, ईंधन, इमारती लकड़ी, फर्नीचर, उद्योग-धंधों की जरूरतों के लिए वनों को काटा जा रहा है। उद्योगों की स्थापना तथा सड़कों के निर्माण में वनों की भूमि का विदोहन तीव्र गति से हुआ है। मकानों के लिए पत्थर, लकड़ी आदि की पूर्ति के लिए वन उजाड़े गए हैं।

इन सभी कारणों से आज कटते जंगल पर्यावरण के लिए एक भारी समस्या बन गए हैं। कटते जंगलों की सुरक्षा के लिए सरकार द्वारा अनेक कानूनी उपाय किए जा सकते हैं। सामाजिक संगठन चिपको आंदोलन की तरह अपने-अपने क्षेत्र में आंदोलन चलाकर जन-जागरण के द्वारा वनों के विनाश को रोक सकते हैं। सरकार इस संबंध में कठोर दंड-व्यवस्था प्रारंभ करे और वृक्षारोपण को प्राथमिकता देकर पर्यावरण की स्वच्छता पर पूरा ध्यान दे। इस प्रकार के अन्य उपाय करने से धरती को वृक्षावलियों से हरा-भरा रखा जा सकता है।

(छ) **ग्रहों पर जीवन की खोज** ग्रहों पर जीवन की खोज वैज्ञानिकों के लिए एक रोमांचक और चुनौतीपूर्ण विषय रही है। पृथ्वी के अलावा अन्य ग्रहों पर जीवन की संभावना पर शोध लगातार बढ़ रहा है। वैज्ञानिक विशेष रूप से मंगल ग्रह, शुक्र ग्रह और बृहस्पति के उपग्रहों; जैसे– यूरोपा और एन्सेलेडस पर जीवन के संकेतों की खोज में जुटे हैं। मंगल पर पानी की उपस्थिति और प्राचीन नदियों के संकेत जीवन के लिए अनुकूल परिस्थितियों का प्रमाण हो सकते हैं। साथ ही, शुक्र ग्रह की ऊपरी सतह पर जीवन के अस्तित्व के लिए संभावनाएँ तलाशी जा रही हैं। हालाँकि, अब तक जीवन का कोई ठोस प्रमाण नहीं मिला है, फिर भी ग्रहों पर जीवन की खोज विज्ञान में एक नया आयाम जोड़ती है, जो भविष्य में बड़े खोजों की ओर संकेत कर सकती है।

अभ्यास प्रश्न

बहुविकल्पीय प्रश्न

1. **विशेष लेखन कहलाता है**

(क) सामान्य लेखन से हटकर किसी विशेष विषय पर किया गया लेखन

(ख) किसी विषय पर लिखा गया रचनात्मक लेखन

(ग) किसी विषय पर किया गया क्रियात्मक लेखन

(घ) किसी भी विषय पर किया गया गतिशील लेखन

उत्तर (क) सामान्य लेखन से हटकर किसी विशेष विषय पर किया गया लेखन

2. **संवाददाताओं की रुचि और ज्ञान को ध्यान में रखकर उनके काम के विभाजन को क्या कहते हैं?**

(क) सीट (ख) नीट

(ग) बीट (घ) रपीट

उत्तर (ग) बीट

3. **'न्यूजपेग' से आप क्या समझते हैं?** CBSE 2023

(क) कथात्मक शैली में लेखन

(ख) आलेख की तरह लेखन

(ग) केस स्टडी प्रारूप में लेखन

(घ) अन्य खबर से जोड़कर लेखन

उत्तर (ग) केस स्टडी प्रारूप में लेखन

4. **विशेष लेखन की भाषा-शैली किस तरह की होती है?** CBSE 2023

(क) सामान्य लेखन की तरह (ख) समाचार लेखन की तरह

(ग) सामान्य लेखन से अलग (घ) आलंकारिक भाषा का प्रयोग

उत्तर (ग) सामान्य लेखन से अलग

5. **गहरी छानबीन, विश्लेषण और व्याख्या के आधार पर तैयार की गई रिपोर्ट कहलाती है** CBSE 2023

(क) विशेष रिपोर्ट (ख) संपादकीय रिपोर्ट

(ग) सामान्य रिपोर्ट (घ) प्रेस रिपोर्ट

उत्तर (क) विशेष रिपोर्ट

6. **पार्थ एक पत्रकार हैं। वे सामान्य समाचारों से आगे बढ़कर विज्ञान-प्रौद्योगिकी विषय से जुड़ी घटनाओं, मुद्दों और समस्याओं का गहन विश्लेषण करते हैं। उनकी रिपोर्टिंग को क्या कहा जा सकता है?** CBSE 2024

(क) बीट रिपोर्टिंग (ख) विशेषीकृत रिपोर्टिंग

(ग) फ्रीलांसिंग (घ) संपादकीय

उत्तर (ख) विशेषीकृत रिपोर्टिंग

7. **बीट कवर करने वाले रिपोर्टर को पत्रकारिता जगत में किस नाम से बुलाते हैं?** CBSE 2023

(क) संवाददाता (ख) अंशकालिक पत्रकार

(ग) पूर्णकालिक पत्रकार (ध) फ्रीलांस पत्रकार

उत्तर (क) संवाददाता

8. **कारोबार और व्यापार से संबंधित खबर का संबंध किससे है?**

(क) खेल क्षेत्र से (ख) कृषि क्षेत्र से

(ग) आर्थिक क्षेत्र से (घ) राजनीतिक क्षेत्र से

उत्तर (ग) आर्थिक क्षेत्र से

9. **इनमें से कौन-सा शब्द क्रिकेट जगत का नहीं है?**

(क) हिट-विकेट (ख) रन-आउट

(ग) बोल्ड (घ) तेजड़िए

उत्तर (घ) तेजड़िए

10. **निम्न में से कौन-सा विशेष लेखन का क्षेत्र नहीं है?**

(क) अर्थ-व्यापार (ख) आम व साधारण व्यक्ति

(ग) खेल (घ) फिल्म-मनोरंजन

उत्तर (ख) आम व साधारण व्यक्ति

11. **आजकल पत्रकारिता में किसकी माँग है?**

(क) जैक ऑफ़ ऑल ट्रेड्स (ख) मास्टर ऑफ़ नन

(ग) मास्टर ऑफ वन (घ) इनमें से कोई नहीं

उत्तर (ग) मास्टर ऑफ वन

12. **पिछले कुछ वर्षों में किस पत्रकारिता का महत्त्व बहुत बढ़ा है?**

(क) आर्थिक पत्रकारिता (ख) राजनीतिक पत्रकारिता

(ग) सामाजिक पत्रकारिता (घ) व्यावहारिक पत्रकारिता

उत्तर (क) आर्थिक पत्रकारिता

13. **जगत, आशियाना, फीस, मजा, सेट, कोरियोग्राफर, स्मार्ट ऋचा ने अपने प्रोजेक्ट के लिए समाचार-पत्र से इन शब्दों का चयन किया है। इन शब्दों को पुनः खोजने के लिए उसे समाचार-पत्र के किस पृष्ठ को खोलना होगा?** दक्षता आधारित प्रश्न

(क) सामाजिक मुद्दों वाले पृष्ठ (ख) खेल जगत वाले पृष्ठ

(ग) शिक्षा क्षेत्र वाले पृष्ठ (घ) मनोरंजन वाले पृष्ठ

उत्तर (क) सामाजिक मुद्दों वाले पृष्ठ

अतिलघु उत्तरीय प्रश्न

1. **विशेष संवाददाता किसे कहते हैं?**

उत्तर जिन रिपोर्टरों द्वारा विशेषीकृत रिपोर्टिंग की जाती है, उन्हें विशेष संवाददाता कहते हैं।

2. **फ्रीलांस पत्रकार किसे कहते हैं?** CBSE SQP 2024

उत्तर एक निश्चित भुगतान लेकर अलग-अलग समाचार पत्र-पत्रिकाओं के लिए समाचार लेखन करने वाले पत्रकारों को फ्रीलांस पत्रकार कहते हैं।

3. **विशेषीकृत पत्रकारिता को संक्षेप में बताइए।**

उत्तर वह पत्रकारिता, जो किसी घटना की तह में जाकर उसका अर्थ स्पष्ट करे और पाठकों को उसका महत्त्व बताए, विशेषीकृत पत्रकारिता कहलाती है।

4. डेस्क को स्पष्ट कीजिए।

उत्तर समाचार-पत्रों, टी.वी., रेडियो चैनलों में विशेष लेखन के लिए अलग डेस्क होता है, जिन पर समाचारों का संपादन करके छपने योग्य बनाया जाता है।

लघु उत्तरीय प्रश्न

1. पत्रकारिता के क्षेत्र में विशेष लेखन से क्या अभिप्राय है? विशेष लेखन की भाषा और शैली सामान्य लेखन से अलग क्यों होती है? **CBSE 2023**

अथवा **विशेष लेखन किसे कहते हैं? उदाहरण सहित लिखिए।** **CBSE Term II 2022**

अथवा **विशेष लेखन की भाषा–शैली सामान्य लेखन से अलग कैसे है?** **CBSE 2025**

उत्तर अखबारों के लिए समाचारों के अतिरिक्त खेल, अर्थ-व्यापार, सिनेमा या मनोरंजन आदि विभिन्न क्षेत्रों और विषयों से संबंधित घटनाओं, समस्याओं आदि का लेखन विशेष लेखन कहलाता है। इस प्रकार के लेखन की भाषा-शैली समाचारों की भाषा-शैली से अलग होती है।

विशेष लेखन किसी विशेष विषय पर या जटिल एवं तकनीकी क्षेत्र से जुड़े विषयों पर किया जाता है, जिसकी अपनी विशेष शब्दावली होती है। इस शब्दावली से संवाददाता को अवश्य परिचित होना चाहिए। उसे इस तरह लेखन करना चाहिए कि रिपोर्ट को समझने में कोई परेशानी न हो। उदाहरण के लिए, व्यापार से संबंधित कुछ शब्द हैं; जैसे— तेजड़िए, मंदड़िए, बिकवाली, मुद्रास्फीति, चाँदी लुढ़की, सोने में भारी उछाल आदि।

2. पत्रकारिता में 'बीट' शब्द का क्या अर्थ है? बीट रिपोर्टर की रिपोर्ट कब विश्वसनीय मानी जाती है?

अथवा **बीट रिपोर्टर बनने के लिए क्या–क्या तैयारियाँ करनी पड़ती हैं? उदाहरण सहित समझाइए।** **CBSE Term II 2022**

अथवा **पत्रकारिता जगत में 'बीट' से आप क्या समझते हैं? बीट रिपोर्टिंग के लिए एक पत्रकार को क्या तैयारी करनी पड़ती है?** **CBSE 2023**

उत्तर संवाददाता के कार्य का विभाजन उसकी रुचियों तथा ज्ञान को ध्यान में रखकर किया जाता है। मीडिया की भाषा में इसे 'बीट' कहते हैं; जैसे–कोई पत्रकार यदि शिक्षा के क्षेत्र में रुचि रखता है, तो वह शिक्षा से संबंधित (जैसे-विद्यालयों, महाविद्यालयों के विभिन्न पाठ्यक्रमों के बारे में) जानकारी प्रदान करेगा। बीट पत्रकारिता में रिपोर्टर की रुचि विशेष महत्त्व रखती है।

बीट रिपोर्टर बनने के लिए एक पत्रकार को काफी तैयारी करनी पड़ती है। उदाहरणस्वरूप, जो पत्रकार राजनीति में रुचि रखते हैं या किसी विशेष राजनीतिक पार्टी को कवर करते हैं, उन्हें पता होना चाहिए कि उस पार्टी का इतिहास क्या है, उसमें समय-समय पर क्या हुआ है, आज क्या चल रहा है, पार्टी की क्या नीतियाँ हैं, उसके पदाधिकारी कौन-कौन हैं और उनकी पृष्ठभूमि क्या है, दूसरी पार्टियों से उस पार्टी के संबंध कैसे हैं, पार्टी के अधिवेशनों में क्या-क्या होता है, उस पार्टी की क्या कमियाँ व विशेषताएँ हैं आदि। पत्रकार को उस पार्टी के भीतर गहराई तक अपने संपर्क बनाने चाहिए तथा सूचनाएँ प्राप्त करने के नए-नए स्रोत विकसित करने चाहिए। पत्रकार को अपना ज्यादा समय अपने क्षेत्र के बारे में प्रत्येक छोटी-बड़ी जानकारी एकत्रित करने में बिताना चाहिए, तभी वह उस बारे में विशेषज्ञता प्राप्त कर सकता है तथा उसकी रिपोर्ट विश्वसनीय मानी जाती है।

3. विशेष लेखन क्यों किया जाता है? आज विशेष लेखन के कौन–कौन से क्षेत्र महत्त्वपूर्ण हैं? **CBSE 2024**

उत्तर विशेष लेखन इसलिए किया जाता है, क्योंकि

(i) इससे समाचार-पत्रों में विविधता आती है और उनका कलेवर बढ़ता है।

(ii) पाठकों की व्यापक रुचियों को ध्यान में रखते हुए उनकी जिज्ञासा शांत करते हुए मनोरंजन करने हेतु विशेष लेखन किया जाता है। विशेष लेखन के कुछ महत्त्वपूर्ण क्षेत्र हैं– अर्थ व्यापार, खेल, विज्ञान प्रौद्योगिकी, कृषि, विदेश, रक्षा, पर्यावरण, शिक्षा, स्वास्थ्य, फिल्म मनोरंजन, अपराध, सामाजिक मुद्दे, कानून आदि।

4. समाचार पत्र–पत्रिकाओं में विशेष लेखन का कार्य विषय–विशेषज्ञों से करवाने के कारणों को स्पष्ट कीजिए। **CBSE 2025**

उत्तर समाचार पत्र-पत्रिकाओं में विशेष लेखन का कार्य विषय-विशेषज्ञों से करवाने के कई महत्त्वपूर्ण कारण हैं, जो निम्नलिखित हैं

- विशेष लेखन के अंतर्गत अर्थव्यवस्था, खेल, विज्ञान, विदेश नीति, रक्षा, पर्यावरण, स्वास्थ्य आदि जैसे जटिल और तकनीकी विषय आते हैं, जिनकी सटीक और गहन जानकारी होना आवश्यक होता है।
- विषय-विशेषज्ञों को अपने क्षेत्र की व्यापक समझ होती है, जिससे वे घटनाओं और नीतियों का विश्लेषण कर उनके प्रभावों को स्पष्ट कर सकते हैं अर्थात् विषय-विशेषज्ञ पाठकों को गहराई से जानकारी दे पाते हैं, क्योंकि उसके पास इस क्षेत्र का वर्षों का अनुभव होता है।
- वे इसकी बारीकियाँ समझते हैं और उनके पास विश्लेषण करने की क्षमता होती हैं। विशेषज्ञों द्वारा लिखे गए लेख को अधिक विश्वसनीय और प्रामाणिक माना जाता है।

5. बीट रिपोर्टिंग और विशेषीकृत रिपोर्टिंग में क्या अंतर है? उदाहरण सहित लिखिए। **CBSE 2024**

उत्तर बीट रिपोर्टर को संवाददाता और विशेषीकृत रिपोर्टर को विशेष संवाददाता कहते हैं। बीट रिपोर्टर को अपने क्षेत्र की जानकारी और उसमें रुचि होना ही पर्याप्त है। उसे केवल सामान्य खबरें ही लिखनी पड़ती हैं, जबकि विशेषीकृत रिपोर्टर को अपने विषय-क्षेत्र की घटनाओं, मुद्दों व समस्याओं का सूक्ष्म विश्लेषण करके उसका अर्थ भी स्पष्ट करना होता है। विशेष लेखन के अंतर्गत रिपोर्टिंग के अतिरिक्त विशेष विषय पर फीचर, टिप्पणी, साक्षात्कार, लेख समीक्षा और स्तंभ भी आते हैं। पत्र-पत्रिकाओं का विशेष लेख लिखने वाले सामान्यतः पेशेवर पत्रकार न होकर विषय विशेषज्ञ होते हैं; जैसे—खेल के लिए हर्षा भोगले, जसदेव सिंह और नरोत्तम पुरी आदि प्रसिद्ध हैं।

6. मीडिया की भाषा में 'बीट' किसे कहते हैं? बीट रिपोर्टर बनने के लिए एक पत्रकार में क्या योग्यता होनी चाहिए? **CBSE 2024**

उत्तर **बीट का अर्थ** इसके उत्तर के लिए प्रश्न 6 देखें।

बीट रिपोर्टर बनने के लिए एक पत्रकार में निम्न योग्यता होनी चाहिए

(i) बीट रिपोर्टर को उच्चतर माध्यमिक और स्नातक स्तर पर उससे जुड़े विषय की योग्यता होनी चाहिए।

(ii) स्वयं को अपडेट रखना अनिवार्य है।

(iii) संबंधित विषय से जुड़ी खबरों एवं रिपोर्टरों का पूरा ज्ञान होना चाहिए।

(iv) न्यूनतम अनुभव होना आवश्यक है।

स्व-मूल्यांकन

बहुविकल्पीय प्रश्न

1. निम्न में से कौन-सा शब्द पर्यावरण और मौसम से जुड़ी खबरों से संबंधित है?

(क) आर्द्रता (ख) निवेश (ग) निर्यात (घ) एथलेटिक्स

उत्तर (क) आर्द्रता

2. निम्न में से कौन-सा विशेष लेखन का क्षेत्र नहीं है?

(क) अर्थ व्यापार (ख) किसी बैंक में की गई चोरी
(ग) रक्षा (घ) शिक्षा

उत्तर (ख) किसी बैंक में की गई चोरी

3. खेल पत्रकारिता में विशेषज्ञता अर्जित करने के लिए एक पत्रकार किस बात को अनदेखा कर सकता है?

(क) उच्च स्तरीय जानकारी और समझदारी
(ख) पत्रकार का संबंधित खेल में स्वयं प्रशिक्षित होना
(ग) खेल की तकनीक और विभिन्न विषयों का विस्तृत विश्लेषण
(घ) उल्टा पिरामिड शैली में प्रारंभ होकर घटनानुक्रम शैली में अग्रसर होना।

उत्तर (घ) उल्टा पिरामिड शैली में प्रारंभ होकर घटनानुक्रम शैली में अग्रसर होना।

4. विशेष लेखन को विशिष्टता प्रदान करने वाली अनावश्यक बात पहचानिए।

(क) पढ़ने, देखने और सुनने वालों को समाचार समझ में आने चाहिए
(ख) समाचार लिखने के पूर्व सभी विषयों में प्रवीण होना चाहिए
(ग) वक्ता/लेखक की विचाराभिव्यक्ति में स्पष्टता होनी चाहिए
(घ) तथ्यों और तर्कों में सामंजस्यता होनी चाहिए

उत्तर (ख) समाचार लिखने के पूर्व सभी विषयों में प्रवीण होना चाहिए

5. आजकल पत्रकारिता में किसकी माँग है?

(क) जैक ऑफ़ ऑल ट्रेड्स (ख) मास्टर ऑफ़ नन
(ग) मास्टर ऑफ वन (घ) इनमें से कोई नहीं

उत्तर (ग) मास्टर ऑफ वन

अतिलघु उत्तरीय प्रश्न

6. विशेष लेखन क्या है?

7. बीट से क्या आशय है?

लघु उत्तरीय प्रश्न

8. वर्तमान में विशेष लेखन के महत्त्वपूर्ण क्षेत्र कौन-से हैं?

9. आर्थिक पत्रकारिता का महत्त्व बढ़ने का कारण स्पष्ट कीजिए।

10. कारोबार और व्यापार जगत से जुड़ी खबरें किस शैली में लिखी जाती हैं?

11. विशेष लेखन का दायरा कैसा है? किसी विषय में विशेषज्ञता विकसित करने के लिए कौन-कौन सी बातें याद रखनी चाहिए?

05
अध्याय

कहानी का नाट्य रूपांतरण कहानी के अनुसार दृश्यों का उचित संयोजन कर और संवादों का समावेश कर उसे नाट्य रूपांतरण का रूप दिया जा सकता है। रंगमंच, फिल्म, टीवी धारावाहिक किसी कहानी का नाट्य रूपांतरण ही होते हैं।

रेडियो नाटक रेडियो नाटक एक श्रव्य माध्यम है, जिसमें किसी कहानी को शब्दों व ध्वनियों के माध्यम से प्रस्तुत किया जाता है।

अभ्यास के लिए
- पाठ्यपुस्तक के प्रश्नोत्तर
- बहुविकल्पीय प्रश्न
- अतिलघु उत्तरीय प्रश्न
- लघु उत्तरीय प्रश्न

कैसे करें कहानी का नाट्य रूपांतरण व कैसे बनता है रेडियो नाटक?

कहानी का नाट्य रूपांतरण

किसी भी कहानी का नाटक में रूपांतरण करने के लिए हमें सबसे पहले कहानी और नाटक की विविधताओं व समानताओं को समझना होगा। जहाँ कहानी का संबंध केवल लेखक और नाटक से होता है, वहीं नाटक के द्वारा लेखक, निर्देशक, पात्र, दर्शक तथा श्रोता एक-दूसरे से जुड़ते हैं। कहानी कहीं भी किसी के भी द्वारा पढ़ी और कही जा सकती है, परंतु नाटक को मंच के माध्यम से प्रस्तुत किया जाता है। वैसे तो कहानी में भी नाटक की तरह ही एक कहानी होती है, पात्र होते हैं, परिवेश होता है, संवाद होते हैं, द्वंद्व होता है, परंतु नाटक को मंच पर संगीत, सज्जा, प्रकाश व्यवस्था के साथ-साथ अभिनय द्वारा प्रस्तुत किया जाता है।

कथानक का दृश्यों में विभाजन

कहानी को नाटक में रूपांतरित करने के लिए पहले कहानी के कथानक (कथावस्तु) को समय तथा स्थान के आधार पर विभाजित करते हैं। कथानक से चुनकर निकाली गई घटनाओं के आधार पर दृश्य बनाया जाता है। एक ही समय-स्थान पर घटी घटना को एक दृश्य माना जाता है।

अत: कथानक को समय तथा स्थान के आधार पर विभाजन करके दृश्यों को लिखा जाता है। दृश्य लिखते समय कथानक के अनावश्यक हिस्से को निकाल दिया जाता है, क्योंकि इससे नाटक की गति बाधित होती है। अत: प्रत्येक दृश्य का कथा के अनुसार तार्किक विकास किया जाता है। इसकी सुनिश्चितता के लिए दृश्य विशेष के उद्देश्य व उसकी संरचना पर विचार करना चाहिए।

प्रत्येक दृश्य का अंत ऐसा होना चाहिए, जो अगले दृश्य से संबंधित हो। अत: दृश्य का पूर्ण विवरण तैयार करना चाहिए, जिससे कोई आवश्यक जानकारी न रह जाए और साथ ही वह क्रमानुसार भी हो।

नाटक के दृश्यों के संवादों तथा अभिनेयता की महत्ता

अत: नाटक ही नहीं, बल्कि नाटक का प्रत्येक दृश्य प्रारंभ, मध्य व अंत में बँटा होता है, जो कथानक को तो आगे बढ़ाता ही है, बल्कि पात्रों और परिवेश को संवादों के माध्यम से भी प्रतिष्ठित करता है, साथ ही अगले दृश्य की भूमिका भी बनाता है। नाटक में संवाद छोटे, प्रभावशाली व स्थानीय भाषा में होने चाहिए। संवाद को नाटक में प्रभावशाली अभिनय बनाता है। पात्र अपनी भाव-भंगिमाओं व तौर-तरीकों से संवाद व नाटक दोनों को प्रभावी बना देता है। मंच की साज-सज्जा, ध्वनि व प्रकाश भी पात्र का चरित्र-चित्रण करने में सहायक होते हैं। मुख्यत: यह कार्य निर्देशक का होता है।

रूपांतरण के तहत पात्रों के मनोभावों को कहानीकार द्वारा विवरण के रूप में व्यक्त प्रसंगों या मानसिक द्वंद्व के दृश्यों की नाटकीय प्रस्तुति में समस्या आ सकती है। रूपांतरण में विवरण प्रस्तुति हेतु स्वागत कथन का प्रयोग किया जाता है, जहाँ लेखक मंच के कोने में जाकर स्वयं से संवाद बोलता है। आज के समय में 'वॉयस ओवर' के माध्यम से यह संभव है, जहाँ ऐसी ध्वनि जो दर्शक को सुनाई देती है पर पात्र बोलता नहीं है। कहानी के नाट्य रूपांतरण करने से पहले यह ज्ञात होना आवश्यक है कि वर्तमान रंगमंच में क्या संभावनाएँ हैं। इसके लिए अच्छी नाट्य प्रस्तुतियों को देखना आवश्यक है।

कुछ प्रसिद्ध कहानियों का नाट्य रूपांतरण

कहानी	लेखक
चीफ की दावत	भीष्म साहनी
टोबा टेक सिंह	मंटो
डिप्टी कलेक्टरी	अमरकांत
दुविधा	विजयदान देथा
कफन	प्रेमचंद
बड़े भाई साहब	प्रेमचंद
मोटेराम शास्त्री	प्रेमचंद
ईदगाह	प्रेमचंद
रुपया तुम्हें खा गया	भगवती चरण वर्मा
वारेन हेस्टिंग्स का साँढ़	उदय प्रकाश
और अंत में प्रार्थना	उदय प्रकाश
मोहनदास	उदय प्रकाश
धूप का टुकड़ा, डेढ़ इंच ऊपर, वीक एंड	निर्मल वर्मा

रेडियो नाटक

रेडियो नाटक में प्रसिद्ध साहित्यकार की भूमिका

पहले साहित्यकार रेडियो स्टेशनों के लिए नाटक भी लिखा करते थे। उस समय रेडियो नाटक काफी प्रचलित थे। हिंदी के बहुत-से नाटक, जो मंच पर सफल हुए, मूल रूप से रेडियो के लिए ही लिखे गए थे। भारतेंदु हरिश्चंद्र कृत 'अँधेर नगरी', धर्मवीर भारती कृत 'अंधा युग' और मोहन राकेश कृत 'आषाढ़ का एक दिन' आदि नाटक रेडियो नाटक के श्रेष्ठ उदाहरण हैं।

रेडियो नाटकों का लेखन व संवादों का महत्त्व

सिनेमा और रंगमंच की तरह ही रेडियो नाटक में भी चरित्र होते हैं। उनके आपसी संवाद होते हैं और इन्हीं संवादों के माध्यम से कहानी आगे बढ़ती है। रेडियो नाटक पूर्ण रूप से श्रव्य होते हैं, इसलिए इनका लेखन रंगमंच व सिनेमा के लेखन की अपेक्षा मुश्किल व अलग होता है। रेडियो नाटक में सब कुछ संवादों व ध्वनि प्रभावों के माध्यम से ही संप्रेषित करना होता है।

इन नाटकों में मंच सज्जा, वस्त्र सज्जा, चेहरे की भाव-भंगिमाएँ आदि की जरूरत नहीं पड़ती, केवल संवाद से ही पात्रों के अंतर्द्वंद्व, परिचय व समाधान की जानकारी मिलती है। अत: रेडियो नाटक की सफलता व असफलता केवल 'आवाज' पर ही आश्रित होती है; जैसे—चोट लगने पर 'आह' या 'ओह' की आवाज तथा किसी को दूर से बुलाने के लिए तेज आवाज का प्रयोग करना होता है।

रेडियो नाटक के लिए कहानी का चयन

रेडियो नाटक के लिए कहानी का चुनाव बड़ा ही सोच-समझकर करना चाहिए। उसमें बहुत अधिक गतिविधियाँ या एक्शन नहीं होने चाहिए। यह हम भली-भाँति जानते हैं कि रेडियो नाटक केवल श्रव्य माध्यम हैं, इसलिए कहानी का चुनाव उसी के अनुसार करना चाहिए। मुख्यत: रेडियो नाटक की अवधि 15 से 30 मिनट होती है और इसी समय में श्रोता को बाँधकर रखने के लिए कहानी में संवादों के माध्यम से रोचकता बनी रहनी चाहिए। लंबी कहानी को एक ही समय पर प्रसारित करने के बदले उसे 15 या 30 मिनट की धारावाहिक कड़ी के रूप में प्रतिदिन पेश किया जाना चाहिए।

रेडियो नाटक के लिए कहानी का चुनाव करते समय हमें तीन मुख्य बातों को ध्यान रखना आवश्यक है

(i) कहानी केवल घटना प्रधान न हो
(ii) उसकी अवधि, बहुत अधिक न हो
(iii) पात्रों की संख्या सीमित हो।

रेडियो नाटक में पात्रों की संख्या

यह निश्चित है कि रेडियो नाटक की अवधि सीमित होती है, इसलिए उसमें पात्रों की संख्या भी सीमित ही रखनी चाहिए; जैसे—5 या 6। इससे अधिक पात्रों के होने पर श्रोता भ्रमित हो सकता है, जिससे उसका मन नाटक से ऊब सकता है।

रेडियो नाटक में यह ध्यान रखना आवश्यक है कि पात्रों के नाम, परस्पर संबंध, चारित्रिक विशेषताएँ ये सभी हमें संवादों के द्वारा ही उजागर करने होते हैं, इसलिए हमें पात्रों के अनुसार ही संवादों की भाषा का चयन करना चाहिए, जिससे नाटक में रोचकता व सरसता बनी रहे।

पाठ्यपुस्तक (अभिव्यक्ति और माध्यम) के प्रश्नोत्तर

1. कहानी और नाटक में क्या-क्या समानताएँ होती हैं?

उत्तर कहानी और नाटक में निम्नलिखित समानताएँ हैं

- कहानी का मूलाधार कथानक होता है, नाटक भी कथानक पर ही आधारित होता है।
- कहानी में घटनाएँ क्रमबद्ध रहती हैं, नाटक में भी घटनाओं का वर्णन क्रमबद्ध रूप में होता है।
- कहानी में पात्रों की मुख्य भूमिका होती है, नाटक की रचना में भी पात्रों का मुख्य स्थान होता है।
- कहानी में एक परिवेश रहता है, नाटक में भी परिवेश होता है।
- कहानी में पात्रों के मध्य द्वंद्व होता है, नाटक के पात्रों के मध्य भी द्वंद्व दिखाया जाता है।
- कहानी उद्देश्य विशेष को लेकर चलती है, नाटक भी उद्देश्य विशेष को लेकर ही लिखा जाता है।
- कहानी का चरमोत्कर्ष होता है, नाटक का भी चरमोत्कर्ष होता है।

2. स्थान और समय को ध्यान में रखते हुए 'दोपहर का भोजन' कहानी को विभिन्न दृश्यों में विभाजित करें। किसी एक दृश्य का संवाद भी लिखें।

उत्तर दोपहर का भोजन एक अत्यंत संवेदनशील कहानी है। निम्नलिखित दृश्यों में विभाजित करके इस कहानी का नाट्य रूपांतरण किया जा सकता है

- **प्रथम दृश्य** सिद्धेश्वरी के घर की दयनीय दशा को दिखाया जा सकता है, जहाँ अस्त-व्यस्त पुराने वस्त्र पड़े हैं और टूटी हुई चारपाई पर उसका सबसे छोटा बीमार पुत्र है, जिसके मुख पर मक्खियों का भिनभिनाना है।
- **दूसरा दृश्य** सिद्धेश्वरी द्वारा बार-बार दरवाजे की ओर नज़रें टिकाकर गली में आते-जाते लोगों को देखना।
- **तीसरा दृश्य** थके हारे रामचंद्र का घर में प्रवेश करना और उसका हताश होकर बैठना, सिद्धेश्वरी द्वारा उसे खाना परोसना और दोनों की आपस में बातचीत को दिखाया जा सकता है।
- **चौथा दृश्य** खाना खाकर रामचंद्र का बाहर जाना और फिर मोहन का घर में प्रवेश करना और खाना खाते समय मोहन का अपनी माँ से बातें करना और फिर घर से बाहर चले जाना।
- **पाँचवाँ दृश्य** चंद्रिका प्रसाद का परेशान मुद्रा में आना फिर भोजन करना और पति-पत्नी का वार्तालाप होना, उसके द्वारा खाना खाकर उठना।
- **छठा दृश्य** इस दृश्य में सिद्धेश्वरी का खाना-खाने बैठना और अपने सोए हुए पुत्र को देखकर उसके लिए आधी रोटी रख देना और स्वयं रोते हुए अधिकांश भोजन करना, साथ ही सारे घर में मक्खियों का भिनभिनाना और चंद्रिका प्रसाद का निश्चिंत होकर सोना दिखाया जा सकता है।

उदाहरण के लिए, सिद्धेश्वरी और रामचंद्र का दृश्य

सिद्धेश्वरी भोजन कर लो बेटा!

(रामचंद्र बिना उत्तर दिए भोजन करता है। माँ उस पर पंखा झलती रहती है।)

सिद्धेश्वरी क्या दफ्तर में कोई खास बात हुई है?

रामचंद्र नहीं, हर रोज़ जैसा था।

सिद्धेश्वरी फिर चुप-चुप क्यों हो?

रामचंद्र लाला दिनभर काम तो लेता है, लेकिन पैसे देते हुए उसकी जान निकलती है।

सिद्धेश्वरी यह सब तो सहना पड़ेगा।

रामचंद्र परंतु ..

सिद्धेश्वरी (बीच में टोकती हुई) बेटे! जब तक कोई दूसरा काम नहीं मिल जाता, तब तक तो सहन करना ही पड़ेगा।

रामचंद्र सो तो है ही।

(सिद्धेश्वरी उसे रोटी लेने के लिए कहती है, लेकिन वह सिर हिलाकर मना कर देता है और हाथ धोकर बाहर चला जाता है।)

3. कहानी के नाट्य रूपांतरण में संवादों का विशेष महत्त्व होता है। नीचे ईदगाह कहानी से संबंधित कुछ चित्र दिए जा रहे हैं। इन्हें देखकर लिखें। (चित्र के लिए NCERT पेज संख्या 145-146 देखें।)

उत्तर **ईदगाह कहानी का नाट्य रूपांतरण**

- **महमूद** (जेब से निकालकर पैसे गिनता है) अरे, मोहसिन! मेरे पास बारह पैसे हैं।
- **मोहसिन** मेरे पास तो पंद्रह पैसे हैं। इतने सारे पैसों से खूब मिठाइयाँ खाएँगे और खिलौने लेंगे।
- **हामिद** मेरे पास पैसे नहीं हैं? अभी दादी जान से लेकर आता हूँ।
- **महमूद** हाँ, भागकर जा। ईदगाह जाना है। बहुत दूर है यहाँ से।
- **हामिद** (कोठरी का दरवाजा खोलकर) दादी जान, मैं भी मेले में जाऊँगा। सब जा रहे हैं ईदगाह। मुझे पैसे दो।
- **अमीना** तू इतनी दूर कैसे जाएगा?
- **हामिद** (उत्साहित होकर) महमूद, मोहसिन, नूरा के साथ जाऊँगा। दादी जान सब जा रहे हैं।
- **अमीना** (बटुआ खोलते हुए) लो बेटे, यही तीन पैसे हैं। सबके साथ रहना। जल्दी घर लौट आना।
- **हामिद** हाँ, दादी जान जल्दी घर आ जाऊँगा।
- **मोहसिन** अरे, तेज-तेज चलो। ईदगाह जल्दी पहँचना है।
- **महमूद** देख यार! कितने मोटे-मोटे आम लगे हैं।
- **हामिद** लीचियाँ भी तो लगी हैं।
- **नूरा** थोड़े से आम तोड़ लें।
- **हामिद** नहीं-नहीं, माली मारेगा।
- **महमूद** देखो! कितनी बड़ी-बड़ी इमारतें हैं।
- **मोहसिन** देख, यह कॉलेज है। इसमें बड़ी-बड़ी मूछों वाले बड़े-बड़े लड़के पढ़ते हैं। सामने क्लब घर है।
- **हामिद** ये बड़े लड़के भी रोज़ मार खाते होंगे। हमारे मदरसे में भी दो-तीन बड़े लड़के रोज़ मार खाते हैं।
- **महमूद** यहाँ बड़ी भीड़ है। लोगों ने कितने सुंदर कपड़े पहन रखे हैं और यहाँ मोटरें भी हैं।
- **हामिद** देख, यह पुलिस लाइन है। यहीं पर सिपाही कवायद करते हैं। रात को ये लोग घूम-घूमकर पहरा देते हैं।
- **महमूद** अज़ी हजरत! यही तो चोरी करते हैं। शहर के सारे चोर-डाकू इनसे मिले होते हैं।
- **मोहसिन** (चिल्लाते हुए) अरे! वह रही ईदगाह। अरे! यह तो बहुत बड़ी है।

(आगे की कहानी छात्र चित्रों को देखकर स्वयं लिखें।)

4. दृश्य-श्रव्य माध्यमों की तुलना में श्रव्य माध्यम की क्या सीमाएँ हैं? इन सीमाओं को किस तरह पूरा किया जा सकता है?

उत्तर दृश्य-श्रव्य माध्यमों की तुलना में श्रव्य माध्यम की निम्नलिखित सीमाएँ हैं

- दृश्य-श्रव्य माध्यम में हम नाटक को अपनी आँखों से देख भी सकते हैं और पात्रों के संवादों को सुन भी सकते हैं, परंतु केवल श्रव्य माध्यम में हम सुन सकते हैं उसे देख नहीं सकते।
- दृश्य-श्रव्य माध्यम में हम पत्रों के हाव-भाव देखकर उनकी दशा का अनुमान लगा सकते हैं, परंतु श्रव्य माध्यम में ऐसा कर पाना कठिन होता है।
- दृश्य-श्रव्य माध्यम में पात्रों के सुंदर वस्त्रों को देखा जा सकता है और पात्रों के सौंदर्य को देख सकते हैं, परंतु श्रव्य माध्यम में हम इनकी केवल कल्पना ही कर सकते हैं।
- दृश्य-श्रव्य माध्यम में किसी भी दृश्य तथा वातावरण को देखकर उस जगह का आनंद उठा सकते हैं, परंतु श्रव्य माध्यम में हर दृश्य को प्रस्तुत करने के लिए ध्वनि व संगीत की सहायता ली जाती है।
- दृश्य-श्रव्य माध्यमों की तुलना में श्रव्य माध्यम में समय की सूचना तथा पात्रों के चरित्र का उद्घाटन भी संवादों के माध्यम से ही होता है।
- दृश्य-श्रव्य माध्यमों की तुलना में श्रव्य माध्यम की सभी सीमाओं को ध्वनि व संगीत के माध्यम से ही पूरा किया जा सकता है।

5. नीचे कुछ दृश्य दिए गए हैं। रेडियो नाटक में इन दृश्यों को किस-किस तरह से प्रस्तुत करेंगे? विवरण दीजिए।

(क) घनी अँधेरी रात

उत्तर सांय-सांय की आवाज, बीच-बीच में चौकीदार की सीटी और लाठी की आवाज, जागते रहो का स्वर, किसी के संवाद द्वारा जैसे - कितनी घनी रात है हाथ को हाथ नहीं सूझ रहा।

(ख) सुबह का समय

उत्तर चिड़ियों के चहचहाने की आवाज, मुर्गे की बाँग का स्वर, प्रभाती गाते हुए किसी का स्वर, माँ का अपने बच्चों को उठाने का संवाद

(ग) बच्चों की खुशी

उत्तर बच्चों के शोरगुल का स्वर, बच्चों की किलकारियाँ, मिली जुली अनेक हँसी की ध्वनियाँ।

(घ) नदी का किनारा

उत्तर किनारे से टकराते हुए पानी की आवाज, हवा का स्वर, पक्षियों का कलरव, नदी पार कराने के लिए नाविक का स्वर।

(ङ) वर्षा का दिन

उत्तर लगातार वर्षा होने की आवाज, किसी का किसी से संवाद -'बाहर छतरी लेकर जाना' दूसरा स्वर 'लगता है आज वर्षा ने रुकना ही नहीं है।'

6. रेडियो नाटक लेखन का प्रारूप बनाइए और अपनी पुस्तक को किसी कहानी के एक अंश को रेडियो नाटक में रूपांतरित कीजिए।

उत्तर 'ईदगाह' कहानी का एक दृश्य, जिसमें सभी बच्चे ईद के मेले पर जाने के लिए तैयार होकर हामिद को बुलाने उसके घर आते हैं। हामिद भी मेले में जाने के लिए तैयार है। परंतु हामिद की दादी हामिद को मेले पर जाने से पहले कुछ समझाने लगती है। रेडियो नाटक के इस दृश्य का लेखन कुछ इस प्रकार से होगा

(बहुत सारे बच्चों का शोर, मिली-जुली आवाजें, पदचाप का स्वर, दरवाजा खटखटाने की आवाज)

- एक स्वर हामिद! ओ हामिद! मेले नहीं चलना है क्या!
- **हामिद** (दूर से आती हुई आवाज) आ रहा हूँ।
(तेज कदमों की आवाज)
- **दादी** रुको, हामिद।
- **हामिद** (जोर से) क्या है?
- **दादी** (धीरे से) मेले में ध्यान से चलना। और ......
- **हामिद** (बीच में ही रोककर बोलता है) मुझे पता है।
- **दादी** फिर भी बेटे अपना ख्याल रखना और गंदी चीजें ना खाना।
(बाहर से बच्चों का शोर तीव्र हो जाता है) (दरवाजा खोलने की आवाज)
- **हामिद** चलो, आ गया हूँ!
(धीरे-धीरे शोर कम होता जाता है और पदचाप भी धीमी हो जाती हैं।)

अभ्यास प्रश्न

बहुविकल्पीय प्रश्न

1. कहानी और नाटक विधाएँ हैं

(क) अलग-अलग (ख) एकसमान
(ग) विपरीत (घ) ये सभी

उत्तर (क) अलग-अलग

2. कहानी से ······· को नाट्य रूपांतरित करते समय सबसे अधिक कठिनाई होती है। दक्षता आधारित प्रश्न

(क) संवादों (ख) भाषा-शैली
(ग) समय एवं वातावरण (घ) पात्रों के मानसिक द्वंद्व

उत्तर (घ) पात्रों के मानसिक द्वंद्व

3. कहानी से नाट्य रूपांतरण करते समय किस बारे में सतर्क रहना चाहिए? दक्षता आधारित प्रश्न

(क) जब कहानी के लंबे संवाद नाटक में लघु एवं रोचक बनाए जाएँ
(ख) जब कहानी की कथावस्तु से घटनाओं को चुनकर दृश्य बनाए जाएँ
(ग) जब कहानी की भाषा को नाटक में परिवेश के अनुरूप ढाला जाए
(घ) जब कहानी में आई जानकारी एवं सूचनाओं को नाटक में दोहराया जाए

उत्तर (ख) जब कहानी की कथावस्तु से घटनाओं को चुनकर दृश्य बनाए जाएँ

4. नाटक को मंच पर

(क) अभिनीत करते हैं (ख) प्रस्तुत करते हैं

(ग) देखते हैं (घ) लिखते हैं

उत्तर (क) अभिनीत करते हैं

5. कहानी को नाटक में रूपांतरित करते समय उसके कथानक का किस आधार पर विभाजन किया जाता है?

(क) पात्रों के आधार पर

(ख) कथानक के आधार पर

(ग) समय और स्थान के आधार पर

(घ) चरित्र-चित्रण के आधार पर

उत्तर (ग) समय और स्थान के आधार पर

6. किस बात का होना नाट्य रूपांतरण में सही माना जा सकता है? **दक्षता आधारित प्रश्न**

(क) घटनाओं को दृश्य के रूप में अनदेखा करना

(ख) एक दृश्य का अगले दृश्य के लिए भूमिका बनाना

(ग) कहानी के लंबे संवादों को जस-का-तस रूपांतरित करना

(घ) दृश्य की सभी आवश्यकताओं के लिए संवादों का अपर्याप्त होना

उत्तर (ख) एक दृश्य का अगले दृश्य के लिए भूमिका बनाना

7. निम्नलिखित में किस कहानी का सफल नाट्य रूपांतरण हुआ है?

(क) चीफ़ की दावत (ख) कफ़न

(ग) रुपया तुम्हें खा गया (घ) ये सभी

उत्तर (घ) ये सभी

8. स्थान और समय के आधार पर कहानी को किस रूप में लिखा जाता है?

(क) देशकाल के रूप में (ख) संवादों के रूप में

(ग) दृश्यों के रूप में (घ) भाषा-शैली के रूप में

उत्तर (ग) दृश्यों के रूप में

9. नाटक का प्रत्येक दृश्य कैसा लगना चाहिए?

(क) कथानक का आरंभ (ख) कथानक का भाग

(ग) कथानक का अंत (घ) कथानक का मध्य भाग

उत्तर (ख) कथानक का भाग

10. नाटक के संवाद कैसे होने चाहिए?

(क) विस्तृत (ख) लंबे

(ग) संक्षिप्त व प्रभावशाली (घ) कठिन व क्लिष्ट

उत्तर (ग) संक्षिप्त व प्रभावशाली

11. घने जंगलों में पक्षियों की आवाजें, पास से ही कलकल बहती नदी और प्राकृतिक सौंदर्य ऐसा कि मन को मोह लिया है।
उपर्युक्त घटना का नाट्य रूपांतरण ······ के माध्यम से सबसे उचित प्रस्तुत होगा। **दक्षता आधारित प्रश्न**

(क) भाषा-शैली (ख) दर्शकों

(ग) संवादों (घ) ध्वनि

उत्तर (घ) ध्वनि

12. 'ईदगाह' कहानी में अम्मा वाले अंश के लिए नाट्य रूपांतरण करते समय किस शैली का उपयोग किया जा सकता है?

(क) वर्णनात्मक शैली का

(ख) संबोधनात्मक शैली का

(ग) फ्लैश बैक शैली का

(घ) भावात्मक शैली का

उत्तर (ग) फ्लैश बैक शैली का

13. पहले समय में घर बैठे मनोरंजन का सस्ता साधन कौन-सा था?

(क) टीवी (ख) इंटरनेट

(ग) रेडियो (घ) ये सभी

उत्तर (ग) रेडियो

14. निम्न में से कौन-सा नाटक रेडियो नाटक के लिए सफल है?

(क) अँधेर नगरी (ख) चंद्रगुप्त

(ग) अंधा युग (घ) स्कंदगुप्त

उत्तर (ग) अंधा युग

15. रेडियो नाटक में महत्त्वपूर्ण होते हैं

(क) पात्र (ख) चरित्र-चित्रण

(ग) संवाद (घ) कथानक

उत्तर (ग) संवाद

16. रेडियो नाटक में किसका महत्त्व अधिक होता है?

(क) मंच सज्जा का (ख) वस्त्र सज्जा का

(ग) अभिव्यक्ति का (घ) ध्वनि प्रभाव का

उत्तर (घ) ध्वनि प्रभाव का

17. मुख्यत: रेडियो नाटक की अवधि कितनी होती है?

(क) 15 से 30 मिनट (ख) 31 से 50 मिनट

(ग) 31 से 60 मिनट (घ) 17 से 40 मिनट

उत्तर (क) 15 से 30 मिनट

18. 30 से 40 मिनट की अवधि में रेडियो नाटक में कितने पात्र होने चाहिए?

(क) 7 से 18 पात्र (ख) 8 से 12 पात्र

(ग) 15 से 25 पात्र (घ) 30 से 40 पात्र

उत्तर (ख) 8 से 12 पात्र

19. रेडियो नाटक का दूसरा प्रमुख नाम क्या है?

(क) अभिनेय नाटक (ख) ध्वनि नाटक

(ग) नाटक (घ) सीरियल नाटक

उत्तर (ख) ध्वनि नाटक

20. रेडियो नाटक में कितने अंक होते हैं?

(क) दो अंक

(ख) तीन अंक

(ग) चार अंक

(घ) कोई अंक नहीं होते

उत्तर (घ) कोई अंक नहीं होते

21. **सिनेमा और रंगमंच की अपेक्षा रेडियो नाटक का लेखन मुश्किल क्यों है?** दक्षता आधारित प्रश्न

(क) दृश्य की अल्पता होती है

(ख) समय-सीमा निर्धारित होती है

(ग) पात्रों की संख्या असीमित होती है

(घ) संवादों पर निर्भरता अधिक होती है

उत्तर (ख) समय-सीमा निर्धारित होती है

22. **निम्नलिखित में से किस विषय पर रेडियो नाटक सुनना सबसे रोचक होगा?** दक्षता आधारित प्रश्न

(क) क्रिकेट का मैदान

(ख) देश में बढ़ते अपराध

(ग) माउंटेन मैन की कहानी

(घ) ओलंपिक खेलों में भारत

उत्तर (ग) माउंटेन मैन की कहानी

23. **रेडियो नाटक किससे मिलती-जुलती विधा है?**

(क) उपन्यास तथा कहानी से (ख) सिनेमा तथा रंगमंच से

(ग) कहानी तथा एकांकी से (घ) उपन्यास व नाटक से

उत्तर (ख) सिनेमा तथा रंगमंच से

24. **रेडियो नाटक के संदर्भ में इनमें से कौन-सा कथन गलत है?** दक्षता आधारित प्रश्न

(क) यह श्रव्य लेखन का हिस्सा होता है

(ख) संवाद पर ध्वनियों का प्रयोग महत्त्वपूर्ण होता है

(ग) चरित्र की विशेषताएँ संवादों के माध्यम से अभिव्यक्त होती हैं

(घ) समय-सीमा निर्धारित होने से कहानी की रोचकता कम हो जाती है

उत्तर (घ) समय-सीमा निर्धारित होने से कहानी की रोचकता कम हो जाती है।

25. **रेडियो नाटक का उद्देश्य स्पष्ट होता है**

(क) पात्रों से

(ख) घटनाओं से

(ग) संवादों से

(घ) श्रोताओं से

उत्तर (ग) संवादों से

अतिलघु उत्तरीय प्रश्न

1. **नाटक में दृश्य की क्या भूमिका है?** CBSE 2024

उत्तर नाटक में दृश्य एकसाथ कई कार्य करता है। एक ओर वह कथानक को आगे बढ़ाता है तो दूसरी ओर पात्रों और परिवेश को संवादों के माध्यम से स्थापित करता है। दृश्य एक से दूसरे दृश्य के लिए भूमिका भी तैयार करता है।

2. **सिनेमा, रंगमंच तथा रेडियो नाटक में क्या समानताएँ हैं?** CBSE 2025

उत्तर सिनेमा और रंगमंच तथा रेडियो नाटक में विभिन्न समानताएँ होती हैं

(i) इनमें एक कहानी होती है।

(ii) इनमें कहानी का आरंभ, मध्य और अंत होता है।

(iii) इनमें चरित्र होते हैं।

(iv) इनमें पात्रों के आपसी संवाद होते हैं।

(v) इनमें पात्रों का परस्पर द्वंद्व होता है और अंत में समाधान होता है।

(vi) इनमें पात्रों के संवादों के माध्यम से कहानी का विकास होता है।

3. **रेडियो नाटक की कहानी पूरी तरह एक्शन (क्रिया) प्रधान क्यों नहीं होनी चाहिए?** CBSE 2024

उत्तर रेडियो नाटक श्रव्य माध्यम है। रेडियो की प्रस्तुती संवादों और ध्वनि प्रभावों के माध्यम से होती है। रेडियो नाटक की अवधि सीमित होती है, इसलिए पात्रों की संख्या भी सीमित होती है।

इसमें सिनेमा और रंगमंच की तरह विजुअल्स व एक्शन की गुंजाइश नहीं होती। रेडियो में बहुत ज्यादा एक्शन (क्रिया) सुनना उबाऊ हो सकता है तथा पात्रों को सिर्फ आवाज के सहारे याद रख पाना मुश्किल होता है। इसी कारण रेडियो नाटक की कहानी पूरी तरह एक्शन प्रधान नहीं होनी चाहिए।

लघु उत्तरीय प्रश्न

1. **कहानी और नाटक में अंतर स्पष्ट कीजिए।**

अथवा **कहानी और नाटक में क्या अंतर है? दोनों के मूल तत्त्वों की समानता बताते हुए अंतर स्पष्ट कीजिए।** CBSE Term II 2022

अथवा **कहानी और नाटक के समान तत्त्वों का उल्लेख करते हुए बताइए कि दोनों में क्या अंतर है?** CBSE Term II 2022

उत्तर कहानी और नाटक में अंतर निम्न प्रकार हैं

	कहानी	नाटक
(i)	कहानी एक ऐसी गद्य विधा है, जिसमें जीवन के किसी अंक विशेष का मनोरंजनपूर्ण चित्रण किया जाता है।	नाटक एक ऐसी गद्य विधा है, जिसका मंच पर अभिनय किया जाता है।
(ii)	कहानी का संबंध लेखक और पाठकों से होता है।	नाटक का संबंध लेखक, निर्देशक, दर्शक तथा श्रोताओं से होता है।
(iii)	कहानी कही अथवा पढ़ी जाती है।	नाटक का मंच पर अभिनय किया जाता है।
(iv)	कहानी को आरंभ, मध्य और अंत के आधार पर बाँटा जाता है।	नाटक को दृश्यों में विभाजित किया जाता है।
(v)	कहानी में मंच सज्जा, संगीत तथा प्रकाश का महत्त्व नहीं है।	नाटक में मंच सज्जा, संगीत और प्रकाश व्यवस्था का विशेष महत्त्व होता है।

2. **कहानी को नाटक में किस प्रकार रूपांतरित किया जा सकता है? आधार बिंदुओं का उल्लेख कीजिए।** CBSE Term II 2022

अथवा **कहानी को नाटक में रूपांतरित करने हेतु किन्हीं तीन आवश्यक बिंदुओं का उल्लेख कीजिए।** CBSE 2023

अथवा **नाट्य रूपांतरण करते समय कहानी की कथावस्तु के दृश्यों का निर्धारण करने में किन-किन बातों का ध्यान रखना चाहिए?** CBSE 2024

उत्तर कहानी को नाटक में रूपांतरित करने के लिए अनेक महत्त्वपूर्ण बातों का ध्यान रखना आवश्यक है

(i) कहानी की कथावस्तु को समय और स्थान के आधार पर विभाजित किया जाता है।

(ii) कहानी में घटित विभिन्न घटनाओं के आधार पर दृश्यों का निर्माण किया जाता है।

(iii) कथावस्तु से संबंधित वातावरण की व्यवस्था की जाती है।
(iv) ध्वनि और प्रकाश व्यवस्था का ध्यान रखा जाता है।
(v) कथावस्तु के अनुरूप मंच सज्जा और संगीत का निर्माण किया जाता है।
(vi) पात्रों के द्वंद्व को अभिनय के अनुरूप परिवर्तित किया जाता है।
(vii) संवादों को अभिनय के अनुरूप स्वरूप प्रदान किया जाता है।
(viii) कथानक को अभिनय के अनुरूप स्वरूप प्रदान किया जाता है।

3. कहानी के नाट्य रूपांतरण में किस प्रकार की समस्याओं का सामना करना पड़ता है? **CBSE 2024, CBSE Term II 2022**

उत्तर नाट्य रूपांतरण करते समय अनेक समस्याओं का सामना करना पड़ता है, जो निम्नलिखित हैं
(i) सबसे प्रमुख समस्या कहानी के पात्रों के मनोभावों को कहानीकार द्वारा प्रस्तुत प्रसंगों अथवा मानसिक द्वंद्वों के नाटकीय प्रस्तुति में आती है।
(ii) पात्रों के द्वंद्व को अभिनय के अनुरूप बनाना।
(iii) संवादों को नाटकीय रूप प्रदान करना।
(iv) संगीत, ध्वनि और प्रकाश व्यवस्था करना।
(v) कथानक को अभिनय के अनुरूप बनाना।

4. नाटक में दृश्य का क्या महत्त्व है? किन्हीं दो बिंदुओं का उल्लेख कीजिए। **CBSE 2024**

उत्तर नाटक में दृश्य का विशेष महत्त्व है। दृश्य एक साथ कई कार्य करता है; जैसे—
(i) दृश्य कथानक को आगे बढ़ाता है।
(ii) नाटक के प्रत्येक दृश्य में प्रारंभ, मध्य और अंत होता है जो कई कार्य एकसाथ करता है।
(iii) दृश्य पात्रों और परिवेश को संवादों के माध्यम से स्थापित करता है।
(iv) दृश्य अगले दृश्य के लिए भूमिका तैयार करता है।

5. रेडियो नाटक किसे कहा जाता है और आज के संदर्भ में इसका क्या महत्त्व है? **CBSE 2024**

उत्तर रेडियो नाटक श्रव्य माध्यम है, जहाँ किसी कहानी को शब्दों और ध्वनियों के माध्यम से प्रस्तुत किया जाता है। इसमें किसी विशेष स्थान पर जाकर अभिनय करने की आवश्यकता नहीं होती, क्योंकि इसे सुनने वाले लोग केवल ध्वनि के माध्यम से ही कहानी को समझते हैं। वर्तमान में रेडियो नाटक विशेष रूप से स्वतंत्र रचनाकारों की आवाज के माध्यम से धीरे-धीरे वापसी कर रहा है। इसके अतिरिक्त युवा पीढ़ी अब पॉडकास्ट सुन रही है और इससे यह लाभ होता है कि हम सक्रिय रूप से यह चुन सकते हैं कि हम क्या सुनते हैं और कौन-सी बातें हमारे ध्यान के योग्य हैं।

6. रेडियो नाटक में आवाज की भूमिका को स्पष्ट कीजिए। **CBSE 2023**

उत्तर रेडियो नाटक में सब कुछ संवादों व ध्वनि प्रभावों के माध्यम से ही संप्रेषित करना होता है। अतः रेडियो नाटक में ध्वनि संकेतों का अत्यधिक महत्त्व है। इसे हम निम्न रूप में स्पष्ट कर सकते हैं
(i) रेडियो नाटक की सफलता व असफलता केवल आवाज पर ही आश्रित होती है; जैसे—चोट लगने पर 'आह' या 'ओह' की आवाज तथा किसी को दूर से बुलाने के लिए तेज आवाज का प्रयोग करना।
(ii) रेडियो नाटक में ध्वनि प्रभावों और संवादों के माध्यम से ही कथा को श्रोताओं तक पहुँचाया जाता है।
(iii) संवादों के माध्यम से ही रेडियो नाटक का उद्देश्य स्पष्ट होता है।

7. कहानी के पात्र नाट्य रूपांतरण में किस प्रकार परिवर्तित किए जा सकते हैं?

उत्तर कहानी के पात्र नाट्य रूपांतरण में निम्न प्रकार से परिवर्तित किए जा सकते हैं
(i) नाट्य रूपांतरण करते समय कहानी के पात्रों की दृश्यात्मकता का नाटक के पात्रों से मेल होना चाहिए।
(ii) पात्रों की भाव-भंगिमाओं तथा उनके व्यवहार का भी उचित ध्यान रखना चाहिए।
(iii) पात्र घटनाओं के अनुरूप मनोभावों को प्रस्तुत करने वाले होने चाहिए।
(iv) पात्र अभिनय के अनुरूप होना चाहिए।
(v) पात्रों का मंच के साथ मेल होना चाहिए।

8. सिनेमा और रंगमंच तथा रेडियो नाटक में क्या-क्या अंतर होते हैं?

***अथवा* रेडियो नाटक का लेखन सिनेमा और रंगमंच के लेखन से भिन्न कैसे है?** **CBSE Term II 2022**

***अथवा* रेडियो नाटक के लेखन तथा सिनेमा और रंगमंच के लेखन में क्या अंतर है? रेडियो नाटक के लेखन में संप्रेषण कैसे होता है?** **CBSE Term II 2022**

***अथवा* रेडियो नाटक और सिनेमा में क्या भिन्नता होती है?** **CBSE 2023**

उत्तर सिनेमा और रंगमंच तथा रेडियो नाटक में अंतर निम्न हैं

	सिनेमा और रंगमंच	रेडियो नाटक
(i)	सिनेमा और रंगमंच दृश्य माध्यम हैं।	यह एक श्रव्य माध्यम है।
(ii)	इनमें दृश्य होते हैं।	इसमें दृश्य नहीं होते।
(iii)	इनमें मंच सज्जा और वस्त्र सज्जा का बहुत महत्त्व होता है।	इसमें इनका कोई महत्त्व नहीं होता।
(iv)	इनमें पात्रों की भाव-भंगिमाएँ विशेष महत्त्व रखती हैं।	इसमें भाव-भंगिमाओं की कोई आवश्यकता नहीं होती।
(v)	इनमें कहानी को पात्रों की भावनाओं के द्वारा प्रस्तुत किया जाता है।	इसमें कहानी को ध्वनि प्रभावों और संवादों के माध्यम से संप्रेषित किया जाता है।

9. कहानी के नाट्य रूपांतरण में संवाद लेखन की महत्त्वपूर्ण शर्तों को स्पष्ट कीजिए। **CBSE 2023**

उत्तर कहानी के नाट्य रूपांतरण में संवादों का विशेष महत्त्व है। संवाद एक प्रमुख तत्त्व है, जो कहानी के विभिन्न पात्रों को अभिव्यक्त करता है, साथ ही उनके व्यक्तित्व व भावनाओं को व्याख्यायित करता है। संवाद के द्वारा चरित्रों के भावों को समझना, साथ ही उनसे संबंधित भावों को व्यक्त करना आसान हो जाता है। संवाद नाटक के प्रवाह को आगे बढ़ाने के साथ ही उसे सामान्य लोगों के बीच ला देते हैं, जिससे दर्शकों का सीधा लगाव स्थापित हो जाता है और वे स्वयं भी कहानी में शामिल हो जाते हैं। इस प्रकार कहानी के नाट्य रूपांतरण में संवादों का महत्त्व बहुत अधिक होता है। कहानी के नाट्य रूपांतरण में संवाद लेखन की महत्त्वपूर्ण शर्तें निम्नलिखित हैं
- सबसे प्रथम कहानी के नाट्य रूपांतरण में नए लिखे संवाद कहानी के मूल संवादों से मेल खाते हों।
- संवादों का सौ प्रतिशत औचित्य हो।
- संवाद छोटे, प्रभावशाली और बोलचाल की भाषा में होने चाहिए।

10. रेडियो नाटक की कहानी में किन-किन बातों का ध्यान रखना आवश्यक है?

अथवा **रेडियो नाटक के लिए पात्रों की संख्या सीमित क्यों रखनी चाहिए?** **CBSE Term II 2022**

अथवा **रेडियो नाटक के लिए किन तीन मुख्य बातों का विचार करना चाहिए और क्यों?** **CBSE Term II 2022**

उत्तर रेडियो नाटक की कहानी संवादों तथा ध्वनि प्रभावों पर आधारित होती है। इसमें कहानी का चयन करते समय अनेक बातों का ध्यान रखना आवश्यक है, जो निम्नलिखित हैं

(i) **कहानी एक घटना प्रधान न हो** रेडियो नाटक की कहानी केवल एक ही घटना पर आधारित नहीं होनी चाहिए, क्योंकि ऐसी कहानी श्रोताओं को थोड़ी देर में ही उबाऊ बना देती है, जिसे श्रोता कुछ देर पश्चात् सुनना पसंद नहीं करते, इसलिए रेडियो नाटक की कहानी में अनेक घटनाएँ होनी चाहिए।

(ii) **अवधि सीमा** सामान्य रूप से रेडियो नाटक की अवधि पंद्रह से तीस मिनट तक हो सकती है। रेडियो नाटक की अवधि इससे अधिक नहीं होनी चाहिए, क्योंकि रेडियो नाटक को सुनने के लिए मनुष्य की एकाग्रता की अवधि 15 से 30 मिनट तक की होती है, इससे ज्यादा नहीं। दूसरा, रेडियो एक ऐसा माध्यम है, जिसे मनुष्य अपने घर में अपनी इच्छानुसार सुनता है। इसलिए रेडियो नाटक की अवधि सीमित होनी चाहिए।

(iii) **पात्रों की सीमित संख्या** रेडियो नाटक में पात्रों की संख्या सीमित होनी चाहिए। इसमें पात्रों की संख्या 5-6 से अधिक नहीं होनी चाहिए, क्योंकि इसमें श्रोता केवल ध्वनि के सहारे ही पात्रों को याद रख पाता है। यदि रेडियो नाटक में अधिक पात्र होंगे तो श्रोता उन्हें याद नहीं रख सकेंगे।

11. रेडियो नाटक की प्रमुख विशेषताओं को स्पष्ट कीजिए।

उत्तर रेडियो नाटक की प्रमुख विशेषताएँ निम्नलिखित हैं

(i) रेडियो नाटक में पात्रों से संबंधित सभी जानकारियाँ संवादों के माध्यम से मिलती हैं।

(ii) पात्रों की चारित्रिक विशेषताएँ संवादों के द्वारा ही उजागर होती हैं।

(iii) नाटक का पूरा कथानक संवादों पर ही आधारित होता है।

(iv) इसमें ध्वनि प्रभावों और संवादों के माध्यम से ही कथा को श्रोताओं तक पहुँचाया जाता है।

(v) संवादों के माध्यम से ही रेडियो नाटक का उद्देश्य स्पष्ट होता है।

(vi) संवादों के द्वारा ही श्रोताओं को संदेश दिया जाता है।

12. रेडियो को श्रोताओं से संचालित माध्यम क्यों माना जाता है? **CBSE 2025**

उत्तर रेडियो को 'श्रोताओं से संचालित माध्यम' इसलिए कहा जाता है, क्योंकि यह पूरी तरह से ध्वनि, स्वर और शब्दों पर निर्भर होता है। इसमें दृश्य सामग्री नहीं होती, जिससे इसकी प्रभावशीलता श्रोताओं की सक्रियता पर निर्भर करती है। वे इसे अपनी इच्छानुसार रोक या दोबारा नहीं सुन सकते, जब तक कि पुनः प्रसारण न हो। रेडियो पत्रकारों को श्रोताओं की रुचि, समझ और सुनने की आदतों को ध्यान में रखते हुए कार्यक्रम प्रस्तुत करने होते हैं। कई बार, रेडियो पर फोन-इन कार्यक्रम, श्रोताओं की राय पर आधारित चर्चाएँ और अनुरोध पर गाने बजाने जैसे कार्यक्रम भी प्रसारित किए जाते हैं, जिससे श्रोताओं की भागीदारी और अधिक बढ़ जाती है। इसलिए रेडियो को 'श्रोताओं से संचालित माध्यम' कहा जाता है।

13. नाटक में अभिनय और संवाद योजना के महत्त्व को रेखांकित कीजिए। **CBSE SQP Term II 2022**

उत्तर **नाटक में अभिनय और संवाद योजना का महत्त्व**

नाटक में अभिनय सबसे प्रभावशाली तत्त्व है। अभिनय को 'रंगमंच' भी कहा जाता है। नाटक अभिनय के लिए ही लिखे जाते हैं। सफल नाटक वही माना जाता है, जिसका अभिनय या मंचन किया जा सके। अभिनय के माध्यम से ही नाटक दर्शकों तक सरल रूप में पहुँचता है। अतः अभिनय नाटक का प्राण तत्त्व है। नाटक में इसका बहुत अधिक महत्त्व होता है।

नाटक का सबसे महत्त्वपूर्ण एवं सबसे सशक्त माध्यम उसके संवाद हैं। संवाद ही वह तत्त्व है, जो एक सशक्त नाटक को अन्य कमजोर नाटकों से अलग करता है। संवाद जितने सहज और स्वाभाविक होंगे, उतना ही दर्शक के मर्म को छुएँगे। संवादों के माध्यम से ही कथा आगे बढ़ती है। नाटक के संवाद सरल, सहज, स्वाभाविक एवं पात्रानुकूल होने चाहिए।

14. रेडियो नाटक की अवधि छोटी क्यों रखी जाती है? **CBSE SQP Term II 2022**

अथवा **सिनेमा या मंच पर अभिनीत नाटकों की तुलना में रेडियो नाटक की अवधि सीमित क्यों रखी जाती है? तर्क सहित उत्तर दीजिए।** **CBSE Term II 2022**

अथवा **रेडियो नाटक की अवधि आमतौर पर 15-30 मिनट तक की ही क्यों रखी जाती है?** **CBSE Term II 2022**

अथवा **सामान्यतः रेडियो नाटकों की अवधि कितनी होती है और क्यों?** **CBSE 2024**

उत्तर रेडियो नाटक की अवधि छोटी इसलिए रखी जाती है, क्योंकि रेडियो पूरी तरह से श्रव्य माध्यम है। रेडियो नाटक का लेखन सिनेमा व रंगमंच के लेखन से थोड़ा भिन्न तथा मुश्किल भी होता है। इसमें संवादों को ध्वनि प्रभावों के माध्यम से संप्रेषित करना होता है। यहाँ न तो मंज सज्जा एवं वस्त्र सज्जा होती है और न ही अभिनेता के चेहरे की भाव-भंगिमा। केवल आवाज के माध्यम से ही नाटक को प्रस्तुत किया जाता है। इसमें मनुष्य की एकाग्रता सीमित होती है। सामान्य रूप से रेडियो नाटक की अवधि 15-30 मिनट रखी जाती है, क्योंकि मनुष्य की सुनने की एकाग्रता अवधि 15 से 30 मिनट तक की ही होती है। अतः इन सभी कारणों से रेडियो नाटक की अवधि छोटी रखी जाती है।

15. किसी भी कहानी का नाट्य रूपांतरण करते समय परिवेश तथा उन पर लेखक की टिप्पणियों को दृश्य में नहीं ढाला जा सकता है। इन तत्त्वों को नाटक में किस प्रकार दर्शाया जा सकता है? स्पष्ट कीजिए। **CBSE 2023, CBSE Term II 2022**

उत्तर किसी भी कहानी का नाट्य रूपांतरण करते समय परिवेश तथा उन पर लेखक की टिप्पणियों को दृश्य में नहीं ढाला जा सकता। कहानी में कुछ ऐसे भी दृश्य हो सकते हैं, जिनमें लेखक ने केवल विवरण दिया हो और उसमें कोई संवाद न हो। ऐसी स्थिति में दृश्यों का पूरा खाका तैयार कर लेना चाहिए। इसके बाद यह अनुमान लगाया जा सकता है कि मूल कहानी में ऐसा क्या है, जो दृश्यों में नहीं आया है। यह देखना आवश्यक होता है कि परिस्थिति, परिवेश, पात्र, कथानक आदि से संबंधित लेखक की विवरणात्मक टिप्पणियाँ किस प्रकार की हैं? यदि ये टिप्पणियाँ परिवेश के बारे में हैं तो उन्हें मंच सज्जा के अंतर्गत लिया जा सकता है या

परिवेश के बारे में हैं तो उन्हें मंच सज्जा के अंतर्गत लिया जा सकता है या पार्श्व संगीत के माध्यम से व्यक्त कर सकते हैं। यदि विवरण पात्रों के बारे में हैं तो उन्हें संवादों के द्वारा निर्धारित दृश्यों में उचित स्थान दिया जा सकता है।

16. कहानीकार द्वारा कहानी में वर्णित मानसिक द्वंद्व को नाटक में किस प्रकार रूपांतरित किया जा सकता है? **CBSE 2024**

उत्तर कहानीकार द्वारा कहानी में वर्णित मानसिक द्वंद्व हेतु नाटक में स्वगत कथन का प्रयोग किया जाता है, जिसमें लेखक मंच के कोने में जाकर अपने आपसे संवाद बोलता है, लेकिन वर्तमान में यह कार्य 'वॉयस ओवर' अर्थात् ऐसी ध्वनि, जो दर्शक को सुनाई देती है, पर पात्र नहीं बोलता, के माध्यम से संभव है।

'ईदगाह' कहानी में अम्मा वाले अंश के लिए फ्लेशबैक शैली का उपयोग किया जा सकता है। अतः कहानी का नाट्य रूपांतरण करने से पहले यह जानकारी होना आवश्यक है कि वर्तमान रंगमंच में क्या संभावनाएँ हैं? इसके लिए अच्छे नाटक की प्रस्तुतियाँ देखी जानी चाहिए।

17. संवाद से जुड़ा वह कौन-सा तथ्य है, जो रेडियो नाटक पर विशेष रूप से लागू होता है और क्यों? **CBSE Term II 2022**

अथवा **रेडियो नाटक के संवाद में पात्रों का नाम लेना क्यों आवश्यक होता है?** **CBSE 2024**

अथवा **रेडियो नाटक के लिए संवाद लिखते समय क्या सावधानी बरतनी चाहिए?** **CBSE 2023**

उत्तर संवाद से जुड़ा एक तथ्य ऐसा है, जो रेडियो नाटक पर विशेष रूप से लागू होता है, क्योंकि रेडियो मुख्यतः संवाद प्रदान माध्यम है, इसलिए इस तथ्य का ध्यान रखना आवश्यक हो जाता है। वह तथ्य है—संवाद जिस चरित्र को संबोधित है, उसका नाम लेना। क्योंकि रेडियो में कौन, किससे बात कर रहा है, यह हम देख नहीं पाते, इसलिए जो पात्र या चरित्र संवाद कर रहा है या जिसे संबोधित कर रहा है, उसका नाम लेना आवश्यक हो जाता है, विशेष रूप से जब दृश्यों में दो से अधिक पात्र उपस्थित हों।

इसके अतिरिक्त रेडियो नाटक में कई बार जब कोई पात्र विशेष एक्शन या हरकत कर रहा हो, तो उस हरकत को भी संवाद का हिस्सा बनाना चाहिए; जैसे—कोई चलता-चलता थक गया हो, तो उसे कहीं बैठते हुए इस तरह संवाद करना होगा—बड़ा थक गया हूँ, जरा थोड़ी देर यहाँ बैठता हूँ (और 'आह' की आवाज के साथ वह बैठ जाता है)।

18. कहानी को नाट्य रूप में परिवर्तित करते समय उसे दृश्यों में क्यों विभाजित किया जाता है? **CBSE Term II 2022**

अथवा **कहानी का नाट्य रूपांतरण करते समय दृश्य विभाजन किन आधारों पर किया जाता है?** **CBSE 2025, CBSE Term II 2022**

उत्तर कहानी को नाटक में रूपांतरित करने के लिए पहले कहानी के कथानक (कथावस्तु) को समय तथा स्थान के आधार पर विभाजित करते हैं। कथानक से चुनकर निकाली गई घटनाओं के आधार पर दृश्य बनाया जाता है। एक ही समय-स्थान पर घटी घटना को एक दृश्य माना जाता है। अतः कथानक को समय तथा स्थान के आधार पर विभाजन करके दृश्यों को लिखा जाता है। दृश्य लिखते समय कथानक के अनावश्यक हिस्से को निकाल दिया जाता है, क्योंकि इससे नाटक की गति बाधित होती है। अतः प्रत्येक दृश्य का कथा के अनुसार तार्किक विकास किया जाता है। इसकी सुनिश्चितता के लिए दृश्य विशेष के उद्देश्य व उसकी संरचना पर विचार करना चाहिए।

प्रत्येक दृश्य का अंत ऐसा होना चाहिए, जो अगले दृश्य से संबंधित हो। अतः दृश्य का पूर्ण विवरण तैयार करना चाहिए, जिससे कोई आवश्यक जानकारी न रह जाए और साथ ही वह क्रमानुसार भी हो। अतः नाटक ही नहीं, बल्कि नाटक का प्रत्येक दृश्य प्रारंभ, मध्य व अंत में बँटा होता है, जो कथानक को तो आगे बढ़ाता ही है, बल्कि पात्रों और परिवेश को संवादों के माध्यम से भी प्रतिष्ठित करता है, साथ ही अगले दृश्य की भूमिका भी बनाता है।

19. कहानी के पात्रों को नाट्य रूपांतरण में किस प्रकार प्रभावशाली बनाया जा सकता है? उदाहरण सहित लिखिए। **CBSE Term II 2022**

उत्तर कहानी के पात्रों को नाट्य रूपांतरण में निम्नलिखित रूप से प्रभावशाली बनाया जा सकता है

(i) कहानी के पात्रों को नाट्य रूपांतरण करते समय पात्रों की दृश्यात्मकता का पात्रों के साथ मेल होना चाहिए; जैसे—प्रेमचंद की कहानी 'ईदगाह' का नाट्य रूपांतरण करते समय 'हामिद' की आर्थिक स्थिति के अनुसार उसके वस्त्र होने चाहिए। कहानी के अनुसार हामिद पैबंद लगे कुर्ता पहने और नंगे पैर होना चाहिए।

(ii) घटनाओं के अनुरूप पात्रों का मनोभाव चेहरे पर झलकना चाहिए; जैसे—हामिद का 'क्या खरीदें' से संबंधित अंतर्द्वंद्व।

(iii) पात्रों की भाव-भंगिमाएँ दृश्य के अनुसार होनी चाहिए; जैसे—हामिद का मिठाइयों को देखकर ललचाना, होंठों पर जीभ फिराना आदि।

(iv) पात्रों का चयन अभिनय के अनुरूप होना चाहिए; जैसे— हामिद की अवस्था के अनुसार पात्र का चयन करना।

(v) पात्र की संवाद शैली व भाषा उसके चरित्र के अनुसार होनी चाहिए।

20. कहानी और नाटक में क्या-क्या समानताएँ होती हैं? **CBSE 2023**

अथवा **कहानी और नाटक किन बिंदुओं पर समान होते हैं?** **CBSE SQP 2024**

उत्तर कहानी और नाटक में निम्नलिखित समानताएँ होती हैं

(i) कहानी तथा नाटक दोनों का केंद्रबिंदु कथानक होता है।

(ii) कहानी तथा नाटक दोनों में पात्र होते हैं।

(iii) कहानी तथा नाटक दोनों में देशकाल और वातावरण का वर्णन होता है।

(iv) कहानी और नाटक दोनों का क्रमिक विकास होता है।

(v) कहानी और नाटक दोनों में संवाद की महत्त्वपूर्ण भूमिका होती है।

(vi) कहानी व नाटक दोनों के पात्रों के मध्य द्वंद्व चलता रहता है।

(vii) कहानी और नाटक दोनों में एक उद्देश्य निहित रहता है।

(viii) कहानी तथा नाटक दोनों में कथानक का चरमोत्कर्ष होता है।

स्व-मूल्यांकन

बहुविकल्पीय प्रश्न

1. नाटक में प्रमुख भूमिका किसकी होती है?

(क) पात्र की (ख) दर्शक की

(ग) निर्देशक की (घ) लेखक की

उत्तर (ग) निर्देशक की

2. स्वगत कथन के स्थान पर आजकल किसका प्रयोग किया जाता है?

(क) वॉयस ओवर का (ख) वॉयस वीक का

(ग) कट टू का (घ) चैज वॉयस का

उत्तर (क) वॉयस ओवर का

3. निम्न में से किस तत्त्व का नाटक में अधिक महत्त्व है, परंतु कहानी में नहीं?

(क) चरित्र-चित्रण का (ख) देशकाल का

(ग) कथानक का (घ) द्वंद्व का

उत्तर (घ) द्वंद्व का

4. रेडियो नाटक का प्रमुख तत्त्व है

(क) भाषा (ख) ध्वनि प्रभाव

(ग) संगीत (घ) ये सभी

उत्तर (घ) ये सभी

5. नाटक रूपांतरण में आने वाली मुख्य समस्या है

(क) पात्रों के मानसिक द्वंद्व का नाटकीय प्रस्तुतिकरण करना

(ख) संगीत, ध्वनि और प्रकाश व्यवस्था करना

(ग) कथानक को अभिनय के अनुरूप बनाना

(घ) उपर्युक्त सभी

उत्तर (घ) उपर्युक्त सभी

अतिलघु उत्तरीय प्रश्न

6. कहानी की दो मुख्य विशेषता बताइए।

7. किन्हीं दो कहानियों के नाम बताइए, जिनका नाटक में रूपांतरण हुआ है?

8. कहानी के नाट्य रूपांतरण में क्या समस्या आती है?

लघु उत्तरीय प्रश्न

9. रेडियो नाटक के लिए एक कहानी का चयन कैसा किया जाता है?

10. कहानी और रेडियो नाटक में क्या अंतर है?

11. रेडियो नाटक कैसे लिखा जाता है?

12. रेडियो नाटक लिखते समय किन बातों का ध्यान रखना चाहिए?

06

अध्याय

नए और अप्रत्याशित विषयों पर लेखन

नए और अप्रत्याशित विषयों पर लेखन का अर्थ

कम-से-कम समय में अपने विचारों को संकलित कर उन्हें सुंदर एवं सुव्यवस्थित ढंग से अभिव्यक्त करना 'नए और अप्रत्याशित विषयों पर लेखन' कहलाता है। अप्रत्याशित लेखन के विषयों की संख्या असीमित है। इसके अंतर्गत किसी भी विषय पर लेखन हेतु विषय दिया जा सकता है; जैसे-बहुत आवश्यक है शिक्षा, दीवार घड़ी, धारावाहिकों में स्त्री, मेरा प्रिय टाइमपास आदि।

▼ अभ्यास के लिए

- पाठ्यपुस्तक के प्रश्नोत्तर
- बहुविकल्पीय प्रश्न
- अतिलघु उत्तरीय प्रश्न
- लघु उत्तरीय प्रश्न

नए और अप्रत्याशित विषयों पर लेखन का उद्देश्य भाषा के माध्यम से दिए गए विषय पर विचार करने और उस विचार को व्याकरणिक शुद्धता के साथ सुगठित रूप में अभिव्यक्त करना है।

जो लोग आत्मनिर्भर होकर लिखित रूप में अभिव्यक्ति का अभ्यास नहीं करते, उन्हें अप्रत्याशित विषयों पर लिखना एक चुनौती के समान लगता है। रटने की बुरी आदत हमें अभ्यास का अवसर नहीं देती और हम दूसरों द्वारा तैयार की गई सामग्री को ज्यों-का-त्यों प्रस्तुत कर देते हैं। यह निर्भरता हमारे मौलिक अभ्यास को बाधित करती है और हमारी लिखित अभिव्यक्ति की क्षमता को विकसित नहीं होने देती। अत: आवश्यक है कि हमें निबंध के परंपरागत विषयों को छोड़कर नए प्रकार के विषयों पर लिखने का अभ्यास करना चाहिए।

नए एवं अप्रत्याशित विषयों पर लेखन हेतु ध्यान रखने योग्य बातें

- किसी भी विषय पर लिखने से पूर्व सबसे पहले दो-तीन मिनट सोचकर यह विचार कर लेना चाहिए कि किन विचारों (बिंदुओं) को हम विस्तार से दे सकते हैं।
- इसके पश्चात् विषय की शुरुआत को आकर्षक बनाने पर विचार करना चाहिए।
- शुरुआत आकर्षक होने के साथ-साथ निर्वाह योग्य भी होनी चाहिए।
- लिखते समय बात एक सिलसिलेवार ढंग से आगे बढ़े, इसलिए उसमें सुसंबद्धता का गुण होना अनिवार्य है।
- सुसंबद्धता के साथ-साथ विवरण का सुसंगत होना भी आवश्यक है। सुसंगत होना एक अच्छे लेखन की विशेषता है।
- लिखते समय हमारी दो बातें आपस में एक-दूसरे का खंडन करती हुई नहीं होनी चाहिए।
- सामान्य निबंधों या आलेखों में जहाँ 'मैं' शैली का प्रयोग वर्जित होता है, वहीं अप्रत्याशित लेखन में 'मैं' शैली का प्रयोग किया जा सकता है।

उदाहरण के लिए

1. 'बढ़ती जनसंख्या : घटते संसाधन' विषय पर एक रचनात्मक लेख लिखिए। CBSE 2024

उत्तर **बढ़ती जनसंख्या : घटते संसाधन**

जनसंख्या की लगातार वृद्धि ने विकास के लक्ष्यों को बेअसर कर दिया है। आज जिस प्रकार विश्व की बढ़ती हुई आबादी की माँग की पूर्ति के लिए प्रकृति के नियमों को दरकिनार करके तीव्र गति के औद्योगीकरण, शहरीकरण व मशीनीकरण के माध्यम से प्राकृतिक संसाधनों का अँधाधुँध दोहन हो रहा है, उसी का परिणााम है कि हमारी सारी नदियाँ सूखती जा रही हैं, समुद्र प्रदूषित हो रहा है, जल, जंगल और जमीन घटते जा रहे हैं। घटते हुए संसाधन विश्व के समक्ष एक गंभीर समस्या है। कहीं बाढ़ तो कहीं सूखे का सामना करना पड़ रहा है। जलवायु परिवर्तन जैसे मुद्दों पर विश्वव्यापी बहस छिड़ गई है।

जनसंख्या की वृद्धि के कारण ग्रामीण जीवन के जीविकोपार्जन के मूलभूत संसाधन घटते जा रहे हैं। यही स्थिति जल, ऊर्जा और खनिज संसाधनों की भी है। यदि भविष्य में भारत में जनसंख्या वृद्धि की दर यही रहती है, तो वह दिन दूर नहीं, जब आम आदमी के जीवनयापन के लिए न्यूनतम साधन उपलब्ध कराना भी कठिन हो जाएगा।

संसाधनों की सीमितता और बुनियादी ढाँचे की अपर्याप्तता को देखते हुए गुणवत्तापूर्ण शिक्षा और स्वास्थ्य सेवाएँ उपलब्ध कराना बहुत कठिन है। हमारा पर्यावरण भी बढ़ती जनसंख्या से प्रभावित होता है। बढ़ती जनसंख्या व घटते संसाधन से भुखमरी, कुपोषण, बीमारी, गरीबी, लाचारी आदि ऐसी समस्याएँ उत्पन्न होती हैं, जो किसी भी समाज के नैतिक, सैद्धांतिक, सांस्कृतिक, पारंपरिक व ताने-बाने को ध्वस्त कर सकती हैं।

2. मित्रों के साथ स्टेडियम में मैच देखने का आनंद पर रचनात्मक लेख लिखिए। CBSE 2025

उत्तर **मित्रों के साथ स्टेडियम में मैच देखने का आनंद**

खेल केवल मनोरंजन का साधन ही नहीं, बल्कि जीवन के उत्साह और उमंग को बढ़ाने का माध्यम भी है। खेल का रोमांच और स्टेडियम का जोश किसी भी खेल प्रेमी के लिए अविस्मरणीय होता है। जब दोस्तों के साथ स्टेडियम में मैच देखने का अवसर मिलता है, तो यह अनुभव और भी खास बन जाता है।

मुझे याद है, जब मैंने अपने मित्रों के साथ क्रिकेट मैच देखने का निर्णय लिया। टिकट खरीदने से लेकर स्टेडियम तक पहुँचने का सफर ही बहुत रोमांचक था।

स्टेडियम में प्रवेश करते ही हजारों दर्शकों की गूँजती हुई आवाजें रोमांच को और बढ़ा रही थीं। जैसे ही खिलाड़ी मैदान पर आए, पूरा स्टेडियम तालियों और जयकारों से गूँज उठा। चौके-छक्के पर हमारी खुशी का ठिकाना नहीं था और जब हमारी टीम ने मैच जीता, तो वह क्षण अविस्मरणीय बन गया।

स्टेडियम में मैच देखने का अनुभव टीवी से बिल्कुल अलग होता है। वहाँ ऊर्जा, उत्साह और भावनाएँ अपने चरम पर होती हैं। दोस्तों के साथ यह आनंद दोगुना हो जाता है और यह यादें जीवनभर साथ रहती हैं।

पाठ्यपुस्तक (अभिव्यक्ति और माध्यम) के प्रश्नोत्तर

1. अधूरे वाक्यों को अपने शब्दों में पूरा कीजिए

(i) **हम नया सोचने–लिखने का प्रयास नहीं करते, क्योंकि......**

(ii) **लिखित अभिव्यक्ति की क्षमता का विकास नहीं होता, क्योंकि......**

(iii) **हमें विचार प्रवाह को थोड़ा नियंत्रित रखना पड़ता है, क्योंकि.....**

(iv) **लेखन के लिए पहले उसकी रूपरेखा स्पष्ट होनी चाहिए, क्योंकि ......**

(v) **लेखन में 'मैं' शैली का प्रयोग होता है, क्योंकि...**

उत्तर

(i) हम नया सोचने-लिखने का प्रयास नहीं करते, क्योंकि हमें आत्मनिर्भर होकर लिखित रूप में स्वयं को अभिव्यक्ति करने का अभ्यास नहीं होता है।

(ii) लिखित अभिव्यक्ति की क्षमता का विकास नहीं होता, क्योंकि हम कुछ नया सोचने-लिखने का प्रयास करने के स्थान पर किसी विषय पर पहले से उपलब्ध सामग्री पर निर्भर हो जाते हैं।

(iii) हमें विचार प्रवाह को थोड़ा नियंत्रित रखना पड़ता है, क्योंकि विचारों को नियंत्रित करने से ही हम जिस विषय पर लिखने जा रहे हैं, उसका विवेचन उचित रूप से कर सकेंगे।

(iv) लेखन के लिए पहले उसकी रूपरेखा स्पष्ट होनी चाहिए, क्योंकि जब तक यह स्पष्ट नहीं होगा कि हमें क्या और कैसे लिखना है तब तक हम अपने विषय को सुसंबंध और सुसंगत रूप से प्रस्तुत नहीं कर सकते।

(v) लेख में 'मैं' शैली का प्रयोग होता है, क्योंकि लेख में व्यक्त विचार लेखक के अपने होते हैं और लेख पर लेखक के अपने व्यक्तित्व की छाप होती है।

2. निम्नलिखित विषयों पर 200 से 300 शब्दों में लेख लिखिए

- **झरोखे से बाहर**
- **सावन की पहली झड़ी**
- **इम्तिहान के दिन**
- **दीया और तूफ़ान**
- **मेरे मोहल्ले का चौराहा**
- **मेरा प्रिय टाइमपास**
- **एक कामकाजी औरत की शाम**

उत्तर **झरोखे से बाहर**

झरोखा है-भीतर से बाहर की ओर झाँकने का माध्यम और बाहर से भीतर देखने का रास्ता। हमारी आँखें भी तो झरोखा ही हैं-मन-मस्तिष्क को संसार

से और संसार को मन-मस्तिष्क से जोड़ने का। मन रूपी झरोखे से किसी भक्त को संसार के कण-कण में बसने वाले ईश्वर के दर्शन होते हैं तो मन रूपी झरोखे से ही किसी डाकू-लुटेरे को किसी धनी-सेठ की धन-संपत्ति दिखाई देती है, जिसे लूटने के प्रयत्न में वह हत्या जैसा जघन्य कार्य करने में तनिक नहीं झिझकता।

झरोखा स्वयं कितना छोटा-सा होता है, पर उसके पार बसने वाला संसार कितना व्यापक है, जिसे देख तन-मन की भूख जाग जाती है और कभी-कभी शांत भी हो जाती है। किसी पर्वतीय स्थल पर किसी घर के झरोखे से गगनचुंबी पर्वतमालाएँ, ऊँचे-ऊँचे पेड़, गहरी-हरी घाटियाँ, डरावनी खाइयाँ यदि पर्यटकों को अपनी ओर खींचती हैं तो दूर-दूर तक घास चरती भेड़-बकरियाँ, बाँसुरी बजाते चरवाहे, पीठ पर लंबे टोकरे बाँधकर इधर-उधर जाते सुंदर पहाड़ी युवक-युवतियाँ मन को मोह लेते हैं। राजस्थानी महलों के झरोखों से दूर-दूर फैले रेत के टीले कुछ अलग ही रंग दिखाते हैं।

गाँवों में झोंपड़ों के झरोखों के बाहर यदि हरे-भरे खेत लहलहाते दिखाई देते हैं तो कूड़े के ऊँचे-ऊँचे ढेर भी नाक पर हाथ रखने को मजबूर कर देते हैं। झरोखे कमरों को हवा ही नहीं देते, बल्कि भीतर से ही बाहर के दर्शन करा देते हैं। सजी-सँवरी दुल्हन झरोखे के पीछे छिपकर यदि अपने होने वाले पति की एक झलक पाने को उतावली रहती है तो कोई विरहिणी अपनी नजर बिछाए झरोखे पर ही आठों पहर टिकी रहती है। माँ अपने बेटे के आगमन का इंतजार झरोखे पर टिककर करती हैं। झरोखे तो तरह-तरह के होते हैं, पर झरोखों के पीछे बैठ प्रतीक्षा रत आँखों में सदा एक ही भाव होता है-कुछ देखने का, कुछ पाने का। युद्ध भूमि में मोर्चे पर डटा जवान भी तो खाई के झरोखे से बाहर छिप-छिपकर झाँकता है-अपने शत्रु को गोली से उड़ा देने के लिए। झरोखे तो छोटे-बड़े कई होते हैं, पर उनके बाहर के दृश्य तो बहुत बड़े होते हैं, जो कभी-कभी आत्मा तक को झकझोर देते हैं।

सावन की पहली झड़ी

पिछले कई दिनों से हवा में घुटन-सी बढ़ गई थी। बाहर तपता सूर्य और सब तरफ हवा में नमी की अधिकता जीवन दूभर बना रही थी। बार-बार मन में भाव उठता कि हे भगवान, कुछ तो दया करो। न दिन में चैन और न रात को आँखों में नींद-बस गर्मी ही गर्मी, पसीना ही पसीना। रात को बिस्तर पर करवटें लेते-लेते पता नहीं कब आँख लग गई। सुबह आँखें खुलीं तो अहसास हुआ कि खिड़कियों से ठंडी हवा भीतर आ रही है। उठकर खिड़की से बाहर झाँका तो मन खुशी से झूम उठा। आकाश तो काले बादलों से भरा हुआ था। आकाश में कहीं नीले रंग की झलक नहीं। सूर्य देवता बादलों के पीछे पता नहीं कहाँ छिपे हुए थे। पक्षी पेड़ों पर बादलों के स्वागत में चहचहा रहे थे।

मुहल्ले से सारे लोग अपने-अपने घरों से बाहर निकल मौसम के बदलते रंग को देख रहे थे। उमड़ते-उमड़ते मस्त हाथियों से काले-कजरारे बादल मन में मस्ती भर रहे थे। अचानक बादलों में तेज बिजली कौंधी जोर से बादल गरजे और मोटी-मोटी कुछ बूँदें टपकीं कुछ लोग इधर-उधर भागे ताकि अपने-अपने घरों में बाहर पड़ा सामान भीतर रख लें। पल भर में ही बारिश का तेज़ सर्राटा आया और फिर लगातार तेज़ बारिश शुरू हो गई। महीनों से प्यासी धरती की प्यास बुझ गई।

पेड़-पौधों के पत्ते नहा गए। उनका धूल-धूसरित चेहरा धुल गया और हरी-भरी दमक फिर से लौट आई। छोटे-छोटे बच्चे बारिश में नहा रहे थे, खेल रहे थे, एक-दूसरे पर पानी उछाल रहे थे। कुछ ही देर में सड़कें-गलियाँ छोटे-छोटे नालों की तरह पानी भर-भरकर बहने लगी थीं। कल रात तक दहकने वाला दिन आज खुशनुमा हो गया था। तीन-चार घंटे बाद बारिश की गति कुछ कम हुई और फिर पाँच-दस मिनट के लिए बारिश रुक गई। लोग बाहर निकलें, पर इससे पहले फिर से बारिश शुरू हो गई-कभी धीमी तो कभी तेज़।

सुबह से शाम हो गई है पर बादलों का अँधेरा उतना ही है जितना सुबह था। रिमझिम बारिश आ रही है। घरों की छतों से पानी पनालों से बह रहा है। मेरी दादी अभी कह रही थी कि आज शनिवार को बारिश की झड़ी लगी है। यह तो अगले शनिवार तक ऐसे ही रहेगी भगवान करे ऐसा ही हो। धरती की प्यास बुझ जाए और हमारे खेत लहलहा उठें।

इम्तिहान के दिन

बड़े-बड़े भी काँपते हैं इम्तिहान के नाम से। इम्तिहान छोटों का हो या बड़ों का, पर यह डराता सभी को है। पिछले वर्ष जब दसवीं की बोर्ड परीक्षा हमें देनी थी तब सारा वर्ष स्कूल में हमें बोर्ड परीक्षा नाम से डराया गया था और घर में भी इसी नाम से धमकाया जाता था। मन ही मन हम इसके नाम से भी डरा करते थे कि पता नहीं इस बार इम्तिहान में क्या होगा? सारा वर्ष अच्छी तरह पढ़ाई की थी, बार-बार टैस्ट दे-दे कर तैयारी की थी पर इम्तिहान के नाम से भी डर लगता था।

जिस दिन इम्तिहान का दिन था, उससे पहली रात मुझे तो बिल्कुल नींद नहीं आई। पहला पेपर हिंदी का था और विषय पर मेरी अच्छी पकड़ थी पर 'इम्तिहान' का भूत सिर पर इस प्रकार सवार था कि नीचे उतरने का नाम ही नहीं लेता था। सुबह स्कूल जाने के लिए तैयार हुआ। स्कूल बस में सवार हुआ तो हर रोज़ हो हल्ला करने वाले साथियों के हाथों में पकड़ी पुस्तकें और उनकी झुकी हुई आँखों ने मुझे और अधिक डराया। सबके चेहरों पर खौफ-सा छाया था।

खिलखिलाने वाले चेहरे आज सहमे हुए थे। मैंने भी मन ही मन अपने पाठों को दोहराना चाहा पर मुझे तो कुछ याद ही नहीं। सब कुछ भूलता-सा प्रतीत हो रहा था। मैंने भी अपनी पुस्तक खोली। पुस्तक देखते ही ऐसा लगा कि मुझे तो यह आती है। खैर, स्कूल पहुँचकर अपनी जगह पर बैठे। प्रश्न-पत्र मिला, आसान लगा। ठीक समय पर पूरा पत्र हो गया। जब बाहर निकले तो सभी प्रसन्न थे, पर साथ ही चिंता आरंभ हो गई अगले पेपर की। अगला पेपर गणित का था। चाहे दो छुट्टियाँ थीं, पर ऐसा लगता था कि ये तो बहुत कम हैं। वह पेपर भी बीता पर चिंता समाप्त नहीं हुई।

पंद्रह दिन में सभी पेपर ख़त्म हुए पर ये सारे दिन बहुत व्यस्त रखने वाले थे इन दिनों न तो भूख लगती थी और न खेलने की इच्छा होती थी। इन दिनों न तो मैं अपने किसी मित्र के घर गया और न ही मेरे किसी मित्र को मेरी सुध आई। इम्तिहान के दिन बड़े तनाव भरे थे।

दीया और तूफ़ान

मिट्टी का बना हुआ एक नन्हा-सा दीया भी जलता है तो रात्रि अंधकार से लड़ता हुआ उसे दूर भगा देता है। अपने आस-पास हल्का-सा उजाला फैला देता है। जिस अंधकार में हाथ को हाथ नहीं सूझता उसे भी मंद प्रकाश फैलाकर काम करने योग्य रास्ता दिखा देता है।

हवा का हल्का-सा झोंका जब दीये की लौ को कँपा देता है तब ऐसा लगता है कि इसके बुझते ही अंधकार फिर छा जाएगा और फिर हमें उजाला कैसे मिलेगा? दीया चाहे छोटा-सा होता है, पर वह अकेला अंधकार के संसार का सामना कर सकता है तो हम इस इनसान जीवन की राह में आने वाली कठिनाइयों का भी उसी की तरह मुकाबला क्यों नहीं

कर सकते? यदि वह तूफ़ान का सामना करके अपनी टिमटिमाती लौ से प्रकाश फैला सकता है तो हम भी हर कठिनाई में कर्मठ बनकर संकटों के घेरों से निकल सकते हैं। महाराणा प्रताप ने सब कुछ खोकर अपना लक्ष्य प्राप्त करने की ठानी थी। हमारे पूर्व प्रधानमंत्री लालबहादुर शास्त्री ने नन्हें-से दीये के समान जीवन की कठोरता का सामना किया था और विश्व के सबसे बड़े गणतंत्र भारत का प्रधानमंत्री पद प्राप्त कर लिया था।

हमारे राष्ट्रपति कलाम ने अपना जीवन टिमटिमाते दीये के समान आरंभ किया था, पर आज वही दीया हमारे देश को मिसाइलें प्रदान करने वाला प्रचंड अग्निपुंज है। उसने देश को जो शक्ति प्रदान की है, वह स्तुत्य है। समुद्र में एक छोटी-सी नौका ऊँची-तूफानी लहरों से टकराती हुई अपना रास्ता बना लेती है और अपनी मंज़िल पा लेती है।

एक छोटा-सा प्रवासी पक्षी साइबेरिया से उड़कर हज़ारों-लाखों मील दूर पहुँच सकता है तो हम इंसान भी कठिन से कठिन मंज़िल प्राप्त कर सकते हैं। अकेले अभिमन्यु ने चक्रव्यूह में घिरकर कौरवों जैसे महारथियों का डटकर सामना किया था। कभी-कभी तूफान अपने प्रचंड वेग से दीये की लौ को बुझा देता है पर जब तक दीया जगमगाता है तब तक तो अपना प्रकाश फैलाता है और अपने अस्तित्व को प्रकट करता है। मिटना तो सभी को है एक दिन। वह कठिनाइयों से डरकर छिपा रहे या डटकर उनका मुकाबला करे। श्रेष्ठ मनुष्य वही है, जो दीये के समान जगमगाता हुआ तूफानों की परवाह न करे और अपनी रोशनी से संसार को उजाला प्रदान करता रहे।

मेरे मोहल्ले का चौराहा

मोहल्ले की सारी गतिविधियों का केंद्र मेरे घर के पास का चौराहा है। नगर की चार प्रमुख सड़कें इस आर-पार से गुज़रती हैं, इसलिए इस पर हर समय हलचल बनी रहती है। पूर्व से पश्चिम की ओर जाने वाली सड़क रेलवे स्टेशन की ओर से आती है और मुख्य बाज़ार की तरफ़ जाती है, जिसके आगे औद्योगिक क्षेत्र हैं।

रेलवे स्टेशन से आने वाले यात्री और मालगाड़ियों से उतरा सामान ट्रकों में भर इसी से गुज़रकर अपने-अपने गंतव्य पर पहुँचता है। उत्तर से दक्षिण की तरफ जाने वाली सड़क मॉडल टाउन और बस स्टैंड से गुज़रती है। इस पर दो सिनेमा हॉल तथा अनेक व्यापारिक प्रतिष्ठान बने हैं, जहाँ लोगों का आना-जाना लगा रहता है। चौराहे पर फलों की रेहड़ियाँ, कुछ सब्जी बेचने वाले, खोमचे वाले तो सारा दिन जमे ही रहते हैं। चूँकि चौराहे के आसपास घनी बस्ती है, इसलिए लोगों की भीड़ कुछ न कुछ खरीदने के लिए यहाँ आती ही रहती है। सुबह-सवेरे स्कूल जाने वाले बच्चों से भरी रिक्शा और बसें जब गुज़रती हैं तो भीड़ कुछ अधिक बढ़ जाती है। कुछ रिक्शाओं में तो नन्हें-नन्हें बच्चे गला फाड़कर चीखते-चिल्लाते सबका ध्यान अपनी ओर खींचते हैं। वे स्कूल नहीं जाना चाहते पर जाने के लिए विवश कर रिक्शा में बिठाए जाते हैं। चौराहे पर लगभग हर समय कुछ आवारा मजनू छाप भी मँडराते रहते हैं, जिन्हें ताक-झाँक करते हुए पता नहीं क्या मिलता है। मैंने कई बार पुलिस के द्वारा उनकी वहाँ की जाने वाली पिटाई भी देखी है, पर इसका उन पर कोई विशेष प्रभाव नहीं होता। वे तो चिकने घड़े हैं। कुछ तो दिन भर नीम के पेड़ के नीचे घास पर बैठ ताश खेलते रहते हैं। मेरे मोहल्ले का चौराहा नगर में इतना प्रसिद्ध है कि मोहल्ले और आस-पास की कॉलोनियों की पहचान इसी से है।

मेरा प्रिय टाइमपास

आज के आपाधापी से भरे युग में किसके पास फ़ालतू समय है पर फिर भी हम लोग मशीनी मानव तो नहीं हैं। कभी-कभी अपने लिए निर्धारित काम धंधों के अतिरिक्त हम कुछ और भी करना चाहते हैं। इससे मन सुकून प्राप्त करता है और लगातार काम करने से उत्पन्न बोरियत दूर होती है। हर व्यक्ति की पसंद अलग होती है, इसलिए उनका टाइमपास का तरीका अलग होता है। किसी का टाइमपास सोना है तो किसी का टीवी देखना, तो किसी का सिनेमा देखना तो किसी का उपन्यास पढ़ना, किसी का इधर-उधर घूमना तो किसी का खेती-बाड़ी करना। मेरा प्रिय टाइमपास विंडो-शॉपिंग है।

जब कभी काम करते-करते मैं ऊब जाता हूँ और मन कोई काम नहीं करना चाहता तब मैं तैयार होकर घर से बाहर बाजार की ओर निकल जाता हूँ–विंडो-शापिंग के लिए। जिस नगर में मैं रहता हूँ वह काफी बड़ा है। बड़े-बड़े बाजार, शॉपिंग मॉल्ज और डिपार्टमेंटल स्टोर की संख्या काफी बड़ी है दुकानों की शो-विंडोज सुंदर ढंग से सजे-सँवरे सामान से ग्राहकों को लुभाने के लिए भरे रहते हैं। नए-नए उत्पाद, सुंदर कपड़े, इलेक्ट्रॉनिक नया सामान, तरह-तरह के खिलौने, सजावटी सामान आदि इनमें भरे रहते हैं। मैं इन सजी-सँवरी दुकानों की शो-विंडोज को ध्यान से देखता हूँ, मन ही मन खुश होता हूँ, उनकी सुंदरता और उपयोगिता की सराहना करता हूँ। जिस वस्तु को मैं खरीदने की इच्छा करता हूँ उसके दाम का टैग देखता हूँ और मन में सोच लेता हूँ कि मैं इसे तब खरीद लूँगा, जब मेरे पास अतिरिक्त पैसे होंगे। ऐसा करने से मेरी जानकारी बढ़ती है। नए-नए उत्पादों से संबंधित ज्ञान बढ़ता है और मन नए सामान को लेने की तैयारी करता है और इसलिए मस्तिष्क और अधिक परिश्रम करने के लिए तैयार होता है। टाइमपास की मेरी यह विधि उपयोगी है, सार्थक है, परिश्रम करने की प्रेरणा देती है, ज्ञान बढ़ाती है और किसी का कोई नुकसान नहीं करती।

एक कामकाजी औरत की शाम

हमारे देश में मध्यवर्गीय परिवारों के लिए अति आवश्यक हो चुका है कि घर-परिवार को ठीक प्रकार से चलाने के लिए पति-पत्नी दोनों धन कमाने के लिए काम करें और इसीलिए समाज में कामकाजी औरतों की संख्या निरंतर बढ़ती जा रही है। कामकाजी औरत की जिंदगी पुरुषों की अपेक्षा कठिन है।

वह घर-बाहर एकसाथ सँभालती है। उसकी शाम तभी आरंभ हो जाती है, जब वह अपने कार्यस्थल से छुट्टी के बाद बाहर निकलती है वह घर पहुँचने से पहले ही रास्ते में आने वाली रेहड़ी या बाजार से फल-सब्जियाँ खरीदती है, छोटा-मोटा किरयाने का सामान लेती है और लदी-फदी घर पहुँचती है। तब तक पति और बच्चे भी घर पहुँच चुके होते हैं।

दिनभर की थकी-हारी औरत कुछ आराम करना चाहती है पर उससे पहले चाय तैयार करती है। यदि वह औरत संयुक्त परिवार में रहती है तो कुछ और तैयार करने की फ़रमाइशें भी उसे पूरी करनी पड़ती है। चाय पीते-पीते वह बच्चों से, बड़ों से बातचीत करती है। यदि उस समय कोई घर में मिलने-जुलने वाला आ जाता है तो सारी शाम आगंतुकों की सेवा में बीत जाती है। लेकिन यदि ऐसा नहीं हआ तो भी उसे फिर से बाज़ार या कहीं और जाना पड़ता है ताकि घर के लोगों की फ़रमाइशों को पूरा कर सके। लौटकर बच्चों को होमवर्क करने में सहायता देती है और फिर रात के खाने की तैयारी में लग जाती है। कभी-कभी उसे आस-पड़ोस के घरों में भी औपचारिकतावश जाना पड़ता है। कामकाजी औरत तो चक्कर घिन्नी की तरह हर पल चक्कर ही काटती रहती है। उसकी शाम अधिकतर दूसरों की फ़रमाइशों को पूरा करने में बीत जाती है।

वह हर पल चाहती है कि उसे भी घर में रहने वाली औरतों के समान कोई शाम अपने लिए मिले, पर प्रायः ऐसा हो नहीं पाता, क्योंकि कामकाजी औरत का जीवन तो घड़ी की सुइयों से बँधा होता है।

3. घर से स्कूल तक के सफ़र में आज आपने क्या-क्या देखा और अनुभव किया? लिखें और अपने लेख को एक अच्छा-सा शीर्षक भी दें।

उत्तर **संवेदनाओं की मौत**

मैं घर से अपने विद्यालय जाने के लिए निकली। आज मैं अकेली ही जा रही थी, क्योंकि मेरी सखी नीलम को ज्वर आ गया था। मेरा विद्यालय मेरे घर से लगभग तीन किमी दूर है। रास्ते में बस स्टैंड भी पड़ता है। वहाँ से निकली तो बसों का आना-जाना जारी था। मैं बचते-बचाते निकल ही रही थी कि मेरे सामने ही एक बस से टकराकर एक व्यक्ति बीच सड़क पर गिर गया। मैं किनारे पर खड़ी होकर देख रही थी कि उस गिरे हुए व्यक्ति को उठाने कोई नहीं आ रहा।

मैं साहस करके आगे जा ही रही थी कि एक बुजुर्ग ने मुझे रोककर कहा, 'बेटी! कहाँ जा रही हो?' वह तो मर गया लगता है। हाथ लगाओगी तो पुलिस के चक्कर में पड़ जाओगी। मैं घबराकर पीछे हट गई और सोचते-सोचते विद्यालय पहुँच गई कि हमें क्या हो गया है जो हम किसी के प्रति हमदर्दी भी नहीं दिखा सकते, किसी की सहायता भी नहीं कर सकते?

4. अपने आस-पास की किसी ऐसी चीज़ पर एक लेख लिखें, जो आपको किसी वजह से वर्णनीय प्रतीत होती हो। वह कोई चाय की दुकान हो सकती है, कोई सैलून हो सकता है, कोई खोमचे वाला हो सकता है या किसी खास दिन पर लगने वाला हॉट-बाज़ार हो सकता है। विषय का सही अंदाज़ा देने वाला शीर्षक अवश्य दें।

उत्तर **पानी के नाम पर बिकता ज़हर**

जेठ की तपती दोपहरी। पसीना, उमस और चिपचिपाहट ने लोगों को व्याकुल कर दिया था। गला प्यास से सूखता है तो मन सड़क के किनारे खड़ी 'रेफ्रिजरेटर कोल्ड वाटर' की रेहड़ी की ओर चलने को कहता है। प्यास की तलब में पैसे दिए और पानी पिया। चल दिए। पर कभी सोचा नहीं कि इन रेहड़ी की टंकियों की क्या दशा है? क्या इन्हें कभी साफ़ भी किया जाता है? क्या इनमें वास्तव में रेफ्रिजेरेटर कोल्ड वॉटर है या पानी में बर्फ डाली हुई है? कहीं हम पैसे देकर पानी के नाम पर ज़हर तो नहीं पी रहे? इन कोल्ड वाटर बेचने वालों के 'वाटर' की जाँच स्वास्थ्य विभाग का कार्य है, परंतु वे तो तब तक नहीं जागते हैं जब तक इनके दूषित पानी पीने से सैकड़ों व्यक्ति दस्त, हैजे के शिकार नहीं हो जाते। आशा है इन गर्मियों में स्वास्थ्य विभाग जाएगा और पानी के नाम पर ज़हर बेचने वाली इन कोल्ड वाटर की रेहड़ियों की जाँच करेगा।

अभ्यास प्रश्न

बहुविकल्पीय प्रश्न

1. अप्रत्याशित विषय पर लिखने से पहले विद्यार्थी को क्या करना चाहिए?

(क) विषय के बारे में सोच-विचार
(ख) बिना सोच-विचार के लिखना
(ग) शिक्षक की सहायता लेना
(घ) माता-पिता की सहायता लेना

उत्तर (क) विषय के बारे में सोच-विचार

2. रटने की बुरी आदत हमें अवसर नहीं देती है

(क) लिखने का (ख) पढ़ने का
(ग) अभ्यास का (घ) ये सभी

उत्तर (ग) अभ्यास का

3. कम-से-कम समय में अपने विचारों को सुंदर एवं सुघड़ ढंग से अभिव्यक्त करना कहलाता है

(क) नए विषयों पर लेखन
(ख) अप्रत्याशित विषयों पर लेखन
(ग) नए और अप्रत्याशित विषयों पर लेखन
(घ) उपर्युक्त में से कोई नहीं

उत्तर (ग) नए और अप्रत्याशित विषयों पर लेखन

4. अप्रत्याशित लेखन के विषयों में सम्मिलित किया जाता है

(क) शिक्षा को (ख) दीवार घड़ी को
(ग) मेरा प्रिय टाइमपास को (घ) ये सभी

उत्तर (घ) ये सभी

5. 'मैं' शैली का प्रयोग किसमें किया जाता है?

(क) प्रत्याशित लेखन में
(ख) अप्रत्याशित लेखन में
(ग) 'क' और 'ख' दोनों
(घ) उपर्युक्त में से कोई नहीं

उत्तर (ख) अप्रत्याशित लेखन में

6. अप्रत्याशित विषयों के लेख किस रूप में हो सकते हैं?

(क) निबंध (ख) संस्मरण
(ग) यात्रा-वृत्तांत (घ) ये सभी

उत्तर (घ) ये सभी

7. अप्रत्याशित विषयों पर लेख के लिए किस प्रकार के विषय आते हैं?

(क) सामने की दीवार
(ख) दीवार पर टँगी घड़ी
(ग) दीवार में बाहर की ओर खुलता झरोखा
(घ) उपर्युक्त सभी

उत्तर (घ) उपर्युक्त सभी

अतिलघु उत्तरीय प्रश्न

1. विचारों को लेख का रूप देने में कठिनाई क्यों आती है?

उत्तर विचारों को लेख का रूप देने में कठिनाई इसलिए आती है, क्योंकि लोग आत्मनिर्भर होकर लिखित अभिव्यक्ति का अभ्यास नहीं करते हैं।

2. लोग प्रायः रटंत पर निर्भर रहते हैं। यहाँ 'रटंत' का क्या आशय है?

उत्तर रटंत का आशय दूसरों के द्वारा तैयार की गई सामग्री को याद करके ज्यों-का-त्यों प्रस्तुत कर देने से है।

3. रचनात्मक लेखन में किस तरह के विचार व्यक्त किए जाने चाहिए?

उत्तर रचनात्मक लेखन में दिए गए विषय के साहचर्य से जो भी सार्थक और सुसंगत विचार हमारे मन में आते हैं, वे व्यक्त किए जाने चाहिए।

लघु उत्तरीय प्रश्न

1. नए एवं अप्रत्याशित विषयों पर लेखन से आप क्या समझते हैं? यह एक चुनौती कैसे है? CBSE Term II 2022

अथवा **नए विषयों पर लेखन एक चुनौतीपूर्ण कार्य क्यों लगता है?** CBSE 2024

अथवा **अप्रत्याशित लेखन किसे कहते हैं?** CBSE 2024

अथवा **अप्रत्याशित विषयों पर लेखन से क्या अभिप्राय है?** CBSE SQP 2024

उत्तर निबंध लेखन से संबंधित परंपरागत विषयों से हटकर नए विषयों पर मौलिक रूप से लिखना ही 'नए एवं अप्रत्याशित विषयों पर लेखन' कहलाता है। इस तरह के लेखन के लिए विषयों की संख्या अपरिमित होती है। इस तरह का लेखन एक चुनौतीपूर्ण होता है, क्योंकि इस तरह के विषयों की प्रकृति अलग-अलग होती है, जिस कारण इस तरह के विषयों की माँग भी अलग-अलग किस्म की होती है।

कोई विषय तार्किक होता है तो कोई विषय आपके सैद्धांतिक दृष्टिकोण को परखना चाहता है। इस कारण इस तरह के विभिन्न विषयों पर लिखा आपका लेख कभी निबंध, कभी संस्मरण, कभी यात्रा-वृत्तांत तो कभी रेखाचित्र का स्वरूप लगेगा।

इसलिए ऐसे लेखों का शीर्षक सामान्य होना चाहिए, जिससे वे किसी विधा विशेष के अंतर्गत न लगें। इस तरह के लेखों को लिखते समय विचार-प्रवाह पर नियंत्रण रखना पड़ता है। विचार सुसंगत रखने पड़ते हैं, जिससे लिखे गए वाक्य एक-दूसरे से संबद्ध व तालमेलपूर्ण लगें।

2. क्या नए और अप्रत्याशित विषयों पर लेखन की कोई तकनीक हो सकती है? इन्हें लिखते समय क्या सावधानियाँ बरतनी चाहिए? CBSE 2023

उत्तर नए व अप्रत्याशित विषयों पर लेखन की कोई तकनीक आज तक दुनिया में नहीं बनी तथापि इन्हें लिखते समय कुछ सावधानियाँ बरती जानी चाहिए

(i) नए और अप्रत्याशित विषयों के लेखन के लिए हमें परंपरागत विषयों को छोड़कर नए प्रकार के विषयों पर लिखने का अभ्यास करना चाहिए।

(ii) किसी भी विषय पर लिखने से पूर्व उस विषय पर सोचना चाहिए और यह निश्चय कर लेना चाहिए कि हम किन बिंदुओं पर विस्तार दे सकते हैं।

(iii) किसी नए विषय की शुरुआत आकर्षक निर्वाह योग्य होनी चाहिए।

(iv) किसी नए विषय के बारे में लिखते समय तार्किकता व क्रमबद्धता का ध्यान रखना चाहिए।

(v) यह ध्यान रखना चाहिए कि लेखन के समय हमारी दो बातें एक दूसरे का खंडन न करें।

(vi) 'मैं' शैली का प्रयोग किया जाना चाहिए।

3. लेखन से आप क्या समझते हैं? लेखन के लिए अभ्यास क्यों आवश्यक है और कैसे? CBSE 2023

अथवा **लेखन का तात्पर्य बताते हुए स्पष्ट कीजिए कि इसे यांत्रिक हस्तकौशल क्यों नहीं माना जाता है?** CBSE 2024

उत्तर लेखन से तात्पर्य भाषा के माध्यम से किसी विषय-वस्तु पर विचार करने और उस विचार को व्याकरणिक शुद्धता के साथ सुसंगठित रूप में अभिव्यक्ति करने से है। भाषा विचारों की अभिव्यक्ति का माध्यम ही नहीं अपितु स्वयं विचार करने का साधन भी है। विचार करने और उसे अभिव्यक्त करने की प्रक्रिया निबंधक के चिर-परिचित विषयों के साथ घटित नहीं होती, क्योंकि उन विषयों पर तैयार सामग्री पर्याप्त मात्रा में उपलब्ध रहती है, जिसके परिणामस्वरूप हम स्वयं सोचने-समझने के बजाय उसी सामग्री पर निर्भर हो जाते हैं व हमारा मौलिक प्रयास बाधित हो जाता है। इससे हमारे भीतर लेखन क्षमता विकसित नहीं हो पाती, इसलिए लेखन क्षमता के विकास हेतु यह अत्यंत आवश्यक है कि हम परंपरागत विषयों को छोड़कर नए विषयों पर लेखन का अभ्यास करें। यह हमारे मन के भावों को अभिव्यक्त करने में लाभकारी होगा। इसलिए लेखन को यांत्रिक हस्तकौशल नहीं माना जाता है।

4. नए और अप्रत्याशित विषयों पर लेखन को सरल बनाया जा सकता है, कैसे? CBSE 2024

उत्तर नए और अप्रत्याशित विषयों पर लेखन को सरल बनाने के लिए निम्नलिखित बातों का ध्यान रखना चाहिए

(i) किसी भी विषय पर लिखने से पूर्व अपने मन में उस विषय से संबंधित उठने वाले विचारों को कुछ देर रोककर एक रूपरेखा तैयार करें तत्पश्चात् उत्तम ढंग से अपने विषय को प्रारंभ करें।

(ii) विषय को प्रारंभ करने से पूर्व उसे आगे किस रूप में बढ़ाया जाना है, उसे भी मस्तिष्क में तय कर लें।

(iii) लिखे जा रहे विषय से जुड़ी बातों को सुव्यवस्थित रूप से तार्किकता के साथ उससे जुड़ी बातों का तालमेल बनाते हुए प्रस्तुत करें। प्रस्तुत किए जा रहे विषय से जुड़े तथ्यों की जानकारी का भी होना अति आवश्यक है।

(iv) इसमें आत्मपरक 'मैं' शैली का प्रयोग किया जा सकता है। यद्यपि निबंधों एवं अन्य आलेखों में 'मैं' शैली का प्रयोग वर्जित होता है।

5. नए और अप्रत्याशित विषयों पर लेखन की तुलना खुले मैदान से क्यों की गई है? CBSE 2023

उत्तर नए और अप्रत्याशित विषयों पर लेखन खुले मैदान की तरह होता है, जिसमें बेलाग दौड़ने, कूदने और कुलाँचे भरने की छूट होती है। नए और अप्रत्याशित विषयों के लेखन का कोई भी फॉर्मूला आज तक दुनिया में नहीं बना है। जिस तरह से इसके अंतर्गत लेखन के लिए 'विषय' दिए जाते हैं लेखक के पास विषय, सिद्धांत आदि की कोई सीमा नहीं होती है। लेखक की कल्पना, यथार्थ, आदर्श पर भी कोई बंधन नहीं होता है। इसलिए नए और अप्रत्याशित विषयों पर लेखन की तुलना खुले मैदान से की गई है।

6. किशोरों में बढ़ती स्क्रीन लत विषय पर एक रचनात्मक लेख लिखिए। CBSE 2025

उत्तर **किशोरों में बढ़ती स्क्रीन लत**

तकनीक ने हमारे जीवन को सहज और सुगम बना दिया है, लेकिन इसके दुष्प्रभाव भी तेजी से उभर रहे हैं। खासकर किशोरों में स्क्रीन की लत एक

गंभीर समस्या बनती जा रही है। मोबाइल, लैपटॉप और टीवी स्क्रीन से घंटों चिपके रहना अब एक सामान्य आदत बन गई है, जो उनकी शारीरिक और मानसिक सेहत पर नकारात्मक प्रभाव डाल रही है।

लगातार स्क्रीन पर रहने से आँखों की रोशनी कमजोर होने लगती है, एकाग्रता प्रभावित होती है और शारीरिक गतिविधियाँ कम होने से स्वास्थ्य समस्याएँ बढ़ती हैं। सोशल मीडिया और ऑनलाइन गेम्स के आकर्षण के कारण किशोरों का वास्तविक दुनिया से जुड़ाव कम होता जा रहा है, जिससे वे सामाजिक रूप से अलग-थलग पड़ सकते हैं।

इस समस्या से बचने के लिए माता-पिता और शिक्षकों को बच्चों को स्क्रीन से हटाकर शारीरिक खेलों, पुस्तकों और रचनात्मक गतिविधियों की ओर प्रेरित करना चाहिए। तकनीक का सही उपयोग आवश्यक है, लेकिन इसकी अति से बचना भी उतना ही आवश्यक हैं। संतुलित डिजिटल जीवन ही सुखद भविष्य की कुंजी है।

7. मेरे क्षेत्र का मुख्य चौराहा विषय पर एक रचनात्मक लेख लिखिए।
CBSE 2025

उत्तर **मेरे क्षेत्र का मुख्य चौराहा**

मेरे क्षेत्र का मुख्य चौराहा हमारे शहर की व्यस्ततम जगहों में से एक है। यह चारों दिशाओं को जोड़ने वाला एक महत्त्वपूर्ण स्थान है, जहाँ दिनभर लोगों और वाहनों की चहल-पहल बनी रहती है। यहाँ पर कई दुकानें, बाजार, बैंक, रेस्टोरेंट और अन्य महत्त्वपूर्ण संस्थान स्थित हैं, जो इसे व्यापारिक और सामाजिक गतिविधियों का केंद्र बनाते हैं।

सुबह होते ही चौराहा जीवंत हो उठता है। सड़क किनारे छोटे-छोटे ठेले वाले अपना सामान लगाते हैं, ऑफिस जाने वालों की भीड़ बस और ऑटो पकड़ने के लिए एकत्रित होती है। सड़क किनारे लगी चाय और नाश्ते की दुकानों से उठती खुशबू प्रत्येक राहगीर को लुभाती है। दिन के समय बाजार की भीड़-भाड़ और दुकानों की रौनक चौराहे को और अधिक व्यस्त बना देती है।

शाम होते ही चौराहा रोशनी से जगमगा उठता है। यहाँ पर ठेले वालों की कतार, गोलगप्पे और चाट के स्टॉल पर लगी भीड़, और बातचीत में मशगूल लोग इसे एक सामाजिक मेल-जोल का केन्द्र बना देते हैं। यह चौराहा न केवल रास्तों को जोड़ता है, बल्कि हमारे क्षेत्र की संस्कृति और रोजमर्रा की ज़िंदगी का अभिन्न हिस्सा भी है।

8. 'जी-20 शिखर सम्मेलन' विषय पर एक रचनात्मक लेख लिखिए।
CBSE 2024

उत्तर **जी-20 शिखर सम्मेलन**

जी-20 दुनिया की सबसे बड़ी अर्थव्यवस्थाओं का समूह है। इस सम्मेलन के दौरान वैश्विक अर्थव्यवस्था के एजेंडे तय किए जाते हैं। जी-(Group of Twenty) शिखर सम्मेलन की स्थापना वर्ष 1999 में हुई थी। यह सम्मेलन वर्ष में एक बार आयोजित किया जाता है। इसमें दुनिया के शीर्ष 19 अर्थव्यवस्था वाले देश और यूरोपीय संघ शामिल हैं। भारत में आयोजित जी-20 सम्मेलन, 2023 का विषय था– 'एक पृथ्वी, एक परिवार, एक भविष्य' है। यह भारत की 'वसुधैव कुटुंबकम' की विचारधारा को दर्शाता है। जी-20 शिखर सम्मेलन में कनाडा, चीन, अर्जेंटीना, ऑस्ट्रेलिया, ब्राजील, भारत, इंडोनेशिया, यूरोपीय यूनियन, फ्रांस, जर्मनी, इटली, मैक्सिको, रूस, सऊदी अरब, दक्षिण अफ्रीका, दक्षिण कोरिया, तुर्की, यूनाईटेड किंगडम और संयुक्त राज्य अमेरिका शामिल हैं। वर्ष 2023 में भारत के प्रधानमंत्री नरेंद्र मोदी ने अफ्रीकीय संघ को जी-20 के सदस्य के रूप में शामिल करने की घोषणा की थी, जिससे यह 21वाँ सदस्य बन गया है।

जी-20 ने शुरुआत में आर्थिक मुद्दों पर ध्यान केंद्रित किया था, परंतु बाद में इसके एजेंडे में विस्तार करने पर इसमें व्यापार, जलवायु परिवर्तन, सतत् विकास, स्वास्थ्य, कृषि, ऊर्जा, पर्यावरण और भ्रष्टाचार जैसी वैश्विक समस्याओं को भी शामिल किया गया। यह सम्मेलन विश्व की समस्याओं का समाधान खोजने के लिए सभी राष्ट्रों को एकसाथ एक ही मंच पर लेकर आता है।

9. 'मौसम की पहली बारिश' विषय पर एक रचनात्मक लेख लिखिए।
CBSE 2024

उत्तर **मौसम की पहली बारिश**

मौसम की पहली बारिश का हमेशा ही एक अद्वितीय अनुभव होता है। जब पहली बार बादल आकर विशाल भूमि पर बारिश के रूप में गिरते हैं, तो प्रत्येक प्राणी के हृदय में नई आशा का उदय होता है। बूँदों का खेल, मिट्टी की खुशबू और गर्मी की छुट्टी का आनंद उठाना असीम हर्ष होता है। बारिश की बूँदों के साथ मिट्टी की भीनी-भीनी खुशबू मन को आनंदित कर देती है। बारिश के बाद प्रकृति अपना सबसे सुंदर रूप दिखाती है। पेड़-पौधों को नई जिंदगी प्राप्त होती है। मौसम की पहली बारिश सभी प्राणियों को सुख और शांति का अनुभव कराती है। मौसम की पहली बारिश हमें नए उत्साह और प्रेरणा का अनुभव कराती है। मौसम की पहली बारिश के आगमन के साथ मिट्टी में एक नई जीवंतता और रोमांच भर जाता है। बारिश के बाद मिट्टी से नए-नए पेड़-पौधे अंकुरित होने लगते हैं। चारों ओर हरियाली छा जाती है, ऐसा लगता है मानो धरती ने शृंगार किया हो। गहरे हरे और नीले रंग के आसमान के नीचे, बारिश के साथ गरजने की ध्वनि और बिजली की चमक सभी एकसाथ एक अनोखा अनुभव प्रदान करते हैं।

बारिश के कारण ऊष्ण हवा भी ठंडी-ठंडी हवाओं में बदल जाती है। बारिश के बाद मौसम शांत, शीतल और शुद्ध होता है, जो हमें अद्भुत ताजगी का अनुभव कराता है। इस ताजगी में मनुष्य नए उत्साह और ऊर्जा के साथ अपने कार्यों को पुनः प्रारंभ करता है।

10. 'मेरी पसंदीदा कहानी' विषय पर एक रचनात्मक लेख लिखिए।
CBSE 2024

उत्तर कहानी एक कल्पित कथा होती है, जो वास्तविक अथवा काल्पनिक घटनाओं, पात्रों और स्थलों के संबंध में व्यक्ति या समूह की भावनाओं, विचारों या अनुभवों का वर्णन करती है।

पसंदीदा कहानी एक सारस था, जो बहुत बूढ़ा हो गया था। बुढ़ापे के कारण वह शिकार नहीं कर पाता था। एक दिन वह तालाब के किनारे पेड़ पर बैठा था। तालाब में उसने ढेर सारी मछलियाँ, मेंढक और केकड़े देखे, जो गर्मी में तालाब का पानी सूखने से बहुत दुःखी थे।

चालाक सारस ने सभी को खाने की एक योजना बनाई। सारस ने सभी चिंतित जलीय जंतुओं को बताया कि पहाड़ी के उस पार एक नदी है, जिसमें ढेर सारा पानी है। यदि सब चाहें तो वह सबको एक-एक करके वहाँ ले जा सकता है।

सभी ने जाने का निर्णय कर लिया। सारस ने एक-एक करके सभी को वहाँ ले जाकर खा लिया, परंतु एक केकड़े ने उसकी चाल भाँप ली। उसने सारस की गर्दन दबाकर उसे मार दिया। यहाँ केकड़े की सूझबूझ ने उसे बचा लिया।

11. 'शहरों में बढ़ती ट्रैफिक जाम की समस्या' विषय पर एक रचनात्मक लेख लिखिए। **CBSE 2024**

उत्तर **शहरों में बढ़ती ट्रैफिक जाम की समस्या**

ट्रैफिक (जाम) वह स्थिति है, जब वाहन कुछ समय के लिए सड़कों पर पूरी तरह रुक जाते हैं तथा इन वाहनों द्वारा लगे जाम से बाहर निकलने के लिए काफी देर तक इंतजार करना पड़ता है। ट्रैफिक जाम सभी शहरों की एक बड़ी गंभीर समस्या बन रहा है। शहरों में अधिकांश लोगों को अब इस समस्या से रोज जूझना पड़ता है, इसलिए वे मनोवैज्ञानिक रूप से प्रभावित हो सकते हैं। शहरों में बढ़ती ट्रैफिक जाम की समस्या लोगों के काम, शिक्षा और व्यक्तिगत जीवन और अंततः देश की प्रगति को भी नकारात्मक रूप से प्रभावित करती है। अधिक यातायात का प्रयोग शहरों में बढ़ रही ट्रैफिक जाम की समस्या का प्रमुख कारण है। आजकल व्यवसाय घर-घर डिलीवरी की सुविधा देते हैं, जो यातायात जाम को बुरी तरह प्रभावित करते हैं। ट्रैफिक जाम में ईंधन का अधिक मात्रा में जलना पर्यावरण की हानि का भी कारण है। सड़कों पर यात्राएँ, रेलियाँ, धार्मिक कार्यक्रम, धरना प्रदर्शन आदि कार्य आए दिन होते रहते हैं, जो ट्रैफिक की गति को धीमा कर देते हैं। ट्रैफिक जाम के कारण लोग अकसर आक्रामक तरीके से गाड़ी चलाते हैं व अपने वाहन की गति बहुत तीव्र कर लेते हैं, जिससे दुर्घटनाओं की संभावना बढ़ जाती है। विद्यार्थियों को भी अब विद्यालय जाते समय व विद्यालय से वापस लौटते समय इसी समस्या का सामना करना पड़ता है। ट्रैफिक जाम की समस्या को कम करने के लिए सार्वजनिक परिवहन का अधिक उपयोग करना चाहिए, सड़कों पर वाहन की संख्या कम करनी चाहिए तथा यातायात के नियमों का सख्ती से पालन किया जाना चाहिए।

12. **"शिक्षक दिवस आया है**
आज मेरी हिंदी शिक्षिका से साक्षात्कार का अवसर पाया है।
आज खट्टे-मीठे प्रश्नों की कर दी मैंने अनोखी बौछार
वो है भविष्य गढ़ने वाली सुनार।"
उपर्युक्त विषय पर लगभग 120 शब्दों में एक रचनात्मक लेख लिखिए। **दक्षता आधारित प्रश्न**

उत्तर प्रतिवर्ष 5 सितंबर का दिन शिक्षक दिवस के रूप में मनाया जाता है। गुरु-शिष्य की परंपरा तो भारत की संस्कृति का एक अहम् और पवित्र हिस्सा है, इसलिए यह दिवस गुरु-शिष्य को समर्पित दिन है। शिक्षक दिवस के अवसर पर मुझे मेरी हिंदी की शिक्षिका से साक्षात्कार करने का अवसर प्राप्त हुआ।

मैंने उनसे अनेक खट्टे-मीठे प्रश्नों की बौछारें कीं। मैं कुछ प्रश्न उनसे पूछना चाहता था, किंतु हिम्मत न जुटा पाने के कारण कभी पूछ नहीं पाया, ऐसे अनेक प्रश्नों के उत्तर मैंने अपनी शिक्षिका के संबंध में जाने। उनका प्रतिदिन विषय को नए रूप में पढ़ाना मुझे बहुत पसंद है।

बच्चों के प्रति समर्पण भाव व लगाव प्रत्येक बच्चे को भाव-विभोर कर देता है। वे हमें पाठ्यक्रम की शिक्षा प्रदान करने के साथ ही नैतिक व उच्च मूल्यों की शिक्षा भी प्रदान करती हैं, जिससे हमें जीवन में सही राह पर चलने में मदद मिलती है।

वे हमें भविष्य के लिए तैयार करती हैं, जिससे हम अपने लक्ष्यों को प्राप्त कर सकते हैं। शिक्षक हमारे जीवन में सुधार लाकर हमें एक अच्छा इंसान बनाते हैं। मेरी हिंदी की शिक्षिका मेरे लिए रोल मॉडल है, जिनकी वजह से मैं अपने मन को एकाग्र करके अपने लक्ष्य की ओर बढ़ने में सफल हो सका हूँ। मैं अपनी शिक्षिका के योगदान की सराहना करते हुए उन्हें धन्यवाद कहना चाहता हूँ, क्योंकि उनके बिना हमारा जीवन अधूरा है।

13. 'ऑनलाइन शॉपिंग : समय की माँग' इस वाक्य के आधार पर एक रचनात्मक लेख लिखिए। **CBSE 2023**

उत्तर **ऑनलाइन शॉपिंग : समय की माँग**

ऑनलाइन शॉपिंग इस भागदौड़ भरी जिंदगी का अंग बन गई है, क्योंकि सभी अपनी व्यस्तता के चलते ऑनलाइन शॉपिंग करना पसंद करते हैं। ऑनलाइन शॉपिंग हमें ऑनलाइन प्लेटफॉर्म पर मौजूद अनेक वस्तुओं और उनकी कीमत के बारे में अवगत कराती है, जिसके लिए हमें केवल अपना इंटरनेट डेटा खर्च करना पड़ता है। ऑनलाइन शॉपिंग तेजी से बढ़ता और रुझान वाला पहलू है। यह ग्राहकों को विभिन्न उत्पादों और सेवाओं को खरीदने तथा विक्रेताओं को एक ऑनलाइन माध्यम से अपने व्यवसाय और लेन-देनों को चलाने का मंच प्रदान करता है। यह समय की बचत और खरीदारी को सुविधाजनक बनाने का एक बेहतर तरीका है। ऑनलाइन शॉपिंग अनेक वस्तुओं को खरीदने का विकल्प बताने और इसे हमारे द्वारा बताई हुई जगह पर प्राप्त करने का एक बेहतर तरीका है, लेकिन इसके साथ ही इसके कई नकारात्मक पहलू भी हैं। समाज के कई वर्ग ऐसे हैं, जिनकी यहाँ तक पहुँच आसान नहीं है और इस तरह से वे खरीदारी के पारंपरिक तरीकों पर ही निर्भर हैं।

ऐसे ही कई बुजुर्ग व अशिक्षित लोग भी इस सुविधा का लाभ उठाने से वंचित रह जाते हैं। अतः इन सबके बाद भी इसका विस्तार तेजी से हो रहा है।

यह शॉपिंग आज के समय की एक आवश्यकता बन गई है। यह ट्रेंडिंग तकनीक लोगों के जीवन को आसान बनाएगी और लोग इससे लाभान्वित होंगे।

14. 'नदी में अचानक पानी का बढ़ना' पर रचनात्मक लेख लिखिए। **CBSE 2023**

उत्तर **नदी में अचानक पानी का बढ़ना**

बरसात के दिनों में नदियों में लगभग प्रायः हर वर्ष बाढ़ आ जाती है और नदियाँ किनारे तोड़कर बह निकलती हैं। इससे नदी के आसपास बसे गाँवों को बहुत नुकसान होता है। इन नदियों पर बनी नहर परियोजनाओं और बाँधों ने अकसर आने वाली बाढ़ में कुछ कमी की है। इस वर्ष वर्षा के दौरान गोमती नदी में भीषण बाढ़ आ गई थी। वास्तव में, इस वर्ष लखनऊ और इसके आस-पास के इलाकों में भारी वर्षा हुई थी। रात को जब हम सो रहे थे, एकाएक गोमती नदी का जल-स्तर तेजी से बढ़ गया। सुबह हमें नदी में बाढ़ दिखाई दी। नदी पानी से लबालब भरी हुई थी और नदी का जल-स्तर हर क्षण बढ़ता जा रहा था।

पानी के बढ़ते स्तर से शहर को गंभीर खतरा पैदा हो गया था। पड़ोस के गाँवों में पानी भर चुका था। कई स्थानों पर किनारों के ऊपर से पानी बहने लगा था। नदी के ऊपरी इलाकों से बराबर संदेश मिल रहे थे कि पानी और बढ़ रहा है, जो जल्दी ही लखनऊ पहुँच जाएगा। शाम तक हमें पता चला कि पानी ने लखनऊ के बाहरी इलाकों को अपनी चपेट में ले लिया है।

संपूर्ण नगर में तहलका मच गया। जिन इलाकों में पानी भरने लगा था, वहाँ के लोग अपने-अपने मकानों की छतों पर चढ़ गए, ताकि उनके

जीवन की रक्षा हो सके। कच्चे मकान धड़ाधड़ गिर रहे थे। गोमती नदी पर बने बाँध के टूटते ही स्थिति काबू से बाहर हो गई। नगर की संचार व्यवस्था ठप्प हो गई। अनेक स्थानों पर बिजली भी बंद हो गई। पावर हाउस में पानी घुस गया। पानी का वेग रोकने के लिए बाँध टूटने के स्थान पर हेलीकॉप्टर की मदद से सैकड़ों सीमेंट व बालू के बोरे गिराए गए। भरे हुए पानी को निकालने के लिए नालियाँ खोदी गईं। शहर के लोग रातभर जागते रहे। अगले दिन पानी का बढ़ना रुक गया।

बाढ़ का यह दृश्य भयावह था। निचले इलाकों में रहने वाले हजारों लोग बेघर हो गए थे। गाँवों की खड़ी फसलें पूरी तरह बर्बाद हो गईं। इस तरह इस बाढ़ में जानमाल की भयंकर क्षति हुई।

15. 'जब अंतरिक्ष में घर बन जाएँगे' वाक्य के आधार पर एक रचनात्मक लेख लिखिए। **CBSE 2023**

उत्तर **जब अंतरिक्ष में घर बन जाएँगे**

पिछले कई वर्षों में अंतरिक्ष विज्ञान में जो प्रगति हुई है, वह सराहनीय है। पहले अंतरिक्ष यात्रा कल्पना से अधिक कुछ नहीं थी, लेकिन आज अंतरिक्ष यात्रा के सपने सच हो गए हैं। रूस ने अंतरिक्ष यान के द्वारा अपने अंतरिक्ष यात्री यूरी गागरिन को पहली बार अंतरिक्ष में भेजा था। अमेरिकी अंतरिक्ष यात्री नील आर्मस्ट्रांग और एडविन एल्ड्रिन सबसे पहले चंद्रमा पर पहुँचने वाले अंतरिक्ष यात्री हैं।

अब तो ऐसा लगता है, जैसे हमें भी कभी-न-कभी अंतरिक्ष जाने का अवसर मिल सकता है। मैं सोचता हूँ कि यदि अंतरिक्ष में घर बन जाएँगे तो कितना अच्छा लगेगा। हम लोग, जो आसमान को दूर से देखा करते थे, उसकी सैर कर पाएँगे, बादलों के बीच लुका-छिपी खेल सकेंगे, परियों के देश में जा सकेंगे तथा चाँद व तारों की सैर कर सकेंगे। हम अंतरिक्ष से अपनी धरती को देखेंगे तथा अंतरिक्ष से आकाशगंगा के विभिन्न ग्रहों-उपग्रहों को देख पाएँगे।

हमें वहाँ के प्रदूषण रहित वातावरण में रहने का अवसर मिलेगा, जिससे हमारा स्वास्थ्य भी अच्छा रहेगा और हम वहाँ फैली शांति का अनुभव भी कर पाएँगे।

लेकिन वहाँ बड़ी इमारतें, मंदिर इत्यादि देखने को नहीं मिलेंगे। आज हम मोबाइल और लैपटॉप पर आश्रित हो गए हैं और अंतरिक्ष में यह सुविधाएँ उपलब्ध नहीं होंगी। अंतरिक्ष बहुत खूबसूरत होगा, लेकिन पृथ्वी की प्रकृति, हरियाली की कमी हमें हमेशा खलेगी।

16. 'लालच बुरी बला है' वाक्य के आधार पर एक रचनात्मक लेख लिखिए। **CBSE 2023**

उत्तर **लालच बुरी बला है**

'लालच बुरी बला है' कथन में सौ प्रतिशत सत्यता है। लालच करके अकसर हम कोई ऐसी मुसीबत मोल ले सकते हैं, जो हमारे लिए हानिकारक होती है, क्योंकि लालची आदमी हिताहित और सत्य-असत्य की विवेचना नहीं कर सकता। वह अकार्य को कार्य और अन्याय को न्याय समझता है। प्रतिहिंसा में पड़कर वह दूसरे का धन हरने, चोरी करने और डाका डालने का बीड़ा उठा लेता है। लालची व्यक्ति की आकांक्षा इतनी प्रबल होती है कि वह दूसरे का नाश करने के लिए सदा तत्पर रहता है। लोभी मनुष्य दरिद्र के मुँह का भोजन छीन लेता है तथा धनी को भिखारी बना देता है। लालच एक आत्मघाती मनोभाव है। लालची मनुष्य हमेशा असंतुष्ट रहता है।

लालच मनुष्य को पतन के मार्ग पर ले जाता है, जो अंत में उसके लिए घातक सिद्ध होता है। लालच में ऐसी मोहिनी शक्ति होती है, जिससे मनुष्य की सारी सत्य प्रवृत्तियाँ ध्वस्त हो जाती हैं। जिसे आज अपनी सच्चरित्रता से सम्मान मिला है, वह कल लालच के कारण चोरी आदि करके अन्य की दृष्टि में पतित हो जाता है। लालच साधु को असाधु बना देता है तथा ज्ञानी से ज्ञान छीन लेता है। लोभ उचित-अनुचित, न्याय-अन्याय का विचार नहीं रहने देता और मनुष्य का मनुष्यत्व भी छीन लेता है।

लालची व्यक्ति की अभिलाषा जितनी प्रबल होती है, उसकी प्रवृत्ति उतनी ही घृणित होती है, जिसका परिणाम अति शोचनीय और भयंकर होता है। पेटू मनुष्य मुफ्त का भोजन ठूसकर खा लेता है और रोगों के पंजे में पड़कर अपने पाप का परिणाम भोगता है। लोभी मनुष्य और पशु में कोई भेद नहीं होता। यदि हम सुसंस्कृत मनुष्य बनकर जीवन जीना चाहते हैं तो उचित है कि इन्द्रिय संयम सीखें और लोभ का दमन करें। लोभ का त्याग करने से ही मनुष्य की आत्मा की उन्नति हो सकती है। यदि हम अपनी आर्थिक और मानसिक उन्नति चाहते हैं तो लालच छोड़कर परिश्रम करें। परिश्रम करके धन कमाने में जो आनंद मिलता है, वह लालच से धन कमाने में नहीं है।

17. "बड़ा मजा आया, जब दादा जी का चश्मा छिपाया।
फिर साथ मिलकर ढुँढवाया,
चेहरे पर उनकी अद्भुत खुशी को पाया।"
उपर्युक्त विषय पर लगभग 120 शब्दों में एक रचनात्मक लेख लिखिए। **दक्षता आधारित प्रश्न**

उत्तर मेरे दादाजी की उम्र 80 वर्ष है, इसलिए उनकी आँखें भी अब उनके शरीर की तरह बूढ़ी हो चुकी हैं। मेरे दादाजी प्रतिदिन अखबार पढ़ते हैं और देश व दुनिया की खबर हम सभी बच्चों को सुनाते हैं। एक दिन मैंने और मेरी बहन ने मिलकर दादाजी का चश्मा छिपा दिया। दादाजी का चश्मा उनके लिए बहुत महत्त्वपूर्ण है। चश्मे के बिना उन्हें कुछ भी साफ दिखाई नहीं देता है। चश्मे को न पाकर दादाजी अपना चश्मा ढूँढने लगे। हमें दादाजी का चश्मा छिपाने में बहुत मजा आया।

दादाजी ने हम बच्चों को आवाज लगाई और उनका चश्मा ढुँढवाने के लिए कहा। हम नाटक करके दादाजी के साथ मिलकर चश्मा ढुँढवाने लगे। दादाजी के साथ हम बीच-बीच में मजाक करने लगे कि हो सकता है आपका चश्मा बंदर उठाकर ले गया हो या आप सैर करते हुए पार्क में भूल आए हों। इस प्रकार हमें दादा जी के साथ मिलकर चश्मा ढुँढवाने में बहुत मजा आ रहा था तभी दादा जी थककर बैठ गए। हमने भी मिलकर उनका चश्मा ढूँढ लिया। अपना चश्मा देखकर उनके चेहरे पर अद्भुत खुशी की लहर दौड़ पड़ी। हम भी दादा जी को खुश देखकर हँसने लगे। बाद में दादाजी हमारी शरारत को समझ गए और प्रेमपूर्वक उन्होंने हमें अपने गले से लगा लिया।

18. 'जब मेरे मित्र को हिंदी की परीक्षा में मुझसे ज्यादा अंक मिले......' विषय पर लगभग 120 शब्दों में एक रचनात्मक लेख लिखिए। **दक्षता आधारित प्रश्न**

उत्तर प्रत्येक वर्ष की भाँति इस वर्ष की वार्षिक परीक्षा में भी मैंने और मेरे मित्र ने मिलकर खूब मेहनत की। हमने प्रत्येक विषय के प्रश्न-पत्रों में आ रही एक-दूसरे की कठिनाइयों का समाधान किया तथा प्रत्येक विषय को अच्छे से तैयार किया। यद्यपि मेरे मित्र ने हिंदी विषय में कुछ कठिन प्रश्नों को

छोड़ दिया था। हम दोनों की सभी परीक्षाएँ अच्छी हुईं और अंततः परीक्षा परिणाम के दिन मेरे मित्र को हिंदी की परीक्षा में मुझसे ज्यादा अंक मिले। मैं अपने जीवन में कई बार इस भावना से गुजर चुका हूँ। कभी-कभी मुझे ईर्ष्या भी होती है कि जिन विषयों में मैं दूसरों की मदद करता हूँ, उसमें भी मुझसे ज्यादा दूसरों को अंक मिलते हैं, किंतु इस बार मित्र को हिंदी की परीक्षा में अधिक अंक प्राप्त होते देखकर मेरे मन में उत्पन्न क्रोध व ईर्ष्या के भाव उस समय विनम्रता व प्रसन्नता में बदल गए, जब मेरे मित्र ने सभी अध्यापकों व सहपाठियों के सामने अपने अंकों का श्रेय मुझे दिया। उस समय मेरे भीतर उठ रहे द्वंद्वों का उत्तर मुझे मिल गया।

सभी अध्यापकों व वहाँ उपस्थित अभिभावकों ने मेरी खूब प्रशंसा की और मेरा उदाहरण देते हुए अन्य विद्यार्थियों को भी दूसरों की सहायता करने की प्रेरणा दी। मैंने घर आकर यह पूरा घटनाक्रम घर के सभी सदस्यों को सुनाया, जिसे सुनकर सभी ने मेरी सराहना करते हुए मुझे आशीर्वाद दिया और जीवन में ऊँचाइयों को छूने की दुआएँ दीं। मेरे लिए यह दिन बहुत महत्त्वपूर्ण था।

19. कमरे में रखे टेलीविजन को देखकर बचपन की यादें ताजा हो जाती हैं। आपके द्वारा टेलीविजन पर देखे गए प्रथम धारावाहिक का वर्णन करते हुए एक लेख तैयार कीजिए।

उत्तर **टेलीविजन**

ठीक मेरे सामने एक टेबल पर टेलीविजन रखा हुआ है। टेबल पर रखे हुए टेलीविजन को देखते ही मेरी बचपन की यादें ताजा हो गईं, जब इसी टेलीविजन पर रामायण, महाभारत, चंद्रकांता, जंगल बुक, शक्तिमान आदि धारावाहिक आते थे। इस टेलीविजन से कई स्मृतियाँ एकसाथ जुड़ी हुई हैं। मुझे याद आ रहा है कि मैंने जो सबसे पहला धारावाहिक टेलीविजन पर देखा था वह था– शक्तिमान।

बच्चों में अत्यंत लोकप्रिय धारावाहिक 'शक्तिमान' का जब प्रसारण होता था, तो बाहर सड़कों पर शायद ही कोई बच्चा खेलता हुआ नज़र आता था। सभी बच्चे अपने-अपने घरों में बैठकर इस धारावाहिक को देखते थे। इसकी लोकप्रियता अपने चरम पर थी। इस धारावाहिक में किरदारों द्वारा बोले गए संवाद बच्चे-बच्चे की जुबान पर चढ़ गए थे; जैसे–अँधेरा कायम रहे, गंगाधर ही शक्तिमान है आदि।

हालाँकि मुख्य पात्र द्वारा दिखाए गए स्टंट की कॉपी करने में उस समय में बहुत-से बच्चों की जान तक चली गई थी। धारावाहिक की शुरुआत में यह घोषणा होती थी कि "इस धारावाहिक के सभी पात्र एवं घटनाएँ काल्पनिक हैं, इनका वास्तविक जीवन से कोई संबंध नहीं है, सभी स्टंट प्रशिक्षक की निगरानी में होते हैं। अतः बच्चे इसे घर पर न दोहराएँ।" इस चेतावनी के पश्चात् भी बच्चे इसे दोहराते हुए काल के गाल में समा गए थे। ये सारी पंक्तियाँ टेलीविजन को देखते ही अनायास मेरे मन में आ जाती हैं।

20. कमरे में लगी दीवार घड़ी को देखकर आपके मन में उठने वाले विचारों को आधार बनाकर एक लेख लिखिए।

उत्तर **दीवार घड़ी**

कमरे में एक घड़ी दीवार के सहारे कील से टँगी हुई है, परंतु वहाँ कील दिखाई नहीं देती। इसका अर्थ यह है कि कील पर उसके टँगे होने का कोई प्रत्यक्ष प्रमाण उपलब्ध नहीं है, लेकिन तर्कशास्त्रियों ने तो तर्कसंगत अनुमान को भी प्रमाण की ही श्रेणी में रखा है। इसलिए तर्क पर आधारित यह अनुमान बिलकुल निरापद (उचित) है। घड़ी कील के सहारे टँगी है। वह अपने स्थान पर बिलकुल स्थिर है, पता नहीं कब से, लेकिन चल रही है। उसके काँटों में एक अनवरत चक्रीय गति है। चक्र या वृत्त की न कोई शुरुआत होती है, न उसका अंत होता है। इस प्रकार इन काँटों की चक्रीय गति हमें बताती है कि समय अनादि अनंत है। घड़ी को दीवार के आसन पर बिठाकर मानो यही बताते रहने का उत्तरदायित्व सौंप दिया गया है कि समय लगातार बीत रहा है, पर समाप्त होने के लिए यह विरोधाभास-सा लगता है।

किसी झुके हुए मर्तबान से लगातार पानी गिर रहा है, पर न पानी कम होता है, न मर्तबान खाली होता है। ध्यान दें तो यह विरोधाभास नहीं है। समय अनंत है, पर हम सबका अपना-अपना समय अनंत नहीं। घड़ी के चक्र में प्रत्येक थोड़ी-थोड़ी दूर पर जो लकीरें हैं, वे समय के कृत्रिम खंड ही सही, वे हमें बताती हैं कि प्रत्येक इंसान का, प्रत्येक चीज़ का और प्रत्येक कार्य का अपना समय होता है। वह शुरू भी होता है और समाप्त भी। याद आता है 'कौन बनेगा करोड़पति' का वह छोटा-सा बहुचर्चित जुमला "तो आपका समय शुरू होता है अब!"

21. प्रातःकाल योग करते लोग पर रचनात्मक लेख लिखिए।

CBSE SQP Term II 2022

उत्तर **प्रातःकाल योग करते लोग**

प्रातःकाल का समय बहुत सुहावना होता है। उगते हुए सूर्य की लालिमा के साथ-साथ चिड़ियों की चहचहाहट और धीमी-धीमी बहती हवा शरीर को एक अद्भुत आनंद से भर देती है। उस समय चारों ओर का वातावरण शांत होता है। प्रकृति अपने सुंदरतम रूप में होती है। ऐसा समय योग करने के लिए सर्वाधिक उपयुक्त होता है। एक दिन मैं प्रातःकाल पार्क में घूमने गया। मैंने वहाँ देखा कि बहुत-से लोग घास के मैदान में अपना आसन बिछाकर योग कर रहे थे। योग करते समय वे बहुत प्रसन्न नजर आ रहे थे। उनमें केवल वृद्ध व्यक्ति ही नहीं, बल्कि सभी आयु वर्ग के लोग थे। जब उनका योग पूरा हो गया, तब मैंने एक व्यक्ति से योग के विषय में पूछा कि प्रातःकाल योग करने से क्या लाभ होता है? उस व्यक्ति ने बताया कि योग हमारे जीवन में बहुत महत्त्वपूर्ण भूमिका निभाता है। योग हमारे शरीर, मन एवं आत्मा के बीच संतुलन स्थापित करता है। यह मन को शांत एवं स्थिर रखता है, तनाव दूर कर सोचने की क्षमता तथा आत्मविश्वास और एकाग्रता को बढ़ाता है। नियमित रूप से योग करने से हमारा शरीर तो स्वस्थ रहता ही है साथ ही यदि कोई रोग है तो इसके द्वारा उसका उपचार भी किया जा सकता है। वर्तमान परिवेश में योग न केवल हमारे लिए लाभकारी है, बल्कि विश्व में बढ़ते प्रदूषण एवं मानवीय व्यस्तताओं से उपजी समस्याओं के निवारण में इसकी सार्थकता और भी बढ़ गई है।

इस प्रकार, प्रातःकाल योग करते लोगों को देखकर तथा योग से होने वाले लाभों के विषय में जानकर मुझे भी योग करने की प्रेरणा मिली। हम सभी लोगों को प्रातःकाल योग करना चाहिए।

22. 'दुर्घटना से देर भली' पर रचनात्मक लेख लिखिए।

CBSE SQP Term II 2022

उत्तर 'दुर्घटना से देर भली' का अर्थ है कि दुर्घटना का शिकार होने की तुलना में किसी भी समय देर से पहुँचना बेहतर होता है। मनुष्य आज अपने जीवन में इतना अधिक व्यस्त हो गया है कि वह शीघ्र-से-शीघ्र अपने कार्य पूर्ण कर लेना चाहता है। देश में वाहनों की संख्या में प्रतिदिन वृद्धि होती जा रही है। सड़कों पर ट्रैफिक इतना अधिक हो गया है कि कभी-कभी

15 मिनट की दूरी के लिए 45 मिनट या उससे भी अधिक समय लग जाता है। घंटों जाम में फँसकर व्यक्ति तीव्र गति से वाहनों को चलाते हैं, जिससे दुर्घटनाओं की संभावना बढ़ जाती है।

एक बार मैं सड़क के किनारे किसी से बातचीत कर रहा था कि तभी मैंने देखा कि एक बाइक पर सवार व्यक्ति अपने छोटे बच्चे को बाइक पर पीछे बिठाकर तीव्र गति से अपने वाहन को चलाकर व ट्रैफिक लाइट के नियमों को उल्लंघन करके जा रहा था, तभी सामने से भी तीव्र गति से एक कार आ रही थी। दोनों ही वाहनों की गति तीव्र थी। दोनों की जोरदार टक्कर होने ही वाली थी कि कार चालक ने अपनी तीव्र गति को नियंत्रित करके दुर्घटना होने से बचा लिया।

तभी बाइक वाला रुक गया और मैंने जाकर बाइक पर बैठे बच्चे को पकड़ लिया। वहाँ उपस्थित भीड़ ने बाइक सवार को समझाया। दो मिनट की जल्दी बड़ी दुर्घटना कर सकती थी। सड़क पर चलते समय लोग न ट्रैफिक नियमों का पालन करते हैं और न ही सुरक्षा के उपाय करते हैं, जिसके चलते आए-दिन कोई-न-कोई दुर्घटना होती रहती है, इसलिए कहते हैं कि 'दुर्घटना से देर भली'।

23. त्योहारों पर बाजार की चहल-पहल पर रचनात्मक लेख लिखिए। **CBSE 2023**

उत्तर **त्योहारों पर बाजार की चहल-पहल**

त्योहार आते ही बाजारों की रोनक में चार चाँद लग जाते हैं। भीड़ बढ़ती चली जाती है। त्योहारों के लिए आवश्यक सामान की पूर्ति में लोग बाजारों की ओर दौड़ लगा देते हैं। ऐसे समय पर बाजारों में पैदल चलना भी दूभर हो जाता है।

हमारा देश वैसे भी विभिन्न संस्कृतियों का देश है। यहाँ हिंदू, मुस्लिम, जैन, बौद्ध, सिख, ईसाई सभी मतावलंबियों के लोग रहते हैं। इसलिए यहाँ लगभग प्रत्येक दिन कोई-न-कोई त्योहार रहता है, जिसमें दीपावली, होली, रक्षाबंधन, ईद, प्रकाश पर्व आदि अनेक त्योहार प्रमुख हैं, जिनके कारण बाजार भीड़ से खचाखच भरा रहता है।

दिवाली के शुभ अवसर पर बाजारों में भगवान गणेश, लक्ष्मी, श्रीराम आदि की मूर्तियों की खरीदारी की जाती है, लोग धनतेरस के दिन नए-नए कपड़े, बर्तन, मिठाइयाँ आदि की खरीदारी भी करते हैं। ईद पर भी बाजार में बहुत भीड़ लगी रहती है। रक्षाबंधन के समय राखियों, मिठाइयों, नए कपड़ों आदि से बाजार संपूर्ण रूप से भरा रहता है, जिन्हें खरीदने के लिए बाजार लोगों से पटा रहता है।

अतः त्योहारों पर बाजार की चहल-पहल बहुत अधिक बढ़ जाती है। वैसे भी बाजारों का आकर्षण हर दिन बढ़ता ही जा रहा है, जिसके कारण लोग बाजार से आकर्षित होते हैं और अनावश्यक वस्तुएँ भी खरीद लेते हैं। इसी कारण त्योहारों पर बहुत अधिक खर्च हो जाता है, जिससे कुछ लोग बाद में पछताते भी हैं। अतः यह सही है कि त्योहारों पर बाजार खर्च बहुत अधिक बढ़ जाता है, लेकिन हमें जरूरत की चीजों को ही बाजार से खरीदना चाहिए।

24. 'अंतर्राष्ट्रीय जगत में भारत का बढ़ता कद' पर रचनात्मक लेख लिखिए। **CBSE 2023**

उत्तर **अंतर्राष्ट्रीय जगत में भारत का बढ़ता कद**

इस बात में कोई संदेह नहीं है कि भारत चहुँमुखी विकास की ओर अग्रसर हो रहा है। बदलते भारत की गूँज भारतीय भूगोल को लाँघ चुकी है, जिसे पूरा विश्व महसूस कर रहा है। भारत की लोकतांत्रिक छवि, आय में उच्च वृद्धि तथा बहुस्तरीय विविधता प्रबंधन की योग्यता की चारों ओर प्रशंसा हो रही है, जिसके कारण आज कई देश भारत को अपना आदर्श मानते हुए उसका अनुसरण करना चाहते हैं। आज भारत की गिनती न केवल विश्व के सबसे बड़े लोकतांत्रिक देशों में होती है, बल्कि विश्व के अधिकतम प्रगतिशील देशों में भी होती है।

चाहे जी-20 हो अथवा ब्रिक्स सम्मेलन, जलवायु परिवर्तन अथवा अंतर्राष्ट्रीय वित्तीय ढाँचे से संबंधित शिखर बैठक, भारत के शब्दों का अब पहले से कहीं अधिक महत्त्व होता है। भारत की विदेश नीति में सहयोगात्मक विकास अब एक प्रमुख युक्ति है। ढाँचागत निर्माण और आर्थिक उद्यमों को बढ़ावा देने के लिए विश्वभर में ऋण उपलब्ध कराने में भारत तेजी से चीन को पछाड़ने का प्रयास कर रहा है। विश्व की प्रगति में भारत एक आर्थिक आधार स्तंभ का काम कर रहा है।

हॉवर्ड विश्वविद्यालय के अंतर्राष्ट्रीय विकास केंद्र द्वारा कराए गए एक शोध के अनुसार भारत की 7% की औसत आर्थिक विकास दर के साथ वर्ष 2025 तक विश्व में अग्रणी बने रहने की संभावना है।

भारत दुनिया का सबसे बड़ा लोकतांत्रिक गणराज्य है तथा यह अब तक राजनीतिक रूप से सफल भी रहा है। भारत ने यूरोपीय संघ, जापान, रूस एवं संयुक्त राज्य अमेरिका जैसी विश्व शक्तियों के साथ संबंध विकसित किए हैं। भारत के वर्तमान आर्थिक विकास (वर्ष 2015 की दुनिया की सबसे तेजी से बढ़ती प्रमुख अर्थव्यवस्था के रूप में) ने दुनिया के राजनीतिक मंच पर भारत की स्थिति को काफी बेहतर रूप से प्रदर्शित किया है।

भारत की गिनती अभी विकासशील देशों में हो रही है, परंतु जो मजबूत विकास दिख रहा है, उससे कई राष्ट्र भारत के साथ बेहतर संबंध स्थापित कर रहे हैं। संयुक्त राज्य अमेरिका और चीन के बाद भारत अपनी वर्तमान अर्थव्यवस्था में वास्तविक जी. डी. पी. के मामले में दुनिया का तीसरा सबसे बड़ा देश है। इस प्रकार, भारत का कद प्रत्येक क्षेत्र में बढ़ता जा रहा है।

25. 'अचानक जब हमारी मेट्रो रुक गई' विषय को आधार बनाकर एक लेख लिखिए। **CBSE SQP 2020**

उत्तर दिल्ली की मेट्रो रेल यातायात की अत्याधुनिक सुविधा है। यह देश की राजधानी के लाखों लोगों के लिए वरदान सिद्ध हुई है, क्योंकि इससे समय, श्रम और धन तीनों की बचत होती है। लोग बसों की भीड़भाड़, धूल और उबाऊ यात्रा से बचकर अब मेट्रो रेल से आरामदायक ढंग से यात्रा करना पसंद करने लगे हैं। एक दिन मैं अपनी माँ के साथ सुबह-सुबह मेट्रो रेल से यात्रा कर रहा था। मुझे जल्दी ही अपने मामा से मिलने हॉस्पिटल जाना था, क्योंकि उन्हें ऑपरेशन के लिए पैसों की आवश्यकता थी। जिस स्टेशन से हम मेट्रो में चढ़े, वहाँ बहुत कम भीड़ थी, इसलिए आसानी से हमें सीट मिल गई। जैसे-जैसे ट्रेन आगे बढ़ती गई उसमें भीड़ बढ़ती गई। यात्रा अत्यंत आरामदायक चल रही थी कि अचानक बीच में ही ट्रेन रुक गई।

कुछ देर तक तो सभी यात्री सहज रहे, किंतु 15 मिनट से अधिक समय होने पर सभी चिंतित हो गए। तभी ट्रेन में अनाउंसमेंट हुई कि देरी के लिए हमें खेद है। मेरी माँ को चिंता हुई कि इतना समय क्यों लग रहा है? मैंने उन्हें समझाया कि जरूर कोई तकनीकी खराबी हुई होगी तभी समय लग रहा है। अन्य यात्री भी ट्रेन रुकने के कारण परेशान हो गए। कोई ऑफिस फोन करके बताने लगा कि मैं लेट हो जाऊँगा, तो कोई अपने घर-परिवार के सदस्यों को फोन करके देरी का कारण बताने लगा।

कुछ लोग आपस में इस बारे में बातचीत करने लगे। माँ शीघ्र ही मामा के पास पहुँचना चाहती थीं। इस कारण वे अत्यंत अधीर हो गईं। उन्हें देखकर मैं भी थोड़ा चिंतित हो गया। लगभग पैंतीस मिनट के बाद पुनः हमारी मेट्रो चली तो सब यात्रियों ने चैन की साँस ली। हम भी अपने गंतव्य स्थल पर पहुँच गए और मामा से मिलकर उन्हें रुपये दे दिए। इस प्रकार, अचानक जब हमारी मेट्रो रुकी तो वह दिन मेरी स्मृतियों में जुड़ गया।

26. 'जिन्हें जल्दी थी, वे चले गए' विषय पर रचनात्मक लेख लिखिए। **CBSE SQP Term II 2022**

उत्तर 'जिन्हें जल्दी थी, वे चले गए' कथन का अर्थ है कि जो लोग जीवन में जल्दबाजी को अपनाते हैं, वे अधिक समय तक जीवित नहीं रहते हैं अर्थात् उन्हें अपने जीवन से हाथ धोना पड़ता है। मनुष्य को बड़ी ही मुश्किल से यह जीवन प्राप्त होता है। प्रत्येक मनुष्य का कर्त्तव्य है कि वह अपने जीवन को अनमोल समझते हुए कुछ अच्छा कार्य करे। संसार का कोई भी मनुष्य कमजोर नहीं है, वह सर्वशक्तिमान है। बस कमी यही है कि हम सभी लोग अपने जीवन का मूल्य नहीं समझते और जीवन की भागदौड़ में ही उलझकर रह जाते हैं। वर्तमान समय में मनुष्य समय से पहले ही चीजों को प्राप्त कर लेना चाहता है, इसलिए वह प्रत्येक कार्य जल्दबाजी में करता है।

लोग जल्दबाजी में ही सड़क पार करते हैं। कुछ दिन पूर्व ही सड़क पर रोड पार करने में पाँच लोग काल के ग्रास बन गए। यह घटना उस समय की है, जब वे लोग जल्दबाजी में लाल बत्ती का ध्यान किए बिना ही सड़क के दूसरी ओर जाने के लिए भागकर सड़क के उस पार जाने लगे। तभी तीव्र गति से आते ट्रक से वे टकरा गए और मौके पर ही उनकी मृत्यु हो गई। इस घटना से यह बात सिद्ध होती है कि जिन्हें जल्दी थी, वे चले गए।

अतः इससे हमें यह शिक्षा मिलती है कि जीवन में कभी भी जल्दबाजी नहीं करनी चाहिए, क्योंकि जल्दबाजी का परिणाम कभी-कभी अच्छा नहीं होता है। ईश्वर द्वारा प्रदत्त इस जीवन का हमें उचित प्रकार से प्रयोग करना चाहिए ताकि यह जीवन किसी के काम आ सके।

27. वर्तमान समय में सोशल मीडिया सूचना का सबसे बड़ा साधन है। आपके अनुसार सूचना प्राप्ति में यह कैसे सहायक है? इसे वरदान व अभिशाप मानने के क्या कारण हो सकते हैं? बताइए।

उत्तर **सोशल मीडिया का जाल**

आज हम उस युग में हैं, जहाँ सूचना केवल एक बटन दबाने पर मिल जाती है। इसके कारण हम अपने चारों ओर की जानकारी से अवगत हो जाते हैं। सोशल मीडिया वह स्थान है, जहाँ हमें किसी भी सामग्री के बारे में जानने, पढ़ने, समझने और बोलने का अवसर मिलता है। सोशल मीडिया वेबसाइटों, अनुप्रयोगों और अन्य प्लेटफॉर्मों का संग्रह है, जो हमें जानकारियों का आदान-प्रदान करने तथा हमें सोशल नेटवर्किंग में भाग लेने में सहायता करता है। सोशल मीडिया ब्लॉगिंग और चित्रों को साझा करने तक ही सीमित नहीं है, बल्कि यह हमें सुदृढ़ उपकरण भी प्रदान करती है। ऐसा इसलिए है, क्योंकि सोशल मीडिया का प्रभाव बहुत अधिक है। यह दूर तक पहुँच रही है और किसी की छवि को बना या बिगाड़ भी सकती है। सोशल मीडिया आज विवाद का विषय बना हुआ है। कुछ लोग इसे वरदान समझते हैं, तो वहीं कुछ लोग ऐसे भी हैं, जो इसे एक अभिशाप मानते हैं। लोग अधिकतर यह अनुभव करते हैं कि सोशल मीडिया ने तेज गति के साथ मानवीय अंतःक्रियाओं को नष्ट कर आधुनिक मानव संबंधों में परिवर्तन कर दिया है, लेकिन कुछ लोग इसे वरदान मानते हैं, क्योंकि इसके कारण वे स्वयं को दुनिया के प्रत्येक कोने से जुड़ा हुआ अनुभव करते हैं और जिसके द्वारा वे दूर बसे अपने प्रियजनों से बात कर सकते हैं तथा जागरूकता फैला सकते हैं, साथ ही सुरक्षा हेतु चेतावनियाँ भी भेज सकते हैं। ऐसा बहुत कुछ है, जो सोशल मीडिया के माध्यम से किया जा सकता है, सोशल मीडिया की उपस्थिति ने हमारे जीवन को सुविधाजनक, आसान और बहुत तेज बना दिया है।

28. "स्वच्छता आज की अनिवार्य आवश्यकता है।" इस विषय पर अपने विचार व्यक्त करते हुए बताइए कि स्वच्छता की आदत में कुशल होने का सबसे सही समय क्या हो सकता है?

उत्तर **स्वच्छता : एक अनिवार्य कदम**

स्वच्छता प्रत्येक व्यक्ति का प्राथमिक उत्तरदायित्व होना चाहिए। सभी को यह समझना चाहिए कि खाने और पानी की भाँति ही स्वच्छता भी बहुत आवश्यक है। हमें स्वच्छता को खाने और पानी से भी अधिक प्राथमिकता देनी चाहिए। हम केवल तभी स्वस्थ रह सकते हैं, जब हम सफाई और स्वास्थ्यकर तरीके अपनाएँगे। बचपन सभी के जीवन का सबसे अच्छा समय होता है, जिस दौरान हम स्वच्छता की आदत में कुशल हो सकते हैं; जैसे– रोज नहाना, स्वच्छ कपड़े पहनना, अपने आस-पास साफ-सफाई का विशेष ध्यान रखना, स्वच्छ भोजन करना आदि। यह अभिभावक की नियमित निगरानी और सतर्कता में होना चाहिए, ताकि बचपन से ही अच्छी आदतों का विकास बच्चों में हो सके।

स्कूल और कॉलेजों में स्वच्छता से सम्बंधित विभिन्न कार्यक्रम आयोजित किए जाते हैं। आज के समय में यह बहुत ही महत्त्वपूर्ण विषय है, क्योंकि एक बहुत बड़ी जनसंख्या स्वच्छता के अभाव में बीमारी के कारण प्रतिदिन मृत्यु को प्राप्त हो रही है। इसलिए जीवन में स्वच्छता के महत्त्व और आवश्यकता के बारे में जागरूक होना बहुत आवश्यक है। जीवन को बचाने और स्वस्थ जीवन जीने के लिए हम सभी को मिलकर स्वच्छता की ओर कदम बढ़ाने की आवश्यकता है। हमारे प्रधानमंत्री 'नरेंद्र मोदी' ने एक अभियान चलाया, जिसे 'स्वच्छ भारत' कहा गया। भारतीय नागरिक के रूप में हम सभी को इस अभियान के उद्देश्य और लक्ष्य को पूरा करने में सक्रिय रूप से भाग लेना चाहिए।

29. 'कितना कुछ देती है प्रकृति' पर रचनात्मक लेख लिखिए। **CBSE Term II 2022**

उत्तर **कितना कुछ देती है प्रकृति**

प्रकृति मानव जीवन का महत्त्वपूर्ण व अविभाजित अंग है। हमारे जीवन में जो कुछ भी देन है, वह प्रकृति की है। हमें इसके लिए ईश्वर का धन्यवाद करना चाहिए, जिसने हमें प्रकृति रूपी खजाने से नवाजा है। प्रकृति ईश्वर द्वारा बनाई गई अद्भुत कृति है, जो उसने हमें बहुमूल्य उपहार के रूप में दी है। पानी, हवा, भूमि, पेड़, जंगल, पहाड़, नदी, सूरज, चाँद, आकाश, समुद्र आदि जो कुछ भी प्राकृतिक रूप से हमारे आस-पास हैं, वह प्रकृति ही है। यह अनगिनत रंगों से सुसज्जित है, जिसमें सजीव व निर्जीव सभी समाहित हैं। ईश्वर प्रदत्त इस प्रकृति की अपनी शक्ति और विशिष्टता है। इसके कई रूप हैं, जो मौसम-दर-मौसम यहाँ तक कि मिनट-दर-मिनट बदलते रहते हैं; जैसे—सुबह के समय जहाँ आकाश में सूर्य की लालिमा छा जाती है, वहीं दोपहर से शाम के समय तक आकाश श्वेत व नीला दिखाई देता है। हमारा स्वभाव भी प्रकृति के अनुसार बदलता रहता है। कभी मन प्रसन्न व आशावादी रहता है तो कभी उदास व निराशा से युक्त हो जाता है।

हमारे स्वस्थ जीवन के लिए प्रकृति बहुत आवश्यक है, इसलिए हमें स्वयं के लिए तथा आने वाली पीढ़ी के लिए प्रकृति का संरक्षण करना चाहिए। हमें पर्यावरण व प्रकृति को किसी भी तरह से हानि नहीं पहुँचानी चाहिए। हमें वृक्षों, वनों, नदियों, पानी आदि का संरक्षण करते रहना चाहिए। यदि हम प्रकृति के प्रति स्वयं को सजग रखेंगे तो प्रकृति हमारा संरक्षण स्वयं करेगी, जिससे पृथ्वी पर दीर्घकाल तक जीवन की संभावनाएँ बनी रहेंगी।

30. 'जब अचानक भू-स्खलन हुआ' पर रचनात्मक लेख लिखिए।

CBSE Term II 2022

अथवा पर्वतीय यात्रा के दौरान जब अचानक भू-स्खलन हुआ। **CBSE 2023**

अथवा मसूरी जाते समय भू-स्खलन। **CBSE 2023**

उत्तर **जब अचानक भू-स्खलन हुआ**

एक बार गर्मियों की छुट्टियों में हमने परिवार सहित किसी पर्वतीय स्थान पर घूमने की योजना बनाई। हम सभी अपनी गाड़ी लेकर मसूरी की ओर घूमने के लिए चल दिए। हमने वहाँ दो दिन तक अपनी छुट्टियों का खूब आनंद लिया। तीसरे दिन वापस हम अपनी गाड़ी में बैठकर घर की ओर निकल पड़े। होटल से कुछ दूर चलने पर ही हमें गाड़ियों की लंबी कतारें दिखाई दीं, जहाँ जाम लगा हुआ था। सँकरा रास्ता था, सड़क अधिक चौड़ी नहीं थी। संभवतः सड़क चौड़ीकरण का ही कार्य प्रगति पर था। तभी अचानक हमें कुछ गिरने की आवाजें महसूस हुईं।

हमने देखा कि हमसे कुछ दूर आगे ही पहाड़ से अनगिनत चट्टानें नीचे की ओर गिरने लगीं। देखते-ही-देखते पहाड़ का एक बड़ा हिस्सा सड़क पर आ गिरा, जिससे सड़क पर खड़ी कई कारें उनके नीचे दब गईं। अच्छी बात यह रही कि चट्टानों के गिरने से पहले ही कार सवार नीचे उतर आए थे। यह एक बड़ा भू-स्खलन था। सड़क भी दो हिस्सों में विभक्त हो चुकी थी।

हमारे आगे जाने का मार्ग अवरुद्ध हो चुका था। इस अचानक हुए भू-स्खलन से हम सभी घबरा गए थे। सड़क के नीचे कई फीट गहरी खाई थी, जो पहाड़ से गिरी मिट्टी, चट्टानों से पटी पड़ी थी। संभवतः इस भू-स्खलन का कारण पहाड़ पर चल रहा सड़कों को चौड़ी करने का कार्य था। धीरे-धीरे शाम होती जा रही थी। आगे जाने का कोई रास्ता नहीं था। अतः हम सबने अपनी गाड़ियाँ वापस मोड़ लीं। हमें रास्ता खुलने तक मसूरी में ही रुकना पड़ा। सड़क सही होने में एक सप्ताह से भी ज्यादा का समय लगा। छुट्टियों का सारा आनंद समाप्त हो चुका था। हमने वह सप्ताह बड़ी मुश्किल से वहाँ गुजारा।

31. "पुस्तकें मनुष्य की सबसे अच्छी मित्र होती हैं" कथन को आधार बनाकर अपने द्वारा पढ़ी गई किसी प्रिय पुस्तक का वर्णन करते हुए बताइए कि उस पुस्तक से आपको क्या प्रेरणा मिलती है?

उत्तर **रामचरितमानस**

पुस्तकें मनुष्य की सबसे अच्छी मित्र होती हैं। वे हमें सही मार्ग दिखाती हैं और हमें चरित्रवान बनने में सहायता करती हैं। मैंने बहुत-सी पुस्तकें पढ़ी हैं, लेकिन 'रामचरितमानस' मेरी प्रिय पुस्तक है। यह गोस्वामी तुलसीदास जी द्वारा रचित है। इसमें मुख्य पात्र दशरथ पुत्र श्रीराम हैं, जिन्हें लोग भगवान का अवतार मानते हैं। इस पुस्तक में श्रीराम के पूर्ण जीवन की व्याख्या की गई है तथा उनके बचपन से लेकर वनवास जाने तक और रावण का वध कर अयोध्या लौट आने तक सभी बातों का संपूर्ण वर्णन किया गया है।

यह पुस्तक बुराई पर अच्छाई की जीत को दर्शाती है और साथ ही हमें श्रीराम की भाँति आदर्श जीवन व्यतीत करने की प्रेरणा देती है। यह हमें प्यार से मिलकर रहने और एक-दूसरे की खुशी के लिए त्याग भावना रखना सिखाती है। एक ओर राम ने भरत के लिए वनवास लिया, वहीं दूसरी ओर भरत ने राम का दास बनकर राजकाज को सँभाला था। हनुमान जी के भक्तिभाव की बात ही निराली है। मुझे 'रामचरितमानस' को पढ़कर अत्यंत शांति मिलती है और इसलिए मैं इसे रोज पढ़ता हूँ। इसमें मनुष्य के जीवन से जुड़ी सभी समस्याओं का समाधान मिलता है और इसमें प्रयोग हुए दोहे और चौपाई इसके सौंदर्य को बढ़ाते हैं।

32. 'बरसात में नदी किनारे घिर जाना' विषय पर एक रचनात्मक लेख लिखिए। **CBSE SQP 2020**

उत्तर नदी किनारे बरसात की वह अँधेरी रात, जो आज भी मुझे एक विचित्र रोमांच से भर देती है, उसे भूल पाना मेरे लिए शायद ही संभव हो। जुलाई का महीना था, आकाश में बादल छाए हुए थे। मैं और मेरा मित्र अनिल बादलों की परवाह किए बिना शाम 4:00 बजे नदी किनारे घूमने चले गए। वहाँ बहुत-से लोग घूमने आए हुए थे। बादल घिरे होने के कारण धूप नहीं थी। ऐसे में वहाँ का वातावरण अत्यंत मुग्ध करने वाला था। नदी के किनारे पर घूमते हुए ठंडी हवाओं के झोंके और लहरें मन को भाव विभोर कर रहे थे। मैं और मेरे मित्र ने नाव में बैठकर नदी की सैर की। नाव में बैठकर नदी का सौंदर्य देखना बहुत अच्छा लग रहा था। हमें कुछ देर में भूख लगने लगी।

नदी के किनारे पर लगे स्टॉल से हमने भेल-पूरी और आइसक्रीम खाकर खूब आनंद लिया। अचानक तेज बरसात होने लगी। मेरा मित्र और मैं एक पेड़ के किनारे खड़े हो गए। बरसात इतनी तेज थी कि हमें कुछ भी दिखाई नहीं दे रहा था। बिजली की चमक और कड़कड़ाहट की आवाज से कलेजा काँप रहा था। सभी स्टॉल वाले भी चले गए, बिजली गुल हो गई और हवा के तेज झोंकों से बड़े-बड़े पेड़ों की टहनियाँ टूट-टूटकर गिर रही थीं। वातावरण भयानक लग रहा था। बरसात कम होने का नाम नहीं ले रही थी। लगभग एक घंटे बाद बरसात रुकने पर किसी तरह हम घर पहुँचे। घर पर माँ तथा पिताजी चिंतित मुद्रा में खड़े थे। उन्होंने मुझे समझाया कि बेटा खराब मौसम में बाहर नहीं जाना चाहिए। मैंने भी भविष्य में ऐसा न करने की कसम खाई, किंतु नदी किनारे बरसात की यह रात तो अविस्मरणीय बन गई।

33. 'मोबाइल खेलों की बढ़ती लत' पर रचनात्मक लेख लिखिए।

CBSE Term II 2022

उत्तर **मोबाइल खेलों की बढ़ती लत**

आज के समय में मोबाइल दैनिक जीवन का आवश्यक अंग बन चुका है, परंतु इसके लाभों की अपेक्षा हमें इसके कुछ दुष्परिणामों को भी भुगतना पड़ रहा है। आज के समय में मोबाइल में विभिन्न तरह के गेम इन-बिल्ट या डाउनलोडेड होते हैं, जिनकी लत ने युवा पीढ़ी व भावी युवा पीढ़ी दोनों का भविष्य दाँव पर लगा दिया है। मोबाइल खेलों की इस बढ़ती लत ने विद्यार्थी जीवन का भविष्य भी अधर में लटका दिया है। लगातार तीन-चार घंटे तक मोबाइल खेलों में लगे रहने के कारण उनकी आँखों पर बुरा प्रभाव पड़ता है, साथ ही एक ही स्थान पर घंटों तक बैठे रहने के कारण पेट संबंधी अनेक बीमारियाँ हो जाती हैं। मोबाइल के लगातार उपयोग से उससे निकलने वाली हानिकारक रेडिएशन से हमें हृदय संबंधी रोग हो सकते हैं।

टेक्नोलॉजी के माध्यम से ही हम विकास की ओर बढ़ पाते हैं, जिसमें मोबाइल फोन मुख्य भूमिका निभाता है, क्योंकि सबके पास पढ़ाई के लिए लैपटॉप या कंप्यूटर नहीं हो सकता, परंतु मोबाइल होता है, जिसकी मदद से वे अपने संदेह दूर कर सकते हैं, परंतु मोबाइल पर खेलों की लत में आज लोग घंटों अपना कीमती समय मोबाइल को दे देते हैं, जिससे उनका ध्यान पढ़ाई पर नहीं लगता है। विद्यार्थी अपने अध्ययन और युवा अपने व्यवसाय में अपना पूर्ण योगदान नहीं दे पाते हैं। वे खुद में ही खोए रहते हैं और खुद से दूर होते चले जाते हैं। हम पढ़ने के समय भी मोबाइल पर गेम खेलते रहते हैं। मात्र शराब व सिगरेट की लत ही व्यक्ति के जीवन को संकट में नहीं डालती अपितु संसार की किसी भी वस्तु या सामग्री की लत हमारे लिए हानिकारक है। उनमें से एक मोबाइल फोन पर खेलों की लत है, जिसके कारण जीवन के विभिन्न पहलुओं से संबंधित अनेक समस्याएँ व्यक्ति के लिए उत्पन्न हो जाती हैं।

34. 'घर बैठकर दफ्तर का काम' पर रचनात्मक लेख लिखिए।

CBSE Term II 2022

उत्तर **घर बैठकर दफ्तर का काम**

जिस समय कोविड-19 महामारी ने विश्व को प्रभावित किया, तब विभिन्न संस्थाओं की कार्यप्रणाली भी प्रभावित हुई, जिसके कारण उस समय 'वर्क फ्रॉम होम' अर्थात् 'घर बैठकर दफ्तर का काम' करना एक बड़ा अवसर बनकर उभरा। इससे लोगों का काम भी नहीं रुका और संस्थाओं का नुकसान भी कम हुआ।

घर पर कार्य करने के कई लाभ हैं। इससे ऑफिस तक आने-जाने के समय के साथ-साथ धन की बचत होती है, साथ ही लोगों को अपने परिवार के साथ समय बिताने का अवसर भी मिल जाता है।

एक रिपोर्ट के अनुसार 'वर्क फ्रॉम होम' कार्य करने वाले कर्मचारी प्रतिमाह औसतन ₹ 3000 से ₹ 5000 तक बचा लेते हैं। अधिक-से-अधिक कंपनियाँ अब काम की इस नीति को अपना रही हैं। इससे कर्मचारियों के काम के शेड्यूल (कार्यक्रम) में लचीलापन लाने में आसानी हो जाती है, जो उनकी दैनिक दिनचर्या के अनुकूल होता है। अपने काम को घर लाने पर कार्य-जीवन में संतुलन रखना थोड़ा मुश्किल लग सकता है, लेकिन यह लाभदायक भी साबित होता है। जल्दी से काम पूरा करने और अपने परिवार के साथ समय बिताने तथा आपातकालीन स्थितियों में यह बहुत लाभप्रद होता है। 'वर्क फ्रॉम होम' के जहाँ बहुत से लाभ हैं, वहाँ कुछ चुनौतियाँ भी हैं; जैसे—घर से काम करते समय अपने कार्य का इस तरह समय विभाजन करना पड़ता है, जिससे घर का कोई भी सदस्य उन्हें काम करते समय परेशान न करे। कभी इस तरह ऑफिस का कार्य घर पर करना व्यक्ति के निजी जीवन पर भी हावी होने लगता है।

35. 'मेले में उमड़ती भीड़' पर रचनात्मक लेख लिखिए।

CBSE Term II 2022

उत्तर **मेले में उमड़ती भीड़**

हमारे शहर में प्रतिवर्ष 26 जनवरी के अवसर पर मेले का आयोजन किया जाता है। इस मेले में काफी भीड़ उमड़ती है, लेकिन लोग फिर भी सहज होकर मेले का आनंद लेने में लगे रहते हैं। मैं भी अपने माता-पिता के साथ संध्या के समय चार बजे मेला देखने गया। वहाँ मिठाई, चाट, छोले, भेलपुरी तथा खाने-पीने की तरह-तरह की दुकानों में अच्छी-खासी भीड़ थी। तरह-तरह के आकर्षक खिलौने बेचने वाले भी कम नहीं थे। कुछ दुकानदार घर-गृहस्थी का सामान बेच रहे थे। मुरलीवाला, सीटीवाला, आईसक्रीमवाला और चनेवाला अपने-अपने ढंग से ग्राहकों को लुभा रहे थे।

हम मेले का दृश्य देखते हुए आगे बढ़ रहे थे कि तभी हमें झूले दिखाई दिए। पिताजी ने मुझे झूले की टिकट लेने के लिए पैसे दिए। कुछ ही मिनटों में हम आसमान से बातें करने लगे। डर भी लग रहा था और मजा भी आ रहा था। ऊपर से नीचे आते समय शरीर भारहीन-सा लग रहा था। जादूगर के कर्मचारी शेर, बिल्ली, जोकर आदि का मुखड़ा पहने ग्राहकों को लुभा रहे थे। टिकट लेने के लिए लाइन लगी थी। हम भी लाइन में खड़े हो गए। टिकट दिखाकर भीतर प्रवेश किया। बड़ा ही अद्भुत जादू का खेल था।

जादूगर ने अपने कई खेल दिखाए तथा उसके खेलों ने हमारा बहुत मनोरंजन किया। अब खाने की बारी थी। इसलिए हम लोग चाट वाले की दुकान पर गए और वहाँ हमने चाट खाई। फिर हमने रसगुल्ले खाए। पर मेले से अभी मन न भरा था। मेले में धूल, धुआँ, धक्का और शोर चरम सीमा पर था, फिर भी लोगों को मजा आ रहा था। हर कोई अपनी धुन में था। सभी खुश दिखाई दे रहे थे।

36. 'सुबह की सैर का आनंद' पर रचनात्मक लेख लिखिए।

CBSE Term II 2022

उत्तर **सुबह की सैर का आनंद**

सुबह की सैर प्रकृति से साक्षात्कार का एक सुंदर तरीका है। यह दिनभर तरोताजा रहने के लिए किया जाने वाला उत्तम उपाय है। यह लोगों को चुस्त और तंदुरुस्त रखता है। सुबह की हवा में ताजगी होती है। प्रकृति नई अँगड़ाई लेती प्रतीत होती है। संसार रातभर के विश्राम के बाद नई ताजगी और उमंग से युक्त होता है। प्रातःकालीन किरणों में अद्भुत ऊर्जा होती है। इस दौरान हजारों लोग स्वास्थ्य लाभ के लिए घर से बाहर निकल पड़ते हैं। शहरों में भी अनेक पार्क हैं। यहाँ बच्चे, युवा और वृद्ध एकसाथ सैर का आनंद उठाते हैं।

सुबह जागने से शरीर की अनेक व्याधियाँ नष्ट हो जाती हैं। पेट साफ रहता है तो चित्त में भी प्रसन्नता आती है। सैर से भूख भी अच्छी लगती है। फेफड़ों में ताजी हवा का प्रवेश होता है। शरीर का अच्छा-खासा व्यायाम हो जाता है। दिनभर मन प्रसन्न रहता है, हर काम में आनंद आता है। काम करने में थकावट कम होती है। व्यक्ति की कार्यक्षमता बढ़ती है तो उसकी आमदनी में भी बढ़ोतरी होती है।

सुबह की सैर जनसमुदाय के लिए वरदान के समान होती है। यह सदा तंदुरुस्त रहने का रामबाण उपाय है। प्रातःकाल सैर पर निकलना सभी उम्र के लोगों के लिए आवश्यक है। इसके बाद किसी अन्य प्रकार के व्यायाम की आवश्यकता शेष नहीं रह जाती है। यह मनुष्य को प्रकृति प्रेमी बनाने में भी बहुत योगदान देता है। इससे शरीर ही नहीं, शरीर में स्थित आत्मा भी प्रसन्न हो उठती है।

37. 'जब मैं स्कूल देर से पहुँचा' पर रचनात्मक लेख लिखिए।

CBSE Term II 2022

उत्तर **जब मैं स्कूल देर से पहुँचा**

एक दिन मैं स्कूल जाने के लिए अपने घर से निकला। मेरा स्कूल सड़क पार एक गली में था, जो घर से लगभग 1.02 किमी दूर था। मैं घर से जैसे ही सड़क के पास पहुँचा, तो मैंने देखा कि एक बहुत ही बूढ़ी औरत सड़क पार करने की कोशिश करती, परंतु डरकर फिर वापस सड़क के किनारे आ जाती। मुझे उस पर दया आ गई और मैंने उन्हें सड़क पार कराने का निश्चय किया, परंतु मुझे स्कूल पहुँचने में देर हो रही थी। मेरे मन में विचार आया कि यदि मुझे स्कूल पहुँचने में देर हो गई तो मुझे दंडस्वरूप ₹ 50 व प्रार्थना के समय खड़ा किया जाएगा, लेकिन मुझे इन बातों की चिंता न होकर स्कूल देर से पहुँचने का डर ज्यादा था, परंतु जब मैंने बूढ़ी औरत को बार-बार सड़क पार करने में विफल और दुःखी देखा तो मुझसे रहा नहीं गया। मैं उनके पास गया और उनका हाथ पकड़ लिया तथा उन्हें अपने साथ धीरे-धीरे चलने के लिए कहा। इस तरह सहायता के लिए मुझे देखकर बूढ़ी औरत के चेहरे पर बहुत संतोष उत्पन्न हुआ और उन्होंने बड़े ही प्यार से मेरे सिर पर अपना हाथ रख दिया। मुझे स्कूल पहुँचने में देरी हो गई।

प्रधानाध्यापक व कक्षाध्यापक ने मुझे डाँटा और दंड भी दिया, तभी स्कूल में वही बूढ़ी औरत अपने पोते की फीस जमा कराने आई और इस तरह मुझे चुपचाप डाँट खाते देख उन्हें बहुत बुरा लगा। उन्होंने सबके सामने बताया कि मुझे स्कूल आने में देर क्यों हुई? अब सभी अध्यापक मुझे प्रशंसा की दृष्टि से देख रहे थे। प्रधानाध्यापक ने भी मुझे शाबाशी देते हुए मेरी पीठ थपथपाई और मेरा ₹ 50 का दंड भी क्षमा कर दिया। साथ ही उन्होंने यह भी बताया कि निःसहायों की सेवा के कार्य के आगे सभी कार्य तुच्छ होते हैं।

38. 'शारीरिक चुनौती झेलते लोग' पर रचनात्मक लेख लिखिए।

CBSE Term II 2022

उत्तर **शारीरिक चुनौती झेलते लोग**

हमारे दैनिक जीवन में हमारे आस-पास ऐसे बहुत-से लोग दिख जाएँगे, जो शारीरिक चुनौतियाँ झेल रहे हैं। इनके शरीर का कोई अंग या तो होता नहीं है और यदि होता भी है तो निर्जीव की तरह होता है। ऐसे लोगों में से कुछ तो अपना आत्मविश्वास खो देते हैं और हीन भावना से जीने लगते हैं और दुनिया की सहानुभूति प्राप्त करने का प्रयास करते रहते हैं।

उनका जीवन निराशाओं से भरा रहता है और वे जीवन में कुछ विशेष कार्य तो दूर की बात है, एक साधारण जीवन भी नहीं जी पाते, परंतु उनमें से कुछ आशावादी होते हैं। उनके चेहरे पर हमेशा मुस्कुराहट बनी रहती है और वे अपने जीवन में आने वाली प्रत्येक चुनौती का दृढ़ता से सामना करते हैं। इस तरह के लोग अपनी शारीरिक चुनौतियों का असर अपने मन और आत्मा पर नहीं पड़ने देते और अपने जीवन में नित नई ऊँचाइयों को प्राप्त करते हैं।

ऐसे लोगों के प्रति हमारा भी यह कर्त्तव्य बनता है कि हम उनके प्रति अपना स्वस्थ दृष्टिकोण रखें और अपने सहानुभूतिपूर्ण रवैये से उनमें आशाओं का संचार करें, जिससे उनके जीवन में खुशियाँ उत्पन्न हों और वे अपने लक्ष्यों को प्राप्त कर सकें। मनुष्य का केवल शरीर बीमार रहता है, मन नहीं। अतः हमें शारीरिक चुनौतियाँ झेलते लोगों से आत्मपूर्ण रवैया अपनाते हुए उनके साथ प्रेम से पेश आना चाहिए।

शरीर नश्वर होता है, आत्मा नहीं, इसलिए जीवन के किसी-न-किसी मोड़ पर मनुष्य शारीरिक रूप से अशक्त हो ही जाता है। ऐसी स्थिति में हमें उनके साथ प्रेमपूर्ण व्यवहार अपनाते हुए उन्हें नैराश्य के भँवर से निकालना चाहिए।

स्व-मूल्यांकन

अतिलघु उत्तरीय प्रश्न

1. लेखन शुरू करने से पहले क्या करना चाहिए?

2. लेखन में तैयारशुदा सामग्री का प्रयोग करने की आदत से क्या हानि होती है?

3. अप्रत्याशित विषयों के लेखन में 'मैं' शैली पर प्रतिबंध क्यों नहीं होता है?

लघु उत्तरीय प्रश्न

4. 'नया संसद भवन' विषय पर लेख लिखिए, जिसमें 'बनावट' पर भी विचार किया गया हो।

5. अपने क्षेत्र में लगने वाले प्रमुख बाज़ार का वर्णन करते हुए एक लेख लिखिए।

6. 'आँखों देखी घटना' विषय पर एक लेख लिखिए।

7. 'मेले में ऐसी वस्तु या दृश्य, जिसने आपको आकर्षित किया हो' विषय पर एक लेख लिखिए।

8. आप पिकनिक मनाने गए। घर से पिकनिक तक में आपने क्या-क्या देखा और अनुभव किया? लिखें और अपने लेख को एक अच्छा-सा शीर्षक भी दें।

9. 'मेरा पसंदीदा खिलाड़ी' विषय पर एक रचनात्मक लेख लिखिए।

10. 'भारत का बदलता चेहरा' विषय पर एक रचनात्मक लेख लिखिए।

11. 'एक कामकाजी महिला की शाम' विषय पर एक रचनात्मक लेख लिखिए।

12. 'परीक्षा के दिनों की घबराहट' विषय परएक रचनात्मक लेख लिखिए।

13. 'चन्द्रयान-3' विषय पर एक रचनात्मक लेख लिखिए।

01 अध्याय

खंड ग : पाठ्यपुस्तक व पूरक पाठ्यपुस्तक
आरोह भाग-2 : पद्य भाग

आत्मपरिचय, दिन जल्दी-जल्दी ढलता है (एक गीत)

(हरिवंश राय बच्चन)

कवि-परिचय

हरिवंश राय बच्चन का जन्म 27 नवंबर, 1907 को इलाहाबाद (प्रयागराज) में हुआ था। वर्ष 1942-52 तक ये इलाहाबाद विश्वविद्यालय के प्राध्यापक रहे, तत्पश्चात् आकाशवाणी के साहित्यिक कार्यक्रमों से संबद्ध रहे, फिर विदेश मंत्रालय में हिंदी विशेषज्ञ के रूप में कार्यरत रहे। उनकी प्रमुख रचनाएँ इस प्रकार हैं

काव्य संग्रह मधुशाला (1935), मधुबाला (1938), मधुकलश (1938), निशा निमंत्रण, एकांत संगीत, आकुल-अंतर, मिलनयामिनी, सतरंगिणी, आरती और अंगारे, नए पुराने झरोखे, टूटी-फूटी कड़ियाँ।

आत्मकथा क्या भूलूँ क्या याद करूँ, नीड़ का निर्माण फिर, बसेरे से दूर, दशद्वार से सोपना तक।

अनुवाद हैमलेट, जनगीता, मैकबेथ।

डायरी प्रवासी की डायरी।

उनका देहावसान वर्ष 2003 में मुंबई में हुआ।

▼ अध्ययन के लिए
- कविता की रूपरेखा
- काव्यांशों की व्याख्या

▼ अभ्यास के लिए
- पाठ्यपुस्तक के प्रश्नोत्तर
- काव्यांश पर आधारित बहुविकल्पीय प्रश्न
- लघु उत्तरीय प्रश्न
- दीर्घ उत्तरीय प्रश्न

कविता की रूपरेखा

आत्मपरिचय

'आत्मपरिचय' कविता में कवि हरिवंश राय बच्चन ने यह स्पष्ट करना चाहा है कि स्वयं को जानना दुनिया को जानने से अधिक कठिन है। समाज में रहते हुए विभिन्न खट्टे-मीठे अनुभवों से गुजरता हुआ मनुष्य अपने परिवेश से पूरी तरह निरपेक्ष नहीं रह सकता न ही वह समाज से अलग होकर रह सकता है। वस्तुत: समाज से ही व्यक्ति की पहचान संभव है।

दिन जल्दी-जल्दी ढलता है (एक गीत)

हरिवंश राय बच्चन की काव्य-रचना 'निशा निमंत्रण' से उद्धृत प्रस्तुत गीत 'दिन जल्दी-जल्दी ढलता है' में उत्कृष्ट जिजीविषा एवं समय की सीमित उपलब्धता को सर्वानुभूत बिंबों के माध्यम से सरल शब्दों में बाँधकर प्रस्तुत किया गया है। प्रस्तुत कविता में कवि ने दर्शाया है कि पथिक थकने के बावजूद बिना रुके निरंतर अपनी मंजिल की ओर बढ़ता जाता है।

काव्यांशों की व्याख्या

आत्मपरिचय

काव्यांश 1

मैं जग-जीवन का भार लिए फिरता हूँ,
फिर भी जीवन में प्यार लिए फिरता हूँ;
कर दिया किसी ने झंकृत जिनको छूकर,
मैं साँसों के दो तार लिए फिरता हूँ!
मैं स्नेह-सुरा का पान किया करता हूँ,
मैं कभी न जग का ध्यान किया करता हूँ,
जग पूछ रहा उनको, जो जग की गाते,
मैं अपने मन का गान किया करता हूँ!

शब्दार्थ

जग-जीवन—सांसारिकता/दुनियादारी, **झंकृत**—तारों के बजने से निकला स्वर, **स्नेह**—प्रेम, **सुरा**—शराब, **पान करना**—पीना, **ध्यान करना**—चिंता या परवाह करना, **गाते**—प्रशंसा या स्तुति करते।

संदर्भ प्रस्तुत काव्यांश हमारी पाठ्यपुस्तक 'आरोह भाग-2' में संकलित 'आत्मपरिचय' शीर्षक कविता से उद्धृत है। इसके रचयिता छायावादोत्तर काल के प्रतिनिधि कवि 'हरिवंश राय बच्चन' हैं।

प्रसंग प्रस्तुत काव्यांश में कवि ने अपने व्यक्तित्व की अंतर्निहित विशेषताओं को उद्घाटित किया है।

व्याख्या प्रस्तुत पंक्तियों में कवि कहता है कि मैं इस संसार में सांसारिक गतिविधियों का भार उठाकर घूमता रहता हूँ, किंतु इसके उपरांत भी मेरा जीवन प्यार से भरा रहता है व उस प्रेम का संचार मैं सभी में करता हूँ। कवि अपने जीवन को सितार की भाँति मानता है, जिसमें साँसों के तार लगे हृदय रूपी वाद्य (सितार) को किसी ने छूकर झंकृत (कंपित) कर दिया है, जिससे उसका जीवन संगीत से भर उठा है। कवि इसी क्रम में आगे कहता है कि उसने प्रेम रूपी मदिरा पी रखी है तथा वह इस संसार में मतवाले की भाँति मदमस्त रहता है। कवि संसार की रीतियों, बंधनों की परवाह नहीं करता, क्योंकि संसार के लोगों की प्रवृत्ति है कि वे उन्हीं का गुणगान व प्रशंसा करते हैं, जो संसार के अनुरूप चलते हैं, किंतु कवि इन सबसे अलग अपने मन की आवाज अर्थात् अपनी इच्छानुसार चलता है तथा संसार की परवाह किए बिना स्वयं में संतुष्ट रहता है।

काव्य-शैली

(i) कवि ने यहाँ अपने मन के भाव प्रकट किए हैं। उसे यह संसार स्वार्थी लगता है, इसलिए वह केवल अपने मन की सुनता है।
(ii) 'जग-जीवन' व 'स्नेह-सुरा' में अनुप्रास अलंकार है।
(iii) 'साँसों के तार' व 'स्नेह-सुरा' में रूपक अलंकार है।
(iv) 'किया करता हूँ', 'लिए फिरता हूँ' की आवृत्ति लयबद्धता के गुण को प्रदर्शित करती है।
(v) मुक्त छंद का प्रयोग हुआ है।
(vi) भाषा साहित्यिक खड़ीबोली है।

काव्यांश 2

मैं निज उर के उद्गार लिए फिरता हूँ,
मैं निज उर के उपहार लिए फिरता हूँ;
है यह अपूर्ण संसार न मुझको भाता,
मैं स्वप्नों का संसार लिए फिरता हूँ!
मैं जला हृदय में अग्नि, दहा करता हूँ,
सुख-दुःख दोनों में मग्न रहा करता हूँ;
जग भव-सागर तरने को नाव बनाए,
मैं भव मौजों पर मस्त बहा करता हूँ!

शब्दार्थ

निज—अपना, **उद्गार**—भाव, **उर**—हृदय, **भाता**—अच्छा लगना, **दहा**—जला, **भव-सागर**—संसार रूपी सागर, **मौज**—लहर।

संदर्भ पूर्ववत्।

प्रसंग प्रस्तुत काव्यांश में कवि ने अपने हृदय के उदगारों को व्यक्त किया है कि उसे प्रेम से रहित संसार बनावटी व झूठा लगता है।

व्याख्या प्रस्तुत काव्यांश में कवि कहता है कि मैं अपने मन के भावों को संसार के सामने अभिव्यक्त करने का प्रयास करता रहता हूँ। कवि को जो प्रेम रूपी भेंट मिली है, उसे वह अपने साथ लिए घूमता है। उसे यह संसार अधूरा लगता है, इसी कारण उसे यह संसार पसंद नहीं है। कवि को अपनी कल्पना का संसार व प्रेम से भरा संसार ही अच्छा लगता है।

कवि कहता है कि वह अपने हृदय में प्रेम की आग जलाकर स्वयं ही निरंतर प्रेम की जलन को सहन करता है। प्रेम की मस्ती में मग्न होकर वह सुख-दुःख में एकसमान रहा करता है। कवि के अनुसार, यह संसार आपदाओं का सागर है, हम इस संसार रूपी सागर को पार करने के लिए कर्म रूपी नाव बनाते हैं, परंतु कवि इस संसार रूपी सागर की लहरों पर मस्त होकर बहता है।

कवि दुनिया के अन्य लोगों की भाँति साधन की अपेक्षा नहीं करता, बल्कि अपना एक पृथक् अस्तित्व बनाए रखता है। इसलिए कवि को संसार की कोई चिंता नहीं है, क्योंकि उसके पास प्रेम रूपी नाव है।

काव्य-शैली

(i) कवि ने अपने कल्पना के संसार अर्थात् प्रेम से भरे संसार के महत्त्व को उजागर किया है।
(ii) 'भव-सागर' व 'भव-मौजों' में रूपक अलंकार है।
(iii) तत्सम शब्दावली की बहुलता है।
(iv) अभिव्यक्ति की सरलता से कविता की प्रभावोत्पादकता में वृद्धि हो गई है।
(v) खड़ीबोली का स्वाभाविक प्रयोग है।
(vi) भाषा भावों के अनुरूप सहज, सरल व प्रवाहमयी है।

काव्यांश 3

मैं यौवन का उन्माद लिए फिरता हूँ,
उन्मादों में अवसाद लिए फिरता हूँ,
जो मुझको बाहर हँसा, रुलाती भीतर,
मैं, हाय, किसी की याद लिए फिरता हूँ!
कर यत्न मिटे सब, सत्य किसी ने जाना?
नादान वहीं है, हाय, जहाँ पर दाना!
फिर मूढ़ न क्या जग, जो इस पर भी सीखे?
मैं सीख रहा हूँ, सीखा ज्ञान भुलाना!

शब्दार्थ

यौवन—जवानी, **उन्माद**—पागलपन, **अवसाद**—उदासी/निराशा/विषाद, **नादान**—नासमझ, **दाना**—बुद्धिमान/ज्ञानी, **मूढ़**—मूर्ख।

संदर्भ पूर्ववत्।

प्रसंग प्रस्तुत काव्यांश में कवि जीवन जीने की शैली को बताता है।

व्याख्या कवि कहता है कि वह यौवन (जवानी) के पागलपन को अपने भीतर लिए हुए मस्ती में घूमता है, किंतु उसके इस उन्माद (दीवानेपन) में अवसाद (दुःख) भी है। वह गहरे दुःखों की पीड़ा को लिए हुए घूमता है। कवि को जब किसी प्रिय की याद आती है, तो उसे वह बाहर से तो हँसाती है, लेकिन अंदर-ही-अंदर वह उसे रुलाती भी है, जिससे कवि का मन व्याकुल हो जाता है। कवि आगे कहता है कि संसार में सभी लोगों ने अपने-अपने ढंग से प्रयत्न करके सत्य को जानने की कोशिश की, किंतु कोई भी सत्य को नहीं जान पाया। इसी कारण प्रत्येक व्यक्ति नादानी करता हुआ दिखाई देता है। जहाँ बुद्धिमान या समझदार लोग होते हैं, वहीं नासमझ लोग भी होते हैं। कवि के अनुसार, आज प्रत्येक व्यक्ति अपने स्वार्थ को पूरा करने के लिए सुख, वैभव एवं भोग-विलास की ओर भाग रहा है।

वह इतना भी सत्य नहीं सीख सका कि ये सांसारिक वस्तुएँ सदैव के लिए नही रहतीं ये क्षणभंगुर हैं। इस सत्य से यदि यह संसार अवगत नहीं हो सका, तो फिर इसे नासमझ अर्थात् मूर्ख ही कहा जाएगा। अतः कवि कहता है कि वह सीखे गए ज्ञान को भूलने की कला सीख रहा है। कवि इन सांसारिक बातों को भूलकर अपनी इच्छानुसार चलना सीख रहा है, क्योंकि पूर्व स्मृतियाँ उसे कहीं-न-कहीं पीड़ा देती हैं।

काव्य-शैली

(*i*) कवि ने अपने मनोभावों का वर्णन करते हुए दुनियादारी की भागदौड़ को व्यर्थ बताते हुए उससे दूर रहने की सलाह दी है।
(*ii*) 'उन्मादों में अवसाद' में विरोधाभास अलंकार है।
(*iii*) 'कर यत्न मिटे सब सत्य' पंक्ति में 'स' वर्ण की आवृत्ति के कारण अनुप्रास अलंकार है।
(*iv*) 'लिए फिरता हूँ' की आवृत्ति से लयबद्धता का गुण उत्पन्न हुआ है।
(*v*) साहित्यिक खड़ीबोली का प्रयोग हुआ है।
(*vi*) भाषा सहज, सरस एवं प्रवाह युक्त है।

काव्यांश 4

मैं और, और जग और, कहाँ का नाता,
मैं बना-बना कितने जग रोज मिटाता;
जग जिस पृथ्वी पर जोड़ा करता वैभव,
मैं प्रति पग से उस पृथ्वी को ठुकराता!
मैं निज रोदन में राग लिए फिरता हूँ,
शीतल वाणी में आग लिए फिरता हूँ,
हों जिस पर भूपों के प्रासाद निछावर,
मैं वह खंडहर का भाग लिए फिरता हूँ।

शब्दार्थ

जग—संसार, **नाता**—संबंध, **वैभव**—सुख-समृद्धि, **पग**—कदम, **रोदन**—रोना, **राग**—प्रेम, **आग**—आवेश, **भूप**—राजा, **प्रासाद**—महल, **निछावर**—न्योछावर/त्याग।

संदर्भ पूर्ववत्।

प्रसंग प्रस्तुत काव्यांश में कवि ने दुनिया के सामने अपने द्वंद्वात्मक संबंधों को उजागर किया है।

व्याख्या प्रस्तुत काव्यांश में कवि कहता है कि मुझमें और इस संसार में किसी भी प्रकार का संबंध नहीं है। कवि का अपना अस्तित्व है, जो संसार के अस्तित्व की तुलना में भिन्न है। अर्थात् कवि जिस प्रकार का व्यक्ति है, यह संसार उससे बिल्कुल अलग है। कवि अपनी कल्पना के अनुसार अपने भीतर कितने ही संसार का रोज निर्माण करता है और फिर उन्हें मिटा देता है। कवि भौतिक समृद्धि व वैभव की बात करते हुए कहता है कि यह संसार जिस वैभव एवं सुख के साधन एकत्रित करने के सपने सँजोता है, कवि हर कदम पर उस धरती को और उसके वैभव को ठुकराता चलता है। कवि आगे कहता है कि वह अपने रोने में भी प्रेम के राग को लिए हुए घूमता है। कवि की शीतल वाणी में भी आग समाई हुई है। कवि का जीवन प्रेम में निराशा भाव के कारण खंडहर के समान है, फिर भी उस पर राजाओं के राजप्रासाद (महल) न्योछावर होते हैं। ऐसे ही खंडहर का एक भाग वह लिए हुए घूमता है। कवि भौतिकता को महत्त्वहीन व भावनात्मक सामर्थ्य को उल्लेखनीय मानता है। वह अपने मन के भीतर जिस प्रेम को लिए फिरता है, उसी को वह सबसे अनमोल मानता है।

काव्य-शैली

(*i*) कवि सांसारिक लोगों से अलग अपनी रचनात्मकता से एक अलग दुनिया के निर्माण करने की बात कहता है।
(*ii*) 'और' शब्द की तीन बार भिन्न-भिन्न अर्थ में आवृत्ति होने से यमक अलंकार है।
(*iii*) 'कहाँ का नाता' में प्रश्न अलंकार है।
(*iv*) 'रोदन में राग' और 'शीतल वाणी में आग' में विरोधाभास अलंकार है।
(*v*) 'बना-बना' में पुनरुक्तिप्रकाश अलंकार है।
(*vi*) खड़ीबोली का साहित्यिक रूप में प्रयोग हुआ है।
(*vii*) सहज भाषा में गंभीर भावों को कुशलता से अभिव्यक्त किया गया है।

काव्यांश 5

मैं रोया, इसको तुम कहते हो गाना,
मैं फूट पड़ा, तुम कहते, छंद बनाना,
क्यों कवि कहकर संसार मुझे अपनाए,
मैं दुनिया का हूँ एक नया दीवाना!
मैं दीवानों का वेश लिए फिरता हूँ,
मैं मादकता नि:शेष लिए फिरता हूँ,
जिसको सुनकर जग झूम, झुके, लहराए,
मैं मस्ती का संदेश लिए फिरता हूँ!

शब्दार्थ

फूट पड़ा—बहुत आवेग से रोना, **दीवाना**—पागल/मस्त, **मादकता**—मस्ती/नशा, **नि:शेष**—संपूर्ण/जो शेष न हो।

संदर्भ पूर्ववत्।

प्रसंग प्रस्तुत काव्यांश में कवि एक नए विश्व या समाज के सृजन हेतु प्रेम की मस्ती से सराबोर होकर एक नए समाज का स्वप्न देखता है।

व्याख्या प्रस्तुत काव्यांश में कवि अपने रचना-कर्म को व्याख्यायित करते हुए कहता है कि प्रेम की पीड़ा के कारण कवि का मन रोता है और उसके हृदय की व्यथा शब्द रूप में प्रकट होती है, किंतु उसके इस रुदन (रोने) को संसार गाना समझ बैठता है। कवि कहता है कि मेरे हृदय में वेदना इतनी अधिक हो जाती है कि वह उस वेदना को शब्दों के माध्यम से अभिव्यक्त करता है और संसार इसे छंद बनाना कहता है। कवि आगे कहता है कि संसार मुझे कवि के रूप में अपनाए मैं इसकी अपेक्षा नहीं करता हूँ। कवि स्वयं को नया दीवाना कहता है, जो हर स्थिति में मस्त रहकर संसार में दीवानों का रूप धारण करके इधर-उधर घूम रहा है। कवि का यह दीवाना व्यक्तित्व मादकता का धारक है अर्थात् कवि के जीवन में जो मस्ती शेष रह गई है, उसके लिए वह घूमता है और कवि की इस मस्ती को सुनकर सारा संसार झूम उठता है, लोग प्रेम में झुक जाते हैं, आनंद से झूमने लगते हैं। कवि इस संसार को उसी दीवानेपन की मस्ती व मादकता का संदेश देना चाहता है, जिसे लेकर यह संसार अपनी असफलता व विफलता को भूलकर प्रसन्न हो जाए।

काव्य-शैली

(*i*) कवि ने संसार को सांसारिक झंझटों को भुलाकर प्रेम की मस्ती में लीन रहने का संदेश दिया है।

(*ii*) कवि ने 'मैं' शैली के प्रयोग से अपनी बात कही है।

(*iii*) 'क्यों' कवि कहकर व 'झूम, झुके' पर में अनुप्रास अलंकार की छटा विद्यमान है।

(*iv*) 'क्यों कवि कहकर संसार मुझे अपनाए' पंक्ति में प्रश्न अलंकार है।

(*v*) तत्सम शब्दावली की प्रमुखता है।

(*vi*) खड़ीबोली का स्वाभाविक प्रयोग है।

(*vii*) भाषा भावों के अनुरूप सहज, सरल एवं प्रवाहयुक्त है।

दिन जल्दी-जल्दी ढलता है (एक गीत)

काव्यांश 1

हो जाए न पथ में रात कहीं
मंजिल भी तो है दूर नहीं-
यह सोच थका दिन का पंथी भी
जल्दी-जल्दी चलता है।
दिन जल्दी-जल्दी ढलता है।

शब्दार्थ

पथ—राह/रास्ता, **पंथी**—यात्री, **ढलता**—समाप्त होता/अंत होता।

संदर्भ प्रस्तुत कविता प्रसिद्ध छायावादोत्तर कवि डॉ. हरिवंश राय बच्चन की कृति 'निशा निमंत्रण' से उद्धृत है।

प्रसंग प्रस्तुत काव्यांश में कवि ने दिन और यात्री के माध्यम से जीवन का प्रतीकात्मक रूप से चित्रण किया है।

व्याख्या कवि जीवन के क्षण-प्रतिक्षण बीतते समय के साथ लक्ष्य प्राप्ति की आतुरता का वर्णन करते हुए कहता है कि दिन जल्दी-जल्दी अर्थात् शीघ्रता से ढल रहा है, जिसके कारण यात्री के मन में चिंता है कि कहीं रास्तें में रात न हो जाए। यात्री की मंजिल समीप ही होती है, इस कारणवश थकान होते हुए भी वह जल्दी-जल्दी चलता है। लक्ष्य प्राप्ति अथवा प्रिय तक शीघ्र पहुँचने की आतुरता के कारण उसे दिन जल्दी-जल्दी ढलता प्रतीत होता है, इसलिए वह अपनी गति को बढ़ा देता है, ताकि अँधेरा होने से पहले वह अपने लक्ष्य तक पहुँच जाए। यह उल्लासित, आशान्वित मन उसके थके शरीर व पैरों की गति को कम नहीं होने देता।

काव्य-शैली

(*i*) कवि ने जीवन की क्षणभंगुरता व प्रेम की व्याकुलता को अभिव्यक्त किया है।

(*ii*) 'जल्दी-जल्दी' में पुनरुक्तिप्रकाश अलंकार है।

(*iii*) वियोग रस की अनुभूति है। जीवन का बिंबात्मक वर्णन किया गया है।

(*iv*) भाषा संस्कृतनिष्ठ होते हुए सरल, सुकोमल व प्रवाहमयी है।

काव्यांश 2

बच्चे प्रत्याशा में होंगे,
नीड़ों से झाँक रहे होंगे-
यह ध्यान परों में चिड़ियों के
भरता कितनी चंचलता है!
दिन जल्दी-जल्दी ढलता है! **All India 2018**

शब्दार्थ

प्रत्याशा—आशा, **नीड़**—घोंसला, **पर**—पंख, **चंचलता**—गतिशीलता/तीव्रता/व्यग्रता।

संदर्भ पूर्ववत्।

प्रसंग प्रस्तुत पंक्तियों में कवि ने चिड़ियों के उदाहरण द्वारा अपनी बात को स्पष्ट करने का प्रयास किया है।

व्याख्या कवि चिड़ियों का उदाहरण देते हुए कहता है कि चिड़ियाँ दिन को ढलता देखकर चंचल हो उठती हैं। उन्हें ध्यान आता है कि उनके बच्चे भोजन की आशा में घोंसलों से बाहर झाँक रहे होंगे। यह सोचकर चिड़ियों के पर और भी अधिक चंचल हो उठते हैं और वे तेजी से अपने घोंसलों की ओर उड़ने लगती हैं। दिन जल्दी-जल्दी ढल रहा है, यह सोचकर वे भी जल्दी-जल्दी अपने घोंसलों में पहुँच जाना चाहती हैं।

काव्य-शैली

(*i*) कवि ने पक्षियों के वात्सल्य भाव का चित्रण किया है।
(*ii*) 'जल्दी-जल्दी' में पुनरुक्तिप्रकाश अलंकार है।
(*iii*) तत्सम शब्दावली की प्रमुखता है।
(*iv*) पक्षियों द्वारा घोंसलों से बाहर झाँके जाने में दृश्य बिंब है।
(*v*) सरल, सहज व भावानुकूल भाषा का प्रयोग हुआ है।

काव्यांश 3

मुझसे मिलने को कौन विकल?
मैं होऊँ किसके हित चंचल?
यह प्रश्न शिथिल करता पद को,
भरता उर में विह्वलता है!
दिन जल्दी-जल्दी ढलता है! **All India 2018**

शब्दार्थ

विकल—व्याकुल, **हित**—के लिए/के वास्ते, **चंचल**—क्रियाशील/व्यग्र/गतिशील, **शिथिल**—ढीला, **पद**—पैर, **उर**—हृदय, **विह्वलता**—बेचैनी।

संदर्भ पूर्ववत्।

प्रसंग कवि ने प्रस्तुत काव्यांश में अपने एकाकी जीवन में प्रेम की कमी व हृदय की व्याकुलता का वर्णन किया है।

व्याख्या प्रस्तुत काव्यांश में कवि कहता है कि इस संसार में वह अकेला है। दिन जल्दी-जल्दी ढल रहा है, लेकिन उससे मिलने के लिए कोई भी न तो व्याकुल है और न ही अधीर। अतः वह किसके लिए शीघ्रता करे तथा किसके लिए घर की ओर तीव्र गति से जाए? यह प्रश्न कवि के पैरों की गति को शिथिल कर देता है तथा उसके मन में व्याकुलता की भावना को बढ़ाता है। कवि के मन में प्रेम रूपी तरंग जगने का कोई कारण नहीं है। उसके हृदय में यह व्याकुलता भर जाती है कि दिन जल्दी-जल्दी ढलते ही रात हो जाएगी और यह रात का एकाकीपन उसकी प्रिया की विरह-वेदना को अशांत कर देगा।

काव्य-शैली

(*i*) यहाँ कवि ने एकाकी जीवन बिताने वाले तथा किसी के द्वारा प्रतीक्षा न करने के दुःख का मार्मिक चित्रण किया है।
(*ii*) 'मुझसे मिलने' में अनुप्रास अलंकार है।
(*iii*) 'कौन', 'किसके' आदि के प्रयोग के कारण प्रश्नालंकार है।
(*iv*) बिंबों का सफल प्रयोग हुआ है व इसमें गेयता का गुण है।
(*v*) तत्सम शब्दावली की अभिव्यक्ति है।
(*vi*) भाषा सहज, सरल व प्रवाहमयी है।

पाठ्यपुस्तक (आरोह भाग-2) के प्रश्नोत्तर

कविता के साथ

1. कविता एक ओर 'जग-जीवन का भार लिए घूमने' की बात करती है और दूसरी ओर 'मैं न जग का ध्यान किया करता हूँ'-विपरीत से लगते इन कथनों का क्या आशय है?

उत्तर 'आत्मपरिचय' कविता की प्रथम पंक्ति में कवि कहता है—"मैं जग-जीवन का भार लिए फिरता हूँ" और आगे चलकर कहता है—"मैं कभी न जग का ध्यान किया करता हूँ" दोनों कथनों में विरोधाभास है। दोनों में विरोधाभास इस बात का परिचायक है कि संसार से हमारा नाता वास्तव में सुख व दुःख का है। संसार का भार हमारे मन-मस्तिष्क पर निश्चित रूप से पड़ता है।

दुनिया अपने व्यंग्य बाणों और अपने तौर-तरीकों तथा शासन-प्रशासन से चाहे जितना कष्ट दे, किंतु इस दुनिया से जुड़े रहना मनुष्य की विवशता है। अपने समाज से पूरी तरह अलग होकर मनुष्य रह ही नहीं सकता, क्योंकि यही हमारी अस्मिता है, हमारा सब कुछ है। कवि सांसारिक प्रवृत्तियों या जगत के व्यवहार से उभरे कष्ट के बाद उससे मुक्ति की आकांक्षा भी पालता है। संसार के प्रति आसक्ति का अभाव और संसार के निवासियों के प्रति प्यार ही इन विरोधाभासी पंक्तियों का आशय है। कवि ने इन पंक्तियों में अपनी मनोदशा को पूरी ईमानदारी से व्यक्त किया है।

2. "जहाँ पर दाना रहता है, वहीं नादान भी होते हैं" कवि ने ऐसा क्यों कहा होगा? **CBSE Diksha**

उत्तर कवि कहता है कि संसार में ज्ञानी (दाना) व अज्ञानी (नादान) दोनों तरह के लोग हैं तथा दोनों ही समाज का हिस्सा हैं। नादान यानी मूर्ख लोग सांसारिक मायाजाल को व्यर्थ व निरर्थक मानते हुए भी इसमें उलझे रहते हैं।

यह संसार मिथ्या है, किंतु फिर भी मनुष्य इस मायाजाल को सत्य मानकर नादानी कर बैठता है तथा मोक्ष व निवृत्ति आदि के लक्ष्य को भूलकर वैभव, समृद्धि, भोग-सामग्री आदि इस मिथ्या में फँसा रहता है और अपने स्वार्थ को पूरा करने के लिए भाग रहा है, जबकि इसके विपरीत कुछ ज्ञानी लोग अपने लक्ष्य से न भटककर सांसारिक बातों को भूलकर अपने मन के अनुरूप चलते हैं।

3. 'मैं और, और जग और कहाँ का नाता' पंक्ति में 'और' शब्द की विशेषता बताइए।

उत्तर प्रस्तुत पंक्ति में कवि ने 'और' शब्द का प्रयोग तीन अर्थों में किया है। इस शब्द की अपनी ही विशेषता है, जिसे विशेषण के रूप में प्रयुक्त किया गया है। 'मैं और' स्वयं अपने अस्तित्व को दूसरे से अलग बताता है। कवि के अनुसार मैं कोई अन्य अर्थात् विशेष व्यक्ति हूँ, जो सांसारिक व भौतिक चीजों के चक्कर में नहीं पड़ता।

'जग और' शब्द से आशय है कि यह जगत भी कुछ अलग ही है, क्योंकि संसार में आम मनुष्य सुख-सुविधाओं, भोग-विलास को ही अपना अंतिम लक्ष्य मानता है। तीसरे 'और' का अर्थ है कि संसार और कवि में किसी प्रकार का संबंध नहीं है, यह दर्शाने के लिए प्रस्तुत शब्दों का प्रयोग किया गया है।

4. 'शीतल वाणी में आग' के होने का क्या अभिप्राय है?

उत्तर 'शीतल वाणी में आग' के होने में कवि ने विरोधाभास अलंकार का प्रयोग किया है। यद्यपि कवि की वाणी शीतल व कोमल है, किंतु उसके भीतर वैचारिक उथल-पुथल तथा विद्रोह व असंतोष के भाव हैं, क्योंकि कवि इस संसार से संतुष्ट नहीं है, इसी कारण उसमें पर्याप्त आग छिपी हुई है। कवि प्रेम से रहित इस संसार को स्वीकार नहीं करता, इसलिए वह अपनी शीतल वाणी में ही जनमानस के सोए हुए दृश्यों को जागृत करने की शक्ति रखता है व अपने कवि धर्म का निर्वाह करता है।

5. बच्चे किस बात की आशा में नीड़ों से झाँक रहे होंगे?

CBSE Diksha, CBSE SQP 2020-21

उत्तर 'बच्चे' अर्थात् चिड़ियाँ के शिशु अपने घोंसलों से सिर निकालकर अपने माता-पिता की प्रतीक्षा करते हैं, जो उनके लिए भोजन एवं स्नेह लेकर लौटते हैं। बच्चे आशावादी होते हैं।

वे सुबह से शाम तक आशा एवं धैर्य के साथ अपने लिए स्नेह एवं भोजन की प्रतीक्षा करते हैं। छोटे बच्चों को अपने माता-पिता के स्नेहिल स्पर्श, प्रेमभाव आदि में बहुत आनंद आता है। इन सबकी पूर्ति हेतु बच्चे घोंसलों से झाँकते हैं।

6. 'दिन जल्दी-जल्दी ढलता है' की आवृत्ति से कविता की किस विशेषता का पता चलता है?

CBSE Diksha

उत्तर 'दिन जल्दी-जल्दी ढलता है' की आवृत्ति पूरी कविता में चार बार प्रयुक्त हुई है, जो कि कविता की मुख्य पंक्ति है। यह पंक्ति सूचित करती है कि जीवन की घड़ियाँ भी इसी पंक्ति के समान हैं। समय निरंतर गति से चलता रहता है, वह किसी की प्रतीक्षा नहीं करता।

पथिक जिस प्रकार अपने लक्ष्य तक पहुँचने के लिए आतुर होता है, मनुष्य को भी अपने लक्ष्य की ओर बढ़ते हुए समय बीतने का पता नहीं चलता है। प्रस्तुत पंक्ति समय की निरंतर चलायमान प्रवृत्ति की ओर संकेत करती है। समय किसी के लिए भी नहीं ठहरता है। अतः हमें समय रहते अपने कार्य पूर्ण कर लेने चाहिए।

कविता के आस-पास

1. संसार में कष्टों को सहते हुए भी खुशी और मस्ती का माहौल कैसे पैदा किया जा सकता है?

उत्तर मानव जीवन कष्टों से भरपूर है। इस संसार में ऐसा कोई व्यक्ति नहीं, जिसके जीवन में कष्ट न हों अथवा जो अपने जीवन से पूर्णतया संतुष्ट और सुखी हो। इन कष्टों को सहन करते हुए व्यक्ति प्रेम की मस्ती और दीवानगी के सहारे खुशी से जी सकता है। यदि मन में प्रेम की भावना हो और नवीन कल्पनाएँ, उत्साह एवं उमंग से परिपूर्ण लक्ष्य सामने हों तथा महान उद्देश्य के साथ-साथ भौतिक सुख-साधनों के प्रति अत्यधिक आसक्ति न हो, तो मन अपने आप ही प्रसन्न हो सकता है तथा वातावरण भी खुशी से परिपूर्ण और मस्ती की उमंग से सराबोर हो सकता है।

आपसदारी

1. जयशंकर प्रसाद की आत्मकथ्य कविता की कुछ पंक्तियाँ दी जा रही हैं। क्या पाठ में आत्मपरिचय कविता से इस कविता का आपको कोई संबंध दिखाई देता है? चर्चा करें।

आत्मकथ्य

मधुप गुन-गुना कर कह जाता कौन कहानी यह अपनी,
उसकी स्मृति पाथेय बनी है थके पथिक की पंथा की।
सीवन को उधेड़ कर देखोगे क्यों मेरी कंथा की?
छोटे से जीवन की कैसे बड़ी कथाएँ आज कहूँ?
क्या यह अच्छा नहीं कि औरों की सुनता मैं मौन रहूँ?
सुनकर क्या तुम भला करोगे मेरी भोली आत्म-कथा?
अभी समय भी नहीं, थकी सोई है मेरी मौन व्यथा।

- जयशंकर प्रसाद

उत्तर जयशंकर प्रसाद छायावाद के आधार स्तंभों में से एक हैं। उनके द्वारा रचित 'आत्मकथ्य' कविता हरिवंश राय बच्चन द्वारा रचित 'आत्मपरिचय' के ही समान है। दोनों का मूल कथ्य एक ही है। जयशंकर प्रसाद ने अपनी जीवन की व्यथा-कथा को कविता के द्वारा प्रस्तुत किया है, ठीक उसी प्रकार जिस प्रकार हरिवंश राय बच्चन ने किया है। प्रसाद जी अपनी कविता में कहते हैं कि मुझे कभी भी सुख प्राप्त नहीं हुआ।

सुख केवल मेरे लिए एक सुनहरे स्वप्न की ही भाँति था- 'मिला कहाँ वह सुख जिनका मैं स्वप्न देखकर जाग गया। आलिंगन में आते-आते मुसक्या कर जो भाग गया।'' ठीक इसी प्रकार के भाव बच्चन जी ने अपनी कविता में भी अभिव्यक्त किए हैं 'मैं निज रोदन में राग लिए फिरता हूँ' अर्थात् मेरे जीवन में इतने दुःख आए कि मैं दिन-रात रोता रहा और लोगों ने मेरे रोदन (रोना) को राग समझा। अतः दोनों ही कवियों ने अपनी कविताओं में अपनी विरह वेदना का अपने स्वयं के दुःख का वर्णन किया है।

अभ्यास प्रश्न

काव्यांश पर आधारित बहुविकल्पीय प्रश्न

निम्नलिखित काव्यांशों को ध्यानपूर्वक पढ़कर पूछे गए बहुविकल्पीय प्रश्नों के लिए सर्वाधिक उपयुक्त विकल्प का चुनाव कीजिए

1. **मैं निज उर के उद्‌गार लिए फिरता हूँ**
मैं निज उर के उपहार लिए फिरता हूँ;
है यह अपूर्ण संसार न मुझको भाता
मैं स्वप्नों का संसार लिए फिरता हूँ।
मैं जला हृदय में अग्नि, दहा करता हूँ,
सुख-दु:ख दोनों में मग्न रहा करता हूँ;
जग भव-सागर तरने को नाव बनाए,
मैं भव मौजों पर मस्त बहा करता हूँ।

(क) 'निज उर के उद्‌गार' से कवि का क्या तात्पर्य है?
(i) अपने हृदय की वाणी की अभिव्यक्ति
(ii) अपने हृदय से भिन्न मनोभाव
(iii) अपने हृदय से निकाल दी गई स्मृतियाँ
(iv) अपने हृदय के केवल दु:ख

(ख) कवि को संसार प्रिय क्यों नहीं है?
(i) संसार के बदलाव के कारण
(ii) संसार की अपूर्णता के कारण
(iii) संसार की समान स्थिति के कारण
(iv) उपर्युक्त सभी

(ग) कथन (A) **कवि के हृदय में अग्नि दहक रही है।**
कारण (R) **हृदय में प्रेम की अग्नि में कवि स्वयं ही जला करता है।**

कूट
(i) कथन (A) और कारण (R) दोनों सही है तथा कारण (R), कथन (A) की सही व्याख्या करता है।
(ii) कथन (A) और कारण (R) दोनों सही है, परंतु कारण (R), कथन (A) की सही व्याख्या नहीं करता है।
(iii) कथन (A) सही है, किंतु कारण (R) गलत है।
(iv) कथन (A) गलत है, किंतु कारण (R) सही है।

(घ) 'मैं भव मौजों पर मस्त बहा करता हूँ' पंक्ति में 'भव मौजों' से क्या अभिप्राय है?
(i) संसार की लहरें (ii) भावों की लहरें
(iii) विचारों की मस्ती (iv) संसार की संकीर्णता

(ङ) दिए गए कथनों को ध्यानपूर्वक पढ़कर सही विकल्प का चयन कीजिए।
1. **कवि को यह संसार अधूरा लगता है।**
2. **कवि संसार रूपी लहरों पर व्यथित होकर बहता है।**
3. **कवि के अनुसार यह संसार आपदाओं का संसार है।**

कूट
(i) 1 और 2 (ii) 2 और 3
(iii) केवल 1 (iv) 1 और 3

उत्तर

(क) (i) अपने हृदय की वाणी की अभिव्यक्ति
(ख) (iv) उपर्युक्त सभी
(ग) (i) कथन (A) और कारण (R) दोनों सही है तथा कारण (R), कथन (A) की सही व्याख्या करता है।
(घ) (i) संसार की लहरें
(ङ) (iv) 1 और 3

2. **हो जाए न पथ में रात कहीं**
जल्दी-जल्दी चलता है।
मंज़िल भी तो है दूर नहीं–
दिन जल्दी-जल्दी ढलता है।
यह सोच थका दिन का पंथी भी

(क) कथन (A) **पथ व पथिक प्रतीकात्मक रूप में आए हैं।**
कारण (R) **यह जीवन के सत्य को प्रकट करते हैं।**

कूट
(i) कथन (A) और कारण (R) दोनों सही हैं तथा कारण (R), कथन (A) की सही व्याख्या करता है।
(ii) कथन (A) और कारण (R) दोनों सही हैं, परंतु कारण (R), कथन (A) की सही व्याख्या नहीं करता है।
(iii) कथन (A) सही है, किंतु कारण (R) गलत है।
(iv) कथन (A) गलत है, किंतु कारण (R) सही है।

(ख) कवि के मन में किस चीज की आशंका है?
(i) घर पहुँच पाने की
(ii) घर न पहुँच पाने की
(iii) घर पहुँचने से पहले ही रात हो जाने की
(iv) यात्रा बिना रुकावट पूरी हो जाने की

(ग) कवि किस आशा से प्रेरित हो उठता है?
(i) मंजिल पास ही आने वाली है
(ii) कोई उसकी प्रतीक्षा नहीं कर रहा है
(iii) मंजिल तक पहुँचने में बहुत समय शेष है
(iv) मंजिल तक पहुँचकर वह कुछ भी प्राप्त नहीं कर पाएगा

(घ) थका हुआ पथिक ………… पाने के कारण जल्दी-जल्दी चलता है।
(i) अपने साथी को
(ii) अपने भोजन को
(iii) अपने लक्ष्य को
(iv) अपने स्वार्थ को

(ङ) लक्ष्य को पाने की व्यग्रता के कारण कवि को कैसा प्रतीत होता है?
(i) दिन ढल ही नहीं रहा है
(ii) दिन जल्दी-जल्दी ढल रहा है
(iii) दिन के बाद रात न जाने कब आएगी
(iv) उपर्युक्त सभी

उत्तर

(क) (i) कथन (A) और कारण (R) दोनों सही है तथा कारण (R), कथन (A) की सही व्याख्या करता है।
(ख) (iii) घर पहुँचने से पहले ही रात हो जाने की
(ग) (i) मंजिल पास ही आने वाली है
(घ) (iii) अपने लक्ष्य को
(ङ) (ii) दिन जल्दी-जल्दी ढल रहा है

3. बच्चे प्रत्याशा में होंगे,
नीड़ों से झाँक रहे होंगे
यह ध्यान परों में चिड़ियों के भरता कितनी चंचलता है।
दिन जल्दी-जल्दी ढलता है।
मुझसे मिलने को कौन विकल?
मैं होऊँ किसके हित चंचल?
यह प्रश्न शिथिल करता पद को, भरता उर में विह्वलता है
दिन जल्दी-जल्दी ढलता है।

(क) कथन (A) चिड़ियों के पर तेज़ गति से घोंसले की ओर उड़ने लगते हैं।
कारण (R) क्योंकि चिड़ियाँ बहुत-सारा दाना लेकर आई थीं।
कूट
(i) कथन (A) और कारण (R) दोनों सही हैं तथा कारण (R), कथन (A) की सही व्याख्या करता है।
(ii) कथन (A) और कारण (R) दोनों सही हैं, परंतु कारण (R), कथन (A) की सही व्याख्या नहीं करता है।
(iii) कथन (A) सही है, किंतु कारण (R) गलत है।
(iv) कथन (A) गलत है, किंतु कारण (R) सही है।

(ख) चिड़िया अपने बच्चों के लिए चिंतित है, यह कैसे स्पष्ट होता है?
(i) चिड़िया की उड़ान की गति से
(ii) बहुत दूर तक उड़ने से
(iii) चिड़िया द्वारा बच्चों को अकेला छोड़ने से
(iv) चिड़िया के मंद गति से उड़ने से

(ग) प्रस्तुत काव्यांश में कवि किससे प्रभावित होता है?
(i) अपनी प्रिया से
(ii) चिड़िया के परों की चंचल गति से
(iii) चिड़िया के बच्चों से
(iv) प्रकृति की अनुपम महिमा से

(घ) कवि के पैरों की गति को कौन-सा भाव शिथिल कर देता है?
(i) चिड़िया की तीव्र उड़ान
(ii) बच्चों की व्याकुलता
(iii) समय का तीव्र गति से व्यतीत होना
(iv) कवि से मिलने को किसी का व्याकुल न होना

(ङ) 'दिन जल्दी-जल्दी ढलता है' पंक्ति के माध्यम से किसके महत्त्व को दर्शाया गया है?
(i) कवि के
(ii) समय के
(iii) चिड़िया के
(iv) बच्चे के

उत्तर

(क) (iii) कथन (A) सही है, किंतु कारण (R) गलत है।
(ख) (i) चिड़िया की उड़ान की गति से
(ग) (iii) चिड़िया के बच्चों से
(घ) (iv) कवि से मिलने को किसी का व्याकुल न होना
(ङ) (ii) समय के

विषय-वस्तु पर आधारित प्रश्नोत्तर

लघु उत्तरीय प्रश्न

1. 'आत्मपरिचय' कविता को दृष्टि में रखते हुए कवि के कथन को अपने शब्दों में प्रस्तुत कीजिए।

उत्तर 'आत्मपरिचय' कविता में कवि ने अपने व्यक्तित्व पर प्रकाश डाला है। वह जीवन के कष्टों में भी प्रेम को जीवित रखे हुए है। उसका हृदय किसी के प्रेम से झंकृत है। वह उसी प्रिया के स्नेह में डूबा रहता है। कवि सदैव अपने मन की कोमल भावनाओं में डूबा रहकर नित्य नए सपनों के संसार की रचना में रत रहता है।

2. 'आत्मपरिचय' में कवि के कथन "शीतल वाणी में आग लिए फिरता हूँ" का विरोधाभास स्पष्ट कीजिए।

अथवा **'शीतल वाणी में आग लिए फिरता हूँ' 'आत्मपरिचय' कविता के आधार पर इस कथन का विरोधाभास स्पष्ट कीजिए।** CBSE 2024, CBSE Diksha

उत्तर कवि का यह कथन कि वह शीतल वाणी में आग लिए घूम रहा है, विरोधाभास की स्थिति को उत्पन्न करता है। इसके पीछे छिपा रहस्य यह है कि जब कवि अपने संघर्षों को कविता का रूप देता है, तो वह शीतल वाणी बन जाती है, जबकि उसका मन दुःखों की अग्नि में जल रहा होता है।

वह अपने दुःखों एवं विरोधों को कोमल शब्दों के माध्यम से अपनी रचनाओं में व्यक्त करता है। इसीलिए उसकी शीतल वाणी में भी असंतोष एवं व्याकुलता की आग छिपी रहती है।

3. कवि अपने मन का गान किस प्रकार गाता है?

अथवा **'मैं अपने मन का गान किया करता हूँ', 'आत्मपरिचय' कविता से ली गई इस पंक्ति के माध्यम से कवि की भावनाओं को स्पष्ट कीजिए।** CBSE 2023

उत्तर कवि कहता है कि मैंने हमेशा अपने मन की बात मानी है। कवि का कहना है कि उसने कभी सांसारिक बंधनों में बँधकर अपने मन के प्रति लापरवाही नहीं की। उसने हमेशा वही किया, जो उसके मन ने चाहा। उसने कभी भी दुनिया की परवाह नहीं की। इस प्रकार वह केवल अपने मन का गान ही गाता है।

4. 'दिन जल्दी-जल्दी ढलता है' में पक्षी तो लौटने को विकल हैं, पर कवि में उत्साह नहीं है। ऐसा क्यों? **CBSE Diksha**

उत्तर 'दिन जल्दी-जल्दी ढलता है' में पक्षियों को यह स्मरण होता है कि घोंसले में उनके बच्चे उनकी प्रतीक्षा कर रहे होंगे, इसलिए वे घोंसले में पहुँचने के लिए व्याकुल होते हैं। इसके विपरीत कवि के घर पर उसकी प्रतीक्षा करने वाला कोई नहीं है, उससे मिलने के लिए न कोई व्याकुल है और न ही कोई उत्कंठित है, इसलिए वह किसके लिए शीघ्रता करे? अतः पक्षी तो लौटने को विकल हैं, पर कवि में कोई उत्साह नहीं है।

5. कवि किन प्रश्नों के कारण व्याकुल है? इनका कवि पर क्या प्रभाव पड़ता है? 'एक गीत' कविता के आधार पर 40-50 शब्दों में व्याख्या कीजिए। **दक्षता आधारित प्रश्न**

उत्तर 'एक गीत' कविता में कवि के मन में प्रश्न उठते हैं कि उससे मिलने के लिए कौन उत्कंठित होकर प्रतीक्षा कर रहा है? वह किसके लिए चंचल होकर कदम बढ़ाए? यह प्रश्न कवि के हृदय में व्याकुलता उत्पन्न करता है, क्योंकि वह अकेला है। उसका इंतजार करने वाला कोई नहीं है। उसके मन में प्रेम-तरंग जगने का कोई कारण नहीं है। इन्हीं प्रश्नों से उसके पैर शिथिल हो जाते हैं कि रात में एकाकीपन और उसकी प्रिया की वियोग-वेदना उसे अशांत कर देगी।

6. कौन-सा विचार दिन ढलने के बाद लौट रहे कवि के कदमों को धीमा कर देता है? 'बच्चन' के गीत के आधार पर उत्तर दीजिए।

उत्तर कवि के मन में यह विचार आता है कि उसका अपना कोई भी नहीं है, जो घर में उसकी प्रतीक्षा कर रहा हो। यह प्रश्न मन में आते ही उसका उत्साह कमज़ोर पड़ने लगता है और दिन ढलने के बाद लौट रहे कदमों की गति धीमी पड़ने लगती है।

7. कवि सुख और दुःख दोनों स्थितियों में प्रसन्न कैसे रह पाता है?

उत्तर कवि कहता है कि मैं दुःख में ज्यादा दुःखी नहीं हुआ और सुख में ज्यादा खुश नहीं हुआ। उसने दोनों ही स्थितियों में सामंजस्य बनाए रखा, क्योंकि ये दोनों स्थितियाँ तो मानव जीवन में आती-जाती रहती हैं। इसलिए कवि सुख और दुःख दोनों स्थितियों में प्रसन्न रहता है।

8. जब मंजिल दूर हो, तो वहाँ तक पहुँचने की हमारी मानसिकता कैसी होती है?

उत्तर यदि मंजिल दूर हो तो लोगों में शीघ्रता, चंचलता एवं आशंका की मानसिकता व्याप्त होती है। ऐसी स्थिति में शीघ्र ही लक्ष्य तक पहुँच जाए, ऐसी मनोभावना होती है। वह लक्ष्य को पाने के लिए गति बढ़ाता है और पहुँचने से पहले अँधेरा अर्थात् व्यवधान आने से बचना चाहता है।

9. 'दिन जल्दी-जल्दी ढलता है' कविता के आधार पर बताइए कि चिड़ियों के परों में चंचलता आने के क्या कारण हो सकते हैं?

अथवा **चिड़िया के पर चंचल क्यों हो उठते हैं? 'एक गीत' कविता के आधार पर 25-30 शब्दों में स्पष्ट कीजिए।** **CBSE 2024**

उत्तर 'दिन जल्दी-जल्दी ढलता है' कविता में चिड़ियाँ दिन ढलने पर चंचल अर्थात् अत्यधिक क्रियाशील हो जाती हैं। वे दिन को ढलता देखकर शीघ्रातिशीघ्र अपने घोंसलों में पहुँचना चाहती हैं, क्योंकि उन्हें यह ध्यान आ जाता है कि उनके बच्चे भोजन की आशा में घोंसलों से बाहर झाँक रहे होंगे। अतः अपने बच्चों का ध्यान आते ही वे अपने पंखों को तेजी से चलाती हैं, क्योंकि दिन जल्दी-जल्दी ढल रहा है और वे जल्दी अपने घोंसलों में पहुँच जाना चाहती हैं।

10. कवि के आंतरिक और बाह्य व्यवहार में कौन-सी असंगति है और क्यों? **CBSE Diksha**

उत्तर प्रस्तुत कविता में कवि के आंतरिक व्यवहार में विरह व्यथा व्याप्त है, जबकि बाहर से कवि हँसता खेलता नजर आता है। कवि का आंतरिक व बाह्य द्वंद्व का कारण यह है कि कवि संसार से तटस्थ नहीं है। कवि को जब किसी प्रिय की याद आ जाती है, तो उसे वह बाहर से हँसा जाती है, किंतु उसका मन व्याकुल हो जाता है।

11. आशय स्पष्ट कीजिए 'जग पूछ रहा उनको, जो जग की गाते।'

उत्तर प्रस्तुत पंक्ति का आशय यह है कि यह संसार उन लोगों की स्तुति-गान करता है, जो संसार के अनुसार चलते हैं और उनका गुणगान करते हैं, किंतु कवि अपनी इच्छानुसार चलता है अर्थात् वह वही करता है, जो उसका मन कहता है।

12. कवि अपने किस सीखे हुए ज्ञान को भूलना चाहता है? **CBSE Diksha**

उत्तर कवि जीवन में प्रेम, स्नेह भावना के काल्पनिक संसार में जीने का इच्छुक है। वह किसी के प्रेम से झंकृत, प्रेम के अवसाद एवं दुनियादारी की परंपराओं से दूर सारे सांसारिक ज्ञान की बातों को भूलकर अपने मन के कहे अनुसार चलना सीखना चाहता है।

13. कवि अपने हृदय में अग्नि जलाकर क्यों दहा करता है? **CBSE Diksha**

उत्तर कवि प्रेम की जलन को स्वयं सहन करता है। उसके हृदय में प्रेम, मस्ती की दीवानगी के सहारे प्रेम से नित नवीन कल्पनाओं की उमंग सामने आती है। वह प्रेम की वियोगावस्था में होने के कारण व्यथित है।

14. थका पथिक क्या सोचकर जल्दी चलने लगता है?

उत्तर थका पथिक अपनी मंजिल के पास में होने के आभास को सोचकर जल्दी-जल्दी चलने लगता है। उसे यह भय सताने लगता है कि कहीं रास्ते में ही रात न हो जाए, जिससे वह अपनी मंजिल तक न पहुँच पाए। साथ ही उसकी प्रतीक्षा कर रहे प्रियजन व उनसे शीघ्र मिलने की चाह के विषय में सोचकर थका हुआ पथिक जल्दी चलने लगता है।

15. 'हो जाए न पथ में रात कहीं'- इस काव्य पंक्ति में कवि ने किस पथ की ओर संकेत किया है? कवि ने 'रात' शब्द का प्रयोग करके कौन-सी आशंका व्यक्त की है? **CBSE 2024**

उत्तर प्रस्तुत काव्य-पंक्ति में कवि ने जीवन की घड़ियों की आरे संकेत किया है। कवि ने 'रात' शब्द का प्रयोग करके यह अशंका व्यक्त की है कि आज दिन बहुत तेजी से बीत रहा है रात होने पर कहीं लक्ष्य छूट न जाए। दिन रूपी इस जीवन का सफर जल्दी-जल्दी तय कर लिया है कहीं यह दिन रूपी जीवन तेजी से ढल न जाए और रास्ते में ही रात न हो जाए और कवि अपनी मंजिल तक न पहुँच पाए।

दीर्घ उत्तरीय प्रश्न

1. कविता का शीर्षक 'आत्मपरिचय' क्यों रखा गया?

अथवा **'आत्मपरिचय' कविता के शीर्षक की सार्थकता स्पष्ट कीजिए।**

उत्तर 'आत्मपरिचय' कविता में कवि स्वयं की अस्मिता को इस दुनिया के सामने प्रकट कर रहा है। उसका हृदय तो दूसरों को प्यार बाँटता है किंतु संसार फिर भी उस पर कटाक्ष करता है। अतः वह अपने दिल में आग लिए घूम रहा है। अपने मन की हर बात कवि स्पष्ट रूप से कह रहा है। वह अपने भग्न स्वप्नों का खंडहर ढो रहा है। वह अपनी संपूर्ण मादकता को लेकर घूम रहा है। इस प्रकार कविता की एक-एक पंक्ति उसका परिचय दे रही है। अतः 'आत्मपरिचय' शीर्षक सर्वथा उचित एवं सार्थक है।

2. "जग-जीवन का भार लिए फिरने" का आशय स्पष्ट कीजिए।

उत्तर प्रस्तुत पंक्ति का आशय है–संसार में जीवन के लिए भारतुल्य दायित्वों का निर्वाह करना। कवि संसार के विषय में सोचता है कि संसार में अभाव है, पीड़ा है, छल-कपट है, नित्य नूतन समस्याएँ हैं। कविगण उनके कारण एवं निदान के विषय में चिंतन करते रहते हैं। सब समस्याओं का समाधान प्रस्तुत करना तो उनके वश में नहीं होता, लेकिन वे अपने साहित्य में कोई महत्त्वपूर्ण समस्या उठाते हैं और फिर उसके निराकरण के लिए संसार को एक रास्ता भी दिखाते हैं। इसी कारण कवि यह कहता है कि मैं संसार का भार अपने कंधों पर लिए फिरता हूँ।

3. 'आत्मपरिचय' कविता में कवि को यह संसार अपूर्ण क्यों लगता है? **CBSE 2023**

उत्तर 'आत्मपरिचय' कविता में कवि को यह संसार प्रेम से रहित व अभावग्रस्त लगता है। कवि के अनुसार समस्त संसार स्वार्थी है। प्रत्येक व्यक्ति अपने स्वार्थ पूर्ति हेतु भोग-विलास आदि में लिप्त है। कवि प्रेम रूपी भेंट को अपने हृदय में लिए घूमता है और अपनी कल्पना के संसार में खुश रहता है, क्योंकि कवि को स्वार्थी व चापलूसी से भरे संसार में रहना पसंद नहीं है। वह सांसारिक बंधनों को नहीं मानता। अतः शुष्कता और नीरसता भरा यह संसार उसे अपूर्ण लगता है और वह प्रेम को सम्मान देने वाले संसार की रचना करना चाहता है।

4. 'आत्मपरिचय' कविता के आधार पर लिखिए कि व्यक्ति का समाज के साथ क्या संबंध है और कवि का संसार के साथ कैसा संबंध है? **CBSE 2023**

उत्तर 'आत्मपरिचय' कविता में स्पष्ट किया गया है कि व्यक्ति समाज में अपने स्वार्थ को पूरा करने के लिए इधर-उधर भाग रहा है। प्रत्येक व्यक्ति वैभव, सुख, समृद्धि के लिए दौड़ता फिर रहा है, किंतु कवि कहता है कि मुझमें और संसार में कोई संबंध नहीं है। संसार के साथ मेरा टकराव चल रहा है इसी कारण कवि अपनी कल्पना के अनुसार संसार का निर्माण करता है और फिर उसे मिटा देता है। व्यक्ति संसार में सुख के साधन एकत्रित करता है, परंतु कवि प्रत्येक कदम पर उन्हें ठुकराया करता है। अतः कवि को सांसारिक आकर्षणों का मोह नहीं है, जबकि संसार के लोग अपार धन-संपत्ति एकत्र करके सांसारिक नियमों के अनुरूप व्यवहार करते हैं।

5. 'आत्मपरिचय' कविता के आधार पर कवि के व्यक्तित्व की विशेषताओं पर प्रकाश डालिए। **CBSE Diksha**

उत्तर 'आत्मपरिचय' कविता के आधार पर कवि के व्यक्तित्व की निम्न विशेषताएँ हैं

(i) कवि भावुक है एवं स्वतंत्र विचार रखता है। उसे जगत अपूर्ण प्रतीत होता है। इस कारण वह प्रेम रूपी उपहार बाँटना चाहता है।

(ii) कवि को सांसारिकता का ज्ञान है। उनके अनुसार संसार से प्रीति कलह का संबंध है। अतः वह अपनी कल्पना व इच्छानुसार जीवन के सत्य को ध्यान में रखते हुए चलता है।

(iii) कवि के हृदय में गहन व्यथा है। उसके उपरांत भी वह अपने स्वप्न जगत व मान्यताओं से संतुष्ट व्यक्ति है।

6. दिन जल्दी-जल्दी ढलता है कविता में कवि अपने घर की ओर लौटने में शिथिल और अनुत्साहित क्यों है?

अथवा **दिन ढलने के बाद लौट रहे राही के कदम शिथिल क्यों हो जाते हैं? पाठ 'एक गीत' के आधार पर उत्तर दीजिए।** **CBSE SQP 2024**

अथवा **बच्चन के संकलित गीत में दिन ढलते समय पथिकों और पक्षियों की गति में तीव्रता और कवि की गति में शिथिलता के कारण लिखिए।**

अथवा **'दिन जल्दी-जल्दी ढलता है' कविता के आलोक में कवि की गति में शिथिलता और हृदय की विह्वलता के कारणों को स्पष्ट कीजिए।**

अथवा **कवि ने प्रकृति के माध्यम से एकाकी जीवन में प्रेम की व्याकुलता को अभिव्यक्त किया है। 'एक गीत' कविता के आधार पर 25-30 शब्दों में इस कथन को स्पष्ट कीजिए।** **दक्षता आधारित प्रश्न**

उत्तर कवि कहता है कि दिन ढलने पर वह जब घर की ओर कदम बढ़ाता है, तो उसे यह देखकर तो सुखद अनुभूति होती है कि अपने-अपने प्रतीक्षारत प्रियजनों से मिलने के लिए व्याकुल जीव थकावट के बावजूद भी कितनी स्फूर्ति व तीव्रता से अपने घर की ओर जा रहे हैं, किंतु तभी उसके मन में यह विचार भी उठता है कि उसकी प्रतीक्षा तो कोई नहीं करता। उसके लिए तो कोई व्याकुल नहीं होता। इस विचार के मन में आते ही कवि की गति शिथिल हो जाती है और वह धीरे-धीरे कदम बढ़ाते हुए अपने घर की ओर अग्रसर होता है।

7. 'दिन जल्दी-जल्दी ढलता है' कविता का प्रतिपाद्य स्पष्ट कीजिए। **CBSE 2023**

अथवा **'एक गीत' कविता का मूल भाव 40-50 शब्दों में स्पष्ट कीजिए।** **दक्षता आधारित प्रश्न**

उत्तर 'दिन जल्दी-जल्दी ढलता है' में कवि ने प्रेम की व्यग्रता या व्याकुलता को व्यक्त किया है। पथिक को अपने प्रियजनों से जल्दी मिलने की चाह है, इसलिए वह जल्दी-जल्दी चलने का प्रयास करता है। इसी प्रकार अपने बच्चों के विषय में सोचकर पक्षियों के परों में फड़फड़ाहट भर जाती है और वे जल्दी-से-जल्दी अपने नीड़ की ओर लौटना चाहते हैं। कवि अकेला है, उसकी प्रतीक्षा में कोई नहीं बैठा है। इसीलिए कवि के कदमों में शिथिलता तथा मन में व्याकुलता व्याप्त हो जाती है। कवि मानता है कि जीवन की गति में तीव्रता का कारण प्रेम है।

8. 'एक गीत' कविता में बच्चों की प्रत्याशा को कवि ने किस प्रकार प्रस्तुत किया है?

उत्तर 'एक गीत' कविता में चिड़िया संध्या समय अपने नीड़ में लौट जाना चाहती है। उसके पंख थक चुके हैं, मगर वह उड़ रही है। जैसे ही उसे यह ध्यान आता है कि उसके नन्हें बच्चे नीड़ों से झाँक रहे होंगे, तो चिड़िया के पंखों में थकान की जगह तेज़ी आ जाती है और वह और अधिक तीव्र गति से उड़ने लगती है।

वह चाहती है कि वह शीघ्र अपने बच्चों के पास पहुँचकर अपने बच्चों की इच्छा को पूरा करे, उनके मुँह में दाना डाले व उन्हें स्नेह से अपने पंखों में छिपा ले अर्थात् कवि बच्चों की प्रत्याशा को जीवन की गति और आशा की किरण मानता है।

9. 'दिन जल्दी-जल्दी ढलता है' कविता के आधार पर उन स्थितियों को स्पष्ट कीजिए, जिनके कारण पथिक जल्दी चलता है।

उत्तर पंथी दिनभर चलता रहता है। वह अपना लक्ष्य जानता है। लक्ष्य को पाने के लिए ही वह दिनभर चलता है। थक जाता है, परंतु फिर भी चलता रहता है। उसे यह भय है कि यदि वह रुक गया, तो रात ढल जाएगी। दूसरे शब्दों में, कहा जाए तो व्यक्ति का जीवन क्षणिक है और व्यक्ति की इच्छाएँ अनगिनत। वह उन्हें पूरा करने के लिए जुटा रहता है। दिन के ढल जाने या अँधेरा होने से पूर्व ही वह अपनी मंजिल पर पहुँच जाना चाहता है।

स्व-मूल्यांकन

काव्यांश पर आधारित बहुविकल्पीय प्रश्न

निम्नलिखित काव्यांश को ध्यानपूर्वक पढ़कर पूछे गए बहुविकल्पीय प्रश्नों के लिए सर्वाधिक उपयुक्त विकल्प का चुनाव कीजिए

1. मैं जग-जीवन का भार लिए फिरता हूँ,
फिर भी जीवन में प्यार लिए फिरता हूँ;
कर दिया किसी ने झंकृत जिनको छूकर
मैं साँसों के दो तार लिए फिरता हूँ।
मैं स्नेह-सुरा का पान किया करता हूँ
मैं कभी न जग का ध्यान किया करता हूँ
जग पूछ रहा उनको, जो जग की गाते,
मैं अपने मन का गान किया करता हूँ

(क) **कथन** (A) कवि सांसारिक जिम्मेदारियों का भार अपने सिर पर लिए फिरता है।
कारण (R) इसके बावजूद भी कवि के मन में प्यार छलकता है।
कूट
(i) कथन (A) और कारण (R) दोनों सही हैं तथा कारण (R), कथन (A) की सही व्याख्या करता है।
(ii) कथन (A) और कारण (R) दोनों सही हैं, परंतु कारण (R), कथन (A) की सही व्याख्या नहीं करता है।
(iii) कथन (A) सही है, किंतु कारण (R) गलत है।
(iv) कथन (A) गलत है, किंतु कारण (R) सही है।

(ख) काव्यांश के अनुसार कवि सबको क्या बाँट रहा है?
(i) खुशियाँ (ii) दुःख
(iii) आशा (iv) प्रेम

(ग) कवि अपने जीवन में ………… सुरा का पान करता है।
(i) ईर्ष्या-द्वेष (ii) उत्साह-उमंग
(iii) स्नेह (iv) ये सभी

(घ) कवि ने किसका ध्यान नहीं करने की बात की है?
(i) संसार की समर्थता का
(ii) संसार के बंधनों का
(iii) संसार की भाव प्रधानता का
(iv) संसार के स्वरूप का

(ङ) कवि के अनुसार संसार में किन लोगों को प्रतिष्ठा प्राप्त होती है?
(i) संसार के हित में कार्य करने वालों को
(ii) संसार के लिए उच्च साहित्य रखने वालों को
(iii) संसार की झूठी प्रशंसा न करने वालों को
(iv) संसार का झूठा गुणगान करने वालों को

उत्तर

(क) (i) कथन (A) और कारण (R) दोनों सही हैं तथा कारण (R), कथन (A) की सही व्याख्या करता है।
(ख) (iv) प्रेम
(ग) (iii) स्नेह
(घ) (ii) संसार के बंधनों की
(ङ) (iv) संसार का झूठा गुणगान करने वालों को

विषय-वस्तु पर आधारित प्रश्न

लघु उत्तरीय प्रश्न

1. "मैं बना-बना कितने जग रोज मिटाता" पंक्ति का आशय स्पष्ट कीजिए।

2. कवि ने स्नेह को सुरा क्यों कहा है? संसार के प्रति उसके नकारात्मक दृष्टिकोण का क्या कारण है?

3. जीवनरूपी मार्ग पर अग्रसर होते हुए कौन-सी बात पथिक के हृदय में व्याकुलता को भर देती है?

4. "मुझसे मिलने को कौन विकल" पंक्ति में निहित कथ्य को स्पष्ट कीजिए।

दीर्घ उत्तरीय प्रश्न

1. संसार किनको महत्त्व देता है? कवि को वह महत्त्व क्यों नहीं दिया जाता है?

2. 'आत्मपरिचय' कविता में कवि हरिवंश राय बच्चन ने अपने व्यक्तित्व के किन पक्षों को उभारा है?

3. "जग जीवन का भार और फिर भी जीवन से प्यार" यहाँ कवि ने जीवन के संदर्भ में यह विरोधी बात क्यों कही है?

02

अध्याय

कवि-परिचय

आलोक धन्वा का जन्म वर्ष 1948 में मुंगेर (बिहार) में हुआ। इनकी पहली कविता 'जनता का आदमी' वर्ष 1972 में प्रकाशित हुई। उसके बाद 'भागी हुई लड़कियाँ', 'ब्रूनो की बेटियाँ' से उन्हें प्रसिद्धि मिली। 'दुनिया रोज बनती है' उनका एकमात्र संग्रह है। उन्हें राहुल सम्मान, बिहार राष्ट्रभाषा परिषद् का साहित्य सम्मान, बनारसी प्रसाद भोजपुरी सम्मान, पहल सम्मान आदि प्राप्त हुए। वर्ष 1972 से लेखन आरंभ करने के बाद उनका पहला और अभी तक का एकमात्र काव्य संग्रह वर्ष 1998 में प्रकाशित हुआ। काव्य संग्रह के अतिरिक्त वे पिछले दो दशकों से देश के विभिन्न हिस्सों में सांस्कृतिक एवं सामाजिक कार्यकर्ता के रूप में सक्रिय रहे हैं।

▼ अध्ययन के लिए
- कविता की रूपरेखा
- काव्यांशों की व्याख्या

▼ अभ्यास के लिए
- पाठ्यपुस्तक के प्रश्नोत्तर
- काव्यांश पर आधारित बहुविकल्पीय प्रश्न
- लघु उत्तरीय प्रश्न
- दीर्घ उत्तरीय प्रश्न

पतंग

(आलोक धन्वा)

कविता की रूपरेखा

बालसुलभ इच्छाओं एवं उमंगों से ओत-प्रोत 'पतंग' कविता कवि आलोक धन्वा की एक लंबी कविता का अंश है, जिसमें कवि ने बताया है कि यह पतंग बच्चों की उमंगों का रंगीन सपना है। आसमान में ऊँची उड़ती पतंगें बालमन को आकर्षित करती हैं, साथ ही उन्हें ऊँचाइयाँ छूने के लिए भी प्रेरित करती हैं। बच्चे केवल ऊँचाइयों की सीमाओं को छूना ही नहीं चाहते, बल्कि उनके पार भी जाना चाहते हैं।

पतंग उड़ाना प्रत्येक बच्चे का सपना होता है। बच्चे गिरते हैं, गिरकर उठते हैं, उठकर सँभलते हैं और फिर नई पतंग और उमंग के साथ मैदान में डटकर खड़े हो जाते हैं। यही जिजीविषा उन्हें आगे बढ़ने की प्रेरणा देती है।

काव्यांशों की व्याख्या

काव्यांश 1

सबसे तेज़ बौछारें गयीं भादों गया
सवेरा हुआ
खरगोश की आँखों जैसा लाल सवेरा
शरद आया पुलों को पार करते हुए
अपनी नई चमकीली साइकिल तेज़ चलाते हुए
घंटी बजाते हुए ज़ोर-ज़ोर से
चमकीले इशारों से बुलाते हुए
पतंग उड़ाने वाले बच्चों के झुंड को
चमकीले इशारों से बुलाते हुए और

आकाश को इतना मुलायम बनाते हुए
कि पतंग ऊपर उठ सके-
दुनिया की सबसे हल्की और रंगीन चीज़ उड़ सके
दुनिया का सबसे पतला कागज़ उड़ सके-
बाँस की सबसे पतली कमानी उड़ सके-
कि शुरू हो सके सीटियों, किलकारियों और
तितलियों की इतनी नाज़ुक दुनिया

शब्दार्थ

भादों—तेज बारिश होने वाला मास, **शरद**—शरद ऋतु, **इशारा**—संकेत, **झुंड**—समूह, **किलकारी**—खुशी से चहकना या चिल्लाना, **नाज़ुक**—कोमल।

संदर्भ प्रस्तुत पंक्तियाँ पाठ्यपुस्तक 'आरोह भाग-2' में संकलित कवि आलोक धन्वा के कविता-संग्रह 'दुनिया रोज बनती है' की 'पतंग' शीर्षक कविता से ली गई हैं।

प्रसंग प्रस्तुत काव्यांश में कवि ने वर्षा के बाद की शरदकालीन प्रकृति व मौसम के कारण प्रकृति में आने वाले परिवर्तनों व बालसुलभ चेष्टाओं का सजीव वर्णन किया है।

व्याख्या कवि कहता है कि सावन के महीने की तेज बौछारों वाली वर्षा का मौसम अब बीत गया है। भादों का महीना अथवा अँधेरी रात बीत जाने के साथ ही अब सुहावनी सुबह हो गई है। कवि शरद ऋतु की सुबह का वर्णन करते हुए कहता है कि चारों ओर शरद का प्रकाश फैल गया है तथा शरद ऋतु की सुबह व आकाश में छाई लालिमा खरगोश की लाल-लाल आँखों के समान प्रतीत होती है। कवि शरद ऋतु का मानवीकरण करते हुए कहता है कि शरद ऋतु अपनी नई चमकीली साइकिल को तेज गति से चलाते हुए और जोर-जोर से घंटी बजाते हुए कई पुलों को पार करते हुए आई है अर्थात् पिछले वर्ष शरद ऋतु के बीत जाने व इस वर्ष शरद ऋतु के आने के बीच में कई ऋतुएँ बीत गई हैं। इन्हीं ऋतुओं को कवि पुल के नाम से संबोधित कर रहा है। शरद ऋतु की यह सुबह अपने चमकीले इशारों से बच्चों के झुंड को बुला रही है।

कवि कहता है कि शरद ऋतु ने आकाश को और मुलायम व सुहावना बना दिया है, ताकि पतंग अच्छी तरह ऊपर उड़ सके। यह देखकर बच्चों का समूह पतंग उड़ाने के लिए अपने-अपने घरों से बाहर निकल आया है। ऐसा प्रतीत होता है कि शरद ऋतु स्वयं यही चाहती है कि दुनिया के सबसे पतले कागज और बाँस की सबसे पतली लचीली एवं पतली कमानी से बनी पतंग आसमान में ऊँची उड़ सके। पतंग को उड़ते हुए देखकर बच्चे उमंग व प्रसन्नतापूर्वक चिल्लाते हुए खुशी से सीटियाँ व किलकारियाँ मारने लगते हैं। शरद ऋतु में रंग-बिरंगी तितलियाँ भी दिखाई देने लगती हैं। चारों ओर शरद ऋतु का कोमल व मनोहारी वातावरण छा जाता है।

काव्य-शैली

(i) कवि ने शरद ऋतु के आगमन का मनोहारी वर्णन किया है। शरद ऋतु में आसमान में पतंगों के साथ-साथ बच्चों के कोमल मन की कल्पनाएँ भी आसमान में उड़ती हैं।

(ii) शरद ऋतु के सवेरे की लालिमा के लिए 'खरगोश की आँखों जैसा लाल', 'पुलों को पार करते हुए', 'चमकीले इशारों से बुलाते हुए' आदि बिंबों के कारण कविता के प्रभाव में वृद्धि हुई है।

(iii) शरद ऋतु का चमकीली साइकिल चलाना आदि में मानवीकरण अलंकार है।

(iv) 'खरगोश की आँखों जैसा लाल सवेरा' में उपमा अलंकार तथा जोर-जोर में पुनरुक्तिप्रकाश अलंकार है।

(v) लक्षणा शब्द-शक्ति का प्रयोग है।

(vi) पतंगों, तितलियों, सीटियों, किलकारियों, बच्चों की नाजुक दुनिया शब्द के प्रयोग ने कविता में विशेष अर्थध्वनि और प्रभाव उत्पन्न कर दिया है।

काव्यांश 2

जन्म से ही वे अपने साथ लाते हैं कपास
पृथ्वी घूमती हुई आती है उनके बेचैन पैरों के पास
जब वे दौड़ते हैं बेसुध
छतों को भी नरम बनाते हुए
दिशाओं को मृदंग की तरह बजाते हुए
जब वे पेंग भरते हुए चले आते हैं
डाल की तरह लचीले वेग से अकसर
छतों के खतरनाक किनारों तक
उस समय गिरने से बचाता है उन्हें
सिर्फ़ उनके ही रोमांचित शरीर का संगीत
पतंगों की धड़कती ऊँचाइयाँ उन्हें थाम लेती हैं
महज़ एक धागे के सहारे
पतंगों के साथ-साथ वे भी उड़ रहे हैं
अपने रंध्रों के सहारे

शब्दार्थ

कपास—कोमल एवं नरम अनुभूति तथा लचीले शरीर के लिए प्रयुक्त, **बेसुध**—मस्त/तल्लीन, **मृदंग**—मीठी आवाज़ वाला ढोल जैसा वाद्ययंत्र, **पेंग भरना**—झूले झूलना, **वेग**—गति, **रोमांचित**—पुलकित, प्रसन्न, **महज़**—सिर्फ़/केवल, **रंध्र**—छिद्र/शरीर के रोएँ।

संदर्भ पूर्ववत्।

प्रसंग प्रस्तुत काव्य पंक्तियों में कवि बच्चों के कोमल एवं उल्लासित मन तथा उनके शरीर में व्याप्त अक्षय ऊर्जा एवं उत्साह को रेखांकित करता है।

व्याख्या प्रस्तुत काव्यांश में कवि कहता है कि बच्चे तो जन्म से ही अपने साथ कपास जैसी कोमल भावनाएँ एवं लचीला शरीर लेकर आते हैं। उसकी कोमलता को स्पर्श करने के लिए धरती भी लालायित होकर उनके बेचैन पैरों के पास आती है। जब वे मस्त होकर भागते-दौड़ते रहते हैं, उस समय उनके मकान की छतें भी मुलायम हो जाती हैं। उनकी उमंग इतनी उत्कट होती है कि उनके पदचापों से सारी दिशाओं में मृदंग की भाँति झंकृत, मीठा व कंपायमान स्वर उत्पन्न होता है।

अपना कोमल व लचीला शरीर लिए हुए बच्चे जब दौड़ते हैं, तो कवि को उनका दौड़ना झूले के पेंग की भाँति आगे-पीछे आता-जाता लगता है। उनके शरीर में डाली की तरह लचीलापन है। कवि कहता है कि बच्चे अपनी धुन में पतंग उड़ाते-उड़ाते जब कभी छतों के खतरनाक किनारों तक आ जाते हैं, तो ऐसी स्थिति में उन्हें गिरने से बचाने में उनका उल्लासित व रोमांचित

शरीर का संगीत ही मदद करता है। ऐसे समय में उनका सारा ध्यान पतंग की डोर के सहारे पतंग की उड़ान व ऊँचाई पर ही केंद्रित रहता है। दिल धड़काने वाली ऊँचाइयों पर उड़ती पतंगें मानो अपनी डोर से इन बच्चों को सँभाले रहती हैं। आकाश में अपनी पतंगों को उड़ते हुए देखकर बच्चों के मन भी आकाश में उड़ते प्रतीत होते हैं। उनके शरीर के रंध्रों (रोएँ) से भी संगीत उत्पन्न हो रहा है तथा वे भी आकाश में उड़ रहे हैं।

काव्य-शैली

(i) कवि ने यहाँ बालमन की बालसुलभ चेष्टाओं का वर्णन किया है।

(ii) छतों को नरम बनाना (स्पर्श बिंब), मृदंग की तरह दिशाओं को बजाना (श्रव्य बिंब), पतंगों की धड़कती ऊँचाइयाँ (दृश्य बिंब) आदि बिंब के उत्कृष्ट उदाहरण हैं।

(iii) कोमलता के लिए कपास की उपमा का आकर्षक प्रयोग किया गया है।

(iv) पतंगों की धड़कती ऊँचाइयों में विशेषण विपर्यय अलंकार है।

(v) बेचैन, नरम, महज, खतरनाक आदि उर्दू शब्दों का प्रयोग हुआ है।

(vi) खड़ीबोली में भाषा की सहज अभिव्यक्ति है।

काव्यांश 3

अगर वे कभी गिरते हैं छतों के खतरनाक किनारों से
और बच जाते हैं तब तो
और भी निडर होकर सुनहले सूरज के सामने आते हैं
पृथ्वी और भी तेज़ घूमती हुई आती है
उनके बेचैन पैरों के पास।

शब्दार्थ

निडर—बिना डर के, **सुनहले**—सुनहरा, स्वर्णिम।

संदर्भ पूर्ववत्।

प्रसंग प्रस्तुत पंक्तियों में कवि ने बच्चों की साहसिक व महत्त्वाकांक्षी मनोवृत्तियों को रेखांकित किया है।

व्याख्या कवि कहता है कि आकाश में पतंगों को उड़ाते हुए ये बच्चे छतों के खतरनाक किनारों से कभी गिरते भी हैं, तो वे गिरने के बाद बच जाते हैं, जिससे वे और अधिक निर्भीक अथवा निडर हो जाते हैं और तब वह अधिक उत्साह के साथ स्वर्णिम प्रकाश वाले सूर्य के सामने आते हैं तथा उनकी अनवरत गति का अनुसरण करती हुई पृथ्वी और भी तेजी से घूमती हुई उनके बेचैन पैरों के पास आती है। दूसरे शब्दों में, बच्चे अगली सुबह फिर से पतंग उड़ाते हैं, जिससे उनकी गति और भी तीव्र हो जाती है, जिससे पृथ्वी और भी तेजी से उनके पैरों के पास आ जाती है।

काव्य-शैली

(i) बच्चे खतरों का सामना करके और भी साहसी बन जाते हैं, इस भाव की कवि ने अभिव्यक्ति की है।

(ii) 'सुनहले सूरज' में अनुप्रास अलंकार है।

(iii) 'पृथ्वी आती है' में मानवीकरण अलंकार है।

(iv) 'गिरकर-बच जाने में' में विरोधाभास अलंकार है।

(v) पैरों की गतिशीलता का बिंब 'बेचैन पैरों' के माध्यम से व्यक्त किया गया है।

(vi) भाषा में लाक्षणिकता है।

(vii) खड़ीबोली की सहज अभिव्यक्ति है।

पाठ्यपुस्तक (आरोह भाग-2) के प्रश्नोत्तर

कविता के साथ

1. 'सबसे तेज़ बौछारें गयीं भादों गया' के बाद प्रकृति में जो परिवर्तन कवि ने दिखाया है, उसका वर्णन अपने शब्दों में करें।

अथवा **भादों के समाप्त होने के बाद प्रकृति में कौन-कौन से परिवर्तन स्पष्ट रूप से दृष्टिगत होते हैं?** **CBSE 2024, CBSE Diksha**

उत्तर प्रस्तुत कविता में कवि ने प्रकृति में हुए परिवर्तन का मनोहारी वर्णन किया है। भादों वर्षा ऋतु का अंतिम महीना होता है। इस मास में बहुत वर्षा होती है। हमेशा बादल घिरे रहते हैं। अतः अंधकार का साम्राज्य रहता है। वर्षा ऋतु बीत जाने के बाद समस्त वातावरण स्वच्छ हो जाता है। सारी धूल-मिट्टी धुल जाती है। आसमान साफ़ हो जाता है। ऋतु बदलने के कारण अब बादल नहीं घिरते। अंधकार के स्थान पर अब सब ओर प्रकाश फैला रहता है। शरद ऋतु का आगमन ऐसा प्रतीत होता है, जैसे शरद अपनी साइकिल को तेज गति से चलाता आ रहा है। इस स्वच्छ आसमान में जब सवेरे सूरज आता है, तो आसमान पर लालिमा छा जाती है। वर्षा की समाप्ति के बाद चमकीले आकाश की लाली कवि को खरगोश की लाल आँखें याद दिला जाती हैं।

2. सोचकर बताएँ कि पतंग के लिए 'सबसे हल्की और रंगीन चीज़, सबसे पतला कागज़, सबसे पतली कमानी' जैसे विशेषणों का प्रयोग क्यों किया गया है?

अथवा **पतंग के लिए किन-किन विशेषणों का प्रयोग किया गया है और क्यों?** **CBSE Diksha**

उत्तर 'सबसे हल्की और रंगीन चीज़, सबसे पतला कागज़, सबसे पतली कमानी' जैसे विशेषणों का प्रयोग अतिशयोक्ति अलंकार के अंतर्गत आता है। वास्तव में, पतंग का निर्माण इन्हीं चीज़ों से होता है। हल्की इसलिए कि उड़ने वाली कोई भी वस्तु इससे अधिक पतली नहीं होती। सबसे रंगीन इसलिए कि इंद्रधनुष में तो सात रंग होते हैं और पतंग कई रंगों की होती है। सबसे पतला कागज़ इसलिए कि बूँद पड़ते ही यह कागज़ फट जाता है। सबसे पतली कमानी इसलिए, क्योंकि बाँस की पतली छाल से पतंग की पतली कमानी बनती है। यही पतलापन आकाश की अनंत ऊँचाइयों तक जा पहुँचता है। इन विशेषणों का प्रयोग पाठकों के मन में पतंग की विशिष्टता व बाल सुलभ चेष्टाओं का अंकन करने के लिए किया गया है, पतंग भी बालमन की तरह कल्पनाशील, कोमल व हल्की होती है।

3. बिंब स्पष्ट करें

सबसे तेज़ बौछारें गयीं भादों गया
सवेरा हुआ
खरगोश की आँखों जैसा लाल सवेरा
शरद आया पुलों को पार करते हुए
अपनी नई चमकीली साइकिल तेज़ चलाते हुए
घंटी बजाते हुए ज़ोर-ज़ोर से
चमकीले इशारों से बुलाते हुए और
आकाश को इतना मुलायम बनाते हुए
कि पतंग ऊपर उठ सके।

उत्तर

गतिशील दृश्य बिंब	सबसे तेज़ बौछारें गईं
स्थिर दृश्य बिंब	खरगोश की आँखों जैसा लाल सवेरा
गतिशील दृश्य बिंब	शरद आया पुलों को पार करते हुए
गतिशील दृश्य बिंब	अपनी नई चमकीली साइकिल तेज़ चलाते हुए
श्रव्य बिंब	घंटी बजाते हुए ज़ोर-ज़ोर से।
गतिशील दृश्य बिंब	चमकीले इशारों से बुलाते हुए
स्पर्श दृश्य बिंब	आकाश को इतना मुलायम बनाते हुए।
गतिशील दृश्य बिंब	पतंग ऊपर उठ सके

4. "जन्म से ही वे अपने साथ लाते हैं कपास"—कपास के बारे में सोचें कि कपास से बच्चों का क्या संबंध बन सकता है? **CBSE 2024**

उत्तर कपास बच्चों की कोमल भावनाओं तथा उनके शारीरिक लचीलेपन का प्रतीक है। बच्चों की कोमलता कपास के समान होती है। उनके सपने कपास से बनी डोर की तरह हैं, जो पतंग को ऊँचाई प्रदान करती है। मनुष्य सपने देखता है और उन्हें लक्ष्य तक पहुँचाने के लिए कर्मरत हो जाता है। बालक कपास की तरह कोमल एवं आकर्षक तथा शारीरिक रूप से लचीलापन लिए होते हैं। यह उनकी आंतरिक चेतना को ऊँचाइयों तक जाने तथा दौड़ने-भागने एवं कभी न थकने के लिए प्रेरित करती है। दोनों के गुणों में अत्यधिक समानता ही कवि की इस तुलना का कारण बना है।

5. "पतंगों के साथ-साथ वे भी उड़ रहे हैं"—बच्चों का उड़ान से कैसा संबंध बनता है?

अथवा **'पतंग' कविता में "पतंगों के साथ-साथ वे भी उड़ रहे हैं" कथन का आशय स्पष्ट करते हुए बताइए कि 'वे' शब्द किसके लिए प्रयुक्त हुआ है।** **CBSE 2024**

उत्तर पतंग बच्चों के सपनों का, अरमानों का एवं आकांक्षाओं का प्रतीक है तथा 'वे' शब्द बच्चों के लिए प्रयुक्त हुआ है। जैसे पतंग उन्मुक्त आकाश में स्वच्छंद उड़ती है, उसी प्रकार बच्चों की आकांक्षाएँ, उनके सपने भी ऊँचाइयों को स्पर्श करते हैं। वे छतों पर उन्मुक्त दौड़ते हैं। उनकी नज़र पतंग पर इस तरह टिकी होती है, मानो वे स्वयं पतंग के साथ उड़ रहे हों। बच्चे अपनी आँखों के सहारे पतंग से ऐसे जुड़ जाते हैं कि जिधर पतंग जाती है, वहीं वे दौड़ते हुए पहुँच जाते हैं। बच्चों की इतनी एकाग्रता एवं संलग्नता तथा पतंग के साथ समरूपता को देखकर ही कवि को ऐसा लगता है कि बच्चे स्वयं भी पतंग के साथ उड़ रहे हैं।

6. निम्नलिखित पंक्तियों को पढ़कर प्रश्नों के उत्तर दीजिए **Delhi 2019**

(क) छतों को भी नरम बनाते हुए
दिशाओं को मृदंग की तरह बजाते हुए

(ख) अगर वे कभी गिरते हैं छतों के खतरनाक किनारों से
और बच जाते हैं तब तो
और भी निडर होकर सुनहले सूरज के सामने आते हैं।

(i) दिशाओं को मृदंग की तरह बजाने का क्या तात्पर्य है?

(ii) जब पतंग सामने हो तो छतों पर दौड़ते हुए क्या आपको छत कठोर लगती है?

(iii) खतरनाक परिस्थितियों का सामना करने के बाद आप दुनिया की चुनौतियों के सामने स्वयं को कैसा महसूस करते हैं?

उत्तर *(i)* दिशाओं को मृदंग की तरह बजाने से तात्पर्य है कि बच्चों का पतंग उड़ाते समय शोर चारों दिशाओं में गूँजता है, साथ ही जब बच्चों के पैर छत पर पड़ते हैं, तो उनके इधर-उधर भागने से उनके पैरों की पदचाप से मृदंग जैसी ध्वनि उत्पन्न होती है। यह ध्वनि बालकों के दौड़ने की दिशाओं से आती है। ऐसा लगता है चारों दिशाओं में मृदंग बज रहे हैं।

(ii) जब पतंग सामने हो तो छतों पर दौड़ते हुए हमें छत कठोर नहीं लगती, क्योंकि तब हमारा ध्यान पूरी तन्मयता के साथ पतंग पर रहता है, पैरों पर नहीं। कठोरता अनुभूति के आधार पर विदित होती है और अनुभूति का संबंध मन से है। प्रस्तुत कविता में भी बच्चों का ध्यान पतंग पर होने के कारण उन्हें छत की कठोरता का आभास ही नहीं होता।

(iii) खतरनाक परिस्थितियों का सामना करने के बाद हम दुनिया की चुनौतियों का मुकाबला करने में स्वयं को सक्षम पाते हैं। इससे हमारे अंदर का डर खत्म हो जाता है और डर के स्थान पर आत्मविश्वास और अधिक बढ़ जाता है। हमारे अंदर अत्यधिक उत्साह, साहस व निडरता का भाव आ जाता है। हम इस विश्वास को लेकर आगे बढ़ते हैं कि संघर्ष के बाद अंततः विजय हमें मिल ही जाएगी।

कविता के आस-पास

1. आसमान में रंग-बिरंगी पतंगों को देखकर आपके मन में कैसे ख्याल आते हैं? लिखिए।

उत्तर शरद ऋतु की खिल-खिलाती सुहावनी सुबह से ही आकाश में पतंगें उड़ने लगती हैं। ये पतंगें हल्की, रंगीन और पतली कमानी वाली होती हैं। इन पतंगों को आकाश में उड़ता हुआ देखकर ऐसा लगता है कि आकाश एक उद्यान है, जिसमें उड़ती रंग-बिरंगी पतंगें तितलियों के समान आकर्षक दिखाई देती हैं साथ ही संपूर्ण आकाश पुष्पों के एक गुलदस्ते के समान मनमोहक दिखाई देता है। इन्हें देखकर हमारा मन खुशी से भर जाता है और ऐसा ख्याल आता है कि मेरा जीवन भी इन पतंगों की भाँति रंगीन होना चाहिए। मैं भी इन्हीं की भाँति खुले आकाश में उड़कर नई ऊँचाइयों को छूना चाहती हूँ।

2. 'रोमांचित शरीर का संगीत' का जीवन की लय से क्या संबंध है?

अथवा **रोमांचित शरीर का संगीत बच्चों को किस तरह जीवन तरंग से जोड़ता है?** **CBSE Diksha**

उत्तर कार्य में तन्मयता और मन के लगाव का परस्पर जुड़ाव है। मन के लगाव के कारण ही कार्य में तन्मयता आती है। जीवन में जो पाने की इच्छा है, उसे हम हासिल करने की हर संभव कोशिश करते हैं। इन कोशिशों में

कभी-कभी गिरने, फिसलने और निराश होने की स्थिति भी आती है, मगर लक्ष्य को पाने की लगन जितनी तीव्र होती है, उतनी ही शीघ्रता से उठकर हम अपने लक्ष्य की ओर बढ़ने लगते हैं। इसी प्रकार, पतंग को पाने की ललक या उड़ाने की लगन में बच्चे अपने भीतरी रोमांच के सहारे ही छतों से गिरने के बाद भी बच पाते हैं। यदि शरीर रोमांचित है अर्थात् उसमें खुशियाँ भरी हैं, तो आनंदरूपी संगीत बजता रहता है। आनंद जीवन को नई ऊर्जा देता है। जीवनरूपी लय अपने आप ही सफलता का लक्ष्य प्राप्त कर लेती है। रोमांचित शरीर में संगीत की लय जैसी मनोरम गति आ जाती है।

3. **महज एक धागे के सहारे, पतंगों की धड़कती ऊँचाइयाँ उन्हें (बच्चों को) कैसे थाम लेती हैं? चर्चा करें।**

उत्तर पतंग उड़ाते समय बच्चे पूरा ध्यान पतंग की ऊँचाइयों पर रखते हैं, परंतु पतंग का नियंत्रण उनके हाथों में होता है। उनमें यह संलग्नता इतनी तल्लीनता के साथ रहती है कि वे स्वयं को भी भूल जाते हैं। सिर्फ़ पतंग की ऊँचाइयों पर ही वे ध्यान रखते हैं। उनका पूरा ध्यान धागे और पतंग पर टिका होता है, तब उनका शरीर भी पतंग की तरह हो जाता है। तब धागा न केवल पतंग को नियंत्रित करता है वरन् पतंग उड़ाते बच्चे को भी नियंत्रित करने लगता है।

आपकी कविता

1. **हिंदी साहित्य के विभिन्न कालों में तुलसी, जायसी, मतिराम, द्विजदेव, मैथिलीशरण गुप्त आदि कवियों ने भी शरद ऋतु का सुंदर वर्णन किया है। आप उन्हें तलाशकर कक्षा में सुनाएँ और चर्चा करें कि पतंग कविता में शरद ऋतु का वर्णन उनसे किस प्रकार भिन्न है?**

उत्तर छात्र स्वयं करें।

2. **आपके जीवन में शरद ऋतु क्या मायने रखती है?**

उत्तर छात्र स्वयं करें।

अभ्यास प्रश्न

काव्यांश पर आधारित बहुविकल्पीय प्रश्न

निम्नलिखित काव्यांशों को ध्यानपूर्वक पढ़कर पूछे गए बहुविकल्पीय प्रश्नों के लिए सर्वाधिक उपयुक्त विकल्प का चुनाव कीजिए

1. सबसे तेज़ बौछारें गयी भादों गया
सवेरा हुआ
खरगोश की आँखों जैसा लाल सवेरा
शरद आया पुलों को पार करते हुए
अपनी नई चमकीली साइकिल तेज चलाते हुए
घंटी बजाते हुए जोर-जोर से
चमकीले इशारों से बुलाते हुए
पतंग उड़ाने वाले बच्चों के झुण्ड को
चमकीले इशारों से बुलाते हुए और
आकाश को इतना मुलायम बनाते हुए
कि पतंग ऊपर उठ सके-
दुनिया की सबसे हल्की और रंगीन चीज उड़ सके
दुनिया का सबसे पतला कागज उड़ सके-
बाँस की सबसे पतली कमानी उड़ सके-
कि शुरू हो सके सीटियों, किलकारियों और
तितलियों की इतनी नाजुक दुनिया

(क) कवि के अनुसार तेज़ बौछारों के साथ ही कौन-सा महीना चला गया है?
(i) आषाढ़ का महीना (ii) सावन का महीना
(iii) भादों का महीना (iv) आश्विन का महीना

(ख) 'पतंग' कविता में चमकीले विशेषण किसके लिए प्रयुक्त हुआ है?
(i) खरगोश के लिए (ii) बच्चों के लिए
(iii) दिशाओं के लिए (iv) इशारों के लिए

(ग) सुमेलित कीजिए

	सूची I		सूची II
A.	खरगोश की लाल-लाल आँखें	1.	ऋतुओं
B.	कई पुलों का पार करना	2.	शरद ऋतु
C.	आकाश का सुहावना व मुलायम होना	3.	लालिमायुक्त सवेरा

कूट

	A	B	C		A	B	C
(i)	1	2	3	(ii)	2	1	3
(iii)	3	1	2	(iv)	1	3	2

(घ) पतंग के साथ आकाश में क्या उड़ता है?
(i) खरगोश (ii) साइकिल
(iii) बच्चों की कल्पनाएँ (iv) रंगीन कागज

(ङ) **कथन** (A) शरद का प्रकाश आकाश को सुहावना बना रहा है।
कारण (R) बच्चों का समूह शरद ऋतु देखने के लिए घरों से बाहर निकल आया है।

कूट
(i) कथन (A) और कारण (R) दोनों सही हैं तथा कारण (R), कथन (A) की सही व्याख्या करता है।

(ii) कथन (A) और कारण (R) दोनों सही हैं, परंतु कारण (R), कथन (A) की सही व्याख्या नहीं करता है।
(iii) कथन (A) सही है, किंतु कारण (R) गलत है।
(iv) कथन (A) गलत है, किंतु कारण (R) सही है।

उत्तर

(क) (iii) भादों का महीना
(ख) (ii) बच्चों के लिए
(ग) (iii) 3 1 2
(घ) (iii) बच्चों की कल्पनाएँ
(ङ) (iii) कथन (A) सही है, किंतु कारण (R) गलत है।

2. **जन्म से ही वे अपने साथ लाते हैं कपास**
पृथ्वी घूमती हुई आती है उनके बेचैन पैरों के पास
जब वे दौड़ते हैं बेसुध
छतों को भी नरम बनाते हुए
दिशाओं को मृदंग की तरह बजाते हुए
जब वे पेंग भरते हुए चलते आते हैं
डाल की तरह लचीले वेग से अकसर
अगर वे कभी गिरते हैं छतों के खतरनाक किनारों से
और बच जाते हैं तब तो
और भी निडर होकर सुनहले सूरज के सामने आते हैं
पृथ्वी और भी तेज घूमती हुई आती है
उनके बेचैन पैरों के पास। **CBSE 2023**

(क) प्रस्तुत काव्यांश किससे संबंधित है?
(i) कवि से (ii) बच्चों से
(iii) मनुष्य से (iv) चिड़िया से

(ख) 'कपास' शब्द किस रूप में प्रयुक्त हुआ है?
(i) यथार्थ (ii) कल्पना
(iii) निश्छलता (iv) कोमलता

(ग) 'छतों को नरम बनाते हुए' पंक्ति का भाव है
(i) कल्पना के पीछे भागना
(ii) छतों पर दौड़ते रहना
(iii) कठिनाइयों को आसान बनाना
(iv) कठिनाइयों की परवाह नहीं करना

(घ) 'दिशाओं को मृदंग की तरह बजाने' से क्या अभिप्राय है?
(i) दिशाओं को ढोलक की तरह बजाना
(ii) दिशाओं में ढोलक के स्वर गूँजना
(iii) चारों तरफ बच्चों की किलकारियों का गूँजना
(iv) चारों दिशाओं में बच्चों का भागना

(ङ) डाल की क्या विशेषता होती है?
(i) कठोरता (ii) लचीलापन
(iii) हरियाली (iv) मजबूती

उत्तर

(क) (ii) बच्चों से
(ख) (iv) कोमलता
(ग) (iv) कठिनाइयों की परवाह नहीं करना
(घ) (iii) चारों तरफ बच्चों की किलकारियों का गूँजना
(ङ) (ii) लचीलापन

विषय-वस्तु पर आधारित प्रश्नोत्तर

लघु उत्तरीय प्रश्न

1. 'पतंग' कविता में कवि ने बच्चों की तुलना किससे की है और क्यों? **CBSE 2024**

उत्तर 'पतंग' कविता में कवि ने बच्चों की तुलना कपास से की है, क्योंकि बच्चे कपास के समान नाजुक व कोमल होते हैं, साथ ही कपास परिस्थिति के अनुसार परिवर्तित होती रहती हैं वैसे ही बच्चे भी माहौल के अनुसार अपना व्यवहार बदलते हैं। जिस प्रकार कपास की प्रकृति निर्मल व निश्छल (सरल, छल रहित) होती है, उसी प्रकार बच्चे भी निश्छल होते हैं। अत: कपास बच्चों की कोमल, निर्मल भावनाओं का प्रतीक है।

2. किशोर और युवा वर्ग समाज का मार्गदर्शक है। 'पतंग' कविता के आधार पर कथन की पुष्टि कीजिए।

उत्तर किशोर और युवा अवस्था ऐसी अवस्थाएँ हैं, जिसमें क्षमता और इच्छाशक्ति उच्च स्तर पर होती हैं। ये स्वयं अपना लक्ष्य निर्धारित करती हैं और उसे पाने की हर संभव कोशिश करती हैं।

उनकी आँखों में जीवन की ऊँचाइयों को पाने के सपने होते हैं। किशोर तथा युवा वर्ग अपनी निश्छलता से विश्व की एकता को स्थायित्व दे सकते हैं।

3. पृथ्वी का प्रत्येक कोना बच्चों के पास स्वत: कैसे आ जाता है?

उत्तर पतंग उड़ाते समय बच्चे चाहते हैं कि उनकी पतंग सबसे ऊँची रहे, क्योंकि वे पतंग के माध्यम से सारे ब्रह्मांड में घूम लेना चाहते हैं। वे कल्पना की रंगीन दुनिया में खो जाते हैं, इसलिए उनके लिए पृथ्वी का प्रत्येक कोना अपने आप सिमटता चला जाता है अर्थात् पतंग उड़ाते समय बच्चों के सामने पृथ्वी का कोना-कोना सिमट जाता है।

4. पतंग के माध्यम से कवि ने किस प्रकार के मनोविज्ञान का चित्रण किया है? **CBSE 2024**

अथवा **पतंग के माध्यम से कविता में किसकी ओर संकेत किया गया है और क्यों?**

उत्तर पतंग के माध्यम से कवि ने बाल-मनोविज्ञान का चित्रण किया है। इस कविता में कवि ने बालसुलभ इच्छाओं और उमंगों का मनोरम चित्रण किया है। बच्चे अपनी पतंग की डोर के साथ आकाश की ऊँचाइयों तक पहुँच जाते हैं। उनके सामने पूरी दुनिया अपनी सूक्ष्मता के साथ प्रस्तुत होती है। गिरकर फिर से उठने का भाव बच्चों की सहजता को अंकित करता है।

5. छत से गिरने से बच्चों को कौन बचाता है?

उत्तर बच्चे पतंग के पीछे बेसुध होकर दौड़ते हैं। उन्हें उस समय छत के किनारों का और वहाँ से गिरने के खतरों का पता नहीं चलता। वे किसी लचीली डाल की तरह वेग से छत के किनारे तक आकर झुक जाते हैं, तब उन्हें और कोई नहीं, बल्कि उनके भीतर का रोमांच ही बचाता है। बच्चों को उनके अपने ही शरीर का संगीत बचाता है और पतंग की ऊँचाई उन्हें एक पतले धागे से थाम लेती है।

6. 'पतंग' शीर्षक की सार्थकता स्पष्ट कीजिए।

उत्तर कवि आलोक धन्वा ने पतंग को एक प्रतीक के रूप में चित्रित किया है। पतंग के चारों ओर किशोरों की टोली घूम रही होती है। इन बच्चों से ही कवि जीने की शैली सीख रहा है। अतः पतंग ही केंद्र बिंदु है। पतंग मन की उड़ान भी है। यह प्रतीक है—सपनों से भरे मन द्वारा ऊँचाइयों को छूने का। स्पष्टतः इस कविता के लिए 'पतंग' से अधिक उपयुक्त और कोई शीर्षक हो ही नहीं सकता।

7. बच्चों के झुंड में कवि को क्या आकर्षक लगता है?

उत्तर बच्चों के झुंड में बच्चों का बेसुध होकर लक्ष्य की ओर भागना कवि को सर्वाधिक आकर्षित करता है। इसी आकर्षण के कारण उसने इसी बिंब का चुनाव किया है। बच्चे अपने लक्ष्य की ओर प्रयास करते हुए दौड़ पड़ते हैं। उन्हें छत की कठोरता और गिरने का भय भी याद नहीं रहता। अपने लक्ष्य को प्राप्त करने के लिए वे किसी भी तरह प्रयासरत् रहते हैं।

दीर्घ उत्तरीय प्रश्न

1. आप कैसे कह सकते हैं कि कवि ने 'पतंग' कविता में बाल सुलभ साहस एवं आकांक्षाओं का सुंदर चित्रण किया है? अपने शब्दों में लिखिए। **All India 2019**

उत्तर 'पतंग' के माध्यम से कवि ने बाल सुलभ इच्छाओं एवं उमंगों का अत्यंत सुंदर चित्रण किया है। बाल सुलभ क्रियाकलापों एवं प्राकृतिक परिवर्तनों की अभिव्यक्ति हेतु कविता में सुंदर बिंबों का उपयोग किया गया है; जैसे– बच्चों की उमंगों का रंग-बिरंगा सपना है—पतंग। आकाश में उड़ती रंग-बिरंगी तितलियों जैसी पतंगें उन्हें आकर्षित करती हैं, बालमन इन्हें अपने हाथों से छूना चाहता है और उसके पार जाना चाहता है। इस प्रक्रिया में गिरने वाले तथा गिरकर सँभलने वाले बच्चे भी शामिल हैं। वस्तुतः पतंग उनकी स्वतंत्रता, स्वच्छंदता एवं नई उमंगों व उत्साह का प्रतीक है।

2. "पतंग लूटने में खतरनाक परिस्थितियों का सामना करके बच्चे चुनौतियों का सामना करना सीखते हैं।" इस कथन पर अपने विचार व्यक्त कीजिए।

अथवा **"खतरनाक परिस्थितियों का सामना कर मनुष्य और अधिक सक्षम बनता है।" 'पतंग' कविता के संदर्भ में स्पष्ट कीजिए।** **CBSE 2025**

उत्तर पतंग लूटने की प्रक्रिया में खतरनाक परिस्थितियों से बच्चे चुनौतियों का सामना करना सीखते हैं, इससे वे अधिक निडर हो जाते हैं तथा उनके अंदर आत्मविश्वास भी बढ़ जाता है। जीवन के लक्ष्यों को पाने की कोशिश में हम कई बार गिरते हैं, फिसलते हैं, निराश होते हैं, लेकिन इसके बावजूद हम अपने अंदर की लगन को कम नहीं होने देते, अंततः तभी सफलता प्राप्त होती है। जीवन के रण-क्षेत्र में संघर्ष करने की प्रवृत्ति हमें सामान्यतया खेलों के माध्यम से ही प्राप्त होती है।

पतंग उड़ाना एवं लूटना भी एक प्रकार का खेल ही है, जिसमें बच्चे विषम परिस्थितियों का दृढ़ता के साथ सामना करके अपने अंदर वह जुझारूपन पैदा करते हैं, जो जीवन के वास्तविक संघर्ष में अत्यंत उपयोगी होता है। यह जुझारूपन ही उनके जीवन को एक नई दिशा प्रदान करता है तथा जीवन में संघर्ष करने एवं अपनी सफलता के प्रति आश्वस्त होने की ललक पैदा करता है।

3. बच्चों को कपास की तरह 'कोमल' और उनके पैरों को 'बेचैन' क्यों कहा गया है? 'पतंग' कविता के आधार पर उत्तर दीजिए।

उत्तर 'पतंग' कविता के अंतर्गत कवि ने बच्चों को कपास की तरह 'कोमल' इसलिए कहा है, क्योंकि बच्चों में कपास जैसी श्वेत यानी स्वच्छ, कोमल एवं पवित्र भावनाएँ होती हैं। यहाँ 'कपास' का प्रयोग विशिष्ट है। यह बच्चों के शरीर की दुर्लभ, नरमी, लचीलापन, सहनशीलता एवं कष्टरोधी शक्ति की ओर भी संकेत करता है। कवि ने बच्चों के पैरों को 'बेचैन' इसलिए कहा है, क्योंकि ये पैर हर समय घूमने, चलने, दौड़ने एवं कूदने के लिए व्याकुल रहते हैं। ये कभी रुकने या थमने का नाम ही नहीं लेते। उनके पैरों में एक बेचैनी, व्याकुलता मौजूद रहती है, जिससे वे सारी पृथ्वी को नाप डालना चाहते हैं।

4. 'पतंग' कविता में पतंग की क्या-क्या विशेषताएँ बताई गई हैं?

उत्तर पतंग की विशेषता बताते हुए कवि कहता है कि वह दुनिया की सबसे हल्की, रंगीन, पतले कागज़ और पतली कमानी से बनी हुई होती है। पतंग में बड़ी ऊँचाइयों तक उड़ने की क्षमता है। यह बच्चों को अत्यधिक पसंद आती है। यहाँ पतंग हमारे मन में उठने वाले सपनों का प्रतीक है। सपने भी तो रंगीन तथा चमकीले होते हैं। मन की डोर पर सवार होकर वे दूर आसमान की ऊँचाइयों को छू लेते हैं। सपने भी इनकी तरह नाज़ुक होते हैं, जो जरा-सी ठेस से टूट जाते हैं।

5. 'पतंग' कविता का मूल भाव अपने शब्दों में स्पष्ट कीजिए।

उत्तर कवि आलोक धन्वा द्वारा रचित 'पतंग' कविता में कवि ने शरद ऋतु की चमक तथा बालमन की उमंग का सुंदर चित्रण किया है। उन्होंने बाल क्रियाकलापों व प्रकृति में आए परिवर्तनों की सहज अभिव्यक्ति की है। आसमान में उड़ती रंग-बिरंगी पतंगों को बालमन छूना चाहता है। बच्चे भय पर विजय पाकर गिर-गिरकर सँभलते हैं। शरद ऋतु का चमकीली साइकिल चलाते हुए आना तितलियों की रंगीन दुनिया को और रंगीन बनाना है। बच्चों की किलकारियों से चारों ओर दिशाएँ मृदंग के समान बजती हैं। पृथ्वी भी उनकी कोमलता को छूने हेतु स्वयं उनका स्पर्श करना चाहती है। बच्चे हर बार नई-नई पतंगों को सबसे ऊँचा उड़ाने का साहस लिए हुए भादों के बाद शरद की प्रतीक्षा करते हैं।

6. बिंब कितने प्रकार के होते हैं? प्रस्तुत कविता से श्रव्य बिंब के उदाहरण छाँटकर लिखिए। **CBSE Diksha**

उत्तर बिंब का अर्थ 'चित्र' है। शब्दों के द्वारा कवि जो चित्र बनाते हैं, वही 'बिंब' कहलाते हैं। इन शब्द-चित्रों का संबंध हमारी इंद्रियों से होने के कारण इसके निम्न भेद हैं

1. **दृश्य बिंब** आँखों से दिखने वाले
2. **श्रव्य बिंब** कानों से सुनाई देने वाले
3. **घ्रातव्य बिंब** नाक से गंध लेने वाले
4. **आस्वाद्य बिंब** जीभ से स्वाद लेने वाले
5. **स्पर्श्य बिंब** त्वचा से स्पर्श कराने वाले

'पतंग' कविता में निम्नलिखित **श्रव्य बिंब** प्रयुक्त हुए हैं

- घंटी बजाते हुए ज़ोर-ज़ोर से
- शुरू हो सके सीटियों, किलकारियों
- दिशाओं को मृदंग की तरह बजाते हुए आदि।

स्व-मूल्यांकन

काव्यांश पर आधारित बहुविकल्पीय प्रश्न

निम्नलिखित काव्यांश को ध्यानपूर्वक पढ़कर पूछे गए बहुविकल्पीय प्रश्नों के लिए सर्वाधिक उपयुक्त विकल्प का चुनाव कीजिए

1. **छतों के खतरनाक किनारों तक-**
उस समय गिरने से बचाता है उन्हें
सिर्फ उनके ही रोमांचित शरीर का संगीत
पतंगों की धड़कती ऊँचाइयाँ उन्हें थाम लेती हैं महज
एक धागे के सहारे
पतंगों के साथ-साथ वे भी उड़ रहे हैं
अपने रंध्रों के सहारे

(क) पतंग उड़ाते हुए बच्चे कहाँ से गिर जाते हैं?
(i) सड़क से (ii) छतों से
(iii) साइकिल से (iv) झूले से

(ख) बच्चे गिरने तथा बच जाने के बाद ………… बन जाते हैं। उपयुक्त शब्द से रिक्त स्थान की पूर्ति कीजिए।
(i) डरपोक (ii) सहनशील
(iii) निडर (iv) ईर्ष्यालु

(ग) 'बेचैन पैरों' के माध्यम से क्या अभिव्यक्त किया गया है?
(i) जीवन की निराशा
(ii) पैरों की गतिशीलता
(iii) उड़ न पाने की असमर्थता
(iv) अकेले रह जाने का भाव

(घ) स्वर्णिम प्रकाश वाले सूर्य के सम्मुख कौन आता है?
(i) धरती (ii) आकाश
(iii) निडर बच्चे (iv) स्वयं कवि

(ङ) प्रस्तुत काव्यांश के अनुसार कौन-सा/से कथन सत्य है/हैं?
1. बच्चे अपने आगे किसी की नहीं सुनते।
2. बच्चों में सहनशीलता की कमी होती है।
3. बच्चे आवेग में आकर गलत निर्णय ले लेते हैं।
4. बच्चों की क्रियाशीलता एवं उत्साह की कोई सीमा नहीं होती।

कूट
(i) केवल 1 (ii) 2 और 3
(iii) 1 और 4 (iv) केवल 4

उत्तर

(क) (ii) छतों से
(ख) (iii) निडर
(ग) (ii) पैरों की गतिशीलता
(घ) (iii) निडर बच्चे
(ङ) (iv) केवल 4

विषय-वस्तु पर आधारित प्रश्न

लघु उत्तरीय प्रश्न

1. कविता और बच्चे को समानांतर रखने के क्या कारण हो सकते हैं?
2. "पतंग के साथ-साथ वे भी उड़ रहे हैं" कवि ने बच्चों के लिए ऐसा क्यों कहा है?
3. कठोर छत बच्चों को कैसी लगती है और क्यों?
4. पतंग उड़ने से बच्चों पर क्या प्रभाव पड़ता है?
5. पेंग भरते हुए कौन आते हैं? उनके वेग को लचीला क्यों कहा गया है?

दीर्घ उत्तरीय प्रश्न

1. पृथ्वी का प्रत्येक कोना बच्चों के पास अपने आप कैसे आ जाता है?
2. कविता में शरद ऋतु में दोपहर के समय का वर्णन अपने शब्दों में कीजिए।
3. कवि ने प्रस्तुत कविता में पतंग की क्या विशेषता बताई है?

03
अध्याय

कवि-परिचय

आधुनिक हिंदी कविता के प्रमुख कवि कुँवर नारायण का जन्म 19 सितंबर, 1927 को उत्तर प्रदेश में हुआ था। इन्होंने वर्ष 1950 के आस-पास कविता लेखन की शुरुआत की। इन्होंने कविता के अतिरिक्त चिंतनपरक लेख, कहानियाँ और सिनेमा तथा अन्य कलाओं पर समीक्षाएँ भी लिखी हैं। इनकी प्रमुख रचनाएँ चक्रव्यूह (1956), परिवेश: हम तुम, अपने सामने, कोई दूसरा नहीं, इन दिनों (काव्य संग्रह), आत्मजयी (प्रबंध काव्य), आकारों के आस-पास (कहानी संग्रह), आज और आज से पहले (समीक्षा), मेरे साक्षात्कार (सामान्य) आदि हैं। उन्हें साहित्य अकादमी पुरस्कार, कुमारन आशान पुरस्कार, व्यास सम्मान, प्रेमचंद पुरस्कार, लोहिया सम्मान, कबीर सम्मान प्राप्त हो चुके हैं।

अध्ययन के लिए
- कविता की रूपरेखा
- काव्यांशों की व्याख्या

अभ्यास के लिए
- पाठ्यपुस्तक के प्रश्नोत्तर
- काव्यांश पर आधारित बहुविकल्पीय प्रश्न
- लघु उत्तरीय प्रश्न
- दीर्घ उत्तरीय प्रश्न

कविता के बहाने, बात सीधी थी पर

(कुँवर नारायण)

कविता की रूपरेखा

कविता के बहाने

कवि कुँवर नारायण ने 'कविता के बहाने' कविता में कविता की व्यापकता को दर्शाया है। चिड़िया की उड़ान, फूलों की मुसकान और बच्चों की क्रीड़ा कविता के मूल हैं, परंतु जहाँ सबकी अपनी सीमा है, वहीं बच्चे की सामर्थ्य की तरह कविता में असीम संभावनाएँ हैं। जहाँ कहीं रचनात्मक ऊर्जा होती है, वहाँ सीमाओं के बंधन स्वयं टूट जाते हैं। 'कविता के बहाने' कविता एक यात्रा है, जो चिड़िया व फूल से लेकर बच्चे तक की है।

बात सीधी थी पर

प्रस्तुत कविता में कवि कुँवर नारायण ने बात को सीधे-साधे तरीके से न कहकर जटिलता उत्पन्न कर देने वालों पर परोक्ष रूप से व्यंग्य किया है। उनका मानना है कि घुमा-फिराकर बात करने से जटिलता बढ़ती है। एक बार उलझने के बाद बात को सुलझाना काफी कठिन हो जाता है, जिसके कारण बात की प्रभावोत्पादकता समाप्त होने लगती है। वस्तुत: अच्छी पंक्तियों का बनना सही बात का सही शब्द से जुड़ना होता है और जब ऐसा होता है, तो किसी अतिरिक्त प्रयास की आवश्यकता नहीं पड़ती।

काव्यांशों की व्याख्या

कविता के बहाने

काव्यांश 1

कविता एक उड़ान है चिड़िया के बहाने
कविता की उड़ान भला चिड़िया क्या जाने
बाहर-भीतर
इस घर, उस घर
कविता के पंख लगा उड़ने के माने
चिड़िया क्या जाने?

शब्दार्थ

माने—मतलब/अर्थ।

संदर्भ प्रस्तुत पंक्तियाँ हमारी पाठ्यपुस्तक 'आरोह भाग-2' में संकलित कुँवर नारायण द्वारा रचित कविता 'कविता के बहाने' से ली गई हैं। यह कविता कुँवर नारायण जी के कविता संग्रह 'इन दिनों' में मूलरूप से सम्मिलित है।

प्रसंग प्रस्तुत काव्यांश में कवि ने कविता की तुलना चिड़िया की उड़ान से की है।

व्याख्या कवि कविता को कल्पना की उड़ान बताकर इसे चिड़िया का उदाहरण देते हुए कहता है कि कविता भी चिड़िया की तरह उड़ान भरती है, लेकिन कविता की उड़ान चिड़िया की उड़ान से भिन्न है, क्योंकि चिड़िया की उड़ान की एक निश्चित सीमा है, जबकि कविता में भावों की, विचारों की उड़ान किसी भी सीमा या बंधनों से मुक्त है। कविता की उड़ान अनंत उड़ान है। इसी कारण कवि आगे कहता है कि बाहर-भीतर, सब घरों में कविता के भावरूपी पंख लगाकर उड़ने का अर्थ चिड़िया भी नहीं जान और समझ सकती। चिड़िया घर के अंदर-बाहर या एक घर से दूसरे घर तक ही उड़ती है, किंतु कविता में कवि की असीम कल्पना के पंख लगे होते हैं, जो घर-घर की कहानी कहती है। अतः कविता के पंखों की समानता चिड़िया के पंख नहीं कर सकते, क्योंकि कविता की उड़ान चिड़िया की उड़ान से आगे है।

काव्य-शैली

(*i*) कवि ने कविता की अपार संभावनाओं का वर्णन किया है।

(*ii*) प्रश्न शैली का प्रयोग करने से कविता रोचक एवं सजीव हो गई है। बहाने, जाने, माने में तुक होने से कविता के प्रभाव में वृद्धि हुई है।

(*iii*) अनुप्रास, प्रश्नालंकार तथा मानवीकरण एवं व्यतिरेक जैसे अलंकारों का प्रयोग हुआ है। कविता का 'मानवीकरण' किया गया है।

(*iv*) कविता की भाषा सरल साहित्यिक खड़ीबोली है।

काव्यांश 2

कविता एक खिलना है फूलों के बहाने
कविता का खिलना भला फूल क्या जाने!
बाहर-भीतर
इस घर, उस घर
बिना मुरझाए महकने के माने
फूल क्या जाने?

शब्दार्थ

महकना—सुगंध बिखेरना।

संदर्भ पूर्ववत्।

प्रसंग प्रस्तुत पंक्तियों में कवि ने कविता के मर्म या भाव की तुलना फूलों से की है। कविता की विकास प्रक्रिया एवं उससे प्राप्त होने वाले आनंद की फूलों के खिलने से तुलना की गई है।

व्याख्या कवि कहता है कि कविता का खिलना फूलों के खिलने की तरह ही है, लेकिन कविता के खिलने और फूलों के खिलने में एक सूक्ष्म अंतर यह है कि फूल के खिलने के बाद घर के अंदर-बाहर, एक घर से दूसरे घर में अपनी सुगंध फैलाते हैं, किंतु शीघ्र ही मुरझाकर समाप्त हो जाते हैं। फूलों के इस प्रकार मुरझाकर समाप्त हो जाने की एक निश्चित अवधि एवं नियति होती है, जबकि कविता एक बार विकसित होकर, जीवन पाकर अमर और अमिट हो जाती है।

इसी कारण कवि कहता है कि कविता के खिलने का मर्म फूल भी नहीं जान सकते। कवि यह स्पष्ट करना चाहता है कि फूल, जिनके खिलने में आनंद है, उत्साह है, जिनमें कोमलता और आकर्षण भी है, वे भी कविता की समता नहीं कर सकते, क्योंकि कविता अनंत जीवन एवं आनंद से युक्त होती है। वह फूलों की भाँति एक बार खिलकर मुरझाती नहीं, अपितु सदैव नए अर्थग्रहण करके विकासशील एवं जीवित बनी रहती है।

काव्य-शैली

(*i*) कविता व फूल की तुलना का मनोरम चित्रण किया गया है।

(*ii*) कविता में मानवीकरण अलंकार का प्रयोग हुआ है तथा प्रश्नालंकार, वक्रोक्ति आदि अलंकारों के प्रयोग के कारण भाषा प्रभावशाली हो गई है।

(*iii*) 'मुरझाए महकने' में अनुप्रास अलंकार व 'फूल क्या जाने' में प्रश्न अलंकार है।

(*iv*) काव्यांश में मुक्त छंद है।

काव्यांश 3

कविता एक खेल है बच्चों के बहाने
बाहर-भीतर
यह घर, वह घर
सब घर एक कर देने के माने
बच्चा ही जाने।

शब्दार्थ

जाने—समझे।

संदर्भ पूर्ववत्।

प्रसंग प्रस्तुत काव्यांश में कवि बच्चों तथा उनके खेल से कविता की तुलना करता है।

व्याख्या कवि कहता है कि कविता भी बच्चों के खेल की तरह ही होती है। कविता भावों, विचारों और शब्दों के खेल खेलती है। जिस प्रकार बच्चों के खेल में सीमा का कोई स्थान नहीं होता और उनके खेल सभी विधि-निषेधों से परे होते हैं, वैसे ही कविता भी शब्दों की क्रीड़ा होती है। बच्चों में भविष्य है, विकास की असीम संभावनाएँ और उमंग, उत्साह एवं क्षमताएँ हैं, उसी तरह कविता में भी अर्थ की व्यापक संभावनाएँ हैं। उसमें भी रचनात्मक ऊर्जा होती है।

भेदों के बंधन से ऊपर उठकर सबको एक कर देने के मायने बच्चे जानते हैं और उन्हीं की तरह कविता भी शब्दों की क्रीड़ा जानती है। अभिप्राय यह है कि जिस प्रकार बच्चे अपने-पराए का भेद नहीं जानते, उन्हें सभी घर अपने ही प्रतीत होते हैं, उसी प्रकार कवि के लिए कविता के स्तर पर सारा संसार अपना है, आत्मीय है। उसका उद्देश्य कविता द्वारा सार्थक एवं रचनात्मक विचार अथवा संदेश को जन-जन तक, घर-घर तक पहुँचाना है।

काव्य-शैली

(*i*) कविता और बच्चों के खेल की तुलना के माध्यम से बच्चों के मनोभाव एवं कविता के भाव में समानता प्रकट की गई है।

(*ii*) बच्चों के खेल नियम और सीमा के बंधनों से मुक्त होते हैं, कविता भी कुछ ऐसी ही होती है।

(*iii*) 'सब घर एक कर देने के माने' कहकर कवि ने बच्चों की आत्मीयता और भेदभाव रहित होने के गुण को दर्शाया है। बच्चे और कविता को एक जैसा बताने में दोनों ही एक-दूसरे के प्रभाव में बढ़ोतरी करते दिखाई देते हैं।

(*iv*) 'कविता' का मानवीकरण होने के कारण यहाँ मानवीकरण अलंकार है।

(*v*) कविता में मुक्त छंद है।

(*vi*) कविता की भाषा सहज एवं प्रवाहयुक्त तथा तुक प्रधान है।

बात सीधी थी पर

काव्यांश 1

बात सीधी थी पर एक बार
भाषा के चक्कर में
ज़रा टेढ़ी फँस गई।
उसे पाने की कोशिश में
भाषा को उलटा-पलटा
तोड़ा-मरोड़ा
घुमाया-फिराया
कि बात या तो बने
या फिर भाषा से बाहर आए-
लेकिन इससे भाषा के साथ-साथ
बात और भी पेचीदा होती चली गई।

शब्दार्थ

सीधी—सरल, **चक्कर**—प्रभाव/चक्रव्यूह, **टेढ़ा फँसना**—बुरी तरह फँसना या उलझना, **पेचीदा**—जटिल/कठिन।

संदर्भ प्रस्तुत पंक्तियाँ हमारी पाठ्यपुस्तक 'आरोह भाग-2' में संकलित कुँवर नारायण द्वारा रचित कविता 'बात सीधी थी पर' से ली गई हैं। कवि कुँवर नारायण की यह कविता उनके 'कोई दूसरा नहीं' नामक काव्य संग्रह में शामिल है।

प्रसंग प्रस्तुत पंक्तियों में कवि ने कथ्य और शिल्प अर्थात् भाषा के माध्यम के द्वंद्व को बताते हुए भाषा की सहजता पर ज़ोर दिया है।

व्याख्या कवि कहता है कि बात सीधी थी, लेकिन भाषा के चक्कर में पड़कर जरा टेढ़ी हो गई। उनकी कविता के भाव बिल्कुल सीधे थे, जो श्रोताओं व पाठकों को सीधे समझ में आ जाने चाहिए थे, परंतु भाषा को प्रभावी बनाने के कारण श्रोता व पाठक कोई भी उन भावों को अच्छी तरह से समझ नहीं पाए और इस जटिलता के कारण कविता में टेढ़ापन आ गया। तात्पर्य यह है कि उसे सुलझा पाने की कोशिश कवि ने खूब की, लेकिन वह उलझती ही चली गई अर्थात् भाषा के जाल में फँसती गई और पेचीदा या दुरुह (न समझ में आने योग्य) हो गई। कवि यहाँ बात के लिए उपयुक्त माध्यम, जो निश्चित रूप से भाषा ही है, को चुनने की सलाह देता है। प्रायः ऐसा होता है कि हम कुछ कहने के लिए जब घुमावदार भाषा का सहारा लेते हैं, तो बात अधिक उलझ जाती है, वह हमारी समझ से परे हो जाती है। कवि ने मूल रूप को बदलकर, उलट-पुलट कर प्रयोग किया और प्रयास किया कि इससे उसका काम बन जाए तथा भाषा के जंजाल से मुक्त हो सके, किंतु कवि को इसमें सफलता नहीं मिली, जिससे उसका मूल कथ्य और भी जटिल, अस्पष्ट व निरुद्देश्य हो गया।

काव्य-शैली

(*i*) प्रस्तुत काव्यांश के अनुसार सरल शब्द में कह देने से बात अधिक प्रभावी तरीके से संप्रेषित होती है एवं अधिक जटिलता अर्थ की अभिव्यक्ति में बाधा उत्पन्न करती है।

(*ii*) कवि ने भाषा की जटिलता पर व्यंग्य करते हुए अपनी बात को 'उलटा-पलटा', 'तोड़ा-मरोड़ा', 'घुमाया-फिराया' आदि युग्म शब्दों के द्वारा अत्यंत प्रभावशाली ढंग से अभिव्यक्त किया है। यहाँ अनुप्रास अलंकार का भी प्रयोग हुआ है।

(*iii*) लोक प्रचलित मुहावरे के प्रयोग; जैसे—'भाषा का चक्कर', 'टेढ़ी फँसना' आदि के द्वारा कविता में एक विशेष अर्थ और प्रभाव आ गया है।

(*iv*) 'साथ-साथ' में पुनरुक्तिप्रकाश अलंकार द्रष्टव्य है।

काव्यांश 2

सारी मुश्किल को धैर्य से समझे बिना
मैं पेंच को खोलने के बजाय
उसे बेतरह कसता चला जा रहा था
क्योंकि इस करतब पर मुझे
साफ़ सुनाई दे रही थी
तमाशबीनों की शाबाशी और वाह वाह।
आखिरकार वही हुआ जिसका मुझे डर था
ज़ोर जबरदस्ती से
बात की चूड़ी मर गई
और वह भाषा में बेकार घूमने लगी।

शब्दार्थ

धैर्य—धीरज, **बेतरह**—बुरी तरह, **करतब**—चमत्कार, **तमाशबीन**—तमाशा देखने वाले दर्शक, **शाबाशी**—प्रशंसा, **ज़ोर जबरदस्ती**—बलपूर्वक, **चूड़ी मरना**—पेंच कसने के लिए बनी चूड़ी या खाँचे का नष्ट होना।

संदर्भ पूर्ववत्।

प्रसंग प्रस्तुत काव्यांश में कवि सटीक अभिव्यक्ति के लिए उचित भाषा के चुनाव पर बल देता है।

व्याख्या कवि कहता है कि वह बात के पेंच अर्थात् उसके अर्थ या अभिप्राय का हल ढूँढने व समझे बिना और अधिक शब्दों के जाल में फँस गया, जिसका परिणाम यह हुआ कि बात का पेंच खुलने के स्थान पर और बुरी तरह कसता चला गया और बात निरर्थक और उद्देश्यहीन-सी हो गई। उसकी कसावट एवं पैनापन जाता रहा, वह शब्दों की गठरी बनकर रह गई। कवि ने पेंच का उदाहरण देते हुए समझाया कि जिस तरह दो वस्तुओं को जोड़ने के लिए पेंच में खाँचे होते हैं, ताकि वस्तुओं पर पकड़ मजबूत हो सके, उसके लिए पेंच को सही दिशा में घुमाना पड़ता है, गलत दिशा में घुमाने से पेंच कसने की बजाय खुलने लगते हैं और जबरदस्ती कसने से पेंच के खाँचे टूट जाते हैं। यही बात कवि पर भी लागू होती है। कवि को ऐसा करते देखने वालों ने उसका व्यंग्यपूर्वक वाह-वाही के शब्दों में उपहास किया। बात अब भी उचित भाषा के अभाव एवं सरलता के अभाव में उलझी ही रही। परंतु अंत में वही हुआ, जिसका कवि को डर था। जटिल भाषा के प्रयोग से कवि की कविता सुंदर तो लगी, परंतु उस कविता के भाव किसी को भी समझ में नहीं आए और भाव को स्पष्ट करने हेतु जब कवि ने जोर-जबरदस्ती करके भाषा में बदलाव लाने का प्रयास किया तो वह कविता उद्देश्यहीन व प्रभावहीन होकर भाषा व शब्दों के आस-पास घूमने लगी।

काव्य-शैली

(*i*) प्रस्तुत काव्यांश के अनुसार कवि को धैर्यपूर्वक अभिव्यक्ति की सरलता की ओर बढ़कर सरल व सहज भाव से अपनी बात प्रस्तुत करनी चाहिए।

(*ii*) कवि ने 'पेंच' के 'बेतरह कसने' और 'बात की चूड़ी मर जाने' के बिंबात्मक प्रयोग द्वारा कविता के लिए जटिल और न समझ में आने वाली भाषा के चुनने के परिणाम को अत्यंत प्रभावशाली एवं सार्थक ढंग से प्रस्तुत किया है।

(*iii*) 'ज़ोर ज़बरदस्ती' जैसे प्रचलित उर्दू शब्दों का प्रयोग प्रभावशाली ढंग से हुआ है। भाषा में तत्सम तथा उर्दू शब्दों के मेल से विशेष प्रभाव आ गया है।

(*iv*) 'तमाशबीन' एवं 'करतब' शब्दों में व्यंग्य का भाव छिपा है।

(*v*) वाह-वाह में पुनरुक्तिप्रकाश अलंकार है।

(*vi*) कविता की रचना मुक्तक छंद में हुई है।

(*vii*) भाषा की जटिलता पर कटाक्ष किया गया है।

काव्यांश 3

हार कर मैंने उसे कील की तरह
उसी जगह ठोंक दिया।
ऊपर से ठीक-ठाक
पर अंदर से
न तो उसमें कसाव था
न ताकत!
बात ने, जो एक शरारती बच्चे की तरह
मुझसे खेल रही थी,
मुझे पसीना पोंछते देख कर पूछा-
"क्या तुमने भाषा को
सहूलियत से बरतना कभी नहीं सीखा?"

शब्दार्थ

कसाव—कसावट, **सहूलियत**—आसानी/सरलता, **बरतना**—प्रयोग करना।

संदर्भ पूर्ववत्।

प्रसंग कवि प्रस्तुत पंक्तियों में यह स्पष्ट करता है कि अभिव्यक्ति के लिए उचित एवं सहज भाषा का चुनाव न करने का क्या परिणाम होता है। कवि अभिव्यक्ति के लिए भाषा को सही ढंग से चुनने और प्रयोग करने की सलाह देता है।

व्याख्या कवि कहता है कि जब वह अपनी बात अथवा भाव को स्पष्ट नहीं कर पाया, तो उसने अपनी उलझी हुई बात रूपी पेंच को हारकर कील की तरह जहाँ थी, वहीं ठोंक दिया अर्थात् उसे स्थायी कर दिया, लेकिन उसमें कसाव अर्थात् दृढ़ता नहीं रही।

कवि की कविता बाहर से तो कविता की भाँति लग रही थी, किंतु उसमें न तो भावों की गहराई थी और न ही शब्दों में ताकत थी अर्थात् वह प्रभावहीन थी।

तभी बात ने शरारती बच्चे की भाँति परेशान हो चुके कवि को पसीना पोंछते हुए देखकर भाषा की सहूलियत यानी भाषा का उचित और सरल प्रयोग करने के संबंध में चेतावनी दी अर्थात् कवि से पूछा कि क्या तुमने कभी भाषा को सहजता, सरलता व सुविधानुसार प्रयोग करना नहीं सीखा है?

काव्य-शैली

(*i*) कवि यहाँ भाषा की सटीक अभिव्यक्ति के लिए उचित भाषा के चुनाव पर बल देता है।

(*ii*) कवि ने काव्यांश में बात का 'मानवीकरण' किया है। बात का 'शरारती बच्चे की तरह खेलना' एक रोचक दृश्य बिंब है।

(*iii*) 'पसीना पोंछना' परेशानी के अर्थ को सूचित करने वाला मुहावरेदार प्रयोग है।

(*iv*) 'कील की तरह ठोंकना' में उपमा अलंकार है। बात के लिए कील की उपमा तथा जबरदस्ती के लिए 'ठोंकना' अत्यंत सार्थक प्रयोग है।

(*v*) कसाव, ताकत, शरारती, सहूलियत, बरतना आदि उर्दू के प्रचलित शब्दों के प्रयोग से कविता के कथ्य में एक जीवंतता तथा विशिष्ट प्रभाव उत्पन्न हो गया है।

(*vi*) 'भाषा को सहूलियत से बरतना' कहकर कवि ने कविता के लिए सहज एवं सुग्राह्य भाषा अपनाने पर बल दिया है।

पाठ्यपुस्तक (आरोह भाग-2) के प्रश्नोत्तर

कविता के साथ

1. इस कविता के बहाने बताएँ कि 'सब घर एक कर देने के माने' क्या है? **CBSE 2024**

अथवा **'सब घर एक कर देना' पंक्ति का बच्चों और कवि के संदर्भ में क्या औचित्य है?** **CBSE Diksha**

उत्तर 'कविता के बहाने' कविता में प्रस्तुत पंक्ति 'सब घर एक कर देने के माने' के संदर्भ में कवि, कविता और बालक में समानता व्यक्त करते हुए कहता है कि कविता एक खेल है, जिसकी कोई सीमा नहीं है और बच्चों के खेल में भी किसी प्रकार की कोई सीमा नहीं होती। कवि उदाहरण के माध्यम से स्पष्ट करता है कि जिस प्रकार बच्चा अपने-पराए का भेद किए बिना सब जगह अपने स्वाभाविक रूप में रहता है, वैसे ही कविता भी सबके लिए समान अर्थ और भाव व्यक्त करती है। जिस प्रकार बालक के सपने और कल्पनाएँ असीम होते हैं, वैसे ही कविता में असीम संभावनाएँ, असीम कल्पनाएँ छिपी होती हैं। जिस प्रकार बालक अपने स्तर पर सभी घरों की दूरियाँ मिटा देता है, उसी प्रकार कविता भी सभी के बीच प्रेम एवं सौहार्द का संदेश देती है।

2. 'उड़ने' और 'खिलने' का कविता से क्या संबंध बनता है?

उत्तर कविता के संबंध में 'उड़ने' का अर्थ है—कल्पना की उड़ान, सोच की उड़ान तथा विचारों की उड़ान। 'खिलने' शब्द को कविता के अर्थ में विकास से जोड़ा जा सकता है। कविता विचारों और भावों की परिपक्वता का नाम है। जब हमारे विचार विकास पाते हैं और भावनाओं का ज्वार संयत अर्थात् नियंत्रित हो जाता है, तब कविता की रचना होती है। यही कविता सही अर्थों में विकसित होकर कविता कहलाती है। ऐसे ही कविता खिलकर अपने परिवेश को सुगंधित करती है। अतः जहाँ 'उड़ने' का संबंध कल्पना एवं विचारों की ऊँची उड़ान से है, वहीं 'खिलने' का संबंध अपने परिवेश को सुगंधित बनाने अर्थात् कविता के द्वारा मानवीय मूल्यों को फैलाने से है।

3. कविता और बच्चे को समानांतर रखने के क्या कारण हो सकते हैं? **CBSE 2018**

अथवा **कविता को बच्चों के समांतर क्यों रखा गया है? कारण स्पष्ट कीजिए।** **CBSE Diksha 2018**

उत्तर कवि ने बच्चे और कविता को समानांतर रखा है, क्योंकि जिस प्रकार बच्चों के सपने असीम होते हैं, उनके खेल प्रतिभा व उनमें छिपी संभावना का कोई अंत नहीं होता है, ठीक वैसे ही कविता असीम होती है। कविता के खेल यानी कविता में किए जाने वाले सार्थक शब्दों का समुचित प्रयोग असीम है। जिस प्रकार बच्चे अपने-पराए का भेद नहीं करते, उन्हें सभी घर अपने ही प्रतीत होते हैं, ठीक उसी प्रकार कवि के लिए यह संसार अपना है। उसका लक्ष्य सिर्फ मानवता के धर्म का प्रसार करना एवं आत्मीयता का संदेश घर-घर पहुँचाना है।

कविता प्रकृति, मनुष्य, जीव, निर्जीव, काल, इतिहास, भावी जीवन अनेक विषयों पर लिखी जा सकती है अर्थात् इसके विषय एवं क्षेत्र भी असीम हैं। कविता में मौजूद भावों और रचनात्मकता के गुण व्यक्ति की चेतना में वैसे ही जान फूँक देते हैं, जैसे कभी न थकने वाला, सदा कुछ-न-कुछ करने वाला रचनात्मक तत्त्व बच्चे में विद्यमान होता है। इसी कारण कवि ने बच्चे और कविता को समानांतर रखा है।

4. कविता के संदर्भ में 'बिना मुरझाए महकने के माने' क्या होते हैं?

उत्तर कविता को फूल के बहाने से खिलने की प्रक्रिया से जोड़ा गया है। कविता के माध्यम से हमारी भावनाएँ, हमारे विचार, हमारी कल्पनाएँ विकसित होती हैं। फूल से कविता ने खिलना भले ही सीखा हो, लेकिन कविता के विकास-क्रम को फूल नहीं जानता। एक निश्चित समय तक महकने के बाद फूल तो अपनी विकसित जीवन-लीला समाप्त करके चले जाते हैं, लेकिन कविता का स्वरूप अनंत काल तक बना रहता है।

कविता निरंतर परत-दर-परत अर्थ की परतें खोलती रहती है, शब्दों के माध्यम से भावों की सुगंध एवं रस बिखेरती है, खिलकर अर्थाभिव्यक्ति कर जाती है। बिना मुरझाए खिलने के कारण ही कविता अनश्वर है। सभी अपने अर्थ के अनुसार कविता को पढ़ते, समझते हैं और अपनी चेतना का आधार बनाते हैं। जो कविता वस्तुतः निरंतर युगों-युगों तक विकास पाती रहती है और बिना मुरझाए खिलती रहती है, वही कविता सार्थक एवं महत्त्वपूर्ण है।

5. 'भाषा को सहूलियत' से बरतने से क्या अभिप्राय है? **CBSE Diksha**

अथवा **'भाषा को सहूलियत से बरतने' से क्या अभिप्राय है? 'बात सीधी थी पर' कविता के आधार पर बताइए।** **CBSE 2024**

उत्तर 'भाषा को सहूलियत' से बरतने से तात्पर्य भाषा का सहज प्रयोग करने तथा काव्य को प्रभावशाली अभिव्यक्ति देने से है। अपनी भावनाओं एवं विचारों को सटीक ढंग से अभिव्यक्त करने के लिए उपयुक्त शब्दों या भाषा की आवश्यकता होती है। आडंबरपूर्ण एवं अनावश्यक रूप से विस्तारित भाषा से परहेज रखना ही भाषा को सहूलियत से बरतना है।

6. बात और भाषा परस्पर जुड़े होते हैं, किंतु कभी-कभी भाषा के चक्कर में 'सीधी बात भी टेढ़ी हो जाती है' कैसे?

अथवा **'बात सीधी थी पर' शीर्षक कविता से ली गई पंक्ति 'भाषा के चक्कर में जरा टेढी फँस गई' का आशय स्पष्ट कीजिए।** **CBSE 2024**

अथवा **'बात सीधी थी पर' कविता के आधार पर लिखिए कि कवि को 'भाषा' के संदर्भ में किस बात का डर था और क्यों?** **CBSE 2023**

उत्तर बात से तात्पर्य भाव से है तथा भाषा उसे प्रकट करने का माध्यम है। दोनों के बीच घनिष्ठ संबंध है, किंतु यहाँ 'भाषा' के संदर्भ में कवि को इस बात का डर है कि कभी-कभी भाषा के चक्कर में सीधी बात भी टेढ़ी हो जाती है।

इसका कारण यह है कि जो बात सीधी, सरल शब्दावली में कही जा सकती है, उसे अधिक प्रभावपूर्ण बनाने हेतु कठिन शब्दावली का प्रयोग कर व्यक्त करने का प्रयास किया जाता है और परिणामस्वरूप इससे सीधी बात भी टेढ़ी हो जाती है।

7. बात (कथ्य) के लिए नीचे दी गई विशेषताओं का उचित बिंबों/मुहावरों से मिलान करें।

	बिंब/मुहावरा	विशेषता
(क)	बात की चूड़ी मर जाना	कथ्य और भाषा का सही सामंजस्य बनना
(ख)	बात की पेंच खोलना	बात का पकड़ में न आना
(ग)	बात का शरारती बच्चे की तरह खेलना	बात का प्रभावहीन हो जाना
(घ)	पेंच को कील की तरह ठोंक देना	बात में कसावट का न होना
(ङ)	बात का बन जाना	बात को सहज और स्पष्ट करना

उत्तर

	बिंब/मुहावरा	विशेषता
(क)	बात की चूड़ी मर जाना	बात का प्रभावहीन हो जाना
(ख)	बात की पेंच खोलना	बात को सहज और स्पष्ट करना
(ग)	बात का शरारती बच्चे की तरह खेलना	बात का पकड़ में न आना
(घ)	पेंच को कील की तरह ठोंक देना	बात में कसावट का न होना
(ङ)	बात का बन जाना	कथ्य और भाषा का सही सामंजस्य बनना

कविता से आसपास

1. बात से जुड़े कई मुहावरे प्रचलित हैं। कुछ मुहावरों का प्रयोग करते हुए लिखें।

उत्तर छात्र स्वयं करें।

व्याख्या करें

1. जोर जबरदस्ती से
बात की चूड़ी मर गई
और वह भाषा में बेकार घूमने लगी!

उत्तर भाषा के साथ ज़बरदस्ती करने का परिणाम यह हुआ कि उसकी वास्तविक अभिव्यक्ति नष्ट हो गई। वह नए शब्दों व नए उपमानों में उलझ गई। भाषा को तोड़ने-मरोड़ने से मूलभाव का प्रभाव ही नष्ट हो गया, उसकी व्यंजना शक्ति समाप्त हो गई। कविता भाषा के खेल में भावहीन एवं संवेदनहीन बनकर रह गई। उसकी जीवंतता एवं सार्थकता नष्ट हो गई।

चर्चा कीजिए

1. आधुनिक युग में कविता की संभावनाओं पर चर्चा कीजिए।

उत्तर छात्र स्वयं करें।

2. चूड़ी, कील, पेंच आदि मूर्त उपमानों के माध्यम से कवि ने कथ्य की अमूर्तता को साकार किया है। भाषा को समृद्ध एवं संप्रेषणीय बनाने में बिंबों और उपमानों के महत्त्व पर परिसंवाद आयोजित कीजिए।

उत्तर अध्यापक की सहायता से छात्र स्वयं करें।

आपसदारी

1. "सुंदर है, विहग सुंदर
मानव तुम सबसे सुंदरतम।"
पंत की इस कविता में प्रकृति की तुलना में मनुष्य को अधिक सुंदर और समर्थ बताया गया है। 'कविता के बहाने' कविता में से इस आशय को अभिव्यक्त करने वाले बिंदुओं की तलाश करें।

उत्तर छात्र स्वयं करें।

2. प्रतापनारायण मिश्र का निबंध 'बात' और नागार्जुन की कविता 'बातें' ढूँढकर पढ़ें।

उत्तर छात्र पुस्तकालय से ये पुस्तकें लेकर स्वयं पढ़ें।

अभ्यास प्रश्न

काव्यांश पर आधारित बहुविकल्पीय प्रश्न

निम्नलिखित काव्यांशों को ध्यानपूर्वक पढ़कर पूछे गए बहुविकल्पीय प्रश्नों के लिए सर्वाधिक उपयुक्त विकल्प का चुनाव कीजिए

1. कविता एक उड़ान है चिड़िया के बहाने
कविता की उड़ान भला चिड़िया क्या जाने
बाहर-बाहर
इस घर, उस घर
कविता के पंख लगा उड़ने के माने
चिड़िया क्या जाने? **CBSE 2024**

(क) कवि ने कविता के विषय में क्या बताया?
(i) एक उत्सव है (ii) एक मंजिल है
(iii) एक यात्रा है (iv) एक पंछी है

(ख) कविता और चिड़िया में समानता है
(i) उड़ान की (ii) पंखों की
(iii) गति की (iv) विचारों की

(ग) निम्नलिखित कथनों पर विचार करते हुए पद्यांश के अनुसार सही कथन का चयन कर लिखिए
(i) चिड़िया और कविता दोनों की उड़ान व्यापक है
(ii) चिड़िया की उड़ान एक सीमा तक है, परंतु कविता की उड़ान असीम है

(iii) कविता की उड़ान चिड़िया की उड़ान पर निर्भर करती है।
(iv) चिड़िया दूर तक उड़ सकती है, जबकि कविता केवल किताब के पन्नों तक।

(घ) 'कविता के पंख लगा उड़ने के माने' में 'कविता के पंख' से तात्पर्य है
(i) विशद व्याख्या (ii) शब्द-अर्थ की विसंगति
(iii) संश्लेषण-विश्लेषण (iv) कल्पनाशीलता

(ङ) कविता की उड़ान को कौन नहीं समझ सकता?
(i) पाठक (ii) चिड़िया (iii) कवि (iv) समीक्षक

उत्तर

(क) (iii) एक यात्रा है
(ख) (i) उड़ान की
(ग) (ii) चिड़िया की उड़ान एक सीमा तक है, परंतु कविता की उड़ान असीम है
(घ) (iv) कल्पनाशीलता
(ङ) (ii) चिड़िया

**2. कविता एक खिलना है फूलों के बहाने
कविता का खिलना भला फूल क्या जाने!
बाहर भीतर
इस घर, उस घर
बिना मुरझाए महकने के माने
फूल क्या जाने?**

(क) कविता के मर्म की तुलना कवि ने किससे की है?
(i) घर से (ii) फूल से (iii) पक्षी से (iv) आवेश से

(ख) कवि ने फूल और कविता के खिलने में क्या अंतर बताया है?
(i) फूल क्षणिक होता है, जबकि कविता अमर होती है
(ii) फूल में सुगंध होती है, जबकि कविता में नहीं होती है
(iii) फूल में सौंदर्य होता है, जबकि कविता में क्षणिक सौंदर्य होता है
(iv) फूल और कविता दोनों में कोई समानता नहीं है

(ग) कथन (A) कविता अमर व अमिट है। कविता के खिलने का मर्म फूल नहीं जान सकता।
कारण (R) फूलों के खिलने, मुरझाने व समाप्त होने की एक निश्चित अवधि होती है।
कूट
(i) कथन (A) और कारण (R) दोनों सही हैं तथा कारण (R), कथन (A) की सही व्याख्या करता है।
(ii) कथन (A) और कारण (R) दोनों सही हैं, परंतु कारण (R), कथन (A) की सही व्याख्या नहीं करता है।
(iii) कथन (A) सही है, किंतु कारण (R) गलत है।
(iv) कथन (A) गलत है, किंतु कारण (R) सही है।

(घ) कवि के अनुसार फूल कविता की समता क्यों नहीं कर सकते हैं?
(i) क्योंकि कविता अनंत जीवन एवं आनंद से युक्त होती है
(ii) क्योंकि कविता से फूल अधिक समर्थवान है
(iii) क्योंकि फूल का सानी कोई नहीं है
(iv) क्योंकि फूल प्रकृति का अनुपम उपहार है

(ङ) रिक्त स्थान के लिए सही विकल्प का चयन कीजिए।
फूलों की एक निश्चित ………… होती है तथा कविता एक बार ………… होकर अमिट हो जाती है।
(i) आयु, जीवित (ii) अवधि, विकसित
(iii) सीमा, जीवित (iv) कविता, पढ़कर

उत्तर

(क) (ii) फूल से
(ख) (i) फूल क्षणिक होता है, जबकि कविता अमर होती है
(ग) (i) कथन (A) और कारण (R) दोनों सही हैं तथा कारण (R), कथन (A) की सही व्याख्या करता है।
(घ) (i) क्योंकि कविता अनंत जीवन एवं आनंद से युक्त होती है
(ङ) (ii) अवधि, विकसित

**3. सारी मुश्किल को धैर्य से समझे बिना
मैं पेंच को खोलने के बजाय
उसे बेतरह कसता चला जा रहा था
क्योंकि इस करतब पर मुझे
साफ सुनाई दे रही थी
तमाशबीनों की शाबाशी और वाह वाह।
आखिरकार वही हुआ जिसका मुझे डर था
जोर जबरदस्ती से
बात की चूड़ी मर गई
और वह भाषा में बेकार घूमने लगी।**

(क) 'बात की चूड़ी मर गई' कथन का क्या अभिप्राय है?
(i) बात का प्रभावहीन हो जाना
(ii) बात के कठिन भावों का समाप्त हो जाना
(iii) बात में सहजता का समावेश होना
(iv) बात की गंभीरता का बने रहना

(ख) बात को बेतरह कसने का क्या परिणाम हुआ?
(i) बात की कसावट और पैनापन जाता रहा
(ii) बात शब्दों की गठरी बनकर रह गई
(iii) बात निरर्थक एवं उद्देश्यहीन-सी हो गई
(iv) उपर्युक्त सभी

(ग) 'तमाशबीनों की शाबाशी और वाह वाह' में कौन-सा भाव छिपा हुआ है?
(i) प्रशंसा का (ii) व्यंग्य का
(iii) आक्रोश का (iv) समानता का

(घ) दिए गए कथनों में से कौन-सा/से कथन सही है/हैं?
कवि को डर था कि
1. उसकी बात श्रोता पर अपेक्षित प्रभाव नहीं डाल पाएगी।
2. उसकी बात दबा दी जाएगी।
3. उसकी बात समाज में स्थान प्राप्त कर पाएगी।

कूट
(i) केवल 1 (ii) केवल 2
(iii) 2 और 3 (iv) ये सभी

(ङ) कवि ने अपनी बात को किस कारण पेचीदा बना दिया?
(i) वाह-वाही लेने के लोभ में
(ii) सरल भावों में अभिव्यक्ति के लिए
(iii) सामाजिक प्रतिष्ठा को ध्यान में रखने के लिए
(iv) उपर्युक्त सभी

उत्तर

(क) (i) बात का प्रभावहीन हो जाना
(ख) (iv) उपर्युक्त सभी
(ग) (ii) व्यंग्य का
(घ) (i) केवल 1
(ङ) (i) वाह-वाही लेने के लोभ में

विषय-वस्तु पर आधारित प्रश्नोत्तर

लघु उत्तरीय प्रश्न

1. भाव स्पष्ट कीजिए
कविता का खिलना है फूलों के बहाने
कविता का खिलना भला फूल क्या जाने!

उत्तर कवि के अनुसार, कविता फूलों के समान खिलती है, महकती है और लोगों को आनंदित करती है। सभी ने फूलों से खिलना, आनंदित होना और आनंद बाँटना सीखा है, परंतु कविता की महक, ताज़गी और सरसता का आनंद जड़ प्रकृति नहीं ले सकती। अतः कविता फूल से भी अधिक चेतन और आनंदप्रद है।

2. कविता और फूल दोनों के महकने को समान मानते हुए भी कवि ने यह क्यों कहा है कि "कविता का खिलना फूल क्या जाने।" 'कविता के बहाने' पाठ के आधार पर लिखिए। **CBSE 2025**

उत्तर कवि ने कविता और फूल दोनों के खिलने को समान मानते हुए भी यह कहा है कि ''कविता का खिलना भला फूल क्या जाने।'' क्योंकि फूल का खिलना एक निश्चित अवधि तक ही सीमित होता है। वह मुरझा जाता है और समाप्त हो जाता है, जबकि कविता अमर होती है। कविता बाहरी और भीतरी दोनों स्तरों पर महकती है, बिना मुरझाए प्रत्येक घर, प्रत्येक हृदय में स्थान पाती है। कविता अनंत जीवन और आनंद से युक्त होती है, वह सदैव नए अर्थ ग्रहण करके जीवित बनी रहती है।

3. किसी भी बात के पेचीदा होने के क्या कारण हो सकते है? 'बात सीधी थी पर' कविता के आधार पर तर्क संगत उत्तर दीजिए। **CBSE Diksha**

अथवा **कविता 'बात सीधी थी पर' में किसी बात को पेचीदा कैसे किया जाता है?** **CBSE SQP 2024**

उत्तर बात को प्रभावशाली बनाने के लिए आडंबरपूर्ण व चमत्कारिक शब्दों का प्रयोग किया जाता है। बात को सहज तरीके से न कहकर घुमा-फिराकर कहने के प्रयास में बात उलझ जाती है व पेचीदा हो जाती है तथा पाठक उसका अर्थ समझ नहीं पाता है।

अर्थ और भाव ग्रहण न कर पाने के कारण पाठक कविता की रसानुभूति से अछूता रहता है। इससे कहने वाली बात अथवा मूल कथ्य पेचीदा या जटिल हो जाते हैं।

4. 'बात सीधी थी पर' कविता के संदर्भ में लिखिए कि आप अपनी बात दूसरों तक पहुँचाने के लिए सहज, सरल भाषा का प्रयोग करेंगे या क्लिष्ट अलंकृत भाषा का? तर्कपूर्ण उत्तर दीजिए। **CBSE 2024**

उत्तर प्रस्तुत कविता के आधार पर मैं अपनी बात दूसरों तक पहुँचाने के लिए सहज, सरल भाषा का ही प्रयोग करूँगा क्लिष्ट, अलंकृत भाषा का नहीं, क्योंकि अलंकृत व क्लिष्ट भाषा से बात में बनावटीपन आ जाता है व कथ्य पर उसका प्रभाव पड़ता है। शब्दों के जाल में उलझकर भाषा अपना प्रभाव खो देती है। अतः भाषा वह साधन है, जो कथ्य को अपनी बात को दूसरों तक तदनुकूल अभिव्यक्ति प्रदान करता है, इसलिए वह सरल, स्पष्ट व प्रवाहमयी होनी चाहिए।

5. 'बात सीधी थी पर' कविता में भाषा के विषय में व्यंग्य करके कवि क्या सिद्ध करना चाहता है? **CBSE 2024**

उत्तर प्रस्तुत कविता में कवि ने स्पष्ट रूप से बताया है कि क्लिष्ट भाषा का प्रयोग करके हम सीधी सरल बात को शब्द-जाल में उलझाकर टेढ़ा बना देते हैं। कवि भी अपनी बात कहने के लिए बनावटी भाषा का प्रयोग करने लगा। जैसे पेंच के साथ जबरदस्ती करने से उसकी चूड़ियाँ समाप्त हो जाती हैं, उसी प्रकार शब्द के जाल में उलझकर कवि की बात का प्रभाव नष्ट हो गया जिससे वह अपना भाव एवं अर्थ खो बैठी और उसका स्थान बनावटी भाषा ने ले लिया।

दीर्घ उत्तरीय प्रश्न

1. 'कविता के बहाने' कविता में कवि ने कविता और चिड़िया को एक-दूसरे से जोड़कर कैसे प्रस्तुत किया है? चिड़िया और कविता के संबंध का आधार स्पष्ट कीजिए।

उत्तर 'कविता के बहाने' कविता में कविता को चिड़िया के बहाने उड़ान भरने की संज्ञा दी गई है। इसका आधार यह है कि उड़ान मूल रूप में चिड़िया के द्वारा ही भरी जाती है। यह एक क्रिया है, जो चिड़िया के उन्मुक्त नैसर्गिक स्वभाव का परिचय देती है, परंतु कवि ने इसे कल्पना के रूप में मानसिक उड़ान मानकर कविता से जोड़ दिया है।

चिड़िया की उड़ान का वर्णन कविता कर सकती है, लेकिन कविता की उड़ान को चिड़िया नहीं जान सकती। इस प्रकार, चिड़िया और कविता को एक-दूसरे से जोड़कर कविता में प्रस्तुत किया गया है।

2. कविता को 'फूल के बहाने' से क्या माना गया है? स्पष्ट कीजिए।

उत्तर कविता को 'फूल के बहाने' से खिलने की प्रक्रिया से जोड़ा गया है। कविता के माध्यम से हमारी भावनाएँ, हमारे विचार, हमारी कल्पनाएँ विकसित होती हैं। फूल से कविता ने खिलना सीखा है।

कविता का जो विकास-क्रम है, उसे फूल नहीं जानता। एक निश्चित समय तक महकने के बाद फूल तो अपनी विकसित जीवन-लीला समाप्त करके चले जाते हैं, लेकिन कविता का स्वरूप अनंत काल तक बना रहता है। सभी अपने अर्थ के अनुसार कविता पढ़ते, समझते और अपनी चेतना का आधार बनाते हैं। कविता वस्तुतः निरंतर युगों-युगों तक विकास पाती रहती है।

3. 'कविता के बहाने' कविता का संदेश अपने शब्दों में व्यक्त कीजिए।

उत्तर 'कविता के बहाने' कविता कुँवर नारायण के 'इन दिनों' काव्य संग्रह से ली गई है। कवि आज के समय में कविता के वजूद को लेकर आशंकित है। उसे संदेह है कि यांत्रिकता के दबाव में कविता का अस्तित्व क्षीण न हो

जाए। ऐसे में यह कविता, कविता की अपार संभावनाओं को टटोलने का एक अवसर देती है। कविता के बहाने यह एक यात्रा है, जो चिड़िया, फूल से लेकर बच्चे तक जाती है।

एक ओर प्रकृति है, तो दूसरी ओर भविष्य की ओर कदम बढ़ाता बच्चा। चिड़िया की उड़ान की सीमा है, लेकिन बच्चों के सपने असीम हैं। कविता भी शब्दों का खेल है और शब्दों के इस खेल में जड़, चेतन, अतीत, वर्तमान और भविष्य सभी उपकरण मात्र हैं। इसलिए जहाँ कहीं रचनात्मक ऊर्जा होती है, वहाँ सीमाओं के बंधन कमजोर पड़कर टूट जाते हैं। वह चाहे घर, भाषा या समय की ही सीमा क्यों न हो।

4. कविता की उड़ान को चिड़िया के समान बताते हुए भी कवि ने यह क्यों कहा है कि कविता की उड़ान चिड़िया की समझ से परे है? 'कविता के बहाने' के संदर्भ में लिखिए। **CBSE 2023**

अथवा **'कविता के बहाने' कविता के आधार पर लिखिए कि कविता की उड़ान चिड़िया क्यों नहीं जानती?** **CBSE 2023**

उत्तर कवि ने कविता की उड़ान को चिड़िया की समझ से परे इसलिए बताया है, क्योंकि चिड़िया कविता की व्यापकता को नहीं जान पाती। चिड़िया की उड़ान घर के अंदर-बाहर, एक घर से दूसरे घर तक सीमित होती है, जबकि कविता में कवि की असीम कल्पना के पंख लगे होते हैं, जिसका प्रत्येक देश-काल में रसास्वादन किया जा सकता है। कविता में भावों की कोई सीमा नहीं है, वह पंख लगाकर घर-घर की कहानी कहती हुई हर जगह उड़ सकती है। इसी कारण कविता की उड़ान चिड़िया की समझ से परे है।

5. कविता और फूलों के बीच की समानता और अंतर को 'कविता के बहाने' कविता के संदर्भ में लिखिए। **CBSE 2023**

अथवा **कविता और फूल के खिलने की प्रक्रिया के अंतर को स्पष्ट करते हुए लिखिए कि कवि ने किसे और क्यों श्रेष्ठ सिद्ध किया है?** **CBSE 2024**

अथवा **फूलों के खिलने से कविता का क्या संबंध है, कविता के आधार पर स्पष्ट कीजिए।** **CBSE Diksha**

उत्तर कविता का खिलना फूलों के खिलने की ही भाँति है, किंतु फूल खिलने के बाद अपनी सुगंध फैलाते हैं और मुरझाकर समाप्त हो जाते हैं। दूसरी ओर, कविता भी फूल की तरह होती है, लेकिन कविता एक बार विकसित होकर आजीवन महकती रहती है। फूल अपनी गंध व सुंदरता से समाज को प्रसन्न रखता है, उसी तरह कविता भी मानवीय गुणों से विकसित होकर हर युग में मानव को आनंदित करती है। इन सबके बावजूद कवि ने यह स्पष्ट करना चाहा है कि फूल के खिलने में उत्साह, आनंद, आकर्षण, कोमलता है। वे कविता की समानता नहीं कर सकते, क्योंकि कविता अनंत जीवन एवं आनंद से युक्त होती है व फूल की तरह एक बार खिलकर मुरझाती नहीं है अपितु सदैव नए अर्थ ग्रहण करके विकासशील व जीवित बनी रहती है।

6. कवि ने कथ्य को महत्त्व दिया है अथवा भाषा को– 'बात सीधी थी पर' के आधार पर तर्क-सम्मत उत्तर दीजिए।

अथवा **कथ्य और भाषा का क्या संबंध है?** **CBSE Diksha**

उत्तर कथ्य और भाषा दोनों का अपना-अपना महत्त्व है। इस कविता में बताया गया है कि हर बात की सटीक अभिव्यक्ति के लिए कुछ अर्थपूर्ण शब्द होते हैं। जिस प्रकार पेंच के लिए एक निश्चित खाँचा होता है, उसी प्रकार हर बात को बताने वाले शब्द भी सुनिश्चित होते हैं। यदि हम उनमें जबरदस्ती नयापन लाने का दिखावा करने के लिए अनावश्यक शब्द डालने का प्रयास करेंगे, तो वे उसी प्रकार हो जाएँगे, जैसे पेंच की चूड़ी टूटने पर पेंच खाँचे के अंदर ही बिना कसाव लाए घूमता रहता है अर्थात् कवि नए शब्दों की व्याख्या करता रह जाएगा और जिस मूल संवेदना को वह व्यक्त करना चाहता है, उस बात का मूलभाव मर जाएगा। इसलिए कवि स्वाभाविक एवं सहज भाषा के प्रयोग पर जोर देता है। अतः कथ्य और भाषा का अन्योन्याश्रित संबंध है।

7. कवि ने कविता की उड़ान और खिलने को चिड़िया और फूलों से किस तरह भिन्न बताया है?

अथवा **चिड़िया की उड़ान और फूल के खिलने से कविता का क्या संबंध है?** **CBSE Diksha**

उत्तर कवि का मानना है कि कविता की उड़ान सीमाहीन एवं अनंत होती है, क्योंकि कविता में कवि का मन भावों एवं असीम कल्पनाओं के पंख लगाकर उड़ता है, जबकि चिड़िया के पंखों की एक निश्चित एवं सीमित सामर्थ्य होती है। इसके अतिरिक्त, चिड़िया सभी स्थानों तक उड़कर नहीं पहुँच सकती, जबकि कविता की उड़ान में यह संभव है। इस प्रकार सीमा एवं सामर्थ्य संबंधी अंतर चिड़िया और कविता की उड़ान का मुख्य अंतर है।

कवि कहता है कि कविता एवं फूल दोनों खिलते हैं, लेकिन फूल एक बार खिलकर मुरझा जाते हैं, नष्ट हो जाते हैं, जबकि दूसरी तरफ कविता एक बार खिलने अर्थात् शब्दों के रूप में अभिव्यक्ति प्राप्त कर लेने के बाद निरंतर नया अर्थग्रहण करके विकसित होती रहती है। वह कभी नष्ट नहीं होती, अपितु समय बीतने के साथ-साथ वह अधिक व्यापक अर्थग्रहण करके अमिट हो जाती है।

8. 'बात की चूड़ी मरने' पंक्ति का आशय स्पष्ट करते हुए बताइए कि बात कब प्रभावशाली रहती है?

अथवा **'बात की चूड़ी मरने' से क्या तात्पर्य है? कविता में कवि ने इसे किस संदर्भ में प्रयुक्त किया है? स्पष्ट कीजिए।** **CBSE Diksha**

उत्तर 'बात की चूड़ी मरने' का अर्थ है—बात को बेवजह घुमाने से, आडंबरपूर्ण शब्दों के प्रयोग से उसका प्रभाव नष्ट हो जाना। जिस प्रकार पेंच की चूड़ी मरने से उसका यथास्थान निर्मित खाँचे के नष्ट होने से कसाव नष्ट हो जाता है, वैसे ही भाषा के अनावश्यक विस्तार से बात का प्रभाव कम हो जाता है। मूल बात शब्दजाल में उलझकर रह जाती है। फिर बात कील की तरह ठोंक भले ही दी जाए, उसका वैसा प्रभाव नहीं रह जाता। वह श्रोता या पाठक के हृदय तक नहीं पहुँच पाती। अतः बात को सरल भाषा और कम-से-कम शब्दों में सटीक ढंग से कहा जाना चाहिए, तभी वह प्रभावशाली रहती है।

9. 'बात सीधी थी पर' कविता के आधार पर भाषा और पेंच की समानता लिखिए। **CBSE 2023**

उत्तर 'बात सीधी थी पर' कविता में कवि अपनी बात के लिए बनावटी भाषा का प्रयोग करने लगा, जिससे कवि को जो डर था वही हुआ। जिस प्रकार पेंच के साथ जोर-जबरदस्ती करने से उसकी चूड़ियाँ समाप्त हो जाती हैं, ठीक उसी प्रकार शब्दों के जाल में उलझकर तोड़-मरोड़कर, घुमा-फिराकर कहने के प्रयास में कवि अपने मूल लक्ष्य का प्रभाव नष्ट कर देता है, जिससे भाषा बनावटीपन में कहीं खो जाती है तथा बात बनने की बजाय बिगड़ती और उलझती चली जाती है। पेंच को भी सही दिशा में ही घुमाना पड़ता है गलत दिशा में घुमाने से पेंच कसने की बजाय खुलने लगते हैं और जबरदस्ती कसने से पेंच के खाँचे टूट जाते हैं। यही बात कवि व उसकी बात पर भी लागू होती है।

स्व-मूल्यांकन

काव्यांश पर आधारित बहुविकल्पीय प्रश्न

निम्नलिखित काव्यांश को ध्यानपूर्वक पढ़कर पूछे गए बहुविकल्पीय प्रश्नों के लिए सर्वाधिक उपयुक्त विकल्प का चुनाव कीजिए

1. बात सीधी थी पर एक बार
भाषा के चक्कर में
ज़रा टेढ़ी फँस गई।
उसे पाने की कोशिश में
भाषा को उलटा-पलटा
तोड़ा-मरोड़ा
घुमाया-फिराया
कि बात या तो बने
या फिर भाषा से बाहर आए-
लेकिन इससे भाषा के साथ-साथ
बात और भी पेचीदा होती चली गई।

(क) भाषा के चक्कर में पड़कर बात कैसी हो गई?
(i) सीधी (ii) उल्टी
(iii) टेढ़ी (iv) खराब

(ख) 'उसे पाने की कोशिश में' पंक्ति में 'उसे' शब्द किसके लिए प्रयुक्त हुआ है?
(i) कवि (ii) प्रियसी
(iii) बात (iv) कलम

(ग) दिए गए कथनों में से कौन-सा/से कथन सत्य है/हैं?
'बात सीधी थी पर' में कवि ने किस पर बल दिया है?
1. भावों की सरलता पर 2. भाषा की सरलता पर
3. भावों की गंभीरता पर 4. भाषा की सहजता पर

कूट
(i) 1 और 2 (ii) 2 और 3
(iii) 1 और 3 (iv) केवल 4

(घ) भाषा के साथ तोड़-मरोड़ करने का क्या परिणाम होता है?
(i) भावों की अभिव्यक्ति ठीक से स्पष्ट नहीं हो सकेगी
(ii) भाषा अपने भावों को स्पष्ट कर पाएगी
(iii) भाषा में सरलता तथा सहजता का गुण विकसित हो सकेगा
(iv) भावों और अभिव्यक्ति में एकता आएगी

(ङ) प्रस्तुत काव्यांश का केंद्रीय भाव क्या है?
(i) भाषा की सहजता पर जोर देना
(ii) भावों को प्रमुखता प्रदान करना
(iii) बात कहने का ढंग सीखना
(iv) बातचीत के विभिन्न स्वरूपों का वर्णन करना

उत्तर

(क) (iii) टेढ़ी
(ख) (iii) बात
(ग) (iv) केवल 4
(घ) (i) भावों की अभिव्यक्ति ठीक से स्पष्ट नहीं हो सकेगी
(ङ) (i) भाषा की सहजता पर जोर देना

विषय-वस्तु पर आधारित प्रश्न

लघु उत्तरीय प्रश्न

1. शरारती बच्चे से कवि ने क्या पूछा?
2. कवि ने कथ्य और शिल्प के माध्यम से किस द्वंद्व को उकेरा है?
3. कवि ने कविता की अपार संभावनाओं का वर्णन किस प्रकार किया है?
4. कविता की विकास प्रक्रिया को कवि ने किसके उदाहरण से तुलना करके स्पष्ट किया है? संक्षेप में बताइए।

दीर्घ उत्तरीय प्रश्न

1. ''कविता एक खेल के समान होती है'' कैसे? 'कविता के बहाने' के आधार पर स्पष्ट कीजिए।
2. कवि के अनुसार कविता क्या है? 'कविता की इस उड़ान को चिड़िया क्या जाने' से कवि का क्या अभिप्राय है?
3. सही बात का सही शब्द से जुड़ना क्यों ज़रूरी है? 'बात सीधी थी पर' कविता के आधार पर स्पष्ट कीजिए।
4. 'बात सीधी थी पर' कविता में भाषा के विषय में व्यंग्य कर कवि क्या सिद्ध करना चाहता है?

04
अध्याय

कवि-परिचय

आधुनिक हिंदी कविता के प्रमुख हस्ताक्षर रघुवीर सहाय का जन्म वर्ष 1929 में लखनऊ (उत्तर प्रदेश) में हुआ। इन्होंने सड़क, चौराहा, दफ़्तर, अखबार, संसद, बस, रेल और बाज़ार आदि की भाषा में कविता लिखी और घर-मुहल्ले के चरित्रों पर कविता लिखकर इन्हें हमारी चेतना का स्थायी नागरिक बनाया। इनकी प्रमुख रचनाएँ अज्ञेय द्वारा संपादित दूसरा सप्तक (1951) में प्रकाशित हुईं। इनके महत्त्वपूर्ण काव्य-संकलन 'सीढ़ियों पर धूप में', 'आत्महत्या के विरुद्ध', 'हँसो-हँसो जल्दी हँसो' आदि हैं। ये ऑल इंडिया रेडियो के हिंदी विभाग से संबद्ध रहे, फिर हैदराबाद से निकलने वाली पत्रिका 'कल्पना' और उसके बाद दैनिक 'नवभारत टाइम्स' तथा 'दिनमान' से भी संबद्ध रहे। इन्हें साहित्य अकादमी पुरस्कार से सम्मानित किया गया। इनका निधन वर्ष 1990 में दिल्ली में हुआ।

▼ अध्ययन के लिए
- कविता की रूपरेखा
- काव्यांशों की व्याख्या

▼ अभ्यास के लिए
- पाठ्यपुस्तक के प्रश्नोत्तर
- काव्यांश पर आधारित बहुविकल्पीय प्रश्न
- लघु उत्तरीय प्रश्न
- दीर्घ उत्तरीय प्रश्न

कैमरे में बंद अपाहिज

(रघुवीर सहाय)

कविता की रूपरेखा

प्रस्तुत कविता में कवि रघुवीर सहाय ने मीडिया व समाज की संवेदनहीनता पर तीखा कटाक्ष किया है। अपने कार्यक्रम को आकर्षक और बिकाऊ बनाने के लिए मीडियाकर्मी विकलांगों की दयनीयता को अत्यंत क्रूरता से उभारते हैं। अपाहिजों को कैमरे के सामने लाकर उनसे ऐसे संवेदनहीन प्रश्न पूछे जाते हैं, उनके दर्द को इस तरह झकझोरा जाता है कि उनकी बेबस आँखों से दर्द बहने लगता है। यही दर्द मीडियाकर्मियों के कार्यक्रम की सफलता का द्योतक है। यह कविता समाज की दारुण विडंबनाओं को पकड़ने तथा उसके व्यवसायीकरण को दर्शाती है। अपनी व्यंजना में यह कविता हर ऐसे व्यक्ति एवं संगठन की ओर इशारा करती है, जो दुःख-दर्द, यातना-वेदना को बेचना चाहता है या उसका व्यावसायिक लाभ लेना चाहता है।

काव्यांशों की व्याख्या

काव्यांश 1

हम दूरदर्शन पर बोलेंगे
हम समर्थ शक्तिवान
हम एक दुर्बल को लाएँगे
एक बंद कमरे में
उससे पूछेंगे तो आप क्या अपाहिज हैं?
तो आप क्यों अपाहिज हैं?
आपका अपाहिजपन तो दुःख देता होगा, देता है?
(कैमरा दिखाओ इसे बड़ा-बड़ा)
हाँ तो बताइए आपका दुःख क्या है?
जल्दी बताइए वह दुःख बताइए
बता नहीं पाएगा।

शब्दार्थ

समर्थ—सक्षम, **शक्तिवान**—ताकतवर, **दुर्बल**—कमज़ोर, **अपाहिज**—अपंग/विकलांग।

संदर्भ प्रस्तुत काव्यांश हमारी पाठ्यपुस्तक 'आरोह भाग-2' में शामिल 'कैमरे में बंद अपाहिज' शीर्षक कविता से लिया गया है। इसके रचयिता समकालीन कविता के सर्वाधिक महत्त्वपूर्ण कवि रघुवीर सहाय हैं, जिनके काव्य-संग्रह 'लोग भूल गए हैं' में यह कविता मूल रूप से संकलित है।

प्रसंग प्रस्तुत काव्यांश में कवि ने मीडियाकर्मियों की मानसिकता तथा संवेदनहीनता का चित्रण किया है।

व्याख्या प्रस्तुत पंक्तियों में कवि ने मीडियाकर्मियों की मानसिकता का वर्णन करते हुए कहा है कि मीडियाकर्मी दूसरों के दुःख को अपने व्यापार का माध्यम बनाने से बिल्कुल नहीं कतराते हैं, क्योंकि उन्हें केवल पैसों से मतलब होता है। इसी बात पर व्यंग्य करते हुए कवि कहते हैं कि दूरदर्शन पर बोलने वाले संचालक स्वयं को शक्तिशाली व समर्थ समझकर दूरदर्शन पर बोलते हैं। कवि कहता है कि दूरदर्शन के संचालक बंद कमरे अर्थात् स्टूडियो में कमजोर अथवा निर्बल व्यक्ति का साक्षात्कार लेकर अपना व्यापार बढ़ाने हेतु उससे बेतुके प्रश्न करके दर्शकों को दिखाना चाहते हैं, जैसे- 'क्या आप अपाहिज हैं?', यदि हाँ, तो 'आप अपाहिज क्यों हैं?', 'क्या आपका अपाहिजपन आपको दुःख देता है?' मीडियाकर्मी के इन बेतुके प्रश्नों को सुनकर वह व्यक्ति उत्तर नहीं दे पाएगा, क्योंकि वह पहले से ही इन प्रश्नों से दुःखी है और पुनः इन प्रश्नों को सुनकर वह और अधिक दुःखी हो जाएगा। उसके चेहरे पर उस दर्द और लाचारी को दिखाने के लिए कार्यक्रम का संचालक कैमरामैन से कहेगा कि वह इसे बड़ा करके दर्शकों को दिखाए। ऐसा करके वह उस व्यक्ति के दर्द का सार्वजनिक प्रदर्शन करके व्यावसायिक लाभ उठाना चाहता है। पुनः उन्हीं संवेदनहीन प्रश्नों की श्रृंखला प्रारंभ हो जाती है; जैसे- बताइए कि 'आपको क्या दुःख है?' 'अपने दुःख के विषय में जल्दी बताइए।' वह व्यक्ति इन प्रश्नों के उत्तर देने में असमर्थ होगा, क्योंकि ये प्रश्न उसकी लाचारी का मजाक उड़ाते हैं। दूरदर्शन पर प्रसारित कार्यक्रमों के लिए निश्चित समय होने के कारण मीडियाकर्मियों को किसी के दुःख व लाचारी से कोई मतलब नहीं होता। इसलिए वे व्यक्ति से उसका दुःख जल्दी-जल्दी बताने के लिए कहकर अपने कार्यक्रम को सफल व लोकप्रिय बनाना चाहते हैं।

काव्य-शैली

(i) प्रस्तुत काव्यांश में दूरदर्शन संचालक के माध्यम से कवि ने मीडियाकर्मियों की संवेदनहीन, अमानवीय कार्यशैली का चित्रण किया है।

(ii) शैली व्यंग्य प्रधान है। काव्य की लक्षणा शक्ति का उपयोग कवि ने किया है। कोष्ठकों में कवि ने जो कथन लिखे हैं, वे पूरे विवरण क्रम को एक नाटकीय पुट देते हैं।

(iii) भाषा में 'ही', 'भी' आदि अव्ययों के प्रयोग द्वारा कवि ने अपने वर्णन को एक नई भंगिमा प्रदान की है, जैसे—'इंतजार करते हैं आप भी उसके रो पड़ने का' और 'बस थोड़ी ही कसर रह गई' आदि।

(iv) कविता की भाषा सहज संप्रेषणीय है और कवि अपनी बात को स्पष्ट करने में सफल हुआ है। मितकथन का गुण भी भाषा में विद्यमान है।

काव्यांश 2

सोचिए
बताइए
आपको अपाहिज होकर कैसा लगता है?
कैसा?
यानी कैसा लगता है?
(हम खुद इशारे से बताएँगे कि क्या ऐसा?)
सोचिए
बताइए
थोड़ी कोशिश करिए
(यह अवसर खो देंगे?)
आप जानते हैं कि कार्यक्रम रोचक बनाने के वास्ते
हम पूछ-पूछकर उसको रुला देंगे?
इंतज़ार करते हैं आप भी उसके रो पड़ने का
करते हैं?
(यह प्रश्न पूछा नहीं जाएगा)

शब्दार्थ

रोचक—दिलचस्प, **वास्ते**—के लिए, **इंतजार**—प्रतीक्षा।

संदर्भ पूर्ववत्।

प्रसंग कवि दूरदर्शन कार्यक्रम के प्रस्तुतकर्ता की भाव-भंगिमा युक्त प्रस्तुति का चित्रण करते हुए कहता है कि वह उस अपाहिज व्यक्ति से बार-बार जोर देकर अमानवीय ढंग से केवल अपने कार्यक्रम की प्रसिद्धि और व्यावसायिक सफलता को प्रमुखता देने के लिए प्रश्न पूछता है।

व्याख्या प्रस्तुत काव्यांश में कवि कहता है कि दूरदर्शन कार्यक्रम का संचालक अपाहिज व्यक्ति से फिर से सवाल करता है कि सोचिए और बताइए कि उसे अपाहिज होकर कैसा आभास होता है? कवि यहाँ मीडियाकर्मी की क्रूरता को बताता है कि वे जान-बूझकर अपाहिज व्यक्ति से बेतुके सवाल पूछते हैं। यदि वह उत्तर नहीं बता पाता, तो कार्यक्रम का संचालक स्वयं उसे इशारा करके बताता है कि क्या उन्हें ऐसा महसूस होता है? संचालक उस व्यक्ति को उत्तर देने के लिए और अधिक उकसाते हुए फिर से प्रश्न करता है कि वह थोड़ी-सी और कोशिश करके सोचे और बताए कि वह कैसा महसूस करता है? यदि वह इस समय नहीं बोलेगा तो वह अपने दुःख एवं लाचारी को दुनिया के समक्ष नहीं रख पाएगा और इस सुनहरे अवसर को वह खो देगा।

संचालक उस व्यक्ति को समझाता है कि अपाहिज व्यक्ति के पास इससे अच्छा अवसर नहीं हो सकता कि वह अपनी पीड़ा एवं अपनी अपंगता को दुनिया के समक्ष रख सके। कार्यक्रम के संचालक का लक्ष्य अपने कार्यक्रम को सफल व रोचक बनाना है। अतः संचालक द्वारा ऐसे प्रश्न पूछे जाएँगे, जिससे उसकी अपंगता व निर्बलता का अहसास कराकर उसे रोने के लिए मजबूर किया जाए और दर्शक भी उसके रोने का इंतजार कर रहे होंगे, किंतु दर्शकों से ऐसा कोई भी प्रश्न नहीं पूछा जाएगा कि वे क्यों अपाहिज व्यक्ति के रोने का इंतजार कर रहे थे।

काव्य-शैली

(i) कवि ने यहाँ समाप्त हो रही मानवीय संवेदना को व्यंग्य के द्वारा प्रस्तुत किया है।
(ii) ऊपर से सीधी-साधी एवं सामान्य-सी दिखने वाली भाषा अत्यंत गहरे व्यंग्य से युक्त है, जो समाज के एक प्रमुख स्तंभ मीडियाकर्मियों के वास्तविक चेहरे को बेनकाब करने में सक्षम है।
(iii) अनुप्रास व प्रश्न अलंकार है।
(iv) कविता मुक्त छंद में रचित है।
(v) बदली हुई जीवन स्थितियों में सामाजिक यथार्थ के विभिन्न पक्षों पर सजग टिप्पणी करना 'नई कविता' की प्रमुख प्रवृत्तियों में से एक है। यह बात यहाँ स्पष्ट दिखाई दे जाती है।
(vi) कविता की भाषा सहज एवं स्पष्ट है। जनसामान्य में प्रचलित खड़ीबोली के शब्दों को लेकर बातचीत की शैली में कवि ने एक अत्यंत संवेदनशील मुद्दे को पाठक वर्ग के सामने प्रस्तुत किया है।

काव्यांश 3

फिर हम परदे पर दिखलाएँगे
फूली हुई आँख की एक बड़ी तसवीर
बहुत बड़ी तसवीर
और उसके होंठों पर एक कसमसाहट भी
(आशा है आप उसे उसकी अपंगता की पीड़ा मानेंगे)
एक और कोशिश
दर्शक
धीरज रखिए
देखिए
हमें दोनों एक संग रुलाने हैं
आप और वह दोनों
(कैमरा
बस करो
नहीं हुआ
रहने दो
परदे पर वक्त की कीमत है)
अब मुसकुराएँगे हम
आप देख रहे थे सामाजिक उद्देश्य से युक्त कार्यक्रम
(बस थोड़ी ही कसर रह गई)
धन्यवाद।

शब्दार्थ

परदे पर—टी. वी. पर, **कसमसाहट**—बेचैनी/पीड़ा, **अपंगता**—अपाहिजपन/विकलांगता, **धीरज**—धैर्य, **युक्त**—जुड़ा हुआ, **कसर**—कमी।

संदर्भ पूर्ववत्।

प्रसंग यहाँ कवि दूरदर्शन पर अपंग व्यक्ति के बड़े-बड़े चित्र और प्रतिमाएँ दिखाते हुए मीडियाकर्मियों की असंवेदनशीलता को दर्शाता है।

व्याख्या कवि आगे कहता है कि कार्यक्रम का संचालक अपाहित व्यक्ति का मानसिक शोषण करके परदे पर उसकी फूली हुई आँखों की बड़ी तस्वीर दिखाने और अपाहिज व्यक्ति के होंठों की कसमसाहट अर्थात् पीड़ा को कह पाने और न कह पाने के बीच उसके चेहरे पर उभरा असमंजस, दुःख, बेचैनी को दर्शकों को दिखाने की बात करते हुए दर्शकों से उसे ही अपाहिज व्यक्ति के अपाहिजपन से उत्पन्न वास्तविक पीड़ा मानने के लिए कहता है। कवि आगे कहता है कि उस अपाहिज व्यक्ति को रुलाने के लिए एक ओर कोशिश करते हुए संचालक दर्शकों को धीरज बनाए रखने के लिए कहता है।

संचालक की दृष्टि में उसका कार्यक्रम तभी सफल माना जाएगा, जब वह अपाहिज व्यक्ति व दर्शक को एकसाथ रुलाने में सफल हो जाएगा। किंतु अनेक प्रयास के उपरांत भी जब अपाहिज व्यक्ति नहीं रोता है अर्थात् वह उसे रुलाने में नाकामयाब होता है, तब कार्यक्रम का संचालक कैमरामैन से कैमरा बंद करने के लिए कहता है।

वह अपाहिज व्यक्ति को पर्दे पर वक्त की कीमत का अहसास करा देता है कि उसे अपनी पीड़ा एक निर्धारित किए गए समय के भीतर ही व्यक्त करनी थी, साथ ही कैमरा बंद होने से पहले वह यह भी घोषणा करता है कि सभी दर्शक जिस उद्देश्य हेतु यह कार्यक्रम देख रहे थे वह अब समाप्त हो चुका है।

कार्यक्रम संचालक को ऐसा लगता है कि थोड़ी-सी ही कमी रह गई थी अन्यथा उसने उस व्यक्ति को रुला ही दिया था। अंत में वह कार्यक्रम देखने के लिए सभी का धन्यवाद करता है।

काव्य-शैली

(i) दूरदर्शन प्रस्तुतकर्ता को व्यावसायिकता से प्रेरित अमानवीय कार्यशैली वाले लोगों के रूप में प्रदर्शित करते हुए कवि ने यह संदेश संप्रेषित किया है कि सामाजिक उद्देश्य से प्रेरित कार्यक्रमों के कर्ता-धर्ता वर्ग की वर्तमान मानसिकता क्या है? सामाजिकता का संबंध अनिवार्य रूप से संवेदनशीलता से नहीं है। सामाजिक उद्देश्य की पूर्ति के पीछे भी व्यावसायिक दृष्टिकोण ही काम करता है, मानवीय एवं संवेदनशील दृष्टिकोण नहीं।
(ii) 'परदे पर' में अनुप्रास अलंकार है।
(iii) कवि के विवरण का ढंग अत्यंत रोचक एवं नाटकीय है। व्यंग्य-कथन के उपयोग द्वारा कवि ने कविता में एक नया अर्थ-सौंदर्य एवं प्रभाव उत्पन्न कर दिया है।
(iv) काव्यांश की भाषा सहज बोधगम्य है। सामान्य रूप से प्रचलित शब्दों के द्वारा कवि ने एक गूढ़ सामाजिक सत्य अर्थात् परदे के पीछे छिपी सच्चाई को प्रस्तुत किया है।

पाठ्यपुस्तक (आरोह भाग-2) के प्रश्नोत्तर

कविता के साथ

1. कविता में कुछ पंक्तियाँ कोष्ठकों में रखी गई हैं—आपकी समझ से इसका क्या औचित्य है?

उत्तर समकालीन कविता में छंद तो बंधनमुक्त होते ही हैं, साथ ही पंक्तियों के समाप्त होने का अंदाज भी कवि की मौलिकता पर ही निर्भर होता है। प्रस्तुत कविता में कवि ने कोष्ठक और विराम चिह्नों का प्रयोग पाठक को संकेत देने के लिए किया है। कोष्ठक में वे पंक्तियाँ रखी गई हैं, जिन्हें दूरदर्शन कार्यक्रम के संचालक अथवा निर्माता या तो आपस में बोलते हैं, या सोचते हैं या उससे दर्शकों या अपाहिज व्यक्ति को संबोधित किया गया है। इन सभी पंक्तियों से यही अर्थ निकलता है कि मीडिया के लोगों के पास संवेदनाएँ नहीं हैं। यदि कवि इन पंक्तियों को नहीं लिखता, तो कविता का आशय स्पष्ट नहीं हो पाता।

कार्यक्रम अपाहिज पर तैयार हो रहा है और कार्यक्रम के निर्माण हेतु कोष्ठक में कही गई बातें निर्देश हैं। इनके लिखने का औचित्य यह है कि पाठक जान सके कि कार्यक्रम की पृष्ठभूमि में क्या-क्या चल रहा है? लेखन का यह कौशल वैसा ही है, जैसे नाटक के दृश्यांकन में नेपथ्य की बातें सामने आती हैं।

2. 'कैमरे में बंद अपाहिज' करुणा के मुखौटे में छिपी क्रूरता की कविता है—विचार कीजिए। **Delhi 2019**

अथवा **'कैमरे में बंद अपाहिज' कविता को आप करुणा की कविता मानते हैं या क्रूरता की? तर्क सहित उत्तर दीजिए।** **CBSE Diksha**

अथवा **'कैमरे में बंद अपाहिज' कविता में कवि ने करुणा के माध्यम से क्रूरता का चित्रण किया है- स्पष्ट कीजिए।** **All India 2019**

अथवा **कैमरे में अपाहिज को बंद करने के कारणों का 'कैमरे में बंद अपाहिज' कविता के आधार पर उल्लेख कीजिए।** **CBSE 2023**

उत्तर 'कैमरे में बंद अपाहिज' कविता मानवीय करुणा को तो प्रस्तुत करती ही है, साथ ही इस कविता में ऐसे लोगों की बनावटी करुणा का वर्णन भी मिलता है, जो दुःख-दर्द बेचकर केवल प्रसिद्धि एवं आर्थिक लाभ प्राप्त करना चाहते हैं। वे एक अपाहिज व्यक्ति के साथ झूठी सहानुभूति जताकर उसकी करुणा का व्यवसायीकरण करना चाहते हैं।

एक अपाहिज की करुणा को पैसे एवं प्रसिद्धि के लिए टेलीविज़न पर कुरेदना वास्तव में क्रूरता की चरम सीमा है। किसी की दीनता, अभाव, दुःख और कष्ट सदा से करुणा के कारण अथवा उद्दीपन रहे हैं, लेकिन इन कारणों को सार्वजनिक कार्यक्रम के रूप में प्रसारित करना और अपने चैनल की श्रेष्ठता साबित करने के लिए तमाशा बनाकर उसे संवेदनहीन ढंग से प्रदर्शित करना क्रूरता है। मनुष्य को शारीरिक पीड़ा व वेदना इतनी कष्टप्रद नहीं लगती, जितनी मानसिक पीड़ा उसे कष्ट देती है। उसके साथ किए इस खिलवाड़ को क्रूरता की पराकाष्ठा ही कहा जाएगा।

3. 'हम समर्थ शक्तिवान' और 'हम एक दुर्बल को लाएँगे', पंक्ति के माध्यम से कवि ने क्या व्यंग्य किया है?

उत्तर प्रस्तुत पंक्ति के माध्यम से कवि ने यह व्यंग्य किया है कि मीडिया वाले इतने समर्थ और शक्तिशाली होते हैं कि वे किसी की करुणा को परदे पर दिखाकर पैसा कमा सकते हैं। वे एक दुर्बल अर्थात् अपाहिज को लोगों के सामने प्रस्तुत करते हैं, ताकि लोगों की सहानुभूति प्राप्त करके प्रसिद्धि पाई जा सके।

टेलीविज़न चैनल वाले इस भ्रम में रहते हैं कि वे समर्थ हैं, शक्तिवान हैं, जिसको चाहे उठा दें और जिसको चाहे गिरा दें। अपनी मान्यताओं एवं धारणाओं को वे श्रोताओं-दर्शकों पर प्रायः थोपते ही रहते हैं। उनके आकलन और अनुमान ऐसे परोसे जाते हैं, मानो वे ही सामर्थ्य व शक्ति के स्वामी हैं। अपाहिज तो प्रकृति से ही दुर्बल है। मीडियाकर्मी के बेतुके प्रश्नों से वह असहज हो जाता है। अपनी पीड़ा कहने की सामर्थ्य भी जिसमें न हो, उससे अधिक दुर्बल और कौन होगा? इसी भाव को इन वाक्यांशों में व्यक्त किया गया है।

4. यदि शारीरिक रूप से चुनौती का सामना कर रहे व्यक्ति और दर्शक, दोनों एक साथ रोने लगेंगे, तो उससे प्रश्नकर्ता का कौन-सा उद्देश्य पूरा होगा?

अथवा **कार्यक्रम संचालक एकसाथ किन दोनों को रुलाना चाहता है और इसके क्या कारण हो सकते हैं?** **CBSE Diksha**

उत्तर प्रश्नकर्ता का एकमात्र उद्देश्य होता है—अपने कार्यक्रम को प्रभावशाली बनाना। दर्शक तभी रोएगा, जब वह उस व्यक्ति के दुःख से दुःखी होगा, जो शारीरिक चुनौती का सामना कर रहा है। जब दोनों साथ-साथ रोएँगे, तो समझा जाएगा कि प्रस्तुतकर्ता का कार्यक्रम अच्छा रहा।

यदि ऐसा हो जाए तो उनका कार्यक्रम सफल माना जाएगा, जैसा कि वे चाहते हैं। उनकी इच्छा यही है कि अपाहिज को रुलाकर ऐसा कारुणिक दृश्य उपस्थित किया जाए, जिससे दर्शक भी द्रवित हो सकें। दर्शकों के द्रवित होने और रोने से उस चैनल विशेष की लोकप्रियता बढ़ेगी। लोकप्रियता बढ़ने से उन्हें धन, व्यवसाय में वृद्धि एवं प्रशंसा हासिल होगी और यही उनका उद्देश्य भी है।

साथ ही उसका यह भी उद्देश्य पूरा हो जाएगा कि हमने सामाजिक कार्यक्रम दिखाया है। एक ऐसा कार्यक्रम, जिसमें अपंग व्यक्ति की व्यथा का मार्मिक चित्रण हुआ है। उस व्यक्ति की सोच और उसकी वेदना का हू-ब-हू चित्रण दर्शाया गया है।

5. 'परदे पर वक्त की कीमत है' कहकर कवि ने पूरे साक्षात्कार के प्रति अपना नज़रिया किस रूप में रखा है?

उत्तर कवि कहना चाहता है कि मीडिया के लोग सहानुभूति अर्जित करना चाहते हैं। वे चाहते हैं कि अपंग व्यक्ति के साथ-साथ दर्शक भी रोने लगें। लेकिन वे इस रोने वाले दृश्य को ज्यादा देर तक नहीं दिखाना चाहते, क्योंकि ऐसा करने में उनका पैसा बर्बाद होगा। वे अपने कार्यक्रम को कम-से-कम समय में लोकप्रिय बनाकर अधिक-से-अधिक पैसा कमाना चाहते हैं।

'परदे पर वक्त की कीमत है' कहकर कवि परोक्ष रूप से यह कहना चाह रहा है कि परदे पर किसी की भावना, संवेदना, दुःख-दर्द, मान-अपमान अन्य किसी भी बात की कोई कीमत नहीं है। कवि मीडिया द्वारा किए जाने वाले इस तरह के कार्यों की निंदा करता है। वह चाहता है कि अपंग और अपाहिजों के साथ समाज उचित और संवेदनशील व्यवहार करे।

कविता के आसपास

1. यदि आपको शारीरिक चुनौती का सामना कर रहे किसी मित्र का परिचय लोगों से करवाना हो, तो किन शब्दों में करवाएँगे?

उत्तर जिस प्रकार एक मित्र का परिचय करवाया जाता है, ठीक उसी प्रकार हम उसका भी परिचय करवाएँगे। हम शारीरिक चुनौती का सामना कर रहे अपने मित्र का अन्य मित्रों की तरह परिचय देंगे और उसे यह अहसास नहीं होने देंगे कि उसकी स्थिति लाचार एवं बेबस व्यक्ति जैसी है। आगे होने वाली बातचीत में सामान्य चर्चा के बीच यह बताएँगे कि किस प्रकार इसकी यह स्थिति हुई है। ऐसे व्यक्तियों में बहुत जिजीविषा होती है। ये कष्टों से बिल्कुल भी नहीं घबराते। मेरा मानना है कि शारीरिक चुनौती मनुष्य को आगे बढ़ने से नहीं रोक सकती। मनुष्य में उत्साह हो, तो वह कुछ भी कर सकता है।

2. 'सामाजिक उद्देश्य से युक्त' ऐसे कार्यक्रम को देखकर आपको कैसा लगेगा? अपने विचार संक्षेप में लिखिए।

उत्तर 'सामाजिक उद्देश्य से युक्त' ऐसे कार्यक्रम को देखकर हमारे मन में दया, सहानुभूति, सौहार्द की भावना जागृत होगी। हमें उसके दर्द का अनुभव होगा। हम स्वयं भी उस परेशानी से व्यथित होंगे। सभी मनुष्य समाज का हिस्सा हैं, इसलिए मैं शारीरिक रूप से विकलांग किसी भी व्यक्ति के साथ भेदभाव नहीं करूँगा, न ही उसे हेय दृष्टि से देखूँगा, बल्कि उसे प्रोत्साहित करके आगे बढ़ने के लिए कहूँगा।

3. यदि आप इस कार्यक्रम के दर्शक हैं तो टी.वी. पर ऐसे सामाजिक कार्यक्रम को देखकर एक में अपनी प्रतिक्रिया दूरदर्शन को भेजें।

उत्तर छात्र स्वयं करें।

4. नीचे दिए गए ख़बर के अंश को पढ़िए और बिहार के इस बुधिया से एक काल्पनिक साक्षात्कार कीजिए।

उम्र पाँच साल, संपूर्ण रूप से विकलांग और दौड़ गया पाँच किलोमीटर। सुनने में थोड़ा अजीब लगता है, लेकिन यह कारनामा कर दिखाया है पवन ने। बिहारी बुधिया के नाम से प्रसिद्ध पवन जन्म से ही विकलांग है। इसके दोनों हाथ का पुलवा नहीं है, जबकि पैर में सिर्फ़ एड़ी ही है।

पवन ने रविवार को पटना के कारगिल चौक से सुबह 8.40 पर दौड़ना शुरू किया। डाकबंगला रोड, तारामंडल और आर ब्लॉक होते हुए पवन का सफ़र एक घंटे बाद शहीद स्मारक पर जाकर खत्म हुआ।

पवन द्वारा तय की गई इस दूरी के दौरान 'उम्मीद स्कूल' के तकरीबन तीन सौ बच्चे साथ दौड़कर उसका हौसला बढ़ा रहे थे। सड़क किनारे खड़े दर्शक यह देखकर हतप्रभ थे कि किस तरह एक विकलांग बच्चा जोश एवं उत्साह के साथ दौड़ता चला जा रहा है। जहानाबाद जिले का रहने वाला पवन नवरसना एकेडमी, बेउर में कक्षा एक का छात्र है।

असल में पवन का सपना उड़ीसा के बुधिया जैसा करतब दिखाने का है। कुछ माह पूर्व बुधिया 65 किलोमीटर दौड़ चुका है। लेकिन बुधिया पूरी तरह से स्वस्थ है, जबकि पवन पूरी तरह से विकलांग। पवन का सपना कश्मीर से कन्याकुमारी तक की दूरी पैदल तय करने का है। —9 अक्टूबर, 2006 हिंदुस्तान से साभार

उत्तर छात्र स्वयं करें।

अभ्यास प्रश्न

काव्यांश पर आधारित बहुविकल्पीय प्रश्न

निम्नलिखित काव्यांशों को ध्यानपूर्वक पढ़कर पूछे गए बहुविकल्पीय प्रश्नों के लिए सर्वाधिक उपयुक्त विकल्प का चुनाव कीजिए

1. हम दूरदर्शन पर बोलेंगे
हम समर्थ शक्तिवान
हम एक दुर्बल को लाएँगे
एक बन्द कमरे में
उससे पूछेंगे तो आप क्या अपाहिज हैं?
तो आप क्यों अपाहिज हैं?
आपका अपाहिजपन तो दुःख देता होगा, देता है?
(कैमरा दिखाओ इसे बड़ा-बड़ा)
हाँ तो बताइए आपका दुःख क्या है?
जल्दी बताइए वह दुःख बताइए।
बता नहीं पाएगा। **CBSE Term I 2021**

(क) 'हम दूरदर्शन पर बोलेंगे हम समर्थ शक्तिवान' पंक्ति के माध्यम से क्या अभिव्यक्त किया गया है?
(i) मीडियाकर्मियों के अहंकार भाव को
(ii) मीडियाकर्मियों की संवेदनशून्यता को
(iii) मीडियाकर्मियों की संवेदनशीलता को
(iv) मीडियाकर्मियों के बढ़ते प्रभाव को

(ख) प्रस्तुत पद्यांश का उद्देश्य है
(i) मीडियाकर्मियों की संवेदनशून्यता को दर्शाना
(ii) मीडियाकर्मियों की संवेदनशीलता को दर्शाना
(iii) मीडिया के सामाजिक उत्तरदायित्व को दर्शाना
(iv) मीडिया की बढ़ती व्यावसायिकता को दर्शाना

(ग) **कथन** (A) मीडियाकर्मी द्वारा अपाहिज व्यक्ति से पूछे गए प्रश्न उसकी पीड़ा और बढ़ा देते हैं।
कारण (R) मीडियाकर्मी अपने शब्दों द्वारा सांत्वना देता है।
कूट
(i) कथन (A) और कारण (R) दोनों सही हैं तथा कारण (R), कथन (A) की सही व्याख्या करता है।

(ii) कथन (A) और कारण (R) दोनों सही हैं, परंतु कारण (R), कथन (A) की सही व्याख्या नहीं करता है।
(iii) कथन (A) सही है, किंतु कारण (R) गलत है।
(iv) कथन (A) गलत है, किंतु कारण (R) सही है।

(घ) 'एक दुर्बल' को टी.वी. के पर्दे पर दिखाकर मीडियाकर्मी क्या करना चाहता है?
(i) अपने व्यावसायिक उद्देश्य की पूर्ति
(ii) सामाजिक उत्तरदायित्व की पूर्ति
(iii) अपाहिज व्यक्ति की पीड़ा को जन-जन तक पहुँचाना
(iv) अपाहिज व्यक्ति की पीड़ा को सरकार तक पहुँचाना

(ङ) प्रश्नकर्ता कैमरे वाले से कैमरा बड़ा करके दिखाने के लिए क्यों कहता है?
(i) अपाहिज व्यक्ति के हाव-भाव को स्पष्ट रूप से दिखाने के लिए
(ii) अपाहिज व्यक्ति के दु:ख के साथ समाज को जोड़ने के लिए
(iii) अपाहिज व्यक्ति के दु:ख से अपने कार्यक्रम को लोकप्रिय बनाने के लिए
(iv) अपाहिज व्यक्ति के साथ सच्ची सहानुभूति प्रकट करने के लिए

उत्तर

(क) (*ii*) मीडियाकर्मियों की संवेदनशून्यता को
(ख) (*i*) मीडियाकर्मियों की संवेदनशून्यता को दर्शाना
(ग) (*iii*) कथन (A) सही है, किंतु कारण (R) गलत है।
(घ) (*i*) अपने व्यावसायिक उद्देश्य की पूर्ति
(ङ) (*iii*) अपाहिज व्यक्ति के दु:ख से अपने कार्यक्रम को लोकप्रिय बनाने के लिए

2. सोचिए
बताइए
आपको अपाहिज होकर कैसा लगता है?
कैसा?
यानी कैसा लगता है?
(हम खुद इशारे से बताएँगे कि क्या ऐसा?)
सोचिए
बताइए
थोड़ी कोशिश करिए
(यह अवसर खो देंगे?)
आप जानते हैं कि कार्यक्रम रोचक बनाने के वास्ते
हम पूछ-पूछकर उसको रुला देंगे
इंतजार करते हैं आप भी उसके रो पड़ने का
करते हैं?
(यह प्रश्न पूछा नहीं जाएगा)

(क) अपाहिज व्यक्ति को बार-बार अपना दुःख बताने के लिए मजबूर करने के पीछे दूरदर्शन वालों का क्या उद्देश्य हो सकता है?
(i) अपाहिज के प्रति संवेदनशीलता होना
(ii) अपाहिज की स्थिति में सुधार हेतु प्रयास करना
(iii) अपने कार्यक्रम को व्यावसायिक रूप से सफल बनाना
(iv) उपर्युक्त सभी

(ख) सुमेलित कीजिए

सूची I	सूची II
A. अपाहिज से पूछे गए प्रश्न	1. कार्यक्रम को रोचक बनाना
B. मानवता के विरुद्ध प्रदर्शन	2. किसी की पीड़ा के चरम रूप का आनंद लेना
C. दर्शकों की मानसिकता	3. निरर्थक व बेतुके हैं।

कूट

	A	B	C		A	B	C
(i)	2	1	3	(ii)	2	3	1
(iii)	3	1	2	(iv)	1	2	3

(ग) रिक्त स्थान की पूर्ति कीजिए।
'हम पूछ-पूछकर रुला देंगे' पंक्ति में .... भाव निहित है।
(i) क्रूरता का
(ii) सामाजिक न्याय का
(iii) मानवीय करुणा का
(iv) दु:ख एवं संवेदनशीलता का

(घ) 'यह अवसर खो देंगे' पंक्ति में किस अवसर के खोने की बात की जा रही है? सही कथन को चयनित कर लिखिए।
(i) अपंगता को दर्शाने और बताने का अवसर
(ii) बात को प्रभावशाली ढंग से प्रस्तुत करने का अवसर
(iii) कैमरे के सामने आने का अवसर
(iv) धन कमाने का अवसर

(ङ) अलंकार की दृष्टि से कौन-सा विकल्प सही है?
(i) आपको अपाहिज होकर कैसा लगता है? — प्रश्न अलंकार
(ii) यानी कैसा लगता है? — अन्योक्ति अलंकार
(iii) थोड़ी कोशिश करिए — उदाहरण अलंकार
(iv) हम पूछ-पूछकर उसको रुला देंगे — यमक अलंकार

उत्तर

(क) (iii) अपने कार्यक्रम को व्यावसायिक रूप से सफल बनाना
(ख) (iii) 3 1 2
(ग) (i) क्रूरता का
(घ) (i) अपंगता को दर्शाने और बताने का अवसर
(ङ) (i) आपको अपाहिज होकर कैसा लगता है? — प्रश्न अलंकार

3. हमें दोनों एक संग रुलाने हैं,
आप और वह दोनों
(कैमरा
बस करो
नहीं हुआ
रहने दो
परदे पर वक्त की कीमत है)
अब मुस्कुराएँगे हम
आप देख रहे थे सामाजिक उद्देश्य से युक्त कार्यक्रम
(बस थोड़ी ही कसर रह गई)
धन्यवाद। **CBSE 2024**

(क) काव्यांश में 'आप' और 'वह' प्रयुक्त हुआ है
(i) दर्शक और संवाददाता के लिए
(ii) मीडियाकर्मी और कैमरामैन के लिए
(iii) दर्शक और विकलांग व्यक्ति के लिए
(iv) विकलांग व्यक्ति और संवाददाता के लिए

(ख) निम्नलिखित पर विचार करते हुए काव्यांश के अनुसार सही का चयन कीजिए।
(i) मीडिया विकलांग व्यक्तियों के प्रति संवेदनशील है
(ii) समाज विकलांग व्यक्तियों के प्रति जागरूक है
(iii) शारीरिक चुनौती झेलते व्यक्ति के साक्षात्कार द्वारा मीडिया का उद्देश्य समाज-सेवा है
(iv) मीडिया स्वार्थी एवं संवेदनहीन है, उसका सामाजिक सरोकार मात्र दिखावा है

(ग) काव्यांश में कोष्ठक में लिखे शब्द दर्शाते हैं
(i) परदे के पीछे की वास्तविकता
(ii) मीडिया का बुरा बर्ताव
(iii) साक्षात्कार के प्रश्न
(iv) विकलांग व्यक्ति की मानसिकता

(घ) उपर्युक्त काव्यांश की पंक्ति 'अब मुस्कुराएँगे हम' दिखाती है, मीडियाकर्मियों की
(i) संवेदनशीलता को (ii) संवेदनहीनता को
(iii) परदुख कातरता को (iv) प्रफुल्लता को

(ङ) **कथन** (A) सामाजिक उद्देश्य से युक्त कार्यक्रम में मीडिया का उद्देश्य पूर्ण न हो सका।
कारण (R) विकलांग व्यक्ति द्वारा उनके निर्देशानुसार व्यवहार न करने से लोगों की सहानुभूति बटोरने का अवसर उनके हाथ से निकल गया।

कूट
(i) कथन (A) और कारण (R) दोनों सही हैं तथा कारण (R), कथन (A) की सही व्याख्या करता है।
(ii) कथन (A) और कारण (R) दोनों सही हैं, परंतु कारण (R), कथन (A) की सही व्याख्या नहीं करता है।
(iii) कथन (A) सही है, किंतु कारण (R) गलत है।
(iv) कथन (A) गलत है, किंतु कारण (R) सही है।

उत्तर

(क) (iii) दर्शक और विकलांग व्यक्ति के लिए
(ख) (iv) मीडिया स्वार्थी एवं संवेदनहीन है, उसका सामाजिक सरोकार मात्र दिखावा है
(ग) (ii) मीडिया का बुरा बर्ताव
(घ) (ii) संवेदनहीनता को
(ङ) (i) कथन (A) और कारण (R) दोनों सही हैं तथा कारण (R), कथन (A) की सही व्याख्या करता है।

विषय-वस्तु पर आधारित प्रश्नोत्तर

लघु उत्तरीय प्रश्न

1. दूरदर्शन स्टूडियो में अपाहिज से क्या प्रश्न पूछे गए और क्यों?

उत्तर दूरदर्शन स्टूडियो में अपाहिज से प्रश्न पूछे गए कि क्या आप अपाहिज हैं? आप अपाहिज क्यों हैं? आपका अपाहिजपन तो दुःख देता होगा? ऐसे कई निरर्थक प्रश्नों के पूछे जाने के पीछे एकमात्र उद्देश्य था अपाहिज की मज़बूरी का लाभ उठाकर चैनल द्वारा अपना कार्यक्रम सफल बनाना। इस उदाहरण के माध्यम से कवि पाठक का परिचय एक छिछली और ओछी व्यावसायिक मानसिकता वाले मीडिया से करवाना चाहता है।

2. आपकी राय में अपंगों के प्रति कैसा व्यवहार होना चाहिए?

उत्तर अपंग दया के नहीं, अपितु स्नेह के पात्र हैं। हमें उनके साथ यह सोचकर व्यवहार करना चाहिए कि यदि हम इनकी जगह होते, तो हम समाज से क्या अपेक्षा करते?

हमारा व्यवहार उनके साथ सहयोगात्मक होना चाहिए। उनकी अपंगता की सीमा को हमें अपने व्यवहार से दूर करना चाहिए; जैसे—अंधा व्यक्ति सड़क पार जाना चाहता है, तो हमें उसे पकड़कर सड़क पार करानी चाहिए।

3. 'कैमरे में बंद अपाहिज' कविता को आप करुणा की कविता मानते हैं या क्रूरता की? तर्कसम्मत उत्तर दीजिए।

उत्तर मेरे मतानुसार यह कविता क्रूरता की कविता है। दूरदर्शन चैनल कमज़ोर व्यक्ति के दुःख की मार्केटिंग करते हैं। उन्हें उनकी सहायता, उनके दुःख को कम करने से कोई मतलब नहीं होता। उनका उद्देश्य मात्र अपने चैनल की लोकप्रियता बढ़ाना है, जिसके लिए वे अशिष्ट प्रश्न पूछने से भी नहीं हिचकिचाते हैं। वे अपाहिजों के दर्द को बढ़ा-चढ़ाकर दिखाते हैं। यह कार्य असामाजिक ही नहीं, बल्कि समाज विरोधी भी है।

4. 'कैमरे में बंद अपाहिज' कविता के आधार पर सिद्ध कीजिए कि कविता संवेदनहीन सूचना तंत्र पर एक व्यंग्य है।

अथवा **शारीरिक चुनौती को झेलते व्यक्ति से कैमरे पर सवाल पूछना मीडियाकर्मियों की किस कमी को दर्शाता है? 'कैमरे में बंद अपाहिज' कविता के संदर्भ में स्पष्ट कीजिए।** **CBSE 2023**

उत्तर 'कैमरे में बंद अपाहिज' कविता संवेदनहीन सूचना तंत्र पर एक तीखा व्यंग्य है। शारीरिक चुनौती को झेलते व्यक्ति से मीडियाकर्मी द्वारा कैमरे पर सवाल पूछना उनकी संवेदनशून्यता को दर्शाता है, क्योंकि सामाजिक कार्यक्रम के नाम पर वे दुःख-दर्द बेचने का काम करते हैं। उन्हें न अपाहिजों की संवेदना होती है और न उनके मान-सम्मान की चिंता। उनका उद्देश्य तो सिर्फ़ पैसा कमाना व लोकप्रिय होना होता है। उनके द्वारा पूछे गए प्रश्न बेहद संवेदनहीन होते हैं; जैसे—क्या आप अपाहिज हैं? आप क्यों अपाहिज हैं? अपाहिजपन दुःख तो देता होगा? अपाहिज होकर कैसा लगता है? आदि सवाल सूचना तंत्र की संवेदनहीनता को ही उजागर करते हैं।

5. कविता में किसके और कब मुस्कुराने की बात की गई है? **CBSE Diksha**

उत्तर कविता में दूरदर्शन के संचालक के मुस्कुराने की बात की गई है, क्योंकि वह कार्यक्रम के समाप्त होते ही मुस्कुराता है। कार्यकर्ता का कार्यक्रम के अंत में इस प्रकार मुस्कुराना पत्रकारिता में छिपी कुरूपता का सटीक वर्णन करता है। ये लोग समाज के सामने अपाहिज लोगों से सहानुभूति का दिखावा करते हैं, किंतु अवसर पड़ने पर अपने मतलब के लिए इस्तेमाल करने से बाज नहीं आते।

6. अपाहिज व्यक्ति अपना दुःख क्यों नहीं बता पाता है? **CBSE Diksha**

उत्तर 'कैमरे में बंद अपाहिज' कविता में अपाहिज व्यक्ति से पूछे गए बेतुके प्रश्न उसके वजूद पर सवाल उठाते हैं, जिससे उसका स्वाभिमान टूटने लगता है। संचालक द्वारा पूछे जा रहे बेतुके प्रश्नों से वह बहुत भावुक हो जाता है। यद्यपि अपाहिज से उस व्यक्ति को उतना कष्ट नहीं है, जितना बताया जा रहा है, जो उसे स्वीकार्य नहीं है। संचालक का व्यवहार भी उसके प्रति आत्मीय नहीं है, इसी कारण अपाहिज व्यक्ति अपना दुःख नहीं बता पाता है।

दीर्घ उत्तरीय प्रश्न

1. एक अपाहिज व्यक्ति का साक्षात्कार लेना किस उद्देश्य से संभव है? स्पष्ट कीजिए।

उत्तर टेलीविज़न के चैनल अपनी लोकप्रियता बढ़ाने के लिए तथाकथित सामाजिक सरोकार से संबंधित कार्यक्रम दिखाते हैं। कविता में ऐसे ही एक कार्यक्रम के दौरान अपाहिज व्यक्ति का साक्षात्कार लेने की प्रक्रिया को सामने रखा गया है। इस साक्षात्कार का मूल उद्देश्य सामाजिक कल्याण अथवा लोगों में करुणा की भावना जगाना कदापि नहीं है, बल्कि एक ऐसी प्रक्रिया तक साक्षात्कार को ले जाना है, जहाँ दर्शकों की भरपूर संवेदना प्राप्त कर चैनल की लोकप्रियता शिखर तक पहुँचाई जा सके।

2. 'कैमरे में बंद अपाहिज' सामाजिक संवेदनशून्यता का जीता-जागता उदाहरण है, कैसे? उदाहरण द्वारा स्पष्ट कीजिए।

अथवा **'कैमरे में बंद अपाहिज' कविता व्यावसायिक दबाव के तहत एक व्यक्ति की संवेदनहीनता का प्रकटीकरण है। समीक्षा कीजिए।** **CBSE Diksha**

अथवा **किसी के दुःख को बेचना कहाँ तक उचित है? 'कैमरे में बंद अपाहिज' कविता के संदर्भ में लिखिए।** **CBSE 2023**

उत्तर 'कैमरे में बंद अपाहिज' कविता सामाजिक संवेदनशून्यता को स्पष्ट रूप से दर्शाती है। इसमें करुणा की आड़ लेकर संवेदनशीलता का दिखावा करने वाले मीडिया के कुछ लोगों को बेनकाब किया गया है। एक अपाहिज व्यक्ति के साथ झूठी सहानुभूति व्यक्त कर उसकी करुणा का व्यावसायिक दृष्टि से लाभ उठाने की प्रवृत्ति को कवि ने इस कविता में उभारा है। वस्तुतः किसी के दुःख को इस तरह बेचना न्यायोचित नहीं है।

मीडिया के कुछ लोग अपने कार्यक्रम को आर्थिक दृष्टि से लाभप्रद बनाने के लिए एक अपंग व्यक्ति की अपंगता का भद्दा प्रदर्शन करते हैं, उसकी बेबसी को मनोरंजन का विषय बनाते हैं, उससे 'अपाहिज होकर कैसा लगता है', जैसे बेतुके सवाल पूछते हैं।

कार्यक्रम का प्रस्तुतकर्ता परदे पर फूली हुई आँख की बड़ी तस्वीर दिखाने और अपाहिज व्यक्ति के होंठों की कसमसाहट, असमंजस, दुःख और बेचैनी को अत्यंत व्यावसायिक ढंग से प्रस्तुत करता है। अतः कह सकते हैं कि 'कैमरे में बंद अपाहिज' सामाजिक संवेदनशून्यता का जीता-जागता उदाहरण है।

3. कविता में दर्शाए गए ऐसे कार्यक्रम समाज को क्या संदेश देते हैं?

उत्तर अपाहिज अथवा अक्षम व्यक्ति को लेकर बनाए गए ऐसे कार्यक्रम कोई ठोस संदेश नहीं देते हैं। ऐसे कार्यक्रमों से उनके प्रति सहानुभूति अवश्य जागृत होती है, लेकिन सामान्यतया टेलीविज़न चैनलों का व्यावसायिक दृष्टिकोण मानवीय चेतना को कुंठित करने वाला ही प्रमाणित होता है। यह संवेदनहीनता की पराकाष्ठा है। सामाजिक कार्यक्रम के नाम पर अपने व्यावसायिक हितों को साधने वाला मीडिया का एक वर्ग समाज को संदेश देने के लिए अपना कार्यक्रम नहीं बनाता है। जहाँ उद्देश्य वास्तव में ईमानदार हो, वहाँ लोगों में एक-दूसरे के प्रति सहानुभूति रखने एवं सहयोग करने की भावना जागृत होती है।

4. 'कैमरे में बंद अपाहिज' कविता को क्या संवेदनहीन कहा जा सकता है? तर्क के आधार पर अपने मत की पुष्टि कीजिए।

अथवा **'बस करो/नहीं हुआ/रहने दो' इस प्रकार के शब्द मीडियाकर्मी द्वारा क्यों कहे गए? 'कैमरे में बंद अपाहिज' कविता के संदर्भ में कारण सहित लिखिए।** **CBSE 2024**

उत्तर 'कैमरे में बंद अपाहिज' कविता वास्तव में मीडिया द्वारा लोगों की पीड़ा बेचने की स्थिति को दर्शाती है। मीडिया द्वारा अक्षम व्यक्ति से बेतुके प्रश्न पूछने वाले तथाकथित संवेदनशील कार्यक्रमों का संचालन करने वाले स्वयं संवेदनहीन होते हैं। वे पीड़ित व्यक्ति से अर्थहीन एवं मूर्खतापूर्ण प्रश्न पूछते हैं, क्योंकि उनका उद्देश्य सिर्फ़ ऐसे प्रश्न करना है, जिससे पीड़ित की वेदना आँसुओं के रास्ते छलक उठे और दर्शक उनके कार्यक्रम में रुचि लें। किसी भी तरह उनका टी आर पी बढ़े और उन्हें इसका व्यावसायिक लाभ प्राप्त हो सके। उनका एकमात्र उद्देश्य अपाहिज या पीड़ायुक्त व्यक्ति की वेदना को दूरदर्शन के माध्यम से बेचना होता है, किंतु जब वह अपने उद्देश्य में सफल नहीं होता है, तो वह बस करो/ नहीं हुआ/रहने दो आदि प्रश्न कहकर अपाहिज व्यक्ति को पर्दे पर वक्त की कीमत का एहसास करा देता है। इसलिए इस कविता को संवेदनहीन यानी करुणा के मुखौटे में छिपी क्रूरता की कविता माना जाना चाहिए।

5. 'कैमरे में बंद अपाहिज' कविता के व्यंग्य पर टिप्पणी कीजिए।

अथवा **'कैमरे में बंद अपाहिज' कविता में निहित व्यंग्यार्थ को स्पष्ट करके लिखिए।** **CBSE 2024**

अथवा **'कैमरे में बंद अपाहिज' कविता आज के मीडिया पर प्रासंगिक व्यंग्य है, कैसे?** **CBSE SQP 2024**

उत्तर इस व्यंग्यात्मक कविता के माध्यम से कवि यह बताना चाहता है कि मीडिया वाले समर्थ तथा सशक्त होते हैं। वे किसी की भी करुणा को खरीद-बेच सकते हैं। वे ऐसे व्यक्तियों को समाज के सामने लाकर सहानुभूति बटोरना चाहते हैं, जो कमज़ोर और अशक्त हैं। इससे उनकी लोकप्रियता और आमदनी दोनों में वृद्धि होती है। इस कविता के माध्यम से कवि मीडिया के व्यावसायिक दृष्टिकोण एवं समाज के हाशिए पर खड़े लोगों के प्रति उसकी छिछली मनोवृत्ति को स्पष्ट करता है। समाज में मौजूद सफ़ेदपोश वर्ग की मानसिकता की पहचान कराने में यह कविता पूरी तरह सक्षम है।

6. 'कैमरे में बंद अपाहिज' कविता का संदेश लिखिए। **CBSE 2023**

उत्तर प्रस्तुत कविता रघुवीर सहाय जी की प्रसिद्ध कविता है। इस कविता में समाज की विडंबना को चित्रित किया गया है। यहाँ कवि ने एक अपाहिज व्यक्ति से कैमरे के सामने कैसे प्रश्न किए जाएँगे और अपने कार्यक्रम की सफलता के लिए उससे किस तरह की भाव-भंगिमा बनाने की अपेक्षा की जाएगी, का बड़े ही उचित तरीके से वर्णन किया है।

वस्तुतः दृश्य-श्रव्य संचार माध्यम द्वारा किसी की पीड़ा के प्रति हमें संवेदनशील होते हुए दर्शक वर्ग से भी संवेदनशील होने की अपील करनी चाहिए, परंतु यहाँ स्वयं अपनी व्यावसायिक सफलता के लिए चैनल वालों द्वारा पीड़ित व्यक्ति से अर्थहीन व मूर्खतापूर्ण प्रश्न पूछे जाते हैं और संवेदनहीनता का परिचय दिया जाता है। यहाँ कवि सूचना तंत्र की संवेदनहीनता को उजागर करते प्रतीत होते हैं। कवि के अनुसार, इस तरह के कार्यक्रम असामाजिक होते हैं, जो करुणा जगाने के बजाय क्रूरता का प्रदर्शन करते हैं।

7. 'कैमरे में बंद अपाहिज' कविता के आधार पर सिद्ध कीजिए कि मीडिया का सामाजिक सरोकार मात्र एक दिखावा है। **CBSE 2023**

उत्तर 'कैमरे में बंद अपाहिज' कविता में कवि ने मीडिया को संवेदनहीनता का चित्रण करते हुए उनके असली चेहरे को दिखाया है। मीडिया का सामाजिक सरोकार मात्र एक दिखावा है। उन्हें अपाहिज लोगों से कोई सहानुभूति नहीं है, वे उन्हें अपने लाभ हेतु इस्तेमाल करना चाहते हैं। टेलीविजन स्टूडियों के भीतर की दुनिया केवल दुःख, दर्द, बेबसी, लाचारी आदि को बेचना चाहती है। कारोबारी दबाव के तहत प्रस्तुतकर्ता का रवैया संवेदनहीन हो जाता है। वे दर्शकों में करुणा का भाव जागृत करना चाहते हैं, ताकि उनके कार्यक्रम का उद्देश्य पूर्ण हो सकें।

8. कैमरे में अपाहिज को बंद करने के कारणों का 'कैमरे में बंद अपाहिज' कविता के आधार पर उल्लेख कीजिए। **CBSE 2023**

उत्तर कैमरे में अपाहिज को बंद करने के निम्नलिखित कारण हैं

(i) दूरदर्शन संचालक जानते हैं कि समाज में कमजोर व अशक्त लोगों के प्रति करुणा का भाव होता है। अतः उनकी पीड़ा को दिखाकर कार्यक्रम को लोकप्रिय बनाया जा सकता है।

(ii) समाज में लोग दूसरे के दुःख को जानना चाहते हैं।

(iii) मीडियाकर्मी समाज के लोगों की इसी भावना का लाभ उठाना चाहते हैं।

(v) अपने चैनल की लोकप्रियता को बढ़ाने व व्यावसायिक सफलता पाने के लिए कैमरे में अपाहिज को बंद करके बेतुके प्रश्न किए जाते हैं।

9. 'हमें दोनों एक संग रुलाने हैं'–पंक्ति में किन दोनों को एक संग रुलाने की बात की जा रही है और क्यों? 'कैमरे में बंद अपाहिज' कविता के आधार पर लिखिए। **CBSE 2025**

उत्तर 'हमें दोनों एक संग रुलाने हैं' पंक्ति में अपाहिज व्यक्ति और दर्शकों को एकसाथ रुलाने की बात की गई है। कार्यक्रम के प्रस्तुतकर्ता का उद्देश्य अपाहिज व्यक्ति की पीड़ा को दिखाकर दर्शकों की संवेदनाएँ भुनाना और कार्यक्रम को अधिक प्रभावशाली बनाना है। यह वास्तविक सहानुभूति के लिए न होकर केवल व्यावसायिक सफलता के लिए किया जाता है।

स्व-मूल्यांकन

काव्यांश पर आधारित बहुविकल्पीय प्रश्न

निम्नलिखित काव्यांश को ध्यानपूर्वक पढ़कर पूछे गए बहुविकल्पीय प्रश्नों के लिए सर्वाधिक उपयुक्त विकल्प का चुनाव कीजिए

1. फिर हम परदे पर दिखलाएँगे
फूली हुई आँख की एक बड़ी तस्वीर
बहुत बड़ी तस्वीर
और उसके होंठों पर एक कसमसाहट भी
(आशा है आप उसे उसकी अपंगता की पीड़ा मानेंगे)
एक और कोशिश
दर्शक
धीरज रखिए
देखिए
हमें दोनों एक संग रुलाने हैं
आप और वह दोनों
(कैमरा
बस करो
नहीं हुआ
रहने दो
परदे पर वक्त की कीमत है)
अब मुस्कुराएँगे हम

(क) **कथन** (A) परदे पर अपाहिज व्यक्ति की फूली हुई आँखें व होंठों की कसमसाहट दिखाई देती है।
कारण (R) यह अपाहिज व्यक्ति की असमर्थता को प्रकट करती है।
कूट
(i) कथन (A) और कारण (R) दोनों सही हैं तथा कारण (R), कथन (A) की सही व्याख्या करता है।
(ii) कथन (A) और कारण (R) दोनों सही हैं, परंतु कारण (R), कथन (A) की सही व्याख्या नहीं करता है।
(iii) कथन (A) सही है, किंतु कारण (R) गलत है।
(iv) कथन (A) गलत है, किंतु कारण (R) सही है।

(ख) कार्यक्रम का प्रस्तुतकर्ता परदे पर क्या दिखाने की बात करता है?
(i) फूली हुई बड़ी आँख
(ii) अपाहिज व्यक्ति के होंठों की पीड़ा
(iii) अपाहिज व्यक्ति का दु:ख-दर्द
(iv) ये सभी

(ग) प्रस्तुतकर्ता की दृष्टि में कार्यक्रम सफल कब माना जाएगा?
(i) जब अपाहिज व्यक्ति का दु:ख व्यक्त होगा
(ii) जब दर्शक उससे तादात्म्य कर लेगा
(iii) जब अपाहिज व्यक्ति और दर्शक की मन:स्थिति एक जैसी हो जाएगी
(iv) जब प्रस्तुतकर्ता स्वयं अपाहिज के दर्द को समझेगा

(घ) अपाहिज की स्थिति का चित्रण करने वाले कार्यक्रम निर्माता का उद्देश्य क्या होता है?
(i) पीड़ित व्यक्ति को न्याय दिलाना
(ii) दु:खी व पीड़ित व्यक्ति की व्यथा का वर्णन करना
(iii) कार्यक्रम की व्यावसायिक सफलता और लोकप्रियता बढ़ाना
(iv) संवेदनहीन समाज का चित्रण करना

(ङ) 'हमें दोनों एक संग रुलाने हैं' पंक्ति में 'दोनों' शब्द किनके लिए आया है?
(i) कवि और अपाहिज व्यक्ति के लिए
(ii) अपाहिज व्यक्ति और दर्शक के लिए
(iii) दर्शक और कवि के लिए
(iv) प्रस्तुतकर्ता और अपाहिज व्यक्ति के लिए

उत्तर

(क) (i) कथन (A) और कारण (R) दोनों सही हैं तथा कारण (R), कथन (A) की सही व्याख्या करता है।
(ख) (iv) ये सभी
(ग) (iii) जब अपाहिज व्यक्ति और दर्शक की मन:स्थिति एक जैसी हो जाएगी
(घ) (iii) कार्यक्रम की व्यावसायिक सफलता और लोकप्रियता बढ़ाना
(ङ) (ii) अपाहिज व्यक्ति और दर्शक के लिए

विषय-वस्तु पर आधारित प्रश्न

लघु उत्तरीय प्रश्न

1. कार्यक्रम को सफल बनाने के लिए संचालक की मानसिकता कैसी होती है?
2. कार्यक्रम संचालक अपाहिज की आँखें परदे पर क्यों दिखाना चाहता है?
3. कार्यक्रम संचालक अपने कार्यक्रम को सफल बनाने के लिए किस सीमा तक गिर जाते हैं?
4. मीडियाकर्मी कैमरामैन को कैमरा बंद करने का निर्देश क्यों देता है?

दीर्घ उत्तरीय प्रश्न

1. 'कैमरे में बंद अपाहिज' शीर्षक की सार्थकता सिद्ध कीजिए।
2. ''यह अवसर खो देंगे'' पंक्ति का आशय स्पष्ट कीजिए।
3. अपाहिज से पूछे गए प्रश्न किस बात के परिचायक हैं? कविता के आधार पर बताइए।
4. 'कैमरे में बंद अपाहिज' कविता कुछ लोगों की संवेदनहीनता प्रकट करती है। कैसे?

05

अध्याय

कवि-परिचय

शमशेर बहादुर सिंह का जन्म 13 जनवरी, 1911 को देहरादून (उत्तराखंड) में हुआ। उनकी प्रमुख प्रकाशित रचनाएँ कुछ कविताएँ, कुछ और कविताएँ, चुका भी हूँ नहीं मैं, इतने पास अपने, बात बोलेगी, काल तुझसे होड़ है मेरी, उर्दू-हिंदी कोश का संपादन आदि हैं। उन्हें साहित्य अकादमी तथा कबीर सम्मान सहित अनेक पुरस्कारों से सम्मानित किया गया। शमशेर जी की कविता एक संधिस्थल पर खड़ी है। यह संधि एक ओर साहित्य, चित्रकला और संगीत की है, तो दूसरी ओर मूर्तता और अमूर्तता तथा ऐंद्रिय और ऐंद्रियेतर की है। उनका कवि मन कलाओं के बीच की दूरी को न केवल पाटता है, बल्कि भाषातीत हो जाना चाहता है। कथा और शिल्प दोनों ही स्तरों पर उनकी कविता का स्वभाव अलग है। उनका निधन वर्ष 1993 में अहमदाबाद में हुआ।

▼ अध्ययन के लिए

- कविता की रूपरेखा
- काव्यांशों की व्याख्या

▼ अभ्यास के लिए

- पाठ्यपुस्तक के प्रश्नोत्तर
- काव्यांश पर आधारित बहुविकल्पीय प्रश्न
- लघु उत्तरीय प्रश्न
- दीर्घ उत्तरीय प्रश्न

उषा

(शमशेर बहादुर सिंह)

कविता की रूपरेखा

प्रस्तुत कविता में कवि ने प्रात:कालीन सूर्योदय से पूर्व पल-पल आकाश में होने वाले सूर्योदय का गतिशील चित्रण किया है। कवि आकाश व प्रकृति में हो रहे परिवर्तनों को ग्रामीण उपमानों के द्वारा प्रस्तुत करता हुआ एक ऐसे गतिशील शब्द-चित्र को उपस्थित करता है, जो नैसर्गिक प्रकृति की सुबह से जुड़ा है। गाँव की सुबह में 'राख से लीपा हुआ चौका', 'काली सिल', 'स्लेट पर खड़िया' से लिखते नन्हें बालकों के हाथ, युवती और प्रकृति का सम्मोहक वातावरण सभी कुछ मौजूद हैं।

काव्यांशों की व्याख्या

काव्यांश 1

प्रात नभ था बहुत नीला शंख जैसे
भोर का नभ
राख से लीपा हुआ चौका
(अभी गीला पड़ा है)
बहुत काली सिल जरा से लाल केसर से
कि जैसे धुल गई हो
स्लेट पर या लाल खड़िया चॉक
मल दी हो किसी ने

शब्दार्थ

भोर—सवेरे से ठीक पहले का वातावरण, **नभ**—आकाश, **चौका**—रसोई बनाने का स्थान, **सिल**—मसाला पीसने वाला पत्थर, **केसर**—विशेष प्रकार के फूल का सुगंधित पदार्थ, **मलना**—लगाना।

संदर्भ प्रस्तुत पंक्तियाँ हमारी पाठ्यपुस्तक 'आरोह भाग-2' में संकलित 'कवियों के कवि' शमशेर बहादुर सिंह द्वारा रचित प्रसिद्ध कविता 'उषा' से ली गई हैं। 'उषा' बिंबधर्मी कवि शमशेर जी की अत्यंत प्रसिद्ध कविता है।

प्रसंग प्रस्तुत कविता में भोर के पश्चात् तथा उषाकाल के दौरान होने वाले सूर्योदय का चित्रण किया गया है।

व्याख्या प्रातःकालीन आकाश का चित्रण करते हुए कवि कहता है कि सूर्योदय से पहले भोर के समय का आसमान नीले शंख जैसा पवित्र व सुंदर लग रहा है। आसमान धीरे-धीरे गहरे नीले रंग में राख के रंग अर्थात् स्लेटी होने लगता है और आकाश का रंग रात की नमी के कारण ऐसा प्रतीत होता है, जैसे अभी-अभी किसी ने राख से चौके अर्थात् खाना बनाने की जगह को लीप दिया हो, जिसके कारण वह गीला है। कवि आकाश में उषा के आगमन के कई बिंब बनाता हुआ बताता है कि उषाकाल में ऐसा लगा मानो आकाश रूपी काली सिल थोड़े से लाल केसर से धुल गई हो।

कवि ने यहाँ काली सिल को अँधेरे के समान तथा सूरज की लालिमा को केसर के समान बताया है। कवि सूर्योदय से पूर्व आकाश में फैली हुई आभा को एक अन्य उदाहरण के माध्यम से बनाते हुए कहता है कि सुबह के समय आकाश ऐसा प्रतीत होता है, जैसे किसी बच्चे की काली स्लेट पर किसी ने लाल खड़िया मिट्टी या चॉक मल दी हो। कवि यहाँ पर अँधेरे को काली स्लेट के समान तथा सुबह की लालिमा को लाल खड़िया मिट्टी या चॉक के समान बताता है।

काव्य-शैली

(i) प्रस्तुत काव्यांश में कवि ने प्रकृति का मनोहारी चित्रण किया है।
(ii) प्रातःकाल के गहरे रंग एवं नमी को 'राख' से लीपा हुआ 'चौका' जैसे बिंब के माध्यम से साकार किया गया है।
(iii) 'भोर का नभ' में उत्प्रेक्षा अलंकार है।
(iv) मुक्तक छंद का प्रयोग है।
(v) सरल, सहज खड़ीबोली में सुंदर अभिव्यक्ति है।

काव्यांश 2

नील जल में या किसी की
गौर झिलमिल देह
जैसे हिल रही हो।
और............
जादू टूटता है इस उषा का अब
सूर्योदय हो रहा है।

शब्दार्थ

नील जल—नीले रंग का पानी, **गौर**—गोरा, **झिलमिल**—चमकता, **देह**—शरीर, **जादू**—सौंदर्य/आकर्षण, **उषा**—प्रात:काल।

संदर्भ पूर्ववत्।

प्रसंग प्रस्तुत काव्यांश में कवि ने सूर्योदय के बाद उषा के पल-पल बदलते सौंदर्य के क्षीण होने की स्थिति को दर्शाया है।

व्याख्या कवि उषा के इस समय के चित्र को स्पष्ट करने के लिए एक अन्य बिंब या उपमान को प्रस्तावित करते हुए कहता है कि उषाकाल में सूर्योदय के समय ऐसा प्रतीत हुआ, जैसे आकाश रूपी नीले जल में किसी युवती (कवि का संकेत यहाँ उषा रूपी युवती की ओर है) की गोरी देह झिलमिलाती हुई दिखाई दे रही हो।

कवि ने यहाँ नीले आकाश की तुलना नीले जल से की है तथा सूरज की किरणों की तुलना युवती की सुंदर गोरी काया से की है। कवि कहता है कि जहाँ कुछ समय पश्चात् सूर्योदय हो जाता है तथा उषा का पल-पल बदलता सौंदर्य समाप्त हो जाता है, तब प्रातःकालीन आकाश का जादू भी धीरे-धीरे समाप्त हो जाता है। ऐसा प्रतीत होता है कि उषा का जादुई प्रभाव धीरे-धीरे क्षीण (कम) होता जा रहा है।

काव्य-शैली

(i) कवि ने उषा का सुंदर दृश्य बिंब प्रस्तुत किया है।
(ii) प्रतीकों का सुंदर प्रयोग हुआ है; जैसे- 'गौर झिलमिल देह' सूर्य के प्रकाश का द्योतक बिंब है।
(iii) 'नील जल में......हिल रही हो।' पंक्ति में उत्प्रेक्षा अलंकार है।
(iv) उषा का मानवीकरण हुआ है। अतः यहाँ मानवीकरण अलंकार है।
(v) मुक्तक छंद है।
(vi) कविता की भाषा सहज व सरल है।

पाठ्यपुस्तक (आरोह भाग-2) के प्रश्नोत्तर

कविता के साथ

1. कविता के किन उपमानों को देखकर कहा जा सकता है कि उषा कविता गाँव की सुबह का गतिशील शब्द चित्र है? **CBSE Term II 2022**

अथवा **'उषा' कविता के आधार पर गाँव की सुबह का वर्णन अपने शब्दों में कीजिए।** **Delhi 2019**

अथवा **आपने सूर्योदय देखा होगा। 'उषा' कविता में वर्णित सूर्योदय से स्वयं देखे सूर्योदय की तुलना करते हुए अपना अनुभव लिखिए।** **CBSE Term II 2022**

अथवा **"शमशेर की कविता 'उषा' गाँव के जीवन का जीवंत चित्रण है।" पुष्टि कीजिए।** **CBSP SQP Term II 2022**

अथवा **'उषा' कविता में कवि ने प्रात:कालीन आकाश के लिए किन प्रतीकों का प्रयोग किया है, उचित क्रम में वर्णन कीजिए।** **CBSE Diksha**

अथवा **'उषा' कविता के आधार पर बताइए कि कविता में भोर के नभ को राख से लीपा, गीला चौका क्यों कहा गया है?** **CBSE Term II 2022**

उत्तर 'उषा' कविता में कवि शमशेर बहादुर सिंह ने ग्रामीण उपमानों का प्रयोग करके गाँव की सुबह को गतिशील शब्द चित्र के माध्यम से सामने लाने का प्रयास किया है। कविता में नीले रंग के प्रातःकालीन आकाश को 'राख से लीपा हुआ चौका' कहा गया है। ग्रामीण परिवेश में ही गृहिणी भोजन बनाने के बाद चौके (चूल्हे) को राख से लीपती है, जो प्रायः काफ़ी समय तक गीला ही रहता है।

दूसरा बिंब काले सिल का है। काला सिल अर्थात् पत्थर के काले टुकड़े पर केसर पीसने का काम भी गाँव की महिलाएँ ही करती हैं। तीसरा बिंब काले स्लेट पर लाल खड़िया चॉक मलने की क्रिया नन्हें ग्रामीण बालकों द्वारा होती है। इस बिंबात्मक चेतना में गतिशील शब्द चित्र भी मौजूद है। यहाँ सवेरे अपने-अपने कार्यों में लगे ग्रामीण वर्ग तथा जनजीवन की गतिशीलता को स्पष्ट करने वाले प्रतिमान हैं। यहाँ स्थिरता का नामोनिशान नहीं है। गतिशीलता इस अर्थ में भी है कि तीनों शब्द चित्र स्थिर न होकर किसी-न-किसी क्रिया के अभी-अभी समाप्त होने के सूचक हैं। अतः कह सकते हैं कि शमशेर की कविता में गाँव की सुबह का जीवंत चित्रण है।

2. भोर का नभ
राख से लीपा हुआ चौका
(अभी गीला पड़ा है।)

नई कविता में कोष्ठक, विराम-चिह्नों और पंक्तियों के बीच का स्थान भी कविता को अर्थ देता है। उपर्युक्त पंक्तियों में कोष्ठक से कविता में क्या विशेष अर्थ पैदा हुआ है? समझाइए।

उत्तर नई कविता में प्रयोगधर्मिता को महत्त्व मिला है। भाषा तथा शिल्प के स्तर पर यहाँ प्रयोगधर्मी चेतना दिखाई देती है। अभिव्यक्ति के नए रूपों को जगह देने की प्रवृत्ति मिलती है। कोष्ठक का प्रयोग कविता की भाव-व्यंजना को और अधिक स्पष्ट करने के लिए किया जाता है। यहाँ कोष्ठक में लिखित पंक्ति 'अभी गीला पड़ा है' वस्तुतः राख से लीपे हुए चौके की पूरी जानकारी देती है। यह आकाश रूपी चौके की ताज़गी एवं नमी की सूचना देती है। कविता में एकमात्र विराम-चिह्न आया है, वह भी महत्त्वपूर्ण दृश्य-परिवर्तन की सूचना देने वाला प्रमाणित होता है। विराम-चिह्न के बाद 'उषा' का जादू टूटने की सूचना दी गई है। पंक्तियों के बीच के स्थान बिंबों की सार्थकता को स्थापित करते हैं।

अपनी रचना

1. अपने परिवेश के उपमानों का प्रयोग करते हुए सूर्योदय और सूर्यास्त का शब्द चित्र खींचिए।

उत्तर **सूर्योदय** नीले विशाल सरोवर से बाहर निकलती तेज़ आभा मंडल वाली नारी की तरह सुबह का खिलता सूरज अपनी किरणों को काफ़ी कोमल बनाए हुए है, जो शरीर को चुभती नहीं हैं। आकाश के सारे तारों को उसने बाग के माली की तरह चुनकर अपने दामन में भर लिया है और अपने प्रिय के सामने प्रेम निवेदन करने के आग्रह संबंधी विचार से उसके पूरे चेहरे पर लाली फैल गई है।

सूर्यास्त सूर्यास्त का सूर्य थका-हारा, श्रम से धूल-धूसरित देह लिए अब विश्राम करने की इच्छा से अपनी दिनचर्या समाप्त कर रहा है। वह धीरे-धीरे अपने घर में प्रवेश कर रहा है और उसे निस्तेज देखकर अंधकार को अपनी शूरवीरता दिखाने का अवसर मिल गया है, जो सुबह के समय डरकर भाग गया था। वह अब फिर से अपने साम्राज्य के विस्तार हेतु वापस आने की प्रक्रिया प्रारंभ कर रहा है।

आपसदारी

1. सूर्योदय का वर्णन लगभग सभी बड़े कवियों ने किया है। प्रसाद की कविता 'बीती विभावरी जाग री' और अज्ञेय की 'बावरा अहेरी' की पंक्तियाँ आगे बॉक्स में दी जा रही हैं। 'उषा' कविता के समानांतर इन कविताओं को पढ़ते हुए नीचे दिए गए बिंदुओं पर तीनों कविताओं का विश्लेषण कीजिए और यह भी बताइए कि कौन-सी कविता आपको ज़्यादा अच्छी लगी और क्यों?

- उपमान
- शब्दचयन
- परिवेश

बीती विभावरी जाग री!
अंबर पनघट में डुबो रही–
तारा-घट ऊषा नागरी।
खग-कुल कुल-कुल-सा बोल रहा,
किसलय का अंचल डोल रहा,
लो यह लतिका भी भर लाई–
मधु मुकुल नवल रस गागरी।
अधरों में राग अमंद पिए,
अलकों में मलयज बंद किए–
तू अब तक सोई है आली
आँखों में भरे विहाग री। –जयशंकर प्रसाद

भोर का बावरा अहेरी
पहले बिछाता है आलोक की
लाल-लाल कनियाँ
पर जब खींचता है जाल को
बाँध लेता है सभी को साथः
छोटी-छोटी चिड़ियाँ, मँझोले परेवे, बड़े-बड़े पंखी
डैनों वाले डील वाले डौल के बेडौल
उड़ने जहाज़,
कलस-तिसूल वाले मंदिर-शिखर से ले
तारघर की नाटी मोटी चिपटी गोल धुस्सों वाली उपयोग-सुंदरी
बेपनाह काया कोः
गोधूली की धूल को, मोटरों के धुएँ को भी
पार्क के किनारे पुष्पिताग्र कर्णिकार की आलोक-खची तन्वि रूप-रेखा को
और दूर कचरा जलानेवाली कल की उद्दंड चिमनियों
को, जो धुआँ यों उगलती हैं मानो उसी मात्र से अहेरी को
हरा देंगी। –सच्चिदानंद हीरानंद वात्स्यायन 'अज्ञेय'

उत्तर विद्यार्थी स्वयं करें।

अभ्यास प्रश्न

काव्यांश पर आधारित बहुविकल्पीय प्रश्न

निम्नलिखित काव्यांशों को ध्यानपूर्वक पढ़कर पूछे गए बहुविकल्पीय प्रश्नों के लिए सर्वाधिक उपयुक्त विकल्प का चुनाव कीजिए

1. प्रात नभ था बहुत नीला शंख जैसे
भोर का नभ
राख से लीपा हुआ चौका
(अभी गीला पड़ा है)
बहुत काली सिल ज़रा से लाल केसर से
कि जैसे धुल गई हो
स्लेट पर या लाल खड़िया चाक
मल दी हो किसी ने

(क) कवि ने प्रातःकालीन वातावरण की समानता नीले शंख से क्यों की है?
(i) भोर के समय वातावरण का रंग नीले शंख जैसा बुझा होने के कारण
(ii) कवि को नीले शंख का रंग पसंद होने के कारण
(iii) भोर के समय वातावरण के अनेक रंग बदलने के कारण
(iv) नीले शंख के अतिरिक्त अन्य उपमा न मिलने के कारण

(ख) भोर के नभ का सुरमई रंग दर्शाने के लिए क्या उपमा दी गई है?
(i) लाल केसर से धुली सिल
(ii) स्लेट पर लाल खड़िया चॉक
(iii) राख से लीपा चौका
(iv) नीले जल में गौर वर्ण

(ग) चौके के गीला होने का क्या भावार्थ है?
(i) नए जीवन का उदय
(ii) वातावरण में नमी
(iii) भोजन के लिए तैयार होना
(iv) वातावरण में शुष्कता

(घ) कथन (A) काले आसमान पर सूर्य की लाल किरणें पड़ती हैं।
कारण (R) ऐसा प्रतीत होता है, जैसे काली सिल लाल केसर से धुल गई हो।

कूट
(i) कथन (A) और कारण (R) दोनों सही हैं तथा कारण (R), कथन (A) की सही व्याख्या करता है।
(ii) कथन (A) और कारण (R) दोनों सही हैं, परंतु कारण (R), कथन (A) की सही व्याख्या नहीं करता है।
(iii) कथन (A) सही है, किंतु कारण (R) गलत है।
(iv) कथन (A) गलत है, किंतु कारण (R) सही है।

(ङ) सुमेलित कीजिए

	सूची I		सूची II
A.	सुबह का आकाश	1.	केसर
B.	अँधेरा	2.	नीला शंख
C.	सूरज की लालिमा	3.	काले रंग की सिल

कूट

	A	B	C		A	B	C
(i)	2	1	3	(ii)	1	2	3
(iii)	3	2	1	(iv)	2	3	1

उत्तर
(क) (i) भोर के समय वातावरण का रंग नीले शंख जैसा बुझा होने के कारण
(ख) (iii) राख से लीपा चौका
(ग) (ii) वातावरण में नमी
(घ) (i) कथन (A) और कारण (R) दोनों सही हैं तथा कारण (R), कथन (A) की सही व्याख्या करता है।
(ङ) (iv) 2 3 1

2. नील जल में या किसी की
गौर झिलमिल देह
जैसे हिल रही हो।
और ....
जादू टूटता है इस उषा का अब
सूर्योदय हो रहा है।

(क) रिक्त स्थान की पूर्ति कीजिए
गोरी देह के झिलमिलाने की समानता .... की गई है।
(i) रात के अँधेरे से
(ii) सुबह के सूर्य से
(iii) नीले आकाश से
(iv) नीले जल से

(ख) 'जादू टूटता है' पंक्ति के अनुसार दिए गए कथनों पर विचार करते हुए सही कथन का चयन करके लिखिए।
(i) जादू का प्रभाव टूट जाना
(ii) उषा का जादू सब पर चल जाना
(iii) प्रातःकालीन सौंदर्य में बहुत वृद्धि हो जाना
(iv) प्रातःकालीन उषा का सौंदर्य समाप्त हो जाना

(ग) कथन (A) सूर्योदय के समय आकाश में गहरा नीला रंग छा जाता है।

कारण (R) सूर्योदय के बाद उषा का सौंदर्य पल-पल बदलता हुआ समाप्त हो जाता है।

कूट

(i) कथन (A) और कारण (R) दोनों सही हैं तथा कारण (R), कथन (A) की सही व्याख्या करता है।
(ii) कथन (A) और कारण (R) दोनों सही हैं, परंतु कारण (R), कथन (A) की सही व्याख्या नहीं करता है।
(iii) कथन (A) सही है, किंतु कारण (R) गलत है।
(iv) कथन (A) गलत है, किंतु कारण (R) सही है।

(घ) अलंकार की दृष्टि से कौन-सा विकल्प सही है?

(i) जैसे भोर का नभ — उत्प्रेक्षा अलंकार
(ii) राख से लीपा हुआ चौका — उपमा अलंकार
(iii) मल दी हो किसी ने — विभावना अलंकार
(iv) जैसे हिल रही हो — यमक अलंकार

(ङ) 'नील जल' के उपमान के माध्यम से कवि किसे चित्रित करता है?

(i) नीले स्वच्छ आकाश को
(ii) सुंदर स्त्री के रूप को
(iii) नीले रंग की सुंदरता को
(iv) पानी के अनेक रूप को

उत्तर

(क) (ii) सुबह के सूर्य से

(ख) (iv) प्रातःकालीन उषा का सौंदर्य समाप्त हो जाना

(ग) (i) कथन (A) और कारण (R) दोनों सही हैं तथा कारण (R), कथन (A) की सही व्याख्या करता है।

(घ) (i) जैसे भोर का नभ — उत्प्रेक्षा अलंकार

(ङ) (i) नीले स्वच्छ आकाश को

विषय-वस्तु पर आधारित प्रश्नोत्तर

लघु उत्तरीय प्रश्न

1. 'उषा' कविता में 'भोर के नभ' की तुलना किससे की गई है और क्यों?

उत्तर 'उषा' कविता में 'भोर के नभ' की तुलना 'राख से लीपे हुए चौके', 'नीले शंख', 'लाल केसर से युक्त काली सिल', 'लाल खड़िया चॉक से लिप्त स्लेट' जैसे उपमानों से की गई है, क्योंकि कवि ने इन उपमानों के माध्यम से अंधकार के समाप्त होने का तथा प्रकृति में प्रतिपल आ रहे परिवर्तनों का रेखांकन करने का प्रयास किया है।

2. सूर्योदय होने के साथ ही उषा का जादू किस प्रकार टूटने लगता है?

उत्तर उषाकाल में प्रकृति का रंग अपने सौंदर्य को विविध रूपों में प्रदर्शित करता है। आकाश अपने रंग-रूप में प्रतिक्षण नवीन परिवर्तन कर रहा होता है।

सूर्योदय के बाद आकाश में सूर्य की तेज़ किरणें छिटककर अपना प्रकाश बिखेर देती हैं, जिसके प्रभाव से आकाश का नीला रंग मिट जाता है। उसकी आर्द्रता शुष्कता में परिवर्तित हो जाती है। इस प्रकार उषा का सम्मोहन अर्थात् जादू टूटने लगता है।

3. 'उषा' कविता के उस जादू को स्पष्ट कीजिए, जो सूर्योदय के जादू के साथ टूटता है? **CBSE Term II 2022**

उत्तर कवि उषा के जादू को चित्रित करते हुए स्पष्ट करता है कि सुबह नीला आसमान अत्यंत सुंदर दिखाई पड़ता है। वह नीले जल के समान प्रतीत होता है, जिसमें सूर्य किसी गोरी सुंदरी की भाँति झिलमिलाता जान पड़ता है। सूर्योदय होने के पश्चात् यह जादू टूट जाता है।

4. 'जादू टूटता है इस उषा का अब'–उषा का जादू क्या है? वह कैसे टूटता है? **CBSE Diksha**

अथवा **'उषा' कविता के संदर्भ में लिखिए कि उषा का जादू टूटने से आप क्या समझते हैं?** **CBSE 2023**

उत्तर सूर्योदय से पूर्व आकाश में नए-नए रंग उभरते हैं। लाल-काले रंगों के अद्भुत मेल से आकाश में जादू जैसा वातावरण बन जाता है। इस रंग-बिरंगे वातावरण को 'उषा का जादू' कहा गया है। सूर्योदय होते ही ये सारे रंग विलीन हो जाते हैं और उषा का जादू टूट जाता है।

5. 'सिल' और 'स्लेट' के माध्यम से कवि किस प्रकार अपने मंतव्य को प्रकाशित करता है?

उत्तर काली 'सिल' तथा काले 'स्लेट' के माध्यम से कवि रात्रि की समाप्ति के साथ जाते हुए अंधकार को प्रतीक रूप में रखता है। उषा के आगमन के समय आकाश का दृश्य ऐसा है, मानो काली सिल को किसी ने लाल केसर से धो दिया हो या काले स्लेट पर किसी नन्हें बालक ने लाल खड़िया चॉक मल दिया हो। इस प्रकार, कवि 'सिल' और 'स्लेट' के माध्यम से अंधकार की कालिमा तथा प्रातःकाल की लालिमा को सादृश्य के साथ सामने रखता है।

6. 'उषा' कविता के किन उपमानों के आधार पर आप इस कविता को गाँव की सुबह का गतिशील चित्र कह सकते हैं?

उत्तर कविता में अनेक ऐसे उपमानों का प्रयोग किया गया है, जो स्पष्ट करते हैं कि 'उषा' गाँव की सुबह के गतिशील चित्र को प्रतिबिंबित करती है। राख से लीपा हुआ चौका, केसर के रंग से युक्त काली सिल, तालाब में किसी गौर झिलमिल देह का हिलना आदि उपमानों को देखकर निश्चय ही कहा जा सकता है कि 'उषा' कविता गाँव की सुबह का गतिशील चित्र है।

7. 'उषा' कविता के आधार पर लिखिए कि काली सिल पर लाल केसर मलने से किस प्रकार का दृश्य उपस्थित होता है? यह तुलना कवि ने किस आधार पर की है? **CBSE 2023, CBSE Diksha**

उत्तर प्रातःकालीन आसमान काली स्लेट के समान लगता है। उस समय की सूर्य की लालिमा ऐसी लगती है, जैसे काली स्लेट पर लाल केसर चॉक मल दी हो। लाल केसर से बना रंग भी उषा की लालिमा जैसा होता है। यदि उससे काली सिल को धो दिया जाए तो आकाश में उषा की लालिमा के दृश्य का आभास कराया जा सकता है। यहाँ काली सिल को अँधेरे का प्रतीक माना गया है और लाल केसर सूर्य के प्रकाश को माना गया है।

8. जल में सूर्य के प्रतिबिंब को कवि किस रूप में चित्रित करता है? **CBSE Diksha**

उत्तर कवि जल में सूर्य के प्रतिबिंब को गोरी युवती के सुंदर शरीर के झिलमिलाते प्रतिबिंब के रूप में चित्रित करता है। कवि सूर्य के प्रकाश का मानवीकरण करते हुए सूरज की किरणों की तुलना युवती की सुंदर गोरी काया से करता है।

9. 'उषा' कविता में 'राख से लीपा हुआ चौका' (अभी गीला पड़ा है) से क्या अभिप्राय है? **CBSE 2024**

उत्तर 'उषा' कविता में प्रातःकालीन आकाश की पवित्रता के लिए कवि ने 'राख से लीपा हुआ चौका' (अभी गीला पड़ा है) कहा है। प्रातःकाल में आकाश में कुछ भूरा-धुँधला अँधेरा फैला रहता है, उसमें नीलापन कम तथा कालापन अधिक रहता है, साथ ही ओस कणों की नमी भी रहती है। इसी कारण उसे राख से लिपे हुए गीले चौके के समान बताया है, जो ग्रामीण परिवेश में सुबह अँधेरे में ही रसोई में लीपा जाता है।

10. 'उषा' कविता के प्रतिपाद्य को स्पष्ट कीजिए।

उत्तर 'उषा' कविता की रचना नई कविता के विशिष्ट कवि शमशेर बहादुर सिंह ने की है। उषा का सौंदर्य मोहक होता है। इस समय की प्रकृति अपने रूपाकाश को पल-पल परिवर्तित करती है, जिसे कवि ने अत्यंत आकर्षक तथा सजीव रूप में चित्रित किया है। उषाकाल का आकाश पवित्र, निर्मल तथा उज्ज्वल प्रतीत होता है। यह समय सृष्टि की नवगति का संदेशवाहक है। कवि का बिंब तथा प्रतीकों के माध्यम से उषाकाल के प्राकृतिक-सौंदर्य में परिवर्तन को रोचकता के साथ दर्शाना महत्त्वपूर्ण है।

दीर्घ उत्तरीय प्रश्न

1. भोर के नभ को कवि ने किन उपमानों के माध्यम से सामने रख एक नवीन चित्र उपस्थित करने का प्रयास किया है? स्पष्ट कीजिए।

उत्तर भोर के नभ को कवि ने 'राख से लीपा हुआ चौका', 'नीला शंख', 'बहुत काली सिल ज़रा से लाल केसर से कि जैसे धुल गई हो' तथा 'स्लेट पर या लाल खड़िया चॉक मल दी हो' जैसे उपमानों के माध्यम से चित्रित करने का प्रयास किया है। इन बिंबों के माध्यम से अंधकार के समाप्त होने पर प्रकृति में पल-पल आ रहे परिवर्तनों को दृष्टिगत किया गया है। आकाश के लिए इन उपमानों में जल तथा रंग को महत्त्व दिया गया है। ये उपमान नवीन तथा मौलिक हैं।

2. सूर्योदय से पहले आकाश में क्या-क्या परिवर्तन होते हैं? 'उषा' कविता के आधार पर बताइए।

अथवा **'उषा' कविता में प्रकृति में होने वाला परिवर्तन मानवीय जीवन चित्र बनकर किस प्रकार अभिव्यक्त हुआ है?** **CBSE 2023**

उत्तर सूर्योदय से पहले आकाश की छवि क्षण-क्षण बदलती रहती है। इस परिवर्तन को चित्रित करने तथा उसकी गतिशीलता को पकड़ने के लिए कवि ने विविध प्रतीकों तथा बिंबों का सहारा लिया है। प्रातःकाल में अंधकार के हटने तथा प्रकाश के फैलने की प्रक्रिया को ग्रामीण जन-जीवन की गतिविधियों से जोड़ा गया है। उषाकाल के दौरान आकाश में नमी मौजूद होती है। कवि ने इसे 'राख से लीपा हुआ चौका' जैसे बिंब के माध्यम से दर्शाया है। भोर के नभ का नीला रंग तथा राख से लीपे चौके में दृश्य-साम्य है। कवि ने सूर्योदय से पहले आकाश को काले सिल तथा स्लेट के रूप में भी चित्रित किया है। सूर्य की छिटकती लालिमा, काले सिल को लाल केसर से धुले जाने तथा स्लेट पर लाल खड़िया चॉक मल देने का बिंब, परिवेश में हो रहे परिवर्तन को चित्रित करते हैं।

3. कवि ने भोर के नभ की पवित्रता, निर्मलता तथा उज्ज्वलता को किन रूपों में स्पष्ट किया है?

उत्तर 'उषा' कविता में कवि ने भोर के नभ की पवित्रता, निर्मलता तथा उज्ज्वलता को विविध बिंबों एवं प्रतीकों के माध्यम से दर्शाया है। 'राख से लीपा हुआ चौका' पवित्रता का प्रतीक है।

'नील जल में किसी की गौर झिलमिल देह' में निर्मलता तथा 'काली सिल जरा से लाल केसर से कि जैसे धुल गई हो' में उज्ज्वलता का प्रतिबिंब है। भोर के नभ के बदलते सौंदर्य को कवि ने जन-जीवन की गतिशीलता तथा मानवीय गतिविधियों में हो रहे परिवर्तनों के रूप में रखा है।

4.. 'उषा' कविता के आधार पर कवि के प्रतीक-प्रेम तथा बिंबधर्मी चेतना को स्पष्ट कीजिए।

उत्तर 'उषा' कविता में कवि शमशेर बहादुर सिंह ने विभिन्न प्रतीकों तथा बिंबों के माध्यम से प्रकृति के पल-पल बदलते स्वरूप को स्पष्ट किया है। कविता में नीले आकाश को 'नीला शंख' के प्रतीक रूप में रखा गया है।

नीला शंख अपनी स्वच्छता तथा निर्मलता के लिए उसी रूप में जाना जाता है; जैसे—आकाश। कवि ने विविध बिंबों के सहारे प्रातःकाल के वातावरण को चित्रित करने में सफलता पाई है। इन प्रतीकों तथा बिंबों से कवि का चित्रकार मन कुशलता के साथ सामने आया है।

5. कवि शमशेर बहादुर सिंह के अतिरिक्त अन्य किन प्रसिद्ध कवियों ने प्रात:काल के सौंदर्य को अपनी कविता का विषय बनाया है? चर्चा कीजिए।

उत्तर कवि शमशेर बहादुर सिंह ने 'उषा' कविता में प्रातःकाल के सौंदर्य को स्पष्ट किया है। उनके अतिरिक्त जयशंकर प्रसाद तथा अज्ञेय ने भी प्रातःकाल की गतिविधियों तथा परिवर्तनों को स्पष्ट करने वाली कविताएँ लिखी हैं। जयशंकर प्रसाद ने प्रसिद्ध कविता 'बीती विभावरी जाग री' में उषाकाल का मानवीकरण कर इसे एक नया रूप दिया है। प्रसाद के उपमान भी ग्रामीण परिवेश से जुड़े हुए हैं।

अज्ञेय ने सूर्य को 'बावरा अहेरी' कह प्रतीकात्मक अभिव्यक्ति दी है। यह आलोक का प्रतीक है। यहाँ आलोक की लाल-लाल किरणें नवीन ज्ञान-विज्ञान की प्रतीक हैं। इस प्रकार शमशेर, प्रसाद तथा अज्ञेय की कविताएँ प्रातःकाल के सौंदर्य को प्रतीक एवं बिंबों के साथ स्पष्ट करती हैं।

स्व-मूल्यांकन

काव्यांश पर आधारित बहुविकल्पीय प्रश्न

निम्नलिखित काव्यांश को ध्यानपूर्वक पढ़कर पूछे गए बहुविकल्पीय प्रश्नों के लिए सर्वाधिक उपयुक्त विकल्प का चुनाव कीजिए

1. **प्रात नभ था बहुत नीला शंख जैसे**
भोर का नभ
राख से लीपा हुआ चौका
(अभी गीला पड़ा है)
बहुत काली सिल ज़रा से लाल केसर से
कि जैसे धुल गई हो
स्लेट पर लाल खड़िया चॉक
मल दी हो किसी ने
नील जल में या किसी की
गौर झिलमिल देह
जैसे हिल रही हो।
और........
जादू टूटता है इस उषा का अब
सूर्योदय हो रहा है।

(क) प्रस्तुत काव्यांश में कवि ने किसका चित्रण किया है?
(i) सूर्योदय का (ii) नायिका की सुंदरता का
(iii) प्रात:कालीन आकाश का (iv) रात्रि की मनोहरता का

(ख) कवि ने प्रात:कालीन आकाश को क्या कहा है?
(i) काली सिल की तरह
(ii) राख से लीपा हुआ चौका
(iii) काली स्लेट पर लाल चॉक
(iv) नीले जल में गौर वर्ण

(ग) सूर्योदय से पूर्व आकाश में क्या विद्यमान होता है?
(i) नीला रंग (ii) श्वेत रंग
(iii) लाल रंग (iv) नमी

(घ) 'प्रात: नभ था बहुत नीला शंख जैसे' पंक्ति में कौन-सा अलंकार है?
(i) अनुप्रास (ii) रूपक
(iii) उपमा (iv) अतिशयोक्ति

(ङ) 'काली सिल पर लाल केसर' मलने से कैसा दृश्य सामने आता है?
(i) सूर्योदय के बाद का (ii) सूर्योदय से पहले का
(iii) गहन रात्रि का (iv) संध्या काल का

उत्तर

(क) (i) सूर्योदय का (ख) (ii) राख से लीपा हुआ चौका
(ग) (iv) नमी (घ) (iii) उपमा
(ङ) (ii) सूर्योदय से पहले का

विषय-वस्तु पर आधारित प्रश्न

लघु उत्तरीय प्रश्न

1. काली सिला व लाल केसर के माध्यम से कवि के मनोभावों को लिखिए।
2. प्रात:कालीन नभ के लिए किन उपमानों का प्रयोग किया गया है?
3. 'गौर झिलमिल देह' की प्रतीकात्मकता स्पष्ट कीजिए।
4. सूर्योदय के बाद प्रकृति में क्या परिवर्तन आता है?

दीर्घ उत्तरीय प्रश्न

1. 'उषा' कविता के आधार पर प्रात:कालीन सौंदर्य पर प्रकाश डालिए।
2. कवि को नीले आकाश में सूर्य कैसा लगता है? 'उषा' कविता के आधार पर बताइए।
3. 'उषा' कविता की भाषागत विशेषताओं पर प्रकाश डालिए।
4. प्रात:कालीन प्रकृति के मनोहारी चित्रण को पाठ के आधार पर लिखिए।

06

अध्याय

कवि-परिचय

छायावाद के प्रमुख आधार-स्तंभ सूर्यकांत त्रिपाठी 'निराला' का जन्म 1899 ई. में बंगाल के महिशादल में हुआ था। निराला जी की शिक्षा घर पर ही हुई। उन्होंने संस्कृत, बांग्ला, अंग्रेज़ी आदि भाषाओं का घर पर ही अध्ययन किया। उनका पारिवारिक जीवन कष्ट और संघर्षों से भरा था। पिता, चाचा, पत्नी सभी की मृत्यु के पश्चात् उनकी पुत्री सरोज की भी मृत्यु हो गई। उनकी प्रसिद्ध काव्य रचनाएँ अनामिका, परिमल, गीतिका, कुकुरमुत्ता, नए पत्ते आदि हैं। अप्सरा, अलका, प्रभावती (उपन्यास); लिली सखी, चतुरी चमार (कहानी संग्रह); प्रबंध पद्य, चाबुक (निबंध संग्रह)। छायावादी कवि निराला की भाषा में चित्रात्मकता, कोमलता, संगीतात्मकता, प्रकृति व प्रतीकों का कुशल प्रयोग हुआ है। कवि निराला का निधन वर्ष 1961 में हुआ था।

अध्ययन के लिए
- कविता की रूपरेखा
- काव्यांशों की व्याख्या

अभ्यास के लिए
- पाठ्यपुस्तक के प्रश्नोत्तर
- काव्यांश पर आधारित बहुविकल्पीय प्रश्न
- लघु उत्तरीय प्रश्न
- दीर्घ उत्तरीय प्रश्न

बादल राग

(सूर्यकांत त्रिपाठी 'निराला')

कविता की रूपरेखा

कविता को नया स्वर देने वाले सूर्यकांत त्रिपाठी 'निराला' का उदात्त-काव्य व्यक्तित्व, कविता और जीवन में कोई फाँक नहीं रखता। वे बादल के भीतर सृजन और ध्वंस की ताकत को एकसाथ समाहित देखते हैं। यह उनकी प्रगतिवादी रचना है, जिसमें उन्होंने बादल को प्रतीक के माध्यम से सर्वहारा वर्ग व पूँजीपति वर्ग के क्रिया-कलापों और मानसिकता को दर्शाया है। वस्तुतः यह क्रांति का संगीत है।

काव्यांशों की व्याख्या

काव्यांश 1

तिरती है समीर-सागर पर
अस्थिर सुख पर दुःख की छाया-
जग के दग्ध हृदय पर
निर्दय विप्लव की प्लावित माया-
यह तेरी रण-तरी
भरी आकांक्षाओं से,
घन, भेरी-गर्जन से सजग सुप्त अंकुर
उर में पृथ्वी के, आशाओं से
नवजीवन की, ऊँचा कर सिर,
ताक रहे हैं, ऐ विप्लव के बादल!

शब्दार्थ

तिरती—तैरती, **समीर**—वायु, **सागर**—समुद्र, **दग्ध**—जला हुआ, **निर्दय**—क्रूर/कठोर, **प्लावित**—डूबा हुआ/पानी से भरा, **माया**—खेल, **रण-तरी**—युद्ध की नौका, **आकांक्षा**—कामना, **भेरी**—नगाड़ा, **सजग**—जागरूक, **सुप्त**—सोया हुआ, **अंकुर**—बीज से निकला छोटा पौधा, **उर**—हृदय/दिल, **नवजीवन**—नया जीवन, **ताकना**—एकटक देखना।

संदर्भ प्रस्तुत काव्य पंक्तियाँ हमारी पाठ्यपुस्तक 'आरोह भाग-2' में संकलित प्रसिद्ध छायावादी कवि सूर्यकांत त्रिपाठी 'निराला' की अत्यंत चर्चित कविता 'बादल राग' से उद्धृत हैं। 'बादल राग' निराला जी की लंबी कविताओं में से एक है, जिसका अंतिम एवं छठा खंड यहाँ प्रस्तुत किया गया है।

प्रसंग प्रस्तुत काव्यांश में कवि ने बादलों को क्रांति के दूत व विप्लव लाने वाले के रूप में बताया है।

व्याख्या कवि बादलों को क्रांतिदूत रूपी बादल के रूप में संबोधित करते हुए कहता है कि बादल आकाश में ऐसे मँडराते रहते हैं, जैसे पवन रूपी सागर पर कोई नौका तैर रही हो तथा ठीक वैसे ही जैसे अस्थिर अथवा क्षणिक सुख पर दुःख की छाया मँडराती रहती है। कवि को संसार का हृदय दुःख के कारण जला हुआ प्रतीत होता है। बादल ऐसे संसार के जले हुए हृदय पर निर्दयी प्रलयरूपी माया के रूप में मँडराते व उमड़ते-घुमड़ते हुए सदैव स्थित रहते हैं।

कवि आगे कहता है कि हे बादल! तुम्हारी यह रण रूपी नौका विभिन्न प्रकार की आकांक्षाओं (इच्छाओं) से भरी है। तुम शोषण व दुःख का नाश करने वाले वीर योद्धा के समान हो, तुम्हारे इस युद्ध-वाद्य की भारी-भरकम गर्जना से धरती के भीतर गर्भ में सोए हुए अंकुर अपनी निद्रा तोड़कर सजग हो जाते हैं अर्थात् बादल की भीषण गर्जना से कमजोर व निष्क्रिय व्यक्ति भी संघर्ष के लिए तैयार हो जाते हैं।

कवि बादलों का आह्वान करते हुए कहता है कि हे विप्लव के बादल! यह अंकुर अंकुरित होकर धरती के गर्भ से बाहर आकर नवजीवन प्राप्त करने की आशा लिए तुम्हारी प्रतीक्षा कर रहे हैं।

बादल को विप्लव लाने वाला बताने के पीछे कवि का अन्य उद्देश्य शोषण के विरुद्ध क्रांति का आह्वान है। शोषितों के हृदय में भी अपने उद्धार की आशाएँ फूट पड़ती हैं।

काव्य-शैली

(*i*) बादलों को विप्लव व क्रांति के प्रतीक के रूप में चित्रित किया गया है।
(*ii*) 'समीर सागर', 'सजग सुप्त' में अनुप्रास अलंकार है।
(*iii*) दुःख की छाया, विप्लव के बादल में रूपक अलंकार है।
(*iv*) प्रस्तुत काव्यांश में मानवीकरण अलंकार है।
(*v*) प्रतीक, बिंब तथा लाक्षणिकता का सुंदर प्रयोग मिलता है।
(vi) भाषा संस्कृतनिष्ठ तत्सम शब्दों से युक्त साहित्यिक हिंदी है तथा काव्य की रचना मुक्तक छंद में है।

काव्यांश 2

फिर-फिर
बार-बार गर्जन
वर्षण है मूसलधार,
हृदय थाम लेता संसार,
सुन-सुन घोर वज्र-हुंकार।
अशनि-पात से शापित उन्नत शत-शत वीर,
क्षत-विक्षत हत अचल-शरीर,
गगन-स्पर्शी स्पर्द्धा धीर।

शब्दार्थ

गर्जन—गरजना, **वर्षण**—बारिश, **मूसलधार**—जोरों की लगातार बारिश, **हृदय थामना**—भयभीत होना, **वज्र-हुंकार**—वज्रपात के समान भीषण आवाज़, **अशनि-पात**—बिजली गिरना, **शापित**—शापग्रस्त, **उन्नत**—बड़ा, **शत**—सैकड़ों, **क्षत-विक्षत**—घायल/लहूलुहान, **हत**—मरा हुआ, **अचल**—अडिग यानी पर्वत, **गगन-स्पर्शी**—आकाश को छूने वाला, **स्पर्द्धा-धीर**—स्पर्द्धा के लिए अधीर अर्थात् आगे बढ़ने की होड़ करने के लिए बेचैन।

संदर्भ पूर्ववत्।

प्रसंग काव्यांश की इन पंक्तियों में कवि निराला बादलों के हाहाकारी रूप का वर्णन करते हुए उसके क्रांतिकारी स्वरूप को स्पष्ट कर रहे हैं।

व्याख्या प्रस्तुत काव्यांश में कवि कहता है कि हे क्रांतिकारी बादल! तुम बार-बार गर्जना कर रहे हो। तुम्हारा इस मूसलाधार तेज़ गर्जन के साथ बरसने से संसार अपना हृदय थाम लेता है अर्थात् तुम्हारी वज्र के समान भयंकर आवाज को सुनकर संसार भयभीत हो जाता है। तुम्हारी बिजली रूपी तलवारों के प्रहार व बिजली गिरने से आकाश की ऊँचाइयों को छूने की इच्छा रखने वाले पर्वत भी उसी प्रकार घायल हो जाते हैं; जैसे- रणभूमि में वज्र के प्रहार से बड़े-बड़े वीर योद्धा मृत्यु को प्राप्त हो जाते हैं। दूसरे शब्दों में, कवि ने यहाँ बादलों के सौंदर्य एवं क्रिया विधि को एक नए रूप में अंकित किया है।

काव्य-शैली

(*i*) कवि ने बादल को विद्रोह व क्रांति का प्रतीक माना है।
(*ii*) स्पर्शी स्पर्द्धा में अनुप्रास अलंकार है।
(*iii*) फिर-फिर, बार-बार, सुन-सुन, शत-शत में पुनरुक्तिप्रकाश अलंकार है।
(*iv*) 'हाथ थामना' मुहावरे का सार्थक प्रयोग है।
(*v*) 'बादल का मानवीकरण' कर उसे क्रांति का प्रतिनिधि माना गया है।
(*vi*) कविता की संवेदना 'प्रगतिवादी' है, किंतु शिल्प 'छायावादी' है। प्रतीकों के प्रयोग से कविता प्रभावपूर्ण बन गई है।
(*v*) तत्सम शब्दावली युक्त खड़ीबोली है तथा कविता में मुक्तक छंद प्रधान है।

काव्यांश 3

हँसते हैं छोटे पौधे लघुभार-
शस्य अपार,
हिल-हिल
खिल-खिल,
हाथ हिलाते,
तुझे बुलाते,
विप्लव-रव से छोटे ही हैं शोभा पाते।
अट्टालिका नहीं है रे
आतंक-भवन
सदा पंक पर ही होता
जल-विप्लव-प्लावन,
क्षुद्र प्रफुल्ल जलज से
सदा छलकता नीर,
रोग-शोक में भी हँसता है
शैशव का सुकुमार शरीर।

शब्दार्थ

लघुभार—हल्के, **शस्य**—हरियाली, **अपार**—बहुत, **विप्लव**—विनाश, **रव**—शोर/हलचल, **अट्टालिका**—महल/अटारी, **आतंक-भवन**—भय का निवास, **पंक**—कीचड़, **प्लावन**—बाढ़, **क्षुद्र**—तुच्छ/लघु, **प्रफुल्ल**—प्रसन्न/खिला हुआ, **जलज**—कमल, **नीर**—पानी, **शैशव**—बचपन, **सुकुमार**—कोमल।

संदर्भ पूर्ववत्।

प्रसंग कवि प्रस्तुत पंक्तियों में बादलों के बरसने से उत्पन्न वातावरण तथा उनके वर्षण के विभिन्न प्रभावों का प्राकृतिक एवं सामाजिक संदर्भ में चित्रण करता है।

व्याख्या कवि कहता है कि बादल के बरसने से उत्पन्न हरियाली के कारण छोटे पौधे हँसते हुए-से दिखाई दे रहे हैं। वे हँस-हँसकर, खिलकर अर्थात् प्रसन्न मुद्रा में हाथ हिलाकर बादलों को बुला रहे हैं।

यहाँ कवि इस सामाजिक सत्य को भी रेखांकित करना नहीं भूलता कि क्रांति का कारक एवं संवाहक हमेशा समाज का छोटा एवं वंचित वर्ग ही होता है और उससे सर्वाधिक लाभान्वित भी यही वर्ग होता है अर्थात् वर्षा से छोटे पौधे तथा विप्लव या क्रांति से छोटा या निम्न वर्ग अधिक लाभ और विकास प्राप्त करता है।

कवि आगे धनी वर्ग के ऊँचे घरों अर्थात् अट्टालिकाओं का चित्रण करते हुए कहता है कि पूँजीपतियों के ऊँचे-ऊँचे भवन मात्र भवन नहीं हैं अपितु ये अट्टालिकाएँ 'आतंक-भवन' हैं, जो गरीबों को आतंकित कर उनका शोषण करते हैं।

कवि आगे कहता है कि जल प्लावन अर्थात् वर्षा से जो बाढ़ आती है, वह हमेशा कीचड़ से भरी धरती को ही डुबोती है। अर्थात् क्रांति से शोषक वर्ग ही नष्ट होता है। दूसरा यही जल जब कमल की पंखुड़ियों पर पड़ता है, तो वह अधिक प्रसन्न हो उठता है अर्थात् वर्षा से कीचड़ धुल जाता है और परिणामस्वरूप छोटे किंतु प्रसन्नता के सूचक खिले हुए कमल विकसित एवं आह्लादित होते हैं। वे वर्षा के जल से सकारात्मक रूप से प्रभावित होते हैं। ठीक उसी प्रकार क्रांति से शोषित एवं सर्वहारा वर्ग के अभावग्रस्त बच्चे विकसित होते हैं, वे अभाव, दुःख एवं पीड़ा में भी सदैव हँसते रहते हैं।

काव्य-शैली

(*i*) कवि ने यहाँ पूँजीपति लोगों के जीवन पर कटाक्ष किया है।
(*ii*) 'पंक पर' में अनुप्रास अलंकार है।
(*iii*) 'अट्टालिका नहीं है रे आतंक-भवन' में अपह्नुति अलंकार विद्यमान है।
(*iv*) 'बार-बार', 'सुन-सुन', 'हिल-हिल', 'खिल-खिल' में पुनरुक्तिप्रकाश अलंकार है।
(*v*) 'हाथ हिलाना' मुहावरे का प्रयोग है।
(*vi*) मुक्त छंद की कविता में प्रतीकों का सुंदर प्रयोग मिलता है; जैसे—'पंक' शोषित वर्ग का तथा 'अट्टालिका' सुविधासंपन्न वर्ग का प्रतीक है। सजीव तथा प्रभावी बिंबों के माध्यम से बादल को क्रांति का प्रतिनिधि बताया गया है।

काव्यांश 4

रुद्ध कोष है, क्षुब्ध तोष
अंगना-अंग से लिपटे भी
आतंक अंक पर काँप रहे हैं।
धनी, वज्र-गर्जन से बादल!
त्रस्त-नयन मुख ढाँप रहे हैं।
जीर्ण बाहु, है शीर्ण शरीर,
तुझे बुलाता कृषक अधीर,
ऐ विप्लव के वीर!
चूस लिया है उसका सार,
हाड़-मात्र ही है आधार,
ऐ जीवन के पारावार!

शब्दार्थ

रुद्ध—रुका हुआ, **कोष**—खज़ाना, **क्षुब्ध**—क्रुद्ध, **तोष**—संतोष/शांति, **अंगना**—पत्नी, **अंग**—शरीर, **अंक**—गोद, **वज्र-गर्जन**—वज्र के समान गर्जन, **त्रस्त**—भयभीत/डरा हुआ, **जीर्ण**—पुराना/जर्जर/फटा हुआ, **बाहु**—भुजा, **शीर्ण**—कमज़ोर, **कृषक**—किसान, **अधीर**—व्याकुल, **सार**—प्राण, **हाड़-मात्र**—हड्डियों का ढाँचा, **पारावार**—समुद्र।

संदर्भ पूर्ववत्।

प्रसंग प्रस्तुत पंक्तियों में कवि समाज के शोषक एवं शोषित वर्ग अर्थात् प्रभुता एवं सुविधासंपन्न धनी वर्ग एवं सुविधाविहीन निर्धन वर्ग का चित्रण करता है।

व्याख्या बादल को संबोधित करते हुए कवि धनी एवं संपन्न वर्ग की स्थिति को बताते हुआ कहता है कि शोषक वर्ग अथवा पूँजीपति वर्ग ने आर्थिक साधनों पर अपना आधिपत्य स्थापित कर रखा है। हे बादल! तुम्हारी भयंकर गर्जना से वे सब काँप रहे हैं, भयभीत हो रहे हैं, जिन्होंने शोषण के फलस्वरूप प्राप्त धन-संपत्ति से अपनी तिजोरियाँ भर रखी हैं और विलास एवं सुविधा की सारी सामग्री जुटा रखी है। सबसे सुरक्षित जगह पर अपनी

अर्द्धांगिनियों के शरीर से लिपटे रहने पर भी किसी अज्ञात भय से काँप रहे ये धनी लोग अपने भयभीत नेत्रों और मुँह को छिपाने का प्रयत्न करते दिखाई दे रहे हैं।

कवि शोषक वर्ग के शोषण तथा भयंकर गर्मी के मौसम के कारण सूखे की प्राकृतिक आपदा के संभावित दुष्परिणाम से व्याकुल कृषक वर्ग का चित्रण करता हुआ बताता है कि धनी वर्ग के निरंतर शोषण के कारण जिसका शरीर और बाँहें थककर कमज़ोर पड़ गए हैं, जिनके शरीर में केवल हड्डियों का ढाँचा मात्र शेष रह गया है। धनी वर्ग ने जिसका आर्थिक, शारीरिक और सामाजिक शोषण करके उसके शरीर का सत्व अर्थात् सामर्थ्य चूस लिया है। अकाल एवं अनावृष्टि की आशंका से त्रस्त वह कृषक वर्ग बड़ी अधीरता एवं व्याकुलता से बादलों के आगमन की राह देखते हुए कह रहा है कि हे जीवन-दाता तुम बरसकर किसानों की गरीबी व शोषकों के शोषण को समाप्त करो।

बादल क्रांतिदूत होने के कारण 'विप्लव के वीर' तथा गर्मी से जली-भुनी धरती पर वर्षा करके हरियाली के रूप में फसलों एवं पेड़-पौधों में नवजीवन लाने वाले, कृषकों को आनंद, उल्लास एवं जीवन में समृद्धि प्रदान करने वाले जीवन के पारावार हैं।

काव्य-शैली

(*i*) शोषक वर्ग द्वारा किए जाने वाले शोषण पर व्यंग्य किया है तथा किसानों की दयनीय दशा का सजीव चित्रण किया गया है।

(*ii*) 'अंगना-अंग' तथा 'आतंक अंक' में अनुप्रास अलंकार है।

(*iii*) तत्सम शब्दावली, खड़ीबोली तथा संबोधन शैली का प्रयोग है।

(*iv*) चित्रात्मक शैली व मुक्तक छंद है।

(*v*) प्राकृतिक प्रतीकों का प्रयोग किया गया है और बादल को वीर योद्धा बताया गया है।

(*vi*) भाषा संस्कृतनिष्ठ तथा प्रवाहपूर्ण है।

पाठ्यपुस्तक (आरोह भाग-2) के प्रश्नोत्तर

कविता के साथ

1. 'अस्थिर सुख पर दुःख की छाया'-पंक्ति में 'दुःख की छाया' किसे कहा गया है और क्यों?

उत्तर प्रस्तुत पंक्ति में कवि ने 'दुःख की छाया' मानव-जीवन में आने वाले दुःखों व कष्टों को कहा है, क्योंकि मानव जीवन में सुख व दुःख हवा के समान अस्थायी व चंचल हैं। सुख-दुःख दोनों ही जीवन में आते-जाते रहते हैं। सुविधाभोगी वर्ग के पास आर्थिक साधनों की कमी नहीं रहती, किंतु वे अपने सुख से अधिक अपने भविष्य के प्रति सचेष्ट रहते हैं। यह वर्ग किसी भी सामाजिक परिवर्तन अथवा क्रांति से भयभीत रहता है। इस भय के कारण ही उस पर दुःख की छाया आच्छादित हो जाती है तथा उसका अस्थिर सुख ही उसके दुःख का कारण बन जाता है।

2. 'अशनि-पात से शापित उन्नत शत-शत वीर'-पंक्ति में किसकी ओर संकेत किया गया है?

***अथवा* 'बादल राग' कविता से ली गई पंक्ति 'अशनि-पात से शापित उन्नत शत-शत वीर' का आशय स्पष्ट करते हुए लिखिए कि इस पंक्ति में किसकी ओर संकेत किया गया है।** **CBSE 2024**

उत्तर 'अशनि-पात से शापित उन्नत शत-शत वीर'—पंक्ति में कवि ने क्रांति के विरोधी पूँजीपति-सामंती वर्ग की ओर संकेत किया है। कवि मानता है कि जिस प्रकार क्रांति का प्रतिनिधि बादल अपने से उन्नत पहाड़ की चोटियों को अपने वज्राघात से क्षत-विक्षत कर सकता है, उसी प्रकार समाज के शोषित वर्ग की क्रांतिकारी चेतना शोषक पूँजीवादी-सामंती शक्तियों को अपने प्रहार से ध्वस्त कर सकती है। जिस प्रकार अशनि-पात से पर्वत की चोटियाँ क्षत-विक्षत होती हैं, उसी प्रकार क्रांति के प्रहार से बड़े-बड़े धनपति भी धराशायी हो जाते हैं।

3. 'विप्लव-रव से छोटे ही हैं शोभा पाते'-पंक्ति में 'विप्लव-रव' से क्या तात्पर्य है? 'छोटे ही हैं शोभा पाते' ऐसा क्यों कहा गया है? **CBSE Diksha**

उत्तर 'विप्लव-रव' का तात्पर्य क्रांति की गर्जन से है। सामाजिक क्रांति परिवर्तन के लिए होती है। ऐसे परिवर्तन समाज के कमज़ोर, वंचित तथा शोषण के शिकार लोगों को नई दिशा देने में सक्षम होते हैं। 'छोटे ही हैं शोभा पाते' इसलिए कहा गया है, क्योंकि क्रांति से समाज के पिछड़े लोगों को ही आगे बढ़ने का अवसर मिलता है तथा शोषक वर्ग भय से काँप जाता है, क्योंकि उनका धन, घमंड आदि सब समाप्त हो जाता है, उन्हें अपना साम्राज्य बिखरता-लुटता नजर आता है तथा आम आदमी का कुछ छिनता नहीं है, बल्कि उसे कुछ अधिकार ही प्राप्त होते हैं।

4. बादलों के आगमन से प्रकृति में होने वाले किन-किन परिवर्तनों को कविता रेखांकित करती है?

उत्तर बादलों के आगमन से प्रकृति में होने वाले निम्नलिखित परिवर्तनों को कविता रेखांकित करती है

(i) बादलों के आगमन से गर्मी से तपी-झुलसी धरती नया जीवन एवं रूप ग्रहण करती है।

(ii) गर्मी के कारण अकाल की चिंता से व्याकुल किसानों को राहत मिलती है।

(iii) धरती के भीतर सोए अंकुर नवजीवन की आशा में सिर ऊँचा कर अपनी उपस्थिति दर्ज कराते हैं।

(iv) तेज हवा के चलने से छोटे-छोटे पौधे हाथ हिलाते प्रतीत होते हैं।

(v) गर्मी से बेचैन दुःखी प्राणी बादलों को देखकर प्रसन्न हो जाते हैं।

व्याख्या कीजिए

1. तिरती है समीर-सागर पर
अस्थिर सुख पर दुःख की छाया
जग के दग्ध हृदय पर
निर्दय विप्लव की प्लावित माया **CBSE 2024**

उत्तर कवि के अनुसार, वायु रूपी सागर पर बादल तैर रहे हैं। वे इस प्रकार से घुमड़-घुमड़कर आकाश में आच्छादित हैं, जैसे अस्थायी सुखों पर दुःखों की काली छाया मँडरा रही हो। संसार में व्याप्त सुख सदैव नहीं रहते, वे अस्थायी हैं। इन पर दुःखों की छाया मँडराती रहती है। संसार के लोगों के

जले हुए हृदय पर बादल निर्दयी प्रलयरूपी माया बनकर मँडराते रहते हैं। बादलों की युद्ध रूपी नौका में आम आदमी की आकांक्षाएँ भरी हुई हैं। ऐसे में हे बादल! तुम आकर अपनी क्रांति गर्जना से इस दुःखी संसार को आनंद प्रदान करो तथा शोषित वर्ग को शोषण की पीड़ा से मुक्त करो।

2. **अट्टालिका नहीं है रे**
आतंक-भवन
सदा पंक पर ही होता
जल-विप्लव-प्लावन

उत्तर कवि कहता है कि ये ऊँचे-ऊँचे भवन व इमारतें वास्तव में इतने ऊँचे एवं महान नहीं हैं। ये तो अनेक मज़दूरों के शोषण व उनकी मेहनत के परिणाम हैं। ये तो भय और त्रास के जनक हैं। इनमें निवास करने वाले पूँजीपति सदैव भयभीत रहते हैं। जल की विनाशलीला तो सदा पंक पर ही होती है। पंक में बाढ़ और विनाश का दृश्य उपस्थित होता है अर्थात् क्रांति का जन्म तो समाज के निम्न वर्ग में ही होता है। समाज का यही सर्वहारा वर्ग क्रांति द्वारा परिवर्तन लाता है।

कला की बात

1. पूरी कविता में प्रकृति का मानवीकरण किया गया है। आपको प्रकृति का कौन-सा मानवीय रूप पसंद आया और क्यों?

उत्तर मुझे प्रकृति का वह स्वरूप पसंद आया, जब बादलों के आगमन से प्रकृति में मूसलाधार जलवृष्टि होती है और उससे मन में आशा का संचार हो जाता है। धरती के भीतर सुप्त अंकुर अपना सिर ऊँचा करके बादलों को ताकने लगते हैं। नन्हें पौधे अपनी प्रसन्नता हाथ हिलाकर अभिव्यक्त करते हैं, क्योंकि जब भी विप्लव होगा, तो उसका श्रेष्ठ परिणाम नन्हें, लघु रूप वाले पौधों को ही प्राप्त होगा।

2. कविता में रूपक अलंकार का प्रयोग कहाँ-कहाँ हुआ है? संबंधित वाक्यांश को छाँटकर लिखिए।

उत्तर (*i*) तिरती है समीर सागर पर
(*ii*) यह तेरी रण-तरी
(*iii*) घन, भेरी-गर्जन से सजग सुप्त अंकुर
(*iv*) विप्लव के बादल
(*v*) विप्लव के वीर
(*vi*) जीवन के पारावार
(*vii*) अस्थिर सुख पर दुःख की छाया

3. इस कविता में बादल के लिए ऐ विप्लव के वीर! ऐ जीवन के पारावार! जैसे संबोधनों का इस्तेमाल किया गया है। बादल राग कविता के शेष पाँच खंडों में भी कई संबोधनों का इस्तेमाल किया गया है; जैसे-अरे वर्ष के हर्ष!, मेरे पागल बादल!, ऐ निर्बंध!, ऐ स्वच्छंद!, ऐ उद्दाम! ऐ, सम्राट!, ऐ विप्लव के प्लावन!, ऐ अनंत के चंचल शिशु सुकुमार!

उपर्युक्त संबोधनों की व्याख्या करें तथा बताइए कि बादल के लिए इन संबोधनों का क्या औचित्य है?

उत्तर प्रस्तुत कविता में दिए गए संबोधनों के प्रयोग से कवि ने कविता की सार्थकता को बढ़ाया है, साथ ही प्रकृति के सर्वाधिक महत्त्वपूर्ण उत्पादन का सुंदर चित्रण भी किया है।

संबोधन	प्रयोग
अरे वर्ष के हर्ष!	खुशी, प्रसन्नता का प्रतीक
मेरे पागल बादल!	मदमस्ती का प्रतीक
ऐ निर्बंध!	बंधनहीन
ऐ स्वच्छंद!	स्वतंत्रता से घूमने वाले
ऐ उद्दाम!	भयहीन
ऐ सम्राट!	सर्वशक्तिशाली
ऐ विप्लव के प्लावन!	प्रलय या क्रांति
ऐ अनंत के चंचल शिशु सुकुमार!	बच्चों के समान चंचल

4. कवि बादलों को किस रूप में देखता है? कालिदास ने 'मेघदूत' काव्य में मेघों को दूत के रूप में देखा। आप अपना कोई काल्पनिक बिंब दीजिए।

अथवा **'बादल राग' कविता में कवि बादल को किस रूप में बुलाता है और क्यों?** **CBSE 2023**

उत्तर कवि सूर्यकांत त्रिपाठी 'निराला' ने 'बादल-राग' कविता के अंतर्गत बादल को क्रांति के प्रतिनिधि के रूप में देखा है। बादल नवजीवन के प्रतीक हैं। बादल ग्रीष्म के भीषण ताप जैसी निरंकुशता को समाप्त कर धरती के नीचे सोए अंकुर के मन में आकांक्षाओं को गति प्रदान करता है। बादल का यह रूप परंपरागत काव्य-प्रवृत्ति से पूर्णतः अलग है। 'बादल राग' कविता में कवि निराला ने विविध बिंबों तथा प्रतीकों के माध्यम से बादल के क्रांतिकारी स्वरूप का वर्णन किया है।

कालिदास का 'बादल' प्रेमी-प्रेमिका का महत्त्वपूर्ण संदेशवाहक है। संस्कृत काव्यों तथा परंपरागत साहित्य में 'बादल' प्रायः इसी रूप में आए हैं। निराला ने 'बादल' को किसानों का हितैषी माना है, जो अपनी बूँदें किसानों को देकर खाद्यान्न उपजाने में मदद करता है। इस प्रकार बादल भी एक श्रमजीवी है। मेरे अनुसार काल्पनिक बिंब है– आशा के रूपक हे आशा के संचालित बादल अपनी छोटी-छोटी व उजली बूँदों से हमें सिक्त कर दें, जिसमें जीवन का राग छिपा है।

5. कविता को प्रभावी बनाने के लिए कवि विशेषणों का सायास प्रयोग करता है; जैसे-अस्थिर सुख। 'सुख' के साथ 'अस्थिर' विशेषण के प्रयोग ने सुख के अर्थ में विशेष प्रभाव पैदा कर दिया है। ऐसे अन्य विशेषणों को कविता से छाँटकर लिखें तथा बताइए कि ऐसे शब्द-पदों के प्रयोग से कविता के अर्थ में क्या विशेष प्रभाव पैदा हुआ है?

उत्तर **दग्ध-हृदय** हृदय के साथ दग्ध लगने से मन की पीड़ा, दुःख प्रकट हो रहा है। इससे यातनाएँ और शोषण की अभिव्यक्ति हुई है।

निर्दय विप्लव विप्लव के साथ निर्दय लगने से वह दयाहीन और क्रूर हो गया है।

सुप्त अंकुर सुप्त विशेषण बीजों के मिट्टी में दबे होने का द्योतक है।

घोर वज्र-हुंकार हुंकार के साथ प्रयुक्त घोर एवं वज्र विशेषण भयावहता का संचरण करते हैं।

क्षत-विक्षत हत अचल शरीर शरीर की दुर्दशा यानी उसकी घायल स्थिति की ओर संकेत करते हैं।

प्रफुल्ल जलज कमल की प्रसन्नता और उसके खिलने की अभिव्यक्ति होती है।

रुद्ध कोष रुद्ध विशेषण संचित धन की ओर संकेत करते हैं।

अभ्यास प्रश्न

काव्यांश पर आधारित बहुविकल्पीय प्रश्न

निम्नलिखित काव्यांशों को ध्यानपूर्वक पढ़कर पूछे गए बहुविकल्पीय प्रश्नों के लिए सर्वाधिक उपयुक्त विकल्प का चुनाव कीजिए

1. तिरती है समीर-सागर पर
अस्थिर सुख पर दुख की छाया-
जग के दग्ध हृदय पर
निर्दय विप्लव की प्लावित माया-
यह तेरी रण-तेरी
भरी आकांक्षाओं से,
घन, भेरी-गर्जन से सजग सुप्त अंकुर
उर में पृथ्वी के, आशाओं से
नवजीवन की, ऊँचा कर सिर,
ताक रहे हैं, ऐ विप्लव के बादल।

(क) सुमेलित कीजिए

	सूची I		सूची II
A.	बादल	1.	हवा के समान चंचल
B.	सुख	2.	क्रांति के दूत
C.	अंकुर	3.	नए जीवन की आशा

कूट

	A	B	C		A	B	C
(i)	1	3	2	(ii)	2	1	3
(iii)	3	1	2	(iv)	1	2	3

(ख) कवि ने बादल को कहाँ तैरते हुए चित्रित किया है?
(i) स्वच्छ आकाश में
(ii) हवा रूपी सागर में
(iii) अमरावती नगरी में
(iv) उपर्युक्त सभी

(ग) **कथन** (A) बादल क्रांति का प्रतीक हैं व वायु अस्थिर है।
कारण (R) मानव जीवन में सुख व दुःख स्थायी हैं।
कूट
(i) कथन (A) और कारण (R) दोनों सही हैं तथा कारण (R), कथन (A) की सही व्याख्या करता है।
(ii) कथन (A) और कारण (R) दोनों सही हैं, परंतु कारण (R), कथन (A) की सही व्याख्या नहीं करता है।
(iii) कथन (A) सही है, किंतु कारण (R) गलत है।
(iv) कथन (A) गलत है, किंतु कारण (R) सही है।

(घ) संसार का हृदय कैसा हो गया है?
(i) सुख के कारण विशाल (ii) दुःख के कारण दग्ध
(iii) ईर्ष्या के कारण संकुचित (iv) द्वेष के कारण आह्लादित

(ङ) बादल को किसके प्रतीक के रूप में प्रस्तुत किया गया है?
(i) निम्न वर्ग के (ii) मध्य वर्ग के
(iii) क्रांति वर्ग के (iv) उच्च वर्ग के

उत्तर

(क) (ii) 2 1 3
(ख) (ii) हवा रूपी सागर में
(ग) (iii) कथन (A) सही है, किंतु कारण (R) गलत है।
(घ) (ii) दुःख के कारण दग्ध
(ङ) (iii) क्रांति वर्ग के

2. फिर-फिर
बार-बार गर्जन
वर्षण है मूसलधार,
हृदय थाम लेता संसार,
सुन-सुन घोर वज्र-हुंकार।
अशनि-पात से शापित उन्नत शत-शत वीर,
क्षत-विक्षत हत अचल-शरीर,
गगन-स्पर्शी स्पर्द्धा धीर। **CBSE SQP 2024**

(क) **कथन** (A) बादल बार-बार गर्जना कर कर रहे हैं।
कथन (R) बादल मूसलाधार रूप में बस्ती पर बरस रहे हैं।
कूट
(i) कथन (A) और कारण (R) दोनों सही हैं तथा कारण (R), कथन (A) की सही व्याख्या करता है।
(ii) कथन (A) और कारण (R) दोनों सही हैं, परंतु कारण (R), कथन (A) की सही व्याख्या नहीं करता है।
(iii) कथन (A) सही है, किंतु कारण (R) गलत है।
(iv) कथन (A) गलत है, किंतु कारण (R) सही है।

(ख) 'गगन-स्पर्शी स्पर्धा' पंक्ति के अनुसार दिए गए कथनों पर विचार करते हुए सही कथन को चयनित कर लिखिए। **CBSE SQP 2024**
(i) आसमान को छूने की कोशिश
(ii) बादलों को छूने की कोशिश
(iii) अत्यधिक महत्त्वाकांक्षी होना
(iv) चुनौतियों का सामना करना

(ग) बादलों का शरीर किससे आहत हो रहा है?
(i) बिजली रूपी तलवारों से (ii) वायुयानों के आवागमन से
(iii) उच्च वर्ग की महत्त्वाकांक्षाओं से (iv) निम्न वर्ग के संताप से

(घ) रिक्त स्थान की पूर्ति कीजिए

"क्रांति के ………… के जैसे वज्र गर्जना।" **CBSE SQP 2024**

(i) हथियारों (ii) बादलों (iii) वीरों (iv) मूसलाधार

(ङ) काव्यांश में बादल की किस विशेषता की ओर संकेत किया गया है?

(i) बादल आकाश को छूने वाले हैं
(ii) आकाश से प्रतियोगिता करने वाले हैं
(iii) धीर-वीर अपराजित योद्धा हैं
(iv) उपर्युक्त सभी

उत्तर

(क) (i) कथन (A) और कारण (R) दोनों सही हैं तथा कारण (R), कथन (A) की सही व्याख्या करता है।

(ख) (i) आसमान को छूने की कोशिश

(ग) (i) बिजली रूपी तलवारों से

(घ) (ii) बादलों

(ङ) (iv) उपर्युक्त सभी

3. हँसते हैं छोटे पौधे लघुभार-
शस्य अपार,
हिल-हिल
खिल-खिल,
हाथ हिलाते,
तुझे बुलाते,
विप्लव-रव से छोटे ही हैं शोभा पाते।
अट्टालिका नहीं है रे
आतंक-भवन
सदा पंक पर ही होता
जल-विप्लव-प्लावन,
क्षुद्र प्रफुल्ल जलज से
सदा छलकता नीर,
रोग-शोक में भी हँसता है
शैशव का सुकुमार शरीर।

(क) काव्यांश में छोटे पौधे किन्हें कहा गया है?

(i) छोटे बच्चों को (ii) मध्य वर्ग को
(iii) निम्न वर्ग को (iv) उच्च वर्ग को

(ख) 'विप्लव-रव से छोटे ही हैं शोभा पाते' पंक्ति के अनुसार दिए गए कथनों पर विचार करते हुए सही कथन को चयनित करके लिखिए।

(i) सामाजिक क्रांति का निम्न वर्ग को ही लाभ मिलता है
(ii) बादलों से हुई वर्षा से छोटे पौधों को अधिक जल मिलता है
(iii) निम्न वर्ग क्रांति के प्रभाव से वंचित रहता है
(iv) सामाजिक क्रांति सभी वर्गों के लिए हितकर होती है

(ग) **कथन** (A) क्रांति से शोषकों के शोषण का अंत संभव है।
कारण (R) क्रांति शोषितों के अधिकार सुनिश्चित करवा पाती है।
कूट **CBSE SQP 2024**

(i) कथन (A) और कारण (R) दोनों सही हैं तथा कारण (R), कथन (A) की सही व्याख्या करता है।
(ii) कथन (A) और कारण (R) दोनों सही हैं, परंतु कारण (R), कथन (A) की सही व्याख्या नहीं करता है।
(iii) कथन (A) सही है, किंतु कारण (R) गलत है।
(iv) कथन (A) गलत है, किंतु कारण (R) सही है।

(घ) तेज बरसात या क्रांति से कौन धराशायी हो जाते हैं? **CBSE SQP 2024**

(i) गरीब और अमीर लोग (ii) बड़े वृक्ष और छोटे पौधे
(iii) बड़े वृक्ष और पूँजीपति (iv) बड़े वृक्ष और सर्वहारा

(ङ) रिक्त स्थान की पूर्ति कीजिए

काव्यांश में 'पंक' ……… प्रतीक है।

(i) गंदगी का (ii) उच्च वर्ग का
(iii) पवित्रता का (iv) शोषक वर्ग का

उत्तर

(क) (iii) निम्न वर्ग को

(ख) (i) सामाजिक क्रांति का निम्न वर्ग को ही लाभ मिलता है।

(ग) (i) कथन (A) और कारण (R) दोनों सही हैं तथा कारण (R), कथन (A) की सही व्याख्या करता है।

(घ) (iii) बड़े वृक्ष और पूँजीपति

(ङ) (iv) शोषक वर्ग का

विषय-वस्तु पर आधारित प्रश्नोत्तर

लघु उत्तरीय प्रश्न

1. सुरक्षित तथा संपन्न वर्ग शोषित वर्ग के विप्लव की संभावना से भयभीत क्यों रहता है?

उत्तर शोषण के बल पर संपन्न तथा सुरक्षित बनने वाला वर्ग शोषित लोगों के विप्लव की आशंका से भयभीत हो जाता है। विनाश तथा क्रांति की संभावना के कारण वह काँपने लगता है। उसे पता है कि उसका अस्तित्व शोषण पर आधारित है। उसकी अट्टालिका कमज़ोर वर्गों की मेहनत का परिणाम है, इसीलिए ऐसे लोगों को यह त्रास की स्थिति में ला देता है। यह सुरक्षित तथा संपन्न वर्ग महल (अट्टालिका) के भीतर आतंक के साथ अपने दिन व्यतीत करता है।

2. 'बादल राग' कविता में कवि ने अट्टालिका को 'आतंक-भवन' क्यों कहा है?

अथवा **'बादल राग' कविता में कवि ने धनिकों के भवनों को 'आतंक भवन' क्यों है?** **CBSE 2023**

अथवा **'बादल राग' कविता में पूँजीपतियों की अट्टालिकाओं को 'आतंक-भवन' क्यों कहा गया है?** **CBSE 2024**

अथवा **'बादल राग' कविता के आधार पर लिखिए कि ऊँची-ऊँची अट्टालिकाओं में रहने वाला पूँजीपति वर्ग किससे और क्यों भयभीत हो जाता है?** **CBSE 2025**

उत्तर 'बादल राग' कविता में कवि निराला ने लिखा है-'अट्टालिका नहीं है रे आतंक-भवन', क्योंकि समाज का प्रभुत्वशाली पूँजीपति वर्ग इन महलों में निवास करता है। महलों में निवास करने वाला यह वर्ग हमेशा क्रांति के भय से आशंकित रहता है। उसका भय, उसकी आशंका इस महल को महल (अट्टालिका) नहीं रहने देते, बल्कि आतंक-भवन बना देते हैं। इस वर्ग का अस्तित्व शोषण तथा दमन में निहित है, इसलिए जब शोषक वर्ग क्रांति की बात सुनता है, तो उसके अंदर आतंक भर जाता है।

3. क्रांति की गर्जना का शोषक वर्ग पर क्या प्रभाव पड़ता है? उनका मुख ढाँपना किस मानसिकता का द्योतक है? 'बादल राग' कविता के आधार पर उत्तर दीजिए।

उत्तर क्रांति की गर्जना से शोषक यानी पूँजीपति वर्ग भयभीत हो उठता है। जिन मज़दूरों का लहू चूसकर उसने अपनी अथाह संपत्ति जोड़ी है, इस क्रांति से उसे अपने अधिकार और संपत्ति छिनने का भय सताने लगता है। 'मुँह ढाँपना' उसकी भयभीत मानसिकता का द्योतक है। वह ऊँची इमारतों में रहकर भी डरा हुआ रहता है।

4. 'बादल राग' कविता में बादल किसका प्रतीक है? बादल का आह्वान समाज का कौन-सा वर्ग करता है और क्यों? **CBSE 2023**

उत्तर 'बादल राग' कविता में बादल को क्रांति व विप्लव का प्रतीक मानकर उसका आह्वान किया गया है। विप्लव के बादल का आह्वान समाज का शोषित-पीड़ित वर्ग तथा श्रमिक व कृषक वर्ग करता है, क्योंकि वह पूँजीपति वर्ग, धनी व संपन्न लोगों के अत्याचार एवं शोषण से पीड़ित रहता है। इसी कारण से वह इस शोषण से मुक्ति पाना चाहता है।

5. 'बादल राग' कविता में कवि बादल को किस रूप में बुलाता है और क्यों? **CBSE 2023**

उत्तर कवि ने बादलों को क्रांति दूत माना है। बादल शोषित वर्ग के हितैषी हैं, जिन्हें देखकर पूँजीपति वर्ग भयभीत हो जाता है। बादलों की क्रांति से लाभ दबे-कुचले, निम्न वर्ग के लोगों को ही मिलता है। इसी कारण किसान और उसके खेतों में छोटे-छोटे पौधे बादलों को हाथ हिला-हिलाकर बुलाते हैं।

6. 'बादल राग' कविता के आधार पर लिखिए कि बादलों की रणभेरी को सुनकर सोए हुए अंकुरों में किस प्रकार की चेतना उभरती है? **CBSE 2023**

उत्तर 'बादल राग' कविता में बादलों की गर्जना को सुनकर धरती के अंदर सोए हुए अंकुर नए जीवन की आशा लिए हुए सिर ऊँचा उठाकर देखने लगते हैं। उनके भीतर भी धरती से बाहर आने की आशा जागती है। इसलिए वे अंकुरित होकर धरती के गर्भ से बाहर आकर नवजीवन प्राप्त करने की आशा लिए हुए बादलों की प्रतीक्षा कर रहे हैं और सिर उठाकर जल-वर्षण को प्राप्त करने की कामना कर रहे हैं।

7. 'हृदय थाम लेता संसार' पंक्ति में संसार के हृदय थाम लेने का कारण स्पष्ट कीजिए। **CBSE Diksha**

उत्तर प्रस्तुत पंक्ति में संसार के हृदय थाम लेने का कारण उनका भयभीत हो जाना है। बादलों की भयंकर गर्जना को सुनकर अर्थात् क्रांति की आशंका मात्र से ही विनाश की संभावना से ग्रसित होकर वह अत्यंत भयभीत हो जाता है।

8. जीवन का पारावार किसे कहा गया है और क्यों? **CBSE Diksha**

उत्तर जीवन का पारावार 'बादल' को कहा गया है, क्योंकि बादल वर्षा करके भूख और प्यास से त्रस्त लोगों के मन में खुशी और आनंद का संचार करते हैं तथा साधारण जल के हृदय को उमंग से भर देते हैं। बादल सर्वहारा वर्ग के दुःखों का अंत करते हैं, उन्हें नव-निर्माण की ओर प्रेरित करते हैं, शोषण का अंत करते हैं, साथ ही श्रमिक वर्ग के जीवन में खुशहाली का संचार करते हैं।

दीर्घ उत्तरीय प्रश्न

1. 'बादल राग' के आधार पर धनी शोषकों की जीवन-शैली पर टिप्पणी कीजिए। वे क्यों त्रस्त हैं?

अथवा **'बादल राग' कविता में निराला ने शोषितों की वेदना को स्वर दिया है। टिप्पणी कीजिए।**

अथवा **'क्रांति की गर्जना' का शोषक वर्ग पर क्या प्रभाव पड़ता है? वह अपना मुँह ढाँप लेते हैं। 'बादल राग' कविता के संदर्भ में लिखिए।** **CBSE 2024**

अथवा **विप्लव के बादल की घोर गर्जना का धनी लोगों पर क्या प्रभाव पड़ा है? 'बादल राग' कविता के आधार पर बताइए।** **CBSE Diksha**

उत्तर समाज का धनी वर्ग प्रभुत्वशाली है। यह वर्ग पूँजीवादी तथा सामंती है। इसे किसी भी प्रकार के सामाजिक परिवर्तन से भय होता है। यह वर्ग शोषण की बुनियाद पर टिका होता है। कमज़ोर, वंचित तथा पिछड़े लोग इसके शिकार बनते हैं, लेकिन जब दबी-कुचली जनता क्रांति की गर्जना करती है तथा जब अपनी शक्ति का प्रदर्शन करने लगती है, तो शोषक वर्ग भयभीत हो जाता है।

विप्लव के बादल जब घोर गर्जना करते हैं, तो धनी वर्ग अपने विनाश, मृत्यु तथा लुटने की आशंका से ग्रस्त हो जाता है। ऐसा धनी वर्ग अपने महल के शयनकक्ष में भी भयभीत दिखता है। वह अपना मुँह ढाँप लेता है। उसे अपने अस्तित्व तथा शोषण की प्रक्रिया के अंत का बोध काँपने के लिए विवश कर देता है।

2. 'बादल राग' कविता में प्रकृति का मानवीकरण किस रूप में किया गया है? स्पष्ट कीजिए।

उत्तर 'बादल राग' कविता में 'बादल' क्रांति के प्रतिनिधि-रूप में सामने आया है। कवि निराला ने बादल का मानवीकरण किया है। बादल सामाजिक परिवर्तन का माध्यम बनता है। वह क्षत-विक्षत होने के बाद भी एक योद्धा की तरह गर्जन-वर्षण के माध्यम से प्रकृति में नवजीवन का संचार करता है।

कवि ने धरती के नीचे सोए पड़े 'अंकुर' का भी मानवीकरण किया है। ये अंकुर वर्षा की बूँदें पाकर ऊपर उठने के लिए आकुल रहते हैं। 'बादल' की क्रांतिकारी चेतना का सर्वाधिक सकारात्मक प्रभाव 'सुप्त अंकुर' पर ही पड़ता है।

3. कृषक अधीर होकर बादल को क्यों बुलाता है? 'बादल राग' कविता के आधार पर लिखिए। **CBSE 2023**

उत्तर 'बादल राग' कविता में कवि कहता है कि कमजोर शरीर वाले कृषक अधीर होकर बादलों को बुलाते हैं, क्योंकि पूँजीपति वर्ग ने उनका अत्यधिक शोषण किया है। शोषण के कारण किसान की भुजाएँ बलहीन हो गई हैं, उनका शरीर कमजोर हो गया है, इसलिए वे बेचैन होकर बादलों का बुला रहे हैं। शोषित वर्ग शोषण के कारण अत्यधिक कमजोर हो गया है और वह शोषण को खत्म करने के लिए बेचैन है। शोषकों ने शोषित वर्ग की जीवन शक्ति छीन ली है, उनका रक्त रूपी सार तत्त्व चूस लिया है, जिसके कारण अब वे हड्डियों का ढाँचा मात्र रह गया है, इसलिए किसान बादलों को बरसने के लिए कहता है, जिससे उनकी गरीबी दूर हो सके व उनका शोषण समाप्त हो सके।

स्व-मूल्यांकन

काव्यांश पर आधारित बहुविकल्पीय प्रश्न

निम्नलिखित काव्यांश को ध्यानपूर्वक पढ़कर पूछे गए बहुविकल्पीय प्रश्नों के लिए सर्वाधिक उपयुक्त विकल्प का चुनाव कीजिए

1. रुद्ध कोष है, क्षुब्ध तोष
अंगना-अंग से लिपटे भी
आतंक अंक पर काँप रहे हैं।
धनी, वज्र-गर्जन से बादल!
त्रस्त-नयन मुख ढाँप रहे हैं।
जीर्ण बाहु, है शीर्ण शरीर,
तुझे बुलाता कृषक अधीर,
ऐ विप्लव के वीर!
चूस लिया है उसका सार,
हाड़-मात्र ही है आधार,
ऐ जीवन के पारावार!

(क) 'रुद्ध कोष है, क्षुब्ध तोष' पंक्ति में 'क्षुब्ध' से क्या तात्पर्य है?
(i) प्रसन्न (ii) निम्न
(iii) खिन्न (iv) तप्त

(ख) बादलों की गर्जना का धनी वर्ग पर क्या प्रभाव दिखाई देता है?
(i) धनी वर्ग उत्साहित होता है
(ii) धनी वर्ग भयभीत होता है
(iii) धनी वर्ग आन्दोलित होता है
(iv) धनी वर्ग सामान्य बना रहता है

(ग) कवि ने कृषक वर्ग की क्या स्थिति बताई है?
(i) उनका शरीर जर्जर हो गया है
(ii) उनके शरीर में हड्डियों का ढाँचा मात्र रह गया है
(iii) वे व्याकुलता से बादल की प्रतीक्षा कर रहे हैं
(iv) ये सभी

(घ) **कथन** (A) कृषक वर्ग की स्थिति के लिए शोषक वर्ग को जिम्मेदार ठहराया गया है।
कारण (R) कृषक वर्ग शक्तिशाली वर्ग का प्रतिनिधित्व कर रहा था।
कूट
(i) कथन (A) और कारण (R) दोनों सही हैं तथा कारण (R), कथन (A) की सही व्याख्या करता है।
(ii) कथन (A) और कारण (R) दोनों सही हैं, परंतु कारण (R), कथन (A) की सही व्याख्या नहीं करता है।
(iii) कथन (A) सही है, किंतु कारण (R) गलत है।
(iv) कथन (A) गलत है, किंतु कारण (R) सही है।

(ङ) 'मुख-ढाँपना' किस प्रवृत्ति का द्योतक है?
(i) भयभीत मानसिकता का
(ii) क्षुद्र मानसिकता का
(iii) स्वच्छ मानसिकता का
(iv) रूढ़िवादी मानसिकता का

उत्तर

(क) (iii) खिन्न
(ख) (ii) धनी वर्ग भयभीत होता है
(ग) (iv) ये सभी
(घ) (iii) कथन (A) सही है, किंतु कारण (R) गलत है।
(ङ) (i) भयभीत मानसिकता का

विषय-वस्तु पर आधारित प्रश्न

लघु उत्तरीय प्रश्न

1. बादल व क्रांति से लोगों को क्या उम्मीद है? कविता के आधार पर स्पष्ट कीजिए।
2. 'बादल राग' कविता में कवि ने मूर्खों को क्या बताया है?
3. 'हँसते हैं छोटे पौधे लघुभार' पंक्ति का आशय स्पष्ट कीजिए।
4. 'विप्लव के वीर' किसे व क्यों कहा गया है?

दीर्घ उत्तरीय प्रश्न

1. विप्लवी बादल को देखकर समाज के संपन्न और विपन्न वर्ग की क्या प्रतिक्रियाएँ होती हैं? 'बादल राग' कविता के आधार पर लिखिए।
2. 'बादल-राग' कविता के शीर्षक की सार्थकता सिद्ध कीजिए।
3. 'बादल राग' कविता के आधार पर स्पष्ट कीजिए कि कवि निराला शोषित वर्ग एवं किसानों के सच्चे हितैषी थे।
4. कविता में कवि ने धनिक वर्ग के भय को किस प्रकार वर्णित किया है?

07

अध्याय

कवितावली (उत्तरकांड से), लक्ष्मण–मूर्च्छा और राम का विलाप *(गोस्वामी तुलसीदास)*

कवि–परिचय

गोस्वामी तुलसीदास का जन्म 1532 ई. में उत्तर प्रदेश के बाँदा ज़िले के राजापुर गाँव में हुआ था। कुछ विद्वान इनका जन्म स्थान सोरो (जिला एटा) भी मानते हैं। बचपन में ही इनके माता–पिता ने इनका परित्याग कर दिया था। तुलसीदास जी मानव मूल्यों के उपासक कवि थे। अपने गुरु की कृपा से इन्हें रामभक्ति का मार्ग मिला। अपनी काव्य प्रतिभा के बल पर इसी मार्ग का अनुसरण करते हुए तुलसीदास ने अपनी लेखनी के द्वारा अपने आराध्य देव मर्यादापुरुषोत्तम श्रीराम के माध्यम से नीति, स्नेह, शील, विनय, त्याग जैसे उदात्त आदर्शों को प्रतिष्ठित किया। रामभक्ति पर आधारित रामचरितमानस इनकी सर्वश्रेष्ठ रचना है। कवितावली, गीतावली, दोहावली, कृष्णगीतावली, विनयपत्रिका इत्यादि इनकी महत्त्वपूर्ण रचनाएँ हैं।
अवधी के साथ–साथ ब्रजभाषा पर भी इनका समान अधिकार था। 1623 ई. में काशी में प्रभु श्री राम के इस अनन्य भक्त का देहावसान हो गया।

▼ अध्ययन के लिए
- कविता की रूपरेखा
- काव्यांशों की व्याख्या

▼ अभ्यास के लिए
- पाठ्यपुस्तक के प्रश्नोत्तर
- काव्यांश पर आधारित बहुविकल्पीय प्रश्न
- लघु उत्तरीय प्रश्न
- दीर्घ उत्तरीय प्रश्न

कविता की रूपरेखा

कवितावली (उत्तरकांड से)

अपने काव्य में 'लोकमंगल की साधना' को सर्वाधिक महत्त्व देने वाले प्रसिद्ध कवि गोस्वामी तुलसीदास ने कवितावली के प्रस्तुत छंदों में युगीन विसंगतियों का चित्रण किया है। उनका मानना है कि लौकिक संसार के सब कष्ट श्रीराम का नाम लेने मात्र से ही दूर हो जाते हैं।

लक्ष्मण–मूर्च्छा और राम का विलाप

तुलसीदास ने लक्ष्मण-मूर्च्छा और राम का विलाप में राम-रावण युद्ध के समय मेघनाद द्वारा लक्ष्मण को तीर द्वारा घायल कर देने, लक्ष्मण के बेहोश होने पर राम द्वारा विलाप करने, हनुमान द्वारा संजीवनी बूटी लाने तथा लक्ष्मण के ठीक होने का वर्णन किया है।

काव्यांशों की व्याख्या

कवितावली (उत्तरकांड से)

काव्यांश 1

किसबी, किसान-कुल, बनिक, भिखारी, भाट,
चाकर, चपल नट, चोर, चार, चेटकी।
पेटको पढ़त, गुन गढ़त, चढ़त गिरि,
अटत गहन-गन अहन अखेटकी।।
ऊँचे-नीचे करम, धरम-अधरम करि,
पेट ही को पचत, बेचत बेटा-बेटकी।
'तुलसी' बुझाइ एक राम घनस्याम ही तें,
आगि बड़वागितें बड़ी है आगि पेटकी।।

शब्दार्थ

किसबी—श्रमजीवी/धंधा चलाने वाला मेहनतजीवी, **कुल**—परिवार, **बनिक**—व्यापारी, **भाट**—चारण/प्रशंसा गीत गाने वाले, **चाकर**—नौकर, **चपल**—चंचल, **नट**—कलाबाजी दिखाने वाले कलाकार, **चार**—गुप्तचर/दूत, **चेटकी**—बाजीगर/गुन, **गढ़त**—विभिन्न कलाएँ एवं विधाएँ सीखना, **अटत**—घूमता, **गहन-गन**—घना जंगल, **अहन**—दिन, **अखेटकी**—शिकार करना, **करम**—कार्य/कृत्य, **अधरम**—पाप, **पचत**—मरत, **बुझाइ**—शांत करता है (बुझाना—शांत करना), **घनस्याम**—काला बादल, **बड़वागितें**—समुद्र की आग, **आगि पेटकी**—पेट की आग अर्थात् भूख।

संदर्भ प्रस्तुत कविता हमारी पाठ्यपुस्तक 'आरोह भाग-2' में संकलित गोस्वामी तुलसीदास जी की कृति 'कवितावली' के 'उत्तरकांड' प्रसंग से उद्धृत है।

प्रसंग प्रस्तुत कविता में कवि तुलसीदास द्वारा तत्कालीन सामाजिक व आर्थिक दुरावस्था तथा लोगों पर कलयुग के प्रभाव का विस्तार से वर्णन किया गया है।

व्याख्या गोस्वामी तुलसीदास कहते हैं कि कलयुग के प्रभाव में आकर लोग ऐसे हो गए हैं कि श्रमजीवी, किसान, व्यापारी, भिखारी, भाट, सेवक, चंचल नट, दूत और बाजीगर (विभिन्न प्रकार के करतब दिखाने वाले) सब पेट की भूख शांत करने के लिए अनेक उपाय रचते, पर्वतों पर चढ़ते तथा शिकार की खोज में दुर्गम वनों में विचरण करते रहते हैं। सब लोग पेट के लिए ही ऊँचे-नीचे कर्म तथा धर्म-अधर्म करते हैं। पेट की आग बुझाने के लिए लोग अपने बेटे-बेटी तक को बेचने के लिए मज़बूर हैं। पेट की यह आग ही मनुष्य को धर्म-अधर्म करने पर मज़बूर करती है। कवि तुलसीदास कहते हैं कि अब ऐसी आग को राम रूपी घनश्याम द्वारा ही बुझाया जा सकता है, क्योंकि यह पेट की आग अर्थात् भूख की आग समुद्र में लगने वाली आग से भी अधिक भयंकर व कष्टप्रद है।

काव्य-शैली

(i) कवि ने समाज में व्याप्त भूख के कारण की भयंकर अव्यवस्था का चित्रण किया है।

(ii) कवित्त छंद का प्रयोग हुआ है।

(iii) 'किसबी, किसान-कुल' तथा 'बेचत बेटा-बेटकी' पदों में अनुप्रास एवं 'राम घनश्याम' में रूपक तथा 'आगि बड़वागितें बड़ी है आगि पेटकी' में व्यतिरेक अलंकार का सुंदर प्रयोग हुआ है।

(iv) अवधी भाषा की शब्दाभिव्यक्ति है।

(v) तत्सम शब्दावली व ब्रजभाषा की छटा है।

काव्यांश 2

खेती न किसान को, भिखारी को न भीख, बलि,
बनिक को बनिज, न चाकर को चाकरी।
जीविका विहीन लोग सीद्यमान सोच बस,
कहैं एक-एकन सों 'कहाँ जाई, का करी?'
बेदहूँ पुरान कही, लोकहूँ बिलोकिअत,
साँकरे सबै पै, राम! रावरें कृपा करी
दारिद-दसानन दबाई दुनी, दीनबंधु!
दुरित-दहन देखि तुलसी हहा करी।।

शब्दार्थ

बलि—दान-दक्षिणा, **बनिक**—व्यापारी, **बनिज**—व्यापार, **चाकर**—नौकर, **चाकरी**—नौकरी, **सीद्यमान**—दुःखी, **सोच**—चिंता, **बस**—वश में, **एक-एकन सों**—सबसे, **का करी**—क्या करें, **बेदहूँ**—वेद में भी, **लोकहूँ**—संसार में भी, **बिलोकिअत**—देखते हैं, **साँकरे**—संकट, **रावरें**—आपने, **दारिद**—दरिद्रता/गरीबी, **दसानन**—रावण, **दबाई**—दबाया, **दुनी**—संसार, **दीनबंधु**—गरीबों का मित्र, **दुरित**—पाप, **दहन**—नाश, **हहा करी**—हाहाकार करना/दुःखी होना।

संदर्भ पूर्ववत्।

प्रसंग प्रस्तुत कवित्त में चारों ओर फैली आर्थिक दुर्दशा का वर्णन करते हुए कवि तुलसीदास अपने आराध्य राम से उसे दूर करने की प्रार्थना अत्यंत दीन-भाव से करते हैं।

व्याख्या तुलसीदास कहते हैं कि अकाल की स्थिति अत्यंत भयंकर है। वर्तमान समय में किसानों द्वारा खेती नहीं हो पा रही, भिखारी को भीख नहीं मिल रही, व्यवसायियों का व्यापार नहीं चल रहा है तथा नौकरी करने वालों को नौकरी नहीं मिल रही है। इस प्रकार, जीविकाविहीन हो जाने के कारण सब लोग दुःखी एवं शोक के वश में होकर एक-दूसरे से कहते हैं कि वे कहाँ जाएँ, क्या करें? कोई राह या उपाय नहीं सूझ रहा है। यह तो वेद और पुराण भी कहते हैं तथा लोक में भी ऐसा देखा जाता है कि संकट के समय आप ही ने सब पर कृपा की है। हे दीनबंधु! इस समय दरिद्रता-रूपी रावण ने दुनिया को दबा लिया है और पाप की ज्वाला में जल रही है। यह देखकर तुलसीदास हाहाकार करते हैं अर्थात् अत्यंत कातर होकर आपसे दीन जनों की सहायता व संसार का उद्धार करने के लिए प्रार्थना करते हैं।

काव्य-शैली

(i) कवि ने यहाँ संसार में व्याप्त आजीविका विहीनता की स्थिति का मार्मिक चित्रण किया है।

(ii) दरिद्रता को दशानन की संज्ञा देते हुए तुलसीदास ने समाज पर पड़ने वाले उसके विषम प्रभाव का वर्णन किया है।

(iii) दरिद्रता रूपी दशानन द्वारा दुनिया को दबाना आर्थिक संकट की व्यापक अभिव्यंजना करता है। इस दरिद्रता के दशानन को राम द्वारा ही मारा जा सकता है। इस काव्यांश में कवि के मन में अपने आराध्य के प्रति अखंड श्रद्धा का भाव प्रकट हुआ है।

(iv) 'बलि, बनिक को बनिज', 'दारिद-दसानन दबाई दुनी, दीनबंधु' एवं 'दुरित-दहन देखि' में अनुप्रास तथा 'दारिद-दसानन' पद में रूपकानुप्रास अलंकार का सौंदर्य दर्शनीय है।

(v) तत्सम शब्दावली व तुलसी की रामभक्ति प्रकट हुई है।

(vi) कवित्त छंद एवं अवधी भाषा का सुंदर प्रयोग हुआ है।

काव्यांश 3

धूत कहौ, अवधूत कहौ, रजपूतु कहौ,
जोलाहा कहौ कोऊ।
काहू की बेटीसों बेटा न ब्याहब,
काहूकी जाति बिगार न सोऊ।।
तुलसी सरनाम गुलामु है राम को,
जाको रुचै सो कहै कछु ओऊ।
माँगि कै खैबो, मसीत को सोइबो,
लैबो को एकु न दैबको दोऊ।

शब्दार्थ

धूत—धूर्त/शठ/मक्कार/त्यागा हुआ, **अवधूत**—संन्यासी, **रजपूतु**—राजपूत, **जोलाहा**—जुलाहा, **कोऊ**—कोई, **काहू की**—किसी की, **ब्याहब**—ब्याह करना, **बिगार**—बिगाड़ना/खराब करना, **सरनाम**—प्रसिद्ध, **गुलामु**—दास, **जाको**—जिसे, **रुचै**—अच्छा लगना, **ओऊ**—और, **खैबो**—खाऊँगा, **मसीत**—मस्जिद, **सोइबो**—सोऊँगा, **लैबो**—लेना, **दैब**—देना, **दोऊ**—दो।

संदर्भ पूर्ववत्।

प्रसंग प्रस्तुत सवैया में गोस्वामी तुलसीदास ने भक्ति की रचनात्मक भूमिका को स्पष्ट करते हुए, राम की भक्ति के बल के भरोसे जाति-पाँति एवं धर्म के आडंबरों का खंडन करने का साहस दिखाया है।

व्याख्या कवि जाति व धर्म का खंडन करते हुए व स्वयं को श्रीराम भक्त मानते हुए कहते हैं कि चाहे कोई मुझे धूर्त (बुरा) कहे अथवा अवधूत अर्थात् संन्यासी कहे, राजपूत कहे या जुलाहा कहे, मुझे इन सबसे कोई फर्क नहीं पड़ता, क्योंकि मुझे किसी की बेटी से अपने बेटे का ब्याह तो करना नहीं है, न मैं किसी से संबंध रखकर उसकी जाति को बिगाड़ूँगा। मैं तो संसार प्रसिद्ध राम का गुलाम अर्थात् दास हूँ, इसीलिए जिसे जो रुचिकर लगे, कहे।

तुलसीदास जी कहते हैं कि मैं तो माँगकर खा सकता हूँ और मस्जिद में भी सो सकता हूँ। उन्हें किसी से किसी प्रकार का कोई लेना-देना या मतलब नहीं है, क्योंकि वे राम के अनन्य भक्त हैं।

काव्य-शैली

(*i*) कवि ने समाज में विभिन्न वर्गों का बेरोजगारी से परेशान होने की स्थिति का वर्णन किया है।
(*ii*) पूरे काव्यांश में समाज की रूढ़िवादिता पर एक व्यंग्य एवं क्षोभमूलक टिप्पणी की गई है।
(*iii*) अलंकार में अनुप्रास का सौंदर्य इस काव्यांश में 'कहौ कोऊ', 'काहू की बेटीसों बेटा न ब्याहब', 'सरनाम गुलामु है राम को' आदि पदों में देखने योग्य है।
(*iv*) अपनी बात को स्पष्ट करने के लिए कवि ने 'लेना एक ना देना दो' मुहावरे का अत्यंत सार्थक उपयोग किया है।
(*v*) भाषा अवधी है। अवधी के छंदों में प्रमुख 'सवैया' छंद में कवि ने अपने भावों की अभिव्यक्ति की है। सवैया गीतिमय छंद है, इसलिए काव्यांश में गेयता का गुण भी विद्यमान है।

लक्ष्मण-मूर्च्छा और राम का विलाप

काव्यांश 1

दोहा
तव प्रताप उर राखि प्रभु जैहउँ नाथ तुरंत।
अस कहि आयसु पाई पद बंदि चलेउ हनुमंत।।
भरत बाहु बल सील गुन प्रभु पद प्रीति अपार।
मन महुँ जात सराहत पुनि-पुनि पवनकुमार।।

शब्दार्थ

तव—तुम्हारा/आपका, **प्रताप**—यश, **उर**—हृदय, **राखि**—रखकर, **जैहउँ**—जाऊँगा, **नाथ**—स्वामी/मालिक, **अस**—इस तरह, **आयसु**—आज्ञा, **पाई**—पाकर, **पद**—चरण/पैर, **बंदि**—वंदना, **सील**—सद्व्यवहार, **गुन**—गुण, **प्रीति**—प्रेम, **अपार**—अधिक, **महुँ**—में, **सराहत**—बड़ाई या प्रशंसा करना, **पुनि-पुनि**—बार-बार/फिर, **पवनकुमार**—हनुमान/पवन के बेटे।

संदर्भ प्रस्तुत काव्य पंक्तियाँ हमारी पाठ्यपुस्तक 'आरोह भाग-2' में संकलित गोस्वामी तुलसीदास की अमर कृति 'रामचरितमानस' के लंकाकांड में वर्णित प्रसंग 'लक्ष्मण-मूर्च्छा और राम का विलाप' से उद्धृत हैं।

प्रसंग लक्ष्मण के मूर्च्छित होने के पश्चात् राम उनकी दशा देखकर विलाप कर रहे थे। सुषेण वैद्य की सलाह पर लक्ष्मण के उपचारार्थ संजीवनी लेने गए हनुमान का, लौटते समय मार्ग में भरत से भेंट का वर्णन प्रस्तुत काव्यांश में किया गया है।

व्याख्या हनुमान भरत से कहते हैं कि हे प्रभु! मैं आपका प्रताप हृदय में रखकर तुरंत चला जाऊँगा। ऐसा कहकर, आज्ञा पाकर, भरत के चरणों की वंदना करके हनुमान वहाँ से चले जाते हैं। भरत के बाहुबल, शील, गुण एवं प्रभु (अर्थात् श्रीराम) के चरणों में अपार प्रेम की सराहना बारंबार मन-ही-मन करते हुए पवन के पुत्र हनुमान मार्ग में चले जा रहे थे।

काव्य-शैली

(*i*) हनुमान के भक्ति भाव व भरत के गुणों का वर्णन किया जाता है।
(*ii*) हनुमान की भक्ति केवल श्रीराम के लिए ही नहीं, अपितु भरत के लिए भी अखंड थी। इस काव्यांश से यही स्पष्ट होता है।
(*iii*) पूरे काव्यांश में अनुप्रास अलंकार का सौंदर्य दिखाई देता है; जैसे—'पाई पद', 'बाहु बल सील', 'प्रभु पद प्रीति अपार', 'मन महुँ जात सराहत', 'पुनि-पुनि पवनकुमार।'
(*iv*) 'पुनि-पुनि' पद में पुनरुक्तिप्रकाश अलंकार का सौंदर्य भी देखने योग्य है।
(*v*) संवाद और कथा का अनूठा संगम इस रचना में देखने को मिलता है।
(*vi*) दोहा छंद का उपयोग करके कवि ने अपनी बात स्पष्ट की है।

काव्यांश 2

उहाँ राम लछिमनहि निहारी। बोले बचन मनुज अनुसारी।।
अर्ध राति गइ कपि नहिं आयउ। राम उठाइ अनुज उर लायऊ।।
सकहु न दुखित देखि मोहि काऊ। बंधु सदा तव मृदुल सुभाऊ।।
मम हित लागि तजेहु पितु माता। सहेहु बिपिन हिम आतप बाता।।
सो अनुराग कहाँ अब भाई। उठहु न सुनि मम बच बिकलाई।।
जौं जनतेउँ बन बंधु बिछोहू। पितु बचन मनतेउँ नहिं ओहू।।

शब्दार्थ

उहाँ—वहाँ, **लछिमनहि**—लक्ष्मण को, **निहारी**—देखा, **मनुज**—मनुष्य, **अनुसारी**—समान, **अर्ध**—आधी, **राति**—रात, **कपि**—बंदर/हनुमान, **आयउ**—आया, **अनुज**—छोटा भाई, **सकहु**—सके, **मोहि**—मुझे, **काऊ**—किसी प्रकार, **तव**—तेरा, **मृदुल**—कोमल, **सुभाऊ**—स्वभाव, **मम**—मेरे, **हित**—भला, **तजेहु**—त्याग दिया, **सहेहु**—सहन किया, **बिपिन**—जंगल, **आतप**—धूप, **बाता**—हवा/तूफान, **सो**—वह, **अनुराग**—प्रेम, **बच**—वचन, **बिकलाई**—व्याकुल होना/व्यग्र होना, **जौं**—यदि, **जनतेउँ**—जानता, **बिछोहू**—वियोग/विरह, **मनतेउँ**—मानता है, **ओहू**—उस।

संदर्भ पूर्ववत्।

प्रसंग प्रस्तुत काव्यांश में तुलसीदास जी कहते हैं कि वहाँ (लंका में समुद्रतट पर) लक्ष्मण को देखकर राम साधारण मनुष्यों के समान विलाप करने लगते हैं।

व्याख्या श्रीराम, लक्ष्मण को निहारते हुए सामान्य मनुष्यों की भाँति विलाप करते हुए कहते हैं कि आधी रात बीत गई है, किंतु अभी तक हनुमान नहीं आए। यह कहकर राम ने छोटे भाई को उठाकर हृदय से लगा लिया और विलाप करते हुए आगे कहने लगे—हे लक्ष्मण! तुम मुझे कभी दुःखी नहीं देख सकते थे।

तुम्हारा स्वभाव सदा से ही कोमल था। मेरे हित के लिए तुमने माता-पिता को भी छोड़ दिया तथा वन में सर्दी, गर्मी और हवा के कठिन प्रकोप को सहन किया। हे भाई! वह प्रेम अब कहाँ है? मेरे व्याकुलता भरे वचनों को सुनकर तुम उठते क्यों नहीं?

यदि मैं जानता कि वन में भाई का बिछोह होगा, तो मैं पिता के आदेश (जिसे मानना मेरा सर्वोपरि कर्त्तव्य था) को भी नहीं मानता और यहाँ वन में नहीं आता।

काव्य-शैली

(*i*) राम का भाई के शोक में विलाप करने का दृश्य अत्यंत करुण एवं मर्मस्पर्शी है।

(*ii*) 'बच बिकलाई', 'जौं जनतेउँ', 'बन बंधु बिछोहू' आदि में अनुप्रास अलंकार का सौंदर्य दर्शनीय है।

(*iii*) इस संगीतात्मक गेय काव्य में चौपाई छंद का प्रयोग हुआ है।

(*iv*) करुण रस प्रधान रचना है।

(*v*) अवधी भाषा का भावपूर्ण प्रयोग काव्यांश में दर्शनीय है।

काव्यांश 3

सुत बित नारि भवन परिवारा। होहिं जाहिं जग बारहिं बारा।।
अस बिचारि जियँ जागहु ताता। मिलइ न जगत सहोदर भ्राता।।
जथा पंख बिनु खग अति दीना। मनि बिनु फनि करिबर कर हीना।।
अस मम जिवन बंधु बिनु तोही। जौं जड़ दैव जिआवै मोही।।
जैहउँ अवध कवन मुहुँ लाई। नारि हेतु प्रिय भाइ गँवाई।।
बरु अपजस सहतेउँ जग माही। नारि हानि बिसेष छति नाहीं।।

शब्दार्थ

बित—धन, **होहिं जाहिं**—हो जाते हैं, **बारहिं बारा**—बार-बार ही, **अस**—ऐसा/इस तरह, **बिचारि**—सोच-विचारकर, **जियँ**—मन में, **ताता**—भाई, **सहोदर**—सगा, **भ्राता**—भाई, **जथा**—जिस प्रकार, **बिनु**—के बिना, **दीना**—दीनहीन, **मनि**—मणि, **फनि**—फन (साँप का), **करिबर**—हाथी, **कर**—सूँड, **हीना**—रहित/अभाव, **अस**—ऐसा, **मम**—मेरा, **तोही**—तेरे, **जौं**—यदि, **जड़**—कठोर, **दैव**—भाग्य, **जिआवै**—जीवित रखे, **मोही**—मुझे, **जैहउँ**—जाऊँगा, **अवध**—अयोध्या, **कवन**—कौन, **मुहुँ लाई**—मुँह लेकर, **बरु**—चाहे, **अपजस**—अपयश/कलंक, **सहतेउँ**—सहता रहूँगा, **माही**—में, **छति**—क्षति/नुकसान/हानि।

संदर्भ पूर्ववत्।

प्रसंग यहाँ राम लक्ष्मण की मूर्च्छित अवस्था को देखकर अत्यंत भाव विह्वल हो रहे हैं। श्रीराम कह रहे हैं कि वह अयोध्या जाकर लोगों के प्रश्नों का क्या उत्तर देंगे।

व्याख्या राम विलाप करते हुए कहते हैं कि पुत्र, धन, स्त्री, घर तथा परिवार ये तो संसार में बार-बार मिल जाते हैं और नष्ट हो जाते हैं, लेकिन इस दुनिया में सहोदर (सगा) भाई बार-बार नहीं मिलता। अपने हृदय में ऐसा विचार करके वे कहते हैं कि हे तात! जागो। जैसे पंखविहीन पक्षी, मणिविहीन सर्प और सूँड के बिना श्रेष्ठ हाथी अत्यंत दीन हो जाते हैं, तुम्हारे बिना मेरा जीवन भी वैसा ही दीनतायुक्त होगा। पत्नी के लिए अपने प्रिय भाई को खोकर मैं कौन-सा मुँह लेकर अयोध्या जाऊँगा?

मैं संसार में यह अपयश 'राम वीर पुरुष नहीं हैं, जो अपनी स्त्री को भी गँवा बैठे', भले ही सह लेता, लेकिन तुम्हारी हानि मैं कैसे सहूँ? क्योंकि इस हानि को देखते हुए स्त्री की हानि कोई विशेष हानि नहीं है। वस्तुतः राम का यह विलाप एवं दुःख की अवस्था में उनके द्वारा कही गई बातें स्वाभाविक हैं।

काव्य-शैली

(*i*) तुलसी ने यहाँ राम के विलाप कथन के माध्यम से समाज के सम्मुख भ्रातृप्रेम का एक अनुपम आदर्श प्रस्तुत किया है। राम लक्ष्मण जैसे स्नेहिल एवं कर्त्तव्यपरायण भाई की तुलना में पुत्र, स्त्री, घर-परिवार आदि से प्राप्त होने वाले सुख को महत्त्वहीन मानते हैं।

(*ii*) 'जाहिं जग', 'बारहिं बारा', 'बंधु बिनु', 'करिबर कर' में अनुप्रास अलंकार है।

(*iii*) करुण रस व दृश्य बिंब हैं।

(*iv*) काव्यांश की भाषा परिनिष्ठित अवधी है। कवि ने भावाभिव्यक्ति के लिए इस भाषा के प्रसिद्ध छंद 'चौपाई' का चुनाव किया है।

काव्यांश 4

अब अपलोकु सोकु सुत तोरा। सहिहि निठुर कठोर उर मोरा।।
निज जननी के एक कुमारा। तात तासु तुम्ह प्रान अधारा।।
सौंपेसि मोहि तुम्हहि गहि पानी। सब बिधि सुखद परम हित जानी।।
उतरु काह दैहउँ तेहि जाई। उठि किन मोहि सिखावाहु भाई।।
बहु बिधि सोचत सोच बिमोचन। स्रवत सलिल राजिव दल लोचन।।
उमा एक अखंड रघुराई। नर गति भगत कृपाल देखाई।।

सोरठा

प्रभु प्रलाप सुनि कान बिकल भए बानर निकर
आइ गयउ हनुमान जिमि करुना मुँह बीर रस।।

शब्दार्थ

अपलोकु—अपयश, **सोकु**—दुःख, **तोरा**—तुम्हारा, **सहिहि**—सहन करना, **जननी**—माँ, **कुमारा**—पुत्र, **तात**—पिता, **तासु**—उनके, **प्रान अधारा**—प्राणों के आधार, **सौंपेसि**—सौंपा था, **गहि**—पकड़कर, **पानी**—हाथ (पाणि), **सब बिधि**—सब तरह से, **सुखद**—सुख देने वाला, **हित**—हितैषी, **उतरु**—उत्तर/जवाब, **काह**—क्या, **तेहि**—वहाँ, **जाई**—जाकर, **किन**—क्यों नहीं, **बहु बिधि**—अनेक प्रकार से, **सोच बिमोचन**—शोक से मुक्ति देने वाले राम, **स्रवत**—बहता है, **सलिल**—जल, **राजिव**—कमल, **लोचन**—नेत्र/आँख, **उमा**—पार्वती, **एक**—अद्वितीय, **अखंड**—वियोग से रहित, **रघुराई**—रघुकुल के राजा अर्थात् राम, **गति**—दशा, **कृपाल**—कृपालु, **प्रलाप**—विलाप, **बिकल**—परेशान, **निकर**—समूह, **जिमि**—जैसे।

संदर्भ पूर्ववत्।

प्रसंग प्रस्तुत काव्यांश में लक्ष्मण की मूर्च्छा से व्याकुल एवं असहाय होकर राम के विलाप करने व हनुमान के वापस आने का वर्णन है।

व्याख्या लक्ष्मण को मूर्च्छित अवस्था में देखकर व उसके होश में न आने पर राम कहते हैं कि हे पुत्र! (यहाँ लक्ष्मण को पुत्र कहने में राम का वात्सल्य भाव झलकता है) अब तो मेरा निष्ठुर एवं कठोर हृदय यह अपयश और तुम्हारा शोक दोनों ही सहन करेगा। हे तात! तुम अपनी माता के एक ही पुत्र और उसके प्राणों के आधार हो।

सब प्रकार से सुख देने वाला और परम हितकारी जानकर उन्होंने तुम्हारा हाथ पकड़कर मुझे सौंपा था। अब मैं वापस जाकर उन्हें क्या उत्तर दूँगा? हे भाई! तुम उठकर मुझे सिखाते (समझाते) क्यों नहीं? इस प्रकार चिंतनमुक्त रहने वाले राम के मन में अनेक प्रकार के विचार आने लगे तथा उनके कमल की पंखुड़ी के सदृश नेत्रों से विषाद के अश्रुओं का जल बहने लगा। तुलसीदास कहते हैं कि अपनी प्रिया पार्वती को (रामचरितमानस के वर्णन के अनुसार पार्वती एवं शिवजी राम-कथा के प्रथम श्रोता एवं वक्ता हैं।) संबोधित करते हुए शिवजी कहते हैं कि हे उमा! श्रीराम अद्वितीय एवं अखंड (वियोग से रहित) हैं। भक्तों पर कृपा करने के उद्देश्य से भगवान राम ने लीला करके शोक संतप्त मनुष्य की दशा दिखलाई है।

तुलसीदास जी कहते हैं कि प्रभु अर्थात् राम के करुण विलाप को सुनकर वानरों के समूह व्याकुल हो गए। इतने में हनुमान का आगमन हुआ। हनुमान का आना ऐसा लगा मानो करुण रस के प्रसंग में वीर रस का प्रसंग आ गया हो।

काव्य-शैली

(i) राम के विलाप का अत्यंत मर्मस्पर्शी चित्रण हुआ है।

(ii) 'तात तासु तुम्ह', 'बहु बिधि', 'सोचत सोच', 'स्रवत सलिल', 'प्रभु प्रलाप' में अनुप्रास अलंकार है तथा 'राजिव दल लोचन' में रूपक अलंकार है।

(iii) राम के लिए प्रयुक्त विशेषण 'सोच बिमोचन', 'राजिव दल लोचन' एवं 'रघुराई' जहाँ काव्य के अर्थ गौरव में उसके सौंदर्य को बढ़ाते हैं, वहीं राम के व्यक्तित्व की सुंदरता एवं महानता को भी प्रदर्शित करते हैं।

(iv) कविता में संगीतात्मकता एवं गेयता का गुण विद्यमान है।

(v) कविता की भाषा करुण रस प्रधान है। काव्याभिव्यक्ति के लिए कवि ने अवधी भाषा तथा चौपाई एवं सोरठा छंद का चयन किया है।

काव्यांश 5

हरिष राम भेंटेउ हनुमाना। अति कृतग्य प्रभु परम सुजाना।
तुरत बैद तब कीन्हि उपाई। उठि बैठे लछिमन हरषाई।।
हृदयँ लाई प्रभु भेंटेउ भ्राता। हरषे सकल भालु कपि ब्राता।।
कपि पुनि बैद तहाँ पहुँचावा। जेहि बिधि तबहिं ताहि लइ आवा।।
यह बृतांत दसानन सुनेऊ। अति बिषाद पुनि-पुनि सिर धुनेऊ।।
ब्याकुल कुंभकरन पहिं आवा। बिबिध जतन करि ताहि जगावा।।

शब्दार्थ

हरिष—प्रसन्न होकर, **भेंटेउ**—भेंट की, **कृतग्य**—आभारी, **सुजाना**—ज्ञानी, **तुरत**—शीघ्र, **बैद**—वैद्य, **कीन्हि**—किया, **हृदयँ**—दिल से, **लाई**—लगाकर, **हरषे**—खुश हुए, **सकल**—समस्त, **ब्राता**—समूह/झुंड, **पुनि**—दोबारा, **जेहि बिधि**—जिस तरह से, **तबहिं**—तब, **ताहि**—जहाँ से, **लइ आवा**—लेकर आए, **बृतांत**—विवरण/वर्णन, **सुनेऊ**—सुना, **बिषाद**—दुःख, **सिर धुनेऊ**—पछताया/सिर धुना, **पहिं**—के पास, **जतन**—प्रयत्न, **ताहि**—उसे, **जगावा**—जगाया।

संदर्भ पूर्ववत्।

प्रसंग 'रामचरितमानस' से उद्धृत इस काव्यांश में संजीवनी लेकर लौटे हनुमान के राम से मिलने, लक्ष्मण के पुनः स्वस्थ होने और इस समाचार से रावण के दल में उत्पन्न विषाद तथा रावण एवं कुंभकर्ण के बीच हुए वार्तालाप का वर्णन है।

व्याख्या तुलसीदास कहते हैं कि हनुमान के आने पर श्रीराम ने हर्षित होकर हनुमान को गले लगा लिया। प्रभु परम सुजान (चतुर) एवं अत्यंत कृतज्ञ हैं। उन्होंने हनुमान के प्रति अपनी कृतज्ञता को प्रकट किया। तत्पश्चात् वैद्य (लंका का राजवैद्य 'सुषेण') ने तुरंत उपाय किया, जिससे लक्ष्मण हर्षित होकर उठ बैठे। राम ने भाई लक्ष्मण को गले लगा लिया। यह दृश्य देखकर भालू और वानरों के समूह हर्षित हो गए। हनुमान ने वैद्य को पुनः उसी प्रकार लंका पहुँचा दिया, जिस प्रकार वे उसे लेकर आए थे।

लक्ष्मण के स्वस्थ होने का समाचार जब रावण ने सुना तो वह चिंता से व्याकुल होकर अपना सिर पीटने लगा अर्थात् अत्यंत दुःखी हुआ। वह आतुरता की स्थिति में कुंभकर्ण के पास पहुँचा और अनेक प्रकार से प्रयत्न करके उसे जगाया।

काव्य-शैली

(i) यहाँ वर्णित प्रसंग में वैद्य द्वारा किए गए उपचार के पश्चात् स्वस्थ हुए लक्ष्मण को देखकर राम एवं उनकी सेना में व्याप्त हर्ष का तथा इस समाचार से रावण को हुई चिंता का वर्णन है। सुख एवं दुःख की जीवन स्थितियों का एकसाथ चित्रण करने में कवि को अभूतपूर्व सफलता मिली है।

(ii) रावण की व्याकुलता 'पुनि-पुनि सिर धुनेऊ' में प्रकट हुई है। यह वर्णन अत्यंत स्वाभाविक है।

(iii) चौपाई छंद के माध्यम से अवधी भाषा की सुंदर शब्दाभिव्यक्ति हुई है।

(iv) कविता में छंदबद्धता, संगीतात्मकता एवं गेयता का गुण विद्यमान है। 'प्रभु परम', 'तबहिं ताहि' में अनुप्रास अलंकार है।

(v) 'पुनि-पुनि' में पुनरुक्तिप्रकाश अलंकार का प्रयोग हुआ है।

(vi) 'सिर धुनना' मुहावरे का व्याकुलता के प्रदर्शन के लिए सार्थक प्रयोग हुआ है।

काव्यांश 6

जागा निसिचर देखिअ कैसा। मानहुँ कालु देह धरि बैसा।।
कुंभकरन बूझा कहु भाई। काहे तव मुख रहे सुखाई।।
कथा कही सब तेहिं अभिमानी। जेहि प्रकार सीता हरि आनी।।
तात कपिन्ह सब निसिचर मारे। महा महा जोधा संघारे।।
दुर्मुख सुररिपु मनुज अहारी। भट अतिकाय अकंपन भारी।।
अपर महोदर आदिक बीरा। परे समर महि सब रनधीरा।।

दोहा

सुनि दसकंधर बचन तब कुंभकर्ण बिलखान।
जगदंबा हरि आनि अब सठ चाहत कल्यान।।

शब्दार्थ

निसिचर—रात को विचरण करने वाला/राक्षस, **कालु**—मौत/काल, **देह**—शरीर, **धरि**—धारण करके, **बैसा**—बैठा, **बूझा**—कहा, **कहु**—कहो, **काहे**—क्यों/किसलिए, **तव**—तेरा, **सुखाई**—सूख गया, **कथा**—कहानी, **तेहिं**—उसे, **जेहि**—जिस, **हरि**—हरण किया, **आनी**—लाए, **कपिन्ह**—हनुमान आदि, **महा**—बड़े, **जोधा**—योद्धा, **संघारे**—मारे, **दुर्मुख**—दुर्मुख नामक राक्षस, **मनुज अहारी**—मनुष्यों को खाने वाला/नरांतक नामक राक्षस, **भट**—योद्धा, **अतिकाय**—भारी शरीर वाला, **अपर**—दूसरा, **महोदर**—एक राक्षस (बड़े पेट वाला), **आदिक**—आदि, **समर**—युद्ध, **महि**—धरती, **रनधीरा**—रणधीर यानी रण में कुशल, **दसकंधर**—रावण, **बिलखान**—दुःखी होकर रोना, **जगदंबा**—सीता/जगत जननी माँ, **आनि**—लाकर, **सठ**—मूर्ख।

संदर्भ पूर्ववत्।

प्रसंग तुलसीदास जी कहते हैं कि रावण के जगाने पर कुंभकर्ण जागकर उठ बैठा। वह ऐसा दिखाई देता है मानो काल (मृत्यु) ही स्वयं शरीर धारण करके बैठ गया हो।

व्याख्या रावण के जगाने पर कुंभकर्ण जागकर बैठ गया। वह ऐसा दिखाई दे रहा था, जैसे यमराज ने शरीर धारण कर रखा है। कुंभकर्ण ने रावण से पूछा—हे भाई! कहो तो, तुम्हारे मुख सूख क्यों रहे हैं? (रावण दशानन था, दशानन का अर्थ है दस मुखों वाला, इसलिए कुंभकर्ण ने ऐसा कहा) तुलसीदास आगे कहते हैं कि कुंभकर्ण के इस प्रकार पूछने पर उस अभिमानी रावण ने उससे सीता के हरण की सारी कथा पुनः कही। उसने कहा कि हे भाई! युद्ध में वानरों ने सभी राक्षसों को मार डाला, बड़े-बड़े योद्धाओं का भी संहार कर डाला। दुर्मुख, देवशत्रु (देवांतक), नरभक्षक (नरांतक), अकंपन तथा महोदर जैसे विकट योद्धा और दूसरे सभी रणकुशल, वीर राक्षस युद्ध भूमि में मारे गए।

तुलसीदास कहते हैं कि रावण की बातें सुनकर कुंभकर्ण बिलखकर अर्थात् दुःखी होते हुए बोला—अरे मूर्ख! जगत जननी सीता का हरण करके भी तू कल्याण चाहता है? यह संभव नहीं है।

काव्य-शैली

(i) रावण की व्याकुलता व कुंभकर्ण की बुद्धि का वर्णन किया गया है।

(ii) लक्ष्मण के स्वस्थ होकर युद्ध के लिए तत्पर हो जाने में रावण को अपना संभावित विनाश दिखता है। उसकी व्याकुलता के चित्रण में 'काहे तव मुख रहा सुखाई' द्वारा कवि को वांछित सफलता मिली है। यह एक स्वाभाविक चित्रण है।

(iii) कुंभकर्ण का व्यक्तित्व रावण की तुलना में श्रेष्ठ है। वह सीता को 'जगदंबा' कहता है। तुलसी ने यहाँ सीता के प्रति अपनी भक्ति का भी परिचय दिया है।

(iv) अनुप्रास एवं पुनरुक्तिप्रकाश अलंकार का प्रयोग क्रमशः 'कथा कही', 'अपर महोदर' एवं 'परे समर' तथा 'महा महा' में देखने योग्य है।

(v) काव्यांश में चौपाई एवं दोहा छंद का प्रयोग हुआ है।

(vi) अवधी भाषा की सुंदर शब्दाभिव्यक्ति इस काव्यांश में दर्शनीय है।

पाठ्यपुस्तक (आरोह भाग-2) के प्रश्नोत्तर

पाठ के साथ

1. कवितावली में उद्धृत छंदों के आधार पर स्पष्ट करें कि तुलसीदास को अपने युग की आर्थिक विषमता की अच्छी समझ है। **CBSE 2018**

अथवा **'कवितावली' के छंदों के आधार पर स्पष्ट कीजिए कि तुलसीदास अपने समय की सामाजिक स्थितियों की अच्छी परख रखते थे। कैसे?** **CBSE Term II 2022**

अथवा **तुलसी ने 'कवितावली' के छंदों में तत्कालीन आर्थिक विषमताओं का स्वाभाविक चित्रण किया है। सिद्ध कीजिए कि तुलसी युग के चितेरे कवि थे।** **CBSE 2024**

उत्तर तुलसीदास मानवीय-संवेदना के कवि हैं। उन्होंने युगीन चेतना का सुंदर समावेश काव्य में किया है। कवितावली में उद्धृत पदों के अंतर्गत यह स्पष्ट हो जाता है कि तुलसी को अपने युग की समस्याओं की अच्छी समझ थी। वे संत होते हुए भी जनता की पीड़ा से भली-भाँति परिचित थे। उन्हें समाज में व्याप्त गरीबी, बेकारी तथा भुखमरी का ज्ञान था। किसान, मज़दूर, बनिक इत्यादि वर्गों की जीविका के ह्रास को कवि ने देखा था, जिसके कारण भयंकर बेकारी तथा भूख का चित्रण उभरकर सामने आया है। 'पेट की आग' का प्रभाव प्रत्येक वर्ग के लोगों पर था। काम न मिलने की विवशता में लोग ऊँच-नीच कर्म कर रहे थे तथा धर्म-अधर्म पर विशेष ध्यान नहीं दे रहे थे। इस प्रकार, तुलसीदास ने अपने युग की आर्थिक विषमता को ठीक से समझा था।

2. पेट की आग का शमन ईश्वर (राम) भक्ति का मेघ ही कर सकता है। तुलसी का यह काव्य-सत्य क्या इस समय का भी युग-सत्य है? तर्कसंगत उत्तर दीजिए।

अथवा **तुलसी के अनुसार पेट की आग कैसी है और इसे किस प्रकार बुझाया जा सकता है?** **CBSE 2024**

उत्तर तुलसीदास ने 'कवितावली' के एक पद में माना है कि 'पेट की आग' रामभक्ति रूपी मेघ ही बुझा सकते हैं। कवि का मानना है कि कर्म-फल ईश्वर के अधीन है। ईश्वर को 'पेट की आग' का शमन करने वाला बताना सिर्फ़ आस्था का विषय है।

बिना कर्म के किसी फल की प्राप्ति संभव नहीं है। ईश्वर को पेट की आग बुझाने वाला मानना न तो तुलसी का युग सत्य था और न ही आज का युग सत्य है। निष्ठा भाव व पुरुषार्थ मिलकर मनुष्य के पेट की आग का शमन कर सकते हैं, जो मनुष्य परिश्रम करता है, वह आगे बढ़ता है। वर्तमान आर्थिक युग में ईश्वर कृपा की जगह श्रम की महत्ता को स्थान दिया जाता है, क्योंकि पुरुषार्थ के बिना फल प्राप्ति की इच्छा रखना व्यर्थ है। ईश्वर के भरोसे रह जाने वाला जीवन जगत में पीछे छूट जाता है।

3. तुलसी ने यह कहने की ज़रूरत क्यों समझी?

"धूत कहौ, अवधूत कहौ, रजपूतु कहौ,
जोलाहा कहौ कोऊ/काहू की बेटीसों बेटा न ब्याहब,
काहू की जाति बिगार न सोऊ।"
इस सवैये में 'काहू के बेटासों बेटी न ब्याहब'
कहते तो सामाजिक अर्थ में क्या परिवर्तन आता?

उत्तर तुलसी सामाजिक यथार्थ तथा इसके जातिगत ताने-बाने से परिचित थे। इसी कारण उन्होंने लिखा है 'काहू की बेटीसों बेटा न ब्याहब'। बेटे की शादी श्रेष्ठ परिवार में करने की मंशा रही है। पितृ प्रधान समाज में पुत्र ही पारिवारिक परंपरा तथा जातिगत प्रक्रिया को आगे बढ़ाने वाला होता है। बेटी की शादी जिस जाति के लड़के से होती है, लड़की उसी जाति की हो जाती है। जाति प्रथा का सबसे मजबूत रूप लड़के के विवाह के रूप में सामने आता है। लड़के वाले लड़की की जाति-बिरादरी पर अधिक ध्यान देते हैं। 'काहू के बेटासों बेटी न ब्याहब' कहने से सामाजिक अर्थ में थोड़ा परिवर्तन आता है।

इस वाक्य से यह परिलक्षित होता है कि बेटी अधिक महत्त्वपूर्ण है, जिसके लिए लड़के की जाति-बिरादरी को ध्यान से जानने की ज़रूरत है। यह कथन स्त्री-प्रधान समाज को प्रतिबिंबित करता है, जबकि वास्तव में तत्कालीन समय ऐसा नहीं था। वास्तव में, इससे जाति प्रथा पर वैसा व्यंग्य संभव नहीं होता, जैसा तुलसीदास चाहते थे। यहाँ पुत्र मोह तथा पितृप्रधान समाज पर भी व्यंग्य है, जो समाज में पुरुष को अधिक महत्त्व देता है तथा बेटी को एक समस्या मान लेता है। तुलसी का समाज ऐसी कई विसंगतियों से ग्रस्त था, जहाँ नारी के अस्तित्व को अधिक महत्त्व नहीं दिया जाता था। तुलसीदास का व्यंग्य समाज की पूरी व्यवस्था पर है।

4. 'धूत कहौ....' वाले छंद में ऊपर से सरल व निरीह दिखलाई पड़ने वाले तुलसी की भीतरी असलियत एक स्वाभिमानी भक्त हृदय की है। इससे आप कहाँ तक सहमत हैं?

अथवा **तुलसी ने अपने पद 'धूत कहौ, अवधूत कहौं ....' में अपने स्वाभिमान को कैसे व्यक्त किया है? स्पष्ट कीजिए।** **CBSE 2023**

उत्तर तुलसीदास विषादग्रस्त समाज से संघर्ष करते दृष्टिगत होते हैं। वे हर प्रकार की विभाजनकारी शक्तियों से टकराते हैं। उन्होंने अपने स्वाभिमान को किसी भी कीमत पर कम नहीं होने दिया, साथ ही एकनिष्ठा भक्ति भाव से राम की आराधना की। वे बाहर से सीधे हैं, किंतु हृदय में स्वाभिमान भाव को छिपाए हुए हैं। तुलसी सही अर्थ में समन्वयकारी तथा मानवतावादी रचनाकार हैं। वे धूत-अवधूत, राजपूत-जुलाहा जैसे सामाजिक विभाजन को अनर्थकारी मानते हैं। सामाजिक यथार्थ यही था कि समाज का विभाजन प्रायः आर्थिक आधार पर निर्धारित हो गया है।

धन तथा प्रभुत्व रखने वाले लोग ही सामाजिक मान्यताओं के निर्माता तथा नियंत्रक होते हैं। ऐसे में तुलसी 'माँगकर खाने' और 'मस्जिद में सोने' जैसी बात कर उक्त सामाजिक व्यवस्था को दो टूक जवाब देते हैं, किंतु अंततः तुलसी भक्त शिरोमणि हैं। वे राम के प्रति दास्य भाव स्वीकार करते हैं। तुलसी की भक्ति ही उनकी अंतःचेतना को 'सर्वजन हिताय' बनाती है।

5. व्याख्या करें

(क) मम हित लागि तजेहु पितु माता। सहेहु बिपिन हिम आतप बाता।
जौं जनतेउँ बन बंधु बिछोहू। पितु बचन मनतेउँ नहिं ओहू।।

उत्तर इस छंद में श्रीराम अपने भाई की मूर्च्छित अवस्था को देखकर अत्यंत शोक में डूबे हुए हैं। हनुमान लक्ष्मण के उपचार के लिए संजीवनी बूटी लेने गए हैं, जो अब तक नहीं लौटे हैं। सुबह होने वाली है, लक्ष्मण के प्राण संकट में हैं। यह देखकर राम भाव-विह्वल होकर कहते हैं कि हे भाई लक्ष्मण! तुमने मेरे लिए बहुत त्याग किए हैं। तुमने मेरे लिए अपने माता-पिता को छोड़ा और वन में मेरा साथ देने के लिए चले आए। मुझे सुख देने के लिए तुमने जंगल की सभी कठिनाइयों और कष्टों को सहा। धूप, आँधी, ठंड आदि सभी कष्टों को वहन किया। यदि मैं जानता होता कि वन में आकर तुमसे इस प्रकार वियोग हो जाएगा, तो मैं पिता के आदेश को ही मानने से इनकार कर देता।

(ख) जथा पंख बिनु खग अति दीना। मनि बिनु फनि करिबर कर हीना।।
अस मम जिवन बंधु बिनु तोही। जौं जड़ दैव जिआवै मोही।।

उत्तर यहाँ श्रीराम मूर्च्छित लक्ष्मण को देख-देखकर अत्यंत भाव विह्वल हो रहे हैं। वे अपना मोह और स्नेह प्रकट करते हुए कहते हैं कि हे भाई लक्ष्मण! तुम्हारे बिना मेरी स्थिति बहुत दयनीय है। तुम्हीं तो मेरी शक्ति हो। जैसे पक्षीगण पंखों के बिना दीन-हीन हो जाते हैं, जिस प्रकार मणि के बिना साँप और सूँड के बिना हाथी लाचार हो जाता है, उसी प्रकार तुम्हारे न रहने पर मेरी अवस्था भी शोचनीय हो जाएगी।

(ग) माँगि कै खैबो, मसीत को सोइबो, लैबोको एकु न दैबको दोऊ।।

उत्तर तुलसी राम-भक्त हैं। अपने युग की विषमताओं से वह नहीं डरते, क्योंकि वह राम भक्ति में डूबे हुए हैं। इसलिए स्वाभिमान और निडरता का परिचय देते हुए वे कहते हैं कि मुझे अपना संसार बिगड़ने का कोई भय नहीं है। मुझे किसी से कुछ धन, संपत्ति या आश्रय भी नहीं चाहिए, क्योंकि मैं तो लोगों से माँगकर खाने में संतुष्ट हूँ और मुझे काम-धंधे की कोई फिक्र नहीं है। मैं तो मस्जिद में सोकर भी खुश हूँ। मेरा किसी से कोई लेना-देना नहीं है। मैं तो राम के भरोसे निश्चिंत हूँ।

(घ) ऊँचे नीचे करम, धरम-अधरम करि,
पेट ही को पचत, बेचत बेटा-बेटकी।।

उत्तर यहाँ तुलसीदास लोगों द्वारा अपने पेट पालने के लिए किए जाने वाले कार्यों का उल्लेख करते हुए कहते हैं कि पेट की भयंकर आग को बुझाने के लिए लोग ऊँचा-नीचा, धर्म-अधर्म संबंधी कुछ भी कर्म करने को तैयार हो जाते हैं। यहाँ तक कि भूख मिटाने के लिए वे अपनी संतान को बेचने में भी संकोच नहीं करते अर्थात् पेट भरने के लिए वे कोई भी कार्य कर सकते हैं।

6. भ्रातृशोक में हुई राम की दशा को कवि ने प्रभु की नरलीला की अपेक्षा सच्ची मानवीय अनुभूति के रूप में रचा है। क्या आप इससे सहमत हैं? तर्कपूर्ण उत्तर दीजिए।

उत्तर तुलसीदास 'रामचरितमानस' के 'लंकाकांड' में भाई लक्ष्मण के मूर्च्छित होने पर राम को विलाप करते दिखाते हैं। यह विलाप केवल एक नरलीला नहीं रह जाती, जैसा कवि कथावाचक भगवान शंकर के मुख से कहलवाते हैं। शिवजी पार्वती को संबोधित करते हुए कहते हैं कि हे पार्वती! भगवान सृष्टि के निर्माता हैं, उन्हें विधि का ज्ञान है, किंतु उनका मानव की तरह दुःखी होना सिर्फ़ नरलीला का अंग है। भक्त कवि तुलसी की यह प्रवृत्ति भक्ति के लिहाज से सही है, किंतु कवि ने जिस मानवीय संवेदना को कविता में उकेरा है, वह मनुष्य की स्वाभाविक प्रक्रिया का हिस्सा है।

राम अपने भाई के प्रेम में विह्वल होकर सभी प्रकार की सामाजिक मर्यादाओं के बंधन को तोड़ते प्रतीत होते हैं। वे पिता की बात नहीं मानने तथा नारी की हानि को कमतर बताने वाली बातें भी करते हैं। यह किसी नरलीला के लिए संभव नहीं है। राम द्वारा शोक की स्थिति में कही गई बातें सच्ची मानवीय अनुभूति की अभिव्यक्ति हैं। यह एक सामान्य मनुष्य की वेदना का प्रस्फुटन है, जिसे नरलीला कहना उचित नहीं है।

7. शोकग्रस्त माहौल में हनुमान के अवतरण को करुण रस के बीच वीर रस का आविर्भाव क्यों कहा गया है?

उत्तर मेघनाद के शक्तिशाली शक्तिबाण से मूर्च्छित लक्ष्मण का उपचार कठिन था। इसके लिए लंका के वैद्य सुषेण ने हिमालय में अवस्थित द्रोण पर्वत से संजीवनी बूटी लाने की बात कही। राम के निर्देश पर हनुमान संजीवनी बूटी लाने आकाश मार्ग से हिमालय की ओर चल पड़े। अर्द्ध-रात्रि तक हनुमान के नहीं लौटने से राम अत्यंत दुःखी हुए। उन्हें भाई का बिछोह संतप्त कर रहा था।

शोकग्रस्त राम जीवन के अतीत की घटनाओं पर विचार करते हुए विलाप कर रहे थे। उनका विलाप उनकी सेना को दुःखी कर रहा था। सभी लोग अत्यंत दुःखी तथा शोकग्रस्त थे। चारों ओर करुण रस का प्रवाह हो रहा था। उसी समय हनुमान द्रोण पर्वत के साथ लंका पहुँच गए। उनके पहुँचते ही वानर और भालुओं में हर्ष का संचार हो गया। करुण रस की जगह वीर रस का प्रवाह हुआ। हनुमान के इस कार्य से सेना में उत्साह तथा शक्ति का संचार हुआ। राम ने हनुमान को गले से लगा लिया।

8. जैहउँ अवध कवन मुहुँ लाई। नारि हेतु प्रिय भाइ गँवाई।।
बरु अपजस सहतेउँ जग माहीं। नारि हानि बिसेष छति नाहीं।।
भाई के शोक में डूबे राम के इस प्रलाप-वचन में स्त्री के प्रति कैसा सामाजिक दृष्टिकोण संभावित है?

उत्तर भाई के शोक में डूबे राम के प्रलाप में स्त्री के प्रति कोई कटु वचन नहीं कहा गया है। भाई तथा पत्नी में से भाई को अवश्य अधिक महत्त्व दिया गया है, किंतु यह महत्त्वपूर्ण है कि उस भाई को राम ने 'नारी' से अधिक महत्त्व दिया, जिस भाई ने राम के लिए बड़े-से-बड़ा त्याग किया था। लक्ष्मण ने बड़े भाई राम के साथ वन जाने के लिए माता-पिता, पत्नी तथा राजमहल का त्याग कर दिया। ऐसे भाई के प्रति राम की ऐसी संवेदना उचित ही है। यहाँ राम ने किसी सामाजिक दृष्टिकोण से स्त्री के लिए कोई निम्न वचन नहीं कहा, बल्कि उनके कथन को भ्रातृशोक में डूबे व्यक्ति की स्वाभाविक प्रतिक्रिया मानना अधिक उचित है।

पाठ के आस-पास

1. कालिदास के रघुवंश महाकाव्य में पत्नी (इंदुमती) के मृत्यु-शोक पर 'अज' तथा निराला की 'सरोज स्मृति' में पुत्री (सरोज) के मृत्यु-शोक पर पिता के करुण उद्गार निकले हैं। उनसे भ्रातृशोक में डूबे राम के इस विलाप की तुलना करें।

उत्तर छात्र स्वयं करें।

2. 'पेट ही को पचत, बेचत बेटा-बेटकी' तुलसी के युग का ही नहीं आज के युग का भी सत्य है। भुखमरी में किसानों की आत्महत्या और संतानों (खासकर बेटियों) को भी बेच डालने की हृदय-विदारक घटनाएँ हमारे देश में घटती रही हैं। वर्तमान परिस्थितियों और तुलसी के युग की तुलना करें।

उत्तर पेट की आग को शांत करने के लिए लोग अपनी संतानों को बेचने में भी संकोच नहीं करते हैं। यह तुलसीदास के युग का ही नहीं, आज के युग का भी सत्य है। आज जब हम उन्नति के चरमोत्कर्ष पर हैं, तब भी भुखमरी के कारण किसानों की आत्महत्या और संतानों (खासकर बेटियों) को भी बेच डालने की हृदय विदारक घटनाएँ हमारे देश में घटती रही हैं। कृषि, व्यवसाय आदि के संकट अनेक तरह के सामाजिक एवं नैतिक संकटों को जन्म देते हैं।

तुलसी का युग भी भुखमरी की स्थिति में इस प्रकार के अनेक संकटों से गुजर रहा था और आज भी इसी तरह के अनेक संकट हमारे सामने खड़े हैं। आंध्र प्रदेश, उत्तर प्रदेश और विदर्भ में किसानों द्वारा आत्महत्या और महानगरों में आर्थिक संकटों के कारण संतानों को बेचने की घटनाएँ सामान्य हैं।

बहुराष्ट्रीय बैंकों के प्रलोभनों द्वारा किसानों के सामने संकट की स्थिति उत्पन्न हो गई है, तो पूँजी के केंद्रीकरण के कारण भी लोग बेरोज़गार हो गए हैं।

3. तुलसी के युग की बेकारी के क्या कारण हो सकते हैं? आज की बेकारी की समस्या के कारणों के साथ उसे मिलाकर कक्षा में परिचर्चा करें।

अथवा **पाठ 'कवितावली' के आधार पर स्पष्ट करें कि क्या तुलसी युग की समस्याएँ आज भी विद्यमान हैं?** **CBSE SQP 2024**

उत्तर तुलसीदास ने अपने युग की बेकारी के कारण की अव्यवस्था को अपने काव्य में वर्णित किया है। तुलसी के युग में बेकारी के निम्न कारण हो सकते हैं

(i) बार-बार अकाल की स्थिति उत्पन्न होना।
(ii) समाज में अराजकता की स्थिति का होना।
(iii) व्यापार व वाणिज्य की स्थिति का होना।
(iv) संसाधनों की कमी।
(v) खेती के लिए पानी उपलब्ध न होना।

आज की बेकारी की समस्या के कारण पहले की अपेक्षा भिन्न हैं। वर्तमान में बेकारी के कारण निम्नलिखित हैं

(i) भ्रष्टाचार की समस्या।
(ii) शारीरिक श्रम में अरुचि।
(iii) जनसंख्या विस्फोट।
(iv) अशिक्षा।
(v) कृषि कार्यों के प्रति अरुचि।

4. राम कौशल्या के पुत्र थे और लक्ष्मण सुमित्रा के। इस प्रकार वे परस्पर सहोदर (एक ही माँ के पेट से जन्मे) नहीं थे। फिर राम ने उन्हें लक्ष्य कर ऐसा क्यों कहा–"मिलइ न जगत सहोदर भ्राता?" इस पर विचार कीजिए।

उत्तर राम मर्यादा पुरुष थे। उनके मानवीय संबंध किसी खास सूत्र से बँधे नहीं थे। वे कौशल्या के पुत्र अवश्य थे, किंतु उनके लिए सुमित्रा और कैकेयी कौशल्या से कम नहीं थीं। राम तथा लक्ष्मण का प्रेम सहोदर भाइयों से भी बढ़कर था। राम के बिना लक्ष्मण तथा लक्ष्मण के बिना राम की कल्पना करना कठिन है। इनका परस्पर प्रेम उन मानवीय सिद्धांतों तथा जैव-प्रक्रियाओं से पूरी तरह भिन्न है। सहोदर भाई कहना लाक्षणिकता है, इसका संदर्भ परस्पर भ्रातृप्रेम से है। वैसे एक दंतकथा (पौराणिक) के अनुसार, दशरथ की तीन रानियों को पुत्र की कामना में लंबा समय लगा था। एक ऋषि द्वारा प्रदत्त फल के खाने से पुत्र प्राप्ति की कामना पूर्ण हुई थी। माना जाता है कि कौशल्या ने अपने फल का कुछ हिस्सा सुमित्रा को अलग से दिया। इसलिए सुमित्रा के दो पुत्र हुए—लक्ष्मण तथा शत्रुघ्न। हो सकता है कि तुलसीदास के मस्तिष्क में इस कथा की चेतना भी रही हो।

5. यहाँ कवि तुलसी के दोहा, चौपाई, सोरठा, कवित्त, सवैया–ये पाँच छंद प्रयुक्त हैं। इसी प्रकार तुलसी साहित्य में और छंद तथा काव्य-रूप आए हैं। ऐसे छंदों व काव्य-रूपों की सूची बनाइए।

उत्तर तुलसीदास ने उपर्युक्त छंदों के अतिरिक्त अपने काव्य में बरवै, छप्पय, हरिगीतिका छंदों का भी प्रयोग किया है तथा उनके काव्य में प्रबंध काव्य (रामचरितमानस), मुक्तक काव्य (विनयपत्रिका), गेय पद्य शैली (गीतावली, कृष्णगीतावली) का भी प्रयोग हुआ है।

अभ्यास प्रश्न

काव्यांश पर आधारित बहुविकल्पीय प्रश्न

निम्नलिखित काव्यांशों को ध्यानपूर्वक पढ़कर पूछे गए बहुविकल्पीय प्रश्नों के लिए सर्वाधिक उपयुक्त विकल्प का चुनाव कीजिए

1. किसबी, किसान-कुल, बनिक, भिखारी, भाट,
चाकर, चपल नट, चोर, चार, चेटकी।
पेट को पढ़त, गुन गढ़त, चढ़त गिरि,
अटत गहन-गन अहन अखेटकी।।
ऊँचे-नीचे करम, धरम-अधरम करि,
पेट ही को पचत, बेचत बेटा-बेटकी।
'तुलसी' बुझाइ एक राम घनस्याम ही तें,
आगि बड़वागितें बड़ी है आगि पेटकी।। **CBSE 2025**

(क) काव्यांश में तुलसीदास ने वर्णन किया है
(i) अपने समय की सामाजिक विषमता का
(ii) अपने समय की आर्थिक विषमता का
(iii) समाज में बढ़ते अंधविश्वासों का
(iv) श्रमहीन लोगों के विभिन्न प्रयासों का

(ख) पेट की आग को शांत करने के लिए निम्नलिखित में से कौन-सा कर्म नहीं किया जा रहा था?
(i) पर्वतों पर चढ़न
(ii) गुणों को गढ़ना
(iii) व्यापार करना
(iv) घने जंगलों में घूमना

(ग) बड़वाग्नि कहते हैं
(i) समुद्र की आग को
(ii) जंगल की आग को
(c) पेट की आग को
(iv) सूर्य से प्राप्त आग को

(घ) काव्यांश के अनुसार 'पेट की आग' को किस प्रकार बुझाया जा सकता है?
(i) समुद्र के जल से (ii) पसीने के जल से
(iii) परिश्रम के बल से (iv) राम रूपी कृपाजल से

(ङ) काव्यांश के आधार पर तुलसीदास के विषय में क्या धारणा बनती है? उचित विकल्प का चयन कीजिए।
1. राम के प्रति दृढ़ आस्था रखने वाले संत
2. समाज को राम भक्ति से जोड़ने वाले साधक
3. सामाजिक उत्तरदायित्वों के प्रति सजग रचनाकार
4. सामाजिक उत्तरदायित्वों से विमुक्त वैरागी संत

कूट
(i) 1 और 2 दोनों (ii) 1 और 3 दोनों
(iii) 3 और 2 दोनों (iv) 1 और 4 दोनों

उत्तर
(क) (ii) अपने समय की आर्थिक विषमता का
(ख) (ii) गुणों को गढ़ना
(ग) (i) समुद्र की आग को
(घ) (iv) राम रूपी कृपाजल से
(ङ) (i) 1 और 2 दोनों

2. खेती न किसान को, भिखारी को न भीख, बलि,
बनिक को बनिज, न चाकर को चाकरी।
जीविका विहीन लोग सीद्यमान सोच बस,
कहैं एक-एकन सों 'कहाँ जाई, का करी?'
बेदहूँ पुरान कही, लोकहूँ बिलोकिअत,
साँकरे सबै पै, राम! रावरें कृपा करी
दारिद-दसानन दबाई दुनी, दीनबंधु!
दुरित-दहन देखि तुलसी हहा करी।।

(क) **कथन** (A) वेदों और पुराणों में संकट के विषय में कहा गया है।

कारण (R) संकट के समय राम सभी पर कृपा करके कष्ट दूर करते हैं।

कूट

(i) कथन (A) और कारण (R) दोनों सही हैं तथा कारण (R), कथन (A) की सही व्याख्या करता है।

(ii) कथन (A) और कारण (R) दोनों सही हैं, परंतु कारण (R), कथन (A) की सही व्याख्या नहीं करता है।

(iii) कथन (A) सही है, किंतु कारण (R) गलत है।

(iv) कथन (A) गलत है, किंतु कारण (R) सही है।

(ख) **काव्यांश में लोग किस कारण से दु:खी हैं?**

(i) जीविका विहीन हो जाने से

(ii) राम के वनवास चले जाने से

(iii) सीता-हरण हो जाने से

(iv) फसल खराब हो जाने से

(ग) **काव्यांश के अनुसार किसने दुनिया को दबा रखा है?**

(i) किसानों ने

(ii) भिखारियों ने

(iii) दरिद्रता रूपी रावण ने

(iv) व्यापारियों ने

(घ) **रिक्त स्थान की पूर्ति कीजिए।**

निम्नलिखित में से ………… इस संकटपूर्ण स्थिति से उभरा जा सकता है।

(i) कवि द्वारा (ii) दान-दक्षिणा द्वारा

(iii) नए व्यापार द्वारा (iv) राम भक्ति द्वारा

(ङ) **किस वर्ग के लोगों की आर्थिक स्थिति अत्यंत शोचनीय अवस्था में है?**

(i) भिक्षुक की

(ii) किसान की

(iii) व्यापारी की

(iv) ये सभी

उत्तर

(क) (ii) कथन (A) और कारण (R) दोनों सही हैं, परंतु कारण (R), कथन (A) की सही व्याख्या नहीं करता है।

(ख) (i) जीविका विहीन हो जाने से

(ग) (iii) दरिद्रता रूपी रावण ने

(घ) (iv) राम भक्ति द्वारा

(ङ) (iv) ये सभी

3. **धूत कहौ, अवधूत कहौ, रजपूतु कहौ, जोलाहा कहौ कोऊ।**
काहू की बेटीसों बेटा न ब्याहब, काहूकी जाति बिगार न सोऊ।।
तुलसी सरनाम गुलामु है राम को, जाको रुचै सो कहै कछु ओऊ।
माँगि कै खैबो, मसीत को सोइबो, लैबो को एकु न दैबको दोऊ।

(क) **प्रस्तुत काव्यांश का केंद्रीय विषय क्या है? दिए गए कथन में से सही कथन का चयन कीजिए।**

(i) रामभक्ति का प्रचार करना

(ii) सामाजिक व्यवस्था के पोषकों पर व्यंग्य करना

(iii) जाति-पाँति का समर्थन करना

(iv) समाज विहीन राष्ट्र की कल्पना करना

(ख) **कथन** (A) **तुलसीदास स्वयं को रामभक्त कहकर स्वयं को राम का गुलाम कहते हैं।**

कारण (R) **कवि को समाज की हँसी व्यथित करती है।**

कूट

(i) कथन (A) और कारण (R) दोनों सही हैं तथा कारण (R), कथन (A) की सही व्याख्या करता है।

(ii) कथन (A) और कारण (R) दोनों सही हैं, परंतु कारण (R), कथन (A) की सही व्याख्या नहीं करता है।

(iii) कथन (A) सही है, किंतु कारण (R) गलत है।

(iv) कथन (A) गलत है, किंतु कारण (R) सही है।

(ग) **तुलसीदास किसी से संबंध रखकर क्या नहीं बिगाड़ना चाहते हैं?**

(i) अपना स्वाभिमान (ii) दूसरे का आत्मविश्वास

(iii) दूसरे की जाति (iv) अपनी जाति

(घ) **तुलसीदास को परंपरावादी एवं रूढ़िग्रस्त समाज में रहते हुए भी उससे मुक्त और बेफिक्र कौन बनाता है?**

(i) उनका अभिमान (ii) भक्ति के बल से उपजी दृढ़ता

(iii) राम के प्रति अनास्था (iv) समाज के बंधन

(ङ) **'लैबो को एकु न दैबको दोऊ' पंक्ति का क्या आशय है?**

(i) किसी से दो लेना है और एक देना है

(ii) स्वार्थ की पूर्ति के लिए संबंध रखना

(iii) किसी पर निर्भर न रहना

(iv) भविष्य हेतु चिंतित होना

उत्तर

(क) (ii) सामाजिक व्यवस्था के पोषकों पर व्यंग्य करना

(ख) (iii) कथन (A) सही है, किंतु कारण (R) गलत है।

(ग) (iii) दूसरे की जाति

(घ) (ii) भक्ति के बल से उपजी दृढ़ता

(ङ) (iii) किसी पर निर्भर न रहना

4. **उहाँ राम लछिमनहि निहारी। बोले बचन मनुज अनुसारी।।**
अर्ध राति गइ कपि नहिं आयउ। राम उठाइ अनुज उर लायऊ।।
सकहु न दुखित देखि मोहि काऊ। बंधु सदा तव मृदुल सुभाऊ।।
मम हित लागि तजेहु पितु माता। सहेहु बिपिन हिम आतप बाता।।
सो अनुराग कहाँ अब भाई। उठहु न सुनि मम बच बिकलाई।।

CBSE 2024

(क) **'बोले बचन मनुज अनुसारी' का अभिप्राय है**

(i) मनुष्य द्वारा बोले जाने योग्य वचन

(ii) मनुष्य द्वारा अनुसरण करने योग्य वचन

(iii) मानव की प्रकृति के अनुरूप वचन

(iv) मानव सुलभ गुणों से युक्त वचन

(ख) 'सकहु न दुखित .... मृदुल सुभाऊ' चौपाई के आधार पर लक्ष्मण के स्वभाव की विशेषताएँ हैं
(i) स्नेही, मृदुल, भ्रातृप्रेमी
(ii) मृदुल, आज्ञाकारी, कोमलचित्त
(iii) कोमल, स्नेही, आज्ञाकारी
(iv) कोमल, उदार, सहनशील

(ग) 'सो अनुराग कहाँ अब भाई' पंक्ति द्वारा राम लक्ष्मण के हृदय में विद्यमान किस भाव की ओर संकेत कर रहे हैं?
(i) बड़े भाई को कभी दुःखी न देखने का भाव
(ii) सबके प्रति हृदय में विद्यमान कोमलता का भाव
(iii) बड़े भाई के प्रति कर्त्तव्यपालन का भाव
(iv) बड़े भाई के प्रति त्याग युक्त प्रेम का भाव

(घ) लक्ष्मण के हृदय में राम के प्रति अगाध प्रेम को व्यक्त करने वाली पंक्ति है
(i) अर्ध राति गइ कपि नहिं आयउ। राम उठाइ......
(ii) सकहु न दुखित देखि मोहि काऊ। बंधु सदा...
(iii) मम हित लागि तजेहु पितु माता। सहेहु बिपिन...
(iv) सो अनुराग कहाँ अब भाई। उठहु न सुनि......

(ङ) काव्यांश का केंद्रीय भाव है
(i) लक्ष्मण के शोक में डूबे राम के विलाप का वर्णन करना
(ii) दुःख की स्थिति के प्रभाव का वर्णन करना
(iii) राम के निर्मल और उदात्त चरित्र का वर्णन करना
(iv) लक्ष्मण द्वारा राम के लिए किए गए त्याग का वर्णन करना

उत्तर

(क) (iii) मानव की प्रकृति के अनुरूप वचन
(ख) (i) स्नेही, मृदुल, भ्रातृप्रेमी
(ग) (i) बड़े भाई को कभी दुःखी न देखने का भाव
(घ) (i) अर्ध राति गइ कपि नहिं आयउ। राम उठाइ......
(ङ) (i) लक्ष्मण के शोक में डूबे राम के विलाप का वर्णन करना

5. अर्ध राति गइ कपि नहिं आयऊ। राम उठाइ अनुज उर लायऊ।।
सकहु न दुखित देखि मोहि काऊ। बंधु सदा तव मृदुल सुभाऊ।।
मम हित लागि तजेहु पितु माता। सहेहु बिपिन हिम आतप बाता।।
सो अनुराग कहाँ अब भाई। उठहु न सुनी मम बच बिकलाई।।
जौं जनतेउँ बन बंधु बिछोहू। पितु बचन मनतेउँ नहिं ओहू।।
सुत बि नारि भवन परिवारा। होहिं जाहिं जग बारहिं बारा।।
अस बिचारि जियँ जागहु ताता। मिलइ न जगत सहोदर भ्राता।
जथा पंख बिनु खग अति दीना। मनि बिनु फनि करिबर कर हीना।।
अस मम जिवन बंधु बिनु तोहि। जौं जड़ दैव जिआवै मोही।।
CBSE SQP 2020

(क) राम लक्ष्मण के किस स्वभाव का स्मरण करते हैं?
(i) भ्रातृप्रेम का
(ii) कोमलता का
(iii) प्रेममयी हृदय का
(iv) सेवा-भाव का

(ख) राम के अनुसार, लक्ष्मण ने उनके हित के लिए क्या-क्या सहन किया?
(i) जंगल में भूख, प्यास, कमजोरी
(ii) जंगल में सीता-हरण, युद्ध, शक्ति
(iii) जंगल में जाड़ा, ताप, आँधी-तूफान
(iv) जंगल में काँटे, जंगली-जानवर, कीट-पतंगे

(ग) काव्यांश में .... की क्षति को राम ने बड़ी क्षति माना है।
(i) भार्या को खो देने
(ii) तात के न आने
(iii) भ्राता को खो देने
(iv) कपि के न आने

(घ) **कथन** (A) लक्ष्मण ने राम के लिए माता-पिता व सुख-वैभव को त्याग दिया।
कारण (R) लक्ष्मण का स्वभाव सदैव विनम्र व कोमल रहा।
कूट
(i) कथन (A) और कारण (R) दोनों सही हैं तथा कारण (R), कथन (A) की सही व्याख्या करता है।
(ii) कथन (A) और कारण (R) दोनों सही हैं, परंतु कारण (R), कथन (A) की सही व्याख्या नहीं करता है।
(iii) कथन (A) सही है, किंतु कारण (R) गलत है।
(iv) कथन (A) गलत है, किंतु कारण (R) सही है।

(ङ) राम यदि जानते कि वनागमन के क्या परिणाम होंगे, तब वे क्या नहीं करते?
(i) रावण से युद्ध न करते
(ii) लक्ष्मण को वन में साथ न लाते
(iii) माँ के वचन का पालन न करते
(iv) पिता के वचन का पालन न करते

उत्तर

(क) (ii) कोमलता का
(ख) (ii) जंगल में सीता-हरण, युद्ध, शक्ति
(ग) (iii) भ्राता को खो देने
(घ) (ii) कथन (A) और कारण (R) दोनों सही हैं, परंतु कारण (R), कथन (A) की सही व्याख्या नहीं करता है।
(ङ) (iv) पिता के वचन का पालन न करते

6. यह बृतांत दसानन सुनेऊ।
अति विषाद पुनि पुनि सिर धुनऊ।।
ब्याकुल कुम्भकरण पहिं आवा।
बिबिध जतन करि ताहि जगावा।।
जागा निसिचर देखिए कैसा।
मानहुँ कालु देह धरि वैसा।।
कुम्भकरण बूझा कहु भाई।
काहे तव मुख रहे सुखाई।।
कथा कही सब तेहिं अभिमानी।
जेहि प्रकार सीता हरि आनी।।
CBSE 2023

(क) दसानन के बार-बार सिर धुनने का क्या कारण था?
(i) सहयोग नहीं मिलना
(ii) संकट से नहीं निकलना
(iii) वैद्य द्वारा लक्ष्मण का उपचार करना
(iv) लक्ष्मण का स्वस्थ हो जाना

(ख) अत्यधिक शोक से बेचैन होकर रावण किसके पास गया?
(i) मेघनाद के (ii) विभीषण के
(iii) कुंभकर्ण के (iv) मंदोदरी के

(ग) कुंभकर्ण को असमय जगाने के पीछे रावण की क्या मनोदशा रही होगी?
(i) कुंभकर्ण को स्वयं से श्रेष्ठ मानना
(ii) कुंभकर्ण से दिल की बात करना
(iii) कुंभकर्ण को युद्ध में भेजना
(iv) कुंभकर्ण की शक्ति पर भरोसा

(घ) 'जागा निसिचर देखिए कैसा' पंक्ति में 'निसिचर' से किसे संबोधित किया गया है?
(i) रावण को (ii) कुंभकर्ण को
(iii) राक्षस को (iv) रात में चलने वाले का

(ङ) कुंभकर्ण ने रावण से क्या पूछा?
(i) सीता हरण का कारण
(ii) अपने पास आने का कारण
(iii) दुःखी होने का कारण
(iv) स्वयं को जगाने का कारण

उत्तर

(क) (iv) लक्ष्मण का स्वस्थ हो जाना
(ख) (iii) कुंभकर्ण के
(ग) (ii) कुंभकर्ण से दिल की बात करना
(घ) (iii) राक्षस को
(ङ) (iii) दुःखी होने का कारण

विषय–वस्तु पर आधारित प्रश्नोत्तर

लघु उत्तरीय प्रश्न

1. तुलसी की वाणी में लोगों के प्रति उलाहने और तिरस्कार का क्या कारण रहा होगा?

उत्तर तुलसी अपने समय के बहुत लोकप्रिय कवि थे। उनकी राम-भक्ति, कथा बाँचने की कुशलता और लोकप्रियता के कारण बहुत-से लोग उनसे ईर्ष्या करते थे। वे तुलसी के जन्म, धर्म और कर्म को लेकर बातें भी बनाते थे। ऐसे ही निंदकों से परेशान होकर तुलसी ने उनका तिरस्कार किया होगा।

2. तुलसीदास की संकलित चौपाइयों के आधार पर लक्ष्मण के प्रति राम के स्नेह-संबंधों पर प्रकाश डालिए।

उत्तर श्रीराम लक्ष्मण से अत्यधिक स्नेह करते थे। उन्हें मूर्च्छित देखकर श्रीराम विलाप करने लगते हैं। वे लक्ष्मण के वन आने का कारण स्वयं को मानते हुए स्वयं को ही दोषी ठहराते हैं। वे नारी-हानि को भ्रातृ-हानि के समक्ष कमतर मानते हैं। लक्ष्मण को बिछुड़ते देख राम आत्मग्लानि और शोक से पीड़ित हो जाते हैं। वे स्वयं को शक्तिहीन महसूस कर रहे थे।

3. "नारि हानि बिसेष छति नाहीं" कहकर तुलसीदास ने जो सामाजिक दृष्टिकोण प्रस्तुत किया है, उस पर अपने विचार एक अनुच्छेद में व्यक्त कीजिए।

उत्तर कवि तुलसीदास ने राम के मुख से कहलवाया है कि भाई के समक्ष नारी की हानि विशेष महत्त्व नहीं रखती। यह भाव या कथन तत्कालीन समय की नारी की हीन अवस्था को दर्शाता है। नारी मायका छोड़कर सदा के लिए ससुराल आती है, परंतु उसे सदैव दूसरे दर्जे का ही स्थान दिया जाता था। भाई का संबंध रक्तीय होने के कारण अधिक महत्त्वपूर्ण समझा जाता था। पत्नी के लिए राम का दृष्टिकोण पूर्णतया गलत है।

4. कुंभकर्ण के द्वारा पूछे जाने पर रावण ने अपनी व्याकुलता के बारे में क्या कहा और कुंभकर्ण से क्या सुनना पड़ा?

उत्तर कुंभकर्ण द्वारा पूछे जाने पर रावण अपनी व्याकुलता बताते हुए कहता है कि हनुमान के रूप में साक्षात् काल का देह धारण किए उसने लंका में हाहाकार मचा दिया है। इस बात पर कुंभकर्ण ने रावण से कहा भ्राता आपने सीता हरण किया है, इसी कारण हनुमान सारे असुरों का संहार कर रहा है।

5. 'लक्ष्मण-मूर्च्छा और राम का विलाप' प्रसंग के आधार पर राम द्वारा वर्णित लक्ष्मण के गुणों का उल्लेख कीजिए। CBSE Term II 2022

उत्तर लक्ष्मण द्वारा मूर्च्छित होने पर राम विलाप करते हुए अपने अनुज लक्ष्मण के अनेक गुणों का वर्णन करते हैं। राम कहते हैं कि हे भाई! तुम अपने होते मुझे कभी दुःखी नहीं देख सकते थे। तुम्हारा स्वभाव पहले से ही कोमल और मृदु रहा है। तुमने मेरे कारण माता-पिता तक को त्याग दिया और वन के अनेक कष्ट सहे। अतः इस प्रकार राम विलाप करते हुए अपने अनुज-प्रेम में लक्ष्मण के बहुत-से गुणों; जैसे—त्यागी, धैर्यशाली, रामहितकारी, साहसी, सहनशील आदि का वर्णन करते हैं।

6. 'लक्ष्मण-मूर्च्छा और राम का विलाप' प्रसंग के आधार पर बताइए कि पंख के बिना पक्षी और सूँड के बिना हाथी की क्या दशा होती है?

उत्तर मूर्च्छित हुए लक्ष्मण को देखकर श्रीराम बहुत ज्यादा भाव-विह्वल हो रहे हैं। वे लक्ष्मण के प्रति अपना मोह और स्नेह प्रकट करते हुए कहते हैं कि हे भाई लक्ष्मण! तुम्हारे बिना मेरी स्थिति इतनी दयनीय है कि मैं स्वयं को इस प्रकार शक्तिहीन महसूस कर रहा हूँ, जिस प्रकार पक्षी अपने पंखों के बिना दीन-हीन हो जाते हैं तथा मणि के बिना साँप और सूँड के बिना हाथी लाचार हो जाता है। वह अपने महत्त्वपूर्ण कार्य नहीं कर पाते।

7. तुलसीदासकृत चौपाइयों के आधार पर तत्कालीन समाज में नारी की स्थिति स्पष्ट कीजिए। CBSE 2023

उत्तर तुलसीकृत चौपाइयों के आधार पर तत्कालीन समाज में नारी की स्थिति का आभास होता है कि वह युग नारियों के लिए बहुत कष्टदायी था। उस समय लोग स्त्री का घोर अपमान करते थे, यहाँ तक कि पैसों के लिए वे बेटी तक को बेच देते थे। उस युग में स्त्रियों का हर प्रकार से शोषण होता था। नारी के प्रति लोगों के मन में संकुचित धारणा थी। नारियों को केवल भोग की वस्तु समझा जाता था और वे पुरुषों के शोषण की चक्की में पिसती चली जा रही थीं। इस प्रकार नारी की समाज में दयनीय स्थिति थी।

8. 'लक्ष्मण-मूर्च्छा और राम का विलाप' प्रसंग के आधार पर लिखिए कि रावण की बात सुनकर कुंभकर्ण क्यों बिलखने लगा था? CBSE 2023

उत्तर अभिमानी रावण ने सीता का हरण करने और युद्ध में घटित सभी घटनाओं को कुंभकर्ण को बताया। रावण ने बताया कि वानर सेना ने सभी राक्षसों का वध कर दिया है और दुर्मुख, देवशत्रु, नरांतक, महायोद्धा, अतिकाय, अंकपन, महोदर आदि अनेक वीर युद्धभूमि में मरे पड़े हैं। रावण के इन वचनों को सुनकर कुंभकर्ण दुःखी होकर बिलखने लगा और बोला, हे मूर्ख! जगत माता सीता का हरण करके तुम अब अपना कल्याण चाहते हो? यह कदाचित संभव नहीं है।

9. 'लक्ष्मण-मूर्च्छा और राम का विलाप' के आधार पर लिखिए कि युद्धभूमि में राम के खेमे का माहौल शोकग्रस्त क्यों था? हनुमान द्वारा संजीवनी बूटी लाने पर वहाँ का माहौल कैसा हो गया? CBSE 2024

उत्तर युद्धभूमि में राम के खेमे का माहौल शोकग्रस्त इसलिए था, क्योंकि आधी रात बीत गई थी और अभी तक हनुमान नहीं आए थे। लक्ष्मण को मूर्च्छित अवस्था में देखकर श्रीराम विलाप कर रहे थे, इसी कारण सारा वातावरण शोकग्रस्त था। हनुमान के आने पर व उनके द्वारा संजीवनी बूटी लाने पर वहाँ का माहौल प्रसन्नचित्त हो गया। वैद्य द्वारा शीघ्र ही उपचार करने से लक्ष्मण उठकर बैठ गए। यह देखकर राम ने लक्ष्मण को गले लगा लिया। इस दृश्य को देखकर भालुओं और वानरों के समूह में भी खुशी छा गई।

दीर्घ उत्तरीय प्रश्न

1. बेकारी की समस्या तुलसी के जमाने में भी थी। उस बेकारी का वर्णन तुलसी के कवित्त के आधार पर कीजिए।

अथवा तुलसीदास ने दरिद्रता की तुलना किससे की है और क्यों? CBSE 2023

उत्तर तुलसी का युग भी बेकारी से आक्रांत था। अकाल के कारण चारों ओर हाहाकार मचा था। किसान को कृषि की सुविधा नहीं थी, भिखारी को भीख भी नहीं मिलती थी। काम-धंधे सब चौपट हो चुके थे। कर्मचारीगण खाली थे तथा चारों ओर बेरोज़गारी थी। पेट की खातिर लोग अच्छे-बुरे सारे काम करते थे।

लाचारी इतनी बढ़ गई थी कि लोग अपनी संतान तक को बेचने के लिए विवश थे। तुलसीदास जी द्ररिद्रता की तुलना रावण से करते हुए कहते हैं कि दरिद्रता रूपी रावण ने सबको अपने वश में किया हुआ था। इसे जितना दबाने की कोशिश की जाती है, वह उतनी ही बढ़ती जाती है।

2. तुलसीदास के कवित्त के आधार पर तत्कालीन समाज की आर्थिक विषमता पर प्रकाश डालिए।

अथवा तुलसी के संकलित कवित्तों में चित्रित तत्कालीन आर्थिक विषमताओं पर टिप्पणी कीजिए।

अथवा तुलसीदास ने अपने युग की जिस दुर्दशा का वर्णन किया है, आज के संदर्भ में उस पर टिप्पणी कीजिए। CBSE 2023

अथवा तुलसीदास ने 'कवितावली' के छंदों में अपने समय के लोगों की जीविका विहीनता का चित्रण किस प्रकार किया है? CBSE 2023

उत्तर गोस्वामी तुलसीदास भक्त कवि थे। उन्होंने अपने युग की आर्थिक विषमता को निकटता से देखा ही नहीं, बल्कि उसका अनुभव भी किया है। उस समय अकाल के कारण बेरोज़गारी और भुखमरी फैली थी। लोगों के पास काम नहीं था। लोग संतान तक को बेचने के लिए विवश थे। चारों ओर लाचारी और विवशता ही दिखाई पड़ती थी। पेट की आग समुद्र की आग से भी अधिक भयंकर थी, जिसके लिए लोग ऊँच-नीच कर्म कर रहे थे और धंधे में भी धर्म-अधर्म का ख्याल नहीं रख रहे थे।

इस प्रकार तुलसी का युग अनेक आर्थिक विषमताओं से घिरा था। यदि आज के संदर्भ में तुलसीदास युगीन समय को देखा जाए, तो आज भले ही उस समय से थोड़ी बेहतर स्थिति है, परंतु आज के समय में भी लोग पैसे के लिए पाप-पुण्य या धर्म-अधर्म का भेद नहीं करते। हालाँकि आज इतनी भुखमरी नहीं है, लेकिन बेरोज़गारी की समस्या ज्यों की त्यों बनी हुई है।

3. 'कवितावली' के आधार पर पुष्टि कीजिए कि तुलसी को अपने समय की आर्थिक-सामाजिक समस्याओं की जानकारी थी। CBSE SQP Term II 2022

अथवा 'कवितावली के छंदों में अपने युग की आर्थिक एवं सामाजिक विषमता की अभिव्यक्ति है।' कथन की पुष्टि कीजिए। Delhi 2019

उत्तर तुलसीदास मानवीय संवेदना के कवि हैं। उन्होंने युगीन चेतना का सुंदर समावेश काव्य में किया है। कवितावली में उद्धृत पदों के अंतर्गत यह स्पष्ट हो जाता है कि तुलसी को अपने युग की समस्याओं की अच्छी समझ थी। वे संत होते हुए भी जनता की पीड़ा से परिचित थे। उन्हें समाज में व्याप्त गरीबी, बेकारी तथा भुखमरी का ज्ञान था।

किसान, मजदूर, बनिक (बनिया) इत्यादि वर्गों की जीविका के ह्रास को कवि ने देखा था। इसमें भयंकर बेकारी तथा भूख का चित्रण सामने आया है। 'पेट की आग' का असर सभी व्यक्तियों पर स्पष्ट रूप से नज़र आता था। काम न मिलने की विवशता में लोग ऊँच-नीच कर्म कर रहे थे तथा धर्म-अधर्म पर विशेष ध्यान नहीं दिया जा रहा था। इस प्रकार, तुलसीदास ने अपने युग की आर्थिक-सामाजिक विषमता को ठीक से समझा था।

4. तुलसीदास के सवैया के आधार पर प्रतिपादित कीजिए कि उन्हें भी जातीय भेदभाव का दबाव झेलना पड़ा था।

उत्तर तुलसीदास जी ने अपने सवैये में कहा है कि

"धूत कहौ, अवधूत कहौ,
रजपूतु कहौ, जोलाहा कहौ कोऊ।
काहू की बेटीसों बेटा न ब्याहब,
काहू की जाति बिगार न सोऊ।।"

वस्तुतः तुलसीदास जी सामाजिक यथार्थ एवं जातिगत ताने-बाने से अच्छी तरह परिचित थे। उन्होंने इस जाति व्यवस्था को लगभग पूरी तरह नकार दिया। उन्हें कोई राजपूत कहे या जुलाहा, इससे उन्हें कोई फर्क नहीं पड़ता। जाति प्रथा का सबसे मजबूत रूप विवाह के रूप में दिखता है, जहाँ अपनी जाति से बाहर निकलना एक तरह से सामाजिक निषेध माना जाता है।

तुलसीदास जी जातीय भेदभाव को नकारने के बावजूद उसका दबाव महसूस करते हैं। यही कारण है कि वे कहते हैं कि किसी की बेटी के साथ अपने बेटे का विवाह करके किसी की जाति को बिगाड़ना नहीं चाहते हैं। जो जिस रूप में है, वह उसी रूप में खुश रहे, संतुष्ट रहे, लेकिन वे स्वयं के लिए शोषक जाति व्यवस्था से बाहर होने की घोषणा करते हैं।

5 'लक्ष्मण-मूर्च्छा और राम का विलाप' काव्यांश में लक्ष्मण के प्रति राम के प्रेम के कौन-कौन से पहलू अभिव्यक्त हुए हैं?

उत्तर 'लक्ष्मण-मूर्च्छा और राम का विलाप' कविता में लक्ष्मण के प्रति श्रीराम के प्रेम की हृदयस्पर्शी अभिव्यक्ति हुई है। यहाँ श्रीराम का मानवीय रूप दृष्टिगत होता है। वे साधारण मानव की तरह अधीर होते हैं तथा कहते हैं कि उन्हें यदि ज्ञात होता कि वन में भाई का बिछोह होगा, तो वे पिता को दिए गए वचन का भी पालन नहीं करते।

वे कहते हैं कि संसार में पुत्र, स्त्री आदि तो एकाधिक बार मिल जाते हैं, परंतु सहोदर भाई पुनः नहीं मिलता। वे कहते हैं कि लक्ष्मण के बिना वे कौन-सा मुँह लेकर अयोध्या जाएँगे? इन पंक्तियों में श्रीराम की आंतरिक व्यथा का मर्मस्पर्शी चित्रण हुआ है।

स्व-मूल्यांकन

काव्यांश पर आधारित बहुविकल्पीय प्रश्न

निम्नलिखित काव्यांश को ध्यानपूर्वक पढ़कर पूछे गए बहुविकल्पीय प्रश्नों के लिए सर्वाधिक उपयुक्त विकल्प का चुनाव कीजिए

1. **जथा पंख बिनु खग अति दीना। मनि बिनु फनि करिबर कर हीना।।**
अस मम जिवन बंधु बिनु तोही। जौं जड़ दैव जिआवै मोही।।
जैहउँ अवध कवन मुहुँ लाई। नारि हेतु प्रिय भाई गँवाई।।
बरु अपजस सहतेउँ जग माही। नारि हानि बिसेष छति नाहीं।।

(क) भाई के बिना जीवन की तुलना किससे की गई है?
- (i) पंखों के बिना पक्षी से
- (ii) मणि के बिना साँप से
- (iii) सूँड के बिना हाथी से
- (iv) ये सभी

(ख) राम किसकी तुलना में अपने भाई को अधिक महत्त्व दे रहे हैं?
- (i) धन की
- (ii) पत्नी की
- (iii) राज्य की
- (iv) पुत्र की

(ग) राम को लक्ष्मण के बिना अयोध्या जाने में क्या सहना पड़ेगा?
- (i) विषाद
- (ii) ग्लानि
- (iii) आमोद
- (iv) कटु वचन

(घ) राम द्वारा ········· सहन कर पाना कठिन हो रहा है।
- (i) स्त्री का अपमान
- (ii) लक्ष्मण की मूर्च्छा
- (iii) पिता की मृत्यु
- (iv) इनमें से कोई नहीं

(ङ) 'नारि हानि बिसेष छति नाहीं' पंक्ति में कौन-सा भाव व्यक्त हुआ है?
- (i) भाई के वियोग से उत्पन्न कष्ट का
- (ii) पत्नी के वियोग से उत्पन्न कष्ट का
- (iii) भ्रातृप्रेम की समाप्ति का
- (iv) हर्ष का

उत्तर

(क) (iv) ये सभी (ख) (ii) पत्नी की
(ग) (ii) ग्लानि (घ) (ii) लक्ष्मण की मूर्च्छा
(ङ) (i) भाई के वियोग से उत्पन्न कष्ट का

विषय-वस्तु पर आधारित प्रश्न

लघु उत्तरीय प्रश्न

1. हनुमान के विषय में रावण ने कुंभकर्ण को क्या बताया?
2. लक्ष्मण की मूर्च्छा किस प्रकार भंग हुई?
3. पेट भरने के लिए लोग क्या-क्या अनैतिक कार्य करते हैं?
4. वेदों और पुराणों में क्या कहा गया है? स्पष्ट कीजिए।

दीर्घ उत्तरीय प्रश्न

1. "तुलसी का युग भी बेरोजगारी और बेकारी से ग्रस्त था।" सिद्ध कीजिए।
2. तुलसी की भक्ति-भावना पर प्रकाश डालिए।
3. कुंभकर्ण की चारित्रिक विशेषताएँ बताइए।
4. "राम लक्ष्मण के प्रति अगाध स्नेह रखते हैं।" सिद्ध कीजिए।

08

अध्याय

कवि-परिचय

फिराक गोरखपुरी का मूल नाम रघुपति सहाय फिराक था। उनका जन्म 28 अगस्त, 1896 को गोरखपुर (उत्तर प्रदेश) में हुआ था। रामकृष्ण की कहानियों से शुरुआत के बाद की उनकी शिक्षा अरबी, फारसी और अंग्रेज़ी में हुई। ये वर्ष 1917 में डिप्टी कलेक्टर के पद पर चयनित हुए, पर स्वराज आंदोलन के लिए वर्ष 1918 में यह पद त्याग दिया। इनकी महत्त्वपूर्ण कृतियाँ 'गुलेनम्मा','बज्मे जिंदगी रंगे-शायरी', 'उर्दू गजलगोई' आदि हैं। उन्हें 'गुले नम्मा' के लिए साहित्य अकादमी पुरस्कार, ज्ञानपीठ पुरस्कार तथा सोवियत लैंड नेहरू अवार्ड से भी सम्मानित किया गया। फिराक ने परंपरागत भावबोध और शब्द-भंडार का उपयोग करते हुए उसे नई भाषा और नए विषयों से जोड़ा। इनका निधन वर्ष 1983 में हुआ।

▼ **अध्ययन के लिए**
- कविता की रूपरेखा
- काव्यांशों की व्याख्या

▼ **अभ्यास के लिए**
- पाठ्यपुस्तक के प्रश्नोत्तर
- काव्यांश पर आधारित बहुविकल्पीय प्रश्न
- लघु उत्तरीय प्रश्न
- दीर्घ उत्तरीय प्रश्न

रुबाइयाँ

(फिराक गोरखपुरी)

कविता की रूपरेखा

प्रकृति, मौसम एवं भौतिक जगत के सौंदर्य को शायरी का विषय बनाने वाले प्रसिद्ध उर्दू शायर फिराक गोरखपुरी ने 'रुबाइयाँ' में एक वात्सल्य चित्र प्रस्तुत किया है। बच्चे की इच्छा, माँ की ममता और त्योहारों के बीच हिंदी, उर्दू एवं लोकभाषा के शब्दों के मिश्रण से उत्पन्न सौंदर्य की छटा अद्‌भुत है। वास्तव में, फिराक की रुबाई में हिंदी का एक घरेलू रूप दिखता है। उनकी सहज भाषा एवं प्रसंग सूरदास के वात्सल्य वर्णन की सादगी की याद दिलाते हैं।

काव्यांशों की व्याख्या

काव्यांश 1

आँगन में लिए चाँद के टुकड़े को खड़ी
हाथों पे झुलाती है उसे गोद-भरी
रह-रह के हवा में जो लोका देती है
गूँज उठती है खिलखिलाते बच्चे की हँसी। **CBSE 2018**

शब्दार्थ

चाँद का टुकड़ा—बहुत सुंदर/बहुत प्यारा, **गोद-भरी**—गोद में भरकर, **रह-रह के**—रुक-रुक कर, **लोका देना**—उछाल देना/प्यार से उछालकर पकड़ना।

संदर्भ प्रस्तुत काव्यांश पाठ्यपुस्तक 'आरोह भाग-2' में संकलित प्रसिद्ध शायर फिराक गोरखपुरी द्वारा रचित 'रुबाइयाँ' शीर्षक कविता से उद्धृत है।

प्रसंग प्रसिद्ध शायर फिराक गोरखपुरी की इस रुबाई में एक छोटे बच्चे एवं उसकी माँ के वात्सल्य का सुंदर चित्रण किया गया है।

व्याख्या कवि फिराक कहते हैं कि एक माँ अपने चाँद के टुकड़े जैसे सुंदर बच्चे को लिए हुए घर के आँगन में खड़ी है। वह कभी बच्चे को अपने हाथों में झुलाती है, तो कभी हवा में उछालकर हाथों में पुनः थाम लेती है। माँ के ऐसा करने पर वह बच्चा खिलखिलाकर हँस पड़ता है। शायर कहता है कि बच्चे की यह खिलखिलाहट भरी हँसी पूरे वातावरण में गूँज जाती है। वास्तव में, इन पंक्तियों में एक माँ के वात्सल्य भाव और उसकी ममता से पुलकित शिशु के माध्यम से फ़िराक ने सहज स्नेह से उत्पन्न नैसर्गिक सौंदर्य का चित्रण किया है।

काव्य-शैली

(*i*) इस रुबाई में माँ के वात्सल्य एवं उसके बच्चे के प्रति सहज स्नेह का स्वाभाविक चित्रण हुआ है।

(*ii*) लोकभाषा एवं उर्दू के मिश्रण से बनी भाषा एक नवीन भाव-बोध को प्रस्तावित करती है। 'लोका देना' इसी प्रकार का एक सशक्त प्रयोग है, जिसमें पूरा लोक जीवन प्रतिबिंबित हो उठता है।

(*iii*) काव्यांश का छंद उर्दू का प्रसिद्ध छंद 'रुबाई' है। वर्णन बिंब प्रधान है। बच्चे को 'चाँद का टुकड़ा', माँ को 'गोद-भरी' कहना, 'हाथ पे झुलाती' आदि दृश्य बिंब हैं।

(*iv*) 'खिलखिलाती हँसी' श्रव्य बिंब का निर्माण करती है।

(*v*) वात्सल्य रस का प्राधान्य है।

काव्यांश 2

नहला के छलके-छलके निर्मल जल से
उलझे हुए गेसुओं में कंघी करके
किस प्यार से देखता है बच्चा मुँह को
जब घुटनियों में ले के है पिन्हाती कपड़े।

शब्दार्थ

छलके—ढुलक कर गिरे, **निर्मल**—स्वच्छ/साफ़, **गेसू**—बाल, **घुटनियों**—घुटनों, **पिन्हाती**—पहनाती।

संदर्भ पूर्ववत्।

प्रसंग दूसरी रुबाई में माँ द्वारा बच्चे को नहलाने, उसके बालों में कंघी करने और उसे गोद में लेकर कपड़े पहनाने की स्वाभाविक क्रियाओं के बीच माँ-बच्चे के बीच मौजूद स्नेह का वर्णन है।

व्याख्या शायर कहता है कि माँ अपने बच्चे के शरीर पर स्वच्छ छलकते (पारदर्शी) जल को डालकर नहलाने के बाद उसके भीगे, उलझे बालों को कंघी से सँवारती है। जब वह अपने घुटनों में लेकर बच्चे को कपड़े पहनाती है, तो बच्चा अत्यंत आत्मीयता एवं स्नेह के भाव से माँ के मुँह की तरफ़ देखता है। माँ-बच्चे के प्रेम का सहज चित्रण इन पंक्तियों में हुआ है, जिसकी अभिव्यक्ति माँ के मुँह को बच्चे द्वारा देखने में निहित है।

काव्य-शैली

(*i*) माँ के स्नेह का स्वाभाविक वर्णन किया गया है।

(*ii*) 'छलके-छलके' में पुनरुक्तिप्रकाश अलंकार है।

(*iii*) 'कंघी करके' में अनुप्रास अलंकार है।

(*iv*) कवि ने लोकभाषा में प्रचलित शब्दों को विशेष अर्थ के साथ काव्यांश में रखा है। घुटनियों, कंघी इत्यादि जनभाषा (सामान्य बोलचाल) के शब्द हैं।

(*v*) कवि ने उर्दू के रुबाई छंद का प्रयोग किया है। इसमें चार पंक्तियाँ होती हैं। पहली, दूसरी तथा चौथी पंक्ति तुकांत होती है।

काव्यांश 3

दीवाली की शाम घर पुते और सजे
चीनी के खिलौने जगमगाते लावे
वो रूपवती मुखड़े पै इक नर्म दमक
बच्चे के घरौंदे में जलाती है दिए।

शब्दार्थ

शाम—संध्या/साँझ, **पुते**—रंगे/रंग-रोगन किए हुए, **लावे**—लावा (धान या चावल से निर्मित), **रूपवती**—सुंदरी, **मुखड़ा**—चेहरा, **पै**—पर, **इक**—एक, **नर्म**—नाज़ुक, **दमक**—चमक/आभा, **घरौंदा**—मिट्टी का घर, **दीया**—दीपक।

संदर्भ पूर्ववत्।

प्रसंग इस रुबाई में फिराक दिवाली के त्योहार का वर्णन करते हुए दीपावली के प्रकाश पर्व के दिन माँ द्वारा बच्चे के खिलौने 'घरौंदे' में दीये जलाकर तथा बच्चे के लिए चीनी-मिट्टी के खिलौने लाकर मनाते हुए दिखाया गया है।

व्याख्या फिराक कहते हैं कि आज दिवाली की शाम है, सभी घर साफ़, चूने से पुते और सजे हुए दिखाई दे रहे हैं। आज दिवाली के अवसर पर माँ अपने बच्चे को चीनी-मिट्टी के खिलौने देती है। वह रूपवती माँ, जिसके मुख पर वात्सल्य और दुलार की एक कोमल-सी आभा है, अपने बच्चे के घरौंदे (घर) में दीया जला रही है। वस्तुतः यहाँ दीपावली के त्योहार पर स्वच्छता के पारंपरिक कार्य एवं मिठाई, खिलौने तथा दीयों के प्रकाश से उत्पन्न उल्लासमय वातावरण के चित्रण के माध्यम से शायर ने लोकजीवन में त्योहारों के महत्त्व एवं उनके मनाने की रीति का भी चित्रण किया है।

काव्य-शैली

(*i*) काव्यांश में दिवाली की जगमगाती साज-सज्जा, साफ़-सफ़ाई, रंग से पुते घर, मिट्टी के खिलौने, दीयों का जलाना ये सभी दीपावली में पारंपरिक पर्व एवं लोकजीवन के उल्लास को पाठक के सम्मुख दृश्य की भाँति उपस्थित कर देते हैं।

(*ii*) यहाँ माँ को 'रूपवती' एवं 'मुखड़े पर लिए नर्म दमक' कहने में शायर स्त्री-सौंदर्य तथा वात्सल्य भाव दोनों को एकसाथ सम्मिलित रूप में प्रकट करके सौंदर्य में अप्रत्याशित एवं अनुपम वृद्धि कर देता है।

(*iii*) रुबाई में दृश्य बिंबों की प्रधानता है; जैसे—रंग-रोगन किए घर, चीनी के जगमगाते खिलौने, रूप सौंदर्य युक्त चेहरे पर कोमलता की मधुर आभा, घरौंदे में दीये का जलना आदि।

(*iv*) भाषा उर्दू एवं लोकभाषा मिश्रित है।

(*v*) पूरी रुबाई में 'ए' की मात्रा के प्रयोग से तुक एवं सौंदर्य की सृष्टि हुई है।

काव्यांश 4

आँगन में ठुनक रहा है ज़िदयाया है
बालक तो हई चाँद पै ललचाया है
दर्पण उसे दे के कह रही है माँ
देख आईने में चाँद उतर आया है।

शब्दार्थ

ठुनकना—मचलना/बनावटी ढंग से रोना, **ज़िदयाया**—ज़िद किया हुआ/ज़िद के कारण रूठा हुआ, **हई**—है ही, **दर्पण**—शीशा, **आईना**—शीशा।

संदर्भ पूर्ववत्।

प्रसंग इस रुबाई में शायर बच्चे की बाल-सुलभ ज़िद का वर्णन करते हुए माँ द्वारा उसे मनाने-बहलाने का चित्रण करता है।

व्याख्या शायर कहता है कि बालक आँगन में पैर पटकते हुए (ठुनकारी भरते हुए) इधर-उधर चल रहा है। वह आसमान में चाँद को देखकर, उससे आकर्षित होकर ललचा रहा है और माँ से चाँद माँगने की ज़िद कर रहा है। बच्चे की इस ज़िद पर माँ उसे आईना थमाकर उसमें चाँद दिखाते हुए कह रही है कि देखो बेटे! चाँद आईने में उतर आया है। वास्तव में, छोटे बच्चे जब ज़िद करते हैं, तो जल्दी मानते नहीं। ऐसे में जब तक उनकी इच्छित वस्तु उन्हें न मिल जाए, वे शांत नहीं होते। इस वर्णन के प्रसंग में गोस्वामी तुलसीदास का कवितावली में वर्णित 'बाल छवि वर्णन' देखने योग्य है, जिसमें राम को चाँद के लिए हठ करते हुए चित्रित किया गया है। तुलसीदास जी लिखते हैं—'कबहूँ ससि माँगत आरि करैं'। सूर ने भी 'मैया, मैं तो चंद्र खिलौना लेहुगो' कहा है। इस प्रकार यह वर्णन बाल सौंदर्य वर्णन की सुदीर्घ काव्य परंपरा से भी जुड़ जाता है।

काव्य-शैली

(*i*) बच्चे की जिद और माँ के द्वारा उसके हठ के समाधान करने का वर्णन किया गया है।

(*ii*) सार्थक शब्दों एवं वर्णों का प्रयोग करने से उच्चारण में कोमलता आ गई है। 'ठुनक', 'ज़िदयाया' इत्यादि शब्द पूरी तरह सार्थक भावों को अभिव्यक्त करने में समर्थ हैं।

(*iii*) स्वभावोक्ति अलंकार का सुंदर प्रयोग हुआ है।

(*iv*) चित्रात्मक शैली के साथ बच्चे की गतिविधियों का स्वाभाविक वर्णन हुआ है।

(*v*) उर्दू-हिंदी मिश्रित भाषा है।

काव्यांश 5

रक्षाबंधन की सुबह रस की पुतली
छायी है घटा गगन में हलकी-हलकी
बिजली की तरह चमक रहे हैं लच्छे
भाई के है बाँधती चमकती राखी।

शब्दार्थ

रस की पुतली—मीठी-मीठी बातों एवं भावनाओं वाली प्यारी बेटी या बहन, **घटा**—बादल, **गगन**—आकाश, **लच्छे**—तारों या डोरों का समूह।

संदर्भ पूर्ववत्।

प्रसंग शायर इस रुबाई में लोकजीवन एवं परंपरा से जुड़े भाई-बहन के पारस्परिक स्नेह के प्रतीक 'रक्षाबंधन' के पर्व का वर्णन करता है।

व्याख्या शायर कहता है कि रक्षाबंधन की प्रेम भरी सुबह में जब आसमान में सावन मास के बादलों की हल्की-हल्की बदली छाई हुई है, तब एक छोटी-सी बच्ची अपने भाई की कलाई पर बिजली की तरह चमकते तारों के लच्छे वाली चमकदार स्नेह, उल्लास एवं प्रेम की प्रतीक 'राखी' बाँधती है।

काव्य-शैली

(*i*) रक्षाबंधन के पर्व का प्रभावी वर्णन किया गया है।

(*ii*) 'बिजली की तरह चमक' में उपमा अलंकार है।

(*iii*) 'हलकी-हलकी' में पुनरुक्तिप्रकाश अलंकार की छटा है।

(*iv*) रुबाई छंद का मनोहारी रूप सामने आया है।

(*v*) वर्णन में दृश्यात्मकता उपस्थित की गई है।

(*vi*) भाषा सरल तथा सहज है।

पाठ्यपुस्तक (आरोह भाग-2) के प्रश्नोत्तर

पाठ के साथ

1. शायर राखी के लच्छे को बिजली की चमक की तरह कहकर क्या भाव व्यंजित करना चाहता है?

उत्तर शायर राखी के लच्छे को बिजली की चमक की तरह मानता है। रक्षाबंधन का पर्व सावन के महीने में आता है। उस समय आकाश में घटाएँ छाई होती हैं तथा बिजली चमकती रहती है। एक नन्हीं-सी बच्ची अपने भाई के हाथों पर राखी बाँधती है। वह बच्ची रस की पुतली है, उसकी उमंग और चपलता देखते बनती है। उसके हाथ में जो राखी है, उसके लच्छे से एक चमक निकल रही है, जो आकाश में चमकती बिजली की भंगिमा दे जाती है। दूसरी ओर कवि रक्षाबंधन के दिन आसमान में काले-काले बादलों की छटा को दर्शाता है। ये बादल उस नन्हीं बच्ची के हाथों में रखी राखी में बिजली की चमक पैदा करते हैं।

2. खुद का परदा खोलने से क्या आशय है?

उत्तर 'खुद का परदा' खोलने से आशय है—अपनी कमियों या दोषों को स्वयं ही प्रकट करना। यदि कोई व्यक्ति दूसरे की निंदा करता है, तो वह अपनी स्वयं की ही कमजोरी व्यक्त कर रहा होता है। कवि की बुराई करने वाला अपनी बुराइयों से भी परदा उठाता है।

टिप्पणी करें

3. (क) गोदी के चाँद और गगन के चाँद का रिश्ता।

(ख) सावन की घटाएँ और रक्षाबंधन का पर्व। **AI 2019**

उत्तर (क) माँ जब अपने बच्चे को गोद में लेती है, तब वह उसे चंद्रमा के समान सुंदर और आकर्षक लगता है। वह अपने बच्चे पर ममता लुटाती रहती है। माँ की गोदी में बच्चा जब चाँद को देखता है, तब वह उसे खिलौना मानकर अपने हाथों में लेने के लिए मचल उठता है, लेकिन एक माँ के लिए तो उसकी संतान ही चाँद है। इसलिए माँ ने बच्चे को आईना दिखाकर कहा कि ले! देख चाँद।

(ख) सावन मास की पूर्णिमा और रक्षाबंधन के त्योहार में अटूट संबंध है। प्रत्येक वर्ष सावन के महीने में यह पावन त्योहार मनाया जाता है। इस समय आकाश में सब तरफ़ घटाएँ छाई रहती हैं। उधर भाई-बहन के हृदय में भी एक-दूसरे के प्रति प्रेम की घटाएँ उमड़ती हैं। दोनों ही अर्थात् भाई और बहन प्रेम रस से सिक्त रहते हैं।

कविता के आसपास

1. इन रुबाइयों से हिंदी, उर्दू और लोकभाषा के मिले-जुले प्रयोगों को छाँटिए।

उत्तर **हिंदी के प्रयोग**

- आँगन में लिए ……………………बच्चे की हँसी।
- रक्षाबंधन की सुबह ……………………चमकती राखी।

उर्दू के प्रयोग

- उलझे हुए गेसुओं में कंघी करके।
- देख आईने में चाँद उतर आया।

लोक भाषा के प्रयोग

- रह-रह के हवा में जो लोका देती है।
- जब घुटनियों में ले के है पिन्हानी कपड़े।
- बालक तो हई चाँद पै ललचाया है।

अभ्यास प्रश्न

काव्यांश पर आधारित बहुविकल्पीय प्रश्न

निम्नलिखित काव्यांशों को ध्यानपूर्वक पढ़कर पूछे गए बहुविकल्पीय प्रश्नों के लिए सर्वाधिक उपयुक्त विकल्प का चुनाव कीजिए

1. आँगन में लिए चाँद के टुकड़े को खड़ी
हाथों पे झुलाती है उसे गोद-भरी
रह-रह के हवा में जो लोका देती है
गूँज उठती है खिलखिलाते बच्चे की हँसी।

(क) **कथन** (A) माँ अपने बच्चों को हाथों में झुलाती है, तो कभी हवा में उछालकर पुनः थाम लेती है।

कारण (R) कवि ने शिशु के डरने के भाव को दिखाने का प्रयास किया है।

कूट

(i) कथन (A) और कारण (R) दोनों सही हैं तथा कारण (R), कथन (A) की सही व्याख्या करता है।

(ii) कथन (A) और कारण (R) दोनों सही हैं, परंतु कारण (R), कथन (A) की सही व्याख्या नहीं करता है।

(iii) कथन (A) सही है, किंतु कारण (R) गलत है।

(iv) कथन (A) गलत है, किंतु कारण (R) सही है।

(ख) 'चाँद के टुकड़े' उपमान का प्रयोग ………… के लिए किया गया है।

(i) माँ (ii) बच्चे
(iii) परिवार (iv) ये सभी

(ग) प्रस्तुत काव्यांश में किसका वर्णन किया गया है?

(i) माँ के वात्सल्य भाव का (ii) मनोहर वातावरण का
(iii) चाँद की सुंदरता का
(iv) स्त्री के रूप का

(घ) शिशु के प्रति माँ का स्नेह कैसा होता है?

(i) असरल (ii) असहज
(iii) नैसर्गिक (iv) कृत्रिम

(ङ) बच्चे की खिलखिलाहट भरी हँसी कहाँ गूँज उठती है?

(i) घर में (ii) वातावरण में
(iii) आँचल में (iv) स्वप्न में

उत्तर

(क) (iii) कथन (A) सही है, किंतु कारण (R) गलत है।

(ख) (ii) बच्चे

(ग) (i) माँ के वात्सल्य भाव का

(घ) (iii) नैसर्गिक

(ङ) (ii) वातावरण में

2. दीवाली की शाम घर पुते और सजे
चीनी के खिलौने जगमगाते लावे
वो रूपवती मुखड़े पै इक नर्म दमक
बच्चे के घरौंदे में जलाती है दिए।
आँगन में ठुनक रहा है ज़िदयाया है
बालक तो हई चाँद पै ललचाया है।
दर्पण उसे दे के कह रही है माँ
देख आईने में चाँद उतर आया है

(क) दिवाली के दिन घर की साज-सज्जा कैसी होती है?
(i) अस्त-व्यस्त
(ii) साफ़-सुंदर पुते हुए घर
(iii) बच्चों के खिलौने घर में फैले हुए
(iv) अस्वच्छ व गंदी

(ख) दिवाली के दिन माता बच्चों को ········· लाकर देती है।
(i) कपड़े (ii) मिठाई
(iii) चीनी मिट्टी के खिलौने (iv) दीया

(ग) दीये जलाते समय बच्चे के लिए माता के चेहरे पर कैसा भाव आता है?
(i) कोमलता का (ii) शिथिलता का
(iii) स्तब्धता का (iv) असमंजसता का

(घ) दिवाली के उत्सव को आँखों के सामने साकार कौन कर देता है?
(i) मिट्टी के खिलौने (ii) दीपक जलाना
(iii) घर की साज-सज्जा (iv) ये सभी

(ङ) दिए गए कथनों में से सही विकल्प वाले कथन का चयन कीजिए
1. बच्चों के घरौंदे में दीपक गृहस्वामिनी जलाती है।
2. कवि ने यहाँ घरौंदे की अभिव्यक्ति की है।
3. माँ ने बालक का हठ दर्पण के माध्यम से पूरा किया।

कूट
(i) 1 और 2 (ii) 2 और 3
(iii) 1 और 3 (iv) 1, 2 और 3

उत्तर

(क) (ii) साफ़-सुंदर पुते हुए घर
(ख) (iii) चीनी मिट्टी के खिलौने
(ग) (i) कोमलता का
(घ) (iv) ये सभी
(ङ) (iii) 1 और 3

3. **रक्षाबंधन की सुबह रस की पुतली**
छायी है घटा गगन की हल्की-हल्की
बिजली की तरह चमक रहे हैं लच्छे
भाई के हैं बाँधती चमकती राखी

(क) प्रस्तुत काव्यांश का केंद्रीय विषय क्या है?
(i) प्रकृति का चित्रण करना
(ii) रक्षाबंधन के पर्व का वर्णन करना
(iii) सामाजिक रीतियों का चित्रण करना
(iv) संध्या के समय का वर्णन करना

(ख) कवि ने काव्यांश के माध्यम से क्या स्पष्ट किया है? सही विकल्प का चयन करके लिखिए।
(i) भाई-बहन के अटूट संबंध को
(ii) सावन के महीने की फुहार को
(iii) वर्षा ऋतु के मनमोहक दृश्य को
(iv) उपर्युक्त सभी

(ग) कवि ने रक्षाबंधन की सुबह को कैसा बताया है?
(i) तारों से भरी हुई (ii) रस की पुतली
(iii) कठोर और हठीली (iv) नीरस और शांत

(घ) 'राखी' को ············ का प्रतीक बताया गया है।
(i) त्योहार (ii) प्रेम
(iii) घृणा (iv) प्रतिस्पर्द्धा

(ङ) बहन द्वारा भाई की कलाई पर कैसी राखी बाँधी जा रही है?
(i) रेशम के तारों वाली
(ii) चाँदी के तारों वाली
(iii) बिजली की तरह चमकते तारों वाली
(iv) सोने की आभा वाली

उत्तर

(क) (ii) रक्षाबंधन के पर्व का वर्णन करना
(ख) (i) भाई-बहन के अटूट संबंध को
(ग) (ii) रस की पुतली
(घ) (ii) प्रेम
(ङ) (iii) बिजली की तरह चमकते तारों वाली

विषय-वस्तु पर आधारित प्रश्नोत्तर

लघु उत्तरीय प्रश्न

1. दिवाली की रात माँ के वात्सल्य का चित्रण कवि (शायर) ने किस प्रकार किया है?

उत्तर दिवाली की शाम को घर को स्वच्छ तथा पवित्र बनाया गया है। घर को खूब सजा दिया गया है। माँ बच्चे के लिए चीनी मिट्टी के खिलौने देती हैं। उस रूपवती के चेहरे पर एक आभा है। वह अपने बच्चे के घरौंदे को सजाती है तथा उसमें एक दीप जलाती है। बच्चा प्रसन्न हो जाता है। अपने बच्चे की प्रसन्नता से ही माँ का चेहरा गर्व से फूला हुआ है।

2. रक्षाबंधन की तैयारी का वर्णन कवि (शायर) ने किस प्रकार किया है?

उत्तर रक्षाबंधन के दिन सुबह-सुबह जब आकाश पर काले बादल छाए होते हैं, तो एक नन्हीं-सी बच्ची अपने भाई की कलाई पर राखी बाँधने को तैयार होती है। वह नन्हीं-सी बच्ची बड़े उत्साह में है। वह उमंग के साथ हाथ में राखी लेकर खड़ी है। राखी के लच्छे में बिजली-सी चमक है। ऐसी ही चमक उस बच्ची के चेहरे पर भी है।

3. 'फिराक' की रुबाइयों में उभरे घरेलू जीवन के बिंबों का सौंदर्य स्पष्ट कीजिए।

अथवा **'फिराक की रुबाइयों में ग्रामीण जीवन के बिंबों का सुंदर प्रयोग हुआ है।' उदाहरण सहित सिद्ध कीजिए।** **CBSE Term II 2022**

उत्तर दिवाली की शाम है। घर का आँगन साफ़-सुथरा और सजा-सँवरा है। माँ अपने बच्चे के लिए चीनी मिट्टी के खिलौने सजाती है और उसके बनाए घरौंदे में भी दीया जलाती है। उस समय उसके चेहरे पर ममता, कोमलता और वात्सल्य के जो रंग बिखरे हैं, वे बड़े सार्थक बिंब बनकर कविता में उभरे हैं।

4. 'घुटनियों में लेके है पिन्हाती कपड़े' पंक्ति के माध्यम से माँ के व्यक्तित्व की कौन-सी विशेषता प्रकट होती है? **CBSE 2023**

उत्तर प्रस्तुत पंक्ति के माध्यम से माँ का बच्चे के प्रति स्नेह-भाव व वात्सल्य-भाव दिखाई देता है। जब माँ अपने बच्चे को घुटनों में लेकर कपड़े पहनाती है, तो बच्चा अत्यंत स्नेह से माँ के मुख को निहारता रहता है। इस समय माँ और बच्चे का संबंध वात्सल्य और ममता से परिपूर्ण होता है। माँ बच्चे की सभी जरूरतों का ध्यान रखती है और उसे प्रेम व दुलार से पोषित करती है।

5. 'रुबाइयाँ' शीर्षक कविता से ली गई 'हाथों में झुलाती है उसे गोद-भरी' पंक्ति के संदर्भ में 'गोद-भरी' प्रयोग का भाव स्पष्ट कीजिए। **CBSE 2024**

उत्तर प्रस्तुत पंक्ति के संदर्भ में 'गोद-भरी' का प्रयोग माँ का अपने बच्चे को गोद में लेकर खड़े होने के संदर्भ में आया है। माँ अपने चाँद जैसी सुंदर सन्तान को गोद में लिए खड़ी है। वह बच्चे को हाथों पर झुलाने लगती है, ऐसा करने से बच्चा प्रसन्न हो उठता है। इन क्रियाओं के द्वारा कवि ने माँ के स्नेह का स्वाभाविक वर्णन दर्शाया है।

6. बच्चे की हँसी कब गूँज उठती है? **CBSE Diksha**

उत्तर माँ द्वारा जब बच्चे को खुश करने के लिए हवा में उछाला जाता है, तो इस प्रक्रिया से बच्चा खुश हो जाता है और खिल-खिलाकर हँसने लगता है। बच्चे की इस प्रकार की खिल-खिलाहट भरी हँसी से उसकी हँसी की आवाज गूँज उठती है।

7. 'छाई है घटा गगन में हल्की-हल्की' कवि ने इस पंक्ति का प्रयोग किस संदर्भ में किया है? **CBSE Diksha**

उत्तर कवि रक्षाबंधन के पर्व का वर्णन प्रकृति के माध्यम से करते हुए कहता है कि रक्षाबंधन का दिन मीठे बंधन का दिन है। सावन की घटा (बादल) व रक्षाबंधन के त्योहार का अटूट संबंध है। जिस प्रकार सावन के महीने में आसमान में काले-काले बादलों की घटाएँ छाई रहती हैं, उसी प्रकार भाई-बहन के मन में भी प्यार की घटाएँ उमंग व उल्लास से भर जाती हैं।

8 'रुबाइयाँ' के आधार पर बताइए कि माँ द्वारा बच्चे को प्रसन्न करने के लिए क्या-क्या किया जा रहा है?

अथवा **रुबाइयाँ में माँ के वात्सल्य की जो झलक दिखाई देती है उसे स्पष्ट कीजिए।** **CBSE Diksha**

उत्तर माँ अपने बच्चे को गोद में लेकर आँगन में खड़ी है। कभी वह उसे हाथों पर झुलाती है, तो कभी हवा में उछाल-उछालकर प्रसन्न होती है। बच्चा भी माँ के हाथों के झूले में डोलता हुआ खिल-खिलाकर हँस रहा है। माँ वात्सल्य भाव के साथ बच्चे को स्वच्छ जल से नहलाती है, उसके उलझे बालों में कंघी कर उसे सुंदर बनाती है। माँ बच्चे को अपनी घुटनियों में लेकर कपड़े पहनाती है। बच्चा माता की गोद में प्रसन्न रहता है।

दीर्घ उत्तरीय प्रश्न

1. बालक द्वारा चाँद माँगने की ज़िद पर माँ क्या करती है? अपने शब्दों में उत्तर दीजिए।

अथवा **माँ अपने बच्चे की ज़िद को किस प्रकार शांत करती है?** **CBSE Diksha**

अथवा **"आँगन में ठुनक रहा है जिदयाया है**
बालक तो हई चाँद पै ललचाया है"
'रुबाइयाँ' की उपर्युक्त पंक्तियों में बालक की कौन-सी विशेषता अभिव्यक्त हुई है? **CBSE Term II 2022**

अथवा **प्रस्तुत पंक्तियों में व्यक्त बालपन को रेखांकित करें।** **CBSE SQP 2024**

अथवा **'आँगन में ठुनक रहा है जिदयाया है' पंक्ति में कौन जिदयाया है? कवि ने 'ठुनक' शब्द द्वारा बाल-मनोविज्ञान के किस पक्ष का वर्णन किया है?** **CBSE 2024**

उत्तर बालक ज़िद करके अपनी माँ से चाँद के खिलौने की माँग करता है। वह मचल रहा है और ठुनक रहा है। यहाँ बच्चे की बाल-सुलभ हठ संबंधी विशेषता की अभिव्यक्ति हुई है।

माँ बच्चे को अन्य खिलौनों से बहलाने की कोशिश करती है, पर बालक चाँद का खिलौना ही चाहता है। माँ घर के अंदर से आईना ले आती है। वह आईने में बच्चे को उसका चेहरा दिखाती हुई कहती है कि लो, अब चाँद धरती पर उतर आया है।

2. 'रुबाइयाँ' के आधार पर घर-आँगन में दिवाली और राखी के दृश्य-बिंब को अपने शब्दों में समझाइए।

उत्तर दिवाली का त्योहार है। पूरा घर रंग-रोगन से चमक रहा है। माँ अपने नन्हें बच्चे को प्रसन्न करने के लिए चीनी मिट्टी के जगमगाते खिलौने लेकर देती है, वह बच्चे के घरौंदे में भी दीया जलाती है।

इसी प्रकार, राखी के त्योहार के दिन आकाश में हल्की घटा छाई हुई है। छोटी बहन ने पाँवों में पाजेब पहनी हुई है। वह अपने भाई के लिए चमकदार राखी लेकर आती है, जो चमकदार लच्छों-सी चमकती है। वह उस राखी को अपने भाई की कलाई पर बाँधती है।

3. फिराक की रुबाइयों में घरेलू वातावरण के मोहक चित्र हैं, इस कथन की सोदाहरण पुष्टि कीजिए।

उत्तर फिराक की रुबाइयों में घरेलू जीवन के अत्यंत सुंदर चित्र उपस्थित हैं। जैसे-माँ अपने प्यारे शिशु को लेकर आँगन में खड़ी है, वह उसे झुलाती है, हँसाती है। बच्चे के नहलाने के दृश्य का सजीव चित्रांकन हुआ है। इसी प्रकार दिवाली व रक्षाबंधन जैसे पर्व को जिस प्रकार अभिव्यक्त किया गया है, वह आम आदमी से जुड़ा हुआ है। बच्चे का किसी वस्तु के लिए ज़िद करना और माँ द्वारा उसे बहलाना जैसे दृश्य आम परिवारों में भी दिखाई देते हैं।

4. त्योहार किस तरह हमारे चेहरे पर खुशी का भाव प्रकट कर देते हैं? 'रुबाइयाँ' के आधार पर स्पष्ट कीजिए। **CBSE Diksha**

उत्तर 'रुबाइयाँ' में कवि ने दिवाली के त्योहार का वर्णन किया है। दिवाली के अवसर पर घर रंग-रोगन से पुता हुआ व सजा हुआ है। इस दिन घरों में मिठाई के नाम पर चीनी के बने खिलौने आते हैं, रोशनी की जाती है। सभी के मन प्रसन्न व उमंग से परिपूर्ण होते हैं।

यद्यपि त्योहार का दिन अन्य दिनों से भिन्न होता है, सभी के हृदय में उमंग व उल्लास का संचार होता है। घरों में सफाई व सजावट की जाती है, मिठाई बनती है, बच्चे नए वस्त्र पहनते हैं। परस्पर प्रेम व सौहार्द का वातावरण सभी जगह व्याप्त होता है।

स्व-मूल्यांकन

काव्यांश पर आधारित बहुविकल्पीय प्रश्न

निम्नलिखित काव्यांश को ध्यानपूर्वक पढ़कर पूछे गए बहुविकल्पीय प्रश्नों के लिए सर्वाधिक उपयुक्त विकल्प का चुनाव कीजिए

1. **दीवाली की शाम घर पुते और सजे**
चीनी के खिलौने जगमगाते लावे
वो रूपवती मुखड़े पै इक नर्म दमक
बच्चे के घरौंदे में जलाती है दिए।
आँगन में ठुनक रहा है जिदयाया है
बालक तो हई चाँद पै ललचाया है
दर्पण उसे दे के कह रही है माँ
देख आईने में चाँद उतर आया है

(क) दीपावली की शाम घर कैसा दिखाई दे रहा है?
(i) स्वच्छ (ii) पुताई किया हुआ
(iii) सुंदर सजावट से युक्त (iv) ये सभी

(ख) बच्चे के खिलौने कैसे हैं?
(i) काँच के
(ii) प्लास्टिक के
(iii) चीनी के
(iv) लकड़ी के

(ग) माँ दिया कहाँ जलाती है?
(i) छत पर (ii) दरवाज़े पर
(iii) बच्चे के घरौंदे में (iv) आँगन में

(घ) माँ के चेहरे पर कैसा भाव है?
(i) कोमल आभा का
(ii) दर्प का
(iii) क्रोध का
(iv) झुंझलाहट का

(ङ) माँ बच्चे की जिद को कैसे पूरा करती है?
(i) लकड़ी की गाड़ी बनाकर
(ii) कागज की नाव देकर
(iii) पानी में उसकी परछाईं दिखाकर
(iv) आईने में चाँद दिखाकर

उत्तर

(क) (iv) ये सभी (ख) (iii) चीनी के
(ग) (iii) बच्चे के घरौंदे में (घ) (i) कोमल आभा का
(ङ) (iv) आईने में चाँद दिखाकर

विषय-वस्तु पर आधारित प्रश्न

लघु उत्तरीय प्रश्न

1. 'चाँद का टुकड़ा' कौन है? कविता के आधार पर स्पष्ट कीजिए।

2. कवि ने 'रस की पुतली' की संज्ञा किसे दी है व क्यों?

3. बच्चे की हँसी का कारण कौन है?

4. 'बालक तो हई चाँद पै ललचाया है' पंक्ति का आशय स्पष्ट कीजिए।

दीर्घ उत्तरीय प्रश्न

1. बालक की जिद पर माँ की प्रतिक्रिया को अपने शब्दों में व्यक्त कीजिए।

2. बच्चे की हँसी सबसे ज़्यादा कब गूँजती है और कैसे? फिराक की रुबाइयों के आधार पर स्पष्ट कीजिए।

3. माँ अपने बच्चे के लिए चीनी मिट्टी के खिलौने को सजाती है? 'रुबाइयाँ' के आधार पर बताइए।

4. 'रुबाइयाँ' कविता के आधार पर रक्षाबंधन का वर्णन कीजिए।

09

अध्याय

कवि-परिचय

उमाशंकर जोशी का जन्म वर्ष 1911 में गुजरात में हुआ था। जोशी जी उन साहित्यिक व्यक्तित्वों में से हैं, जिनका भारत की आज़ादी के आंदोलन में योगदान रहा। बीसवीं सदी की गुजराती कविता एवं साहित्य को नई भंगिमा और नया स्वरूप देने वाले उमाशंकर जोशी का साहित्यिक अवदान पूरे भारतीय साहित्य के लिए भी महत्त्वपूर्ण है। उन्हें परंपरा का गहरा ज्ञान था। कालिदास के अभिज्ञानशाकुंतलम् और भवभूति के उत्तररामचरित का इन्होंने गुजराती में अनुवाद किया। इनकी प्रमुख रचनाएँ हैं–विश्व शांति, गंगोत्री, निशीथ, प्राचीना, आतिथ्य, वसंतवर्षा, महाप्रस्थान, अभिज्ञा (एकांकी), सापरा भारा, शहीद (कहानी), श्रावणी मेणो, विसामो (उपन्यास), पराकांजण्या (निबंध), गोष्ठी, स्वप्नप्रयाण (संपादित) आदि हैं। वर्ष 1988 में उनका निधन हो गया।

▼ अध्ययन के लिए
- कविता की रूपरेखा
- काव्यांशों की व्याख्या

▼ अभ्यास के लिए
- पाठ्यपुस्तक के प्रश्नोत्तर
- काव्यांश पर आधारित बहुविकल्पीय प्रश्न
- लघु उत्तरीय प्रश्न
- दीर्घ उत्तरीय प्रश्न

छोटा मेरा खेत, बगुलों के पंख

(उमाशंकर जोशी)

कविता की रूपरेखा

छोटा मेरा खेत

प्रस्तुत कविता में प्रसिद्ध गुजराती कवि उमाशंकर जोशी ने खेती के रूपक में कवि-कर्म के हर चरण को बाँधने की कोशिश की है। उन्होंने कविता और कृषि-कर्म में समानता दर्शाते हुए कहा है कि कागज़ का पन्ना चौकोर खेत की तरह होता है। इसमें भावनात्मक आँधी के प्रभाव से किसी क्षण एक बीज बोया जाता है, जिससे शब्द रूपी अंकुर फूटते हैं और कविता की फसल तैयार होती है। यह कभी समाप्त न होने वाली फसल है अर्थात् सहृदय लोग सदैव इसका आनंद प्राप्त कर सकते हैं।

बगुलों के पंख

उमाशंकर जोशी की इस कविता में सौंदर्य के ब्यौरों के चित्रात्मक वर्णन के साथ मन पर पड़ने वाले प्रभाव का वर्णन भी किया गया है। इसमें प्राकृतिक सौंदर्य को प्रतीकों के माध्यम से अभिव्यक्त किया गया है।

काव्यांशों की व्याख्या

छोटा मेरा खेत

काव्यांश 1

छोटा मेरा खेत चौकोना
कागज का एक पन्ना,
कोई अंधड़ कहीं से आया
क्षण का बीज वहाँ बोया गया। **CBSE 2018**

शब्दार्थ

चौकोना—चार कोनों वाला/चौकोर, **अंधड़**—आँधी का तेज़ झोंका

संदर्भ प्रस्तुत काव्य पंक्तियाँ हमारी पाठ्यपुस्तक 'आरोह भाग-2' में संकलित उमाशंकर जोशी द्वारा रचित 'छोटा मेरा खेत' शीर्षक कविता से उद्धृत हैं।

प्रसंग प्रस्तुत पंक्तियों में कवि ने कागज़ के पन्ने की चौकोर खेत से तुलना की है।

व्याख्या कवि कहता है कि मेरा यह कागज का एक पन्ना मेरे लिए चौकोने छोटे खेत की तरह है, जिसमें मैं कवि-कर्म करते हुए क्षण को बोता हूँ। कवि यहाँ किसान के रूप में स्वयं को प्रस्तुत करता है। किसान के कृषि कार्य की भाँति ही कृति या कविता रूपी फसल को प्राप्त करने के लिए वह क्षण रूपी बीज अपने कागजी खेत में बोने की बात कहता है, क्योंकि वास्तव में कविता या साहित्य मनोभावों की ही उपज है।

कवि कहता है कि कहीं से कोई आँधी आई, जो कवि के मनरूपी खेत में विचार का बीज बोकर चली गई। वास्तव में, यह आँधी भावनाओं की आँधी है, जो कविता के सृजन से पूर्व कवि के मन में उठती है और जिनसे प्रेरित होकर कवि काव्य-रचना में प्रवृत्त होता है। यह एक सामान्य-सा अनुभव है कि खेती के अधिकतर कार्य वर्षा पर आधारित हैं, जो आँधी के बाद ही होती है और कृषि के लिए अनुकूल वातावरण तैयार करती है, वैसा ही कुछ कवि के साथ भी घटित होता है और कवि अपने कागजरूपी खेत में क्षण की रोपाई करता है।

'क्षण के बीज बोना' कृति के अर्थ में उस अनुभव को अंकित करना है, जो किसी विशेष समय में कवि के मन-मस्तिष्क में विचारों के रूप में आते हैं।

काव्य-शैली

(*i*) कवि ने खेत के माध्यम से अपने कवि-धर्म का चित्रण किया है।
(*ii*) कागज के पन्ने तथा खेत में समानता एवं गुण-साम्य दिखाने के कारण रूपक अलंकार है।
(*iii*) कविता में स्थान-स्थान पर सांगरूपक का सौंदर्य विद्यमान है।
(*iv*) मनोभावों की तुलना अंधड़ से की गई है, यह एक सार्थक बिंब है। 'क्षण का बीज बोना' में 'बीज' मनोभाव एवं सामान्य बीज दोनों अर्थों में प्रयुक्त हुआ है।

काव्यांश 2

कल्पना के रसायनों को पी
बीज गल गया निःशेष;
शब्द के अंकुर फूटे,
पल्लव-पुष्पों से नमित हुआ विशेष।

शब्दार्थ

रसायन—खाद/ऊर्जा प्रदान करने वाला पदार्थ, **निःशेष**—पूरी तरह/समग्र, **पल्लव-पुष्प**—कोमल पत्ते एवं फूल, **नमित**—झुका हुआ, **विशेष**—खास तौर पर।

संदर्भ पूर्ववत्।

प्रसंग कविता की इन पंक्तियों में भी कवि ने अपने कवि-कर्म अर्थात् रचना प्रक्रिया के अगले चरण का वर्णन किया है। कवि अपने रचना-कर्म को कृषि-कर्म के समतुल्य रखता है।

व्याख्या कवि कहता है कि अपने कागजी खेत में मैंने जो क्षण रूपी बीज बोया, वह कालांतर में कल्पना के रसायनों को अवशोषित कर पूरी तरह गल गया और शब्द रूपी अंकुरों के रूप में प्रकट हुआ। यहाँ कवि खेती के अंकुरण की प्रक्रिया के रूपक के सहारे अपनी रचनाधर्मिता में भावों के शब्द का रूप ग्रहण करने की बात कर रहा है।

कवि स्पष्ट करता है कि जिस प्रकार खेत में बोया गया बीज मिट्टी में उपस्थित रासायनिक तत्त्वों–खाद, पानी आदि को अवशोषित कर गल जाता है और अंकुर के रूप में मिट्टी से बाहर आता है, वैसे ही कवि के मनोभाव काव्य-शब्दों के अंकुर के रूप में कागज पर अंकित हो गए।

कवि आगे इन शब्दरूपी अंकुरों के पल्लव और पुष्पों से युक्त हो जाने की बात कहता है कि जिस प्रकार अंकुर खेत में विकसित होते हुए पूरे खेत को अपने पत्तों और फूलों से भरकर विस्तृत फसल का रूप दे देते हैं, वैसे ही कवि के शब्दरूपी अंकुर विकसित होकर कृति का रूप धारण कर लेते हैं। वस्तुतः कृषि में फसल का पुष्प और पल्लवों से युक्त होना साहित्य सृजन या कवि-कर्म की दृष्टि से कृति का रूप ग्रहण करना है। कृति में ही विभिन्न आस्वादों की रचनाएँ संभव होती हैं।

काव्य-शैली

(*i*) कवि ने कल्पना के माध्यम से अपने कवि-कर्म को व्यक्त किया है।
(*ii*) 'कल्पना के रसायनों' पद में रूपक अलंकार है।
(*iii*) 'शब्द के अंकुर' का अर्थ शब्दरूपी अंकुर है, इसलिए यहाँ भी रूपक अलंकार का सौंदर्य विद्यमान है।
(*iv*) 'पल्लव-पुष्पों', 'गल गया' में क्रमशः 'प' एवं 'ग' वर्णों की आवृत्ति से सौंदर्य उत्पन्न हुआ है, इसलिए यहाँ अनुप्रास अलंकार है।
(*v*) 'पल्लव-पुष्प' वास्तव में काव्य गुण, सौंदर्य आदि के तत्त्वों का बोध कराते हैं। भाषा सहज, बोधगम्य एवं विचार-प्रधान है।

काव्यांश 3

झूमने लगे फल,
रस अलौकिक,
अमृत धाराएँ फूटतीं
रोपाई क्षण की,
कटाई अनंतता की
लुटते रहने से ज़रा भी नहीं कम होती।
रस का अक्षय पात्र सदा का
छोटा मेरा खेत चौकोना।

शब्दार्थ

रस—साहित्य का आनंद, **अलौकिक**—दिव्य/अद्भुत, **अमृत धाराएँ**—जीवनदायिनी धाराएँ, **रोपाई**—रोपा या बोया जाना, **अनंतता**—सदा के लिए, **ज़रा**—थोड़ा, **अक्षय**—जिसका क्षय न हो अर्थात् नष्ट न होने वाला, **पात्र**—बर्तन/धारण करने वाला।

संदर्भ पूर्ववत्।

प्रसंग कवि यहाँ अपनी रचना-प्रक्रिया के अंतिम चरण का वर्णन करते हुए कहता है कि कल्पना के रसायनों से पोषित, पुष्पित एवं पल्लवित उसकी कृति रूपी फसल में कवितारूपी फल लगे हैं।

व्याख्या जब पन्ने रूपी खेत में कवितारूपी फल झूमने लगते हैं, तब उस कविता से अद्भुत रस की अनेक धाराएँ फूट पड़ती हैं। कवि ने अपनी रचना की रोपाई क्षण भर में की थी, परंतु कवि को उसकी रचना से मिलने वाला रस अर्थात् आनंद अनंतकाल तक मिलता रहता है। कवि की रचना से मिलने वाले रस अर्थात् आनंद को कोई कितना ही क्यों न लूट ले, वह कभी भी समाप्त नहीं होता। कवि जितना रस को लुटाता है, वह उतना ही बढ़ता जाता है। कविता के रस का पात्र कभी भी समाप्त नहीं होता। कवि कहता है कि उसका कवितारूपी छोटा-सा खेत है, परंतु उसके रस का पात्र हमेशा भरा रहने वाला है।

कवि ने 'कागज के पन्ने' रूपी खेत को 'रस के अक्षय पात्र' की संज्ञा दी है कि मेरा यह कागज का पन्ना रूपी खेत, कृति और कविता रूपी फसल एवं फल को निरंतर उपजाते रहने वाला है। यह ठीक उस अक्षय पात्र की भाँति है, जिसमें पकाया गया भोजन कभी समाप्त नहीं होता। वास्तव में, इसमें कवि-कर्म की निरंतरता और सततता की बात कही गई है।

काव्य-शैली

(i) काव्य-पूँजी को लुटने से बढ़ने वाली बताकर कवि ने साहित्य के महत्त्व का प्रतिपादन किया है।

(ii) खेती के रूपकों के ज़रिए अपने रचना-कर्म को व्याख्यायित करने में कथ्य की नवीनता दिखाई पड़ती है।

(iii) कागज के चौकोने पन्ने को खेत की उपमा दी गई है।

(iv) 'रस' में श्लिष्टता है। रस का अर्थ स्वाद के अर्थ में तथा काव्य-रस दोनों के संदर्भ में प्रयुक्त किया गया है।

(v) कविता की भाषा सहज, बोधगम्य, लेकिन विचार-प्रधान है।

बगुलों के पंख

काव्यांश 1

नभ में पाँती-बँधे बगुलों के पंख,
चुराए लिए जातीं वे मेरी आँखें।
कजरारे बादलों की छाई नभ छाया,
तैरती साँझ की सतेज श्वेत काया।
हौले-हौले जाती मुझे बाँध निज माया से।
उसे कोई तनिक रोक रक्खो।
वह तो चुराए लिए जाती मेरी आँखें
नभ में पाँती-बँधी बगुलों की पाँखें।

शब्दार्थ

नभ—आकाश, **पाँती**—पंक्ति, **कजरारे**—काले, **साँझ**—संध्या/शाम, **सतेज**—तेज के साथ अर्थात् चमकीला/उज्ज्वल, **काया**—शरीर, **हौले-हौले**—धीरे-धीरे, **माया**—जादू/आकर्षण, **तनिक**—थोड़ा, **पाँखें**—पंख।

संदर्भ प्रस्तुत कविता हमारी पाठ्यपुस्तक 'आरोह भाग-2' में कवि उमाशंकर जोशी की 'बगुलों के पंख' शीर्षक कविता से उद्धृत है।

प्रसंग उमाशंकर जोशी की 'बगुलों के पंख' शीर्षक कविता में संध्याकालीन आकाश में पंक्तिबद्ध उड़ते बगुलों के श्वेत पंखों के सौंदर्य तथा संध्याकालीन आकाश के प्राकृतिक दृश्य का मिला-जुला वर्णन तथा उससे कवि के मन पर पड़ने वाले प्रभाव का चित्रण किया गया है।

व्याख्या कवि कहता है कि आसमान में पंक्तिबद्ध होकर उड़ रहे बगुलों के पंखों से एक सम्मोहक दृश्य उपस्थित हो गया है, जिसे मैं एकटक देखता रहता हूँ। यह दृश्य जिन बगुलों के आसमान में उड़ने के कारण उत्पन्न हुआ है, वे मेरी आँखें चुराए लिए जाते हैं।

कहने का तात्पर्य यह है कि कवि की दृष्टि जहाँ तक जाती है, वह बगुलों की उड़ान को देखता ही रह जाता है। कवि आगे साँझ के समय के आकाश का वर्णन करते हुए कहता है कि आकाश में काले-काले बादल छाए हुए हैं, जिन पर संध्याकालीन सफेद छाया तैरती हुई प्रतीत हो रही है अर्थात् उन पर सायंकाल सूर्य का प्रकाश पड़कर अद्भुत सौंदर्य की सृष्टि कर रहा है। ये साँझ के दृश्य मुझे अपनी माया के आकर्षण में बाँधे हुए हैं।

कवि की इच्छा है कि ये नयनाभिराम प्राकृतिक दृश्य जो सचल हैं, गतिमान हैं, थोड़ी देर के लिए रुक जाएँ, ठहर जाएँ, जिससे वह इन्हें और अधिक देर तक देख सके, क्योंकि ये दृश्य इतने सुंदर हैं, आकर्षक हैं कि वे उसकी आँखें चुराए लिए जाते हैं। आकाश में उड़ते पंक्तिबद्ध बगुलों के पंखों में कवि की आँखें एकटक रह जाती हैं।

काव्य-शैली

(i) कवि ने सौंदर्य के प्रभाव को गतिशील दृश्यों के माध्यम से प्रस्तुत किया है।

(ii) अनुनासिकता युक्त शब्दों (पाँती, आँखें, बँधे, पाँखें आदि) के कारण कविता में रंजकता के गुण का समावेश हो गया है।

(iii) 'हौले-हौले' पद में पुनरुक्तिप्रकाश अलंकार है।

(iv) 'आँखें चुराना' मुहावरे का सकारात्मक एवं सार्थक प्रयोग 'मन चुराने' के अर्थ में हुआ है।

(v) छोटे-छोटे शब्दों के प्रयोग से भाषा में एक नया सौंदर्य आ गया है।

(vi) कविता की भाषा सहज, बोधगम्य, आकर्षक एवं प्रवाहपूर्ण है।

पाठ्यपुस्तक (आरोह भाग-2) के प्रश्नोत्तर

कविता के साथ

1. छोटे चौकोने खेत को कागज का पन्ना कहने में क्या अर्थ निहित है?

***अथवा* 'छोटा मेरा खेत' कविता में कवि कागज के पन्ने को खेत का ही रूप क्यों मानता है?** **CBSE SQP 2024**

उत्तर कवि रचना-कर्म की तुलना कृषि-कर्म से करता है। वह कागज के पन्ने को चौकोने खेत की संज्ञा देता है। कवि का मानना है कि खेत में जिस प्रकार बीज, जल, रसायन इत्यादि डालने के बाद उपज प्राप्त की जाती है, उसी प्रकार कोई भी रचना भाव, कल्पना इत्यादि के कारण ही अस्तित्व में आती है। शब्दरूपी बीज को खेतरूपी कागज के पन्ने पर डालने के साथ आँधीरूपी भावनाओं तथा कल्पनारूपी रसायन के सह-अस्तित्व की ज़रूरत होती है। इसके बाद ही कवि की रचना अपना सार्थक स्वरूप ग्रहण कर पाती है। फसल को एक निश्चित समय के पश्चात् काट लिया जाता है, किंतु कवि को अपनी रचना से हमेशा रस प्राप्त होता है।

2. रचना के संदर्भ में 'अंधड़' और 'बीज' क्या हैं?

उत्तर रचना के संदर्भ में कवि 'अंधड़' को वेगात्मक (भावात्मक) संवेदना मानता है। यह भाव का वह झोंका है, जो काव्य-प्रेरणा के रूप में कविता के सृजन के लिए कवि को मजबूर कर देता है। 'बीज' रचना के संदर्भ में 'शब्द' है। मन में जगे किसी निश्चित विषय-वस्तु से संबंधित शब्द, जिनको कागज के पन्नों पर बिखेरकर कवि रचना की प्रक्रिया को आगे बढ़ाता है। वह बिंबों, प्रतीकों के माध्यम से संरचनात्मक दृश्य तैयार करता है, जिससे काव्य-सृजन संभव हो पाता है।

3. 'रस का अक्षयपात्र' से कवि ने रचना-कर्म की किन विशेषताओं को इंगित किया है? **CBSE 2024**

उत्तर कवि ने रचना को 'रस का अक्षयपात्र' कहा है। कवि मानता है कि रचना-कर्म तथा कृषि-कर्म में गुण-साम्य है, किंतु यह गुण-साम्य फसल के पकने तथा रचना के पूर्ण होने तक का ही है। एक ओर जहाँ फसल सीमित समय तक ही रस तथा स्वाद प्रदान करने में सक्षम होती है, वहीं रचना अनंतकाल तक पाठकों को आनंद प्रदान करने में सक्षम होती है। कवि रचना को 'रस का अक्षयपात्र' कहता है, तो इसमें रचना-कर्म की समस्त विशेषताएँ सामने आ जाती हैं, जिससे संवेदना, भाव तथा कल्पना को एक नई दिशा मिलती है।

4. व्याख्या करें

(i) शब्द के अंकुर फूटे,
पल्लव-पुष्पों से नमित हुआ विशेष।

(ii) रोपाई क्षण की,
कटाई अनंतता की
लुटते रहने से ज़रा भी नहीं कम होती।

उत्तर (i) जब कवि के मन में भाव जागृत हुआ, तब उसे बीज के रूप में रोपा गया। जब उसमें विचारों के रसायन मिले, तब उसमें धीरे-धीरे शब्दरूपी अंकुर फूटे। अंकुर फूटने पर वह पौधा पल्लव-पुष्पों के भार से झुक गया। उसी प्रकार, शब्द के अंकुरित होने पर उसमें काव्य के अनेक गुण आ गए एवं कविता स्वयं अभिव्यक्ति के योग्य हो गई। वह रस, छंद, अलंकार, ध्वनि, कल्पना, बिंब, विचारों के पल्लव-पुष्पों से युक्त होकर एक संपूर्ण कविता का रूप धारण कर उपस्थित हो गई।

(*ii*) फसल की रोपाई तो क्षणभर में संपन्न की जाती है। इसी प्रकार विचारों की अभिव्यक्ति के लिए कवि के द्वारा भोगा हुआ अनुभव-सत्य किसी क्षण-विशेष में ही उपस्थित होता है, जिसे कागज पर अंकित कर दिया जाता है, किंतु कविता रूपी फसल की कटाई तो अनंतकाल तक चलती रहती है।
इसका रस और आनंद असीमित होता है। यह तो वह अक्षयपात्र है, जिसका रस जितना लुटाओ, वह कम नहीं होता। एक प्रकार से कविता कालजयी होती है। वह पाठकों को अनंतकाल तक आनंद प्रदान करती रहती है।

कविता के आस-पास

1. शब्दों के माध्यम से जब कवि दृश्यों, चित्रों, ध्वनि-योजना अथवा रूप-रस-गंध को हमारे ऐंद्रिक अनुभवों में साकार कर देता है, तो बिंब का निर्माण होता है। इस आधार पर प्रस्तुत कविता से बिंब की खोज करें।

उत्तर **दृश्य बिंब**
- छोटा मेरा खेत चौकोना
- कागज का एक पन्ना
- कोई अंधड़ कहीं से आया
- शब्द के अंकुर फूटे
- पल्लव-पुष्पों से नमित हुआ विशेष
- झूमने लगे फल
- अमृतधाराएँ फूटतीं
- नभ में पाँती बँधी बगुलों की पाँखें
- कजरारे बादलों की छाई नभ छाया
- तैरती साँझ की सतेज श्वेत काया।

आस्वाद बिंब
- कल्पना के रसायनों को पी बीज गल गया निःशेष।
- अमृत धाराएँ फूटतीं।

2. जहाँ उपमेय में उपमान का आरोप हो, रूपक कहलाता है। इस कविता में से रूपक का चुनाव करें।

उत्तर
1. छोटा मेरा खेत चौकोना कागज का एक पन्ना। (कागज में खेत का आरोपण)
2. कल्पना के रसायनों को पी। (कल्पना रूपी रसायन)
3. शब्द के अंकुर फूटे। (शब्द रूपी अंकुर)

कल्पना की बात

1. 'बगुलों के पंख' कविता को पढ़ने से आपके मन में कैसे चित्र उभरते हैं? उनकी किसी भी अन्य कला माध्यम में अभिव्यक्ति करें।

उत्तर 'बगुलों के पंख' कविता का सौंदर्य अद्भुत है। यह लोक जीवन तथा परंपरागत सौंदर्य से जुड़ा है। काले बादलों से ढके आकाश में गुजरते श्वेत बगुलों के पंख मानो एक जीवंत चित्र उपस्थित करते हैं, जो मूल सौंदर्य को उभारते हैं। काले बादलों के बीच उड़ते सफ़ेद बगुलों से साँझ का वह दृश्य सामने आता है, जब उड़ते हुए बगुले अपने निवास स्थान की ओर चल पड़ते हैं। इस गतिशील सौंदर्य को संवेदनशील होकर देखना आँखों को जादू से बाँध लेना है।

अभ्यास प्रश्न

काव्यांश पर आधारित बहुविकल्पीय प्रश्न

निम्नलिखित काव्यांशों को ध्यानपूर्वक पढ़कर पूछे गए बहुविकल्पीय प्रश्नों के लिए सर्वाधिक उपयुक्त विकल्प का चुनाव कीजिए

1. छोटा मेरा खेत चौकोना
कागज का एक पन्ना,
कोई अंधड़ कहीं से आया
क्षण का बीज वहाँ बोया गया।
कल्पना के रसायनों को पी
बीज गल गया निःशेष;
शब्द के अंकुर फूटे,
पल्लव पुष्पों से नमित हुआ विशेष **CBSE 2023**

(क) छोटा खेत किसका प्रतीक है?
(i) फसल रोपे जाने वाले खेत का
(ii) आकार में छोटे खेत का
(iii) कागज के उस पन्ने का, जिस पर रचना शब्दबद्ध होती है
(iv) कागज के उस पन्ने का, जो पुस्तक में जिल्दबद्ध रहता है

(ख) 'अंधड़' से कवि का क्या अभिप्राय है?
(i) हवा का तीव्र वेग
(ii) शीतल-मंद-सुगंधित तेज हवा
(iii) भावनाओं और विचारों का वेग
(iv) धूल और मिट्टी से भरी तेज हवा

(ग) कविता के संदर्भ में बताइए कि बीज किसके संसर्ग से अंकुरित हुआ?
(i) खाद-पानी से (ii) सूर्य के प्रकाश से
(iii) कल्पना से (iv) मिट्टी-पानी से

(घ) बीज के गल जाने पर क्या हुआ?
(i) शब्दों के अंकुर फूटे (ii) कवि को पश्चाताप हुआ
(iii) भावनाओं के अंकुर फूटे (iv) कवि की मेहनत व्यर्थ हुई

(ङ) कथन (A) **खेती के रूपक द्वारा कवि ने काव्य रचना प्रक्रिया को प्रस्तुत किया है।**

कारण (R) **छोटे खेत द्वारा फसल की प्रक्रिया को स्पष्ट किया गया है।**

कूट
(i) कथन (A) और कारण (R) दोनों सही हैं तथा कारण (R), कथन (A) की सही व्याख्या करता है।
(ii) कथन (A) और कारण (R) दोनों सही हैं, परंतु कारण (R), कथन (A) की सही व्याख्या नहीं करता है।
(iii) कथन (A) सही है, किंतु कारण (R) गलत है।
(iv) कथन (A) गलत है, किंतु कारण (R) सही है।

उत्तर

(क) (iii) कागज के उस पन्ने का, जिस पर रचना शब्दबद्ध होती है
(ख) (iii) भावनाओं और विचारों का वेग
(ग) (iii) कल्पना से
(घ) (i) शब्दों के अंकुर फूटे
(ङ) (iii) कथन (A) सही है, किंतु कारण (R) गलत है।

2. झूमने लगे फल,
रस अलौकिक,
अमृत धाराएँ फूटतीं
रोपाई क्षण की,
कटाई अनंतता की
लुटते रहने से जरा भी नहीं कम होती।
रस का अक्षय पात्र सदा का
छोटा मेरा खेत चौकोना। **CBSE 2024**

(क) कवि-कर्म दृष्टि से 'झूमने लगे फल' का आशय है
(i) कृति का पूर्ण रूप ग्रहण करना
(ii) साहित्य का आनंद आना
(iii) खेतों में फ़सल लहलहाना
(iv) हृदय का प्रसन्नता से झूमना

(ख) निम्नलिखित कथनों पर विचार करते हुए पद्यांश के अनुसार सही कथन को चयनित कर लिखिए
(i) कविता का आनंद शाश्वत है।
(ii) कविता का आनंद क्षणिक है।
(iii) कविता का आनंद सीमित है।
(iv) कविता का आनंद अल्पकाल तक है।

(ग) काव्यांश में 'अलौकिक' से तात्पर्य है
(i) लौकिक (ii) अद्भुत
(iii) अल्पज्ञ (iv) आस्था

(घ) कथन (A) **काव्यानंद जितना ही बँटता है उतना ही बढ़ता जाता है।**

कारण (R) **साहित्य-सृजन, प्राणिमात्र के मंगल के लिए है, काव्यानंद का वितरण लोक के आनंद का संवर्धन है।**

कूट
(i) कथन (A) और कारण (R) दोनों सही हैं तथा कारण (R), कथन (A) की सही व्याख्या करता है।
(ii) कथन (A) और कारण (R) दोनों सही हैं, परंतु कारण (R), कथन (A) की सही व्याख्या नहीं करता है।
(iii) कथन (A) सही है, किंतु कारण (R) गलत है।
(iv) कथन (A) गलत है, किंतु कारण (R) सही है।

(ङ) 'रस का अक्षय पात्र' किसे कहा गया है?
(i) कवि हृदय को
(ii) कविता पढ़ने से मिले आनंद को
(iii) साहित्य को
(iv) चौकोने छोटे खेत को

उत्तर

(क) (i) कृति का पूर्ण रूप ग्रहण करना
(ख) (i) कविता का आनंद शाश्वत है।
(ग) (ii) अद्‌भुत
(घ) (i) कथन (A) और कारण (R) दोनों सही हैं तथा कारण (R), कथन (A) की सही व्याख्या करता है।
(ङ) (iii) साहित्य को

3. छोटा मेरा खेत चौकोना
कागज का एक पन्ना,
कोई अंधड़ कहीं से आया
क्षण का बीज वहाँ बोया गया।
कल्पना के रसायनों को पी
बीज गल गया नि:शेष,
शब्द के अंकुर फूटे,
पल्लव-पुष्पों से नमित हुआ विशेष। CBSE 2023

(क) काव्यांश में प्रयुक्त 'खेत' का अर्थ है
(i) जमीन (ii) कागज
(iii) भाव (iv) शब्द

(ख) 'कोई अंधड़ कहीं से आया' पंक्ति में प्रयुक्त अंधड़ का अर्थ है
(i) तूफान (ii) धूल भरी आँधी
(iii) भावों की आँधी (iv) कठिनाइयाँ

(ग) बीज का अस्तित्व किसके संसर्ग से गल गया?
(i) कल्पना के (ii) धरती के
(iii) भाव के (iv) कविता के

(घ) भावना रूपी बीजों के गलने से क्या परिणाम मिला?
(i) कवि की मेहनत व्यर्थ हो गई
(ii) धरती पर अंकुर फूट पड़े
(iii) कवि पुन: कल्पना करने लगा
(iv) शब्दों के अंकुर फूट पड़े

(ङ) 'कल्पना' को रसायन क्यों कहा गया है?
(i) सृजन को सुंदर बनाने में सहायक
(ii) सृजन को सरल बनाने में महत्त्वपूर्ण
(iii) सृजन के विकास में सहायक तत्त्व
(iv) सृजन का मूलभूत तत्त्व

उत्तर

(क) (ii) कागज
(ख) (iii) भावों की आँधी
(ग) (i) कल्पना के
(घ) (iv) शब्दों के अंकुर फूट पड़े
(ङ) (iii) सृजन के विकास में सहायक तत्त्व

विषय-वस्तु पर आधारित प्रश्नोत्तर

लघु उत्तरीय प्रश्न

1. 'छोटा मेरा खेत' कविता में कवि ने खेत को रस का अक्षयपात्र क्यों कहा है?

उत्तर अक्षयपात्र का अर्थ है—हमेशा भरा रहने वाला पात्र। अक्षयपात्र कभी खाली नहीं होता। रस के अक्षयपात्र से रस जितना बाँटा जाता है, उतना ही वह भरता जाता है। कविता का रस चिरकाल तक आनंद देता है। खेती की फसल समाप्त हो जाती है, परंतु रचना का रस कभी समाप्त नहीं होता। यह अनंतकाल तक बहता है। यह रचना-कर्म की शाश्वतता को दर्शाता है। इसलिए कविता में कवि ने खेत को रस का अक्षयपात्र कहा है।

2. 'छोटा मेरा खेत' कविता के आधार पर लिखिए कि काव्य-रचना की प्रक्रिया किन चरणों से होकर एक कृति के रूप में पूर्ण होती है? CBSE 2024

अथवा 'छोटा मेरा खेत' में वर्णित कविता की रचना-प्रक्रिया समझाइए। CBSE Diksha

उत्तर कवि के मन में भावना का आवेग उमड़ता है। भावों की आँधी से बीज बोया जाता है, जो कल्पना के सहारे विकसित होता है। विचाररूपी बीज पड़ते ही शब्दरूपी अंकुर फूटने लगते हैं यह कविता का पहला चरण है। इसके बाद ही रचना अपना स्वरूप ग्रहण करती है तथा इससे अलौकिक रस उत्पन्न होता है। यह रस अनंतकाल तक पाठकों को अपने में डुबोए रखता है अर्थात् अनंतकाल तक पाठकों को रसास्वादन कराता है।

3. 'बीज गल गया नि:शेष' से कवि का क्या तात्पर्य है? CBSE Diksha

उत्तर प्रस्तुत पंक्ति से कवि का आशय है कि जब तक कवि के मन में कविता का मूल भाव समा नहीं जाता है, तब तक कवि निजता अथवा अहं से मुक्ति नहीं प्राप्त कर सकता।

कविता तभी सफल मानी जाती है, जब वह समस्त मानव-जाति की भावना को अभिव्यक्त करती है। कविता को सार्वजनिक बनाने के लिए कवि के अहं का नष्ट होना अति आवश्यक है।

4. कवि-कर्म शाश्वत है, स्पष्ट करें। CBSE Diksha

उत्तर कवि अपनी रचना का सृजन करता है। कवि ने यद्यपि अपनी रचना की रोपाई क्षण-भर में की थी, परंतु कवि को उसकी रचना से मिलने वाला रस व आनंद शाश्वत होता है अर्थात् उसे आनंद की प्राप्ति अनंतकाल तक होती रहती है। अतः कवि-कर्म को शाश्वत कहा गया है।

5. 'छोटा मेरा खेत' कविता के रूपक को स्पष्ट कीजिए। CBSE Diksha

उत्तर इस कविता में कवि ने कवि-कर्म को कृषक-कार्य के समान बताया है। जिस प्रकार एक किसान खेत में बीज बोता है, वह बीज अंकुरित होकर पौधा बनता है तथा परिपक्व होने पर वह सभी का पेट भरता है, उसी प्रकार कागज रूपी खेत पर भावनात्मक आँधी से बीजारोपण होता है। कल्पना का आश्रय पाकर यही भाव विकसित होकर रचना का रूप धारण करता है। पाठक इस रचना के रस का आस्वादन अनंतकाल तक करता है।

दीर्घ उत्तरीय प्रश्न

1. 'छोटा मेरा खेत' कविता में 'कल्पना के रसायनों' से कवि का क्या तात्पर्य है? CBSE 2025

उत्तर रचना-कर्म तथा कवि-कर्म कवि के लिए समानधर्मी प्रक्रिया है। जिस प्रकार खेत में खाद्यान्न उत्पादित करने के लिए किसान बीज, जल तथा रसायनों आदि का उपयोग करता है, उसी प्रकार एक कवि अपनी रचना के सृजन के लिए शब्द रूपी बीज को पन्नों पर डालता है तथा शब्दों को भाव, संवेदना के जल से सिंचित कर कल्पना के रसायन से उसे उर्वर बनाता है। रचना कल्पना के रसायन को पीकर आनंद-रस से परिपूर्ण हो जाती है। यहाँ कवि रचना के लिए कल्पना को महत्त्व प्रदान करता है। उसका मानना है कि कल्पना के रसायन से रचना अधिक परिपक्व तथा अनंतता को प्राप्त होती है।

2. 'बगुलों के पंख' कविता के आधार पर बताइए कि कवि किसे रोककर रखना चाहता है और क्यों?

***अथवा* कवि साँझ के सौंदर्य को थोड़ी देर के लिए रोककर क्यों रखना चाहता है? उसे क्या भय है?** CBSE Diksha

उत्तर कवि उमाशंकर जोशी द्वारा 'बगुलों के पंख' कविता में प्रकृति के सौंदर्य को नई युक्तियों से सामने लाया गया है। यहाँ चित्रात्मकता का सुंदर निर्वाह हुआ है। काले बादलों के नीचे से उड़ते बगुलों को देखकर कवि ठहर जाता है।

वह इस दृश्य को आँखों से ओझल नहीं होने देना चाहता। वह इस दृश्य को देखने के लिए सब कुछ भूलकर अटका-सा रहता है। वह इस माया से स्वयं को बचाने की गुहार करता हुआ भी इस दृश्य के जादू को अपलक निहारना चाहता है। कवि इसे रोके रखने की बात अपने मन पर पड़ने वाले इसके अत्यधिक प्रभाव के कारण करता है।

3. कवि 'बगुलों के पंख' कविता में सौंदर्य से बँधने तथा बिंधने की चरम स्थिति को व्यक्त करता है। कैसे?

***अथवा* 'बगुलों के पंख' कविता के आधार पर उस सौंदर्य का वर्णन कीजिए, जिसने कवि के मन को मोह लिया।** CBSE 2023

***अथवा* 'बगुलों के पंख' कविता के आधार पर स्पष्ट कीजिए कि 'चुराए लिए जाती वे मेरी आँखें' से कवि क्या कहना चाहता है?** CBSE 2024

***अथवा* 'बगुलों के पंख' कविता से उद्धृत पंक्ति 'हौले-हौले जाती मुझे बाँध निज माया से' में कवि किस माया की बात कर रहा है?** CBSE 2023

***अथवा* कवि किस दृश्य पर मुग्ध है और क्यों?** CBSE Diksha

***अथवा* कवि को अपनी माला में कौन बाँध रहा है?** CBSE Diksha

उत्तर 'बगुलों के पंख' एक सुंदर दृश्य कविता है। कविता से गुजरते हुए एक-एक दृश्य चित्र की भाँति उभर जाता है। कवि काले बादलों के नीचे से पंक्ति बनाकर उड़ते बगुलों को देखता रह जाता है। ये उसे कजरारे बादलों के ऊपर तैरती साँझ की श्वेत काया के समान प्रतीत होते हैं। यह दृश्य इतना मोहक है कि कवि इसमें अटका-सा रह जाता है। कवि इसे माया कहता है।

इस दृश्य में कवि प्रकृति सौंदर्य से बँधने तथा बिंधने की चरम स्थिति को व्यक्त करता है। ऐसा प्रकृति के इस दृश्य का कवि के मन पर पड़ने वाले मोहक प्रभाव के कारण संभव हुआ है।

4. 'बगुलों के पंख' कविता के सौंदर्य पर प्रकाश डालिए।

***अथवा* 'बगुलों के पंख' कविता के आधार पर साँझ की मनोहारिणी प्रकृति का वर्णन अपने शब्दों में कीजिए।** CBSE Diksha

उत्तर 'बगुलों के पंख' कविता सौंदर्य से परिपूर्ण है। सौंदर्य का अपेक्षित प्रभाव उत्पन्न करने के लिए कवि ने चित्रात्मक वर्णन को महत्त्व दिया है। यह चित्र तथा उसके मन पर पड़ने वाला प्रभाव कविता का वर्ण्य-विषय बन गया है। वस्तुगत तथा आत्मगत प्रवृत्तियों के संयोग पाठक को सौंदर्य के स्वाभाविक संसार में प्रवेश दिलाते हैं।

कवि काले बादलों से भरे आकाश में पंक्तिबद्ध उड़ते सफ़ेद बगुलों को देखता है और सम्मोहित हो जाता है। वे कजरारे बादलों के ऊपर तैरती साँझ की श्वेत काया के समान प्रतीत होते हैं। कवि को इस दृश्य का सौंदर्य मोहित कर देता है। कवि सब कुछ भूलकर इस माया से बिंध जाता है।

स्व-मूल्यांकन

काव्यांश पर आधारित बहुविकल्पीय प्रश्न

निम्नलिखित काव्यांश को ध्यानपूर्वक पढ़कर पूछे गए बहुविकल्पीय प्रश्नों के लिए सर्वाधिक उपयुक्त विकल्प का चुनाव कीजिए

1. नभ में पाँती-बँधे बगुलों के पंख,
चुराए लिए जातीं वे मेरी आँखें।
कजरारे बादलों की छाई नभ छाया,
तैरती साँझ की सतेज श्वेत काया।
हौले हौले जाती मुझे बाँध निज माया से।
उसे कोई तनिक रोक रक्खो।
वह तो चुराए लिए जाती मेरी आँखें
नभ में पाँती-बँधी बगुलों की पाँखें।

(क) काव्यांश में बगुलों के पंखों द्वारा आँखें चुराने से क्या आशय है?
(i) सुंदर दिखाई देना
(ii) ध्यान भंग करना
(iii) चोरी करना
(iv) न्योछावर होना

(ख) **कथन** (A) कवि आकाश में पंक्तिबद्ध बगुलों को एकटक उड़ते हुए देखता है।
कारण (R) यह दृश्य कवि की आँखों को चुरा ले जाता है।
कूट
(i) कथन (A) और कारण (R) दोनों सही हैं तथा कारण (R), कथन (A) की सही व्याख्या करता है।
(ii) कथन (A) और कारण (R) दोनों सही हैं, परंतु कारण (R), कथन (A) की सही व्याख्या नहीं करता है।
(iii) कथन (A) सही है, किंतु कारण (R) गलत है।
(iv) कथन (A) गलत है, किंतु कारण (R) सही है।

(ग) कवि के अनुसार आकाश में ······ बादलों की छाया छाई है।
(i) गहरे नीले (ii) काले
(iii) श्वेत (iv) सुनहरे

(घ) कवि को बगुलों का कौन-सा सौंदर्य अपने आकर्षण में बाँध रहा है?
(i) पंक्तिबद्ध रूपी (ii) काया रूपी
(iii) माया रूपी (iv) शांति रूपी

(ङ) बगुलों के पंख बादलों के ऊपर तैरते हुए किसके समान प्रतीत होते हैं?
(i) साँझ की श्वेत काया
(ii) प्रात:काल की सुंदर काया
(iii) गोधूलि बेला की पीली काया
(iv) रात्रि की काली काया

उत्तर

(क) (i) सुंदर दिखाई देना
(ख) (i) कथन (A) और कारण (R) दोनों सही हैं तथा कारण (R), कथन (A) की सही व्याख्या करता है।
(ग) (ii) काले
(घ) (iii) माया रूपी
(ङ) (i) साँझ की श्वेत काया

विषय-वस्तु पर आधारित प्रश्न

लघु उत्तरीय प्रश्न

1. 'पाँती-बँधे' से कवि का क्या आशय है? 'बगुलों के पंख' कविता के आधार पर स्पष्ट कीजिए।
2. रस की अलौकिक धाराएँ कब, कहाँ और क्यों फूटती हैं?
3. कवि किस दृश्य पर मंत्रमुग्ध है?
4. 'छोटा मेरा खेत' कविता में कवि किस बीज को बोने की बात कर रहा है?

दीर्घ उत्तरीय प्रश्न

1. कवि को खेत का रूपक अपनाने की जरूरत क्यों पड़ी? 'छोटा मेरा खेत' कविता के आधार पर स्पष्ट कीजिए।
2. 'बगुलों के पंख' कविता का प्रतिपाद्य लिखिए।
3. शब्द रूपी अंकुर फूटने से कवि का क्या आशय है? 'छोटा मेरा खेत' कविता के आधार पर लिखिए।
4. कवि को कौन-सा जादू धीरे-धीरे बाँध रहा है? 'बगुलों के पंख' कविता के आधार पर स्पष्ट कीजिए।

10 अध्याय

लेखिका-परिचय

महादेवी वर्मा का जन्म वर्ष 1907 में उत्तर प्रदेश के फर्रूखाबाद जिले में हुआ था। इनकी प्रारंभिक शिक्षा इंदौर में हुई। अपने देश में ही नारी शिक्षा के प्रसार के लिए इन्होंने बहुत योगदान दिया तथा स्वतंत्रता आंदोलन में भी भाग लिया। काव्य के अतिरिक्त गद्य साहित्य में भी इन्होंने कालजयी रचनाओं का सृजन किया है। आठ वर्ष की आयु में 'बारहमासा' जैसी कविता लिखने वाली महादेवी की प्रमुख काव्य-कृतियों में नीहार, रश्मि, नीरजा, सांध्यगीत, दीपशिखा आदि हैं। इनकी गद्य रचनाओं में अतीत के चलचित्र, शृंखला की कड़ियाँ, स्मृति की रेखाएँ प्रमुख हैं। इन्हें ज्ञानपीठ पुरस्कार के साथ ही प्राय: सभी प्रतिष्ठित पुरस्कारों से विभूषित किया गया। भारत सरकार की ओर से वर्ष 1956 में इन्हें पद्मभूषण अलंकरण से अलंकृत किया गया। 11 सितंबर, 1987 को महादेवी जी का देहांत हो गया।

▼ अध्ययन के लिए
- पाठ की रूपरेखा
- पाठ का सार

▼ अभ्यास के लिए
- पाठ्यपुस्तक के प्रश्नोत्तर
- गद्यांश पर आधारित बहुविकल्पीय प्रश्न
- लघु उत्तरीय प्रश्न
- दीर्घ उत्तरीय प्रश्न

भक्तिन

(महादेवी वर्मा)

पाठ की रूपरेखा

अपने गद्य में गहरे सामाजिक सरोकार को स्थान देने वाली तथा समाज के शोषित-पीड़ित वर्ग को नायकत्व प्रदान करने वाली लेखिका महादेवी वर्मा ने प्रस्तुत पाठ में सेविका भक्तिन के व्यक्तित्व को चित्रित करते हुए उसके संघर्षपूर्ण जीवन को मार्मिकता के साथ उद्‌घाटित किया है।

उन्होंने उसके व्यवहार और स्वभाव का भी वर्णन किया है, जो परिस्थितिवश अक्खड़ हो गया है। उसके रहन-सहन और पहनावे के कारण ही लेखिका ने उस सेविका को भक्तिन नाम से संबोधित किया है। भक्तिन के कारण ही लेखिका के व्यक्तित्व के कई अनछुए आयाम भी उद्‌घाटित होते गए हैं। महादेवी के प्रति अनमोल आत्मीयता से भरी स्त्री-अस्मिता की संघर्षपूर्ण आवाज़ को भक्तिन के रूप में इस पाठ को देखा जा सकता है।

पाठ का सार

भक्तिन के व्यक्तित्व का चित्रण

भक्तिन छोटे कद व दुबले शरीर की गाँव में रहने वाली एक स्त्री थी। छोटी आँखें, पतले होंठ तथा सदैव गले में कंठी की माला पहनने वाली इस भक्तिन का असली नाम लछमिन अर्थात् लक्ष्मी था, लेकिन वह अपने नाम के ठीक विपरीत थी, इसलिए उसने लेखिका को भी अपना नाम प्रयोग में लाने के लिए मना कर दिया था। संभवत: उसकी कंठी माला को देखकर ही लेखिका ने उसका नाम 'भक्तिन' रखा होगा।

भक्तिन की सौतेली माँ

झूँसी गाँव में एक प्रसिद्ध योद्धा की लड़की लक्ष्मी का पालन—पोषण उसकी सौतेली माँ ने किया था। उसकी शादी 5 वर्ष की आयु में तथा गौना 9 वर्ष की आयु में ही हँडिया गाँव के एक संपन्न गोपालक के छोटे पुत्र के साथ करा दिया गया था।

विमाता को यह डर हमेशा सताता रहता था कि लक्ष्मी के पिता कहीं सारी जायदाद उसके नाम ही न कर दें, इसलिए लक्ष्मी के पिता जब गंभीर रूप से बीमार पड़े, तो इसकी सूचना लक्ष्मी को नहीं दी गई। अत: पिता की मृत्यु का दु:खद समाचार उसे मायके आकर ही मिला। सौतेली माँ का बुरा व्यवहार देखकर उसने मायके में पानी भी नहीं पिया और ऐसे ही ससुराल लौट आई। उसने अपने पिता की मृत्यु का भीषण दु:ख अपने पति को कड़वे वचन कहकर व्यक्त किया।

लक्ष्मी का विवाहित जीवन

ससुराल में भी भक्तिन को अब तक की भाँति दु:ख ही मिला। सास के तीन कमाने वाले बेटे थे। लक्ष्मी सबसे छोटे बेटे की पत्नी होने के कारण अपनी बेटियों सहित घर का सारा काम करती थी और जेठानियाँ अपने पुत्रों के साथ मौज-मस्ती से उस घर में रहती थीं।

लक्ष्मी की तीन बेटियाँ थीं। बड़ी बेटी के विवाह के उपरांत ही भक्तिन के पति का देहांत हो गया। अपनी संपत्ति को सुरक्षित रखने के लिए उसने अपनी बेटियों का विवाह कम उम्र में ही कर दिया। जायदाद के लिए उनके परिवार में लड़ाई-झगड़ा चलता ही रहता था, इसलिए उसने अपने बड़े दामाद को घरजमाई बना लिया। लेकिन भक्तिन के दुर्भाग्य ने उसका पीछा नहीं छोड़ा ऐसा लगता है जैसे वह उसके साथ-साथ चलता हो, क्योंकि शीघ्र ही उसके बड़े दामाद का भी निधन हो गया और वह फिर दु:खों से घिर गई।

लक्ष्मी के विवाह के सन्दर्भ में पंचायत का निर्णय

बड़े जेठ का लड़का भक्तिन की संपत्ति पाने के उद्देश्य से अपने साले से उसकी बड़ी बेटी का विवाह करवाना चाहता है, लेकिन उसकी मंशा को भाँपते हुए लड़की ने विवाह करने से मना कर दिया। जेठ के लड़के का साला लक्ष्मी की बड़ी बेटी से शादी करने की ज़िद में जबरदस्ती घर में घुस गया, तो बड़ी लड़की ने उसे अच्छी तरह पीटा। उस युवक ने सभी से झूठ बोला कि इसी लड़की ने मुझे बुलाया था।

उसकी बातों में आकर पंचायत ने भी उन्हें पति-पत्नी की तरह साथ रहने का निर्णय सुना दिया। उन्हें दु:खी होकर भी पंचायत का निर्णय मानना पड़ा, किंतु अब घर में गरीबी रहने लगी, झगड़ा होने लगा तथा लगान समय पर न चुका पाने के कारण ज़मींदार ने भक्तिन को दिनभर धूप में खड़े रहने का दंड दिया। इस अपमान और कलंक को भक्तिन सह न सकी और वह कमाने के उद्देश्य से शहर में आ गई।

भक्तिन का शहरी जीवन

शहर में भक्तिन लेखिका के पास रहकर उसके घर का काम आदि करने लगी। सुबह के समय भक्तिन नहाकर लेखिका की धुली धोती पहनकर दो मिनट जप करती और सूर्य एवं पीपल को अर्घ्य देती, फिर खाना बनाती। भक्तिन दूसरों को तो अपने जैसा बनाने को तैयार रहती, परंतु स्वयं को बदलने के लिए तैयार नहीं थी। उसने लेखिका को गाँव में खाए जाने वाले साधारण भोजन की विशेषताएँ बताईं। वह गाँव की भाँति लेखिका को 'ओए' कहकर ही बुलाती थी।

भक्तिन के तर्क-वितर्क करने संबंधी गुण

लेखिका जब रुपयों को इधर-उधर रख देती थी, तब भक्तिन उन्हें इकट्ठा करके मटकी में डाल देती थी और लेखिका के पूछने पर वह शास्त्रार्थ करती हुई कहती कि रुपयों को उसने सँभालकर रख दिया। इसी प्रकार उसने सिर मुंडवाने की बात पर लेखिका से कहा कि सिद्ध, सिर मुंडवाकर तीर्थ जाते हैं। लेखिका के हस्ताक्षर करने वाले नियम पर भक्तिन ने बड़े तर्क के साथ उनकी बात यह कहकर टाल दी कि यदि वह पढ़ने लगी, तो घर-गृहस्थी कौन देखेगा?

लेखिका के प्रति भक्तिन का सेवा भाव

लेखिका के साथ भक्तिन हर समय उपस्थित रहती थी, जिससे लेखिका को जिस किसी भी चीज़ की आवश्यकता हो, तो वह उसकी मदद कर सके। वह लेखिका के लिए भोजन का प्रबंध करती, उसके कपड़े धोती, उसकी पुस्तकों को तरीके से रखती आदि कार्य करती। वह लेखिका के साथ बद्रीनाथ व केदारनाथ भी गई थी।

भक्तिन की बेटी और दामाद जब उसे बुलाने आए, तो वह लेखिका को छोड़ने का मन न बना पाई। लेखिका के सामने भक्तिन ने धन के महत्त्व को भी कम कर दिया। वह लेखिका के लिए अपना सब-कुछ लुटाने को तैयार थी।

भक्तिन और लेखिका के गूढ़ संबंध

लेखिका और भक्तिन के बीच स्वामी और सेविका का संबंध न रहकर आत्मिक संबंध विकसित हो गए थे। भक्तिन लेखिका के परिचितों का सम्मान लेखिका की इच्छानुसार ही करती थी। भक्तिन छात्रावास की बालिकाओं को चाय इत्यादि बनाकर देती थी। लेखिका चाहकर भी भक्तिन को अपने से दूर नहीं कर पाई। भक्तिन लोगों के लंबे बाल और अस्त-व्यस्त वेशभूषा देखकर टीका-टिप्पणी भी करती थी। इस प्रकार भक्तिन और लेखिका के बीच अत्यंत गूढ़ संबंध स्थापित हो चुके थे।

शब्दार्थ

संकल्प—निश्चय, **विचित्र**—आश्चर्यजनक, **जिज्ञासु**—उत्सुक, **मुद्रा-भाव**—स्थिति, **बरिस**—वर्ष, **रत्ती भर**—तनिक-सा, **स्पर्द्धा**—मुकाबला, **अंजना**—हनुमान की माता, **गोपालिका**—अहीरिन, **दुर्वह**—ले जाने में कठिन, **कपाल**—मस्तक, **कुंचित**—सिकुड़ी हुई, शेष, **इतिवृत**—संपूर्ण कथा, **गद्गद् हो उठना**—अत्यधिक प्रसन्न होना, **अंशतः**—थोड़ा-सा।

विमाता—सौतेली माँ, **किंवदंती**—जन प्रचलित कथन, **ममता**—स्नेह, **वय**—आयु, **संपन्न**—धनवान, **ख्याति**—प्रसिद्धि, **गौना**—पति के घर से दूसरी बार जाना, **अगाध**—अधिक/गहरा, **सतर्क**—सचेत, **मरणांतक**—मृत्यु देने वाला, **नैहर**—मायका, **अप्रत्याशित**—जिसकी आशा न हो, **अनुग्रह**—कृपा, **पुनरावृत्तियाँ**—बार-बार कहना, **लेश**—तनिक, **चिर-बिछोह**—शाश्वत वियोग, **मर्मव्यथा**—हृदय को कष्ट देने वाली पीड़ा, **परिच्छेद**—अध्याय, **विधात्री**—जन्म देने वाली माँ, **मचिया**—चारपाई/खाट, **विराजमान**—बैठना, **पुरखिन**—बड़ी-बूढ़ी, **अभिषिक्त**—स्थापित होना, **काक-भुशंडी**—कौआ, **क्रमबद्ध**—सतत्, **लीक छोड़ना**—परंपरा को तोड़ना, **राब**—पका हुआ गाढ़ा रस, **औटना**—खौलना, **टकसाल**—सिक्का ढालने वाली मशीन, **परिणति**—निष्कर्ष।

अलगौझा—बँटवारा, **खलिहान**—पकी हुई फसल को काटकर रखने का स्थान, **निरंतर**—सतत्, **बिलारी**—बिल्ली, **होरहा**—हरे अनाज का आग पर भुना रूप, **अजिया-ससुर**—पति का बाबा, **कै**—कितने ही, **उपार्जित**—कमाई, **करिबद्ध**—सन्नद्ध/तैयार, **जिठौतो**—जेठ के पुत्र।

निमंत्रण—न्यौता, **परिमार्जन**—धोना/शुद्ध करना, **कर्मठता**—कठिन परिश्रम करने का गुण, **आहट**—हल्की-सी आवाज़, **दीक्षित होना**—स्वीकार करना, **अथ**—प्रारंभ, **इति**—अंत, **अभिनंदन**—स्वागत, **उपरांत**—बाद में।

नितांत—पूर्णतः, **वीतराग**—आसक्ति रहित, **प्रख्यात**—प्रसिद्ध, **निषेध**—मना करना, **आसीन**—बैठना, **निर्दिष्ट**—निश्चित, **पितिया ससुर**—पति के चाचा, **निवारण**—दूर करना, **प्रबंध**—व्यवस्था, **जाग्रत**—सचेत।

मकई—मक्का, **लपसी**—पतला-सा हलुवा, **पोपला**—दंत विहीन, **दंतकथाएँ**—परंपरा से चलती आई मौखिक कथाएँ, **किस्से**—कहानियाँ, **कंठस्थ करना**—याद कर लेना, **कुंजरो**—हाथी, **अंतरहित**—छिपाना, **तर्क-शिरोमणि**—तर्क करने में सर्वश्रेष्ठ, **सिर घुटाना**—जड़ से बाल कटवाना, **अकुंठित भाव**—बिना संकोच के, **चूड़ाकर्म**—बाल कटवाना, **नापित**—नाई, **यथाविधि**—नियमानुसार, **निष्पन्न**—पूर्ण, **वयोवृद्धता**—अत्यधिक वृद्ध।

मंथरता—धीमी गति, **पटु**—चतुर, **पिंड छुड़ाया**—छुटकारा पाना।

अतिशयोक्तियाँ—बढ़ा-चढ़ाकर कही गई बातें, **अमरबेल**—ऐसी बेल, जो जड़रहित होती है और पेड़ों के ऊपर फैलती है, **हीनता**—कमी, **आभा**—प्रकाश, **उद्भासित**—आलोकित, **पागुर**—जुगाली, **निस्तब्धता**—शांति, **प्रशांत**—पूर्णतः शांत।

आतंकित—भयभीत, **विनीत**—विनम्र, **अनुरोध**—आग्रह, **मचान**—टाँड, **विस्मित**—आश्चर्यचकित, **अमरौती खाकर आना**—अमरत्व लेकर आना, **अवज्ञा**—आदेश न मानना।

विषमताएँ—कठिनाइयाँ, **स्नेह**—प्रेम, **अपभ्रंश**—बिगड़ा हुआ, **कारागार**—जेल, **आश्वासन**—भरोसा।

माई—माँ, **बड़े लाट**—वायसराय/गवर्नर जनरल, **प्रतिद्वंद्वी**—एक-दूसरे के विरोधी, **दुर्लभ**—कठिन।

पाठ्यपुस्तक (आरोह भाग-2) के प्रश्नोत्तर

1. भक्तिन अपना वास्तविक नाम लोगों से क्यों छुपाती थी? भक्तिन को यह नाम किसने और क्यों दिया होगा?

उत्तर 'भक्तिन' का असली नाम लछमिन अर्थात् लक्ष्मी था। लक्ष्मी का अर्थ है—धन की देवी, लेकिन उसकी दशा अपने नाम से बिलकुल मेल नहीं खाती थी। उसके जीवन में धन का घोर अभाव था, इसलिए वह अपना असली नाम किसी को नहीं बताती थी। उसे यह नाम शायद उसके पिता ने दिया होगा, क्योंकि हमारे समाज में लड़की का पैदा होना लक्ष्मी (धन) का आना माना जाता है। अपने समृद्धि-सूचक नाम को वह किसी को भी बताकर व्यंग्य का सामना नहीं करना चाहती थी, इसी कारणवश वह अपने वास्तविक नाम को छुपाती थी।

2. दो कन्या-रत्न पैदा करने पर भक्तिन पुत्र-महिमा में अंधी जेठानियों द्वारा घृणा व उपेक्षा का शिकार बनी। ऐसी घटनाओं से ही अकसर यह धारणा चलती है कि स्त्री ही स्त्री की दुश्मन होती है। क्या इससे आप सहमत हैं?

अथवा **दो कन्याओं को जन्म देने के बाद भी भक्तिन पुत्र की इच्छा में अंधी अपना जेठानियों की घृणा एवं उपेक्षा की पात्र बनी रही। इस प्रकार के उदाहरण भारतीय समाज में अभी भी देखने को मिलते हैं। इसका कारण और समाधान प्रस्तुत कीजिए।**

अथवा **पुत्र की चाह में परिवार के लोग ही कन्या को जन्म देने वाली माँ के दुश्मन हो जाते हैं। इस प्रवृत्ति पर 'भक्तिन' पाठ के आधार पर टिप्पणी कीजिए।**

उत्तर भारत एक पुरुष प्रधान देश रहा है। मध्यकालीन भारत में बेटियों को बोझ समझा जाता था। समाज में आज भी होने वाली कन्या-भ्रूण हत्या की घटनाएँ इसी मनोवृत्ति का प्रमाण देती हैं। साथ ही यह माना जाता है कि बेटी का विवाह करने पर वह तो दूसरे घर की हो जाती है, जबकि उनमें बेटे से अपने वंश को आगे बढ़ाने की इच्छा बनी रहती है। पुत्र को बुढ़ापे की लाठी माना जाता है और अंतिम समय में उनसे माँ-बाप की सेवा की उम्मीद भी की जाती है।

ऐसे ही दकियानूसी विचार हमारे समाज में आज भी व्याप्त हैं। जैसे पाठ में भक्तिन की सास के तीन पुत्र, जेठानियों के भी पुत्र होने, किंतु भक्तिन की केवल कन्याएँ होने पर पुत्र की महिमा में अंधी जेठानियों की घृणा एवं उपेक्षा की पात्र बनी रही। सन्तान न होना, पुत्र न होना, दहेज संबंधी आदि घटनाओं में स्त्री ही स्त्री की दुश्मन होती है। यद्यपि ऐसी धारणा हमारे समाज व परिवार के लिए गलत है तथापि यह मानसिकता बदली जानी चाहिए।

3. भक्तिन की बेटी पर पंचायत द्वारा जबरन पति थोपा जाना एक दुर्घटना भर नहीं, बल्कि विवाह के संदर्भ में स्त्री के मानवाधिकार (विवाह करें या न करें अथवा किससे करें, इसकी स्वतंत्रता) को कुचलते रहने की सदियों से चली आ रही सामाजिक परंपरा का प्रतीक है। कैसे?

अथवा **भक्तिन की बेटी पर पंचायत द्वारा पति थोप देने की घटना के विरोध में टिप्पणी लिखिए।** **Delhi 2019**

उत्तर भक्तिन की बेटी पर पंचायत ने जबरन पति थोप दिया था। भक्तिन की विधवा बेटी के साथ ताऊ के लड़के द्वारा जबरदस्ती करने पर लड़की ने उसकी खूब पिटाई की, किंतु पंचायत द्वारा लड़की को युवक के साथ रहने का फैसला सुनाया गया। यह कार्य स्त्रियों के मानवाधिकारों के विरुद्ध है। नारी पर प्राचीनकाल से ही हर फैसला जबरदस्ती लागू कर दिया जाता है। विवाह जैसे गंभीर निर्णय भी वह अपनी मर्जी से नहीं ले सकती। लड़की को माता-पिता की इच्छा से ही विवाह करना पड़ता है और यदि वह विरोध करती है, तो उसे समाज से बाहर कर दिया जाता है।

उसे अपनी पसंद और इच्छा के अनुसार अपने जीवनसाथी का चुनाव करने का भी अधिकार नहीं दिया जाता। यही भक्तिन की बेटी के साथ भी हुआ। ऐसे ही कई उदाहरण हैं, जहाँ गुणवान लड़की की इच्छा व आकांक्षा को अनदेखा कर उसका विवाह किसी अयोग्य लड़के के साथ करवाकर उस लड़की पर पति थोप दिया जाता है।

4 "भक्तिन अच्छी है, यह कहना कठिन होगा, क्योंकि उसमें दुर्गुणों का अभाव नहीं।" लेखिका ने ऐसा क्यों कहा होगा?

अथवा **"भक्तिन अच्छी है पर उसमें दुर्गुणों का अभाव नहीं।" इस कथन के समर्थन में तीन तर्क दीजिए।**

अथवा **"भक्तिन अच्छी है, यह कहना कठिन है।" महादेवी वर्मा के इस कथन की सोदाहरण समीक्षा कीजिए।**

अथवा **अनेक कमियों के होते हुए भी भक्तिन लेखिका के लिए अनमोल क्यों थी?** **CBSE 2024**

उत्तर 'भक्तिन अच्छी है' यह कहना कठिन इसलिए है, क्योंकि भक्तिन में दुर्गुणों का अभाव नहीं है। लेखिका ने भक्तिन के दुर्गुणों को स्पष्ट करते हुए कहा है कि वह सत्यवादी हरिश्चंद्र नहीं है, क्योंकि वह लेखिका के इधर-उधर पड़े पैसों को भंडार-घर की किसी मटकी में रख देती है। पूछने पर वह इसे सँभालकर रख देने का तर्क देती है। वह सत्य-असत्य की अपनी ही परिभाषा गढ़ती है।

घर में इधर-उधर पड़े पैसों को मटकी में रख देने को वह चोरी नहीं मानती। उसका तर्क है कि वह ऐसा पैसों को सँभालकर रखने के उद्देश्य से करती है। इसके अतिरिक्त, वह लेखिका को प्रसन्न करने के लिए किसी बात को इधर-उधर घुमाकर कहती है। उसमें सेवा भाव भरपूर था। प्रसंग एवं समय के अनुसार वह मूल तथ्यों में जोड़-घटाव कर देती है। इसे सामान्य लोग झूठ कहते हैं। भक्तिन सभी बातों एवं कामों को अपनी सुविधा के अनुसार ढालने में निपुण है। स्वामिनी की खुशी के लिए उसे झूठ बोलना न्यायसंगत लगता था। कई कमियों के होते हुए भी भक्तिन लेखिका की हर जरूरत का ख्याल रखती थी, जिसके कारण वह लेखिका के लिए अनमोल थी।

5. भक्तिन द्वारा शास्त्र के प्रश्न को सुविधा से सुलझा लेने का क्या उदाहरण लेखिका ने दिया है?

उत्तर भक्तिन किसी भी बात को, चाहे वह शास्त्र संपन्न ही क्यों न हो, अपनी सुविधा के अनुरूप सुलझा लेती थी। वह किसी भी तर्क को नहीं मानती। लेखिका ने बताया कि उसे स्त्रियों का सिर मुंडाना अच्छा नहीं लगता था, इसलिए उसने उसे रोकना चाहा, तो भक्तिन ने शास्त्र का उदाहरण देते हुए कहा कि 'तीर्थ गए मुंडाए सिद्ध' अर्थात् सिद्ध लोग सिर मुंडवाकर तीर्थ करने गए। कौन से शास्त्र का यह रहस्यमय सूत्र है, यह जान लेना लेखिका के लिए संभव नहीं था। अतः वह चुप हो गई। यही उदाहरण लेखिका ने भक्तिन द्वारा शास्त्र के प्रश्न को सुविधा के अनुसार सुलझाने के लिए दिया है।

6. भक्तिन के आ जाने से महादेवी अधिक देहाती कैसे हो गई? **CBSE 2023**

उत्तर भक्तिन गाँव में रहते हुए भी इस गुण से परिपूर्ण थी कि वह दूसरों को अपने मन के अनुसार बना लेती थी। उसके इस गुण का प्रभाव लेखिका पर भी पड़ा। अब लेखिका ने भी गाँव के लगभग सभी संस्कारों को अपना लिया था, लेकिन अपने काम में उसे किसी प्रकार का हस्तक्षेप पसंद नहीं था। वह भक्तिन द्वारा सब सीख चुकी थी। भक्तिन ने रात को मकई का बना दलिया सवेरे मट्ठे के साथ, बाजरे के तिल लगे रात के बचे हुए पुए, ज्वार के भुने हुए भुट्टे के हरे दानों की खिचड़ी आदि खिलाकर तथा उनके गुणों का वर्णन करके लेखिका को भी देहाती बना दिया था।

पाठ के आसपास

1. आलो आँधारि की नायिका और लेखिका बेबी हालदार और भक्तिन के व्यक्तित्व में आप क्या समानता देखते हैं?

उत्तर आलो आँधारि की नायिका बेबी हालदार व भक्तिन दोनों ही सेविका हैं। आलो आँधारि की नायिका एक घरेलू नौकरानी है तथा भक्तिन भी लेखिका महादेवी वर्मा के घर में नौकरी करती है। दोनों के परिवारजनों ने उनकी उपेक्षा की।

अतः दोनों ही परिवार द्वारा प्रताड़ित हैं, किंतु दोनों को अपना आत्मसम्मान सर्वोपरि है। अतः स्वयं के बलबूते पर वे अपना जीवन निर्वाह करती हैं। दोनों ही शिक्षा के मामले में कमज़ोर थीं। बेबी हालदार ने सातवीं कक्षा तक पढ़ाई की थी तथा भक्तिन अशिक्षित थी। दोनों का ही जीवन कष्टों से भरा था तथा परिवार से केवल उपेक्षा व तिरस्कार ही प्राप्त हुआ था।

2. भक्तिन की बेटी के मामले में जिस तरह का फैसला पंचायत ने सुनाया, वह आज भी कोई हैरतअंगेज़ बात नहीं है। अखबारों या टी. वी. समाचारों में आने वाली किसी ऐसी ही घटना को भक्तिन के उस प्रसंग के साथ रखकर उस पर चर्चा करें।

उत्तर विद्यार्थी समूह में चर्चा करें।

3. पाँच वर्ष की वय में ब्याही जाने वाली लड़कियों में सिर्फ भक्तिन नहीं है, बल्कि आज भी हज़ारों अभागिनियाँ हैं। बाल-विवाह और उम्र के अनमेलपन वाले विवाह की अपने आस-पास हो रही घटनाओं पर दोस्तों के साथ परिचर्चा करें।

उत्तर विद्यार्थी अपने मित्रों के साथ समूह बनाकर इस पर परिचर्चा करें।

4. महादेवी जी इस पाठ में हिरनी सोना, कुत्ता बसंत, बिल्ली गोधूलि आदि के माध्यम से पशु-पक्षी को मानवीय संवेदना से उकेरने वाली लेखिका के रूप में उभरती हैं। उन्होंने अपने घर में और भी कई पशु-पक्षी पाल रखे थे तथा उन पर रेखाचित्र भी लिखे हैं। शिक्षक की सहायता से ढूँढकर पढ़ें, जो 'मेरा परिवार' नाम से प्रकाशित है।

उत्तर विद्यार्थी 'मेरा परिवार' पुस्तक पढ़ें।

भाषा की बात

1. नीचे दिए गए विशिष्ट भाषा-प्रयोगों के उदाहरणों को ध्यान से पढ़िए और इनकी अर्थ छवि स्पष्ट कीजिए।

(क) पहली कन्या के दो संस्करण और कर डाले
(ख) खोटे सिक्कों की टकसाल जैसी पत्नी
(ग) अस्पष्ट पुनरावृत्तियाँ और स्पष्ट सहानुभूतिपूर्ण

उत्तर विद्यार्थी स्वयं करें।

2. **'बहनोई' शब्द 'बहन (स्त्री) + ओई' से बना है। इस शब्द में हिंदी भाषा की एक अनन्य विशेषता प्रकट हुई है। पुल्लिंग शब्दों में कुछ स्त्री-प्रत्यय जोड़ने से स्त्रीलिंग शब्द बनने की एक समान प्रक्रिया कई भाषाओं में दिखती है, पर स्त्रीलिंग शब्द में कुछ पुल्लिंग प्रत्यय जोड़कर पुल्लिंग शब्द बनाने की घटना प्रायः अन्य भाषाओं में दिखाई नहीं पड़ती। यहाँ पुल्लिंग प्रत्यय 'ओई' हिंदी की अपनी विशेषता है। ऐसे कुछ और शब्द और उनमें लगे पुल्लिंग प्रत्ययों की हिंदी तथा और भाषाओं में खोज करें।**

उत्तर विद्यार्थी स्वयं करें।

3. **पाठ में आए लोकभाषा के इन संवादों को समझकर इन्हें खड़ीबोली हिंदी में ढालकर प्रस्तुत कीजिए।**

(क) ई कउन बड़ी बात आय। रोटी बनाय जानित है, दाल राँध लेइत है, साग-भाजी छँउक सकित है, अउर बाकी का रहा।

(ख) हमारे मालकिन तौ रात-दिन कितबियन माँ गड़ी रहती हैं। अब हमहूँ पढ़ै लागब, तो घर-गिरिस्ती कउन देखी-सुनी।

(ग) ऊ बिचरिअउ तौ रात-दिन काम माँ झुकी रहती है, अउर तुम पचै घूमती-फिरती हौ, चलौ तनिक हाथ बटाय लेउ।

(घ) तब ऊ कुच्छौ करिहैं-धरिहैं ना-बस गली-गली गाउत-बजाउत फिरिहैं।

(ङ) तु पचै का-का बताईय है पचास बरिस से संग रहित है।

(च) हम कुकुरी बिलारी न होयँ, हमार मन पुसाई तौ हम दूसरा के जाब नाहिं व तुम्हार पचै की छाती पै होरहा भूँजब और राज करब, समुझे रहौ।

उत्तर (क) यह कौन-सी बड़ी बात है। रोटी बनाना जानती हूँ, दाल बना लेती हूँ, साग-सब्जी छौंक सकती हूँ और शेष क्या रहा।

(ख) हमारी मालकिन तो रात-दिन किताबों में डूबी रहती हैं। अब हम भी पढ़ने लगे तो घर-गृहस्थी कौन देखेगा-सुनेगा।

(ग) वह बेचारी तो रात-दिन काम में लगी रहती है और तुम लोग घूमती-फिरती हो। चलो, तनिक हाथ बँटा लो।

(घ) तब वह कुछ करता-धरता नहीं होगा, बस गली-गली में गाता-बजाता फिरता होगा।

(ङ) तुम्हें हम क्या-क्या बताएँ-यही पचास वर्ष से साथ रहती हूँ।

(च) हम कुतिया-बिल्ली नहीं हैं। हमारा मन चाहेगा तो हम दूसरे के यहाँ (पत्नी बनकर) जाएँगे नहीं तो तुम्हारी छाती पर ही घेरहा भूनूँगी और राज करूँगी- यह समझ लेना।

4. **भक्तिन पाठ में पहली कन्या के दो संस्करण जैसे प्रयोग लेखिका के खास भाषायी संस्कार की पहचान कराते हैं, साथ ही ये प्रयोग कथ्य को संप्रेषणीय बनाने में भी मददगार हैं। वर्तमान हिंदी में भी कुछ अन्य प्रकार की शब्दावली समाहित हुई है। नीचे कुछ वाक्य दिए जा रहे हैं, जिससे वक्ता की खास पसंद का पता चलता है। आप वाक्य पढ़कर बताइए कि इनमें किन तीन विशेष प्रकार की शब्दावली का प्रयोग हुआ है? इन शब्दावलियों या इनके अतिरिक्त अन्य किन्हीं विशेष शब्दावलियों का प्रयोग करते हुए आप भी कुछ वाक्य बनाइए और कक्षा में चर्चा करें कि ऐसे प्रयोग भाषा की समृद्धि में कहाँ तक सहायक हैं?**

- **अरे! उससे सावधान रहना! वह नीचे से ऊपर तक वायरस से भरा हुआ है। जिस सिस्टम में जाता है, उसे हैंग कर देता है।**
- **घबरा मत! मेरी इनस्वींगर के सामने उसके सारे वायरस घुटने टेकेंगे। अगर ज्यादा फ़ाउल मारा तो रेड कार्ड दिखाके हमेशा के लिए पवेलियन भेज दूँगा।**
- **जानी टेंसन नई लेने का वो जिस स्कूल में पढ़ता है, अपुन उसका हैडमास्टर है।**

उत्तर विद्यार्थी स्वयं करें।

अभ्यास प्रश्न

गद्यांश पर आधारित बहुविकल्पीय प्रश्न

निम्नलिखित गद्यांशों को ध्यानपूर्वक पढ़कर पूछे गए बहुविकल्पीय प्रश्नों के लिए सर्वाधिक उपयुक्त विकल्प का चुनाव कीजिए

1. पिता का उस पर अगाध प्रेम होने के कारण स्वभावतः ईर्ष्यालु और संपत्ति की रक्षा में सतर्क विमाता ने मरणांतक रोग का समाचार तब भेजा, जब वह मृत्यु की सूचना भी बन चुका था। रोने-पीटने के अपशकुन से बचने के लिए सास ने भी उसे कुछ न बताया। बहुत दिन से नैहर नहीं गई, सो जाकर देख आवे, यही कहकर और पहना-उढ़ाकर सास ने उसे विदा कर दिया। इस अप्रत्याशित अनुग्रह ने उसके पैरों में जो पंख लगा दिए थे, वे गाँव की सीमा में पहुँचते ही झड़ गए। 'हाय लछमिन अब आई' की अस्पष्ट पुनरावृत्तियाँ और स्पष्ट सहानुभूतिपूर्ण दृष्टियाँ उसे घर तक ठेल ले गईं, पर वहाँ न पिता का चिह्न शेष था न विमाता के व्यवहार में शिष्टाचार का लेश था। दुःख से शिथिल और अपमान से जलती हुई वह उस घर में पानी भी बिना पिए उलटे पैरों ससुराल लौट पड़ी। सास को खरी खोटी सुनाकर उसने विमाता पर आया हुआ क्रोध शांत किया और पति के ऊपर गहने फेंक-फेंककर उसने पिता के चिर बिछोह की मर्मव्यथा व्यक्त की। **CBSE 2024**

(क) विमाता द्वारा भक्तिन के पास उसके पिता की मृत्यु का समाचार देर से पहुँचाने का कारण क्या नहीं है?

(i) पिता का उस पर अगाध प्रेम होना
(ii) संपत्ति उसके नाम किए जाने का भय हो
(iii) उसके रोने-पीटने से अपशकुन होना
(iv) मन-ही-मन भक्तिन से ईर्ष्या होना

(ख) 'पैरों के पंख गाँव की सीमा में पहुँचते ही झड़ गए।' पंक्ति का आशय है

(i) खुशी का समाप्त हो जाना
(ii) थकावट का अनुभव हो जाना
(iii) असलियत का पता लगना
(iv) पैरों की गति शिथिल होना

(ग) 'हाय लछमिन अब आई' गाँववालों द्वारा कहे गए ये शब्द प्रकट करते हैं

(i) उसके प्रति सहानुभूति
(ii) उसके प्रति ममता
(iii) उसके प्रति दुःख
(iv) उसके प्रति उपहास

(घ) गद्यांश में प्रयुक्त 'अप्रत्याशित अनुग्रह' क्या था?

(i) सास द्वारा भक्तिन का साज-शृंगार कर पिता के घर विदा करना
(ii) सास द्वारा भक्तिन को नैहर जाने के लिए कहना
(iii) विमाता द्वारा भक्तिन के लिए बुलावा भेजना
(iv) सास का भक्तिन के साथ प्रेमपूर्वक व्यवहार करना

(ङ) निम्नलिखित कथनों पर विचार करते हुए गद्यांश के अनुसार सही कथन को चयनित कर लिखिए

(i) दुःखी अपमानित भक्तिन उलटे पैरों ससुराल लौट आई
(ii) उसका सत्कार करने वाला पूरे गाँव में कोई नहीं था
(iii) विमाता पर आया क्रोध उसने पति पर गहने फेंककर शांत किया
(iv) सास को भला-बुरा कहकर उसने पिता की मृत्यु का दुःख शांत किया

उत्तर

(क) (iii) उसके रोने-पीटने से अपशकुन होना
(ख) (i) खुशी का समाप्त हो जाना
(ग) (iv) उसके प्रति उपहास
(घ) (ii) सास द्वारा भक्तिन को नैहर जाने के लिए कहना
(ङ) (i) दुःखी अपमानित भक्तिन उलटे पैरों ससुराल लौट आई

2. भक्तिन की कंजूसी के प्राण पूँजीभूत होते-होते पर्वताकार बन चुके थे, परंतु इस उदारता के डाइनामाइट ने क्षणभर में उन्हें उड़ा दिया। इतने थोड़े रुपये का कोई महत्त्व नहीं, परंतु रुपये के प्रति भक्तिन का अनुराग इतना प्रख्यात हो चुका है कि मेरे लिए उसका परित्याग मेरे महत्त्व की सीमा तक पहुँचा देता है।

भक्तिन और मेरे बीच में सेवक- स्वामी का संबंध है, यह कहना कठिन है, क्योंकि ऐसा कोई स्वामी नहीं हो सकता, जो इच्छा होने पर भी सेवक को अपनी सेवा से हटा न सके और ऐसा कोई सेवक भी नहीं सुना गया, जो स्वामी के चले जाने का आदेश पाकर अवज्ञा से हँस दे। भक्तिन को नौकर कहना उतना ही असंगत है, जितना अपने घर में बारी-बारी से आने-जाने वाले अँधेरे-उजाले और आँगन में फूलने वाले गुलाब और आम को सेवक मानना। **CBSE 2025**

(क) "भक्तिन की कंजूसी के प्राण पूँजीभूत होते-होते पर्वताकार बन चुके थे।" पंक्ति का आशय है

(i) पैसों के प्रति भक्तिन का प्रेम पर्वतों का रूप ले चुका था
(ii) पैसों के प्रति भक्तिन के प्रेम की गाथा दूर-दूर तक फैल चुकी थी
(iii) भक्तिन एक-एक पैसा कंजूसी से खर्च करती थी
(iv) एक-एक पैसा जमा करके भक्तिन ने मोटी पूँजी बना ली थी

(ख) भक्तिन की किस 'उदारता के डाइनामाइट' ने महादेवी जी को आश्चर्यचकित कर दिया?

(i) गाँव में महादेवी जी के रहने का प्रबंध अपनी पूँजी से करने
(ii) महादेवी जी को शहर से गाँव ले जाने और रखने के प्रबंध ने
(iii) अपने घर में महादेवी जी की सभी सुविधाओं का प्रबंध करने
(iv) युद्ध की पृष्ठभूमि में महादेवी जी की सुरक्षा की चिंता करने

(ग) भक्तिन को नौकर कहना क्यों असंगत था?

(i) उसका अपना स्वतंत्र अस्तित्व था
(ii) वह निजी इच्छा के अनुरूप कार्य करती थी
(iii) वह महादेवी जी के व्यक्तित्व से जुड़ी थी
(iv) वह महादेवी जी की बात सुनकर हँस देती थी

(घ) गद्यांश में अंधेरे-उजाले, आम और गुलाब का उदाहरण किस संदर्भ में दिया गया है।

(i) भक्तिन और महादेवी जी के संबंधों के
(ii) भक्तिन की चारित्रिक विशेषताओं के
(iii) महादेवी जी की चारित्रिक विशेषताओं के
(iv) संसार में प्रत्येक वस्तु के अस्तित्व के

(ङ) महादेवी जी द्वारा भक्तिन को अपनी सेवा से न हटाने का कारण था, अपने प्रति उसका...... । (रिक्त स्थान की पूर्ति कीजिए)

(i) सेवाभाव (ii) अपनत्व
(iii) सरल व्यवहार (iv) निश्छल व्यवहार

उत्तर

(क) (iii) भक्तिन एक-एक पैसा कंजूसी से खर्च करती थी
(ख) (i) गाँव में महादेवी जी के रहने का प्रबंध अपनी पूँजी से करने
(ग) (i) उसका अपना स्वतंत्र अस्तित्व था
(घ) (i) भक्तिन और महादेवी जी के संबंधों के
(ङ) (ii) अपनत्व

3. शास्त्र का प्रश्न भी भक्तिन अपनी सुविधा के अनुसार सुलझा लेती है। मुझे स्त्रियों का सिर घुटाना अच्छा नहीं लगता। अतः मैंने भक्तिन को रोका। उसने अकुंठित भाव से उत्तर दिया कि शास्त्र में लिखा है। कुतूहलवश मैं पूछ बैठी- 'क्या लिखा है?' तुरंत उत्तर मिला- 'तीरथ गए मुँडाए सिद्ध।' कौन-से शास्त्र का यह रहस्यमय सूत्र है, यह जान लेना मेरे लिए संभव ही नहीं था। अतः मैं हारकर मौन ही रही और भक्तिन का चूड़ाकर्म हर बृहस्पतिवार को एक दरिद्र नापित के गंगाजल से धुले उस्तरे द्वारा यथाविधि निष्पन्न होता रहा।

पर वह मूर्ख है या विद्या-बुद्धि का महत्त्व नहीं जानती, यह कहना असत्य है। अपनी विद्या के अभाव को वह मेरी पढ़ाई-लिखाई पर

अभिमान करके भर लेती है। एक बार जब मैंने सब काम करने वालों से अँगूठे के निशान के स्थान में हस्ताक्षर लेने का नियम बनाया, तब भक्तिन बड़े कष्ट में पड़ गई, क्योंकि एक तो उससे पढ़ने की मुसीबत नहीं उठाई जा सकती थी। दूसरे सब गाड़ीवान दाइयों के साथ बैठकर पढ़ना उसकी वयोवृद्धता का अपमान था। अतः उसने कहना आरंभ किया-'हमारे मलकिन तौ रात-दिन कितबियन माँ गड़ी रहती है। अब हमहूँ पढ़ै लागब घर-गिरिस्ती कउन देखी-सुनी।' दक्षता आधारित प्रश्न

(क) किस बात से पता चलता है कि भक्तिन परंपराओं का पालन करने वाली स्त्री है?
- (i) पढ़ाई-लिखाई से दूर रहना
- (ii) अपनी बोली में सीधा उत्तर देना
- (iii) रोकने पर भी मुंडन संस्कार करते रहना
- (iv) परंपरा के समर्थन में शास्त्रों का प्रमाण देना

(ख) "अब हमहूँ पढ़ै लागब घर-गिरिस्ती कउन देखी-सुनी।" इस कथन के आधार पर भक्तिन के बारे में क्या कह सकते हैं?
- (i) वह बहाने बनाने में निपुण थी और अपनी इच्छानुसार काम करती थी
- (ii) उसकी दृष्टि में किताबें पढ़ने का अर्थ समय व्यर्थ करना था
- (iii) वह स्त्री शिक्षा के प्रति उदासीन मानसिकता की शिकार थी
- (iv) उसके पास पढ़ाई-लिखाई का बिलकुल समय नहीं था

(ग) चूड़ाकर्म के लिए गंगाजल से धुले उस्तरे का प्रयोग किए जाने का क्या अर्थ है?
- (i) अपनी सुंदरता पर ध्यान न देना
- (ii) चूड़ाकर्म को पवित्र प्रक्रिया मानना
- (iii) शास्त्रोक्त नियमों का पालन न करना
- (iv) नाई द्वारा नियमों का सख्त पालन करना

(घ) भक्तिन अपने निरक्षर होने की कमी को किस प्रकार पूरा कर लेती थी?
- (i) लेखिका की पढ़ाई पर स्वयं गर्व कर
- (ii) अपने आपको शास्त्रों की ज्ञानी जताकर
- (iii) निरक्षर गाड़ीवान की स्त्रियों से मिल-जुलकर
- (iv) प्रत्येक काम में परंपरागत विधि का पालन करके

(ङ) लेखिका द्वारा सभी नौकरों के लिए हस्ताक्षर अनिवार्य करने का क्या उद्देश्य था?
- (i) ताकि वे साक्षर हो सकें
- (ii) ताकि उनका ध्यान काम में लग सके
- (iii) ताकि वे शास्त्रों का रहस्य समझ सकें
- (iv) ताकि उनसे अधिक काम लिया जा सके

उत्तर

(क) (iv) परंपरा के समर्थन में शास्त्रों का प्रमाण देना

(ख) (i) वह बहाने बनाने में निपुण थी और अपनी इच्छानुसार काम करती थी

(ग) (ii) चूड़ाकर्म को पवित्र प्रक्रिया मानना

(घ) (i) लेखिका की पढ़ाई पर स्वयं गर्व कर

(ङ) (i) ताकि वे साक्षर हो सकें

4. दिनभर के कार्य-भार से छुट्टी पाकर जब मैं कोई लेख समाप्त करने या भाव को छंदबद्ध करने बैठती हूँ, तब छात्रावास की रोशनी बुझ चुकती है, मेरी हिरनी सोना तख्त के पैताने फर्श पर बैठकर पागुर करना बंद कर देती है। कुत्ता बसंत छोटी मचिया पर पंजों में मुख रखकर आँखें मूँद लेता है और बिल्ली गोधूलि मेरे तकिए पर सिकुड़कर सोती रहती है।

पर मुझे रात की निस्तब्धता में अकेली न छोड़ने के विचार से कोने में दरी के आसन पर बैठकर बिजली की चकाचौंध से आँखें मिच-मिचाती हुई भक्तिन, प्रशांत भाव से जागरण करती है। वह ऊँघती भी नहीं, क्योंकि मेरे सिर उठाते ही उसकी धुँधली दृष्टि मेरी आँखों का अनुसरण करने लगती है। CBSE 2023

(क) 'भाव को छंदबद्ध करने बैठती हूँ' से किस प्रकार की ध्वनि निकलती है?
- (i) डायरी लिखने की
- (ii) कविता लिखने की
- (iii) लेख लिखने की
- (iv) अनुभव लिखने की

(ख) 'तब छात्रावास की रोशनी बुझ चुकती है' पंक्ति का आशय है
- (i) बिजली गुल होना
- (ii) रात अधिक होना
- (iii) अँधेरा होना
- (iv) छात्रावास में बिजली का न होना

(ग) गद्यांश के अनुसार, लेखिका का जानवरों के प्रति किस प्रकार का भाव अभिव्यक्त होता है?
- (i) प्रेम का
- (ii) वात्सल्य का
- (iii) करुणा का
- (iv) दया का

(घ) रात अधिक हो जाने के बाद भी भक्तिन जागने का प्रयास क्यों करती रहती थी?
- (i) जानवरों तथा लेखिका की देख-रेख के लिए
- (ii) रोशनी में नींद नहीं आने से
- (iii) लेखिका की जरूरत को पूरा करने के लिए
- (iv) लेखिका को अकेली न छोड़ने के विचार से

(ङ) गद्यांश के अनुसार भक्तिन का लेखिका के प्रति किस प्रकार का भाव अभिव्यक्त होता है?
- (i) सहयोग का भाव
- (ii) दास्य भाव
- (iii) स्वामी-भक्ति
- (iv) समर्पण का भाव

उत्तर

(क) (ii) कविता लिखने की

(ख) (ii) रात अधिक होना

(ग) (i) प्रेम का

(घ) (iv) लेखिका को अकेली न छोड़ने के विचार से

(ङ) (iii) स्वामी-भक्ति

5. क्या-क्या सामान बाँध ले, जिससे मुझे वहाँ किसी प्रकार की असुविधा न हो सके। ऐसी यात्रा में किसी को किसी के साथ जाने का अधिकार नहीं, यह आश्वासन भक्तिन के लिए कोई मूल्य नहीं रखता। वह मेरे न जाने की कल्पना से इतनी प्रसन्न नहीं होती, जितनी अपने साथ न जा सकने की संभावना से अपमानित। भला ऐसा अँधेरा हो सकता है। जहाँ मालिक वहाँ नौकर-मालिक को ले जाकर बंद कर देने में इतना अन्याय नहीं; पर नौकर को अकेले मुक्त छोड़ देने में पहाड़ के बराबर अन्याय है। ऐसा अन्याय होने पर भक्तिन को बड़े लाट तक लड़ना पड़ेगा। किसी की माई यदि बड़े लाट तक नहीं लड़ी, तो नहीं लड़ी, पर भक्तिन का तो बिना लड़े काम ही नहीं चल सकता। **CBSE 2024**

(क) 'ऐसी यात्रा में किसी को किसी के साथ जाने का अधिकार नही।' पंक्ति में प्रयुक्त 'ऐसी यात्रा' से क्या अभिप्राय है?

(i) तीर्थ यात्रा (ii) जेल यात्रा
(iii) अंतिम यात्रा (iv) विदेश यात्रा

(ख) भक्तिन किस बात को अपने लिए अपमान समझती थी?

(i) पाक कला में मीन-मेख निकालने को
(ii) महादेवी जी की आज्ञा का पालन न करने को
(iii) उनकी पसंद का खाना न बना सकने की बात को
(iv) कठिन परिस्थितियों में महादेवी जी को अकेला छोड़ देने को

(ग) गद्यांश के संदर्भ में 'अँधेर होना' का क्या अर्थ है?

(i) अंधकार होना (ii) बेईमान होना
(iii) अपमान होना (iv) अन्याय होना

(घ) 'क्या-क्या ········ असुविधा न हो सके।' वाक्य से महादेवी जी के प्रति भक्तिन की किस भावना का पता चलता है?

(i) निष्ठा और कर्त्तव्यपरायणता
(ii) दृढ़ता और धर्मपरायणता
(iii) आत्मीयता और भावुकता
(iv) सेवा और तत्परता

(ङ) भक्तिन बड़े लाट साहब से भी लड़ने को क्यों तैयार है?

(i) महादेवी जी को जेल भेजने का आदेश देने के कारण
(ii) छोटे-छोटे लड़कों को जेल में डालने के कारण
(iii) स्वतंत्रता सेनानियों को जेल में डालने के कारण
(iv) महादेवी जी को जेल में डालने और उसे मुक्त छोड़ने के कारण

उत्तर

(क) (ii) जेल यात्रा
(ख) (iv) कठिन परिस्थितियों में महादेवी जी को अकेला छोड़ देने को
(ग) (iv) अन्याय होना
(घ) (iv) सेवा और तत्परता
(ङ) (iv) महादेवी जी को जेल में डालने और उसे मुक्त छोड़ने के कारण

विषय-वस्तु पर आधारित प्रश्नोत्तर

लघु उत्तरीय प्रश्न

1. भक्तिन के पति का उसके प्रति क्या व्यवहार था?

उत्तर भक्तिन का पति उससे निश्चल प्रेम करता था। वह अपनी पत्नी को अच्छी तरह समझता था। इसके अतिरिक्त परिश्रमी, तेजस्विनी और पति के प्रति रोम-रोम से सच्ची अपनी पत्नी को वह चाहता भी बहुत था।

2. लेखिका के घर आने के बाद दूसरे दिन भक्तिन ने क्या कार्य किए?

उत्तर भक्तिन ने सवेरे जल्दी उठकर घर की साफ-सफाई की, फिर उसने स्नान किया और लेखिका की धुली धोती को भी जल के छींटें छिड़ककर पहना। पूजा करने के उपरांत उगते सूर्य को जल दिया, फिर पीपल पर जल चढ़ाया और जप किया।

3. जेल के विषय में भक्तिन की विचारधारा का वर्णन कीजिए।

उत्तर भक्तिन कारागार (जेल) से वैसे ही डरती है, जैसे वह यमलोक से डरती है। इसका कारण यह है कि भक्तिन के संस्कार ही कुछ इस प्रकार के हैं। वह इस बात को भी अन्यायपूर्ण मानती है कि उसकी मालकिन को तो जेल में डाल दिया जाए और उसे मुक्त छोड़ दिया जाए।

4. लेखिका के कार्यों में भक्तिन किस प्रकार से मदद करती थी?

उत्तर भक्तिन लेखिका के कार्यों में हर तरह से मदद करती थी। वह लेखिका के खान-पान, रहन-सहन इत्यादि का ध्यान रखती थी। वह उसकी पुस्तकों का भी ध्यान रखती थी और छात्रावास के बच्चों की भी देखभाल कभी-कभी कर लिया करती थी। वह लेखिका के इधर-उधर पड़े रुपयों को भी मटकी में सँभालकर रख देती थी।

5. "सभी को अपने नाम का विरोधाभास लेकर जीना पड़ता है।" पाठ में ऐसा क्यों कहा गया है?

उत्तर जिस प्रकार यदि किसी स्त्री का नाम शांति हो और वह झगड़ालू स्वभाव की हो, तो यह कहा जाएगा कि वह स्त्री अपने नाम के अनुरूप नहीं है।

इसी प्रकार किसी गरीब लड़की का नाम भी राजकुमारी हो सकता है, पर संभवतः वह दो वक्त की रोटी के लिए मजदूरी करती हो। पाठ की प्रमुख पात्रा भक्तिन के साथ भी यही स्थिति थी, क्योंकि उसका नाम लक्ष्मी है, परंतु वह निर्धन थी। अतः भक्तिन के नाम 'लक्ष्मी' में नाम का विरोधाभास आसानी से देखा जा सकता है।

6. भक्तिन नाम किसने और क्यों दिया? पाठ के आधार पर उत्तर दीजिए।

उत्तर भक्तिन का वास्तविक नाम लक्ष्मी था, परंतु वह अपना वास्तविक नाम लोगों से छिपाने का प्रयास करती थी। उसकी वेशभूषा, उसके हाव-भाव, चाल-चलन, मुंडा हुआ सिर और गले में पड़ी माला आदि को देखकर लेखिका महादेवी वर्मा ने उसका नाम भक्तिन रख दिया। यह नाम भक्तिन के बाह्य रूप को देखकर बिलकुल उचित प्रतीत होता है।

यही कारण है कि भक्तिन ने अपने इस नए नामकरण का कभी विरोध नहीं किया अन्यथा वह लेखिका से इतना घुल-मिल गई थी कि नाम पसंद नहीं आने पर वह लेखिका से अपनी नाराजगी अवश्य व्यक्त कर देती।

7. मायके से आने के बाद भक्तिन ने अपना गुस्सा किस प्रकार शांत किया?

उत्तर भक्तिन जब मायके पहुँची तो उसे अपने पिता की मृत्यु का समाचार मिला। उसे पहले किसी ने नहीं बताया था कि उसके पिता इस संसार से चले गए हैं। उसकी विमाता ने भी उससे अच्छा व्यवहार नहीं किया, इसलिए वह मायके से बिना पानी पिए ही ससुराल चली आई और उसने अपनी सास को बुरा-भला कहकर विमाता पर आया हुआ क्रोध शांत किया तथा अपने पति पर गहने फेंक-फेंककर उसने पिता के चिर बिछोह की मर्मव्यथा व्यक्त की।

8. जेठ-जिठौतों का लालच क्या था? लछमिन उन्हें क्या उत्तर देती थी?

उत्तर पति की अकाल मृत्यु के बाद लछमिन ने अपनी जायदाद सँभाली। उसके हरे-भरे खेत, स्वस्थ गाय-भैंस तथा फलों से लदे पेड़ देखकर जेठ-जिठौतों के मन में लालच आ गया और वे सभी चाहने लगे कि लक्ष्मी दूसरा विवाह कर ले, जिससे उसकी सारी संपत्ति उनकी हो जाए। उनकी यह बात सुनकर लक्ष्मी ने गुस्से में उत्तर दिया कि हम कुत्ते-बिल्ली नहीं हैं कि हमारा मन पिघल जाएगा। वह दूसरे के घर कभी नहीं जाएगी। वह घरवालों की छाती पर ही होरहा दलेगी और राज करेगी। उसने किसी को भी एक सुई की नोक के बराबर ज़मीन नहीं दी।

9. पति की मृत्यु के बाद भक्तिन का जीवन कैसे बीता?

उत्तर पति की मृत्यु के बाद भक्तिन का संपूर्ण जीवन संघर्षपूर्ण ढंग से बीता। उसने दूसरा विवाह न करने का निर्णय ले लिया था, फिर भी लोगों ने उसे दूसरे विवाह के बारे में बोलना नहीं छोड़ा।

इसलिए उसने गुरु मंत्र लेकर गले में कंठी पहन ली और पति के नाम पर अपने केश हमेशा के लिए मुंडवा दिए। उसने बहुत मेहनत करके अपनी बेटियों का लालन–पालन किया। बाद में शहर जाकर वह लेखिका के यहाँ सेविका बन गई।

10. भक्तिन लेखिका के घर नौकरी करने क्यों आ गई?

उत्तर पति की मृत्यु के बाद भक्तिन के बड़े दामाद की भी अकाल मृत्यु हो गई थी। जेठ के लड़के ने अपने साले के साथ छल-बल करते हुए लक्ष्मी की बड़ी बेटी का विवाह करा दिया। इस विवाह के बाद प्रतिदिन उनके घर में झगड़े होने लगे और धन का भी अत्यधिक अभाव रहने लगा।

एक बार वह लगान समय पर न चुका सकी, जिसके कारण उसे दिनभर धूप में खड़े रहने की कड़ी सजा भी मिली। इस अपमान को वह सह न सकी और नौकरी करने के लिए शहर में लेखिका के घर आ गई।

11. भक्तिन किस प्रकार लेखिका की छाया बनकर उसके साथ रहती थी?

उत्तर भक्तिन रात को भी लेखिका को अकेले नहीं छोड़ती थी। यदि लेखिका अपने सिरहाने रखे रैक की ओर देखती तो भक्तिन आवश्यक पुस्तक का रंग पूछती, यदि वह कलम उठाती तो भक्तिन स्याही उठा लाती और यदि लेखिका कागज सरका देती, तो भक्तिन दूसरी फाइल टटोलती। भक्तिन हमेशा ही लेखिका से पहले जाग जाती थी। बद्रीनाथ जी व केदारनाथ जी के ऊँचे-नीचे रास्ते और तंग पहाड़ी रास्ते में वह हठ करके लेखिका के आगे-आगे चलती, जबकि गाँव की धूल-भरी पगडंडी पर वह लेखिका के पीछे चलना नहीं भूलती। किसी भी समय कहीं भी जाने के लिए लेखिका भक्तिन को अपनी छाया के समान साथ ही पाती थी।

12. "संबंधों में प्रगाढ़ता आत्मीयता के भावों से उत्पन्न होती है।" इस कथन को 'भक्तिन' पाठ के आधार पर स्पष्ट कीजिए। CBSE Diksha

उत्तर भक्तिन का लेखिका के प्रति पूर्ण समर्पण भाव था। वह कभी भी लेखिका को अकेला छोड़कर नहीं जाती थी, मुसीबतों में हमेशा वह स्वयं को आगे रखती थी; जैसे– पहाड़ी रास्तों, धूल भरी पगडंडियों में लेखिका के पीछे चलना नहीं भूलती। भक्तिन लेखिका के देखने मात्र से ही अनुमान लगा लेती थी कि लेखिका को किस चीज की आवश्यकता है। युद्ध के समय भी लेखिका को छोड़कर न जाना उसकी आत्मीयता के उदाहरण को प्रस्तुत करता है। अतः भक्तिन व लेखिका के संबंध में यह कथन "संबंधों में प्रगाढ़ता आत्मीयता के भावों से उत्पन्न होती है" उचित है।

13. भक्तिन की विमाता ने पिता की बीमारी का समाचार देर से क्यों भेजा? CBSE Diksha

उत्तर भक्तिन की विमाता ने पिता की बीमारी का समाचार देर से इसलिए भेजा, क्योंकि पिता का भक्तिन के प्रति अगाध प्रेम था। विमाता को मन-ही-मन भक्तिन से ईर्ष्या भाव था तथा संपत्ति की सुरक्षा अथवा संपत्ति उसके नाम किए जाने के भय के कारण उसने पिता की बीमारी का समाचार देर से भेजा।

14. "भक्तिन के पैरों में पंख लगना और गाँव की सीमा में पहुँचकर झड़ जाना।" पंक्ति का आशय स्पष्ट कीजिए। CBSE Diksha

उत्तर प्रस्तुत पंक्ति के द्वारा भक्तिन की मनःस्थिति को दर्शाया गया है। भक्तिन की सास का व्यवहार सदैव कटु रहा, किंतु जब वह स्वयं लछमिन को कहती है कि-'बहुत दिन से नैहर नहीं गई, सो जाकर देख आवे, यही कहकर और पहना उढ़ाकर सास ने उसे विदा किया' इस अप्रत्याशित अनुग्रह से भक्तिन बहुत खुश हुई, किंतु गाँव की सीमा में पहुँचकर जब उसने अपने पिता की मृत्यु का समाचार सुना तो वह दुःख व अवसाद से ग्रसित हो गई। लोगों की नजरों से सहानुभूति झलक रही थी। विमाता ने उसके साथ अन्याय किया वह हतप्रभ होकर रह गई और उसकी सारी खुशी समाप्त हो गई।

15. 'भक्तिन' पाठ के आधार पर लिखिए कि खोटे सिक्कों की टकसाल किसे और क्यों कहा गया है? CBSE 2023

उत्तर 'खोटे सिक्कों की टकसाल' लछमिन को कहा गया है, क्योंकि उसने तीन पुत्रियों को जन्म दिया था। भारत में लड़कियों को 'खोटा सिक्का' कहा जाता है, क्योंकि उनकी दशा हीन होती है। नारी की दीन-हीन स्थिति व उसे दूसरे दर्जे का मानना समाज की नारी के प्रति मानसिकता दर्शाता है।

16. लेखिका को कब लगा कि भक्तिन उसका साथ नहीं छोड़ना चाहती?

उत्तर युद्ध को देश की सीमा में बढ़ते हुए देखकर जब लोग परेशान हो उठे, तब भक्तिन के बेटी-दामाद उसके नाती को लेकर भक्तिन को बुलाने आ गए। भक्तिन ने कहा कि वह सबको देख आती है और रुपया भेज देती है, लेकिन वह उनके साथ नहीं जा सकेगी, क्योंकि उनके साथ रहने के लिए उसे लेखिका का साथ छोड़ना पड़ेगा।

यह शायद भक्तिन के लिए जीवन के अंतिम समय तक संभव न हो सके। इस परिस्थिति को देखकर ही लेखिका को लगा कि भक्तिन उसका साथ नहीं छोड़ना चाहती है।

17. भक्तिन ने अपने गाँव में क्या-क्या व्यवस्था करने की बात लेखिका से कही?

उत्तर जब भक्तिन लेखिका से उसके गाँव चलने का अनुरोध करती है, तब वह कहती है कि वह लेखिका के लिए लकड़ी रखने के मचान पर अपनी नई धोती बिछाकर उसके कपड़े सुखा देगी, दीवार में कीलें लगाकर और उन पर तख्ते रखकर लेखिका की किताबें सजा देगी, धान के पुआल का गोंदरा बनवाकर और उस पर अपना कंबल बिछाकर वह लेखिका के सोने का प्रबंध कर देगी।

इस प्रकार भक्तिन ने लेखिका के गाँव में रहने की सभी संभावित व्यवस्थाओं के बारे में लेखिका को बताया था।

18. महादेवी और भक्तिन के संबंधों की तुलना किनसे की गई है और क्यों?

उत्तर महादेवी और भक्तिन के संबंधों की तुलना घर एवं घर में आने वाले अँधेरे-उजाले के बीच अथवा घर के बगीचे एवं बगीचे में खिले गुलाब के फूल के बीच मौजूद संबंधों से की गई है। ऐसा ही संबंध भक्तिन और महादेवी का बन गया है। जिस तरह खिलता हुआ गुलाब घर के हर सदस्य को हर्षित करता है, उसी प्रकार भक्तिन लेखिका के जीवन में आनंद की वर्षा करती है।

19. लेखिका तथा भक्तिन के संबंधों को आप किस रूप में देखते हैं? स्पष्ट कीजिए।

उत्तर भक्तिन लेखिका से पूछ-पूछकर काम करती थी और लेखिका भी भक्तिन के हर तर्क से सहमत हो जाती थी। इन दोनों के संबंध को सेवक और स्वामी का संबंध कहना कठिन होगा, क्योंकि ऐसा कोई स्वामी नहीं हो सकता, जो इच्छा होने पर भी सेवक को अपनी सेवा से न हटा सके और ऐसा कोई भी सेवक नहीं होगा, जो स्वामी से चले जाने का आदेश पाकर भी अवज्ञा से हँस दे। अतः यह संबंध नौकरानी और स्वामिनी का न होकर, आत्मीयता का था।

20. भक्तिन की सहज बुद्धि किस प्रकार विस्मित कर देने वाली है?

उत्तर भक्तिन के जीवन में आने वाले व्यक्ति उसमें सहज मार्मिकता ही पाते हैं। छात्रावास की बालिकाएँ अपनी चाय बनवाने के लिए देहली पर बैठ जाती हैं और कुछ बाहर खड़ी होकर लेखिका के नाश्ते को चखकर उसका वर्णन करती हैं।

भक्तिन दोनों समय का भोजन सवेरे ही बनाकर रख देती है, जिससे छात्रावास के बच्चों को आने-जाने में असुविधा न महसूस हो। ऐसा करने के लिए वह सनातन नियमों से भी समझौता कर लेती है। इसलिए भक्तिन की सहज बुद्धि विस्मित कर देने वाली है।

दीर्घ उत्तरीय प्रश्न

1. क्या कारण था कि भक्तिन के पास लगान देने के लिए भी धन नहीं था?

उत्तर भक्तिन की बड़ी बेटी जब विधवा हो गई तो जेठ के लड़के ने अपने तीतरबाज साले को केवल इसलिए बुलाया, जिससे वह भक्तिन की बेटी से विवाह कर ले और सारी संपत्ति उनके कब्जे में आ जाए। जब भक्तिन की बेटी ने उससे विवाह के लिए मना कर दिया तो उस लड़के ने अपने सहयोगियों के साथ मिलकर भक्तिन की बेटी को बदनाम कर दिया।

उनके बहकावे में आकर पंचायत ने यह आदेश दिया कि ये दोनों विवाह करेंगे। पंचायत के आगे माँ-बेटी की एक न चल सकी और विवाह हो गया। दामाद अब निश्चिंत होकर तीतरबाजी करता था और इतने यत्न से सँभाले हुए गाय-ढोर, खेती-बाड़ी आदि पारिवारिक द्वेष में ऐसे झुलस गए कि वह जमींदार को लगान के पैसे भी न दे पाई। भक्तिन अब अत्यधिक दुःखी रहने लगी।

2. बेटों की माँ और बेटियों की माँ के प्रति परिवार के व्यवहार में क्या अंतर था?

उत्तर भक्तिन केवल बेटियों की माँ थी और उसकी सास एवं दोनों जेठानियाँ बेटों की माँ थीं। बेटियों की माँ होने के कारण भक्तिन को परिवार में घृणा और उपेक्षा की दृष्टि से देखा जाता था। उसकी जेठानियाँ सारा दिन इधर-उधर की बातें (गप्पे) हाँका करती थीं और घर के किसी भी काम में हाथ नहीं बँटाती थीं।

वहीं दूसरी ओर भक्तिन एवं उसकी बेटियाँ घर का सारा काम (गोबर उठाना, कंडे पाथना आदि) करती थीं। इतना काम करने के बावजूद ये चने-बाजरे की घुघरी चबाती थीं, जबकि जेठानियाँ और उनके बेटे बड़ी मौज से अपने भात पर सफेद राब रखकर गाढ़ा दूध डालकर खाते थे।

3. "आधुनिक युग में भी बेटी पैदा करने पर स्त्री को उपेक्षा ही सहनी पड़ती है।" पाठ के आधार पर बताइए।

उत्तर यह पुरानी परंपरा इतनी गहरी है कि आधुनिक युग में भी इसकी परछाईं कहीं-न-कहीं दिखाई दे ही जाती है। पुराने समय में भी बेटी पैदा करके माँ को दुनिया वालों के ताने सुनने पड़ते थे और आधुनिक युग में भी यही परंपरा दिखाई देती है, जैसा भक्तिन के साथ हुआ। भक्तिन ने लगातार एक के बाद एक तीन कन्याओं को जन्म दिया, जिसके कारण उसे सास और जेठानियों की कड़वी बातें सुननी पड़ती थीं, क्योंकि उसकी सास और जेठानियों ने तो पुत्रों को जन्म दिया था और भक्तिन ने एक भी पुत्र को जन्म नहीं दिया था।

4. स्त्री के विवाह संबंधी मानवाधिकार को कुचलने की कुपरंपरा का पालन प्रस्तुत पाठ में किस प्रकार हो पाया है?

उत्तर स्त्री को यह मानवाधिकार प्राप्त है कि वह निर्णय करे कि वह अपना विवाह किससे करना चाहती है अथवा वह विवाह करना चाहती भी है या नहीं। भक्तिन की बेटी का विवाह बिना उसकी इच्छा के भक्तिन के जेठ के बड़े बेटे के साले से करा दिया गया, जिसे भक्तिन की बेटी पसंद नहीं करती थी। वह लड़का भक्तिन की बेटी के कमरे में विवाह से पहले ही जबरदस्ती घुस गया था, तब उसने उसके मुँह पर तमाचा मारा था। उस युवक ने पंचों को अपने पक्ष में कर लिया और पंचों से यह निर्णय करा लिया कि उन दोनों का विवाह होगा। निश्चित रूप से यह स्त्री के अधिकार का हनन था। अतः यह घटना स्त्री के मानवाधिकार के कुचलने को दर्शाती है।

5. भक्तिन की बेटी के मामले में पंचायत के फैसले पर टिप्पणी कीजिए। ऐसे रवैये से कैसे निपटा जा सकता है?

अथवा **भक्तिन की बेटी पर पंचायत द्वारा पति क्यों थोपा गया? इस घटना के विरोध में दो तर्क दीजिए।**

अथवा **'भक्तिन' पाठ के आधार पर पंचायत द्वारा किए गए अन्याय पर टिप्पणी कीजिए।**

उत्तर भारतीय विवाह संबंधी प्रथा के अनुसार लड़कियों को अपनी इच्छानुसार वर चुनने की स्वतंत्रता नहीं होती तथा उनकी इच्छा को नज़रअंदाज कर दिया जाता है। भक्तिन की बेटी के साथ भी यही होता है।

पति की मृत्यु के पश्चात् उसके जेठ का लड़का अपने साले से भक्तिन की बेटी का विवाह करवाना चाहता था, परंतु वह उसे वर के रूप में नापसंद कर देती है, तो वर उसका चरित्र कलंकित कर उससे विवाह करने का हथकंडा अपनाता है। पंचायत द्वारा वर को भक्तिन की बेटी पर थोप दिया जाता है। आज भी हमारे समाज में स्त्रियों की यही दशा है, जो स्त्रियों के मानवाधिकारों के विरुद्ध है।

विवाह जैसा गंभीर निर्णय लेने का लड़कियों को कोई अधिकार नहीं है, जो समाज की स्त्री-विरोधी एवं पुरुषवादी मानसिकता का द्योतक है तथा सामाजिक समानता का विरोधी है। ऐसी समस्याओं को शिक्षा द्वारा तथा स्त्रियों के आत्मनिर्भर बनने से हल किया जा सकता है।

6. भक्तिन का अतीत परिवार और समाज की किन समस्याओं से जूझते हुए बीता है? पाठ के आधार पर उत्तर दीजिए।

उत्तर भक्तिन का अतीत परिवार और समाज की अनेक समस्याओं से संघर्ष करते हुए बीता था। उसके पति की युवावस्था में ही मृत्यु हो चुकी थी। भक्तिन के जेठ का लड़का चाहता था कि वह किसी से विवाह कर ले, जिससे उसकी जायदाद पर वह अधिकार कर सके, परंतु वह नहीं मानी।

उसकी जेठानी अपने नजदीकी रिश्तेदार से भक्तिन की बेटी का विवाह करा देना चाहती थी, जिससे जायदाद पर उसका अधिकार बना रहे। गाँव का जमींदार भी लगान वसूल करने में बहुत कठोर था।

उसने एक बार भक्तिन को लगान अदा न करने पर दिनभर धूप में खड़ा करके रखा। इस अपमान से आहत होकर भक्तिन ने शहर आकर महादेवी (लेखिका) के पास सेविका की नौकरी कर ली।

7. 'लक्ष्मी' के 'भक्तिन' बनने की प्रक्रिया क्यों मर्मस्पर्शी है? अपने शब्दों में उत्तर दीजिए।

उत्तर लक्ष्मी का जीवन दुःखों से भरा है। बचपन में ही उसकी माँ की मृत्यु हो गई और अपनी जवानी में ही वह विधवा हो गई। पति की मृत्यु के बाद उसके ससुराल वाले भी उसकी संपत्ति हड़पना चाहते थे, इसलिए वे उसकी दूसरी शादी के लिए जोर देने लगे, परंतु दूसरे विवाह के लिए उसने साफ-साफ मना कर दिया।

उसने बड़े दामाद को घरजमाई बनाकर रखा, परंतु वह भी शीघ्र ही मृत्यु को प्राप्त हो गया। अपने घर में धन का अभाव रहने के कारण वह एक बार लगान न चुका पाई, जिसके कारण उसे धूप में खड़े रहने की सजा भी मिली। इसी अपमान के कारण वह शहर चली आई और लेखिका के यहाँ सेविका बन गई। उसकी वेशभूषा देखकर लेखिका ने उसका नाम 'भक्तिन' रख दिया। इस प्रकार, 'लक्ष्मी' के 'भक्तिन' बनने की प्रक्रिया अत्यंत मर्मस्पर्शी है।

8. भक्तिन को दुर्भाग्यवान क्यों कहा गया है?

अथवा **भक्तिन का दुर्भाग्य भी उससे कम हठी नहीं था, कैसे? पाठ के आधार पर लिखिए।** **CBSE 2023**

उत्तर भक्तिन के जीवन में शुरू से ही दुःखों ने डेरा डाल लिया था। मायके में भक्तिन को विमाता (सौतेली माँ) ने विपरीत परिस्थितियों में डाले रखा। विवाह के बाद उसने तीन बेटियाँ जन्मीं, जिसके कारण ससुराल में सास तथा जेठानियाँ उसके साथ बुरा व्यवहार करती थीं। 36 वर्ष की आयु में पति का भी देहांत हो गया, जिसके कारण ससुराल वालों ने उससे धन-संपत्ति छीनने की कोशिश की, पर वह संघर्ष करती रही। बड़े दामाद को उसने घरजमाई बनाया था, परंतु वह भी शीघ्र ही मृत्यु को प्राप्त हो गया। इस प्रकार उसका संपूर्ण जीवन दुःखों से ही घिरा रहा।

9. "भक्तिन वाक्पटुता में बहुत आगे थी।" पाठ के आधार पर उदाहरण देकर पुष्टि कीजिए।

उत्तर 'भक्तिन वाक्पटुता में बहुत आगे थी'—इसे पाठ में दिए गए इस उदाहरण के आधार पर प्रमाणित किया जा सकता है कि वह जिस बात को मानती थी, उसे पूरी शक्ति से कहती थी। जब उससे पूछा गया कि वह घर में इधर-उधर रखे पैसों को मटकी में क्यों डालती है? यह तो चोरी है, तो इसका प्रत्युत्तर देते हुए भक्तिन ने कहा कि यह तो पैसा सँभालकर रखना है। इसके लिए वह तर्क करने को भी तैयार है।

इसी प्रकार, वह अपने केश मुंडाने को लेकर भी शास्त्रों का हवाला देती है। वह पढ़ाई-लिखाई से बचने के लिए भी अचूक तर्क देती है कि "हमारी मालकिन रात–दिन किताबों में गड़ी रहती हैं। अब मैं भी पढ़ने लगूँ, तो घर–गृहस्थी कौन देखेगा?" इस प्रकार कहा जा सकता है कि भक्तिन वाक्पटुता में बहुत आगे थी।

10. भक्तिन के नाम और उसके जीवन के विरोधाभास को स्पष्ट कीजिए। **CBSE Diksha**

उत्तर भक्तिन का वास्तविक नाम लछमिन (लक्ष्मी), सुख व समृद्धि का प्रतीक माना जाता है। लछमिन का नाम खुशहाल जीवन, सभी साधन संसाधनों से परिपूर्ण था, जहाँ कष्ट व दुःखों का दूर-दूर तक नामों-निशान न होने को दर्शाता है, किंतु वास्तविक रूप से भक्तिन का जीवन अपने नाम से ठीक विपरीत था। उसका जीवन दरिद्रता से भरा हुआ था तथा भयंकर गरीबी से जूझ रहा था। उसने एक-एक करके लगातार अनेक मुसीबतों का सामना किया। पिता की मृत्यु, विमाता का ईर्ष्यालु व्यवहार, सास का उपेक्षापूर्ण व्यवहार, बेटी के पति की मृत्यु आदि कष्टों का उसने सामना किया।

11. लछमिन (भक्तिन) के लिए अप्रत्याशित अनुग्रह क्या था? लछमिन पर उसका क्या प्रभाव पड़ा? **CBSE 2024**

उत्तर लछमिन की सास दिन-रात उसे ताने व गालियाँ देती थी, किंतु जब सास द्वारा लछमिन को नए कपड़े पहनाए गए, मायके भेजने को कहा गया व उसके साथ नम्र व्यवहार किया गया, तब यह सब कुछ लछमिन के लिए अप्रत्याशित अनुग्रह था।

सास ने यह कहकर लछमिन को घर से विदा किया कि 'तू बहुत दिन से अपने पिता के घर नहीं गई, इसलिए वहाँ जाकर उन्हें देख आ।' ऐसा उसने इसलिए किया, क्योंकि वह अपने घर में रोने-पीटने के अपशकुन से बचना चाहती थी। इस 'अप्रत्यक्ष छल' को लछमिन समझ न सकी और खुशी-खुशी मायके चली गई।

12. "उपनाम रखने की प्रतिभा होती, तो मैं सबसे पहले इसका प्रयोग अपने ऊपर करती" भक्तिन पाठ में लेखिका ने यह कथन किस संदर्भ में और क्यों कहा? **CBSE 2024**

उत्तर प्रस्तुत कथन लेखिका ने भक्तिन के संदर्भ में उसकी रूढ़िवादी सोच को दर्शाने के लिए कहा है। भक्तिन अपना असली नाम छिपाना चाहती है। लोगों द्वारा इस नाम को बोलना उसे स्वयं का उपहास लगता है। लेखिका से भक्तिन निवेदन करती है कि उसे उसके वास्तविक नाम से न पुकारा जाए, तब लेखिका उसके गले में कंठी माला पहने देखकर 'भक्तिन' नाम दे देती है। इसी संदर्भ में लेखिका ने कहा कि "यदि उपनाम रखने की प्रतिभा होती तो मैं सबसे पहले इसका प्रयोग अपने ऊपर करती", इस तथ्य को यह देहातिन क्या जाने।

13. भक्तिन लाट साहब तक से लड़ने को तत्पर क्यों थी? इससे उसके स्वभाव की कौन-सी विशेषता उजागर होती है?

अथवा **पाठ के आधार पर लिखिए कि भक्तिन कौन-से बड़े लाट से भी लड़ने को तैयार है और इसका क्या कारण है?** **CBSE 2024**

उत्तर भक्तिन को कारागार से यमलोक की ही भाँति डर लगता था। जब उसे यह कहा जाता है कि उसकी मालकिन को जेल में डाल दिया जाएगा और मुक्त छोड़ दिया जाएगा, तो वह इस बात को अन्यायपूर्ण मानकर लाट साहब से लड़ने के लिए तत्पर रहती।

भक्तिन के रूप में लेखिका ने एक भारतीय नारी का दिलचस्प और संवेदनशील चित्रण करने का प्रयत्न किया है। भक्तिन एक संघर्षशील तथा स्वाभिमानी स्त्री है। वह परिस्थितियों से डरती नहीं, बल्कि उनका सामना करती है। पति की मृत्यु के बाद वह खेत में कड़ा परिश्रम करके अपनी बेटियों का पालन-पोषण करती है।

वह शास्त्रों के तर्कों द्वारा दूसरों को अपने मन के अनुकूल बना लेने में भी निपुण थी। इस प्रकार कहा जा सकता है कि भक्तिन कर्त्तव्यपरायण, संघर्षशील, स्वाभिमान आदि गुणों से युक्त होने के साथ-साथ सामान्य मनुष्य की भाँति असत्य वादन, हेरा-फेरी आदि दुर्गुणों से भी युक्त थी।

14. भक्तिन के जीवन क्रम के बारे में लिखिए।

उत्तर भक्तिन के बचपन में ही उसकी माँ का स्वर्गवास हो गया था। फिर भक्तिन के पिता ने दूसरी शादी की। अब उसे विमाता की कड़वी बातें भी सुननी पड़ती थीं। जवानी में ही भक्तिन विधवा हो गई और फिर उसके ससुराल वालों ने संपत्ति के लिए उसे तंग किया। बेटी की शादी के बाद भक्तिन के जीवन में धन का अभाव हो गया था। समय पर लगान न देने के कारण उसे दिनभर धूप में खड़े रहने की सजा मिली।

इस अपमान को वह सह नहीं पाई और शहर में नौकरी करने के लिए लेखिका के घर आ गई। लेकिन लेखिका और भक्तिन में नौकर और सेवक का संबंध न होकर आत्मीयता का संबंध था। यही भक्तिन का जीवन क्रम था।

15. भक्तिन की तुलना हनुमान जी से करने के कारणों को स्पष्ट कीजिए। **CBSE 2023**

उत्तर लेखिका भक्तिन के सेवा-भाव से बहुत प्रभावित थी। भक्तिन लेखिका के साथ हर समय उपस्थित रहती थी। लेखिका को जिस किसी भी चीज की आवश्यकता होती, वह तत्काल लेखिका को हाजिर कर देती थी। भक्तिन लेखिका के लिए भोजन का प्रबंध करती, उसके कपड़े धोती, पुस्तकों को सही तरीके से रखती आदि अनेक कार्य करती।

वह लेखिका के साथ बद्रीनाथ व केदारनाथ भी गई। भक्तिन की बेटी व दामाद जब उसे बुलाने आए तो वह लेखिका को छोड़ने का मन नहीं बना पाई। उसने लेखिका के सामने धन के महत्त्व को कम कर दिया। वह लेखिका के लिए अपना सब-कुछ लुटाने के लिए तैयार थी। अतः भक्तिन के इस व्यवहार को देखकर ही लेखिका ने भक्तिन के सेवा-भाव की तुलना हनुमान जी से की।

स्व-मूल्यांकन

गद्यांश पर आधारित बहुविकल्पीय प्रश्न

निम्नलिखित गद्यांश को ध्यानपूर्वक पढ़कर पूछे गए बहुविकल्पीय प्रश्नों के लिए सर्वाधिक उपयुक्त विकल्प का चयन कीजिए

1. **सेवक-धर्म में हनुमान जी से स्पर्द्धा करने वाली भक्तिन किसी अंजना की पुत्री न होकर एक अनामधन्या गोपालिका की कन्या है-नाम है लछमिन अर्थात् लक्ष्मी, पर जैसे मेरे नाम की विशालता मेरे लिए दुर्वह है, वैसे ही लक्ष्मी की समृद्धि भक्तिन के कपाल की कुंचित रेखाओं में नहीं बँध सकी। वैसे तो जीवन में प्रायः सभी को अपने-अपने नाम का विरोधाभास लेकर जीना पड़ता है, पर भक्तिन बहुत समझदार है, क्योंकि वह अपना समृद्धि-सूचक नाम किसी को बताती नहीं। केवल जब नौकरी की खोज में आई थी, तब ईमानदारी का परिचय देने के लिए उसने शेष इतिवृत्त के साथ यह भी बता दिया, पर इस प्रार्थना के साथ कि मैं कभी नाम का उपयोग न करूँ। उपनाम रखने की प्रतिभा होती, तो मैं सबसे पहले उसका प्रयोग अपने ऊपर करती, इस तथ्य को वह देहातिन क्या जाने, इसी से जब मैंने कंठी माला देखकर उसका नया नामकरण किया तब वह भक्तिन-जैसे कवित्वहीन नाम को पाकर भी गद्‌गद् हो उठी।**

CBSE Term I 2021

(क) प्रस्तुत गद्यांश में हनुमान जी का नाम किस प्रसंग में उद्‌धृत हुआ है?
- (i) भक्तिन का महादेवी जी के प्रति सेवा-भाव दर्शाने के लिए
- (ii) महादेवी जी के प्रति उसकी भक्ति-भावना दर्शाने के लिए
- (iii) महादेवी जी के प्रति उसकी श्रद्धा-भावना दर्शाने के लिए
- (iv) महादेवी जी के प्रति उसकी कर्त्तव्यपरायणता दर्शाने के लिए

(ख) भक्तिन द्वारा अपना वास्तविक नाम लोगों को न बताए जाने का सबसे प्रमुख कारण था
- (i) वास्तविक नाम के अर्थ और उसके जीवन के यथार्थ में विरोधाभास
- (ii) वास्तविक नाम बताने से लोगों के बीच उपहास बनने का भय
- (iii) वास्तविक नाम के अनुरूप भक्तिन में रूप-सौंदर्य का अभाव
- (iv) वास्तविक नाम के अनुरूप अपने भीतर गुणों का अभाव

(ग) महादेवी जी ने लक्ष्मी का 'भक्तिन' नाम किस आधार पर रखा?
- (i) भक्तों की तरह उसकी सादगीपूर्ण वेशभूषा के आधार पर
- (ii) गले में धारण की जाने वाली कंठी माला के आधार पर
- (iii) अपने प्रति उसके सेवा-समर्पण भाव के आधार पर
- (iv) अपने दुबले-पतले शरीर और छोटे कद के आधार पर

(घ) 'भक्तिन बहुत समझदार है।' इस कथन के पक्ष में महादेवी जी द्वारा दिया गया तर्क है
- (i) वह घर और खेत-खलिहानों के कार्यों में निपुण है
- (ii) उसने अपने जीवन के इतिवृत्त को महादेवी जी को बता दिया
- (iii) वह अपना समृद्धि-सूचक नाम किसी को नहीं बताती
- (iv) वह अपने वास्तविक नाम का उपयोग कभी नहीं करना चाहती

(ङ) एक सेविका के रूप में काम करने से पूर्व अपने विषय में पूरी जानकारी देना भक्तिन के चरित्र की किस विशेषता को दर्शाता है?
- (i) स्पष्टवक्ता
- (ii) ईमानदारी
- (iii) विनम्रता
- (iv) स्वाभिमान

उत्तर

(क) (i) भक्तिन का महादेवी जी के प्रति सेवा-भाव दर्शाने के लिए

(ख) (i) वास्तविक नाम के अर्थ और उसके जीवन के यथार्थ में विरोधाभास

(ग) (ii) गले में धारण की जाने वाली कंठी माला के आधार पर

(घ) (iii) वह अपना समृद्धि-सूचक नाम किसी को नहीं बताती

(ङ) (ii) ईमानदारी

विषय-वस्तु पर आधारित प्रश्न

लघु उत्तरीय प्रश्न

1. भक्तिन और लेखिका के व्यक्तित्व में क्या अंतर दिखाई देता है?

2. लेखिका ने क्यों कहा कि उसके परिणाम ने मुझे विस्मित कर दिया?

3. दोनों जेठानियों ने किस प्रकार की संतानें पैदा की थीं?

4. भक्तिन वाक्पटुता में किस प्रकार आगे थी?

दीर्घ उत्तरीय प्रश्न

1. 'भक्तिन' रेखाचित्र पितृसत्तात्मक समाज की मान्यताओं पर प्रश्नचिह्न अंकित करता है। कथन को पाठ के आधार पर स्पष्ट कीजिए।

2. "भक्तिन का दुर्भाग्य भी उससे कम हठी नहीं था।" लेखिका ने भक्तिन के संबंध में यह कथन क्यों कहा? स्पष्ट कीजिए।

3. कवि और कविता के संबंध में भक्तिन का ज्ञान बढ़ा है, आदर-भाव नहीं। महादेवी जी के इस कथन का क्या आमूल्य है?

4. महादेवी वर्मा और भक्तिन के संबंध में तीन विशेषताओं का उल्लेख कीजिए।

11
अध्याय

कवि-परिचय

जैनेंद्र कुमार का जन्म वर्ष 1905 में अलीगढ़ (उत्तर प्रदेश) में हुआ था। हिंदी साहित्य में प्रेमचंद के उपरांत सबसे महत्त्वपूर्ण कथाकार के रूप में जैनेंद्र कुमार का योगदान उल्लेखनीय है। कथाकार होने के साथ-साथ जैनेंद्र ने गंभीर चिंतक के रूप में भी ख्याति अर्जित की है। इनकी प्रमुख कृतियाँ इस प्रकार हैं-

उपन्यास परख, अनाम स्वामी, सुनीता, त्याग-पत्र, कल्याणी, जयवर्द्धन, मुक्तिबोध।

कहानी-संग्रह फाँसी, नीलम देश की राजकन्या, पाजेब आदि।

निबंध-संग्रह पूर्वोदय, सोच-विचार, समय और हम आदि।

जैनेंद्र को भारत सरकार द्वारा पद्मभूषण से सम्मानित किया जा चुका है। इसके साथ ही वे साहित्य अकादमी पुरस्कार तथा भारत-भारती सम्मान से भी अलंकृत किए जा चुके हैं। वर्ष 1990 में इनका देहावसान हो गया।

▼ अध्ययन के लिए
- पाठ की रूपरेखा
- पाठ का सार

▼ अभ्यास के लिए
- पाठ्यपुस्तक के प्रश्नोत्तर
- गद्यांश पर आधारित बहुविकल्पीय प्रश्न
- लघु उत्तरीय प्रश्न
- दीर्घ उत्तरीय प्रश्न

बाज़ार दर्शन

(जैनेंद्र कुमार)

पाठ की रूपरेखा

'बाज़ार दर्शन' पाठ के लेखक जैनेंद्र कुमार ने बाज़ार की जादुई ताकत से पाठकों को परिचित कराते हुए उससे सतर्क रहने की आवश्यकता पर बल दिया है। लेखक के अनुसार, आज बाज़ार की चकाचौंध हमें अपनी ओर अत्यधिक आकर्षित करती है, लेकिन लोगों को अपनी आवश्यकतानुसार ही चीज़ें खरीदनी चाहिए। लोगों को सोच-समझकर बाज़ार का उपयोग करना चाहिए, यह भगत जी के माध्यम से लेखक ने हमें बताया है।

इस पाठ के माध्यम से जैनेंद्र स्पष्ट संदेश देना चाहते हैं कि बाज़ार की अनावश्यक चमक-दमक में फँसने से असंतोष, तृष्णा एवं ईर्ष्या का शिकार होने की संभावना बढ़ जाती है।

पाठ का सार

बढ़ता हुआ उपभोक्तावाद

लेखक ने उपभोक्तावाद को विभिन्न उदाहरणों द्वारा स्पष्ट करने का प्रयास किया है। लेखक के एक मित्र बाज़ार में मामूली-सी चीज़ लेने गए थे, किंतु बाज़ार की जगमगाहट देखकर वे अनेक चीज़ें ले आए और इसका सारा दोष उन्होंने अपनी पत्नी पर लगा दिया। लेखक के अनुसार, यह सारा दोष केवल पैसे की गर्मी का है।

कुछ लोग बुद्धि और संयम से काम लेते हुए पैसे को जोड़कर ही गर्व का अनुभव करते हैं। लेखक ने अपने दूसरे मित्र के बारे में यही अनुमान लगाया, जो बाज़ार से कुछ भी न ला सके और वे अपनी 'पर्चेज़िंग पावर' के हिसाब से ही खुश हैं। इस प्रकार वह भी उपभोक्तावाद के शिकार हैं।

बाज़ारवाद का प्रभाव

बाज़ारवाद अपने आप में बहुत महत्त्वपूर्ण है। लेखक के मित्र ने भी बाज़ार की चकाचौंध को ही दोषी माना। जो लोग इस चकाचौंध के शिकार हो जाते हैं, वे बुरी तरह फँसकर अपना ही नुकसान कर बैठते हैं। इसका दूसरा उदाहरण यह है कि लेखक का एक मित्र बाज़ार की चकाचौंध में इस प्रकार फँसा कि दिनभर घूमने के बाद भी बाज़ार से कोई वस्तु खरीद ही नहीं पाया।

इसका कारण उसने लेखक को यह बताया कि बाज़ार में सभी कुछ उसे पसंद आया, किंतु वह कोई एक-दो वस्तु ही लाता, तो अन्य वस्तुओं को उसे छोड़ना पड़ता और वह कुछ भी छोड़ना नहीं चाहता था, इसलिए वह कुछ भी नहीं खरीद पाया। इसका लेखक ने यह अर्थ निकाला कि यदि हमें अपनी आवश्यकता का पता नहीं हो, तो हम यह निर्णय नहीं ले पाएँगे कि हमें क्या खरीदना है और क्या नहीं? और इसका परिणाम भी अच्छा नहीं होगा।

बाज़ार का जादू और लेखक की राय

लेखक के अनुसार, बाज़ार का जादू खाली और भरी जेब दोनों पर चलता है। यदि जेब खाली है और मन भरा हुआ नहीं है, तब भी बाज़ार अपनी ओर खींचता है और यदि जेब भरी है, तो खरीदारी तो आप खूब करेंगे, परंतु व्यर्थ की। अंततः यह आपके सुख की तुलना में दुःखदायी अधिक होगी। व्यर्थ की चीज़ों की खरीदारी से बाज़ार का जादू और ज्यादा प्रभावी होता है।

लेखक के अनुसार, आपको बाज़ार तभी जाना चाहिए, जब आप निर्णय ले चुके हों कि आपको क्या खरीदना है? मन को बलपूर्वक दबाना भी उचित नहीं है और मन को इतनी भी छूट न हो कि आप ही उसके पीछे चलने लगें। हालाँकि मन के प्रयोजन को भी ध्यान में रखकर चलना चाहिए। लेखक के अनुसार, बाज़ार जाने से पूर्व ही मन में यह दृढ़ निश्चय कर लेना चाहिए कि हमें क्या खरीदना है? इससे व्यक्ति बाज़ार की चकाचौंध से अपने आपको बचा पाएगा और उसके द्वारा खरीदी गई वस्तु उसे आनंद प्रदान करेगी।

जीवन को श्रेष्ठता से जीने की कला

लेखक के अनुसार, व्यक्ति को अपने मन को नियंत्रित कर जीवन के सभी महत्त्वपूर्ण निर्णय सोच-विचारकर लेने चाहिए। लेखक के अनुसार, चूर्ण बेचने वाले भगत जी का जीवन एक आदर्श जीवन है। भगत जी का चूर्ण इतना लोकप्रिय है कि यदि वे उसे व्यावसायिक दृष्टि से बेचते, तो मालामाल हो जाते, किंतु भगत जी निश्चित समय पर अपने घर से निकलते थे और जब तक उनके चूर्ण की बिक्री से छः आने की कमाई न हो जाए, तब तक ही वे चूर्ण बेचते थे। फिर उसके बाद वे मुफ़्त में ही चूर्ण बालकों में बाँट देते थे। उन पर बाज़ार का जादू नहीं चल सकता था। उन्होंने कभी भी अधिक कमाई करने की नहीं सोची। भगत जी का भले ही अक्षर ज्ञान शून्य हो, किंतु लेखक उन्हें विद्वान मानता है।

भगत जी को बाज़ार की चकाचौंध भी अपनी ओर आकर्षित नहीं कर पाती थी, क्योंकि वे एक विवेकपूर्ण निर्णय लेने वाले व्यक्ति हैं। कई बार यदि कोई मोटर धूल उड़ाती हुई जाती है, तो हम सोचते हैं कि काश हम भी किसी अमीर व्यक्ति के यहाँ पैदा होते और हम भी कार में जाते, किंतु यह सोच भगत जी को अपनी ओर नहीं खींचती। भगत जी के पास ऐसा कौन-सा बल है, जिससे उनके सामने तमाम व्यंग्य-शक्ति असफल हो जाती है, लेखक उस बल को कोई नाम नहीं दे पाता। ऐसे व्यक्तियों में आध्यात्मिक, आत्मिक, धार्मिक या नैतिक बल होता है। वास्तव में, केवल निर्बल व्यक्ति ही धन की ओर झुकता है।

बाज़ार की सार्थकता और मनुष्य

लेखक के अनुसार, बाज़ार को सार्थकता वही व्यक्ति दे पाता है, जिसे यह पता होता है कि उसे कब, क्या और कितना खरीदना है? अनावश्यक वस्तुएँ खरीदने वाला व्यक्ति 'पर्चेज़िंग पावर' के गर्व में बाज़ार की शैतानी शक्ति और व्यंग्य शक्ति को ही बढ़ावा देता है। लेखक ने अपने दो मित्रों के उदाहरण दिए हैं। वे बताते हैं कि जो अर्थशास्त्र केवल बाज़ार का पोषण करता है, वह अनीतिशास्त्र है। यह उपभोक्ताओं को दुःख, गरीबी तथा ईर्ष्या देता है। ऐसे बाज़ारवाद को लेखक गलत मानता है। ऐसे में लोगों की आवश्यकताओं का आदान-प्रदान नहीं हो पाता, अपितु शोषण और कपट को बढ़ावा मिलता है।

शब्दार्थ

मामूली—साधारण, **महिमा**—महत्ता, **प्रमाणित**—सिद्ध, **माया**—आकर्षण, **ओट**—सहारा, **मनीबैग**—पैसे की गर्मी, **माल-टाल**—सामान, **पर्चेज़िंग पावर**—क्रय शक्ति, **फ़िज़ूल**—व्यर्थ, **दरकार**—जरूरत, **करतब**—कला। **बेहया**—बेशर्म, **हरज़**—नुकसान, **तिरस्कार**—अपमान, **मूक**—मौन, **परिमित**—सीमित, **अतुलित**—अपार, **विकल**—व्याकुल, **तृष्णा**—लालसा, **ईर्ष्या**—जलन।

त्रास—दुःख, **सेंक**—तपन, **खुराक**—भोजन, **कृतार्थ**—अनुगृहीत, **शून्य**—रिक्त/खाली।

सनातन—शाश्वत, **निरोध**—रोकना, **अकारथ**—व्यर्थ, **व्यापक**—विस्तृत, **संकीर्ण**—सँकरा, **क्षुद्र**—तुच्छ, **बलात्**—बलपूर्वक, **अप्रयोजनीय**—बिना मतलब का, **अखिल**—संपूर्ण, **सरनाम**—प्रसिद्ध, **खुशहाल**—संपन्न, **पेशगी**—अग्रिम राशि।

नाचीज़—महत्त्वहीन, **अपदार्थ**—जिसका अस्तित्व न हो, **अडिग**—निश्चल, **निर्मम**—ममता रहित, **दारुण**—भयंकर, **कृतघ्न**—एहसान न मानने वाला, **स्पिरिचुअल**—धार्मिक, **प्रतिपादन**—वर्णन, **स्पृहा**—इच्छा, **अकिंचित्कर**—अर्थहीन।

अभिवादन—प्रणाम करना, **पसोपेश**—असमंजस, **अप्रीति**—वैर, **सद्भाव**—प्रेम व सहानुभूति की भावना।

बेचक—व्यापारी, **गाहक**—ग्राहक, **औंधा**—उल्टा।

पाठ्यपुस्तक (आरोह भाग-2) के प्रश्नोत्तर

पाठ के साथ

1. बाज़ार का जादू चढ़ने और उतरने पर मनुष्य पर क्या-क्या असर पड़ता है?

अथवा **बाज़ार दर्शन के आधार पर "बाज़ार का जादू चढ़ने और उतरने" का आशय स्पष्ट कीजिए।**

अथवा **बाज़ार का जादू क्या है? उसके चढ़ने-उतरने का उपभोक्ता पर क्या प्रभाव पड़ता है?**

अथवा **बाज़ार का जादू किन लोगों पर अधिक असर करता है? इसके चढ़ने-उतरने पर क्या स्थिति होती है?** **CBSE 2023**

उत्तर बाज़ार का जादू से तात्पर्य उस स्थिति से है, जब व्यक्ति बाज़ार की चकाचौंध देखकर उसकी वस्तुओं को खरीदने के लिए उत्सुक होता है।

बाज़ार का जादू चढ़ने पर प्रभाव जिस प्रकार चुंबक लोहे को अपनी ओर खींचती है, उसी प्रकार बाज़ार का जादू चढ़ने पर मनुष्य उसकी ओर आकर्षित होता है। आवश्यकता न होने पर भी वह चीजों को खरीदने के लिए विवश हो जाता है और मोहजाल में फँसकर वह गैर-ज़रूरी वस्तुएँ भी खरीद लेता है, जिससे उसकी जेब में रखा सारा पैसा उड़ जाता है, क्योंकि उसे उस समय सभी वस्तुएँ अनिवार्य तथा आराम बढ़ाने वाली मालूम होती हैं।

बाज़ार का जादू उतरने पर प्रभाव मनुष्य पर बाज़ार के जादू के उतरने का प्रभाव यह पड़ता है कि फैंसी चीज़ों की बहुतायत उसके आराम में मदद नहीं देती, बल्कि खलल ही डालती हैं। खरीदारी करने के बाद उसे अपनी गलती का आभास होता है कि बाज़ार के आकर्षण में उसने अनावश्यक सामान खरीद लिया है। उसे लगने लगता है कि इससे थोड़ी देर गर्व जरूर महसूस होता है, पर इससे अभिमान की ग्लानि को और खुराक ही मिलती है। पैसों के अनावश्यक खर्च करने से अर्थिक संकट गहरा जाता है, साथ ही अपनी नियन्त्रण शक्ति पर काबू पाना असंभव प्रतीत होता है।

2. बाज़ार में भगत जी के व्यक्तित्व का कौन-सा सशक्त पहलू उभरकर आता है? क्या आपकी नज़र में उनका आचरण समाज में शांति स्थापित करने में मददगार हो सकता है?

उत्तर भगत जी पर बाज़ार की चकाचौंध अपना प्रभाव नहीं डाल सकी। वह खुली आँख, तुष्ट मन और मग्न भाव से चौक बाज़ार से चले जाते हैं। उनका अपने मन पर पूर्ण नियंत्रण है। इसी कारण बाज़ार का जादू उन्हें बाँध नहीं पाता। वे एक छोटी-सी पंसारी की दुकान पर जाते हैं, क्योंकि उनको केवल जीरा और नमक ही खरीदना होता है। वे अपनी आवश्यकताओं को भली-भाँति जानते हैं। उनके व्यक्तित्व का यह सशक्त पहलू पाठ में उजागर हुआ है। निश्चित रूप से ही उनका आचरण बाज़ार में शांति स्थापित करने में मददगार हो सकता है। ऐसे आचरण वाले व्यक्ति बाज़ार से लाभ उठा भी सकते हैं और बाज़ार को सच्चा लाभ दे भी सकते हैं। इससे आपसी सद्भावना उभरती है और मानवीय गुणों का विस्तार होता है।

3. बाज़ारूपन से क्या तात्पर्य है? किस प्रकार के व्यक्ति बाज़ार को सार्थकता प्रदान करते हैं अथवा बाज़ार की सार्थकता किसमें है?

अथवा **'बाज़ार दर्शन' पाठ के आधार पर बताएँ कि भगज जी का व्यक्तित्व बाज़ार को कैस सार्थकता देता हैं?** **CBSE SQP 2024**

उत्तर कपट को बढ़ावा देना ही बाज़ारूपन है। इसके बढ़ने से परस्पर सद्भावना में कमी आ जाती है। इससे मनुष्य आपस में भाई-भाई, मित्र या पड़ोसी नहीं रह जाते। वे आपस में केवल ग्राहक और विक्रेता की तरह ही व्यवहार करते हैं। इसमें एक की हानि में दूसरे को अपना लाभ दिखाई देता है। बाज़ारूपन में शोषण अधिक और आवश्यकताओं का आदान-प्रदान कम होता है।

लेखक के विचार से वे ही व्यक्ति बाज़ार को सार्थकता प्रदान करते हैं, जो अपनी आवश्यकताओं को ठीक-ठीक समझकर बाज़ार का उपयोग करते हैं। यदि हम बाज़ार की चमक-दमक में फँसकर रह गए, तो वह असंतोष, तृष्णा एवं ईर्ष्या से घायल कर बेकार बना डालती है। अतः बाज़ार की सार्थकता भगत जी जैसे लोगों से ही है, जिन्हें अपनी आवश्यकताओं का पूर्ण ज्ञान होता है।

4. बाज़ार किसी का लिंग, जाति, धर्म या क्षेत्र नहीं देखता; वह देखता है सिर्फ उसकी क्रय-शक्ति को। इस रूप में वह एक प्रकार से सामाजिक समता की भी रचना कर रहा है। आप इससे कहाँ तक सहमत हैं?

अथवा **"बाज़ार एक प्रकार से सामाजिक समता की भी रचना कर रहा है।" 'बाज़ार दर्शन' पाठ के आधार पर स्पष्ट कीजिए।** **CBSE Diksha**

उत्तर बाज़ार में सभी जाति, धर्म व लिंग के व्यक्ति आते हैं और वे अपनी-अपनी आवश्यकता के अनुसार वस्तुएँ भी खरीदते हैं। व्यक्ति की महत्ता उसकी क्रय-शक्ति पर निर्भर करती है, न कि जाति, धर्म व लिंग पर। विक्रेता उसी ग्राहक को महत्त्व देता है, जो अधिक खरीदारी करता है। इस दृष्टि से जाति-धर्म का भेद मिटाकर बाज़ार सामाजिक समरसता की रचना करता है। इसलिए कहा जा सकता है कि बाज़ार समाज में सामाजिक समता की भी रचना करता है।

5. आप अपने तथा समाज से कुछ ऐसे प्रसंग का उल्लेख करें

(क) जब पैसा शक्ति के परिचायक के रूप में प्रतीत हुआ।

(ख) जब पैसे की शक्ति काम नहीं आई।

उत्तर (क) मुंबई जैसे महानगर में मेरी बहन ने मकान खरीदा और अब वह कहीं भी जाती है, तो सब सुनकर आश्चर्य करते हैं कि उसके पास फ्लैट नहीं, अपना मकान है। अब मेरी बहन सामाजिक दृष्टि से संपन्न लोगों में गिनी जाती है।

(ख) जब भूतपूर्व प्रधानमंत्री इंदिरा गाँधी को आतंकवादियों ने गोली मार दी, तब अपार धन-दौलत होते हुए भी उन्हें पुनः जीवित नहीं किया जा सका।

पाठ के आसपास

1. 'बाज़ार दर्शन' पाठ में बाज़ार जाने या न जाने के संदर्भ में मन की कई स्थितियों का जिक्र आया है। आप इन स्थितियों से जुड़े अपने अनुभवों का वर्णन कीजिए।

(क) मन खाली हो

(ख) मन खाली न हो

(ग) मन बंद हो

(घ) मन में नकार हो

उत्तर (क) मेरी जेब भरी थी और मन खाली था, तब मैंने बिना सोचे-समझे खरीदारी की। इस प्रकार की खरीदारी से मैंने अनेक अनावश्यक वस्तुएँ भी खरीदीं।

(ख) जब मन खाली नहीं होता, तब हम आवश्यकता की वस्तुएँ ही खरीदते हैं, जो हमारे लिए उपयोगी होती हैं। इस प्रकार समय और पैसा दोनों की बचत एवं उनका सदुपयोग होता है।

(ग) मन बंद होने की स्थिति में भरे बाज़ार के बीच में से निकलने पर भी कुछ लेने का विचार नहीं आता।

(घ) मन में नकार होने की स्थिति में कोई भी चीज़ आकर्षित नहीं करती। व्यक्ति प्रत्येक चीज़ में शंका करता है, क्योंकि उसका दृष्टिकोण नकारात्मक रहता है। ऐसी स्थिति में घर से बाहर जाने की इच्छा समाप्त हो जाती है।

2. 'बाज़ार दर्शन' पाठ में किस प्रकार के ग्राहकों की बात हुई है? आप स्वयं को किस श्रेणी का ग्राहक मानते/मानती हैं?

उत्तर लेखक ने इस पाठ में अनेक प्रकार के ग्राहकों की बात की है, जैसे कुछ ग्राहकों को अपने पैसे का घमंड होता है, वे केवल अपनी 'पर्चेज़िंग पावर' दिखाने के लिए खरीदारी करते हैं, जबकि कुछ अन्य ग्राहकों में संयम होता है, वे बहुत देखभाल करके ही खरीदारी करते हैं और कुछ ग्राहक अपनी आवश्यकता के अनुसार ही खरीदारी करते हैं। मैं अपने आपको अंतिम श्रेणी के ग्राहक के रूप में ही स्वीकार करता हूँ, क्योंकि बाज़ार जाने से पहले मैं अपनी आवश्यकता की वस्तुओं की सूची बनाता हूँ और फिर बाज़ार जाकर उसी के अनुसार खरीदारी करता हूँ।

3. आप बाज़ार की भिन्न प्रकार की संस्कृति से अवश्य परिचित होंगे। मॉल की संस्कृति और सामान्य बाज़ार एवं हाट की संस्कृति में आप क्या अंतर पाते हैं? 'पर्चेज़िंग पावर' आपको किस तरह के बाज़ार में नज़र आती है?

उत्तर मॉल की संस्कृति, सामान्य बाज़ार एवं हाट की संस्कृति में प्रमुख अंतर ग्राहकों के स्तर और उनकी क्रय करने की शक्ति में होता है। मॉल की संस्कृति में लगभग सभी प्रकार की वस्तुएँ एक ही स्थान पर मिल जाती हैं। यहाँ वस्तुओं की कीमत भी अधिक होती है। ग्राहक भी पैसे वाले वर्ग के होते हैं। अतः वे महँगी कीमत पर भी वस्तुएँ खरीदने को तैयार हो जाते हैं। सामान्य बाज़ार में सामान्य एवं मध्यम वर्ग के लोगों की आवश्यकतानुसार वस्तुएँ मिलती हैं। हाट में निम्न आयवर्ग का ही व्यक्ति जाता है और अपनी आय के अनुसार ही सामान खरीदता है। अतः अधिक 'पर्चेज़िंग पावर' मॉल में ही दिखती है।

4. लेखक ने पाठ में संकेत दिया है कि कभी-कभी बाज़ार में आवश्यकता ही शोषण का रूप धारण कर लेती है। क्या आप इस विचार से सहमत हैं? तर्क सहित उत्तर दीजिए।

उत्तर बाज़ार, ग्राहक की आवश्यकता का भरपूर शोषण करता है। जिन चीज़ों की माँग बढ़ जाती है, तो बाज़ार भी उन्हीं चीज़ों के दाम अधिक मात्रा में बढ़ा देता है तथा वस्तु की पूर्ति में कमी भी ला देता है। इस प्रकार बाज़ार मनमाने ढंग से लूट मचाने लगता है। अभी कुछ समय पूर्व सब्ज़ियों, दालों, तिलहनों के दामों में भारी उछाल आया था। इसका कारण माँग अधिक और पूर्ति में कमी थी। अतः हम लेखक की इस बात से पूर्णतया सहमत हैं।

5. 'स्त्री माया न जोड़े' यहाँ 'माया' शब्द किस ओर संकेत कर रहा है? स्त्रियों द्वारा माया जोड़ना प्रकृति प्रदत्त नहीं, बल्कि परिस्थितिवश है। वे कौन-सी परिस्थितियाँ हैं, जो स्त्री को माया जोड़ने के लिए विवश कर देती हैं?

उत्तर माया शब्द का अर्थ है 'सांसारिक आराम पहुँचाने वाली वस्तुएँ,' जो हमारे जीवन में सुख और आराम पहुँचाती हैं। स्त्रियों की प्रकृति ऐसी होती है कि वे सौंदर्य के प्रति बहुत शीघ्रता से आकर्षित हो जाती हैं। वे घर को सुंदर बनाने और साजो-सामान जोड़ने का कार्य अच्छी तरह से करती हैं। सामाजिक स्तर और परिस्थितियाँ भी उनके इस गुण में वृद्धि करती हैं। वे सदैव अपने घर व बच्चों की देखरेख में जुटी रहती हैं।

आपसदारी

1. ज़रूरत-भर जीरा वहाँ से ले लिया कि फिर सारा चौक उनके लिए आसानी से नहीं के बराबर हो जाता है—भगत जी की इस संतुष्ट निस्पृहता की कबीर की इस सूक्ति से तुलना कीजिए

"चाह गई चिंता गई मनुआँ बेपरवाह
जाके कछु न चाहिए सोइ सहंसाह।"

उत्तर छात्र स्वयं करें।

2. विजयदान देथा की कहानी 'दुविधा' (जिस पर 'पहेली' फिल्म बनी है) के अंश को पढ़कर आप देखेंगे/देखेंगी कि भगत जी की संतुष्ट जीवन-दृष्टि की तरह ही गडरिए की जीवन-दृष्टि है, इससे आपके भीतर क्या भाव जगते हैं?

गडरिया बगैर कहे ही उसके दिल की बात समझ गया, पर अँगूठी कबूल नहीं की। काली दाढ़ी के बीच पीले दाँतों की हँसी हँसते हुए बोला—"मैं कोई राजा नहीं हूँ, जो न्याय की कीमत वसूल करूँ। "मैंने तो अटका काम निकाल दिया और यह अँगूठी मेरे किस काम की! न यह अँगुलियों में आती है, न तड़े में। मेरी भेड़ें भी मेरी तरह गँवार हैं। घास तो खाती हैं, पर सोना सूँघती तक नहीं। बेकार की वस्तुएँ तुम अमीरों को ही शोभा देती हैं।"

उत्तर छात्र स्वयं करें।

3. बाज़ार पर आधारित लेख नकली सामान पर नकेल ज़रूरी का अंश पढ़िए और नीचे दिए गए बिंदुओं पर कक्षा में चर्चा कीजिए

नकली सामान पर नकेल ज़रूरी

अपना क्रेता वर्ग बढ़ाने की होड़ में एफएमसीजी यानी तेज़ी से बिकने वाले उपभोक्ता उत्पाद बनाने वाली कंपनियाँ गाँव के बाज़ारों में नकली सामान भी उतार रही हैं। कई उत्पाद ऐसे होते हैं, जिन पर न तो निर्माण तिथि होती है और न ही उस तारीख का जिक्र होता है, जिससे पता चले कि अमुक सामान के इस्तेमाल की अवधि समाप्त हो चुकी है। आउटडेटेड या पुराना पड़ चुका सामान भी गाँव-देहात के बाज़ारों में खप रहा है। ऐसा उपभोक्ता मामलों के जानकारों का मानना है। नेशनल कंज्यूमर डिस्प्यूट्स रिड्रेसल कमीशन के सदस्य की मानें तो जागरूकता अभियान में तेज़ी लाए बगैर इस गोरखधंधे पर लगाम कसना नामुमकिन है।

उपभोक्ता मामलों की जानकार पुष्प गिरि माँ जी का कहना है, 'इसमें दो राय नहीं कि गाँव-देहात के बाज़ारों में नकली सामान बिक रहा है। महानगरीय उपभोक्ताओं को अपने शिकंजे में कसकर बहुराष्ट्रीय कंपनियाँ, खासकर ज़्यादा उत्पादन बेचने वाली कंपनियाँ, गाँव का रुख कर चुकी हैं। वे गाँववालों के अज्ञान और उनके बीच जागरूकता के अभाव का पूरा फायदा उठा रही हैं। उपभोक्ताओं के हितों की रक्षा के लिए कानून जरूर हैं, लेकिन कितने लोग इनका सहारा लेते हैं यह बताने की जरूरत नहीं। गुणवत्ता के मामले में जब शहरी उपभोक्ता ही

उतने सचेत नहीं हो पाए हैं, तो गाँववालों से कितनी उम्मीद की जा सकती है। इस बारे में नेशनल कंज्यूमर डिस्प्यूट्स रिड्रेसल कमीशन के सदस्य जस्टिस एस.एन. कपूर का कहना है, "टीवी ने दूर-दराज के गाँवों तक में बहुराष्ट्रीय कंपनियों को पहुँचा दिया है। बड़ी-बड़ी कंपनियाँ विज्ञापन पर तो बेतहाशा पैसा खर्च करती हैं, लेकिन उपभोक्ताओं में जागरूकता को लेकर वे चवन्नी खर्च करने को तैयार नहीं हैं। नकली सामान के खिलाफ जागरूकता पैदा करने में स्कूल और कॉलेज के विद्यार्थी मिलकर ठोस काम कर सकते हैं। ऐसा कि कोई प्रशासक भी न कर पाए।" बेशक, इस कड़वे सच को स्वीकार कर लेना चाहिए कि गुणवत्ता के प्रति जागरूकता के लिहाज से शहरी समाज भी कोई ज्यादा सचेत नहीं है। यह खुली हुई बात है कि किसी बड़े ब्रांड का लोकल संस्करण शहर या महानगर का मध्य या निम्न मध्य वर्गीय उपभोक्ता भी खुशी-खुशी खरीदता है।

यहाँ जागरूकता का कोई प्रश्न ही नहीं उठता, क्योंकि वह ऐसा सोच-समझकर और अपनी जेब की हैसियत को जानकर ही कर रहा है। फिर गाँववाला उपभोक्ता ऐसा क्यों न करे। पर फिर भी यह नहीं कहा जा सकता कि यदि समाज में गलत काम हो रहे हैं, तो उसे रोकने के जतन न किए जाएँ। यानी नकली समान के इस गोरखधंधे पर विराम लगाने के लिए जो कदम या अभियान शुरू करने की जरूरत है वह तत्काल हो।

हिंदुस्तान 6 अगस्त, 2006 साभार

(क) नकली सामान के विरुद्ध जागरूकता के लिए आप क्या कर सकते हैं?

(ख) उपभोक्ताओं के हित को मद्देनजर रखते हुए सामान बनाने वाली कंपनियों का क्या नैतिक दायित्व है?

(ग) ब्रांडेड वस्तु को खरीदने के पीछे छिपी मानसिकता को उजागर कीजिए।

उत्तर छात्र स्वयं करें।

4. प्रेमचंद की कहानी 'ईदगाह' के हामिद और उसके दोस्तों का बाज़ार से क्या संबंध बनता है? विचार करें।

उत्तर छात्र स्वयं करें।

विज्ञापन की दुनिया

1. आपने समाचारपत्रों, टी.वी. आदि पर अनेक प्रकार के विज्ञापन देखे होंगे, जिनमें ग्राहकों को हर तरीके से लुभाने का प्रयास किया जाता है। नीचे लिखे बिंदुओं के संदर्भ में किसी एक विज्ञापन की समीक्षा कीजिए और यह भी लिखिए कि आपको विज्ञापन की किस बात ने सामान खरीदने के लिए प्रेरित किया।

1. विज्ञापन में सम्मिलित चित्र और विषय-वस्तु
2. विज्ञापन में आए पात्र व उनका औचित्य
3. विज्ञापन की भाषा

उत्तर छात्र क्रियाकलाप/ छात्र स्वयं करें।

2. अपने सामान की बिक्री को बढ़ाने के लिए आज किन-किन तरीकों का प्रयोग किया जा रहा है? उदाहरण सहित उनका संक्षिप्त परिचय दीजिए। आप स्वयं किस तकनीक या तौर-तरीके का प्रयोग करना चाहेंगे, जिससे बिक्री भी अच्छी हो और उपभोक्ता गुमराह भी न हो।

उत्तर छात्र अपने तर्क शक्ति का प्रयोग करते हुए स्वयं करें।

भाषा की बात

1. विभिन्न परिस्थितियों में भाषा का प्रयोग भी अपना रूप बदलता रहता है कभी औपचारिक रूप में आती है, तो कभी अनौपचारिक रूप में। पाठ में से दोनों प्रकार के तीन-तीन उदाहरण छाँटकर लिखिए।

उत्तर छात्र स्वयं करें।

2. पाठ में अनेक वाक्य ऐसे हैं, जहाँ लेखक अपनी बात कहता है। कुछ वाक्य ऐसे हैं, जहाँ वह पाठक-वर्ग को संबोधित करता है। सीधे तौर पर पाठक को संबोधित करने वाले पाँच वाक्यों को छाँटिए और सोचिए कि ऐसे संबोधन पाठक से रचना पढ़वा लेने में मददगार होते हैं?

उत्तर छात्र स्वयं करें।

3. नीचे दिए गए वाक्यों को पढ़िए।

(क) पैसा पावर है।

(ख) पैसे की उस पर्चेज़िंग पावर के प्रयोग में ही पावर का रस है।

(ग) मित्र ने सामने मनीबैग फैला दिया।

(घ) पेशगी ऑर्डर कोई नहीं लेते।

ऊपर दिए गए इन वाक्यों की संरचना तो हिंदी भाषा की है, लेकिन वाक्यों में एकाध शब्द अंग्रेज़ी भाषा के आए हैं। इस तरह के प्रयोग को कोड मिक्सिंग कहते हैं। एक भाषा के शब्दों के साथ दूसरी भाषा के शब्दों का मेलजोल! अब तक आपने जो पाठ पढ़े उसमें से ऐसे कोई पाँच उदाहरण चुनकर लिखिए। यह भी बताइए कि आगत शब्दों की जगह उनके हिंदी पर्यायों का ही प्रयोग किया जाए, तो संप्रेषणीयता पर क्या प्रभाव पड़ता है।

उत्तर छात्र स्वयं करें।

4. नीचे दिए गए वाक्यों के रेखांकित अंश पर ध्यान देते हुए उन्हें पढ़िए

(क) निर्बल <u>ही</u> धन की ओर झुकता है।

(ख) लोग संयमी <u>भी</u> होते हैं।

(ग) सभी कुछ <u>तो</u> लेने का जी होता था।

ऊपर दिए गए वाक्यों के रेखांकित अंश 'ही', 'भी', 'तो' निपात हैं, जो अर्थ पर बल देने के लिए इस्तेमाल किए जाते हैं। वाक्य में इनके होने-न-होने और स्थान क्रम बदल देने से वाक्य के अर्थ पर प्रभाव पड़ता है; जैसे-

मुझे भी किताब चाहिए। (मुझे महत्त्वपूर्ण है।)
मुझे किताब भी चाहिए। (किताब महत्त्वपूर्ण है।)

आप निपात (ही, भी, तो) का प्रयोग करते हुए तीन-तीन वाक्य बनाइए। साथ ही ऐसे दो वाक्यों का भी निर्माण कीजिए, जिसमें ये तीनों निपात एकसाथ आते हों।

उत्तर छात्र स्वयं करें।

चर्चा करें

1. पर्चेज़िंग पावर से क्या अभिप्राय है?
बाज़ार की चकाचौंध से दूर पर्चेज़िंग पावर का सकारात्मक उपयोग किस प्रकार किया जा सकता है? आपकी सहायता के लिए संकेत दिया जा रहा है

(क) सामाजिक विकास के कार्यों में।

(ख) ग्रामीण आर्थिक व्यवस्था को सुदृढ़ करने में...।

उत्तर छात्र स्वयं करें।

अभ्यास प्रश्न

गद्यांश पर आधारित बहुविकल्पीय प्रश्न

निम्नलिखित गद्यांशों को ध्यानपूर्वक पढ़कर पूछे गए बहुविकल्पीय प्रश्नों के लिए सर्वाधिक उपयुक्त विकल्प का चुनाव कीजिए।

1. **पैसा पावर है। पर उसके सबूत में आस-पास माल-टाल न जमा हो, तो क्या वह खाक पावर है। पैसे को देखने के लिए बैंक-हिसाब देखिए, पर माल असबाब मकान-कोठी तो अनदेखे भी दिखते हैं। पैसे की उस 'पर्चेजिंग पावर' के प्रयोग में ही पावर का रस है, लेकिन नहीं। लोग संयमी भी होते हैं। वे फ़िजूल सामान को फ़िजूल समझते हैं।**

वे पैसा बहाते नहीं हैं और बुद्धिमान होते हैं। बुद्धि और संयमपूर्वक वह पैसे को जोड़ते जाते हैं, जोड़ते जाते हैं। वह पैसे की पावर को इतना निश्चय समझते हैं कि उसके प्रयोग की उन्हें दरकार नहीं है। बस पैसे के जुड़ा होने पर स्वयं उनका मन गर्व से भरा-फूला रहता है।

(क) संयमी व्यक्ति पैसे के प्रयोग की आवश्यकता क्यों नहीं समझते हैं?

(i) पैसे जोड़ने पर मन गर्व से भरा रहने के कारण
(ii) पैसे की आवश्यकता न समझ पाने के कारण
(iii) पैसे को फिजूल सामान समझने के कारण
(iv) पैसे की पावर का सही उपयोग करने के कारण

(ख) कथन (A) फ़िज़ूल सामान को फिजूल संयमी समझते हैं।

कारण (R) सोच समझकर चीजों को खरीदते हैं तथा पैसों को जोड़कर रखते हैं।

कूट

(i) कथन (A) और कारण (R) दोनों सही हैं तथा कारण (R), कथन (A) की सही व्याख्या करता है।
(ii) कथन (A) और कारण (R) दोनों सही हैं, परंतु कारण (R), कथन (A) की सही व्याख्या नहीं करता है।
(iii) कथन (A) सही है, किंतु कारण (R) गलत है।
(iv) कथन (A) गलत है, किंतु कारण (R) सही है।

(ग) 'पैसा बहाने' से क्या अभिप्राय है?

(i) फ़िज़ूलखर्ची करना (ii) पैसे को पानी में फेंकना
(iii) पैसे को महत्त्व देना (iv) पैसे को सब कुछ समझना

(घ) पैसे को जोड़कर गर्व का अनुभव .... करते हैं?

(i) बुद्धि व संयम से काम लेने वाले व्यक्ति
(ii) मन की इच्छा पूरी करने वाले व्यक्ति
(iii) स्वार्थ से परिपूर्ण व्यक्ति
(iv) लाचार और बेबस व्यक्ति

(ङ) निम्नलिखित कथनों पर विचार कीजिए

1. पैसे के मामले में कुछ लोग संयमी भी होते हैं।
2. ऐसे लोग बुद्धि और संयमता से पैसे जोड़ते हैं।
3. पैसे की पर्चेजिंग पावर दिखाना कभी-कभी आवश्यक हो जाता है।

उपर्युक्त कथनों में से कौन-सा/कौन-से सही है/हैं?

(i) केवल 1 (ii) केवल 3
(iii) 1 और 2 (iv) 2 और 3

उत्तर

(क) (i) पैसे जोड़ने पर मन गर्व से भरा रहने के कारण
(ख) (i) कथन (A) और कारण (R) दोनों सही हैं तथा कारण (R), कथन (A) की सही व्याख्या करता है।
(ग) (i) फ़िज़ूलखर्ची करना
(घ) (i) बुद्धि व संयम से काम लेने वाले व्यक्ति
(ङ) (iii) 1 और 2

2. **बाज़ार आमंत्रित करता है कि आओ मुझे लूटो और लूटो। सब भूल जाओ, मुझे देखो। मेरा रूप और किसके लिए है? मैं तुम्हारे लिए हूँ। नहीं कुछ चाहते हो, तो भी देखने में क्या हरज़ है। अजी आओ भी। इस आमंत्रण में यह खूबी है कि आग्रह नहीं है आग्रह तिरस्कार जगाता है, लेकिन ऊँचे बाज़ार का आमंत्रण मूक होता है और उससे यह ज़गती है। चाह मतलब अभाव। चौक बाज़ार में खड़े होकर आदमी को लगने लगता है कि उसके अपने पास काफी नहीं है और चाहिए और चाहिए। मेरे यहाँ कितना परिमित है और यहाँ कितना अतुलित है ओह!**

(क) बाज़ार लोगों को आमंत्रित क्यों करता है?

(i) नया सामान खरीदने के लिए
(ii) ग्राहकों को लूटने के लिए
(iii) नए उत्पाद से अवगत कराने के लिए
(iv) अपना स्वरूप दिखाने के लिए

(ख) 'मैं तुम्हारे लिए हूँ' पंक्ति में 'मैं' शब्द किसके लिए प्रयोग हुआ है?

(i) लेखक के लिए (ii) ग्राहक के लिए
(iii) उत्पादक के लिए (iv) बाज़ार के लिए

(ग) सुमेलित कीजिए

	सूची I		सूची II
A.	हरज़	1.	बहुत अधिक
B.	परिमित	2.	हानि
C.	अतुलित	3.	सीमित

कूट

	A	B	C		A	B	C
(i)	3	1	2	(ii)	1	3	2
(iii)	2	3	1	(iv)	2	1	3

(घ) लेखक के अनुसार, व्यक्ति को बाज़ार की चकाचौंध के बीच खड़े होकर क्या अनुभव होने लगता है? सही कथन का चयन कीजिए।
(i) उसके पास पर्याप्त सामान है।
(ii) उसे और सामान खरीदने की आवश्यकता है।
(iii) उसे बाज़ार से निकल जाना चाहिए।
(iv) उसे अधिक सामान नहीं खरीदना है।

(ङ) 'अजी आओ भी' पंक्ति से कौन-सा भाव स्पष्ट हो रहा है?
(i) विनय का (ii) आदेश का
(iii) आकर्षण का (iv) अलगाव का

उत्तर

(क) (ii) ग्राहकों को लूटने के लिए
(ख) (iv) बाज़ार के लिए
(ग) (iii) 2 3 1
(घ) (ii) उसे और सामान खरीदने की आवश्यकता है।
(ङ) (iii) आकर्षण का

3. **बाज़ार में एक जादू है। वह जादू आँख की राह का काम करता है। वह रूप का जादू है। पर जैसे चुंबक का जादू लोहे पर ही चलता है, वैसे ही इस जादू की भी मर्यादा है। जेब भरी हो और मन खाली हो, ऐसी हालत में जादू का असर खूब होता है। जेब खाली पर मन भरा न हो, तो भी जादू चल जाएगा।**

मन खाली है, तो बाज़ार की अनेकानेक चीजों का निमंत्रण उस तक पहुँच जाएगा। कहीं हुई उस वक्त जेब भरी, तब तो फिर वह मन किसकी मानने वाला है। मालूम होता है यह भी लूँ, वह भी लूँ। सभी सामान जरूरी और आराम को बढ़ाने वाला मालूम होता है। पर यह सब जादू का असर है। जादू की सवारी उतरी कि पता चलता है कि फैंसी चीजों की बहुतायत आराम में सहायता नहीं देती, बल्कि खलल ही डालती हैं। थोड़ी देर को स्वाभिमान को जरूर सेंक मिल जाती है पर इससे अभिमान की गिल्टी को और खुराक ही मिलती है। जकड़ रेशमी डोरी की हो तो मुलायम रेशम के स्पर्श के कारण क्या वह जकड़ कम होगी? **CBSE 2023**

(क) प्रस्तुत गद्यांश के लेखक और पाठ का क्या नाम है?
(i) धर्मवीर भारती — काले मेघा पानी दे
(ii) महादेवी वर्मा — भक्तिन
(iii) जैनेंद्र कुमार — बाज़ार दर्शन
(iv) फणीश्वर नाथ रेणु — पहलवान की ढोलक

(ख) लेखक के अनुसार, बाज़ार के जादू की क्या मर्यादा है?
(i) वह केवल उन लोगों पर असर करता है, जिनके मन खाली होते हैं
(ii) वह केवल उन लोगों पर असर करता है, जो वस्तु खरीदने आते हैं
(iii) वह केवल अमीर लोगों पर असर करता है
(iv) वह केवल गरीब लोगों पर असर करता है

(ग) गद्यांश के अनुसार, बाज़ारवाद को बढ़ावा कौन देता है?
(i) मन का खालीपन (ii) मन का भरा होना
(iii) जेब का खालीपन (iv) धन का अधिक होना

(घ) बाज़ार का जादू उतरने पर क्या पता चलता है?
(i) आकर्षक चीजें उपयोगी होती हैं
(ii) आकर्षित करने वाली चीजें हमारे जीवन में महत्त्व नहीं रखती हैं
(iii) आकर्षित करने वाली चीजें स्वाभिमान को बचाती हैं
(iv) आकर्षण ही व्यक्ति को जीना सिखाता है

(ङ) बाज़ार के जादू के आकर्षण की तुलना किससे की गई है?
(i) धन से (ii) चुंबक से
(iii) रेशमी डोरी से (iv) सवारी से

उत्तर

(क) (iii) जैनेंद्र कुमार — बाज़ार दर्शन
(ख) (i) वह केवल उन लोगों पर असर करता है, जिनके मन खाली होते हैं
(ग) (i) मन का खालीपन
(घ) (ii) आकर्षित करने वाली चीजें हमारे जीवन में महत्त्व नहीं रखती हैं।
(ङ) (ii) चुंबक से

अथवा

(क) बाज़ार को जादू क्यों कहा गया है?
(i) आपूर्ति करने के कारण
(ii) भ्रम पैदा करने के कारण
(iii) बाज़ार की महिमा के कारण
(iv) जरूरत पैदा करने के कारण

(ख) 'जादू की मर्यादा' से आप क्या समझते हैं?
(i) प्रभाव की सीमा (ii) जादू का असर
(iii) रूप के समान (iv) निश्चित प्रभाव

(ग) बाज़ार का असर कब अधिक होता है?
(i) जेब और मन खाली होने पर
(ii) जेब और मन भरे होने पर
(iii) जेब भरी और मन खाली होने पर
(iv) जेब खाली और मन भरे होने पर

(घ) मन खाली और जेब भरी होने पर बाज़ार का प्रभाव कैसा होता है?
(i) सहयोगी (ii) उपहासक
(iii) मर्यादित (iv) विनाशक

(ङ) बाज़ार का सभी सामान उपयोगी लगने के क्या कारण हो सकते हैं?
(i) जादू का असर
(ii) सामान की कमी
(iii) सब कुछ खरीदने की इच्छा
(iv) संतुलित मन के कारण

उत्तर

(क) (ii) भ्रम पैदा करने के कारण
(ख) (i) प्रभाव की सीमा
(ग) (iii) जेब भरी और मन खाली होने पर
(घ) (iv) विनाशक
(ङ) (i) जादू का असर

4. **पड़ोस में एक महानुभाव रहते हैं, जिनको लोग भगत जी कहते हैं। चूरन (चूर्ण) बेचते हैं। यह काम करते, जाने उन्हें कितने बरस हो गए हैं, लेकिन किसी एक भी दिन चूरन से उन्होंने छः आने से ज्यादा पैसे नहीं कमाए। चूरन उनका आस-पास सरनाम है और खुद खूब लोकप्रिय हैं। कहीं व्यवसाय का गुर पकड़ लेते और उस पर चलते तो आज खुशहाल क्या, मालामाल होते! क्या कुछ उनके पास न होता! इधर दस वर्षों से मैं देख रहा हूँ, उनका चूरन हाथों-हाथ बिक जाता है। पर वह न उसे थोक में देते हैं, न व्यापारियों को बेचते हैं। पेशगी ऑर्डर कोई नहीं लेते। बँधे वक्त पर अपनी चूरन की पेटी लेकर घर से बाहर हुए नहीं कि देखते-देखते छः आने की कमाई उनकी हो जाती है। लोग उनका चूरन लेने को उत्सुक जो रहते हैं। चूरन से भी अधिक शायद वह भगत जी के प्रति अपनी सद्‌भावना का देय देने को उत्सुक रहते हैं। पर छः आने पूरे हुए नहीं कि भगत जी बाकी चूरन बालकों को मुफ़्त बाँट देते हैं। कभी ऐसा नहीं हुआ कि कोई उन्हें पच्चीसवाँ पैसा भी दे सके। कभी चूरन में लापरवाही नहीं हुई और कभी रोग होता भी मैंने उन्हें नहीं देखा है।**

(क) **कथन** (A) भगत जी व्यवसाय करने के उद्‌देश्य से चूरन बाज़ार में बेचते थे।

कारण (R) भगत जी खूब लोकप्रिय थे, उन्होंने चूरन को अपना व्यवसाय नहीं बनाया।

कूट

(i) कथन (A) और कारण (R) दोनों सही हैं तथा कारण (R), कथन (A) की सही व्याख्या करता है।
(ii) कथन (A) और कारण (R) दोनों सही हैं, परंतु कारण (R), कथन (A) की सही व्याख्या नहीं करता है।
(iii) कथन (A) सही है, किंतु कारण (R) गलत है।
(iv) कथन (A) गलत है, किंतु कारण (R) सही है।

(ख) **चूरन बेचने वाले का स्वभाव कैसा था?**

(i) संतोषी
(ii) स्वार्थी
(iii) गंभीर
(iv) अहंकारी

(ग) **चूरन शीघ्र बिक जाने का क्या कारण था?**

(i) चूरन बेचने वाले की जान पहचान
(ii) चूरन की गुणवत्ता
(iii) चूरन के मूल्य का कम होना
(iv) चूरन की माँग

(घ) **चूरन खरीदने वालों की उत्सुकता का क्या कारण बताया गया है?**

(i) भगत जी के प्रति उनकी सद्‌भावना
(ii) भगत जी की बालकों को मुफ्त में चूरन बाँटने की प्रवृत्ति
(iii) भगत जी का व्यापारी स्वभाव
(iv) भगत जी का अधिक पुराना व्यापारी होना

(ङ) **भगत जी सदैव किस नियम पर डटे रहते थे?**

(i) कम चूरन बेचना
(ii) बाज़ार का मोल-भाव न करना
(iii) छः आने से अधिक का चूरन न बेचना
(iv) बच्चों को कम कीमत पर चूरन बेचना

उत्तर

(क) (iv) कथन (A) गलत है, किंतु कारण (R) सही है।
(ख) (i) संतोषी
(ग) (ii) चूरन की गुणवत्ता
(घ) (i) भगत जी के प्रति उनकी सद्‌भावना
(ङ) (iii) छः आने से अधिक का चूरन न बेचना

5. **यहाँ मुझे ज्ञात होता है कि बाज़ार को सार्थकता भी वही मनुष्य देता है, जो जानता है कि वह क्या चाहता है और जो नहीं जानते कि वे क्या चाहते हैं, अपनी 'पर्चेजिंग पावर' के गर्व में अपने पैसे से केवल एक विनाशक शक्ति-शैतानी शक्ति, व्यंग्य की शक्ति ही बाज़ार को दे देते हैं। न तो वे बाज़ार से लाभ उठा सकते हैं न उस बाज़ार को सच्चा लाभ दे सकते हैं। वे लोग बाज़ार का बाजारूपन बढ़ाते हैं। जिसका मतलब है कि कपट बढ़ाते है। कपट की बढ़ती का अर्थ परस्पर में सद्‌भाव की घटी। इस सद्‌भाव के ह्रास पर आदमी आपस में भाई-भाई और सुहृद और पड़ोसी फिर रह ही नहीं जाते और आपस में कोरे ग्राहक और बेचक की तरह व्यवहार करते हैं। मानों दोनों एक-दूसरे को ठगने की घात में हों। एक की हानि में दूसरे को अपना लाभ दिखता है और यह बाज़ार का, बल्कि इतिहास का, सत्य माना जाता है। ऐसे बाज़ार को बीच में लेकर लोगों में आवश्यकताओं का आदान-प्रदान नहीं होता, बल्कि शोषण होने लगता है तब कपट सफल होता है, निष्कपट शिकार होता है। ऐसे बाज़ार मानवता के लिए विडंबना हैं और जो ऐसे बाज़ार का पोषण करता है, जो उसका शास्त्र बना हुआ है, वह अर्थशास्त्र सरासर औंधा है वह मायावी शास्त्र है वह अर्थशास्त्र अनीतिशास्त्र है।**

(क) **मानवीय व्यवहार के बीच बाज़ार को लाने वालों को लेखक ने 'कपटी' क्यों कहा है?** **दक्षता आधारित प्रश्न**

(i) ऐसे लोग अन्य लोगों की हानि से व्यथित होते हैं।
(ii) ऐसे लोग आवश्यकताओं का आदान-प्रदान करते हैं।
(iii) ऐसे लोग ठगने के व्यवहार पर पूरी तरह पाबंदी लगाते हैं।
(iv) ऐसे लोगों का मकसद भोले-भाले लोगों का शोषण करना होता है।

(ख) **गद्यांश के भाव के अनुसार कौन-सा व्यक्ति बाज़ार को सार्थकता दे रहा है? निम्नलिखित विकल्पों में से सबसे उचित उत्तर चुनिए।**

(i) फ़िल्म देखने के अनुभव को बेहत बनाने के लिए सुलोचना ने बड़ा टी.वी. खरीदा।
(ii) मुसददीलाल ने केवल अपने मित्रों के साथ घूमने-फिरने के लिए नई मोटरसाइकिल खरीदी।
(iii) 'एक साबुन पर एक मुफ्त' विज्ञापन देखकर रेशमा ने आधा दर्जन साबुन अधिक खरीद लिए।
(iv) हामिद को अपनी दादी की फटी साड़ी याद आ गई और उसने उनके लिए नई साड़ी खरीदी। **दक्षता आधारित प्रश्न**

(ग) **लेखक ने बाज़ार की शक्ति को 'विनाशक' क्यों कहा है?**

(i) इसके कारण लालची लोग बाज़ार में बहुत कम खर्च करते हैं।
(ii) इसके कारण बाज़ार में सामाजिक एकता विलुप्त हो गई है।
(iii) वह लोगों पर अनावश्यक खर्च का दबाव बढ़ाती है।
(iv) वह आवश्यकताओं का आदान-प्रदान करती है।

(घ) 'बाज़ार दर्शन' पाठ का मुख्य उद्देश्य क्या है?
(i) लोगों के लालची और पैसे उड़ाने की प्रवृत्ति की प्रशंसा करना
(ii) लोगों के मन में बाज़ार के प्रति अनादर का भाव उत्पन्न करना
(iii) लोगों को बाज़ार के मूल उद्देश्य और उपयोगिता से परिचित करवाना
(iv) लोगों को बाज़ारवाद की शोषण वृत्ति बताकर उसकी सार्थकता सिद्ध करना

(ङ) सुलोचना की माता जी ने उसे नया मोबाइल फोन खरीदकर दिया। उस फोन को देखकर रजिया को अपने माता-पिता पर बहुत गुस्सा आया और वह उनसे नाराज हो गई।
सुलोचाना की माता के पास 'पर्चेजिंग पावर' है, लेकिन रज़िया का क्रोध उसकी ………… प्रवृत्ति का परिचायक है।
(i) प्रतिस्पर्धात्मक (ii) मितव्ययी
(iii) अभिमानी (iv) मैत्रीपूर्ण

उत्तर

(क) (ii) ऐसे लोग आवश्यकताओं का आदन-प्रदान करते हैं।
(ख) (iv) हामिद को अपनी दादी की फटी साड़ी याद आ गई और उसने उनके लिए नई साड़ी खरीदी।
(ग) (iii) वह लोगों पर अनावश्यक खर्च का दबाव बढ़ाती है।
(घ) (iii) लोगों को बाज़ार के मूल उद्देश्य और उपयोगिता से परिचित करवाना
(ङ) (i) प्रतिस्पर्धात्मक

विषय-वस्तु पर आधारित प्रश्नोत्तर

लघु उत्तरीय प्रश्न

1. लोगों से बाज़ार क्या कहता है?

उत्तर बाज़ार लोगों को कहता है कि आकर मुझे लूटो। बाज़ार चाहता है कि व्यक्ति सब कुछ भूलकर केवल उसे देखे। उसकी चमक-दमक केवल ग्राहकों के लिए है। ग्राहक बाज़ार की ओर जाने लगता है और अनावश्यक वस्तुएँ भी खरीद लेता है। बाज़ार को केवल ग्राहक की खरीदारी से ही मतलब है।

2. लोभ के विषय में लेखक के क्या विचार हैं?

उत्तर लोभ के कारण ही व्यक्ति आकर्षण में फँसता है। लोभ के कारण मन में इच्छाएँ पैदा होती हैं; जैसे—विभिन्न प्रकार की वस्तुएँ खरीदना, बाज़ार में घूमने की इच्छा का पैदा होना या नए जमाने की नई-नई वस्तुओं का संग्रह करना इत्यादि। इस प्रकार बाज़ार में माँग उत्पन्न होती है। यह लोभ मनुष्य को अँधा कर देता है।

3. बाज़ार दर्शन से आप क्या समझते हैं? पाठ के आधार पर स्पष्ट कीजिए।

उत्तर बाज़ार दर्शन से लेखक का आशय है—बाज़ार के बारे में विवरण; जैसे—बाज़ार में क्या-क्या मिलता है? बाज़ार लोगों को क्यों आकर्षित करता है? बाज़ार के आकर्षण से बचने के क्या-क्या उपाय हैं? बाज़ार के गुण-दोषों का वर्णन, बाज़ार की सार्थकता इत्यादि के बारे में विस्तृत जानकारी देना, बाज़ार के लाभ व हानि के बारे में रोचक ढंग से बताना आदि इसमें शामिल हैं।

4. बाज़ार को सार्थकता देने का क्या आशय है? यह कौन कर सकता है?
अथवा **'बाज़ार दर्शन' पाठ के अनुसार बाज़ार को सार्थकता कैसे लोग प्रदान करते हैं?** **CBSE 2023**

उत्तर बाज़ार को सार्थकता वे व्यक्ति ही दे सकते हैं, जो यह जानते हैं कि वे क्या चाहते हैं तथा उन्हें बाज़ार में से अपने लिए कौन-सी आवश्यक वस्तु लेनी है? ऐसे व्यक्ति अपनी आवश्यकता की ही वस्तुएँ बाज़ार से खरीदते हैं। बाज़ार की सार्थकता इसी में है कि वह लोगों की आवश्यकता की पूर्ति करे। समझदार ग्राहक ही बाज़ार को सार्थकता दे पाते हैं।

5. "बाजार में कभी-कभी आवश्यकता ही शोषण का रूप धारण कर लेती है।"- इस कथन को उदाहरण सहित 'बाज़ार-दर्शन' पाठ के आधार पर सिद्ध कीजिए। **CBSE 2025**

उत्तर 'बाजार में आवश्यकता शोषण का रूप तब धारण कर लेती है, जब व्यापारी उपभोक्ताओं की आवश्यकताओं का अनुचित लाभ उठाते हैं। 'बाजार दर्शन' में लेखक बताते हैं कि कैसे संकट के समय वस्तुओं के दाम बढ़ा दिए जाते हैं, विज्ञापनों द्वारा अनावश्यक वस्तुओं को आवश्यक बना दिया जाता है और आकर्षक ऑफर के नाम पर लोगों को लूटा जाता है। उदाहरणस्वरूप, महामारी में मास्क और दवाइयों के दाम बढ़ जाना बाजार की शोषणकारी प्रवृत्ति को दर्शाता है।

6. 'बाज़ार दर्शन' पाठ के आधार पर बताइए कि पैसे की पावर का रस किन दो रूपों में प्राप्त किया जाता है? **CBSE Diksha**

उत्तर पैसे की पावर का असली रस 'पर्चेज़िंग पावर' में है। पैसे की पावर से खरीदे गए मकान, संपत्ति दूर से ही दिखाई पड़ते हैं। दूसरे, संयमी लोग पैसे की बचत करके पैसे की पावर का रस प्राप्त करते हैं। पैसा एकत्रित होने पर हम आवश्यकता पड़ने पर उसका उपयोग भी कर सकते हैं और हमें किसी से सहायता माँगने की भी ज़रूरत नहीं पड़ती।

7. 'बाज़ार दर्शन' पाठ में बाज़ार को 'शैतान का जाल' क्यों कहा गया है? **CBSE Diksha, CBSE 2023**

उत्तर 'बाज़ार दर्शन' पाठ में लेखक जब अपने मित्र से फिजूल सामान खरीदने का कारण पूछता है, तो वे बाज़ार को दोष देते हुए कहते हैं कि यह बाज़ार तो शैतान का जाल है, क्योंकि इस बाज़ार को इस तरह आकर्षक तरीके से रखा जाता है कि आदमी आकर्षित हुए बिना नहीं रह सकता है। बाज़ार सभी को मूक आमंत्रित करता है, जिससे ग्राहक की उस वस्तु को लेने की तीव्र इच्छा जागृत हो जाती है और वह बाज़ार की गिरफ्त में आ जाता है।

8. 'बाज़ार दर्शन' पाठ में लेखक ने किस बाज़ार को मानवता के लिए विडंबना कहा है?

उत्तर 'बाज़ार दर्शन' पाठ में लेखक बताता है कि जब लोग आवश्यकता से अधिक सब कुछ खरीदने का दंभ भरते हैं और अपनी पर्चेजिंग पावर से बाज़ार को पैसे की विनाशक शक्ति देते हैं। ऐसे बाज़ार में छल-कपट, लूट-खसोट और मनमाना व्यवहार बढ़ता है और वह बाज़ार होने का महत्त्व खो देता है। धनवान लोग जब अपनी क्रय-शक्ति का प्रदर्शन कर बाज़ार को शैतानी शक्ति और व्यंग्य शक्ति प्रदान करते हैं, वह बाज़ार मानवता के लिए दुर्भाग्यपूर्ण बन जाता है। वही बाज़ार मानवता के लिए विडंबना सिद्ध होता है।

9. क्या कारण है कि लेखक ने पैसे को ही पावर कहा है?

उत्तर लेखक ने पैसे को ही वास्तविक पावर बताया है, क्योंकि इससे ही व्यक्ति वस्तुएँ खरीद सकता है। पैसे की क्रय-शक्ति के कारण ही हम अपनी आवश्यकताएँ एवं इच्छाएँ पूरी कर सकते हैं। पैसों के अभाव में व्यक्ति

को मन मारकर संसार में रहना पड़ता है। इसलिए लोगों के पास यदि अत्यधिक पैसा होता है, तो वे गर्व महसूस करते हैं। इसी कारण लेखक ने पैसे को ही पावर कहा है।

10. मूक आमंत्रण से किस प्रकार की चाह जगती है? उस चाह में आदमी क्या महसूस करने लगता है?

उत्तर मूक आमंत्रण से बाज़ार अपने आकर्षण से ग्राहकों को अपनी ओर खींचता है। इस आमंत्रण से व्यक्ति को लगता है कि उसके पास जो वस्तुएँ हैं, वे उसकी आवश्यकता के अनुसार कम हैं। अतः वह और वस्तुएँ खरीदने का विचार करने लगता है। वह महसूस करने लगता है कि उसे बाज़ार जाकर और सामान खरीदना चाहिए। अतः मूक आमंत्रण से वह और अधिक वस्तुओं की कामना करने लगता है।

11. बाज़ार का कौन-सा पहलू व्यक्ति को अपनी ओर खींचता है?

उत्तर लेखक के अनुसार, व्यक्ति को शॉपिंग मॉल सबसे अधिक आकर्षित करते हैं। ये आकर्षण के केंद्र हैं। शॉपिंग मॉल की सजावट देखकर व्यक्ति प्रभावित हो जाता है। वह मॉल की चकाचौंध देखकर इतना मुग्ध हो जाता है कि वह अनावश्यक वस्तुएँ भी खरीदने लगता है।

ऐसे आकर्षण से वह अपना ही नुकसान कर बैठता है और ये बातें उसे बाद में समझ आती हैं। इससे एक तो व्यक्ति का बजट बिगड़ जाता है और दूसरा, उसकी इच्छाएँ बढ़ जाती हैं, जिन पर उसका नियंत्रण करना मुश्किल हो जाता है।

12. भगत जी के बारे में लेखक का क्या विचार है?

उत्तर भगत जी, लेखक के पड़ोस में कई वर्षों से रहते हैं। वे चूर्ण (चूरन) बेचते हैं और उनका चूर्ण हाथों-हाथ बिक जाता है, पर चूर्ण से उन्होंने कभी भी छः आने से अधिक कमाई नहीं की, क्योंकि वे न तो चूर्ण को थोक में देते हैं और न ही व्यापारियों को बेचते हैं, जबकि सभी उनका चूर्ण लेने के लिए उत्सुक रहते हैं। कभी भी चूर्ण में लापरवाही नहीं हुई और इस चूर्ण से कोई बीमार नहीं हुआ। लेखक साधारण व्यक्ति भगत जी को श्रेष्ठ विद्वानों में शामिल करता है।

13. 'बाज़ार दर्शन' के आधार पर 'पैसे की व्यंग्य शक्ति' को सोदाहरण समझाइए। **CBSE Diksha**

अथवा **'बाज़ार दर्शन' पाठ के संदर्भ में 'पैसे की व्यंग्य शक्ति' का आशय स्पष्ट करते हुए लिखिए कि सर्वसाधारण पर इसका क्या प्रभाव पड़ता है और कैसे लोग इससे अप्रभावित रहते हैं।**

उत्तर पैसे की व्यंग्य-शक्ति का मनुष्य की चेतना पर अवश्य ही कुछ-न-कुछ प्रभाव पड़ता है, जैसे व्यक्ति सड़क पर चल रहा है और उसके आगे से धूल उड़ाती हुई मोटरकार निकल जाए, तो वह सोचने लगता है कि काश! मैं भी अमीर माँ-बाप के यहाँ पैदा होता, तो मोटरगाड़ी में ही बैठकर जाता। अतः उस व्यक्ति पर पैसे की व्यंग्य-शक्ति का विशेष प्रभाव पड़ा है, लेकिन भगत जी जैसे कुछ श्रेष्ठ विद्वानों पर पैसों की व्यंग्य-शक्ति का असर बिलकुल नहीं हो पाता।

14. भगत जी बाज़ार को सार्थकता और समाज को शांत कैसे कर रहे हैं? 'बाज़ार दर्शन' पाठ के आधार पर बताइए।

उत्तर भगत जी का अपने मन पर पूर्ण नियंत्रण है। बाज़ार का जादू उनके मन पर प्रभाव नहीं डाल पाता। बाज़ार में उनकी आँखें खुली रहती थीं, पर मन भरा होने के कारण उनका मन अनावश्यक चीज़ें खरीदने के लिए नहीं मचलता। भगत जी जैसे व्यक्ति ही बाज़ार को सार्थकता प्रदान करते हैं। भगत जी के आचरण से प्रभावित होकर लोग अनावश्यक स्पर्द्धा में नहीं पड़ेंगे। वे व्यर्थ की वस्तुएँ खरीदने बाज़ार नहीं जाएँगे। इससे आपसी झगड़ों में कमी आएगी और समाज में शांति का वातावरण स्थापित हो जाएगा।

दीर्घ उत्तरीय प्रश्न

1. 'पर्चेज़िंग पावर' से आप क्या समझते हैं? स्पष्ट कीजिए।

अथवा **बाज़ार के बाज़ारूपन में 'पर्चेज़िंग पावर' की भूमिका को स्पष्ट कीजिए।**

अथवा **'बाज़ार दर्शन' पाठ में आए 'पर्चेज़िंग पावर' से आप क्या समझते हैं? इसका सकारात्मक उपयोग कैसे किया जा सकता है?** **CBSE 2023**

अथवा **पर्चेजिंग पावर से क्या तात्पर्य है? बाज़ार पर इसका क्या प्रभाव पड़ता है?** **CBSE 2024**

अथवा **'बाज़ार दर्शन' पाठ के आधार पर लिखिए कि पर्चेजिंग पावर से क्या अभिप्राय है? यह किस रूप में दिखाई देता है?**

उत्तर 'पर्चेज़िंग पावर' का अर्थ है— पैसे की वह पावर, जिससे आप कभी भी महँगी-से-महँगी वस्तुएँ खरीद सकते हैं। मॉल की संस्कृति, सामान्य बाज़ार और हाट की संस्कृति सभी 'पर्चेज़िंग पावर' से चलते हैं। मॉल की संस्कृति में लगभग सभी प्रकार की वस्तुएँ एक ही स्थान पर ऊँची कीमतों में मिल जाती हैं। ग्राहक भी धनाढ्य वर्ग के होते हैं। अतः वे महँगी कीमत पर भी सामान खरीदने को तैयार हो जाते हैं, इसलिए 'पर्चेज़िंग पावर' का असली रूप तो मॉल में ही दिखाई देता है। जिनके पास पर्चेजिंग पावर है, वे बाज़ार की चकाचौंध का शिकार हो जाते हैं और बाज़ार की अनावश्यक वस्तुएँ खरीदकर अपने मन की शांति को भंग करते हैं। वास्तव में, बाज़ारवाद की अवधारणा इसी पर्चेजिंग पावर पर ही टिकी हुई है। अतः व्यक्ति को सोच-समझकर उचित निर्णय लेकर अपनी 'पर्चेजिंग पावर' को उपयोग में लाना चाहिए।

2.. 'बाज़ार का जादू' किस प्रकार हमें आकर्षित करता है। इसकी जकड़ से बचने का सीधा-सा उपाय क्या है?

अथवा **बाज़ार की चकाचौंध का व्यक्ति के मन-मस्तिष्क पर क्या प्रभाव पड़ता है? इस चकाचौंध से किस प्रकार बचा जा सकता है? 'बाज़ार दर्शन' पाठ के आधार पर लिखिए।** **CBSE 2023**

उत्तर जब बाज़ार का जादू चढ़ता है, तब हम भिन्न-भिन्न प्रकार की वस्तुओं को खरीदना चाहते हैं। फिर चाहे वे हमारे काम की हों या न हों। मन खाली होने पर बाज़ार की अनेक चीज़ों का निमंत्रण हम तक पहुँच जाता है, परंतु जब यह जादू उतरता है, तो पता चलता है कि फैंसी चीज़ें आरामदायक नहीं हैं, बल्कि वे बाधा ही उत्पन्न करती हैं। हाँ, इससे मन को थोड़ी देर के लिए संतुष्टि अवश्य मिल जाती है। इसकी जकड़ से बचने का सरल उपाय यह है कि आप बाज़ार में तब जाएँ, जब आपको अपनी आवश्यकताओं का पूर्ण ज्ञान हो अन्यथा आप फिर बाज़ार के जादू में फँस जाएँगे।

3. लेखक बाज़ार को किस रूप में देखता है? क्या आप उसके निष्कर्ष से सहमत हैं?

अथवा **'बाज़ार में एक जादू है' कथन का आशय स्पष्ट कीजिए और यह जादू कैसे काम करता है?**

उत्तर लेखक बाज़ार को एक जादू के रूप में देखता है। वह कहता है कि जिस प्रकार चुंबक का जादू लोहे पर ही चलता है, वैसे ही इस जादू का असर

तब भरपूर मात्रा में होता है, जब व्यक्ति की जेब भरी हो और मन खाली हो या फिर जेब खाली हो और मन भरा न हो। यदि मन खाली है, तो अनेक प्रकार की वस्तुएँ व्यक्ति को आमंत्रित करती रहेंगी। यह सब बाज़ार के जादू का ही असर है। उपभोक्ता बाज़ार की चकाचौंध अथवा सजी-धजी वस्तुओं के आकर्षक रूप को देखकर उसके वश में हो जाता है। यह जादू आँखों के रास्ते काम करता है, जिससे उपभोक्ता व्यर्थ की चीजें खरीदने के लिए ललचाया रहता है। लेखक ने जादू की जकड़ से बचने के लिए बिलकुल सही रास्ता बताया है और वह है कि व्यक्ति को बाज़ार तभी जाना चाहिए, जब उसे अपनी आवश्यकता के बारे में पूर्ण जानकारी हो, बिलकुल भगत जी की तरह, क्योंकि अपनी आवश्यकता का ज्ञान होने पर ही हम बाज़ार को तथा बाज़ार हमें वास्तविक लाभ दे पाएगा।

4. 'बाज़ार दर्शन' के लेखक ने भगत जी का उदाहरण क्यों दिया है? स्पष्ट कीजिए।

उत्तर बाज़ार दर्शन के लेखक ने भगत जी का उदाहरण देते हुए पाठकों को यह समझाने का प्रयत्न किया है कि किस तरह बाज़ार के जादू से बचा जा सकता है। बाज़ार में नकारात्मक प्रभावों को उपभोक्ता भगत जी की तरह बेअसर कर सकता है। भगत जी पर बाज़ार की चकाचौंध अपना प्रभाव नहीं डाल सकी। वह खुली आँख, तुष्ट मन और मग्न भाव से चौक बाज़ार से चले जाते हैं और एक छोटी-सी पंसारी की दुकान से अपनी आवश्यकता की चीज़ केवल जीरा एवं नमक खरीदते हैं। उनके लिए अपनी आवश्यकताएँ बिलकुल स्पष्ट हैं। वे बाज़ार में भटकते नहीं हैं।

यह उनके व्यक्तित्व का एक सशक्त पक्ष है। उनका आचरण निश्चित रूप से बाज़ार में शांति स्थापित करने में मददगार हो सकता है। ऐसा आचरण करने वाला व्यक्ति ही बाज़ार से सच्चा लाभ उठा सकता है तथा बाज़ार को सच्चा लाभ दे भी सकता है। संयमित व्यवहार एवं सुस्थिर मानसिकता के बल पर ही आज का मनुष्य बाज़ार के शोषण से मुक्त रह सकता है।

5. बाज़ार में लेखक को चूरन वाले का व्यक्तित्व किस प्रकार प्रभावित करता है?

उत्तर चूरन बेचने वाले भगत जी लेखक के पड़ोस में ही रहते थे। वे लेखक को जय राम किया करते थे। लेखक भी उत्तर में जय राम कहते थे। भगत जी को रास्ते में बहुत-से लोग मिलते थे। वे सभी का सम्मान किया करते थे।

लेखक देखता है कि खुली आँख, तुष्ट मन और मग्न भाव से वह चौक बाज़ार से चलते चले जाते हैं। राह में बड़े-बड़े फैंसी स्टोर पड़ते हैं, पर वे पड़े ही रह जाते हैं। वे रुकते हैं, तो एक छोटी पंसारी की दुकान पर। ज़रूरत भर जीरा और नमक वहाँ से ले लिया। उनके लिए सारा चौक लगभग नहीं के बराबर हो जाता है। भगत जी का यही संतुलित व्यक्तित्व लेखक को प्रभावित करता है।

6. भगत जी के व्यक्तित्व पर रोशनी डालिए।

अथवा **भगत जी के चरित्र की विशेषताओं पर प्रकाश डालिए? CBSE Diksha**

उत्तर भगत जी लेखक के पड़ोस में रहने वाले एक उत्तम श्रेणी के विद्वान् हैं। वे संभवतः अशिक्षित हैं तथा उन्हें अक्षरों का भी ज्ञान शायद नहीं है, पर उनके पास विद्वानों जैसा संतोष का धन है। भगत जी ने संग्रह, तृष्णा, लोभ जैसी भावनाओं पर विजय प्राप्त कर ली थी। वे बाज़ार के आकर्षणों से मुक्त थे। उनके अनुसार व्यापार आवश्यकताओं की पूर्ति का साधन मात्र है। वे अपना चूरन केवल छः आने तक का ही बेचते हैं, क्योंकि उसे वे अपनी आवश्यकता मानते हैं। उन्हें पैसे को जोड़ने की इच्छा नहीं थी। उनका जीवन प्रतिदिन छः आने के चूरन बेचने से सुचारू रूप से चल जाता है। अतः इसके बाद वे चूरन गरीब बच्चों में मुफ़्त में बाँट देते हैं। इसलिए लेखक, भगत जी की गिनती अशिक्षित होने पर भी श्रेष्ठ विद्वानों में करता है।

7. भूमंडलीकरण के इस दौर में भगत जी जैसे लोग क्या प्रेरणा देते हैं? 'बाज़ार दर्शन' के आधार पर उत्तर दीजिए।

अथवा **"बाज़ारवाद के इस युग में भगत जी जैसा दृष्टिकोण मार्गदर्शन करता है"–पक्ष या विपक्ष में तर्क दीजिए।**

उत्तर भूमंडलीकरण के इस दौर में भगत जी जैसे लोग प्रेरणादायी हैं, जो मार्गदर्शक के रूप में कार्य करते हैं। भगत जी का अपने मन पर पूर्ण नियंत्रण है। बाज़ार का जादू उनके मन पर प्रभाव नहीं डाल पाता। बाज़ार में उनकी आँखें खुली रहती थीं, पर मन भरा होने के कारण उनका मन अनावश्यक चीज़ें खरीदने के लिए मचलता नहीं था।

भगत जी जैसे व्यक्ति ही बाज़ार को सार्थकता प्रदान करते हैं। भगत जी के आचरण से प्रभावित होकर लोग अनावश्यक स्पर्द्धा में नहीं पड़ेंगे। वे व्यर्थ की वस्तुएँ खरीदने बाज़ार नहीं जाएँगे और इससे आपसी झगड़ों में कमी आएगी और समाज में शांति का वातावरण स्थापित हो जाएगा।

8. लेखक ने अर्थशास्त्र को अनीतिशास्त्र क्यों कहा है? उदाहरण देकर समझाइए।

अथवा **बाज़ार का पोषण करने वाले अर्थशास्त्र को क्या नाम दिया गया है?**

उत्तर 'बाज़ार दर्शन' पाठ का लेखक बाज़ार का पोषण करने वाले अर्थशास्त्र को अनीतिशास्त्र का नाम दिया है, जो बाज़ार के बाज़ारूपन को, कपट को, लोभ-लालच को बढ़ावा देता है। लेखक इसका उदाहरण देते हुए कहता है कि कपट की प्रवृत्ति बढ़ने का अर्थ है—परस्पर सद्भाव का घटना। सद्भाव का ह्रास होने के कारण ही दो भाई या दो सहृदय पड़ोसी भी आपस में कोरे ग्राहक एवं दुकानदार की तरह व्यवहार करते हैं।

ऐसा लगता है मानों दोनों एक-दूसरे को ठगने की घात में हों। एक की हानि में दूसरे को अपना लाभ दिखता है। ऐसे बाज़ार में कपटी सफल होता है और निष्कपटी शिकार हो जाता है।

9. बाज़ार जाते समय आपको किन-किन बातों का ध्यान रखना चाहिए? 'बाज़ार दर्शन' पाठ के आधार पर उत्तर दीजिए। CBSE 2024

उत्तर बाज़ार जाते समय हमें तार्किक एवं बौद्धिक दृष्टिकोण रखना चाहिए अन्यथा अनावश्यक वस्तुओं की खरीदारी की आशंका रहती है। हमें अनावश्यक वस्तुओं की खरीदारी से बचना चाहिए।

इसके लिए हमें निम्न बिंदुओं पर ध्यान देना चाहिए

(i) बाज़ार जाते समय पर्चेज़िंग पावर के प्रति सतर्क रहना चाहिए। प्रायः पैसे की गर्मी के कारण हम अनावश्यक वस्तुओं की खरीदारी कर लेते हैं, अतः इससे बचना चाहिए।

(ii) कई बार बाज़ार का आकर्षक रूप भी हमें अनावश्यक वस्तुओं की खरीदारी के लिए उत्तेजित करता है। अतः इसके प्रति सतर्क रहना चाहिए।

(iii) बाज़ार जाते समय कभी भी मन को खाली नहीं रखना चाहिए। बिना किसी लक्ष्य के बाज़ार जाने पर प्रायः अनेक वस्तुओं की चाहत हमें घेर लेती है। इससे बचना आवश्यक है।

अतः हमें खरीदारी के लिए तभी बाज़ार जाना चाहिए, जब हमें अपनी आवश्यकता का पूर्ण-ज्ञान हो, अन्यथा बाज़ार के जादू में फँसने की संभावना रहती है।

स्व-मूल्यांकन

गद्यांश पर आधारित बहुविकल्पीय प्रश्न

निम्नलिखित गद्यांश को ध्यानपूर्वक पढ़कर पूछे गए बहुविकल्पीय प्रश्नों के लिए सर्वाधिक उपयुक्त विकल्प का चुनाव कीजिए।

1. **पैसे की व्यंग्य-शक्ति की सुनिए। वह दारुण है। मैं पैदल चल रहा हूँ कि पास ही धूल उड़ाती निकल गई मोटर। वह क्या निकली मेरे कलेजे को कौंधती एक कठिन व्यंग्य की लीक ही आर-से-पार हो गई। जैसे किसी ने आँखों में उँगली देकर दिखा दिया हो कि देखो, उसका नाम है मोटर और तुम उससे वंचित हो! यह मुझे अपनी ऐसी विडंबना मालूम होती है कि बस पूछिए नहीं। मैं सोचने को हो आता हूँ कि हाय, ये ही माँ-बाप रह गए थे, जिनके यहाँ मैं जन्म लेने को था! क्यों न मैं मोटरवालों के यहाँ हुआ! उस व्यंग्य में इतनी शक्ति है कि ज़रा में मुझे अपने सगों के प्रति कृतघ्न कर सकती है, लेकिन क्या लोक-वैभव की यह व्यंग्य-शक्ति उस चूरन वाले अकिंचित्कर मनुष्य के आगे चूर-चूर होकर ही नहीं रह जाती? चूर-चूर क्यों, कहो पानी-पानी। तो वह क्या बल है, जो इस तीखे व्यंग्य के आगे अजेय ही नहीं रहता, बल्कि मानो उस व्यंग्य की क्रूरता को ही पिघला देता है?**

(क) **कथन** (A) पैसे की व्यंग्य शक्ति का मनुष्य की चेतना पर प्रभाव पड़ता है।

कारण (R) भगत जी पर भी पैसे की व्यंग्य शक्ति का असर हो जाता है।

कूट

(i) कथन (A) और कारण (R) दोनों सही हैं तथा कारण (R), कथन (A) की सही व्याख्या करता है।
(ii) कथन (A) और कारण (R) दोनों सही हैं, परंतु कारण (R), कथन (A) की सही व्याख्या नहीं करता है।
(iii) कथन (A) सही है, किंतु कारण (R) गलत है।
(iv) कथन (A) गलत है, किंतु कारण (R) सही है।

(ख) लेखक के अनुसार, वह कौन-सी शक्ति है, जो अपने सगों के प्रति कृतघ्न कर सकती है?

(i) बल की शक्ति (ii) बौद्धिक शक्ति
(iii) पैसे की व्यंग्य शक्ति (iv) मोटर साइकिल की शक्ति

(ग) लेखक के अनुसार धूल उड़ाती हुई मोटरगाड़ी हृदय पर .... छोड़ जाती है।

(i) व्यंग्य लीक (ii) धूल
(iii) अहंकार (iv) अपनत्व

(घ) पैसे की व्यंग्य शक्ति किस शक्ति के आगे चूर-चूर हो जाती है?

(i) नैतिक सबलता
(ii) धार्मिक विश्वास
(iii) अध्यात्मिकता
(iv) ये सभी

(ङ) मोटरगाड़ी से वंचित होना लेखक को क्या प्रतीत होता है?

(i) प्रतिष्ठा
(ii) विडंबना
(iii) आकर्षण
(iv) निर्धनता

उत्तर

(क) (iii) कथन (A) सही है, किंतु कारण (R) गलत है।
(ख) (iii) पैसे की व्यंग्य शक्ति
(ग) (i) व्यंग्य लीक
(घ) (i) नैतिक सबलता
(ङ) (ii) विडंबना

विषय-वस्तु पर आधारित प्रश्न

लघु उत्तरीय प्रश्न

1. संयमी स्वभाव के लोग पैसे के प्रति क्या प्रभाव रखते हैं?
2. बाज़ार कब कृतार्थ हो पाएगा?
3. भगत जी मुफ्त में बालकों को चूरन कब बाँटते थे?
4. पैसों में कितनी शक्ति है? लेखक के अनुसार बताइए।

दीर्घ उत्तरीय प्रश्न

1. मनीबैग का अर्थ स्पष्ट करते हुए बताइए कि लेखक के मित्र द्वारा मनीबैग फैला देना उसकी किस मानसिकता का परिचायक है?
2. लेखक के अनुसार बाज़ार मनुष्य को कैसा बना देता है?
3. लेखक के अनुसार ऊँचे बाज़ार का आमंत्रण कैसा होता है तथा उससे किस प्रकार की अभिलाषा उत्पन्न होती है?
4. लेखक ने कैसे बाज़ार को मानवता के लिए विडंबना माना है?

12

अध्याय

कवि-परिचय

धर्मवीर भारती का जन्म वर्ष 1926 में इलाहाबाद (अब प्रयागराज), उत्तर प्रदेश में हुआ था। आज़ादी के बाद के साहित्यकारों में इनका विशिष्ट स्थान रहा। उनका सर्वाधिक लोकप्रिय उपन्यास 'गुनाहों का देवता' भावप्रवण प्रेमकथा के रूप में विख्यात है। इन्होंने साहित्य की भिन्न-भिन्न विधाओं में रचना की है, जो इस प्रकार हैं

काव्य रचना कनुप्रिया, सात-गीत वर्ष, ठंडा लोहा।

कहानी-संग्रह बंद गली का आखिरी मकान।

उपन्यास सूरज का सातवाँ घोड़ा, गुनाहों का देवता।

गीतिनाट्य अंधा युग।

निबंध संग्रह पश्यंती, कहनी-अनकहनी, ठेले पर हिमालय।

धर्मवीर भारती पद्मश्री, व्यास सम्मान एवं साहित्य के अनेक अन्य राष्ट्रीय पुरस्कार से सम्मानित किए जा चुके हैं। भारती जी का वर्ष 1997 में निधन हो गया।

▼ **अध्ययन के लिए**
- पाठ की रूपरेखा
- पाठ का सार

▼ **अभ्यास के लिए**
- पाठ्यपुस्तक के प्रश्नोत्तर
- गद्यांश पर आधारित बहुविकल्पीय प्रश्न
- लघु उत्तरीय प्रश्न
- दीर्घ उत्तरीय प्रश्न

काले मेघा पानी दे

(धर्मवीर भारती)

पाठ की रूपरेखा

प्रस्तुत पाठ में लेखक ने लोक में प्रचलित विश्वास तथा विज्ञान के द्वंद्व को चित्रित किया है। इस पाठ में लेखक और उसकी जीजी क्रमशः विज्ञान और विश्वास के प्रतीक हैं। लेखक विज्ञान को मानने वाला है, लेकिन समाज के रीति-रिवाज़ों को भी महत्त्व देता है। लेखक का मानना है कि जिन चुनौतियों का हल विज्ञान नहीं निकाल पाता, उसका हल भी समाज ढूँढने का प्रयास करता रहता है।

प्रस्तुत संस्मरण में लेखक का मानना है कि विज्ञान का अपना तर्क है और विश्वास की अपनी सामर्थ्य। इसमें कौन कितना सार्थक है, यह प्रश्न पढ़े-लिखे समाज को उद्वेलित करता रहता है। इस पाठ से यह निष्कर्ष निकालना बहुत कठिन है कि विज्ञान का सत्य बड़ा है या सहज प्रेम का रस या दोनों?

पाठ का सार

बचपन और अंधविश्वास

'काले मेघा पानी दे' नामक पाठ लेखक धर्मवीर भारती द्वारा रचित संस्मरण विधा की एक रचना है। आषाढ़ के महीने में जब पखवाड़े भर बारिश नहीं होती, तो किशोरावस्था वाले लड़कों की 'इंदर सेना' घर-घर जाकर पानी माँगती है। 'बोल गंगा मैया की जय' का जयकारा लगाते ये लड़के निम्न पंक्तियाँ गाते हैं

"काले मेघा पानी दे
गगरी फूटी बैल पियासा
पानी दे, गुड़धानी दे
काले मेघा पानी दे।"

पानी की कमी होते हुए भी महिलाएँ सहेजकर रखा हुआ पानी उन पर डाल देती हैं। पानी डालने के बाद फिर कीचड़ में लेटने से इन बालकों के हाथ-पैर, पेट, बदन, मुख सब मिट्टी में लिपट जाते हैं। इनके इसी रूप को देखकर कुछ लोगों ने इन्हें 'मेंढक-मंडली' का नाम दे दिया।

अनावृष्टि से आशंकित गाँव

बारिश न होने के कारण तालाब सूख जाते हैं, पशु-पक्षी प्यासे मरने लगते हैं, घरों के कुओं में भी पानी नहीं रहता। ऐसे में गाँव-गाँव में पानी के बिना कोहराम मच जाता है। बारिश न होने के कारण लोग इसकी प्रार्थना करते हुए पूजा-पाठ भी करते हैं और यदि इतने पर भी वर्षा नहीं होती, तो इंदर सेना बादलों से पानी माँगने के लिए निकल पड़ती है। ऐसे में लेखक सोचता है कि जब पानी की घर-घर में इतनी कमी हो, तो महिलाएँ इंदर सेना पर पानी डालकर अपना अंधविश्वास ही प्रदर्शित करती हैं।

कुमार-सुधार सभा

लेखक आर्य समाजी होने के साथ ही कुमार-सुधार सभा का उपमंत्री भी था, इसीलिए उसमें समाज को सुधारने का जोश है। अंधविश्वासों के विरुद्ध उसके पास सबल तर्क है। वह सभी रीति-रिवाज़ों, पूजा-अनुष्ठानों को अंधविश्वास मानता है। वह इन सबको पूर्णत: समाप्त होते देखना चाहता है। वह समाज में फैले दकियानूसी विचारों को जड़ से उखाड़ना चाहता है।

जीजी का लेखक के प्रति अपनापन

लेखक की एक जीजी थी, जिनकी उम्र लेखक की माँ की उम्र से भी अधिक थी। वह लेखक को बहुत लाड़-प्यार करती थी। जिन बातों को जीजी मान-सम्मान देती थी, लेखक उनको अंधविश्वास कहता था। लेखक भी सभी त्योहारों तथा पूजा-अनुष्ठानों में उनकी मदद करता था। लेखक जीजी के तर्कों के सामने निरुत्तर हो जाता था। जीजी के आग्रह के बाद भी लेखक ने न तो इंदर सेना पर पानी फेंका और न ही जीजी के लड्डू-मठरी खाए और कुछ समय तक उसने जीजी से बात भी नहीं की।

इंदर सेना पर पानी फेंकने के विषय में जीजी के तर्क

- यह पानी की बर्बादी नहीं, यह पानी का अर्घ्य है।
- कुछ पाना है, तो पहले कुछ देना होता है। दान को सबसे महान कहा गया है। दान के लिए त्याग करना अनिवार्य है।
- अभाव की स्थिति में किया गया दान ही सच्चा त्याग होता है। सूखे में हमारे द्वारा फेंका गया पानी ही, पानी की बुवाई है।
- हम पानी देकर बीज बोते हैं अर्थात् यह पानी का बीज है, तब काले बादलों से पानी माँगते हैं। पहले खुद दो, तो देवता तुम्हें चौगुना, आठ गुना करके लौटाएँगे।
- एक व्यक्ति का आचरण ही सबका आचरण बनता है।

पचास वर्ष के बाद लेखक के विचार

पचास वर्ष के बाद लेखक यह सोचता है कि हम देश के लिए क्या कर रहे हैं? राजनीतिक स्वतंत्रता मिलने के बाद भी हमें अपने देश के संस्कारों की समझ अभी तक नहीं आई है। हमारी स्थिति माँगने की तो हर समय बनी रहती है, किंतु त्याग करने से हम पीछे हट जाते हैं।

लेखक कहता है कि आज आदमी अत्यधिक स्वार्थी हो गया है। ये बातें लेखक के मन को कचोटती हैं। हम चारों ओर फैल रहे भ्रष्टाचार को लेकर बातें करते हैं, लेकिन कभी यह नहीं देखते कि कहीं हम भी तो भ्रष्टाचार के शिकार नहीं बन रहे हैं? यदि हम सोचें तो एक स्तर पर हम सभी स्वयं को उसी भ्रष्टाचार का अंग बना हुआ पाते हैं। काले मेघा दल-के-दल उमड़ते हैं, पानी झमाझम बरसता है, पर गगरी फूटी-की-फूटी ही है। बैल प्यासे-के-प्यासे ही रह जाते हैं, आखिर कब बदलेगी यह स्थिति? लेखक इन्हीं सब प्रश्नों से अपने आपको घिरा पाता है।

शब्दार्थ

इंदर सेना—इंद्र के सिपाही, **मेंढक-मंडली**—कीचड़ में रहने वाले मेंढकों की सभा, **नग्नस्वरूप**—बिलकुल नंगे, **काँदो**—कीचड़, **अगवानी**—स्वागत, **छज्जा**—छत पर आगे को निकली मुँडेर, **बारजा**—छत पर मुँडेर के साथ वाली जगह, **समवेत**—सामूहिक, **गुड़धानी**—गुड़ और चने से बना एक प्रकार का लड्डू, **जेठ**—जून का महीना, **हाँक**—ज़ोर की आवाज़, **मंडली बाँधना**—समूह बनाना, **टेरते**—पुकारते, **दसतपा**—तपते दस दिन, **पखवाड़ा**—पंद्रह दिन का समय, **क्षितिज**—आकाश का वह संधिस्थल, जहाँ धरती और आकाश मिलते-से प्रतीत होते हैं।

ढोर-ढंगर—पशु , **निर्मम**—कठोर/क्रूर।

कायम होना—स्थापित होना, **तरकस में तीर रखना**—विनाश करने को व्याकुल रहना, **प्राण बसना**—प्रिय होना, **सतिया**—स्वास्तिक का निशान, **पँजीरी**—गेहूँ और गुड़ के आटे से बरफी की आकृति बनाना, **हर-छठ**—जन्माष्टमी के दो दिन पूर्व मनाया जाने वाला पर्व (पूर्वी उत्तर प्रदेश से संबंधित), **कुल्ही**—मिट्टी का छोटा बर्तन, **भूजा**—भुना हुआ अन्न, **अरवा चावल**—ऐसा चावल, जिसे धान को बिना उबाले निकाला गया हो, **अर्घ्य**—जल चढ़ाना।

किला पस्त—हार जाना, **कचोटना**—बुरा लगना, **चटकारे लेना**—मजे लेना, **दायरा**—सीमा, **अंग बनना**—हिस्से बनना।

पाठ्यपुस्तक (आरोह भाग-2) के प्रश्नोत्तर

पाठ के साथ

1. लोगों ने लड़कों की टोली को मेंढक-मंडली नाम किस आधार पर दिया? यह टोली अपने आपको 'इंदर सेना' कहकर क्यों बुलाती थी?

अथवा **'काले मेघा पानी दे' पाठ के आधार पर लिखिए कि इंदर सेना को लेखक 'मेंढक-मंडली' क्यों कहता था?** **CBSE 2024**

उत्तर इंदर सेना या मेंढक-मंडली, ये दोनों ही नाम लड़कों की टोली के लिए प्रचलित हैं। ये दोनों नाम एक-दूसरे के बिलकुल विपरीत लगते हैं। जो लोग उनके नग्न स्वरूप शरीर, उनकी उछल-कूद, उनके शोर-शराबे और उनके कारण गली में होने वाले कीचड़-काँदों से चिढ़ते थे, वे उन्हें मेंढक-मंडली कहते थे।

जब यह टोली अनावृष्टि दूर करने के लिए द्वार-द्वार पर पानी माँगने जाती थी, तब उनका तर्क था कि वे इंद्र से पानी माँग रहे होते हैं। वे इंद्र को इसी रूप से पानी का अर्घ्य देंगे, तभी वह प्रसन्न होकर वर्षा करेंगे। इस कारण टोली अपने आपको 'इंदर सेना' कहकर बुलाती थी।

2. जीजी ने इंदर सेना पर पानी फेंके जाने को किस तरह सही ठहराया?

अथवा **'काले मेघा पानी दे' संस्मरण में जीजी ने इंदर सेना पर पानी फेंके जाने को किस तरह सही ठहराया है?**

अथवा **'काले मेघा पानी दे' पाठ के आधार पर सिद्ध कीजिए कि जीजी पर गाँधी का प्रभाव था।** **CBSE 2023**

उत्तर जीजी के अनुसार, इंदर सेना पर पानी फेंका जाना इसीलिए सही है, क्योंकि यह पानी की बर्बादी नहीं है, बल्कि इंद्र भगवान को अर्घ्य देना है। वे कहती हैं कि मनुष्य जो चीज़ पाना चाहता है, पहले उसे देना पड़ता है। इसी कारण दान को बड़ा माना जाता है। दूसरों के कल्याण के लिए दिया गया दान ही फल देता है और सच्चा त्याग तभी कहलाता है, जब आप जिस वस्तु का दान कर रहे हो, वह वस्तु आपके पास अधिक मात्रा में न हो।

इसे ही सही अर्थों में दान माना जाता है। जीजी ने लेखक को आगे समझाते हुए कहा कि ऋषि-मुनियों ने भी यह कहा है कि पहले खुद दो, तभी देवता चौगुना लौटाएँगे। 'यथा राजा तथा प्रजा' यही सत्य है, गाँधीजी महाराज भी यही कहते हैं। यहाँ जीजी की इन बातों से यह भी स्पष्ट होता है कि उन पर गाँधीजी के विचारों का भी प्रभाव था।

3. 'पानी दे, गुड़धानी दे' मेघों से पानी के साथ-साथ गुड़धानी की माँग क्यों की जा रही है?

अथवा **'पानी दे, गुड़धानी दे', 'काले मेघा पानी दे' पाठ के संदर्भ में स्पष्ट कीजिए कि गुड़धानी क्या है और इसकी माँग भी क्यों की जा रही है?** **CBSE 2024**

उत्तर इंदर सेना बादलों से पहले पानी माँगती है और बाद में गुड़धानी। गेहूँ या चने को भूनकर उसे पिघले हुए गुड़ में मिलाकर गुड़धानी बनाई जाती है। वर्षा होगी, तभी गेहूँ, चने, ईख आदि की बुवाई होगी। इन सबके पैदा होने पर ही गुड़धानी बनेगी।

दूसरा, यहाँ गुड़धानी भोजन का प्रतीक है। बादलों से भोजन माँगा जा रहा है, क्योंकि मनुष्य की मूल आवश्यकताओं में हवा के बाद जल और अन्न का स्थान होता है। गुड़धानी का एक अन्य अर्थ प्रसन्नता से लिया जा सकता है।

4. 'गगरी फूटी बैल पियासा' इंदर सेना के इस खेलगीत में बैलों के प्यासा रहने की बात क्यों मुखरित हुई है?

अथवा **'काले मेघा पानी दे' पाठ में 'गगरी फूटी बैल पियासा' कथन के पीछे छिपी वेदना को स्पष्ट कीजिए।**

अथवा **'गगरी फूटी बैल पियासा' से लेखक का क्या आशय है?**

अथवा **"काले मेघा दल के दल उमड़ते हैं, पानी झमाझम बरसता है, पर गगरी फूटी की फूटी रह जाती है, बैल पियासे के पियासे रह जाते हैं।" 'काले मेघा पानी दे' से ली गई पंक्ति का आशय स्पष्ट कीजिए।** **CBSE 2023**

उत्तर वर्षा, पानी, बैल, भोजन सबका पारस्परिक संबंध है। वर्षा से जब पानी मिलता है, तो बैल पानी पीकर खेतों पर जाते हैं। उसके बाद फसल उगेगी, तभी सभी को भोजन मिलेगा। ग्रीष्म ऋतु की असहनीय लू में सभी जीव-जंतु और पेड़-पौधे व्याकुल हो जाते हैं। बैल भी प्यासे ही रह जाते हैं। इन बैलों के कारण ही खेतों में अन्न उगता है।

इसी कारण वर्षा के अभाव में सारी खेती के नष्ट होने का खतरा पैदा हो जाता है। इसलिए इंदर सेना के इस खेलगीत में बैलों की प्यास की बात मुखरित हुई है। लोग इंद्र को भेंट करने के लिए पानी देंगे, तभी इंद्र भगवान प्रसन्न होंगे। इंद्र भगवान के प्रसन्न होने पर ही बैलों की प्यास बुझेगी, तभी खेती संभव होगी और लोगों को अन्न प्राप्त होगा।

5. इंदर सेना सबसे पहले गंगा मैया की जय क्यों बोलती है? नदियों का भारतीय सामाजिक-सांस्कृतिक परिवेश में क्या महत्त्व है?

अथवा **'काले मेघा पानी दे' संस्मरण के किन तीन उदाहरणों द्वारा भारतीय संस्कृति में नदियों के महत्त्व का उल्लेख किया गया है?** **दक्षता आधारित प्रश्न**

उत्तर इंदर सेना सबसे पहले गंगा मैया की जय बोलती है, इसके दो कारण हैं

(i) गंगा मैया को हमारे भारतीय जन-जीवन में विशेष आदर-सम्मान प्राप्त है। प्रत्येक शुभ कार्य करने से पहले सब गंगा मैया का स्मरण करते हैं।

(ii) गंगा पवित्र जल का भंडार है। इंदर सेना के सदस्य इंद्र से भी जल बरसाने की ही प्रार्थना करते हैं—'काले मेघा पानी दे'। इस प्रकार दोनों का संबंध जल से है।

भारतीय सामाजिक-सांस्कृतिक जीवन में नदियों को पूज्य माना जाता है तथा नदियों को माँ की मान्यता दी गई है। प्रमुख औद्योगिक बस्तियाँ, धार्मिक नगर आदि इन नदियों के तट पर ही बसे हुए हैं। नदियों को हमारे यहाँ मोक्षदायिनी माना गया है। नदियों में गंगा का स्थान सर्वोपरि है।

6. रिश्तों में हमारी भावना-शक्ति का बँट जाना विश्वासों के जंगल में सत्य की राह खोजती हमारी बुद्धि की शक्ति को कमज़ोर करती है। पाठ में जीजी के प्रति लेखक की भावना के संदर्भ में इस कथन के औचित्य की समीक्षा कीजिए।

उत्तर विज्ञान किसी भी बात को तर्क के आधार पर सिद्ध करता है, किंतु विश्वास का अपना सामर्थ्य होता है। लेखक आर्य समाजी विचार के थे और वे कुमार-सुधार सभा के उपमंत्री भी थे। वे अंधविश्वासों एवं पाखंडों का पुरजोर विरोध करते थे, परंतु अपनी जीजी के स्नेह के सामने वे असहाय हो जाते थे। जीजी की ममता की छाँह में ज्ञान-विज्ञान की सभी बातें दबकर रह जाती थीं। जब भावनाएँ प्रधान होती हैं, तो वहाँ ज्ञान का स्थान सिमट जाता है। जीजी के सामने लेखक के तरकश में रखे सभी तर्क-बाण विफल हो जाते थे।

पाठ के आसपास

1. क्या इंदर सेना आज के युवा वर्ग का प्रेरणास्रोत हो सकती है? क्या आपके स्मृति कोश में कोई ऐसा अनुभव है, जब युवाओं ने संगठित होकर समाजोपयोगी रचनात्मक कार्य किया हो? उल्लेख करें।

उत्तर हमारे विचार से इंदर सेना आज के युवा वर्ग के लिए प्रेरणास्रोत निश्चित रूप से हो सकती है, क्योंकि इन्हीं से हमारी इस धारणा को शक्ति मिलती है कि एकता में बल है। कोई भी काम अकेले करना बहुत ही मुश्किल है और जब हम साथ मिलकर सामूहिक प्रयास से काम करते हैं, तो सफलताएँ बहुत ही कम समय में हमें प्राप्त होती हैं। उस संदर्भ में मैं अपना एक अनुभव आपको बताना चाहता हूँ।

जब गुजरात में भूकंप आया था और वहाँ के निवासियों का जीवन अत्यंत ही मुश्किल में आ गया था, तब हमारे विद्यालय के विद्यार्थियों ने एक युवा समिति का गठन किया और अनाज, वस्त्र, दैनिक उपयोग की वस्तुएँ आदि एकत्रित करके उसे भूकंप पीड़ितों तक पहुँचाया। अनेक लोगों ने भारी मात्रा में राहत सामग्री भेजकर अपनी मानवीयता का परिचय दिया।

2. तकनीकी विकास के दौर में भी भारत की अर्थव्यवस्था कृषि पर निर्भर है। कृषि-समाज में चैत्र, वैशाख सभी माह बहुत महत्त्वपूर्ण हैं, पर आषाढ़ का चढ़ना उनमें उल्लास क्यों भर देता है?

उत्तर यद्यपि भारतवर्ष तकनीकी विकास की दृष्टि से प्रगति के पथ पर अग्रसर है, परंतु कृषि के क्षेत्र में अभी भी बहुसंख्यक किसान वर्षा पर ही आश्रित हैं। आषाढ़ का महीना केवल कृषक वर्ग के लिए ही प्रसन्नता नहीं लाता, बल्कि वर्षा के आने पर सामान्य जनजीवन भी मोर की तरह खुशी से नाच उठता है। जब धरती की प्यास वर्षा होने पर बुझ जाती है, तभी गर्मी से राहत मिल पाती है।

3. पाठ के संदर्भ में इसी पुस्तक में दी गई निराला की कविता बादल-राग पर विचार कीजिए और बताइए कि आपके जीवन में बादलों की क्या भूमिका है?

उत्तर छात्र स्वयं करें।

4. "त्याग तो वह होता ····· उसी का फल मिलता है।" अपने जीवन के किसी प्रसंग से इस सूक्ति की सार्थकता समझाइए।

उत्तर छात्र अपनी कल्पनाशक्ति का प्रयोग करते हुए स्वयं करें।

5. पानी का संकट वर्तमान स्थिति में भी बहुत गहराया हुआ है। इसी तरह के पर्यावरण से संबद्ध अन्य संकटों के बारे में लिखिए।

उत्तर अध्यापक की सहायता लेते हुए छात्र स्वयं करें।

6. आपकी दादी-नानी किस तरह के विश्वासों की बात करती हैं? ऐसी स्थिति में उनके प्रति आपका रवैया क्या होता है? लिखिए।

उत्तर दादी-नानी की कुछ बातें तो हमारे लिए लाभदायक हैं, जबकि कुछ बातें अंधविश्वासों को जन्म देती हैं; जैसे—छींक आने पर बाहर न जाना, कुत्तों के रोने को अपशकुन मानना, मंगल और शनिवार को तेल न लगाना, सीधी आँख फड़कना, गुरुवार को सिर व कपड़े न धोना इत्यादि। कभी-कभी मेरे मन में इन बातों का विरोध करने का विचार आता है, परंतु उनकी भावनाएँ आहत न हों एवं उनके सम्मान को ठेस न पहुँचे, इसलिए मैं बहुत-सी बातें चुपचाप मानकर उनका पालन करता हूँ।

चर्चा करें

1. बादलों से संबंधित अपने-अपने क्षेत्र में प्रचलित गीतों का संकलन करें तथा कक्षा में चर्चा करें।

उत्तर छात्र स्वयं करें।

2. पिछले 15-20 सालों में पर्यावरण से छेड़छाड़ के कारण भी प्रकृति-चक्र में बदलाव आया है, जिसका परिणाम मौसम का असंतुलन है। वर्तमान बाड़मेर (राजस्थान) में आई बाढ़, मुंबई की बाढ़ तथा महाराष्ट्र का भूकंप या फिर सुनामी भी इसी का नतीजा है। इस प्रकार की घटनाओं से जुड़ी सूचनाओं, चित्रों का संकलन कीजिए और एक प्रदर्शनी का आयोजन कीजिए, जिसमें बाज़ार दर्शन पाठ में बनाए गए विज्ञापनों को भी शामिल कर सकते हैं और हाँ, ऐसी स्थितियों से बचाव के उपाय पर पर्यावरण विशेषज्ञों की राय को प्रदर्शनी में मुख्य स्थान देना न भूलें।

उत्तर छात्र स्वयं करें।

विज्ञापन की दुनिया

1. 'पानी बचाओ' से जुड़े विज्ञापनों को एकत्र कीजिए। इस संकट के प्रति चेतावनी बरतने के लिए आप किस प्रकार का विज्ञापन बनाना चाहेंगे?

उत्तर छात्र स्वयं करें।

अभ्यास प्रश्न

गद्यांश पर आधारित बहुविकल्पीय प्रश्न

निम्नलिखित गद्यांशों को ध्यानपूर्वक पढ़कर पूछे गए बहुविकल्पीय प्रश्नों के लिए सर्वाधिक उपयुक्त विकल्प का चुनाव कीजिए

1. उछलते-कूदते, एक-दूसरे को धकियाते ये लोग गली में किसी दुमहले मकान के सामने रुक जाते, "पानी दे मैया, इंदर सेना आई है।" और जिन घरों में आखिर जेठ या शुरू आषाढ़ के उन सूखे दिनों में पानी की कमी भी होती थी, जिन घरों के कुएँ भी सूखे होते थे, उन घरों से भी सहेजकर रखे हुए पानी में से बाल्टी या घड़े भर-भरकर इन बच्चों को सर से पैर तक तर कर दिया जाता था। ये भीगे बदन मिट्टी में लोट लगाते थे, पानी फेंकने से पैदा हुए कीचड़ में लथपथ हो जाते थे। हाथ, पाँव, बदन, मुँह, पेट सब पर गंदा कीचड़ मलकर फिर हाँक लगाते हैं- "बोल गंगा मैया की जय" और फिर मंडली बाँधकर उछलते-कूदते अगले घर की ओर चल पड़ते बादलों को टेरते-"काले मेघा पानी दे।"

(क) किसी दुमहले मकान के सामने कौन रुक जाते थे?

(i) मुसाफ़िर (ii) इंदर सेना
(iii) प्यासे लोग (iv) जल से भीगे लोग

(ख) किन-किन महीनों में पानी माँगा जाता था?

(i) सावन-भादो (ii) माघ-ज्येष्ठ
(iii) जेठ-आषाढ़ (iv) आषाढ़-पौष

(ग) सुमेलित कीजिए

सूची I		सूची II
A. इंदर सेना	1.	ज्येष्ठ माह का अंतिम सप्ताह
B. आखिर जेठ	2.	काले बादल अच्छे से बरसो
C. काले मेघा पानी दे	3.	पानी माँगने वाली मंडली

कूट

	A	B	C		A	B	C
(i)	3	1	2	(ii)	1	3	2
(iii)	1	2	3	(iv)	2	1	3

(घ) इंदर सेना पर कैसा पानी डाला जाता था?

(i) घरों में सँभालकर रखा हुआ पानी
(ii) कीचड़ वाला पानी
(iii) गंदा व बदबूदार पानी
(iv) गंगा नदी का पानी

(ङ) रिक्त स्थान की पूर्ति कीजिए

बालकों के हाथ, पैर, बदन तथा मुख सब .... मिट्टी में लिपट जाते हैं।

(i) आँधी चलने के कारण (ii) कीचड़ के कारण
(iii) धूप में घूमने के कारण (iv) ग्रामीण परिवेश के कारण

उत्तर

(क) (ii) इंदर सेना
(ख) (iii) जेठ-आषाढ़
(ग) (i) 3 1 2
(घ) (i) घरों में सँभालकर रखा हुआ पानी
(ङ) (ii) कीचड़ के कारण

2. मैं असल में था तो इन्हीं मेंढक-मंडली वालों की उमर का, पर कुछ तो बचपन के आर्यसमाजी संस्कार थे और एक कुमार-सुधार सभा कायम हुई थी उसका उपमंत्री बना दिया गया था-सो समाज-सुधार का जोश कुछ ज्यादा ही था। अंधविश्वासों के खिलाफ तो तरकस में तीर रखकर घूमता रहता था।

मगर मुश्किल यह थी कि मुझे अपने बचपन में जिससे सबसे ज्यादा प्यार मिला वे थीं जीजी। यूँ मेरी रिश्ते में कोई नहीं थीं। उम्र में मेरी माँ से भी बड़ी थीं, पर अपने लड़के-बहू सबको छोड़कर उनके प्राण मुझी में बसते थे और वे थीं उन तमाम रीति-रिवाजों, तीज-त्योहारों, पूजा-अनुष्ठानों की खान, जिन्हें कुमार-सुधार सभा का यह उपमंत्री अंधविश्वास कहता था और उन्हें जड़ से उखाड़ फेंकना चाहता था।

(क) कुमार-सुधार सभा क्या थी?

(i) समाज में व्याप्त अंधविश्वासों के विरुद्ध संघर्ष करने वाली सभा
(ii) समाज के युवा वर्ग को सुधारने वाली सभा
(iii) समाज से गंदगी को साफ करने वाली सभा
(iv) समाज से अलग विचारधारा लेकर चलने वाली सभा

(ख) लेखक को कुमार-सुधार सभा में कौन-सा पद मिला था?

(i) सचिव (ii) उपसचिव
(iii) मंत्री (iv) उपमंत्री

(ग) कथन (A) कुमार-सुधार सभा का उपमंत्री होने के कारण लेखक को अंधविश्वासों का विरोध न चाहते हुए भी करना पड़ता था।

कारण (R) वस्तुतः अंधविश्वासों को मानने से हमारी संस्कृति पोषित होती है।

(i) कथन (A) और कारण (R) दोनों सही हैं तथा कारण (R), कथन (A) की सही व्याख्या करता है।
(ii) कथन (A) और कारण (R) दोनों सही हैं, परंतु कारण (R), कथन (A) की सही व्याख्या नहीं करता है।
(iii) कथन (A) सही है, किंतु कारण (R) गलत है।
(iv) कथन (A) और कारण (R) दोनों गलत हैं।

(घ) जीजी का लेखक से क्या संबंध था?

(i) माँ-बेटे का (ii) बड़ी बहन-छोटे भाई का
(iii) अध्यापिका-छात्र का (iv) रिश्ते में कोई संबंध नहीं था

(ङ) गद्यांश के आधार पर जीजी की विशेषता क्या थी?
(i) रीति-रिवाजों में विश्वास रखने वाली
(ii) अंधविश्वासों का विरोध करने वाली
(iii) लेखक से ईर्ष्या-द्वेष रखने वाली
(iv) उपरोक्त में से कोई नहीं

उत्तर

(क) (i) समाज में व्याप्त अंधविश्वासों के विरुद्ध संघर्ष करने वाली सभा
(ख) (iv) उपमंत्री
(ग) (iv) कथन (A) और कारण (R) दोनों गलत हैं।
(घ) (iv) रिश्ते में कोई संबंध नहीं था
(ङ) (ii) रीति-रिवाजों में विश्वास रखने वाली

3. लेकिन इस बार मैंने साफ इंकार कर दिया। नहीं फेंकना है मुझे बाल्टी भर-भर कर पानी इस गंदी मेंढक-मंडली पर। जब जीजी बाल्टी भरकर पानी ले गईं उनके बूढ़े पाँव डगमगा रहे थे, हाथ काँप रहे थे, तब भी मैं अलग मुँह फुलाए खड़ा रहा। शाम को उन्होंने लड्डू-मठरी खाने को दिए तो मैंने उन्हें हाथ से अलग खिसका दिया।

मुँह फेरकर बैठ गया, जीजी से बोला भी नहीं। पहले वे भी तमतमाई, लेकिन ज्यादा देर तक उनसे गुस्सा नहीं रहा गया। पास आकर मेरा सर अपनी गोद में लेकर बोलीं, "देख भैया रूठ मत। मेरी बात सुन। यह सब अंधविश्वास नहीं है। हम इन्हें पानी नहीं देंगे तो इंद्र भगवान हमें पानी कैसे देंगे?" मैं कुछ नहीं बोला।

फिर जीजी बोलीं। "तू इसे पानी की बरबादी समझता है पर यह बरबादी नहीं है। यह पानी का अर्घ्य चढ़ाते हैं, जो चीज मनुष्य पाना चाहता है उसे पहले देगा नहीं तो पाएगा कैसे? इसीलिए ऋषि-मुनियों ने दान को सबसे ऊँचा स्थान दिया है।" **CBSE 2023**

(क) लेखक ने 'मेंढक-मंडली' पर पानी फेंकने से इनकार क्यों कर दिया?
(i) मेंढक-मंडली को पसंद नहीं करने के कारण
(ii) इसे अंधविश्वास मानने के कारण
(iii) पानी के महत्त्व को समझने के कारण
(iv) पानी की बरबादी मानने के कारण

(ख) जीजी की मदद करने के लिए लेखक आगे क्यों नहीं आया?
(i) विचारों में असहमति के कारण
(ii) नाराज़गी के कारण
(iii) बाल्टी भारी होने के कारण
(iv) तार्किक होने के कारण

(ग) डगमगाते पैरों और काँपते हाथों से भी जीजी पानी क्यों फेंकने को तत्पर थीं?
(i) पानी फेंकना अनिवार्य होने के कारण
(ii) लेखक के मना करने के कारण
(iii) परंपरा में विश्वास होने के कारण
(iv) रूढ़िवादी होने के कारण

(घ) 'मुँह फेरकर बैठ गया' वाक्य में 'मुँह फेरना' क्या है?
(i) मुहावरा (ii) लोकोक्ति
(iii) पदबंध (iv) पद

(ङ) पानी का अर्घ्य चढ़ाने से आप क्या समझते हैं?
(i) पानी का दान देना
(ii) पानी इंद्र भगवान को समर्पित करना
(iii) पानी का प्रसाद चढ़ाना
(iv) पानी का महत्त्व बताना

उत्तर

(क) (ii) इसे अंधविश्वास मानने के कारण
(ख) (i) विचारों में असहमति के कारण
(ग) (iii) परंपरा में विश्वास होने के कारण
(घ) (i) मुहावरा
(ङ) (i) पानी का दान देना

4. अगर तीस-चालीस मन गेहूँ उगाना है, तो किसान पाँच-छह सेर अच्छा गेहूँ अपने पास से लेकर जमीन में क्यारियाँ बनाकर फेंक देता है। उसे बुवाई कहते हैं। यह जो सूखे में हम अपने घर का पानी इन पर फेंकते हैं वह भी बुवाई है। यह पानी गली में बोएँगे तो सारे शहर, कस्बा, गाँव पर पानी वाले बादलों की फसल आ जाएगी। हम बीज बनाकर पानी देते हैं, फिर काले मेघा से पानी माँगते हैं। सब ऋषि-मुनि कह गए हैं कि पहले खुद दो तब देवता तुम्हें चौगुना-आठ गुना करके लौटाएँगे भइया, यह तो हर आदमी का आचरण है, जिससे सबका आचरण बनता है। **CBSE 2023**

(क) बुवाई का क्या अर्थ है?
(i) खेतों में बीज बोना (ii) खेतों में पानी देना
(iii) खेतों में कटाई करना (iv) खेतों में खाद देना

(ख) बादलों की फ़सल पाने के लिए क्या करना पड़ता है?
(i) बादलों की पूजा-अर्चना करनी पड़ती है
(ii) इंद्र देवता की पूजा-अर्चना करनी पड़ती है
(iii) पानी का दान-पुण्य करना पड़ता है
(iv) पानी की बरबादी को रोकना होता हैं

(ग) ऋषि-मुनियों के अनुसार हमें मनवांछित फल की प्राप्ति कब होती है?
(i) दिन-रात परिश्रम करने से
(ii) ईश्वर की उपासना करने से
(iii) बड़ों के आशीर्वाद से
(iv) दान-पुण्य करने से

(घ) जीजी ने किसानों का उदाहरण क्यों दिया है?
(i) बुवाई की प्रक्रिया स्पष्ट करने के लिए
(ii) भारतीय संस्कृति की महिमा बताने के लिए
(iii) किसानों की महत्ता समझाने के लिए
(iv) दान-पुण्य की महत्ता समझाने के लिए

(ङ) 'पानी गली में बोएँगे' का अभिप्राय है
(i) पानी की गली में बुवाई करना
(ii) पानी की खेतों में बुवाई करना
(iii) पानी को गली में फेंकना
(iv) पानी को इंदर सेना पर डालना

उत्तर

(क) (i) खेतों में बीज बोना

(ख) (ii) इंद्र देवता की पूजा-अर्चना करनी पड़ती है

(ग) (i) दिन-रात परिश्रम करने से

(घ) (ii) भारतीय संस्कृति की महिमा बताने के लिए

(ङ) (iv) पानी को इंदर सेना पर डालना

5. माँगें हर क्षेत्र में बड़ी-बड़ी हैं पर त्याग का कहीं नाम-निशान नहीं है। अपना स्वार्थ आज एकमात्र लक्ष्य रह गया है। हम चटकारे लेकर इसके या उसके भ्रष्टाचार की बातें करते हैं पर क्या कभी हमने जाँचा है कि अपने स्तर पर अपने दायरे में हम उसी भ्रष्टाचार के अंग तो नहीं बन रहे हैं? काले मेघा दल के दल उमड़ते हैं, पानी झमाझम बरसता है, पर गगरी फूटी की फूटी रह जाती है, बैल पियासे के पियासे रह जाते हैं? आखिर कब बदलेगी यह स्थिति? **CBSE 2024**

(क) गद्यांश में प्रयुक्त 'त्याग' शब्द का समानार्थी शब्द हो सकता है

(i) त्योरस (ii) त्यजन

(iii) त्यौनार (iv) त्योहार

(ख) गद्यांश का केंद्रीय भाव है

(i) देशप्रेम की व्याख्या

(ii) भ्रष्टाचार की व्याख्या

(iii) वर्षा का वर्णन

(iv) स्वार्थ और भ्रष्टाचार के दुष्परिणाम

(ग) निम्नलिखित कथनों पर विचार करते हुए गद्यांश के अनुसार सही कथन का चयन कर कीजिए

(i) जब मनुष्य निज स्वार्थ की सोचता है, तब वह देश हित के लिए भी कार्य करता है

(ii) जब मनुष्य अपने कर्त्तव्य से अधिक अधिकार की माँग करता है, तब वह त्याग का नाम भी लेता है

(iii) जब मनुष्य समाज में व्याप्त भ्रष्टाचार पर चर्चा करता है, तो उसके उन्मूलन के विकल्प भी सोचता है

(iv) जब मनुष्य निज स्वार्थ को सर्वोपरि मानता है, तब वह भी भ्रष्टाचार का अंग बन जाता है

(घ) सुमेलित कीजिए

	सूची I		सूची II
A.	पानी झमाझम बरसता है।	1.	अपार धन-राशि प्रेषित की जाती है।
B.	काले मेघा दल के दल उमड़ते हैं।	2.	जनसामान्य की आवश्यकताएँ/स्थिति जस-की-तस रह जाती हैं।
C.	गगरी फूटी रह जाती है, बैल पियासे रह जाते हैं।	3.	सहायता हेतु अनेक कल्याणकारी योजनाएँ बनती हैं।

कूट

	A	B	C
(a)	1	3	2
(b)	1	2	3
(c)	3	1	2
(d)	2	1	3

(ङ) "आखिर कब बदलेगी यह स्थिति?" गद्यांश से उद्धृत इस कथन के संदर्भ में लिखिए कि देश की स्थिति कैसे बदलेगी?

(i) अपनी भलाई कर लेने से

(ii) मन में विचार कर लेने से

(iii) स्वार्थ और भ्रष्टाचार से दूरी बना लेने से

(iv) सबको आजीविका प्राप्त होने से

उत्तर

(क) (ii) त्यजन

(ख) (iv) स्वार्थ और भ्रष्टाचार के दुष्परिणाम

(ग) (iv) जब मनुष्य निज स्वार्थ को सर्वोपरि मानता है, तब वह भी भ्रष्टाचार का अंग बन जाता है

(घ) (i) 1 3 2

(ङ) (iii) स्वार्थ और भ्रष्टाचार से दूरी बना लेने से

विषय-वस्तु पर आधारित प्रश्नोत्तर

लघु उत्तरीय प्रश्न

1. बच्चों की टोली इंद्र भगवान से किस प्रकार बारिश करवाने के लिए प्रार्थना करती है?

उत्तर जब इंदर सेना घर-घर जाकर पानी माँगती थी, तब पानी की कमी के बाद भी लोग अपने घरों में रखा पानी उनके ऊपर डाल देते थे। उसके बाद वे भीगे बदन मिट्टी में लेटते हुए, पानी फेंकने से उत्पन्न कीचड़ को हाथ-पाँव, बदन, पेट सब पर मलकर 'गंगा मैया की जय' बोलते और काले बादलों से पानी बरसाने की प्रार्थना करते थे।

2. लेखक अपनी बुद्धि के अनुसार किस बात को मानने से मना करता है?

अथवा **मेंढक-मंडली पर पानी डालने को लेकर लेखक जीजी के विचारों से सहमत क्यों नहीं था? 'काले मेघा पानी दे' पाठ के आधार पर लिखिए।** **CBSE 2024**

अथवा **'काले मेघा पानी दे' पाठ में मेंढक-मंडली पर लोगों द्वारा सहेजे गए पानी को फेंकने को पानी की निर्मम बरबादी क्यों कहा गया है?** **CBSE 2023**

अथवा **जीजी के बार-बार कहने पर भी लेखक इंदर सेना पर पानी फेंकने को राजी क्यों नहीं होता?** **CBSE 2024**

उत्तर लेखक के अनुसार, समाज में अंधविश्वास इन लड़कों की टोली को लेकर फैला हुआ है। लेखक इस बात से दुःखी होता है कि जहाँ चारों ओर पानी की इतनी कमी है, वहीं लोग बड़ी कठिनाई से इकट्ठा किया हुआ पानी उन लड़कों पर फेंककर बरबादी कर देते हैं। उन्हें यह पानी अपने उपयोग के लिए रखना चाहिए। वास्तव में यह सहेजे गए पानी की निर्मम बरबादी है। इसलिए लेखक अपनी बुद्धि के अनुसार यह बात मानने से मना कर देता है और जीजी के बार-बार कहने पर भी वह इंदर सेना पर पानी फेंकने को राजी नहीं होता।

3. लेखक जीजी के किन-किन कामों को करता था?

उत्तर जीजी की खुशी के लिए लेखक को वे सभी काम करने पड़ते थे, जिन्हें वह अंधविश्वास मानता था। उसे सारे पूजा-पाठ, अनुष्ठान पूरे करने पड़ते थे। वह दिवाली पर कौड़ियों से गोवर्धन और सतिया बनाता था, जन्माष्टमी पर झाँकी भी सजाता था और पंजीरी बाँटता था। हर छठ पर कुल्हियों में भूजा भरता था।

4. 'काले मेघा पानी दे' संस्मरण के लेखक ने लोक-प्रचलित विश्वासों को अंधविश्वास कहकर उनके निराकरण पर बल दिया है–इस कथन की विवेचना कीजिए।

उत्तर लेखक ने इंदर सेना के कार्यक्रमों को अंधविश्वास का नाम दिया है। आम आदमी इंदर सेना के काम को लोक-प्रचलित विश्वास कहते हैं, परंतु लेखक इन्हें गलत बताता है। लेखक इन अंधविश्वासों को खत्म करने के लिए कहता है, क्योंकि इन्हें दूर करने से ही समाज का विकास हो सकता है।

5. 'अंतिम उपाय के रूप में निकलती यह इंदर सेना' इस कथन में लेखक ने पानी के लिए इंदर सेना के निकलने को अंतिम उपाय क्यों कहा है? **CBSE 2023**

उत्तर पूजा-पाठ आदि कार्य जब काम नहीं आते तो इंदर सेना अंतिम उपाय के तौर पर निकलती थी और इंद्र देवता से पानी की माँग करती थी। लेखक समझ नहीं पाता था कि पानी की कमी के बावजूद भी लोग इकट्ठा किए हुए पानी को इन पर क्यों फेंकते थे। इन अंधविश्वासों से देश को बहुत नुकसान होता है, इसलिए लेखक ने पानी के लिए इंदर सेना के निकलने को अंतिम उपाय कहा है।

6. 'काले मेघा पानी दे' पाठ में आया कथन 'पहले खुद दो तब देवता तुम्हें चौगुना-आठ गुना करके लौटाएँगे' भारतीय संस्कृति की किस विशेषता का परिचायक है और मानव समाज के लिए क्यों हितकर है? **CBSE 2024**

उत्तर 'पहले खुद दो तब देवता तुम्हें चौगुना-आठ गुना करके लौटाएँगे' कथन भारतीय संस्कृति की त्याग करने, दान करने व अर्पित करने की विशेषता का परिचायक है। यह मानव समाज के लिए इसलिए हितकर है, क्योंकि इस भावना से मनुष्य में स्वार्थ प्रवृत्ति का अंत होता है तथा त्याग की भावना प्रबल होती है। त्याग उसी को माना जाता है, जो व्यक्ति के पास सीमित हो और वह उसे ही दान कर दे, तभी देवता उसका चौगुना-आठ गुना करके लौटाते हैं।

7. लेखक अपने आपको कब बेबस महसूस करने लगता था?

उत्तर लेखक की एक जीजी थी, जो उम्र में उनकी माँ से भी बड़ी थीं। जीजी का स्नेह लेखक पर बहुत अधिक था। जीजी सभी पूजा-पाठ व अनुष्ठानों को मानती थीं, जिसका लेखक विरोध करता था, परंतु वह स्पष्ट रूप से विरोध की अभिव्यक्ति नहीं कर पाता था। जब दीदी इंदर सेना पर पानी फेंकने जा रही थीं, तब लेखक इस तरह से पानी की बरबादी को देखकर उसका विरोध करने लगा, परंतु दीदी लेखक के विरोध को नहीं मानीं और लेखक जीजी के स्नेह के सामने स्वयं को लाचार (बेबस) महसूस करने लगता था।

8. ग्रीष्म में कम पानी वाले दिनों में गाँव-गली में डोलती मेंढक-मंडली पर एक बाल्टी पानी उँड़ेलना, जीजी के विचार से पानी का बीज बोना है, कैसे?

उत्तर ग्रीष्म में पानी उँड़ेलना जीजी के विचार से पानी का बीज बोना है, क्योंकि जीजी कहती हैं कि जिस प्रकार किसान खेत में कुछ सेर गेहूँ बोता है, तो उसी के बदले में फिर उसे तीस-चालीस मन गेहूँ मिलता है। इसी प्रकार जब हम इंद्र भगवान को जो अर्घ्य अर्पित करते हैं, वह भी एक प्रकार से पानी का बीज बोना है, जिसके बदले में इंद्र देवता कई गुना पानी हमें लौटा देते हैं।

9. सूखे की समस्या को दूर करने के लिए गाँव वालों द्वारा 'काले मेघा पानी दे' पाठ में किए गए उपायों को आप कितना उचित मानते हैं? तर्कपूर्ण उत्तर दीजिए। **CBSE 2025**

उत्तर सूखे की समस्या को दूर करने के लिए गाँव वालों द्वारा 'काले मेघा पानी दे' पाठ में किए गए उपायों को उचित नहीं कहा जा सकता। जब चारों ओर पानी की भारी कमी थी, तब कीमती पानी को बाल्टी भर-भरकर व्यर्थ में बहाना उचित नहीं था।

पानी को इस तरह व्यर्थ करना 'जल संकट' को और बढ़ा सकता है। यह केवल अंधविश्वास और परंपरा का हिस्सा था, जिसका वर्षा पर कोई वास्तविक प्रभाव नहीं पड़ता। वैज्ञानिक दृष्टि से यह निराधार है। इसके अतिरिक्त जल संरक्षण, तालाब खुदवाना और पानी का सही उपयोग करना अधिक व्यावहारिक उपाय होते हैं।

10. 'काले मेघा पानी दे' पाठ की 'इंदर सेना' युवाओं को रचनात्मक कार्य करने की प्रेरणा दे सकती है–तर्क सहित उत्तर दीजिए।

उत्तर 'इंदर सेना' अपने क्रिया-कलापों द्वारा युवाओं को रचनात्मक प्रेरणा दे सकती है। यह सामूहिक प्रयास कहलाता है। इंदर सेना में इतनी क्षमता है कि वह समाज में व्याप्त बुराइयों को दूर कर सकती है। वे लोग कमजोर वर्ग के पक्ष में आवाज़ उठा सकते हैं तथा शोषणकारी शक्तियों का जमकर विरोध कर सकते हैं। अतः यदि युवा चाहें, तो वे मिलकर समाज को बहुत ऊँचे स्तर पर ले जा सकते हैं।

11. जीजी के तर्कों के आधार पर त्याग के स्वरूप का वर्णन अपने शब्दों में कीजिए।

अथवा **'काले मेघा पानी दे' पाठ में जीजी ने दान के पक्ष में जो तर्क दिए हैं, उनका उल्लेख कीजिए।** **CBSE 2024**

उत्तर जीजी के तर्कों के आधार पर त्याग का स्वरूप बहुत ही सीधा, सरल व अर्थपूर्ण है। यह बात सही है कि त्याग वही सही है, जिससे दूसरों का हित हो। यदि हमारे पास बीस हज़ार रुपये हैं और हम उसमें से एक या दो रुपये दान भी कर देते हैं, तो यह कोई महान काम नहीं है। जीजी के अनुसार, त्याग उसी वस्तु का महत्त्वपूर्ण माना जाता है, जो आपके पास भी बहुत कम मात्रा में हो और उस वस्तु की आवश्यकता आपको भी हो, सच्चा दान भी वही कहलाता है।

12. यदि सूखा पड़ जाए तो लोगों के सामने किस प्रकार की स्थिति उत्पन्न हो जाती है?

अथवा **बारिश न होने से उत्पन्न संकटों को स्पष्ट कीजिए।** **CBSE Diksha**

उत्तर यदि सूखा पड़ जाए तो जनजीवन अत्यंत दयनीय हो जाता है। गर्मी अपना भयंकर रूप दिखाती है। शहरों में लोग गर्मी के कारण तड़पने लगते हैं। नलों में आधी रात को भी पानी उबला-सा आता है।

गाँवों में खेतों की मिट्टी सूखकर पपड़ी बन जाती है। लू के प्रभाव के कारण व्यक्ति तथा पशु-पक्षी सभी बीमार पड़ जाते हैं। पानी के अभाव में पशु भी मरने लगते हैं और पर्याप्त मात्रा में पानी न मिलने से खेतों में अन्न की उपज भी नहीं हो पाती, जिसके कारण भुखमरी फैल सकती है।

13. ''लोक-प्रचलित विश्वासों पर आस्था वैज्ञानिक चिंतन को कुंद कर सकती है।'' 'काले मेघा पानी दे' पाठ के आधार पर इस कथन का विवेचन कीजिए।

उत्तर लोक-प्रचलित विश्वासों पर आस्था पर्याप्त महत्त्व रखती है। यह आस्था वैज्ञानिक चिंतन को कुंद कर सकती है। लेखक वैज्ञानिक चिंतन को महत्त्व देता है, परंतु उसकी दीदी लोक-प्रचलित विश्वासों को अधिक महत्त्व देती हैं। लेखक को भी अपनी दीदी की भावनाओं का सम्मान करना अधिक उचित लगता है। दीदी कहती हैं कि वर्षा के लिए मेंढक-मंडली पर पानी डालना चाहिए। लेखक इसे उचित नहीं समझता, परंतु दीदी की लोक मान्यता के प्रति आस्था देखकर वह नतमस्तक हो जाता है।

14. 'काले मेघा पानी दे' में लेखक के वैज्ञानिक तर्क और उसकी जीजी के पारंपरिक तर्क की समीक्षा कीजिए।

अथवा **'काले मेघा पानी दे' संस्मरण विज्ञान के सत्य पर सहज प्रेम की विजय का चित्र प्रस्तुत करता है, स्पष्ट कीजिए।** **CBSE SQP 2024**

उत्तर 'काले मेघा पानी दे' संस्मरण निश्चय ही विज्ञान के सत्य की अपेक्षा सहज प्रेम के बल को महत्त्व देता है। लेखक यह पसंद नहीं करता कि मेंढक-मंडली पर पानी फेंककर पानी का अपव्यय किया जाए। वह नहीं मानता कि ऐसा करने से इंद्र देवता प्रसन्न हो जाते हैं, परंतु उसकी जीजी इसमें विश्वास करती हैं कि यदि कुछ पाना हो, तो पहले हमें कुछ देना भी पड़ता है। जैसे फसल उगानी हो, तो पहले धरती में बीज बोने पड़ते हैं। लेखक अपनी जीजी की भावनाओं को महत्त्व देता है।

15. 'काले मेघा पानी दे' पाठ का उद्देश्य स्पष्ट कीजिए।

उत्तर लेखक ने इस पाठ में लोक-प्रचलित विश्वास तथा विज्ञान के द्वंद्व का सुंदर चित्रण प्रस्तुत किया है। जब आषाढ़ के महीने में वर्षा के न होने पर इंदर सेना कीचड़ में लेटकर बारिश के लिए प्रार्थना करती है, तब गाँववाले उन पर पानी डालते हैं। लेखक के अनुसार, यह अंधविश्वास है। लोगों को हमेशा विश्वास को तर्क की कसौटी पर परखना चाहिए। यदि वह समय की आवश्यकता पर खरा उतरे, तभी उसे अपनाना चाहिए।

16. 'काले मेघा पानी दे' संस्मरण में लोक-प्रचलित विश्वास और लेखक के द्वंद्व का चित्रण किया गया है। एक-एक उदाहरण द्वारा इस कथन की प्रासंगिकता को सिद्ध कीजिए। **दक्षता आधारित प्रश्न**

उत्तर प्रस्तुत संस्मरण में इंदर सेना के लड़कों द्वारा बादलों से पानी माँगने की पुरानी परंपरा का वर्णन किया गया है। जब इंदर सेना के लड़के पानी माँगने गलियों में निकलते थे, तो लोग उन्हें पानी से तरबतर कर देते थे। लोगों को विश्वास था कि इससे वर्षा होगी।

वर्षा होने का विज्ञान का अपना सिद्धांत व तर्क हैं, किंतु जन-विश्वास उससे ऊपर है। विज्ञान के सफल न होने पर लोग अपने विश्वास के अनुरूप आचरण करने से नहीं चूकते। लोक-प्रचलित विश्वास और लेखक का द्वंद्व इस संस्मरण का मुख्य विषय है। लेखक का तर्कशील मन इसे पानी की बरबादी मानता है, जबकि जीजी का मानना है कि दान और त्याग द्वारा देवता को प्रसन्न किया जाता है।

17. ''माँगें हर क्षेत्र में बढ़ रही हैं, परंतु त्याग का कहीं नामों-निशान नहीं है।'' लेखक का इस पंक्ति से क्या तात्पर्य है? **CBSE Diksha**

उत्तर प्रस्तुत पंक्ति के माध्यम से लेखक यह बताना चाहता है कि लोग अपने कर्त्तव्यों की अपेक्षा अपने अधिकारों के प्रति अधिक जागरूक हैं। लोगों में देश और समाज के प्रति निर्धारित कर्त्तव्यों के प्रति उपेक्षा भाव है। लोगों की इच्छाएँ दिन-प्रतिदिन बढ़ती जा रही हैं। मनुष्य स्वार्थी हो गया है उसका अपना स्वार्थ ही एकमात्र लक्ष्य है। मानवीय मूल्यों का ह्रास होता जा रहा है। मनुष्य समाज के हित के विषय में नहीं सोचता अपितु वह स्वयं समाज में प्रचलित बुराइयों का हिस्सा बन गया है, जिससे भ्रष्टाचार को भी बढ़ावा मिला है।

दीर्घ उत्तरीय प्रश्न

1. लेखक के इंदर सेना के बारे में क्या विचार हैं?

अथवा **किशोर लड़कों द्वारा घर-घर जाकर पानी माँगना लोगों के किस विश्वास को बल देता है?**

उत्तर गाँवों में जब सूखे की स्थिति हो जाती है, तो बालकों की टोली कीचड़ में लथपथ होकर बादलों से बरसने के लिए विनती करती है। लेखक इसे अंधविश्वास मानता है। लेखक को यह गलत इसलिए लगता है कि एक ओर सूखे के कारण पानी के अभाव में लोग मर रहे हैं, दूसरी ओर ऐसी स्थिति में घर में रखे गए कीमती पानी से इंदर सेना का नहाना उस संकट को और बढ़ाता है। लेकिन लोगों का अंधविश्वास है कि इंदर सेना में उपस्थित लड़कों की पुकार सुनकर इंद्र देवता प्रसन्न होकर धरती की प्यास बुझाकर सभी प्राणियों को नया जीवन प्रदान करेंगे।

2. 'काले मेघा पानी दे' पाठ के आधार पर जल और वर्षा के अभाव में गाँव की दशा का वर्णन कीजिए।

उत्तर गली-मोहल्ला, गाँव-शहर हर जगह लोग गर्मी के कारण बेहाल थे। जेठ मास के बीतने के बाद आषाढ़ के भी 15 दिन बीत चुके थे, पर बारिश होने के कोई लक्षण नहीं थे। कुएँ सूखने लगे थे, नलों में पानी नहीं आता था। खेत की मिट्टी सूख-सूखकर पत्थर हो गई थी।

पपड़ी पड़कर अब खेतों में दरारें भी पड़ने लगी थीं। झुलसा देने वाली लू चलती थी। ढोर-ढंगर प्यास से मर रहे थे, पर प्यास बुझाने के लिए पानी कहीं भी उपलब्ध नहीं था। अब ग्रामीण लोगों के पास कोई उपाय न होने के कारण वे पूजा-पाठ में लग गए थे। अंत में इंदर सेना भी इस उद्देश्य से निकल पड़ी थी।

3. लेखक 'इंदर सेना या मेंढक-मंडली' के कार्यों को सराहनीय क्यों नहीं मानता है?

उत्तर 'इंदर सेना या मेंढक-मंडली' के सदस्य पानी की कमी के उपरांत भी पानी को अपने ऊपर डलवाकर फिर कीचड़ में लेटते थे और ग्रामीण महिलाएँ ऐसा करके हर्षित हुआ करती थीं। उनके अनुसार, हम जिस चीज़ का त्याग करेंगे, वही चीज़ हमें बाद में पर्याप्त मात्रा में प्राप्त होगी।

लेखक के अनुसार, इंदर सेना द्वारा ऐसा करना अंधविश्वास है, क्योंकि इससे पानी की बरबादी होती है। इसलिए लेखक 'इंदर सेना या मेंढक-मंडली' के कार्यों को सराहनीय नहीं मानता था।

4. लेखक किस विचारधारा को मानने वाला था? उस विचारधारा का उन पर क्या असर पड़ा?

उत्तर लेखक आर्य समाजी विचारधारा को मानने वाला था। आर्य समाजी अंधविश्वासों पर सीधा प्रहार करते हैं। किशोरों को जागृत करने वाली संस्था 'कुमार-सुधार सभा' का उपमंत्री लेखक ही था। इस कारण वह इंदर सेना द्वारा पानी माँगने को अंधविश्वास समझता था। लेखक अंधविश्वासों के विरुद्ध लोगों को सजग करता था। लेखक का मानना था यदि इंद्र महाराज से इंदर सेना पानी दिलवा सकती है, तो खुद अपने लिए पानी

क्यों नहीं माँग सकती। इस अंधविश्वास के कारण ही ये सभी मुहल्लों का पानी नष्ट करवाते फिर रहे हैं। इन्हीं अंधविश्वासों ने हमें अंग्रेज़ों का गुलाम बना दिया था। अतः लेखक अंधविश्वासों के विरुद्ध ही रहा करता था।

5. मेंढक-मंडली पर पानी डालने को लेकर लेखक और जीजी के विचारों में क्या भिन्नता थी? CBSE Diksha

अथवा **इंदर सेना पर पानी फेंकने, न फेंकने के बारे में जीजी और लेखक के विचारों की तुलना कीजिए।**

अथवा **इंदर सेना के बारे में लेखक और जीजी की राय में क्या अंतर था? आप किसके विचारों से सहमत हैं?**

उत्तर जीजी के अनुसार, इंदर सेना पर पानी डालना जल की बरबादी नहीं थी, बल्कि यह त्याग की भावना थी। वे मानती हैं कि जिस प्रकार किसान अनाज उगाने से पहले कुछ अनाज धरती में बोता है, उसी प्रकार गाँव वाले इंदर सेना पर पानी फेंकते हैं, जिससे भगवान खुश होकर वर्षा करके धरती को हरा-भरा कर देते हैं। लेखक को यह सब अंधविश्वास लगता था और जल की बरबादी भी लगती थी। हम लेखक के इस विचार से सहमत हैं, क्योंकि जल को बरबाद करना उचित नहीं कहा जा सकता। अतः कहा जा सकता है कि इंदर सेना के विषय में लेखक और जीजी की राय में पर्याप्त अंतर है, लेकिन मेरे विचार से लेखक की राय अधिक तार्किक है।

6. इंदर सेना पर पानी फेंके जाने पर लेखक की मान्यता को जीजी कैसे छिन्न-भिन्न कर देती हैं? स्पष्ट कीजिए।

अथवा **'काले मेघा पानी दे' पाठ में जीजी के 'अकाट्य तर्क' का उल्लेख कर उस पर अपने विचार लिखिए।**

अथवा **"सूखे के समय इंदर सेना पर पानी डालना कहाँ की बुद्धिमानी है।" लेखक की इस उलझन को उसकी जीजी ने किस तरह सुलझाया?**

उत्तर लेखक इस बात से दुःखी होता है कि जहाँ चारों ओर पानी की इतनी कमी है, वहीं लोग बड़ी कठिनाई से इकट्ठा किया हुआ पानी 'इंदर सेना' के लड़कों पर फेंककर बरबाद कर देते हैं। लेखक को यह बात बुद्धिमानी की नहीं लगती, लेकिन उसकी इस उलझन को उसकी जीजी ने सुलझाते हुए इस कृत्य के पक्ष में निम्नलिखित तर्क प्रस्तुत किए

(i) जब हम किसी से कुछ पाना चाहते हैं, तो हमें पहले कुछ चढ़ावा चढ़ाना पड़ता है। पानी फेंककर वस्तुतः पानी का अर्घ्य चढ़ाया जाता है।

(ii) मनुष्य को पहले त्याग करना चाहिए, इसके पश्चात् फल की आशा (कामना) करनी चाहिए। त्याग उसी वस्तु का मान्य होता है, जिसकी त्याग करने वाले को भी बहुत आवश्यकता होती है। पानी के साथ भी यही तर्क लागू है।

(iii) खेतों से अच्छी फसल पाने के लिए पहले उसमें अच्छे बीजों को डालना होता है। पानी पाने की इच्छा की पूर्ति के लिए भी बीज रूप में पानी की बुवाई करना आवश्यक है अन्यथा पानी की अच्छी फसल नहीं मिलेगी। इंदर सेना के सदस्यों पर पानी फेंका जाना वस्तुतः पानी की बुवाई ही है, जिसके बदले इंद्र भगवान कई गुना अधिक पानी हमें लौटाते हैं।

हम यदि लेखक के स्थान पर होते तो जीजी के तर्क सुनकर हम भी चुप रहते, क्योंकि तर्क करने से तो जीजी शायद ही कुछ समझ पातीं, पर उनका दिल अवश्य दुखता और इसी कारण उनका स्नेह हमारे प्रति घट जाता। लेखक की भाँति हम भी जीजी के प्यार और सद्भाव को खोना नहीं चाहते। इसी कारण बहुत-सी बेतुकी परंपराएँ अभी भी हमारे देश को जकड़े हुए हैं।

7. 'काले मेघा पानी दे' पाठ में लेखक के मन में द्वंद्व था कि वह जीजी की बात का समर्थन करे या नहीं। किन कारणों से लेखक ने अंत में भी अपना निर्णय नहीं दिया? दक्षता आधारित प्रश्न

उत्तर प्रस्तुत पाठ में लेखक के मन में द्वंद्व था। वह हमेशा अपनी वैज्ञानिक सोच के आधार पर अंधविश्वासों के तर्क ढूँढता रहता था। वह इस बात को भी स्वीकार करता है कि उसने कई ऐसे रीति-रिवाजों को अपनाया है, जो उसे उसकी जीजी ने अपनाने के लिए कहा था, क्योंकि लेखक को सबसे ज्यादा प्यार उसकी जीजी से ही मिला था। वह अपने परिवारों से पहले लेखक को मानती थी। लेखक से उसका अपार स्नेह था, वह हर पूजा-पाठ, तीज-त्योहार के काम लेखक से करवाती थी, जिससे लेखक को उसका पुण्य मिल सके। इसलिए लेखक ने अंत में भी अपना निर्णय नहीं दिया।

8. लोगों द्वारा जल की बरबादी को देख किशोरावस्था में लेखक के मन में किन प्रश्नों ने जन्म लिया?

उत्तर लोगों द्वारा जल की बरबादी को देखकर किशोरावस्था में लेखक के मन में यह प्रश्न उठते कि कैसी निर्मम बरबादी है पानी की। इस तरह पानी कोा बरबाद करने से देश की कितनी क्षति होती है। कौन कहता है, इन्हें इंदर सेना? अगर इंद्र महाराज से ये पानी दिलवा सकते हैं, तो स्वयं अपने लिए पानी क्यों नहीं माँग लेते? क्यों मुहल्ले भर का पानी नष्ट करवाते घूमते हैं, नहीं यह सब पाखंड है, अंधविश्वास है। ऐसे ही अंधविश्वासों के कारण हम अंग्रेजों से पिछड़ गए और उनके गुलाम बनकर रह गए।

स्व-मूल्यांकन

गद्यांश पर आधारित बहुविकल्पीय प्रश्न

निम्नलिखित गद्यांश को ध्यानपूर्वक पढ़कर पूछे गए बहुविकल्पीय प्रश्नों के लिए सर्वाधिक उपयुक्त विकल्प का चुनाव कीजिए

1. **इन बातों को आज पचास से ज्यादा बरस होने को आए पर ज्यों-की-त्यों मन पर दर्ज हैं। कभी-कभी कैसे-कैसे संदर्भों में ये बातें मन को कचोट जाती हैं, हम आज देश के लिए करते क्या हैं? माँगें हर क्षेत्र में बड़ी-बड़ी हैं पर त्याग का कहीं नाम-निशान नहीं है। अपना स्वार्थ आज एकमात्र लक्ष्य रह गया है। हम चटकारे लेकर इसके या उसके भ्रष्टाचार की बातें करते हैं पर क्या कभी हमने जाँचा है कि अपने स्तर पर अपने दायरे में हम उसी भ्रष्टाचार के अंग तो नहीं बन रहे हैं? काले मेघा दल-के-दल उमड़ते हैं, पानी झमाझम बरसता है, पर गगरी फूटी-की-फूटी रह जाती है, बैल पियासे-के-पियासे रह जाते हैं। आखिर कब बदलेगी यह स्थिति?**

दक्षता आधारित

(क) लेखक के स्मृति पटल पर वे बातें पचासों साल के बाद भी जीवंत क्यों हैं?
(i) वे बातें बहुत आनंद देने वाली हैं
(ii) वे बातें मानव मूल्यों से संबंधित हैं
(iii) वे बातें धार्मिक भावनाओं से जुड़ी हैं
(iv) वे बातें देश की समृद्धता का प्रतीक हैं

(ख) 'क्या कभी हमने जाँचा है कि अपने स्तर पर अपने दायरे में हम उसी भ्रष्टाचार के अंग तो नहीं बन रहे हैं?
इस कथन के माध्यम से लेखक हमें क्या करने के लिए प्रेरित कर रहा है?
(i) अपने अंतर्मन में निहित भावों का परीक्षण
(ii) दूसरों की नैतिकता का मूल्यांकन
(iii) आधुनिक संसाधनों पर अवलंबन
(iv) अपने स्तर पर जल का संरक्षण

(ग) 'आखिर कब बदलेगी यह स्थिति?'
इस पंक्ति में लेखक के मन में वास्तव में किस बात की पीड़ा है?
(i) जल का अँधाधुंध प्रयोग
(ii) बैलों का प्यासा रह जाना
(iii) लोगों में स्वार्थपरकता की अधिकता
(iv) लोगों में अत्यधिक संचयन की बढ़ती प्रवृत्ति

(घ) 'काले मेघा के दल उमड़ते हैं, पानी झमाझम बरसता है, पर गगरी फूटी-की-फूटी रह जाती है, बैल प्यासे के प्यासे रह जाते हैं।'
इस कथन के मूल में कवि यह कहना चाहता है कि लोगों में .... का अभाव है।
(i) आर्थिक समृद्धि
(ii) संवेदनशीलता
(iii) व्यावसायिकता
(iv) आधुनिकता

(ङ) लेखक आजकल की स्थिति में किस प्रकार का परिवर्तन चाहता है?
(i) लोगों में आधुनिक सोच का विकास हो
(ii) लोगों को धार्मिक भावनाओं का ज्ञान हो
(iii) लोगों को समान रूप से सुख की प्राप्ति हो
(iv) लोगों में पारंपरिक अवधारणा का विकास हो

उत्तर

(क) (ii) वे बातें मानव मूल्यों से संबंधित हैं।
(ख) (i) अपने अंतर्मन से संहित भावों का परीक्षण
(ग) (iii) लोगों में स्वार्थपरकता की अधिकता
(घ) (ii) संवेदनशीलता
(ङ) (i) लोगों में आधुनिक सोच का विकास हो

विषय-वस्तु पर आधारित प्रश्न

लघु उत्तरीय प्रश्न

1. इंद्र देवता को प्रसन्न करने के लिए बच्चे क्या-क्या प्रयास करते थे?

2. बुवाई किसे कहते हैं?

3. शहरों की तुलना में गाँवों में और भी स्थिति खराब क्यों होती है?

दीर्घ उत्तरीय प्रश्न

1. 'काले मेघा पानी दे' पाठ के आधार पर इंदर सेना के कार्यों का वर्णन कीजिए।

2. जीजी और लेखिका के आपसी संबंध की समीक्षा कीजिए।

3. "लेखक आधुनिक युग का प्रवर्तक है।" पाठ के आधार पर स्पष्ट कीजिए।

4. लेखक किससे और क्यों नाराज़ हो गया था?

5. बारिश के लिए लोगों ने क्या-क्या उपाय किए तथा उसका परिणाम क्या हुआ?

13

अध्याय

पहलवान की ढोलक

(फणीश्वर नाथ 'रेणु')

लेखक-परिचय

हिंदी साहित्य में आँचलिक उपन्यासकार के रूप में प्रतिष्ठित कथाकार फणीश्वर नाथ 'रेणु' जी का जन्म 4 मार्च, 1921 को औराही हिंगना (पूर्णिया जिला), बिहार में हुआ था। इनकी आँचलिकता की अवधारणा ने कथा-साहित्य में गाँव की भाषा-संस्कृति और वहाँ के लोक जीवन को केंद्र में ला खड़ा किया। रेणु ने साहित्य की विभिन्न विधाओं में रचना की है, जो निम्नवत् है

उपन्यास मैला आँचल, परती परिकथा, दीर्घतपा, जुलूस, कितने चौराहे।

कहानी-संग्रह ठुमरी, अग्निखोर, आदिम रात्रि की महक, एक श्रावणी दोपहरी की धूप।

संस्मरण ऋणजल धनजल, वनतुलसी की गंध, श्रुत-अश्रुत पूर्व रिपोर्ताज नेपाली क्रांति कथा, रेणु रचनावली आँचलिक कथाकार के रूप में प्रसिद्ध फणीश्वर नाथ रेणु का देहांत पटना में 11 अप्रैल, 1977 को हो गया।

▼ अध्ययन के लिए
- पाठ की रूपरेखा
- पाठ का सार

▼ अभ्यास के लिए
- पाठ्यपुस्तक के प्रश्नोत्तर
- गद्यांश पर आधारित बहुविकल्पीय प्रश्न
- लघु उत्तरीय प्रश्न
- दीर्घ उत्तरीय प्रश्न

पाठ की रूपरेखा

लेखक ने 'पहलवान की ढोलक' कहानी में राज सत्ता में परिवर्तन होने के साथ-साथ सामाजिक व्यवस्था व लोक कलाओं के अप्रासंगिक होने की प्रक्रिया का भी यथार्थ चित्रण किया है। पुरानी व्यवस्था में परिवर्तन होने के साथ ही लुट्टन पहलवान भुखमरी की स्थिति में आ जाता है। वह न केवल अपना अस्तित्व अपनी लोक कला ढोलक के बोल द्वारा बनाए रखने का प्रयास करता है, बल्कि इससे भूख एवं महामारी से दम तोड़ रहे गाँव को मौत से लड़ने की ताकत भी देता है। अंत में महामारी के चलते सब समाप्त हो जाता है और एक लोक कलाकार व्यवस्था के बदइंतजाम के कारण काल का ग्रास बन जाता है।

पाठ का सार

प्राकृतिक आपदा में रात्रि का सन्नाटा

सर्दी की नि:स्तब्ध रात्रि में आकाश में केवल तारे ही चमक रहे थे। अमावस्या की रात गीदड़ और उल्लुओं की डरावनी आवाज़ों से ही अपने जीवंत होने का अहसास करवा रही थी। गाँव में हैजा और मलेरिया का भयंकर प्रकोप फैला हुआ था। सभी के बीच मौत का सन्नाटा व्याप्त था, केवल बच्चे कभी-कभी निर्बल स्वर से माँ-माँ चीखकर रोने लगते थे। इस चीत्कार के अतिरिक्त पूर्णत: सन्नाटा छाया हुआ था। लोग बलपूर्वक अपनी आहों और सिसकियों को रोके हुए भगवान के नाम का स्मरण कर रहे थे।

पहलवान लुट्टन सिंह

लेखक के अनुसार, पहलवान लुट्टन सिंह की नौ वर्ष की आयु में ही उसके माता-पिता की मृत्यु हो गई थी और बचपन में विवाह होने से सास ने उसका पालन-पोषण किया। पहलवानी की आवश्यकता व उचित खान-पान की व्यवस्था के चलते वह सुडौल और मांसल देह वाला बन गया था। जाड़ों की उन नि:स्तब्ध रातों में

केवल उसकी ढोलक ही पूरे गाँव में नया जोश भरकर संजीवनी का काम करती थी। गाँव में प्रत्येक व्यक्ति उसे जानता था तथा सायंकाल होते ही उसकी ढोलक की थाप की आवाज़ सुनकर सभी को जीवित होने का अहसास होता था।

लुट्टन सिंह की चाँद सिंह पर विजय

एक बार श्यामनगर में कुश्ती के दंगल में लुट्टन सिंह, चाँद सिंह नाम के पहलवान की कुश्ती देख रहा था, जो अपने गुरु पहलवान बादल सिंह के साथ पंजाब से आया था। चाँद सिंह ने अपनी उम्र के सभी पहलवानों को हराकर 'शेर के बच्चे' की उपाधि प्राप्त की थी। अत: राजा उसे अपने दरबार में रखने की सोच रहे थे। तभी अकस्मात् लुट्टन सिंह ने चाँद सिंह को कुश्ती की चुनौती दे दी।

सभी उसे पागल समझ रहे थे। कुश्ती के लिए राजा श्यामानंद से लुट्टन ने अप्रत्याशित अनुमति लेकर चाँद सिंह के दाँव को काटकर उसकी गर्दन पकड़ ली तथा ढोल के 'धाक-धिना, तिरकट-तिना' का 'दाँव-काटो, 'बाहर हो जा!' अर्थ लगाकर गर्दन पर कब्ज़ा कर लिया। अंत में ढोल की आवाज़ का अर्थ 'उठा पटक दे' लगाकर चाँद सिंह को ज़मीन पर दे मारा। विजयी लुट्टन सिंह ने ढोल को प्रणाम करके राजा साहब को गोद में उठा लिया। भीड़ राजा श्यामानंद की, महावीर जी की जय–जयकार कर रही थी। राजा ने प्रसन्न होकर उसको सदा के लिए अपने दरबार में रख लिया।

राज दरबार में लुट्टन पहलवान

राज दरबार के पहलवान के रूप से लुट्टन सिंह को अपना स्थान मिल गया। उसने काला खाँ पहलवान को हराकर अपनी कीर्ति को दूर-दूर तक फैला दिया। मेले आदि में बच्चों जैसे चश्मा लगाकर वह मदमस्त हाथी की तरह चलता था।

राजाजी अब उसको किसी-से भी लड़ने की आज्ञा नहीं देते थे। लुट्टन के केवल दो ही पुत्र रह गए थे, क्योंकि उसकी सास व पत्नी का स्वर्गवास हो चुका था। वे भी लुट्टन की ही तरह दरबार के भावी पहलवान घोषित हो चुके थे। उनका गुरु कोई आदमी नहीं बल्कि ढोल था, जिसको अखाड़े में उतरने से पहले प्रणाम करने के लिए कहकर लुट्टन सिंह ने पहलवानी के सभी गुण उन्हें सिखा दिए थे। इन तीनों का भरण-पोषण दरबार से हो रहा था।

सत्ता और शासन का परिवर्तन

राजा श्यामानंद की मृत्यु के पश्चात् विलायत में रहने वाले राजकुमार ने आकर सत्ता सँभाली। राजकुमार को घोड़े की रेस में दिलचस्पी थी। उसने तीनों पहलवानों को दरबार से निकाल दिया। गाँव में आकर उन्होंने मज़दूरी करके अपना जीवन निर्वाह करना शुरू कर दिया, क्योंकि गाँव वाले उनका खर्च सहन नहीं कर पाए।

महामारी का प्रकोप

मलेरिया और हैजे के प्रकोप से गाँव से रोज दो-तीन लाशें उठने लगीं, उनको कफ़न तक मिलना मुश्किल हो गया। लोगों में बोलने की शक्ति तक समाप्त हो गई थी। ऐसे समय में लुट्टन का ढोल ही उनमें प्राण भरता था। एक रात उसने अपने बेटों के कहने पर 'उठा पटक दो' बजाया, परंतु उसके दोनों पुत्र मृत्यु को हरा न सके। उस दिन लुट्टन ने अपने पुत्रों के शवों को नदी में बहा दिया, जिससे गाँववालों की हिम्मत भी टूट गई।

पुत्रों की मृत्यु के पश्चात् भी प्रत्येक रात्रि लुट्टन ढोलक बजाया करता था, परंतु एक रात ढोलक की आवाज़ न आने पर शिष्यों ने देखा कि पहलवान चित पड़े हैं। उसकी यही अंतिम इच्छा थी कि जब मर जाऊँ, तो चिता पर मुझे चित नहीं, पेट के बल सुलाना। मैं ज़िंदगी में कभी 'चित' नहीं हुआ और चिता सुलगाने के समय ढोलक बजा देना।

शब्दार्थ

भयार्त्त–भय के कारण चीख-पुकार मचाने वाला, **निस्तब्धता**–मौन/चुप्पी, **शेष होना**–समाप्त होना, **क्रंदन**–चीत्कार, **पेचक**–उल्लू, **कै करना**–उल्टी करना, **टेर**–पुकार, **निर्बल**–कमज़ोर, **ताड़ना**–भाँपना, **घूरा**–गंदगी का ढेर, **भीषणता**–भयंकरता, **ताल ठोकना**–चुनौती देना, **संजीवनी**–जीवन देने वाली।

अनुसरण करना–पीछे-पीछे चलना, **धारोष्ण**–गाय-भैंस के थनों से निकलता ताजा दूध, **सुडौल**–मज़बूत, **मांसल**–जिस पर मांस चढ़ गया हो, **बिजली उत्पन्न करना**–बहुत तेज़ी जगा देना, **गिरोह**–समूह/गुट, **पट्ठा**–पहलवान, **टायटिल**–पदवी, **किलकारी भरना**–खुशी प्रकट करने के लिए गले से आवाज़ें निकालना, **दुलकी लगाना**–उछल-उछल कर क्रीड़ा करना, **स्पर्धा**–मुकाबला, **पैंतरा**–दाँव-पेच।

गोश्त–मांस, **दुहाई**–विनती, **अधीर**–अशांत, **जमायत**–सभा, **उत्तेजित**–जोश में आना, **प्रतिद्वंद्वी**–मुकाबला करने वाला, **विवश**–मज़बूर, **कोलाहल**–शोर, **हलुआ होना**–पूरी तरह कुचला जाना, **चित्त करना**–पीठ लगाना, **बहुमत**–अधिक लोगों का समर्थन।

जनमत–लोगों का समर्थन, **चारों खाने चित होना**–पूरी तरह पीठ के बल गिरना, **फलतः**–परिणामस्वरूप, **गद्‌गद**–प्रसन्न, **लाज रखना**–सम्मान बचाना, **मुँह बिचकाना**–घृणा का भाव मुँह पर लाना, **संकुचित**–सिकुड़ा हुआ, **कीर्ति**–यश, **चार चाँद लगाना**–शान को और अधिक बढ़ाना, **लकवा मारना**–पंगु हो जाना।

दर्शनीय–देखने योग्य, **मतवाला**–मस्त, **चुहल**–शरारत, **उदरस्थ**–पेट में डालकर, **अबरख**–रंगीन चमकीला कागज़, **अनायास**–अचानक, **प्रताप**–शक्ति।

पानी फिरना–समाप्त होना, **चपेटाघाट**–लपेट में लेकर चोट करना, **व्यय**–खर्च, **टेरिबुल**–भयानक, **हौरिबुल**–महाभयंकर, **साफ़ जवाब मिलना**–इनकार करना, **चरवाहा**–ग्वाल पशु चराने वाला, **अकस्मात्**–अचानक, **वज्रपात**–वज्र गिरना, **अनावृष्टि**–अकाल, सूखा पड़ना, **हाहाकार**–चीख-पुकार, **हृदय विदारक रुदन**–दिल को दहलाने वाला/रोना-पीटना, **दृष्टिगोचर होना**–दिखाई देना, **प्रभा**–ज्योति/प्रकाश, **ढाढस देना**–तसल्ली देना।

विभीषिका–भयजनक स्थिति, **अर्द्धमृत**–अधमरा, **पथ्य-विहीन**–दवाई/इलाज सावधानी से वंचितश, **स्नायु**–नसें, **आँख मूँदना**–मरना, **क्रूर काल**–कठोर मृत्यु, **असह्य वेदना**–जिस कष्ट को सहा न जा सके, **निस्पंद**–जड़/भावनाहीन/चेतनाहीन, **दंग रहना**–हैरान रहना, **हिम्मत टूटना**–निराश होना, **संतप्त**–दु:खी, **दिलेर**–बहादुर, **रुग्ण**–बीमार।

पाठ्यपुस्तक (आरोह भाग-2) के प्रश्नोत्तर

पाठ के साथ

1. कुश्ती के समय ढोल की आवाज़ और लुट्टन के दाँव-पेंच में क्या तालमेल था? पाठ में आए ध्वन्यात्मक शब्द और ढोल की आवाज़ आपके मन में कैसी ध्वनि पैदा करते हैं, उन्हें शब्द दीजिए।

उत्तर लुट्टन पहलवान कुश्ती के समय ढोल की आवाज़ के स्वरों से प्रेरणा ग्रहण करता था।

जैसे— धाक-धिना, तिरकट तिना
चटाक्-चट्-धा
धिना-धिना, धिक-धिना

इसका अर्थ हुआ —
दाँव काटो, बाहर हो जा
उठा पटक दे
चित करो

इस प्रकार के शब्द व्यक्ति में उत्साह भर देते हैं तथा उसमें अप्रत्याशित रूप से कार्य करने की इच्छा उत्पन्न हो जाती है।

2. कहानी के किस-किस मोड़ पर लुट्टन के जीवन में क्या-क्या परिवर्तन आए?

उत्तर लुट्टन के बचपन में ही उसके माता-पिता की मृत्यु के पश्चात् उसकी सास ने उसका लालन-पालन किया। उसने गाँववालों से अपनी सास की तकलीफ का बदला लेने के लिए कसरत करनी शुरू की। इसी के बल पर उसने चाँद सिंह को हराकर राज पहलवान की उपाधि प्राप्त की। पंद्रह वर्ष तक राज पहलवान रहने के पश्चात् वह और उसके पुत्र काल के ग्रास बन गए। गाँव के बाहर उसने अखाड़ा बनाकर ग्रामीण युवकों को वहाँ कुश्ती सिखाई। गाँव में सूखा और महामारी में उसने अपने दोनों बेटों को खो दिया। पुत्रों की मृत्यु के बाद वह अकेला रहा और अंत में चल बसा।

3. लुट्टन पहलवान ने ऐसा क्यों कहा होगा कि मेरा गुरु कोई पहलवान नहीं, यही ढोल है?

***अथवा* लुट्टन पहलवान ने ढोल को अपना गुरु क्यों कहा?** **Delhi 2019**

***अथवा* लुट्टन पहलवान ढोल को ही अपना गुरु क्यों मानता था?** **CBSE 2024, 23**

उत्तर लुट्टन पहलवान ने बचपन से ही कसरत करनी शुरू कर दी थी। उसने किसी भी गुरु से पहलवानी या कसरत की शिक्षा नहीं ली थी। अतः उसने किसी को भी अपना गुरु नहीं माना था और न ही किसी से कुश्ती के दाँव-पेंच सीखे थे। वह अपनी शक्ति और दाँव-पेंच की परीक्षा ढोलक की आवाज़ के आधार पर करता था। ढोल की आवाज़ उसके शरीर में उमंग व स्फूर्ति भर देती थी। वह अखाड़े में उतरने से पहले ढोल को प्रणाम करता था, क्योंकि उसने गुरु का स्थान ढोल को दे दिया था।

4. गाँव में महामारी फैलने और अपने बेटों के देहांत के बावजूद लुट्टन पहलवान ढोल क्यों बजाता रहा?

***अथवा* 'पहलवान की ढोलक' पाठ के आधार पर बताइए कि गाँव में महामारी फैलने और अपने दोनों बेटों की मृत्यु के बाद भी लुट्टन पहलवान ढोलक क्यों बजाता रहा?** **CBSE Term II 202**

उत्तर लुट्टन पहलवान ने कभी कुश्ती नहीं हारी थी। ढोल की आवाज़ सुनते ही उसमें शक्ति का संचार हो जाता था, जिससे वह दंगल जीत गया था। अतः वह ढोल को गुरु का स्थान देकर उसमें श्रद्धा रखता था। वह यह भी मानता था कि इसकी आवाज़ गाँववालों में उत्साह का संचार कर देगी, जिससे वे महामारी का सामना डटकर कर सकेंगे। इसलिए वह सारी रात अपने पुत्रों की सहायता से गाँववालों के परोपकार हेतु ढोल बजाता रहता। उसने मौत के सन्नाटे को चीरने के लिए और अपने पुत्रों की मृत्यु के पश्चात् भी जीवन के उत्साह को बनाए रखने के लिए ढोल बजाना जारी रखा।

5. ढोलक की आवाज़ का पूरे गाँव पर क्या असर होता था?

उत्तर गाँव के बड़े-बूढ़े, अर्द्धमृत और पथ्यविहीन गाँववासियों में ढोलक की आवाज़ संजीवनी की शक्ति भरती थी। केवल ढोलक की आवाज़ ही निस्तब्ध रात को चीरती हुई लोगों को जीवित होने का अहसास कराती थी। जैसे ही ढोलक की आवाज़ सुनाई देती थी, वैसे ही नसों में बिजली-सी दौड़ जाती थी। गाँववासियों को इस ढोलक की आवाज़ के कारण ही मृत्यु से डर नहीं लगता था।

6. महामारी फैलने के बाद गाँव में सूर्योदय और सूर्यास्त के दृश्य में क्या अंतर होता था?

उत्तर गाँव में फैली बीमारी ने अब महामारी का रूप ले लिया था। इसने इस तरह गाँव में हाहाकार मचा दिया था कि सभी के चेहरे पर रुदन के अलावा अन्य कोई भी चिह्न यदा-कदा ही दृष्टिगोचर होता था।

सूर्य निकलने के साथ ही लोग काँपते-कराहते घरों से निकलकर अपने आत्मीयजनों तथा मित्रों को समय बलवान होना समझाकर ढाँढस बँधाते थे और कहते थे कि समय परिवर्तित होता रहता है, बुरा समय भी जल्दी समाप्त हो जाएगा।

लोग सूर्य के अस्त होने के साथ ही अपनी-अपनी झोंपड़ियों में चले जाते और उनकी चूँ तक की आवाज़ भी नहीं आती। उनकी बोलने की शक्ति भी बिलकुल समाप्त हो जाती। केवल रुग्ण गाँववासियों के रोने-कराहने और बच्चों की माँ-माँ करने की आवाज़ें ही आतीं।

7. कुश्ती या दंगल पहले लोगों और राजाओं का प्रिय शौक हुआ करत था। पहलवानों को राजा एवं लोगों के द्वारा विशेष सम्मान दिया जाता था

(क) ऐसी स्थिति अब क्यों नहीं है?

(ख) इसकी जगह अब किन खेलों ने ले ली है?

(ग) कुश्ती को प्रिय बनाने के लिए क्या-क्या कार्य किए जा सकते हैं?

उत्तर (क) वर्तमान में पहले की तरह राजा नही रहे हैं। इसके अतिरिक्त मनोरंजन के अन्य साधन प्रचलित हो गए हैं।

(ख) आज के दौर में क्रिकेट, फुटबॉल, वॉलीबॉल, तैराकी, जिमनास्टिक, बॉक्सिंग, हॉकी जैसे अंतर्राष्ट्रीय खेलों ने कुश्ती की जगह ले ली है।

(ग) कुश्ती को प्रिय बनाने के लिए ग्रामीण स्तर पर प्रतियोगिता का आयोजन किया जाना चाहिए। साथ ही विद्यालयों एवं राष्ट्रीय स्तर पर अच्छे प्रशिक्षक द्वारा मार्गदर्शन व उचित प्रशिक्षण आदि मिलना चाहिए।

8. आशय स्पष्ट करें
"आकाश से टूटकर यदि कोई भावुक तारा पृथ्वी पर जाना भी चाहता, तो उसकी ज्योति और शक्ति रास्ते में ही शेष हो जाती थी। अन्य तारे उसकी भावुकता अथवा असफलता पर खिलखिलाकर हँस पड़ते थे।"

उत्तर महामारी के प्रकोप से रात्रि भयानक व डरावनी दिखाई देती थी। गाँव में निराशा का अंधकार था। वे जीवन की आशा छोड़ चुके थे। प्रकाश अर्थात् आशा की किरण न तो दिखाई देती थी और न कोई सहायता करने वाला था।

लेखक ने इसके माध्यम से अपनी भावनाओं की अभिव्यक्ति के लिए प्रकृति के मानवीकरण का सहारा लिया है; जैसे यदि कोई व्यक्ति इस भयंकर बीमारी से लड़ने की कोशिश भी करता, परंतु असफल हो जाता था, तो सभी उसकी असफलता को देखकर हँसते थे। यहाँ मनुष्यों के स्थान पर तारों का प्रयोग तार्किक ढंग से किया गया है।

9. पाठ में अनेक स्थलों पर प्रकृति का मानवीकरण किया गया है। पाठ में से ऐसे अंश चुनिए और उनका आशय स्पष्ट कीजिए।

उत्तर प्रकृति के मानवीकरण के दो उदाहरण निम्न हैं

(*i*) ***अँधेरी रात चुपचाप आँसू बहा रही थी*** इसमें आँसू बहाना मानवीय क्रिया है, जिसका अँधेरी रात पर आरोपण किया गया है।

(*ii*) ***निस्तब्धता करुण सिसकियों और आहों को बलपूर्वक अपने हृदय में दबाने की चेष्टा कर रही थी*** इसमें सिसकना एवं आहें भरना मानवीय क्रियाएँ हैं, जिनका निस्तब्धता पर लेखक ने आरोपण किया है। इस प्रकार लेखक ने अनेक स्थलों पर ऐसी योजना करके रचना को स्मरणीय बना दिया है।

पाठ के आस-पास

1. पाठ में मलेरिया और हैज़े से पीड़ित गाँव की दयनीय स्थिति को चित्रित किया गया है। आप ऐसी किसी अन्य आपद स्थिति की कल्पना करें और लिखें कि आप ऐसी स्थिति का सामना कैसे करेंगे/करेंगी?

उत्तर प्रस्तुत पाठ में मलेरिया व हैजे से पीड़ित गाँव की गंभीर स्थिति को चित्रित किया गया है। वर्तमान में डेंगू के प्रकोप से लोगों को बचाने के लिए मैं निम्नलिखित कार्य करूँगा

1. लोगों को डेंगू के विषय में जानकारी दूँगा।
2. घरों में व आस-पास पानी एकत्रित न होने दें व मच्छरों से स्वयं की रक्षा करने की सलाह दूँगा।
3. बुखार होने पर तुरंत ही डॉक्टर का परामर्श लेने की सलाह दूँगा।
4. समय पर दवाई लें व जाँच करवाए, साथ ही स्वयं की सुरक्षा व दूसरों को सुरक्षित रखने के लिए मास्क का प्रयोग करने के लिए कहूँगा।

2. ढोलक की थाप मृत-गाँव में संजीवनी शक्ति भरती रहती थी- कला से जीवन के संबंध को ध्यान में रखते हुए चर्चा कीजिए।

उत्तर कला का जीवन से सीधा संबंध हैं। कला निराश व्यक्ति में आशा का संचार करती है उनमें जोश व उत्साह के भाव जागृत करती है। प्रस्तुत पाठ में भी ढोलक की थाप मरे हुए व्यक्ति व गाँव में संजीवनी शक्ति की तरह मौत से लड़ने की प्रेरणा देती है।

3. चर्चा करें-कलाओं का अस्तित्व व्यवस्था का मोहताज नहीं है।

उत्तर कला कलाकारों की निष्ठा, परिश्रम, लगन, समर्पण आदि का विकसित रूप है। अतः कलाओं का अस्तित्व व्यवस्था का मोहताज नहीं है।

भाषा की बात

1. हर विषय, क्षेत्र, परिवेश आदि के कुछ विशिष्ट शब्द होते हैं। पाठ में कुश्ती से जुड़ी शब्दावली का बहुतायत प्रयोग हुआ है। उन शब्दों की सूची बनाइए। साथ ही नीचे दिए गए क्षेत्रों में इस्तेमाल होने वाले कोई पाँच-पाँच शब्द बताइए।

- चिकित्सा
- क्रिकेट
- न्यायालय
- या अपनी पसंद का कोई क्षेत्र

उत्तर छात्र स्वयं करें।

2. पाठ में अनेक अंश ऐसे हैं, जो भाषा के विशिष्ट प्रयोगों की बानगी प्रस्तुत करते हैं। भाषा का विशिष्ट प्रयोग न केवल भाषाई सर्जनात्मकता को बढ़ावा देता है, बल्कि कथ्य को भी प्रभावी बनाता है। यदि उन शब्दों, वाक्यांशों के स्थान पर किन्हीं अन्य का प्रयोग किया जाए, तो संभवतः वह अर्थगत चमत्कार और भाषिक सौंदर्य उद्घाटित न हो सके। कुछ प्रयोग इस प्रकार हैं

- फिर बाज़ की तरह उस पर टूट पड़ा।
- राजा साहब की स्नेह-दृष्टि ने उसकी प्रसिद्धि में चार चाँद लगा दिए।
- पहलवान की स्त्री भी दो पहलवानों को पैदा करके स्वर्ग सिधार गई थी।

इन विशिष्ट भाषा-प्रयोगों का प्रयोग करते हुए एक अनुच्छेद लिखिए।

उत्तर छात्र स्वयं करें।

3. जैसे क्रिकेट की कमेंट्री की जाती है वैसे ही इसमें कुश्ती की कमेंट्री की गई है? आपको दोनों में क्या समानता और अंतर दिखाई पड़ता है?

उत्तर छात्र स्वयं करें।

अभ्यास प्रश्न

गद्यांश पर आधारित बहुविकल्पीय प्रश्न

निम्नलिखित गद्यांशों को ध्यानपूर्वक पढ़कर पूछे गए बहुविकल्पीय प्रश्नों के लिए सर्वाधिक उपयुक्त विकल्प का चुनाव कीजिए

1. **जाड़े का दिन। अमावस्या की रात-ठंडी और काली। मलेरिया और हैजे से पीड़ित गाँव भयार्त्त शिशु की तरह थर-थर काँप रहा था। पुरानी और उजड़ी बाँस-फूस की झोपड़ियों में अंधकार और सन्नाटे का सम्मिलित साम्राज्य अँधेरा और निस्तब्धता।**

अँधेरी रात चुपचाप आँसू बहा रही थी। निस्तब्धता करुण सिसकियों और आहों को बलपूर्वक अपने हृदय में दबाने की चेष्टा कर रही थी। आकाश में तारे चमक रहे थे। पृथ्वी पर कहीं प्रकाश का नाम नहीं। आकाश से टूटकर यदि कोई भावुक तारा पृथ्वी पर जाना भी चाहता तो उसकी ज्योति और शक्ति रास्ते में ही शेष हो जाती थी। अन्य तारे उसकी भावुकता अथवा असफलता पर खिल-खिलाकर हँस पड़ते थे।

(क) गद्यांश में प्रयुक्त 'भयार्त्त' शब्द का अर्थ है

(i) भीषण (ii) भय से पीड़ित
(iii) भयंकर (iv) भयानक

(ख) गद्यांश का केंद्रीय भाव है

(i) गाँव की प्रकृति का चित्रण
(ii) गाँव की रात्रि का चित्रण
(iii) भूख और महामारी से दम तोड़ रहे गाँव की दयनीय दशा का चित्रण
(iv) गाँव में व्याप्त नीरवता का चित्रण

(ग) निम्नलिखित कथनों पर विचार करते हुए गद्यांश के अनुसार सही कथन को चयन कर लिखिए

(i) महामारी और आर्थिक तंगी की त्रासदी से जूझता ग्राम-बस्ती में आशा-किरण का आश्रय व्यर्थ प्रयास है।
(ii) महामारी और आर्थिक तंगी की त्रासदी से जूझती ग्राम-बस्ती आशा-निराशा के भाव में झूल रही है।
(iii) महामारी और आर्थिक तंगी से जूझती ग्राम-बस्ती में ग्रामीण एक-दूसरे की सहायता कर रहे हैं।
(iv) महामारी और आर्थिक तंगी से जूझती ग्राम-बस्ती अपनी स्थिति से संतुष्ट है।

(घ) प्रकृति को आँसू बहाते हुए क्यों दिखाया गया है?

(i) काव्यात्मक रूप से प्रकृति सौंदर्य व्यक्त करने हेतु
(ii) गाँववालों के दु:ख में प्रकृति को दु:खी दिखाने हेतु
(iii) गाँव में व्याप्त सन्नाटे और अंधकार का वर्णन करने हेतु
(iv) प्रकृति की विवशता और असमर्थता को प्रकट करने हेतु

(ङ) सुमेलित कीजिए

सूची I	सूची II
A. अमावस्या की रात-ठंडी और काली	1. आशा एवं जिजीविषा का अभाव
B. प्रकाश का नाम नहीं	2. पीड़ित गाँववालों की मदद न कर पाना
C. तारे की शक्ति और ज्योति रास्तें में ही शेष हो जाती	3. निराशापूर्ण परिवेश

कूट

	A	B	C		A	B	C
(i)	3	1	2	(ii)	1	2	3
(iii)	2	3	1	(iv)	3	2	1

उत्तर

(क) (ii) भय से पीड़ित
(ख) (iii) भूख और महामारी से दम तोड़ रहे गाँव की दयनीय दशा का चित्रण
(ग) (i) महामारी और आर्थिक तंगी की त्रासदी से जूझती ग्राम-बस्ती में आशा-किरण का आश्रय व्यर्थ प्रयास है।
(घ) (i) काव्यात्मक रूप में प्रकृति सौंदर्य व्यक्त करने हेतु
(ङ) (iii) 2 3 1

2. **'शेर के बच्चे' का असल नाम था चाँद सिंह। वह अपने गुरु पहलवान बादल सिंह के साथ, पंजाब से पहले-पहल श्यामनगर मेले में आया था। सुंदर जवान, अंग-प्रत्यंग से सुंदरता टपक पड़ती थी। तीन दिनों में ही पंजाबी और पठान पहलवानों के गिरोह के अपनी जोड़ी और उम्र के सभी पट्ठों को पछाड़कर उसने 'शेर के बच्चे' की टायटिल प्राप्त कर ली थी। इसलिए वह दंगल के मैदान में लँगोट लगाकर एक अजीब किलकारी भरकर छोटी दुलकी लगाया करता था। देशी नौजवान पहलवान, उससे लड़ने की कल्पना से भी घबराते थे। अपनी टायटिल को सत्य प्रमाणित करने के लिए ही चाँद सिंह बीच-बीच में दहाड़ता फिरता था।**

श्यामनगर के दंगल और शिकार-प्रिय वृद्ध राजा साहब उसे दरबार में रखने की बातें कर ही रहे थे कि लुट्टन ने शेर के बच्चे को चुनौती दे दी। सम्मान-प्राप्त चाँद सिंह पहले तो किंचित, उसकी स्पर्धा पर मुसकुराया फिर बाज की तरह उस पर टूट पड़ा।

दक्षता आधारित प्रश्न

(क) चाँद सिंह का पहले किंचित मुसकाना उसके किस स्वभाव को अभिव्यक्त करता है?
(i) गर्वीले (ii) गुस्सैल
(iii) अहंकारी (iv) मज़ाकिया

(ख) चाँद सिंह ने 'शेर के बच्चे' का टायटिल किस प्रकार प्राप्त किया था?
(i) मैदान में घूमते हुए दहाड़कर
(ii) लुट्टन की चुनौती स्वीकार कर
(iii) बादल सिंह को अपना गुरु बनाकर
(iv) अपने समकक्ष सभी पहलवानों को हराकर

(ग) प्रस्तुत गद्यांश में निम्नलिखित में से कौन-सा विशेषण चाँद सिंह के लिए प्रयुक्त नहीं किया गया है?
(i) पंजाबी (ii) सम्माननीय
(iii) शिकार-प्रिय (iv) शेर का बच्चा

(घ) गद्यांश में प्रयुक्त 'टूटा पड़ा' मुहावरे के समान अर्थ वाला मुहावरा कौन-सा है?
(i) झपट्टा मारा (ii) गले पड़ गया
(iii) कहर टूट गया (iv) ठिकाने लगाया

(ङ) चाँद सिंह दंगल के मैदान में लँगोट लगाकर क्या किया करता था?
(i) वह बाज़ की तरह टूट पड़ता था।
(ii) वह चुनौती मिलने पर मुसकुराया करता था।
(iii) वह उछल-उछलकर क्रीड़ा किया करता था।
(iv) वह अपनी सुंदरता का प्रदर्शन किया करता था।

उत्तर

(क) (iv) मजाकिया
(ख) (iv) अपने समकक्ष सभी पहलवानों को हराकर
(ग) (iii) शिकार-प्रिय
(घ) (i) झपट्टा मारा
(ङ) (iii) वह उछल-उछलकर क्रीड़ा किया करता था।

3. **शांत दर्शकों की भीड़ में खलबली मच गई-'पागल है पागल, मरा-ऍं! मरा-मरा।'... पर वाह रे बहादुर! लुट्टन बड़ी सफ़ाई से आक्रमण को सँभालकर निकलकर उठ खड़ा हुआ और पैंतरा दिखाने लगा। राजा साहब ने कुश्ती बंद करवाकर लुट्टन को अपने पास बुलवाया और समझाया। अंत में, उसकी हिम्मत की प्रशंसा करते हुए, दस रुपये का नोट देकर कहने लगे-"जाओ, मेला देखकर घर जाओ।..."**

(क) शांत भीड़ में खलबली क्यों मच गई?
(i) चाँद सिंह द्वारा लुट्टन सिंह को झपटकर दबोच लेने के कारण
(ii) राजा द्वारा कुश्ती न करने का आदेश देने के कारण
(iii) भीड़ में उपद्रवियों के घुस आने के कारण
(iv) उपर्युक्त सभी

(ख) सुमेलित कीजिए

	सूची I		सूची II
A.	लुट्टन	1.	मुद्रा दिखाना
B.	पैंतरा दिखाना	2.	गाँव का पहलवान
C.	शेर का बच्चा	3.	चाँद सिंह

कूट

	A	B	C		A	B	C
(i)	3	1	2	(ii)	2	1	3
(iii)	1	2	3	(iv)	3	2	1

(ग) 'पर वाह रे बहादुर।' पंक्ति में बहादुर शब्द किस व्यक्ति के लिए प्रयुक्त हुआ है?
(i) लुट्टन सिंह पहलवान
(ii) चाँद सिंह पहलवान
(iii) राजा साहब
(iv) मैनेजर साहब

(घ) राजा साहब ने लुट्टन सिंह की प्रशंसा क्यों की?
(i) क्योंकि उसने चाँद सिंह को कुश्ती की चुनौती दी थी
(ii) क्योंकि उसने गाँव के लोगों की सहायता की
(iii) क्योंकि उसने अपने परिवार को सँभाला था
(iv) क्योंकि उसने कुश्ती के लिए संघर्ष किया था

(ङ) राजा द्वारा लुट्टन सिंह को दस रुपये का नोट देकर मेला देखकर घर जाने को कहने के पीछे क्या कारण था?
(i) कुश्ती लड़ने के लिए तैयार करना
(ii) कुश्ती लड़ने से मना करना
(iii) कुश्ती की प्रतियोगिता हार जाना
(iv) कुश्ती की प्रतियोगिता जीत जाना

उत्तर

(क) (i) चाँद सिंह द्वारा लुट्टन सिंह को झपटकर दबोच लेने के कारण
(ख) (ii) 2 1 3
(ग) (i) लुट्टन सिंह पहलवान
(घ) (i) क्योंकि उसने चाँद सिंह को कुश्ती की चुनौती दी थी
(ङ) (ii) कुश्ती लड़ने से मना करना

4. **दोनों ही लड़के राज-दरबार के भावी पहलवान घोषित हो चुके थे। अतः दोनों का भरण-पोषण दरबार से ही हो रहा था। प्रतिदिन प्रातःकाल पहलवान स्वयं ढोलक बजा-बजाकर दोनों से कसरत करवाता। दोपहर में, लेटे-लेटे दोनों को सांसारिक ज्ञान की भी शिक्षा देता-"समझे! ढोलक की आवाज़ पर पूरा ध्यान देना। हाँ, मेरा गुरु कोई पहलवान नहीं, यही ढोल है, समझे! ढोल की आवाज़ के प्रताप से ही मैं पहलवान हुआ। दंगल में उतरकर सबसे पहले ढोलों को प्रणाम करना, समझे!"... ऐसी ही बहुत-सी बातें वह कहा करता। फिर मालिक को कैसे खुश रखा जाता है, कब कैसा व्यवहार करना चाहिए, आदि की शिक्षा वह नित्य दिया करता था।**

(क) राजदरबार का भावी पहलवान किसे घोषित किया जा चुका था?
(i) लुट्टन सिंह को
(ii) चाँद सिंह को
(iii) बादल सिंह को
(iv) लुट्टन पहलवान के दोनों लड़कों को

(ख) पहलवान के बेटों का भरण-पोषण राजदरबार से होने का क्या कारण था?
(i) उनके पिता का दरबारी पहलवान होना

(ii) जनता की इच्छाशक्ति
(iii) समाज के उच्च अधिकारी के पुत्र होना
(iv) राजा का विशेष लगाव

(ग) निम्नलिखित कथनों पर विचार कीजिए

1. दोनों लड़कों ने पहलवानी सीखने से इंकार कर दिया।
2. पहलवान ढोलक को ही अपना गुरु मानता था।
3. फिलहाल पहलवान के दोनों लड़कों का भरण-पोषण दरबार से ही हो रहा था।

उपरोक्त में से कौन-सा/से कथन सही है/हैं?

(i) केवल 1 (ii) केवल 3
(iii) 1 और 2 (iv) 2 और 3

(घ) राजा साहब ने पहलवान को दरबार में किस कारण से रखा?

(i) शेर के बच्चे चाँद सिंह को धूल चटाने के कारण
(ii) उसके ढोलक बजाने के ढंग से प्रभावित होने के कारण
(iii) लोगों द्वारा आग्रह करने के कारण
(iv) अपने सैनिकों को पहलवानी सिखाने के कारण

(ङ) गाँवों से अखाड़े समाप्त होते जाने का क्या कारण हो सकता है?

(i) राजदरबारों में पहलवानी की उपेक्षा करना
(ii) समाज के लोगों द्वारा इसकी उपेक्षा करना
(iii) मनोरंजन के अन्य साधन तलाशना
(iv) उपरोक्त सभी

उत्तर

(क) (iv) लुट्टन पहलवान के दोनों लड़कों को
(ख) (i) उनके पिता का दरबारी पहलवान होना
(ग) (iv) 2 और 3
(घ) (i) शेर के बच्चे चाँद सिंह को धूल चटाने के कारण
(ङ) (iv) उपरोक्त सभी

विषय-वस्तु पर आधारित प्रश्नोत्तर

लघु उत्तरीय प्रश्न

1. रात्रि की निस्तब्धता का भेदन करने में कौन सक्षम था तथा कौन सक्षम नहीं था? विवरण दीजिए।

उत्तर अमावस्या की काली रात, जहाँ प्रकाश के नाम पर केवल तारों की रोशनी ही थी, में सियारों का रोना व उल्लू की डरावनी आवाज़ें ही रात्रि में छाई हुई निस्तब्धता का भेदन कर सकती थीं। बच्चों के 'माँ-माँ' करके रोने तथा 'हरे राम, हे भगवान' की आवाज़ें तो जैसे मुँह से निकल कर मुँह में ही समाप्त हो जाती थीं।

2. रात्रि के सन्नाटे को जब सियारों और उल्लुओं की आवाज़ें भंग नहीं कर पातीं, तब गाँव में संजीवनी शक्ति कौन भर देता था?

अथवा **पहलवान की ढोलक मृत गाँव में संजीवनी शक्ति का संचार किस प्रकार करती थी?** **CBSE 2023**

उत्तर भीषणताओं से भरी हुई रात्रि को केवल और केवल पहलवान लुट्टन सिंह की ढोलक ही ताल ठोंककर ललकारती थी। संध्या से सारी रात, पौ-फटने तक उसकी ढोलक लगातार एक सरस स्वर में बजती रहती। उस ढोलक की आवाज़ उस निस्तब्ध रात्रि में मृत-गाँव के सभी वासियों में संजीवनी की शक्ति भर देती थी।

3. बीमारियों की विभीषिकाओं से क्रंदन करता हुआ गाँव और अधिक भयावह रूप किन परिस्थितियों में ग्रहण कर लेता था?

उत्तर गाँव में फैली हुई बीमारियों के कारण प्रत्येक घर में मौत नाच रही थी। ऐसे में दिनभर की राख की ठंडी मिट्टी पर बैठे हुए कुत्ते शाम होते ही किसी आशंका के चलते एकत्रित होकर रोने लगते थे। तब यह स्थिति अत्यंत भयावह रूप लेकर डराने लगती थी, जो क्रंदन से भी अधिक भयंकर मालूम होती थी।

4. लुट्टन सिंह को उसकी पहलवानी के लिए कहाँ तक जाना जाता था?

उत्तर लुट्टन सिंह पहलवान ने पंजाब के पहलवान चाँद सिंह, जो 'शेर के बच्चे' के नाम से प्रसिद्ध था, को हराकर राजा के यहाँ अपना स्थान पक्का किया था। अतः वह कहता था कि उसे ऑल इंडिया के लोग जानते हैं, परंतु वास्तव में उसके जिले की सीमा के अतिरिक्त उसका ऑल इंडिया और कहीं नहीं था।

5. लुट्टन सिंह को कसरत करने का शौक क्यों लगा?

उत्तर लुट्टन सिंह बचपन में ही अनाथ हो गया था। उसकी सास ने ही उसकी देखभाल की थी, परंतु गाँव के लोग उसकी सास, जो विधवा थी, को अनेक प्रकार से परेशान किया करते थे। अतः गाँववालों को सजा देने के लिए उसने पहलवानी का शौक अपनाया।

6. 'शेर के बच्चे' के नाम से कौन और क्यों प्रसिद्ध था?

उत्तर चाँद सिंह नाम का पहलवान, जो पंजाब से श्यामनगर कुश्ती लड़ने के लिए आया था, ने अपनी आयु के सभी पहलवानों को चित कर दिया था। इसलिए उसको 'शेर के बच्चे' की उपाधि दी गई थी, जिस नाम से वह प्रसिद्ध हो गया था।

7. लुट्टन सिंह पहलवान को जब राज दरबार से हटा दिया गया, तो उसका जीवन किस प्रकार प्रभावित हुआ?

उत्तर श्यामनगर के राजा की मृत्यु के पश्चात् उनके पुत्र ने विलायत से आकर राजपाट सँभाला। उनके पुत्र को पहलवानी में कोई भी दिलचस्पी नहीं थी। अतः पंद्रह वर्ष की लंबी अवधि के पश्चात् उन्होंने राज-पहलवान को पद से हटा दिया, तब लुट्टन सिंह अपने पुत्रों के साथ गाँव आकर कुछ समय तो गाँववालों की सहायता से तथा अंत में मज़दूरी करके अपना जीवन निर्वाह करने लगा।

8. रात्रि के समय गाँव के वातावरण का वर्णन कीजिए, जिसका विवरण 'पहलवान की ढोलक' कहानी में दिया गया है।

उत्तर अमावस्या की काली ठंडी रात में हैजे और मलेरिया से ग्रस्त गाँव एक भय से डरे हुए शिशु की भाँति थर-थर काँप रहा था। रात को सियारों का रुदन और उल्लुओं की डरावनी आवाज़ें ही सन्नाटे को चीरती थीं, अन्यथा बीमारों के रोने और कराहने की आवाज़ें तो उनके मुँह में ही दबकर रह जातीं और सुनाई ही नहीं देतीं। संध्या काल में किसी आने वाली आशंका की सूचना देने के लिए राख पर बैठे कुत्ते रोने लगते थे।

9. 'पहलवान की ढोलक' पाठ में आई पंक्ति "अँधेरी रात चुपचाप आँसू बहा रही थी" - के द्वारा लेखक ने किस स्थिति की ओर संकेत किया है? स्पष्ट कीजिए। **CBSE 2023**

अथवा **'प्रकृति भी जैसे गाँव वालों के दुःख से दुःखी थी।' 'पहलवान की ढोलक' पाठ के आधार पर सिद्ध कीजिए।** **CBSE 2023**

उत्तर प्रस्तुत पाठ में लेखक ने प्रकृति का मानवीकरण करते हुए स्पष्ट किया है कि प्रकृति भी अँधेरी रात में गाँव वालों के दुःख से दुःखी होकर आँसू बहा रही थी। महामारी से पीड़ित लोगों व गाँव की विभीषिका ने प्रकृति को भी प्रभावित किया है।

10. 'पहलवान की ढोलक' पाठ के आधार पर लुट्टन पहलवान की अंतिम इच्छा लिखिए। **CBSE 2023**

अथवा **'मैं ज़िंदगी में कभी चित्त नहीं हुआ' – पंक्ति में आए 'चित्त' शब्द का अर्थ स्पष्ट करते हुए, पहलवान की ढोलक पाठ के आधार पर लिखिए कि लुट्टन ने इसका प्रयोग किस संदर्भ में किया है?** **CBSE 2024**

उत्तर 'चित्त' शब्द का अर्थ है- 'हार या पराजय'। लुट्टन पहलवान ने अपने जीवन में कठिन-से-कठिन परिस्थितियों का सामना सफलतापूर्वक किया है, उसने विपरीत परिस्थितियों में कभी हार नहीं मानी। इसलिए उसकी अंतिम इच्छा थी कि जब मेरी मृत्यु हो तो चिता पर मुझे चित्त नहीं, बल्कि पेट के बल सुलाना। मैं ज़िंदगी में कभी चित्त नहीं हुआ तथा चिता सुलगने के समय ढोलक बजा देना।

11. 'पहलवान की ढोलक' पाठ के आधार पर बताइए कि आज गाँव में अखाड़े समाप्त होने के क्या कारण हो सकते हैं। **CBSE 2024**

उत्तर आजकल गाँव में खेत के प्रति अरुचि, भ्रष्टाचार, लोगों के पास समय की कमी, मनोरंजन के बढ़ते चलन के कारण नए-नए खेलों के प्रति लोगों का रुझान होना तथा कुश्ती से लाभ न होने के कारण धीरे-धीरे गाँव में अखाड़े समाप्त होते जा रहे हैं।

12. पहलवान की ढोलक की आवाज़ का पूरे गाँव पर क्या असर होता था? कैसे?

उत्तर गाँव के बड़े-बूढ़े, अर्द्धमृत और पर्थ-विहीन गाँववासियों में ढोलक की आवाज़ संजीवनी की शक्ति भरती थी। केवल ढोलक की आवाज़ ही निःस्तब्ध रात को चीरती हुई लोगों को जीवित होने का अहसास कराती थी। जैसे ही ढोलक की आवाज़ सुनाई देती थी, वैसे ही नसों में बिजली-सी दौड़ जाती थी। गाँववासियों को इस ढोलक की आवाज़ के कारण ही मृत्यु से डर नहीं लगता था।

दीर्घ उत्तरीय प्रश्न

1. लुट्टन सिंह का गाँव किन बीमारियों की विभीषिका से थर-थर काँप रहा था? वर्णन कीजिए।

अथवा **'पहलववान की ढोलक' के आधार पर लिखिए कि गाँव भयान्र्त शिशु की तरह क्यों काँप रहा था?** **CBSE 2024**

उत्तर लुट्टन सिंह का गाँव सर्दी में फैले हुए हैजे और मलेरिया की बीमारियों से ग्रस्त होकर शिशु की तरह काँप रहा था। किसी भी गाँववासी की आह और सिसकियों के अतिरिक्त अन्य कोई आवाज़ सुनने में नहीं आ रही थी। पूरे गाँव में मौत का सन्नाटा व्याप्त था। केवल बच्चे कभी-कभी निर्बल स्वर से माँ-माँ चीखकर रोने लगते थे। लोग बलपूर्वक अपनी आहों और सिसकियों को रोके हुए भगवान के नाम का स्मरण कर रहे थे।

2. लुट्टन पहलवान के परिवार की स्थिति-परिस्थिति का वर्णन कीजिए।

उत्तर लुट्टन पहलवान बचपन में ही नौ वर्ष की आयु में अनाथ हो गया था। उसकी परिस्थिति और अधिक बुरी होती, यदि उसका विवाह अल्पायु में ही न हो गया होता, क्योंकि विवाह हो जाने के कारण ही माता-पिता की मृत्यु के पश्चात् उसका लालन-पालन उसकी सास ने किया था। वह बचपन से ही कसरत करने लगा था। अपनी सास के यहाँ वह गाय को चराता था। उसका ताज़ा दूध पीकर उसका शरीर सुंदर व सुडौल हो गया। अब जो गाँववासी उसकी विधवा सास को परेशान करते थे, वे सभी उससे डरने लगे थे।

3. लुट्टन सिंह जिस गाँव में रहता था, उस गाँव की स्थिति का वर्णन कीजिए।

उत्तर लुट्टन सिंह का गाँव किसी अमीर गाँव की श्रेणी में नहीं आता था, क्योंकि वहाँ सभी लोग पुराने और बाँस-फूस की झोंपड़ियों में रहते थे। किसी भी गाँववासी के पास पक्का घर नहीं था। सभी मिल-जुलकर दिनभर खेत में काम करते थे या इधर-उधर मज़दूरी करके अपना जीवनयापन किया करते थे। इसका सबसे अच्छा प्रमाण इस बात से मिलता है कि वे सब मिलकर राज दरबार के इन तीन पहलवानों को दैनिक भोजन भी नहीं दे पाए।

4. ढोलक की आवाज़ अपने गुण और शक्ति की दृष्टि से कहीं कम प्रभावकारी थी और कहीं अधिक, ऐसा क्यों?

उत्तर लुट्टन की ढोलक गाँववालों में असीमित उत्साह का संचार कर देती थी। इस असीम उत्साह के बल पर बुरी-से-बुरी परिस्थितियों से भी वे लड़ सकते थे, परंतु मलेरिया या हैजे जैसी किसी भी महामारी को ढोलक की थाप अपनी बुलंद आवाज़ से समाप्त नहीं कर सकती थी। वह इस समस्या को समाप्त न कर, केवल उससे लड़ने की शक्ति प्रदान करती थी।

5. लुट्टन सिंह ने अचानक बिना कुछ सोचे-समझे दंगल में 'शेर के बच्चे' को कुश्ती के लिए चुनौती क्यों दे दी?

उत्तर लुट्टन सिंह बचपन से अनाथ की तरह पला था। जिस सास माँ के यहाँ उसने अपना सारा बचपन बिताया था, उसको सभी गाँववासी किसी-न-किसी बात पर परेशान किया करते थे।

उन सभी को उसने कसरत के द्वारा कसे हुए शरीर से भयभीत कर रखा था। इसके अलावा, वह एक दृढ़ निश्चयी व्यक्तित्व वाला व्यक्ति था। उसी जवानी व निश्चयी व्यक्तित्व की हिम्मत और ढोलक की ललकारती हुई थाप ने उसकी सोचने की शक्ति को बिजली की शक्ति में परिवर्तित कर दिया था। अतः उसने चाँद सिंह को कुश्ती की चुनौती दे दी।

6. लुट्टन के पक्ष में न तो राजमत था और न ही बहुमत, फिर भी उसे कुश्ती में विजय प्राप्त हुई। क्यों?

उत्तर चाँद सिंह को कुश्ती में ललकारने के बाद जब लुट्टन सिंह को चाँद सिंह ने कसकर दबा लिया और गर्दन में कोहनी डालकर चित करने की कोशिश कर रहा था, तभी लुट्टन सिंह उत्साह भरने वाले ढोल के ताल को कुश्ती के दाँव पेचों के अनुसार सुनकर, समझकर एवं दाँव काटकर बाहर निकला और चाँद सिंह को चित कर दिया। अतः सभी के विपक्ष में होने के पश्चात् भी वह विजयी हो गया।

7. लुट्टन सिंह को राज-पहलवान की उपाधि कैसे मिली?

अथवा **राजा साहब ने लुट्टन को सहारा क्यों दिया था? अंत में उसकी दुर्गति होने का क्या कारण था?**

अथवा **'पहलवान की ढोलक' पाठ के आधार पर बताइए कि लुट्टन सिंह को राज पहलवान की पदवी कैसे मिली?** **CBSE Term II 2022**

उत्तर लुट्टन सिंह सुडौल शरीर वाला एक देहाती पहलवान था। उसने एक बार श्यामनगर के राजा की आज्ञा लेकर पंजाब के पहलवान चाँद सिंह को ढोलक की ताल का अनुसरण कर चित कर दिया। अतः राजा साहब ने खुश होकर उसे अपने दरबार में रख लिया और उस दिन से राजा साहब के देहांत तक वह राज-पहलवान बना रहा।

श्यामनगर के राजा की मृत्यु के पश्चात् उनके पुत्र ने विलायत से आकर राजपाट सँभाला। उनके पुत्र को पहलवानी में कोई भी दिलचस्पी नहीं थी, जब पंद्रह वर्ष की लंबी अवधि के पश्चात् उन्होंने राज-पहलवान को पद से हटा दिया, तब लुट्टन सिंह अपने पुत्रों के साथ गाँव आकर कुछ समय तो गाँववालों की सहायता से तथा अंत में मजदूरी करके अपना जीवन निर्वाह करने लगा।

8. दंगल में विजयी होने के पश्चात् लुट्टन सिंह की जीवन-शैली में क्या परिवर्तन आ गया था?

अथवा **लुट्टन ने राज पहलवान बन जाने के बाद उसकी दिनचर्या कैसी थी? वर्णन कीजिए।** **CBSE Diksha**

उत्तर दंगल में विजयी होने के पश्चात् लुट्टन सिंह राज पहलवान हो गया तथा राज दरबार का दर्शनीय जीव बन गया। मेलों में वह घुटने तक लंबा चोला पहने, मतवाले हाथी की तरह झूमता हुआ घूमता। दुकानदार उससे चुहलबाजी करते रहते थे। उसकी बुद्धि बच्चों जैसी थी। सीटी बजाता, आँखों पर रंगीन चश्मा लगाए और खिलौने से खेलता हुआ वह राज दरबार में आता। राजा साहब उसका बहुत ध्यान रखते थे और अब किसी को भी उससे लड़ने की आज्ञा नहीं देते थे।

9. लुट्टन सिंह जब राज-पहलवान बन गया, तब दुकानदार उससे क्या चुहलबाजी करते तथा वह उनका क्या जवाब देता था?

उत्तर दुकानदारों को उसकी बाल बुद्धि के कारण उससे चुहलबाजी करने की सूझती थी, जैसे हलवाई उससे कहता, अरे पहलवान काका, नाश्ता कर लो, ताजे-ताजे रसगुल्ले बने हैं, तो लुट्टन सिंह सेर, दो सेर एक ही बार में खा जाता। पान वाला, चश्मेवाला, खिलौने वाला सभी उससे चुहलबाजी करके उससे मजा लेते तथा वह भी उनका चुहलबाजी करके ही प्रत्युत्तर देता। कभी आठ-दस पान की गिलोरियाँ ठूँस लेता, आँखों पर रंगीन चश्मा चढ़ा लेता व सीटी आदि बजाते चलता।

10. लोगों के मुँह से अनायास ही निकल पड़ता "वाह! बाप से भी बढ़कर निकलेंगे ये दोनों बेटे।" पाठ में यह पंक्ति किसके संदर्भ में और किसलिए कही गई है?

उत्तर पहलवान लुट्टन सिंह अब राज-पहलवान था। पूरे नगर में उसकी बराबरी का कोई पहलवान नहीं था। उसके दो पुत्रों को, जो उसके कद और काठी के ही थे, देखकर सभी वाह-वाह किया करते थे और कहते थे कि ये दोनों भावी राज-पहलवान होंगे। यह पंक्ति लोगों के मुँह से अनायास ही निकल पड़ती थी। सभी जानते थे कि जब इन दोनों के पिता को कोई अभी तक पराजित नहीं कर पाया है, तो ये दोनों भी किसी से पराजित नहीं हो पाएँगे।

11. लुट्टन सिंह पहलवान के दोनों पुत्रों की भावी पहलवान के रूप में घोषणा होने में लुट्टन सिंह का क्या योगदान था?

उत्तर लुट्टन सिंह पहलवान के दो पुत्र थे, जिनको वह प्रातःकाल ही उठाकर ढोलक की ताल पर उनकी शक्ति को बढ़ाने के लिए कसरत करवाता और दाँव पेचों की जानकारी देता। उन्हें वह सांसारिक ज्ञान के साथ-साथ यह भी समझाता कि उनका कोई गुरु नहीं है।

वे केवल ढोलक को ही अपना गुरु समझें तथा दंगल में उतरने से पहले ढोलक को अवश्य प्रणाम करें। इसके अतिरिक्त कब, कैसे और क्या व्यवहार करके मालिक को खुश रखा जाता है, वह इन सबकी भी शिक्षा देता था।

12. लुट्टन सिंह पहलवान की दी गई शिक्षा-दीक्षा पर पानी क्यों फिर गया?

उत्तर लुट्टन सिंह पहलवान के द्वारा दी गई शिक्षा से उसके दोनों पुत्र सामाजिक व राजसी रूप से भावी पहलवान घोषित हो चुके थे, परंतु अकस्मात् राजा के स्वर्गवासी होने के पश्चात् उत्तराधिकारी बने नए विलायती राजा ने पाया कि इन पहलवानों पर होने वाला राजसी खर्च बहुत अधिक है, क्योंकि नए राजा को कुश्ती का शौक नहीं था। अतः उन तीनों को उसने बिना किसी सुनवाई के ही राज दरबार से निकाल दिया।

13. गाँववालों ने अपने राज-पहलवान की किस प्रकार सहायता की? क्या गाँववाले अपने इस प्रयास में सफल हुए?

उत्तर जैसे ही गाँववालों को पता चला कि लुट्टन सिंह को राज-पहलवान की पदवी से हटा दिया गया है, उन्होंने उन तीनों के लिए एक झोंपड़ी बना दी तथा उनके खाने-पीने का प्रबंध गाँववालों ने उठा लिया। पहलवान भी गाँव के नौजवान बच्चों को अपने पुत्रों के साथ कुश्ती के दाँव पेंच सिखाने लगा, परंतु बेचारे गरीब किसान क्या खाकर कुश्ती सीखते। धीरे-धीरे उसका स्कूल खाली हो गया और अब केवल उसके दोनों पुत्र ही स्कूल में बच गए। जो दिनभर की मज़दूरी से वे कमाकर लाते, उससे ही तीनों मिलकर खाते। इस प्रकार गाँववाले इस प्रयास में सफल नहीं हुए।

14. लुट्टन पहलवान का कुश्ती का स्कूल जल्दी ही खाली क्यों हो गया?

उत्तर राजा श्यामानंद की मृत्यु के पश्चात् जब उनके पुत्र ने लुट्टन पहलवान को राज दरबार से निकाल दिया, तो गाँववालों ने उनके लिए एक झोंपड़ी डाल दी। लुट्टन पहलवान ने कुश्ती सिखाने के लिए गाँव के नौज़वान बच्चों हेतु एक स्कूल खोल दिया। बच्चे उससे दाँव सीखते, परंतु गाँव की परिस्थिति खराब होने के कारण धीरे-धीरे वे भी मज़दूरी आदि में लग गए। इस तरह, कुश्ती सीखने के लिए उसके पास केवल उसके अपने दोनों पुत्र ही रह गए। वे भी दिनभर मज़दूरी करते और जो कुछ मिलता, उसी से अपना रहने-खाने का प्रबंध आदि करते। इस प्रकार पहलवान का स्कूल अंत में खाली हो गया और वहाँ कोई भी शिष्य नहीं रह गया।

15. अचानक गाँव पर अनावृष्टि, अन्न की कमी, मलेरिया और हैजे ने ऐसा कौन-सा प्रभाव छोड़ा कि पूरा गाँव सूखकर लकड़ी बन गया?

उत्तर गाँव तो वैसे ही कम खुशहाल था, जो राज-पहलवानों को पूरा भोजन तक नहीं दे पाया। तदुपरांत महामारी ने उन कमज़ोर गाँववासियों को निचोड़ना शुरू कर दिया। गाँव से रोज ही प्रायः दो-तीन लाशें उठने लगीं। दिन में तो हाहाकार के पश्चात् भी वे एक-दूसरे को हिम्मत देते थे, परंतु रात को पूर्णतः मौत जैसी शांति हो जाती थी। केवल लुट्टन सिंह की ढोलक की आवाज़ ही सुनाई देती थी। सुबह कुछ लाश कफ़न के साथ और कुछ लाश बिना कफ़न के ही नदी में बहा दी जाती थीं। इसलिए सभी के चेहरों की प्रभा ही समाप्त हो गई थी और लगभग पूरा गाँव ही सूना हो गया था।

16. कहानी में पंक्ति "कफ़न की क्या ज़रूरत है" से क्या अभिप्राय है?

उत्तर फणीश्वरनाथ 'रेणु' की 'पहलवान की ढोलक' एक मार्मिक कहानी है। इस कहानी में लेखक ने गाँव की उस चिरपरिचित अवस्था का भावपूर्ण चित्रण किया है, जिसमें गाँववासी अपनी भावनाओं से ही एक-दूसरे की सहायता कर पाते हैं। वास्तव में, आर्थिक रूप से वे उतने समर्थ नहीं होते कि किसी की आर्थिक सहायता कर सकें। जब महामारी से लगातार घरों में एक-दो लाशें निकलने लगीं, तो वे मानसिक और आर्थिक रूप से इतने टूट गए कि कफ़न तक के लिए भी सोचना पड़ रहा था। अतः लाशें बिना कफ़न के ही बहा देने की सलाह दी जा रही थी।

17. पहलवान की ढोलक की उठती-गिरती आवाज़ बीमारी से दम तोड़ रहे ग्रामवासियों में संजीवनी का संचार कैसे करती है? उत्तर दीजिए।

अथवा **पहलवान की ढोलक मृतप्राय गाँववालों के लिए जीवनदायिनी कैसे थी?** CBSE Diksha

अथवा **यही आवाज़ मृत गाँव में संजीवनी शक्ति भरती थी। पहलवान की ढोलक पाठ के आधार पर स्पष्ट कीजिए कि गाँव को मृत क्यों कहा गया है और मृत गाँव को कौन-सी आवाज़ किस प्रकार संजीवनी देने का कार्य करती थी?** CBSE 2024

उत्तर पहलवान की ढोलक ग्रामीणों को एक आंतरिक शक्ति देती है। पहलवान के दोनों पुत्र अन्य ग्रामीणों की भाँति गाँव में फैले संक्रामक रोग की चपेट में आकर भगवान को प्यारे हो चुके थे, परंतु फिर भी वह ढोलक बजाता रहता है। उसका मनोबल नहीं टूटता, क्योंकि वह अपनी ढोलक के माध्यम से समूचे गाँव वालों को जीने की शक्ति देता है। इस प्रकार पहलवान संक्रामक रोग से जूझते ग्रामीणों के लिए एक आदर्श बन गया। ग्रामीणों को उससे यह संदेश मिला कि हँसते-हँसते भी मृत्यु को गले लगाया जा सकता है।

18. 'पहलवान की ढोलक' कहानी के संदेश को स्पष्ट कीजिए।

अथवा **'पहलवान की ढोलक' पाठ का एक संदेश यह भी है कि लोक-कलाओं को संरक्षण दिया जाना चाहिए। अपने विचार लिखिए।**

अथवा **'पहलवान की ढोलक' कहानी में पुरानी व्यवस्था और नई व्यवस्था के टकराव से उत्पन्न समस्या को किस प्रकार व्यक्त किया गया है? स्पष्ट कीजिए।** CBSE 2024, CBSE Term II 2022

अथवा **'पहलवान की ढोलक' कहानी से क्या संदेश मिलता है? अपने शब्दों में लिखिए।** CBSE Diksha, CBSE Term II 2022

अथवा **'पहलवान की ढोलक' पाठ के आधार पर लिखिए कि प्राचीन लोककलाएँ क्यों लुप्त हो रही हैं? इन्हें पुनर्जीवित रखने के लिए क्या प्रयास किए जा सकते हैं?** CBSE 2025

उत्तर प्राचीन लोककलाएँ अब धीरे-धीरे विलुप्त हो रही हैं, क्योंकि औद्योगीकरण के कारण बढ़ते शहरीकरण में इन लोक- कलाओं की प्रासंगिकता समाप्त हो रही है। जो प्रासंगिक नहीं रह जाता, उसे समाप्त होना ही पड़ता है। प्रस्तुत कहानी में पुरानी व्यवस्था और नई व्यवस्था के टकराव से उत्पन्न इसी समस्या को व्यक्त किया गया है। आधुनिक समय में लोगों के मूल्य एवं जीवन-शैली अत्यधिक परिवर्तित हो गए हैं। अब कुश्ती जैसी कलाओं का अधिक महत्त्व नहीं रह गया है।

आज के नए दौर में क्रिकेट, फुटबॉल, तैराकी, हॉकी, जिमनास्टिक जैसे अन्य खेल अधिक लोकप्रिय हो गए हैं। 'पहलवान की ढोलक' पाठ के आधार पर कहा जा सकता है कि लुट्टन पहलवान या कुश्ती जब तक राज्याश्रित था, तब तक फला-फूला, लेकिन राज दरबार से निकल जाने के बाद उसकी स्थिति मरणासन्न हो गई। कुश्ती जैसी कलाओं के पुनर्जीवन के लिए सरकार के निवेश से ही शहरी एवं ग्रामीण नवयुवकों को विद्यालय एवं राष्ट्रीय स्तर पर अच्छे प्रशिक्षक के अंतर्गत उचित प्रशिक्षण एवं सम्मान आदि मिलना आवश्यक है। अतः ढोल बजाने के इस उत्साहपूर्ण तरीके के आधार पर यह कहना उचित ही है कि इस पाठ में लोक-कलाओं को संरक्षण दिए जाने का संदेश दिया गया है।

19. "पहलवान की ढोलक' एक ओर ग्रामीणों के स्वाभिमान का प्रतीक है, तो दूसरी ओर दम तोड़ते ग्रामीणों को मृत्यु का सामना करने का हौसला देती है।"–टिप्पणी कीजिए।

अथवा **पहलवान की ढोलक साधनहीन गाँववालों के प्रति क्या भूमिका निभाती थी?**

अथवा **गाँव में महामारी फैलने और अपने बेटों के देहांत के बावजूद लुट्टन पहलवान के ढोल बजाते रहने का मर्म स्पष्ट कीजिए।**

अथवा **ढोल में तो जैसे पहलवान की जान बसी थी।' 'पहलवान की ढोलक' पाठ के आधार पर तर्क सहित पंक्ति को सिद्ध कीजिए।** CBSE SQP Term II 2022

उत्तर वास्तव में, ढोल की आवाज़ सुनते ही लुट्टन पहलवान में एक नए उत्साह एवं नई शक्ति का संचार हो जाता था। वह इसी शक्ति के बल पर दंगल जीत जाता था। उसका ढोल में एक गुरु के जैसा ही विश्वास था। ढोल के साथ उसकी श्रद्धा जुड़ी थी। वह यह भी मानता था कि ढोल की आवाज़ गाँववालों में भी उत्साह का संचार कर देगी, जिससे वे महामारी का डटकर सामना कर सकेंगे। मौत के सन्नाटे को चीरने एवं उसके भय को समाप्त करने के लिए ही वह रात में ढोल बजाया करता था।

इससे गाँववालों में एक नई जिजीविषा पैदा होती थी। गाँववालों में जीने की इसी इच्छा को उत्पन्न करने एवं बनाए रखने के लिए वह अपने बेटों की मृत्यु के उपरांत भी ढोल बजाता रहा। यह गाँववालों के प्रति उसकी परोपकार की भावना थी। साथ-ही-साथ ढोल बजाकर ही वह अपने बेटों की मृत्यु के सदमे को झेलने की शक्ति भी प्राप्त कर रहा था।

20. लुट्टन पहलवान की चारित्रिक विशेषताओं पर सोदाहरण प्रकाश डालिए। CBSE SQP 20224, CBSE Diksha

उत्तर लुट्टन पहलवान की चारित्रिक विशेषताएँ निम्न हैं

1. **अत्यंत शक्तिशाली** लुट्टन पहलवान अत्यन्त शक्तिशाली व साहसी था। वह प्रत्येक परिस्थिति का डरकर सामना करता था। महामारी की विभीषिका का भी उसने डटकर सामना किया था।
2. **निडर** लुट्टन एक निडर व्यक्ति था। श्यामनगर के दंगल में वह प्रसिद्ध पहलवान चाँद सिंह से तनिक भी नहीं डरा। महामारी के समय भी वह प्रत्येक स्थिति का डटकर सामना करता है।
3. **भाग्यहीन** लुट्टन भाग्यहीन था। बचपन में ही उसके माता-पिता छोड़कर चले गए थे। बाद में उसके दोनों बेटे भी महामारी का शिकार हो गए साथ ही राजा की मृत्यु हो जाने से उसकी दुर्दशा अच्छी नहीं रही।
4. **सहयोगी** लुट्टन सहयोगी चरित्र का व्यक्ति था। वह गाँववालों के सुख-दुःख में हर समय अपना पूरा सहयोग देता था। गाँव में लोगों से उनके घर जाकर हाल-चाल पूछता था।

स्व-मूल्यांकन

गद्यांश पर आधारित बहुविकल्पीय प्रश्न

निम्नलिखित गद्यांश को ध्यानपूर्वक पढ़कर पूछे गए बहुविकल्पीय प्रश्नों के लिए सर्वाधिक उपयुक्त विकल्प का चुनाव कीजिए।

1. **रात्रि की विभीषिका को सिर्फ़ पहलवान की ढोलक ही ललकार कर चुनौती देती रहती थी। पहलवान संध्या से सुबह तक, चाहे जिस ख्याल से ढोलक बजाता हो, किंतु गाँव के अर्द्धमृत, औषधि-उपचार पथ्य-विहीन, प्राणियों में यह संजीवनी शक्ति ही भरती थी। बूढ़े, बच्चे, जवानों की शक्तिहीन आँखों के आगे दंगल का दृश्य नाचने लगता था। स्पंदन-शक्ति-शून्य, स्नायुओं में भी बिजली दौड़ जाती थी। अवश्य ही ढोलक की आवाज़ में न तो बुखार हटाने का कोई गुण था और न महामारी की सर्वनाश शक्ति को रोकने की शक्ति ही, पर इसमें संदेह नहीं कि मरते हुए प्राणियों को आँख मूँदते समय कोई तकलीफ़ नहीं होती थी, मृत्यु से वे डरते नहीं थे।**

(क) पहलवान की ढोलक में किस बीमारी को रोकने की शक्ति थी?
(i) बुखार को (ii) महामारी को
(iii) तपेदिक को (iv) इनमें से कोई नहीं

(ख) गाँववासियों में संजीवनी शक्ति भरने का काम किसने किया?
(i) राजा ने (ii) पहलवान ने
(iii) पहलवान की ढोलक ने (iv) वैद्य जनों ने

(ग) गाँव के बच्चे, बूढ़े, जवानों को पहलवान की ढोलक की आवाज़ सुनते ही क्या याद आ जाता था?
(i) दंगल का दृश्य (ii) मृत्यु का भय
(iii) राजा की दयालुता (iv) रात्रि का अंधकार

(घ) ढोलक की आवाज़ को सुनकर बिना किसी तकलीफ़ के अपने प्राण ·········· त्याग देता था।
(i) लुट्टन सिंह (ii) चाँद सिंह
(iii) मरता हुआ व्यक्ति (iv) स्वस्थ व्यक्ति

(ङ) गाँव के लोगों की कैसी स्थिति थी?
(i) अर्द्धमृत (ii) औषधि उपचार पथ्य विहीन
(iii) (i) और (ii) दोनों (iv) संतोषजनक

उत्तर

(क) (iv) इनमें से कोई नहीं
(ख) (iii) पहलवान की ढोलक ने
(ग) (i) दंगल का दृश्य
(घ) (iii) मरता हुआ व्यक्ति
(ङ) (iii) (i) और (ii) दोनों

विषय-वस्तु पर आधारित प्रश्न

लघु उत्तरीय प्रश्न

1. रात्रि की निस्तब्धता को कौन भंग कर रहा था?

2. चाँद सिंह मैदान में अकेला खड़ा खिसियानी बिल्ली की तरह क्यों मुस्कुरा रहा था?

3. लुट्टन किसे अपना गुरु मानता था और क्यों?

4. पहलवान की ढोलक क्या करने में समर्थ नहीं थी?

दीर्घ उत्तरीय प्रश्न

6. 'पहलवान की ढोलक' कहानी के प्रारंभ में चित्रित प्रकृति का स्वरूप कहानी की भयावहता की ओर इशारा करताा है कहानी के आकार पर कथन की पुष्टि कीजिए।

7. वृद्ध राजा की मृत्यु के पश्चात् लुट्टन की दशा का वर्णन कीजिए।

8. ढोलक की तान सुनकर लुट्टन पर क्या प्रभाव पड़ा?

9. ''जो गया सो चला गया, वह तुम्हारा नहीं था''—पंक्ति के माध्यम से लेखक ने क्या कहना चाहा है?

14

अध्याय

शिरीष के फूल

(हजारी प्रसाद द्विवेदी)

लेखक-परिचय

हज़ारी प्रसाद द्विवेदी का जन्म वर्ष 1907 में बलिया (उत्तर प्रदेश) जिले में हुआ। उन्होंने उच्च शिक्षा काशी हिंदू विश्वविद्यालय से प्राप्त की तथा शांतिनिकेतन, काशी हिंदू विश्वविद्यालय में अध्यापन कार्य किया। साहित्य का इतिहास, आलोचना, शोध, उपन्यास और निबंध लेखन के क्षेत्र में द्विवेदी जी का योगदान विशेष उल्लेखनीय है। अशोक के फूल, कुटज, कल्पलता, बाणभट्ट की आत्मकथा, पुनर्नवा, हिंदी साहित्य का उद्‌भव और विकास, हिंदी साहित्य की भूमिका, कबीर उनकी प्रसिद्ध कृतियाँ हैं। उन्हें साहित्य अकादमी पुरस्कार एवं पद्मभूषण अलंकरण से सम्मानित किया गया। वर्ष 1979 में उनका देहांत हो गया।

अध्ययन के लिए
- पाठ की रूपरेखा
- पाठ का सार

अभ्यास के लिए
- पाठ्यपुस्तक के प्रश्नोत्तर
- गद्यांश पर आधारित बहुविकल्पीय प्रश्न
- लघु उत्तरीय प्रश्न
- दीर्घ उत्तरीय प्रश्न

पाठ की रूपरेखा

लेखक के अनुसार, शिरीष के फूल मनुष्य की दृढ़ इच्छाशक्ति और जिजीविषा के प्रतीक हैं। लेखक ने आँधी, लू तथा गर्मी की प्रचंडता में अवधूत की भाँति स्थिर रहने वाले शिरीष की तरह व्यक्ति को भी प्रत्येक परिस्थिति में धैर्यवान और कर्त्तव्यशील बने रहने के लिए प्रेरित किया है। ऐसी स्थिति में लेखक को महात्मा गाँधी की याद आती है, जिन्होंने शारीरिक बल के ऊपर आत्मबल का महत्त्व सिद्ध किया था। इस निबंध के माध्यम से लेखक ने साहित्य, समाज व राजनीति में पुरानी व नई पीढ़ी के अंतरों की ओर भी संकेत किया है। यह निबंध लेखक के प्रतिनिधि निबंधों में से एक है। इस निबंध का शिल्प ईक्षुदंड की तरह है, सांस्कृतिक संदर्भों एवं शब्दावली के भड़कीले खोल के भीतर सहज भावधारा के मधुरस से युक्त।

पाठ का सार

शिरीष का परिचय

जेठ की धूप में शिरीष वृक्ष के नीचे बैठकर लेखक देख रहा है कि शिरीष का पेड़ फूलों से लदा हुआ है। शिरीष के फूल वसंत से लेकर आषाढ़ तक खिले रहते हैं तथा उन पर उमस या लू का प्रभाव नहीं पड़ता। शिरीष का वृक्ष बड़ा और छायादार होने के कारण उसे रसोई की वाटिका में चारदीवारी के पास लगाया जाता है। संस्कृत साहित्य में शिरीष के फूल को बहुत ही कोमल समझा गया है। शिरीष के फूल अपनी कोमलता के कारण केवल भ्रमरों के पैरों का ही दबाव सह सकते हैं, पक्षियों तक का नहीं। जब धरती और आसमान जलते रहते हैं, तब भी शिरीष खिला रहने में सक्षम है। वह वायुमंडल से अपना रस खींच पाने की ताकत रखता है। कालिदास की नायिकाएँ भी

कानों में शिरीष का फूल लगाकर अपने आपमें गर्व अनुभव करती हैं। लेखक ने शिरीष के फूल की तुलना एक अवधूत से की है, जो सुख और दु:ख से निर्विकार रहता है। शिरीष का फूल जितना कोमल होता है, इसका फल उतना ही मज़बूत।

पुराने व नए का संघर्ष

शिरीष की फली इतने समय तक पेड़ पर लटकी रहती है कि नई फली भी आ जाती है। इसके माध्यम से लेखक यह कहना चाहता है कि पुरानों को समय रहते चले जाना चाहिए, अन्यथा नए उनको धक्का मारकर निकाल देंगे। जरा (बुढ़ापा) और मृत्यु तो शाश्वत सत्य हैं। कुछ मूर्ख समझते हैं कि जहाँ बने हैं, वहीं देर तक बने रहें, तो शायद कालदेवता से बच जाएँगे। अच्छा यही है कि हमेशा आगे बढ़ते ही रहें। कबीर भी शिरीष के फूल की तरह मस्त, चिंतारहित, किंतु रस व मादक भावों से युक्त थे। कालिदास के अनुसार, जो व्यक्ति फक्कड़ नहीं बना, वह कवि नहीं बन पाएगा। कर्णाट-राज की प्रिया विज्जिका देवी ने गर्वपूर्वक कहा था कि ब्रह्मा, वाल्मीकि तथा व्यास ये तीन ही कवि थे। इन्होंने क्रमशः वेद, रामायण, महाभारत की रचनाएँ की हैं। उनके अनुसार, इन तीनों के अतिरिक्त और कोई कवि होने का दावा भी नहीं कर सकता।

शिरीष के फूल से प्रभावित लेखक

'शिरीष के फूल' लेखक के मन में तरंगें पैदा कर देते हैं। उसे आश्चर्य होता है कि इस चिलचिलाती धूप में शिरीष इतना सरस कैसे बना रहता है? जब शिरीष के फूल धूप, वर्षा, आँधी, लू में खड़े रह सकते हैं, तो देश मार-काट, अग्निदाह, लूट-पाट, खून-खराबा के होते हुए भी स्थिर यानी अटल, दृढ़ क्यों नहीं रह सकता?

गाँधीजी तो इन्हीं परिस्थितियों में स्थिर रहे थे। लेखक के अनुसार गाँधीजी भी एक अवधूत थे। उन्होंने भी शिरीष की तरह वायुमंडल से रस को खींचा था। तभी तो गाँधीजी इतने कोमल व इतने कठोर एकसाथ हो सके थे। लेखक जब भी शिरीष के वृक्षों को देखता है, तो उसे कष्ट होता है कि ऐसे संन्यासी आज कहाँ मिलते हैं?

शब्दार्थ

धरित्री—पृथ्वी, **निर्धूम**—धुआँ-रहित, **कर्णिकार**—कनेर, **आरग्वध**—अमलतास, **पलाश**—ढाक, **लहकना**—खिलना, **खंखड़**—ठूँठ/शुष्क, **दुमदार**—पूँछ वाले, **लँडूरे**—पूँछ विहीन, **निर्घात**—बिना आघात या बाधा के, **उमस**—गर्मी, **लू**—गर्म हवाएँ, **एकमात्र**—इकलौता, **कालजयी**—समय को पराजित करने वाला, **अवधूत**—सांसारिक बंधनों व विषय-वासनाओं से ऊपर उठा हुआ संन्यासी, **नितांत**—पूरी तरह से, **हिल्लोल**—लहर, **मंगल-जनक**—शुभदायक, **अरिष्ट**—रीठा नामक वृक्ष, **पुन्नाग**—एक बड़ा सदाबहार वृक्ष, **घनमसृण**—घना चिकना/गहरा चिकना/मुलायम, **हरीतिमा**—हरियाली, **परिवेष्टित**—ढका हुआ, **कामसूत्र**—वात्स्यायन के ग्रंथ का नाम, **बकुल**—मौलसिरी का वृक्ष, **दोला**—झूला, **तुंदिल**—तोंद वाला/मोटे पेट वाला।

परवर्ती—बाद के, **मर्मरित**—पत्तों की खड़खड़ाहट या सरसराहट ध्वनि से युक्त, **सपासप**—ध्वन्यात्मक शब्द जो कोड़े पड़ने की आवाज़ के लिए प्रयुक्त होता है, **जीर्ण**—पुराना/बूढ़ा, **ऊर्ध्वमुखी**—प्रगति की ओर, **दुरंत**—जिसका विनाश होना मुश्किल है, **सर्वव्यापक**—सर्वत्र व्याप्त, **कालाग्नि**—मृत्यु की आग, **हज़रत**—श्रीमन, **अनासक्त**—विषय भोग से ऊपर उठा हुआ, निर्लिप्त, **अनविल**—स्वच्छ शुद्ध, **उन्मुक्त**—द्वंद्व रहित, **फक्कड़**—संसार की क्षुद्र चिंताओं से लापरवाह और अपने आपमें मस्त, **कर्णाट**—प्राचीनकाल का कर्नाटक राज्य।

उपालंभ—उलाहना, **स्थिरप्रज्ञता**—अविचल बुद्धि की अवस्था, **विदग्ध**—अच्छी तरह से तपा हुआ, **मुग्ध**—आनंदित, **विस्मय-विमूढ़**—आश्चर्यचकित, **कार्पण्य**—कृपणता/कंजूसी, **गंडस्थल**—कपोल गाल, **शरच्चंद्र**—शरद् ऋतु का चंद्रमा, **शुभ्र**—श्वेत, **मृणाल**—कमलनाल, **कृपीवल**—किसान, **निर्दलित**—भली-भाँति निचोड़ा हुआ, **ईक्षुदंड**—गन्ना, **अभ्रभेदी**—गगनचुंबी, **गंतव्य**—लक्ष्य। **खून-खच्चर**—लड़ाई-झगड़ा, **हूक**—वेदना।

पाठ्यपुस्तक (आरोह भाग-2) के प्रश्नोत्तर

पाठ के साथ

1. लेखक ने शिरीष को कालजयी अवधूत (संन्यासी) की तरह क्यों माना है? **CBSE Diksha**

अथवा **शिरीष के पुष्पों की तुलना लेखक ने किनके साथ और किस आधार पर की है?** **CBSE 2024**

उत्तर काल के समक्ष भी विजयी रहने वाला कालजयी कहलाता है। शिरीष का वृक्ष अवधूत की भाँति वसंत के आने से लेकर भाद्रपद मास तक बिना किसी परेशानी के पुष्पित होता रहता है। जब ग्रीष्म ऋतु में सारी पृथ्वी अग्निकुंड की तरह जलने लगती है, लू के कारण हृदय भी सूखने लगता है, तो उस समय भी शिरीष का वृक्ष कालजयी अवधूत की तरह जीवन में विजेता होने का प्रदर्शन कर रहा होता है। वह संसार के सभी प्राणियों को धैर्यशील, चिंता रहित व कर्त्तव्यशील बने रहने के लिए प्रेरित करता है। यही कारण है कि लेखक इसे संन्यासी की तरह मानता है।

2. "हृदय की कोमलता को बचाने के लिए व्यवहार की कठोरता भी कभी-कभी ज़रूरी हो जाती है।" प्रस्तुत पाठ के आधार पर स्पष्ट करें।

उत्तर भारतीय संस्कृति में अवधूत वज्र से भी अधिक कठोर तथा पुष्प से भी अधिक कोमल होते हैं। लेखक भी शिरीष के पेड़ को अवधूत की तरह ही मानता है।

कालिदास के अनुसार, शिरीष के फूल केवल भौंरों के पैरों का ही वजन सहन कर सकते हैं, पक्षियों का नहीं, लेकिन लेखक ने गौर किया कि शिरीष का फल इतना मज़बूत होता है कि नए फूलों के निकल आने पर भी वह अपना स्थान नहीं छोड़ता तथा बाह्य रूप से कालजयी अवधूत कहलाता है। शिरीष के आधार पर यह कहना उचित ही है कि हृदय की कोमलता को बचाने के लिए व्यवहार की कठोरता को बनाए रखना भी ज़रूरी है।

3. द्विवेदी जी ने शिरीष के माध्यम से कोलाहल तथा संघर्ष से भरी जीवन-स्थितियों में अविचल रहकर जिजीविषु बने रहने की सीख दी है। स्पष्ट करें।

अथवा 'शिरीब के फूल' से हमें क्या प्रेरणा मिलती है? **CBSE DIKSHA**

उत्तर 'शिरीष के फूल' द्विवेदी जी का उत्कृष्ट निबंध है। इसके माध्यम से लेखक यह बताना चाहता है कि जिस प्रकार शिरीष का फूल लू, गर्मी, आँधी और शुष्क मौसम में भी खिलकर अपना सौंदर्य बिखेरता रहता है, उसी प्रकार हमें भी जीवन के संघर्षों का सामना करते हुए प्रसन्नतापूर्वक जीवन जीना चाहिए। हमारी जिजीविषा भी ऐसी होनी चाहिए कि जब हमें कहीं से भी पोषण और नमी न मिल सके, तब हम अपनी आत्मा से बल अर्थात् पोषण पा सकें, जिससे हम विकट समय में भी सुकोमल सौंदर्यमयी जीवन को बनाने में अपने आपको सक्षम पाएँ।

4. "हाय, वह अवधूत आज कहाँ है?" ऐसा कहकर लेखक ने आत्म-बल पर देह-बल के वर्चस्व की वर्तमान सभ्यता के संकट की ओर संकेत किया है। कैसे?

अथवा हाय! वह अवधूत कहाँ है? लेखक ने यहाँ किसे स्मरण किया है? क्यों?

उत्तर "हाय, वह अवधूत आज कहाँ है?" निबंध की अंतिम पंक्ति है। इस पंक्ति के माध्यम से लेखक कहता है कि महात्मा गाँधी शिरीष के फूल की भाँति थे। लेखक के अनुसार, प्रेरणादायी और आत्मविश्वास रखने वाले लोग अब रहे ही नहीं। अब केवल शरीर यानी भौतिकता को प्राथमिकता देने वाले लोग ही रह गए हैं। ऐसे लोगों में आत्मविश्वास बिलकुल नहीं होता। ऐसे लोग मन की सुंदरता पर ध्यान नहीं देते। लेखक ने शिरीष के फूल के माध्यम से वर्तमान सभ्यता के यथार्थ का चित्रण किया है।

5. कवि (साहित्यकार) के लिए अनासक्त योगी की स्थिर प्रज्ञता और विदग्ध प्रेमी का हृदय एकसाथ आवश्यक है। ऐसा विचार प्रस्तुत कर लेखक ने साहित्य-कर्म के लिए बहुत ऊँचा मानदंड निर्धारित किया है। विस्तारपूर्वक समझाइए।

उत्तर कवि अथवा साहित्यकार के लिए अनासक्त योगी की स्थिर प्रज्ञता और विदग्ध प्रेमी का हृदय दोनों रखना आवश्यक है। साहित्यकार के हृदय में किसी के प्रति भी आसक्ति की भावना नहीं होनी चाहिए, क्योंकि साहित्य रचना में यह भावना बाधक होती है। मगर दूसरी ओर, लेखक के हृदय में यदि प्रेम भावना न हो, तो साहित्य रचना हो ही नहीं सकती। इसलिए लेखक के अनुसार, इन दोनों सद्गुणों का संतुलित समावेश ही एक अच्छे साहित्यकार को जन्म देता है। साहित्यकार का आदर्श है—प्रेमी की भाँति विदग्ध होकर संसार में रहना, पर किसी के प्रति आसक्त न होना। साहित्य-कर्म के लिए यह मानदंड निश्चय ही बहुत ऊँचा है।

6. सर्वग्रासी काल की मार से बचते हुए वही दीर्घजीवी हो सकता है, जिसने अपने व्यवहार में जड़ता छोड़कर नित बदल रही स्थितियों में निरंतर अपनी गतिशीलता बनाए रखी है। पाठ के आधार पर स्पष्ट करें।

उत्तर परिवर्तन संसार का नियम है। मनुष्य को समयानुसार परिवर्तन करते रहना चाहिए। मृत्यु तो अटल है, जो लोग समय के साथ चलते हैं, नए को स्वीकार करते हुए अपने जीवन में आगे बढ़ते हैं, उनको समाज भी अपना मानने लगता है और वे कुछ समय के लिए काल के कोड़ों से भी बचे रहते हैं। इसके विपरीत, जो एक ही स्थान पर जमे रहते हैं, उनको समाज भी पुराना, जीर्ण-शीर्ण समझकर अस्वीकार कर देता है। जरा (वृद्धावस्था) और मृत्यु अतिपरिचित और अतिप्रामाणिक सत्य हैं, जिसे सभी को स्वीकार करते हुए जीवन व्यतीत करना चाहिए।

7. आशय स्पष्ट कीजिए

(क) दुरंत प्राणधारा और सर्वव्यापक कालाग्नि का संघर्ष निरंतर चल रहा है। मूर्ख समझते हैं कि जहाँ बने हैं, वहीं देर तक बने रहें तो काल देवता की आँख से स्वयं को बचा पाएँगे। भोले हैं वे, हिलते-डुलते रहो, स्थान बदलते रहो, आगे की ओर मुँह किए रहो तो कोड़े की मार से बच भी सकते हो। जमे कि मरे।

(ख) जो कवि अनासक्त नहीं रह सका, जो फक्कड़ नहीं बन सका, जो किए-कराए का लेखा-जोखा मिलाने में उलझ गया, वह भी क्या कवि है?……… मैं कहता हूँ कवि बनना है मेरे दोस्तों, तो फक्कड़ बनो।

(ग) फूल हो या पेड़, वह अपने-आपमें समाप्त नहीं है। वह किसी अन्य वस्तु को दिखाने के लिए उठी हुई अंगुली है। वह इशारा है।

उत्तर (क) समय की गतिशीलता के साथ जो स्थान परिवर्तन करता रहता है, वही इसकी मार से बचा रह सकता है। यहाँ पर लेखक ने ऐसे व्यक्तियों की ओर इशारा किया है, जो अपने स्थान पर तब तक बने रहते हैं, जब तक कि नई पीढ़ी उन्हें धक्का देकर निकाल न दे। इसलिए हमें समय की चाल को देखकर उसके अनुरूप ही आचरण करना चाहिए। परिवर्तन ही संसार का नियम है। जड़ता मृत्यु का प्रतीक है अर्थात् प्रगति की अवरोधक है।

(ख) लेखक के अनुसार, अवधूत समदर्शी दृष्टिकोण, आसक्तिरहित फक्कड़ जीवन-शैली का होना चाहिए तथा जो अवधूत के समान नहीं हो सकता, उसे कवि नहीं कहा जा सकता। कवि में यदि मस्ती व समरसता का गुण होगा, तभी वह जनकल्याण के कार्यों को पूरा कर सकता है। वह निजी स्वार्थ के बारे में न सोचकर परमार्थ के लिए सोचता, लिखता हुआ कर्मरत रहता है।

(ग) लेखक के अनुसार, पेड़ व फल केवल प्राकृतिक सौंदर्य में वृद्धि करने के उपादान नहीं हैं, बल्कि जीवन के इस सत्य की ओर भी इशारा करते हैं कि कोई वस्तु स्वयं में पूर्ण नहीं है, क्योंकि इनका निर्माता कोई और है। उसी के अनुसार यह संसार भी चलता है। इसलिए सृष्टि के नियम के अनुसार परिवर्तित हो जाओ और उस परमपिता परमेश्वर की प्राप्ति करने के लिए प्रयत्नशील रहो।

पाठ के आसपास

1. शिरीष के पुष्प को शीतपुष्प भी कहा जाता है। ज्येष्ठ माह की प्रचंड गर्मी में फूलने वाले फूल को शीतपुष्प की संज्ञा किस आधार पर दी गई होगी?

उत्तर ज्येष्ठ की प्रचंड गर्मी में भी यह शिरीष का पुष्प खिला रहता है, इसलिए इसे शीतपुष्प भी कहा जाता है। ज्येष्ठ मास में जब सारी पृथ्वी अग्निकुंड की तरह जलती है, तब उस समय शिरीष ही एकमात्र ऐसा वृक्ष है, जो पुष्पित, पल्लवित रहता है और शीतलता प्रदान करता है। संभव है कि इसी कारण इसके फूल को 'शीतपुष्प' कहा गया हो।

2. कोमल और कठोर दोनों भाव किस प्रकार गाँधीजी की विशेषता बन गए?

उत्तर शिरीष की भाँति गांधीजी भी वायुमंडल से रस खींचकर कोमल और कठोर बन गए। गाँधीजी ने हमारे देश का बहुत ही अच्छी तरह मार्ग-निर्देशन किया। मनुष्य को समय-समय पर कभी कोमल स्वभाव का बनना पड़ता है, तो कभी अपनी गरिमा बनाए रखने के लिए कठोर स्वभाव का भी

सहारा लेना पड़ता है। इसी प्रकार गाँधीजी में भी कोमल और कठोर भावों का होना और उनका समय के अनुसार उपयोग करना, उनके स्वभाव की विशेषता बन गई।

3. आजकल अंतर्राष्ट्रीय बाज़ार में भारतीय फूलों की बहुत माँग है। बहुत से किसान साग-सब्जी व अन्न उत्पादन छोड़ फूलों की खेती की ओर आकर्षित हो रहे हैं। इसी मुद्दे को विषय बनाते हुए वाद-विवाद प्रतियोगिता का आयोजन कीजिए।

उत्तर छात्र स्वयं करें।

4. हजारी प्रसाद द्विवेदी ने इस पाठ की तरह ही वनस्पतियों के संदर्भ में कई व्यक्तित्व व्यंजक ललित निबंध और भी लिखे हैं–कुटज, आम फिर बौरा गए, अशोक के फूल, देवदारू आदि। शिक्षक की सहायता से इन्हें ढूँढिए और पढ़िए।

उत्तर छात्र स्वयं करें।

5. द्विवेदी जी की वनस्पतियों में ऐसी रुचि का क्या कारण हो सकता है? आज साहित्यिक रचना-फलक पर प्रकृति की उपस्थिति न्यून से न्यून होती जा रही है। तब ऐसी रचनाओं का महत्त्व बढ़ गया है प्रकृति के प्रति आपका दृष्टिकोण रुचिपूर्ण है या उपेक्षामय? इसका मूल्यांकन करें।

उत्तर छात्र स्वयं करें।

भाषा की बात

"दस दिन फूले और फिर खंखड़-खंखड़" इस लोकोक्ति से मिलते-जुलते कई वाक्यांश पाठ में हैं। उन्हें छाँटकर लिखिए।

उत्तर छात्र स्वयं करें।

इन्हें भी जानें

अशोक वृक्ष भारतीय साहित्य में बहुचर्चित एक सदाबहार वृक्ष। इसके पत्ते आम के पत्तों से मिलते हैं। वसंत ऋतु में इसके फूल लाल-लाल गुच्छों के रूप में आते हैं। इसे कामदेव के पाँच पुष्पवाणों में से एक माना गया है। इसके फल सेम की तरह होते हैं। इसके सांस्कृतिक महत्त्व का अच्छा चित्रण हजारी प्रसाद द्विवेदी ने निबंध 'अशोक के फूल' में किया है। भ्रमवश आज एक दूसरे वृक्ष को अशोक कहा जाता है और मूल पेड़ (जिसका वानस्पतिक नाम सराका इंडिका है।) को लोग भूल गए हैं। इसकी एक जाति श्वेत फूलों वाली भी होती है।

अरिष्ट वृक्ष रीठा नामक वृक्ष। इसके पत्ते चमकीले हरे होते हैं। फल को सुखाकर उसके छिलके का चूर्ण बनाया जाता है, बाल धोने एवं कपड़े साफ करने के काम में आता है। पेड़ की डालियों व तने पर जगह-जगह काँटे उभरे होते हैं, जो बाल और कपड़े धोने के काम भी आता है।

आरग्वध वृक्ष लोक में उसे अमलतास कहा जाता है। भीषण गरमी की दशा में जब इसका पेड़ पत्रहीन ठूँठ-सा हो जाता है, तब इस पर पीले-पीले पुष्प के गुच्छे लटके हुए मनोहर दृश्य उपस्थित करते हैं। इसके फल लगभग एक डेढ़ फीट के बेलनाकार होते हैं, जिसमें कठोर बीज होते हैं।

शिरीष वृक्ष लोक में सिरिस नाम से मशहूर पर एक मैदानी इलाके का वृक्ष है। आकार में विशाल होता है, पर पत्ते बहुत छोटे-छोटे होते हैं। इसके फूलों में पंखुड़ियों की जगह रेशे-रेशे होते हैं।

अभ्यास प्रश्न

गद्यांश पर आधारित बहुविकल्पीय प्रश्न

निम्नलिखित गद्यांशों को ध्यानपूर्वक पढ़कर पूछे गए बहुविकल्पीय प्रश्नों के लिए सर्वाधिक उपयुक्त विकल्प का चुनाव कीजिए

1. शिरीष के वृक्ष बड़े और छायादार होते हैं। पुराने भारत का रईस जिन मंगल-जनक वृक्षों को अपनी वृक्ष-वाटिका की चारदीवारी के पास लगाया करता था, उनमें एक शिरीष भी है। (वृहतसंहिता 55, 13) अशोक, अरिष्ट, पुन्नाग और शिरीष के छायादार और घनमसृण हरीतिमा से परिवेष्टित वृक्ष-वाटिका जरूर बड़ी मनोहर दिखती होगी। वात्स्यायन ने 'कामसूत्र' में बताया है कि वाटिका के सघन छायादार वृक्षों की छाया में ही झूला (प्रेंखा दोला) लगाया जाना चाहिए। यद्यपि पुराने कवि बकुल के पेड़ में ऐसी दोलाओं को लगा देखना चाहते थे, पर शिरीष भी क्या बुरा है। डाल इसकी अपेक्षाकृत कमजोर जरूरी होती है, पर उसमें झूलनेवालियों का वजन भी तो बहुत ज्यादा नहीं होता। कवियों की यही तो बुरी आदत है कि वजन का एकदम ख्याल नहीं करते।

(क) गद्यांश के अनुसार शिरीष के वृक्ष की क्या विशेषता होती है?
(i) फल एवं फूल विहीन
(ii) बड़े और छायादार
(iii) सूक्ष्म और फलदार
(iv) हरे और पीले

(ख) वात्स्यायन के अनुसार, झूला कहाँ लगाना चाहिए?
(i) बगीचे के मजबूत पेड़ों की डालियों में
(ii) बगीचे के घने छायादार वृक्षों की छाया में
(iii) जंगल के विशाल वृक्षों की छाया में
(iv) नदी के किनारे वृक्षों की छाया में

(ग) लेखक को कवियों की कौन-सी बात बुरी लगती है?
(i) उनका अतिशयोक्तिपूर्ण वर्णन करना
(ii) वे प्रकृति चित्रण उचित प्रकार नहीं करते
(iii) वे वजन का ख्याल नहीं करते
(iv) उपर्युक्त सभी

(घ) 'डाल इसकी अपेक्षाकृत कमज़ोर ज़रूर होती है' पंक्ति में 'इसकी' शब्द किसके लिए प्रयुक्त हुआ है?
(i) अशोक वृक्ष (ii) अरिष्ट वृक्ष
(iii) शिरीष वृक्ष (iv) ये सभी

(ङ) **कथन** (A) शिरीष के वृक्ष सघन व छायादार होते हैं।
कारण (R) शिरीष के वृक्ष की डाल अन्य वृक्षों की अपेक्षा कमज़ोर होती है।
(i) कथन (A) और कारण (R) दोनों सही हैं तथा कारण (R), कथन (A) की सही व्याख्या करता है।
(ii) कथन (A) और कारण (R) दोनों सही हैं, परंतु कारण (R), कथन (A) की सही व्याख्या नहीं करता है।
(iii) कथन (A) सही है, किंतु कारण (R) गलत है।
(iv) कथन (A) गलत है, किंतु कारण (R) सही है।

उत्तर

(क) (ii) बड़े और छायादार
(ख) (ii) बगीचे के घने छायादार वृक्षों की छाया में
(ग) (iii) वे वजन का ख्याल नहीं करते
(घ) (iii) शिरीष वृक्ष
(ङ) (ii) कथन (A) और कारण (R) दोनों सही हैं, परंतु कारण (R), कथन (A) की सही व्याख्या नहीं करता है।

2. शिरीष के फूलों की कोमलता देखकर परवर्ती कवियों ने समझा कि उसका सब-कुछ कोमल है! यह भूल है। इसके फल इतने मजबूत होते हैं कि नए फूलों के निकल आने पर भी स्थान नहीं छोड़ते। जब तक नए फल-पत्ते मिलकर, धकियाकर उन्हें बाहर नहीं कर देते तब तक वे डटे रहते हैं। वसंत के आगमन के समय जब सारी वनस्थली पुष्प-पत्र से मर्मरित होती रहती है, शिरीष के पुराने फल बुरी तरह खड़खड़ाते रहते हैं।

मैं सोचता हूँ कि पुराने की यह अधिकार-लिप्सा क्यों नहीं समय रहते सावधान हो जाती? जरा और मृत्यु, ये दोनों ही जगत के अतिपरिचित और अतिप्रामाणिक सत्य हैं। तुलसीदास ने अफसोस के साथ इनकी सच्चाई पर मुहर लगाई थी– "धरा को प्रमान यही तुलसी जो फरा सो झरा, जो बरा सो बुताना!" **CBSE 2024**

(क) गद्यांश में प्रयुक्त 'वसंत' शब्द का समानार्थी शब्द हो सकता है
(i) संतदास (ii) मधुमास
(iii) उल्लास (iv) मनोरम

(ख) निम्नलिखित कथनों पर विचार करते हुए गद्यांश के अनुसार सही कथन को चयनित कर लिखिए
(i) शिरीष के फल, फूल की तरह कोमल होते हैं
(ii) शिरीष के फल, फूल दोनों ही कोमल होते हैं
(iii) शिरीष के फल, फूल की तरह कोमल नहीं होते
(iv) शिरीष के फल नए फूल आते ही अपना स्थान छोड़ देते हैं

(ग) वसंत के सौंदर्य में इनमें से कौन-सा सौंदर्यहीन बना रहता हैं?
(i) पुष्पपत्र से मर्मरित वनस्थली
(ii) शिरीष के फूल
(iii) शिरीष का पेड़
(iv) शिरीष के फल

(घ) 'शिरीष' को लेकर लेखक का परवर्ती कवियों की धारणा को निराधार मानने का आधार है
(i) फलों की मजबूती (ii) फूलों की मजबूती
(iii) फूलों की कोमलता (iv) इसका फूलों से लदे रहना

(ङ) 'जो फरा सो झरा, जो बरा सो बुताना' पंक्ति का भाव है
(i) जिसने जन्म लिया उसकी मृत्यु निश्चित है
(ii) जो फलेगा वह झड़ेगा, जो जलेगा वह बुझेगा
(iii) पुरानी पीढ़ी का स्थान नई पीढ़ी लेगी
(iv) शिरीष के फूलों का झड़ना निश्चित है

उत्तर

(क) (iv) मनोरम
(ख) (iii) शिरीष के फल, फूल की तरह कोमल नहीं होते
(ग) (i) पुष्पपत्र से मर्मरित वनस्थली
(घ) (iii) फूलों की कोमलता
(ङ) (ii) जो फलेगा वह झड़ेगा, जो जलेगा वह बुझेगा

3. मैं सोचता हूँ कि पुराने की यह अधिकार-लिप्सा क्यों नहीं समय रहते सावधान हो जाती? जरा और मृत्यु, ये दोनों ही जगत के अतिपरिचित और अतिप्रामाणिक सत्य हैं। तुलसीदास ने अफसोस के साथ इनकी सच्चाई पर मुहर लगाई थी–'धरा को प्रमान यही तुलसी जो फरा सो झरा, जो बरा सो बुताना!'

मैं शिरीष के फूलों को देखकर कहता हूँ कि क्यों नहीं फलते ही समझ लेते बाबा कि झड़ना निश्चित है। सुनता कौन है? महाकालदेवता सपासप कोड़े चला रहे हैं, जीर्ण और दुर्बल झड़ रहे हैं, जिनमें प्राणकण थोड़ा भी ऊर्ध्वमुखी है, वे टिक जाते हैं। दुरंत प्राणधारा और सर्वव्यापक कालाग्नि का संघर्ष निरंतर चल रहा है। मूर्ख समझते हैं कि जहाँ बने हैं, वहीं देर तक बने रहें तो शायद कालदेवता की आँख से बच जाएँगे। भोले हैं वे। हिलते-डुलते रहो, स्थान बदलते रहो, आगे की ओर मुँह किए रहो तो कोड़े की मार से बच भी सकते हो। जमे कि मरे।

(क) गद्यांश के अनुसार मूर्ख क्या समझते हैं?
(i) जहाँ हैं, वहीं पर बने रहोगे
(ii) प्राण और कालाग्नि में संघर्ष निश्चित है
(iii) कि वे बहुल भोले-भाले हैं
(iv) बदलाव आवश्यक है

(ख) पुराने फूल-पत्तों को यह क्यों समझना आवश्यक है कि झड़ना निश्चित है?
(i) क्योंकि तुलसीदास ने इसे ही सत्य माना है
(ii) महाकालदेवता के कोड़े चलने के कारण
(iii) जन्म और मृत्यु जगत का प्रामाणिक सत्य है
(iv) जन्म और मृत्यु के आपसी संघर्ष के कारण

(ग) निम्नलिखित कथनों पर विचार करते हुए गद्यांश के अनुसार सही कथन को चयनित कर लिखिए
(i) अफसोस जीवन का सच है
(ii) जो चीज फलती-फूलती है, उसका अंत निश्चित है
(iii) न्याय का चक्र गतिमान है
(iv) अधिकार प्राप्ति संघर्ष से ही संभव है।

(घ) सुमेलित कीजिए

	सूची I		सूची II
A.	जीवन का सत्य	1.	अधिकार-लिप्सा
B.	जीवन की स्थिरता	2.	दुरंत प्राणधारा
C.	जीवन की गतिशीलता	3.	बुढ़ापा और मरणशीलता

कूट

	A	B	C		A	B	C
(i)	3	1	2	(ii)	1	3	2
(iii)	1	2	3	(iv)	2	1	3

(ङ) गद्यांश का केंद्रीय भाव हो सकता है

(i) सभी को अपने प्राण प्रिय हैं (ii) स्थिर रहना भोलापन है
(iii) स्थिरता संघर्ष से आती है (iv) परिवर्तन प्रकृति का नियम है

उत्तर

(क) (i) जहाँ हैं, वहीं पर बने रहोगे

(ख) (iii) जन्म और मृत्यु जगत का प्रामाणिक सत्य है

(ग) (ii) जो चीज फलती-फूलती है, उसका अंत निश्चित है

(घ) (i) 3 1 2

(ङ) (iv) परिवर्तन प्रकृति का नियम है

4. एक-एक बार मुझे मालूम होता है कि यह शिरीष एक अद्भुत अवधूत है। दुःख हो या सुख, वह हार नहीं मानता। न ऊधो का लेना, न माधो का देना। जब धरती और आसमान जलते रहते हैं, तब भी यह हजरत न जाने कहाँ से अपना रस खींचते रहते हैं। मौज में आठों याम मस्त रहते हैं।

एक वनस्पतिशास्त्री ने मुझे बताया है कि यह उस श्रेणी का पेड़ है, जो वायुमंडल से अपना रस खींचता है। जरूर खींचता होगा। नहीं तो भयंकर लू के समय इतने कोमल तंतुजाल और ऐसे सुकुमार केसर को कैसे उगा सकता था? अवधूतों के मुँह से ही संसार की सबसे सरस रचनाएँ निकली हैं। कबीर बहुत-कुछ इस शिरीष के समान ही थे, मस्त और बेपरवा, पर सरस और मादक। कालिदास भी जरूर अनासक्त योगी रहे होंगे।

(क) लेखक ने शिरीष को अवधूत क्यों कहा है?

(i) वह हर तरह की परेशानी से लड़ने में सक्षम होता है
(ii) दुःख-सुख में हार नहीं मानता
(iii) अपनी जगह से न हटने के कारण
(iv) उपर्युक्त सभी

(ख) अनासक्त योगी किसे कहा गया है?

(i) कबीर को (ii) कालिदास को
(iii) तुलसीदास को (iv) वात्स्यायन को

(ग) सुमेलित कीजिए

	सूची I		सूची II
A.	अवधूत	1.	संसार के विरत संन्यासी
B.	न ऊधो का लेना, न माधो का देना	2.	जो भौतिक सुखों से आसक्त नहीं होता
C.	अनासक्त योगी	3.	किसी से कोई मतलब न रखना

कूट

	A	B	C		A	B	C
(i)	3	1	2	(ii)	1	3	2
(iii)	1	2	3	(iv)	2	1	3

(घ) लेखक शिरीष के माध्यम से क्या संकेत देना चाहता है?

(i) हमें जीवन की कठिनाइयों का डटकर सामना करना चाहिए
(ii) हमें अपने भविष्य के प्रति सतर्क रहना चाहिए
(iii) हमें विवादों में नहीं पड़ना चाहिए
(iv) हमें इतिहास को बहुत अधिक महत्त्व नहीं देना चाहिए

(ङ) गद्यांश के अनुसार भयंकर लू में भी शिरीष सुकोमल केसर को कैसे उगा सकता होगा?

(i) वायुमंडल से रस खींचने के कारण
(ii) ऊँचे हिमालय पर स्थित होने के कारण
(iii) स्वयं के लिए परिश्रम करने के कारण
(iv) उपर्युक्त सभी

उत्तर

(क) (iv) उपर्युक्त सभी (ख) (ii) कालिदास को

(ग) (ii) 1 3 2

(घ) (i) हमें जीवन की कठिनाइयों का डटकर सामना करना चाहिए

(ङ) (i) वायुमंडल से रस खींचने के कारण

विषय-वस्तु पर आधारित प्रश्नोत्तर

लघु उत्तरीय प्रश्न

1. संस्कृत साहित्य में शिरीष की महिमा का उल्लेख किस प्रकार किया गया है?

उत्तर शिरीष के फूल को संस्कृत साहित्य में बहुत कोमल माना गया है। इसके फूल बहुत नाज़ुक होते हैं। वे केवल भौंरों के पदों का भार ही सहन कर सकते हैं, पक्षियों के पैरों का भी नहीं।

2. लेखक के मत और पुराने कवि के मतों में क्या अंतर है?

उत्तर पुराने कवि कहते हैं कि बकुल (मौलसिरी) के पेड़ में ऐसा झूला लगाना चाहिए, जिसमें स्त्रियाँ आसानी से झूल सकें। इससे भिन्न लेखक का मानना है कि शिरीष की डाल कुछ कमज़ोर ज़रूर होती है, पर इसमें झूलने वाली रमणियों (स्त्रियाँ) का वजन भी तो कम होता है।

3. शिरीष को 'कालजयी अवधूत' क्यों कहा गया है? **Delhi 2019**

***अथवा* लेखक ने शिरीष को अवधूत रूप किन कारणों से माना है?** **CBSE 2024**

उत्तर अवधूत लाभ-हानि, सुख-दुःख की चिंता से दूर रहने वाले संन्यासी को कहा जाता है। शिरीष का पेड़ भी धूप, बारिश, आँधी, तूफ़ान और लू की चिंता न करके खड़ा रहता है और हर तरह की परेशानी से लड़ने में सक्षम होता है। शिरीष के फूल ज्येष्ठ की प्रचंड गर्मी में भी खिले रहते हैं। अपनी जगह से न हटने के कारण ही इसे 'अद्भुत अवधूत' कहा गया है।

4. लेखक अधिकार लिप्सा के बारे में क्या बताना चाहता है?

उत्तर लेखक के अनुसार, भारत में अधिकार लिप्सा की भावना बहुत प्रबल है। यहाँ के लोग तभी अपनी जगह छोड़ पाते हैं, जब उन्हें दूसरों के द्वारा धक्का दिया जाता है। यह स्थिति राजनीति, साहित्य तथा संस्थानों में पूर्णरूप से दिखाई पड़ती है। पुराने लोग नए जमाने के इस प्रचलन को नहीं पहचान पाते।

5. कबीर और कालिदास के बारे में लेखक क्या बताता है?

उत्तर कबीर और कालिदास के बारे में लेखक बताता है कि कबीर मस्त और बेपरवाह होते हुए भी सरसता तथा मादकता से युक्त थे। कालिदास भी अनासक्त योगी की तरह थे, इसी कारण वे मेघदूत काव्य का निर्माण कर सके।

6. शिरीष के नए फलों-पत्तों और पुराने फलों को देखकर लेखक को किसकी याद आ जाती है?

उत्तर लेखक को शिरीष के नए फलों-पत्तों और पुराने फलों को देखकर उन नेताओं की याद आती है, जो बदले हुए समय को नहीं पहचानते हैं तथा जब तक नई पीढ़ी उन्हें धक्का नहीं मारती, तब तक वे अपने स्थान पर जमे ही रहते हैं।

7. शिरीष के फल किस तरह के व्यक्ति की प्रवृत्ति के प्रतीक हैं?

उत्तर शिरीष के फल बहुत ही कठोर होते हैं। ये नए फूल आने पर भी अपना स्थान नहीं छोड़ते। इसलिए शिरीष के फल उन व्यक्तियों के प्रतीक हैं, जो सत्ता को छोड़ना नहीं चाहते, जैसे अधिकांश राजनीतिक नेता अपनी सत्ता छोड़ना नहीं चाहते। वे हर तरीके से नई पीढ़ी को आगे आने से रोकना चाहते हैं।

8. लेखक के मन में शिरीष के फूल किस प्रकार हिल्लोल पैदा करते हैं?

उत्तर लेखक के अनुसार, शिरीष के पेड़ बड़े तथा छायादार होते हैं। इनकी डाल बकुल की डाल आदि से भी कमज़ोर होती है, किंतु झूलने वाली युवतियों के वजन से इसकी डाल टूट जाए, यह संभव नहीं है। संस्कृत साहित्य में इन फूलों को बहुत ही कोमल माना गया है। ये फूल सौंदर्य में वृद्धि करने में सहायक होते हैं। शिरीष के फूल नएपन के स्वागत का आमंत्रण देने वाले फूल हैं। शिरीष के पुष्प के इन्हीं गुणों के कारण लेखक के मन में हिल्लोल पैदा होता रहता है।

9. हजारी प्रसाद द्विवेदी के द्वारा नेताओं और कुछ पुराने व्यक्तियों की अधिकार सीमा पर किए गए व्यंग्य को स्पष्ट कीजिए।

अथवा **शिरीष के फूल की तुलना बूढ़े नेताओं से क्यों की गई है?** **CBSE Diksha**

उत्तर लेखक को शिरीष के नए फूलों-पत्तों और पुराने फूलों को देखकर उन नेताओं की याद आती है, जो बदले हुए समय को नहीं पहचानते हैं तथा जब तक नई पीढ़ी उन्हें धक्का नहीं मारती, तब तक वे अपने स्थान पर जमे ही रहते हैं। नेताओं को स्वयं ही समय की गति को देखते हुए अपने स्थान को रिक्त कर देना चाहिए, पर वे ऐसा करते नहीं।

10. लेखक को शिरीष के विषय में वनस्पतिशास्त्री ने क्या बताया?

उत्तर वनस्पतिशास्त्री ने लेखक को बताया कि शिरीष उस श्रेणी का वृक्ष है, जो वायुमंडल से अपना रस स्वयं खींचता है। इसी कारण शिरीष का फूल भयंकर गर्मी में भी सरस बना रहता है। ज्येष्ठ की प्रचंड गर्मी में भी शिरीष-पुष्प के खिले रहने के कारण, इसे शीतपुष्प भी कहा जाता है। शिरीष ही एकमात्र ऐसा वृक्ष है, जो हमेशा पुष्पित, पल्लवित रहता है और हमें शीतलता प्रदान करता है।

11. "वह भी क्या कवि है?" लेखक ने इस पंक्ति के आधार पर कवि की किन विशेषताओं को उभारा है?

उत्तर लेखक यह मानता है कि एक कवि को सांसारिक विषय-वासनाओं में न पड़कर स्वतंत्र व फक्कड़ जीवन व्यतीत करना चाहिए। उसके द्वारा स्वतंत्र विचारों की अभिव्यक्ति होनी चाहिए, जो संसार के चक्रव्यूह में पड़कर नहीं की जा सकती। कवि को शिरीष के फूल की तरह मस्त, चिंतारहित और मोह-माया से दूर ही रहना चाहिए। लेखक के अनुसार, सांसारिक विषय-वासनाओं, मोह-माया में पड़ने वाला व्यक्ति कवि नहीं बन सकता है।

12. कालिदास कृत शकुंतला के सौंदर्य को महत्त्व देकर लेखक सौंदर्य को स्त्री के एक मूल्य के रूप में स्थापित करता हुआ प्रतीत होता है। क्या यह सत्य है? यदि 'हाँ' तो क्या ऐसा करना उचित है?

उत्तर कालिदास की दृष्टि में शकुंतला के पास आंतरिक सौंदर्य है। कालिदास यह मानते हैं कि शारीरिक सौंदर्य का महत्त्व तभी है, जब अमुक व्यक्ति का मन भी सुंदर हो अर्थात् मन की सुंदरता शरीर की सुंदरता से अधिक महत्त्वपूर्ण है, जो शकुंतला के पास है। आचार्य द्विवेदी भी इस बात से सहमत हैं कि सौंदर्य नारी का मूल्यवान गहना है।

13. शिरीष के फूलों की मुख्य विशेषता का वर्णन कीजिए।

अथवा **'शिरीष के फूल' पाठ के आधार पर शिरीष के फूलों की विशेषता लिखिए।** **CBSE 2023**

उत्तर शिरीष के फूल जेठ मास की भयंकर गर्मी में भी फूलने की हिम्मत करते हैं। आँधी, तूफ़ान तथा लू भी इसकी हिम्मत का लोहा मानते हैं। इसके अतिरिक्त कनेर और अमलतास इस मौसम में दिखाई तो देते हैं, पर शिरीष के फूल की तुलना उनसे नहीं की जा सकती, क्योंकि अमलतास केवल 15-20 दिनों के लिए ही फूलता है।

14. शिरीष को देखकर लेखक के मन में क्या विचार उत्पन्न हुआ?

उत्तर लेखक के मन में शिरीष को देखकर यह हूक उठती है कि आज के युग में शिरीष के समान अवधूत कहाँ रह गए हैं, क्योंकि संसार में मानवीय मूल्यों को बनाए रखने के लिए ऐसे अवधूतों की बहुत आवश्यकता है। लेखक गाँधीजी का उदाहरण देते हुए कहता है कि गाँधीजी ही वायुमंडल से रस खींचकर इतना कोमल और कठोर हो सकते थे, लेकिन आज ऐसे अवधूत कहाँ हैं?

15. लेखक के अनुसार, 'शिरीष के फूल' पाठ का उद्देश्य क्या है? स्पष्ट कीजिए।

उत्तर लेखक ने इस पाठ के माध्यम से मानव की अजेय जिजीविषा और कलह के बीच धैर्यपूर्वक, लोक के साथ चिंतारत, कर्त्तव्यशील बने रहने के महान् मानवीय मूल्यों को स्थापित किया है। लेखक शिरीष के पुराने फलों की अधिकार लिप्सा तथा नए पत्ते एवं फलों द्वारा उन्हें धक्का देकर बाहर निकालने में साहित्य, समाज व राजनीति में पुरानी और नई पीढ़ी के द्वंद्व की ओर भी संकेत करता है।

दीर्घ उत्तरीय प्रश्न

1. लेखक ने किन-किन वृक्षों का उल्लेख किया है? संदर्भ सहित बताइए।

उत्तर लेखक ने शिरीष के बहाने अन्य वृक्षों-कनेर व अमलतास का वर्णन इस संदर्भ में किया है कि ये भी ग्रीष्म ऋतु में फूलते हैं, किंतु उनकी तुलना हम शिरीष से नहीं कर सकते, क्योंकि ये कम समय के लिए खिलते हैं।

वसंत में पलाश खिलता तो है, पर उसकी अवधि बहुत ही कम समय की होती है। रईसों के बगीचों के प्रसंग में लेखक ने अशोक, अरिष्ट (रीठा नामक वृक्ष), पुन्नाग (एक सदाबहार बड़ा-सा पेड़), बकुल (मौलसिरी का पेड़) का वर्णन किया है। ये सभी वृक्ष भारत में पाए जाते हैं।

2. कालिदास ने शिरीष की कोमलता और द्विवेदी जी ने उसकी कठोरता के विषय में क्या कहा है? 'शिरीष के फूल' पाठ के आधार पर बताइए।

अथवा **"शिरीष पुष्प केवल भौंरों के पदों का कोमल दबाव सहन कर सकता है, पक्षियों का बिलकुल नहीं" कथन का भाव 'शिरीष के फूल' पाठ के आधार पर कीजिए।** **CBSE 2023**

अथवा **शिरीष के विषय में कालिदास और हजारीप्रसाद द्विवेदी जी के विचारों के अंतर को स्पष्ट कीजिए।** **CBSE 2025**

उत्तर कालिदास कहते हैं कि शिरीष पुष्प केवल भौंरों के पदों का कोमल दबाव ही सहन कर सकता है, पक्षियों का बिलकुल नहीं। उनके अनुसार, शिरीष का फूल अत्यंत कोमल होता है, जो जरा-सा भी भार सहन नहीं कर सकता। लेकिन द्विवेदी जी इससे सहमत नहीं हैं। उनके विचार से इसे कोमल मानना भूल है। इसके फल इतने मज़बूत होते हैं कि नए फूलों के आने पर भी वे अपना स्थान नहीं छोड़ते। जब तक नए पत्ते-फल मिलकर इन्हें धक्का नहीं देते, तब तक वे अपना स्थान वहीं बनाए रखते हैं।

3. शिरीष के फूलों के प्रति कालिदास के परवर्ती कवियों का दृष्टिकोण किस प्रकार का था? लेखक ने उन तर्कों का विरोध किस प्रकार किया?

उत्तर कालिदास के परवर्ती कवियों ने शिरीष के फूलों की कोमलता देखकर सोचा कि शायद उनके सभी भाग कोमल हैं। लेखक ने उनके इस तर्क को एक भूल कहा है। उसके अनुसार, शिरीष के फल इतने मज़बूत होते हैं कि नए फूलों के निकलने के बाद भी ये अपना स्थान नहीं छोड़ते। जब तक नए फूल, फल, पत्ते मिलकर उन्हें धक्का देकर बाहर नहीं कर देते, तब तक वे वहीं डटे रहते हैं। वसंत के आने पर भी शिरीष के पुराने फल खड़खड़ाते रहते हैं।

4. कर्णाट-राज की प्रिया विज्जिका देवी ने किन्हें कवि माना और क्यों?

उत्तर कर्णाट-राज की प्रिया विज्जिका देवी ने गर्वपूर्वक कहा था कि एक कवि ब्रह्मा थे, दूसरे वाल्मीकि और तीसरे वेदव्यास जी। एक ने वेदों को दिया, दूसरे ने रामायण और तीसरे कवि ने महाभारत जैसा अद्भुत ग्रंथ दिया।

उन्होंने यहाँ तक कह दिया कि यदि कोई और कवि होने का दावा करे तो मैं कर्णाट-राज की रानी उनके सिर पर अपना बायाँ चरण रखती हूँ, क्योंकि उनके अनुसार कवियों को संसार से किसी भी प्रकार का मोह नहीं होना चाहिए और ये गुण इन तीनों कवियों में थे। उनके अनुसार, आधुनिक युग में कवियों में इस गुण का पाया जाना न के बराबर है।

5. लेखक के अनुसार, कवि में किन-किन विशेषताओं का होना अनिवार्य है?

उत्तर लेखक के अनुसार, अवधूत वज्र से भी अधिक कठोर तथा फूल से भी अधिक कोमल होते हैं। लेखक कहता है कि कवि की सर्वप्रथम विशेषता है उसका समदर्शी दृष्टिकोण, आसक्तिरहित फक्कड़ जीवन-शैली। जो अवधूत के समान नहीं हो सकता, उसे कवि नहीं कहा जा सकता।

कवि में मस्ती व समरसता का गुण निश्चित रूप से होना चाहिए, तभी वह जनकल्याण के कार्यों को संपन्न कर सकता है। उसे निजी स्वार्थ के बारे में न सोचकर परमार्थ के लिए सोचना, लिखना व कार्य करना चाहिए।

6. शिरीष के वृक्ष को लेखक अधिक महत्त्व क्यों दे रहा है?

उत्तर लेखक ने शिरीष के फूलों को अवधूत के समान बताया है। शिरीष के फूल कमज़ोर होते हैं, पर फल अत्यंत ही कठोर। शिरीष के वृक्ष बड़े तथा छायादार होते हैं। ये आँधी, तूफ़ान, भयंकर गर्मी तथा लू में भी डटकर खड़े रहते हैं। ज्येष्ठ की प्रचंड गर्मी में शिरीष का वृक्ष ही एकमात्र ऐसा वृक्ष है, जो पुष्पित, पल्लवित रहता है और शीतलता प्रदान करता है। इसलिए लेखक ने शिरीष के वृक्ष को अधिक महत्त्व दिया है।

7. लेखक 'शिरीष के फूल' पाठ में किस बात से विस्मय-विमूढ़ हो जाता है?

उत्तर प्रस्तुत पाठ में कालिदास का स्मरण 'शिरीष के फूल' की महिमा के गुण गाने के लिए ही किया गया है। लेखक मुग्ध और विस्मय-विमूढ़ होकर कालिदास के एक-एक श्लोक को देखकर आश्चर्यचकित हो जाता है। शिरीष के फूल के प्रसंग में एक उदाहरण लेना प्रासंगिक होगा—शकुंतला बहुत सुंदर थी।

शकुंतला कालिदास के सुंदर हृदय से निकली थी। विधाता की ओर से भी कोई कंजूसी नहीं की गई थी और कवि की ओर से भी नहीं। राजा दुष्यंत भी अच्छे भले प्रेमी थे। उन्होंने शकुंतला का एक चित्र बनाया था, लेकिन उनका मन यह सोचकर दुःखी हो जाता था कि चित्र में कुछ कमी है। बाद में उन्हें समझ आया कि शकुंतला के कानों में शिरीष का फूल देना वे भूल गए हैं, जिसके केसर गंडस्थल तक लटके हुए थे और रह गया है शरच्चंद्र की किरणों के समान कोमल और शुभ्र-मृणाल का हार।

8. हजारी प्रसाद द्विवेदी ने शिरीष के संदर्भ में महात्मा गाँधी का स्मरण क्यों किया है? साम्य निरूपित कीजिए।

अथवा **शिरीष के संदर्भ में लेखक को गाँधीजी की याद क्यों आ गई? दोनों के स्वभाव में समानता रेखांकित कीजिए।**

अथवा **शिरीष तरु के अवधूत रूप के कारण लेखक को किस महात्मा की याद आती है और क्यों? 'शिरीष के फूल' पाठ के आधार पर बताइए।**

उत्तर शिरीष के संदर्भ एवं गाँधीजी की कुछ विशेषताओं में समानता दिखने के कारण लेखक को गाँधीजी की याद आई। शिरीष के समान ही गाँधीजी में भी कठोरता के साथ-साथ कोमलता का गुण विद्यमान था। शिरीष की भाँति ही गाँधीजी भी वायुमंडल से, अपने परिवेश से रस खींचकर कोमल एवं कठोर बन गए। जनसामान्य के साथ कोमलता का व्यवहार करने वाले गाँधीजी कभी-कभी देश एवं समाज के हित में अत्यधिक कठोर बन जाते थे। समय के अनुरूप, परिस्थितियों के अनुसार निर्णय लेते हुए गाँधीजी को भी स्वतंत्रता आंदोलन को सही ढंग से आगे बढ़ाने के लिए अपने व्यवहार में कोमलता एवं कठोरता दोनों को अपनाना पड़ता था। गाँधीजी स्वतंत्रता आंदोलन के दौरान होने वाली हिंसा, खून-खराबा, अग्निदाह आदि हिंसात्मक गतिविधियों के बीच अहिंसक होते हुए भी शिरीष के समान अटल या स्थिर बने रहते थे।

9. शिरीष, अवधूत और गाँधीजी एक-दूसरे के समान कैसे हैं? पाठ के आधार पर स्पष्ट कीजिए।

अथवा **'शिरीष के फूल' पाठ के आधार पर स्पष्ट करें कि लेखक गाँधीजी और शिरीष को एक समान क्यों बताता है?** **CBSE SQP 2024**

उत्तर लेखक को शिरीष, अवधूत और गाँधीजी में अनेक समानताएँ दृष्टिगत होती हैं। शिरीष और अवधूत पर बाह्य कठिन परिस्थितियों का कुछ भी प्रभाव नहीं पड़ता। जेठ की जलती धूप में भी शिरीष का वृक्ष फूलों से लदा रहता है। अवधूत भी परमात्मा के आनंद में डूबे रहते हैं तथा कठिन परिस्थितियों में भी आनंद में मस्त रहते हैं।

वे भी अपने आश्रय में आने वाले लोगों को सुख देते हैं। महात्मा गाँधी में भी कठोरता के साथ कोमलता का गुण विद्यमान था। वे भी मार-काट, अग्निदाह, खून-खराबों के बीच अटल या स्थिर बने रहते थे। इस प्रकार शिरीष, अवधूत और गाँधीजी में कुछ विशेषताएँ एक जैसी हैं।

10. शिरीष की पुरानी फलियों के माध्यम से लेखक ने किस कटु यथार्थ का संकेत किया है? टिप्पणी कीजिए।

अथवा **सर्वग्रासी काल की मार से बचते हुए वही दीर्घजीवी हो सकता है, जिसने अपने व्यवहार में जड़ता छोड़कर नित बदल रही स्थितियों में निरंतर अपनी गतिशीलता बनाए रखी है। पाठ के आधार पर स्पष्ट कीजिए।**

अथवा **'शिरीष के फूल' पाठ के आधार पर बताइए कि लेखक जीवन का सत्य किसे और क्यों मानता है?** **CBSE 2024, 23**

उत्तर परिवर्तन संसार का नियम है। मनुष्य को समयानुसार परिवर्तन करते रहना चाहिए। मृत्यु तो अटल है। जो लोग समय के साथ चलते हैं, नए को स्वीकार करते हुए अपने जीवन में आगे बढ़ते हैं, उनको समाज भी अपना मानने लगता है और वे कुछ समय के लिए काल के कोड़ों से भी बचे रहते हैं।

इसके विपरीत, जो एक ही स्थान पर जमे रहते हैं, उनको दूसरों के द्वारा धक्का दे दिया जाता है। यह स्थिति राजनीति, साहित्य तथा संस्थानों में पूर्णरूप से दिखाई पड़ती है। पुराने लोग नए जमाने के इस प्रचलन को नहीं पहचान पाते तथा समाज भी उन्हें पुराना, जीर्ण-शीर्ण समझकर अस्वीकार कर देता है। जरा (वृद्धावस्था) और मृत्यु अतिपरिचित और अतिप्रामाणिक सत्य है, जिसे सभी को स्वीकार करते हुए जीवन व्यतीत करना चाहिए।

11. शिरीष और महात्मा गाँधी की तुलना किस आधार पर की गई है?

उत्तर शिरीष और महात्मा गाँधी की तुलना समानता के आधार पर की गई है। शिरीष का वृक्ष बाह्य परिवर्तन धूप, आँधी, लू, वर्षा सबमें शांत बना रहता है तथा पुष्पित और पल्लवित होता रहता है।

इसी प्रकार गाँधीजी भी मार-काट, अग्निदाह, लूट-पाट आदि के बीच स्थिर रह सके थे। शिरीष वायुमंडल से रस खींचकर इतना कोमल और इतना कठोर एकसाथ हो सका है, वैसे ही महात्मा गाँधी भी कठोर-कोमल स्वभाव वाले व्यक्ति थे। इस प्रकार, शिरीष का वृक्ष और महात्मा गाँधी दोनों ही अवधूत के समान हैं।

12. 'शिरीष के फूल' पाठ में बताया गया है कि कबीरदास को पंद्रह-बीस दिन का लहक उठना पसंद नहीं था। 'लहक उठना' का अर्थ स्पष्ट करते हुए लिखिए कि क्या आप भी इसमें विश्वास रखते हैं? तर्क सहित उत्तर दीजिए। **CBSE 2024**

उत्तर प्रस्तुत पाठ में 'शिरीष के फूल' के संदर्भ में 'लहक उठना' का अर्थ है– खिल उठना। कबीरदास जी को पलाश (ढाक) के फूल पसंद नहीं थे, क्योंकि वे पंद्रह-बीस दिन के लिए फूलते हैं तथा फिर खंखड़ हो जाते हैं। उनमें जीवन शक्ति कम होती है। कबीरदास को अल्पायु वाले कमजोर फूल बिल्कुल पसंद नहीं थे।

हाँ, मेरे अनुसार भी यह सत्य है कि कर्णिकार और आरग्बध (अमलतास) आदि फूल कुछ दिन खिलकर अपनी सुंदरता बिखेरकर समाप्त हो जाते हैं, किंतु शिरीष के फूल की यह विशेषता होती है कि वे भयंकर गर्मी में जहाँ अधिकतर फूल खिल नहीं पाते, वहाँ शिरीष फूलों से लदा हुआ लंबे समय तक के लिए रहता है।

13. 'दुःख हो या सुख, वह हार नहीं मानता। न ऊधो का लेना, न माधों का देना।' 'शिरीष के फूल' पाठ में आई यह पंक्ति किसके लिए कही गई, उसकी विशेषताओं का उल्लेख कीजिए। **CBSE 2024**

उत्तर 'शिरीष के फूल' में आई प्रस्तुत पंक्ति शिरीष के लिए कही गई है। लेखक शिरीष को एक संन्यासी की तरह मानता है, क्योंकि संन्यासी की ही तरह उसे न तो सुख की चिंता है और न ही दुःख की। उसे किसी से कुछ लेना-देना नहीं है। भयंकर गर्मी से आसमान और धरती दोनों ही जल रहे होते हैं, तब भी न जाने कहाँ से शिरीष का फूल अपने लिए जीवन रस ढूँढ लेता है। इस प्रकार, शिरीष संन्यासी की तरह अपना अस्तित्व कायम रखता है।

15. 'महाकालदेवता सपासप कोड़े चला रहे हैं, जीर्ण और दुर्बल झड़ रहे हैं, जिनमें प्राणकण थोड़ा भी ऊर्ध्वमुखी है, वे टिक जाते हैं।' 'शिरीष के फूल' पाठ से उद्धृत इस पंक्ति का आशय स्पष्ट कीजिए। **CBSE 2023**

उत्तर प्रस्तुत पंक्ति का आशय है कि महाकालदेवता, समय देवता अर्थात् यमराज समरूप कोड़े चला रहे हैं अर्थात् समय बीतता जा रहा है और उनकी मार से जो कमजोर अथवा जीर्ण हो गए हैं, वे नष्ट हो रहे हैं, किंतु अभी भी जिनमें प्राण शक्ति है, वे उस मार को झेलकर भी जीवित हैं। संसार के दो अति प्रामाणिक सत्य-वृद्धावस्था तथा मृत्यु हैं। मृत्यु के प्रहार से वृद्ध व कमजोर मनुष्य यमलोक प्रस्थान कर रहे हैं तथा जिनकी जीवन शक्ति थोड़ी प्रबल होती है वे बच जाते हैं, लेकिन समयानुसार जब वृद्धावस्था और दुर्बलता उनको घेर लेते हैं, तो वे भी मृत्यु के सामने परास्त हो जाते हैं।

स्व-मूल्यांकन

गद्यांश पर आधारित बहुविकल्पीय प्रश्न

निम्नलिखित गद्यांश को ध्यानपूर्वक पढ़कर पूछे गए बहुविकल्पीय प्रश्नों के लिए सर्वाधिक उपयुक्त विकल्प का चुनाव कीजिए

1. **शिरीष तरु सचमुच पक्के अवधूत की भाँति मेरे मन में ऐसी तरंगें जगा देता है, जो ऊपर की ओर उठती रहती हैं। इस चिलकती धूप में इतना सरस वह कैसे बना रहता है? क्यों ये बाह्य परिवर्तन-धूप, वर्षा, आँधी, लू अपने आपमें सत्य नहीं हैं? हमारे देश के ऊपर से जो यह मार-काट, अग्निदाह, लूट-पाट, खून-खच्चर का बवंडर बह गया है, उसके भीतर भी स्थिर रहा जा सकता है? शिरीष रह सका है। अपने देश का एक बूढ़ा रह सका था। क्यों मेरा मन पूछता है कि ऐसा क्यों संभव हुआ? क्योंकि शिरीष भी अवधूत है। शिरीष वायुमंडल से रस खींचकर इतना कोमल और इतना कठोर है। गाँधी भी वायुमंडल से रस खींचकर इतना कोमल और इतना कठोर हो सका था। मैं जब-जब शिरीष की ओर देखता हूँ तब तब हूक उठती है-हाय, वह अवधूत आज कहाँ है?**

(क) लेखक के मन में तरंग कौन जगा देता है?
(i) देवता (ii) मनुष्य
(iii) शिरीष वृक्ष (iv) कालिदास

(ख) लेखक ने शिरीष की किस विशेषता का वर्णन किया है?
(i) चिलचिलाती धूप में भी सरस बने रहने की
(ii) स्वयं पर अभिमान करने की
(iii) ठंड में मुरझा जाने की
(iv) उपर्युक्त सभी

(ग) रिक्त स्थान की पूर्ति कीजिए।
शिरीष का वृक्ष ····· रस खींचता है।
(i) जीवमंडल से (ii) सौरमंडल से
(iii) वायुमंडल से (iv) ये सभी

(घ) लेखक के अनुसार हमारे देश के ऊपर से कौन-सा बवंडर बह रहा है?
(i) मार-काट का (ii) लूट-पाट का
(iii) खून-खच्चर का (iv) ये सभी

(ङ) शिरीष को देखकर लेखक के मन में क्या हूक उठती है?
(i) वह अवधूत आज कहाँ गया
(ii) वह गाँधीजी की तरह क्यों नहीं हुआ
(iii) बूढ़ा व्यक्ति शिरीष की तरह क्यों नहीं रह सकता
(iv) उपर्युक्त सभी

उत्तर

(क) (iii) शिरीष वृक्ष
(ख) (i) चिलचिलाती धूप में भी सरस बने रहने की
(ग) (iii) वायुमंडल से
(घ) (iv) ये सभी
(ङ) (i) वह अवधूत आज कहाँ गया

विषय-वस्तु पर आधारित प्रश्न

लघु उत्तरीय प्रश्न

1. शिरीष फूलों से कब लदा हुआ था?

2. शिरीष की कमी का वर्णन कीजिए।

3. लेखक का ध्यान शिरीष के पुष्प की ओर किस प्रकार आकृष्ट हुआ?

4. "ऐसे दुमदारों से तो लँडूरे भले" पंक्ति से क्या अभिप्राय है? स्पष्ट कीजिए।

दीर्घ उत्तरीय प्रश्न

1. पलाश और अमलतास के फूलों में आपको क्या समानता देखने को मिलती है? स्पष्ट कीजिए।

2. विज्जिका देवी कौन थी? उसने ब्रह्मा, वाल्मीकि तथा व्यास का सम्मान क्यों किया?

3. "अपने देश का एक बूढ़ा" कौन था? उस बूढ़े और शिरीष में क्या समानता है? स्पष्ट कीजिए।

4. शिरीष के फूलों की कोमलता देखकर बाद के कवियों ने क्या भूल की?

15

अध्याय

श्रम-विभाजन और जाति-प्रथा, मेरी कल्पना का आदर्श-समाज

(बाबा साहेब भीमराव आंबेडकर)

लेखक-परिचय

भारत रत्न डॉ. आंबेडकर का जन्म 14 अप्रैल, 1891 को महू (मध्य प्रदेश) में हुआ था। बाबा साहेब की प्रमुख रचनाएँ– द कास्ट्स इन इंडिया, देयर मेकेनिज्म, जनेसिस एंड डेवलपमेंट, बुद्ध एंड हिज़ धम्मा, द राइज एंड फॉल ऑफ द हिंदू वीमैन, बुद्धिज्म एंड कम्युनिज्म, मूक नायक आदि उनकी प्रसिद्ध रचनाएँ हैं। समाज और राजनीति में बेहद सक्रिय भूमिका निभाते हुए उन्होंने अछूतों, स्त्रियों और मजदूरों को मानवीय अधिकार व सम्मान दिलाने के लिए अथक संघर्ष किया। उन्होंने जीवन भर दलितों की मुक्ति एवं सामाजिक समता के लिए संघर्ष किया। उनका पूरा लेखन इसी संघर्ष व सरोकार से जुड़ा है। 6 दिसंबर, 1956 को दिल्ली में उनका देहावसान हुआ।

▼ अध्ययन के लिए

- पाठ की रूपरेखा
- पाठ का सार

▼ अभ्यास के लिए

- पाठ्यपुस्तक के प्रश्नोत्तर
- गद्यांश पर आधारित बहुविकल्पीय प्रश्न
- लघु उत्तरीय प्रश्न
- दीर्घ उत्तरीय प्रश्न

पाठ की रूपरेखा

प्रस्तुत पाठ भारतीय संविधान के निर्माता डॉ. भीमराव आंबेडकर के भाषण का हिंदी रूपांतर है। यह भाषण जाति-पाँति तोड़क मंडल (लाहौर) के वार्षिक सम्मेलन (वर्ष 1936) के अध्यक्षीय भाषण के रूप में दिया जाना था, किंतु इसकी क्रांतिकारी दृष्टि से आयोजकों की पूर्ण सहमति न बन पाने के कारण सम्मेलन ही स्थगित हो गया और यह भाषण पढ़ा नहीं जा सका। बाद में, डॉ.आंबेडकर ने इसे स्वतंत्र पुस्तिका के रूप में छपवाया। उक्त पुस्तिका के दो प्रतिनिधि प्रकरण यहाँ प्रस्तुत हैं। डॉ. भीमराव आंबेडकर सदैव जातिगत भेदभाव का विरोध करते रहे। इसे जड़ से मिटाने की उनकी हार्दिक इच्छा अभी कुछ सीमा तक ही पूरी हुई है। विडंबना की बात तो यह है कि इस युग में भी जातिवाद के पोषकों की कमी नहीं है। डॉ. आंबेडकर के अनुसार, समानता, स्वतंत्रता एवं बंधुता—ये तीन तत्त्व आदर्श समाज में अनिवार्यत: होने चाहिए, जिससे लोकतंत्र सामूहिक जीवनचर्या की एक रीति तथा समाज के सम्मिलित अनुभवों के आदान-प्रदान की प्रक्रिया के अर्थ तक भी पहुँचे।

पाठ का सार

श्रम विभाजन और जाति-प्रथा

इसके अंतर्गत समाज में प्रचलित जाति-प्रथा को गलत ठहराकर कार्य-कुशलता के आधार पर श्रम-विभाजन को आवश्यक बताया गया है, क्योंकि जाति के आधार पर श्रम-विभाजन करने से व्यक्ति की निजी क्षमता का सदुपयोग नहीं हो पाता। जाति-प्रथा

एक ओर तो मनुष्य को जीवन भर किसी पेशे के साथ बाँध देती है, तो दूसरी ओर यदि कभी भी पेशा बदलने की आवश्यकता पड़ जाए, तो भूखे मरने के अलावा और कोई उपाय नहीं छोड़ती। इस प्रकार का विभाजन मनुष्य में काम के प्रति अरुचि और उसे टालने की प्रवृत्ति का कारण बनता है। ऐसी स्थिति में जहाँ काम करने वालों का न दिल लगता हो, न दिमाग, वहाँ कोई कुशलता कैसे प्राप्त कर सकता है?

इस प्रकार यह प्रथा मनुष्य को कम काम करने के लिए प्रेरित करती है। जाति-प्रथा भारत में बेरोज़गारी का एक प्रमुख व प्रत्यक्ष कारण बनी हुई है, क्योंकि हिंदू धर्म में अपनी रुचि के अनुसार पेशा न चुनने की आज़ादी बेरोज़गारी का एक मुख्य कारण है। जाति-प्रथा आर्थिक रूप से भी हानिकारक है। जाति-प्रथा पर आधारित श्रम-विभाजन मनुष्य की स्वेच्छा पर निर्भर नहीं रहता। मनुष्य की व्यक्तिगत भावना तथा व्यक्तिगत रुचि का इसमें कोई स्थान अथवा महत्त्व नहीं रहता। अत: यह निर्विवाद सिद्ध हो जाता है कि आर्थिक पहलू से भी जाति-प्रथा हानिकारक प्रथा है, क्योंकि यह मनुष्यों की स्वाभाविक प्रेरणा, रुचि व आत्म-शक्ति को दबाकर उन्हें अस्वाभाविक नियमों में जकड़कर निष्क्रिय बना देती है।

मेरी कल्पना का आदर्श-समाज

लेखक ने आदर्श समाज की परिकल्पना करते हुए स्वतंत्रता, समता, भ्रातृत्व को उसका आधार बताया है। लेखक के अनुसार, समाज को गतिशील होना चाहिए, जो हर प्रकार के परिवर्तन को स्वीकार कर सके। समाज इस प्रकार का होना चाहिए, जिसमें लोगों में अपने साथियों के प्रति श्रद्धा व सम्मान का भाव हो। समाज में भाईचारा इस प्रकार का होना चाहिए; जैसे—दूध और पानी का मिलाप या मिलन अर्थात् भेदभाव से रहित।

लोकतांत्रिक शासन पद्धति वाला समाज होना चाहिए। जाति-प्रथा वाले समाज में अपना व्यवसाय चुनने की किसी को स्वतंत्रता नहीं है। इसका अर्थ यह है कि जाति-प्रथा के आधार पर समाज को 'दासता' में जकड़ा जाता है। 'दासता' में वह स्थिति भी सम्मिलित है, जिससे कुछ व्यक्तियों को दूसरे लोगों के द्वारा निर्धारित व्यवहार एवं कर्तव्यों का पालन करने के लिए विवश होना पड़ता है।

यह स्थिति कानूनी पराधीनता न होने पर भी पाई जा सकती है। इसमें वंश, परंपरा और सामाजिक उत्तराधिकार को छोड़कर क्षमता के विकास को प्रोत्साहन देने पर बल दिया गया है। समाज में यदि हमें अपने सदस्यों से अधिकतम उपयोगिता प्राप्त करनी है, तो हमें सभी को समान अवसर प्रदान करने होंगे। एक राजनीतिज्ञ के लिए भी व्यावहारिक रूप से यही सिद्धांत होना चाहिए कि सब मनुष्यों के साथ समान व्यवहार किया जाए।

राजनीतिज्ञ समान व्यवहार इसलिए नहीं करता, क्योंकि इससे वर्गीकरण एवं श्रेणीकरण संभव हो पाता है। इस प्रकार 'समता' यद्यपि काल्पनिक जगत की वस्तु है, फिर भी राजनीतिज्ञ के लिए सभी परिस्थितियों को दृष्टि में रखते हुए यही मार्ग सही रहता है, क्योंकि यही व्यावहारिक भी है और यही उसके व्यवहार की एकमात्र कसौटी भी है।

शब्दार्थ

श्रम-विभाजन—मानव द्वारा किए जाने वाले कार्यों की अलग-अलग श्रेणियाँ बनाना, **विडंबना**—दुर्भाग्य, **पोषक**—बढ़ाने वाला, **समर्थन**—स्वीकार/सहमति बढ़ाना, **आपत्तिजनक**—परेशानी पैदा करने वाली बात, **श्रमिक**—मजदूर कर्मचारी, **विभिन्न**—अलग-अलग प्रकार के, **अस्वाभाविक**—जो स्वाभाविक न हो, **करार देना**—घोषित करना/सिद्ध करना, **सक्षम**—क्षमता वाला, **पेशा**—धंधा, **विपरीत**—उल्टा, **दूषित**—दोषपूर्ण, **प्रशिक्षण**—किसी कार्य के लिए तैयार करना, **निजी**—अपनी, **दृष्टिकोण**—सोचने का ढंग, **स्तर**—श्रेणी/अवस्था/स्थिति, **निर्धारित**—तय, **पूर्वनिर्धारण**—पहले से तय करना, **अनुपयुक्त**—उपयुक्त न होना, **अपर्याप्त**—काफी न होना, **प्रक्रिया**—पद्धति तरीका, **तकनीक**—विधि, **अकस्मात्**—अचानक **परिवर्तन**—बदलाव।

प्रतिकूल—उल्टी, **अनुमति**—सहमति/स्वीकृति, **पैतृक**—पिता से प्राप्त, **पारंगत**—पूरी तरह कुशल, **प्रत्यक्ष**—आँखों के सामने, **गंभीर**—गहरे/जटिल, **स्वेच्छा**—अपनी इच्छा, **पूर्व लेख**—जन्म से पहले भाग्य में लिखा हुआ, **उत्पीड़न**— शोषण करना/पीड़ा देना, **अरुचि**—बिना रुचि के, **विवशतावश**— मजबूरी से, **स्थिति**—दशा, **स्वभावतः**—स्वाभाविक रूप से, **दुर्भावना**—बुरी नीयत, **ग्रस्त होना**—फँसा होना, **निर्विवाद**—बिना विवाद के, **हानिकारक**—हानि करने वाली, **प्रेरणा-रुचि**— बढ़ावा देने वाली रुचि, **आत्म-शक्ति**—अंदर की शक्ति, **निष्क्रिय**—बेकार, **खेदजनक**—दु:खदायक, **नीरस गाथा**—उबाने वाली बातें, **निश्चय**—पक्का, **रचनात्मक पहलू**—कुछ निर्माण करने वाला पक्ष, **भ्रातृता**—भाईचारा, **गतिशीलता**—आगे बढ़ने की प्रवृत्ति,

वांछित—आवश्यक, **छोर**—किनारा, **संचारित**—फैलाया हुआ, **बहुविधि**—अनेक प्रकार, **हित**—स्वार्थ लाभ, **सजग**—सचेत/सावधान, **अबाध**—बिना किसी बाधा के, **संपर्क**—संबंध।

पद्धति—तरीका, ढंग, **मूलतः**—मूल रूप से, **सामूहिक जीवनचर्या**—समूह में दी जाने वाली जीवन-पद्धति, **रीति**—ढंग, **गमनागमन**—आना-जाना, **जीविकोपार्जन**—रोज़गार जुटाना, **समक्ष**—सामने, **पराधीनता**—गुलामी, **समता**— समानता, **आलोचक**—निंदक, **तर्क**—कथन, **वजन रखना**—महत्त्वपूर्ण होना, **तथ्य**—वास्तविक, **नियामक सिद्धांत**—दिशा देने वाला विचार, **उत्तराधिकार**—पिता या पूर्वजों से मिलने वाला अधिकार, **ज्ञानार्जन**—ज्ञान प्राप्त करना, **अपेक्षा**—तुलना में, **विशिष्टता**—अलग पहचान, **प्रयत्न**—कोशिश कर्म, **निस्संदेह**—संदेह के बिना।

व्यक्ति विशेष—कोई एक विशेष व्यक्ति, **सर्वथा**—सब तरह से, **बाजी मार लेना**—जीत हासिल करना, **उत्तम**—श्रेष्ठ, **कुल**—परिवार, **ख्याति**—प्रसिद्धि, **पैतृक संपदा**—पिता से प्राप्त संपत्ति, **व्यावसायिक प्रतिष्ठा**—व्यवसाय के रूप में सम्मान, **संपन्न**—धनी, **भरे**—पूरे, **निष्पक्ष निर्णय**—बिना किसी पक्षपात के निर्णय करना, **तकाज़ा**—आवश्यकता, **वश**—अधिकार, **नितांत**—बिलकुल, **औचित्य**—उचित होना, **पाला पड़ना**—संपर्क होना/संबंध होना, **व्यवहार्य**—जो व्यावहारिक हो, **वर्गीकरण**—वर्गों में बाँटना, **श्रेणीकरण**—श्रेणियों में बाँटना, **यद्यपि**—चाहे, **काल्पनिक जगत**— कल्पना की दुनिया, **एकमात्र**—केवल एक, **कसौटी**—जाँच का आधार।

पाठ्यपुस्तक (आरोह भाग-2) के प्रश्नोत्तर

पाठ के साथ

1. जाति-प्रथा को श्रम-विभाजन का ही एक रूप न मानने के पीछे डॉ. आंबेडकर के क्या तर्क हैं? **CBSE Diksha, CBSE SQP Term II 2022**

अथवा **जाति-प्रथा को श्रम-विभाजन का ही एक रूप न मानने के पीछे डॉ. आंबेडकर के तर्कों का उल्लेख कीजिए।**

अथवा **जाति और श्रम-विभाजन में बुनियादी अंतर क्या है? 'श्रम-विभाजन और जाति-प्रथा' के आधार पर उत्तर दीजिए।** **CBSE 2024**

अथवा **श्रम और श्रमिक विभाजन का बुनियादी अंतर 'श्रम-विभाजन और जाति-प्रथा' पाठ के आधार पर स्पष्ट कीजिए।** **CBSE Term II 2022**

उत्तर डॉ. आंबेडकर के अनुसार, जाति-प्रथा को श्रम-विभाजन का ही एक रूप नहीं माना जा सकता। उन्होंने इसके लिए निम्न तर्क दिए हैं

(i) जाति-प्रथा, श्रम-विभाजन के साथ-साथ श्रमिक विभाजन भी कराती है। सभ्य समाज में श्रमिकों का विभिन्न वर्गों में विभाजन अस्वाभाविक है। इसे कभी भी नहीं माना जा सकता।

(ii) जाति-प्रथा का दूषित सिद्धांत यह है कि मनुष्य के प्रशिक्षण एवं उसकी निजी क्षमता पर विचार किए बिना किसी दूसरे के द्वारा उसके लिए व्यवसाय निर्धारित कर दिया जाए।

(iii) जाति-प्रथा मनुष्य को जीवनभर के लिए एक व्यवसाय में बाँध देती है। भले ही वह व्यवसाय उसके लिए अनुपयुक्त या अपर्याप्त क्यों न हो? भले ही इससे उसके भूख से मरने की नौबत आ जाएँ।

2. जाति-प्रथा भारतीय समाज में बेरोज़गारी व भुखमरी का भी एक कारण कैसे बनती रही है? क्या यह स्थिति आज भी है?

अथवा **पेशा बदलने की अनुमति न होना भारत में बेरोजगारी का एक प्रमुख और प्रत्यक्ष कारण कैसे बना हुआ है और इसके क्या परिणाम संभावित हैं? 'श्रम-विभाजन और जाति-प्रथा' पाठ के आधार पर स्पष्ट कीजिए।** **CBSE Term II 2022**

उत्तर जाति-प्रथा के अनुसार, व्यक्ति अपना व्यवसाय अपनी इच्छा के अनुसार नहीं चुन सकता। उसे वही कार्य करना पड़ता है, जो उसे जाति के आधार पर मिला है। भले ही वह व्यवसाय उसके लिए अनुपयुक्त हो या फिर उसके भूखे मरने की नौबत ही क्यों न आ जाए। इसमें व्यक्ति की रुचि, योग्यता या कुशलता का ध्यान नहीं रखा जाता है। इस प्रकार व्यवसाय-परिवर्तन की अनुमति न देकर जाति-प्रथा भारतीय समाज में बेरोज़गारी व भुखमरी का कारण ही बनी है। आज इस स्थिति में परिवर्तन आया है। सरकार द्वारा पिछड़े वर्गों और दलितों के लिए सरकारी नौकरियों में आरक्षण की व्यवस्था की गई है। इस प्रकार वे भी अन्य वर्गों की भाँति समानता का अधिकार पा चुके हैं। वे अपनी कार्य-कुशलता एवं दक्षता के आधार पर व्यवसाय का चुनाव स्वयं कर सकते हैं।

3. लेखक के मत से 'दासता' की व्यापक परिभाषा क्या है? **CBSE SQP 2024**

अथवा **डॉ. भीमराव आंबेडकर के मतानुसार 'दासता' की व्यापक परिभाषा क्या है? समझाइए।** **CBSE Term II 2022**

अथवा **डॉ. आंबेडकर 'दासता' को केवल पराधीनता क्यों नहीं मानते? स्पष्ट कीजिए।** **CBSE 2024**

उत्तर लेखक के अनुसार, दासता की परिभाषा वह है, जिसमें किसी को किसी प्रकार की स्वतंत्रता न हो। यहाँ तक कि वह अपना व्यवसाय भी स्वयं न चुन सके। इसका सीधा अर्थ यह है कि दासता ने उसे जकड़ रखा है। लेखक के अनुसार, 'दासता' केवल कानूनी पराधीनता को ही नहीं कहा जा सकता। दासता में वह स्थिति भी सम्मिलित है, जिससे कुछ व्यक्तियों को दूसरे लोगों के द्वारा निर्धारित व्यवहार एवं कर्त्तव्यों का पालन करने के लिए विवश होना पड़ता है। अपनी इच्छा के विरुद्ध व्यवसायों को अपनाना 'दासता' का सशक्त उदाहरण है। लेखक के अनुसार, जब तक समाज में समता अथवा समानता स्थापित नहीं हो जाती, तब तक हम स्वतंत्र नहीं हो सकते। जब तक स्वतंत्रता कुछ ही लोगों तक सीमित रहेगी, तब तक दासता से मुक्ति पाना संभव नहीं हो सकता। इस तथ्य को देखकर लगता है कि विदेशी ताकतों को देश से भगाना अधूरी स्वतंत्रता की ही प्राप्ति है।

4. शारीरिक वंश-परंपरा और सामाजिक उत्तराधिकार की दृष्टि से मनुष्यों में असमानता संभावित रहने के बावजूद डॉ. आंबेडकर 'समता' को एक व्यवहार्य सिद्धांत मानने का आग्रह क्यों करते हैं? इसके पीछे उनके क्या तर्क हैं?

उत्तर लेखक मानता है कि शारीरिक वंश-परंपरा तथा सामाजिक उत्तराधिकार की दृष्टि से मनुष्य में असमानता हो सकती है, परंतु फिर भी वे समानता को व्यवहार्य सिद्धांत को मानने का आग्रह इसलिए करते हैं, क्योंकि समाज के प्रत्येक व्यक्ति को शुरू से ही समान अवसर व समान व्यवहार मिलना चाहिए, तभी समाज का सुचारु रूप से विकास हो सकता है। उनके अनुसार, उत्तम कुल, शिक्षा, पारिवारिक ख्याति, पैतृक संपदा आदि का लाभ सामान्यतः उच्च वर्ग को ही मिलता है। अतः जातिवाद व असमानता का उन्मूलन करने के लिए सभी को समान भौतिक सुविधाएँ मिलनी चाहिए।

5. सही में डॉ. आंबेडकर ने भावात्मक समत्व की मानवीय दृष्टि के तहत जातिवाद का उन्मूलन चाहा है, जिसकी प्रतिष्ठा के लिए भौतिक स्थितियों और जीवन सुविधाओं का तर्क दिया है। क्या आप इससे सहमत हैं?

उत्तर डॉ. आंबेडकर द्वारा दिए गए तर्क से पूर्णतया सहमत हुआ जा सकता है, क्योंकि एक आदर्श समाज की रूपरेखा समाज के दलित और शोषित वर्ग के आर्थिक, सामाजिक, राजनीतिक उत्थान द्वारा ही तैयार की जा सकती है। ऐसे समाज में सभी वर्गों के हितों का ध्यान रखा जाना चाहिए। उन्हें समान रूप से साधन व अवसर उपलब्ध होने चाहिए। यह जाति-प्रथा के उन्मूलन से ही संभव है।

6. आदर्श समाज के तीन तत्त्वों में से एक 'भ्रातृता' को रखकर लेखक ने अपने आदर्श समाज में स्त्रियों को भी सम्मिलित किया है अथवा नहीं? आप इस 'भ्रातृता' शब्द से कहाँ तक सहमत हैं? यदि नहीं, तो आप क्या शब्द उचित समझेंगे/समझेंगी?

अथवा **डॉ. आंबेडकर के आदर्श समाज की कल्पना में 'भ्रातृता' का महत्त्व स्पष्ट कीजिए।** **CBSE Term II 2022**

उत्तर आदर्श समाज में तीन तत्त्वों में से एक भ्रातृता को रखकर लेखक ने आदर्श समाज में स्त्रियों को सम्मिलित नहीं किया है, किंतु वह जिस समाज की बात कर रहा है, उस समाज की संरचना स्त्री तथा पुरुष दोनों से मिलकर निर्मित होती है। इसके अभाव में आदर्श समाज की कल्पना नहीं की जा सकती। 'भ्रातृता' शब्द व्यवहार में नहीं है। इसके लिए भाईचारा या सामाजिकता शब्द ही उचित माना जा सकता है। समाज में भाईचारे के सहारे ही कोई परिवर्तन किया जा सकता है तथा समाज की दिशा को परिवर्तित किया जा सकता है।

पाठ के आस-पास

1. आंबेडकर ने जाति-प्रथा के भीतर पेशे के मामले में लचीलापन न होने की जो बात की है–उस संदर्भ में शेखर जोशी की कहानी 'गलता लोहा' पर पुनर्विचार कीजिए।

उत्तर छात्र स्वयं करें।

2. 'कार्य-कुशलता पर जाति-प्रथा का प्रभाव' विषय पर समूह में चर्चा कीजिए। चर्चा के दौरान उभरने वाले बिंदुओं को लिपिबद्ध कीजिए।

उत्तर छात्र स्वयं करें।

इन्हें भी जानें

- **आंबेडकर की पुस्तक जातिभेद का उच्छेद और इस विषय में गाँधीजी के साथ उनके संवाद की जानकारी प्राप्त कीजिए।**

उत्तर छात्र स्वयं करें।

- **'हिंद स्वराज' नामक पुस्तक में गाँधीजी ने कैसे आदर्श समाज की कल्पना की है, उसे भी पढ़ें।**

उत्तर छात्र स्वयं करें।

अभ्यास प्रश्न

गद्यांश पर आधारित बहुविकल्पीय प्रश्न

निम्नलिखित गद्यांशों को ध्यानपूर्वक पढ़कर पूछे गए बहुविकल्पीय प्रश्नों के लिए सर्वाधिक उपयुक्त विकल्प का चुनाव कीजिए।

1. यह विडंबना की ही बात है कि इस युग में भी 'जातिवाद' के पोषकों की कमी नहीं है। इसके पोषक कई आधारों पर इसका समर्थन करते हैं। समर्थन का एक आधार यह कहा जाता है कि आधुनिक सभ्य समाज 'कार्य-कुशलता' के लिए श्रम-विभाजन को आवश्यक मानता है और चूँकि जाति-प्रथा भी श्रम-विभाजन का ही दूसरा रूप है इसलिए इसमें कोई बुराई नहीं है। इस तर्क के संबंध में पहली बात तो यही आपत्तिजनक है, कि जाति-प्रथा श्रम-विभाजन के साथ-साथ श्रमिक-विभाजन का भी रूप लिए हुए है। श्रम-विभाजन, निश्चय ही सभ्य समाज की आवश्यकता है, परंतु किसी भी सभ्य समाज में श्रम-विभाजन की व्यवस्था श्रमिकों का विभिन्न वर्गों में अस्वाभाविक विभाजन नहीं करती। भारत की जाति-प्रथा की एक और विशेषता यह है कि यह श्रमिकों का अस्वाभाविक विभाजन ही नहीं करती, बल्कि विभाजित विभिन्न वर्गों को एक-दूसरे की अपेक्षा ऊँच-नीच भी करार देती है, जोकि विश्व के किसी भी समाज में नहीं पाया जाता।

(क) जातिवाद के पोषकों द्वारा श्रम-विभाजन किसका दूसरा रूप माना जाता है?
(i) जाति-प्रथा का (ii) बाल विवाह प्रथा का
(iii) मजदूरी प्रथा का (iv) सगरसता का

(ख) कौन-सा समाज कार्य-कुशलता के लिए श्रम-विभाजन को आवश्यक मानता है?
(i) असभ्य समाज
(ii) सभ्य सनातनी समाज
(iii) सभ्य आधुनिक समाज
(iv) आदिमानव समाज

(ग) भारत की जाति-प्रथा की क्या विशेषता बताई गई है?
(i) यह श्रमिकों का अस्वाभाविक विभाजन करती है
(ii) विभाजित विभिन्न वर्गों को एक-दूसरे को ऊँच-नीच बताना
(iii) (i) और (ii) दोनों
(iv) सभी को समान अधिकार देना

(घ) सुमेलित कीजिए

	सूची I		सूची II
A.	आडंबर	1.	मनुष्य के कार्यों का बँटवारा
B.	श्रम-विभाजन	2.	उच्च वर्ग को ही श्रेष्ठ समझना
C.	ऊँच-नीच करना	3.	उपहास

कूट

	A	B	C		A	B	C
(i)	3	1	2	(ii)	1	3	2
(iii)	1	2	3	(iv)	2	1	3

(ङ) गद्यांश के अनुसार कोई भी सभ्य समाज क्या नहीं करता है?
(i) श्रमिकों का विभिन्न श्रेणियों में अस्वाभाविक विभाजन
(ii) सभी को रोजगार के अवसर प्रदान करना
(iii) कट्टर नियमों और सिद्धांतों का पालन करना
(iv) उपरोक्त सभी

उत्तर

(क) (i) जाति-प्रथा का
(ख) (iii) सभ्य आधुनिक समाज
(ग) (iii) (i) और (ii) दोनों
(घ) (i) 3 1 2
(ङ) (i) श्रमिकों का विभिन्न श्रेणियों में अस्वाभाविक विभाजन

2. जाति-प्रथा पेशे का दोषपूर्ण पूर्व निर्धारण ही नहीं करती, बल्कि मनुष्य को जीवनभर के लिए एक पेशे से बाँध भी देती है। भले ही पेशा अनुपयुक्त या अपर्याप्त होने के कारण वह भूखा मर जाए। आधुनिक युग में यह स्थिति प्रायः आती है, क्योंकि उद्योग-धंधों की प्रक्रिया व तकनीक में निरंतर विकास और कभी-कभी अकस्मात् परिवर्तन हो जाता है, जिसके कारण मनुष्य को अपना पेशा बदलने की आवश्यकता पड़ सकती है और यदि प्रतिकूल परिस्थितियों में भी मनुष्य को अपना पेशा बदलने की स्वतंत्रता न हो, तो इसके लिए भूखा मरने के अतिरिक्त क्या चारा रह जाता है? हिंदू धर्म की जाति-प्रथा किसी भी व्यक्ति को ऐसा पेशा चुनने की अनुमति नहीं देती है, जो उसका पैतृक पेशा न हो, भले ही वह उसमें पारंगत हो। इस प्रकार पेशा परिवर्तन की अनुमति न देकर जाति-प्रथा भारत में बेरोज़गारी का एक प्रमुख व प्रत्यक्ष कारण बनी हुई है।

(क) गद्यांश के अनुसार जाति-प्रथा में लेखक ने क्या दोष देखा है?
(i) जाति-प्रथा जन्म से ही पेशा तय कर देती है
(ii) जीवनभर मनुष्य को एक पेशे में बाँध देती है
(iii) पेशा अनुपयुक्त या अपर्याप्त होने पर मनुष्य को भूखा मरना पड़ता है
(iv) उपरोक्त सभी

(ख) मनुष्य को अपना पेशा बदलने की आवश्यकता किस कारण पड़ती है?
(i) उद्योग-धंधों की प्रक्रिया व तकनीक में निरंतर विकास के कारण
(ii) स्वयं को उच्च वर्ग में सम्मिलित करने के कारण
(iii) निम्न वर्ग को घृणा की दृष्टि से देखे जाने के कारण
(iv) प्रतिकूल परिस्थितियों के कारण

(ग) पेशा बदलने की स्वतंत्रता के अभाव का क्या परिणाम होता है?
(i) मनुष्य सदैव निम्न ही रहता है
(ii) मनुष्य को भूखा मरना पड़ता है
(iii) मनुष्य की निरंतर प्रगति होती है
(iv) मनुष्य सदैव दूसरों को कोसता रहता है

(घ) जाति-प्रथा बेरोज़गारी का एक प्रमुख और प्रत्यक्ष कारण कैसे है?
(i) पेशा परिवर्तन की अनुमति न देने के कारण
(ii) हिंदू धर्म के कारण
(iii) पैतृक व्यवसाय में पारंगत होने के कारण
(iv) विषम परिस्थितियों को महत्त्व देने के कारण

(ङ) निम्नलिखित कथनों पर विचार कीजिए
1. जाति-प्रथा मनुष्य को अनुपयुक्त या अपर्याप्त पेशे से जीवनभर बाँधकर रखती है।
2. पेशा परिवर्तन की अनुमति न देकर जाति-प्रथा केवल बेरोजगारी को ही पोषित करती है।
3. प्रतिकूल परिस्थितियों में भी मनुष्य को अपना पेशा नहीं बदलना चाहिए।

उपरोक्त कथनों में से कौन-सा/से कथन सही है/हैं?
(i) केवल 1 (ii) केवल 3
(iii) 1 और 2 (iv) 2 और 3

उत्तर
(क) (iv) उपरोक्त सभी
(ख) (i) उद्योग-धंधों की प्रक्रिया व तकनीक में निरंतर विकास के कारण
(ग) (ii) मनुष्य को भूखा मरना पड़ता है
(घ) (i) पेशा परिवर्तन की अनुमति न देने के कारण
(ङ) (iii) 1 और 2

3. श्रम-विभाजन की दृष्टि से भी जाति-प्रथा गंभीर दोषों से युक्त है। जाति-प्रथा का श्रम-विभाजन मनुष्य की स्वेच्छा पर निर्भर नहीं रहता। मनुष्य की व्यक्तिगत भावना तथा व्यक्तिगत रुचि का इसमें कोई स्थान अथवा महत्त्व नहीं रहता। 'पूर्व लेख' ही इसका आधार है। इस आधार पर हमें यह स्वीकार करना पड़ेगा कि आज के उद्योगों में गरीब तो 'अरुचि' के साथ केवल विवशतावश कार्य करते हैं। ऐसी स्थिति स्वभावतः मनुष्य को दुर्भावना से ग्रस्त रहकर चालू काम करने और कम काम करने के लिए प्रेरित करती है। ऐसी स्थिति में जहाँ काम करने वालों का न दिल लगता हो न दिमाग, वहाँ कोई कुशलता कैसे प्राप्त की जा सकती है। अतः यह निर्विवाद रूप से सिद्ध हो जाता है कि आर्थिक पहलू से भी जाति-प्रथा हानिकारक प्रथा है, क्योंकि यह मनुष्य की स्वाभाविक प्रेरणा, रुचि व आत्म-शक्ति को दबाकर उन्हें अस्वाभाविक नियमों में जकड़ कर निष्क्रिय बना देती है।

(क) गद्यांश के अनुसार श्रम-विभाजन की दृष्टि से जाति-प्रथा दोषपूर्ण क्यों है?
(i) व्यक्तिगत रुचियों को ध्यान में न रखने के कारण
(ii) मनुष्य के पेशे को पूर्व लेख से जोड़े जाने के कारण
(iii) मनुष्य को स्वतंत्र छोड़े जाने के कारण
(iv) व्यक्तिगत भावनाओं को ध्यान में रखने के कारण

(ख) कार्य निर्धारित होने का क्या दुष्परिणाम होता है?
(i) कार्य के प्रति दुर्भावना
(ii) कार्य-कुशलता का अभाव
(iii) कार्य अरुचि के साथ करना
(iv) उपरोक्त सभी

(ग) कार्य-कुशलता बढ़ाने के लिए क्या आवश्यक है?
(i) रुचि के अनुसार काम करने का अवसर प्रदान करना
(ii) कार्य को जबरन थोपा जाना
(iii) कार्य करने की विशेष छूट प्रदान करना
(iv) उत्पादकता को कम कर देना

(घ) लेखक श्रम के क्षेत्र में सबसे बड़ी समस्या किसे मानता है?
(i) आर्थिक ढाँचे को
(ii) स्वेच्छानुसार काम न मिलने को
(iii) जनसंख्या वृद्धि को
(iv) कार्य के प्रति उदासीन न होने को

(ङ) आर्थिक पहलू से जाति-प्रथा क्यों हानिकारक है?
(i) मनुष्य की रुचि एवं आत्मशक्ति को कम करने के कारण
(ii) मनुष्य को आत्मकेंद्रित करने के कारण
(iii) मनुष्य को नियमों में रखकर सक्रिय बनाने के कारण
(iv) मनुष्य को उन्नति के अवसर प्रदान करने के कारण

उत्तर

(क) (ii) मनुष्य के पेशे को पूर्व लेख से जोड़े जाने के कारण

(ख) (iv) उपरोक्त सभी

(ग) (i) रुचि के अनुसार काम करने का अवसर प्रदान करना

(घ) (ii) स्वेच्छानुसार काम न मिलने को

(ङ) (i) मनुष्य की रुचि एवं आत्मशक्ति को कम करने के कारण

4. **मेरा आदर्श समाज स्वतंत्रता, समता, भ्रातृता पर आधारित होगा। क्या यह ठीक नहीं है, भ्रातृता अर्थात् भाईचारे में किसी को क्या आपत्ति हो सकती है? किसी भी आदर्श समाज में इतनी गतिशीलता होनी चाहिए, जिससे कोई भी वांछित परिवर्तन समाज के एक छोर से दूसरे तक संचारित हो सके। ऐसे समाज के बहुविध हितों में सबका भाग होना चाहिए तथा सबको उनकी रक्षा के प्रति सजग रहना चाहिए। सामाजिक जीवन में अबाध संपर्क के अनेक साधन व अवसर उपलब्ध रहने चाहिए। तात्पर्य यह है कि दूध और पानी के मिश्रण की तरह भाईचारे का यही वास्तविक रूप है और इसी का दूसरा नाम लोकतंत्र है, क्योंकि लोकतंत्र केवल शासन की एक पद्धति ही नहीं है, लोकतंत्र मूलतः सामूहिक जीवनचर्या की एक रीति तथा समाज के सम्मिलित अनुभवों के आदान-प्रदान का नाम है। इनमें यह आवश्यक है कि अपने साथियों के प्रति श्रद्धा व सम्मान का भाव हो।**

(क) लेखक के अनुसार एक आदर्श समाज के लिए क्या अपेक्षित है?

(i) समानता (ii) स्वतंत्रता

(iii) गतिशीलता (iv) लोकतंत्र

(ख) सबको किनकी रक्षा के प्रति सजग रहना चाहिए?

(i) दलितों की (ii) स्वयं की

(iii) लोकतंत्र की (iv) सरकार की

(ग) कथन (A) **भाईचारे का दूसरा नाम लोकतंत्र है।**

कारण (R) **लोकतंत्र एक शासन पद्धति है यही इसका वास्तविक रूप है।**

कूट

(i) कथन (A) और कारण (R) दोनों सही हैं तथा कारण (R), कथन (A) की सही व्याख्या करता है।

(ii) कथन (A) और कारण (R) दोनों सही हैं, परंतु कारण (R), कथन (A) की सही व्याख्या नहीं करता है।

(iii) कथन (A) सही है, किंतु कारण (R) गलत है।

(iv) कथन (A) गलत है, किंतु कारण (R) सही है।

(घ) लेखक ने दूध और पानी के मिश्रण के माध्यम से क्या स्पष्ट करना चाहा है?

(i) भेदभाव की समाप्ति (ii) उच्च-निम्न का भेद

(iii) उपयोगी और मूल्यहीन वस्तु

(iv) असमानता का भाव

(ङ) लोकतंत्र में क्या आवश्यक माना गया है?

(i) सरकार की महत्त्वपूर्ण भूमिका

(ii) उच्च वर्ग का आरक्षण

(iii) साथियों के प्रति श्रद्धा व सम्मान का भाव

(iv) उपरोक्त सभी

उत्तर

(क) (iii) गतिशीलता

(ख) (ii) स्वयं की

(ग) (iii) कथन (A) सही है, किंतु कारण (R) गलत है।

(घ) (i) भेदभाव की समाप्ति

(ङ) (iii) साथियों के प्रति श्रद्धा व सम्मान का भाव

5. **इसी प्रकार स्वतंत्रता पर भी क्या कोई आपत्ति हो सकती है? गमनागमन की स्वाधीनता, जीवन तथा शारीरिक सुरक्षा की स्वाधीनता के अर्थों में शायद ही कोई 'स्वतंत्रता' का विरोध करे। इसी प्रकार संपत्ति के अधिकार, जीविकोपार्जन के लिए आवश्यक औज़ार व सामग्री रखने के अधिकार, जिससे शरीर को स्वस्थ रखा जा सके, के अर्थ में भी 'स्वतंत्रता' पर कोई आपत्ति नहीं हो सकती। तो फिर मनुष्य की शक्ति के सक्षम एवं प्रभावशाली प्रयोग की भी स्वतंत्रता क्यों नहीं प्रदान की जाए?**

जाति-प्रथा के पोषक, जीवन, शारीरिक-सुरक्षा तथा संपत्ति के अधिकार की स्वतंत्रता को तो स्वीकार कर लेंगे, परंतु मनुष्य के सक्षम एवं प्रभावशाली प्रयोग की स्वतंत्रता देने के लिए जल्दी तैयार नहीं होंगे, क्योंकि इस प्रकार की स्वतंत्रता का अर्थ होगा अपना व्यवसाय चुनने की स्वतंत्रता किसी को नहीं है, तो उसका अर्थ उसे 'दासता' में जकड़कर रखना होगा, क्योंकि 'दासता' केवल कानून पराधीनता को ही नहीं कहा जा सकता।

'दासता' में वह स्थिति भी सम्मिलित है, जिससे कुछ व्यक्तियों को दूसरे लोगों के द्वारा निर्धारित व्यवहार एवं कर्त्तव्यों का पालन करने के लिए विवश होना पड़ता है। यह स्थिति कानूनी पराधीनता न होने पर भी पाई जा सकती है। उदाहरणार्थ, जाति-प्रथा की तरह ऐसे वर्ग होना संभव है, जहाँ कुछ लोगों को अपनी इच्छा के विरुद्ध पेशे अपनाने पड़ते हैं। **CBSE SQP 2020**

(क) दासता में कौन-सी अवधारणा सम्मिलित नहीं है?

(i) स्वाधीनता के साथ जीना

(ii) कानूनी पराधीनता का होना

(iii) इच्छा के विरुद्ध कार्य करना

(iv) दूसरों के द्वारा निश्चित कार्य करना

(ख) मनुष्य के प्रभावशाली प्रयोग से लेखक का क्या तात्पर्य है?

(i) उसे शारीरिक स्वतंत्रता प्रदान की जाए

(ii) उसे अपनी इच्छा से कार्य करने की स्वतंत्रता दी जाए

(iii) उसे अपनी इच्छा से जाति के चयन का अधिकार मिले

(iv) उसे शारीरिक-सुरक्षा तथा संपत्ति का अधिकार दिया जाए

(ग) जाति-प्रथा के पोषक यदि मनुष्य के लक्षण एवं प्रभावशाली प्रयोग की स्वतंत्रता दें, तब इसका क्या परिणाम होगा?

(i) दासता को बढ़ावा मिलेगा

(ii) स्वतंत्रता को बढ़ावा मिलेगा

(iii) कानूनी-पराधीनता बढ़ जाएगी

(iv) लोकतांत्रिक मूल्य सुदृढ़ होंगे

(घ) 'स्वतंत्रता' पर किसी को कोई आपत्ति क्यों नहीं है?
(i) इससे समाज में दासता समाप्त हो जाएगी
(ii) क्योंकि स्वतंत्रता सभी को जाति विरोधी लगती है
(iii) क्योंकि सभी को स्वतंत्र और सुरक्षित रहना प्रिय है
(iv) इसके साथ भी जातिवाद और शोषण की प्रक्रिया बनी रहती है

(ङ) जाति-प्रथा के पोषक से लेखक का क्या तात्पर्य है?
(i) जाति के चयन को बढ़ावा देने वाले
(ii) जातिगत भेदभाव को प्राथमिकता देने वाले
(iii) जातिगत भेदभाव के व्यवहार को समाप्ति देने वाले
(iv) जाति को कानूनी मान्यता दिलाने की कोशिश करने वाले

उत्तर

(क) (i) स्वाधीनता के साथ जीना
(ख) (ii) उसे अपनी इच्छा से कार्य करने की स्वतंत्रता दी जाए
(ग) (iv) लोकतांत्रिक मूल्य सुदृढ़ होंगे
(घ) (iv) इसके साथ भी जातिवाद और शोषण की प्रक्रिया बनी रहती है
(ङ) (ii) जातिगत भेदभाव को प्राथमिकता देने वाले

विषय-वस्तु पर आधारित प्रश्नोत्तर

लघु उत्तरीय प्रश्न

1. 'श्रम-विभाजन और जाति-प्रथा' पाठ के संन्दर्भ में लिखिए कि आधुनिक समाज में कार्य-कुशलता के लिए क्या आवश्यक हैं? इसका आधार क्या होना चाहिए? **CBSE 2024**

उत्तर आधुनिक समाज में कार्य की कुशलता के लिए श्रम-विभाजन आवश्यक है, क्योंकि इसके बिना काम नहीं चल सकता, परंतु यह श्रम-विभाजन जाति पर आधारित नहीं होना चाहिए। यह व्यक्ति की क्षमता तथा प्रशिक्षण पर आधारित होना चाहिए, जिसके कारण समाज के सदस्यों की क्षमता का अधिकतम उपयोग संभव हो और इससे समाज में रहने वाले सदस्यों का उत्थान हो।

2. जाति-प्रथा के कारण काम के प्रति भारत में क्या स्थिति है?
अथवा जाति-प्रथा से आर्थिक समस्याएँ कैसे उत्पन्न होती हैं? **CBSE Diksha**

उत्तर जाति-प्रथा के कारण भारत में काम के प्रति अरुचि की स्थिति उत्पन्न हो गई है। इसके कारण व्यक्ति विपरीत दशाओं में भी अपना व्यवसाय नहीं बदल सकता। वह अपने व्यवसाय के प्रति ईमानदार भी नहीं रह पाता और कभी-कभी वह इस प्रथा के कारण भूख से मरने की स्थिति में भी पहुँच जाता है। जाति-प्रथा पर आधारित श्रम-विभाजन मनुष्य की अपनी इच्छा पर निर्भर नहीं रहता। इसमें मनुष्य की व्यक्तिगत भावना या रुचि को कोई महत्त्व नहीं दिया जाता।

3. आदर्श समाज की दो विशेषताओं की चर्चा कीजिए।

उत्तर आदर्श समाज की दो विशेषताएँ निम्नलिखित हैं
(*i*) आदर्श समाज में बहुविध हितों की धारणा होनी चाहिए एवं उसमें गतिशीलता का समावेश होना चाहिए।
(*ii*) हर वर्ग को पर्याप्त साधन तथा अवसर मिलने चाहिए।

4. जाति-प्रथा के पोषक लोग क्या स्वीकार करने को तैयार हैं?
अथवा लेखक ने किस बात को विडंबना कहा है? **CBSE Diksha**
अथवा मेरी कल्पना का आदर्श समाज के आधार पर लिखिए कि जाति-प्रथा के पोषक लोगों को किस प्रकार की स्वतंत्रता देने के पक्ष में हैं और किस प्रकार की नहीं।

उत्तर लेखक ने जाति-प्रथा को विडंबना कहा है। जाति-प्रथा के पोषक लोग यह स्वीकार करने को तैयार हैं कि व्यक्ति को जीवन, शरीर तथा संपत्ति की सुरक्षा तथा अधिकार की स्वतंत्रता मिलनी चाहिए, परंतु वे मनुष्य की क्षमता के प्रभावशाली उपयोग की स्वतंत्रता की छूट देने के लिए तैयार नहीं हैं। आज के वैज्ञानिक युग में कुछ लोग ऐसे हैं, जो जातिवाद का समर्थन करते हैं तथा जाति-प्रथा को सभ्य समाज के लिए उचित मानते हैं।

5. मनुष्य की क्षमता को कौन-सी बातें प्रभावित करती हैं?

उत्तर मनुष्य की क्षमता को निम्नलिखित बातें प्रभावित करती हैं
(*i*) शारीरिक वंश-परंपरा (रंग, रूप, आकृति)।
(*ii*) सामाजिक उत्तराधिकार एवं मनुष्य के अपने प्रयत्न।

6. लेखक समता और राजनीतिज्ञ के बारे में क्या कहता है?

उत्तर 'समता' के बारे में लेखक का कहना है कि यह काल्पनिक जगत की वस्तु है, परंतु व्यावहारिक धरातल पर इसकी आवश्यकता है। राजनीतिज्ञ के पास परिस्थितियों के अनुसार समता अपनाने का रास्ता ही बचा है, क्योंकि वह प्रत्येक व्यक्ति के लिए अलग व्यवहार नहीं कर सकता।

7. आधुनिक समाज में कौन-सी समस्या सामने आ खड़ी हुई है?

उत्तर आज के आधुनिक समाज में गरीबी और उत्पीड़न की घोर समस्या होते हुए भी इतनी बड़ी समस्या नहीं है, जितनी बड़ी समस्या यह है कि बहुत-से लोग अपने निर्धारित काम को अरुचि के साथ विवशतापूर्वक करते हैं। यह प्रवृत्ति चालू काम करने एवं काम न करने को प्रेरित करती है।

10. भारत की जाति-प्रथा क्या-क्या काम करती है?
अथवा भारत में ऐसी कौन-सी व्यवस्था है, जो सम्पूर्ण विश्व में और कहीं नहीं हैं? **CBSE Diksha**

उत्तर भारत में जाति व्यवस्था व्याप्त है। भारत की जाति-प्रथा को आधुनिक समाज उचित नहीं मानता है। भारत की जाति-प्रथा श्रमिकों का अस्वाभाविक विभाजन तो करती ही है, इसके साथ-साथ विभाजित वर्गों को एक-दूसरे की अपेक्षा ऊँच-नीच का अहसास भी करा देती है, जो सर्वथा अनुचित है। इससे देश में विषमता की भावना प्रबल होती है तथा भ्रष्टाचार भी फैलता है। ऐसा विश्व के किसी भी समाज में नहीं पाया गया।

11. श्रम-विभाजन और श्रमिक-विभाजन का अंतर स्पष्ट कीजिए। **CBSE Diksha**

उत्तर श्रम-विभाजन में क्षमता और कार्य-कुशलता के आधार पर काम का बँटवारा होता है, जबकि श्रमिक विभाजन में लोगों को जन्म के आधार पर बाँटकर पैतृक पेशे को अपनाने के लिए बाध्य किया जाता है। श्रम-विभाजन में व्यक्ति अपनी रुचि के अनुरूप व्यवसाय का चयन करता है, जबकि श्रमिक-विभाजन में व्यवसाय का चयन और व्यवसाय-परिवर्तन की भी अनुमति नहीं होती, जिससे समाज में ऊँच-नीच का भेदभाव पैदा होता है, यह अस्वाभाविक विभाजन है।

12. जातिवाद के पोषकों के समर्थन के आधार में क्या आपत्तिजनक है?

उत्तर जातिवाद के पोषकों के समर्थन के आधार में यह बात आपत्तिजनक है कि यह जाति-प्रथा, श्रम-विभाजन के साथ-साथ श्रमिक विभाजन का भी रूप लिए हुए हैं। यह तार्किक है कि श्रम-विभाजन सभ्य समाज की आवश्यकता है, परंतु कोई भी सभ्य समाज श्रमिकों का विभिन्न श्रेणियों में अस्वाभाविक विभाजन नहीं करता है।

13. श्रम-विभाजन से क्या अभिप्राय है और इसकी क्या आवश्यकता है? 'श्रम-विभाजन और जाति-प्रथा' पाठ के आधार पर लिखिए। CBSE 2024

उत्तर किसी विशेष व्यक्ति द्वारा निष्पादित प्रत्येक कार्य के साथ किसी प्रणाली में कार्य का विभाजन श्रम-विभाजन है। भारत की जाति-प्रथा में श्रम-विभाजन मनुष्य की रुचि पर आधारित होता है। आर्थिक प्रगति के लिए श्रम विभाजन आवश्यक है, क्योंकि यह लोगों को विशेष कार्यों में विशेषज्ञता प्राप्त करने की अनुमति देता है।

14. सदस्यों की क्षमता का अधिकतम उपयोग करने के लिए समाज को क्या करना चाहिए?

उत्तर समाज को प्रारंभ से ही सभी सदस्यों को समान अवसर और समान व्यवहार उपलब्ध कराना चाहिए, तभी समाज अपने सदस्यों की क्षमता का अधिकतम उपयोग कर सकता है। यदि सदस्यों को समाज में उनका उचित स्थान मिलेगा, तभी वे मन लगाकर काम कर पाएँगे और समाज को भी भरपूर लाभ दे पाएँगे।

15. डॉ. आंबेडकर बौद्ध धर्म के अनुयायी क्यों बने?

उत्तर डॉ. आंबेडकर का जीवन तीन व्यक्तियों से अत्यधिक प्रभावित हुआ। ये तीन महान व्यक्ति थे—महात्मा बुद्ध, कबीर तथा ज्योतिबा फुले। डॉ. आंबेडकर के चिंतन और रचनात्मकता में इन तीनों महापुरुषों के विचारों का महत्त्वपूर्ण योगदान रहा है।

चूँकि, हिंदू समाज में जातीय उत्पीड़न होता था, इसलिए आंबेडकर का हिंदू समाज से मोह भंग हो गया था। उन्होंने 14 अक्टूबर, 1956 को 5 लाख अनुयायियों के साथ बौद्ध मत को ग्रहण किया।

16. डॉ. आंबेडकर के जीवन का क्या उद्देश्य था?

उत्तर डॉ. आंबेडकर का जन्म एक दलित परिवार में होने के कारण उन्हें जीवन भर शोषण एवं प्रताड़ना झेलनी पड़ी। विदेश में शिक्षा ग्रहण करने के बावजूद उन्होंने भारत के दलितों का उद्धार करना अपने जीवन का एकमात्र लक्ष्य बना लिया। जीवन की अंतिम साँस तक वे दलितों के अधिकारों के लिए लड़ते रहे। उन्होंने दलितों के उत्थान के लिए अपना समूचा जीवन समर्पित कर दिया।

दीर्घ उत्तरीय प्रश्न

1. हमारे समाज में जाति-प्रथा किस रूप में स्थापित की गई थी?

उत्तर प्राचीन काल से ही हमारे समाज में वर्ण तथा आश्रम व्यवस्था संचालित की जाती थी। इसका आधार श्रम-विभाजन ही था। समाज में ब्राह्मण पठन-पाठन के लिए, क्षत्रिय राजपाट तथा सैन्य व्यवस्था के लिए, वैश्य वाणिज्य व्यवसाय के लिए थे। तीनों वर्णों तथा समस्त समाज हेतु सेवाएँ उपलब्ध कराने के लिए शूद्र थे। इच्छा और रुचि से उस समय व्यवसाय बदले भी जा सकते थे। इसका उदाहरण है विश्वामित्र का राजा से ऋषि होना। यह एक स्वस्थ श्रम-विभाजन व्यवस्था थी, लेकिन समय के साथ-साथ इस व्यवस्था को कठोर एवं रूढ़िग्रस्त बना दिया गया।

2. "जातिवाद भावनात्मक समता में बाधा उपस्थित करता है।" डॉ. आंबेडकर के विचारों के आलोक में कथन का निहितार्थ स्पष्ट कीजिए।

उत्तर जातिवाद की भावना समता में बाधा उपस्थित करती है। डॉ. आंबेडकर के अनुसार, भावनात्मक समता तभी प्रतिष्ठित हो पाएगी, जब समान भौतिक स्थितियाँ व जीवन सुविधाएँ उपलब्ध होंगी। जातिवाद के समाप्त होने पर ही यह संभव हो पाएगा। जातिवाद असमान व्यवहार को उचित ठहराता है, जो सर्वथा अनुचित है। समाज को विकास और उत्थान के पथ पर तभी अग्रसर किया जा सकता है, जब जातिवाद जैसी कुप्रथा से उसकी रक्षा हो सके। तभी हम अपने देश भारत को प्रगति की दिशा में गगन चूमते देख पाएँगे।

3. डॉ. आंबेडकर की कल्पना का समाज कैसा होगा? श्रम-विभाजन और जाति-प्रथा के आधार पर स्पष्ट कीजिए? CBSE 2024

अथवा **'मेरी कल्पना का आदर्श समाज' शीर्षक के आधार पर लिखिए कि आंबेड्कर के अनुसार आदर्श समाज की स्थापना के लिए क्या किया जाना चाहिए?** CBSE 2024

अथवा **बाबा भीमराव आंबेडकर के अनुसार उनकी कल्पना का आदर्श समाज कैसा होना चाहिए? अपने शब्दों में अभिव्यक्त कीजिए।** CBSE SQP Term II 2022

उत्तर डॉ. आंबेडकर का आदर्श समाज स्वतंत्रता, समता और भ्रातृता अर्थात् भाईचारे पर आधारित है। समाज में जब भाईचारा बढ़ेगा, तभी प्रत्येक व्यक्ति को अपना व्यवसाय चुनने की स्वतंत्रता मिलेगी। उनके अनुसार, ऐसे समाज में सभी के लिए एक जैसा मापदंड तथा उनकी रुचि के अनुसार कार्यों की उपलब्धता होनी चाहिए। सभी व्यक्तियों को समान अवसर एवं समान व्यवहार उपलब्ध होना चाहिए। उनके आदर्श समाज में जातीय भेदभाव का तो नामोनिशान ही नहीं है। इस समाज में करनी पर बल दिया गया है, कथनी पर नहीं।

4. लेखक के 'समता' संबंधी विचारों को स्पष्ट कीजिए।

अथवा **'मेरी कल्पना का आदर्श समाज' पाठ के आधार पर बताइए कि मनुष्य की समता किन तीन बातों पर निर्भर करती हैं?** CBSE Term II 2022

अथवा **मनुष्य की क्षमता किन बातों पर निर्भर रहती हैं?** CBSE Diksha

उत्तर लेखक के अनुसार, "सभी मनुष्य बराबर नहीं होते।" आलोचकों का यह तर्क एक सीमा तक उचित है, परंतु तथ्यात्मक होते हुए भी यह विशेष महत्त्व नहीं रखता। अपने शाब्दिक अर्थ में 'समता' काल्पनिक होते हुए भी नियामक सिद्धांत है। मनुष्यों की समता तीन बातों पर निर्भर करती है

(i) शारीरिक वंश-परंपरा

(ii) सामाजिक उत्तराधिकार अर्थात् सामाजिक परंपरा के रूप में माता-पिता की कल्याण कामना, शिक्षा तथा वैज्ञानिक ज्ञानार्जन आदि जैसी सभी उपलब्धियाँ, जिनके कारण सभ्य समाज, जंगली लोगों की अपेक्षा विशिष्टता प्राप्त करता है।

(iii) मनुष्य के अपने प्रयास

इन तीनों दृष्टियों से मनुष्य समान नहीं होते। तो क्या इन विशेषताओं के कारण, समाज को भी व्यक्तियों के साथ असमान व्यवहार करना चाहिए? समता के विरोधी इस बात को लेकर निरुत्तर हो जाते हैं।

5. राजनीतिज्ञों को समाज के विभाजन के प्रति कैसी दृष्टि अपनानी चाहिए?

अथवा **समता का आशय स्पष्ट करते हुए बताइए कि राजनीतिज्ञ पुरुष के संदर्भ में समता को कैसे स्पष्ट किया गया है?** **CBSE Diksha**

उत्तर जाति, धर्म, संप्रदाय से ऊपर उठकर मानवता अर्थात् मानव मात्र के प्रति समान व्यवहार ही समता है। राजनीतिज्ञों के पास समाज के सभी वर्गों के लोग आते हैं। वह उनकी जाति के अनुसार व्यवहार नहीं कर सकता, क्योंकि उसके पास न तो इतना समय होता है और न ही प्रत्येक विषय की जानकारी होती है। राजनीतिज्ञों को व्यवहार्य सिद्धांत की आवश्यकता होती है, क्योंकि वह समाज के प्रत्येक व्यक्ति के लिए अलग व्यवहार नहीं अपना सकता। अतः समाज का विभाजन करना उनके लिए कठिन कार्य होगा। उनके पास परिस्थितियों के अनुसार समता अपनाने का रास्ता ही बचता है।

6. डॉक्टर भीमराव आंबेडकर के भाषण के अंश 'श्रम-विभाजन और जाति-प्रथा' तथा 'मेरी कल्पना का आदर्श समाज' आपने पढ़े हैं। जातिप्रथा की समस्या के उन्मूलन का उपाय लोकतांत्रिक मूल्य है। सिद्ध कीजिए। **CBSE SQP 2020**

उत्तर डॉ. भीमराव आंम्बेडकर के अनुसार उनका आदर्श समाज स्वतंत्रता, समता तथा भ्रातृत्व (भाईचारा) पर आधारित होगा। समाज में आपसी प्रेम एवं भाईचारे की वृद्धि होगी। प्रत्येक व्यक्ति को अपनी योग्यता के अनुसार व्यवसाय चुनने की स्वतंत्रता रहेगी और प्रत्येक व्यक्ति को अपनी क्षमता का विकास करने का पूर्ण अवसर उपलब्ध होगा। उनके मतानुसार, एक संतुलित एवं आदर्श समाज के प्रत्येक व्यक्ति को आरंभ से ही समान अवसर और समान व्यवहार उपलब्ध होना चाहिए। इस प्रकार जाति-प्रथा की समस्या के उन्मूलन के लिए स्वतंत्रता, समता तथा भ्रातृत्व आवश्यक है। ये तीनों ही लोकतांत्रिक मूल्य हैं, जो व्यक्ति को जाति-प्रथा की समस्या से मुक्त कराने में सहायक हैं।

7. 'समता' को काल्पनिक जगत की वस्तु क्यों माना गया है? डॉ. भीमराव आंबेडकर ने समता की आवश्यकता पर बल क्यों दिया है? 'मेरी कल्पना का आदर्श समाज' पाठ के आधार पर लिखिए। **CBSE Term II 2022**

उत्तर डॉ. आंबेडकर के अनुसार, 'समता' काल्पनिक जगत की वस्तु है, क्योंकि जन्म, सामाजिक स्तर, प्रयत्नों के कारण भिन्नता व असमानता होती है। पूर्व समता एक काल्पनिक स्थिति है। इसके बावजूद वे सभी मनुष्यों को विकसित होने के समान अवसर देना चाहते हैं। वे सभी मनुष्यों के साथ समान व्यवहार की आकांक्षा रखते हैं।

डॉ. भीमराव आंबेडकर ने समता की आवश्यकता पर इसलिए बल दिया है, क्योंकि समाज में जाति-प्रथा का उन्मूलन समता का भाव होने से ही हो सकता है। मनुष्य की महानता उसके प्रयत्नों के फलस्वरूप होनी चाहिए। मनुष्य के प्रयासों का मूल्यांकन भी तभी हो सकता है, जब सभी को समान अवसर मिलें।

किसी शहर में कॉन्वेंट स्कूल व सरकारी स्कूल के विद्यार्थियों के बीच प्रतियोगिता में कॉन्वेंट स्कूल का विद्यार्थी ही जीतेगा, क्योंकि उसे अच्छी सुविधाएँ मिली हैं। अतः जातिवाद का उन्मूलन करने के बाद प्रत्येक व्यक्ति को समान भौतिक सुविधाएँ मिलें, तो उनका विकास हो सकता है, अन्यथा नहीं।

8. 'श्रम विभाजन और जाति प्रथा' पाठ के आधार पर लिखिए कि आधुनिक समय में मनुष्य को व्यवसाय बदलने की आवश्यकता क्यों पड़ जाती है? पेशा बदलने की अनुमति नहीं होने का क्या दुष्परिणाम होता है? **CBSE 2025**

उत्तर आधुनिक समय में तकनीकी प्रगति, शिक्षा, बदलती आर्थिक नीतियाँ एवं परिस्थितियाँ और जीवनयापन की बढ़ती आवश्यकताओं के कारण मनुष्य को व्यवसाय बदलने की आवश्यकता पड़ती है।

यदि पेशा बदलने की अनुमति न हो, तो व्यक्ति अपनी रुचि और योग्यता के अनुसार कार्य नहीं कर पाएगा, जिससे उसकी प्रतिभा और उत्पादन क्षमता प्रभावित होगी। इसका दुष्परिणाम यह होगा कि समाज में बेरोजगारी, असंतोष और आर्थिक असमानता बढ़ेगी और समाज तथा देश की प्रगति बाधित होगी।

स्व-मूल्यांकन

गद्यांश पर आधारित बहुविकल्पीय प्रश्न

निम्नलिखित गद्यांश को ध्यानपूर्वक पढ़कर पूछे गए बहुविकल्पीय प्रश्नों के लिए सर्वाधिक उपयुक्त विकल्प का चुनाव कीजिए।

1. इस प्रकार हम देखते हैं कि श्रम-विभाजन की दृष्टि से भी जाति-प्रथा गंभीर दोषों से युक्त है। जाति-प्रथा का श्रम-विभाजन मनुष्य की इच्छा पर निर्भर नहीं रहता। मनुष्य की व्यक्तिगत भावना तथा व्यक्तिगत रुचि का इसमें कोई स्थान अथवा महत्त्व नहीं रहता। 'पूर्व लेख' ही इसका आधार है। इस आधार पर हमें यह स्वीकार करना पड़ेगा कि आज के उद्योगों में गरीबी और उत्पीड़न इतनी बड़ी समस्या नहीं जितनी यह कि बहुत-से लोग 'निर्धारित कार्य को 'अरुचि' के साथ केवल विवशतावश करते हैं। ऐसी स्थिति स्वभावतः मनुष्य को दुर्भावना से ग्रस्त रहकर टालू काम करने और कम काम करने के लिए प्रेरित करती है। ऐसी स्थिति में जहाँ काम करने वालों का न दिल लगता हो न दिमाग, कोई कुशलता कैसे प्राप्त की जा सकती है। अतः यह निर्विवाद रूप से सिद्ध हो जाता है कि आर्थिक पहलू से भी जाति-प्रथा हानिकारक प्रथा है, क्योंकि यह मनुष्य की स्वाभाविक प्रेरणारुचि व आत्म-शक्ति को दबाकर उन्हें अस्वाभाविक नियमों में जकड़ कर निष्क्रिय बना देती है।

(क) श्रम-विभाजन की दृष्टि से भी जाति-प्रथा किससे युक्त है?
- (i) दुःखद दोषों से
- (ii) सुखद परिणामों से
- (iii) गंभीर दोषों से
- (iv) सरल दोषों से

(ख) रिक्त स्थान की पूर्ति कीजिए जाति-प्रथा का श्रम-विभाजन .... निर्भर नहीं रहता।
- (i) मनुष्य की शिक्षा पर
- (ii) मनुष्य की स्वेच्छा पर
- (iii) मनुष्य की गलती पर
- (iv) मनुष्य की समझदारी पर

(ग) **कथन** (A) श्रम-विभाजन पर मनुष्य की व्यक्तिगत भावना का कोई महत्त्व नहीं रहता।

कारण (R) श्रम-विभाजन में जाति-प्रथा का कोई स्थान नहीं हैं।

कूट
- (i) कथन (A) और कारण (R) दोनों सही हैं तथा कारण (R), कथन (A) की सही व्याख्या करता है।
- (ii) कथन (A) और कारण (R) दोनों सही हैं, परंतु कारण (R), कथन (A) की सही व्याख्या नहीं करता है।
- (iii) कथन (A) सही है, किंतु कारण (R) गलत है।
- (iv) कथन (A) गलत है, किंतु कारण (R) सही है।

(घ) किसी भी काम में कुशलता कब प्राप्त नहीं होती है?
- (i) जब तक व्यक्ति का दिल और दिमाग काम नहीं करता
- (ii) जब तक समाज से सहायता प्राप्त नहीं होती
- (iii) जब तक परिवार का सहयोग नहीं मिलता
- (iv) जब तक व्यक्ति चिंताओं से नहीं घिरता है

(ङ) जाति-प्रथा मनुष्य को निष्क्रिय कैसे बना देती है?
- (i) मनुष्य की स्वाभाविक प्रेरणारुचि को दबाकर
- (ii) मनुष्य की आत्मशक्ति को दबाकर
- (iii) (i) और (ii) दोनों
- (iv) मनुष्य को आलसी बनाकर

उत्तर

(क) (iii) गंभीर दोषों से

(ख) (ii) मनुष्य की स्वेच्छा पर

(ग) (iii) कथन (A) सही है, किंतु कारण (R) गलत है।

(घ) (i) जब तक व्यक्ति का दिल और दिमाग काम नहीं करता

(ङ) (iv) (i) और (ii) दोनों

विषय-वस्तु पर आधारित प्रश्न

लघु उत्तरीय प्रश्न

1. सभ्य समाज की आवश्यकता क्या है?

2. अरुचि में किए गए काम का क्या परिणाम हो सकता है?

3. लेखक के अनुसार, आदर्श समाज का आधार क्या है?

4. भारतीय समाज में बेरोज़गारी व भुखमरी का एक कारण जाति-प्रथा भी है, कैसे?

दीर्घ उत्तरीय प्रश्न

1. भारत में ऐसी कौन-सी व्यवस्था है, जो सम्पूर्ण विश्व से अलग है?

2. मनुष्य को अपना पेशा बदलने की आवश्यकता क्यों पड़ सकती है? स्पष्ट कीजिए।

3. लोकतंत्र से आप क्या समझते हैं? 'श्रम-विभाजन और जाति-प्रथा' पाठ के आधार पर स्पष्ट कीजिए।

4. कानूनी पराधीनता न होने पर इच्छा के विरुद्ध पेशे क्यों अपनाने पड़ते हैं?

01 अध्याय

वितान भाग-2 : पूरक पाठ्यपुस्तक

लेखक-परिचय

हिंदी साहित्य के प्रसिद्ध गद्यकार, पत्रकार, उपन्यासकार और पटकथा लेखक मनोहर श्याम जोशी का जन्म वर्ष 1935 में कुमाऊँ में हुआ था। ये दिनमान पत्रिका तथा साप्ताहिक हिंदुस्तान में सहायक संपादक के रूप में कार्यरत् रहे।

वर्ष 1984 में इन्होंने भारतीय दूरदर्शन के पहले धारावाहिक 'हम लोग' के लिए पटकथा लेखन आरंभ किया तथा वर्ष 2005 में इन्हें 'क्याप' उपन्यास के लिए साहित्य अकादमी पुरस्कार से भी सम्मानित किया गया। इनकी प्रमुख रचनाएँ हैं- 'कसप', 'क्याप' (उपन्यास), 'हरक्यूलीस की हैरानी', 'हमजाद' (कहानी संग्रह), 'एक दुर्लभ व्यक्तित्व', 'कैसे किस्सागो', 'मंदिर घाट की पौड़ियाँ', 'नेताजी कहिन', 'इस देश का यारों क्या कहना' (व्यंग्य-संग्रह) 'बातों-बातों में', 'पश्चिमी जर्मनी पर एक उड़ती नज़र' (संस्मरण संग्रह), 'हम लोग', 'बुनियाद', 'मुंगेरी लाल के हसीन सपने' (टेलीविजन धारावाहिक) आदि। वर्ष 2006 में दिल्ली में इनका स्वर्गवास हो गया।

▼ अध्ययन के लिए
- पाठ की रूपरेखा
- पाठ का सार

▼ अभ्यास के लिए
- पाठ्यपुस्तक के प्रश्नोत्तर
- पाठ पर आधारित बहुविकल्पीय प्रश्न
- विषय-वस्तु पर आधारित प्रश्नोत्तर

सिल्वर वैडिंग

(मनोहर श्याम जोशी)

पाठ की रूपरेखा

मनोहर श्याम जोशी की लंबी कहानी 'सिल्वर वैडिंग' में स्पष्ट किया गया है कि आधुनिकता की ओर बढ़ता हमारा समाज एक ओर तो कई नई उपलब्धियों को समेटे हुए है तथा दूसरी ओर मनुष्य को मनुष्य बनाए रखने वाले मूल्य कहीं घिसते चले गए हैं। इस कहानी में एक संस्कारी व्यक्ति यशोधर बाबू हैं, जो बदलते युग के साथ नई पीढ़ी की विचारधाराओं से सामंजस्य स्थापित न कर पाने के कारण 'समहाउ इंप्रॉपर' की स्थिति से असंतुष्ट रहते हैं। 'जो हुआ होगा' में यथास्थितिवादी का भाव है, तो 'समहाउ इंप्रॉपर' में एक अनिर्णय की स्थिति है। ये दोनों ही भाव इस कहानी के मुख्य चरित्र यशोधर बाबू के भीतर के द्वंद्व हैं।

पाठ का सार

यशोधर बाबू और उनका व्यक्तित्व

यशोधर बाबू एक संस्कार संपन्न व्यक्ति हैं। उनका व्यवहार सभी के लिए उचित है, किंतु आधुनिक विचारधारा के लोग उनके विचारों से सहमत नहीं रहते। दफ्तर में भी वे समय पर ही जाते हैं और काम के लिए उन्हें देर तक भी दफ्तर में बैठना पड़े, तो वे प्रसन्नचित्त होकर काम करते हैं। दफ्तर में 'असिस्टेंट ग्रेड' में आए एक नए लड़के चड्ढा ने यशोधर बाबू से अभद्र व्यवहार किया, किंतु फिर भी बाबू जी ने उसकी धृष्टता को अनदेखा कर दिया। यशोधर बाबू ने शादी की पच्चीसवीं सालगिरह 'सिल्वर वैडिंग' पर दफ्तर के सभी कर्मचारियों को चाय पिलाई, परंतु स्वयं इस चाय पार्टी में शामिल नहीं हुए।

यशोधर बाबू के जीवन में किशनदा का महत्त्व

चाय-पीना, बातों में समय बर्बाद करना किशनदा की परंपरा के विरुद्ध है। यशोधर बाबू के जीवन में किशनदा का महत्त्व गुरु जैसा था, क्योंकि जब यशोधर बाबू जी गाँव से दिल्ली आए थे, तब किशनदा ने ही उन्हें अपने यहाँ पहले तो मेस का रसोइया बनाया, फिर अपने ही दफ्तर में सरकारी नौकरी दिलाई और

जीवन के हर कठिन समय में वे सदैव उनके साथ बने रहे। किशनदा ने विवाह नहीं किया था। जब किशनदा की मृत्यु हुई, तो यशोधर बाबू ने उनकी बिरादरी से उनकी मृत्यु का कारण पूछा। उन्होंने 'जो हुआ होगा' कहकर बात समाप्त कर दी अर्थात् सही कारण का किसी को कुछ पता ही नहीं चला। यशोधर बाबू जीवनभर किशनदा के सिद्धांतों पर ही चलते रहे।

यशोधर बाबू की विवशता

यशोधर बाबू को आधुनिक लोगों के विचार बिलकुल भी अच्छे नहीं लगते थे और लोग उनके विचारों को सुनकर मानना नहीं चाहते थे। जब यशोधर बाबू को कोई भी बात गलत लगती, तो वे 'समहाउ इंप्रॉपर' कहकर चुप हो जाते हैं। 'समहाउ इंप्रॉपर' का अर्थ है— 'कुछ-न-कुछ गलत होना।'

यशोधर बाबू और उनका परिवार

यशोधर बाबू के परिवार में उनकी पत्नी, तीन बेटे और एक बेटी हैं। उनका सबसे बड़ा बेटा भूषण विज्ञापन एजेंसी में ₹ 1500 प्रतिमाह पर काम करता है और दूसरा बेटा दूसरी बार आईएएस की परीक्षा देने की तैयारी कर रहा है। तीसरा बेटा स्कॉलरशिप लेकर अमेरिका चला गया है और बेटी डॉक्टरी की पढ़ाई करना चाहती है। यशोधर बाबू पुराने विचारों वाले व्यक्ति हैं, जबकि उनका परिवार आधुनिक विचारों का समर्थक है। इसी कारण उनका अपने परिवार के साथ मतभेद बना रहता है। उनकी पत्नी भी बच्चों के साथ आधुनिक रंग में रंग चुकी थीं। यशोधर बाबू चाहते हैं कि उनका परिवार उनसे सलाह लेकर दुनियादारी के काम करे, पर बच्चे ये कहकर उन्हें चुप करा देते हैं कि जब आपको कुछ पता ही नहीं, तो क्या पूछें? बाबू जी का मंदिर जाना, प्रवचन सुनना तथा पूजा पाठ करना परिवार को सुहाता (ठीक लगना) नहीं था। बच्चे और पत्नी चाहते थे कि यशोधर बाबू पुरानी परंपराओं को छोड़कर नए युग की रीतियों को अपनाएँ।

यशोधर बाबू की मन:स्थिति

यशोधर बाबू अपने बच्चों की उन्नति से खुश थे, किंतु उन्हें कभी-कभी ऐसा प्रतीत होता है कि अपनों में परायेपन की भावना पैदा करने वाली खुशहाली किसी काम की नहीं होती। वह कई बार किशनदा की तरह घर-गृहस्थी छोड़कर समाज के लिए जीवन समर्पित कर देने को ज्यादा अच्छा समझते हैं। यशोधर बाबू को लगने लगता है कि बच्चे उनके अनुकूल नहीं सोचते हैं, साथ ही बच्चों की बातें व बच्चों द्वारा यशोधर बाबू के साथ किया गया व्यवहार उनको चुभता है। यशोधर बाबू घर की बातों की उधेड़बुन में टूटी-खुदी हुई सड़कों को पार करके जब क्वार्टर पहुँचते हैं, तो तख्ती पर वाई. डी. पंत नाम को पढ़कर दंग रह जाते हैं और सोचते हैं कि शायद वे गलत जगह आ गए हैं।

यशोधर बाबू की सिल्वर वैडिंग

घर के बाहर एक कार, कुछ स्कूटर, मोटर-साइकिलें खड़ी थीं। बाबू जी को पता ही नहीं था कि उनके घर पर उनकी शादी की पच्चीसवीं सालगिरह की पार्टी चल रही है। यशोधर बाबू पार्टी इत्यादि से प्रसन्न नहीं रहते थे, पर उन्हें इस बात की कहीं-न-कहीं खुशी भी थी कि जिस अनाथ के जन्मदिन पर आज तक लड्डू भी नहीं आए, उसी की शादी की सालगिरह पार्टी बहुत ही आधुनिक रिवाज़ों के साथ मनाई जा रही है। उन्होंने न चाहते हुए भी अपनी पत्नी के साथ पार्टी में केक काट ही दिया। उनके बड़े बेटे भूषण ने उन्हें ऊनी ड्रेसिंग गाउन उपहार में दिया और कहा कि जब आप सवेरे दूध लेने जाएँ, तो इसे अवश्य पहनकर जाएँ।

उनकी आँखों की कोर में जरा-सी नमी चमक गई, क्योंकि वे चाहते थे कि उनके बच्चे अब घर की सभी ज़िम्मेदारियों का भार अपने ऊपर ले लें, लेकिन बेटे ने नया गाउन देते हुए भी दूध लाने की ज़िम्मेदारी उन्हीं के कंधों पर डाल दी। गाउन पहनकर यशोधर बाबू को लगता था कि उनके अंगों में किशनदा उतर आए हों। यह कहानी नई पीढ़ी और पुरानी पीढ़ी के लोगों के विचारों एवं व्यवहारों में आए परिवर्तन को दर्शाती है।

शब्दार्थ

निगाह–दृष्टि/नज़र, **मातहत**–अधीनस्थ कर्मचारी, **शुष्क**–नीरस, **निराकरण**–उपाय, **सेक्शन**–विभाग।

असिस्टेंट ग्रेड–सहायक वर्ग, **समहाऊ इंप्रॉपर**–कुछ-न-कुछ गलत होना, **ऐज यूजुअल**–हमेशा की तरह/आमतौर पर, **धृष्टता**–निर्लज्जता, **मुखातिब**–परिचय।

कस्टम–रिवाज़/प्रचलन, **इनसिस्ट**–विवश करना, **नगण्य**–न के बराबर, **नागवार**–बर्दाश्त न होना/असहनीय, **निहायत**–अत्यधिक, **बेहुदा**–भद्दा, **अफोर्ड**–किसी वस्तु को खरीदने में समर्थता या असमर्थता होना।

इसरार–आग्रह, **सिल्वर वैडिंग**–विवाह की 25वीं वर्षगाँठ, **उद्यान-बाग**–बगीचा, **अखरना**–चुभना, **अलाट**–आवंटित करना, **फिकरा**–वाक्यांश/तकियाकलाम।

रिटायरमेंट–सेवानिवृत्त, **स्कॉलरशिप**–छात्रवृत्ति, **जेनरेशन**–पीढ़ी, **संस्कार**–अच्छे विचार, **तरफ़दारी**–पक्षपात, **मॉर्डन**–आधुनिक।

उन्मुख–मुँह की तरफ, **सुभीता**–सुविधा, **उपकृत**–अहसानमंद, **विचित्र**–अद्भुत। **खुराफात**–शरारत, **तंजिया**–व्यंग्यात्मक।

असीक के फूल–भगवान के चरणों से उठाए हुए आशीर्वाद के फूल, **प्रांगण**–बरामदा।

जनार्दन–ईश्वर, **गिरस्ती**–गृहस्थी।

बुजुर्गियत–बुढ़ापा, **वानप्रस्थ**–आर्यों की प्राचीन पद्धति के अनुसार मनुष्य के जीवन का तीसरा आश्रम।

पट्टशिष्य–प्रिय छात्र, **निष्ठा**–ईमानदारी, **जन्यो पुन्यूं**–जनेऊ बदलने वाली पूर्णिमा, **डेमोक्रेट**–लोकतंत्र, **एक्सपीरिएंस**–अनुभव, **सबस्टीट्यूट**–विकल्प/समकक्ष।

कुहराम–हंगामा, **तनख़्वाह**–वेतन, **नुक्ताचीनी**–आलोचना।

मर्तबा–बार-बार, **किस्म**–तरह।

झिड़की–झुँझलाहट, **माहवार**–महीने, **ईर्ष्या**–जलना/चिढ़ना, **बखूबी**–अच्छी तरह।

भव्य–शानदार, **बगैर**–बिना।

अनमनी–बिना किसी रुचि के, **अनुरोध**–गुजारिश या निवेदन करना।

फारमेल्टी–औपचारिकता, **शंकाएँ**–संदेह/शक।

रवैया–व्यवहार, **आमादा**–तत्पर, **आश्वस्त**–संतुष्ट।

ना-नुच करना–आनाकानी करना, **नमी चमकना**–आँखें भर आना।

पाठ्यपुस्तक (वितान भाग-2) के प्रश्नोत्तर

1. यशोधर बाबू की पत्नी समय के साथ ढल सकने में सफल होती है, लेकिन यशोधर बाबू असफल रहते हैं। ऐसा क्यों?

अथवा **यशोधर बाबू की पत्नी तो समय के साथ अपने को ढालने में सफल होती है, किन्तु यशोधर बाबू असफल रहते हैं। 'सिल्वर वैडिंग' पाठ के आधार पर उदाहरण सहित उत्तर लिखिए।** **AI 2019**

अथवा **'सिल्वर वैडिंग' पाठ के आलोक में स्पष्ट कीजिए कि यशोधर बाबू की पत्नी किन कारणों से समय के साथ बदल गई?** **CBSE 2024**

उत्तर यशोधर बाबू की पत्नी सुशील और समझदार हैं। वह आधुनिक समय के नए-नए विचारों में ढलना जानती हैं। मातृ सुलभ प्रेम के कारण वे अपनी संतान का पक्ष लेती हैं और बेटों के किसी मामले में दखल नहीं करती हैं। इस तरह वह स्वयं को शीघ्र ही बदल लेती हैं। व्यावहारिक ज्ञान भी यही सिखाता है कि हमें समय के अनुसार अपने आपको ढाल लेना चाहिए, जिससे हमारे बच्चे हमें मित्र के रूप में समझें, पर यशोधर बाबू अपने परंपरागत सिद्धांतों पर ही चलना चाहते हैं। उन्हें आज की पीढ़ी की नई सोच ढकोसला लगती है। अतः वे अपने और अपने परिवार के बीच में तालमेल नहीं बिठा पाते और हाशिए पर चले जाते हैं।

2. पाठ में 'जो हुआ होगा' वाक्य की आप कितनी अर्थ छवियाँ खोज सकते/सकती हैं?

उत्तर पाठ के आधार पर हम 'जो हुआ होगा' की तीन अर्थ छवियाँ निकाल सकते हैं, जो निम्नलिखित हैं

(i) पता नहीं, क्या हुआ होगा?

(ii) किशनदा की निराशा।

(iii) किशनदा के प्रति लोगों का ध्यान न जाना।

3. 'समहाउ इंप्रॉपर' वाक्यांश का प्रयोग यशोधर बाबू लगभग हर वाक्य के प्रारंभ में तकियाकलाम की तरह करते हैं। इस वाक्यांश का उनके व्यक्तित्व और कहानी के कथ्य से क्या संबंध बनता है?

उत्तर यशोधर बाबू सिद्धांतवादी व्यक्ति हैं। वे 'समहाउ इंप्रॉपर', जिसका अर्थ है-कुछ-न-कुछ गलत होना, का प्रयोग इसलिए करते हैं, क्योंकि वे आजकल के नए विचारों के पक्ष में नहीं हैं। वस्तुतः वे पुराने नियमों में कोई बदलाव नहीं चाहते। वे अपना तकियाकलाम 'समहाउ इंप्रॉपर' बोलकर नए युग का विरोध करना चाहते हैं।

4. यशोधर बाबू की कहानी को दिशा देने में किशनदा की महत्त्वपूर्ण भूमिका रही है। आपके जीवन को दिशा देने में किसका महत्त्वपूर्ण योगदान रहा और कैसे?

उत्तर यशोधर बाबू की तरह सभी के जीवन में किसी-न-किसी बुजुर्ग या गुरु का आशीर्वाद अवश्य रहता है। मेरे जीवन में भी मेरे माता-पिता व गुरु का विशेष स्थान है। इन सबने मुझे जीवन में सत्य बोलना एवं अच्छे मार्ग पर चलने का ज्ञान दिया और मैंने इस पथ पर चलकर स्वयं को सक्षम एवं निर्भय बना लिया, जिससे मेरे जीवन में प्रकाश का हमेशा के लिए साथ हो गया।

5. वर्तमान समय में परिवार की संरचना, स्वरूप से जुड़े आपके अनुभव इस कहानी से कहाँ तक सामंजस्य बिठा पाते हैं?

उत्तर वर्तमान समय में नई पीढ़ी और पुरानी पीढ़ी के विचारों को लेकर बहुत ज़्यादा मतभेद हो गया है। सिद्धांत और व्यवहार की खाई दिनोंदिन बढ़ती ही जा रही है। इसी कारण संयुक्त परिवार बिखरते दिखाई दे रहे हैं। यशोधर बाबू भी पुरानी सोच रखते हैं।

वे भी अपने आपको नहीं बदल सके और बदलते समय को देखकर परेशान रहते हैं। उनकी यह परेशानी निरर्थक है, क्योंकि परिवर्तन संसार का नियम है। व्यक्ति को समय के अनुसार अपने आपको बदल लेना चाहिए। इस कहानी में वर्तमान समय के परिवार की संरचना और स्वरूप को अच्छे ढंग से प्रस्तुत किया गया है।

6. निम्नलिखित में से किसे आप कहानी की मूल संवेदना कहेंगे/कहेंगी और क्यों?

(क) हाशिए पर धकेले जाते मानवीय मूल्य

(ख) पीढ़ी का अंतराल

(ग) पाश्चात्य संस्कृति का प्रभाव

उत्तर *(ख)* इस कहानी की मूल संवेदना पीढ़ी के अंतराल संबंधी है, क्योंकि पश्चिम के अंधानुकरण के कारण मानवीय मूल्य समाप्त होते जा रहे हैं। यशोधर बाबू विचारों के मतभेद का दंश भोगने के लिए विवश हैं, क्योंकि पीढ़ी का अंतराल बड़ी ही तीव्रता से बढ़ रहा है। इसी कारण वह अकेलेपन का दुःख भी सहते रहते हैं।

7. अपने घर और विद्यालय के आस-पास हो रहे उन बदलावों के बारे में लिखें, जो सुविधाजनक और आधुनिक होते हुए भी बुज़ुर्गों को अच्छे नहीं लगते। अच्छा न लगने के क्या कारण होंगे?

उत्तर आधुनिक युग ने मनुष्य को अनेक प्रकार की सुविधाएँ (जैसे—मोबाइल, इंटरनेट व दुपहिया या चारपहिया वाहन) प्रदान की हैं, परंतु इन सुविधाओं का प्रयोग समझ-बूझ के साथ न करने के कारण ही बड़े बुज़ुर्गों को आपत्ति होती है। दुपहिया वाहन पर लड़के-लड़कियाँ ऐसे तेज़ भागते हैं, जैसे उनके पीछे मृत्यु ही दौड़ रही हो। मोबाइल पर बातें करते हुए उन्हें कहाँ चलना है, किससे कैसे बात करनी है? इसका कोई ध्यान नहीं रहता है। फेसबुक पर बच्चे ऐसे बैठते हैं, जैसे उनकी साँस ही उसे देखकर चल रही हो, इसलिए कोई भी बुज़ुर्ग इन आधुनिक सुविधाओं को पसंद नहीं करता।

8. यशोधर बाबू के बारे में आपकी क्या धारणा बनती है? दिए गए तीन कथनों में से आप जिसके समर्थन में हैं, अपने अनुभवों और सोच के आधार पर उसके लिए तर्क दीजिए।

(क) यशोधर बाबू के विचार पूरी तरह से पुराने हैं और वे सहानुभूति के पात्र नहीं हैं।

(ख) यशोधर बाबू में एक तरह का द्वंद्व है, जिसके कारण नया उन्हें कभी-कभी खींचता तो है, पर पुराना छोड़ता नहीं। इसलिए उन्हें सहानुभूति के साथ देखने की ज़रूरत है।

(ग) यशोधर बाबू एक आदर्श व्यक्तित्व हैं और नई पीढ़ी द्वारा उनके विचारों को अपनाना ही उचित है।

उत्तर (ग) यशोधर बाबू का व्यक्तित्व बहुत ही सराहनीय है, इसीलिए नई पीढ़ी को भी यशोधर बाबू के विचारों को अपनाना चाहिए। इसका विशेष कारण यह है कि आधुनिकता एक सीमा तक मनुष्य की प्रगति कर सकती है, किंतु बहुत ही शीघ्रता से आधुनिकता की तरफ़ बढ़ना शीघ्र ही पतन का कारण भी बन सकता है। अतः मेरे विचार से नई पीढ़ी को यशोधर बाबू के विचारों का तार्किक आधारों पर समर्थन करना चाहिए।

अभ्यास प्रश्न

पाठ पर आधारित बहुविकल्पीय प्रश्न

1. 'सिल्वर वैडिंग' पाठ के अनुसार, पश्चिमी सभ्यता के अंधानुकरण के कारण क्या समाप्त होता जा रहा है?

(i) मानवीय मूल्य
(ii) बड़े-बुजुर्गों के प्रति समान भाव
(iii) अपनों के प्रति आत्मीयता
(iv) उपर्युक्त सभी

2. अपने बेटों से तमाम तरह की शिकायतें होने पर भी यशोधर बाबू को उन पर गर्व क्यों था? **CBSE 2024**

(i) घर की आर्थिक स्थिति सुधर जाने के कारण
(ii) छोटी उम्र में ही बेटे द्वारा मोटी तनख्वाह पाने के कारण
(iii) सांसारिक मानकों के अनुसार बड़ा आदमी मान लिए जाने के कारण
(iv) घर में आधुनिक सुख-सुविधा के साधन आ जाने के कारण

3. यशोधर बाबू द्वारा विपरीत परिस्थितियों से सामंजस्य स्थापित करने के प्रयास का क्या परिणाम होता है?

(i) उनके मन में अंतर्द्वंद्व चलता रहता है
(ii) उनका मन प्रसन्न रहता है
(iii) उनका किसी काम में मन नहीं लगता
(iv) वे उन परिस्थितियों को सहज स्वीकार कर लेते हैं

4. यशोधर बाबू का आधुनिक विचारों के पक्ष में न होना किस तथ्य की ओर संकेत करता है?

(i) यशोधर बाबू सिद्धांतवादी व्यक्ति थे
(ii) यशोधर बाबू रूढ़िवादी व्यक्ति थे
(iii) यशोधर बाबू देहाती व्यक्ति थे
(iv) यशोधर बाबू गाँधीवाद के प्रवर्तक थे

5. यशोधर बाबू को अपने बच्चों की कौन-सी बात सही लगती है?

(i) डी.डी.ए. फ्लैट के लिए पैसा न भरने को अपनी भूल मानना
(ii) परंपराओं का निर्वाह उचित ढंग से न करना
(iii) आधुनिक बनना
(iv) समय के अनुसार चलना

6. 'यशोधर बाबू के व्यक्तित्व निर्माण में किशनदा ने कैसे योगदान दिया?

(i) नौकरी लगाने के साथ जीवन के विभिन्न प्रसंगों पर दिशा-निर्देश देकर
(ii) रूढ़िवादी विचारों को अपनाकर
(iii) अपने अनुभवों का वर्णन करके
(iv) जीवन के केवल सुखद समय में साथ देकर

7. उपहार में मिले ऊनी ड्रेसिंग गाउन को लेते समय यशोधर बाबू की आँखों की कोर में नमी आने का कारण था **CBSE Term I 2021**

(i) उन्हें किशनदा की याद आ गई थी
(ii) वे बच्चों से उपहार पाकर भावुक हो गए थे
(iii) बच्चों द्वारा घर की जिम्मेदारी उन्हीं के कंधों पर डाल दी गई थी
(iv) भरे-पूरे परिवार के बीच स्वयं को अकेला पा रहे थे

8. 'सिल्वर वैडिंग' कहानी में 'जो हुआ होगा' वाक्य से क्या अभिव्यक्त हो सकता है?

(i) पता नहीं, क्या हुआ होगा
(ii) किशनदा की निराशा
(iii) किशनदा के प्रति लोगों का ध्यान न जाना
(iv) उपर्युक्त सभी

9. 'सिल्वर वैडिंग' कहानी के मुख्य पात्र द्वारा परंपरागत सिद्धांतों को अपनाकर उनके निजी जीवन पर क्या प्रभाव पड़ा?

(i) उनका निजी जीवन अत्यंत सहज हो गया था
(ii) उनका अपने परिवार के बीच तालमेल नहीं बैठता था
(iii) उनकी अपने परिवार में अच्छी खासी साख थी
(iv) उनका व्यक्तित्व अत्यंत संकुचित हो गया था

10. 'सिल्वर वैडिंग' कहानी में यशोधर बाबू के जीवन में किशनदा का महत्त्व किस रूप में है?

(i) वे उन्हें अपना भाई मानते थे
(ii) वे उन्हें अपना गुरु मानते थे
(iii) वे उन्हें अपना सेवक मानते थे
(iv) वे उन्हें अपना बेटा मानते थे

11. यशोधर बाबू अपने बच्चों से क्या अपेक्षा रखते हैं? 'सिल्वर वैडिंग' कहानी के आधार पर सटीक विकल्प चुनिए।

(i) उनके बच्चे अब घर की सभी जिम्मेदारियों का भार अपने ऊपर ले लें
(ii) उनके बच्चे रूढ़िवादी परंपराओं का पालन करें
(iii) उनके बच्चे पार्टी वगैरह न किया करें
(iv) उनके बच्चे आधुनिक विचारों को न अपनाएँ

12. यशोधर बाबू की पत्नी किस कारण उनसे विपरीत सोच रखती हैं?

(i) घर से बाहर निकलकर नौकरी करने के कारण
(ii) आधुनिक जीवन मूल्यों को अपनाने के कारण
(iii) अपने पैरों पर खड़े होने के कारण
(iv) स्त्रियों के विषय में अच्छी सोच रखने के कारण

13. यशोधर बाबू ऑफिस में दिनभर के शुष्क व्यवहार का निराकरण कैसे करते थे?

(i) छुट्टी के समय चलते-चलते जूनियरों से कोई मनोरंजक बात करके
(ii) छुट्टी के समय एक कप चाय पीकर
(iii) ऑफिस की सुस्त घड़ी को सही करके
(iv) ऑफिस के कर्मचारियों को चाय पिलाकर

14. **यशोधर बाबू ऑफिस से छुट्टी के बाद जल्दी घर पहुँचना पसंद क्यों नहीं करते थे?**
(i) अपने व्यवहार के कारण
(ii) पत्नी और बच्चों से हर छोटी-बड़ी बात में मतभेद होने के कारण
(iii) ऑफिस का अतिरिक्त काम करने के कारण
(iv) बाहर के वातावरण में शांति प्राप्त करने के कारण

15. **किशनदा यशोधर बाबू को रोज सुबह जल्दी किस कारण उठाते थे?**
(i) घर का काम करने के लिए
(ii) पढ़ाई-लिखाई करने के लिए
(iii) सुबह जल्दी उठने की आदत डालने के लिए
(iv) ध्यान और योग करने के लिए

16. **'सिल्वर वैडिंग' कहानी में बुजुर्गों के प्रति कम होती सम्मान की भावना क्या व्यक्त करती है?**
(i) नई पीढ़ी की नई सोच को
(ii) बुजुर्गों के प्रति उनके दायित्व बोध को
(iii) हाशिए पर जाते मानवीय मूल्यों को
(iv) समाज के नवीन पक्ष को

17. **पार्टी के दिन यशोधर बाबू अपनी शाम की पूजा का समय क्यों बढ़ा देते हैं?**
(i) क्योंकि वे चाहते हैं कि पार्टी में आए लोग खा-पीकर जाएँ
(ii) क्योंकि उस दिन उनका व्रत था
(iii) क्योंकि वे लोगों से नजरें चुराना चाहते थे
(iv) क्योंकि उस दिन वे जल्दी घर आ गए थे

18. **'सिल्वर वैडिंग' कहानी में प्रयुक्त 'असीफ का फूल' से क्या तात्पर्य है?** **CBSE 2024**
(i) स्वागत के फूल (ii) आशीर्वाद के फूल
(iii) माला बनाने के फूल (iv) पूजा के फूल

19. **यशोधर बाबू को किशनदा के संदर्भ में किस बात का दु:ख था?**
(i) उनका विवाह न होना (ii) उनका बुढ़ापा सुखी न होना
(iii) उनके कोई पुत्र न होना (iv) उनकी पत्नी का रूढ़िवादी होना

20. **'सिल्वर वैडिंग' कहानी के अनुसार यशोधर बाबू शादी की सालगिरह मनाने के पक्ष में क्यों नहीं थे?**
(i) क्योंकि इससे पैसों की बर्बादी होती थी
(ii) क्योंकि ऐसा करना उनके हित में नहीं था
(iii) क्योंकि वे इसे पश्चिम की नकल मानते थे
(iv) क्योंकि वे रूढ़िवादी विचारधारा को नहीं मानते थे

21. **यशोधर बाबू को सरकारी नौकरी किस प्रकार मिली? 'सिल्वर वैडिंग' कहानी के आधार पर सही विकल्प चुनिए।**
(i) उनकी पत्नी के व्रत और प्रार्थना से
(ii) उनकी स्वयं की लगन और मेहनत से
(iii) उनके मित्र किशनदा की सहायता से
(iv) उनके द्वारा रिश्वत दिए जाने पर

22. **कहानी 'सिल्वर वैडिंग' में किशनदा की मृत्यु के संदर्भ में 'जो हुआ होगा' से कहानीकार का क्या तात्पर्य रहा है?** **CBSE SQP Term I 2021**
(i) लेखक मृत्यु से बहुत दु:खी है
(ii) लेखक को मृत्यु का कारण पता है
(iii) लेखक मृत्यु के कारण से अपरिचित है
(iv) लेखक को मृत्यु से कोई अंतर नहीं पड़ता है

23. **किशनदा के रिटायर होने पर यशोधर बाबू उनकी सहायता नहीं कर पाए थे, क्योंकि** **CBSE SQP Term I 2021**
(i) यशोधर बाबू की पत्नी किशनदा से नाराज थी
(ii) यशोधर बाबू के घर में किशनदा के लिए स्थान का अभाव था
(iii) यशोधर बाबू अपने परिवार को नाराज नहीं करना चाहते थे
(iv) यशोधर बाबू के प्रस्ताव को किशनदा ने अस्वीकार कर दिया था

24. **'सिल्वर वैडिंग' कहानी के आधार पर बताइए कि दफ्तर में यशोधर बाबू से कर्मचारी क्यों परेशान रहते थे?** **CBSE Term I 2021**
(i) यशोधर बाबू के कारण उन्हें दफ्तर में देर तक रुकना पड़ता था
(ii) यशोधर बाबू समय-असमय उनका उपहास किया करते थे
(iii) यशोधर बाबू अपना काम भी उनसे करवाया करते थे
(iv) यशोधर बाबू समय से पूर्व दफ्तर आ जाया करते थे

25. **'जब तक बाप है तब तक मौज कर लें।' यशोधर बाबू यह बात अपने बच्चों से कहते हैं?**
(i) उन पर व्यंग्य करने के लिए
(ii) उनका उत्साहवर्द्धन करने के लिए
(iii) जिम्मेदारियों से मुक्त रखने के लिए
(iv) उनके प्रति अपना प्रेम व्यक्त करने के लिए

26. **पंतजी अपनी घड़ी रोजाना सुबह-शाम रेडियो समाचारों से मिलाते हैं, पंक्ति से यह पता चलता है कि पंतजी..........।** **CBSE 2023**
(i) समय के पाबंद हैं (ii) की घड़ी पुरानी है
(iii) का मन दफ्तर में नहीं लगता (iv) खाली बैठे रहते हैं

27. **यशोधर बाबू पहले साइकिल से ऑफिस आते थे अब पैदल आने लगे हैं, क्योंकि** **CBSE 2023**
(i) घर से ऑफिस पास है
(ii) उनके बच्चों को साइकिल पसंद नहीं
(iii) पिता को साइकिल पर देखना बच्चों को पसंद नहीं
(iv) अब वे साइकिल नहीं चला पाते

28. **यशोधर बाबू की पत्नी पारंपरिक होते हुए भी किस कारण से आधुनिक हो गई हैं?** **CBSE 2023**
(i) यशोधर बाबू से अलग सोच रखने से
(ii) समय के साथ खुद को बदलने से
(iii) आधुनिकता में आनंद आने से
(iv) बच्चों के प्रति मातृसुलभ मजबूरी से

29. **कथन** (A) **यशोधर बाबू किशनदा को अपना गुरु मानते थे।**
कारण (R) **यशोधर बाबू जब गाँव से दिल्ली आए थे, तो किशनदा ने ही उनकी सरकारी नौकरी लगवाई थी।**

कूट
(i) कथन (A) और कारण (R) दोनों सही हैं तथा कारण (R), कथन (A) की सही व्याख्या करता है।
(ii) कथन (A) और कारण (R) दोनों सही हैं, परंतु कारण (R), कथन (A) की सही व्याख्या नहीं करता है।
(iii) कथन (A) सही है, किंतु कारण (R) गलत है।
(iv) कथन (A) गलत है, किंतु कारण (R) सही है।

30. निम्नलिखित कथनों पर विचार कीजिए

1. यशोधर बाबू पुरानी विचारधारा के व्यक्ति हैं।
2. किशनदा की मृत्यु का सही कारण किसी को पता नहीं था।
3. यशोधर बाबू किसी गलत बात पर 'समहाउ इंप्रॉपर' कहकर चुप हो जाते थे।
4. यशोधर बाबू धीरे-धीरे आधुनिक विचारधारा को मानने लगे थे।

सही कथनों वाले विकल्प को चयनित कर लिखिए

(i) 1 और 2 (ii) 1, 2 और 3

(iii) 2, 3 और 4 (iv) 2 और 3

उत्तर

1. (iv) उपर्युक्त सभी
2. (i) घर की आर्थिक स्थिति सुधर जाने के कारण
3. (i) उनके मन में अंतर्द्वंद्व चलता रहता है
4. (i) यशोधर बाबू सिद्धांतवादी व्यक्ति थे
5. (i) डी.डी.ए. फ्लैट के लिए पैसा न भरने को अपनी भूल मानना
6. (i) नौकरी लगाने के साथ जीवन के विभिन्न प्रसंगों पर दिशा-निर्देश देकर
7. (iii) बच्चों द्वारा घर की जिम्मेदारी उन्हीं के कंधों पर डाल दी गई थी
8. (iv) उपर्युक्त सभी
9. (ii) उनका अपने परिवार के बीच तालमेल नहीं बैठता था
10. (ii) वे उन्हें अपना गुरु मानते थे
11. (i) उनके बच्चे अब घर की सभी जिम्मेदारियों का भार अपने ऊपर ले लें
12. (ii) आधुनिक जीवन मूल्यों को अपनाने के कारण
13. (i) छुट्टी के समय चलते-चलते जूनियरों से कोई मनोरंजक बात करके
14. (ii) पत्नी और बच्चों से हर छोटी-बड़ी बात में मतभेद होने के कारण
15. (iii) सुबह जल्दी उठने की आदत डालने के लिए
16. (iii) हाशिए पर जाते मानवीय मूल्यों को
17. (i) क्योंकि वे चाहते हैं कि पार्टी में आए लोग खा-पीकर जाएँ
18. (ii) आशीर्वाद के फूल
19. (ii) उनका बुढ़ापा सुखी न होना
20. (iii) क्योंकि वे इसे पश्चिम की नकल मानते थे
21. (iii) उनके मित्र किशनदा की सहायता से
22. (iii) लेखक मृत्यु के कारण से अपरिचित है
23. (iii) यशोधर बाबू अपने परिवार को नाराज नहीं करना चाहते थे
24. (i) यशोधर बाबू के कारण उन्हें दफ्तर में देर तक रुकना पड़ता था
25. (iii) जिम्मेदारियों से मुक्त रखने के लिए
26. (i) समय के पाबंद हैं
27. (iii) पिता को साइकिल पर देखना बच्चों को पसंद नहीं।
28. (ii) समय के साथ खुद को बदलने से
29. (i) कथन (A) और कारण (R) दोनों सही हैं तथा कारण (R), कथन (A) की सही व्याख्या करता है।
30. (ii) 1, 2 और 3

विषय-वस्तु पर आधारित प्रश्नोत्तर

1. पुराने होते जा रहे जीवन-मूल्यों और नए प्रचलनों के बीच यशोधर पंत के संघर्ष पर प्रकाश डालिए।

अथवा **"सिल्वर वैडिंग' वर्तमान युग में बदलते जीवन-मूल्यों की कहानी है।" सोदाहरण सिद्ध कीजिए।**

अथवा **"यशोधर पंत की पीढ़ी की विवशता यह है कि वे पुराने को अच्छा समझते और वर्तमान से तालमेल नहीं बिठा पाते।" 'सिल्वर वैडिंग' कहानी के आधार पर इस कथन की सोदाहरण समीक्षा कीजिए।**

अथवा **'सिल्वर वैडिंग' कहानी के संदर्भ में सिद्ध कीजिए कि समय के साथ न बदलने से व्यक्ति अकेला क्यों हो जाता है?** **CBSE 2024**

उत्तर 'सिल्वर वैडिंग' यथार्थ में वर्तमान युग के बदलते जीवन-मूल्यों की कहानी है। कहानी के केंद्रीय चरित्र यशोधर बाबू पाश्चात्य सभ्यता से विरक्ति रखते हैं। उनका व्यवहार अपनी पत्नी एवं बच्चों के प्रति उनके विरोध की भावना को दर्शाता है, क्योंकि वे पुराने विचारों का समर्थन करते हैं, जबकि उनका परिवार आधुनिक विचारों के पक्ष में रहता है।

वर्तमान समय पूरी तरह अर्थ पर आधारित हो गया है। आजकल परिवार में धन की अधिकता रहने पर ही पारिवारिक संबंध ठीक से निभ पाते हैं, अन्यथा परिवार को बिखरते देर नहीं लगती। यशोधर बाबू को धन से विशेष लगाव नहीं है, इसलिए वे अधिक कमाने पर ध्यान नहीं देते। उनका बड़ा बेटा भूषण विज्ञापन कंपनी में ₹ 1500 प्रतिमाह पर काम करता है और उसमें अमीर व्यक्ति बनने की आकांक्षा है। वह यशोधर बाबू के विचारों के विपरीत सामाजिक संबंधों की मर्यादा को नकारता है। इसी कारण वह अपनी बुआ को पैसे नहीं भेजता। उसे न अपने माता-पिता की इच्छा की परवाह है और न रिश्तेदारी की। बदलते जीवन-मूल्य के साथ आज की पीढ़ी सामाजिक परंपराओं को दकियानूसी मानकर छोड़ रही है। यही कारण है कि समय के साथ न बदलने से व्यक्ति अकेला हो जाता है, जैसे कहानी में यशोधर बाबू हो गए।

पुरानी पीढ़ी निस्तेज होकर हाशिए पर लाचार खड़ी नज़र आती है। नई और पुरानी पीढ़ी के बीच वैचारिक अंतर बहुत गहरा हो गया है। अतः कहा जा सकता है कि 'सिल्वर वैडिंग' वर्तमान युग में हो रहे पारिवारिक मूल्यों के विघटन का यथार्थ चित्रण है।

2. यशोधर बाबू किन जीवन-मूल्यों को थामे बैठे हैं? नई पीढ़ी उन्हें प्रासंगिक क्यों नहीं मानती? तर्कसम्मत उत्तर दीजिए।

उत्तर यशोधर बाबू पुराने जीवन-सिद्धांतों को अपनाकर चलने वाले व्यक्ति हैं। वे आधुनिक जीवन-शैली एवं जीवन-मूल्यों को व्यर्थ मानते हैं। हालाँकि यशोधर बाबू भी आधुनिकता के प्रभाव से अछूते नहीं रह सके, परंतु वे नए विचारों को अपनाने में सफल भी नहीं हो सके। अपने दृढ़ जीवन-मूल्यों के आधार पर चलने के कारण ही नौकरी के अतिक्ति अन्य तरीकों से धन कमाने की उन्होंने कभी नहीं सोची। अपने सिद्धांतों के कारण ही उन्होंने अपने कोटे का फ्लैट भी नहीं लिया। वे हमेशा चाहते थे कि परिवार के सभी सदस्य उनकी सलाह से ही कोई कार्य करें।

नई पीढ़ी उनके पुराने आदर्शों को अब अप्रासंगिक मानती है। बहुत सारे ऐसे क्षेत्र हैं, जिनमें उनके बच्चे संलग्न हैं, लेकिन उसके बारे में यशोधर बाबू को कुछ नहीं पता, तो वे उसमें अपनी राय कैसे दे सकते हैं और वह कहाँ तक उपयोगी होगी? यशोधर बाबू अपने सिद्धांतों के प्रति निष्ठावान

थे, जबकि उनकी पत्नी एवं बच्चे आधुनिक जीवन-मूल्यों को अपनाने के कारण उनसे विपरीत सोच रखते थे। यशोधर बाबू को सभी नए विचार 'समहाउ इंप्रॉपर' लगते हैं। वास्तव में, नई पीढ़ी बदलाव चाहती है और अनेक ऐसे क्षेत्र हैं, जिनमें नई पीढ़ी की समझ ज़्यादा अच्छी है। नई पीढ़ी के विचारों को, उनके मूल्यों को एकदम से नकारना उचित नहीं है। समय के साथ चलकर ही अपनी प्रगति की जा सकती है। इस बात को पुरानी पीढ़ी के सदस्यों को समझना पड़ेगा तथा नई पीढ़ी को भी यह ध्यान रखना होगा कि बदलाव बेहतर के लिए हो, बदतर के लिए नहीं।

3. क्या यशोधर बाबू के व्यक्तित्व को समझकर नई पीढ़ी को उनके सिद्धांतों को अपनाना चाहिए? इस कथन से आप सहमत हैं या नहीं, लिखिए।

अथवा **यशोधर बाबू के व्यक्तित्व की तीन प्रमुख विशेषताएँ लिखते हुए समझाइए कि नई पीढ़ी के लिए इन्हें अपनाना क्यों उपयुक्त है? 'सिल्वर वैडिंग' के आधार पर लिखिए।** **AI 2019**

उत्तर दो पीढ़ियों में सदैव अंतर बना ही रहता है। युवा पीढ़ी पुराने विचारों को निरर्थक तथा दकियानूसी मानती है। वह पुराने विचारों का अनुसरण करना ही नहीं चाहती। उन्हें वे व्यक्ति अच्छे नहीं लगते, जो पुराने विचारों से निर्देशित होकर जीवन व्यतीत करते हैं। ठीक इसके विपरीत यशोधर पंत जैसे लोग, जो पुराने विचारों को मानने वाले व्यक्ति हैं, उन्हें युवा वर्ग की आधुनिक जीवन-शैली बुरी लगती है। हालाँकि यशोधर बाबू भी आधुनिकता के प्रभाव से अछूते न रह सके, परंतु वे नए विचारों को अपनाने में सफल न हुए।

मेरे विचार से नई पीढ़ी को भी पुराने तार्किक विचारों को अपनाने की कोशिश करनी चाहिए। इसका कारण यह है कि आधुनिकता एक सीमा तक ही अपनाई जानी चाहिए, अन्यथा कई बार आधुनिकता व्यक्ति को गलत दिशा की ओर भी मोड़ देती है; जैसे—धूम्रपान, शराब पीना, जुआ खेलना इत्यादि। प्रगति की इस तेज़ दौड़ में मनुष्य अंत में अकेला ही रह जाता है। उसका जीवन तनाव से घिर जाता है।

यह तनाव यशोधर पंत की जीवन-शैली को अपनाने से ही खत्म हो सकता है। इसीलिए यदि नई पीढ़ी यशोधर बाबू के सिद्धांतों को अपनाए तो यह अनुचित नहीं होगा। हाँ, यह ज़रूर देखना होगा कि किन सिद्धांतों को अपनाने से जीवन वास्तविक रूप से सफलता की ओर अग्रसर होता है।

4. वर्तमान समय में धन को पारिवारिक संबंधों से अधिक महत्त्व दिया जा रहा है। इस कथन को कहानी के आधार पर स्पष्ट कीजिए।

उत्तर कहानी के आधार पर लेखक यह कहना चाहता है कि आज का जीवन अर्थ (धन) पर आधारित है। आज संबंधों का टिकना आर्थिक स्थिति पर निर्भर करता है अर्थात् जब तक आर्थिक स्थिति बेहतर रहती है, तब तक सब ठीक रहता है और यदि धन का अभाव होने लगे तो संबंधों में भी धीरे-धीरे दूरियाँ बढ़ने लगती हैं।

यही स्थिति यशोधर पंत के परिवार की भी है। उनके परिवार वाले भी उनकी ऊपर की कमाई चाहते हैं, लेकिन यशोधर पंत सिद्धांतवादी व्यक्ति हैं और उन्होंने दूसरे तरीके से धन कमाने की कभी सोची भी नहीं। सिद्धांतों के कारण उन्होंने अपने कोटे का फ्लैट भी नहीं लिया था। इन सभी बातों से उनके बच्चे उनसे खिन्न (परेशान) रहते हैं।

उनका बड़ा बेटा भूषण विज्ञापन कंपनी में ₹ 1500 प्रतिमाह पर काम करता है। यशोधर बाबू और भूषण के बीच विचारों की गहरी खाई है। भूषण अकसर किसी काम के बाद कह देता था कि पैसे मैं दे दूँगा। यह बात यशोधर बाबू के गले के नीचे कभी नहीं उतरती अर्थात् धन के कारण उनके परिवार में भी तनाव की स्थिति बनी रहती है। आधुनिक युग में धन का महत्त्व दिनोंदिन बढ़ता ही जा रहा है।

5. यशोधर बाबू के व्यक्तित्व की प्रमुख विशेषताओं पर सोदाहरण प्रकाश डालिए।

अथवा **'सिल्वर वैडिंग' कहानी के आधार पर यशोधर बाबू के व्यक्तित्व की प्रमुख विशेषताओं पर प्रकाश डालिए।**

उत्तर यशोधर बाबू एक सिद्धांतवादी व्यक्ति हैं। उन्होंने अपना सारा जीवन नियमों को निभाने में ही बिताया है। यशोधर बाबू के जीवन पर किशनदा का प्रभाव बहुत गहराई तक पड़ा। यशोधर बाबू अपने काम के प्रति बहुत ही ईमानदार हैं।

वे अपना काम किसी भी कारण देर से नहीं करते। सिद्धांतवादी होने के कारण वे परिवार से दूरी बनाए रहते हैं। यद्यपि उनके बच्चे उनमें बदलाव चाहते हैं, किंतु वे स्वयं को अंत तक नहीं बदल पाए। उन्हें सामाजिक मूल्यों की गहरी परख है। वे 5 बजे दफ्तर की छुट्टी के बाद बिड़ला मंदिर जाते हैं। कभी-कभी वहाँ प्रवचन भी सुनते हैं। उसके बाद पहाड़गंज जाकर सस्ती सब्जियाँ भी खरीदते हैं।

यही समय उन्होंने किसी से मिलने-मिलाने का भी तय कर रखा है। वे चाहते हैं कि उनके बच्चे भी उनसे अपने कामों में सलाह लें, किंतु बच्चे उन्हें यह कहकर चुप करा देते हैं कि अब्बा! जब आपको कुछ पता ही नहीं तो क्या पूछें? यशोधर बाबू भी किशनदा से पूछ-पूछकर सारे काम करते थे। यही आदत वे अपने बच्चों में भी देखना चाहते हैं। यशोधर बाबू पुराने रीति-रिवाज़ों को मानने वाले व्यक्ति हैं। वे अपने परिवार के सदस्यों के साथ ताल-मेल नहीं बिठा पाए। उनकी सोच में नए विचार निरर्थक हैं। सामंजस्य न बिठा पाने के कारण यशोधर बाबू हाशिए पर चले जाते हैं।

6. "यशोधर बाबू दो भिन्न कालखंडों में जी रहे हैं।" पक्ष या विपक्ष में सोदाहरण तर्क दीजिए।

अथवा **यशोधर बाबू जीवन में नए और पुराने के द्वंद्व में फँस गए हैं, आपके विचार से उन्हें क्या करना चाहिए और क्यों?** **Delhi 2019**

अथवा **'सिल्वर वैडिंग' के कथानायक "यशोधर बाबू एक आदर्श व्यक्तित्व हैं और नई पीढ़ी द्वारा उनके विचारों को अपनाना ही उचित है।" इस कथन के पक्ष या विपक्ष में तर्क दीजिए।**

उत्तर यशोधर बाबू को 'आदर्श व्यक्तित्व' इसलिए कहा गया है, क्योंकि वे जीवनभर अपने सिद्धांतों पर चलते रहे हैं। यशोधर बाबू पुराने विचारों वाले व्यक्ति हैं और वे ये भी मानते हैं कि उनके बच्चे आधुनिक युग के साथ चलते-चलते यथार्थ दुनिया के बारे में उनसे अधिक अच्छा सोच पाते हैं। उन्हें समाज में जहाँ कहीं भी नयापन दिखाई देता है, तो वे कहते हैं 'समहाउ इंप्रॉपर'।

यशोधर बाबू अपने सामाजिक मूल्यों को बनाए रखना चाहते हैं। आज विश्व में हमें सबके साथ कंधे-से-कंधा मिलाकर चलना ही पड़ता है। मेरी दृष्टि में नई पीढ़ी के उन्हीं विचारों को अपनाना उचित है, जिनसे अपना और समाज का विकास हो। पुरानी पीढ़ी को रहन-सहन, पहनावा, खाना-पीना और व्यवहार में थोड़ा बहुत बदलाव लाना ही चाहिए। उदाहरण के लिए, यदि हम लड़कियों को न पढ़ाएँ तो नुकसान अपना ही करेंगे, क्योंकि शिक्षित नारी पूरे परिवार को शिक्षित बनाती है। इसलिए आधुनिक युग की सोच है कि यशोधर बाबू जैसे लोगों को अपने पुराने विचारों में नए विचारों को भी शामिल कर लेना चाहिए।

7. 'सिल्वर वैडिंग' कहानी का प्रमुख पात्र वर्तमान में रहता है, किंतु अतीत को आदर्श मानता है। इससे उसके व्यवहार में क्या-क्या विरोधाभास दिखाई पड़ते हैं? सोदाहरण उल्लेख कीजिए।

उत्तर बचपन से ही यशोधर पंत जी पुराने आदर्शों को ही मानते आए हैं, इसीलिए उन्हें अपने सिद्धांतों पर चलना अब सही लगने लगा है। जिस किशनदा ने जीवन के हर मोड़ पर उनकी सहायता की है, उनके ही सिद्धांतों को यशोधर बाबू ने अपने जीवन का लक्ष्य बना लिया है। यशोधर बाबू नई पीढ़ी के विचारों से बिलकुल भी सहमत नहीं हैं। इसका प्रभाव उनके जीवन में इस प्रकार पड़ा कि वे अपने ही परिवार से दूर हो गए। परिवार के लोग उन्हें नए ढंग से चलने के लिए कहने लगे। पत्नी भी कह देती थी कि आप अभी से इतने पूजा-पाठ में लगे रहते हैं जैसे कि बूढ़े हो गए हों।

बड़ा बेटा भी साइकिल चलाने के विरोध में था और अपनी कमाई का रोब हर काम में दिखा देता था। उनकी बेटी भी किसी बात पर टोके जाने पर अमेरिका जाने की धमकी दे देती थी। यशोधर पंत अपने सिद्धांतों के प्रति निष्ठावान थे, लेकिन उनकी पत्नी और बच्चे आधुनिक नियमों को मानने के कारण यशोधर पंत के विपरीत ही सोचते रहे। इन विपरीत परिस्थितियों के कारण ही पंत जी के जीवन में विरोधाभास दिखाई पड़ता है।

8. यशोधर पंत पर किशनदा के प्रभाव की समीक्षा कीजिए।

अथवा **कौन-कौन से ऐसे काम थे, जो यशोधर बाबू को किशनदा से विरासत में मिले थे? किन्हीं दो का उल्लेख कीजिए।** **CBSE 2024**

उत्तर यशोधर पंत जब गाँव से दिल्ली आए तो सर्वप्रथम किशनदा ने ही उनकी सहायता की। किशनदा ने यशोधर पंत को 'मेस' का रसोइया बनाकर रख लिया, क्योंकि तब तक यशोधर की उम्र सरकारी नौकरी के लिए कम थी। किशनदा ने यशोधर जी को पचास रुपये उधार भी दिए, जिससे वे अपने लिए कपड़े बनवा सकें और कुछ पैसे गाँव भी भेज सकें। बाद में किशनदा ने उन्हें अपने ही नीचे नौकरी दिलवाई और दफ़्तर के कामों में भी मार्गदर्शन किया।

यशोधर पंत भी किशनदा की सलाह के बिना कोई कार्य नहीं करते थे। किशनदा परंपरागत सिद्धांतों को मानने वाले व्यक्ति थे। इस तरह किशनदा के साथ रहते-रहते यशोधर बाबू भी उन्हीं की तरह सिद्धांतवादी बन गए।

अब वे अपना हर काम किशनदा को ध्यान में रखकर करते थे। यशोधर पंत किशनदा के सिद्धांतों के साथ अपना जीवन बिताने लगे। हालाँकि सिद्धांतों के कारण उन्हें समाज में और परिवार में पुराने विचारों का समझा जाने लगा, पर उन्होंने किसी की परवाह न करते हुए किशनदा के सिद्धांतों को ही अपने जीवन का आधार बना लिया। समाज और स्वयं के बीच सामंजस्य न बिठा पाने के कारण यशोधर बाबू हाशिए पर चले जाते हैं। इन्हीं बातों से पता चलता है कि यशोधर बाबू के जीवन पर किशनदा का बहुत गहरा प्रभाव पड़ा है।

9. 'सिल्वर वैडिंग' कहानी के आधार पर यशोधर बाबू के मानसिक द्वंद्व की व्यंजक किन्हीं दो घटनाओं का उल्लेख कीजिए।

उत्तर 'सिल्वर वैडिंग' के केंद्रीय पात्र यशोधर पंत रहते तो वर्तमान में हैं, परंतु वे अपने अतीत से बाहर नहीं निकल पाते। वे कहते हैं कि उनकी तो परंपरा ही ऐसी है। वह पत्नी से कहते हैं, "जिस तरह तुमने बुढ़ियाकाल में यह बगैर बाँह का ब्लाउज़ पहनना, यह रसोई से बाहर दाल-भात खा लेना, यह ऊँची हील वाली सैंडल पहनना और ऐसे ही पचासों काम अपनी बेटी की सलाह पर शुरू कर दिए हैं, मुझे तो वे 'समहाउ इंप्रॉपर' ही मालूम होते हैं। एनीवे, मैं तुम्हें ऐसा करने से रोक नहीं रहा। देयरफोर, तुम लोगों को भी मेरे जीने के ढंग पर कोई एतराज़ नहीं होना चाहिए।"

चंद्रदत्त तिवारी द्वारा बेटे की प्रशंसा सुनने पर प्रफुल्लित हुए यशोधर बाबू की मानसिकता को प्रकट करते हुए लेखक लिखता है कि "यशोधर बाबू ने बेटों की खरीदी हुई हर नई चीज़ के संदर्भ में यही टिप्पणी की हो कि ये क्या हुआ, समहाउ मेरी तो समझ में आता नहीं, इसकी क्या ज़रूरत थी। तथापि उन्हें कहीं इस बात से थोड़ी खुशी भी होती है कि इस चीज़ के आ जाने से उन्हें नए दौर के निश्चय ही गलत मानकों के अनुसार बड़ा आदमी मान लिया जा रहा है।" वे चाहते हैं कि उनके बच्चे उनके व्यवहार और रहन-सहन का अनुकरण करें, परंतु उनकी संतानें उन्हें रूढ़िवादी समझती हैं।

वे घर में आधुनिक सुविधाओं की वस्तुएँ देखकर गर्व महसूस करते हैं, परंतु फिर भी उन्हें यह सब 'समहाउ इंप्रॉपर' लगता है। इन्हीं विपरीत परिस्थितियों में सामंजस्य स्थापित करने के प्रयास के कारण यशोधर बाबू के मन में अंतर्द्वंद्व चलता रहता है।

10. वाई. डी. पंत का आदर्श कौन था? उसके व्यक्तित्व की तीन विशेषताएँ लिखिए।

उत्तर वाई. डी. पंत अर्थात् यशोधर बाबू के आदर्श किशनदा थे। किशनदा इस कहानी के हर संदर्भ में हस्तक्षेप करते हुए भी सबसे दूर हैं। उनकी मृत्यु हो चुकी है, किंतु वे अपने मानस-पुत्र यशोधर बाबू के रूप में मानो जीवित हैं।

उनके व्यक्तित्व की उल्लेखनीय विशेषताएँ निम्नलिखित हैं

(i) किशनदा सरल हृदय रखने वाले एवं सहयोगी व्यक्ति हैं। वे मूल रूप से पहाड़ी क्षेत्र से संबंधित हैं, जो दिल्ली में नौकरी करते हैं। पहाड़ी क्षेत्र से आने वाले अनेक युवक अपने काम से दिल्ली आने पर उन्हीं के घर में शरण लेते हैं। वे यशोधर बाबू को स्नेह से 'भाऊ' कहकर पुकारते हैं। वे अविवाहित हैं तथा उन्होंने अपने घर को मेस जैसा बना दिया है, जहाँ कोई भी व्यक्ति आकर आपसी सहयोग से खा-पका सकता था।

(ii) वे परोपकारी प्रवृत्ति के व्यक्ति हैं तथा सिद्धांतवादी भी। किशनदा ने ही मैट्रिक पास यशोधर पंत को न केवल सरकारी नौकरी दिलवाने में मदद की, बल्कि आवश्यकता पड़ने पर उन्हें पैसे भी उधार दिए। उन्होंने अपने जीवन में कुछ सिद्धांतों को अपनाया हुआ था, जिनका वे दृढ़ता से पालन करते थे।

(iii) किशनदा अनुभवी व्यक्ति हैं और अपने अनुभवों का लाभ अपने प्रियजनों को भी देते हैं। यशोधर बाबू के व्यक्तित्व निर्माण में किशनदा का अपूर्व योगदान है। वे उन्हें ऑफिस के कार्यों के साथ-साथ जीवन के विभिन्न प्रसंगों पर भी दिशा-निर्देश देते हैं।

11. यशोधर बाबू को ऐसा क्यों लगता है कि उनका बड़ा बेटा भूषण अपने पैसों के बारे में घर में कुछ ज़्यादा ही चर्चा करता है?

उत्तर यशोधर बाबू के बड़े बेटे भूषण का वेतन ₹ 1500 प्रतिमाह है। वह अन्य युवकों की तरह जल्दी-से-जल्दी अमीर बनना चाहता है। वह घर में किसी-न-किसी काम के बहाने अपने पैसों की बात बोल ही देता है;

जैसे— नया गाउन मैं लाया हूँ या घर में नौकर रख लो, मैं उसका वेतन दे दूँगा इत्यादि। पंत जी चाहते हैं कि उनका बेटा अपना वेतन उन्हें लाकर दे या उनके साथ ज्वॉइंट एकाउंट खुलवा ले, परंतु बेटा ऐसा नहीं करता है।

वह अपने ढंग से अपना वेतन घर में खर्च कर रहा है। वह घर में सोफा, डनलपवाला डबल बैड, सिंगार मेज, टी.वी., फ्रिज आदि ला रहा है, लेकिन समय-समय पर सभी चीजों पर अपना एकाधिकार भी जता देता है। इसीलिए यशोधर बाबू को लगता है कि उनका बड़ा बेटा भूषण अपने पैसों के बारे में कुछ ज़्यादा ही चर्चा करता है और यह उन्हें अच्छा नहीं लगता।

12. क्या आप ऐसा मानते हैं कि यशोधर पंत की आँखों में नमी आने का कारण उनके बड़े बेटे भूषण का व्यवहार था?

उत्तर यशोधर बाबू यह चाहते थे कि अब उनके बच्चे घर-गृहस्थी की ज़िम्मेदारी ले लें, परंतु ऐसा होता नहीं है। उनके बड़े बेटे भूषण ने उन्हें उनकी शादी की पच्चीसवीं सालगिरह पर ड्रेसिंग ऊनी गाउन तो भेंट की, पर साथ ही यह भी कहा कि सुबह दूध लेने जब जाएँ, तो इसे अवश्य पहनकर जाएँ। भूषण ने यह नहीं कहा कि दूध मैं ही ले आऊँगा, आप ठंड में बाहर मत जाना। इसी कारण यशोधर बाबू की आँखों में नमी आ गई। इसके साथ ही उन्हें यह लग रहा था कि उनके अंगों में किशनदा उतर आए हैं, जिनकी मौत 'जो हुआ होगा' जैसी सोच से जुड़ी हुई थी। संभवतः वे यह सोच रहे हों कि उनका अंतिम समय भी किशनदा जैसा हो सकता है।

13. घर में पार्टी के दिन यशोधर बाबू द्वारा अपनी पूजा का समय बढ़ाना उनके किस द्वंद्व को दर्शाता है?

उत्तर यशोधर बाबू अपनी शाम की पूजा का समय 15 मिनट से बढ़ाकर 25 मिनट तक ले जाते हैं, क्योंकि वे चाहते हैं कि उनकी पूजा के दौरान ही पार्टी में आए लोग खा–पीकर चले जाएँ। यशोधर बाबू आधुनिकता के मानदंडों को स्वीकार नहीं कर पाते। उन्हें आज की जीवन-शैली में जीना 'समहाउ इंप्रॉपर' लगता है; जैसे—बेटों द्वारा गैस का चूल्हा जुटाना, फ्रिज का घर में आना, सोफा, डबल बैड तथा सिंगार मेज आदि सभी दिखावा करने के प्रतीक लगते हैं।

अपनी शादी की 25वीं वर्षगाँठ मनाना भी उन्हें गलत ही लगता है। पश्चिमी सभ्यता के अनुसार केक काटना, मेहमानों से औपचारिकता निभाना, यशोधर बाबू को उनके सिद्धांतों के विरुद्ध लगता है। अपने इन्हीं दृष्टिकोणों के फलस्वरूप वे नए व पुराने सिद्धांतों के द्वंद्व में फँसे हुए हैं। वे अपने मन में बसी हुई किशनदा वाली छवि से यह अपेक्षा रखते हैं कि उनके सिद्धांत आज भी उनका मार्गदर्शन कर सकेंगे और यह बता सकेंगे कि उनके बीवी-बच्चे जो कुछ भी कर रहे हैं, उसके विषय में क्या रवैया अपनाना चाहिए, परंतु उन्हें इसका कोई संतोषजनक उत्तर नहीं मिलता। उन्हें पार्टी अपने सिद्धांतों के विपरीत लगती है, इसीलिए यशोधर बाबू अपनी पूजा का समय बढ़ा देते हैं।

14. यशोधर की सहायता किशनदा ने किस-किस प्रकार से की?

उत्तर यशोधर बाबू जब दिल्ली में आए, तब उनकी आयु सरकारी नौकरी के अनुरूप नहीं थी। इस कठिन परिस्थिति में उनके पास यहाँ रहने का कोई ठिकाना भी नहीं था, तब किशनदा ने यशोधर बाबू को अपने यहाँ रहने के लिए जगह दी और गाँव से उनके घर पर ठहरने वाले लड़कों के लिए खाना बनाने के लिए एक रसोइए के रूप में रख लिया। किशनदा ने यशोधर को 'मेस' का रसोइया बना दिया। उन्होंने यशोधर बाबू को ₹ 50 भी दिए, जिससे वे नए कपड़े सिलवा सकें और कुछ पैसे गाँव भी भेज सकें। यशोधर बाबू जब गाँव से आए थे, तब उनकी देरी से उठने की आदत थी। किशनदा ने उनकी इस आदत को सुधारते हुए जीवन में जल्दी उठने का महत्त्व बताया। इसके पश्चात् उनकी यह आदत जीवनपर्यंत बनी रही। किशनदा ने उनकी शिक्षा में भी मदद की और नौकरी भी उन्होंने ही दिलवाई। किशनदा ने जीवन के हर सुख-दुःख में यशोधर बाबू का मार्गदर्शन किया था। वे यशोधर बाबू को भाऊ यानी बच्चा कहते थे। शादी के बाद भी किशनदा यशोधर बाबू का बहुत ध्यान रखते थे। इस प्रकार, किशनदा ने यशोधर पंत की बहुत सहायता की थी।

15. 'सिल्वर वैडिंग' कहानी के आधार पर पीढ़ियों के अंतराल के कारणों पर प्रकाश डालिए। क्या इस अंतराल को कुछ पाटा जा सकता है, कैसे? स्पष्ट कीजिए।

अथवा **'सिल्वर वैडिंग' कहानी में दो पीढ़ियों के बीच बढ़ती दूरी का उल्लेख किया गया है, इस दूरी का क्या कारण है? इसको किस प्रकार कम किया जा सकता है? तर्कपूर्ण उत्तर दीजिए।** **CBSE 2025**

उत्तर प्रस्तुत कहानी में पीढ़ियों के अंतराल की समस्या को समाज के सामने रखा गया है। अंतराल का कारण यह है कि पुरानी पीढ़ी नए बदलाव को समझना ही नहीं चाहती, स्वीकार करना तो दूर की बात है। पंत जी भी इस बात को मानते हैं कि उनके बच्चे दुनियादारी उनसे ज़्यादा अच्छी तरह समझते हैं।

फिर भी वे पुराने विचारों में रहना अधिक पसंद करते हैं। रहन-सहन, पहनावा, आपसी रिश्तेदारी सभी यशोधर जी को अपने पुराने विचारों या सोच के कारण 'समहाउ इंप्रॉपर' लगते हैं। इस पूरी कहानी में नई पीढ़ी और पुरानी पीढ़ी के अंतराल को दर्शाया गया है। इस अंतर को कम करने का एक ही तरीका है—बदलाव। पुरानी पीढ़ी के लोगों को समझना चाहिए कि नई पीढ़ी बदलाव चाहती है। वह संसार में अपने नियमों के साथ जीना चाहती है और नई पीढ़ी को भी पुराने विचारों को उसी सीमा तक बदलना चाहिए, जिससे पुरानी पीढ़ी दुःखी न हो और नई पीढ़ी भी पतन की ओर न जाए। समय के साथ तालमेल बिठाकर ही हम अपने आपको तथा दूसरों को प्रसन्न रख सकते हैं।

16. कहानी 'सिल्वर वैडिंग' के आधार पर उन जीवन-मूल्यों को समझाएँ, जो समय के साथ बदल रहे हैं। **CBSE SQP 2024**

अथवा **'सिल्वर वैडिंग' कहानी के संदर्भ में वर्तमान समाज के परिवार की संरचना और स्वरूप पर प्रकाश डालिए।** **CBSE 2024**

उत्तर वर्तमान युग में अनेक जीवन-मूल्यों में परिवर्तन आ चुका है तथा अनेक जीवन-मूल्य परिवर्तन की प्रक्रिया में हैं। आजकल लोग रिश्तों का महत्त्व भूलते जा रहे हैं। वे रिश्तों की अपेक्षा धन को अधिक महत्त्व देने लगे हैं। उनके भीतर से सामूहिकता का गुण धीरे-धीरे समाप्त होता जा रहा है और वे एकल जीवन जीने को महत्त्व देने लगे हैं। जहाँ कहानी में किशनदा का घर गाँव के लोगों का आश्रय स्थल हुआ करता था और उन्हीं की परंपरा का निर्वहन करते हुए यशोधर बाबू भी रामलीला की तैयारी के लिए अपना कमरा दिया करते थे, लेकिन उनके बच्चों में इस गुण का अभाव दिखाई देता है। इसी के साथ अधिकांश युवक तथा युवतियाँ अपने माता-पिता का अपेक्षित सम्मान भी नहीं करते। ईमानदारी की परिभाषा भी बदल चुकी है। धनी लोगों का सम्मान होता है। ईमानदार, गरीब लोगों को मूर्ख समझा जाता है।

आजकल पहनावे में भी बहुत अंतर आ चुका है। पहले वृद्ध स्त्रियाँ सादगी से रहती थीं, परंतु आजकल वे भी युवतियों की तरह शृंगार करने लगी हैं। युवा पीढ़ी पहले की तुलना में धार्मिक कर्मकांडों में कम रुचि लेती है तथा साथ ही वह अधिक भौतिकवादी होते जा रहे हैं। आज का जीवन इतना भाग-दौड़ भरा है, जिससे आपसी संबंधों का विघटन हो रहा है। किसी के पास इतना समय नहीं है कि वे अन्य लोगों के सुख-दुःख में सम्मिलित हो सकें। वस्तुतः जीवन-मूल्यों में आए सभी परिवर्तनों को सही नहीं ठहराया जा सकता। पाश्चात्य जीवन-मूल्यों के इस बदलाव को एक सीमा तक ही ठीक कहा जा सकता है।

17. "यशोधर बाबू एक मिलनसार व्यक्ति हैं।" पाठ के आधार पर स्पष्ट कीजिए।

उत्तर यशोधर बाबू का स्वभाव एक मिलनसार व्यक्ति का है। अपने इसी स्वभाव के कारण वे दिनभर काम में लगे रहने के उपरांत भी शाम को जाते समय हँसी-मजाक किया करते थे। गाँव से अकेले दिल्ली आने के पश्चात् किशनदा के घर पर कई लोगों के मिलकर रहने का गुण भी उनकी इसी विशेषता को रेखांकित करता है। अपने मिलनसार व्यक्तित्व के कारण ही वे खुशी या गम प्रत्येक अवसर पर रिश्तेदारों के यहाँ जाना ज़रूरी समझते हैं।

वे चाहते हैं कि बच्चे भी परिवार की महत्ता को समझें और इस परंपरा को बनाए रखें। वे अपनी बुआ को भी कुछ पैसे आर्थिक-सहायता के रूप में भेज देते हैं। इसके साथ ही वे कई सामाजिक आयोजनों में भी रुचि लेते हैं; जैसे—घर में होली गवाना, सब कुमाउँनियों को जनेऊ बदलने के लिए अपने घर आमंत्रित करना, रामलीला की तालीम के लिए क्वार्टर का एक कमरा दे देना आदि। इन सब बातों से यह पता चलता है कि यशोधर बाबू न केवल पारिवारिक मूल्यों में विश्वास रखते हैं, बल्कि सामाजिक स्तर पर भी वे बेहद मिलनसार व्यक्ति हैं।

18. यशोधर जी धार्मिक गतिविधियों में भी रुचि रखते हैं। पाठ के आधार पर लिखिए।

उत्तर यशोधर जी शाम को मंदिर जाते हैं और प्रवचन भी सुनते हैं। पूजा भी वे नियम से ही करते हैं और निश्चित सिद्धांतों वाले व्यक्ति हैं, क्योंकि उनका विश्वास पुराने रीति-रिवाज़ों में बना हुआ है। जैसे-जैसे उनकी उम्र ढलती जा रही है, वैसे-वैसे वह भी किशनदा की तरह रोज मंदिर जाने, संध्या-पूजा करने और गीता प्रेस गोरखपुर की किताबें पढ़ने का प्रयत्न करने लगे हैं। पूजा में मन न लगने पर भी वे प्रयत्नपूर्वक अपने मन को भगवत्-भजन में लगाने की कोशिश करते रहते हैं।

किशनदा से मिले संस्कारों व परंपराओं को जीवित रखने की कोशिश करते हुए वे घर में होली गवाना, 'जन्यो पुन्यूं' के दिन सब कुमाउँनियों को जनेऊ बदलने के लिए अपने घर आमंत्रित करना, रामलीला की तालीम के लिए क्वार्टर का कमरा देना आदि कार्य करते हैं। इससे पता चलता है कि धार्मिक गतिविधियों के प्रति विश्वास उनके मन में समाया हुआ है।

19. भूषण के द्वारा ऊनी ड्रेसिंग गाउन देने पर यशोधर पंत के मन में उत्साह का अभाव किन जीवन मूल्यों की उपेक्षा के कारण दिखाई देता है? बुजुर्ग पीढ़ी हमसे क्या अपेक्षा करती है? **CBSE 2018**

उत्तर भूषण के द्वारा ऊनी ड्रेसिंग गाउन देने पर यशोधर पंत के मन में उत्साह का अभाव इसलिए दिखाई देता है, क्योंकि यशोधर बाबू चाहते थे कि अब उनके बच्चे घर-गृहस्थी की जिम्मेदारी उठा लें, परंतु ऐसा नहीं होता।

उनके बड़े बेटे भूषण ने उन्हें उनकी शादी की 25वीं सालगिरह पर ऊनी गाउन तो भेंट की, पर साथ ही यह भी कहा कि सुबह दूध लेने जब जाएँ, तो इसे अवश्य पहनकर जाएँ। भूषण ने यह नहीं कहा कि दूध मैं ही ले आऊँगा, आप ठंड में बाहर नहीं जाइएगा। इसी कारण यशोधर बाबू की आँखों में नमी आ गई।

बुजुर्ग पीढ़ी हमसे सहयोग एवं आत्मीयता की अपेक्षा करती है। यशोधर पंत को भी अपने पुत्र से सहयोग एवं आत्मीयता की अपेक्षा थी, किंतु भूषण ऐसी किसी भी प्रकार की आत्मीयता प्रदर्शित नहीं करता है, इसी कारण यशोधर बाबू की आँखें भर आईं।

स्व-मूल्यांकन

पाठ पर आधारित बहुविकल्पीय प्रश्न

निम्नलिखित बहुविकल्पीय प्रश्नों के उत्तर दीजिए

1. यशोधर बाबू अपने परिवार के सदस्यों के साथ तालमेल क्यों नहीं बिठा पाते हैं?
 (i) क्योंकि उनकी सोच में नए विचार निरर्थक हैं
 (ii) क्योंकि वे सिद्धांतवादी और व्यवहारवादी नहीं हैं
 (iii) क्योंकि उनका जीवन नीरस और उबाऊ है
 (iv) क्योंकि उन्हें अपने काम से फुर्सत नहीं है

2. किशनदा ने यशोधर पंत को 'मेस' का रसोइया बनाकर किस कारण रखा था?
 (i) ताकि वे खाना बनाना सीख सकें
 (ii) यशोधर पंत की आयु सरकारी नौकरी के लिए कम थी
 (iii) यशोधर पंत ने स्वयं ऐसा करने को कहा था
 (iv) किशनदा यह नहीं चाहते थे कि उन्हें सरकारी नौकरी मिले

3. 'सिल्वर वैडिंग' कहानी में 'समहाउ इंप्रॉपर' वाक्यांश का प्रयोग किस संदर्भ में हुआ है?
 (i) अपनों से परायेपन का व्यवहार मिलने पर
 (ii) वृद्ध पत्नी के आधुनिक स्वरूप को देखकर
 (iii) केक काटने की विदेशी परंपरा पर
 (iv) उपर्युक्त सभी

4. 'सिल्वर वैडिंग' कहानी की मूल संवेदना पीढ़ी का अंतराल है, क्योंकि
 (i) सिद्धांतवादियों की कमी के कारण समाज बदल रहा है
 (ii) पश्चिम के अंधानुकरण के कारण मानवीय मूल्य समाप्त होते जा रहे हैं
 (iii) पारिवारिक संबंधों में आत्मीयता का समावेश हो रहा है
 (iv) नई पीढ़ी पुरानी पीढ़ी को महत्त्व देती आ रही है

5. गाँव से अकेले दिल्ली आने के पश्चात् किशनदा के घर पर कई लोगों के साथ मिलकर रहने का गुण यशोधर बाबू की किस विशेषता को प्रकट करता है?
 (i) यशोधर बाबू पलायनवादी व्यक्ति हैं
 (ii) यशोधर बाबू आधुनिक परंपरा के वाहक हैं
 (iii) यशोधर बाबू एक मिलनसार व्यक्ति हैं
 (iv) यशोधर बाबू हाशिए पर जीने वाले व्यक्ति हैं

6. यशोधर बाबू ने केक न खाने के लिए क्या तर्क दिया?
 (i) उसमें अंडा होता है (ii) केक बच्चे खाते हैं
 (iii) उसका स्वाद उन्हें पसंद नहीं है (iv) केक खाने की चीज़ नहीं है

7. यशोधर बाबू को अपनी पत्नी के संबंध में क्या 'समहाउ इंप्रॉपर' लगता है?
 (i) बगैर बाँह का ब्लाउज पहनना
 (ii) रसोई के बाहर दाल-भात खाना
 (iii) ऊँची हील वाली सैंडिल पहनना
 (iv) उपर्युक्त सभी

8. 'सिल्वर वैडिंग' कहानी में यशोधर बाबू को बेटे भूषण द्वारा उपहार में ऊनी गाउन किस उद्देश्य से दिया गया?
 (i) पिता की आवश्यकता को पूर्ण करने के लिए
 (ii) दूध लाने की जिम्मेदारी उन्हीं के कंधों पर डालने के लिए
 (iii) अपनी माँ की इच्छा पूर्ति के लिए
 (iv) पिता को सर्दी लगने से बचाने के लिए

उत्तर

1. (i) क्योंकि उनकी सोच में नए विचार निरर्थक हैं
2. (ii) यशोधर पंत की आयु सरकारी नौकरी के लिए कम थी
3. (iv) उपर्युक्त सभी
4. (ii) पश्चिम के अंधानुकरण के कारण मानवीय मूल्य समाप्त होते जा रहे हैं
5. (iii) यशोधर बाबू एक मिलनसार व्यक्ति हैं
6. (i) उसमें अंडा होता है
7. (iv) उपर्युक्त सभी
8. (ii) दूध लाने की जिम्मेदारी उन्हीं के कंधों पर डालने के लिए

विषय-वस्तु पर आधारित प्रश्न

निम्नलिखित प्रश्नों के उत्तर दीजिए

1. 'सिल्वर वैडिंग' कहानी के आधार पर स्पष्ट कीजिए कि पाश्चात्य संस्कृति को अपनाना कहाँ तक उचित है?

2. "सिल्वर वैडिंग कहानी दो पीढ़ियों के अंतराल की दूरी को व्यक्त करती है।" कथन की समीक्षा कीजिए।

3. 'सिल्वर वैडिंग' कहानी आधुनिक समय में हो रहे जीवन-मूल्यों के विघटन को प्रदर्शित करती है। स्पष्ट कीजिए।

4. नई पीढ़ी व पुरानी पीढ़ी के अंतर्विरोधों को 'सिल्वर वैडिंग' कहानी के आधार पर स्पष्ट कीजिए।

5. यशोधर बाबू द्वारा गाउन पहनने पर लेखक ने ऐसा क्यों कहा कि उनके अंगों में वह किशनदा उतर आया है, जिसकी मौत 'जो हुआ होगा' से हुई?

6. यशोधर बाबू गोल मार्किट का क्षेत्र क्यों नहीं छोड़ना चाहते थे? कारण सहित समझाइए।

7. यशोधर बाबू पाँच बजे ऑफिस खत्म होने के बावजूद घर आठ बजे क्यों जाते थे? स्पष्ट कीजिए।

8. 'सिल्वर वैडिंग' कहानी का कोई दूसरा शीर्षक कहानी के अनुरूप लिखकर उसका तर्कयुक्त औचित्य सिद्ध कीजिए।

02
अध्याय

लेखक-परिचय

मराठी साहित्य के प्रसिद्ध कथाकार आनंद रतन यादव का जन्म वर्ष 1935 में कागल, कोल्हापुर (महाराष्ट्र) में हुआ था। इन्हें साहित्य जगत व पाठकों के बीच आनंद यादव के नाम से जाना जाता है। इन्होंने संस्कृत साहित्य में स्नातकोत्तर किया तथा लंबे समय तक पुणे विश्वविद्यालय के मराठी विभाग में कार्यरत् रहे। अब तक इनकी पच्चीस पुस्तकें प्रकाशित हो चुकी हैं। इन्होंने उपन्यास, कविता तथा समालोचनात्मक निबंध आदि विधाओं पर अपनी लेखनी चलाई। इनके द्वारा रचित नाटक 'नटरंग' हिंदी पाठकों के मध्य काफी प्रसिद्ध है, जिसके लिए इन्हें ज्ञानपीठ पुरस्कार से सम्मानित किया गया। इसके अतिरिक्त इन्हें 'जूझ' उपन्यास के लिए वर्ष 1990 में साहित्य अकादमी पुरस्कार से सम्मानित किया गया। वर्ष 2016 में इनका निधन हो गया।

▼ **अध्ययन के लिए**
- पाठ की रूपरेखा
- पाठ का सार

▼ **अभ्यास के लिए**
- पाठ्यपुस्तक के प्रश्नोत्तर
- पाठ पर आधारित बहुविकल्पीय प्रश्न
- विषय-वस्तु पर आधारित प्रश्नोत्तर

जूझ
(आनंद यादव)

पाठ की रूपरेखा

'जूझ' शीर्षक कहानी डॉ. आनंद यादव के बहुचर्चित एवं बहुप्रशंसित आत्मकथात्मक उपन्यास का एक अंश है, जो कथानायक आनंदा के जीवन संघर्षों से संबंधित है। आनंदा का मन पाठशाला जाने के लिए सदा लालायित रहता है, परंतु पारिवारिक दुविधाओं के कारण वह अपनी इच्छा की पूर्ति में बाधा महसूस करता है। लेखक ने इस कहानी के माध्यम से आनंदा के संघर्ष की मार्मिक चेतना को पाठकों के सामने जीवंत कर दिया है।

यह एक किशोर के देखे एवं भोगे हुए गँवई जीवन के खुरदरे यथार्थ और उसके रंगारंग परिवेश की अत्यंत विश्वसनीय जीवंत गाथा है। इसमें जीवन का मर्मस्पर्शी चित्रण तो है ही, अस्त-व्यस्त-अलमस्त निम्न मध्यवर्गीय ग्रामीण समाज और लड़ते-जूझते किसान-मज़दूरों के संघर्ष की भी अनूठी झाँकी है।

पाठ का सार

आनंदा और उसका परिवार

आनंदा के परिवार में उसके दादा (पिता) और माँ रहते थे। आनंदा अपने पढ़ने की बात अपने दादा से नहीं कर पाता था, क्योंकि उसके पिता अच्छे आचरण वाले न होने के साथ-साथ अत्यधिक गुस्से वाले भी थे। दादा सारा दिन गाँव भर में घूमते रहते और रखमाबाई के कोठे पर भी जाते थे।

वे घर गृहस्थी के किसी भी काम में हाथ नहीं बँटाते थे और खेत का सारा काम भी आनंदा से ही कराते थे। यही कारण था कि वे आनंदा को पाठशाला नहीं भेजना चाहते थे। दूसरी तरफ, आनंदा की माँ चाहती थी कि उसका बेटा सातवीं कक्षा तक अवश्य पढ़े, लेकिन दादा के आगे उसकी एक न चलती थी। आनंदा और उसकी माँ ने दत्ता जी राव के पास जाने की सोची, क्योंकि वे ही पाठशाला जाने के लिए दादा को समझाकर राजी कर सकते थे।

दत्ता जी राव का व्यक्तित्व व उनका न्यायोचित व्यवहार

दत्ता जी राव देसाई गाँव के एक प्रभावशाली व्यक्ति हैं। उन्होंने आनंदा और उसकी माँ की सारी बातें ध्यानपूर्वक सुनकर कहा कि दादा को मेरे पास भेजना। राव साहब भी चाहते थे कि आनंदा पढ़-लिखकर एक शिक्षित व्यक्ति बने। वे जानते थे कि वर्तमान युग में पढ़ाई का कितना अधिक महत्त्व है। जब दादा उनके पास आए तो उन्होंने उसे बहुत धमकाया और कहा कि तेरी ओर से पाठशाला भेजने में कोई बाधा नहीं होनी चाहिए। यदि वह पढ़ा सकने में असमर्थ है, तो वे स्वयं ही आनंदा को पाठशाला भेज देंगे। दत्ता जी का व्यवहार आधुनिक युग के अनुसार बहुत ही उत्तम श्रेणी का है।

आनंदा और उसका पाठशाला संबंधी अनुभव

आनंदा जब पहले दिन पाठशाला गया तो उसकी खुशी का ठिकाना न रहा। उसे पाँचवीं कक्षा में ही दोबारा जाकर बैठना पड़ा, क्योंकि उसने पहले ये कक्षा उत्तीर्ण नहीं की थी। चह्वाण नामक एक नए लड़के ने उसकी मटमैली धोती और गमछे को लेकर मजाक उड़ाया, जिसके कारण आनंदा का मन बहुत दु:खी हो गया।

पहले दिन उसने सोचा कि वह अब पाठशाला नहीं जाएगा, किंतु फिर उसने दृढ़ निश्चय किया कि वह पाठशाला अवश्य जाएगा, क्योंकि वह बचपन से ही मुश्किलों का सामना करता आया है। वसंत पाटिल नाम का एक बहुत होशियार लड़का आनंदा का मित्र बन गया। आनंदा वसंत को देखकर पढ़ाई में भी मन लगाने लगा और अखबारी कागज़ के कवर भी अपनी किताबों पर चढ़ाने लगा। अब उसे भी कक्षा में शाबाशी मिलने लगी। उसे पाठशाला जाने में अब आनंद आने लगा।

आनंदा पर सौंदलगेकर जी का प्रभाव

श्री सौंदलगेकर जी मराठी अध्यापक हैं। वे कक्षा में कविता बहुत ही आनंद के साथ गाकर पढ़ाते हैं। सुनने वाले भी मुग्ध होकर सुनते थे। उनके पास सुरीला गला, छंद की बढ़िया चाल और रसिकता भी थी। आनंदा को उनकी कविताएँ इतनी अच्छी लगतीं कि जब वह पाठशाला के बाद खेत में काम करने जाता तो हर समय उन्हें गुनगुनाता रहता था, जिसके कारण कविता में उसकी रुचि दिन-प्रतिदिन बढ़ती जा रही थी। सौंदलगेकर जी भी अब उसे विशेष रूप से सिखाने लगे और वे आनंदा की प्रशंसा भी करने लगे। श्री सौंदलगेकर जी से ही प्रेरणा लेकर अब आनंदा स्वयं भी कविता रचने लगा और उसे अपने गुरुजी को दिखाता था, जिससे कविता में जो कमी हो, वे उन्हें ठीक कर सकें। इसी कारण आनंदा श्री सौंदलगेकर जी के बहुत निकट आ गया था।

आनंदा और उसकी लगन

आनंदा को कविता लिखने की ऐसी लगन लगी कि जब उसके पास कागज़, पेंसिल न होती तो वह लकड़ी के छोटे टुकड़े से भैंस की पीठ पर रेखा खींचकर लिखता या पत्थर की शिला पर कंकड़ से लिख लेता था।

कभी-कभी कविता रविवार के दिन लिख लेता, तो सोमवार को सबसे पहले अपनी कविता मास्टर जी को दिखाता और यदि वह सोमवार का इंतजार नहीं कर पाता, तो रात को ही सौंदलगेकर मास्टर जी के घर जाकर कविता दिखा देता था।

इस कारण आनंदा की मराठी भाषा में भी सुधार आया और अब वह अलंकार, छंद, लय आदि को सूक्ष्मता से समझने लगा। कविता की लगन उसे ऐसी लगी कि अब उसके मन में कोई-न-कोई मधुर गीत बजता ही रहता।

शब्दार्थ

कोल्हू–एक प्रकार की प्राचीन मशीन, जिससे गन्ने का रस निकाला जाता है, **बहुतायत**–अधिक मात्रा।

कंडे–गोबर के बने उपले, **बरहेला**–बावरा/पागल।

अधीरता–विनम्रता व धैर्य, **जीमने**–भोजन ग्रहण करना।

श्रम–मेहनत, **लागत**–किसी उत्पादन पर खर्च की गई धनराशि, **लुगाई**–पत्नी, **पटा**–ब्याज/सूद।

नापास–अनुत्तीर्ण।

बालिस्टर–बैरिस्टर, **व्यतीत**–गुजारना, **अपेक्षा**–तुलना, **अपरिचित**–बिना जाना पहचाना।

धरोहर–संपत्ति, **गमछा**–पतले कपड़े का तौलिया।

निबाह–गुजारा, **मैलखाऊ**–जिसमें मैल छिप जाए, **परिचय**–जान-पहचान, **दहशत**–डर, **ऊधम**–शोर मचाना।

एकाग्रता–पाँचों ज्ञानेंद्रियों के साथ लगने वाला ध्यान, **कंठस्थ**–रटी हुई/मुँह जबानी याद होना।

भान–ध्यान/याद, **ढोर चराना**–पशुओं को चराना, **यति-गति**–कविता में रुकने एवं आगे बढ़ने के नियम, **आरोह**–बढ़ता हुआ क्रम।

प्रयत्न–कोशिश/प्रयास, **समारोह**–महोत्सव/आयोजन।

शिला–पहाड़, **धीरज**–धैर्य, **महफिल**–समारोह, **सूक्ष्म**–महीन/बारीक, **अपनापा**–अपनापन, **ढर्रे**–विषय/शैली, **सचेत**–चौकन्ना।

पाठ्यपुस्तक (वितान भाग-2) के प्रश्नोत्तर

1. 'जूझ' शीर्षक के औचित्य पर विचार करते हुए स्पष्ट करें कि क्या यह शीर्षक कथानायक की किसी केंद्रीय चारित्रिक विशेषता को उजागर करता है?

अथवा **'जूझ' शीर्षक पाठ कथानायक की किन चारित्रिक विशेषताओं की ओर संकेत करता है? इस संदर्भ में पाठ के शीर्षक के औचित्य को समझाइए।** **AI 2019**

उत्तर 'जूझ' का अर्थ है– संघर्ष। प्रस्तुत पाठ में कथानायक आनंदा जीवनभर विपरीत परिस्थितियों से जूझता रहा है। पिता के कड़क व रूखे स्वभाव के कारण वह पाठशाला जाने में असमर्थ था, किंतु उसने अपनी माँ के साथ मिलकर ऐसी योजना बनाई, जिसके कारण वह पाठशाला भी गया और एक शिक्षित व्यक्ति भी बना। उसने जीवन के संघर्ष में अपना आत्मविश्वास कभी नहीं खोया। लेखक के संघर्ष में उसकी माँ, देसाई सरकार, मराठी व गणित के अध्यापक ने सहयोग दिया। पाठशाला में भी नायक एक नए माहौल में ढलने व कविता रचना करने के लिए संघर्ष करता है। अतः 'जूझ' शीर्षक नायक की केंद्रीय चारित्रिक विशेषता को उजागर करता है।

2. स्वयं कविता रच लेने का आत्मविश्वास लेखक के मन में कैसे पैदा हुआ?

अथवा **अध्यापक के रूप में सौंदलगेकर के चरित्र की विशेषताओं पर 'जूझ' पाठ के आधार पर प्रकाश डालिए।**

अथवा **काव्य रचना की ओर 'जूझ' के लेखक की रुचि जगाने में उसके अध्यापक के योगदान पर प्रकाश डालिए।**

अथवा **श्री सौंदलगेकर जी के अध्यापन की उन विशेषताओं को रेखांकित करें, जिन्होंने कविताओं के प्रति लेखक के मन में रुचि जगाई।**

उत्तर श्री सौंदलगेकर मराठी भाषा को बड़े ही आनंद के साथ पढ़ाते थे। वे कविता को अत्यधिक मधुर स्वर में गाते थे। वे भाव, छंद, लय के जानकार थे। पहले वे एकाध कविता गाकर सुनाते थे, फिर बैठे-बैठे अभिनय के साथ कविता का भाव ग्रहण कराते। उन्हें नई व पुरानी मराठी कविताओं के साथ-साथ अनेक अंग्रेज़ी कविताएँ कंठस्थ थीं।

पढ़ाते समय वे अनेक कवियों से हुई अपनी भेंट के संस्मरण सुनाते थे। वे स्वयं भी कविता करते थे और अपनी भी एकाध कविता सुना दिया करते थे। वे लेखक की कविता को देख उसे शाबाशी भी देते, साथ ही कविता की भाषा, लय, छंद, गति, अलंकार आदि पर अपना सूक्ष्म दृष्टिकोण भी व्यक्त करते। इन्हीं विशेषताओं को देखकर लेखक को विश्वास हुआ कि कवि भी अपने जैसा ही एक हाड़ मांस का क्रोध-लोभ का मनुष्य ही होता है, इसलिए कविता लेखन में उसकी रुचि देखकर सौंदलगेकर ने उसे अलग-अलग प्रकार की कविता संग्रह की पुस्तकें दीं। इस प्रकार, लेखक को उसके अध्यापक ने हर तरह से प्रोत्साहित कर काव्य सृजन में रुचिकर बनाया।

3. कविता के प्रति लगाव से पहले और उसके बाद अकेलेपन के प्रति लेखक की धारणा में क्या बदलाव आया?

उत्तर जब तक लेखक के जीवन में कविता के प्रति लगाव उत्पन्न नहीं हुआ था, तब तक उसे अकेलापन सताता था। उसे ऐसा लगता था कि हर समय कोई-न-कोई उसके साथ होना चाहिए। उसे अपने जीवन से विशेष मोह नहीं रह गया था।

जब उसे कविता लिखने और पढ़ने में रुचि आने लगी, तभी से उसके जीवन में नए रंग भर गए। अब उसे अकेलापन अच्छा लगने लगा, क्योंकि उसी समय में वह कविताएँ लिखने या गाने लगता। अब वह चाहता था कि कविता लिखते समय उसे कोई रोके-टोके नहीं।

4. आपके ख्याल से पढ़ाई-लिखाई के संबंध में लेखक और दत्ता जी राव का रवैया सही था या लेखक के पिता का? तर्क सहित उत्तर दें। **CBSE 2018**

उत्तर मेरे विचार से पढ़ाई-लिखाई के संबंध में लेखक और दत्ता जी राव का रवैया बिलकुल सही था। दत्ता जी मानते थे कि लेखक के पढ़ने की इच्छा बहुत ही दृढ़ थी और वे लेखक को पढ़ाने के पक्ष में थे, जबकि लेखक के पिता को उसकी पढ़ाई से कोई मतलब नहीं था।

लेखक के पिता का स्वार्थ यह था कि लेखक दिनभर खेत का ही काम करे, जिससे लेखक के पिता दिनभर गाँव में घूमते रहें और रखमाबाई के पास जा सकें। इसलिए दत्ता जी राव और लेखक की पढ़ाई के संबंध में सोच बिलकुल सही थी।

5. दत्ता जी राव से पिता पर दबाव डलवाने के लिए लेखक और उसकी माँ को एक झूठ का सहारा लेना पड़ा। यदि झूठ का सहारा न लेना पड़ता, तो आगे का घटनाक्रम क्या होता? अनुमान लगाएँ।

उत्तर यदि लेखक और उसकी माँ झूठ का सहारा न लेते तो लेखक के पिता जीवनभर लेखक से खेती का ही काम करवाते और खुद गाँव भर में घूमते रहते एवं रखमाबाई के पास सारा दिन गुजारते।

लेखक भी कभी पढ़-लिख नहीं पाता, सारा जीवन वह खेती में ही लगा रहता और इससे लेखक के जीवन में अकेलापन आकर ठहर जाता। लेखक कभी कविताएँ लिखना भी नहीं सीख पाता और शिक्षित होने से भी वंचित रह जाता।

अभ्यास प्रश्न

पाठ पर आधारित बहुविकल्पीय प्रश्न

1. 'जूझ' कहानी के माध्यम से किसके संघर्ष को अभिव्यक्ति प्रदान की गई है?

(i) खेतीहर मजदूर के संघर्ष को
(ii) गरीब माँ के संघर्ष को
(iii) आनंदा के जीवन के संघर्ष को
(iv) अय्याश पिता के संघर्ष को

2. 'जूझ' कहानी में आनंदा ने किस विषय पर कविता लिखना आरंभ किया?

(i) अपनी माँ और परिवार के विषय में
(ii) गाँव, खेती और आस-पास के दृश्य पर
(iii) अपने अध्यापक सौंदलगेकर के व्यक्तित्व पर
(iv) भैंस, गाय और उनके जीवन के संबंध में

3. 'जूझ' कहानी में आनंदा के उच्च स्तर का कवि तक का सफर किस बात का प्रमाण है?

(i) उसके परिश्रम व लगनशीलता की प्रवृत्ति का
(ii) उसके झूठ बोलकर पढ़ाई करने का
(iii) पिता की बात को महत्त्व न देने का
(iv) केवल अपने मन की करने का

4. लेखक ने कहानी का शीर्षक 'जूझ' किस कारण रखा है?

(i) नायक की समस्याओं से उत्पन्न खीझ के कारण
(ii) नायक की समस्याओं से जूझने की प्रवृत्ति के कारण
(iii) नायक की माँ के संघर्षों से जूझने के कारण
(iv) नायक और उसके पिता की जुझारू प्रवृत्ति के कारण

5. "आने दे अब उसे, मैं उसे सुनाता हूँ कि नहीं अच्छी तरह देख।" यह कथन किसने व किससे कहा? 'जूझ' कहानी के आधार पर बताइए।

(i) दत्ता राव ने लेखक के पिता से
(ii) दत्ता राव ने लेखक की माता से
(iii) लेखक के पिता ने उसकी माता से
(iv) लेखक के पिता ने लेखक से

6. 'जूझ' कहानी के अनुसार आनंदा विद्यालय क्यों नहीं जाता था?

(i) उसकी पढ़ने की इच्छा नहीं थी
(ii) उसके पिता को उसका पढ़ना अच्छा नहीं लगता था
(iii) घर के कार्यों में अत्यधिक व्यस्तता के कारण
(iv) (ii) और (iii) दोनों

7. आनंदा अपने पढ़ने की बात अपने दादा से नहीं कर पाता है, क्यों? 'जूझ' कहानी के आधार पर सटीक विकल्प चुनिए।

(i) क्योंकि उसके पिता उससे बात नहीं करते थे
(ii) क्योंकि उसके पिता परदेश गए हुए थे
(iii) क्योंकि उसके पिता अच्छे आचरण वाले व्यक्ति थे
(iv) क्योंकि उसके पिता अत्यधिक गुस्से वाले व्यक्ति थे

8. 'जूझ' कहानी के अनुसार आनंदा किसके कारण पढ़ाई में मन लगाने लगा?

(i) नई कक्षा में प्रवेश पाने के कारण
(ii) वसंत पाटिल के संपर्क में आने के कारण
(iii) चह्वाण द्वारा मजाक उड़ाए जाने के कारण
(iv) कक्षा में उत्तीर्ण होने के कारण

9. 'जूझ' कहानी में आनंदा और उसकी माँ द्वारा झूठ का सहारा न लिए जाने की स्थिति में क्या होता?

(i) आनंदा के जीवन में अकेलापन ठहर जाता
(ii) वह कभी कविताएँ लिखना नहीं सीख पाता
(iii) वह शिक्षित होने से वंचित रह जाता
(iv) उपर्युक्त सभी

10. 'जूझ' कहानी में आनंदा लेखन का अभ्यास कैसे करता था?

(i) मिट्टी पर लिखकर
(ii) श्यामपट्ट पर लिखकर
(iii) अपने पशुओं की पीठ पर लिखकर
(iv) घर की दीवारों पर लिखकर

11. 'जूझ' कहानी का उद्देश्य है **CBSE 2021**

(i) जीवन में संघर्ष की महत्ता प्रतिपादित करना
(ii) जीवन में शिक्षा की महत्ता प्रतिपादित करना
(iii) ग्रामीण जीवन की कठिनाइयों का उल्लेख करना
(iv) जीवन में शिक्षक की भूमिका दर्शाना

12. गाँव भर में लेखक का कोल्हू सबसे पहले शुरू क्यों होता था? **CBSE 2023**

(i) ईख तैयार होने से
(ii) भाव अधिक लेने के लिए
(iii) ईख अधिक होने से
(iv) बाजार में जल्दी गुड़ भेजने के लिए

13. 'जूझ' कहानी में आनंदा जब पहले दिन पाठशाला गया, तो उसकी क्या प्रतिक्रिया थी?

(i) उसकी खुशी का ठिकाना न रहा
(ii) वह अत्यंत उदास था
(iii) वह क्रोधित हुआ
(iv) उसने कोई प्रतिक्रिया व्यक्त नहीं की

14. आनंदा और उसकी माँ ने दत्ता जी राव के पास जाने की क्यों सोची? 'जूझ' कहानी के आधार पर सटीक विकल्प चुनिए।

(i) ताकि दत्ता जी राव उनका लगान माफ करा दें
(ii) ताकि दत्ता जी राव उनकी कुछ आर्थिक सहायता कर सकें
(iii) ताकि वे लेखक को पाठशाला भेजने के लिए दादा को समझाकर राजी कर सकें
(iv) ताकि वे खेती-बाड़ी में कुछ सहायता कर सकें

15. **'जूझ' कहानी में लेखक के दादा के चरित्र की विशेषता क्या है?**
(i) वे लेखक की प्रगति में बाधक हैं
(ii) वे राव साहब का सम्मान करते हैं
(iii) वे अपनी पत्नी से लड़ाई-झगड़ा नहीं करते
(iv) उपर्युक्त सभी

16. **'जूझ' का लेखक खेती का काम क्यों नहीं करना चाहता है?**
(i) वह इस सत्य को जान गया था कि खेती से जीवनभर कुछ हाथ नहीं आएगा
(ii) वह अपने पिता की बात नहीं मानना चाहता है
(iii) वह अत्यधिक परिश्रम नहीं करना चाहता है
(iv) वह खेती को तुच्छ समझता है

17. **'जूझ' कहानी में आनंदा के पिता उसकी किस बात से नाराज होते हैं?**
(i) खेत में काम करने की बात से
(ii) पढ़ाई करने की बात से
(iii) पशुओं को चराने की बात से
(iv) उपर्युक्त सभी

18. **देसाई के बाड़े का बुलावा दादा के लिए सम्मान की बात थी, क्यों?** **CBSE 2023**
(i) वह ऊँची जाति का था
(ii) गाँव का सम्मानित व्यक्ति था
(iii) उनकी जमीन जोतता था
(iv) उनसे कर्ज लिया था

19. **'जूझ' कहानी के लेखक की बुद्धिमत्ता का प्रमाण किस बात से मिलता है?**
(i) माँ को समझाने की बात से
(ii) राव साहब को विश्वास दिलाने की बात से
(iii) पिता को बाध्य करने की बात से
(iv) उपर्युक्त सभी

20. **लेखक को न चाहते हुए भी खेती का काम क्यों करना पड़ता है? 'जूझ' कहानी के आधार पर सही विकल्प चुनिए।**
(i) खेती करना उनका खानदानी पेशा है
(ii) उनके जीवन में आर्थिक समस्या है
(iii) उनके माता-पिता चाहते हैं कि वह खेती करे
(iv) खेती के बिना उन्हें समाज में सम्मान नहीं मिलेगा

21. **'जूझ' कहानी में पिता द्वारा स्वयं खेती न करके अपने बेटे से खेती का काम करवाना किस ओर संकेत करता है?**
(i) पिता अपने बेटे को परिश्रमी बनाना चाहता है
(ii) पिता चाहता है कि उसका बेटा आर्थिक रूप से संपन्न बने
(iii) पिता के आलसी और कामचोर रूप को दर्शाता है
(iv) पिता चाहता है कि उसका बेटा उससे भी अधिक प्रगति करे

22. **'जूझ' कहानी के आधार पर बताइए कि आनंदा को गणित कैसे समझ आने लगा था?**
(i) मन की एकाग्रता से
(ii) वसंत पाटिल की सहायता से
(iii) अध्यापक की सहायता से
(iv) माता की सहायता से

23. **'जूझ' कहानी में आनंदा के मास्टर सौंदलगेकर ने किस पर कविता लिखी थी?**
(i) आनंदा की जुझारू प्रवृत्ति पर
(ii) मालती लता की सुंदरता पर
(iii) विद्यालय के अनुशासनपूर्ण व्यवहार पर
(iv) मराठी भाषा के महत्त्व पर

24. **'जूझ' पाठ के अनुसार, पढ़ाई-लिखाई के संबंध में लेखक और दत्ता जी राव का रवैया सही था, क्योंकि** **CBSE SQP Term I 2021**
(i) लेखक खेतीबाड़ी नहीं करना चाहता था
(ii) दत्ता जी राव जानते थे कि खेतीबाड़ी में लाभ नहीं है
(iii) लेखक का पढ़-लिखकर सफल होना बहुत आवश्यक था
(iv) लेखक का पिता नहीं चाहता था कि वह आगे की पढ़ाई करे

25. **'अब मळा के सभी काम बीत गए हैं', पंक्ति में प्रयुक्त 'मळा' का क्या अर्थ है?** **CBSE 2023**
(i) खेती (ii) पानी
(iii) बाग (iv) फसल

26. **'मंत्री' नामक शिक्षक क्या पढ़ाते थे?** **CBSE 2023**
(i) विज्ञान (ii) साहित्य
(iii) इतिहास (iv) गणित

27. **कथन** (A) **आनंदा अपने पिता से अपने पढ़ने की बात नहीं कर पाया।**
कारण (R) **आनंदा के पिता बुरे आचरण के थे तथा गुस्से वाले भी थे।**
कूट
(i) कथन (A) और कारण (R) दोनों सही हैं तथा कारण (R), कथन (A) की सही व्याख्या करता है।
(ii) कथन (A) और कारण (R) दोनों सही हैं, परंतु कारण (R), कथन (A) की सही व्याख्या नहीं करता है।
(iii) कथन (A) सही है, किंतु कारण (R) गलत है।
(iv) कथन (A) गलत है, किंतु कारण (R) सही है।

28. **निम्नलिखित कथनों पर विचार कीजिए**
1. **आनंदा के पिता खेती का कोई भी काम नहीं करते थे।**
2. **वे चाहते थे कि आनंदा हमेशा खेती का सारा काम करे।**
3. **आनंदा के पिता ने आनंदा को पढ़ाने की इच्छा जाहिर की।**
4. **आनंदा कविताओं से बहुत बोर होता था।**

सही कथनों वाले विकल्प को चयनित कर लिखिए।
(i) 1 और 2 (ii) 1, 2 और 3
(iii) 2, 3 और 4 (iv) 2 और 3

उत्तर

1. (iii) आनंदा के जीवन के संघर्ष को
2. (ii) गाँव, खेती और आस-पास के दृश्य पर
3. (i) उसके परिश्रम व लगनशीलता की प्रवृत्ति का
4. (ii) नायक की समस्याओं से जूझने की प्रवृत्ति के कारण
5. (ii) दत्ता राव ने लेखक की माता से
6. (iv) (ii) और (iii) दोनों

7. (iv) क्योंकि उसके पिता अत्यधिक गुस्से वाले व्यक्ति थे
8. (ii) वसंत पाटिल के संपर्क में आने के कारण
9. (iv) उपर्युक्त सभी
10. (iii) अपने पशुओं की पीठ पर लिखकर
11. (i) जीवन में संघर्ष की महत्ता प्रतिपादित करना
12. (ii) भाव अधिक लेने के लिए
13. (i) उसकी खुशी का ठिकाना न रहा
14. (iii) ताकि वे लेखक को पाठशाला भेजने के लिए दादा को समझाकर राजी कर सकें
15. (ii) वे राव साहब का सम्मान करते हैं
16. (i) वह इस सत्य को जान गया था कि खेती से जीवनभर कुछ हाथ नहीं आएगा
17. (ii) पढ़ाई करने की बात से
18. (ii) गाँव का सम्मानित व्यक्ति था
19. (iv) उपर्युक्त सभी
20. (ii) उनके जीवन में आर्थिक समस्या है
21. (iii) पिता के आलसी और कामचोर रूप को दर्शाता है
22. (i) मन की एकाग्रता से
23. (ii) मालती लता की सुंदरता पर
24. (ii) दत्ता जी राव जानते थे कि खेतीबाड़ी में लाभ नहीं है
25. (i) खेती
26. (iv) गणित
27. (i) कथन (A) और कारण (R) दोनों सही हैं तथा कारण (R), कथन (A) की सही व्याख्या करता है।
28. (i) 1 और 2

विषय-वस्तु पर आधारित प्रश्नोत्तर

1. 'जूझ' कहानी के आधार पर लेखक के जीवन संघर्ष को संक्षेप में वर्णित कीजिए।

उत्तर लेखक के पिता बहुत आलसी और गैर-ज़िम्मेदार व्यक्ति थे। वे लेखक को पाठशाला नहीं भेजते थे, क्योंकि यदि लेखक पाठशाला चला जाएगा, तो खेत का काम कौन करेगा? वे स्वयं तो दिनभर गाँव में घूमते रहते और रखमाबाई के कोठे पर भी जाते, जबकि लेखक को खेत के काम में लगाए रखना चाहते थे। राव जी के कहने पर उन्होंने लेखक को पाठशाला तो भेजा, पर शर्तों के साथ। शर्त यह थी कि वह सुबह के ग्यारह बजे तक खेतों में पानी देकर फिर पाठशाला जाएगा और पाठशाला से आकर फिर एक घंटा पशुओं को चराएगा। यदि किसी दिन खेत में काम ज़्यादा होगा, तो उस दिन पाठशाला से छुट्टी ले लेगा।

पाठशाला में भी लड़कों ने उसकी खिल्ली उड़ाई, क्योंकि वह मटमैली धोती और गमछा पहनकर गया था। इस प्रकार, लेखक प्रतिकूल परिस्थितियों से संघर्ष करता हुआ पढ़ाई भी करता है और खेत का काम भी सँभालता है तथा अपने लक्ष्य को प्राप्त करने में सफल होता है।

2. 'जूझ' कहानी के लेखक के जीवन संघर्ष के उन बिंदुओं पर प्रकाश डालिए, जो हमारे लिए प्रेरणादायक हैं।

अथवा 'जूझ' कहानी प्रतिकूल परिस्थितियों से संघर्ष करने की प्रेरक कथा है। इस कथन की सोदाहरण समीक्षा कीजिए।

उत्तर 'जूझ' कहानी के लेखक का जीवन संघर्ष सभी के लिए एक आदर्श प्रेरणा स्रोत कहा जा सकता है। वह जटिल परिस्थितियों में भी शिक्षा प्राप्त करने के लिए कठिन प्रयास करता है। वह खेती का काम करने के साथ-साथ पढ़ाई भी करता है। उसके जीवन में आर्थिक समस्या भी है। उसके सहपाठी उसके पहनावे को लेकर खिल्ली उड़ाते हैं। इन सब बाधाओं को वह अपनी दृढ़ इच्छाशक्ति से पार कर लेता है। कविता लिखने का शौक अंततः उसके लिए बहुत बड़ा लक्ष्य बन जाता है, जिसे वह सफलतापूर्वक प्राप्त करता है। वस्तुतः कहानी के लेखक में समस्याओं से जूझने की प्रवृत्ति है। इसी जूझने की प्रवृत्ति के कारण वह अपने जीवन-लक्ष्यों को एक के बाद एक प्राप्त करता जाता है। वह अपने आलसी एवं आवारा किस्म के पिता को भी संतुष्ट रखते हुए अपनी आगे की पढ़ाई करता है। विपरीत परिस्थितियों से जूझने की क्षमता के अतिरिक्त कहानी के लेखक में कठिन परिश्रम एवं दृढ़ संकल्प संबंधी चारित्रिक विशेषताएँ मौजूद हैं।

वह पढ़ने के लिए किसी भी स्तर का परिश्रम करने को सहर्ष तैयार रहता है। वह अपनी धुन में रमने की प्रवृत्ति यानी लगनशीलता के कारण ही उच्च स्तर का कवि बन सका। इस तरह, कहा जा सकता है कि 'जूझ' कहानी के लेखक का जीवन-संघर्ष हमारे लिए अत्यधिक प्रेरणादायक है।

3. 'जूझ' कहानी आधुनिक किशोर-किशोरियों को किन जीवन-मूल्यों की प्रेरणा दे सकती है? सोदाहरण स्पष्ट कीजिए।

अथवा 'जूझ' का कथानायक किशोर छात्रों के लिए एक आदर्श प्रेरणास्रोत है। कहानी के आधार पर टिप्पणी कीजिए।

उत्तर 'जूझ' का कथानायक किशोर छात्रों के लिए एक आदर्श प्रेरणास्रोत कहा जा सकता है। कथानायक आनंदा अत्यंत समझदार एवं होशियार विद्यार्थी था। वह कभी भी कक्षा में अनुत्तीर्ण नहीं हुआ था, किंतु उसके पिता ने खेतों में काम न करने व दिनभर रखमाबाई के यहाँ बैठने की अपनी दिनचर्या के कारण उसे स्कूल जाने से मना कर दिया।

ऐसी जटिल परिस्थितियों में भी वह शिक्षा प्राप्ति के लिए प्रयास करता है। वह दत्ता जी राव देसाई से अनुरोध करते हुए अपने पिता को उसे स्कूल भेजने के विषय में समझाने के लिए कहकर किसी तरह पढ़ने की अनुमति लेता है तथा पढ़ाई के साथ वह खेती का काम भी करता है। उसके पास धन का नितांत अभाव है। उसके सहपाठी भी उसके पहनावे को लेकर उसकी खिल्ली उड़ाते हैं, फिर भी वह शिक्षा प्राप्त करने में सफल होता है। इसी प्रकार किशोर-किशोरियों को भी अपने लक्ष्य को प्राप्त करने के लिए मान-सम्मान की चिंता किए बिना कठोर परिश्रम करना चाहिए। उसके चरित्र से समस्त किशोर विद्यार्थियों को शिक्षा ग्रहण करने की प्रेरणा लेनी चाहिए।

4. 'जूझ' कहानी के शीर्षक की सार्थकता सिद्ध कीजिए।

अथवा 'जूझ' शब्द का अर्थ स्पष्ट करते हुए इसके शीर्षक का औचित्य स्पष्ट कीजिए। CBSE 2024

उत्तर 'जूझ' शब्द का अर्थ है-संघर्ष। 'जूझ' कहानी का शीर्षक पाठ के अनुरूप ही है। यह एक बालक की गरीबी, अपने पिता के स्वभाव से दुःखी रहना तथा स्कूल जाने पर बच्चों द्वारा खिल्ली उड़ाना और दिन का अधिकतर समय खेत में काम करना इत्यादि को दर्शाता है। उसके पिता ने ही उसके संघर्षों को और बढ़ा दिया था।

पहले तो उसे पाठशाला नहीं जाने दिया और जब राव जी के कहने पर पाठशाला भेजा तो भी उसे पिता की शर्तों का पालन करना पड़ता था। यदि

काम अधिक होता, तो उसे पाठशाला से छुट्टी भी करनी पड़ती थी। अतः इन सब बातों से सिद्ध होता है कि वह बालक हमेशा परेशानियों से जूझता ही रहा है।

जूझने की प्रवृत्ति लेखक के जीवन की हर घटना में सर्वत्र रूप से व्याप्त है। अपने जीवन में लेखक ने संघर्षों से जूझते हुए अपने लक्ष्य को प्राप्त किया। उसका लक्ष्य था—बड़े होकर एक शिक्षित व्यक्ति बनना, जो उसने कठिन परिस्थितियों में भी कर दिखाया। अतः 'जूझ' शीर्षक इस कहानी का सर्वाधिक उपयुक्त शीर्षक है।

5. 'जूझ' के कथानायक के चरित्र की विशेषताओं पर प्रकाश डालिए।

अथवा **'जूझ' कहानी में आपको किस पात्र ने सबसे अधिक प्रभावित किया? उसकी विशेषताओं पर प्रकाश डालिए।**

उत्तर 'जूझ' कहानी का नायक आनंदा हमें सबसे अधिक प्रभावित करता है। आनंदा की बहुआयामी चारित्रिक विशेषताएँ इसमें खुलकर सामने आई हैं; जैसे—आनंदा का धैर्य के साथ पढ़ाई करना, पाठशाला से पहले तथा बाद में खेत का काम करना आदि। 'जूझ' कहानी का नायक पढ़ने में रुचि रखता है, जबकि उसके पिता आलसी तथा आवारा प्रकृति के व्यक्ति हैं। वे उससे खेती का काम करवाना चाहते हैं, परंतु लेखक पढ़ना चाहता है।

वह अपना लक्ष्य पाने के लिए संघर्ष करता है और गाँव के जमींदार की कृपा से उसकी पढ़ाई पुनः प्रारंभ होती है। उसे विद्यालय में अपने कपड़ों के कारण सहपाठियों के उपहास का पात्र बनना पड़ता है, परंतु इसे वह सहन कर लेता है तथा केवल पढ़ाई की ओर ही ध्यान देता है। उसकी रुचि कविता लेखन में है और अपने मराठी शिक्षक की सहायता से वह धीरे-धीरे अच्छी कविताएँ लिखने में समर्थ हो जाता है। लेखक में विपरीत परिस्थितियों से जूझने की शक्ति है और इसी शक्ति के कारण वह अपने लक्ष्य को पाने में सफल होता है।

वास्तव में, लेखक ने कहानी का शीर्षक ही नायक की समस्याओं से जूझने की प्रवृत्ति के कारण रखा है। इसलिए कथानायक के चरित्र की सर्वप्रथम विशेषता यही है। इसके अतिरिक्त उसमें कठिन परिश्रम एवं लगनशीलता या दृढ़ संकल्प संबंधी चारित्रिक विशेषताएँ भी उल्लेखनीय हैं। वह पढ़ने के लिए किसी भी स्तर का परिश्रम करने को सहर्ष तैयार है और अपनी धुन में रमने की प्रवृत्ति यानी लगनशीलता के कारण ही वह उच्च स्तर का कवि बन सका।

6. 'जूझ' कहानी के लेखक का पिता उसे पढ़ने से क्यों रोकना चाहता था? दत्ता राव को उसने लेखक की किन आदतों के बारे में बताया?

उत्तर 'जूझ' कहानी के लेखक का पिता उसे पढ़ने से इसलिए रोकना चाहता था ताकि लेखक अपना सारा समय खेती के कार्यों में लगा सके। वास्तव में, लेखक का पिता खेती के कार्यों से स्वयं को अलग रखना चाहता था, जिससे वह अपनी आवारा जीवन-शैली को आगे भी जारी रख सके। लेखक का पिता एक आवारा किस्म का व्यक्ति था, जो रखमाबाई के कोठे पर भी जाता था। यदि वह खेती के कार्यों में अपना समय देने लगता, तो उसकी अय्याशी समाप्त हो जाती। वह अपनी अय्याशीपूर्ण जीवन-शैली को बनाए रखने के लिए अपने बेटे को स्कूल की जगह खेतों पर भेज देता था, ताकि खेती का सारा काम पूरा हो सके। लेखक को स्कूल नहीं भेजने के अपने निर्णय के बारे में उसने तर्क दिया कि लेखक को स्कूल में गलत आदतें पड़ गई थीं। लेखक कभी कंडे बेचता, कभी चारा बेचता, सिनेमा देखता, तो कभी खेलने लग जाता। घर एवं खेती के काम में उसका ध्यान नहीं लगता था। हालाँकि लेखक के पिता द्वारा लेखक की आदतों के बारे में सभी बातें सही नहीं बताई गई थीं।

7. लेखक की माँ उसके पिता की आदतों से वाकिफ थी, इसके बावजूद लेखक की माँ ने लेखक का साथ किस प्रकार दिया?

उत्तर लेखक की माँ अपने पति के व्यवहार से भली-भाँति परिचित थीं। वह जानती थीं कि उसके पति को लेखक का पढ़ना बिलकुल अच्छा नहीं लगता। पढ़ाई की बात से ही वह खतरनाक जानवर की तरह गुर्राता है। इसके लिए लेखक की माँ अपने पति को 'बनैला (बरहेला) सुअर' कहती हैं। उसके व्यवहार को जानने के पश्चात् भी वह लेखक का साथ देने का निर्णय लेती हैं।

लेखक की माँ लेखक के साथ दत्ता जी के पास जाकर अपने पति के विषय में सब कुछ बताते हुए कहती हैं कि वह सारा दिन रखमाबाई के कोठे पर ही बिताता है। वह खेती के काम और घर-गृहस्थी के काम में किसी प्रकार की भी मदद नहीं करता और पूरे दिन गाँव में घूमता-फिरता है। वह लेखक को इसीलिए पढ़ाना नहीं चाहता, क्योंकि यदि लेखक पाठशाला जाने लगेगा, तो उसे स्वयं ही खेती का काम करना पड़ेगा।

लेखक की माँ ने इन सभी बातों पर दत्ता जी को विश्वास दिला दिया। बाद में दत्ता के कहने पर लेखक के पिता ने लेखक को पढ़ने की अनुमति दे दी।

8. 'जूझ' कहानी के आधार पर दत्ता जी राव की किन्हीं दो चारित्रिक विशेषताओं को लिखिए। **CBSE 2024**

उत्तर दत्ता जी राव की दो चारित्रिक विशेषताएँ निम्न हैं

1. **तर्कशील** दत्ता जी राव तर्कशील व्यक्तित्व के व्यक्ति हैं। दत्ता जी के दिए गए तर्कों के समक्ष लेखक के पिता निरुत्तर रह जाते हैं।
2. **बुद्धिमान** दत्ता जी राव बुद्धिमान व समझदार हैं। प्रत्येक बात को ध्यानपूर्वक सुनकर वे उस समस्या का समाधान करते हैं। कहानी में लेखक और उसकी माँ की समस्या को सुनकर वे दादा को बुलाकर उसे बेटे को पढ़ाने की बात समझाते हैं।

9. 'जूझ' कहानी के आधार पर लिखिए कि लेखक की आनंदा से आनंद यादव बनने की यात्रा में मास्टर सौंदलगेकर की क्या भूमिका थी?

उत्तर 'जूझ' कहानी के नायक आनंदा को अपने विद्यालय में मराठी के अध्यापक सौंदलगेकर के संपर्क में आने का अवसर प्राप्त हुआ। वे कक्षा में मराठी कविता को लय, भाव, गति, ताल के साथ पढ़ाते थे। उनके सुरीले कंठ से निकली कविता भी सुरीली हो जाती थी। वे स्वयं कविता रचना करते और छात्रों को सुनाते थे। लेखक भी उनकी इस कला से बहुत प्रभावित हुआ और उन्हीं की तरह पढ़ने का अभ्यास करने लगा और गाँव, खेल, खलिहान आदि से जुड़े दृश्यों पर तुकबंदियाँ करने लगा और अपनी तुकबंदियों को लिखकर मास्टर साहब को दिखाता। वह उसे शाबासी देते। अंततः निरंतर अभ्यास से वह कविता लिखना सीख गया। इस प्रकार, मास्टर सौंदलगेकर की भूमिका लेखक के जीवन में महत्त्वपूर्ण थी।

10. 'जूझ' के कथानायक का मन पाठशाला जाने के लिए क्यों तड़पता था? उसे खेती का काम अच्छा क्यों नहीं लगता था? तर्कपूर्ण उत्तर दीजिए।

उत्तर 'जूझ' कहानी का कथानायक आनंदा पढ़ना चाहता था। उसे खेती का काम अच्छा नहीं लगता था। वस्तुतः खेती द्वारा अत्यंत कठिनाई से जीवनयापन होता है, जबकि खेती के कार्य में परिश्रम भी बहुत अधिक करना पड़ता है। कथानायक का पिता आलसी और कामचोर व्यक्ति था तथा वह स्वयं खेत में कार्य नहीं करता था। वह अपने पुत्र से ही खेती का कार्य करवाना चाहता था।

आनंदा को विश्वास था कि उम्रभर खेती का काम करने पर भी उसके हाथ कुछ नहीं लगेगा। खेती की जो महत्ता बाबा (दादा) के समय थी, वह अब नहीं है। उसे लगता था कि यह खेती हमें विकास की ओर न बढ़ाकर गड्ढे में धकेल रही है। कथानायक सोचता था कि वह पढ़-लिखकर अच्छी नौकरी या कोई व्यवसाय करेगा, जिससे वह पर्याप्त धन अर्जित कर सकेगा। वह चाहता था कि धन कमाकर कोई अच्छा-सा व्यापार करे। इस प्रकार, उसके मन में पाठशाला जाने की तीव्र इच्छा उमड़ती थी।

11. 'जूझ' के लेखक की छूटी हुई पढ़ाई फिर से शुरू करने में दत्ता जी राव देसाई के योगदान पर प्रकाश डालिए।

अथवा **'जूझ' कहानी के आधार पर बताइए कि दत्ता जी राव ने लेखक की पढ़ाई जारी रखने हेतु किस प्रकार प्रयास किया?** **CBSE 2024**

उत्तर लेखक जानता था कि वह और उसकी माँ छूटी हुई पढ़ाई फिर से शुरू करने में असमर्थ हैं, इसलिए उन्होंने दत्ता जी राव देसाई से मदद माँगी। दत्ता जी राव ने लेखक के पिता को बुलाया और धमकाया कि उसके कारण लेखक की पढ़ाई में कोई बाधा नहीं आनी चाहिए।

देसाई जी ने लेखक से कहा कि सवेरे से ही पाठशाला जाने लग और मन लगाकर पढ़ाई कर, किसी भी तरह साल नहीं मारा जाए इसका ध्यान रख। यदि तेरा दादा तुझे पढ़ने न भेजे तो सीधा मेरे पास चले आना, मैं तुझे पढ़ाऊँगा। आनंदा के पिता से उसके सिनेमा जाने की बात सुनकर वह कहते हैं कि अरे बच्चे की जात है। एकाध वक्त सिनेमा चला गया या खेलने चला गया तो क्या हुआ? इस बात पर पढ़ना-लिखना बंद करते हैं क्या? इस प्रकार, दत्ता जी के कारण ही लेखक की छूटी हुई पढ़ाई आरंभ हो पाई।

12. लेखक के पिता ने किन-किन शर्तों के आधार पर लेखक को पढ़ने की आज्ञा दी?

अथवा **'जूझ' पाठ के आधार पर बताइए कि बालक आनंद के पिता ने उसे किन शर्तों पर विद्यालय जाने की अनुमति प्रदान की?** **CBSE 2024**

उत्तर सर्वप्रथम लेखक के पिता चाहते ही नहीं थे कि लेखक आगे की पढ़ाई कर सके। दत्ता जी के कहने से उन्होंने लेखक को पढ़ने की अनुमति तो दे दी, लेकिन बहुत सारी शर्तों के साथ।

वे चाहते थे कि लेखक सुबह पाठशाला जाने से पहले खेत में जाकर ग्यारह बजे तक पानी लगाए, उसके बाद पाठशाला जाए और फिर पाठशाला से आकर घर में बस्ता रखकर खेत में जाए और एक घंटा भैंस इत्यादि पशुओं को चराए।

अगर किसी दिन खेत में अधिक काम हो, तो उस दिन पाठशाला से छुट्टी लेकर खेत का सारा काम खत्म करे। लेखक ने अपने पिता की सभी शर्तों को मान लिया। अब वह पढ़ाई के साथ-साथ खेत का भी काम करता था। इस प्रकार, लेखक ने अपने पिता को सम्मान देते हुए अपनी पढ़ने की इच्छा को पूरा किया।

13. 'जूझ' कहानी में चित्रित ग्रामीण जीवन का संक्षिप्त वर्णन अपने शब्दों में कीजिए।

उत्तर 'जूझ' कहानी एक ग्रामीण क्षेत्र की कहानी है, जिसमें लेखक ने ग्रामीण परिवेश की संपूर्ण घटनाओं, वहाँ के लोगों के आचार-विचार, रहन-सहन, भाषा, उनकी मान्यताओं, शिक्षा के प्रति उनकी विचारधारा इत्यादि को लोकभाषा के शब्दों का प्रयोग करते हुए अत्यंत रोचकता के साथ प्रस्तुत किया है।

किस प्रकार लेखक के पिता खेती को शिक्षा से अधिक महत्त्व देकर स्वयं तो गाँव में घूमते-फिरते हैं और लेखक से खेती-बाड़ी का सारा काम करवाते हैं। ग्रामीण संस्कृति के अनुसार, गाँव में कुछ लोग प्रभावशाली होते हैं, जिनकी बात गाँव में सभी मानते हैं, उन्हीं में से एक दत्ता जी राव देसाई हैं, जिनके कहने पर लेखक के पिता ने उसे पाठशाला जाने की अनुमति दे दी। कहानी में खेती करना, दिवाली बीत जाने पर महीना भर ईख पेरने का कोल्हू चलाना, गुड़ की बाज़ार में बहुतायत, गुड़ की विभिन्न किस्में, पशुओं के गोबर के कंडे बनाना, पशुओं को चराना, पाठशाला में लट्ठे के बने थैले में पुरानी किताबें लेकर जाना, गमछा व धोती में पाठशाला जाना आदि का वर्णन होने से ग्रामीण जीवन का परिवेश स्पष्ट रूप से दिखाई पड़ता है।

14. आपके अनुसार आनंदा का आत्मविश्वास कक्षा में किस प्रकार बढ़ा होगा?

उत्तर आनंदा और वसंत पाटिल कक्षा में अच्छे मित्र बन गए थे। वसंत बहुत ही होशियार लड़का था। आनंदा वसंत की आदतों का ही अनुसरण करता था, जिसके कारण आनंदा भी मेहनती और होशियार बन गया। अध्यापक भी अब आनंदा को कक्षा में शाबाशी देने लगे और बात-बात पर उसकी पीठ भी थपथपाते थे। अध्यापक आनंदा के साथ अपनेपन का व्यवहार करने लगे। धीरे-धीरे लेखक एवं वसंत पाटिल की दोस्ती गहरी हो गई। वे दोनों एक-दूसरे की सहायता से कक्षा में अनेक काम करने लगे। वसंत यदि कक्षा में शाबाशी पाने का कोई काम करता, तो लेखक भी दूसरे दिन कुछ वैसा ही काम करने की कोशिश करता। लेखक की लगन एवं एकाग्रता से प्रभावित होकर अध्यापक उसे उसके नाम से पुकारने लगे। इससे कक्षा में आनंदा का आत्मविश्वास बढ़ने लगा।

15. 'जूझ' पाठ के पात्र दत्ता जी राव देसाई ने लेखक के जीवन को कैसे प्रभावित किया? उदाहरण सहित उत्तर दीजिए। **Delhi 2019**

उत्तर दत्ता जी राव देसाई गाँव के एक प्रभावशाली व्यक्ति थे। वे जानते थे कि वर्तमान युग में पढ़ाई का कितना अधिक महत्त्व है। लेखक जानता था कि वह और उसकी माँ छूटी हुई पढ़ाई फिर से शुरू नहीं कर सकते, इसलिए उन्होंने दत्ता जी राव देसाई से सहायता माँगी।

दत्ता जी राव ने लेखक के पिता को बुलाया और धमकाया कि उसके कारण लेखक की पढ़ाई में कोई बाधा नहीं आनी चाहिए। इस प्रकार, दत्ता जी के कारण ही लेखक की छूटी हुई पढ़ाई आरंभ हो पाई। अतः दत्ता जी राव ने लेखक के जीवन को प्रभावित किया।

16. ''जन्म भर खेत में काम करते रहने पर भी हाथ कुछ नहीं लगेगा'' – 'जूझ' पाठ से उद्धृत इस कथन के संदर्भ में लिखिए कि वर्तमान समय में युवा खेती-बाड़ी छोड़कर नौकरी की तरफ क्यों आकर्षित हो रहे हैं? इसे किस प्रकार कम किया जा सकता है? **CBSE 2025**

उत्तर 'जूझ' पाठ में वर्णित कथन यह दर्शाता है कि खेती में कठिन परिश्रम के बावजूद किसानों को आर्थिक स्थिरता नहीं मिलती। प्राकृतिक आपदाएँ, बाजार में फसल के उचित मूल्य की अनिश्चितता और व्यापारियों द्वारा शोषण किसानों को हताश कर देता है। । इस कारण वर्तमान समय में युवा खेती छोड़कर नौकरियों की ओर आकर्षित हो रहे हैं, जहाँ वे निश्चित आय, सामाजिक सुरक्षा और सम्मान की अपेक्षा रखते हैं।

इस प्रवृत्ति को रोकने के लिए सरकार को किसानों के हित में ठोस कदम उठाने चाहिए, जैसे—उचित मूल्य दिलाना, आधुनिक कृषि उपकरण उपलब्ध कराना। साथ ही, खेती को लाभकारी बनाने के लिए युवाओं को इससे जोड़ने के प्रयास करना चाहिए, जैसे कि कृषि स्टार्टअप, जैविक खेती और कृषि से संबंधित व्यवसायों को प्रोत्साहित करना। यदि खेती को लाभदायक बनाया जाए, तो युवा पुनः कृषि की ओर आकर्षित हो सकते हैं।

स्व-मूल्यांकन

पाठ पर आधारित बहुविकल्पीय प्रश्न

निम्नलिखित बहुविकल्पीय प्रश्नों के उत्तर दीजिए

1. 'जूझ' कहानी में माँ-बेटे ने राव जी को किस बात के लिए सचेत कर दिया था?
(i) उन दोनों के उनके पास आने की बात दादा को न बताएँ
(ii) दादा को खेतों में काम करने के लिए विवश करें
(iii) दादा का बाहर घूमना बंद कर दिया जाए
(iv) आनंदा को खेतों में काम न करने दिया जाए

2. 'जूझ' पाठ में आनंदा की कक्षा में शरारत किस कारण कम होने लगी?
(i) वसंत के आ जाने से
(ii) गणित के अध्यापक द्वारा शरारती लड़कों की पिटाई किए जाने से
(iii) मराठी अध्यापक सौंदलगेकर के आने से
(iv) छात्रों में जागरूकता पैदा होने से

3. 'जूझ' पाठ के अनुसार लेखक ने अपनी जन्मजात प्रतिभा का परिचय किस प्रकार दिया?
(i) नए-नए विषयों पर कविता लिखकर
(ii) विद्यालय में प्रवेश लेकर
(iii) पिता का विरोध करके
(iv) माता की आज्ञा का पालन करके

4. 'जूझ' कहानी के नायक आनंदा की अपने दादा से यह कहने की हिम्मत क्यों नहीं होती थी कि 'मैं पढ़ने जाऊँगा'?
(i) क्योंकि वह विद्यालय नहीं जाना चाहता था
(ii) क्योंकि वह आलसी और शैतान था
(iii) क्योंकि उसे डर था कि दादा पढ़ाई के नाम पर बहुत पिटाई कर देंगे
(iv) क्योंकि उसे ज्ञात था कि पढ़ाई से अधिक जरूरी खेती करना है

5. 'जूझ' कहानी में आनंदा ने अपनी पढ़ने की इच्छा माँ को ही क्यों बताई थी?
(i) माँ से अत्यधिक लगाव के कारण
(ii) माँ को पिता के समान समझने के कारण
(iii) पिता द्वारा पहले ही मना कर देने के कारण
(iv) माँ के द्वारा पिता से न डरने के कारण

6. 'जूझ' कहानी में आनंदा ने अपनी पढ़ाई जारी रखने के लिए माँ को कौन-सा उपाय सुझाया?
(i) पिताजी से अकेले में इस संबंध में बात करने का
(ii) दत्ता जी राव से इस संबंध में बात करने का
(iii) विद्यालय के अध्यापक से इस संबंध में बात करने का
(iv) अन्य गाँव के विद्यालय में नाम लिखवाने का

7. आनंदा पर सौंदलगेकर जी का क्या प्रभाव पड़ा? 'जूझ' कहानी के आधार पर सटीक विकल्प चुनिए।
(i) वह गणित में रुचि लेने लगा
(ii) आनंदा की कविता में रुचि बढ़ गई
(iii) वह खेतों के काम में रुचि लेने लगा
(iv) वह अपने माता-पिता का आदर करने लगा

उत्तर

1. (i) उन दोनों के उनके पास आने की बात दादा को न बताएँ
2. (ii) गणित के अध्यापक द्वारा शरारती लड़कों की पिटाई किए जाने से
3. (i) नए-नए विषयों पर कविता लिखकर
4. (iii) क्योंकि उसे डर था कि दादा पढ़ाई के नाम पर बहुत पिटाई कर देंगे
5. (i) माँ से अत्यधिक लगाव के कारण
6. (ii) दत्ता जी राव से इस संबंध में बात करने का
7. (ii) आनंदा की कविता में रुचि बढ़ गई

विषय-वस्तु पर आधारित प्रश्न

निम्नलिखित प्रश्नों के उत्तर दीजिए

1. 'जूझ' कहानी के आधार पर स्पष्ट कीजिए कि बदलते समाज में लोग कृषि छोड़ नौकरी की तरफ अधिक आकर्षित हो रहे हैं। क्यों?

2. लेखक के पिता लेखक को पढ़ने के स्थान पर खेती-बाड़ी का काम कराना चाहते थे। ऐसे लोगों की मानसिकता को बदलने के लिए 'जूझ' कहानी कितनी प्रासंगिक है?

3. 'जूझ' कहानी के आधार पर बताइए कि अच्छी मित्रता आपके जीवन में कितनी लाभदायक हो सकती है?

4. 'जूझ' कहानी हमारे समाज व जीवन में शिक्षा के महत्त्व को उजागर करती है। उदाहरण सहित समझाइए।

5. 'जूझ' कहानी के आधार पर दत्ता जी राव के शिक्षा संबंधी विचारों पर टिप्पणी कीजिए।

6. लेखक के दादा उसे पढ़ाना क्यों नहीं चाहते थे? विचार कीजिए।

03

अध्याय

लेखक-परिचय

साहित्य, कला, सिनेमा तथा पुरातत्त्व जैसे विषयों में प्रख्यात ओम थानवी का जन्म वर्ष 1957 में फलोदी, जोधपुर (राजस्थान) में हुआ। इनकी प्रारंभिक शिक्षा बीकानेर में हुई तथा राजस्थान विश्वविद्यालय से व्यावसायिक प्रशासन से एम. कॉम किया। ये एडीटर्स गिल्ड ऑफ इंडिया के महासचिव तथा वर्ष 1980 से 1989 तक 'राजस्थान पत्रिका' में कार्यरत् रहे, परंतु 'इतवारी पत्रिका' के संपादन ने इन्हें साप्ताहिक पत्रिकाओं में प्रतिष्ठा दिलाई। इन्होंने वास्तुकला, साहित्य, पुरातत्त्व, कला तथा पर्यावरण के साथ-साथ अस्सी के दशक के सेंटर फॉर साइंस एनवायरमेंट (सी एस ई) की फेलोशिप पर राजस्थान के पारंपरिक जल-स्रोतों पर खोजबीन कर विस्तार रूप में लिखा। इन्हें गणेश शंकर विद्यार्थी पुरस्कार से भी सम्मानित किया गया। वर्ष 1999 में दैनिक जनसत्ता दिल्ली व कलकत्ता के संस्करणों के संपादक के रूप में अपना दायित्व सँभाला और आज भी वह इंडियन एक्सप्रेस समूह के हिंदी दैनिक 'जनसत्ता' में संपादक के रूप में कार्यरत् हैं।

▼ अध्ययन के लिए
- पाठ की रूपरेखा
- पाठ का सार

▼ अभ्यास के लिए
- पाठ्यपुस्तक के प्रश्नोत्तर
- पाठ पर आधारित बहुविकल्पीय प्रश्न
- विषय-वस्तु पर आधारित प्रश्नोत्तर

अतीत में दबे पाँव

(ओम थानवी)

पाठ की रूपरेखा

प्रस्तुत पाठ में लेखक ने ऐतिहासिक सिंधु घाटी सभ्यता की ऐतिहासिकता से पाठकों को परिचित कराया है। यह रचना ओम थानवी के यात्रा वृत्तांत और रिपोर्ट का मिला-जुला रूप है, जो अब तक की जानकारी में भारतीय भूमि पर ही नहीं, विश्व-फलक पर मान्य सबसे प्राचीन सभ्यता को उतने ही सुनियोजित ढंग से पुनर्जीवित करती है, जितने सुनियोजित ढंग से उसके दो महान नगर मुअनजो-दड़ो और हड़प्पा बसे हुए थे।

इसमें लेखक ने अपनी यात्रा के दौरान यह पाया कि मुअनजो-दड़ो और हड़प्पा ने एक सुनियोजित ढंग से मानव संस्कृति को उसकी बसावट के अनुसार सौंदर्यबोधित किया है। उसका सौंदर्यबोध राजपोषित या धर्मपोषित न होकर समाज पोषित था। वह सभ्यता ताकत के बल पर शासित होने की जगह आपसी समझ से अनुशासित थी। उसमें भव्यता थी, पर आडंबर नहीं। लेखक के विचार से आधुनिक व्यवस्था के आ जाने से हमारी पुरानी संस्कृति की विशेषताएँ विकास की भेंट चढ़ गई हैं।

पाठ का सार

सिंधु सभ्यता का केंद्र

पाठ में पाकिस्तान स्थित मुअनजो-दड़ो और हड़प्पा शहरों का विस्तृत रूप से वर्णन किया गया है। मुअनजो-दड़ो सिंधु घाटी सभ्यता का केंद्र रहा था। यह शहर ताम्रकाल के शहरों में अपनी बड़ी-बड़ी गलियों व इमारतों की अनुभूति कराते हुए अपनी भव्यता को दर्शाता है। यहाँ की जनसंख्या लगभग 85,000 थी। यहाँ खुदाई में मुहरें, इमारतें, खिलौने व बर्तन आदि प्राप्त हुए हैं। कच्ची-पक्की ईंटों से धरती की सतह को उभारा गया था। यहाँ से प्राप्त साक्ष्य, सामान आज भी अजायबघरों की शोभा बढ़ा रहे हैं।

नगर नियोजन एवं बौद्ध स्तूप

मुअनजो-दड़ो में सबसे ऊँचे चबूतरे पर बड़ा बौद्ध स्तूप है। लगभग पच्चीस फीट ऊँचे चबूतरे पर छब्बीस सदी पहले बनी ईंटों के दम पर स्तूप को आकार दिया गया। वर्ष 1922 में बौद्ध स्तूप के आस-पास की गई खुदाई में यहाँ ईसा पूर्व के निशान पाए गए। भारत की सिंधु घाटी सभ्यता सबसे प्राचीन सभ्यता है। इसका वैज्ञानिक आधार पाए जाने पर मिस्र और मेसोपोटामिया की सभ्यता के अनुरूप ही यह सभ्यता आँकी गई है। यह शहर भारत का लैंडस्केप है, क्योंकि इस शहर को बनाने व यथार्थ स्वरूप देने का कार्य पूर्व नियोजित व्यवस्था के अनुसार एक संपूर्ण प्रणाली के अनुरूप किया गया होगा। आधुनिक योजनाएँ, जो आजकल के शहरों को व्यवस्थित करने के लिए बनाई जाती हैं, सिंधु सभ्यता के शहरों के बराबर नहीं हैं। इस शहर के दक्षिण में कुछ कामगारों की बस्तियाँ हैं।

संपन्न वर्ग की बस्तियाँ

इस सभ्यता की सबसे सुंदर व्यवस्था यह थी कि वह समाज को विकसित करने के लिए कार्य करती थी। यह सभ्यता सबसे सुंदर थी और पूर्णत: विकसित होने के कारण आज भी हम उस सभ्यता का उदाहरण देते हैं। स्तूप वाले चबूतरे के पीछे 'गढ़' और ठीक सामने 'उच्च' वर्ग की बस्ती है। उसके पीछे पाँच किमी दूर सिंधु नदी बहती है। दक्षिण की ओर पीछे घूमने पर यहाँ खंडहर दिखाई देते हैं, जहाँ टूटे-फूटे घरों का जमघट है। शायद यह कामगारों की बस्तियाँ रही होंगी, परंतु निम्न वर्ग की बस्तियाँ इतनी मजबूत नहीं बनी होंगी, जो पाँच हज़ार सालों तक टिक सकें। इस सभ्यता में संपन्न वर्ग की बस्तियाँ पाई गई हैं, जो पूर्णत: तो नहीं फिर भी अपनी उच्चता का प्रमाण आज भी दे रही हैं।

महाकुंड तथा सामुदायिक केंद्र

यहाँ पर पक्की ईंटों का एक कुंड है, जिसमें पानी की निकासी का उचित प्रबंध पाया गया। सामुदायिक केंद्र जैसा एक सभा भवन इसके दक्षिण में स्थित है, जो बीस खंभों पर आधारित है। ऐसा माना जाता है कि यह कुंड उस सभ्यता में सामूहिक स्नान किसी अनुष्ठान का अंग रहा होगा। यह पच्चीस फीट चौड़ा तथा सात फीट गहरा है। इसके उत्तर में दो पाँत में आठ स्नानघर हैं, जिसका कोई भी द्वार एक-दूसरे के सामने नहीं खुलता। इस कुंड के आनुष्ठानिक होने का प्रमाण माना गया है। इस कुंड में प्रयोग हुई पक्की ईंटें, चूने, चिरोड़ी के गारे तथा सफेद डामर आज भी सिद्ध वास्तुकला का एक श्रेष्ठ नमूना माना जाता है।

फसल

विद्वानों का मानना है कि इस नगर के लोग मूलत: खेतिहर और पशुपालक ही थे। इससे प्रतीत होता है कि लोहे का प्रयोग प्रारंभ में नहीं हुआ था, परंतु पत्थर और ताँबे की बहुतायत थी। पत्थर सिंध में तथा ताँबे की खानें राजस्थान में ही थीं, जिनका खेती-बाड़ी में प्रयोग किया जाता है। यहाँ अनेक प्रकार की फसलों; जैसे—गेहूँ, जौ, सरसों, चना, कपास, खजूर, खरबूजा और अंगूर आदि का उत्पादन किया जाता था। अधिकतर कामगार खेत में ही काम करते थे। बैलगाड़ियों का प्रयोग ढुलाई के लिए होता था।

जल व्यवस्था

पानी की निकासी के उचित प्रबंधन के कारण किसी भी रूप में यहाँ बीमारी का प्रकोप अधिक नहीं हो सकता था, क्योंकि नालियाँ आदि उचित रूप में ढकी हुई थीं। घरों के भीतर से पानी या मैल की नालियाँ बाहर हौदी तक आती हैं और फिर नालियों के साथ जुड़ जाती हैं। वे नालियाँ अधिकतर बंद हैं। यहाँ पर कुओं का प्रबंध आवश्यकता के अनुसार उचित रूप में किया गया था, जिनकी संख्या सात सौ के लगभग थी।

अजायबघर

मुअनजो-दड़ो में स्थित इससे संबंधित अजायबघर छोटा ही है, जैसे वह किसी कस्बाई स्कूल की इमारत हो। यहाँ अधिक सामान नहीं है। अहम चीज़ें कराची, लाहौर, दिल्ली और लंदन में ही हैं। काला पड़ गया गेहूँ, ताँबे और काँसे के बर्तन, मुहरें, चाक पर बने विशाल मृद्भांड, उन पर काले-भूरे चित्र, चौपड़ की गोटियाँ, ताँबे का आईना और पत्थर के औज़ार आदि के बारे में अली नवाज बताता है। यहाँ पर सोने के गहने भी थे, लेकिन वे चोरी हो गए। अजायबघर में प्रदर्शित चीज़ों में औजार तो हैं, पर हथियार कोई नहीं है। यहाँ कुछ सुइयाँ भी मिली हैं।

सुइयों के अतिरिक्त हाथी दाँत और ताँबे के सुएँ, नर्तकी तथा दुशाला ओढ़े दाढ़ी वाले नरेश की मूर्ति भी मिली है, लेकिन इनका प्रमाण मिलना अब कठिन है, क्योंकि सिंधु नदी के पानी से खुदाई के स्थान पर दलदल की समस्या उत्पन्न हो गई है, जिससे खुदाई को अब बंद करना पड़ा है। लेखक ने इस सभ्यता के इतिहास को इतने सुंदर रूप में वर्णित किया है, जैसे मुअनजो-दड़ो सभ्यता उसकी जानी पहचानी-सी हो।

शब्दार्थ

मुअनजो-दड़ो—पाकिस्तान के सिंध प्रांत में स्थित पुरातात्विक स्थान, जहाँ सिंधु घाटी सभ्यता बसी थी। मुअनजो-दड़ो का अर्थ है—मुर्दों का टीला। वर्तमान समय में इसे मोहनजोदड़ो के नाम से जाना जाता है,

हड़प्पा—पाकिस्तान के पंजाब प्रांत का पुरातात्विक स्थान, जो सिंधु घाटी सभ्यता का दूसरा प्रमुख नगर है, **नियोजित**—व्यवस्थित, **परिपक्व**—पूर्णतः विकसित, **ताम्र**—ताँबा, **उत्कृष्ट**—उच्चतम/श्रेष्ठ, **व्यापक**—बड़ा,

तादाद—संख्या, **चाक**—चरखे के प्रकार का गोलाकार चक्र।

पसर—फैलना, **अजायबघर**—जहाँ पुराने सामान व वस्तुओं को सँभालकर रखा जाता है।

जीर्ण-शीर्ण—फटा-पुराना, **इलहाम**—अनुभूति, **समकक्ष**—सामने, **वृत्तचित्र**—गोलाकार चित्र।

मिज़ाज—व्यवहार/अंदाज़, **जेहन**—दिमाग/मस्तिष्क।

अनुष्ठान—धार्मिक क्रियाकलाप, **रिस**—टपकना।

परिक्रमा—चारों ओर चक्कर लगाना, **कयास**—अंदाजा,

आवागमन—आना-जाना।

आयात—खरीदना, **निर्मूल**—अप्रमाणित/खारिज, **उपकरण**—औजार,

शिलालेख—पत्थर पर लिखे गए लेख, **दालान**—बरामदा।

साक्ष्य—प्रमाण/सबूत।

मुताबिक—अनुसार, **अनगढ़**—बिना गढ़ा हुआ/बिना ओर-छोर।

उद्यम—उद्योग/व्यवसाय, **उपासना**—पूजा-पाठ।

अचरज—हैरानी/आश्चर्य, **संकरी**—छोटी/पतली।

आहिस्ता—धीरे-धीरे, **जिज्ञासा**—जानने की इच्छा, **सहेजा**—सँभालकर।

विशद—स्पष्ट/सुंदर/सफेद, **आविष्कार**—खोज।

पाठ्यपुस्तक (वितान भाग-2) के प्रश्नोत्तर

1. सिंधु सभ्यता साधन संपन्न थी, पर उसमें भव्यता का आडंबर नहीं था। कैसे? **CBSE 2018**

अथवा **कैसे कहा जा सकता है 'सिंधु सभ्यता आडंबर विहीन सभ्यता थी'? उदाहरण सहित 'अतीत में दबे पाँव' के आधार पर स्पष्ट कीजिए।** **AI 2019**

अथवा **उन तथ्यों का उल्लेख कीजिए, जो लेखक की इस मान्यता की पुष्टि करते हैं कि सिंधु घाटी सभ्यता समृद्ध तो थी, परंतु उसमें भव्यता का आडंबर नहीं था।** **CBSE Term II 2022**

उत्तर सिंधु सभ्यता साधन संपन्न थी, फिर भी उसमें आडंबर या बनावटीपन लेशमात्र भी नहीं था। यह सभ्यता हर प्रकार के साधनों से भरी पड़ी थी। वहाँ व्यापारिक व्यवस्थाओं की जानकारी मिलती तो है, परंतु सब कुछ आवश्यकताओं से जुड़ा हुआ नहीं है। भव्यता के आडंबर का प्रदर्शन कहीं नहीं दिखाई देता। निर्माण शैली हर प्रकार से विस्तृत होने के बाद भी लोग दिखावे से बहुत दूर थे। सभ्यता का निर्माण व्यवस्थित तरीके से किया गया था। जो वस्तु जिस रूप में सुंदर लगती थी, उसका निर्माण उसी ढंग से किया गया था। पुरातात्विक तथ्यों से पता चलता है कि सिंधु सभ्यता अत्यंत विशाल थी।

2. "सिंधु सभ्यता की खूबी उसका सौंदर्य है, जो राज-पोषित या धर्म-पोषित न होकर समाज-पोषित था।" ऐसा क्यों कहा गया?

अथवा **यह कैसे कहा जा सकता है कि सिंधु सभ्यता का सौंदर्यबोध राज-पोषित या धर्म-पोषित न होकर समाज-पोषित था? 'अतीत में दबे पाँव' के आधार पर उत्तर लिखिए।**

उत्तर मुअनजो-दड़ो की सभ्यता साधन संपन्न थी। यहाँ के लोगों की रुचि कला से जुड़ी होती थी। यहाँ पर पत्थर की मूर्तियाँ, मृद्भांड, पशु-पक्षियों की छवियाँ, सुनिर्मित मुहरें, खिलौने, केश विन्यास, आभूषण इत्यादि सिंधु सभ्यता को तकनीकी रूप से अधिक सिद्ध होने की अपेक्षा उसके कला प्रेम को अधिक दर्शाते हैं। यह सभ्यता धर्म तंत्र या राज तंत्र की ताकत का प्रदर्शन करने वाले महलों, उपासना स्थलों आदि का निर्माण नहीं करती थी। सिंधु सभ्यता समाज पोषित संस्था का समर्थन करती थी। सभ्यता में आडंबर को स्थान नहीं दिया गया था, अपितु चारों ओर से सुंदरता ही दिखाई देती थी। समाज में सौंदर्यबोध था, न कि कोई राजनीतिक या धार्मिक आडंबर। सभ्यता के केंद्र में समाज को प्रथम स्थान दिया गया है। इसमें न किसी राजा का प्रभाव था और न ही किसी धर्म विशेष का। इतना अवश्य है कि कोई-न-कोई राजा अवश्य रहा होगा, लेकिन यह सभ्यता राजा पर आश्रित नहीं थी। इन्हीं बातों के आधार पर हम कह सकते हैं कि "सिंधु सभ्यता राज-पोषित या धर्म-पोषित न होकर पूरी तरह से समाज-पोषित थी।"

3. पुरातत्त्व के किन चिह्नों के आधार पर आप यह कह सकते हैं कि "सिंधु सभ्यता ताकत से शासित होने की अपेक्षा समझ से अनुशासित सभ्यता थी?" **CBSE Term II 2022**

उत्तर जब सिंधु सभ्यता की खुदाई हुई, तब वहाँ मिट्टी के बर्तन, सिक्के, मूर्तियाँ, पत्थर और मिट्टी के उपकरण मिले थे। इन वस्तुओं का मिलना यह बताता है कि वे लोग इन चीज़ों को प्रयोग में लाते थे। सड़कों, नालियों तथा गलियों को साफ़-सुथरा रखना उनकी समझदारी को दर्शाता है। इससे यह प्रमाणित होता है कि सिंधु सभ्यता ताकत से शासित होने की अपेक्षा स्वतः अनुशासित सभ्यता थी।

4. "यह सच है कि यहाँ किसी आँगन की टूटी-फूटी सीढ़ियाँ अब आपको कहीं नहीं ले जातीं; वे आकाश की तरफ़ अधूरी रह जाती हैं। लेकिन उन अधूरे पायदानों पर खड़े होकर अनुभव किया जा सकता है कि आप दुनिया की छत पर हैं, वहाँ से आप इतिहास को नहीं, उसके पार झाँक रहे हैं।" इस कथन से लेखक का क्या आशय है?

उत्तर लेखक के अनुसार, मुअनजो-दड़ो और हड़प्पा जैसे सिंधु घाटी सभ्यता के स्थलों के अवशेष जीर्ण-शीर्ण स्थिति में हैं, परंतु वे अपने इतिहास का परिचय अवश्य देते हैं। इतनी ऊँची छत पर स्वयं चढ़कर इतिहास का अनुभव करना आनंददायक लगता है। खुदाई के आस-पास मिले बर्तनों, सिक्कों, नगरीय ढाँचों, सड़कों, गलियों को ही साक्ष्य माना गया है। इन वस्तुओं को इन अधूरे पायदानों पर खड़े होकर ही देख सकते हैं। ये अधूरे पायदान संसार की सबसे पुरानी सभ्यता को दर्शाते हैं।

5. "टूटे-फूटे खंडहर सभ्यता और संस्कृति के इतिहास के साथ- साथ धड़कती ज़िंदगियों के अनछुए समयों का भी दस्तावेज़ होते हैं।" इस कथन का भाव स्पष्ट कीजिए।

अथवा **"टूटे-फूटे खंडहर सभ्यता और संस्कृति के इतिहास के साथ "साथ धड़कती ज़िंदगी के अनछुए समयों का भी दस्तावेज़ होते हैं।" इस कथन की समीक्षा 'अतीत में दबे पाँव' पाठ के आधार पर कीजिए।** **CBSE Term II 2022**

उत्तर जहाँ कहीं भी मनुष्य या आदमी बसे हुए होते हैं, वहाँ बाद में उनके न रहने पर खंडहर ही बन जाते हैं। मुअनजो-दड़ो के लेखक को यह आभास होता है कि शहर के किसी भी मकान की दीवार पर वह पीठ टिकाकर आराम कर सकता है। किसी भी घर की देहरी पर पाँव रखकर शरीर सहम जाता है। रसोई की खिड़की पर खड़े होकर रसोई की गंध महसूस की जा सकती है और शहर का कोई सुनसान रास्ता हमें बैलगाड़ी की धीमी-सी आवाज़ का संदेशा सुनाता है। मुअनजो-दड़ो और हड़प्पा का प्राचीन नगर नियोजन वस्तुतः वास्तुकला, शिल्पकला, सड़क निर्माण आदि की जानकारी पर रोशनी डालता है। यहाँ के अद्भुत घरों में जब लोग बसते होंगे, तब सड़कों पर वाहन भी चलते होंगे और बसी-बसाई बस्तियों की चहल-पहल भी होगी। इस प्रकार, खंडहरों के आधार पर उनके रहने-सहने का ढंग और सोचने के तरीकों की भी कल्पना की जा सकती है। संसार में सभी प्राचीन सभ्यताओं की तुलना में इसे सर्वश्रेष्ठ माना गया है।

6. इस पाठ में एक ऐसे स्थान का वर्णन है, जिसे बहुत कम लोगों ने देखा होगा, परंतु इससे आपके मन में उस नगर की एक तस्वीर बनती है। किसी ऐसे ऐतिहासिक स्थल, जिसको आपने नजदीक से देखा हो, का वर्णन अपने शब्दों में कीजिए।

उत्तर पिछले महीने मैं अपने परिवार के साथ आगरा का ताजमहल देखने गई थी। ताजमहल का मकबरा शाहजहाँ ने अपनी बेगम मुमताज की याद में बनवाया था। ताजमहल के ठीक सामने एक तालाब है, जिसके दोनों ओर कतार में हरे-भरे पेड़ लगे हैं। ताजमहल के पीछे यमुना नदी की धाराएँ

बहती हैं। इसकी शोभा पूर्णिमा की रात को देखते ही बनती है। सफ़ेद संगमरमर का यह मकबरा बाहर एवं अंदर से अद्भुत ढंग से शोभायमान है। ताजमहल विश्व के 7 अजूबों में से एक है तथा यह भारत के लोगों एवं विदेशी लोगों के लिए एक महत्त्वपूर्ण पर्यटन स्थल भी है। प्रत्येक वर्ष लोग यहाँ लाखों की संख्या में घूमने के लिए आते हैं। मध्यकाल में बना यह महल एक अद्वितीय कलाकृति है, जिसकी नकल कर पाना आज तक संभव नहीं हो पाया है। पत्थर में नक्काशी का नमूना ताजमहल में देखने को मिलता है। अंततः कहा जाना चाहिए कि यह ऐसा ऐतिहासिक स्थल है, जिसकी तस्वीर हमारी आँखों के समक्ष बन जाती है।

7. नदी, कुएँ, स्नानागार और बेजोड़ निकासी व्यवस्था को देखते हुए लेखक पाठकों से प्रश्न पूछता है कि क्या हम सिंधु सभ्यता को 'जल-संस्कृति' कह सकते हैं? आपका जवाब लेखक के पक्ष में है या विपक्ष में? तर्क दें।

अथवा **सिंधु घाटी सभ्यता को 'जल-संस्कृति' के नाम से क्यों जाना जाता है?** **CBSE Term II 2022**

उत्तर जल को मनुष्य के जीवन का आधार माना गया है। प्राचीन सभ्यताओं का विकास भी नदियों के किनारे ही हुआ है। आधुनिक युग में सबसे बड़ी समस्या 'जल-संकट' की पैदा हो चुकी है। इसी प्रकार जल की निकासी की समस्या से भी आज का युग जूझ रहा है। सिंधु सभ्यता के सामूहिक स्नान के लिए बने स्नानागार वास्तुकला के उदाहरण हैं। एक पाँत में आठ स्नानघर हैं और किसी एक का द्वार भी दूसरे के सामने नहीं खुलता। कुंड के तल में और दीवारों पर ईंटों के बीच चूने और चिरोड़ी के गारे का उपयोग किया गया है, जिससे कुंड का पानी रिस न सके और बाहर का 'अशुद्ध' (गंदा) पानी कुंड में न आने पाए। यहाँ नगरों में सड़कों के साथ बनी नालियाँ भी पक्की ईंटों से ढकी हुई हैं। यहाँ पानी की निकासी का सर्वोत्तम प्रबंध है।

सिंधु सभ्यता में नदी के महत्त्व के कारण जल की समुचित व्यवस्था के साथ-साथ कुएँ बनाए गए और कुंड भी बनाए गए, विशाल स्नानागार भी बने। जल निकासी की सुव्यवस्था को देखते हुए हम इसे 'जल-संस्कृति' कह सकते हैं।

8. सिंधु घाटी सभ्यता का कोई लिखित साक्ष्य नहीं मिला है। सिर्फ़ अवशेषों के आधार पर ही धारणा बनाई गई है। इस लेख में मुअनजो-दड़ो के बारे में जो धारणा व्यक्त की गई है, क्या आपके मन में इससे कोई भिन्न धारणा या भाव भी पैदा होता है? इन संभावनाओं पर कक्षा में समूह चर्चा करें।

उत्तर सिंधु घाटी सभ्यता के लिखित साक्ष्यों को पढ़ा नहीं जा सका है। लिखित साक्ष्यों की जगह पुरातात्विक साक्ष्यों से काम चलाया गया है। खुदाई के दौरान मिले बर्तनों, सिक्कों, नगरीय ढाँचों, सड़कों, गलियों को ही साक्ष्य माना गया है और इसके प्रमाण भी मिले हैं।

पुरातात्विक साक्ष्यों से मुअनजो-दड़ो और हड़प्पा की सांस्कृतिक विशालता का पता चल जाता है। संसार में इसकी कला और तकनीकी का बहुत बोलबाला है। अतः इससे संबंधित निर्मित धारणा उचित ही है।

अभ्यास प्रश्न

पाठ पर आधारित बहुविकल्पीय प्रश्न

1. सिंधु घाटी के नगर नियोजन, वास्तुकला, शिल्पकला, सड़क निर्माण आदि से क्या ज्ञात होता है?
(i) ये केवल खंडहर ही थे
(ii) ये खंडहर के प्रमाण नहीं हैं
(iii) ये केवल बाह्य आडंबर थे
(iv) ये किसी समाज को व्याख्यायित नहीं करते हैं

2. सिंधु सभ्यता में कुंड के तल में और दीवारों पर ईंटों के बीच चूने और चिरोड़ी के गारे का उपयोग किसलिए किया जाता होगा?
(i) कुंड का पानी रिस न सके
(ii) बाहर का अशुद्ध पानी कुंड में न जाने पाए
(iii) (i) और (ii) दोनों
(iv) कुंड की सुंदरता बढ़ाने के लिए

3. मुहरें, धातु-पत्थर की मूर्तियों आदि के मिलने पर क्या संभव हो पाया है?
(i) सिंधु घाटी सभ्यता का अध्ययन करना
(ii) इतिहास की पर्याप्त जानकारी मिलना
(iii) भविष्य की अध्ययन की पृष्ठभूमि तैयार करना
(iv) ऐतिहासिक स्थल का ज्ञान होना

4. सिंधु घाटी सभ्यता की खोज की शुरुआत में वहाँ की खेती के संबंध में क्या समझा जाता था?
(i) इस घाटी के लोग उन्नत किस्म की खेती करते थे
(ii) इस घाटी के लोग अन्न नहीं उगाते थे
(iii) इस घाटी के लोग केवल ज्वार की खेती करते थे
(iv) इस घाटी के लोग खेती में कोई रुचि नहीं रखते थे

5. सिंधु घाटी की सभ्यता दूसरी सभ्यताओं से किस प्रकार भिन्न थी?
(i) यह सभ्यता पूर्णतः राजाश्रित सभ्यता थी
(ii) यह सभ्यता साधन संपन्न सभ्यता थी
(iii) इसमें किसी एक का प्रभुत्व नहीं था, बल्कि एकता व समृद्धि से परिपूर्ण सभ्यता थी
(iv) इसमें निम्न वर्ग पर विशेष ध्यान दिया गया, ताकि उनका विकास हो सके

6. लेखक ने सिंधु सभ्यता को जल-संस्कृति किस आधार पर कहा है?
(i) उस समय अधिक वर्षा होने के कारण
(ii) नदी, कुएँ, कुंड, स्नानागार और बेजोड़ जल निकासी के कारण
(iii) केवल नदियों के किनारे बसी होने के कारण
(iv) जल की बर्बादी को रोकने के कारण

7. "मुअनजो-दड़ो में मिले कुंड की बनावट ही इसके आनुष्ठानिक प्रयोग का प्रमाण माना जाता है।" इस कथन से क्या तात्पर्य है?
(i) कुंड का उपयोग पवित्र या आनुष्ठानिक रूप में किया जाता होगा
(ii) कुंड की बनावट के विषय में कोई जानकारी उपलब्ध नहीं
(iii) कुंड एक धर्म विशेष का द्योतक न होकर सम्पूर्ण समाज का रूप है
(iv) कुंड केवल उच्च वर्ग के प्रयोग हेतु था

8. सिंधु घाटी की सभ्यता के बारे में पहले क्या भ्रम था?
(i) ये अन्न उपजाते नहीं थे, उसका आयात करते थे
(ii) यह साधनविहीन सभ्यता थी
(iii) ये दूसरों पर निर्भर लोग थे
(iv) ये अन्न का निर्यात करते थे

9. 'अतीत में दबे पाँव' पाठ में लेखक ने सभ्यता के नष्ट होने का कारण किसे माना है?
(i) वहाँ के लोगों को
(ii) प्रगति के पथ पर निरंतर बढ़ने को
(iii) उत्खनन कार्य को
(iv) सही समय पर सही निर्णय न लेने को

10. मुअनजो-दड़ो के घरों की मोटी दीवारों से क्या अनुमान लगाया जा सकता है?
(i) ये दीवारें केवल प्रदर्शन मात्र के लिए बनवाई गई होंगी
(ii) ये दीवारें प्राकृतिक आपदा से बचने के लिए बनी होंगी
(iii) इन दीवारों पर दूसरी मंजिल भी रही होगी
(iv) इन दीवारों पर सुंदर चित्रकारी करनी होगी

11. सिंधु घाटी की सभ्यता में मिले अजायबघर की सबसे बड़ी विशेषता क्या है? 'अतीत में दबे पाँव' पाठ के आधार पर सही विकल्प चुनिए।
(i) यह अजायबघर बहुत विशाल और सुंदर है
(ii) इसमें सभी प्रकार की वस्तुएँ संग्रहित हैं
(iii) इसमें औजार तो हैं, परंतु हथियार नहीं हैं
(iv) इसमें उत्कृष्ट कलात्मकता दिखाई देती है

12. सिंधु घाटी की सभ्यता के लिखित प्रमाण न मिलने का क्या कारण हो सकता है?
(i) यह सभ्यता बहुत अधिक विशाल है
(ii) इतनी पुरानी सभ्यता के लिखित प्रमाण मिलने संभव नहीं
(iii) इस सभ्यता में केवल मौखिक प्रमाण मिलते हैं
(iv) यह सभ्यता अत्यंत सीमित और कमजोर थी

13. पुरातात्विक साक्ष्यों से हड़प्पा और मुअनजो-दड़ो के विषय में क्या जानकारी प्राप्त होती है?
(i) इन संस्कृतियों की सांस्कृतिक विशालता का पता चलता है
(ii) इन संस्कृतियों की चित्रकला का पता चलता है
(iii) इन संस्कृतियों के समाप्त होने के कारण का पता चलता है
(iv) इन संस्कृतियों की संकुचित सोच का पता चलता है

14. 'अतीत में दबे पाँव' में लेखक ने किसका वर्णन किया है?
(i) इतिहास के अनछुए पक्षों का
(ii) पौराणिक स्मृतियों के अध्ययन का
(iii) इतिहासकारों की सोच व विचार शक्ति का
(iv) सिंधु घाटी की सभ्यता का

15. मुअनजो-दड़ो में स्थित अजायबघर को किसके समान बताया गया है?
(i) कस्बाई स्कूल की इमारत के समान
(ii) मुर्दों के टीले के समान
(iii) संपन्न बस्ती के समान
(iv) नियोजित व्यवस्था के समान

16. सिंधु घाटी की सभ्यता की सबसे सुंदर व्यवस्था क्या थी? 'अतीत में दबे पाँव' पाठ के आधार पर सही विकल्प चुनिए।
(i) वह समाज को विकसित करने के लिए कार्य करती थी
(ii) वह काम को अधिक महत्त्व देती थी
(iii) वह केवल शहरों का निर्माण करती थी
(iv) वह केवल संपन्न वर्ग के लिए कार्य करती थी

17. सिंधु घाटी की सभ्यता में किस कारण बीमारी का प्रकोप अधिक नहीं हो सकता था?
(i) पानी की निकासी के अनुचित प्रबंधन के कारण
(ii) नालियाँ आदि उचित रूप से ढकी होने के कारण
(iii) छोटे-छोटे घरों के स्थान पर बड़े घर होने के कारण
(iv) सामाजिक दूरी का पालन करने के कारण

18. पुरातात्विक तथ्यों से सिंधु सभ्यता के बारे में क्या पता चलता है? 'अतीत में दबे पाँव' पाठ के आधार पर सही विकल्प चुनिए।
(i) यह सभ्यता अत्यंत विशाल थी
(ii) यह सभ्यता अविकसित थी
(iii) यह सभ्यता धर्म पोषित थी
(iv) यह सभ्यता बिखरी हुई थी

19. 'अतीत में दबे पाँव' पाठ में मुअनजो-दड़ो के बारे में क्या धारणा थी?
(i) अपने दौर में यह घाटी की सभ्यता का केंद्र रहा होगा
(ii) अपने दौर में यह सबसे कम प्रसिद्ध क्षेत्र रहा होगा
(iii) अपने दौर में यह सीमित जनसंख्या वाला क्षेत्र रहा होगा
(iv) अपने दौर में यह केवल मुर्दों का टीला रहा होगा

20. "पूरब की बस्ती रईसों की बस्ती है।" 'अतीत में दबे पाँव' पाठ की पंक्ति के संदर्भ में बताइए कि आज के युग में पूरब की बस्ती किसे माना जाता है?
(i) आज के युग में पूरब की बस्ती गरीबों की बस्ती मानी जाती है
(ii) आज के युग में पूरब की बस्ती उच्च शासनाधिकारी की बस्ती मानी है
(iii) आज के युग में पूरब की बस्ती समृद्ध बस्ती मानी जाती है
(iv) आज के युग में पूरब की बस्ती पश्चिमी देशों को माना जाता है

21. मुअनजो-दड़ो में अब खुदाई क्यों बंद कर दी गई है? CBSE 2023
(i) दलदल की समस्या के कारण
(ii) कुछ न मिलने के कारण
(iii) अवशेष की उम्मीद न होने से
(iv) मौजूद खंडहर बचाने के लिए

22. अजायबघर में प्रदर्शित चीजों में कौन-सी चीजें नहीं मिली हैं? **CBSE 2023**

(i) हथियार (ii) बर्तन
(iii) औजार (iv) सुई

23. छोटे टीलों पर बनी बस्तियों को कहा गया है **CBSE 2023**

(i) गढ़ (ii) रईसों की बस्ती
(iii) नीचा नगर (iv) सचिवालय

24. कथन (A) **सिंधु सभ्यता में जल निकासी की अच्छी व्यवस्था थी।**
कारण (R) **सिंधु सभ्यता के लोग मूलतः खेती करते थे तथा पशुपालक थे।**

कूट

(i) कथन (A) और कारण (R) दोनों सही हैं तथा कारण (R), कथन (A) की सही व्याख्या करता है।
(ii) कथन (A) और कारण (R) दोनों सही हैं, परंतु कारण (R), कथन (A) की सही व्याख्या नहीं करता है।
(iii) कथन (A) सही है, किंतु कारण (R) गलत है।
(iv) कथन (A) गलत है, किंतु कारण (R) सही है।

25. निम्नलिखित कथनों पर विचार कीजिए

1. **मुअनजो-दड़ो में सबसे ऊँचे चबूतरे पर एक बड़ा बौद्ध स्तूप है।**
2. **सिंधु घाटी सभ्यता एक पूर्णविकसित सभ्यता थी।**
3. **यहाँ पर कच्ची ईंटों का एक कुंड मिला है।**
4. **सिंधु घाटी सभ्यता के लोगों को पहले से ही लोहे का ज्ञान था।**

सही कथनों वाले विकल्प को चयनित कर लिखिए

(i) 1 और 2 (ii) 1, 2 और 3
(iii) 2, 3 और 4 (iv) 2 और 3

उत्तर

1. (ii) ये खंडहर के प्रमाण नहीं हैं
2. (iii) *(i)* और *(ii)* दोनों
3. (i) सिंधु घाटी सभ्यता का अध्ययन करना
4. (ii) इस घाटी के लोग अन्न नहीं उगाते थे
5. (iii) इसमें किसी एक का प्रभुत्व नहीं था, बल्कि एकता व समृद्धि से परिपूर्ण सभ्यता थी
6. (ii) नदी, कुएँ, कुंड, स्नानागार और बेजोड़ जल निकासी के कारण
7. (i) कुंड का उपयोग पवित्र या आनुष्ठानिक रूप में किया जाता होगा
8. (i) ये अन्न उपजाते नहीं थे, उसका आयात करते थे
9. (ii) प्रगति के पथ पर निरंतर बढ़ने को
10. (iii) इन दीवारों पर दूसरी मंजिल भी रही होगी
11. (iii) इसमें औजार तो हैं, परंतु हथियार नहीं हैं
12. (ii) इतनी पुरानी सभ्यता के लिखित प्रमाण मिलने संभव नहीं
13. (i) इन संस्कृतियों की सांस्कृतिक विशालता का पता चलता है
14. (iv) सिंधु घाटी की सभ्यता का
15. (i) कस्बाई स्कूल की इमारत के समान
16. (i) वह समाज को विकसित करने के लिए कार्य करती थी
17. (ii) नालियाँ आदि उचित रूप से ढकी होने के कारण
18. (i) यह सभ्यता अत्यंत विशाल थी
19. (i) अपने दौर में यह घाटी की सभ्यता का केंद्र रहा होगा
20. (i) आज के युग में पूरब की बस्ती गरीबों की बस्ती मानी जाती है
21. (i) दलदल की समस्या के कारण
22. (i) हथियार
23. (iii) नीचा नगर
24. (ii) कथन (A) और कारण (R) दोनों सही हैं, परंतु कारण (R), कथन (A) की सही व्याख्या नहीं करता है।
25. (i) 1 और 2

विषय-वस्तु पर आधारित प्रश्नोत्तर

1. मुअनजो-दड़ो का अनूठा नगर-नियोजन आधुनिक नगर-नियोजन के प्रतिमान नगरों से बेहतर क्यों है? उदाहरणों के आधार पर स्पष्ट कीजिए।

अथवा **"मुअनजो-दड़ो का नगर-नियोजन भव्य एवं अनूठा था।" 'अतीत में दबे पाँव' पाठ के आधार पर सिद्ध कीजिए।** **CBSE Term II 2022**

उत्तर मुअनजो-दड़ो की नगर योजना वास्तव में आज की सेक्टर-मार्का कॉलोनियों के नियोजन से अधिक बेहतर थी। मुअनजो-दड़ो छोटे-मोटे टीलों पर आबाद था। ये टीले प्राकृतिक नहीं थे। कच्ची और पक्की दोनों तरह की ईंटों से धरती की सतह को ऊँचा उठाया गया था, ताकि सिंधु नदी का पानी बाहर फैल जाए, तो उससे बचा जा सके। मुअनजो-दड़ो की सड़कें चौड़ी थीं। यहाँ की सड़कें सीधी या आड़ी थीं। मुअनजो-दड़ो की जल-निकासी का प्रबंध इतना उन्नत था कि आज के वास्तुकार भी उसे देखकर सोच में पड़ जाते हैं। नगर की योजना अत्यंत सुव्यवस्थित एवं वैज्ञानिक रूप से तार्किक थी। घरों की बनावट हो या सार्वजनिक स्थानों की योजना, सभी में तार्किक सुव्यवस्था थी। इस शहर में उच्चवर्ग की बस्ती, स्नानागार, ढकी नालियाँ, पानी की निकासी की व्यवस्था, सभा भवन, घरों की बनावट आदि देखकर स्पष्ट रूप से कहा जा सकता है कि यहाँ की नगर-योजना बेमिसाल थी।

2. आपके अनुमान से मुअनजो-दड़ो की खुदाई में क्या-क्या मिला और वहाँ की बस्ती किस प्रकार की बनी होगी? अपने विचार व्यक्त कीजिए।

उत्तर हमारे अनुमान से मुअनजो-दड़ो की खुदाई के दौरान निकली वस्तुओं की संख्या लगभग पचास हज़ार है। अधिकतर चीज़ों को दिल्ली, कराची, लाहौर तथा लंदन में देखा जा सकता है। मुअनजो-दड़ो के अजायबघर में विभिन्न प्रकार की चीज़ें रखी गई हैं, जिनमें मुहरें, ताँबे का शीशा, गेहूँ, ताँबे और काँसे के बर्तन, वाद्ययंत्र, चाक पर बने मिट्टी के मटके, माप-तौल के पत्थर इत्यादि प्रमुख हैं। मुअनजो-दड़ो की बस्ती का आकार बड़ा है। इन घरों के आँगन खुले और दीवारें ऊँची एवं मोटी होती थीं। मोटी दीवारों वाले घर शायद दो मंजिल वाले होते थे। कुछ दीवारों पर छेद भी दिखाई देते हैं, जो बताते हैं कि दूसरी मंजिल को उठाने के लिए शायद शहतीरों के लिए जगह छोड़ी जाती होगी। सभी घरों में पक्की ईंटें और एक ही आकार की ईंटें लगाई गई हैं। इन घरों में पत्थर अधिक मात्रा में नहीं लगाया गया। यहाँ नालियों को ढककर रखा गया है, जिससे गंदगी न फैले।

3. "कला की दृष्टि से हड़प्पा सभ्यता समृद्ध थी।" पाठ के आधार पर सोदाहरण स्पष्ट कीजिए।

अथवा **मोहनजोदड़ो की सभ्यता को लो-प्रोफाइल सभ्यता क्यों माना गया है?**
CBSE SQP Term II 2022

उत्तर कला की दृष्टि से हड़प्पा सभ्यता अत्यंत समृद्ध थी। इस सभ्यता के लोगों में कला के प्रति समृद्ध दृष्टि तत्कालीन मनुष्यों की दैनिक प्रयोग की वस्तुओं में स्पष्ट रूप से दिखाई देती है; जैसे—वहाँ की वास्तुकला तथा नियोजन, धातु एवं पत्थर की मूर्तियाँ, मिट्टी के बर्तन एवं उन पर बने चित्र, वनस्पति एवं पशु-पक्षियों की छवियाँ, मुहरें, उन पर उत्कीर्ण आकृतियाँ, खिलौने, केश-विन्यास, आभूषण, सुघड़ लिपि आदि तत्कालीन समय में विद्यमान हड़प्पा सभ्यता के सौंदर्यबोध को व्यक्त करते हैं। वहाँ भव्य राजमहल, मंदिरों या समाधियों के अवशेष नहीं मिलते। भवनों में आकार की विशालता एवं भव्यता मौजूद नहीं है। कोई भी ऐसी मूर्ति या चित्र उपलब्ध नहीं हुआ है, जिसमें प्रभुत्व या दिखावे के तेवर व्याप्त हों। कहने का आशय यह है कि हड़प्पा सभ्यता कला की दृष्टि से अत्यधिक समृद्ध तो थी, लेकिन यह कला-सौंदर्य राजपोषित या धर्मपोषित न होकर समाज पोषित थी अर्थात् कहा जा सकता है कि मोहनजोदड़ो की सभ्यता लो-प्रोफाइल सभ्यता थी।

4. "सिंधु घाटी की सभ्यता केवल अवशेषों के आधार पर बनाई गई एक धारणा है।" इस विचार के पक्ष या विपक्ष में अपने विचार प्रस्तुत कीजिए।

उत्तर सिंधु सभ्यता साधन संपन्न थी। यहाँ पर साधनों की कमी नहीं है। सिंधु घाटी सभ्यता के अवशेषों के आधार पर ही इसकी नगर योजना, कृषि, संस्कृति और कला आदि के बारे में बताया गया है। अवशेषों के कोई लिखित प्रमाण तो नहीं मिले हैं, पर इतनी पुरानी सभ्यताओं के लिखित प्रमाण भी संभव नहीं होते। जो चित्रलिपि यहाँ से मिली है, उसका अध्ययन किया भी नहीं जा सकता। इस आधार पर केवल अवशेषों को ही प्रमाण माना जाता है। मनुष्यों द्वारा ये अवशेष बनाए गए हैं, जो इतने समय के बाद भी अभी तक उपलब्ध हैं। सिंधु घाटी में ईंटों, मूर्तियों, भवनों इत्यादि के अवशेष मिलते हैं। यहाँ बड़ी मात्रा में खुदाई के समय इमारतें, सड़कें, धातु-पत्थर की मूर्तियाँ, चाक पर बने चित्रित भांडे, मुहरें, साज़ो-सामान और खिलौने आदि मिले। इन्हीं अवशेषों के आधार पर सिंधु घाटी सभ्यता का अध्ययन संभव हुआ। इन्हीं प्रमाणों के कारण संपूर्ण सभ्यता व संस्कृति की सुंदर कल्पना की गई है। सिंधु घाटी सभ्यता की विशेषता उसका सौंदर्यबोध है। जो वस्तु जिस प्रकार सुंदर लग सकती थी, उसका उसी प्रकार से उपयोग किया गया था।

5. "सिंधु सभ्यता में खेती का उन्नत रूप भी देखने को मिलता है।" क्या आप इस कथन से सहमत हैं? उल्लेख कीजिए।

उत्तर सिंधु घाटी सभ्यता की खोज के प्रारंभ में यह समझा जाता था कि इस घाटी के लोग अन्न नहीं उगाते थे। नई खोजों के साथ यह स्पष्ट हो गया कि यहाँ उन्नत खेती होती थी। अनाज आदि की ज़रूरतें वे आयात करके पूरा कर लेते थे। खेतिहर और पशुपालक सभ्यता को कुछ विद्वानों द्वारा माना भी गया है। लोहा न होने के कारण पत्थर और ताँबे के औजार ही खेती के प्रयोग में लाए जाते थे। इतिहासकार इरफान हबीब का मानना है कि यहाँ के लोग रबी की फसल भी उगाते थे। गेहूँ, कपास, चना और सरसों के प्रमाण खुदाई के दौरान मिले हैं। यहाँ ज्वार, बाजरा, रागी की उपज के साथ-साथ खजूर, अंगूर और खरबूजे भी उगाए जाते थे और बेर की झाड़ियों के चिह्न भी पाए गए हैं। वहाँ कपास की भी खेती होती थी। इन्हीं सभी तथ्यों को ध्यान में रखते हुए हम इस बात से सहमत हैं कि सिंधु सभ्यता में खेती का उन्नत रूप देखने को मिलता है।

6. उस विशेषता का विस्तार से उल्लेख कीजिए, जो अजायबघर में रखे सिंधु सभ्यता के पुरातत्त्व के अवशेषों से सिद्ध होती है।

उत्तर अजायबघर में रखे सिंधु सभ्यता के पुरातत्त्व के अवशेषों से सिद्ध होता है कि सिंधु सभ्यता साधन संपन्न थी। अजायबघर में रखी चीज़ों में प्रमुख थीं—काला पड़ गया गेहूँ, ताँबे और काँसे के बर्तन, मुहरें, चाक पर बने विशाल मृद्‌भांड, उन पर काले-भूरे चित्र, चौपड़ की गोटियाँ, दीये, माप-तौल के पत्थर, ताँबे का आईना, मिट्टी की बैलगाड़ी और दूसरे खिलौने, दो पाट वाली चक्की, कंघी, मिट्टी के कंगन, रंग-बिरंगे मनकों वाले हार और पत्थर के औजार। इस प्रकार, यह सभ्यता विभिन्न साधनों से भरी थी, लेकिन साथ ही वहाँ औज़ार देखने को तो मिलते हैं, पर हथियार नहीं। हड़प्पा से लेकर हरियाणा तक समूची सिंधु सभ्यता में हथियार उस तरह कहीं नहीं मिले हैं, जैसे किसी राजतंत्र में होते हैं। इससे पता चलता है कि वहाँ अनुशासन ज़रूर था, परंतु ताकत के बल पर नहीं। इसी कारण सिंधु घाटी की सभ्यता को दूसरी सभ्यताओं से अलग माना जाता है, जिसमें किसी प्रकार का कोई प्रभुत्व नहीं था, बल्कि एकता व समृद्धि से परिपूर्ण सभ्यता थी।

7. "मुअनजो-दड़ो की नगर योजना आज की सेक्टर-मार्का कॉलोनियों के नीरस नियोजन की अपेक्षा ज़्यादा रचनात्मक है।" टिप्पणी कीजिए।

उत्तर मुअनजो-दड़ो की सड़कों और गलियों का विस्तार खंडहरों को देखकर किया जा सकता है। यहाँ हर सड़क सीधी है या फिर आड़ी है, जिसे वास्तुकार 'ग्रिड प्लान' कहते हैं। चबूतरे के पीछे 'गढ़' उच्च वर्ग की बस्ती, महाकुंड, स्नानागार, ढकी नालियाँ, अन्न का कोठार, सभा भवन, घरों की बनावट, भव्य राजप्रासाद, समाधियाँ आदि संरचनाएँ ऐसे सुव्यवस्थित हैं कि कहा जा सकता है कि शहर नियोजन से लेकर सामाजिक संबंधों तक में इसकी कोई तुलना नहीं है।

हम कह सकते हैं कि वर्तमान की सेक्टर-मार्का कॉलोनियों के नियोजन इनके सामने बिलकुल फीके हैं, जिसकी कॉलोनियों में आड़ा-सीधा 'नियोजन' अधिक देखने को मिलता है। पहले की अपेक्षा आज के शहरों के नियोजन के नाम पर भी हमें अराजकता अधिक दिखाई पड़ती है। इसी कारण सेक्टर-मार्का कॉलोनियों का रहन-सहन नीरस बना रहता है। अतः मुअनजो-दड़ो की साक्षर सभ्यता एक सुसंस्कृत समाज का प्रमाणित उदाहरण है।

8. आप अनुमान लगाइए कि मुअनजो-दड़ो में बड़े घरों में छोटे कमरे होने का क्या कारण है?

अथवा **मुअनजो-दड़ो के बड़े घरों में छोटे कमरे होने का क्या कारण था?**
CBSE Term II 2022

उत्तर मुअनजो-दड़ो के घर बड़े हैं और घरों में मंजिलें भी हैं। ऊपर की मंजिलों पर बड़े कमरे हैं। संभवतः वहाँ घर के मालिक ही रहते होंगे। घर की निचली मंजिलों के कमरे बहुत छोटे हैं। ऊपर बने कमरों जैसी सुख-सुविधाएँ इन कमरों में हो ही नहीं सकती थीं। इन कमरों के आधार

पर ग्रेगरी पोसेल का अनुमान है कि निचली मंजिलों के कमरों में नौकर-चाकर रहते होंगे, परंतु सभी घर एक ही कतार में बने हुए हैं। बड़े घरों के आँगन में चौड़ी सीढ़ियाँ हैं। कुछ घरों में ऊपर की मंजिल के निशान हैं, पर सीढ़ियाँ नहीं। शायद लकड़ी की सीढ़ियाँ रही हों, जो कालांतर में नष्ट हो गई होंगी। इस प्रकार अनुमान लगाया जा सकता है कि बड़े घरों में छोटे कमरे उन्होंने अपनी व्यवस्था के अनुसार बनाए होंगे।

9. मुअनजो-दड़ो की जल निकासी व्यवस्था की उत्कृष्टता पर टिप्पणी कीजिए।

अथवा **आज जल संकट एक बड़ी समस्या है, क्या ऐसे में सिंधु सभ्यता के महानगर मुअनजो-दड़ो से जल-व्यवस्था की प्रेरणा ली जा सकती है? उचित उत्तर दीजिए।** **CBSE 2024**

उत्तर मुअनजो-दड़ो में पानी की निकासी का सुव्यवस्थित प्रबंध बहुत ही प्रशंसनीय है। घरों की नालियों में पक्की ईंटें होती थीं। ढकी हुई नालियाँ मुख्य सड़क के दोनों ओर समांतर दिखाई देती हैं। बस्ती के भीतर भी इनका यही रूप है। प्रत्येक घर में एक स्नानघर है। घरों के भीतर से पानी या मैल की नालियाँ बाहर हौदी तक आती हैं और फिर नालियों के जाल से जुड़ जाती हैं। कहीं-कहीं वे खुली हैं, पर ज़्यादातर बंद हैं।

स्वास्थ्य के प्रति मुअनजो-दड़ो के बाशिंदों के सरोकार का यह बेहतर उदाहरण है। इसलिए वहाँ की जल निकासी व्यवस्था अत्यधिक सुदृढ़ है। वर्तमान समय में भी इसी तकनीक को अपनाया गया है। बड़े-बड़े शहरों और महानगरों में जो सीवर व्यवस्था है, वह किसी रूप में मुअनजो-दड़ो की जल निकासी व्यवस्था से प्रभावित रही होगी। यही कारण है कि जिस प्रकार आज की नालियाँ और सीवर के होल ढके हुए होते हैं, उसी प्रकार साफ़-सफ़ाई और स्वास्थ्य की दृष्टि से सभी छोटी-बड़ी नालियाँ ढकी होती थीं। अंततः कहा जा सकता है कि नगर की जल निकासी बेजोड़ तथा अद्भुत थी।

10. कुंड की विशेषता तथा उसका उपयोग क्या था?

उत्तर कुंड लगभग 40 फीट लंबा और 25 फीट चौड़ा है और गहराई 7 फीट है। इस कुंड की विशेषता पक्की ईंटों का जमाव है। कुंड का पानी रिस न सके और बाहर का अशुद्ध पानी कुंड में न आए, इसके लिए कुंड के तल में एवं दीवारों पर ईंटों के बीच चूने और चिरोड़ी के गारे का प्रयोग हुआ है। कुंड के उत्तर और दक्षिण से सीढ़ियाँ उतरती हैं। इसके तीन तरफ साधुओं के कक्ष बने हुए हैं। उत्तर में दो पाँत में आठ स्नानघर हैं। इनमें से किसी के भी द्वार एक-दूसरे के सामने नहीं खुलते। कुंड के पानी के बंदोबस्त के लिए एक तरफ कुआँ है, जो दोहरे घेरे वाला एक अकेला कुआँ है। कुंड से पानी को बाहर निकालने के लिए नालियाँ हैं। सबसे अच्छी बात यह है कि ये भी पक्की ईंटों से बनी हैं और ईंटों से ढकी भी हैं। इस कुंड का उपयोग पवित्र या आनुष्ठानिक रूप में किया जाता रहा होगा। इसकी बनावट ही इसके आनुष्ठानिक प्रयोग का प्रमाण माना जाता है।

11. मुअनजो-दड़ो में किस प्रकार के घर बने हुए थे? उन घरों का वर्णन कीजिए।

अथवा **मुअनजो-दड़ो की गृह-निर्माण योजना पर संक्षेप में प्रकाश डालिए।** **CBSE 2024**

उत्तर मुअनजो-दड़ो के घरों की पीठ सड़क की ओर होती है अर्थात् किसी घर का दरवाज़ा सड़क की ओर नहीं खुलता था। घरों के अंदर से पानी या मैल की नालियाँ बाहर हौदी तक आती हैं और फिर नालियों के जाल से जुड़ जाती हैं। कहीं-कहीं वे खुली हैं, पर अधिकतर बंद हैं। हर घर में एक स्नानघर है। बस्ती के भीतर छोटी सड़कें हैं और उनसे छोटी गलियाँ भी बनी हुई हैं। छोटी सड़कें नौ से बारह फीट तक चौड़ी हैं। इन घरों की दीवारें ऊँची और मोटी हैं। मोटी दीवार का अर्थ यह लगाया जाता है कि उस पर दूसरी मंज़िल भी रही होगी। सभी घर ईंट के बने हैं। इन घरों की एक विशेषता यह है कि सामने की दीवार में केवल प्रवेशद्वार बना होता है, जिसमें कोई खिड़की नहीं होती थी। वर्तमान में सभी घर खंडहर हैं और दिखाई देने वाली चीज़ों से हम सिर्फ़ अनुमान लगा सकते हैं।

12. 'अतीत में दबे पाँव' पाठ के आधार पर सिंधु घाटी सभ्यता की विशेषताओं का उल्लेख कीजिए।

अथवा **मुअनजो-दड़ो से प्राप्त जानकारी के आधार पर सिंधु सभ्यता की सामाजिक एवं सांस्कृतिक विशेषताओं का वर्णन कीजिए।**

अथवा **सिंधु घाटी सभ्यता को दूसरी सभ्यताओं से अलग खड़ा करने वाली विशेषताओं का वर्णन कीजिए।** **CBSE 2025**

उत्तर सामाजिक एवं सांस्कृतिक दृष्टि से सिंधु सभ्यता के सामाजिक वातावरण को बहुत अनुशासित होने का अनुमान लगाया गया है। वहाँ का अनुशासन ताकत के बल पर नहीं था। नगर योजना, वास्तुशिल्प, मुहर, पानी या साफ़-सफ़ाई जैसी सामाजिक व्यवस्था में एकरूपता से यह अनुशासन प्रकट होता है। सिंधु सभ्यता में सुनियोजित नगर थे, पानी की निकासी की व्यवस्था अच्छी थी। सड़कें लंबी व चौड़ी थीं, कृषि भी की जाती थी, यातायात के साधन के रूप में बैलगाड़ी भी थी। हर नगर में मुद्रा, अनाज भंडार, स्नानगृह आदि थे तथा पक्की ईंटों का प्रयोग होता था। सिंधु सभ्यता में प्रदर्शन या दिखावे की प्रवृत्ति नहीं है। यही विशेषता इसको अलग सांस्कृतिक धरातल पर खड़ा करती है। यह धरातल संसार की दूसरी सभी सभ्यताओं से पृथक् है।

13. पर्यटक मुअनजो-दड़ो में क्या-क्या देख सकते हैं? 'अतीत में दबे पाँव' पाठ के आधार पर किन्हीं तीन दृश्यों का परिचय दीजिए।

अथवा **यदि आप पर्यटक के रूप में मोहनजोदड़ो जाएँ तो आप क्या-क्या देख सकते हैं? अतीत में दबे पाँव पाठ के आधार पर लिखें।** **CBSE SQP 2024**

उत्तर पर्यटक मुअनजो-दड़ो में निम्न चीज़ें देख सकते हैं

(i) **बौद्ध स्तूप** यह सबसे ऊँचे चबूतरे पर निर्मित बड़ा बौद्ध स्तूप है। वर्ष 1922 में राखालदास बनर्जी ने इसी बौद्ध स्तूप की खुदाई करते हुए सिंधु सभ्यता के बारे में पहली बार जाना था। स्तूप वाले चबूतरे के पीछे वाले हिस्से को विद्वान् 'गढ़' कहते हैं। लेखक वहाँ की धूप की विशेषता को रेखांकित करता है।

(ii) **विशाल स्नानागार और कुंड** यहाँ सामूहिक स्नानागार का स्थान महाकुंड के नाम से जाना जाता है। एक पंक्ति में आठ स्नानघर हैं, जिनमें किसी के भी द्वार एक-दूसरे के सामने नहीं खुलते। कुंड के तल में और दीवारों पर ईंटों के बीच चूने और चिरोड़ी के गारे का प्रयोग हुआ है, जिससे कुंड का पानी रिस न सके और बाहर का अशुद्ध पानी कुंड में न आने पाए।

(iii) **अजायबघर** अजायबघर में काला पड़ गया गेहूँ, बर्तन, मुहरें, चौपड़ की गोटियाँ, दीये, ताँबे का आईना आदि दिखाई देते हैं। अजायबघर की सबसे बड़ी विशेषता यह है कि वहाँ औजार तो हैं, पर हथियार नहीं हैं।

14. "सिंधु घाटी के लोगों में कला या सुरुचि का महत्त्व अधिक था।" उदाहरण देकर स्पष्ट कीजिए। **AI 2019**

उत्तर सिंधु घाटी सभ्यता के लोगों में उत्कृष्ट कलात्मक अभिरुचि थी। यहाँ के लोगों के दैनिक प्रयोग की वस्तुओं में भी कलात्मकता दिखाई देती है। यहाँ की वास्तुकला तथा नियोजन, धातु व पत्थर की मूर्तियाँ, केश-विन्यास, आभूषण, बर्तनों पर उभारे गए चित्र, मुहरों पर उत्कीर्ण आकृतियाँ आदि सिंधु घाटी के लोगों के सौंदर्यबोध और कलात्मक रुचि को प्रकट करते हैं। वस्तुओं के प्राकृतिक या नैसर्गिक सौंदर्य को अधिक महत्त्व दिया गया था। सामूहिकता एवं सामाजिकता का पक्ष इस सभ्यता के लोगों के लिए प्राथमिकता थी।

इस सभ्यता में राजमहलों, मंदिरों, समाधियों के अवशेष नहीं मिलते। ऐसी कोई मूर्ति उपलब्ध नहीं हुई, जिसमें विशालता एवं भव्यता व्याप्त हो। इसका आशय यह है कि यह सभ्यता राजपोषित या धर्मपोषित न होकर समाजपोषित थी।

15. "सिंधु की सभ्यता पूर्ण विकसित मानव सभ्यता थी।" इस विचार से आप कहाँ तक सहमत हैं और क्यों? **Delhi 2019**

उत्तर "सिंधु की सभ्यता पूर्ण विकसित मानव सभ्यता थी।" इस विचार से हम पूर्ण रूप से सहमत हैं, क्योंकि यह सभ्यता धर्मतंत्र या राजतंत्र की ताकत का प्रदर्शन करने वाले महलों, उपासना स्थलों आदि का निर्माण नहीं करती, बल्कि यह सभ्यता समाज या मानव पोषित संस्था का समर्थन करती थी। इस सभ्यता में आडंबर को स्थान नहीं दिया गया था, अपितु चारों ओर सुंदरता ही दिखाई देती थी। सभ्यता के केंद्र में समाज को प्रथम स्थान दिया गया है। इन्हीं बातों के आधार पर हम कह सकते हैं कि सिंधु की सभ्यता पूर्ण विकसित मानव सभ्यता थी।

16. 'मुअनजो-दड़ो' और 'हड़प्पा' को भारत के ही नहीं दुनिया के सबसे पुराने उत्कृष्ट शहर के रूप में क्यों जाना जाता है? 'अतीत में दबे पाँव' पाठ के आधार पर कारण सहित लिखिए। **CBSE Term II 2022**

उत्तर मुअनजो-दड़ो और हड़प्पा प्राचीन भारत के ही नहीं, वरन दुनिया के दो सबसे पुराने उत्कृष्ट व नियोजित शहर माने जाते हैं, ये सिंधु घाटी सभ्यता के परवर्ती दौर के शहर हैं। खुदाई में और भी शहर मिले हैं, परंतु मुअनजो-दड़ो ताम्रकाल के शहरों में सबसे बड़ा है।

वह सबसे उत्कृष्ट भी है। व्यापक खुदाई यहीं पर संभव हुई। बड़ी संख्या में इमारतें, सड़कें, धातु-पत्थर की मूर्तियाँ, चाक पर बने चित्रित भांड, मुहरें, सज्जा-सामग्री और खिलौने आदि मिले।

इन सबसे सभ्यता का अध्ययन संभव हुआ। उधर सैकड़ों मील दूर हड़प्पा के ज्यादातर साक्ष्य रेललाइन बिछने के दौरान विकास की भेंट चढ़ गए। मुअनजो-दड़ो के बारे में धारणा है कि यह शहर अपने दौर में घाटी की सभ्यता का केंद्र अर्थात् एक तरह से राजधानी रहा होगा। माना जाता है कि यह शहर दो सौ हेक्टेयर क्षेत्र में फैला था।

इसकी आबादी लगभग 85 हजार थी। स्पष्ट है कि पाँच हजार साल पहले यह शहर आज के 'महानगर' की परिभाषा को भी पार पाता होगा अर्थात् आधुनिक महानगर से भी बड़ा होगा।

17. 'मुअनजो-दड़ो' के घरों में टहलते हुए लेखक को कुलधरा की याद क्यों हो आई? 'अतीत में दबे पाँव' पाठ के आधार पर लिखिए। **CBSE Term II 2022**

अथवा **मुअनजो-दड़ो की गलियों या घरों में घूमते हुए लेखक को किसकी याद आ गई और क्यों?** **CBSE 2024**

उत्तर जैसलमेर के मुहाने पर पीले पत्थरों वाला गाँव कुलधरा खूबसूरत है, परंतु वहाँ अब लोग नहीं रहते। सभी ग्रामीण लगभग 150 वर्ष पहले तत्कालीन राजा से हुई तकरार के कारण अपने स्वाभिमान की रक्षा हेतु रातोंरात गाँव छोड़कर चले गए।

वे अपना सभी सामान ले गए, परंतु उनके खंडहर पड़े घर आज भी उसी स्थिति में खड़े हैं, जिसमें वे उन्हें छोड़कर गए थे। लेखक को मुअनजो-दड़ो के घरों में टहलते हुए इसी कारण कुलधरा के खंडहर घरों की याद हो आई।

स्व-मूल्यांकन

पाठ पर आधारित बहुविकल्पीय प्रश्न

निम्नलिखित बहुविकल्पीय प्रश्नों के उत्तर दीजिए

1. 'अतीत में दबे पाँव' पाठ के आधार पर बताइए कि आधुनिक योजनाएँ, जो आजकल के शहरों को व्यवस्थित करने के लिए बनाई जाती हैं, ...।

(i) सिंधु सभ्यता के शहरों के बराबर हैं
(ii) सिंधु सभ्यता के शहरों के बराबर नहीं हैं
(iii) सिंधु सभ्यता के शहरों से भी उत्कृष्ट हैं
(iv) सिंधु सभ्यता के शहरों से निम्न हैं

2. "कला की दृष्टि से सिंधु सभ्यता समृद्ध थी।" इस सभ्यता की समृद्धि का क्या प्रमाण था? 'अतीत में दबे पाँव' पाठ के आधार पर सटीक विकल्प चुनिए।

(i) वहाँ की वास्तुकला एवं नियोजन तथा धातु एवं पत्थर की मूर्तियों
(ii) वहाँ के भव्य महल या समाधियों के अवशेष
(iii) वहाँ के सड़क मार्ग
(iv) वहाँ के कुएँ और नालियाँ

3. "टूटे-फूटे खंडहर सभ्यता और संस्कृति के इतिहास के साथ-साथ धड़कती जिंदगियों के अनछुए समयों का भी दस्तावेज होते हैं।" कथन का भाव क्या है? 'अतीत में दबे पाँव' पाठ के आधार पर सटीक विकल्प चुनिए।

(i) खंडहरों के आधार पर वहाँ के लोगों के रहने-सहने के ढंग और सोच के तरीकों की कल्पना की जा सकती है
(ii) खंडहरों से कोई भी जानकारी प्राप्त नहीं की जा सकती है
(iii) खंडहरों के आधार पर प्राप्त की गई जानकारी सदैव अप्रामाणिक होती है
(iv) खंडहर किसी सभ्यता का केवल इतिहास होते हैं

4. लेखक ने किस आधार पर सिंधु घाटी की सभ्यता को जल संस्कृति कहा है?

(i) सिंधु नदी के आधार पर
(ii) स्नानागार के आधार पर
(iii) बेजोड़ निकासी व्यवस्था के आधार पर
(iv) उपर्युक्त सभी

5. मुअनजो-दड़ो का अनूठा नगर-नियोजन आधुनिक नगर-नियोजन के प्रतिमान नगरों से बेहतर कैसे है?

(i) मुअनजो-दड़ो की जल-निकासी का प्रबंध इतना उन्नत था कि आज के वास्तुकार भी उसे देखकर सोच में पड़ जाते हैं
(ii) नगर की योजना अत्यंत सुव्यवस्थित एवं वैज्ञानिक रूप से तार्किक थी
(iii) घरों की बनावट अत्यंत बेमिसाल थी
(iv) उपर्युक्त सभी

6. "सिंधु सभ्यता की खूबी उसका सौंदर्य है, जो राज-पोषित या धर्म-पोषित न होकर समाज पोषित था।" कथन का क्या तात्पर्य है?

(i) इस सभ्यता के केंद्र में समाज को प्रथम स्थान दिया गया है
(ii) इस सभ्यता में कोई राजा नहीं था
(iii) इस सभ्यता में केवल सौंदर्यबोध से पूर्ण वस्तुएँ हैं
(iv) इस सभ्यता में आडंबर अधिक हैं

उत्तर

1. (i) सिंधु सभ्यता के शहरों के बराबर हैं
2. (i) वहाँ की वास्तुकला एवं नियोजन तथा धातु एवं पत्थर की मूर्तियाँ से
3. (i) खंडहरों के आधार पर वहाँ के लोगों के रहने-सहने के ढंग और सोच के तरीकों की कल्पना की जा सकती है
4. (iv) उपर्युक्त सभी
5. (iv) उपर्युक्त सभी
6. (i) इस सभ्यता के केंद्र में समाज को प्रथम स्थान दिया गया है

विषय-वस्तु पर आधारित प्रश्न

निम्नलिखित प्रश्नों के उत्तर दीजिए

1. सिंधु घाटी की सभ्यता जीवन के किन मूल्यों को प्रस्तुत करती है? पाठ 'अतीत में दबे पाँव' के आधार पर स्पष्ट कीजिए।

2. मुअनजो-दड़ो में महाकुंड सामुदायिक एकता को प्रदर्शित करता है, जो आज के नगरों में कहीं खो गई है। स्पष्ट कीजिए।

3. सिंधु घाटी की सभ्यता में आज भी जीवन के नवीन मूल्य छिपे हैं, जिन्हें ढूँढने में पुरातत्त्ववेत्ता संलग्न हैं। उल्लेख कीजिए।

4. मुअनजो-दड़ो के नगरीय जीवन से हमें जीने की कौन-सी कलाएँ सीखनी चाहिए? पाठ के आधार पर बताइए।

5. लेखक ने सिंधु सभ्यता के निम्न वर्ग के घरों की क्या विशेषताएँ बताईं?

6. मुअनजो-दड़ो में लोग क्या-क्या काम करते थे? उल्लेख कीजिए।

7. भारत का सबसे पुराना लैंडस्केप किसे कहा गया है और क्यों?

8. बौद्ध स्तूप की विशेषता बताते हुए इसका महत्त्व समझाइए।

9. 'गढ़' क्या है तथा यहाँ किस वर्ग की बस्तियाँ बसी हुई थीं?

10. सिंधु घाटी की सभ्यता में कृषि व पशुपालन मुख्य कार्य थे। कारण सहित स्पष्ट कीजिए।

श्रवण व वाचन का मूल्यांकन तथा परियोजना कार्य

श्रवण (सुनना)

वर्णित या पठित सामग्री को सुनकर अर्थग्रहण करना, वार्तालाप करना, वाद-विवाद, भाषण, कविता पाठ आदि को सुनकर समझना, मूल्यांकन करना और अभिव्यक्ति के ढंग को समझना श्रवण कहलाता है।

वाचन (बोलना)

भाषण, सस्वर कविता-पाठ, वार्तालाप और उसकी औपचारिकता, कार्यक्रम- प्रस्तुति, कथा-कहानी अथवा घटना सुनाना, परिचय देना, भावानुकूल संवाद-वाचन, वाचन कहलाता है।

श्रवण (सुनना) एवं वचान (बोलना) कौशल का मूल्यांकन

- परीक्षक किसी प्रासंगिक विषय पर एक अनुच्छेद का स्पष्ट वाचन करेगा। अनुच्छेद तथ्यात्मक या सुझावात्मक हो सकता है। अनुच्छेद लगभग 250 शब्दों का होना चाहिए।

या

परीक्षक 2-3 मिनट का श्रव्य अंश (ऑडियो क्लिप) सुनवाएगा। अंश रोचक होना चाहिए। कथ्य/घटना पूर्ण एवं स्पष्ट होनी चाहिए। वाचक का उच्चारण शुद्ध, स्पष्ट एवं विराम चिह्नों के उचित प्रयोग सहित होना चाहिए।

- परीक्षार्थी ध्यानपूर्वक परीक्षक/ऑडियो क्लिप को सुनने के पश्चात् परीक्षक द्वारा पूछे गए प्रश्नों का अपनी समझ से मौखिक उत्तर देंगे। ये अभ्यास प्रश्न विभिन्न प्रकार के हो सकते हैं; जैसे—
  - रिक्त स्थान भरना।
  - सही विकल्प चुनना (बहुविकल्पीय प्रश्न)।
  - सही या गलत, सत्य या असत्य का चुनाव करना।
  - अतिलघूत्तरात्मक प्रश्न
- किसी निर्धारित विषय पर बोलना जिससे विद्यार्थी अपने व्यक्तिगत अनुभवों का प्रत्यास्मरण कर सकें।
- कोई कहानी सुनाना या किसी घटना का वर्णन करना।
- परिचय देना (स्व/परिवार/वातावरण/वस्तु/व्यक्ति/पर्यावरण/कवि/लेखक आदि)।

परीक्षकों के लिए अनुदेश

- परीक्षण से पूर्व परीक्षार्थी को तैयारी के लिए कुछ समय दिया जाए।
- विवरणात्मक भाषा में विषय के अनुकूल तीनों कालों का प्रयोग अपेक्षित है।
- निर्धारित विषय परीक्षार्थी के अनुभव-जगत के हों।
- शिक्षार्थी को विषय केन्द्रित स्वतंत्र अभिव्यक्ति का अवसर प्रदान करें।

अंक योजना वार्तालाप की दक्षताओं का मूल्यांकन निरन्तरता के आधार पर परीक्षा के समय ही होगा। निर्धारित 10 अंकों में से 5 श्रवण (सुनना) कौशल के मूल्यांकन के लिए और 5 वाचन (बोलना) कौशल के मूल्यांकन के लिए होंगे।

कौशलों के अन्तरण का मूल्यांकन

(इस बात का निश्चय करना कि क्या विद्यार्थी में श्रवण और वाचन की निम्नलिखित योग्यताएँ हैं)

	श्रवण (सुनना)	वाचन (बोलना)
1.	परिचित संदर्भों में प्रयुक्त शब्दों और पदों को समझने की सामान्य योग्यता है।	केवल अलग-अलग शब्दों और पदों के प्रयोग की योग्यता प्रदर्शित करता है।
2.	छोटे सुसम्बद्ध कथनों को परिचित सन्दर्भों में समझने की योग्यता है।	परिचित सन्दर्भों में केवल छोटे सुसम्बद्ध कथनों का सीमित शुद्धता से प्रयोग करता है।
3.	परिचित या अपरिचित दोनों सन्दर्भों में कथित सूचना को स्पष्ट समझने की योग्यता है।	अपेक्षाकृत दीर्घ भाषण में अधिक जटिल कथनों के प्रयोग की योग्यता प्रदर्शित करता है।

	श्रवण (सुनना)	वाचन (बोलना)
4.	दीर्घ कथनों की श्रृंखला को पर्याप्त शुद्धता से समझने के ढंग और निष्कर्ष निकाल सकने की योग्यता है।	अपरिचित स्थितियों में विचारों को तार्किक ढंग से संगठित कर धारा प्रवाह रूप में प्रस्तुत करता है।
5.	जटिल कथनों के विचार बिन्दुओं को समझने की योग्यता प्रदर्शित करने की क्षमता है। वे उद्देश्य के अनुकूल सुनने की कुशलता प्रदर्शित करते हैं।	उद्देश्य और श्रोता के लिए उपयुक्त शैली को अपना सकता है, ऐसा करते समय वह केवल मामूली गलतियाँ करता है।

श्रवण (सुनना) तथा वाचन (बोलना) दोनों ही मौखिक अभिव्यक्ति के विभिन्न स्वरूप हैं। अत: दोनों ही मौखिक मूल्यांकन के अन्तर्गत आते हैं।

मौखिक अभिव्यक्ति कौशल

भाषा, भावनाओं और विचारों की अभिव्यक्ति का एक सशक्त माध्यम है। एक व्यक्ति जितनी सरल और शुद्ध भाषा का प्रयोग करेगा, वह उतनी ही प्रभावी रूप से भावनाओं और विचारों को व्यक्त कर सकेगा। मौखिक अभिव्यक्ति कौशल किसी भी व्यक्ति की सफलता में महत्त्वपूर्ण भूमिका निभाता है। इसके द्वारा व्यक्ति दूसरों को प्रभावित कर सकता है। यदि कोई व्यक्ति बहुत ज्ञान रखता है, परन्तु वह अपनी बात सही ढंग से अभिव्यक्त नहीं कर पाता, तो वह दूसरों को प्रभावित नहीं कर सकता है। मौखिक अभिव्यक्ति आसान नहीं होती है। लिखित अभिव्यक्ति की तुलना में इसे अधिक कठिन कहा जा सकता है, क्योंकि लिखित भाषा में गलतियों को सुधारने का समय और अवसर मिलता है, जबकि मौखिक अभिव्यक्ति में ऐसा नहीं होता है। मौखिक अभिव्यक्ति में व्यक्ति को सीधे लोगों के सामने अपनी बात रखनी होती है। मौखिक अभिव्यक्ति सफलता की पहली सीढ़ी होती है। इसलिए छात्रों को मौखिक अभिव्यक्ति दक्षता को बेहतर बनाने के लिए निम्नलिखित प्रयास करने चाहिए

- अपनी भावनाओं और विचारों को छोटे-छोटे वाक्यों में बाँधें, जिससे अभिव्यक्ति आसान हो जाएगी।
- प्रयास यह होना चाहिए कि एक ही भाषा का प्रयोग किया जाए, एक ही वाक्य में विभिन्न भाषाओं के शब्दों के प्रयोग से बचें।
- शुद्ध एवं सरल भाषा का प्रयोग करने का अभ्यास करना चाहिए।

मौखिक अभिव्यक्ति का उद्देश्य

- विचारों को बेहतर ढंग से व्यक्त करने के लिए सरल और आसान भाषा का प्रयोग करना।
- किसी भी विषय पर तार्किक, सन्तुलित और भावनात्मक रूप से विचार प्रस्तुत करना।
- सही उच्चारण, आरोह-अवरोह (आवाज का उतार-चढ़ाव) और बलाघात (शब्दों पर जोर) का सही तरीके से उपयोग करना।
- शब्दों के सही अर्थ समझकर उनका उचित प्रयोग करना।
- रोचक और प्रभावशाली भाषा का प्रयोग करना, ताकि श्रोता ध्यान से सुनें और रुचि बनी रहे।
- भाषा सरल और बोधगम्य हो, लेकिन अवसर और भावना के अनुसार उसका उपयोग करना चाहिए।

मौखिक अभिव्यक्ति की विशेषताएँ

- प्रभावी अभिव्यक्ति के लिए शुद्ध उच्चारण जरूरी होता है।
- अच्छी मौखिक अभिव्यक्ति में शुद्ध और सही भाषा का प्रयोग किया जाना चाहिए।
- वाक्यों में शब्दों का सही क्रम होना आवश्यक है और शिष्टाचारपूर्ण भाषा से अभिव्यक्ति अधिक प्रभावी बनती है।
- भाषा को अवसर और परिस्थिति के अनुसार प्रयोग करना चाहिए।
- बोलने में उचित ठहराव (यति), गति (गति) और शब्दों पर सही बल (बलाघात) देना चाहिए।
- बिना झिझक और आत्मविश्वास से बात करनी चाहिए, ताकि विचार स्पष्ट और प्रभावशाली ढंग से व्यक्त किए जा सकें।

श्रवण कौशल का मूल्यांकन

श्रवण कौशल, भाषा अधिगम का एक महत्त्वपूर्ण घटक है, जो केवल ध्वनियों को ग्रहण करने तक सीमित नहीं है, बल्कि उसमें समझ, विश्लेषण, चिन्तन और सही प्रतिक्रिया देने की क्षमता भी शामिल होती है। प्रभावी श्रवण कौशल से संचार क्षमता, एकाग्रता और तार्किक सोच विकसित होती है।

मनुष्य जो कुछ सुनता है, उसी के अनुसार प्रतिक्रिया देता है। इसी तरह, छात्र भी शिक्षक की बातें ध्यान से सुनता है और पूछे गए प्रश्नों का उत्तर देने की कोशिश करता है। पठन-पाठन की कुशलता इसी कौशल पर निर्भर करती है। इसके लिए शिक्षक किसी कविता या गद्य अनुच्छेद पर प्रश्न पूछ सकते हैं अथवा कविता या गद्य पाठ के मूल भाव से सम्बन्धित प्रश्न पूछ सकते हैं।

यहाँ यह ध्यान रखना जरूरी है कि विद्यार्थियों को सुनाए जा रहे अंश उनके अपने स्तर के अनुसार ही होने चाहिए तथा उनकी विषय-वस्तु विद्यार्थियों के जीवन से सम्बन्धित होनी चाहिए।

वर्णित या पठित सामग्री को सुनकर अर्थग्रहण करना

गद्यांश को ध्यानपूर्वक सुनकर पूछे गए प्रश्नों के उत्तर एक-दो शब्दों या वाक्यों में देना होता है।

गद्यांश

भाषा अपने समाज का प्रतिबिंब होती है, यदि वह संरक्षित नहीं रहेगी तो प्रतिबिंब की कल्पना नहीं की जा सकती। आज न जाने कितनी बोलियाँ आम लोगों की जुबान और व्यवहार से दूर जाती दिख रही हैं। बोलियों की एक गूढ़ बात यह है कि इनमें पारंपरिक ज्ञान का विशाल भंडार छिपा रहता है, किंतु इस ख़ासियत से बेपरवाह दुनिया में प्रचलित हजार भाषाओं में से लगभग 300 को लुप्तप्राय माना जाता है। जनजातीय भाषाएँ वहाँ की वनस्पतियों, जीवों और औषधीय पौधों के बारे में ज्ञान का खजाना है। आमतौर पर यह ज्ञान पीढ़ी-दर-पीढ़ी हस्तांतरित होता है। ऐसे में भाषाओं का विलुप्त होना गंभीर समस्या है। पृथ्वी की मौजूदा भाषायी विविधता का करीब आधा हिस्सा खतरे में है।

किसी भी देश या समाज की मूलभाषा के विलुप्त होने के कई कारण हैं; जैसे—प्राकृतिक या मानवीय कारणों से लोगों का एक स्थान से दूसरे स्थान पर पलायन करना, आधुनिक शिक्षा प्रणाली, अंग्रेज़ी का बढ़ता वर्चस्व और तकनीक का बढ़ता प्रसार। भाषा किसी भी सभ्यता व संस्कृति तथा उसके रहन-सहन को पहचान देती है। ईसाइयों और यहूदियों के धर्मग्रंथों की मूल भाषा हिब्रू, जैन और बौद्ध धर्म की भाषा प्राकृत और पाली सहित अनेक भाषाओं का अस्तित्व खो गया है। इसलिए यदि सही अर्थों में किसी संस्कृति की प्रगाढ़ता को समझना है, तो उसकी भाषा को समझना होगा, संरक्षित करना होगा। लोकतंत्र के समुचित विकास के लिए भी विभिन्न भाषाओं का समृद्ध होना बहुत ज़रूरी है, क्योंकि इनके माध्यम से देश के एक कोने से दूसरे कोने की समस्या को समझकर उसका समाधान किया जा सकता है। स्थानीय भाषाओं का संरक्षण करके ही समाज का समावेशी विकास हो पाता है।

भारतीय भाषाओं का केंद्रीय संस्थान खतरे में पड़ी देश की भाषाओं और बोलियों के संरक्षण के उपाय में जुट गया है। ये सब वे भाषाएँ हैं, जिन्हें दस हजार से भी कम लोग बोलते हैं। जल-जंगल-जमीन के लिए जाग्रत समाज भी अब समझने लगा है कि अपनी संस्कृति को बचाने के लिए इन तीनों की सुरक्षा के अलावा भी बहुत कुछ करने की आवश्यकता है। वे समझ गए हैं कि जब किसी भाषा का पतन होता है, तो उसमें बसी ज्ञान-प्रणाली भी पूरी तरह समाप्त हो जाती है।

परीक्षण प्रश्न

(क) रिक्त स्थान भरें

1. प्रस्तुत गद्यांश का वर्ण्य विषय ·········· है। (विलुप्त होती बोलियाँ और भाषाएँ/विदेशी भाषा के प्रति बढ़ता मोह)
2. बोलियों के विषय में सत्य है ···········। (ये पारंपरिक ज्ञान का भंडार होती हैं/इन्हें सीखना-सिखाना सरल होता है)

(ख) सही या गलत का चयन करें

1. मूल भाषा को समझे बिना संस्कृति की प्रगाढ़ता को नहीं समझा जा सकता।
2. लोकतंत्र के समुचित विकास के लिए भाषायी विविधता आवश्यक नहीं है।
3. समावेशी विकास के लिए भाषायी विविधता का संरक्षण आवश्यक है।
4. ईसाइयों और यहूदियों के धर्मग्रंथों की मूल भाषा हिब्रू है।

(ग) अतिलघूत्तरात्मक प्रश्न

1. गद्यांश के अनुसार, जनजातीय भाषाएँ क्या हैं?
2. गद्यांश के अनुसार बोलियों के विलुप्त होने का क्या प्रभाव पड़ता है?
3. भाषाओं का विलुप्त होना गंभीर समस्या क्यों है?
4. भाषाओं के संरक्षण के लिए कौन-कौन से प्रयास किए जा रहे हैं?

वार्तालाप करना

जब दो या दो से अधिक व्यक्ति किसी विषय पर बात करते हैं, तो उसे **वार्तालाप, बातचीत** या **संवाद** कहा जाता है। यह एक बहुआयामी एवं स्वाभाविक माध्यम है, जिसके द्वारा मनुष्य समाज में परस्पर सम्पर्क स्थापित करता है। इसके द्वारा मनुष्य अपने विचारों का आदान-प्रदान करते हैं।

वार्तालाप की विशेषताएँ

- वार्तालाप में वक्ता और श्रोता दोनों की भूमिका होती है।
- वार्तालाप में भाषा सरल, सटीक और समझने योग्य होनी चाहिए।
- वार्तालाप में विचार, भावनाएँ और जानकारी का आदान-प्रदान होता है।
- वार्तालाप औपचारिक और अनौपचारिक दोनों तरह का हो सकता है।
- वार्तालाप में केवल बात करना ही नहीं, बल्कि दूसरों की बातों को ध्यान से सुनना और समझना भी जरूरी होता है।
- वार्तालाप में शालीन एवं मर्यादित भाषा का प्रयोग किया जाना चाहिए।
- वार्तालाप में गतिशीलता और स्वाभाविकता होनी चाहिए।

वार्तालाप का उदाहरण

('विमुद्रीकरण' पर चर्चा करते हुए अध्यापिका और विद्यार्थी में वार्तालाप)

अध्यापिका बच्चो! क्या तुम विमुद्रीकरण से परिचित हो?

मोहित हाँ मेम।

अध्यापिका बताओ मोहित! विमुद्रीकरण क्या है?

मोहित मेम! जब सरकार पुरानी मुद्रा को कानूनी तौर पर बंद कर देती है और नई मुद्रा को लाने की घोषणा करती है, तो इसे विमुद्रीकरण कहते हैं।

अध्यापिका बिलकुल सही मोहित! विमुद्रीकरण के बाद पुरानी मुद्रा व नोटों की कोई कीमत नहीं रह जाती। हालाँकि सरकार द्वारा पुराने नोटों को बैंकों से बदलने के लिए समय दिया जाता है, ताकि वे अमान्य हो चुके पुराने नोटों को बदल सकें।

विद्यार्थी सभी विद्यार्थी (ध्यान से सुनते हैं)

अध्यापिका क्या आप लोग जानते हैं कि सरकार ने ऐसा क्यों किया होगा?

पंकज हाँ मेम! मुझे पता है।

अध्यापक बताओ पंकज।

पंकज कालाधन और भ्रष्टाचार जैसी गतिविधियों पर अंकुश लगाने के लिए सरकार ऐसा करती है।

अध्यापक बिलकुल सही पंकज, क्योंकि सरकार को उम्मीद है कि नोटबंदी से कालेधन, नकली नोट और आतंकवाद पर अंकुश लगेगा। हालाँकि नोटबंदी के चलते आम आदमी को भी काफी मुश्किलों का सामना करना पड़ता है।

अध्यापक मुझे बहुत अच्छा लगा आप लोगों से इस विषय पर बात करके।

परीक्षण प्रश्न

(क) रिक्त स्थान भरें

1. विमुद्रीकरण के बाद पुरानी मुद्रा व ……… की कोई कीमत नहीं रह जाती। (नोटों/महँगाई)
2. सरकार द्वारा पुराने नोटों को बैंकों से बदलने के लिए ……… दिया जाता है। (समय/धन)

(ख) सही या गलत का चयन करें

1. सरकार पुरानी मुद्रा को कानूनी तौर पर बंद कर देती है।
2. नोटबंदी के चलते आम आदमी को भी काफी मुश्किलों का सामना करना पड़ता है।
3. सरकार को उम्मीद है कि नोटबंदी से कालेधन, नकली नोट और आतंकवाद पर अंकुश लगेगा।

(ग) अति लघूत्तरात्मक प्रश्न

1. विमुद्रीकरण क्या है?
2. उपर्युक्त वार्तालाप किनके मध्य हो रहा है?
3. अध्यापिका कक्षा को संबोधित करते हुए क्या कहती है?

वाद-विवाद

वाद-विवाद किसी विषय के पक्ष या विपक्ष में अपने विचारों की तर्कपूर्ण अभिव्यक्ति है। जन-जागरूकता फैलाने और लोगों का ध्यान आकर्षित करने के उद्देश्य से कई संगठनों द्वारा वाद-विवाद का आयोजन किया जाता है। वाद-विवाद में दो पक्ष होते हैं—1. समर्थक अर्थात् समर्थन करने वाला (पक्ष) 2. विरोधी अर्थात् विरोध में बोलने वाला (विपक्ष)।

वाद-विवाद की विशेषताएँ

- वाद-विवाद में दो विपरीत विचारों के समर्थक अपना-अपना तर्क रखते हैं।
- वाद-विवाद में तथ्यात्मक सटीकता और तार्किक सुसंगति होनी चाहिए।
- वाद-विवाद में आलोचनात्मक सोचने और वर्तमान जानकारी के साथ बातचीत करने की क्षमता का विकास होता है।
- वाद-विवाद में सार्वजनिक रूप से बोलने और अपने विचारों को वाक्पटुता से व्यक्त करने का आत्मविश्वास मिलता है।
- वक्ता को यह स्पष्ट करना चाहिए कि वह पक्ष में बोल रहा है या विपक्ष में।
- वाद-विवाद में शालीन एवं गरिमापूर्ण भाषा का प्रयोग किया जाना चाहिए।
- अपने भाषण के विशिष्ट तथ्य अध्यक्ष को सम्बोधित करके बताने चाहिए।
- समय-समय पर आवश्यकतानुसार विरोधी वक्ता के कथनों को उद्धृत किया जाना चाहिए।

वाद-विवाद का उदाहरण

"क्या जल संरक्षण के लिए कठोर कानून लागू किए जाने चाहिए?"

पक्ष में

परमादरणीय अध्यक्ष महोदय! आज की वाद-विवाद प्रतियोगिता का विषय है-"**क्या जल संरक्षण के लिए कठोर कानून लागू किए जाने चाहिए?**" मैं इसके पक्ष में अपने विचार व्यक्त करना चाहूँगा। मुझे आशा है कि आप लोग मेरे विचारों को ध्यान से सुनेंगे और उचित विचारों की सराहना करेंगे।

मैं इस पक्ष में अपने विचार प्रस्तुत करना चाहता हूँ कि जल संरक्षण के लिए कठोर कानून लागू किए जाने चाहिए। जल जीवन का मूल स्रोत है। बिना जल के जीवन की कल्पना असम्भव है। लेकिन दुर्भाग्यवश, आज जल का अत्यधिक दुरुपयोग हो रहा है। हमारे देश में नदियाँ, झीलें और भूजल स्रोत तेजी से सूख रहे हैं। यदि जल संकट को गम्भीरता से नहीं लिया गया, तो आने वाली पीढ़ियों को भारी मुश्किलों का सामना करना पड़ेगा।

आज भी कई राज्यों में जल संकट चरम पर है। राजस्थान, महाराष्ट्र, तमिलनाडु और मध्य प्रदेश के कई क्षेत्रों में लोगों को पीने के पानी के लिए लम्बी दूरी तय करनी पड़ती है। शहरी क्षेत्रों में भी भूजल स्तर तेजी से गिर रहा है। ऐसे में, यदि कठोर कानून नहीं बनाए गए, तो स्थिति और भी भयावह हो सकती है।

अगर लोग अपनी इच्छानुसार पानी बर्बाद करते रहेंगे, तो समस्या कभी हल नहीं होगी। इसलिए, सरकार को पानी की बर्बादी पर सख्त प्रतिबन्ध लगाने चाहिए और कठोर दण्ड का प्रावधान करना चाहिए। उदाहरण के लिए, यदि कोई अनावश्यक रूप से पानी की बर्बादी करता है, तो उस पर भारी जुर्माना लगाया जाए। इसी तरह, वर्षा जल संचयन को सभी घरों और भवनों में अनिवार्य किया जाए।

इसके अतिरिक्त, कारखानों और उद्योगों द्वारा जल प्रदूषण पर सख्त नियन्त्रण होना चाहिए। बड़े उद्योगों को अपशिष्ट जल को बिना शोधित किए नदियों में बहाने पर दण्डित किया जाना चाहिए। अगर जल संकट से बचना है, तो अब समय आ गया है कि सरकार कठोर कानून बनाए और उनका सख्ती से पालन कराए।

विपक्ष में

आदरणीय अध्यक्ष महोदय, निर्णायक मण्डल के सदस्यगण, प्रधानाचार्य जी एवं उपस्थित छात्र बंधुओं! अभी मेरे साथी मित्र ने **''क्या जल संरक्षण के लिए कठोर कानून लागू किए जाने चाहिए?''** के पक्ष में अपने विचार आप सभी के सामने रखे। अब मैं इस विषय पर अपने विचार अत्यन्त विनम्र शब्दों में आपके समक्ष रखना चाहता हूँ। मैं अपने विरोधी वक्ता के विचारों से असहमत हूँ। जल संरक्षण एक महत्त्वपूर्ण विषय है, लेकिन इसके लिए कठोर कानून लागू करना ही एकमात्र समाधान नहीं है।

सबसे पहले, जबरदस्ती लागू किए गए कानून कभी भी दीर्घकालिक समाधान नहीं होते। यदि लोगों को जल संरक्षण की महत्ता नहीं समझाई जाएगी और केवल कानून के डर से वे इसका पालन करेंगे, तो यह अधिक प्रभावी नहीं होगा। हमें जल संरक्षण के लिए जन-जागरूकता फैलानी होगी।

इसके अलावा, जल संरक्षण के उपायों को नैतिक और सामाजिक जिम्मेदारी के रूप में देखा जाना चाहिए, न कि एक कानूनी बाध्यता के रूप में। स्कूलों, कॉलेजों और सामाजिक संगठनों को जल संरक्षण के प्रति लोगों को जागरूक करना चाहिए। यदि हम बचपन से ही बच्चों को पानी बचाने की शिक्षा देंगे, तो भविष्य में वे स्वयं जल संरक्षण की दिशा में कार्य करेंगे।

इसके अतिरिक्त, सरकार को कानून बनाने के बजाय, लोगों को जल संरक्षण के लिए प्रेरित करना चाहिए। जैसे, ऐसे लोगों को प्रोत्साहित किया जाए, जो वर्षा जल संचयन, ड्रिप इरिगेशन और पानी के दोबारा उपयोग जैसी तकनीकों को अपनाते हैं। यदि सरकार जल संरक्षण के अच्छे प्रयासों को पुरस्कृत करेगी, तो लोग स्वयं इसकी ओर आकर्षित होंगे।

अन्त में, मैं यही कहना चाहूँगा कि कानून से अधिक प्रभावी तरीका है—शिक्षा और जागरूकता। जब तक लोग स्वयं पानी बचाने के लिए प्रेरित नहीं होंगे, तब तक कोई भी कानून पूरी तरह सफल नहीं हो सकता।

परीक्षण प्रश्न

1. वाद-विवाद का विषय क्या है?
2. जल को किस रूप में वर्णित किया गया है?
3. किन राज्यों में जल संकट अधिक देखा जा रहा है?
4. शहरी क्षेत्रों में किस समस्या का सामना किया जा रहा है?
5. जल संरक्षण के लिए सरकार को क्या कदम उठाने चाहिए?
6. कारखानों और उद्योगों पर कौन-सा नियन्त्रण आवश्यक बताया गया है?
7. विपक्ष के अनुसार जल संरक्षण के लिए सबसे प्रभावी तरीका क्या है?
8. स्कूलों और कॉलेजों को जल संरक्षण के लिए क्या करना चाहिए?
9. विपक्ष के अनुसार जबरदस्ती लागू किए गए कानून क्यों प्रभावी नहीं होते?
10. बच्चों को जल संरक्षण की शिक्षा देने से क्या लाभ होगा?

कविता

कविता के इस अंश को ध्यानपूर्वक सुनकर पूछे गए प्रश्नों के उत्तर एक-दो शब्दों या वाक्यों में देना होता है

देख आया चंद्रगहना।
देखता हूँ दृश्य अब मैं
मेड़ पर इस खेत की बैठा अकेला
एक बीते के बराबर यह हरा ठिगना चना,

बाँधे मुरेठा शीश पर छूटे गुलाबी फूल का
सजकर खड़ा है।
पास ही मिलकर उगी है बीच में अलसी हठीली
देह की पतली, कमर की है लचीली
नीले फूले फूल को सिर पर चढ़ाकर
कह रही है जो छुए यह दूँ हृदय का दान उसको।
और सरसों की न पूछो-हो गई सबसे सयानी,
हाथ पीले कर लिए हैं, ब्याह-मंडप में पधारी;
फाग गाता मास फागुन आ गया है आज जैसे।
देखता हूँ मैं, स्वयंवर हो रहा है,
प्रकृति का अनुराग अंचल हिल रहा है
इस विजन में, दूर व्यापारिक नगर से
प्रेम की प्रिय भूमि उपजाऊ अधिक है।
और पैरों के तले है एक पोखर,
उठ रहीं इसमें लहरियाँ,
नीम तल में तो उगी है घास भूरी, ले रही वह भी लहरियाँ
एक चाँदी का बड़ा-सा गोल खंभा आँख को है चमकाता
हैं कई पत्थर किनारे पी रहे चुपचाप पानी,
प्यास जाने कब बुझेगी, चुप खड़ा बगुला डुबाए टाँग जल में,
देखते ही मीन चंचल ध्यान-निद्रा त्यागता है
चट दबाकर चोंच से नीचे गले के डालता है।

परीक्षण प्रश्न

(क) रिक्त स्थान भरें

1. पद्यांश में ………… दृश्यों का वर्णन किया गया है?(गाँव के प्राकृतिक दृश्यों का/गाँव में उगने वाली फसलों का)
2. पद्यांश में अलसी को ………… कहा गया है। (हठीली/जिद्दी)

(ख) सही या गलत (सत्य/असत्य) का चुनाव करें

1. चना और अलसी प्रकृति के सौंदर्य का प्रतीक हैं।
2. चना और अलसी की विशेषताएँ मनुष्य के गुणों से जुड़ी हुई हैं।
3. प्रकृति का हर दृश्य कवि को आकर्षित करता है।
4. कवि ने चने में गुलाबी रंग के फूल आ जाने के कारण चने को गुलाबी मुरैठा (पगड़ी) बाँधे बैठा हुआ कहा है।

(ग) अति लघूत्तरात्मक प्रश्न

1. कवि ने चने को गुलाबी मुरैठा बाँधे बैठा हुआ क्यों कहा है?
2. पद्यांश में सरसों को 'सबसे सयानी' क्यों कहा गया है?
3. अलसी का हठीला स्वरूप कवि को क्यों आकर्षित करता है?
4. 'उठ रहीं इसमें लहरियाँ' पंक्ति का अर्थ लिखिए।

वाचन कौशल का मूल्यांकन

अपने भावों और विचारों को मौखिक भाषा के द्वारा बोलकर अभिव्यक्त करना ही वाचन कौशल कहलाता है। वाचन कौशल एक व्यक्ति की भाषा दक्षता को दर्शाता है। यदि कोई व्यक्ति प्रभावी ढंग से वाचन करता है, तो वह न केवल खुद अच्छी तरह समझ सकता है, बल्कि दूसरों को भी अपने विचार प्रभावी ढंग से प्रस्तुत कर सकता है। इस कौशल का विकास शिक्षण और संचार दोनों के लिए आवश्यक है।

भाषण

भाषण मौखिक अभिव्यक्ति के वाचन पक्ष का उत्कृष्ट रूप है। भाषण एक मौखिक अभिव्यक्ति है, जिसमें वक्ता अपने विचारों, भावनाओं और सन्देशों को प्रभावशाली तरीके से श्रोताओं के सामने प्रस्तुत करता है। यह एक संगठित, सुव्यवस्थित और प्रभावी सम्प्रेषण की कला है, जिसका उद्देश्य किसी विषय पर जानकारी देना, प्रेरित करना या लोगों को किसी विचारधारा की ओर आकर्षित करना होता है।

भाषण की विशेषताएँ

- भाषा सरल और समझने योग्य होनी चाहिए।
- शब्दों, आवाज़, हाव-भाव और शैली से भाषण को रोचक बनाना चाहिए।
- श्रोताओं से जुड़ाव और बातचीत की भावना होनी चाहिए।
- न अधिक तेज़ और न अधिक धीमा, बल्कि सहज प्रवाह में बोलना चाहिए।
- भाषण में जोश, आत्मविश्वास और भावनाओं की झलक होनी चाहिए।
- विषय को लम्बा खींचने की बजाय संक्षिप्त और सारगर्भित रूप में प्रस्तुत करना चाहिए।
- विषय की गहरी समझ होनी चाहिए।
- आत्मविश्वास और जोश के साथ बोलना चाहिए।
- भाषा सरल, रोचक और प्रभावशाली होनी चाहिए।
- श्रोताओं की रुचि को बनाए रखना ज़रूरी है।
- हाथों और चेहरे के हाव-भाव का सही उपयोग करें।

भाषण का उदाहरण

नमस्कार!

आदरणीय प्रधानाचार्य जी, सम्मानित शिक्षकगण और मेरे प्रिय साथियों! मैं आपके सम्मुख ''डिजिटल इण्डिया — प्रगति की ओर एक कदम'' विषय पर अपने विचार प्रस्तुत करना चाहता हूँ। आशा है आप लोग इसे ध्यान से सुनेंगे।

भारत तेजी से डिजिटल क्रान्ति की ओर बढ़ रहा है। वर्ष 2015 में माननीय प्रधानमन्त्री श्री नरेन्द्र मोदी जी द्वारा 'डिजिटल इण्डिया' अभियान की शुरुआत की गई थी, जिसका उद्देश्य देश को डिजिटल रूप से सक्षम और आत्मनिर्भर बनाना है।

डिजिटल इण्डिया ने हमारे जीवन को बहुत आसान बना दिया है। आज हम घर बैठे ऑनलाइन शिक्षा प्राप्त कर सकते हैं, मोबाइल बैंकिंग कर सकते हैं और सरकारी सेवाओं का लाभ उठा सकते हैं। डिजिटल लेनदेन को बढ़ावा देने के लिए यूपीआई, भीम ऐप और ऑनलाइन बैंकिंग जैसी सुविधाएँ दी गई हैं, जिससे लेनदेन तेज़, सुरक्षित और पारदर्शी हुआ है।

डिजिटल भारत के लाभ

- ऑनलाइन शिक्षा से विद्यार्थियों को घर बैठे पढ़ाई का अवसर मिला है।
- ऑनलाइन बैंकिंग और डिजिटल पेमेण्ट से भ्रष्टाचार में कमी आई है।
- सरकारी योजनाओं की सीधी जानकारी नागरिकों तक पहुँच रही है।
- ग्रामीण क्षेत्रों में भी इण्टरनेट के माध्यम से रोजगार के अवसर बढ़े हैं।
- कागज रहित कार्यप्रणाली से पर्यावरण की रक्षा हो रही है।

हालाँकि, डिजिटल क्रान्ति के साथ कुछ चुनौतियाँ भी हैं, जैसे साइबर अपराध, डेटा सुरक्षा और इण्टरनेट सुविधा की कमी। लेकिन यदि हम सावधानी से डिजिटल साधनों का उपयोग करें, तो यह देश को विकास की नई ऊँचाइयों पर ले जा सकता है।

आइए, हम सभी डिजिटल इण्डिया अभियान को अपनाएँ और एक सशक्त, आत्मनिर्भर और डिजिटल भारत का निर्माण करें।

''डिजिटल इण्डिया, सशक्त भारत!''

धन्यवाद!

सस्वर वाचन अथवा कविता पाठ

सस्वर वाचन अथवा कविता वाचन एक कला है, जिसे निरन्तर अभ्यास से और बेहतर बनाया जा सकता है। जब हम कविता पढ़ते हैं, तो हमें कुछ खास बातों का ध्यान रखना चाहिए

- कविता अच्छी तरह से कंठस्थ होनी चाहिए, ताकि आपको बीच में रुकना न पड़े या कविता की प्रति खोजने की आवश्यकता न पड़े।
- कविता पढ़ते समय **शब्दों का स्पष्ट और सही उच्चारण** बहुत जरूरी है, ताकि श्रोता उसे आसानी से समझ सकें और कविता का पूरा आनन्द ले सकें।
- कविता की भाषा का स्तर श्रोताओं के ज्ञान और रुचि के अनुरूप होना चाहिए।
- कविता वाचन में भावों के अनुसार स्वर में उतार-चढ़ाव, गति-लय, बलाघात आदि का सही प्रयोग करना चाहिए।
- कविता पढ़ते समय जहाँ ज़रूरत हो, वहाँ थोड़ा रुककर पढ़ना चाहिए, ताकि उसके भाव स्पष्ट हो सकें।
- कविता की मुख्य बातें या सन्देश देने वाली पंक्तियाँ दोहराने से वे श्रोताओं पर गहरा प्रभाव डालती हैं।
- कविता को सिर्फ पढ़ें नहीं, बल्कि महसूस भी करें ताकि श्रोता भी उससे जुड़ सकें।
- अगर श्रोता तालियाँ बजा रहे हों, तो कुछ देर रुक जाएँ और फिर वाचन शुरू करें, ताकि कविता का प्रवाह न टूटे।

कविता पाठ का उदाहरण

जिस राम के गुण आप गाते हैं
जिस अर्जुन पर आप मुग्ध हैं
बताओ तो दोस्तों!
उनके जो-जो चित्र
आपकी आस्था और विश्वास के हैं
वे राजमहलों के हैं
या वनवास के हैं?
मित्रों!
जब स्वयं रामचंद्र
राजमहलों की रेशमी जूतियाँ उतारकर
नंगे पाँव वन में पधारे थे
तभी से वे महिमावान हो गए
राजकुमार तो थे ही
अब वे भगवान हो गए।
जटाधारी राम हों
या वन-वन भटकते पांडव
सबके गौरवशाली चरित्र वन के हैं
ताड़का का वध हो
या जटायु का संस्कार
केवट का मिलन हो
या शबरी से प्यार
भरत से मिलन का हेतु हो
या लंका का सेतु हो
सब वन के ही शृंगार हैं
राम के चौदह वर्ष हों
या पांडवों के तेरह वर्ष
दोनों ने महिमा की पूँजी
वन से ही उगाही थी।
सोने की लंका वनवासी राम ने
ही ढहाई थी
जुए की खाई में गिरे पांडवों ने
दुर्योधन की जंघा तोड़ने की
शक्ति वनवास से ही पाई थी।

समाचार वाचन

आज के युग में जनसंचार माध्यमों ने हमारे जीवन में क्रान्तिकारी बदलाव लाया है। इनमें समाचार-पत्र, टेलीविजन, रेडियो और पत्र-पत्रिकाएँ मुख्य रूप से शामिल हैं। समाचार-पत्र शिक्षित व्यक्ति की दैनिक आवश्यकता बन गए हैं। खासतौर पर विद्यार्थियों के लिए समाचार पढ़ने की आदत ज्ञान और जागरूकता बढ़ाने में सहायक होती है।

विद्यालयों में विद्यार्थियों को समाचार-पत्र पढ़ने की आदत डालने के लिए प्रार्थना स्थल पर इसकी शुरुआत की जा सकती है। प्रत्येक विद्यार्थी समाचार-पत्र से कुछ पंक्तियाँ पढ़कर आए और क्रमानुसार समाचार प्रस्तुत करे। इससे न केवल उनकी वाचन कला का विकास होगा, बल्कि अन्य छात्रों का भी ज्ञानवर्धन होगा। समाचारों को केवल समाचार-पत्र से ही नहीं, बल्कि टेलीविजन और रेडियो जैसे अन्य स्रोतों से भी संकलित किया जा सकता है।

समाचार वाचन करते समय ध्यान देने योग्य बातें

- समाचार वाचन करते समय शुद्ध और स्पष्ट उच्चारण करें, ताकि समाचार आसानी से समझे जा सकें।
- संक्षेप में समाचार प्रस्तुत करें, ताकि श्रोता ध्यानपूर्वक सुन सकें।
- समाचार वाचन करते समय एक ही समाचार को बार-बार न दोहराएँ, ताकि वाचन रुचिकर बना रहे।
- समाचार वाचन करते समय भाषा सरल और वाक्य छोटे-छोटे हों, ताकि सन्देश स्पष्ट हो।
- समाचार वाचन करते समय समाचार वाचन की गति सन्तुलित रखें, न बहुत तेज़ और न बहुत धीमी।

समाचार वाचन का उदाहरण

आगरा में हल्की बारिश की सम्भावना, सर्दी बढ़ने के आसार

आगरा आगरा और उसके आसपास के क्षेत्रों में अगले 24 घण्टों के भीतर हल्की बारिश होने की सम्भावना है। मौसम विभाग के अनुसार, पश्चिमी विक्षोभ के प्रभाव के कारण बादल छाए रहेंगे और हल्की बौछारें पड़ सकती हैं। इस बदलाव से तापमान में गिरावट आने की सम्भावना है, जिससे ठण्ड और बढ़ सकती है।

मौसम वैज्ञानिकों का कहना है कि इस हल्की बारिश से वायु गुणवत्ता में सुधार होने की उम्मीद है। आगरा में पिछले कुछ दिनों से वायु प्रदूषण का स्तर बढ़ा हुआ था, लेकिन बारिश के बाद हवा साफ हो सकती है। हालाँकि इससे ठण्ड भी बढ़ेगी, जिससे लोगों को गर्म कपड़ों का अधिक ध्यान रखना पड़ेगा।

बारिश का असर किसानों पर भी पड़ सकता है। यदि बारिश अधिक देर तक होती है, तो यह खड़ी फसलों के लिए नुकसानदेह हो सकती है। वहीं, गेहूँ और सरसों जैसी रबी फसलों के लिए यह हल्की बारिश फायदेमन्द हो सकती है। बारिश के कारण आगरा की सड़कों पर जलभराव की समस्या हो सकती है, जिससे यातायात प्रभावित हो सकता है। मौसम विभाग ने लोगों को सतर्क रहने और आवश्यक होने पर ही घर से बाहर निकलने की सलाह दी है।

मौसम विशेषज्ञों के अनुसार, आगरा और उसके आसपास के क्षेत्रों में अगले कुछ दिनों तक बादल छाए रहेंगे, लेकिन भारी बारिश की सम्भावना नहीं है। न्यूनतम तापमान 8-10° सेल्सियस के आसपास रहने का अनुमान है।

कार्यक्रम प्रस्तुति

किसी भी कार्यक्रम को प्रस्तुत करना एक विशेष कला है, जिसमें योग्यता, आत्मविश्वास और अभ्यास की आवश्यकता होती है। एक सफल कार्यक्रम प्रस्तुति के लिए स्पष्ट वाणी, प्रभावी भाषा और उचित हाव-भाव का होना बहुत जरूरी है।

कार्यक्रम प्रस्तुति करने वाले को प्रस्तोता, मंच संचालक, उद्घोषक या एंकर कहा जाता है। किसी भी कार्यक्रम की सफलता में मंच संचालक की अहम भूमिका होती है। एक अच्छा मंच संचालक कार्यक्रम को रोचक, प्रभावशाली और अनुशासित तरीके से प्रस्तुत करता है, जिससे श्रोता पूरे कार्यक्रम में रुचि बनाए रखते हैं।

विद्यालयों में होने वाले कार्यक्रम; जैसे–

- बाल सभा
- सदन की बैठक
- वार्षिक उत्सव
- पुरस्कार वितरण समारोह
- सांस्कृतिक कार्यक्रम

मंच संचालन करते समय विद्यार्थी को कुछ महत्त्वपूर्ण बातों का ध्यान रखना चाहिए

- मंच संचालन में सरल और स्पष्ट भाषा का उपयोग करें, जिससे सभी श्रोता आपकी बात को आसानी से समझ सकें।
- मंच संचालन से पहले सभी कार्यक्रमों की सूची तैयार कर अपने पास रखें, ताकि कुछ भी भूलने की सम्भावना न हो।
- दर्शकों को कार्यक्रम से जोड़े रखने के लिए मजेदार चुटकुले, कहावतें, प्रेरणादायक बातें और ज्ञानवर्धक बातें शामिल करनी चाहिए।
- मंच संचालन के दौरान बहुत ज्यादा चमक-धमक या फैशनेबल कपड़ों से बचें। शालीन और सरल वेशभूषा ही बेहतर मानी जाती है।
- एक अच्छे उद्घोषक को साहसी और संयमी रहना चाहिए, ताकि कार्यक्रम को सही तरीके से प्रस्तुत किया जा सके।

कार्यक्रम प्रस्तुति का उदाहरण

सनातन धर्म इंटर कॉलेज वार्षिकोत्सव कार्यक्रम सूची

- मुख्य अतिथि का आगमन— प्रात: 10 बजे
  मुख्य अतिथि – स्थानीय सांसद श्री ...... का आगमन
  विद्यालय प्रबन्धन समिति के सदस्यों द्वारा स्वागत
- मुख्य अतिथि का स्वागत – प्रधानाचार्य महोदय द्वारा फूलों की माला पहनाकर स्वागत,
  कक्षा आठ की छात्राएँ (रीना और आरती) तिलक एवं आरती द्वारा पारम्परिक स्वागत
- मुख्य अतिथि का परिचय – विद्यालय प्रबन्ध समिति के सचिव द्वारा मुख्य अतिथि का संक्षिप्त परिचय
- कार्यक्रम का आरम्भ – मुख्य अतिथि द्वारा माँ सरस्वती की प्रतिमा के समक्ष दीप प्रज्वलन,
  प्रधानाचार्य, स्टाफ सचिव और अन्य शिक्षकों का सहयोग
- सांस्कृतिक कार्यक्रमों का शुभारम्भ – सरस्वती वन्दना – कोमल, रेखा, प्रीति, वन्दना एवं कृतिका द्वारा (गीत: 'वीणावादिनी! वर दे')
- देशभक्ति गीत – कक्षा दसवीं की छात्राओं द्वारा प्रस्तुति
  गीत : 'ऐ मेरे वतन के लोगों'
- लोकनृत्य प्रस्तुति – कक्षा आठवीं की छात्राओं द्वारा राजस्थानी लोकगीत 'गोरबन्ध' पर नृत्य प्रस्तुति
- विद्यालय की वार्षिक प्रगति रिपोर्ट – प्रधानाचार्य महोदय द्वारा वार्षिक रिपोर्ट वाचन
- पुरस्कार वितरण – मुख्य अतिथि द्वारा विभिन्न क्षेत्रों में उत्कृष्ट प्रदर्शन करने वाले विद्यार्थियों को पुरस्कार प्रदान
- मुख्य अतिथि का सम्बोधन – मुख्य अतिथि महोदय द्वारा प्रेरणादायक भाषण
- हास्य प्रहसन – कक्षा नौवीं के छात्रों द्वारा नाटक 'बच्चे और स्कूल' की प्रस्तुति
- धन्यवाद ज्ञापन एवं समापन विद्यालय प्रबन्धन, शिक्षकों, अभिभावकों एवं विद्यार्थियों का धन्यवाद

मुख्य अतिथि महोदय का विशेष आभार

कार्यक्रम के समापन की औपचारिक घोषणा

वार्षिक उत्सव कार्यक्रम की प्रस्तुति

उपर्युक्त सूची के आधार पर कार्यक्रम की प्रस्तुति निम्न प्रकार की जा सकती है

(कार्यक्रम के लिए सुसज्जित पंडाल, मंच, सामने पंक्तिबद्ध बैठे विद्यार्थी एवं अतिथि, पृष्ठभूमि में मधुर संगीत बज रहा है।)

मंच संचालक सभी सम्मानित अतिथियों, शिक्षकों, अभिभावकों एवं विद्यार्थियों को मेरा सादर प्रणाम!

आज का दिन हमारे सनातन धर्म इंटर कॉलेज के लिए एक विशेष दिन है, क्योंकि हम सभी यहाँ वार्षिक उत्सव का आनन्द उठाने के लिए एकत्रित हुए हैं। इस शुभ अवसर पर आप सभी का हार्दिक स्वागत एवं अभिनन्दन करता/करती हूँ।

अब वह घड़ी आ गई है, जिसका हम सभी को बेसब्री से इंतजार था। हमारे मुख्य अतिथि महोदय पंडाल में पधार चुके हैं। मैं सभी से निवेदन करता/करती हूँ कि उनका गर्मजोशी से स्वागत करें और करतल ध्वनि से उन्हें सम्मान दें।

अब मैं विद्यालय के प्रबन्धक महोदय से विनम्र अनुरोध करता/करती हूँ कि वे मुख्य अतिथि महोदय को मंच पर आमन्त्रित करें एवं उनके साथ मंच पर उचित स्थान ग्रहण करें।

अब मैं विद्यालय के प्रधानाचार्य श्रीमान् .... से निवेदन करता/करती हूँ कि वे मुख्य अतिथि महोदय का फूलों की माला पहनाकर स्वागत करें।

इसके बाद विद्यालय की दो छात्राएँ रीना और आरती भारतीय परम्परा के अनुसार तिलक और आरती द्वारा मुख्य अतिथि का स्वागत करेंगी।

अब मैं विद्यालय प्रबन्ध समिति के सचिव श्री .... से अनुरोध करता/करती हूँ कि वे मुख्य अतिथि महोदय का संक्षिप्त परिचय आप सभी को दें।

अब कार्यक्रम के विधिवत शुभारम्भ हेतु मैं मुख्य अतिथि महोदय से निवेदन करता/करती हूँ कि वे माँ सरस्वती की प्रतिमा के समक्ष दीप प्रज्वलित करें। इस शुभ अवसर पर प्रधानाचार्य महोदया, स्टाफ सचिव एवं अन्य शिक्षकगण उनका सहयोग करेंगे।

सांस्कृतिक कार्यक्रमों का आरम्भ

अब हमारे सांस्कृतिक कार्यक्रम का आरम्भ होने जा रहा है। सबसे पहले हम ज्ञान की देवी माँ सरस्वती की वन्दना प्रस्तुत करेंगे। विद्यालय की छात्राएँ—कोमल, रेखा, प्रीति, वन्दना एवं कृतिका अपनी मधुर वाणी में सरस्वती वन्दना प्रस्तुत करेंगी।

वाह! कितनी सुन्दर प्रस्तुति थी! इन छात्राओं ने अपने भावों से इस वन्दना को और अधिक जीवन्त बना दिया। आपकी तालियाँ इस बात का प्रमाण हैं कि यह प्रस्तुति कितनी मनमोहक रही।

देशभक्ति गीत

अब बारी है देशप्रेम के रंग में रंग जाने की! कक्षा दसवीं की छात्राएँ 'ऐ मेरे वतन के लोगों' गीत के माध्यम से अपनी देशभक्ति की भावना व्यक्त करेंगी।

वाह! यह गीत हमारी रगों में देशभक्ति का संचार कर गया। धन्यवाद!

लोकनृत्य प्रस्तुति

अब हम गाँव की उस मिट्टी की सुगन्ध महसूस करने जा रहे हैं, जो हमारे दिल के करीब है। कक्षा आठवीं की छात्राएँ राजस्थानी लोकगीत 'गोरबंध' पर सुन्दर नृत्य प्रस्तुत करेंगी।

अत्यन्त सुन्दर नृत्य! इन छात्राओं ने पूरे माहौल को उत्साह से भर दिया।

नाट्य प्रस्तुति

अब मंच पर कक्षा नौ के छात्र एक प्रेरणादायक नाटक 'शिक्षा का महत्त्व' प्रस्तुत कर रहे हैं, जिसमें एक गरीब बच्चे की संघर्ष गाथा दिखाई जाएगी।

यह नाटक वास्तव में हमें शिक्षा का महत्त्व समझाने में सफल रहा। धन्यवाद!

विद्यालय की प्रगति रिपोर्ट

अब मैं विद्यालय की प्रधानाचार्य महोदय से अनुरोध करता/करती हूँ कि वे विद्यालय की वार्षिक प्रगति रिपोर्ट प्रस्तुत करें।

(प्रधानाचार्य महोदय द्वारा रिपोर्ट वाचन)

पुरस्कार वितरण

अब बारी है उन विद्यार्थियों के सम्मान की, जिन्होंने शैक्षणिक, खेल और अन्य गतिविधियों में उत्कृष्ट प्रदर्शन किया।

मैं मुख्य अतिथि महोदय से अनुरोध करता/करती हूँ कि वे मंच पर आकर विद्यार्थियों को पुरस्कार प्रदान करें।

इस कार्य में खेल शिक्षिका एवं दो अध्यापकगण उनका सहयोग करेंगे।

मुख्य अतिथि का सम्बोधन

अब मैं मुख्य अतिथि महोदय से अनुरोध करता/करती हूँ कि वे मंच पर आकर विद्यार्थियों और विद्यालय परिवार को प्रेरणादायक सम्बोधन दें।

(मुख्य अतिथि महोदय द्वारा सम्बोधन करना)

आपके इन प्रेरणादायक शब्दों के लिए धन्यवाद!

हास्य प्रहसन

अब हम इस कार्यक्रम को और मनोरंजक बनाने के लिए कक्षा नौवीं के छात्रों द्वारा प्रस्तुत हास्य नाटक 'बच्चे और स्कूल' का आनन्द लेंगे।

आपकी हँसी ही इस प्रहसन की सफलता का प्रमाण है। धन्यवाद!

समापन एवं धन्यवाद ज्ञापन

अब हमारे वार्षिक उत्सव का यह रंगारंग कार्यक्रम अपने अन्तिम पड़ाव पर है।

मैं विद्यालय प्रबन्धन, शिक्षकों, अभिभावकों और विद्यार्थियों का धन्यवाद करता/करती हूँ, जिन्होंने इसे सफल बनाने में योगदान दिया।

विशेष रूप से मुख्य अतिथि महोदय का आभार प्रकट करता/करती हूँ, जिन्होंने अपने बहुमूल्य समय में से समय निकालकर हमें अनमोल मार्गदर्शन दिया।

आप सभी का पुन: धन्यवाद! अब कार्यक्रम का विधिवत समापन किया जाता है। जय हिन्द!

कथा-कहानी सुनाना

कथा और कहानी दोनों ही गद्य साहित्य की वर्णनात्मक विधाएँ हैं, जिनमें किसी घटना, पात्र या विचार को रोचक और प्रभावी ढंग से प्रस्तुत किया जाता है। कथा प्रायः धार्मिक, ऐतिहासिक या नैतिक सन्देश देने के उद्देश्य से सुनाई या लिखी जाती है, जबकि कहानी संक्षिप्त होती है और कल्पना तथा यथार्थ के मिश्रण से मनोरंजन के साथ-साथ शिक्षाप्रद भी हो सकती है।

कहानी सुनाना न केवल मनोरंजन का एक प्रभावी माध्यम है, बल्कि यह नैतिक शिक्षा देने और जीवन मूल्यों को सरलता से समझाने का भी एक सशक्त तरीका है। एक अच्छी कहानी को प्रभावी ढंग से सुनाने के लिए निम्नलिखित बातों का ध्यान रखना आवश्यक है

- कहानी रोचक, ज्ञानवर्धक और संक्षिप्त होनी चाहिए।
- कहानी सुनाते समय स्वर में उतार-चढ़ाव (आरोह-अवरोह) बनाए रखना चाहिए।
- संवादों और पात्रों के अनुसार आवाज में विविधता होनी चाहिए, ताकि श्रोता की रुचि बनी रहे।
- कहानी पूरी तरह याद होनी चाहिए, ताकि सुनाने में कोई रुकावट न आए। बार-बार रुकने या झिझकने से प्रभाव कम हो जाता है।
- कहानी की भाषा सहज और स्पष्ट होनी चाहिए।
- कठिन शब्दों या जटिल वाक्यों से बचना चाहिए।
- चेहरे के भाव, हाथों की मुद्राएँ और शरीर की हलचल कहानी के प्रभाव को बढ़ाते हैं।
- कहानी सुनाते समय आँखों का सम्पर्क बनाए रखना चाहिए।
- प्रत्येक कहानी के अन्त में उसमें निहित शिक्षा को स्पष्ट रूप से बताना चाहिए।
- इससे श्रोता कहानी से जुड़ाव महसूस करते हैं और उसे अपने जीवन में अपनाने का प्रयास करते हैं।

कथा-कहानी का उदाहरण

प्रिय प्रधानाचार्य, शिक्षकगण और मेरे सहपाठियों! आज मैं आपको एक कहानी सुनाने जा रहा हूँ, जिसका शीर्षक है— मन के हारे हार है, मन के जीते जीत।

एक बार की बात है, दो राजाओं के बीच भयंकर युद्ध हुआ। जैसा होता है कि युद्ध में एक की ही विजय होती है और एक की हार निश्चित होती है।

इस युद्ध में भी ऐसा ही हुआ। एक राजा इस युद्ध में हार गया। उसे जन-धन की बहुत हानि हुई। उसके सैनिक पराजित राजा को ढूँढ़ रहे थे। पराजित राजा अपना जीवन बचाने के लिए भागा-भागा फिर रहा था। उसने छिपते-छिपाते एक गुफा में शरण ली। वह मन से पूरी तरह पराजित हो चुका था। गुफा में छिपा हुआ भी वह मानो अपनी मृत्यु की प्रतीक्षा कर रहा था। उसे इस बात का पूरा विश्वास था कि शत्रु की तलवार कभी भी उसका काम तमाम कर देगी। वह इन्हीं विचारों में खोया हुआ था कि उसकी नज़र एक मकड़ी पर पड़ी, जो गुफा के दरवाजे पर जाला बनाने में व्यस्त थी, उसकी कोशिशें बार-बार नाकाम साबित हो रही थीं, लेकिन उसने प्रयास करना नहीं छोड़ा। राजा ने सोचा कि वह बेकार ही प्रयत्न कर रही है। भला आधार के बिना जाला कैसे बन सकता है, लेकिन थोड़ी देर बाद राजा ने देखा कि मकड़ी जाला बनाने में सफल हो गई। कुछ ही समय में पूरी गुफा के मुँह पर जाला बनाया जा चुका था। तभी शत्रु सैनिक वहाँ आ पहुँचे, लेकिन खोह के मुँह पर मकड़ी का जाला बना देख लौट गए। करीब आई हुई मृत्यु तो टल गई, पर राजा एक गहरे विचार में पड़ गया।

उसने सोचा कि मैं स्वयं तन-मन से पराजित था। अतः मैंने मकड़ी को भी हारा हुआ मान लिया, लेकिन वह छोटी-सी मकड़ी हारी हुई नहीं थी। वह बार-बार गिरकर भी निराश और परास्त नहीं हुई। क्या मैं मनुष्य होकर भी इस मकड़ी से दुर्बल हूँ? उसने अपने मन को मजबूत किया और संकल्प लिया कि वह अपने शत्रुओं को अवश्य पराजित करेगा। वह तुरंत उस गुफा से बाहर आया। अब वह एक हताश-निराश, पराजित राजा नहीं था, वरन् मजबूत इरादे वाला व्यक्ति था, जिसे हर हाल में विजय प्राप्त करनी थी। उसने अपने साथियों को एकत्र किया और अंत में अपने शत्रु को हराकर अपना राज्य पुनः प्राप्त किया। अतः यह सच ही है कि

"मन के हारे हार है, मन के जीते जीत"

शिक्षा प्रस्तुत कहानी से हमें यह शिक्षा मिलती है कि हमें अपने मन को मजबूत और दृढ़-संकल्प करके कार्य करना चाहिए, तभी हमें सफलता प्राप्त हो सकती है।

घटना सुनाना/किसी घटना का वर्णन करना

किसी ऐसी घटना या प्रसंग का विस्तारपूर्वक वर्णन करना, जिसे हमने स्वयं देखा हो या जिसमें हम स्वयं सम्मिलित रहे हों, घटना सुनाना/वर्णन कहलाता है। इसमें घटनाओं का क्रमबद्ध और सजीव चित्रण किया जाता है, ताकि पाठक या श्रोता उसे अपनी आँखों के सामने घटित होता हुआ महसूस कर सके।

उदाहरण के लिए—किसी मेले का आँखों देखा हाल, विद्यालय के वार्षिकोत्सव का वर्णन, किसी खेल प्रतियोगिता का विवरण, सड़क पर हुई दुर्घटना या किसी शादी समारोह की घटना आदि का वर्णन किया जा सकता है।

घटना का वर्णन करते समय ध्यान देने योग्य बातें

- घटना का वर्णन स्पष्ट और क्रमबद्ध तरीके से होना चाहिए, ताकि पाठक या श्रोता उसे आसानी से समझ सके।
- वर्णन को वास्तविकता के करीब रखना चाहिए और अनावश्यक अतिश्योक्ति से बचना चाहिए।
- घटना का वर्णन न अधिक लम्बा हो और न ही बहुत छोटा। उसमें आवश्यक जानकारी सम्मिलित होनी चाहिए।
- भाषा और शैली ऐसी हो कि पाठक की रुचि बनी रहे। अनावश्यक विवरण से बचना चाहिए।
- यदि घटना दु:खद, रोमांचक या हास्यप्रद है, तो उसमें आवश्यकतानुसार भाव होना चाहिए, लेकिन अधिक नाटकीयता से बचना चाहिए। यदि आप घटना के साक्षी रहे हैं, तो अपने अनुभव को प्रभावी ढंग से व्यक्त करें, जिससे वर्णन अधिक सजीव लगे।
- जहाँ आवश्यक हो, वहाँ संवादों का प्रयोग करने से घटना का वर्णन अधिक प्रभावशाली बनता है।
- घटना किस समय, कहाँ और किन परिस्थितियों में घटी, इसका उल्लेख अवश्य करें, ताकि विवरण सुस्पष्ट हो।
- यदि घटना से कोई शिक्षा मिलती हो, तो उसका उल्लेख अन्त में किया जा सकता है।
- वर्तनी और व्याकरण की अशुद्धियों से बचना चाहिए, ताकि वर्णन प्रभावी और आकर्षक लगे।

घटना सुनाना/वर्णन का उदाहरण

यात्रा का वर्णन

मैंने एवं मेरे कुछ साथियों ने भुवनेश्वर जाने का निश्चय किया। हम दिल्ली से रेलगाड़ी में भुवनेश्वर के लिए रवाना हुए और सुबह लगभग दस बजे भुवनेश्वर पहुँच गए। हमने पहले दिन होटल में आराम कर सफर की थकान दूर की, फिर अगले दिन हम भुवनेश्वर घूमने निकल गए। भुवनेश्वर के बारे में जैसा हमने सुना था, उससे कहीं अधिक दर्शनीय पाया।

भुवनेश्वर, भारत के खूबसूरत एवं हरे-भरे प्रदेश उड़ीसा की राजधानी है। यहाँ की प्राकृतिक सुन्दरता देखते ही बनती है। ऐतिहासिक ही नहीं धार्मिक दृष्टिकोण से भी यह शहर भारत के प्रमुख दर्शनीय स्थलों में से एक है। इसे 'मन्दिरों का शहर' भी कहा जाता है। यहाँ प्राचीन काल के लगभग 600 से अधिक मन्दिर हैं। इसलिए इसे 'पूर्व का काशी' भी कहा जाता है। तीसरी शताब्दी ई. पू. में सम्राट अशोक ने यहीं पर कलिंग युद्ध के बाद धम्म की दीक्षा ली थी। धम्म की दीक्षा लेने के बाद अशोक ने यहाँ पर बौद्ध स्तूप का निर्माण कराया था, इसलिए यह बौद्ध धर्मावलम्बियों का भी एक बड़ा तीर्थ स्थल है। कहा जाता है कि प्राचीन काल में भुवनेश्वर में 7000 से अधिक मन्दिर थे, इनमें से अब केवल 600 मन्दिर ही शेष बचे हैं।

हम जिस होटल में ठहरे थे, उसके निकट ही राजा-रानी मन्दिर था, इसलिए सबसे पहले हम उसी के दर्शन के लिए पहुँचे। इस मन्दिर की स्थापना ग्यारहवीं शताब्दी में हुई थी। इस मन्दिर में शिव एवं पार्वती की भव्य मूर्तियाँ हैं। इस मन्दिर की दीवारों पर सुन्दर कलाकृतियाँ बनी हुई हैं। इस मन्दिर से लगभग एक किलोमीटर दूर मुक्तेश्वर मन्दिर स्थित है। इसे मन्दिर समूह भी कहा जाता है, क्योंकि यहाँ पर एक साथ कई मन्दिर हैं। इन मन्दिरों में से दो मन्दिर अति महत्त्वपूर्ण हैं। एक है परमेश्वर मन्दिर एवं दूसरा मुक्तेश्वर मन्दिर। इन दोनों मन्दिरों की स्थापना 650 ई. के आस-पास हुई थी। इन दोनों मन्दिरों की दीवारों पर की गई नक्काशी की सुन्दरता देखते ही बनती है। मुक्तेश्वर मन्दिर की दीवारों पर पंचतन्त्र की कहानियों को मूर्तियों के रूप में प्रस्तुत किया गया है। राजा-रानी मन्दिर एवं मुक्तेश्वर मन्दिर की सैर करते-करते हम थक गए थे। वैसे भी हम दोपहर के बाद सैर करने निकले थे और अब रात होने को थी, इसलिए हम लोग आराम करने के लिए वापस अपने होटल लौट आए। अगली सुबह हम लोग जल्दी तैयार होकर लिंगराज मन्दिर समूह देखने गए। इस मन्दिर के आस-पास सैकड़ों छोटे-छोटे मन्दिर बने हुए हैं, इसलिए इन्हें लिंगराज मन्दिर समूह कहा जाता है। इसका निर्माण 11वीं शताब्दी में किया गया था। 185 फीट लम्बा यह मन्दिर भारत की प्राचीन शिल्पकला का अप्रतिम उदाहरण है। मन्दिरों की दीवारों पर निर्मित मूर्तियाँ शिल्पकारों की कुशलता की परिचायक हैं।

भुवनेश्वर के आस-पास भी ऐसे अनेक अप्रतिम स्थल हैं, जो ऐतिहासिक एवं धार्मिक महत्त्व रखते हैं और जिनकी सैर के बिना इस शहर की यात्रा अधूरी ही रह जाती है। ऐसा ही एक स्थान है—धौली। यहाँ दूसरी शताब्दी ई. पू. में निर्मित एक बौद्ध स्तूप है। इस स्तूप के पास ही सम्राट अशोक निर्मित एक स्तम्भ भी है, जिसमें उनके जीवन एवं बौद्ध-दर्शन का वर्णन किया गया है। इसके अतिरिक्त भगवान बुद्ध की मूर्ति तथा उनके जीवन से सम्बन्धित विभिन्न घटनाओं की मूर्तियाँ भी देखने योग्य हैं। धौली के बौद्ध स्तूप के दर्शन के बाद हम लोग भुवनेश्वर शहर से लगभग 6 किलोमीटर दूर स्थित उदयगिरि एवं खण्डगिरि की गुफाओं को देखने गए। इन गुफाओं को पहाड़ियों को काटकर बनाया गया है। इन गुफाओं में की गई अधिकांश चित्रकारी नष्ट हो चुकी है, किन्तु यहाँ निर्मित मूर्तियाँ अभी भी अपने प्रारम्भिक स्वरूप में ही विद्यमान हैं। सैर के बाद हम लोगों ने उड़ीसा के स्थानीय भोजन का आनन्द उठाया। पखाल भात, छतु तरकारी, महूराली-चडचडी एवं चिंगुडि उड़ीसा के कुछ लोकप्रिय व्यंजन हैं। इस यात्रा को अविस्मरणीय बनाने के लिए हमने फोटोग्राफी और वहाँ की लोकप्रिय वस्तुओं की खरीदारी भी की।

परियोजना कार्य

'परियोजना' शब्द योजना में 'परि' उपसर्ग लगने से बना है। 'परि' का अर्थ है 'पूर्णता' अर्थात् ऐसी योजना जो अपने आप में पूर्ण हो, परियोजना कहलाती है। किसी विशेष लक्ष्य की प्राप्ति हेतु जो योजना बनाई और कार्यान्वित की जाती है, उसे परियोजना कहते हैं। यह किसी समस्या के निदान या किसी विषय के तथ्यों को प्रकाशित करने के लिए तैयार की गई एक पूर्ण विचार योजना होता है।

राष्ट्रीय पाठ्यचर्चा की रूपरेखा, नई शिक्षा नीति-2020 तथा केन्द्रीय माध्यमिक शिक्षा बोर्ड द्वारा समय-समय पर अनुभवात्मक अधिगम, आनन्दपूर्ण अधिगम की बात कही गई है। उच्चतर माध्यमिक स्तर पर विद्यार्थियों के लिए हिन्दी का अध्ययन एक सृजनात्मक, साहित्यिक, सांस्कृतिक और विभिन्न प्रयुक्तियों की भाषा के रूप में करने और करवाने के लिए परियोजना कार्य अत्यन्त महत्त्वपूर्ण व लाभदायक सिद्ध होता है।

परियोजना कार्य का महत्त्व

- व्यक्तिगत स्तर पर खोज कार्रवाई और ग्यारहवीं-बारहवीं कक्षा के दौरान अर्जित ज्ञान और कौशल, विचारों आदि पर चिन्तन का उपयोग।
- सैद्धान्तिक निर्माणों और तर्कों का उपयोग करके वास्तविक दुनिया के परिदृश्यों का विश्लेषण और मूल्यांकन
- एक स्वतन्त्र और विस्तारित कार्य का निर्माण करने के लिए महत्त्वपूर्ण और रचनात्मक सोच कौशल और क्षमताओं के अनुप्रयोग का प्रदर्शन।
- उन विषयों पर कार्य करने का अवसर जिनमें शिक्षार्थियों की रुचि है।
- नए ज्ञान की ओर अग्रसर
- खोजी प्रवृत्ति में वृद्धि
- भाषा ज्ञान समृद्ध एवं व्यावहारिक
- समस्या समाधान की क्षमता का विकास

परियोजना कार्य निर्धारित करते समय ध्यान देने योग्य बातें

- परियोजना कार्य शिक्षार्थियों में योग्यता आधारित क्षमता को ध्यान में रखकर दिए जाएँ, जिससे वे विषय के साथ जुड़ते हुए उसके व्यावहारिक पक्ष को समझ सकें। वर्तमान समय में उसकी प्रासंगिकता पर भी ध्यान दिया जाए।
- सत्र के प्रारम्भ में ही विद्यार्थियों को विषय चुनने का अवसर मिले, ताकि उसे शोध, तैयारी और लेखन के लिए पर्याप्त समय मिल सके।
- अध्यापिका/अध्यापक द्वारा कक्षा में परियोजना कार्य को लेकर विस्तारपूर्वक चर्चा की जाए, जिससे विद्यार्थी उसके अर्थ, महत्त्व व प्रक्रिया को भली-भाँति समझने में सक्षम हो सकें।
- हिन्दी भाषा और साहित्य से जुड़े विविध विषयों/ विधाओं/ साहित्यकारों/समकालीन लेखन/भाषा के तकनीकी पक्ष/प्रभाव/अनुप्रयोग/साहित्य के सामाजिक सन्दर्भों एवं जीवन-मूल्य सम्बन्धी प्रभावों आदि पर परियोजना कार्य दिए जाने चाहिए।
- शिक्षार्थी को उसकी रुचि के अनुसार विषय का चयन करने की छूट दी जानी चाहिए तथा अध्यापक/ अध्यापिका को मार्गदर्शक के रूप में उसकी सहायता करनी चाहिए।
- परियोजना कार्य करते समय निम्नलिखित बिन्दुओं को अपनाया जा सकता है

1. प्रमाण-पत्र	2. आभार ज्ञापन
3. विषय-सूची	4. उद्देश्य
5. परियोजना समस्या	6. परिकल्पना
7. प्रक्रिया (साक्ष्य संग्रह, साक्ष्य का विश्लेषण)	8. प्रस्तुतीकरण (विषय का विस्तार)
9. अध्ययन का परिणाम	10. अध्ययन की सीमाएँ
11. स्रोत	12. अध्यापक टिप्पणी

- परियोजना कार्य में शोध के दौरान सम्मिलित किए गए चित्रों और सन्दर्भों के विषय में उचित जानकारी दी जानी चाहिए। उनके स्रोत को अवश्य अंकित करना चाहिए।
- चित्र, रेखाचित्र, विज्ञापन, ग्राफ, विषय से सम्बन्धित आँकड़े, विषय से सम्बन्धित समाचार की कतरनें एकत्रित की जानी चाहिए।

- प्रमाणस्वरूप सम्मिलित किए गए आँकड़े, चित्र, विज्ञापन आदि के स्रोत अंकित करने के साथ-साथ समाचार-पत्र, पत्रिकाओं के नाम तथा दिनांक भी लिखनी चाहिए।
- साहित्यकोश, सन्दर्भ-ग्रन्थ, शब्दकोश की मदद लेनी चाहिए।
- परियोजना कार्य में शिक्षार्थियों के लिए अनेक सम्भावनाएँ हैं। उनके व्यक्तिगत विचार तथा उनकी कल्पना के विस्तृत संसार को अवश्य सम्मिलित किया जाए।

परियोजना कार्य	–	**कुल अंक 10**
विषय वस्तु	–	5 अंक
भाषा एवं प्रस्तुति	–	3 अंक
शोध एवं मौलिकता	–	2 अंक

- हिंदी भाषा और साहित्य से जुड़े विविध विषयों/विधाओं/साहित्यकारों/समकालीन लेखन/साहित्यिक वादों/भाषा के तकनीकी पक्ष/प्रभाव/अनुप्रयोग/साहित्य के सामाजिक सन्दर्भों एवं जीवन-मूल्य सम्बन्धी प्रभावों आदि पर परियोजना कार्य दिए जाने चाहिए।
- सत्र के प्रारम्भ में ही शिक्षार्थी को विषय चुनने का अवसर मिले ताकि उसे शोध, तैयारी और लेखन के लिए पर्याप्त समय मिल सके।

हिंदी साहित्य के चार कहानीकारों का जीवन-परिचय देते हुए उनकी कहानियों से जुड़ी परियोजना कार्य

1. डॉ. भगवतशरण उपाध्याय
2. रामधारी सिंह 'दिनकर'
3. पदुमलाल पुन्नालाल बख्शी
4. जयप्रकाश भारती

- **छात्र का नाम** ....
- **कक्षा** ....
- **अनुक्रमांक** ....
- **विद्यालय का नाम** ....
- **विद्यालय कोड संख्या नाम** ....
- **विषयाध्यापक का नाम** ....

प्राप्तांक ....

परीक्षक के हस्ताक्षर ....

नाम ....

डॉ. भगवतशरण उपाध्याय

जीवन परिचय

डॉ. भगवतशरण उपाध्याय का जन्म वर्ष 1910 में बलिया जिले के उजियारपुर नामक गाँव में हुआ था। इन्होंने अपनी प्रारम्भिक शिक्षा पूर्ण करने के पश्चात् काशी हिन्दू विश्वविद्यालय से प्राचीन इतिहास विषय में एम. ए. किया। ये संस्कृत-साहित्य तथा पुरातत्त्व के ज्ञानी थे। इन्होंने पुरातत्त्व एवं प्राचीन भाषाओं के गहन अध्ययन के साथ-साथ अन्य आधुनिक यूरोपीय भाषाओं का भी अध्ययन करते हुए हिन्दी-साहित्य को उन्नति के पथ पर अग्रसर कराने में विशिष्ट योगदान दिया।

इन्होंने 'पुरातत्त्व विभाग', 'प्रयाग संग्रहालय', 'लखनऊ संग्रहालय' के अध्यक्ष तथा पिलानी में 'बिड़ला महाविद्यालय' में प्राध्यापक पद पर कार्य किया। इसके पश्चात् विक्रम विश्वविद्यालय में इन्होंने प्राचीन इतिहास विभाग में प्रोफेसर पद ग्रहण किया तथा अध्यक्ष पद पर कार्य करते हुए वहीं से अवकाश ग्रहण किया। हिन्दी साहित्य की सेवा करते हुए अगस्त, 1982 में मॉरीशस में इनका स्वर्गवास हो गया। मॉरीशस में ये भारत के प्रतिनिधि बनकर राजदूत के रूप में कार्यरत थे।

साहित्यिक परिचय

उपाध्याय जी ने अनेकानेक देशों का भ्रमण किया। इन्होंने यूरोप, अमेरिका, चीन आदि देशों की यात्राएँ कीं तथा इन देशों में भारतीय संस्कृति एवं साहित्य पर व्याख्यान प्रस्तुत किए। उपाध्याय जी अपने स्वतन्त्र विचार एवं मौलिक विचारों के लिए प्रसिद्ध थे। इनके व्यक्तित्व की ओर आकर्षित करने वाली महत्त्वपूर्ण बात यह है कि ये प्राचीन भारतीय संस्कृति के अध्येता और व्याख्याकार होते हुए भी रूढ़िवादिता और परम्परावादिता के प्रभाव से सदैव अलग रहे।

हिन्दी साहित्य को समृद्ध बनाने के लिए इन्होंने विभिन्न प्रयत्न किए। ये लम्बे समय तक लगातार साहित्य साधना में लगे रहे। इनकी रचनाओं में अध्ययन की विद्वत्ता स्पष्ट रूप से झलकती है। ये एक महान शैलीकार, समर्थ आलोचक व पुरातत्त्व के महान ज्ञाता थे। इन्होंने साहित्य, संस्कृति, कला आदि भिन्न-भिन्न विषयों पर सौ से भी अधिक पुस्तकें लिखीं तथा आलोचना, यात्रा-वृत्तान्त, पुरातत्त्व, संस्मरण एवं रेखाचित्र आदि विधाओं का सृजन भी किया।

कृतियाँ

उपाध्याय जी की प्रमुख रचनाएँ निम्नलिखित हैं

1. **आलोचनात्मक ग्रन्थ** 'साहित्य और कला', 'विश्व साहित्य की रूप-रेखा', 'इतिहास के पन्नों पर', 'विश्व को एशिया की देन', 'मन्दिर और भवन', 'भारतीय मूर्तिकला की कहानी', भारतीय चित्रकला की कहानी आदि।
2. **यात्रा-साहित्य** 'कलकत्ता से पीकिंग', 'लालचीन'।
3. **अन्य ग्रन्थ** 'ठूँठा आम', 'सागर की लहरों पर', 'कुछ फीचर', 'कुछ एकांकी', 'इतिहास साक्षी है', 'इण्डिया इन कालिदास', 'लाल चीन' 'वूमेन इन ऋग्वेद', 'मैंने देखा' आदि।

भाषा

उपाध्याय जी ने अपने साहित्य में शुद्ध, परिष्कृत एवं परिमार्जित भाषा का प्रयोग किया है। इनकी भाषा में बोधगम्यता के साथ-साथ गम्भीर चिन्तन एवं विस्तार भी विद्यमान है। इनमें गहन-से-गहन विषय को भी सरल भाषा में प्रस्तुत करने की क्षमता दिखाई पड़ती है। इनकी भाषा में सजीवता का गुण विद्यमान है। इनकी भाषा सरल, सरस व प्रवाहपूर्ण है।

शैली

इनकी शैली तथ्यों के निरूपण से युक्त, कल्पनामयी है। उपाध्याय जी ने अपनी रचनाओं में विवेचनात्मक, वर्णनात्मक, भावात्मक शैलियों का मुख्य रूप से प्रयोग किया है।

हिंदी साहित्य में स्थान

संस्कृत-साहित्य तथा पुरातत्त्व के अध्ययन में डॉ. भगवतशरण उपाध्याय जी की विशिष्ट रुचि रही है। इनके द्वारा भारतीय संस्कृति एवं साहित्य पर विदेशों में दी गई व्याख्या हिन्दी साहित्य की अमूल्य निधि है। पुरातत्त्व के क्षेत्र में तो इन्हें सुयश प्राप्त है। इन्होंने सौ से भी अधिक भिन्न-भिन्न विधाओं में रचना करके हिन्दी साहित्य में उल्लेखनीय व अविस्मरणीय स्थान प्राप्त किया है।

डॉ. भगवतशरण उपाध्याय द्वारा लिखित निबंध

अजंता

जिन्दगी को मौत के पंजों से मुक्त कर उसे अमर बनाने के लिए आदमी ने पहाड़ काटा है। किस तरह इंसान की खूबियों की कहानी सदियों बाद आने वाली पीढ़ियों तक पहुँचाई जाए, इसके लिए आदमी ने कितने ही उपाय सोचे और किए। उसने चट्टानों पर अपने सन्देश खोदे, ताड़ों से ऊँचे धातुओं से चिकने पत्थर के खम्भे खड़े किए, ताँबे और पीतल के पत्तरों पर अक्षरों के मोती बिखेरे और उसके जीवन-मरण की कहानी सदियों के उतार पर सरकती चली आई, चली आ रही है, जो आज हमारी अमानत-विरासत बन गई है।

इन्हीं उपायों में एक उपाय पहाड़ काटना भी रहा है। सारे प्राचीन सभ्य देशों में पहाड़ काटकर मन्दिर बनाए गए हैं और उनकी दीवारों पर एक-से-एक अभिराम चित्र लिखे गए हैं। आज से कोई सवा दो हजार साल पहले से ही हमारे देश में पहाड़ काटकर मन्दिर बनाने की परिपाटी चल पड़ी थी। अजन्ता की गुफाएँ पहाड़ काटकर बनाई जाने वाली देश की सबसे प्राचीन गुफाओं में से हैं; जैसे—एलोरा और एलीफैण्टा की सबसे पिछले काल की। देश की गुफाओं या गुफा-मन्दिरों में सबसे विख्यात अजन्ता के हैं, जिनकी दीवारों और छतों पर लिखे चित्र दुनिया के लिए नमूने बन गए हैं। चीन के तुन-हुआँग और लंका के सिमिरिया की पहाड़ी

दीवारों पर उसी के नमूने के चित्र नकल कर लिए गए थे और जब अजन्ता के चित्रों ने विदेशों को इस प्रकार अपने प्रभाव से निहाल किया, तब भला अपने देश के नगर-देहात उनके प्रभाव से कैसे निहाल न होते? बाघ और सित्तनवासल की गुफाएँ उसी अजन्ता की परम्परा में हैं, जिनकी दीवारों पर जैसे प्रेम और दया की एक दुनिया ही सिरज गई है और जैसे संगसाजों ने उन गुफाओं पर रौनक बरसाई है, चितेरे जैसे रंग और रेखा में दर्द तथा दया की कहानी लिखते गए हैं, कलावन्त छेनी से मूरतें उभारते-कोरते गए हैं, वैसे ही अजन्ता पर कुदरत का नूर बरस पड़ा है, प्रकृति भी वहाँ थिरक उठी है।

बम्बई (अब मुम्बई) के सूबे में बम्बई और हैदराबाद के बीच, विन्ध्याचल के पूरब-पश्चिम दौड़ती पर्वतमालाओं से निचौंधे पहाड़ों का एक सिलसिला उत्तर से दक्खिन चला गया है, जिसे सह्याद्रि कहते हैं। अजन्ता के गुहा मन्दिर उसी पहाड़ी जंजीर को सनाथ करते हैं।

अजन्ता गाँव से थोड़ी ही दूर पर पहाड़ों के पैरों में साँप-सी लोटती बाधुर नदी कमान-सी मुड़ गई है। वहीं पर्वत का सिलसिला एकाएक अर्द्धचन्द्राकार हो गया है, कोई दो-सौ पचास फुट ऊँचा हरे वनों के बीच मंच-पर-मंच की तरह उठते पहाड़ों का यह सिलसिला हमारे पुरखों को भा गया है और उन्होंने उसे खोदकर भवनों-महलों से भर दिया। सोचिए जरा ठोस पहाड़ की चट्टानी छाती और कमजोर इंसान का उन्होंने मेल जो किया, तो पर्वत का हिया दरकता चला गया और वहाँ एक-से-एक बरामदे, हॉल और मन्दिर बनते चले गए।

पहले पहाड़ काटकर उसे खोखला कर दिया गया, फिर उसमें सुन्दर भवन बना लिए गए, जहाँ खम्भों पर उभारी मूरतें विहँस उठीं। भीतर की समूची दीवारें और छतें रगड़ कर चिकनी कर ली गईं और तब उनकी जमीन पर चित्रों की एक दुनिया ही बसा दी गई। पहले पलस्तर लगाकर आचार्यों ने उन पर लहराती रेखाओं में चित्रों की काया सिरज दी, फिर उनके चेले कलावन्तों ने उनमें रंग भरकर प्राण फूँक दिए। फिर तो दीवारें उमग उठीं, पहाड़ पुलकित हो उठे।

कितना जीवन बरस पड़ा है इन दीवारों पर; जैसे— फसाने अजायब का भण्डार खुल पड़ा हो। कहानी-से-कहानी टकराती चली गई है। बन्दरों की कहानी, हाथियों की कहानी, हिरनों की कहानी। कहानी क्रूरता और भय की, दया और त्याग की। जहाँ बेरहमी है, वहीं दया का भी समुद्र उमड़ पड़ा है। जहाँ पाप है, वहीं क्षमा का सोता फूट पड़ा है। राजा और कँगले, विलासी और भिक्षु, नर और नारी, मनुष्य और पशु सभी कलाकारों के हाथों सिरजते चले गए हैं। हैवान की हैवानी को इंसान की इंसानियत से कैसे जीता जा सकता है, कोई अजन्ता में जाकर देखे। बुद्ध का जीवन हजार धाराओं में होकर बहता है। जन्म से लेकर निर्वाण तक उनके जीवन की प्रधान घटनाएँ कुछ ऐसे लिख दी गई हैं कि आँखें अटक जाती हैं, हटने का नाम नहीं लेतीं।

यह हाथ में कमल लिए बुद्ध खड़े हैं, जैसे छवि छलकी पड़ती है, उभरे नयनों की जोत पसरती जा रही है और यह यशोधरा है, वैसे ही कमल नाल धारण किए त्रिभंग में खड़ी और यह दृश्य है महाभिनिष्क्रमण का—यशोधरा और राहुल निद्रा में खोए, गौतम दृढ़ निश्चय पर धड़कते हिया को सँभालते और यह नन्द है, अपनी पत्नी सुन्दरी का भेजा, द्वार पर आए बिना भिक्षा के लौटे भाई बुद्ध को लौटाने जो आया था और जिसे भिक्षु बन जाना पड़ा था। बार-बार वह भागने को होता है, बार-बार पकड़कर संघ में लौटा लिया जाता है। उधर फिर वह यशोधरा है बालक राहुल के साथ। बुद्ध आए हैं, पर बजाय पति की तरह आने के भिखारी की तरह आए हैं और भिक्षापात्र देहली में चढ़ा देते हैं, यशोधरा क्या दे, जब उसका स्वामी भिखारी बनकर आया है? क्या न दे डाले? पर है ही क्या अब उसके पास, उसकी मुकुटमणि सिद्धार्थ के खो जाने के बाद? सोना-चाँदी, मणि-मानिक, हीरा-मोती तो उस त्यागी जगत्राता के लिए मिट्टी के मोल नहीं। पर हाँ, है कुछ उसके पास—उसका बचा एकमात्र लाल—उसका राहुल और उसे ही वह अपने सरबस की तरह बुद्ध को दे डालती है।

और उधर वह बन्दरों का चित्र है, कितना सजीव कितना गतिमान। उधर सरोवर में जलविहार करता वह गजराज कमल-दण्ड तोड़-तोड़कर हथिनियों को दे रहा है। वहाँ महलों में वह प्यालों के दौर चल रहे हैं, उधर वह रानी अपनी जीवन-यात्रा समाप्त कर रही है, उसका दम टूटा जा रहा है। खाने-खिलाने, बसने-बसाने, नाचने-गाने, कहने-सुनने, वन-नगर, ऊँच-नीच, धनी-गरीब के जितने नजारे हो सकते हैं, सब आदमी अजन्ता की गुफाओं की इन दीवारों पर देख सकता है।

बुद्ध के इस जन्म की घटनाएँ तो इन चित्रित कथाओं में हैं ही, उनके पिछले जन्मों की कथाओं का भी इसमें चित्रण हुआ है। पिछले जन्म की ये कथाएँ 'जातक' कहलाती हैं। उनकी संख्या 555 है और इनका संग्रह 'जातक' नाम से प्रसिद्ध है, जिनका बौद्धों में बड़ा मान है। इन्हीं जातक कथाओं में से अनेक अजन्ता के चित्रों में विस्तार के साथ लिख दी गई हैं। इन पिछले जन्मों में बुद्ध ने गज, कपि, मृग आदि के रूप में विविध योनियों में जन्म लिया था और संसार के कल्याण के लिए दया और त्याग का आदर्श स्थापित करते हुए वे बलिदान हो गए थे। उन स्थितियों में किस प्रकार पशुओं तक ने मानवोचित व्यवहार किया था, किस प्रकार औचित्य का पालन किया था, यह सब उन चित्रों में असाधारण खूबी से दर्शाया गया है और उन्हीं को दर्शाते समय चितेरों ने अपनी जानकारी की गाँठ खोल दी है, जिससे नगरों और गाँवों, महलों और झोंपड़ियों, समुद्रों और पनघटों का संसार अजन्ता के उस पहाड़ी जंगल में उतर पड़ा है। और वह चित्रकारी इस खूबी से सम्पन्न हुई है कि देखते ही बनता है। जुलूस-के-जुलूस हाथी, घोड़े, दूसरे जानवर जैसे सहसा जीवित होकर अपने-अपने समझाए हुए काम जादूगर के इशारे पर सँभालने लग जाते हैं।

इन गुफाओं का निर्माण ईसा से करीब दो सौ साल पहले ही शुरू हो गया था और वे सातवीं सदी तक बनकर तैयार भी हो चुकी थीं। एक-दो गुफाओं में करीब दो हजार साल पुराने चित्र भी सुरक्षित हैं। पर अधिकतर चित्र भारतीय इतिहास के सुनहरे युग गुप्तकाल (पाँचवीं सदी) और चालुक्य काल (सातवीं सदी) के बीच बने। अजन्ता संसार की चित्रकलाओं में अपना अद्वितीय स्थान रखता है। प्राचीनकाल के इतने सजीव, इतने गतिमान बहुसंख्यक कथाप्राण चित्र कहीं नहीं बने। अजन्ता के चित्रों ने देश-विदेश सर्वत्र की चित्रकला को प्रभावित किया। उसका प्रभाव पूर्व के देशों की कला पर तो पड़ा ही, मध्य-पश्चिमी एशिया भी उसके कल्याणकर प्रभाव से वंचित न रह सका।

रामधारी सिंह 'दिनकर'

जीवन परिचय

रामधारी सिंह 'दिनकर' का जन्म वर्ष 1908 में बिहार के मुंगेर जिले के 'सिमरिया-घाट' नामक ग्राम में एक साधारण किसान परिवार में हुआ था। इनके पिता का नाम श्री रविसिंह तथा माता का नाम श्रीमती मनरूप देवी था। 'दिनकर' ने 'मोकामा-घाट' से मैट्रिक एवं पटना विश्वविद्यालय से बी.ए. (ऑनर्स) की शिक्षा पूर्ण की थी।

पारिवारिक परिस्थितियों के कारण इच्छा रहने के बाद भी ये आगे नहीं पढ़ सके। दिनकर जी ने बाल्यावस्था में ही अपनी साहित्य-सृजन की प्रतिभा का परिचय दिया था। मिडिल कक्षा में अध्ययनरत होते हुए, इन्होंने 'वीरबाला' नामक काव्य की रचना की तथा मैट्रिक में पढ़ते समय इनका 'प्राणभंग' काव्य प्रकाशित हो गया था। वर्ष 1928-29 में इन्होंने साहित्य-सृजन के क्षेत्र में विधिवत कदम रखा।

बी.ए. की परीक्षा पास करने के उपरान्त इन्होंने मोकामा-घाट के हाईस्कूल में प्रधानाध्यापक का कार्य भार सँभाला। वर्ष 1934 में इन्होंने बिहार के सरकारी विभाग में सब-रजिस्ट्रार की नौकरी की तथा वर्ष 1934 में ही ये ब्रिटिश सरकार के युद्ध प्रचार विभाग में उपनिदेशक नियुक्त किए गए। कुछ समय पश्चात् वर्ष 1950 में ये मुजफ्फरपुर कॉलेज में हिन्दी विभाग के अध्यक्ष नियुक्त किए गए।

वर्ष 1952 में भारत के राष्ट्रपति ने इन्हें राज्यसभा का सदस्य मनोनीत किया, जहाँ ये वर्ष 1962 तक रहे। कुछ समय तक ये भागलपुर विश्वविद्यालय के कुलपति भी रहे।

इसके पश्चात् भारत सरकार के गृहविभाग में ये एक लम्बे समय तक हिन्दी सलाहकार के रूप में हिन्दी के संवर्द्धन के लिए कार्यरत रहे। इन्होंने आकाशवाणी के निदेशक के रूप में भी कार्य किया। दिनकर जी की साहित्यिक प्रतिभा को सम्मान देने हेतु भारत के राष्ट्रपति ने वर्ष 1959 में इनको 'पद्मभूषण' की उपाधि से सम्मानित किया तथा वर्ष 1962 में भागलपुर विश्वविद्यालय ने इन्हें डी.लिट्. की मानद उपाधि प्रदान की। इन्हें साहित्य अकादमी पुरस्कार भी मिला। 'उर्वशी' काव्य रचना के लिए इन्हें वर्ष 1972 में एक लाख रुपये के भारतीय 'ज्ञानपीठ पुरस्कार' से सम्मानित किया गया। हिन्दी के ये महान साहित्यकार, हिन्दी साहित्य की सेवा करते हुए वर्ष 1974 में चेन्नई (तमिलनाडु) में इस संसार से विदा हो गए।

साहित्यिक परिचय

दिनकर जी का गद्य एवं पद्य दोनों ही विधाओं पर समान अधिकार था। इन्हें अपने देश एवं संस्कृति से अत्यन्त अनुराग था। इन्होंने संस्कृति, काव्य, समाज, जीवन आदि विषयों पर बहुत ही विशिष्ट लेख लिखे हैं। 'संस्कृति के चार अध्याय' एवं 'भारतीय संस्कृति की एकता' इनकी राष्ट्रीय भावनाओं पर आधारित सर्वश्रेष्ठ कृतियाँ हैं। 'संस्कृति के चार अध्याय' साहित्य अकादमी से पुरस्कृत है। राष्ट्रीय भावनाओं पर आधारित कविताएँ लिखने के कारण इन्हें 'राष्ट्रकवि' का सम्मान प्राप्त हुआ।

कृतियाँ

दिनकर जी का साहित्य हिन्दी साहित्य की अमूल्य निधि है। इनकी प्रमुख रचनाएँ निम्नलिखित हैं

1. **निबन्ध-संग्रह** 'मिट्टी की ओर', 'अर्द्धनारीश्वर', 'रेती के फूल', 'उजली आग', विवाह की मुसीबतें आदि।
2. **काव्य-ग्रन्थ** 'रेणुका', 'हुँकार', 'सामधेनी', 'रूपवन्ती', 'कुरुक्षेत्र', 'रश्मिरथी', 'उर्वशी', 'परशुराम की प्रतीक्षा', प्रणभंग, रसवन्ती आदि।
3. **संस्कृति-ग्रन्थ** 'संस्कृति के चार अध्याय', 'भारतीय संस्कृति की एकता', धर्म आदि।
4. **आलोचना-ग्रन्थ** 'शुद्ध कविता की खोज', काव्य की भूमिका, पन्त, प्रसाद और मैथिलीशरण।

भाषा

दिनकर जी की भाषा शुद्ध साहित्यिक, संस्कृतनिष्ठ खड़ीबोली है। इनकी भाषा में प्रवाह, ओज, सुबोधता एवं स्पष्टता सर्वत्र विद्यमान है। इनकी भाषा में देशज तथा तद्भव शब्दों के साथ-साथ मुहावरों व लोकोक्तियों का भी सहजता से प्रयोग हुआ है। कहीं-कहीं अंग्रेजी के प्रचलित शब्दों एवं उर्दू-फारसी की शब्दावली का मिश्रण भी बड़ा ही रमणीय है। इनकी भाषा सहज, स्वाभाविक व व्यावहारिक है।

शैली

भाषा की भाँति ही दिनकर जी की शैली भी व्यावहारिक है। इनकी रचनाओं में शैली के विवेचनात्मक, समीक्षात्मक, भावात्मक, सूक्तिपरक आदि रूप मिलते हैं।

हिंदी साहित्य में स्थान

दिनकर जी कवि ही नहीं, अपितु विशिष्ट गद्यकार भी थे। 'संस्कृति के चार अध्याय' और 'शुद्ध कविता की खोज' इनकी उत्कृष्ट गद्य-कृतियाँ हैं। इन्हीं कृतियों के द्वारा ये महान चिन्तक एवं गद्य लेखक की कोटि में प्रतिष्ठित हुए। राष्ट्रीय भावनाओं पर आधारित इनका साहित्य भारतीय साहित्य की अमूल्य धरोहर है। इनकी गणना विश्व के महान साहित्यकारों में होती है। छायावादोत्तर हिन्दी काव्यधारा के प्रमुख आलोचक, विचारक एवं कवि के रूप में दिनकर जी का अमूल्य स्थान है।

रामधारी सिंह 'दिनकर' द्वारा लिखित निबंध

ईर्ष्या, तू न गई मेरे मन से

मेरे घर के दाहिने एक वकील रहते हैं, जो खाने-पीने में अच्छे हैं, दोस्तों को भी खूब खिलाते हैं और सभा-सोसाइटियों में भी काफी भाग लेते हैं। बाल-बच्चों से भरा-पूरा परिवार, नौकर भी सुख देने वाले और पत्नी भी अत्यन्त मृदुभाषिणी। भला एक सुखी मनुष्य को और क्या चाहिए?

मगर वे सुखी नहीं हैं। उनके भीतर कौन-सा दाह है, इसे मैं भली-भाँति जानता हूँ। दरअसल, उनकी बगल में जो बीमा एजेण्ट हैं, उनके विभव की वृद्धि से वकील साहब का कलेजा जलता रहता है। वकील साहब को भगवान ने जो कुछ दे रखा है, वह उनके लिए काफी नहीं दिखता। वे इस चिन्ता में भुने जा रहे हैं कि काश, एजेण्ट की मोटर, उसकी मासिक आय और उसकी तड़क-भड़क मेरी भी हुई होती।

ईर्ष्या का यही अनोखा वरदान है। जिस मनुष्य के हृदय में ईर्ष्या घर बना लेती है, वह उन चीजों से आनन्द नहीं उठाता, जो उसके पास मौजूद हैं, बल्कि उन वस्तुओं से दुःख उठाता है, जो दूसरों के पास हैं। वह अपनी तुलना दूसरों के साथ करता है और इस तुलना में अपने पक्ष के सभी अभाव उसके हृदय पर दंश मारते रहते हैं। दंश के इस दाह को भोगना कोई अच्छी बात नहीं है। मगर ईर्ष्यालु मनुष्य करे भी तो क्या? आदत से लाचार होकर उसे यह वेदना भोगनी पड़ती है।

एक उपवन को पाकर भगवान को धन्यवाद देते हुए उसका आनन्द नहीं लेना और बराबर इस चिन्ता में निमग्न रहना कि इससे भी बड़ा उपवन क्यों नहीं मिला, एक ऐसा दोष है, जिससे ईर्ष्यालु व्यक्ति का चरित्र भी भयंकर हो उठता है। अपने अभाव पर दिन-रात सोचते-सोचते वह सृष्टि की प्रक्रिया को भूलकर विनाश में लग जाता है और अपनी उन्नति के लिए उद्यम करना छोड़कर वह दूसरों को हानि पहुँचाने को ही अपना श्रेष्ठ कर्त्तव्य समझने लगता है।

ईर्ष्या की बड़ी बेटी का नाम निन्दा है। जो व्यक्ति ईर्ष्यालु होता है, वही व्यक्ति बुरे किस्म का निन्दक भी होता है। दूसरों की निन्दा वह इसलिए करता है कि इस प्रकार, दूसरे लोग अथवा मित्रों की आँखों से गिर जाएँगे और तब जो स्थान रिक्त होगा, उस पर मैं अनायास ही बैठा दिया जाऊँगा।

मगर ऐसा न आज तक हुआ है और न आगे होगा। दूसरों को गिराने की कोशिश तो अपने को बढ़ाने की कोशिश नहीं कही जा सकती। एक बात और है कि संसार में कोई भी मनुष्य निन्दा से नहीं गिरता। उसके पतन का कारण अपने ही भीतर के सद्गुणों का ह्रास होता है। इसी प्रकार, कोई भी मनुष्य दूसरों की निन्दा करने से अपनी उन्नति नहीं कर सकता। उन्नति तो उसकी तभी होगी, जब वह अपने चरित्र को निर्मल बनाए तथा अपने गुणों का विकास करे।

ईर्ष्या का काम जलाना है, मगर सबसे पहले वह उसी को जलाती है, जिसके हृदय में उसका जन्म होता है। आप भी ऐसे बहुत-से लोगों को जानते होंगे, जो ईर्ष्या और द्वेष की साकार मूर्ति हैं और जो बराबर इस फिक्र में लगे रहते हैं कि कहाँ सुनने वाला मिले और अपने दिल का गुबार निकालने का मौका मिले। श्रोता मिलते ही उनका ग्रामोफोन बजने लगता है और वे बड़ी ही होशियारी के साथ एक-एक काण्ड इस ढंग से सुनाते हैं, मानो विश्व-कल्याण को छोड़कर उनका और कोई ध्येय नहीं हो। अगर जरा उनके अपने इतिहास को भी

देखिए और समझने की कोशिश कीजिए कि जब से उन्होंने इस सुकर्म का आरम्भ किया है, तब से वे अपने क्षेत्र में आगे बढ़े हैं या पीछे हटे हैं। यह भी कि अगर वे निन्दा करने में समय व शक्ति का अपव्यय नहीं करते, तो आज इनका स्थान कहाँ होता?

चिन्ता को लोग चिता कहते हैं। जिसे किसी प्रचण्ड चिन्ता ने पकड़ लिया है, उस बेचारे की जिन्दगी ही खराब हो जाती है, किन्तु ईर्ष्या शायद चिन्ता से भी बदतर चीज है, क्योंकि वह मनुष्य के मौलिक गुणों को ही कुण्ठित बना डालती है।

मृत्यु शायद फिर भी श्रेष्ठ है, बनिस्बत इसके कि हमें अपने गुणों को कुण्ठित बनाकर जीना पड़े। चिन्तादग्ध व्यक्ति समाज की दया का पात्र है, किन्तु ईर्ष्या से जला-भुना आदमी जहर की एक चलती-फिरती गठरी के समान है, जो हर जगह वायु को दूषित करती फिरती है।

ईर्ष्या मनुष्य का चारित्रिक दोष ही नहीं है, प्रत्युत् इससे मनुष्य के आनन्द में भी बाधा पड़ती है। जब भी मनुष्य के हृदय में ईर्ष्या का उदय होता है, सामने का सुख उसे मद्धिम-सा दिखने लगता है। पक्षियों के गीत में जादू नहीं रह जाता और फूल तो ऐसे हो जाते हैं, मानो वे देखने के योग्य ही न हों।

आप कहेंगे कि निन्दा के बाण से अपने प्रतिद्वन्द्वियों को बेधकर हँसने में एक आनन्द है और यह आनन्द ईर्ष्यालु व्यक्ति का सबसे बड़ा पुरस्कार है। मगर यह हँसी मनुष्य की नहीं, राक्षस की हँसी होती है और यह आनन्द भी दैत्यों का आनन्द होता है।

ईर्ष्या का सम्बन्ध प्रतिद्वन्द्विता से होता है, क्योंकि भिखमंगा करोड़पति से ईर्ष्या नहीं करता। यह एक ऐसी बात है, जो ईर्ष्या के पक्ष में भी पड़ सकती है, क्योंकि प्रतिद्वन्द्विता से भी मनुष्य का विकास होता है, किन्तु यदि आप संसारव्यापी सुयश चाहते हैं, तो आप रसेल के मतानुसार, शायद नेपोलियन से स्पर्द्धा करेंगे। मगर याद रखिए कि नेपोलियन भी सीजर से स्पर्द्धा करता था और सीजर, सिकन्दर से तथा सिकन्दर हरकुलिस से, जिस हरकुलिस के बारे में इतिहासकारों का यह मत है कि वह कभी पैदा ही नहीं हुआ।

ईर्ष्या का एक पक्ष सचमुच ही लाभदायक हो सकता है, जिसके अधीन हर आदमी, हर जाति और हर दल अपने को अपने प्रतिद्वन्द्वी का समकक्ष बनाना चाहता है, किन्तु यह तभी सम्भव है, जबकि ईर्ष्या से जो प्रेरणा आती हो, वह रचनात्मक हो। अक्सर तो ऐसा ही होता है कि ईर्ष्यालु व्यक्ति यह महसूस करता है कि कोई चीज है, जो उसके भीतर नहीं है, कोई वस्तु है, जो दूसरों के पास है, किन्तु वह यह नहीं समझ पाता कि इस वस्तु को प्राप्त कैसे करना चाहिए और गुस्से में आकर वह अपने किसी पड़ोसी, मित्र या समकालीन व्यक्ति को अपने से श्रेष्ठ मानकर उससे जलने लगता है, जबकि ये लोग भी अपने आपसे शायद वैसे ही असन्तुष्ट हों।

आपने यही देखा होगा कि शरीफ लोग यह सोचते हुए अपना सिर खुजलाया करते हैं कि फलाँ आदमी मुझसे जलता है, मैंने तो उसका कुछ नहीं बिगाड़ा और अमुक व्यक्ति इस कदर मेरी निन्दा में क्यों लगा हुआ है? सच तो यह है कि मैंने सबसे अधिक भलाई उसी की, की है।

ये सोचते हैं— मैं तो पाक-साफ हूँ, मुझमें किसी व्यक्ति के लिए दुर्भावना नहीं है, बल्कि अपने दुश्मनों की भी मैं भलाई ही सोचा करता हूँ। फिर ये लोग मेरे पीछे क्यों पड़े हुए हैं? मुझमें कौन-सा वह ऐब है, जिसे दूर करके मैं इन दोस्तों को चुप कर सकता हूँ?

ईश्वरचन्द्र विद्यासागर जब इस अनुभव से होकर गुजरे, तब उन्होंने एक सूत्र कहा 'तुम्हारी निन्दा वही करेगा, जिसकी तुमने भलाई की है।' और नीत्से जब इस कूचे से होकर निकला, तब उसने जोरों का एक ठहाका लगाया और कहा—'यार, ये तो बाजार की मक्खियाँ हैं, जो अकारण हमारे चारों ओर भिन-भिनाया करती हैं।'

ये सामने प्रशंसा और पीठ पीछे निन्दा किया करते हैं। हम इनके दिमाग में बैठे हुए हैं, ये मक्खियाँ हमें भूल नहीं सकतीं और चूँकि ये हमारे बारे में बहुत सोचा करती हैं, इसलिए ये हमसे डरती हैं और हम पर शंका भी करती हैं।

ये मक्खियाँ हमें सजा देती हैं हमारे गुणों के लिए। ये ऐब को तो माफ कर देंगी, क्योंकि बड़ों के ऐब को माफ करने में भी शान है, जिस शान का स्वाद लेने के लिए ये मक्खियाँ तरस रही हैं। जिनका चरित्र उन्नत है, जिनका हृदय निर्मल और विशाल है, वे कहते हैं—"इन बेचारों की बातों से क्या चिढ़ना? ये तो खुद ही छोटे हैं।"

मगर जिनका दिल छोटा और दृष्टि संकीर्ण है, वे मानते हैं कि 'जितनी भी बड़ी हस्तियाँ हैं, उनकी निन्दा ही ठीक है' और जब हम इनके प्रति उदारता और भलमनसाहत का व्यवहार करते हैं, तब भी ये यही समझते हैं कि हम उनसे घृणा कर रहे हैं और हम चाहे उनका जितना उपकार करें, बदले में हमें अपकार ही मिलेगा।

दरअसल, हम जो उनकी निन्दा का जवाब न देकर चुप्पी साधे रहते हैं, उसे भी वे हमारा अहंकार समझते हैं। खुशी तो उन्हें तभी हो सकती है, जब हम उनके धरातल पर उतरकर उनके छोटेपन के भागीदार बन जाए।

सभी अनुभवों को निचोड़कर नीत्से ने एक दूसरा सूत्र कहा—"आदमी में जो गुण महान समझे जाते हैं, उन्हीं के चलते लोग उससे जलते भी हैं।"

तो ईर्ष्यालु लोगों से बचने का क्या उपाय है? नीत्से कहता है कि 'बाजार की मक्खियों को छोड़कर एकान्त की ओर भागो, जो कुछ भी अमर तथा महान है, उसकी रचना और निर्माण बाजार तथा सुयश से दूर रहकर किया जाता है, जो लोग नए मूल्यों का निर्माण करने वाले हैं, वे बाजारों में नहीं बसते, वे शोहरत के पास भी नहीं रहते।' जहाँ बाजार की मक्खियाँ नहीं भिनकतीं, वह जगह एकान्त है।

यह तो हुआ ईर्ष्यालु लोगों से बचने का उपाय, किन्तु ईर्ष्या से आदमी कैसे बच सकता है?

ईर्ष्या से बचने का उपाय मानसिक अनुशासन है, जो व्यक्ति ईर्ष्यालु स्वभाव का है, उसे फालतू बातों के बारे में सोचने की आदत छोड़ देनी चाहिए। उसे यह भी पता लगाना चाहिए कि जिस अभाव के कारण वह ईर्ष्यालु बन गया है, उसकी पूर्ति का रचनात्मक तरीका क्या है? जिस दिन उसके भीतर यह जिज्ञासा जगेगी, उसी दिन से वह ईर्ष्या करना कम कर देगा।

पदुमलाल पुन्नालाल बख्शी

जीवन परिचय

द्विवेदी युग के प्रसिद्ध साहित्यकार श्री पदुमलाल पुन्नालाल बख्शी का जन्म 1894 ई. में छत्तीसगढ़ क्षेत्र के खैरागढ़ नामक स्थान पर हुआ था। पदुमलाल जी को 'मास्टर जी' के नाम से भी जाना जाता है। इनके पिता का नाम उमराव बख्शी तथा पितामह (दादा जी) का नाम पुन्नालाल बख्शी था। ये दोनों साहित्यानुरागी तथा काव्य रचनाकार थे। इनकी माता के हृदय में भी साहित्य के प्रति अनुराग था। इस प्रकार बख्शी जी का पालन-पोषण एवं शिक्षा-दीक्षा एक साहित्यिक परिवार में हुई थी। बनारस हिन्दू कॉलेज से बी.ए. की परीक्षा उत्तीर्ण करते ही इन्होंने पहले 'सरस्वती' और फिर अन्य पत्रिकाओं में भी अपनी रचनाएँ प्रकाशित करवाना शुरू कर दिया। इनकी प्रथम कहानी 'तारिणी' जबलपुर से प्रकाशित होने वाली हितकारिणी पत्रिका में वर्ष 1911 में प्रकाशित हुई।

तत्पश्चात् द्विवेदी जी के सम्पर्क में आने से इनकी रचनाएँ 'सरस्वती' पत्रिका में प्रकाशित होने लगीं। इनके लेखन-कौशल से प्रभावित होकर द्विवेदी जी 'सरस्वती' पत्रिका का सम्पादन कार्य इनके हाथों में सौंपकर निश्चिन्त हो गए। बख्शी जी ने कई वर्षों तक 'सरस्वती' का सम्पादन बड़ी कुशलता के साथ किया। 'सरस्वती' का सम्पादन कार्य छोड़ने के उपरान्त ये खैरागढ़ चले गए और शिक्षण कार्य करने लगे। कुछ वर्षों तक इन्होंने 'छाया' मासिक पत्रिका का भी सम्पादन बड़ी कुशलता से किया। इन्हें हिन्दी साहित्य सम्मेलन द्वारा वर्ष 1949 में 'साहित्य वाचस्पति' की उपाधि से अलंकृत किया गया। इसी प्रकार निरन्तर साहित्य की सेवा करते हुए यह महान रचनाकार वर्ष 1971 में इस दुनिया को छोड़कर चले गए।

साहित्यिक परिचय

पदुमलाल पुन्नालाल बख्शी द्विवेदी युग के प्रसिद्ध रचनाकार थे। इन्होंने साहित्य की अनेक विधाओं में महत्त्वपूर्ण रचनाएँ कीं और एक महान साहित्यकार के रूप में प्रसिद्धि प्राप्त की। बख्शी जी ने उच्चकोटि के समीक्षात्मक, विचारात्मक व आलोचनात्मक निबन्ध लिखे। बख्शी जी ने अपने निबन्धों में भारतीय एवं पाश्चात्य विचारधारा का तुलनात्मक वर्णन भी विशेष ढंग से किया है। इन्होंने छात्रों के लिए उपयोगी निबन्ध और भावप्रधान व मर्मस्पर्शी कहानियाँ भी लिखीं हैं। ये एक सफल सम्पादक और कुशल अनुवादक थे। इन्होंने अंग्रेजी और बांग्ला के कई नाटकों का भावपूर्ण अनुवाद भी किया।

कृतियाँ

बख्शी जी की रचनाएँ मौलिक एवं गम्भीर हैं। इन्होंने साहित्य, काव्य, नाटक, कला, आलोचना आदि से सम्बन्धित विषयों पर रचनाएँ कीं। इनके ग्रन्थों में मौलिक और गम्भीर ज्ञान की झलक मिलती है। बख्शी जी मुख्य रूप से ललित निबन्धों के लिए याद किए जाते हैं।

इनकी प्रमुख कृतियाँ निम्न प्रकार हैं

1. **निबन्ध-संग्रह** 'पंचपात्र', 'पंचरात्र', 'प्रबन्ध-पारिजात', 'कुछ यात्री', 'कुछ बिखरे पन्ने', 'पद्मवन', 'मेरा देश' आदि।
2. **आलोचना** 'विश्व-साहित्य', 'हिन्दी-साहित्य-विमर्श', 'हिन्दी-उपन्यास-साहित्य', 'हिन्दी-कहानी-साहित्य', प्रदीप आदि।

3. **कहानी-संग्रह** 'झलमला', 'अंजलि'।

4. **प्रायश्चित अनूदित** अन्नपूर्णा का मन्दिर (मौरिस मैटरलिंक के नाटक 'सिस्टर बीट्रिस' का अनुवाद), उन्मुक्ति का बन्धन (मौरिस मैटरलिंक के नाटक 'दी यूजलेस डेलिवरेंस' का अनुवाद)

5. **काव्य** 'शतदल', 'अश्रुदल', 'पंचपात्र'।

6. **उपन्यास** कथाचक्र, भोला (बाल उपन्यास), वे दिन (बाल उपन्यास)।

7. **आत्मकथा** संस्मरण-मेरी अपनी कथा, जिन्हें नहीं भूलूँगा, अन्तिम अध्याय।

8. **साहित्य समग्र** बख्शी ग्रन्थावली (आठ खण्डों में)।

भाषा

बख्शी जी की भाषा में रूखापन एवं जटिलता बिल्कुल नहीं थी। इनकी भाषा में कहीं-कहीं उर्दू के शब्द भी मिलते हैं; जैसे—ख़ता, ज़ोर आदि तथा कहीं-कहीं अंग्रेजी के व्यावहारिक शब्दों का भी प्रयोग मिलता है; जैसे—हैट, डॉक्टर, सर्जरी आदि। इन्होंने मुख्यत: संस्कृत शब्दावली का अधिक प्रयोग किया है। इन शब्दों के माध्यम से इनकी भाषा में सरलता एवं प्रवाहमयता में वृद्धि हुई है। इनकी भाषा शुद्ध साहित्यिक खड़ीबोली है।

शैली

बख्शी जी की रचनाओं में भावात्मक शैली, व्याख्यात्मक शैली तथा विचारात्मक शैली का प्रयोग मिलता है, जिससे उनके निबन्धों में उत्कृष्टता का प्रतिपादन हुआ है।

हिंदी साहित्य में योगदान

साहित्य-साधना के पथ पर बख्शी जी मौन तपस्वी की तरह निरन्तर कार्यरत रहे। बख्शी जी एक सफल आलोचक, श्रेष्ठ कहानीकार और विशिष्ट निबन्धकार थे। इन्होंने अनेकानेक महत्त्वपूर्ण ग्रन्थों की रचनाएँ भी कीं। बख्शी जी की गणना एक शिष्ट हास्य-व्यंग्यकार और कुशल आलोचक के रूप में हमेशा होती रहेगी।

पदुमलाल पुन्नालाल बख्शी द्वारा लिखित निबंध

क्या लिखूँ?

मुझे आज लिखना ही पड़ेगा। अंग्रेजी के प्रसिद्ध निबन्ध लेखक ए.जी. गार्डिनर का कथन है कि लिखने की एक विशेष मानसिक स्थिति होती है। उस समय मन में कुछ ऐसी उमंग-सी उठती है, हृदय में कुछ ऐसी स्फूर्ति-सी आती है, मस्तिष्क में कुछ ऐसा आवेग-सा उत्पन्न होता है कि लेख लिखना ही पड़ता है। उस समय विषय की चिन्ता नहीं रहती। कोई भी विषय हो, उसमें हम अपने हृदय के आवेग को भर ही देते हैं। हैट टाँगने के लिए कोई भी खूँटी काम दे सकती है। उसी तरह अपने मनोभावों को व्यक्त करने के लिए कोई भी विषय उपयुक्त है। असली वस्तु है हैट, खूँटी नहीं। इसी तरह मन के भाव ही तो यथार्थ वस्तु हैं, विषय नहीं।

गार्डिनर साहब के इस कथन की यथार्थता में मुझे सन्देह नहीं, पर मेरे लिए कठिनता यह है कि मैंने उस मानसिक स्थिति का अनुभव ही नहीं किया है, जिसमें भाव अपने-आप उत्थित हो जाते हैं। मुझे तो सोचना पड़ता है, चिन्ता करनी पड़ती है, परिश्रम करना पड़ता है, तब कहीं मैं एक निबन्ध लिख सकता हूँ। आज तो मुझे विशेष परिश्रम करना पड़ेगा, क्योंकि मुझे कोई साधारण निबन्ध नहीं लिखना है। आज मुझे नमिता और अमिता के लिए आदर्श निबन्ध लिखना होगा। नमिता का आदेश है कि मैं "दूर के ढोल सुहावने होते हैं" इस विषय पर लिखूँ। अमिता का आग्रह है कि मैं 'समाज-सुधार' पर लिखूँ। ये दोनों ही विषय परीक्षा में आ चुके हैं और इन दोनों पर आदर्श निबन्ध लिखकर मुझे उन दोनों को निबन्ध-रचना का रहस्य समझाना पड़ेगा।

दूर के ढोल सुहावने अवश्य होते हैं, पर क्या वे इतने सुहावने होते हैं कि उन पर पाँच पेज लिखे जा सकें? इसी प्रकार समाज-सुधार की चर्चा अनादि काल से लेकर आज तक होती आ रही है और जिसके सम्बन्ध में बड़े-बड़े विज्ञों में भी विरोध है, उसको मैं पाँच पेज में कैसे लिख दूँ? मैंने सोचा कि सबसे पहले निबन्धशास्त्र के आचार्यों की सम्मति जान लूँ। पहले यह तो समझ लूँ कि आदर्श निबन्ध है क्या और वह कैसे लिखा जाता है; तब फिर मैं भविष्य की चिन्ता करूँगा। इसलिए मैंने निबन्धशास्त्र के कई आचार्यों की रचनाएँ देखीं।

एक विद्वान का कथन है कि निबन्ध छोटा होना चाहिए। छोटा निबन्ध बड़े की अपेक्षा अधिक अच्छा होता है, क्योंकि बड़े निबन्ध में रचना की सुन्दरता नहीं बनी रह सकती। इस कथन को मान लेने में ही मेरा लाभ है। मुझे छोटा ही निबन्ध लिखना है, बड़ा नहीं। पर लिखूँ कैसे? निबन्धशास्त्र के उन्हीं आचार्य महोदय का कथन है कि निबन्ध के दो प्रधान अंग हैं— सामग्री और शैली।

पहले तो मुझे सामग्री एकत्र करनी होगी, विचार-समूह संचित करना होगा। इसके लिए मुझे मनन करना चाहिए। यह तो सच है कि जिसने जिस विषय का अच्छा अध्ययन किया है, उसके मस्तिष्क में उस विषय के विचार आते हैं। पर यह कौन जानता था कि 'दूर के ढोल सुहावने' पर भी निबन्ध लिखने की आवश्यकता होगी। यदि यह बात पहले ज्ञात होती, तो पुस्तकालय में जाकर इस विषय का अनुसन्धान कर लेता, पर अब समय नहीं। मुझे तो यहीं बैठकर दो घण्टों में दो निबन्ध तैयार कर देने होंगे। यहाँ न तो विश्वकोश है और न कोई ऐसा ग्रन्थ, जिनमें इन विषयों की सामग्री उपलब्ध हो सके। अब तो मुझे अपने ही ज्ञान पर विश्वास करके लिखना होगा।

विज्ञों का कथन है कि निबन्ध लिखने के पहले उसकी रूपरेखा बना लेनी चाहिए। अतएव सबसे पहले मुझे 'दूर के ढोल सुहावने' की रूपरेखा बनानी है। मैं सोच ही नहीं सकता कि इस विषय की कैसी रूपरेखा है। निबन्ध लिख लेने के बाद मैं उसका सारांश कुछ ही वाक्यों में भले ही लिख दूँ, पर निबन्ध लिखने के पहले उसका सार दस-पाँच शब्दों में कैसे लिखा जाए? क्या सचमुच हिन्दी के सब विज्ञ लेखक पहले से अपने-अपने निबन्धों के लिए रूपरेखा तैयार कर लेते हैं? ए.जी. गार्डिनर को तो अपने लेखों का शीर्षक बनाने में ही सबसे अधिक कठिनाई होती है। उन्होंने लिखा है कि मैं लेख लिखता हूँ और शीर्षक देने का भार मैं अपने मित्र पर छोड़ देता हूँ। उन्होंने यह भी लिखा है कि शेक्सपीयर को भी नाटक लिखने में उतनी कठिनाई न हुई होगी, जितनी कठिनाई नाटकों के नामकरण में हुई होगी। तभी तो घबराकर नाम न रख सकने के कारण उन्होंने अपने एक नाटक का नाम रखा 'जैसा तुम चाहो'। इसलिए मुझसे तो यह रूपरेखा तैयार न होगी।

अब मुझे शैली निश्चित करनी है। आचार्य महोदय का कथन है कि भाषा में प्रवाह होना चाहिए। इसके लिए वाक्य छोटे-छोटे हों, पर एक-दूसरे से सम्बद्ध हों। यह तो बिल्कुल ठीक है। मैं छोटे-छोटे वाक्य अच्छी तरह लिख सकता हूँ। पर मैं हूँ मास्टर। कहीं नमिता और अमिता यह न समझ बैठें कि मैं यह निबन्ध बहुत मोटी अक्ल वालों के लिए लिख रहा हूँ। अपनी विद्वत्ता का प्रदर्शन करने के लिए, अपना गौरव स्थापित करने के लिए यह आवश्यक है कि वाक्य कम-से-कम आधे पृष्ठ में तो समाप्त हों। बाणभट्ट ने 'कादम्बरी' में ऐसे ही वाक्य लिखे हैं। वाक्यों में कुछ अस्पष्टता भी चाहिए, क्योंकि यह अस्पष्टता या दुर्बोधता गाम्भीर्य ला देती है। इसलिए संस्कृत के प्रसिद्ध कवि श्रीहर्ष ने जान-बूझकर अपने काव्य में ऐसी गुत्थियाँ डाल दी हैं, जो अज्ञों से न सुलझ सकें और सेनापति ने भी अपनी कविता मूढ़ों के लिए दुर्बोध कर दी है। तभी तो अलंकारों, मुहावरों और लोकोक्तियों का समावेश भी निबन्धों के लिए आवश्यक बताया जाता है। तब क्या किया जाए?

अंग्रेजी के निबन्धकारों ने एक दूसरी पद्धति को अपनाया है। उनके निबन्ध इन आचार्यों की कसौटी पर भले ही खरे सिद्ध न हों, पर अंग्रेजी साहित्य में उनका मान अवश्य है। उस पद्धति के जन्मदाता 'मानटेन' समझे जाते हैं। उन्होंने स्वयं जो कुछ देखा, सुना और अनुभव किया, उसी को अपने निबन्धों में लिपिबद्ध कर दिया। पाश्चात्य साहित्य में ऐसे निबन्धों का विकास आधुनिक युग में हुआ है। आख्यायिका की तरह यह निबन्ध कला आधुनिक युग की रचना है। ऐसे निबन्धों की सबसे बड़ी विशेषता यह है कि वे मन की स्वच्छन्द रचनाएँ हैं। उनमें न कवि की उदात्त कल्पना रहती है, न आख्यायिका-लेखक की सुक्ष्म दृष्टि और न विज्ञों की गम्भीर तर्कपूर्ण विवेचना। उनमें लेखक की सच्ची अनुभूति रहती है। उनमें उसके सच्चे भावों की सच्ची अभिव्यक्ति होती है, उनमें उसका उल्लास रहता है। कवि उच्च मार्ग से प्रेरित होकर काव्य की रचना करते हैं, विज्ञ ज्ञन की कसौटी पर सत्य की परीक्षा कर प्रबन्ध लिखते हैं। आख्यायिका लेखक कल्पना के द्वारा मनुष्य-जीवन का रहस्य प्रत्यक्ष कराने के लिए चरित्र-वैचित्र्य और घटना-वैचित्र्य की सृष्टि करते हैं। ये निबन्ध तो उस मानसिक स्थिति में लिखे जाते हैं, जिसमें न ज्ञान की गरिमा रहती है और न कल्पना की महिमा, जिसमें हम संसार को अपनी ही दृष्टि से देखते हैं और अपने ही भाव से ग्रहण करते हैं। तब इसी पद्धति का अनुसरण कर मैं भी क्यों न निबन्ध लिखूँ। पर मुझे तो दो निबन्ध लिखने होंगे।

मुझे अमीर खुसरो की एक कहानी याद आई। एक बार प्यास लगने पर वे एक कुएँ के पास पहुँचे। वहाँ चार औरतें पानी भर रही थीं। पानी माँगने पर पहले उनमें से एक ने खीर पर कविता सुनने की इच्छा प्रकट की, दूसरी ने चर्खे पर, तीसरी ने कुत्ते पर और चौथी ने ढोल पर। अमीर खुसरो प्रतिभावान थे, उन्होंने एक ही पद्य में चारों की इच्छाओं की पूर्ति कर दी।
उन्होंने कहा

खीर पकाई जतन से, चर्खा दिया चला।
आया कुत्ता खा गया, तू बैठी ढोल बजा।।

मुझमें खुसरो की प्रतिभा नहीं है, पर उनकी इस पद्धति को स्वीकार करने से मेरी कठिनाई आधी रह जाती है। मैं भी एक निबन्ध में इन दोनों विषयों का समावेश कर दूँगा। एक ही ढेले से दो चिड़ियाँ मार लूँगा।

दूर के ढोल सुहावने होते हैं, क्योंकि उनकी कर्कशता दूर तक नहीं पहुँचती। जब ढोल के पास बैठे हुए लोगों के कान के पर्दे फटते रहते हैं, तब दूर किसी नदी के तट पर सन्ध्या समय, किसी दूसरे के कान में वही शब्द मधुरता का संचार कर देते हैं। ढोल के उन्हीं शब्दों को सुनकर वह अपने हृदय में किसी के विवाहोत्सव का चित्र अंकित कर लेता है। कोलाहल से पूर्ण घर के एक कोने में बैठी हुई किसी लज्जाशीला नव-वधू की कल्पना वह अपने मन में कर लेता है। उस नव-वधू के प्रेम, उल्लास, संकोच,

आशंका और विषाद से युक्त हृदय के कम्पन ढोल की कर्कश ध्वनि को मधुर बना देते हैं। सच तो यह है कि ढोल की ध्वनि के साथ आनन्द का कलरव, उत्सव व प्रमोद और प्रेम का संगीत ये तीनों मिले रहते हैं। तभी उसकी कर्कशता समीपस्थ लोगों को भी कटु नहीं प्रतीत होती और दूरस्थ लोगों के लिए तो वह अत्यन्त मधुर बन जाती है।

जो तरुण संसार के जीवन-संग्राम से दूर हैं, उन्हें संसार का चित्र बड़ा ही मनमोहक प्रतीत होता है, जो वृद्ध हो गए हैं, जो अपनी बाल्यावस्था और तरुणावस्था से दूर हट आए हैं, उन्हें अपने अतीतकाल की स्मृति बड़ी सुखद लगती है। वे अतीत का ही स्वप्न देखते हैं। तरुणों के लिए जैसे भविष्य उज्ज्वल होता है, वैसे ही वृद्धों के लिए अतीत। वर्तमान से दोनों को असन्तोष होता है। तरुण भविष्य को वर्तमान में लाना चाहते हैं और वृद्ध अतीत को खींचकर वर्तमान में देखना चाहते हैं। तरुण क्रान्ति के समर्थक होते हैं और वृद्ध अतीत गौरव के संरक्षक। इन्हीं दोनों के कारण वर्तमान सदैव क्षुब्ध रहता है और इसी से वर्तमान काल सदैव सुधारों का काल बना रहता है।

मनुष्य जाति के इतिहास में कोई ऐसा काल ही नहीं हुआ, जब सुधारों की आवश्यकता न हुई हो। तभी तो आज तक कितने ही सुधारक हो गए हैं, पर सुधारों का अन्त कब हुआ ? भारत के इतिहास में बुद्धदेव, महावीर स्वामी, नागार्जुन, शंकराचार्य, कबीर, नानक, राजा राममोहन राय, स्वामी दयानन्द और महात्मा गाँधी में ही सुधारकों की गणना समाप्त नहीं होती। सुधारकों का दल नगर-नगर और गाँव-गाँव में होता है। यह सच है कि जीवन में नए-नए दोष उत्पन्न होते जाते हैं और नए-नए सुधार हो जाते हैं। न दोषों का अन्त है और न सुधारों का। जो कभी सुधार थे, वही आज दोष हो गए हैं और उन सुधारों का फिर नव सुधार किया जाता है। तभी तो यह जीवन प्रगतिशील माना गया है।

हिन्दी में प्रगतिशील साहित्य का निर्माण हो रहा है। उसके निर्माता यह समझ रहे हैं कि उनके साहित्य में भविष्य का गौरव निहित है। पर कुछ ही समय के बाद उनका यह साहित्य भी अतीत का स्मारक हो जाएगा और आज जो तरुण हैं, वही वृद्ध होकर अतीत के गौरव का स्वप्न देखेंगे। उनके स्थान में तरुणों का फिर दूसरा दल आ जाएगा, जो भविष्य का स्वप्न देखेगा। दोनों के ही स्वप्न सुखद होते हैं, क्योंकि दूर के ढोल सुहावने होते हैं।

जयप्रकाश भारती

जीवन परिचय

जयप्रकाश भारती जी का जन्म 2 जनवरी, 1936 में उत्तर प्रदेश के प्रमुख नगर मेरठ में हुआ था। इनके पिता श्री रघुनाथ सहाय मेरठ के प्रसिद्ध एडवोकेट तथा कांग्रेस के सक्रिय कार्यकर्ता थे। भारती जी ने मेरठ से ही बी. एस. सी. तक की शिक्षा ग्रहण की। छात्र-जीवन से ही इन्होंने अपने पिता को अनेक प्रकार की सामाजिक गतिविधियों में भागीदार बनते हुए देखा। अपने पिता से प्रभावित होकर साक्षरता के प्रसार में इन्होंने उल्लेखनीय योगदान दिया तथा अनेक वर्षों तक मेरठ में 'नि:शुल्क प्रौढ़ रात्रि पाठशाला' का संचालन किया। जयप्रकाश भारती लेखन एवं पत्रकारिता दोनों ही क्षेत्रों में विशिष्ट ख्याति अर्जित कर चुके थे। हिन्दी की साहित्यिक शैली में विविध वैज्ञानिक लेखों को प्रस्तुत करने में इन्हें विशिष्ट सफलता एवं यश की प्राप्ति हुई है। हिन्दी साहित्य का यह महान साहित्यकार 69 वर्ष की आयु में 5 फरवरी, 2005 को इस संसार से विदा हो गया।

साहित्यिक परिचय

भारती जी की विशेष रुचि सम्पादन कार्यों में थी। इन्होंने सम्पादन के क्षेत्र में 'सम्पादन कला विशारद' की उपाधि प्राप्त करके 'दैनिक प्रभात', जो मेरठ से प्रकाशित होता था तथा दिल्ली से प्रकाशित 'नवभारत टाइम्स' से पत्रकारिता का व्यावहारिक प्रशिक्षण प्राप्त किया। ये दिल्ली से प्रकाशित होने वाली 'साप्ताहिक हिन्दुस्तान' पत्रिका के सह-सम्पादक तथा प्रसिद्ध बाल-पत्रिका 'नन्दन' के अनेक वर्षों तक सम्पादक भी रहे। इन्होंने 'नन्दन' पत्रिका का सम्पादन कार्य वर्ष 2004 तक (31 वर्षों तक) किया। भारती जी ने सौ से अधिक पुस्तकों की रचना तथा सम्पादन किया है।

बालकों एवं किशोरों के ज्ञानवर्द्धन के लिए इन्होंने नैतिक, सामाजिक एवं वैज्ञानिक विषयों पर लेखनी चलाकर बाल-साहित्य को समृद्ध बनाया। इसीलिए इन्हें 'बाल-साहित्य रचनाकार' भी कहा जाता है। वस्तुतः इन्हें विज्ञान-विषयक साहित्य के प्रणेता के रूप में स्वीकार किया जाता है।

कृतियाँ

भारती जी की अनेकानेक पुस्तकें यूनेस्को एवं भारत सरकार के द्वारा पुरस्कृत की गई हैं। इनकी कृतियाँ इस प्रकार हैं

1. **मौलिक रचनाएँ** 'हिमालय की पुकार', 'अनन्त आकाश', 'अथाह सागर', 'विज्ञान की विभूतियाँ', 'देश हमारा-देश हमारा', 'चलो, चाँद पर चलें', 'सरदार भगत सिंह', 'हमारे गौरव के प्रतीक', 'अस्त्र-शस्त्र: आदिम युग से अणु युग तक', 'उनका बचपन यूँ बीता', 'ऐसे थे हमारे बापू', 'लोकमान्य तिलक', 'बर्फ की गुड़िया', 'संयुक्त राष्ट्र संघ', 'भारत का संविधान', 'दुनिया रंग-बिरंगी' आदि।
2. **सम्पादित रचनाएँ** 'भारत की प्रतिनिधि लोक कथाएँ' तथा किरणमाला (तीन भागों में) एवं 'नन्दन' (बाल-पत्रिका)।

भाषा

भारती जी की भाषा स्वाभाविक रूप से सरल है। इन्होंने अधिकांशत: बाल-साहित्य की रचना की है। अत: इनकी रचनाओं की भाषा सरल व बालोपयोगी है तथा इनकी शैली रमणीय है। आवश्यकता के अनुसार विज्ञान की पारिभाषिक शब्दावली का प्रयोग भी इनके लेखों में मिलता है। फिर भी इन्होंने अपनी भाषा में कहीं भी जटिलता का समावेश नहीं होने दिया।

शैली

जयप्रकाश भारती जी की लेखन शैली रोचक है। इन्होंने मुख्य रूप से अपनी रचनाओं में वर्णनात्मक शैली, चित्रात्मक शैली तथा भावात्मक शैली का प्रयोग किया है।

हिंदी साहित्य में स्थान

भारती जी विशेष रूप से बाल-साहित्य एवं वैज्ञानिक लेखों के क्षेत्र में प्रसिद्ध हुए हैं। वैज्ञानिक विषयों को इन्होंने हिन्दी में प्रस्तुत किया है तथा उन्हें सरल, रोचक एवं चित्रात्मक बनाया है। इसके अलावा इन्होंने लेख, कहानियाँ व रिपोर्ताज आदि क्षेत्रों में भी हिन्दी साहित्य को समृद्ध किया तथा हिन्दी साहित्यकारों का मार्गदर्शन किया। हिन्दी साहित्य सदैव इनका ऋणी रहेगा।

जयप्रकाश भारती द्वारा लिखित निबंध

पानी में चंदा और चाँद में आदमी

दुनिया के सभी भागों में स्त्री-पुरुष और बच्चे रेडियो से कान सटाए बैठे थे, जिनके पास टेलीविजन थे, वे उसके पर्दे पर आँखें गड़ाए थे। मानवता के सम्पूर्ण इतिहास की सर्वाधिक रोमांचक घटना के एक-एक क्षण के वे भागीदार बन रहे थे—उत्सुकता और कुतूहल के कारण अपने अस्तित्व से ही बिल्कुल बेखबर हो गए थे। युग—युग से किस देश और जाति ने चन्द्रमा पर पहुँचने के सपने नहीं सँजोए—आज इस धरा के ही दो मानव उन सपनों को सच कर दिखाने के लिए कृत-संकल्प थे।

सोमवार 21 जुलाई, 1969 को बहुत सबेरे ईगल नामक चन्द्रयान नील आर्मस्ट्रांग और एडविन एल्ड्रिन को लेकर चन्द्रतल पर उतर गया। चन्द्रयान धूल उड़ाता हुआ चन्द्रमा के जलविहीन 'शान्ति सागर' में उतरा। भारतीय समय के अनुसार एक बजकर, सैंतालीस मिनट पर किसी अन्य ग्रह पर मानव पहली बार पहुँचा। असीम अन्तरिक्ष को चीरते हुए पृथ्वी से चार लाख किलोमीटर दूर चन्द्रमा पर पहुँचने में मानव को 102 घण्टे, 45 मिनट और 42 सेकण्ड का समय लगा।

अपोलो-11 को केप केनेडी से बुधवार 16 जुलाई, 1969 को छोड़ा गया था। इसमें तीन यात्री थे—कमाण्डर नील आर्मस्ट्रांग, माइकल कालिन्स और एडविन एल्ड्रिन। चन्द्रमा की कक्षा में चन्द्रयान मूल यान कोलम्बिया से अलग हो गया और फिर चन्द्रतल पर उतर गया, उस समय माइकल कालिन्स मूल यान में 96 किलोमीटर की ऊँचाई पर निरन्तर चन्द्रमा की परिक्रमा कर रहे थे।

नील आर्मस्ट्रांग ने चन्द्रतल से पृथ्वी का वर्णन करते हुए कहा कि यह बहुत बड़ी चमकीली और सुन्दर (बिग ब्राइट एण्ड ब्यूटीफुल) दिखाई दे रही है। एल्ड्रिन ने भाव-विभोर होकर कहा—सुन्दर दृश्य है, सब कुछ सुन्दर है। उसने कहा कि जहाँ हम उतरे हैं, उससे कुछ ही दूरी पर हमने बैंगनी रंग की चट्टान देखी है। चन्द्रमा की मिट्टी और चट्टानें सूर्य की रोशनी में चमक रही हैं। यही एक भव्य एकान्त स्थान है।

चन्द्रयान ठीक स्थिति में है, यह निरीक्षण करके, कुछ खा-पीकर और सुस्ता लेने के बाद नील आर्मस्ट्रांग चन्द्रयान से बाहर निकले। चन्द्रयान की सीढ़ियों से धीरे-धीरे वह नीचे उतरे। उन्होंने अपना बायाँ पाँव चन्द्रतल पर रखा, जबकि दायाँ पाँव चन्द्रयान पर ही रहा। इस बीच आर्मस्ट्रांग दोनों हाथ से चन्द्रयान को अच्छी तरह पकड़े रहे। उन्हें यह तय कर लेना था कि वैज्ञानिक चन्द्रतल को जैसा समझते रहे हैं, वह उससे एकदम भिन्न तो नहीं है। आश्वस्त होने के बाद, वह यान के आस-पास ही कुछ कदम चले। चन्द्रतल पर पाँव रखते हुए उन्होंने कहा—''यद्यपि यह मानव का छोटा-सा कदम है, लेकिन मानवता के लिए बहुत ही ऊँची छलाँग है।''

अभी तक एल्ड्रिन भले ही भीतर बैठा हो, लेकिन वह निष्क्रिय नहीं था। उसने मूवी कैमरे से आर्मस्ट्रांग के चित्र लेने शुरू कर दिए थे। बीस मिनट बाद ही एडविन एल्ड्रिन भी चन्द्रयान से बाहर निकले। उन्होंने भी चन्द्रतल पर चलकर देखा। तब तक आर्मस्ट्रांग चन्द्रधूल का एक तात्कालिक नमूना जेब में रख चुके थे। अब उन्होंने टेलीविजन कैमरे को त्रिपाद पर जमा दिया।

अरबों डॉलर खर्च करके मानव चन्द्रतल पर पहुँचा था, उसे अपने सीमित समय में एक-एक क्षण का उपयोग करना था। दोनों चन्द्र-विजेताओं को चन्द्रमा की चट्टानों तथा मिट्टी के नमूने लेने थे। कई तरह के उपकरण भी वहाँ स्थापित करने थे, जो बाद में भी पृथ्वी पर वैज्ञानिक जानकारी भेजते रहे सकें।

इन चन्द्र-विजेताओं ने चन्द्रतल पर भूकम्पमापी यन्त्र स्थापित किया और लेसर परावर्तक रखा। इन्होंने एक धातु-फलक, जिन पर तीनों यात्रियों और अमेरिकी राष्ट्रपति निक्सन के हस्ताक्षर थे, वहाँ रखा। धातु-फलक पर खुदे शब्दों को आर्मस्ट्रांग ने जोर से पढ़ा—''जुलाई, 1969 में पृथ्वी ग्रह के मानव चन्द्रमा के इस स्थान पर उतरे। हम यहाँ सारी मानव जाति के लिए शान्ति की कामना लेकर आए।''

दोनों चन्द्र-यात्रियों ने अमेरिकी ध्वज चन्द्रतल पर फहरा दिया। वायु न होने के कारण इस ध्वज को इस तरह बनाया गया था कि स्प्रिंग की सहायता से यह फैला हुआ ही रहे। विभिन्न राष्ट्रध्वजों के सन्देशों की माइक्रो फिल्म भी उन्होंने चन्द्रतल पर छोड़ दी। दो रूसी अन्तरिक्ष यात्रियों (यूरी गागरिन और एम. के. मोरोव) को मरणोपरान्त दिए पदक और तीन अमेरिकी अन्तरिक्ष यात्रियों (ग्रिसम, ह्वाट और शैफी) को दिए गए पदकों की अनुकृतियाँ वहाँ रखीं।

अपने व्यस्त कार्यक्रम को पूरा करने में चन्द्र-यात्रियों को थकान हो जानी स्वाभाविक थी, लेकिन फिर भी वे बड़े प्रसन्न थे। आरम्भ में वे बड़ी सावधानी के साथ एक-एक कदम रख रहे थे, लेकिन बाद में वे कंगारुओं की तरह उछल-उछलकर चलते देखे गए।

मानव को चन्द्रमा पर उतारने का यह सर्वप्रथम प्रयास होते हुए भी असाधारण रूप से सफल रहा, यद्यपि हर क्षण, हर पग पर खतरे थे। चन्द्रतल पर मानव के पाँव के निशान, उसके द्वारा वैज्ञानिक तथा तकनीकी क्षेत्र में की गई असाधारण प्रगति के प्रतीक हैं। जिस क्षण डगमग-डगमग करते मानव के पग उस धूलि-धूसरित अनछुई सतह पर पड़े, तो मानो वह हजारों-लाखों साल से पालित-पोषित सैकड़ों अन्धविश्वासों तथा कपोल कल्पनाओं पर पद-प्रहार ही हुआ। कवियों की कल्पना के सलोने चाँद को वैज्ञानिकों ने बदसूरत और जीवनहीन करार दे दिया—भला अब चन्द्रमुखी कहलाना किसे रुचिकर लगेगा।

हमारे देश में ही नहीं, संसार की प्रत्येक जाति ने अपनी भाषा में चन्द्रमा के बारे में कहानियाँ गढ़ी हैं और कवियों ने कविताएँ रची हैं। किसी ने उसे रजनीपति माना, तो किसी ने उसे रात्रि की देवी कहकर पुकारा। किसी विरहिणी ने उसे अपना दूत बनाया, तो किसी ने उसके पीलेपन से क्षुब्ध होकर उसे बूढ़ा और बीमार ही समझ लिया। बालक श्रीराम चन्द्रमा को खिलौना समझकर उसके लिए मचलते हैं, तो सूर के श्रीकृष्ण भी उसके लिए हठ करते हैं। बालक को शान्त करने के लिए एक ही उपाय था—चन्द्रमा की छवि को पानी में दिखा देना, लेकिन मानव की प्रगति का चक्र कितना घूम गया है। इस लम्बी विकास-यात्रा को श्रीमती महादेवी वर्मा ने एक ही वाक्य में बाँध दिया है— ''पहले पानी में चन्दा को उतारा जाता था और आज चाँद पर मानव पहुँच गया है।''

मानव मन सदा से ही अज्ञात के रहस्यों को खोलने और जानने-समझने को उत्सुक रहा है। जहाँ तक वह नहीं पहुँच सकता था, वहाँ वह कल्पना के पंखों पर उड़कर पहुँचा। उसकी अनगढ़ और अविश्वसनीय कथाएँ उसे सत्य के निकट पहुँचाने में प्रेरणा-शक्ति का काम करती रहीं।

अन्तरिक्ष युग का सूत्रपात 4 अक्टूबर, 1957 को हुआ था, जब सोवियत रूस ने अपना पहला स्पूतनिक छोड़ा। प्रथम अन्तरिक्ष यात्री बनने का गौरव यूरी गागरिन को प्राप्त हुआ। अन्तरिक्ष युग के आरम्भ के ठीक 11 वर्ष 9 मास 17 दिन बाद चन्द्रतल पर मानव उतर गया।

दिसम्बर, 1968 में पहली बार अपोलो-8 के तीनों अन्तरिक्ष-यात्री चन्द्रमा के पड़ोस तक पहुँचे थे। बीच की अवधि में रूस और अमेरिका दोनों ही देशों ने अनेक अन्तरिक्ष यान छोड़े। इनमें कुछ स-मानव यान थे और कुछ मानव-रहित। इसे मानव का साहस कहें या दुस्साहस कि उसने अन्तरिक्ष में पहुँचकर यान से बाहर निकल अनन्त अन्तरिक्ष में विचरण भी शुरू कर दिया। अन्तरिक्ष में परिक्रमा करते दो यानों को जोड़ने और एक यान से दूसरे यान में यात्रियों के चले जाने के चमत्कारी करतब भी किए गए। अपोलो-11 द्वारा चन्द्रविजय से पूर्व मानो—अपोलो-10 के द्वारा इस नाटक का पूर्वाभिनय ही किया गया था। इसके तीन यात्री अन्तरिक्ष यान को चन्द्रमा की कक्षा में ले गए थे। एक यात्री मूल यान को कक्षा में घुमा रहा था और अन्य दो यात्री चन्द्रयान में बैठकर उसे चन्द्रमा से केवल 9 मील की दूरी तक ले गए थे। इन्होंने चन्द्र-विजेताओं के उतरने के सम्भावित स्थल का अध्ययन किया और अनेक चित्र खींचे थे। चन्द्रयान को मूल यान से जोड़ा और फिर सकुशल पृथ्वी पर लौट आए।

मानव को चन्द्रतल तक ले जाने और लौटा लाने वाले यान के बारे में भला कौन नहीं जानना चाहेगा। अपोलो-यान-सैटर्न-5 राकेट से प्रक्षेपित किया जाता है। वह विश्व का सबसे शक्तिशाली वाहन है। अन्तरिक्ष यान के तीन भाग होते हैं या इन्हें तीन मॉड्यूल कह सकते हैं।

कमाण्ड मॉड्यूल का निर्माण इस दृष्टि से किया जाता है कि वापसी के समय पृथ्वी के वायुमण्डल में प्रवेश करते समय तीव्र ताप और दबावों को सहन कर सकें। नियन्त्रण कक्ष, शयनागार, भोजनकक्ष और प्रयोगशाला— इन सबका मिला-जुला रूप ही यह मॉड्यूल होता है। प्रक्षेपण के समय यदि कोई दुर्घटना हो जाए, तो यात्री अपने बचाव के लिए इसे शेष यान से पृथक् कर सकते हैं। पुन: प्रवेश के लिए बने कमाण्ड कैप्सूल का वजन 5500 किलोग्राम था। इसमें लगभग साढ़े पाँच घन मीटर खाली स्थान था, जहाँ कि तीनों यात्री अपने सामान्य कार्य सम्पन्न कर सकें। इस स्थान को हम औसत दर्जे की कार जितना मान सकते हैं। कैप्सूल जब तैयार होता है, उस समय इसमें पाँच विद्युत बैटरियाँ होती हैं और 12 राकेट इंजन जुड़े होते हैं। तीन आदमियों के लिए चौदह दिन की खाद्य सामग्री और पानी के भण्डार एवं मल के निष्कासन की व्यवस्था रहती है। इसमें पैराशूट भी रहते हैं। यात्रियों को बिना चोट पहुँचाए, यह कड़ी-से-कड़ी जमीन पर उतर सकता है। अन्तरिक्ष यान का दूसरा भाग होता है सर्विस मॉड्यूल—यह औसतन आकार के ट्रक जितना होता है। इसमें दस लाख किलोमीटर की यात्रा करने के लिए पर्याप्त ईंधन था और 14 दिन तक तीन यात्रियों के साँस लेने लायक प्राण-वायु की व्यवस्था थी। यान को चन्द्र कक्षा में स्थापित करने के लिए उसकी गति कम करनी पड़ती है और सर्विस मॉड्यूल के शक्तिशाली राकेट मोटर दागकर ही ऐसा किया जाता है।

चन्द्रयान यानी अपोलो-11 का ईगल अन्तरिक्ष यान का एक भाग होते हुए भी अपने में पूर्ण था। इसमें दो खण्ड थे—अवरोह भाग और आरोह भाग। अवरोह भाग में 8200 किलो प्राणोदक था, जिससे 4500 किलो प्रघात के इंजन को चलाया जा सके। चालकों के साँस लेने के लिए ऑक्सीजन गैस, पीने का पानी, चन्द्रतल पर यान को ठण्डा रखने की व्यवस्था की गई थी। चन्द्रयान की सभी टाँगें समतल पर टिकनी आवश्यक नहीं, यह आड़ा-तिरछा भी खड़ा हो सकता है। अवरोही भाग में चार रेडियो रिसीवर, ट्रांसमीटर, बैटरियाँ, मूल यान से और पृथ्वी से संचार-व्यवस्था कायम रखने के लिए सात एरियल लगे थे। ईगल के दोनों भाग किसी भी समय अलग किए जा सकते थे। चन्द्रतल से वापसी के समय चन्द्रयान का नीचे का भाग प्रक्षेपण यन्त्र का काम देता है और उसे चन्द्रतल पर ही छोड़ दिया गया।

नील आर्मस्ट्रांग और एडविन एल्ड्रिन ने चन्द्रतल पर 21 घण्टे, 36 मिनट बिताए। चन्द्रतल पर इन दो यात्रियों ने पाँवों के ऐसे निशान छोड़े जैसे कि किसी हल चलाए खेत में निशान पड़ जाते हैं। उन्होंने लाखों डॉलर का सामान भी वहीं छोड़ दिया।

दोनों चन्द्र-विजेताओं ने ऊपरी भाग में उड़ान भरकर चन्द्रकक्ष में परिक्रमा करते हुए मूल यान से अपने यान को जोड़ा। फिर वे दोनों यात्री अपने साथी माइकल कालिंस से आ मिले। अब चन्द्रयान को अलग कर दिया गया और उसके कक्ष में ही छोड़ दिया गया। इंजन दागकर यात्री वापसी के लिए पृथ्वी के मार्ग पर बढ़ चले। ये यात्री प्रशान्त महासागर में उतरे।

इन यात्रियों को सीधे चन्द्र प्रयोगशाला में ले जाया गया। कई सप्ताह किसी से मिलने-जुलने नहीं दिया गया। उनके अनुभव रिकॉर्ड किए गए। वैज्ञानिकों को यह भी जाँच करनी थी कि ये यात्री ऐसे कीटाणु तो अपने साथ नहीं ले आए, जो मानव जाति के लिए घातक हों। उन यात्रियों के द्वारा लाई गई धूल और चन्द्र-चट्टानों के नमूनों को अनुसन्धान और प्रयोग करने के लिए विभिन्न देशों के विशेषज्ञों को सौंप दिया गया।

अपोलो-11 की सफलता के पश्चात् अमेरिका ने अपोलो-12 में भी तीन यात्रियों को चन्द्रतल पर खोज करने के लिए भेजा। इसके बाद अपोलो-13 की यात्रा दुर्घटनावश बीच में ही स्थगित करनी पड़ी।

अभी चन्द्रमा के लिए अनेक उड़ानें होंगी। दूसरे ग्रहों के लिए मानवरहित यान छोड़े जा रहे हैं। अन्तरिक्ष में परिक्रमा करने वाला स्टेशन स्थापित करने की दिशा में तेजी से प्रयत्न किए जा रहे हैं। ऐसा स्टेशन बन जाने पर ब्रह्माण्ड के रहस्यों की पर्तें खोलने में काफी सहायता मिलेगी।

यह पृथ्वी मानव के लिए पालने के समान है। वह हमेशा-हमेशा के लिए इसकी परिधि में बँधा हुआ नहीं रह सकता। अज्ञात की खोज में वह कहाँ तक पहुँचेगा, कौन कह सकता है?

प्रतिदर्श प्रश्न-पत्र

प्रतिदर्श प्रश्न-पत्र 1

CBSE कक्षा 12वीं की परीक्षा के लिए नमूना प्रश्न–पत्र

हिंदी केंद्रिक

निर्देश 1. प्रश्न-पत्र में तीन खंड हैं–क, ख और ग।
2. खंड-क में अपठित बोध पर आधारित प्रश्न पूछे गए हैं। सभी प्रश्नों के उत्तर देने अनिवार्य हैं।
3. खंड-ख में अभिव्यक्ति और माध्यम पाठ्यपुस्तक के आधार पर प्रश्न पूछे गए हैं। प्रश्नों में आंतरिक विकल्प दिए गए हैं।
4. खंड-ग में पाठ्यपुस्तक आरोह भाग-2 एवं वितान भाग-2 से प्रश्न पूछे गए हैं। प्रश्नों में आंतरिक विकल्प दिए गए हैं।

समय : **3 घंटे** पूर्णांक : **80**

खंड 'क' अपठित बोध

1. *निम्नलिखित गद्यांश को ध्यानपूर्वक पढ़िए और दिए गए प्रश्नों के उत्तर निर्देशानुसार दीजिए।* (10)

आधुनिक समाज में मनुष्य की सोच सिर्फ़ स्वयं तक ही सीमित हो गई है। नैतिकता सिर्फ़ दूसरों को उपदेश देने की वस्तु बनकर रह गई है। आज मनुष्य स्वयं को लाभ पहुँचाने के लिए सभी प्रकार के छल-प्रपंचों का सहारा लेता है। दैनिक जीवन में मानवीय व्यवहार के अंतर्गत एक अत्यधिक महत्त्वपूर्ण गुण सत्य बोलने संबंधी है, जिससे सामाजिक व्यवस्था एवं मानवीय संबंध निर्बाध रूप से निरंतर प्रगतिशील रह सकें, लेकिन एक समय अपनी सत्यवादिता को निभाने वाले राजा हरिश्चंद्र के अतुलनीय त्याग की कल्पना करना भी अब दुर्लभ है, वैसा वास्तविक व्यवहार तो असंभव है। हमारे समाज के निर्माताओं ने सामाजिक मूल्यों में सत्य बोलने को इतना महत्त्व इसलिए प्रदान किया, ताकि मनुष्य अंत:क्रिया करने वाले दूसरे मनुष्यों के साथ छल-कपट न कर सके, समाज के अन्य सदस्य यथार्थ से वंचित एवं भ्रम के शिकार न रहें। यह सामाजिक व्यवस्था को न केवल सुचारु ढंग से परिचालित करने में सहायक है, बल्कि इन सामाजिक मूल्यों के माध्यम से समाज अपने सदस्यों को त्याग करने एवं परहित को ध्यान में रखने की भी सीख देता है। यह सामाजिक मूल्यों को और उच्च स्तरीय बनाने एवं गरिमा प्रदान करने का भी कार्य करता है। कहा जा सकता है कि सत्य बोलना एक कुंजी अर्थात् आधारभूत सामाजिक मूल्य है, जिससे अन्य सामाजिक मूल्य अंतर्संबंधित हैं।

इसके ठीक विपरीत झूठ बोलना सबसे बड़ा व्यक्तिगत एवं सामाजिक दुर्गुण है। झूठ बोलना एक प्रकार की चोरी है, जिसमें किसी की दृष्टि से तथ्यों को छिपाया जाता है। यह लोगों को न केवल वास्तविकता से दूर रखता है, बल्कि भावी परिणाम के प्रति भी सतर्क होने से वंचित करता है, जिसके परिणामस्वरूप व्यापक स्तर पर समाज एवं दूसरे सदस्यों को क्षति होती है। यह व्यक्ति एवं सामाजिक दोनों स्तरों पर अत्यधिक नुकसानदायक एवं कष्टदायी होता है। यह सामाजिक स्तर पर किया जाने वाला सर्वाधिक नकारात्मक व्यवहार है, क्योंकि इसका प्रभाव वर्तमान के साथ-साथ भविष्य पर भी अत्यंत गंभीर रूप से पड़ता है। झूठ बोलने के कारण व्यक्ति कभी भी वास्तविकता से परिचित नहीं हो पाता, परिणामस्वरूप वह न तो उसे परिवर्तित करने के लिए कोई प्रयास कर पाता है और न ही संभावित दुष्परिणामों के प्रति सतर्क हो पाता है।

इसलिए कहा गया है कि झूठ बोलने से बड़ा कोई पाप नहीं है। 'पाप' इस अर्थ में कि यह हमें दिग्भ्रमित करके वांछित कर्त्तव्यों से वंचित रखता है। झूठ या असत्य कथन ही बुराइयों की जड़ है। दुनिया में आने वाले किसी बच्चे द्वारा सबसे पहला गलत कार्य झूठ बोलना ही है और यहीं से उसमें भावी अनैतिकताओं एवं अपराधों की नींव पड़ती है, इसलिए कहा जाता है कि झूठ बोलना सभी पापों का मूल है।

बहुविकल्पीय प्रश्न

निम्नलिखित में से निर्देशानुसार विकल्पों का चयन कीजिए

(क) निम्नलिखित में से कौन-सा कथन 'झूठ' के संदर्भ में असत्य है? (1)

(i) यह व्यक्तिगत तथा सामाजिक दुर्गुण है।
(ii) इसमें तथ्यों को स्पष्ट किया जाता है।
(iii) यह लोगों को वास्तविकता से दूर रखता है।
(iv) यह व्यक्ति और सामाजिक दोनों स्तरों पर नुकसानदायी है।

(ख) 'झूठ बोलने से बड़ा कोई पाप नहीं है', ऐसा कहने का क्या कारण हो सकता है? (1)

(i) झूठ व्यक्ति अपने हित के लिए बोलता है
(ii) झूठ हमें दिग्भ्रमित करके वांछित कर्त्तव्यों से वंचित रखता है
(iii) झूठ सामाजिक बुराइयों को जड़ से समाप्त करता है
(iv) झूठ का वास्तविकता से पर्दा हटाया जा सकता ह

(ग) **कथन** (A) दैनिक जीवन में कभी-कभी असत्य बोलना भी पाप है। (1)
कारण (R) लगातार सत्य बोलने से सामाजिक स्तर गिरने लगता है।

कूट

(i) कथन (A) और कारण (R) दोनों सही हैं तथा कारण (R) कथन (A) की सही व्याख्या करता है।
(ii) कथन (A) और कारण (R) दोनों सही हैं, परंतु कारण (R) कथन (A) की सही व्याख्या नहीं करता है।
(iii) कथन (A) सही है, किंतु कारण (R) गलत है।
(iv) कथन (A) गलत है, किंतु कारण (R) सही है

अतिलघु उत्तरीय प्रश्न

(घ) मानवीय व्यवहार का अत्यंत महत्त्वपूर्ण गुण किसे माना गया है? (1)

लघु उत्तरीय प्रश्न

(ङ) हमारे समाज के निर्माताओं ने सामाजिक मूल्यों में सत्य वाचन को अत्यधिक महत्त्व क्यों दिया है? (2)

(च) झूठ को सभी पापों का मूल क्यों कहा गया है? (2)

(छ) आधुनिक समाज में नैतिकता कहाँ तक सीमित हो गई है और क्यों? (2)

व्याख्या सहित

उत्तर

(क) (ii) इसमें तथ्यों को स्पष्ट किया जाता है

(ख) (ii) झूठ हमें दिग्भ्रमित करके वांछित कर्त्तव्यों से वंचित रखता है

(ग) (iii) कथन (A) सही है, किंतु कारण (R) गलत है।

(घ) मानवीय व्यवहार का अत्यंत महत्त्वपूर्ण गुण उसके सत्य वाचन को कहा गया है।

(ङ) हमारे समाज के निर्माताओं ने सामाजिक मूल्यों में सत्य पाचन को अत्यधिक महत्त्व इसलिए दिया है, जिससे मनुष्य अंतःक्रिया करने वाले दूसरे मनुष्यों के साथ छल-कपट न कर सके, समाज के सदस्य यथार्थ से वंचित एवं भ्रम के शिकार न हों। समाज के निर्माताओं द्वारा किया गया यह कार्य सामाजिक मूल्यों को उच्च स्तरीय बनाने एवं गरिमा प्रदान करने के लिए किया गया है।

(च) प्रस्तुत गद्यांश में स्पष्ट किया गया है कि दुनिया में कदम रखने वाले किसी भी बच्चे द्वारा सबसे पहला गलत कार्य उसके झूठ बोलने से ही प्रारंभ होता है। झूठ बोलना प्रारंभ करके ही वह गलत मार्ग की ओर अग्रसर होता है और यहीं से उसकी भावी अनैतिक गतिविधियों तथा अपराध करने की शुरुआत होती है। इस कारण झूठ को सभी पापों का मूल कहा गया है।

(छ) आधुनिक समाज में नैतिकता मात्र दूसरों को उपदेश देने तक सीमित हो गई है, क्योंकि मनुष्य केवल अपने लाभ के बारे में सोचता है, चाहे उसके लिए उसे छल-प्रपंच का ही सहारा क्यों न लेना पड़े। आज मनुष्य अपने स्वार्थ की सिद्धि के लिए दूसरों का अहित करने से भी पीछे नहीं हटता।

2. *निम्नलिखित पद्यांश को ध्यानपूर्वक पढ़िए और दिए गए प्रश्नों के उत्तर निर्देशानुसार दीजिए।* (8)

हो दोस्त या कि वह दुश्मन हो,
हो परिचित या परिचय-विहीन
तुम जिसे समझते रहे बड़ा
या जिसे मानते रहे दीन
यदि कभी किसी कारण से
उसके यश पर पड़ती दिखे धूल,
तो सख़्त बात कह उठने की
रे, तेरे हाथों हो न भूल।
मत कहो कि वह ऐसा ही था,
मत कहो कि इसके सौ गवाह,
यदि सचमुच ही वह फिसल गया
या पकड़ी उसने गलत राह,
तो सख़्त बात से नहीं स्नेह से
काम ज़रा लेकर देखो,
अपने अंतर का नेह
अरे, देकर देखो।

कितने भी गहरे रहें गर्त,
हर जगह प्यार जा सकता है,
कितना भी भ्रष्ट ज़माना हो,
हर समय प्यार भा सकता है,
जो गिरे हुओं को उठा सके,
इससे प्यारा कुछ जतन नहीं,
दे प्यार उठा पाए न जिसे
इतना गहरा कुछ पतन नहीं।
देखे से प्यार भरी आँखें
दुस्साहस पीले होते हैं
हर एक धृष्टता के कपोल
आँसू से गीले होते हैं।
तो सख़्त बात से नहीं
स्नेह से काम ज़रा लेकर देखो,
अपने अंतर का नेह
अरे, देकर देखो।

बहुविकल्पीय प्रश्न

निम्नलिखित में से निर्देशानुसार विकल्पों का चयन कीजिए

(क) प्रस्तुत काव्यांश में कवि ने किस पर प्रकाश डाला है? (1)

(*i*) प्रेम की शक्ति पर
(*ii*) गलत राह पर चलने वाले व्यक्ति पर
(*iii*) व्यक्ति के जीवन पर
(*iv*) आम आदमी की शक्ति पर

(ख) दी गई सूची-I का सूची-II से सुमेलन कीजिए। (1)

सूची-I	सूची-II
A. परिचय-विहीन	1. हृदय का प्रेम
B. अंतर का नेह	2. जिसका कोई अता-पता न हो
C. दुस्साहस पीले होते	3. गलत कार्य करने वाले डर जाते हैं

कूट

	A	B	C
(*i*)	3	1	2
(*ii*)	1	3	2
(*iii*)	1	2	3
(*iv*)	2	1	3

(ग) 'अपने अंतर का नेह अरे, देकर देखो' पंक्ति मे कौन-सा अलंकार है? (1)

(*i*) अतिशयोक्ति
(*ii*) उत्प्रेक्षा
(*iii*) उपमा
(*iv*) अनुप्रास

अतिलघु उत्तरीय प्रश्न

(घ) गलत राह पर चल रहे व्यक्ति को सही राह पर लाने के लिए कैसा व्यवहार किया जाना चाहिए? (1)

लघु उत्तरीय प्रश्न

(ङ) प्रेम की शक्ति के बारे में कवि की क्या धारणा है? (2)

(च) अंतर का स्नेह बाँटने से व्यक्ति के जीवन पर क्या प्रभाव पड़ता है? (2)

उत्तर

(क) (i) प्रेम की शक्ति पर (ख) (iv) 2 1 3

(ग) (iv) अनुप्रास

(घ) गलत राह पर चल रहे व्यक्ति को सही राह पर लाने के लिए प्रेम व अपनेपन का व्यवहार किया जाना चाहिए।

(ङ) कवि की यह धारणा है कि प्रेम में वह शक्ति होती है जो किसी भी व्यक्ति को उचित एवं अभीष्ट मार्ग पर ले आए। प्रेम के द्वारा संसार की सभी बुराइयों को दूर तथा अच्छाइयों का प्रतिस्थापन किया जा सकता है।

(च) अंतर का स्नेह बाँटने से व्यक्ति का स्थान और अधिक ऊँचा हो जाता है। इससे व्यक्ति का जीवन पूर्व की अपेक्षा अधिक सहज एवं कल्याणकारी बन जाता है।

खंड 'ख' अभिव्यक्ति और माध्यम पुस्तक

3. *निम्नलिखित में से किसी एक अप्रत्याशित विषय पर लगभग 120 शब्दों में रचनात्मक लेख लिखिए।* (6)

(क) परोपकार : मनुष्य का धर्म

(ख) छात्र को आत्मनिर्भर बनाने में आवासीय विद्यालय की भूमिका

(ग) पृथ्वी की रक्षा हेतु पर्यावरण की सुरक्षा

उत्तर

(क) **परोपकार : मनुष्य का धर्म**

परोपकार से तात्पर्य दूसरों की सहायता करने से है, जब हम अपने स्वार्थ से प्रेरित होकर दूसरों की सहायता करते हैं, तो वह परोपकार नहीं होता है। परोपकार स्वार्थपूर्ण मन से नहीं हो सकता है, उसके लिए हृदय की पवित्रता और शुद्धता आवश्यक है। परोपकार क्षमा, दया, बलिदान, प्रेम, ममता आदि गुणों का ही रूप है।

परोपकार मनुष्य का धर्म होता है। भूखे को अन्न, प्यासे को जल, वस्त्रहीन को वस्त्र, बूढ़े-बुजुर्गों की सेवा ही मानव का परम धर्म है। संसार में ऐसे ही व्यक्तियों का नाम अमर होता है, जो अपना जीवन दूसरों के हित के लिए जीते हैं। परोपकार को इतना महत्त्व इसलिए दिया जाता है, क्योंकि इससे मनुष्य की पहचान होती है। इस प्रकार सच्चा मनुष्य वही है, जो दूसरों के लिए अपना सर्वस्व न्योछावर करने को तत्पर रहता है। परोपकार की भावना लोक कल्याण से ही पूर्ण होती है। परोपकार मानव समाज का आधार है। समाज में व्यक्ति एक-दूसरे की सहायता और सहयोग हेतु सदा लालायित रहता है। परोपकार सामाजिक जीवन की धुरी है, उसके बिना सामाजिक जीवन गति प्राप्त नहीं कर सकता है। परोपकार मानव का सच्चा आभूषण है, इसीलिए कहा गया है कि ''परोपकाराय संतां विभूतयः'' अर्थात् सत्पुरुषों का अलंकार तो परोपकार ही है। हमारा कर्त्तव्य है कि हम परोपकारी महात्माओं से प्रेरित होकर अपने जीवन-पथ को प्रशस्त करें और 'वही मनुष्य है कि जो मनुष्य के लिए मरे', के लोक कल्याणकारी संदेश को चारों ओर प्रसारित करें।

(ख) **छात्र को आत्मनिर्भर बनाने में आवासीय विद्यालय की भूमिका**

मानव जीवन में के लिए शिक्षा का अहम योगदान होता है। यद्यपि शिक्षा का आरंभ एक व्यक्ति अपने घर-परिवार से ही कर देता है, परंतु औपचारिक शिक्षा ग्रहण करने हेतु उसे विद्यालय में प्रवेश लेना पड़ता है। हमारे देश में विद्यालयों के कई रूप देखने को मिलते हैं; जैसे–निजी विद्यालय, सरकारी विद्यालय, अर्द्धसरकारी विद्यालय, ट्रस्टी विद्यालय, आवासीय विद्यालय (निजी/सरकारी) आदि। इन सभी विद्यालयों के नाम भिन्न तो ज़रूर हैं, परंतु इनका उद्देश्य एक है-बच्चों का सर्वांगीण विकास करना।

आवासीय विद्यालय एक ऐसा विद्यालय होता है, जहाँ छात्रों का विद्यालयी परिसर में ही रहना अनिवार्य होता है। छात्रों के जीवन पर आवासीय विद्यालय के सकारात्मक एवं नकारात्मक दोनों प्रभाव पड़ते हैं। यदि सकारात्मक पर चर्चा की जाए, तो देखा जा सकता है कि आवासीय विद्यालय में कड़ा अनुशासन होता है। इसका प्रभाव विद्यार्थी के भविष्य पर पड़ता है। आवासीय विद्यालय में छात्र अपने परिवार से दूर रहते हैं। इस परिस्थिति में उन्हें बहुत-सी समस्याओं का सामना करना पड़ता है, जिनका समाधान भी छात्रों को स्वयं ही करना पड़ता है और इस प्रकार वे आत्मनिर्भरता के गुण को अर्जित कर लेते हैं। इसी आत्मनिर्भरता के कारण वे अपने भविष्य का निर्धारण करने में भी सक्षम हो जाते हैं।

आवासीय विद्यालयों के वातावरण में छात्र के अंदर सामाजिक गुणों का विकास होता है। आवासीय विद्यालय में परिवार से अलग रहने के कारण एक बच्चे में अन्य बच्चों के साथ परिवार की तरह सामंजस्य स्थापित करने का गुण आ जाता है। आवासीय विद्यालय में विद्यार्थी किसी भी प्रतिकूल परिस्थिति से बाहर निकल पाने में सक्षम हो जाते हैं। इस कारण वह आत्मनिर्भर जीवन व्यतीत करना सीख जाते हैं।

(ग) **पृथ्वी की रक्षा हेतु पर्यावरण की सुरक्षा**

पर्यावरण और मनुष्य का गहरा संबंध है। ये दोनों एक-दूसरे के पूरक हैं। मनुष्य हो या अन्य जीव-जंतु, सभी पर्यावरण की उपज हैं। मनुष्य अथवा जीव-जंतु सभी की उत्पत्ति, विकास, वर्तमान स्वरूप एवं भावी अस्तित्व सभी पर्यावरण पर ही निर्भर हैं। प्रकृति मनुष्य के जीवन हेतु कितने ही साधन जुटाती है, मनुष्य के पालन-पोषण हेतु स्वच्छ पानी, हवा, वनस्पति, खनिज उपलब्ध कराती है। आधुनिक युग में मानव द्वारा

अपने स्वार्थ सिद्धि हेतु प्रकृति का निरंतर दोहन किया जा रहा है, जिससे हमारा पर्यावरण इतना दूषित हो गया है कि यह पूरे विश्व के लिए एक गंभीर समस्या बन गया है।

स्वच्छ पर्यावरण, स्वस्थ जीवन जीने के लिए अति आवश्यक है। तकनीक की इस दुनिया में मानव तकनीक को विकसित करने के लिए पर्यावरण का सहारा ले रहा है, जिसके कारण हमारा पर्यावरण बिगड़ रहा है। प्रकृति में संतुलन बनाए रखने के लिए मानव और पर्यावरण के बीच एक मजबूत संतुलन बनाए रखना जरूरी है।

पर्यावरण को सुरक्षित रखने के लिए हमें विशेष प्रयास करने होंगे। पर्यावरण प्रदूषण जहाँ एक ओर हमारे वातावरण को प्रदूषित कर रहा है, वहीं दूसरी ओर इसके कारण अनेक जटिल समस्याएँ भी उत्पन्न हो रही हैं, जो हमारी पृथ्वी के लिए हानिकारक हैं। हमें अपनी धरती की रक्षा के लिए प्रदूषण को कम करना ही होगा।

मनुष्य पॉलिथीन का प्रयोग करके उन्हें यूँ ही फेंक देता है। ये पॉलिथीन भूमि में मिलकर उसकी उर्वरा शक्ति को कम कर देती है। अतः पॉलिथीन का प्रयोग न करके भूमि की उर्वरा शक्ति को बचाया जा सकता है, साथ ही इससे भूमि प्रदूषण को भी रोका जा सकता है।

पृथ्वी की रक्षा व पर्यावरण को सुरक्षित करने के लिए वृक्षारोपण का सहारा लिया जा रहा है। अधिक-से-अधिक वृक्षारोपण तथा वृक्षों को और सुरक्षा प्रदान करके ओज़ोन परत के संरक्षण में सहयोग देकर पृथ्वी की रक्षा का प्रयास किया जा रहा है। पेट्रोल व डीजल के स्थान पर सी. एन. जी. का प्रयोग किया जा रहा है तथा लोगों को पर्यावरण के विषय में जागरूक किया जा रहा है।

पर्यावरण की सुरक्षा प्रत्येक नागरिक की सामाजिक जिम्मेदारी है। मनुष्य को अपने स्वार्थ के कारण प्रकृति की अमूल्य भेंट को नुकसान पहुँचाना बंद करना होगा तथा पर्यावरण की सुरक्षा के साथ सामंजस्य रखते हुए संतुलित विकास की ओर अग्रसर होना होगा।

4. *निम्नलिखित प्रश्नों में से किन्हीं चार प्रश्नों के उत्तर लगभग 40 शब्दों में लिखिए।* (4 × 2 = 8)

(क) जनसंचार का कौन-सा आधुनिक माध्यम सबसे पुराना है? इसकी शुरुआत कैसे हुई? (2)

(ख) संपादकीय लेख किसे कहते हैं? (2)

(ग) विशेष रिपोर्टिंग तथा विशेषीकृत रिपोर्टिंग में क्या अंतर बताइए। (2)

(घ) नाट्य रूपांतरण करते समय कौन-कौन सी समस्याएँ आती हैं? (2)

(ङ) रेडियो और टेलीविजन समाचार की भाषा-शैली पर प्रकाश डालिए। (2)

उत्तर

(क) जनसंचार के आधुनिक माध्यमों में सबसे पुराना माध्यम प्रिंट अर्थात् मुद्रण माध्यम है। इसकी शुरुआत चीन से हुई थी, परंतु आधुनिक छापेखाने का आविष्कार जर्मनी के गुटेनबर्ग ने किया था। यूरोप में पुनर्जागरण 'रेनेसाँ' की शुरुआत में छापेखाने की एक महत्त्वपूर्ण भूमिका थी। भारत में पहला छापाखाना 1556 ई. में गोवा में खुला। इसे मिशनरियों ने धर्म प्रचार की पुस्तकें छापने के लिए खोला था।

(ख) संपादक द्वारा किसी प्रमुख घटना या समस्या पर लिखे गए विचारात्मक लेख को, जिसे संबंधित समाचार-पत्र की राय भी कहा जाता है, संपादकीय कहते हैं। संपादकीय किसी एक व्यक्ति का विचार या राय न होकर समग्र पत्र-समूह की राय होता है, इसलिए संपादकीय में संपादक अथवा लेखक का नाम नहीं लिखा जाता।

(ग) बीट रिपोर्टिंग और विशेषीकृत रिपोर्टिंग में अंतर निम्नलिखित हैं

	बीट रिपोर्टिंग	विशेषीकृत रिपोर्टिंग
1.	बीट रिपोर्टिंग के लिए संवाददाता में उस क्षेत्र की जानकारी होना पर्याप्त है, उसे सामान्य तौर पर खबरें ही लिखनी होती हैं।	विशेषीकृत रिपोर्टिंग के लिए संवाददाता को सामान्य खबरों से आगे बढ़कर उस क्षेत्र से जुड़ी सूचनाओं का बारीकी से विश्लेषण कर पाठकों के लिए उसका अर्थ स्पष्ट करना होता है।
2.	बीट कवर करने वाले रिपोर्टर को संवाददाता कहते हैं।	विशेषीकृत रिपोर्टिंग करने वाले रिपोर्टर को विशेष संवाददाता कहते हैं।

(घ) नाट्य रूपांतरण करते समय अनेक समस्याओं का सामना करना पड़ता है, जो निम्नलिखित हैं

(i) सबसे प्रमुख समस्या कहानी के पात्रों के मनोभावों को कहानीकार द्वारा प्रस्तुत प्रसंगों अथवा मानसिक द्वंद्वों के नाटकीय प्रस्तुति में आती है।

(ii) पात्रों के द्वंद्व को अभिनय के अनुरूप बनाने में समस्या आती है।

(iii) संवादों को नाटकीय रूप प्रदान करने में समस्या आती है।

(iv) संगीत, ध्वनि और प्रकाश व्यवस्था करने में समस्या होती है।

(v) कथानक को अभिनय के अनुरूप बनाने में समस्या होती है।

(ङ) रेडियो और टेलीविजन समाचार की भाषा-शैली ऐसी होनी चाहिए, जो सभी को आसानी से समझ में आ सके। इनमें भाषा का स्तर निम्नलिखित रूप में होना चाहिए

(i) भाषा के स्तर पर गरिमा को बनाए रखते हुए सरल भाषा का प्रयोग करें।
(ii) भाषा सभी वर्गों के लोगों की समझ में आनी चाहिए।
(iii) छोटे वाक्य तथा सरल वाक्य हों, साथ ही उनमें कर्णप्रियता हो।
(iv) निम्नलिखित, उपरोक्त, अधोहस्ताक्षरित और क्रमांक आदि जटिल शब्दों के प्रयोग से बचना चाहिए।
(v) गैर-जरूरी विशेषणों, सामासिक और तत्सम शब्दों, अतिरंजित उपमाओं आदि से बचना चाहिए।

5. *निम्नलिखित प्रश्नों में से किन्हीं दो प्रश्नों के उत्तर लगभग 80 शब्दों में लिखिए।* (2 × 4 = 8)

(क) कहानी और नाटक में क्या अंतर है? (4)
(ख) 'बड़े शहरों में जीवन की चुनौतियाँ' विषय पर आलेख लिखिए। (4)
(ग) समाचार लेखन का आशय स्पष्ट करते हुए उसके छः ककारों पर प्रकाश डालिए। (4

उत्तर

(क) कहानी और नाटक में अंतर निम्न प्रकार हैं

	कहानी	नाटक
(i)	कहानी एक ऐसी गद्य विधा है, जिसमें जीवन के किसी अंक विशेष का मनोरंजनपूर्ण चित्रण किया जाता है।	नाटक एक ऐसी गद्य विधा है, जिसका मंच पर अभिनय किया जाता है।
(ii)	कहानी का संबंध लेखक और पाठकों से होता है।	नाटक का संबंध लेखक, निर्देशक, दर्शक तथा श्रोताओं से होता है।
(iii)	कहानी कही अथवा पढ़ी जाती है।	नाटक का मंच पर अभिनय किया जाता है।
(iv)	कहानी को आरंभ, मध्य और अंत के आधार पर बाँटा जाता है।	नाटक को दृश्यों में विभाजित किया जाता है।
(v)	कहानी में मंच सज्जा, संगीत तथा प्रकाश का महत्त्व नहीं है।	नाटक में मंच सज्जा, संगीत और प्रकाश व्यवस्था का विशेष महत्त्व होता है।

(ख)

बड़े शहरों में जीवन की चुनौतियाँ

वर्तमान समय में बड़े शहरों में निवास करना आसान नहीं है। अत्यधिक जनसंख्या के कारण शहरों में आवास की समस्या सबसे विकट है। यहाँ साधारण घर पाने के लिए भी अत्यधिक मोटी रकम खर्च करनी पड़ती है और यदि रहने के लिए आधुनिक सुविधा युक्त आवास लेना हो तो यह रकम कई गुना बढ़ जाती है। बड़े शहरों में शिक्षा तथा चिकित्सा सुविधाएँ अत्यंत महँगी हैं। पब्लिक स्कूलों में एक बच्चे को पढ़ाने के लिए छह-सात हज़ार रुपये प्रति महीने खर्च होते हैं। सरकारी अस्पतालों में रोगियों की भीड़ लगी रहती है। निजी चिकित्सालयों में चिकित्सा के लिए हज़ारों रुपये प्रतिदिन व्यय करने पड़ते हैं। वस्तुतः निम्न, मध्यवर्ग तथा निर्धन वर्ग के लोगों के लिए बड़े शहरों में रहना अत्यंत कठिन है। शहरों में अराजक तत्त्वों की भी भरमार होती है। नित्य ही बलात्कार, लूटपाट आदि घटनाएँ होती रहती हैं। महिलाओं के लिए सुरक्षित वातावरण नहीं है। शहरों में यातायात की समस्या भी विकराल रूप धारण कर चुकी है। वाहनों की संख्या इतनी अधिक है कि ट्रैफ़िक जाम की समस्या का समाधान संभव ही नहीं है। शहरों में दिखावा या आडंबर बहुत बढ़ चुका है। यहाँ अधिकांश व्यक्ति अधिकाधिक धन कमाने के लिए उचित-अनुचित सभी रास्तों को अपनाते हैं। वस्तुतः बड़े शहरों में जीवन बहुत अधिक चुनौतीपूर्ण हो चुका है।

(ग) 'समाचार लेखन' समाचारों को लिखकर प्रस्तुत करने का ढंग है। समाचार लेखन एक विशिष्ट कला है। समाचार सूचनात्मक एवं तथ्यात्मक होते हैं। चूँकि इनका सीधा संबंध जनमत से है, इसलिए इनकी प्रस्तुति का ढंग अत्यंत महत्त्वपूर्ण है। किसी भी समाचार के छः आधारभूत सवाल होते हैं, जिन्हें हिंदी में **छः 'ककार'** कहा जाता है तथा अंग्रेजी में पाँच (5) डब्ल्यू (w) एवं एक एच (H) कहा जाता है। किसी भी समाचार में इन छः ककारों का होना सामान्यतया आवश्यक माना जाता है। *ये ककार निम्न हैं*

(i) क्या (What) अर्थात् क्या घटित हुआ?
(ii) कब (When) अर्थात् घटना कब घटी?
(iii) कहाँ (Where) अर्थात् घटना किस स्थान पर घटी यानि किस स्थान से संबंधित है?
(iv) कौन (Who) अर्थात् घटना किससे संबंधित है?
(v) क्यों (Why) अर्थात् घटना क्यों घटी?
(vi) कैसे (How) अर्थात् घटना कैसे घटित हुई?

खंड 'ग' पाठ्यपुस्तक आरोह भाग-2 व वितान भाग-2

6. *निम्नलिखित काव्यांश को ध्यानपूर्वक पढ़िए।* (5 × 1 = 5)

हम दूरदर्शन पर बोलेंगे
हम समर्थ शक्तिवान
हम एक दुर्बल को लाएँगे
एक बन्द कमरे में
उसमे पूछेंगे तो आप क्या अपाहिज हैं?
तो आप क्यों अपाहिज हैं?
आपका अपाहिजपन तो दुःख देता
होगा, देता है?
(कैमरा दिखाओ इसे बड़ा-बड़ा)
हाँ तो बताइए आपका दुःख क्या है
जल्दी बताइए वह दुःख बताइए।
बता नहीं पाएगा।

निम्नलिखित में से निर्देशानुसार विकल्पों का चयन कीजिए

(क) काव्यांश में अपाहिज को दूरदर्शन पर ले जाने वाले लोग कैसे हैं? (1)

(*i*) संवेदनशील (*ii*) दयालु
(*iii*) संवेदनहीन (*iv*) कर्त्तव्यनिष्ठ

(ख) दूरदर्शन वाले अपाहिज व्यक्ति से कैसे प्रश्न पूछते हैं? (1)

(*i*) उसकी पीड़ा उभारने वाले (*ii*) उसको पीड़ा से मुक्त कराने वाले
(*iii*) उसको संतोष प्रदान करने वाले (*iv*) उसको धैर्य बँधाने वाले

(ग) प्रस्तुत काव्यांश में कवि रघुवीर सहाय ने मीडिया के लिए क्या कहा है? उचित विकल्प का चयन करें। (1)

1. अपने कार्यक्रम के लिए मीडियाकर्मी विकलांगों की दयनीयता क्रूरता से उभारते हैं।
2. मीडियाकर्मी उसके अपाहिजपन का मजाक उड़ाते हैं।
3. मीडियाकर्मी विकलांग व्यक्ति से बार-बार प्रश्न करके उसे अपाहिजपन का अहसास कराकर उसे बोलने और रोने पर मजबूर करते हैं।

कूट

(*i*) केवल 1 (*ii*) 1 और 2
(*iii*) 2 और 3 (*iv*) ये सभी

(घ) "हम समर्थ शक्तिवान" पंक्ति में 'हम' शब्द किसके लिए प्रयुक्त हुआ है? (1)

(*i*) कवि के लिए (*ii*) कार्यक्रम प्रस्तुतकर्ता के लिए
(*iii*) उच्च वर्ग के लिए (*iv*) अपाहिज व्यक्ति के लिए

(ङ) कार्यक्रम प्रस्तुतकर्ता किसे कैमरे पर बड़ा-बड़ा करके दिखाने को कहता है? (1)

(*i*) अपाहिज व्यक्ति की कुछ न कह पाने या रोने की स्थिति को
(*ii*) प्रस्तुतकर्ता के हाव-भाव को
(*iii*) अपाहिज व्यक्ति के अंग को
(*iv*) अपाहिज व्यक्ति के वास्तविक दुःख को

उत्तर

(क) (*iii*) संवेदनहीन
(ख) (*i*) उसकी पीड़ा उभारने वाले
(ग) (*iv*) ये सभी
(घ) (*ii*) कार्यक्रम प्रस्तुतकर्ता के लिए
(ङ) (*i*) अपाहिज व्यक्ति की कुछ न कह पाने या रोने की स्थिति को

7. *निम्नलिखित प्रश्नों में से किन्हीं दो प्रश्नों के उत्तर लगभग 60 शब्दों में लिखिए।* (2 × 3 = 6)

(क) दिन के जल्दी-जल्दी ढलने से क्या प्रेरणा मिलती है? (3)

(ख) 'कैमरे में बंद अपाहिज' कविता के आधार पर सिद्ध कीजिए कि कविता संवेदनहीन सूचना प्रसारण तंत्र पर एक व्यंग्य है। (3)

(ग) "माँगि के खैबो, मसीत को सोइबो, लैबोको एकु न दैबको दोऊ" काव्य-पंक्ति का आशय स्पष्ट कीजिए। (3)

उत्तर

(क) दिन के जल्दी-जल्दी ढलने के कारण व्यक्ति सजग हो जाता है। जल्दी-जल्दी ढलने की आशंका के कारण व्यक्ति में स्फूर्ति आ जाती है। इसी कारण वह प्रत्येक कार्य समय रहते शीघ्र पूरा कर लेना चाहता है। 'दिन जल्दी-जल्दी ढलता है' की आवृत्ति के द्वारा कविता में समय के तेज़ी से व्यतीत होने का संकेत किया गया है अर्थात् समय तेजी से दौड़ता है। हर प्रकार के पथिक को लक्ष्य तक पहुँचने के लिए अपनी गति में तीव्रता लानी चाहिए। समय की गति निरंतर प्रवाहित होती रहती है। साथ ही, ढल रहे अर्थात् बीते समय को कभी भी लौटाया नहीं जा सकता। समय का ध्यान रखकर तो पक्षी भी अपनी गति तेज़ कर देते हैं।

(ख) 'कैमरे में बंद अपाहिज' कविता संवेदनहीन सूचना प्रसारण तंत्र पर एक गहरा व्यंग्य है। सामाजिक कार्यक्रम के नाम पर किसी अपाहिज की पीड़ा को जनसंचार माध्यमों के द्वारा आमजनों तक पहुँचाने वाला व्यक्ति उसके दुख-दर्द को बेचने का काम करता है। उसमें न तो अपाहिजों के प्रति वास्तविक संवेदना है और न उनके मान-सम्मान के प्रति चिंता। उसका उद्देश्य सिर्फ़ पैसा कमाना है। उसके द्वारा पूछे जाने वाले प्रश्न बेहद अपमानजनक होते हैं, जो प्रसारण तंत्र की संवेदनहीनता को ही उजागर करते हैं। वास्तव में, मीडिया द्वारा एक अपाहिज व्यक्ति का साक्षात्कार लेने का उद्देश्य सामाजिक कार्यक्रम के नाम पर व्यक्ति की दीनता एवं बेबसी को बेचकर अपने दर्शकों की संख्या में वृद्धि करके पैसा कमाना है।

(ग) प्रस्तुत काव्य पंक्ति के माध्यम से तुलसीदास जी ने भक्ति की रचनात्मक भूमिका को स्पष्ट करते हुए राम की भक्ति के बल पर जाति-पाँति एवं धर्म के आडंबरों का खंडन करने का साहस दिखाया है। रामभक्त तुलसी अपने युग की विषमताओं से डरते नहीं हैं, क्योंकि वे रामभक्ति में आकंठ डूबे हुए हैं। अतः वे स्वाभिमान एवं निडरता का परिचय देते हुए कहते हैं कि मुझे अपना संसार बिगड़ने का कोई भय नहीं है और न ही मुझे किसी से धन, संपत्ति या आश्रय पाने की चाह है। मैं तो लोगों से माँगकर खाने में ही संतुष्ट हूँ। मुझे मस्जिद में सोने से भी कोई समस्या नहीं है। मैं तो राम के भरोसे निश्चिंत हूँ। यहाँ तुलसीदास ने पारंपरिक धार्मिक मान्यताओं का ज़ोरदार खंडन तथा मस्जिद में सोने की बात कहकर धार्मिक संकीर्णताओं की धज्जियाँ उड़ा दी हैं।

8. *निम्नलिखित प्रश्नों में से किन्हीं दो प्रश्नों के उत्तर लगभग 40 शब्दों में लिखिए।* (2 × 2 = 4)

(क) कविता और फूल दोनों खिलते हैं, किंतु कविता और फूल के खिलने में क्या अंतर हो सकता है? (2)

(ख) 'उषा' कविता के आधार पर उस जादू को स्पष्ट कीजिए, जो सूर्योदय के साथ टूट जाता है। (2)

(ग) 'बादल राग' कविता में कवि ने अट्टालिका को 'आतंक-भवन' क्यों कहा है? (2)

उत्तर

(क) कविता और फूल दोनों ही खिलते हैं, लेकिन फूल जहाँ एक बार खिलकर मुरझा जाते हैं, नष्ट हो जाते हैं, वहीं कविता एक बार खिलने अर्थात् शब्दों के रूप में अभिव्यक्ति प्राप्त कर लेने के बाद निरंतर नया अर्थग्रहण करके विकसित होती रहती है। वह कभी नष्ट नहीं होती, अपितु समय बीतने के साथ और भी व्यापक अर्थग्रहण करके अमर एवं अमिट हो जाती है।

(ख) कवि उषा के जादू को चित्रित करते हुए स्पष्ट करता है कि सुबह नीला आसमान अत्यंत सुंदर दिखाई पड़ता है। वह नीले जल के समान प्रतीत होता है, जिसमें सूर्य किसी गोरी सुंदरी की भाँति झिलमिलाता जान पड़ता है। सूर्योदय होने के पश्चात् यह जादू टूट जाता है।

(ग) 'बादल राग' कविता में कवि निराला ने लिखा है–'अट्टालिका नहीं है रे आतंक-भवन', क्योंकि समाज का प्रभुत्वशाली पूँजीपति वर्ग इन महलों में निवास करता है। महलों में निवास करने वाला यह वर्ग हमेशा क्रांति के भय से सशंकित रहता है। उसका भय, उसकी आशंका इस महल को महल (अट्टालिका) नहीं रहने देते, बल्कि आतंक-भवन बना देते हैं। इस वर्ग का अस्तित्व शोषण तथा दमन में निहित है, इसलिए जब शोषक वर्ग क्रांति की बात सुनता है, तो उसके अंदर आतंक भर जाता है।

9. *निम्नलिखित गद्यांश को ध्यानपूर्वक पढ़िए।* (5 × 1 = 5)

पैसा पावर है। पर उसके सबूत में आस-पास माल-टाल न जमा हो, तो क्या वह खाक पावर है। पैसे को देखने के लिए बैंक-हिसाब देखिए, पर माल असबाब मकान-कोठी तो अनदेखे भी दिखते हैं। पैसे की उस 'पर्चेजिंग पावर' के प्रयोग में ही पावर का रस है, लेकिन नहीं। लोग संयमी भी होते हैं। वे फ़िज़ूल सामान को फ़िज़ूल समझते हैं। वे पैसा बहाते नहीं हैं और बुद्धिमान होते हैं। बुद्धि और संयमपूर्वक वह पैसे को जोड़ते जाते हैं, जोड़ते जाते हैं। वह पैसे की पावर को इतना निश्चय समझते हैं कि उसके प्रयोग की उन्हें दरकार नहीं है। बस पैसे के जुड़ा होने पर खुद उनका मन गर्व से भरा-फूला रहता है।

निम्नलिखित में से निर्देशानुसार विकल्पों का चयन कीजिए

(क) संयमी व्यक्ति पैसे के प्रयोग की आवश्यकता क्यों नहीं समझते हैं? (1)

(i) पैसे जोड़ने पर मन गर्व से भरा रहने के कारण
(ii) पैसे की आवश्यकता न समझ पाने के कारण
(iii) पैसे को फिजूल सामान समझने के कारण
(iv) पैसे की पावर का सही उपयोग करने के कारण

(ख) फ़िज़ूल सामान को फ़िज़ूल .... समझते हैं। (1)

(i) बुद्धिहीन *(ii)* संयमी *(iii)* क्रूर *(iv)* अमानवीय

व्याख्या सहित

(ग) 'पैसा बहाने' से क्या अभिप्राय है? (1)

(i) फ़िजूलखर्ची करना (ii) पैसे को पानी में फेंकना
(iii) पैसे को महत्त्व देना (iv) पैसे को सब कुछ समझना

(घ) दी गई सूची-I का सूची-II से सुमेलन कीजिए। (1)

सूची-I	सूची-II
A. माल-असबाब	1. धन-जायदाद
B. पर्चेजिंग पावर	2. व्यर्थ वस्तु
C. फिजूल सामान	3. प्रत्येक वस्तु खरीदने की शक्ति

कूट

	A	B	C
(i)	3	1	2
(ii)	1	3	2
(iii)	1	2	3
(iv)	2	1	3

(ङ) पैसे की पावर का रस किसमें है? (1)

(i) विक्रय शक्ति में (ii) पर्चेजिंग पावर में (iii) संयमित व्यक्ति में (iv) गर्व से भरे व्यक्ति में

उत्तर

(क) (i) पैसे जोड़ने पर मन गर्व से भरा रहने के कारण ***(ख)*** (ii) संयमी
(ग) (i) फ़िजूलखर्ची करना ***(घ)*** (ii) 1 3 2
(ङ) (ii) पर्चेजिंग पावर में

10. ***निम्नलिखित प्रश्नों में से किन्हीं दो प्रश्नों के उत्तर लगभग 60 शब्दों में लिखिए।*** (2 × 3 = 6)

(क) लक्ष्मी के भक्तिन बनने की प्रक्रिया मर्मस्पर्शी क्यों है? अपने शब्दों में उत्तर दीजिए। (3)

(ख) "बाज़ार एक प्रकार से सामाजिक समता की भी रचना कर रहा है।" पाठ 'बाज़ार दर्शन' के आधार पर स्पष्ट कीजिए। (3)

(ग) 'पहलवान की ढोलक' कहानी में प्रयुक्त पंक्ति "कफन की क्या ज़रूरत है" से क्या अभिप्राय है? (3)

उत्तर

(क) 'लक्ष्मी' का जीवन दुःखों से भरा था। जब वह केवल 36 वर्ष की थी, तभी वह विधवा हो गई थी। पति की मृत्यु के उपरांत उसके ससुराल वाले उसकी संपत्ति लेना चाहते थे, इसलिए वे उसकी दूसरी शादी करने पर बल देने लगे, परंतु लक्ष्मी ने ऐसा करने से स्पष्ट इनकार कर दिया। उसने अपने बड़े दामाद को घरजमाई बनाकर रखा, परंतु वह भी शीघ्र ही मृत्यु को प्राप्त हो गया। अपने घर में धन का अभाव रहने के कारण वह एक बार लगान भी समय पर न चुका पाई, जिस कारण उसे धूप में खड़े रहने की सज़ा मिली। इस अपमान को सहन न कर सकने के कारण वह अपना गाँव छोड़कर शहर आ गई और लेखिका के यहाँ सेविका बन गई। उसकी वेशभूषा देखकर लेखिका ने उसका नाम 'भक्तिन' रख दिया। इस प्रकार, 'लक्ष्मी' के 'भक्तिन' बनने की प्रक्रिया वास्तव में अत्यंत मर्मस्पर्शी है।

(ख) बाज़ार में सभी जाति, धर्म एवं लिंग के व्यक्ति आते हैं और वे अपनी-अपनी आवश्यकता के अनुसार, वस्तुएँ खरीदते हैं। बाज़ार किसी का लिंग, जाति, धर्म या क्षेत्र नहीं देखता, वह केवल ग्राहक की क्रयशक्ति को देखता है। बाज़ार में व्यक्ति की महत्ता उसकी क्रयशक्ति पर निर्भर करती है। विक्रेता उसी ग्राहक को महत्त्व देता है, जो अधिक खरीदारी करता है। इस दृष्टि से जाति-धर्म का भेद मिटाकर बाज़ार सामाजिक समरसता की रचना करता है। इसी आधार पर कहा जा सकता है कि बाज़ार सभी प्रकार की असमानताओं को भूलकर सामाजिक समरसता को स्थापित करने में अपनी महत्त्वपूर्ण भूमिका निभाता है।

(ग) फणीश्वरनाथ 'रेणु' की 'पहलवान की ढोलक' कहानी में लेखक ने गाँव की उस चिरपरिचित अवस्था का भावपूर्ण चित्रण किया है, जिसमें गाँववासी अपनी भावनाओं से ही एक-दूसरे की सहायता कर पाते हैं, क्योंकि वे आर्थिक रूप से इतने समर्थ नहीं होते कि किसी की आर्थिक सहायता कर सकें। जब महामारी के कारण घरों में एक-दो लाशें लगातार निकलनी शुरू हो गईं, तो वे मानसिक एवं आर्थिक रूप से इतने टूट गए कि कफ़न तक के लिए प्रबंध करना भी उनके लिए मुश्किल होने लगा। उन्हें कफ़न का प्रबंध करने के लिए सोचना पड़ रहा था। यही कारण है कि गाँव वाले अपने पड़ोसियों को बिना कफ़न के ही लाशों को पानी में बहा देने का सुझाव देने लगे, क्योंकि सभी की आर्थिक स्थिति अत्यधिक दयनीय हो गई थी।

11. ***निम्नलिखित प्रश्नों में से किन्हीं दो प्रश्नों के उत्तर लगभग 40 शब्दों में लिखिए।*** (2 × 2 = 4)

(क) लुट्टन सिंह को उसकी पहलवानी के लिए कहाँ तक जाना जाता था? (2)

(ख) "जातिवाद भावात्मक समता में बाधा उपस्थित करता है।" डॉ. आंबेडकर के विचारों के संदर्भ में कथन का निहितार्थ स्पष्ट कीजिए। (2)

(ग) "काले मेघा पानी दे" संस्मरण के लेखक ने लोक-प्रचलित विश्वासों को अंधविश्वास कहकर उनके निराकरण पर बल दिया है, इस कथन की विवेचना कीजिए। (2)

उत्तर

(क) लुट्टन सिंह पहलवान ने पंजाब के पहलवान चाँद सिंह, जो 'शेर के बच्चे' के नाम से प्रसिद्ध था, को हराकर राजा के यहाँ अपना स्थान पक्का किया था। अतः वह कहता था कि उसे ऑल इंडिया के लोग जानते हैं, परंतु वास्तव में उसके जिले की सीमा के अतिरिक्त उसका ऑल इंडिया और कहीं नहीं था।

(ख) जातिवाद की भावना समता में बाधा उपस्थित करती है। डॉ. आंबेडकर के अनुसार, भावनात्मक समता तभी प्रतिष्ठित हो पाएगी, जब समान भौतिक स्थितियाँ व जीवन सुविधाएँ उपलब्ध होंगी। जातिवाद के समाप्त होने पर ही यह संभव हो पाएगा। जातिवाद असमान व्यवहार को उचित ठहराता है, जो सर्वथा अनुचित है। समाज को विकास और उत्थान के पथ पर तभी अग्रसर किया जा सकता है, जब जातिवाद जैसी कुप्रथा से उसकी रक्षा हो सके। तभी हम अपने देश भारत को प्रगति की दिशा में गगन चूमते देख पाएँगे।

(ग) लेखक ने इंदर सेना के कार्यक्रमों को अंधविश्वास का नाम दिया है। आम आदमी इंदर सेना के काम को लोक-प्रचलित विश्वास कहता है, परंतु लेखक इन्हें गलत बताता है। लेखक इन अंधविश्वासों को खत्म करने के लिए कहता है, क्योंकि इन्हें दूर करने से ही समाज का विकास हो सकता है।

12. *निम्नलिखित प्रश्नों में से किन्हीं दो प्रश्नों के उत्तर लगभग 60 शब्दों में लिखिए।* (2 × 5 = 10)

(क) 'सिल्वर वैडिंग' के कथानायक "यशोधर बाबू एक आदर्श व्यक्तित्व हैं और नई पीढ़ी द्वारा उनके विचारों को अपनाना ही उचित है"। इस कथन के पक्ष या विपक्ष में तर्क दीजिए। (5)

(ख) 'जूझ' कहानी के शीर्षक की सार्थकता सिद्ध कीजिए (5)

(ग) मुअनजो-दड़ो का अनूठा नगर-नियोजन आधुनिक नगर-नियोजन के प्रतिमान नगरों से बेहतर क्यों है? उदाहरणों के आधार पर स्पष्ट कीजिए। (5)

व्याख्या सहित

उत्तर

(क) यशोधर बाबू को 'आदर्श व्यक्तित्व' कहा ही इसलिए गया है, क्योंकि वे जीवनभर अपने सिद्धांतों पर चलते रहे हैं। यशोधर बाबू पुराने विचारों वाले व्यक्ति हैं और वे ये भी मानते हैं कि उनके बच्चे आधुनिक युग के साथ चलते-चलते यथार्थ दुनिया के बारे में उनसे अधिक अच्छा सोच पाते हैं। उन्हें समाज में जहाँ कहीं भी नयापन दिखाई देता है, तो वे कहते हैं 'समहाउ इंप्रॉपर'। यशोधर बाबू अपने सामाजिक मूल्यों को बनाए रखना चाहते हैं। आज विश्व में हमें सबके साथ कंधे-से-कंधा मिलाकर चलना ही पड़ता है। मेरी दृष्टि में नई पीढ़ी के उन्हीं विचारों को अपनाना उचित है, जिनसे अपना और समाज का विकास हो। पुरानी पीढ़ी को रहन-सहन, पहनावा, खाना-पीना और व्यवहार में थोड़ा बहुत बदलाव लाना ही चाहिए। उदाहरण के लिए, यदि हम लड़कियों को न पढ़ाएँ तो नुकसान अपना ही करेंगे, क्योंकि शिक्षित नारी पूरे परिवार को शिक्षित बनाती है। इसलिए आधुनिक युग की सोच है कि यशोधर बाबू जैसे लोगों को अपने पुराने विचारों में नए विचारों को भी शामिल कर लेना चाहिए।

(ख) 'जूझ' कहानी का शीर्षक पाठ के अनुरूप ही है। यह एक बालक की गरीबी, अपने पिता के स्वभाव से दुःखी रहना तथा स्कूल जाने पर बच्चों द्वारा खिल्ली उड़ाना और दिन का अधिकतर समय खेत में काम करना इत्यादि दर्शाता है। उसके पिता ने ही उसके संघर्षों को और बढ़ा दिया था।

पहले तो उसे पाठशाला नहीं जाने दिया और जब राव जी के कहने पर पाठशाला भेजा तो भी उसे पिता की शर्तों का पालन करना पड़ता था। यदि काम अधिक होता, तो उसे पाठशाला से छुट्टी भी करनी पड़ती थी। अतः इन सब बातों से सिद्ध होता है कि वह बालक हमेशा परेशानियों से जूझता ही रहा है।

जूझने की प्रवृत्ति लेखक के जीवन की हर घटना में सर्वत्र रूप से व्याप्त है। अपने जीवन में लेखक ने संघर्षों से जूझते हुए अपने लक्ष्य को प्राप्त किया। उसका लक्ष्य था—बड़े होकर एक शिक्षित व्यक्ति बनना, जो उसने कठिन परिस्थितियों में भी कर दिखाया। अतः 'जूझ' शीर्षक इस कहानी का सर्वाधिक उपयुक्त शीर्षक है।

(ग) मुअनजो-दड़ो की नगर योजना वास्तव में आज की सेक्टर-मार्का कॉलोनियों के नियोजन से अधिक बेहतर थी। मुअनजो-दड़ो छोटे-मोटे टीलों पर आबाद था। ये टीले प्राकृतिक नहीं थे। कच्ची और पक्की दोनों तरह की ईंटों से धरती की सतह को ऊँचा उठाया गया था, ताकि सिंधु नदी का पानी बाहर फैल जाए, तो उससे बचा जा सके। मुअनजो-दड़ो की सड़कें चौड़ी थीं। यहाँ की सड़कें सीधी या आड़ी थीं। मुअनजो-दड़ो की जल-निकासी का प्रबंध इतना उन्नत था कि आज के वास्तुकार भी उसे देखकर सोच में पड़ जाते हैं। नगर की योजना अत्यंत सुव्यवस्थित एवं वैज्ञानिक रूप से तार्किक थी। घरों की बनावट हो या सार्वजनिक स्थानों की योजना, सभी में तार्किक सुव्यवस्था थी। इस शहर में उच्चवर्ग की बस्ती, स्नानागार, ढकी नालियाँ, पानी की निकासी की व्यवस्था, सभा भवन, घरों की बनावट आदि देखकर स्पष्ट रूप से कहा जा सकता है कि यहाँ की नगर-योजना बेमिसाल थी।

प्रतिदर्श प्रश्न-पत्र 2

CBSE कक्षा 12वीं की परीक्षा के लिए नमूना प्रश्न–पत्र

हिंदी केंद्रिक

निर्देश 1. प्रश्न-पत्र में तीन खंड हैं—क, ख और ग।
2. खंड-क में अपठित बोध पर आधारित प्रश्न पूछे गए हैं। सभी प्रश्नों के उत्तर देने अनिवार्य हैं।
3. खंड-ख में अभिव्यक्ति और माध्यम पाठ्यपुस्तक के आधार पर प्रश्न पूछे गए हैं। प्रश्नों में आंतरिक विकल्प दिए गए हैं।
4. खंड-ग में पाठ्यपुस्तक आरोह भाग-2 एवं वितान भाग-2 से प्रश्न पूछे गए हैं। प्रश्नों में आंतरिक विकल्प दिए गए हैं।

समय : **3 घंटे** पूर्णांक : **80**

खंड 'क' अपठित बोध

1. *निम्नलिखित गद्यांश को ध्यानपूर्वक पढ़िए और दिए गए प्रश्नों के उत्तर निर्देशानुसार दीजिए।* (10)

आज किसी भी व्यक्ति का सबसे अलग एक टापू की तरह जीना संभव नहीं रह गया है। मानव समाज में विभिन्न पंथों और विविध मत-मतांतरों के लोग साथ-साथ रह रहे हैं। ऐसे में यह अधिक आवश्यक हो गया है कि लोग एक-दूसरे को जानें; उनकी आवश्यकताओं को, उनकी इच्छाओं-आकांक्षाओं को समझें; उन्हें वरीयता दें और उनके धार्मिक विश्वासों, पद्धतियों, अनुष्ठानों को सम्मान दें। भारत जैसे देश में यह और भी अधिक आवश्यक है, क्योंकि यह देश किसी एक धर्म, मत या विचारधारा का नहीं है। स्वामी विवेकानंद इस बात को समझते थे और अपने आचार-विचार में वे अपने समय से बहुत आगे थे। उन्होंने धर्म को मनुष्य की सेवा के केंद्र में रखकर ही आध्यात्मिक चिंतन किया था। उन्होंने यह विद्रोही बयान दिया कि इस देश के तैंतीस करोड़ भूखे, दरिद्र और कुपोषण के शिकार लोगों को देवी-देवताओं की तरह मंदिरों में स्थापित कर दिया जाए और मंदिरों से देवी-देवताओं की मूर्तियों को हटा दिया जाए। उनका दृढ़ मत था कि विभिन्न धर्मों-संप्रदायों के बीच संवाद होना ही चाहिए। वे विभिन्न संप्रदायों की अनेकरूपता को उचित और स्वाभाविक मानते थे। स्वामी जी विभिन्न धार्मिक आस्थाओं के बीच सामंजस्य स्थापित करने के पक्षधर थे और सभी को एक ही धर्म का अनुयायी बनाने के विरुद्ध थे। वे कहा करते थे—''यदि सभी मानव एक ही धर्म को मानने लगें, एक ही पूजा-पद्धति को अपना लें और एक-सी नैतिकता का अनुपालन करने लगें, तो यह सबसे दुर्भाग्यपूर्ण बात होगी, क्योंकि यह सब हमारे धार्मिक और आध्यात्मिक विकास के लिए प्राणघातक होगा तथा हमें हमारी सांस्कृतिक जड़ों से काट देगा।''

बहुविकल्पीय प्रश्न

निम्नलिखित में से निर्देशानुसार विकल्पों का चयन कीजिए।

(क) 'टापू की तरह' जीने से लेखक का क्या अभिप्राय है? (1)

(i) घमंड में रहना *(ii)* समाज से अलग रहना
(iii) समाज से जुड़कर रहना *(iv)* विनम्र बनकर रहना

(ख) **कथन** (A) हमारे देश में किसी एक ही धर्म या संप्रदाय के लोग नहीं रहते।
कारण (R) विवेकानंद जी के अनुसार, सभी को अलग-अलग धर्म का अनुयायी होना चाहिए।
कूट
(i) कथन (A) और कारण (R) दोनों सही हैं तथा कारण (R) कथन (A) की सही व्याख्या करता है।

(ii) कथन (A) और कारण (R) दोनों सही हैं, परंतु कारण (R) कथन (A) की सही व्याख्या नहीं करता है।
(iii) कथन (A) सही है, किंतु कारण (R) गलत है।
(iv) कथन (A) गलत है, किंतु कारण (R) सही है

(ग) विवेकानंद जी ने मंदिरों में किन्हें स्थापित करने का मत दिया? (1)
(i) देवियों को (ii) देवताओं को
(iii) दरिद्र व कुपोषण के शिकार लोगों को (iv) सामान्य मनुष्यों को

अतिलघु उत्तरीय प्रश्न

(घ) विवेकानंद जी ने किसको मनुष्य की सेवा के केंद्र में रखकर आध्यात्मिक चिंतन किया? (1)

लघु उत्तरीय प्रश्न

(ङ) स्वामी विवेकानंद को अपने समय से बहुत आगे क्यों कहा गया है? (2)

(च) स्वामी जी के मत में सबसे दुर्भाग्य पूर्ण स्थिति क्या होगी और क्यों? (2)

(छ) भारत देश में क्या जरूरी है और क्यों? (2)

उत्तर

(क) *(ii)* समाज से अलग रहना

(ख) *(ii)* कथन (A) और कारण (R) दोनों सही हैं, परंतु कारण (R) कथन (A) की सही व्याख्या नहीं करता है।

(ग) *(iii)* दरिद्र व कुपोषण के शिकार लोगों का

(घ) विवेकानंद जी ने धर्म को मनुष्य की सेवा के केंद्र में रखकर आध्यात्मिक चिंतन किया।

(ङ) स्वामी विवेकानंद को अपने समय से बहुत आगे इसलिए कहा गया है, क्योंकि वे जानते थे कि भारत में एक धर्म, मत या विचारधारा नहीं चल सकती। उनमें संवाद होना अनिवार्य है।

(च) स्वामी जी के मत में सबसे दुर्भाग्य पूर्ण स्थिति वह होगी जब सभी व्यक्ति एक ही धर्म और पूजा-पद्धति व नैतिकता का अनुपालन करने लगेगें। यदि ऐसा होता है तो इससे यहाँ धार्मिक व आध्यात्मिक विकास हो जाएगा।

(छ) भारत देश में यह अधिक आवश्यक है कि लोग एक-दूसरे को जाने, उनकी आवश्यकताओं, इच्छाओं-आकांक्षाओं को समझें, और उनके धार्मिक विश्वासों, पद्धतियों, अनुष्ठानों को सम्मान दें। क्योंकि यह देश किसी एक धर्म, मत या विचारधारा का नहीं है।

2. *निम्नलिखित पद्यांश को ध्यानपूर्वक पढ़िए और दिए गए प्रश्नों के उत्तर निर्देशानुसार दीजिए।* (8)

मनमोहनी प्रकृति की जो गोद में बसा है।
सुख स्वर्ग-सा जहाँ है, वह देश कौन-सा है?
जिसके चरण निरंतर रत्नेश धो रहा है।
जिसका मुकुट हिमालय, वह देश कौन-सा है?
नदियाँ जहाँ सुधा की धारा बहा रही हैं।
सींचा हुआ सलोना, वह देश कौन-सा है?
जिसके बड़े रसीले, फल कंद, नाज, मेवे।
सब अंग में सजे हैं, वह देश कौन-सा है?
जिसके सुगंध वाले, सुंदर प्रसून प्यारे।
दिन-रात हँस रहे हैं, वह देश कौन-सा है?
मैदान, गिरि, वनों में, हरियालियाँ महकतीं।
आनंदमय जहाँ है, वह देश कौन-सा है?
जिसकी अनंत वन से धरती भरी पड़ी है।
संसार का शिरोमणि, वह देश कौन-सा है?
सबसे प्रथम जगत में जो सभ्य था यशस्वी।
जगदीश का दुलारा, वह देश कौन-सा है?

बहुविकल्पीय प्रश्न

निम्नलिखित में से निर्देशानुसार विकल्पों का चयन कीजिए।

(क) कवि ने देश का मुकुट हिमालय को क्यों कहा है? (1)
(i) पर्वतों में सबसे कम महत्त्वपूर्ण होने के कारण (ii) सर्वाधिक ऊँचा होकर मस्तक स्वरूप दिखाई देने के कारण
(iii) धरती से समानता न होने के कारण (iv) प्राकृतिक सौंदर्य से विरक्त होने के कारण

(ख) दी गई सूची-I का सूची-II से सुमेलन कीजिए (1)

सूची-I	सूची-II
A. मनमोहनी	1. मन को भाने वाली
B. रत्नेश	2. सागर, समुद्र
C. जगदीश का दुलारा	3. ईश्वर को प्रिय

कूट

	A	B	C
(i)	3	1	2
(ii)	1	3	2
(iii)	1	2	3
(iv)	2	1	3

(ग) 'सुख स्वर्ग-सा जहाँ है, वह देश कौन सा है' पंक्ति में कौन सा अलंकार है? (1)

(i) उपमा *(ii)* रूपक

(iii) विभावना *(iv)* श्लेष

अतिलघु उत्तरीय प्रश्न

(घ) नदियों के जल को किसके समान बताया गया है? (1)

लघु उत्तरीय प्रश्न

(ङ) भारत के प्राकृतिक सौंदर्य को कवि ने स्वर्ग के सदृश्य क्यों कहा है? (2)

(च) "जिसका चरण निरंतर रत्नेश धो रहा है" पंक्ति से कवि का क्या आशय है? (2)

उत्तर

(क) *(ii)* सर्वाधिक ऊँचा होकर मस्तक स्वरूप दिखाई देने के कारण

(ख) *(iii)* 1 2 3

(ग) *(i)* उपमा

(घ) नदियों के जल को अमृत के समान बताया गया है।

(ङ) भारत के प्राकृतिक सौंदर्य को कवि ने स्वर्ग के सदृश्य इसलिए कहा है, क्योंकि इसकी प्राकृतिक सुंदरता में स्वर्ग की सुंदरता, सुख और आनंद का रोचक अनुमान हो रहा है।

(च) "जिसका चरण निरंतर रत्नेश धो रहा है" पंक्ति से कवि का आशय है कि भारत देश विश्व का ऐसा महान देश है, जिसकी महानता को प्रकृति भी स्वीकारती है।

खंड 'ख' अभिव्यक्ति और माध्यम पुस्तक

3. *निम्नलिखित में से किसी एक अप्रत्याशित विषय पर लगभग 120 शब्दों में रचनात्मक लेख लिखिए।* (6)

(क) विश्वासपात्र मित्र जीवन की औषधि

(ख) जीवन की एक हास्यास्पद घटना

(ग) पाश्चात्य संस्कृति का बढ़ता प्रभाव

उत्तर

(क)

विश्वासपात्र मित्र जीवन की औषधि

मनुष्य स्वयं में अधूरा है। उसे अपने सुख-दुःख बाँटने तथा मन की बात कहने के लिए साथी की आवश्यकता पड़ती है। एक मित्र ही इस कार्य को कर सकता है। अतः जीवन को सरसता और सरलता से जीने के लिए मित्र आवश्यक है।

जीवन में महत्त्वपूर्ण वस्तुओं के होने के बावजूद भी मनुष्य के लिए मित्रता एक बहुत ही मूल्यवान रिश्ता है। मित्र के बिना जीवन अधूरा होता है। मित्र जीवन के रोगों की औषधि है, इसलिए मित्रता का बहुत महत्त्व है। हर प्राणी घर के बाहर मित्र की तलाश करता है। मित्र जीवन का वह साथी है, जो हर बुराई से हमें बचाता है तथा भलाई की ओर बढ़ने के लिए साधन जुटाता है। जो पतन से बचाकर उत्थान के पथ पर ले जाता है, वह सच्चा मित्र है। अतः हमारे जीवन में मित्रों का महत्त्व बहुत अधिक है।

मित्र व्यक्ति के जीवन को बहुत प्रभावित करते हैं। सच्चा मित्र व्यक्ति के अवगुणों को सामने लाकर उन्हें दूर करने तथा स्वभाव को निर्मल बनाने में सहायक सिद्ध होता है, जिससे वह जीवन मार्ग में स्वयं को अकेला महसूस नहीं करता। वहीं दूसरी ओर गलत मित्र की संगति में पड़कर व्यक्ति कुमार्ग की ओर अग्रसर हो जाता है।

प्रत्येक व्यक्ति को मित्र की आवश्यकता होती है, लेकिन मित्र का चुनाव सोच-समझकर करना चाहिए, क्योंकि सच्चा मित्र सुख और आनंद प्रदान करता है। वह एक शिक्षक की भाँति होता है, जो हमें संमार्ग की ओर ले जाता है। मित्रता का ढोंग कर अपना स्वार्थ सिद्ध करने वाले लोगों से सावधान रहना चाहिए। मित्र बनाने से पहले उसके स्वभाव तथा आचरण का विशेष ध्यान रखना चाहिए। हमें ऐसे मित्र की खोज में रहना चाहिए, जिनमें हमसे अधिक आत्मबल हो। हमें ऐसे व्यक्ति का मित्र के रूप में चुनाव करना चाहिए, जिसमें मुख्यतः सत्यनिष्ठ, धैर्यवान, परिश्रमी, अनुशासनप्रिय, कर्त्तव्यपरायण तथा उचित परामर्शदाता आदि गुण हों।

इस प्रकार कह सकते हैं कि हमारे जीवन में मित्र का बहुत महत्त्व है। एक सच्चा मित्र मिलना सौभाग्य की बात है।

(ख)

जीवन की एक हास्यस्पद घटना

बालपन मानव का श्रेष्ठतम काल होता है। इस दौरान अनेक घटनाएँ घटती हैं, जो सहसा ही हृदय को खुशी का आभास देती हैं तथा उस घटना के स्मरण मात्र से ही चेहरे पर मुसकान आ जाती है। ऐसी ही, जिस समय मैं पाँचवीं कक्षा में था। उस समय की एक घटना मुझे भी याद आ रही है।

एक बार विद्यालय के वार्षिकोत्सव की तैयारी चल रही थी, जिसमें हमारी कक्षा की छात्राओं ने भी भाग लिया था। वे नृत्य का कार्यक्रम प्रस्तुत करने के लिए तैयार हो रही थीं, तभी पता चला कि उनके ग्रुप (समूह) की एक सदस्य की अचानक तबीयत खराब हो गई, जिस कारण वह प्रस्तुति नहीं दे सकती थी। सभी को चिंता होने लगी कि अब क्या होगा? उनमें शामिल मेरी मित्र ने समाधान खोजते हुए कहा कि हमारी कक्षा का 'अभय' बहुत अच्छा नृत्य करता है। अतः उसे यह कार्यक्रम करने के लिए तैयार किया जा सकता है। तभी मुझे वहाँ बुलाया गया और सभी के आग्रह करने पर मैं नृत्य करने के लिए तैयार हो गया। मुझे महिलाओं की पोशाक (साड़ी) पहनाकर तथा मेकअप करके तैयार किया गया। जैसे ही स्टेज पर हमारे कार्यक्रम की प्रस्तुति आरंभ हुई, मेरी साड़ी पैरों में अटक कर खुल गई। यह देख सभी छात्र-छात्राएँ ज़ोर-ज़ोर से हँसने लगे, उन्हें हँसता देख मेरी भी हँसी छूट गई। अध्यापिका ने तुरंत पर्दा गिरा दिया। उस समय मुझे कुछ समझ नहीं आया और मैं घबरा गया कि अब मुझे डाँट पड़ेगी, लेकिन मुझे समझाया गया कि ऐसी घटना हो जाती है, परेशान होने की आवश्यकता नहीं है। आज मैं जब भी इस घटना को याद करता हूँ, तो मेरे चेहरे पर हँसी आ जाती है।

हास्य हमारे लिए भगवान के दिए सबसे अच्छे उपहारों में से एक है, जो हमें प्रतिकूल परिस्थितियों में भी खुशीपूर्वक जीवन जीने में मदद करता है। हास्य हमें मनोरंजन प्रदान करता है और गंभीर परिस्थितियों को भी जीवंत रूप में बदल देता है। इसलिए हँसी हमारे स्वास्थ्य के लिए लाभदायक है।

वर्तमान जीवन की कठिन परिस्थितियों में जहाँ मानव हँसने के लिए तरसता रहता है, वहाँ इस प्रकार की घटनाएँ हृदय में खुशी का संचार करती हैं, जो हमारे मानसिक और शारीरिक स्वास्थ्य के लिए अति लाभकारी होती हैं। इसलिए 'हँसो और हँसाओ' हमारे जीवन का सिद्धांत होना चाहिए।

(ग)

पाश्चात्य संस्कृति का बढ़ता प्रभाव

भारतीय संस्कृति अध्यात्म एवं दर्शन से ओत-प्रोत है। हमारे देश की संस्कृति अद्वितीय है। भारतीय संस्कृति का ध्येय मानव-मूल्यों को प्रतिष्ठित करना है। भारतीय संस्कृति, भारतीय वेद ऋचाएँ (श्लोक) तथा पुराण अत्यंत प्राचीन हैं। इनमें कुछ ऐसी विशेषताएँ हैं, जो आज भी इन्हें महत्त्वपूर्ण बनाए हुए हैं।

इस वैज्ञानिक युग में भी हम भारतीय आस्थावादी हैं और धर्म हमारे जीवन का आधार है। हमारी संस्कृति में भौतिक सुख को नहीं वरन् आत्मिक संतुष्टि को महत्त्व दिया गया है। भारतीय संस्कृति में आत्मा को परमात्मा का अंश मानकर आत्मिक ज्ञान पर बल दिया जाता है। वास्तविक सुख-शांति तो संतोष, परोपकार, दया, अहिंसा आदि गुणों को अपनाने पर प्राप्त होती है। आत्मा के सुख के सम्मुख सभी सुख नगण्य हैं। इन्हीं सिद्धांतों को जन्म देने के कारण ही भारत को विश्वगुरु कहा गया है। पाश्चात्य सभ्यता उपभोगवाद को जन्म देती है। वहाँ की संस्कृति में स्वतंत्रता के नाम पर स्वच्छंदता देखी जाती है। वहाँ की संस्कृति हमारी संस्कृति से मेल नहीं खाती और दोनों संस्कृतियों में काफी विरोधाभास है, परंतु इन सबके बाद भी कुछ महत्त्वपूर्ण आविष्कार; जैसे–एक्स-रे, कंप्यूटर, इंटरनेट, मोबाइल फोन, टेलीविजन आदि पाश्चात्य संस्कृति की ही देन हैं। ये वस्तुएँ हमारे दैनिक जीवन के लिए उपयोगी हैं।

पाश्चात्य देशों के लोग साफ-सफाई के प्रति अधिक जागरूक होते हैं। वे अपने आस-पास बहुत सफाई रखते हैं और सड़क, पार्क या सार्वजनिक स्थानों पर कागज का एक टुकड़ा तक नहीं फेंकते। अतः भारतीयों को पाश्चात्य देशों से साफ-सफाई एवं स्वच्छता से संबंधित बातें सीखनी चाहिए। हमें पश्चिमी लोगों की तरह व्यावसायिक बनना चाहिए। इसके साथ ही समय की पाबंदी और दूसरों का सम्मान करना भी हमें उनसे सीखना चाहिए। वर्तमान में भारतीय संस्कृति पर पश्चिमी सभ्यता का प्रभाव बढ़ता जा रहा है और भारत वैज्ञानिक युग में भौतिक सिद्धांतों की प्राप्ति के लिए उसी दृष्टिकोण से सोचने लगा है। यह पाश्चात्य सभ्यता-संस्कृति का भारतीय सभ्यता-संस्कृति पर एक अच्छा प्रभाव समझा जा सकता है, परंतु भौतिकता के साथ आध्यात्मिकता का समन्वय करते हुए जीवन को भोगपरक नहीं, बल्कि त्यागपरक होना चाहिए।

4. *निम्नलिखित प्रश्नों में से किन्हीं चार प्रश्नों के उत्तर लगभग 40 शब्दों में लिखिए।* (4 × 2 = 8)

(क) रेडियो नाटक की प्रमुख विशेषताओं को स्पष्ट कीजिए। (2)

(ख) विशेष लेखन की भाषा-शैली पर प्रकाश डालिए। (2)

(ग) मुद्रित माध्यमों के महत्त्व पर प्रकाश डालिए। (2)

(घ) पूर्ण एवं अंशकालिक पत्रकार को स्पष्ट कीजिए। (2)

(ङ) टीवी खबरों के विभिन्न चरण के बारे में संक्षेप में बताइए। (2)

उत्तर

(क) रेडियो नाटक की प्रमुख विशेषताएँ निम्नलिखित हैं

(i) रेडियो नाटक में पात्रों से संबंधित सभी जानकारियाँ संवादों के माध्यम से मिलती हैं।

(ii) पात्रों की चारित्रिक विशेषताएँ संवादों के द्वारा ही उजागर होती हैं।

(iii) नाटक का पूरा कथानक संवादों पर ही आधारित होता है।

(iv) इसमें ध्वनि प्रभावों और संवादों के माध्यम से ही कथा को श्रोताओं तक पहुँचाया जाता है।

(v) संवादों के माध्यम से ही रेडियो नाटक का उद्‌देश्य स्पष्ट होता है।

(vi) संवादों के द्वारा ही श्रोताओं को संदेश दिया जाता है।

(ख) विशेष लेखन की कोई निश्चित शैली नहीं होती। विषयानुसार उल्टा पिरामिड या फ़ीचर शैली का प्रयोग हो सकता है। पत्रकार चाहे कोई भी शैली अपनाए, लेकिन उसे यह ध्यान में रखना होता है कि विशेष विषय में लिखा गया आलेख सामान्य से अलग होना चाहिए।

(ग) मुद्रित माध्यमों के अंतर्गत अखबार, पत्रिकाएँ आदि आते हैं। इनका हमारे दैनिक जीवन में काफी महत्त्व है। इनकी महत्त्वपूर्ण विशेषताएँ निम्नलिखित हैं

(i) मुद्रित माध्यमों में स्थायित्व होता है।

(ii) आप इन्हें अपनी इच्छानुसार पढ़ सकते हैं।

(iii) आप इन्हें लंबे समय तक प्रयोग में ला सकते हैं।

(iv) यह माध्यम लिखित भाषा का विस्तार है।

(v) यह चिंतन, विचार और विश्लेषण का माध्यम है।

(घ) **पूर्णकालिक पत्रकार** यह किसी समाचार संगठन में कार्य करने वाला नियमित वेतनभोगी कर्मचारी होता है।

अंशकालिक पत्रकार इसे 'स्टिंगर' भी कहते हैं। यह किसी समाचार संगठन के लिए एक निश्चित मानदेय पर कार्य करता है।

(ङ) टीवी, प्रिंट, रेडियो आदि माध्यमों पर खबर देने का मूल आधार सबसे पहले सूचना देना होता है। टीवी द्वारा भी ये सूचनाएँ विभिन्न चरणों द्वारा दर्शकों तक पहुँचती हैं। ये चरण निम्नलिखित हैं

(i) फ़्लैशबैक या ब्रेकिंग
(ii) ड्राई एंकर
(iii) फोन-इन
(iv) एंकर-विजुअल
(v) एंकर-बाइट
(vi) लाइव
(vii) एंकर-पैकेज

5. *निम्नलिखित प्रश्नों में से किन्हीं दो प्रश्नों के उत्तर लगभग 80 शब्दों में लिखिए।* (2 × 4 = 8)

(क) रेडियो नाटकों का लेखन व संवादों का महत्त्व बताइए। (4)

(ख) 'मैली हो गई गंगा' पर फीचर लिखिए। (4)

(ग) समाचार लेखन में इंट्रो किसे कहते हैं? इंट्रो लिखते समय किन-किन बातों का ध्यान रखना चाहिए? (4)

उत्तर

(क) सिनेमा और रंगमंच की तरह ही रेडियो नाटक में भी चरित्र होते हैं। उनके आपसी संवाद होते हैं और इन्हीं संवादों के माध्यम से कहानी आगे बढ़ती है। रेडियो नाटक पूर्ण रूप से श्रव्य होते हैं, इसलिए इनका लेखन रंगमंच व सिनेमा के लेखन की अपेक्षा मुश्किल व अलग होता है। रेडियो नाटक में सब कुछ संवादों व ध्वनि प्रभावों के माध्यम से ही संप्रेषित करना होता है।

इन नाटकों में मंच सज्जा, वस्त्र सज्जा, चेहरे की भाव-भंगिमाएँ आदि की जरूरत नहीं पड़ती, केवल संवाद से ही पात्रों के अंतर्द्वंद्व, परिचय व समाधान की जानकारी मिलती है। अतः रेडियो नाटक की सफलता व असफलता केवल 'आवाज' पर ही आश्रित होती है; जैसे-चोट लगने पर 'आह' या 'ओह' की आवाज तथा किसी को दूर से बुलाने के लिए तेज आवाज का प्रयोग करना होता है।

(ख) **मैली हो गई गंगा**

वर्तमान युग में मानव को जहाँ असंख्य वरदान मिले हैं, वहाँ कुछ अभिशाप भी मिले हैं या यूँ कहा जाए कि प्रगति की होड़ में मानव ने वरदानों का दुरुपयोग किया है। इसका जीता जागता उदाहरण है जल-प्रदूषण। जिस पतित पावनी गंगा में स्नान कर लोग निर्मल होते थे, आज वह गंगा उनके स्नान के योग्य नहीं रह गई है। धार्मिक आस्था के चलते यदि नहा भी लिया जाए तो विभिन्न प्रकार के त्वचा-रोग होने की आशंका बनी रहती है। इसका कारण है गंगा का प्रदूषित जल जो कल-कारखानों से निकले अवशिष्ट पदार्थ, हानिकारक रसायन, दूषित जल आदि से प्रदूषित होता है, यह एक ऐसी विकराल समस्या बन गई है, जिसका कोई समाधान नहीं दिखाई देता। शहर भर का टनों कचरा, दूषित पदार्थ, पशुओं की हड्डियाँ, राख, मिट्टी आदि अनेक वस्तुएँ गंगा में प्रवाहित कर दी जाती हैं। परिणामत: प्रदूषण के कारण गंगा का आकार और स्वच्छता दिनों-दिन घटती जा रही है। प्रत्येक वर्ष सरकारी योजनाओं के तहत गंगा स्वच्छीकरण अभियान के नाम पर लाखों-करोड़ों रुपया बाँटा जाता है। संबंधित विभाग उसका ब्यौरा भी पेश करते हैं, परंतु गंगा की हालत जैसी की तैसी बनी हुई है। यदि हम समय पर सचेत नहीं हुए, तो इसके परिणाम भयंकर रूप से सामने आएँगे। हम सबको जागरूक होकर गंगा को मैली होने से बचाने के लिए कृत-संकल्प होना होगा।

(ग) इंट्रो (प्रस्तावना) समाचार का पहला अनुच्छेद होता है, जिसमें 'क्या हुआ?' के प्रश्न का उत्तर दिया जा सकता है। यह मुख्य समाचार होता है, जो थोड़े शब्दों में पाठक को बताता है कि 'क्या घटना घटित हुई है?' इंट्रो को 'आमुख', 'मुखड़ा' तथा 'लीड' भी कहा जाता है।

इंट्रो लिखते समय निम्न बातों का ध्यान रखना चाहिए

(i) इंट्रो सारगर्भित, संक्षिप्त तथा ठोस होना चाहिए।

(ii) समीक्षकों के अनुसार आमुख (इंट्रो) 30-35 शब्दों से अधिक नहीं होना चाहिए।

(iii) इसमें किंतु, परंतु, लेकिन जैसे शब्दों से बचना चाहिए, क्योंकि ये शब्द इंट्रो को अव्यवस्थित तथा अयथार्थपरक बना देते हैं

खंड 'ग' पाठ्यपुस्तक आरोह भाग–2 व वितान भाग–2

6. *निम्नलिखित काव्यांश को ध्यानपूर्वक पढ़िए।* (5 × 1 = 5)

कविता एक उड़ान है चिड़िया के बहाने
कविता की उड़ान भला चिड़िया क्या जाने
बाहर-भीतर
इस घर, उस घर
कविता के पंख लगा उड़ने के माने
चिड़िया क्या जाने?

निम्नलिखित में से निर्देशानुसार विकल्पों का चयन कीजिए।

(क) प्रस्तुत पद्यांश में कवि ने किसके अस्तित्व से जुड़े महत्वपूर्ण सवाल उठाए हैं? (1)

(i) कविता के *(ii)* चिड़िया के
(iii) उड़ान के *(iv)* यात्रा के

(ख) प्रस्तुत काव्यांश में कवि किसकी यात्रा के बारे में बता रहा है? (1)

(i) स्वयं की *(ii)* कविता की
(iii) सैनिकों की *(iv)* भाषा की

(ग) कवि ने कविता को किसकी उड़ान माना है? (1)

(i) कल्पना की *(ii)* शब्द की
(iii) सीमाओं की *(iv)* प्रश्नों की

(घ) काव्यांश के अनुसार दिए गए विकल्पों में से सही विकल्प चुनकर लिखिए। (1)

1. कविता की उड़ान चिड़िया की उड़ान से भिन्न होती है।
2. वस्तुतः चिड़िया की उड़ान निश्चित है, परंतु कविता की उड़ान अर्थात् उसके भाव व विचार असीम हैं।
3. कविता में कवि की असीम कल्पना के पंख लगे होते हैं।

(i) केवल 1 *(ii)* 1 और 2
(iii) 2 और 3 *(iv)* ये सभी

(ङ) "कविता की उड़ान भला चिड़िया क्या जाने" पंक्ति का आशय क्या है? (1)

(i) कविता की उड़ान चिड़िया की उड़ान से कम होती है
(ii) कविता की उड़ान असीमित है, इसे चिड़िया नहीं समझ पाती है
(iii) कविता और चिड़िया दोनों की उड़ान अनन्त है
(iv) कविता की उड़ान से चिड़िया भली-भाँति परिचित है

व्याख्या सहित

उत्तर

(क) *(i)* कविता के *(ख)* *(ii)* कविता की *(ग)* *(i)* कल्पना की
(घ) *(iv)* ये सभी
(ङ) *(ii)* कविता की उड़ान असीमित है, इसे चिड़िया नहीं समझ पाती है

7. *निम्नलिखित प्रश्नों में से किन्हीं दो प्रश्नों के उत्तर लगभग 60 शब्दों में लिखिए।* (2 × 3 = 6)

(क) बात की चूड़ी मरने और ऐसे सहूलियत से बरतने से कवि का क्या अभिप्राय है? 'बात सीधी थी पर' कविता के आधार पर लिखिए। (3)

(ख) 'कवितावली' पाठ में तुलसी के संकलित कवित्तों में चित्रित तत्कालीन आर्थिक विषमताओं पर टिप्पणी कीजिए। (3)

(ग) फिराक की रुबाइयों में घरेलू वातावरण के मोहक चित्र हैं, इस कथन की सोदाहरण पुष्टि कीजिए। (3)

उत्तर

(क) बात की चूड़ी मरने और उसे सहूलियत से बरतने से कवि का अभिप्राय यह है कि कथ्य के भाव या अभिव्यक्ति के अनुरूप ही माध्यम का चुनाव करना चाहिए। भाषा हमारे भावों को अभिव्यक्त करने का साधन या जरिया मात्र है। मूल बात कथ्य की स्पष्ट अभिव्यक्ति है, जो सहज भाषा के चुनाव और प्रयोग से अधिक बेहतर ढंग से होती है। कठिन और बोझिल भाषा का प्रयोग करने से हमारे अभीष्ट भाव अधिक स्पष्टता के साथ हमारी समझ में नहीं आते।

(ख) गोस्वामी तुलसीदास भक्त कवि थे। उन्होंने अपने युग की आर्थिक विषमता को करीब से देखा ही नहीं, बल्कि अनुभव भी किया है। तत्कालीन समय में चारों ओर अकाल के कारण बेरोज़गारी और भुखमरी फैली थी। लोगों के पास काम नहीं था। लोग संतान तक बेचने के लिए विवश थे। चारों ओर लाचारी और विवशता ही दिखाई पड़ती थी। पेट की आग समुद्र की आग से भी अधिक भयंकर थी, जिसके लिए लोग कुकर्म कर रहे थे और अपने धंधे में भी धर्म-अधर्म का विचार नहीं रख रहे थे। इस प्रकार तुलसी का युग अनेक आर्थिक विषमताओं से घिरा था।

(ग) फिराक की रुबाइयों में घरेलू जीवन के अत्यंत सुंदर चित्र उपस्थित हैं। जैसे-माँ अपने प्यारे शिशु को लेकर आँगन में खड़ी है, वह उसे झुलाती है, हँसाती है। बच्चे के नहलाने के दृश्य का सजीव चित्रांकन हुआ है। इसी प्रकार दीवाली व रक्षाबंधन जैसे पर्व को जिस प्रकार अभिव्यक्त किया गया है, वह आम आदमी से जुड़ा हुआ है। बच्चे का किसी वस्तु के लिए ज़िद करना और माँ द्वारा उसे बहलाना जैसे दृश्य आम परिवारों में भी दिखाई देते हैं।

8. *निम्नलिखित प्रश्नों में से किन्हीं दो प्रश्नों के उत्तर लगभग 40 शब्दों में लिखिए।* (2 × 2 = 4)

(क) 'परदे पर वक्त की कीमत है' यह कथन किस बात की ओर इशारा करता है? (2)

(ख) 'दिन जल्दी-जल्दी ढलता है' में पक्षी तो लौटने को विकल हैं, पर कवि में उत्साह नहीं है। ऐसा क्यों? (2)

(ग) 'उषा' कविता में 'भोर के नभ' की तुलना किससे की गई है और क्यों? (2)

उत्तर

(क) 'परदे पर वक्त की कीमत है', ऐसा कहकर कार्यक्रम को प्रस्तुत करने वाला बताना चाहता है कि वह कितने महत्त्वपूर्ण संचार माध्यम में कार्य कर रहा है। समय की कमी टेलीविज़न के महत्त्व को सूचित करती है। यह भी अपाहिज व्यक्ति और दर्शकों, दोनों को ही उस क्रूरता से अनजान रखने का एक आकर्षक ढंग है, जो कार्यक्रम के प्रस्तुतकर्ता, दूरदर्शन वालों द्वारा अपाहिज व्यक्ति के साथ परदे की आड़ में की जा रही है।

(ख) 'दिन जल्दी-जल्दी ढलता है' में पक्षियों को घोंसले में उनकी प्रतीक्षा करते अपने बच्चों का स्मरण होने के कारण वे अपने घोंसले में पहुँचने के लिए व्याकुल हैं। इसके विपरीत कवि के घर पर उसकी प्रतीक्षा करने वाला कोई नहीं है, उससे मिलने के लिए न कोई व्याकुल है और न ही कोई उत्कंठित है, इसलिए वह किसके लिए शीघ्रता करे? अतः पक्षी तो लौटने को विकल हैं, पर कवि में कोई उत्साह नहीं है।

(ग) 'उषा' कविता में 'भोर के नभ' की तुलना 'राख से लीपे हुए चौके', 'नीले शंख', 'लाल केसर से युक्त काली सिल', 'लाल खड़िया चाक से लिप्त स्लेट' जैसे उपमानों से की गई है, क्योंकि कवि ने इन उपमानों के माध्यम से अंधकार के समाप्त होने का तथा प्रकृति में प्रतिपल आ रहे परिवर्तनों का रेखांकन करने का प्रयास किया है।

9. *निम्नलिखित गद्यांश को ध्यानपूर्वक पढ़िए।* (5 × 1 = 5)

सेवक-धर्म में हनुमान जी से स्पर्द्धा करने वाली भक्तिन किसी अंजना की पुत्री न होकर एक अनामधन्या गोपालिका की कन्या है—नाम है लछमिन अर्थात् लक्ष्मी, पर जैसे मेरे नाम की विशालता मेरे लिए दुर्वह है, वैसे ही लक्ष्मी की समृद्धि भक्तिन के कपाल की कुंचित रेखाओं में नहीं बँध सकी। वैसे तो जीवन में प्रायः सभी को अपने-अपने नाम का विरोधाभास लेकर जीना पड़ता है, पर भक्तिन बहुत समझदार है, क्योंकि वह अपना समृद्धि-सूचक नाम किसी को बताती नहीं। केवल जब नौकरी की खोज में आई थी, तब ईमानदारी का परिचय देने के लिए उसने शेष इतिवृत्त के साथ यह भी बता दिया, पर इस प्रार्थना के साथ कि मैं कभी नाम का उपयोग न करूँ।

निम्नलिखित में से निर्देशानुसार विकल्पों का चयन कीजिए।

(क) किसकी दशा अपने नाम से बिल्कुल मेल नहीं खाती थी? (1)

(i) लेखिका की *(ii)* भक्तिन की
(iii) जेठानी की *(iv)* सास की

(ख) 'अनामधन्या गोपालिका की कन्या' संबोधन किसके लिए प्रयोग किया गया है? (1)

(i) धन की देवी *(ii)* महादेवी
(iii) भक्तिन *(iv)* लेखिका

(ग) लेखिका के अनुसार .... अपने नाम का विरोधाभास लेकर जीना पड़ता है। (1)

(i) भक्तिन को *(ii)* दरिद्र व्यक्ति को
(iii) महादेवी को *(iv)* ये सभी

(घ) दी गई सूची-I का सूची-II से सुमेलन कीजिए (1)

सूची-I	सूची-II
A. हनुमान जी से स्पर्द्धा	1. हनुमान जी की तरह ही सेवा-भाव
B. अनामधन्या गोपालिका	2. भक्तिन की माता
C. शेष इतिवृत्त	3. संपूर्ण वर्णन

कूट

	A	B	C
(i)	3	1	2
(ii)	1	3	2
(iii)	1	2	3
(iv)	2	1	3

(ङ) भक्तिन द्वारा अपना असली नाम किसी को नहीं बताने का क्या कारण था? (1)

(i) नाम की गुणवत्ता का असर उसके जीवन में कहीं भी दिखाई नहीं देना
(ii) नाम अच्छा न होना
(iii) विमाता की ईर्ष्या-द्वेष का होना
(iv) समाज से अपनी सच्चाई छिपाना

उत्तर

(क) *(ii)* भक्तिन की ***(ख)*** *(iii)* भक्तिन
(ग) *(iv)* ये सभी ***(घ)*** *(iii)* 1 2 3
(ङ) *(i)* नाम की गुणवत्ता का असर उसके जीवन में कहीं भी दिखाई नहीं देना

10. *निम्नलिखित प्रश्नों में से किन्हीं दो प्रश्नों के उत्तर लगभग 60 शब्दों में लिखिए।* (2 × 3 = 6)

(क) 'पानी दे गुड़धानी दे' कहकर मेघों से पानी के साथ-साथ गुड़धानी की माँग क्यों की जा रही है? (3)

(ख) लुट्टन पहलवान का बचपन कैसा था? (3)

(ग) "वह भी क्या कवि है?" .... लेखक ने इस पंक्ति के आधार पर कवि की किन विशेषताओं को उभारा है? (3)

उत्तर

(क) इंदर सेना बादलों से पहले पानी माँगती है और बाद में गुड़धानी। गेहूँ या चने को भूनकर उसे पिघले हुए गुड़ में मिलाकर गुड़धानी बनाई जाती है। वर्षा होगी, तभी गेहूँ , चने, ईख आदि की बुवाई होगी। इन सबके पैदा होने पर ही गुड़धानी बनेगी। इसके साथ ही, यहाँ गुड़धानी भोजन का प्रतीक है। बादलों से भोजन माँगा जा रहा है, क्योंकि मनुष्य की मूल आवश्यकताओं में हवा के बाद जल और अन्न का स्थान होता है। इसलिए इंदर सेना पानी के साथ-साथ गुड़धानी की माँग कर रही है।

(ख) लुट्टन पहलवान जब नौ वर्ष का था, तभी उसके माता-पिता स्वर्ग सिधार गए थे, किंतु भाग्य ने उसका साथ दिया और छोटी उम्र में ही उसकी शादी हो गई। विधवा सास ने उसे पुत्र की तरह पाल-पोसकर बड़ा किया। बचपन में उसका समय गाय चराने, दूध पीने और कसरत करने में बीतता था। गाँववाले उसकी सास को सताया करते थे। इसी कारण लोगों से बदला लेने की भावना से ही वह कसरत करने की ओर आकृष्ट हुआ था। नियमित रूप से खूब कसरत करने से किशोरावस्था में ही वह गठीले शरीर वाला बन गया था।

(ग) लेखक यह मानता है कि एक कवि को सांसारिक विषय-वासनाओं में न पड़कर स्वतंत्र व फक्कड़ जीवन व्यतीत करना चाहिए। उसके द्वारा स्वतंत्र विचारों की अभिव्यक्ति होनी चाहिए, जो संसार के चक्रव्यूह में पड़कर नहीं की जा सकती। कवि को शिरीष के फूल की तरह मस्त, चिंतारहित और मोह-माया से दूर ही रहना चाहिए। लेखक के अनुसार, सांसारिक विषय-वासनाओं, मोह-माया में पड़ने वाला व्यक्ति कवि नहीं बन सकता है।

11. *निम्नलिखित प्रश्नों में से किन्हीं दो प्रश्नों के उत्तर लगभग 40 शब्दों में लिखिए।* (2 × 2 = 4)

(क) भारत की जाति-प्रथा क्या-क्या काम करती है? (2)

(ख) 'काले मेघा पानी दे' पाठ में लेखक जीजी के किन-किन कामों को करता था? (2)

(ग) 'बाज़ार दर्शन' पाठ के आधार पर बताइए कि लेखक ने पैसे को ही पावर क्यों कहा है? (2)

उत्तर

(क) भारत की जाति-प्रथा को आधुनिक समाज उचित नहीं मानता है। भारत की जाति-प्रथा श्रमिकों का अस्वाभाविक विभाजन तो करती ही है, इसके साथ-साथ विभाजित वर्गों को एक-दूसरे की अपेक्षा ऊँच-नीच का अहसास भी करा देती है, जो सर्वथा अनुचित है। इससे देश में विषमता की भावना प्रबल होती है तथा भ्रष्टाचार भी फैलता है। ऐसा विश्व के किसी भी समाज में नहीं पाया गया।

(ख) 'काले मेघा पानी दे' पाठ में जीजी की खुशी के लिए लेखक को वे सभी काम करने पड़ते थे, जिन्हें वह अंधविश्वास मानता था। उसे सारे पूजा-पाठ, अनुष्ठान पूरे करने पड़ते थे। वह दिवाली पर कौड़ियों से गोवर्धन और सतिया बनवाता था, जन्माष्टमी पर झाँकी भी सजाता था और पंजीरी बाँटता था। हर छठ पर कुल्हियों में भूजा भरता था।

(ग) 'बाज़ार दर्शन' पाठ में लेखक ने पैसे को ही वास्तविक पावर बताया है, क्योंकि इससे ही व्यक्ति वस्तुएँ खरीद सकता है। पैसे की क्रय-शक्ति के कारण ही हम अपनी आवश्यकताएँ एवं इच्छाएँ पूरी कर सकते हैं। पैसों के अभाव में व्यक्ति को मन मारकर संसार में रहना पड़ता है, इसलिए लोगों के पास यदि अत्यधिक पैसा होता है, तो वे गर्व महसूस करते हैं। इसी कारण लेखक ने पैसे को ही पावर कहा है।

12. *निम्नलिखित प्रश्नों में से किन्हीं दो प्रश्नों के उत्तर लगभग 60 शब्दों में लिखिए।* (2 × 5 = 10)

(क) 'जूझ' के कथानायक का मन पाठशाला जाने के लिए क्यों तड़पता था? उसे खेती का काम अच्छा क्यों नहीं लगता था? तर्कपूर्ण उत्तर दीजिए। (5)

(ख) "सिंधु घाटी के लोगों में कला या सुरुचि का महत्त्व अधिक था।" उदाहरण देकर स्पष्ट कीजिए। (5)

(ग) आपके अनुमान से मुअनजो-दड़ो की खुदाई में क्या-क्या मिला और वहाँ की बस्ती किस प्रकार की बनी होगी? अपने विचार व्यक्त कीजिए। (5)

उत्तर

(क) 'जूझ' कहानी का कथानायक आनंदा पढ़ना चाहता था। उसे खेती का काम अच्छा नहीं लगता था। वस्तुतः खेती द्वारा अत्यंत कठिनाई से जीवनयापन होता है, जबकि खेती के कार्य में परिश्रम भी बहुत अधिक करना पड़ता है। कथानायक का पिता आलसी और कामचोर व्यक्ति था तथा वह स्वयं खेत में कार्य नहीं करता था। वह अपने पुत्र से ही खेती का कार्य करवाना चाहता था। आनंदा को विश्वास था कि उम्र भर खेती का काम करने पर भी उसके हाथ कुछ नहीं लगेगा। खेती की जो महत्ता बाबा (दादा) के समय थी वह अब नहीं थी। उसे लगता था कि यह खेती हमें विकास की ओर न बढ़ाकर, बल्कि गड्ढे में धकेल रही है। कथानायक सोचता था कि वह पढ़-लिख कर अच्छी नौकरी या कोई व्यवसाय करेगा, जिससे वह पर्याप्त धन अर्जित कर सकेगा। वह चाहता था कि धन कमाकर वह कोई अच्छा-सा व्यापार करे। इस प्रकार उसके मन में पाठशाला जाने की तीव्र इच्छा उमड़ती थी।

(ख) सिंधु घाटी सभ्यता के लोगों में उत्कृष्ट कलात्मक अभिरुचि थी। यहाँ के लोगों के दैनिक प्रयोग की वस्तुओं में भी कलात्मकता दिखाई देती है। यहाँ की वास्तुकला तथा नियोजन, धातु व पत्थर की मूर्तियाँ, केश-विन्यास, आभूषण, बर्तनों पर उभारे गए चित्र, मुहरों पर उत्कीर्ण आकृतियाँ आदि सिंधु घाटी के लोगों के सौंदर्यबोध और कलात्मक रुचि को प्रकट करती हैं। वस्तुओं के प्राकृतिक या नैसर्गिक सौंदर्य को अधिक महत्त्व दिया गया था। सामूहिकता एवं सामाजिकता का पक्ष इस सभ्यता के लोगों के लिए प्राथमिकता थी। इस सभ्यता में राजमहलों, मंदिरों, समाधियों के अवशेष नहीं मिलते। ऐसी कोई मूर्ति उपलब्ध नहीं हुई, जिसमें विशालता एवं भव्यता व्याप्त हो। इसका आशय यह है कि यह सभ्यता राजपोषित या धर्मपोषित न होकर समाजपोषित थी।

(ग) हमारे अनुमान से मुअनजो-दड़ो की खुदाई के दौरान निकली वस्तुओं की संख्या लगभग पचास हज़ार है। अधिकतर चीज़ों को दिल्ली, कराची, लाहौर तथा लंदन में देखा जा सकता है। मुअनजो-दड़ो के अजायबघर में विभिन्न प्रकार की चीज़ें रखी गई हैं; जिनमें–मुहरें, ताँबे का शीशा, गेहूँ, ताँबे और काँसे के बर्तन, वाद्य-यंत्र, चाक पर बने मिट्टी के मटके, माप-तोल के पत्थर इत्यादि प्रमुख हैं। मुअनजो-दड़ो की बस्ती का आकार बड़ा है। इन घरों के आँगन खुले और दीवारें ऊँची एवं मोटी होती थीं। मोटी दीवारों वाले घर शायद दो मंजिल वाले होते थे। कुछ दीवारों पर छेद भी दिखाई देते हैं, जो बताते हैं कि दूसरी मंजिल को उठाने के लिए शायद शहतीरों के लिए जगह छोड़ी जाती होगी। सभी घरों में पक्की ईंटें और एक ही आकार की ईंटें लगाई गई हैं। इन घरों में पत्थर अधिक मात्रा में नहीं लगाया गया। यहाँ नालियों को ढक कर रखा गया है, जिससे गंदगी न फैले।

प्रतिदर्श प्रश्न-पत्र 3

CBSE कक्षा 12वीं की परीक्षा के लिए नमूना प्रश्न–पत्र

हिंदी केंद्रिक

निर्देश 1. प्रश्न-पत्र में तीन खंड हैं–क, ख और ग।
2. खंड-क में अपठित बोध पर आधारित प्रश्न पूछे गए हैं। सभी प्रश्नों के उत्तर देने अनिवार्य हैं।
3. खंड-ख में अभिव्यक्ति और माध्यम पाठ्यपुस्तक के आधार पर प्रश्न पूछे गए हैं। प्रश्नों में आंतरिक विकल्प दिए गए हैं।
4. खंड-ग में पाठ्यपुस्तक आरोह भाग-2 एवं वितान भाग-2 से प्रश्न पूछे गए हैं। प्रश्नों में आंतरिक विकल्प दिए गए हैं।

समय : **3 घंटे** पूर्णांक : **80**

खंड 'क' अपठित बोध

1. *निम्नलिखित गद्यांश को ध्यानपूर्वक पढ़िए और दिए गए प्रश्नों के उत्तर निर्देशानुसार दीजिए।* (10)

कहा जाता है, "जाति न पूछो साधु की, पूछ लीजिए ज्ञान·······!" कहने का तात्पर्य यह है कि प्रत्येक व्यक्ति की पहचान उसके ज्ञान से होनी चाहिए, किसी अन्य आधार पर नहीं। किंतु जाति आधारित व्यवस्था ने एक व्यक्ति को दूसरे व्यक्ति से भिन्न बना दिया है। यूँ तो भारत में प्राचीनकाल में कर्म-आधारित जाति व्यवस्था को अत्यंत उपयोगी सामाजिक व्यवस्था के रूप में देखा गया, लेकिन समय के साथ-साथ कर्म-आधारित जाति व्यवस्था जन्म-आधारित सामाजिक व्यवस्था की संकीर्ण रूढ़ियों से जकड़ गई और फिर धीरे-धीरे सामाजिक विखंडन की ऐसी प्रक्रिया आरंभ हुई कि किसी युग में समाज को जोड़कर परस्पर पूरक बनाने तथा राजनीतिक, आर्थिक एवं सामाजिक दृष्टि से सामाजिक एकता को सुदृढ़ बनाए रखने की जो व्यवस्था की गई थी, वही समय बीतने के साथ अनुपयोगी सिद्ध होने लगी।

कुछ ऐसी कुरीतियों एवं कुप्रथाओं ने जन्म लिया, जो समाज द्वारा खींची गई लक्ष्मण रेखाओं के कारण पनपीं और उनके उल्लंघन को समाजों के तथाकथित कर्णधारों ने दंडनीय अपराध घोषित कर दिया। सामाजिक बहिष्कार का दंड विधान, समाज से बहिष्कृत होने का भय, मुस्लिम को हिंदू से या हिंदू को मुस्लिम से या फिर एक जाति के सदस्य को किसी अन्य जाति के सदस्यों से प्रेम या विवाह करने से रोकता है।

संभवतः मानव में स्तरीकरण दो भिन्न दिशाओं से विकसित हुआ है, हालाँकि दोनों एक-दूसरे में बहुत हद तक समा भी गए हैं। इस प्रकार के स्तरीकरणों को क्रमशः वंशागत (जातिगत) स्तरीकरण और सामाजिक (गैर-जातिगत) स्तरीकरण कहते हैं। सामाजिक स्तरीकरण में एक समाज के अंतर्गत ही पद-स्तरों की एक व्यवस्था विकसित हो जाती है। जातिगत स्तरीकरण से दो विभिन्न समाजों के विलय का बोध हो जाता है। जब एक जातीय समूह दूसरे जातीय समूह या समूहों पर स्थायी रूप से न्यूनाधिक प्रबल हो जाता है, तो जातीय स्तरीकरण निर्मित हो जाता है। भारत में हिंदू जाति व्यवस्था इसी प्रकार के स्तरीकरण का उदाहरण है। हिंदू समाज भारत की आदिकालीन जातियों तथा कालांतर में बाहर से आकर बसने वाली विजेता आर्य जातियों के विलय से बना है।

बहुविकल्पीय प्रश्न

निम्नलिखित में से निर्देशानुसार विकल्पों का चयन कीजिए।

(क) एक व्यक्ति को दूसरे व्यक्ति से भिन्न बना देने का कार्य किसने किया है? (1)
 (i) धर्म आधारित व्यवस्था ने
 (ii) कर्म आधारित व्यवस्था ने
 (iii) जाति आधारित व्यवस्था ने
 (iv) लिंग आधारित व्यवस्था ने

(ख) निम्नलिखित कथनों पर विचार कीजिए। (1)
 1. प्रत्येक व्यक्ति अपने ज्ञान से ही जाना जाता है।
 2. जाति आधारित व्यवस्था में एक व्यक्ति को दूसरे व्यक्ति के समान बना दिया है।
 3. सामाजिक बहिष्कार का दंड विधान न्यायोचित है।
 4. कर्म आधारित जाति व्यवस्था प्राचीन काल से ही अनुपयोगी रही।

 गद्यांश के अनुसार कौन-सा/से कथन सही है/हैं?
 (i) केवल 1 *(ii)* केवल 2
 (iii) 2 और 3 *(iv)* 1 और 4

(ग) प्रत्येक व्यक्ति की पहचान का आधार क्या होना चाहिए? (1)
 (i) ज्ञान *(ii)* कर्म
 (iii) धर्म *(iv)* जाति

अतिलघु उत्तरीय प्रश्न

(घ) समाज द्वारा खींची गई लक्ष्मण रेखाओं के कारण किसका जन्म हुआ? (1)

लघु उत्तरीय प्रश्न

(ङ) मानव समाज मे स्तरीकरण किन दिशाओ से विकसित हुआ? (2)
(च) दो भिन्न समाजों के विलय का बोध किससे होता है? (2)
(छ) समाज के तथा कथित कर्णधारों ने दंडनीय अपराध के रूप में किसका विधान किया है? (2)

2. *निम्नलिखित पद्यांश को ध्यानपूर्वक पढ़िए और दिए गए प्रश्नों के उत्तर निर्देशानुसार दीजिए।* (8)

असहाय किसानों की किस्मत को खेतों में,
क्या जल में बह जाते देखा है?
क्या खाएँगे? यह सोच निराशा से पागल,
बेचारों को नीरव रह जाते देखा है?
देखा है ग्रामों की अनेक रंभाओं को,
जिनकी आभा पर धूल अभी तक छाई है?
रेशमी देह पर जिन अभागिनों की अब तक रेशम क्या,
साड़ी सही नहीं चढ़ पाई है।
पर तुम नगरों के लाल, अमीरों के पुतले,
क्यों व्यथा भाग्यहीनों की मन में लाओगे,
जलता हो सारा देश, किंतु
होकर अधीर तुम दौड़-दौड़कर क्यों यह आग बुझाओगे?

चिंता हो भी क्यों तुम्हें, गाँव के जलने से,
दिल्ली में तो रोटियाँ नहीं कम होती हैं।
धुलता न अश्रु-बूँदों से आँखों से काजल,
गालों पर की धूलियाँ नहीं नम होती हैं।
जलते हैं तो ये गाँव देश के जला करें,
आराम नई दिल्ली अपना कब छोड़ेगी,
या रखेगी मरघट में भी रेशमी महल,
या आँधी की खाकर चपेट सब छोड़ेगी।
चल रहे ग्राम-कुँजों में पछिया के झकोर,
दिल्ली, लेकिन, ले रही लहर पुरवाई में,
है विकल देश सारा अभाव के तापों से,
दिल्ली सुख से सोई है नरम रज़ाई में।

बहुविकल्पीय प्रश्न

निम्नलिखित में से निर्देशानुसार विकल्पों का चयन कीजिए।

(क) किसान किस कारण निराशा से ग्रस्त होते हैं? (1)

(i) बादल के न आने से (ii) क्या खाएँगे, यह सोचकर
(iii) अपने खेतों को लहराता देखकर (iv) वर्षा न होने के कारण

(ख) दी गई सूची-I का सूची-II से सुमेलन कीजिए। (1)

सूची-I	सूची-II
A. नीरव रह जाते	1. मौन हो जाते
B. ग्रामों की रंभाओं को	2. आपदाओं की हवाएँ
C. पछिया के झकोर	3. गाँव की परिश्रमी कन्याओं को

कूट

	A	B	C
(i)	3	1	2
(ii)	1	3	2
(iii)	1	2	3
(iv)	2	1	3

(ग) दिल्लीवासियों को किसकी कमी नहीं होती है? (1)

(i) रोजगार की (ii) मेहनत की (iii) साधन की (iv) आपसी सहयोग का

अतिलघु उत्तरीय प्रश्न

(घ) ग्रामों को रभाएँ किसे कहा गया है? (1)

लघु उत्तरीय प्रश्न

(ङ) दिल्लीवासियों को गाँवों के कष्ट क्यों नहीं दिखाई पड़ते? (2)

(च) भाव स्पष्ट कीजिए (2)

विकल देश सारा अभाव के तापों से,
दिल्ली सुख से सोई है नरम रज़ाई में।

व्याख्या रहित

खंड 'ख' अभिव्यक्ति और माध्यम पुस्तक

3. *निम्नलिखित में से किसी एक अप्रत्याशित विषय पर लगभग 120 शब्दों में रचनात्मक लेख लिखिए।* (6)

(क) एक ऐसी घटना, जिससे आपको जीवन का अमूल्य सबक मिला हो
(ख) अपने मित्र की किसी एक बुरी आदत का वर्णन
(ग) अपने माता-पिता से आपकी आशाएँ

4. *निम्नलिखित प्रश्नों में से किन्हीं चार प्रश्नों के उत्तर लगभग 40 शब्दों में लिखिए।* (4 × 2 = 8)

(क) समाचार लेखन के किन्हीं तीन तत्त्वों पर विचार कीजिए। (2)
(ख) विशेष लेखन की भाषा शैली सामान्य लेखन से अलग क्यों है? (2)
(ग) रेडियो नाटक की कहानी चुनते समय किन बातों का ध्यान रखना आवश्यक है? (2)
(घ) फीचर लेखन के गुण बताइए। (2)
(ङ) भारत में इंटरनेट पत्रकारिता का दौर कब से प्रारंभ माना जाता है? (2)

5. *निम्नलिखित प्रश्नों में से किन्हीं दो प्रश्नों के उत्तर लगभग 80 शब्दों में लिखिए।* (2 × 4 = 8)

(क) भारत में वन्य जीव संरक्षण के उपायों पर एक आलेख लिखिए। (4)
(ख) पत्रकारिता जगत में साक्षात्कार का क्या महत्त्व है? (4)
(ग) रेडियो के लिए समाचार लेखन संबंधी बुनियादी बातों पर टिप्पणी लिखिए। (4)

खंड 'ग' पाठ्यपुस्तक आरोह भाग-2 व वितान भाग-2

6. *निम्नलिखित काव्यांश को ध्यानपूर्वक पढ़िए।* (5 × 1 = 5)

जथा पंख बिनु खग अति दीना। मनि बिनु फनि करिबर कर हीना।।
अस मम जिवन बंधु बिनु तोही। जौं जड़ दैव जिआवै मोही।।
जैहउँ अवध कवन मुहुँ लाई। नारि हेतु प्रिय भाई गँवाई।।
बरु अपजस सहतेउँ जग माही। नारि हानि बिसेष छति नाहीं।।

निम्नलिखित में से निर्देशानुसार विकल्पों का चयन कीजिए।

(क) भाई के बिना जीवन की तुलना किससे की गई है? (1)
(i) पंखों के बिना पक्षी से (ii) मणि के बिना साँप से
(iii) सूँड के बिना हाथी से (iv) ये सभी

(ख) राम किसकी तुलना में अपने भाई को अधिक महत्त्व दे रहे हैं? (1)
(i) धन की (ii) पत्नी की (iii) राज्य की (iv) पुत्र की

(ग) राम को लक्ष्मण के बिना अयोध्या जाने में क्या सहना पड़ेगा? (1)
(i) विषाद (ii) ग्लानि
(iii) आमोद (iv) कटु वचन

(घ) निम्नलिखित कथनों को ध्यानपूर्वक पढ़िए और सही विकल्प चुनकर लिखिए। (1)
1. श्रीराम संसार में अपने इस अपयश से अधिक दुखी हैं, कि राम ने स्त्री के मोह में अपने भाई को दाँव पर लगा दिया।
2. भाई के वियोग जैसे दुःख से बढ़कर स्त्री की हानि जैसा दुःख भी नहीं है।
3. लक्षमण, राम के अग्रज थे, जिन्होंने राम के साथ वन जाना स्वीकार किया।

कूट
(i) केवल 1 (ii) 1 और 2
(iii) 2 और 3 (iv) ये सभी

(ङ) 'नारि हानि बिसेष छति नाहीं' पंक्ति में कौन-सा भाव व्यक्त हुआ है? (1)
(i) भाई के वियोग से उत्पन्न कष्ट का (ii) पत्नी के वियोग से उत्पन्न कष्ट का
(iii) भातृप्रेम की समाप्ति का (iv) हर्ष का

7. *निम्नलिखित प्रश्नों में से किन्हीं दो प्रश्नों के उत्तर लगभग 60 शब्दों में लिखिए।* (2 × 3 = 6)

(क) 'उषा' कविता के आधार पर बताइए कि 'सिल' और 'स्लेट' के माध्यम से कवि किस प्रकार अपने मंतव्य को प्रकाशित करता है? (3)
(ख) 'कविता के बहाने' कविता के आधार पर बताइए कि 'सब घर एक कर देने के माने' क्या है? (3)
(ग) 'कैमरे में बंद अपाहिज' कविता के अनुसार अपाहिज से पूछे गए प्रश्न किस बात के परिचायक हैं? स्पष्ट कीजिए। (3)

8. *निम्नलिखित प्रश्नों में से किन्हीं दो प्रश्नों के उत्तर लगभग 40 शब्दों में लिखिए।* (2 × 2 = 4)

(क) 'जादू टूटता है इस उषा का अब'-उषा का जादू क्या है? वह कैसे टूटता है? (2)
(ख) तुलसीदास के अनुसार, राम दुःख में कैसा भाव प्रदर्शित कर रहे हैं? 'लक्ष्मण मूर्च्छा और राम का विलाप' काव्यांश के आधार पर बताइए। (2)
(ग) 'कैमरे में बंद अपाहिज' कविता किसकी स्थिति को दर्शाती है? स्पष्ट कीजिए। (2)

9. *निम्नलिखित गद्यांश को ध्यानपूर्वक पढ़िए।* (5 × 1 = 5)

दोनों ही लड़के राज-दरबार के भावी पहलवान घोषित हो चुके थे। अतः दोनों का भरण-पोषण दरबार से ही हो रहा था। प्रतिदिन प्रातःकाल पहलवान स्वयं ढोलक बजा-बजाकर दोनों से कसरत करवाता। दोपहर में, लेटे-लेटे दोनों को सांसारिक ज्ञान की भी शिक्षा देता— "समझे! ढोलक की आवाज़ पर पूरा ध्यान देना। हाँ, मेरा गुरु कोई पहलवान नहीं, यही ढोल है, समझे! ढोल की आवाज़ के प्रताप से ही मैं पहलवान हुआ। दंगल में उतरकर सबसे पहले ढोलों को प्रणाम करना, समझे!"... ऐसी ही बहुत-सी बातें वह कहा करता। फिर मालिक को कैसे खुश रखा जाता है, कब कैसा व्यवहार करना चाहिए, आदि की शिक्षा वह नित्य दिया करता था।

निम्नलिखित में से निर्देशानुसार विकल्पों का चयन कीजिए।

(क) राजदरबार का भावी पहलवान किसे घोषित किया जा चुका था? (1)
 (i) लुट्टन सिंह को
 (ii) चाँदसिंह को
 (iii) बादल सिंह को
 (iv) लुट्टन पहलवान के दोनों लड़कों को

(ख) पहलवान के बेटों का भरण-पोषण राजदरबार से होने का क्या कारण था? (1)
 (i) उनके पिता का दरबारी पहलवान होना (ii) जनता की इच्छाशक्ति
 (iii) समाज के उच्च अधिकारी के पुत्र होना (iv) राजा का विशेष लगाव

(ग) पहलवान अपने बेटों को क्या शिक्षा देता था? (1)
 (i) पहलवानी की (ii) स्वामी-भक्ति की
 (iii) ढोलक का सम्मान करने की (iv) ये सभी

(घ) दी गई सूची-I का सूची-II से सुमेलन कीजिए। (1)

सूची-I	सूची-II
A. भावी-पहलवान	1. आजीविका
B. भरण-पोषण	2. भविष्य के पहलवान
C. सांसारिक ज्ञान	3. संसार से संबंधित व्यवहारिक ज्ञान

कूट

	A	B	C
(i)	3	1	2
(ii)	1	3	2
(iii)	1	2	3
(iv)	2	1	3

(ङ) गाँवों से अखाड़े समाप्त होते जाने का क्या कारण हो सकता है? (1)
 (i) राजदरबारों में पहलवानी की उपेक्षा करना (ii) समाज के लोगों द्वारा इसकी उपेक्षा करना
 (iii) मनोरंजन के अन्य साधन तलाशना (iv) ये सभी

10. *निम्नलिखित प्रश्नों में से किन्हीं दो प्रश्नों के उत्तर लगभग 60 शब्दों में लिखिए।* (2 × 3 = 6)

(क) 'श्रम विभाजन और जाति-प्रथा' पाठ में डॉ. आंबेडकर ने मानव क्षमता को किन तीन बातों पर निर्भर बताया है? (3)
(ख) 'शिरीष के फूल' पाठ में शिरीष और महात्मा गाँधी की तुलना किस आधार पर की गई है? (3)
(ग) 'काले मेघा पानी दे' कहानी में लेखक, जीजी के तर्कों के सामने स्वयं को असहाय क्यों मानता है? (3)

11. *निम्नलिखित प्रश्नों में से किन्हीं दो प्रश्नों के उत्तर लगभग 40 शब्दों में लिखिए।* (2 × 2 = 4)

(क) 'भक्तिन' रेखाचित्र पितृसत्तात्मक समाज की मान्यताओं पर किस प्रकार प्रश्न चिह्न अंकित करता है? (2)
(ख) लेखक ने कैसे बाज़ार को मानवता के लिए विडंबना माना है? (2)
(ग) लुट्टन सिंह पहलवान की दी गई शिक्षा-दीक्षा पर पानी क्यों फिर गया? स्पष्ट कीजिए। (2)

12. *निम्नलिखित प्रश्नों में से किन्हीं दो प्रश्नों के उत्तर लगभग 60 शब्दों में लिखिए।* (2 × 5 = 10)

(क) 'मुअनजो-दड़ो' के घरों में टहलते हुए लेखक को कुलधरा की याद क्यों हो आई? 'अतीत में दबे पाँव' पाठ के आधार पर लिखिए। (5)
(ख) यशोधर बाबू एक मिलनसार व्यक्ति हैं। पाठ के आधार पर स्पष्ट कीजिए। (5)
(ग) 'जूझ' कहानी के आधार पर लेखक के जीवन संघर्ष को संक्षेप में वर्णित कीजिए। (5)

उत्तर

1. *(क) (iii)* जाति आधारित व्यवस्था ने
   (ख) (i) केवल 1
   (ग) (i) ज्ञान
2. *(क) (ii)* क्या खाएँगे, यह सोचकर
   (ख) (ii) 1 3 2
   (ग) (i) रोजगार की
6. *(क) (iv)* ये सभी
   (ख) (ii) पत्नी की
   (ग) (ii) ग्लानि
   (घ) (ii) 1 और 2
   (ङ) (i) भाई के वियोग से उत्पन्न कष्ट का
9. *(क) (iv)* लुट्टन पहलवान के दोनों लड़कों को
   (ख) (i) उनके पिता का दरबारी पहलवान होना
   (ग) (iv) ये सभी
   (घ) (iv) 2 1 3
   (ङ) (iv) ये सभी

प्रतिदर्श प्रश्न-पत्र 4

CBSE कक्षा 12वीं की परीक्षा के लिए नमूना प्रश्न–पत्र

हिंदी केंद्रिक

निर्देश 1. प्रश्न-पत्र में तीन खंड हैं–क, ख और ग।
2. खंड-क में अपठित बोध पर आधारित प्रश्न पूछे गए हैं। सभी प्रश्नों के उत्तर देने अनिवार्य हैं।
3. खंड-ख में अभिव्यक्ति और माध्यम पाठ्यपुस्तक के आधार पर प्रश्न पूछे गए हैं। प्रश्नों में आंतरिक विकल्प दिए गए हैं।
4. खंड-ग में पाठ्यपुस्तक आरोह भाग-2 एवं वितान भाग-2 से प्रश्न पूछे गए हैं। प्रश्नों में आंतरिक विकल्प दिए गए हैं।

समय : **3 घंटे** पूर्णांक : **80**

खंड 'क' अपठित बोध

1. *निम्नलिखित गद्यांश को ध्यानपूर्वक पढ़िए और दिए गए प्रश्नों के उत्तर निर्देशानुसार दीजिए।* (10)

भारत एक विशाल देश है, जिसमें भिन्न-भिन्न प्रकार की समस्याएँ व्याप्त हैं, जिनमें से एक है—जनसंख्या वृद्धि। जनसंख्या वृद्धि देश के विकास में बाधा का कार्य करती है, इसलिए हमारी सर्वोच्च प्राथमिकता जनसंख्या वृद्धि को रोकना है। इस क्षेत्र में हमारे सभी प्रयत्न निष्फल रहे हैं। ऐसा क्यों है? यह इसलिए भी हो सकता है, क्योकि समस्या को देखने का हर एक का अलग दृष्टिकोण है। जनसंख्याशास्त्रियों के लिए यह आँकड़ों का अंबार है। अफसरशाही के लिए यह टारगेट तय करने की कार्यविधि है। राजनीतिज्ञ इसे वोट बैंक की दृष्टि से देखता है। ये सब अपने-अपने ढंग से समस्या को सुलझाने में लगे हैं। अत: पृथक्-पृथक् किसी के हाथ सफलता नहीं लगी।

परंतु यह स्पष्ट है कि परिवार के आकार पर आर्थिक विकास और शिक्षा का बहुत प्रभाव पड़ता है। यहाँ आर्थिक विकास का तात्पर्य पाश्चात्य मतानुसार भौतिकवाद नहीं जहाँ बच्चों को बोझ माना जाता है। हमारे लिए तो यह सम्मानपूर्वक जीने के स्तर से संबंधित है। यह मौजूदा संपत्ति के समतामूलक विवरण पर ही निर्भर नहीं है वरन् ऐसी शैली अपनाने से संबंधित है, जिसमें अस्सी करोड़ लोगों की ऊर्जा का बेहतर उपयोग हो सके। इसी प्रकार स्त्री-शिक्षा भी है। यह समाज में एक नए प्रकार का चिंतन पैदा करेगी, जिससे सामाजिक और आर्थिक विकास के नए आयाम खुलेंगे और साथ ही बच्चों के विकास का नया रास्ता भी खुलेगा। अत: जनसंख्या की समस्या सामाजिक है। इसे सरकार अकेले नहीं सुलझा सकती। केंद्रीकरण से हटकर इसे ग्राम-ग्राम, व्यक्ति-व्यक्ति तक पहुँचाना होगा। जब तक यह जन-आंदोलन नहीं बन जाता, तब तक सफलता मिलना संदिग्ध है।

बहुविकल्पीय प्रश्न

निम्नलिखित में से निर्देशानुसार विकल्पों का चयन कीजिए।

(क) प्रस्तुत गद्यांश किस विषयवस्तु पर आधारित है? (1)
(i) जनसंख्या वृद्धि : समस्या और समाधान पर
(ii) आर्थिक विकास में जनसंख्या की भूमिका पर
(iii) विकास के नए आयाम पर
(iv) शिक्षा के योगदान पर

(ख) निम्नलिखित कथनों पर विचार कीजिए। (1)

1. भारत में समस्याओं की कमी नहीं है।
2. भारत के विकास में कोई भी समस्या बाधक नहीं है।
3. आर्थिक विकास से तात्पर्य 'भौतिकवाद' से है।
4. जनसंख्या वृद्धि के नियंत्रण में 'स्त्री-शिक्षा' का स्थान महत्त्वपूर्ण है।

गद्यांश के अनुसार कौन-सा/से कथन सही है/हैं?

(i) केवल 1 *(ii)* केवल 2 *(iii)* 2 और 3 *(iv)* 1 और 4

(ग) गद्यांश के अनुसार, आर्थिक विकास से क्या तात्पर्य है? (1)

(i) सम्मानपूर्वक जीने का स्तर *(ii)* भौतिकवाद
(iii) शिक्षा का स्तर *(iv)* संपन्नता

अतिलघु उत्तरीय प्रश्न

(घ) जनसंख्या वृद्धि को रोकना हमारी सर्वोच्च प्राथमिकता क्यों है? (1)

लघु उत्तरीय प्रश्न

(ङ) जनसंख्या वृद्धि को रोकने के लिए किस प्रकार का दृष्टिकोण अपनाना चाहिए? (2)

(च) सामाजिक विकास को किस प्रकार बढ़ाया जा सकता है? (2)

(छ) जनसंख्या नियन्त्रण के लिए समाज में किस प्रकार का दृष्टिकोण अपनाया जाता है? (2)

2. *निम्नलिखित पद्यांश को ध्यानपूर्वक पढ़िए और दिए गए प्रश्नों के उत्तर निर्देशानुसार दीजिए।* (8)

इतने ऊँचे उठो कि जितना उठा गगन है
देखो इस सारी दुनिया को एक दृष्टि से
संचित करो धरा, समता की भाव वृष्टि से
जाति भेद की, धर्म वेश की
काले गोरे, रंग द्वेष की
ज्वालाओं से जलते जग में
इतने शीतल बहो कि जितना मलय पवन है।

लो अतीत में उतना ही जितना पोषक है।
जीर्ण शीर्ण का मोह मृत्यु का ही द्योतक है
तोड़ो बंधन, रुके न चिंतन
गति जीवन का सत्य चिरंतन
धारा के शाश्वत प्रवाह में इतने गतिमय बनो
कि जितना परिवर्तन है।

बहुविकल्पीय प्रश्न

निम्नलिखित में से निर्देशानुसार विकल्पों का चयन कीजिए।

(क) नए समाज के निर्माण में नई सोच क्या होगी? (1)

(i) सभी को समानता की दृष्टि से देखना *(ii)* स्वयं को ऊँचा उठाना
(iii) दूसरों से भेदभाव करना *(iv)* धर्म को प्रधानता देना

(ख) दी गई सूची-I का सूची-II से सुमेलन कीजिए। (1)

	सूची-I		सूची-II
A.	समता की भाव वृष्टि	1.	जिसका कोई अंत नहीं
B.	चिरंतन	2.	बुरी आदतें रखना
C.	जीर्ण शीर्ण का मोह	3.	समानता की भावना

कूट

	A	B	C
(i)	3	1	2
(ii)	1	3	2
(iii)	1	2	3
(iv)	2	1	3

व्याख्या सहित

(ग) 'ज्वालाओं से जलते जग में' पंक्ति में कौन-सा अलंकार है? (1)

(i) अन्योक्ति
(ii) अतिश्योक्ति
(iii) अनुप्रास
(iv) उपमा

अतिलघु उत्तरीय प्रश्न

(घ) हमें अतीत से क्या सीखना चाहिए? (1)

लघु उत्तरीय प्रश्न

(ङ) हमें गगन के समान ऊँचा उठने के लिए क्या करना होगा? (2)

(च) ज्वालाओं से जलते जग में मलय पवन की तरह रहने का क्या तात्पर्य है? (2)

खंड 'ख' अभिव्यक्ति और माध्यम पुस्तक

3. *निम्नलिखित में से किसी एक अप्रत्याशित विषय पर लगभग 120 शब्दों में रचनात्मक लेख लिखिए।* (6)

(क) बेटियों की आवश्यक होती शिक्षा
(ख) "वृक्ष मनुष्य के सच्चे हितैषी हैं"
(ग) फैशन का बढ़ता चलन

4. *निम्नलिखित प्रश्नों में से किन्हीं चार प्रश्नों के उत्तर लगभग 40 शब्दों में लिखिए।* (4 × 2 = 8)

(क) नाट्य आंदोलन में रेडियो की भूमिका स्पष्ट कीजिए। (2)
(ख) फ्रीलांस पत्रकारिता क्या है? (2)
(ग) विशेष लेखन क्या है? (2)
(घ) कहानी के नाट्य रूपांतरण में क्या चुनौतियाँ हैं? (2)
(ङ) 'इंटरनेट पत्रकारिता' के विषय में संक्षेप रूप से बताइए। (2)

5. *निम्नलिखित प्रश्नों में से किन्हीं दो प्रश्नों के उत्तर लगभग 80 शब्दों में लिखिए।* (2 × 4 = 8)

(क) 'आँखों देखी दुर्घटना' विषय पर एक आलेख लिखिए। (4)
(ख) रेडियो पर रेडियो नाटक की शुरुआत कैसे हुई? (4)
(ग) समाचार लेखन में किन-किन की भूमिका मुख्य होती है? स्पष्ट कीजिए। (4)

खंड 'ग' पाठ्यपुस्तक आरोह भाग-2 व वितान भाग-2

6. *निम्नलिखित काव्यांश को ध्यानपूर्वक पढ़िए।* (5 × 1 = 5)

प्रातः नभ था बहुत नीला शंख जैसे भोर का नभ
राख से लीपा हुआ चौका (अभी गीला पड़ा है)
बहुत काली सिल ज़रा से लाल केसर से
कि जैसे धुल गई हो
स्लेट पर या लाल खड़िया चाक
मल दी हो किसी ने
नील जल में या किसी की
गौर झिलमिल देह
जैसे हिल रही हो।
और ......
जादू टूटता है इस उषा का अब सूर्योदय हो रहा है।

निम्नलिखित में से निर्देशानुसार विकल्पों का चयन कीजिए।

(क) कवि ने प्रातःकालीन वातावरण की समानता नीले शंख से क्यों की है? (1)

(i) भोर के समय वातावरण का रंग नीले शंख जैसा बुझा होने के कारण

(ii) कवि को नीले शंख का रंग पसंद होने के कारण

(iii) भोर के समय वातावरण के अनेक रंग बदलने के कारण

(iv) नीले शंख के अतिरिक्त अन्य उपमा न मिलने के कारण

(ख) भोर के नभ का सुरमई रंग दर्शाने के लिए क्या उपमा दी गई है? (1)

(i) लाल केसर से धुली सिल

(ii) स्लेट पर लाल खड़िया चाक

(iii) राख से लीपा चौका

(iv) नीले जल में गौर वर्ण

(ग) चौके के गीला होने का क्या भावार्थ है? (1)

(i) नए जीवन का उदय

(ii) वातावरण में नमी

(iii) भोजन के लिए तैयार होना

(iv) वातावरण में शुष्कता

(घ) निम्नलिखित कथन और कारण को ध्यानपूर्वक पढ़िए और सही विकल्प चुनकर लिखिए। (1)

कथन (A) कवि के अनुसार प्रातःकालीन आकाश का रंग राख से लीपे हुए चौके के समान लग रहा है।

कारण (R) प्रात:कालीन आकाश में अभी रात की नमी थी।

(i) कथन (A) सही है, किंतु कारण (R) गलत है।

(ii) कथन (A) गलत है, कारण (R) सही है।

(iii) कथन (A) और कारण (R) दोनों सही हैं, किंतु कारण (R) कथन (A) की सही व्याख्या नहीं करता है।

(iv) कथन (A) और कारण (R) दोनों सही हैं तथा कारण (R) कथन (A) की सही व्याख्या करता है।

(ङ) 'नील जल' के उपमान के माध्यम से कवि किसे चित्रित करता है? (1)

(i) नीले स्वच्छ आकाश को

(ii) सुंदर स्त्री के रूप को

(iii) नीले रंग की सुंदरता को

(iv) पानी के अनेक रूप को

7. *निम्नलिखित प्रश्नों में से किन्हीं दो प्रश्नों के उत्तर लगभग 60 शब्दों में लिखिए।* (2 × 3 = 6)

(क) "भ्रातृशोक में हुई राम की दशा को कवि ने प्रभु की नर-लीला की अपेक्षा सच्ची मानवीय अनुभूति के रूप में रचा है।" क्या आप इससे सहमत हैं? तर्कपूर्ण उत्तर दीजिए। (3)

(ख) 'बगुलों के पंख' कविता के सौंदर्य पर प्रकाश डालिए। (3)

(ग) 'दिन जल्दी-जल्दी ढलता है' में पक्षी तो लौटने को विकल हैं, परंतु कवि में उत्साह नहीं है। ऐसा क्यों? स्पष्ट कीजिए। (3)

8. *निम्नलिखित प्रश्नों में से किन्हीं दो प्रश्नों के उत्तर लगभग 40 शब्दों में लिखिए।* (2 × 2 = 4)

(क) 'कविता के बहाने' में कविता एक खेल के समान होती है। कैसे? स्पष्ट कीजिए। (2)

(ख) 'कैमरे में बंद अपाहिज' कविता को क्या संवेदनहीन कहा जा सकता है? तर्क सहित स्पष्ट कीजिए। (2)

(ग) 'उषा' कविता के प्रतिपाद्य को स्पष्ट कीजिए। (2)

9. *निम्नलिखित गद्यांश को ध्यानपूर्वक पढ़िए।* (5 × 1 = 5)

श्रम विभाजन की दृष्टि से भी जाति-प्रथा गंभीर दोषों से युक्त है। जाति-प्रथा का श्रम विभाजन मनुष्य की स्वेच्छा पर निर्भर नहीं रहता। मनुष्य की व्यक्तिगत भावना तथा व्यक्तिगत रुचि का इसमें कोई स्थान अथवा महत्त्व नहीं रहता। 'पूर्व लेख' ही इसका आधार है। इस आधार पर हमें यह स्वीकार करना पड़ेगा कि आज के उद्योगों में गरीब तो 'अरुचि' के साथ केवल विवशतावश कार्य करते हैं। ऐसी स्थिति स्वभावतः मनुष्य को दुर्भावना से ग्रस्त रहकर चालू काम करने और कम काम करने के लिए प्रेरित करती है। ऐसी स्थिति में जहाँ काम करने वालों का न दिल लगता हो न दिमाग, वहाँ कोई कुशलता कैसे प्राप्त की जा सकती है। अतः यह निर्विवाद रूप से सिद्ध हो जाता है कि आर्थिक पहलू से भी जाति-प्रथा हानिकारक प्रथा है, क्योंकि यह मनुष्य की स्वाभाविक प्रेरणा, रुचि व आत्म-शक्ति को दबाकर उन्हें अस्वाभाविक नियमों में जकड़ कर निष्क्रिय बना देती है।

निम्नलिखित में से निर्देशानुसार विकल्पों का चयन कीजिए।

(क) गद्यांश के अनुसार श्रम विभाजन की दृष्टि से जाति-प्रथा दोषपूर्ण क्यों है? (1)

(i) व्यक्तिगत रुचियों को ध्यान में न रखने के कारण
(ii) मनुष्य के पेशे को पूर्व लेख से जोड़े जाने के कारण
(iii) मनुष्य को स्वतंत्र छोड़े जाने के कारण
(iv) व्यक्तिगत भावनाओं को ध्यान में रखने के कारण

(ख) कार्य निर्धारित होने का क्या दुष्परिणाम होता है? (1)

(i) कार्य के प्रति दुर्भावना
(ii) कार्यकुशलता का अभाव
(iii) कार्य अरुचि के साथ करना
(iv) ये सभी

(ग) कार्यकुशलता बढ़ाने के लिए क्या आवश्यक है? (1)

(i) रुचि अनुसार काम करने का अवसर प्रदान करना
(ii) कार्य को जबरन थोपा जाना
(iii) कार्य करने की विशेष छूट प्रदान करना
(iv) उत्पादकता को कम कर देना

(घ) दी गई सूची-I का सूची-II से सुमेलन कीजिए। (1)

सूची-I	सूची-II
A. जाति-प्रथा के श्रम विभाजन का परिणाम	1. गरीबों का उद्योगों में बिना रुचि के कार्य करना
B. चालू काम करना	2. जातिगत भेदभाव वाली परंपरा
C. जाति-प्रथा	3. बिना रुचि के काम करना

कूट

	A	B	C
(i)	3	1	2
(ii)	1	3	2
(iii)	1	2	3
(iv)	2	1	3

(ङ) आर्थिक पहलू से जाति-प्रथा क्यों हानिकारक है? (1)

(i) मनुष्य की रुचि एवं आत्मशक्ति को कम करने के कारण
(ii) मनुष्य को आत्मकेंद्रित करने के कारण
(iii) मनुष्य को नियमों में रखकर सक्रिय बनाने के कारण
(iv) मनुष्य को उन्नति के अवसर प्रदान करने के कारण

10. *निम्नलिखित प्रश्नों में से किन्हीं दो प्रश्नों के उत्तर लगभग 60 शब्दों में लिखिए।* (2 × 3 = 6)

(क) लोगों ने लड़कों की टोली को मेंढक-मंडली का नाम किस आधार पर दिया? यह टोली स्वयं को इंदर सेना कहकर क्यों बुलाती थी? 'काले मेघा पानी दे' पाठ के आधार पर स्पष्ट कीजिए। (3)

(ख) बाज़ार के जादू का प्रभाव समाप्त हो जाने पर ग्राहक की दशा कैसी हो जाती है तथा उसे क्या बोध होता है? स्पष्ट कीजिए। (3)

(ग) पहलवान लुट्टन सिंह को राजा साहब की कृपा दृष्टि कब प्राप्त हुई? (3)

11. *निम्नलिखित प्रश्नों में से किन्हीं दो प्रश्नों के उत्तर लगभग 40 शब्दों में लिखिए।* (2 × 2 = 4)

(क) भक्तिन के आ जाने से महादेवी अधिक देहाती कैसे हो गई? स्पष्ट कीजिए। (2)

(ख) लेखक को शिरीष के विषय में वनस्पतिशास्त्री ने क्या बताया? (2)

(ग) हमारे समाज में जाति-प्रथा किस रूप में स्थापित की गई है? 'श्रम विभाजन' पाठ के आधार पर बताइए। (2)

12. *निम्नलिखित प्रश्नों में से किन्हीं दो प्रश्नों के उत्तर लगभग 60 शब्दों में लिखिए।* (2 × 5 = 10)

(क) 'सिल्वर वैडिंग' कहानी के आधार पर उन जीवन-मूल्यों का उल्लेख कीजिए जो आज बदल रहे हैं। क्या आप इस बदलाव को ठीक समझते हैं? सकारण उत्तर दीजिए। (5)

(ख) 'जूझ' कहानी में चित्रित ग्रामीण जीवन का संक्षिप्त वर्णन अपने शब्दों में कीजिए। (5)

(ग) पर्यटक मुअनजो-दड़ो में क्या-क्या देख सकते हैं? 'अतीत में दबे पाँव' पाठ के आधार पर किन्हीं तीन दृश्यों का परिचय दीजिए। (5)

व्याख्या रहित

उत्तर

1. (क) (i) जनसंख्या वृद्धिः समस्या और समाधान पर
   (ख) (iv) 1 और 4
   (ग) (i) सम्मानपूर्वक जीने का स्तर
2. (क) (i) सभी को समानता की दृष्टि से देखना
   (ख) (i) 3 1 2
   (ग) (iii) अनुप्रास
6. (क) (i) भोर के समय वातावरण का रंग नीले शंख जैसा बुझा होने के कारण
   (ख) (iii) राख से लीपा चौका
   (ग) (ii) वातावरण में नमी
   (घ) (iv) कथन (A) और कारण (R) दोनों सही हैं तथा कारण (R), कथन (A) की सही व्याख्या करता है।
   (ङ) (i) नीले स्वच्छ आकाश को
9. (क) (ii) मनुष्य के पेशे को पूर्व लेख से जोड़े जाने के कारण
   (ख) (iv) ये सभी
   (ग) (i) रुचि अनुसार काम करने का अवसर प्रदान करना
   (घ) (ii) 1 3 2
   (ङ) (i) मनुष्य की रुचि एवं आत्मशक्ति को कम करने के कारण

प्रतिदर्श प्रश्न-पत्र 5

CBSE कक्षा 12वीं की परीक्षा के लिए नमूना प्रश्न–पत्र

हिंदी केंद्रिक

निर्देश 1. प्रश्न-पत्र में तीन खंड हैं–क, ख और ग।

2. खंड-क में अपठित बोध पर आधारित प्रश्न पूछे गए हैं। सभी प्रश्नों के उत्तर देने अनिवार्य हैं।

3. खंड-ख में अभिव्यक्ति और माध्यम पाठ्यपुस्तक के आधार पर प्रश्न पूछे गए हैं। प्रश्नों में आंतरिक विकल्प दिए गए हैं।

4. खंड-ग में पाठ्यपुस्तक आरोह भाग-2 एवं वितान भाग-2 से प्रश्न पूछे गए हैं। प्रश्नों में आंतरिक विकल्प दिए गए हैं।

समय : **3 घंटे** पूर्णांक : **80**

व्याख्या रहित

खंड 'क' अपठित बोध

1. *निम्नलिखित गंद्याश को ध्यानपूर्वक पढ़िए और दिए गए प्रश्नों के उत्तर निर्देशानुसार दीजिए।* (10)

साहित्य में मानवीय समाज के सुख-दुख, आशा-निराशा, साहस-भय और उत्थान-पतन का स्पष्ट चित्रण रहता है। साहित्य की इन्हीं खूबियों के कारण इसे 'समाज का दर्पण' कहा जाता है। वास्तव में, देखा जाए तो साहित्य एक स्वायत्त आत्मा है और उसकी सृष्टि करने वाला भी ठीक से यह नहीं बता सकता कि उसके रचे साहित्य की गूँज कब और कहाँ तक जाएगी? कहने का तात्पर्य यह है कि यदि साहित्य समाज में नैतिक सत्य की चिंता है, तो यह समाज की दूरगामी वृत्तियों का रक्षक तत्त्व भी है। तभी तो प्रेमचंद ने साहित्यकारों को सावधान करते हुए साहित्य के लक्ष्य को बड़ी मार्मिकता से रेखांकित करते हुए कहा था—"जिस साहित्य से हमारी सुरुचि न जागे, आध्यात्मिक और मानसिक तृप्ति न मिले, हममें शक्ति और गति न पैदा हो, हमारा सौंदर्य-प्रेम न जागे, जो हममें सच्चा संकल्प और कठिनाइयों पर विजय पाने की सच्ची दृढ़ता न उत्पन्न करे, वह आज हमारे लिए बेकार है, वह साहित्य कहलाने का अधिकारी नहीं।"

कहा जा सकता है कि साहित्य में सत्य की साधना है, शिवत्व की कामना है और सौंदर्य की अभिव्यंजना है। शुद्ध जीवंत एवं उत्कृष्ट साहित्य मानव एवं समाज की संवेदना और उसकी सहज वृत्तियों को, युगों-युगों तक जन-जन के मानस को रससिक्त करता रहता है। तभी तो शेक्सपियर हों या कालिदास उनकी कृतियाँ आज भी अपनी रससुधा से लोगों के हृदय को आप्लावित कर रही हैं। एक बात और राजनीतिक दृष्टि से विश्व चाहे कितने ही गुटों में क्यों न बँट गया हो, चाहे उसके मतभेद की खाई कितनी ही गहरी क्यों न हो गई हो, किंतु साहित्य के प्रांगण में सब एक ही हैं, क्योंकि दुनिया का मानव एक है तथा उसकी वृत्तियाँ भी सब जगह और सब कालों में एक समान हैं। प्राचीन ग्रीक साहित्य क्यों प्रिय लगता है, जबकि वह ग्रीक समाज की दास-प्रथा, स्त्रियों की दुर्दशा तथा श्रम से घृणा जैसी विकृतियों से पीड़ित था। वस्तुत: वह आज भी प्रिय एवं आकर्षक इसलिए लगता है, क्योंकि इसमें मनुष्यता का एक युग चित्रित हुआ है। इसमें कोई दो राय नहीं कि मनुष्य के सहज स्वभाव के अनुसार, साहित्य भी परिवर्तित होता रहता है। कारण यह है कि साहित्यकार समय की विचारधारा से अछूता नहीं रह सकता।

जीवन की तरह साहित्य में भी संघर्ष और निरंतरता चलती रहती है, इसीलिए तो साहित्य समाज का दर्पण कहलाता है, क्योंकि समय और परिस्थिति का प्रभाव साहित्य पर अनिवार्य रूप से पड़ता है। साहित्य ही वर्तमान को सामने रखकर भविष्य की रूपरेखा तय करता है। समाज की सुषुप्त विवेकशक्ति को जाग्रत करना साहित्य का बुनियादी लक्ष्य है। अपने समय के सच को उजागर करने के साथ ही गुणात्मक साहित्य सदैव प्रासंगिक बना रहता है तथा जनमानस को आलोक स्तंभ के समान एक दिशा और प्रकाश देता है। कहने की आवश्यकता नहीं कि श्रेष्ठ साहित्य वही होता है, जो अपने भीतर-बाहर सार्वभौमिक मूल्यों, संदेशों एवं उद्देश्यों को समाए रहता है।

बहुविकल्पीय प्रश्न

निम्नलिखित में से निर्देशानुसार विकल्पों का चयन कीजिए।

(क) साहित्य की किस खूबी के कारण इसे समाज का दर्पण कहा जाता है? (1)

(i) मानव समाज का चित्रण करने के कारण
(ii) साहित्यकारों को सम्मान देने के कारण
(iii) समाज के एक पक्ष का चित्रण करने के कारण
(iv) इतिहास का चित्रण करने के कारण

(ख) निम्नलिखित कथनों पर विचार कीजिए। (1)

1. साहित्य एक परायत्त आत्मा है।
2. साहित्य को समाज का दर्पण कहा जाता है।
3. साहित्य 'सत्यम् शिवम् सुंदरम्' का प्रतिनिधित्व करता है।
4. साहित्य पर समय और परिस्थिति का प्रभाव नहीं पड़ता।

गद्यांश के अनुसार कौन-सा/से कथन सही है/हैं?

(i) केवल 1
(ii) केवल 2
(iii) 2 और 3
(iv) 1 और 4

(ग) किस प्रकार का साहित्य सदैव प्रासंगिक बना रहता है? (1)

(i) गुणों से परिपूर्ण
(ii) अपने समय के सत्य को उजागर करने वाला
(iii) *(i)* और *(ii)* दोनों
(iv) बुराइयों का प्रदर्शन करने वाला

अतिलघु उत्तरीय प्रश्न

(घ) शक्सपियर की कृतियाँ लोकप्रिय क्यों हैं? (1)

लघु उत्तरीय प्रश्न

(ङ) विश्व का विभिन्न गुटों में बँटने से साहित्य पर क्या प्रभाव पड़ेगा? (2)

(च) साहित्य का बुनियादी लक्ष्य क्या है? (2)

(छ) श्रेष्ठ साहित्य किसे कहा जाता है? (2)

2. *निम्नलिखित पद्यांश को ध्यानपूर्वक पढ़िए और दिए गए प्रश्नों के उत्तर निर्देशानुसार दीजिए।* (8)

खिड़की से झाँकती दो आँखें उदास।
ऐसे में कोई आ जाए जो पास।।
बीसों प्रतीक्षाओं का जूठन है
दर्द में दबाया यह भारी मन है,
एक गंध जूड़े की रूठी सौ बार
पलकों में छाया सावन-घन है।
सावन का खारा-जल मिटे नहीं प्यास।
खिड़की से झाँकती दो आँखें उदास।।
सेज के सुमन सारे सूखे हैं
गीतों के बोल-कंठ रूखे हैं,
काटी न जाए सौगंध भरी रात
बिस्तर के सिकन राम भूखे हैं।
कब तक रहेगा इस घर में वनवास।
खिड़की से झाँकती दो आँखें उदास।।
नयनों के कोर भरे दिन हैं
कंगन ये खनकाए बिन हैं,
यादों की गाँठ बँधे और कितने
गिनने में लगते कठिन हैं।
आँचल में मनुआ का कितना उपहास।
खिड़की से झाँकती दो आँखें उदास।।

बहुविकल्पीय प्रश्न

निम्नलिखित में से निर्देशानुसार विकल्पों का चयन कीजिए।

(क) काव्यांश के अनुसार आँखें क्या पाना चाहती हैं? (1)

(i) प्रिय का साथ
(ii) सुख-सुविधाएँ
(iii) जल
(iv) धन

(ख) दी गई सूची-I का सूची-II से सुमेलन कीजिए। (1)

सूची-I	सूची-II
A. प्रतीक्षाओं का जूठन	1. बरसात हुआ बादल
B. सावन-घन	2. यादों से भरा दिन
C. यादों की गाँठ बँधे	3. लंबे इंतजार के दर्द से भरा मन

कूट

	A	B	C
(i)	3	1	2
(ii)	1	3	2
(iii)	1	2	3
(iv)	2	1	3

(ग) काव्यांश में किस प्रकार का भाव व्यक्त हुआ है? (1)

(i) अभावों का
(ii) विरह का
(iii) वर्षा की कमी का
(iv) मिलन का

अतिलघु उत्तरीय प्रश्न

(घ) कवि के द्वारा कैसी रात काटना दुर्भर हो रहा है? (1)

लघु उत्तरीय प्रश्न

(ङ) काव्याश के अनुसार खिड़की से झाँकती आँखें कैसी हैं? (2)

(च) प्रस्तुत कविता का केन्द्रीय भाव स्पष्ट कीजिए। (2)

व्याख्या रहित

खंड 'ख ' अभिव्यक्ति और माध्यम पुस्तक

3. *निम्नलिखित में से किसी एक विषय पर अप्रत्याशित लगभग 120 शब्दों में रचनात्मक लेख लिखिए।* (6)

(क) अपने जीवन की मधुर स्मृतियों का वर्णन

(ख) मेरी प्रिय ऋतु

(ग) विद्यालय से लौटते समय जाम में फँस जाना

4. *निम्नलिखित प्रश्नों में से किन्हीं चार प्रश्नों के उत्तर लगभग 40 शब्दों में लिखिए।* (4 × 2 = 8)

(क) विशेष लेखन की विशेषताएँ लिखिए। (2)

(ख) कहानी को नाटक में रूपांतरित करने के लिए क्या-क्या आवश्यक तत्त्व हैं? (2)

(ग) नाट्य आंदोलन के विकास में रेडियो नाटक की क्या अहम् भूमिका रही है? (2)

(घ) समाचार लेखन के छः ककारों का वर्णन कीजिए। (2)

(ङ) अच्छे पत्रकारीय लेखन के लिए ध्यान रखने योग्य बातें कौन-कौन सी हैं? (2)

5. *निम्नलिखित प्रश्नों में से किन्हीं दो प्रश्नों के उत्तर लगभग 80 शब्दों में लिखिए।* (2 × 4 = 8)

(क) 'युवा वर्ग में गहराती निराशा की भावना' विषय पर फ़ीचर लिखिए। (4)

(ख) समाचार मुख्य रूप से कितने प्रकार के होते हैं संक्षेप में चर्चा कीजिए। (4)

(ग) समाचार लेखन में 'नीतिगत ढाँचे' का महत्त्व स्पष्ट कीजिए। (4)

खंड 'ग' पाठ्यपुस्तक आरोह भाग-2 व वितान भाग-2

6. *निम्नलिखित काव्यांश को ध्यानपूर्वक पढ़िए।* (5 × 1 = 5)

दीवाली की शाम घर पुते और सजे
चीनी के खिलौने जगमगाते लावे
वो रूपवती मुखड़े पै इक नर्म दमक
बच्चे के घरौंदे में जलाती है दीये

आँगन में ठुनक रहा है ज़िदयाया है
बालक तो हई चाँद पै ललचाया है
दर्पण उसे दे के कह रही है माँ
देख आईने में चाँद उतर आया है

निम्नलिखित में से निर्देशानुसार विकल्पों का चयन कीजिए।

(क) दीवाली के दिन घर की साज-सज्जा कैसी होती है? (1)
(i) अस्त-व्यस्त (ii) साफ-सुंदर पुते हुए घर
(iii) बच्चों के खिलौने घर में फैले हुए (iv) अस्वच्छ व गंदी

(ख) दीवाली के दिन माता बच्चों को क्या लाकर देती है? (1)
(i) कपड़े (ii) मिठाई
(iii) चीनी मिट्टी के खिलौने (iv) दीया

(ग) दिए जलाते समय बच्चे के लिए माता के चेहरे पर कैसा भाव आता है? (1)
(i) कोमलता का (ii) शिथिलता का
(iii) स्तब्धता का (iv) असमंजस्यता का

(घ) निम्नलिखित कथन और कारण को ध्यानपूर्वक पढ़िए और सही विकल्प चुनकर लिखिए। (1)
कथन (A) कवि के अनुसार, बच्चे जब जिद करते हैं तो जल्दी से मानते नहीं हैं।
कारण (R) माँ बच्चे द्वारा चाँद माँगने पर उसे आइने में चाँद दिखा देती है।
(i) कथन (A) सही है, किंतु कारण (R) गलत है।
(ii) कथन (A) गलत है, कारण (R) सही है।
(iii) कथन (A) और कारण (R) दोनों सही हैं, किंतु कारण (R) कथन (A) की सही व्याख्या नहीं करता है।
(iv) कथन (A) और कारण (R) दोनों सही हैं तथा कारण (R) कथन (A) की सही व्याख्या करता है।

(ङ) माँ बच्चे के घरौंदे में दिए किसलिए जलाती है? (1)
(i) मनोरंजन हेतु (ii) परंपरा हेतु
(iii) आत्मीयता हेतु (iv) प्रकाश हेतु

7. *निम्नलिखित प्रश्नों में से किन्हीं दो प्रश्नों के उत्तर लगभग 60 शब्दों में लिखिए।* (2 × 3 = 6)

(क) 'दिन जल्दी-जल्दी ढलता है' कविता में कवि ने स्वयं को जगत से किस प्रकार अलग बताया है? (3)
(ख) 'पतंग' शीर्षक की सार्थकता स्पष्ट कीजिए। (3)
(ग) 'कैमरे में बंद अपाहिज' शीर्षक की सार्थकता सिद्ध कीजिए। (3)

8. *निम्नलिखित प्रश्नों में से किन्हीं दो प्रश्नों के उत्तर लगभग 40 शब्दों में लिखिए।* (2 × 2 = 4)

(क) लक्ष्मण के बिना राम अपनी दशा की तुलना किससे करते हैं तथा कैसे? (2)
(ख) 'भाषा को सहूलित' से बरतने से क्या अभिप्राय है? 'बात सीधी थी पर' कविता के अनुसार स्पष्ट कीजिए। (2)
(ग) 'उषा' कविता में कवि ने भोर के नभ की पवित्रता, निर्मलता तथ उज्ज्वलता को किन रूपों में स्पष्ट किया है? (2)

9. *निम्नलिखित गद्यांश को ध्यानपूर्वक पढ़िए।* (5 × 1 = 5)

पड़ोस में एक महानुभाव रहते हैं, जिनको लोग भगत जी कहते हैं। चूरन बेचते हैं। यह काम करते, जाने उन्हें कितने बरस हो गए हैं। लेकिन किसी एक भी दिन चूरन से उन्होंने छः आने से ज्यादा पैसे नहीं कमाए। चूरन उनका आस-पास सरनाम है और खुद खूब लोकप्रिय हैं। कहीं व्यवसाय का गुर पकड़ लेते और उस पर चलते तो आज खुशहाल क्या, मालामाल होते! क्या कुछ उनके पास न होता! इधर दस वर्षों से मैं देख रहा हूँ, उनका चूरन हाथों-हाथ बिक जाता है। पर वह न उसे थोक में देते हैं, न व्यापारियों को बेचते हैं। पेशगी ऑर्डर कोई नहीं लेते। बँधे वक्त पर अपनी चूरन की पेटी लेकर घर से बाहर हुए नहीं कि देखते-देखते छः आने की कमाई उनकी हो जाती है। लोग उनका चूरन लेने को उत्सुक जो रहते हैं। चूरन से भी अधिक शायद

वह भगत जी के प्रति अपनी सद्भावना का देय देने को उत्सुक रहते हैं। पर छः आने पूरे हुए नहीं कि भगत जी बाकी चूरन बालकों को मुफ़्त बाँट देते हैं। कभी ऐसा नहीं हुआ कि कोई उन्हें पच्चीसवाँ पैसा भी दे सके। कभी चूरन में लापरवाही नहीं हुई और कभी रोग होता भी मैंने उन्हें नहीं देखा है।

निम्नलिखित में से निर्देशानुसार विकल्पों का चयन कीजिए।

(क) प्रस्तुत गद्यांश किस पाठ से लिया गया है? (1)

(i) भक्तिन *(ii)* काले मेघा पानी दे
(iii) बाज़ार दर्शन *(iv)* नमक

(ख) चूरन बेचने वाले का स्वभाव कैसा था? (1)

(i) संतोषी *(ii)* स्वार्थी
(iii) गंभीर *(iv)* अहंकारी

(ग) चूरन शीघ्र बिक जाने का क्या कारण था? (1)

(i) चूरन बेचने वाले की जान पहचान *(ii)* चूरन की गुणवत्ता
(iii) चूरन के मूल्य का कम होना *(iv)* चूरन की माँग

(घ) दी गई सूची-I का सूची-II से सुमेलन कीजिए। (1)

सूची-I	सूची-II
A. सरनाम	1. कारोबार की युक्ति
B. व्यवसाय का गुर	2. मशहूर, लोकप्रिय
C. सद्भावना	3. किसी के प्रति अच्छी भावना रखना

कूट

	A	B	C
(i)	3	1	2
(ii)	1	3	2
(iii)	1	2	3
(iv)	2	1	3

(ङ) भगत जी सदैव किस नियम पर डटे रहते थे? (1)

(i) कम चूरन बेचना *(ii)* बाजार का मोल-भाव न करना
(iii) छः आने से अधिक का चूरन न बेचना *(iv)* बच्चों को कम कीमत पर चूरन बेचना

10. *निम्नलिखित प्रश्नों में से किन्हीं दो प्रश्नों के उत्तर लगभग 60 शब्दों में लिखिए।* (2 × 3 = 6)

(क) "भक्तिन अच्छी है, यह कहना कठिन होगा, क्योंकि उसमें दुर्गुणों का अभाव नहीं"–लेखिका ने ऐसा क्यों कहा होगा? (3)

(ख) 'बाज़ार दर्शन' पाठ के आधार पर बताइए कि पैसे की पावर का रस किन दो रूपों में प्राप्त किया जाता है? (3)

(ग) लुट्टन पहलवान का कुश्ती का स्कूल जल्दी ही खाली क्यों हो गया? (3)

11. *निम्नलिखित प्रश्नों में से किन्हीं दो प्रश्नों के उत्तर लगभग 40 शब्दों में लिखिए।* (2 × 2 = 4)

(क) बच्चों की टोली इंद्र भगवान से किस प्रकार बारिश करवाने के लिए प्रार्थना करती है? 'काले मेघा पानी दे' पाठ के आधार पर लिखिए। (2)

(ख) 'शिरीष के फूल' पाठ में लेखक अधिकार लिप्सा के बारे में क्या बताना चाहता है? (2)

(ग) 'जाति-प्रथा और श्रम का विभाजन' पाठ के आधार पर बताइए कि डॉ. अंबेडकर बौद्ध धर्म के अनुयायी क्यों बने? (2)

12. *निम्नलिखित प्रश्नों में से किन्हीं दो प्रश्नों के उत्तर लगभग 60 शब्दों में लिखिए।* (2 × 5 = 10)

(क) आपके अनुसार आनंदा का आत्मविश्वास कक्षा में किस प्रकार बढ़ा होगा? (5)

(ख) सिंधु की सभ्यता पूर्ण विकसित मानव सभ्यता थी', इस विचार से आप कहाँ तक सहमत हैं और क्यों? (5)

(ग) यशोधर पंत पर किशनदा के प्रभाव की समीक्षा कीजिए। (5)

उत्तर

1. *(क)* *(i)* मानव समाज का चित्रण करने के कारण
   (ख) *(iii)* 2 और 3
   (ग) *(iii)* *(i)* और *(ii)* दोनों
2. *(क)* *(i)* प्रिय का साथ
   (ख) *(i)* 3 1 2
   (ग) *(ii)* विरह का
6. *(क)* *(ii)* साफ-सुंदर पुते हुए घर
   (ख) *(iii)* चीनी मिट्टी के खिलौने
   (ग) *(i)* कोमलता का
   (घ) *(iii)* कथन (A) और कारण (R) दोनों सही हैं, किंतु कारण (R) कथन (A) की सही व्याख्या नहीं करता है।
   (ङ) *(i)* मनोरंजन हेतु
9. *(क)* *(iii)* बाजार दर्शन
   (ख) *(i)* संतोषी
   (ग) *(ii)* चूरन की गुणवत्ता
   (घ) *(iv)* 2 1 3
   (ङ) *(iii)* छः आने से अधिक का चूरन न बेचना

बोर्ड प्रश्न–पत्र 2025

बोर्ड प्रश्न-पत्र 2025

CBSE कक्षा 12वीं की परीक्षा

हिंदी केंद्रिक

निर्देश 1. प्रश्न-पत्र में तीन खंड हैं–क, ख और ग।
2. खंड-क में अपठित बोध पर आधारित प्रश्न पूछे गए हैं। सभी प्रश्नों के उत्तर देने अनिवार्य हैं।
3. खंड-ख में अभिव्यक्ति और माध्यम पाठ्यपुस्तक के आधार पर प्रश्न पूछे गए हैं। प्रश्नों में आंतरिक विकल्प दिए गए हैं।
4. खंड-ग में पाठ्यपुस्तक आरोह भाग-2 एवं वितान भाग-2 से प्रश्न पूछे गए हैं। प्रश्नों में आंतरिक विकल्प दिए गए हैं।

समय : **3 घंटे** पूर्णांक : **80**

प्रश्न-पत्र कोड 2/2/1

खंड 'क' : अपठित बोध

1. निम्नलिखित गद्यांश को ध्यानपूर्वक पढ़कर दिए गए प्रश्नों के उत्तर लिखिए। (10)

इतिहास से विरासत में हमें 'भारतीय संगीत' जैसी अमूल्य निधि मिली है। अन्य देशों के संगीत की अपेक्षा इसकी विशेषता हमारे पूर्वजों की मान्यता के आधार पर है। भारत में संगीत क्षणिक आमोद-प्रमोद या अतृप्त तृष्णा की वस्तु न होकर, समस्त ब्रह्मांड से ऐक्य का आभास है, आनंद प्रदान करने वाली आध्यात्मिक साधना है। मानव को ब्रह्म तक ले जाने वाला मार्ग है। संगीत के इस स्वभाव और ध्येय को हमारी सभ्यता के प्रारंभ में ही हमारे देश के लोगों ने पहचान लिया था और इसका विकास इन्हीं आदर्शों के अनुकूल किया गया था। भारतवासियों के संगीत-प्रेमी होने की बात का उल्लेख मैगस्थनीज भी कर गए हैं। दूसरी शताब्दी ई.पू. में उन्होंने 'इन्डिका' नामक अपने ग्रंथ में लिखा है कि 'सब जातियों की अपेक्षा भारतीय लोग संगीत के कहीं अधिक प्रेमी हैं।'

सहस्रों वर्षों से हमारे घरेलू और सांसारिक जीवन में लगभग सभी कार्य किसी-न-किसी प्रकार के संगीत से आरंभ होते रहे हैं। जन्म से लेकर मृत्यु तक यह संगीत हमारे साथ बना रहता है।

नामकरण, कर्णच्छेदन, विवाह इत्यादि में तो संगीत होता ही है। साथ ही ऐसा कोई तीज-त्योहार नहीं होता, जिसमें संगीत न हो। घर में ही क्यों, हमारे यहाँ तो खेत में, चौपाल में, चक्की चलाने में और धान कूटने के समय भी संगीत चलता ही रहता है। यह हमारे जन-जीवन के उल्लास को प्रकट करने का प्रभावी साधन है ही, साथ में उसको गतिमान बनाने का भी प्रबल अस्त्र है। संगीत रचनात्मक कार्यों में अग्रसर होने की सामूहिक स्फूर्ति और प्रेरणा प्रदान करता है और वह सामूहिक शक्ति देता है, जो हमें उन कार्यों को करने योग्य बनाता है, जो अकेले या समूह में संगीत की प्रेरणा के बिना नहीं कर पाते।

(i) संगीत वह अमूल्य निधि है, जो (1)

(a) मानव को ब्रह्म तक ले जाने का मार्ग है।
(b) अतृप्त साधनों की पूर्ति में सहायक है।
(c) हमारे लक्ष्य पर पहुँचने का मार्ग है।
(d) कुछ ही लोगों के लिए सुखकारक है।

(ii) संगीत के प्रभाव को भारतीयों ने कब पहचाना? (1)

(a) हमारी सभ्यता से भी पहले
(b) हमारी सभ्यता के प्रारंभ में
(c) यूनानी सभ्यता के आगमन पर
(d) सृष्टि की रचना होते ही

(iii) निम्नलिखित कथन तथा कारण को ध्यान से पढ़कर सर्वाधिक उचित विकल्प का चयन कर कीजिए। (1)

कथन संगीत जन-जीवन के उल्लास को प्रकट करने का प्रभावी साधन है।

कारण हमारे सभी कार्य किसी-न-किसी प्रकार के संगीत से आरंभ होते हैं।

(a) कथन और कारण दोनों गलत हैं।
(b) कारण सही है, लेकिन कथन गलत है।
(c) कथन और कारण दोनों सही हैं, लेकिन कारण, कथन की सही व्याख्या नहीं करता है।
(d) कथन और कारण दोनों सही हैं तथा कारण, कथन की सही व्याख्या करता है।

(iv) भारतीय जनमानस में संगीत की क्या महत्ता है? किन्हीं दो बिंदुओं का उल्लेख कीजिए। (2)

(v) "संगीत जीवनपर्यंत हमारे साथ बना रहता है" किन्हीं चार उदाहरणों से इस कथन की पुष्टि कीजिए। (2)

(vi) रचनात्मक कार्यों में संगीत की भूमिका को स्पष्ट करने वाले दो बिन्दुओं का उल्लेख कीजिए। (2)

(vii) गाँवों में संगीत की लोकप्रियता को प्रकट करने वाले दो उदाहरणों का उल्लेख कीजिए। (1)

2. निम्नलिखित पद्यांश पर आधारित दिए गए प्रश्नों के उत्तर दीजिए। (8)

नक्शे में जंगल हैं पेड़ नहीं
नक्शे में नदियाँ हैं पानी नहीं
नक्शे में पहाड़ हैं पत्थर नहीं
नक्शे में देश है लोग नहीं
समझ ही गए होंगे आप कि हम सब
एक नक्शे में रहते हैं
हमारी पैंटों और चप्पलों से लेकर
वल्दियत और चोटों के निशान
नब्ज और स्मृतियाँ सहित नप चुके हैं
और नक्शे तैयार हैं
नक्शों में नदियाँ अब भी कितनी
साफ हैं और चमकदार
कहती हुई
'हमें तो अब यहीं अच्छा लगता है'
नक्शों में गतियाँ हैं, लक्ष्य हैं, दिशाएँ हैं
अतीत हैं, भविष्य हैं और सब तरह के रंग
क्या नहीं है
बाजरे की रोटियाँ और धनिए पोदीने की चटनी तक
नक्शे में जा चुकी है
एक लंबे क्यू में खड़े बदहवास हम पूछते हैं
'भाई साहब,
कहीं' हम नक्शे से बाहर तो नहीं छूट जाएँगे।

(i) पैंट और चप्पल प्रतीकार्थ हैं (1)

(a) शरीर के अधोभाग में धारण करने वाली चीजों के
(b) दैनिक जीवन में काम आने वाली चीजों के
(c) शरीर को आराम पहुँचाने वाली चीजों के
(d) शरीर की सुंदरता को बढ़ाने वाली चीजों के

(ii) 'वल्दियत' शब्द इशारा करता है (1)

(a) नक्शे में खींचे गए निशान की ओर
(b) देश और समाज से मिली परंपराओं की ओर
(c) पुरखों और परंपरा से मिली विरासत की ओर
(d) वालिद से मिली संपत्ति और विरासत की ओर

(iii) काव्यांश में प्रयुक्त 'बाजरे की रोटियाँ और धनिए-पोदीने की चटनी' प्रतीकार्थ है (1)

(a) हमारे स्वाद का
(b) ग्रामीण भोजन का
(c) पारंपरिक भोजन का
(d) सादे भोजन का

(iv) "नब्ज और स्मृतियाँ नप चुके हैं" का क्या अभिप्राय है? (1)

(v) "नदियों को नक्शे में ही रहना अच्छा लगता है" पंक्ति के माध्यम से क्या कटाक्ष किया गया है? (2)

(vi) "हम नक्शे से बाहर छूट तो नहीं जाएँगे" पंक्ति में प्रयुक्त 'हम' कौन हैं और उनकी क्या चिंता है? (2)

खंड 'ख' : अभिव्यक्ति और माध्यम पुस्तक पर आधारित प्रश्न

3. निम्नलिखित दिए गए विषयों में से किसी **एक** विषय पर लगभग 120 शब्दों में रचनात्मक लेख लिखिए। (6)

(i) मित्रों के साथ स्टेडियम में मैच देखने का आनंद
(ii) किशोरों में बढ़ती स्क्रीन लत
(iii) मेरे क्षेत्र का मुख्य चौराहा

4. निम्नलिखित प्रश्नों को ध्यानपूर्वक पढ़कर किन्हीं **चार** प्रश्नों के लगभग 40 शब्दों में उत्तर दीजिए। (4×2=8)

(i) 'रटंत' शब्द का अर्थ स्पष्ट करते हुए लिखिए कि लेखन के क्षेत्र में इसे बुरी लत क्यों माना जाता है?
(ii) सिनेमा, रंगमंच और रेडियो नाटक के बीच क्या-क्या समानताएँ हैं?
(iii) हिंदी वेब पत्रकारिता की क्या स्थिति है?
(iv) विशेष लेखन की भाषा-शैली सामान्य लेखन से अलग कैसे है?
(v) संचार के इलेक्ट्रॉनिक माध्यमों के आ जाने पर भी मुद्रित माध्यमों की लोकप्रियता बने रहने के क्या कारण हैं?

5. निम्नलिखित प्रश्नों को ध्यानपूर्वक पढ़कर किन्हीं **दो** प्रश्नों के लगभग 80 शब्दों में उत्तर दीजिए। (2×4=8)

(i) रेडियो को श्रोताओं से संचालित माध्यम क्यों माना जाता है?
(ii) समाचार पत्र-पत्रिकाओं में विशेष लेखन का कार्य विषय-विशेषज्ञों से करवाने के कारणों को स्पष्ट कीजिए।
(iii) कहानी का नाट्य रूपांतरण करते समय दृश्यों का विभाजन किस प्रकार किया जाता है?

खंड 'ग' : पाठ्यपुस्तक आरोह तथा वितान पर आधारित प्रश्न

6. निम्नलिखित पठित काव्यांश पर आधारित दिए गए प्रश्नों के सर्वाधिक उपयुक्त उत्तर वाले विकल्प चुनकर लिखिए। (5×1=5)

किसबी, किसान-कुल, बनिक, भिखारी, भाट,
चाकर, चपल, नट, चोर, चार, चेटकी।
पेटको पढ़त, गुन गढ़त, चढ़त गिरि,
अटत गहन-गन अहन अखेटकी।।
ऊँचे-नीचे करम, धरम-अधरम करि,
पेट ही को पचत, बेचत बेटा-बेटकी।
'तुलसी' बुझाइ एक राम घनस्याम ही तें,
आगि बड़वागितें बड़ी है आगि पेटकी।।

(i) काव्यांश में तुलसीदास ने वर्णन किया है
(a) अपने समय की सामाजिक विषमता का
(b) अपने समय की आर्थिक विषमता का
(c) समाज में बढ़ते अंधविश्वासों का
(d) श्रमहीन लोगों के विभिन्न प्रयासों का

(ii) पेट की आग को शांत करने के लिए निम्नलिखित में से कौन-सा कर्म नहीं किया जा रहा था?
(a) पर्वतों पर चढ़ना
(b) गुणों को गढ़ना
(c) व्यापार करना
(d) घने जंगलों में घूमना

(iii) बड़वाग्नि कहते हैं
(a) समुद्र की आग को
(b) जंगल की आग को
(c) पेट की आग को
(d) सूर्य से प्राप्त आग को

(iv) काव्यांश के अनुसार 'पेट की आग' को किस प्रकार बुझाया जा सकता है?
(a) समुद्र के जल से
(b) पसीने के जल से
(c) परिश्रम के बल से
(d) राम रूपी कृपाजल से

(v) काव्यांश के आधार पर तुलसीदास के विषय में क्या धारणा बनती है? उचित विकल्प का चयन कीजिए।
1. राम के प्रति दृढ़ आस्था रखने वाले संत
2. समाज को राम भक्ति से जोड़ने वाले साधक
3. सामाजिक उत्तरदायित्वों के प्रति सजग रचनाकार
4. सामाजिक उत्तरदायित्वों से विमुक्त वैरागी संत

कूट
(a) 1 और 2 दोनों
(b) 1 और 3 दोनों
(c) 3 और 2 दोनों
(d) 1 और 4 दोनों

7. निम्नलिखित प्रश्नों को ध्यानपूर्वक पढ़कर किन्हीं **दो** प्रश्नों के लगभग **60** शब्दों में उत्तर दीजिए। (2×3=6)

(i) "खतरनाक परिस्थितियों का सामना कर मनुष्य और अधिक सक्षम बनता है।" 'पतंग' कविता के संदर्भ में स्पष्ट कीजिए।
(ii) कविता और फूल दोनों के महकने को समान मानते हुए भी कवि ने यह क्यों कहा है कि "कविता का खिलना फूल क्या जाने।" 'कविता के बहाने' पाठ के आधार पर लिखिए।
(iii) 'बादल राग' कविता के आधार पर लिखिए कि ऊँची-ऊँची अट्टालिकाओं में रहने वाला पूँजीपति वर्ग किससे और क्यों भयभीत हो जाता है?

8. निम्नलिखित प्रश्नों को ध्यानपूर्वक पढ़कर किन्हीं दो प्रश्नों के लगभग **40** शब्दों में उत्तर दीजिए। (2×2=4)

(i) 'छोटा मेरा खेत' कविता में 'कल्पना के रसायनों' से कवि का क्या तात्पर्य है?
(ii) 'हमें दोनों एक संग रुलाने हैं'-पंक्ति में किन दोनों को एक संग रुलाने की बात की जा रही है और क्यों? 'कैमरे में बंद अपाहिज' कविता के आधार पर लिखिए।
(iii) 'बात सीधी थी पर' कविता में 'बात को कील की तरह ठोंकना' से क्या अभिप्राय है?

9. निम्नलिखित पठित गद्यांश पर आधारित दिए गए प्रश्नों के सर्वाधिक उपयुक्त उत्तर वाले विकल्पों को चुनकर लिखिए। (5×1=5)

भक्तिन की कंजूसी के प्राण पूँजीभूत होते-होते पर्वताकार बन चुके थे, परंतु इस उदारता के डाइनामाइट ने क्षणभर में उन्हें उड़ा दिया। इतने थोड़े रुपये का कोई महत्त्व नहीं, परंतु रुपये के प्रति भक्तिन का अनुराग इतना प्रख्यात हो चुका है कि मेरे लिए उसका परित्याग मेरे महत्त्व की सीमा तक पहुँचा देता है। भक्तिन और मेरे बीच में सेवक- स्वामी का संबंध है, यह कहना कठिन है, क्योंकि ऐसा कोई स्वामी नहीं हो सकता, जो इच्छा होने पर भी सेवक को अपनी सेवा से हटा न सके और ऐसा कोई सेवक भी नहीं सुना गया, जो स्वामी के चले जाने का आदेश पाकर अवज्ञा से हँस दे। भक्तिन को नौकर कहना उतना ही असंगत है, जितना अपने घर में बारी-बारी से आने-जाने वाले अँधेरे-उजाले और आँगन में फूलने वाले गुलाब और आम को सेवक मानना।

(i) "भक्तिन की कंजूसी के प्राण पूँजीभूत होते-होते पर्वताकार बन चुके थे।" पंक्ति का आशय है
(a) पैसों के प्रति भक्तिन का प्रेम पर्वतों का रूप ले चुका था।
(b) पैसों के प्रति भक्तिन के प्रेम की गाथा दूर-दूर तक फैल चुकी थी।
(c) भक्तिन एक-एक पैसा कंजूसी से खर्च करती थी।
(d) एक-एक पैसा जमा करके भक्तिन ने मोटी पूँजी बना ली थी।

(ii) भक्तिन की किस 'उदारता के डाइनामाइट' ने महादेवी जी को आश्चर्यचकित कर दिया?
(a) गाँव में महादेवी जी के रहने का प्रबंध अपनी पूँजी से करने
(b) महादेवी जी को शहर से गाँव ले जाने और रखने के प्रबंध ने
(c) अपने घर में महादेवी जी की सभी सुविधाओं का प्रबंध करने
(d) युद्ध की पृष्ठभूमि में महादेवी जी की सुरक्षा की चिंता करने

(iii) भक्तिन को नौकर कहना क्यों असंगत था?
(a) उसका अपना स्वतंत्र अस्तित्व था ।
(b) वह निजी इच्छा के अनुरूप कार्य करती थी।
(c) वह महादेवी जी के व्यक्तित्व से जुड़ी थी।
(d) वह महादेवी जी की बात सुनकर हँस देती थी।

(iv) गद्यांश में अंधेरे-उजाले, आम और गुलाब का उदाहरण किस संदर्भ में दिया गया है।

(a) भक्तिन और महादेवी जी के संबंधों के
(b) भक्तिन की चारित्रिक विशेषताओं के
(c) महादेवी जी की चारित्रिक विशेषताओं के
(d) संसार में प्रत्येक वस्तु के अस्तित्व के

(v) महादेवी जी द्वारा भक्तिन को अपनी सेवा से न हटाने का कारण था, अपने प्रति उसका...... । (रिक्त स्थान की पूर्ति कीजिए)

(a) सेवाभाव
(b) अपनत्व
(c) सरल व्यवहार
(d) निश्छल व्यवहार

10. निम्नलिखित प्रश्नों को ध्यानपूर्वक पढ़कर किन्हीं **दो** प्रश्नों के लगभग **60** शब्दों में उत्तर दीजिए। (2×3=6)

(i) ''बाजार में कभी-कभी आवश्यकता ही शोषण का रूप धारण कर लेती है।'' इस कथन को उदाहरण सहित 'बाज़ार-दर्शन' पाठ के आधार पर सिद्ध कीजिए।

(ii) सूखे की समस्या को दूर करने के लिए गाँव वालों द्वारा 'काले मेघा पानी दे' पाठ में किए गए उपायों को आप कितना उचित मानते हैं? तर्कपूर्ण उत्तर दीजिए।

(iii) 'पहलवान की ढोलक' पाठ के आधार पर लिखिए कि प्राचीन लोककलाएँ क्यों लुप्त हो रही हैं? इन्हें पुनर्जीवित रखने के लिए क्या प्रयास किए जा सकते हैं?

11. निम्नलिखित प्रश्नों को ध्यानपूर्वक पढ़कर किन्हीं **दो** प्रश्नों के लगभग **40** शब्दों में उत्तर दीजिए। (2×2=4)

(i) शिरीष के विषय में कालिदास और हजारीप्रसाद द्विवेदी जी के विचारों के अंतर को स्पष्ट कीजिए।

(ii) 'श्रम विभाजन और जाति प्रथा' पाठ के आधार पर लिखिए कि आधुनिक समय में मनुष्य को व्यवसाय बदलने की आवश्यकता क्यों पड़ जाती है? पेशा बदलने की अनुमति नहीं होने का क्या दुष्परिणाम होता है?

(iii) 'बाजार दर्शन' पाठ से उद्धृत कथन ''तप की राह रेगिस्तान को जाती होगी, मोक्ष की राह वह नहीं है'' का आशय स्पष्ट कीजिए।

12. निम्नलिखित प्रश्नों को ध्यानपूर्वक पढ़कर किन्हीं **दो** प्रश्नों के लगभग **100** शब्दों में उत्तर दीजिए। (2×5=10)

(i) 'सिल्वर वैडिंग' कहानी में दो पीढ़ियों के बीच बढ़ती दूरी का उल्लेख किया गया है, इस दूरी का क्या कारण है? इसको किस प्रकार कम किया जा सकता है? तर्कपूर्ण उत्तर दीजिए।

(ii) ''जन्म भर खेत में काम करते रहने पर भी हाथ कुछ नहीं लगेगा'' - 'जूझ' पाठ से उद्धृत इस कथन के संदर्भ में लिखिए कि वर्तमान समय में युवा खेती-बाड़ी छोड़कर नौकरी की तरफ क्यों आकर्षित हो रहे हैं? इसे किस प्रकार कम किया जा सकता है?

(iii) सिंधु घाटी सभ्यता को दूसरी सभ्यताओं से अलग खड़ा करने वाली विशेषताओं का वर्णन कीजिए।

उत्तर

1. (i) (a) मानव को ब्रह्म तक ले जाने का मार्ग है।

(ii) (b) हमारी सभ्यता के प्रारंभ में

(iii) (d) कथन और कारण दोनों सही हैं तथा कारण कथन की सही व्याख्या करता है।

(iv) भारतीय जनमानस में संगीत की महत्ता निम्न प्रकार है

1. **आध्यात्मिक एवं सांस्कृतिक महत्त्व** भारतीय संगीत केवल मनोरंजन का साधन नहीं, बल्कि यह भजन, कीर्तन और धार्मिक अनुष्ठानों का महत्त्वपूर्ण हिस्सा है, जो आत्मिक शांति प्रदान करता है।
2. **जीवन के प्रत्येक पहलू में संगीत का समावेश** जन्म से मृत्यु तक नामकरण, कर्णच्छेदन, विवाह एवं अंतिम संस्कार जैसे अवसरों पर संगीत महत्त्वपूर्ण भूमिका निभाता है।

(v) संगीत जीवन पर्यंत हमारे साथ बना रहता है; जैसे–

1. **जन्म पर लोरी गायन** शिशु के जन्म के बाद माँ लोरी गाकर उसे सुलाती है।
2. **संस्कारों में संगीत** नामकरण, कर्णच्छेदन और विवाह जैसे शुभ अवसरों पर संगीत अनिवार्य रूप से शामिल होता है।
3. **त्योहारों और लोक परंपराओं में संगीत** होली, दिवाली, नवरात्रि आदि में भजन और लोकगीत गाए जाते हैं।
4. **अंतिम संस्कार में भजन और शांति पाठ** मृत्यु के समय भी भजन, मंत्रोच्चारण और शांति पाठ के माध्यम से श्रद्धांजलि दी जाती हैं।

(vi) रचनात्मक कार्यों में संगीत की भूमिका निम्न प्रकार है

1. **सामूहिक स्फूर्ति और प्रेरणा** संगीत हमें उन कार्यों को करने के योग्य बनाता है, जो बिना संगीत की प्रेरणा के संभव नहीं होते अर्थात् संगीत कार्य करने की ऊर्जा को बढ़ाता है और सामूहिक शक्ति प्रदान करता है, जिससे कठिन कार्य भी आसानी से पूरे हो जाते हैं।
2. **गतिशीलता और उत्साह बढ़ाना** संगीत न केवल उल्लास प्रकट करने का प्रभावी साधन है, बल्कि यह कार्यों को गतिमान भी बनाता है; जैसे- धान कूटने, चक्की चलाने और खेतों में काम करने के दौरान गाए जाने वाले गीत श्रम को आनंददायक बना देते हैं।

(vii) गाँवों में संगीत की लोकप्रियता को प्रकट करने वाले दो उदाहरण निम्नलिखित हैं

1. **खेती-किसानी में संगीत** किसान खेतों में काम करते समय लोकगीत गाते हैं, जिससे उन्हें कार्य करने की प्रेरणा और आनंद मिलता है।
2. **गाँव की चौपाल और लोक पर्व** चौपालों, मेले, और त्योहारों में आल्हा, बिरहा, और भजन-कीर्तन गाए जाते हैं, जो गाँवों में संगीत प्रेम और सांस्कृतिक एकता को दर्शाते हैं।

2. (i) (b) दैनिक जीवन में काम आने वाली चीजों के।

(ii) (c) पुरखों और परंपरा से मिली विरासत की ओर।

(iii) (c) पारंपरिक भोजन का।

(iv) ''नब्ज और स्मृतियाँ नप चुके हैं'' का अभिप्राय है कि आधुनिक व्यवस्था में व्यक्ति की पहचान, उसकी भावनाएँ, उसकी यादें और व्यक्तिगत जीवन मात्र आँकड़ों में सिमटकर रह गए हैं। अब व्यक्ति का अस्तित्व केवल सरकारी अभिलेखों या डिजिटल रिकॉर्ड्स तक सीमित हो गया है, जिससे मानवीय संवेदनाएँ विलुप्त होती जा रही हैं।

(v) ''नदियों को नक्शे में ही रहना अच्छा लगता है'' इस पंक्ति के माध्यम से वास्तविकता और सरकारी आँकड़ों के बीच विरोधाभास पर कटाक्ष किया गया है। नक्शों में नदियाँ अब भी स्वच्छ और प्रवाहमान दिखती हैं, जबकि वास्तविकता में वे सूख चुकी हैं या प्रदूषित हो गई हैं। यह सरकारी रिपोर्टों और जमीनी हकीकत के बीच के विरोधाभास को उजागर करता है।

(vi) ''हम नक्शे से बाहर छूट तो नहीं जाएँगे'' इसमें 'हम' उन सामान्य लोगों का प्रतीक हैं, जो आधुनिक व्यवस्था के शिकार हो चुके हैं। वे अपनी पहचान, अस्तित्व और अधिकारों को लेकर चिंतित हैं। वे इस बात से भयभीत हैं कि यदि वे इस व्यवस्था में शामिल नहीं हुए या मुख्यधारा से अलग हो गए, तो कहीं वे पूरी तरह से भुला न दिए जाएँ। नक्शे से बाहर छूटने की आशंका उनके इसी भय को दर्शाती है कि कहीं वे अप्रासंगिक न हो जाएँ या समाज में उनकी कोई पहचान ही न बचे।

3. (i) **मित्रों के साथ स्टेडियम में मैच देखने का आनंद** खेल केवल मनोरंजन का साधन ही नहीं, बल्कि जीवन के उत्साह और उमंग को बढ़ाने का माध्यम भी है। खेल का रोमांच और स्टेडियम का जोश किसी भी खेल प्रेमी के लिए अविस्मरणीय होता है। जब दोस्तों के साथ स्टेडियम में मैच देखने का अवसर मिलता है, तो यह अनुभव और भी खास बन जाता है।

मुझे याद है, जब मैंने अपने मित्रों के साथ क्रिकेट मैच देखने का निर्णय लिया। टिकट खरीदने से लेकर स्टेडियम तक पहुँचने का सफर ही बहुत रोमांचक था। स्टेडियम में प्रवेश करते ही हजारों दर्शकों की गूँजती हुई आवाजें रोमांच को और बढ़ा रही थीं। जैसे ही खिलाड़ी मैदान पर आए, पूरा स्टेडियम तालियों और जयकारों से गूँज उठा। चौके-छक्के पर हमारी खुशी का ठिकाना नहीं था और जब हमारी टीम ने मैच जीता, तो वह क्षण अविस्मरणीय बन गया।

स्टेडियम में मैच देखने का अनुभव टीवी से बिल्कुल अलग होता है। वहाँ ऊर्जा, उत्साह और भावनाएँ अपने चरम पर होती हैं। दोस्तों के साथ यह आनंद दोगुना हो जाता है और यह यादें जीवनभर साथ रहती हैं।

(ii) **किशोरों में बढ़ती स्क्रीन लत** तकनीक ने हमारे जीवन को सहज और सुगम बना दिया है, लेकिन इसके दुष्प्रभाव

भी तेजी से उभर रहे हैं। खासकर किशोरों में स्क्रीन की लत एक गंभीर समस्या बनती जा रही है। मोबाइल, लैपटॉप और टीवी स्क्रीन से घंटों चिपके रहना अब एक सामान्य आदत बन गई है, जो उनकी शारीरिक और मानसिक सेहत पर नकारात्मक प्रभाव डाल रही है।

लगातार स्क्रीन पर रहने से आँखों की रोशनी कमजोर होने लगती है, एकाग्रता प्रभावित होती है और शारीरिक गतिविधियाँ कम होने से स्वास्थ्य समस्याएँ बढ़ती हैं। सोशल मीडिया और ऑनलाइन गेम्स के आकर्षण के कारण किशोरों का वास्तविक दुनिया से जुड़ाव कम होता जा रहा है, जिससे वे सामाजिक रूप से अलग-थलग पड़ सकते हैं।

इस समस्या से बचने के लिए माता-पिता और शिक्षकों को बच्चों को स्क्रीन से हटाकर शारीरिक खेलों, पुस्तकों और रचनात्मक गतिविधियों की ओर प्रेरित करना चाहिए। तकनीक का सही उपयोग आवश्यक है, लेकिन इसकी अति से बचना भी उतना ही आवश्यक हैं। संतुलित डिजिटल जीवन ही सुखद भविष्य की कुंजी है।

(iii) **मेरे क्षेत्र का मुख्य चौराहा** मेरे क्षेत्र का मुख्य चौराहा हमारे शहर की व्यस्ततम जगहों में से एक है। यह चारों दिशाओं को जोड़ने वाला एक महत्त्वपूर्ण स्थान है, जहाँ दिनभर लोगों और वाहनों की चहल-पहल बनी रहती है। यहाँ पर कई दुकानें, बाजार, बैंक, रेस्टोरेंट और अन्य महत्त्वपूर्ण संस्थान स्थित हैं, जो इसे व्यापारिक और सामाजिक गतिविधियों का केंद्र बनाते हैं।

सुबह होते ही चौराहा जीवंत हो उठता है। सड़क किनारे छोटे-छोटे ठेले वाले अपना सामान लगाते हैं, ऑफिस जाने वालों की भीड़ बस और ऑटो पकड़ने के लिए एकत्रित होती है। सड़क किनारे लगी चाय और नाश्ते की दुकानों से उठती खुशबू प्रत्येक राहगीर को लुभाती है। दिन के समय बाजार की भीड़-भाड़ और दुकानों की रौनक चौराहे को और अधिक व्यस्त बना देती है।

शाम होते ही चौराहा रोशनी से जगमगा उठता है। यहाँ पर ठेले वालों की कतार, गोलगप्पे और चाट के स्टॉल पर लगी भीड़ और बातचीत में मशगूल लोग इसे एक सामाजिक मेल-जोल का केन्द्र बना देते हैं। यह चौराहा न केवल रास्तों को जोड़ता है, बल्कि हमारे क्षेत्र की संस्कृति और रोजमर्रा की ज़िंदगी का अभिन्न हिस्सा भी है।

4. (i) 'रटंत' का अर्थ बिना समझे केवल शब्दों को याद कर लेना या रट लेना होता है। यह एक ऐसी प्रक्रिया है, जिसमें व्यक्ति विषय-वस्तु की गहराई में गए बिना शब्दांश दोहराने पर बल देता है। लेखन के क्षेत्र में इसे बुरी लत माना जाता है, क्योंकि रटंत लेखन मौलिकता और रचनात्मकता को बाधित करता है। इससे लेखक अपने विचारों को स्वतंत्र रूप से व्यक्त नहीं कर पाता और सिर्फ़ पहले से उपलब्ध जानकारियों की नकल करता है। यह लेखन की गुणवत्ता को प्रभावित करता है और नई सोच तथा विश्लेषण की क्षमता को कमजोर करता है।

(ii) सिनेमा और रंगमंच तथा रेडियो नाटक में विभिन्न समानताएँ होती हैं

(i) इनमें एक कहानी होती है।
(ii) इनमें कहानी का आरंभ, मध्य और अंत होता है।
(iii) इनमें चरित्र होते हैं।
(iv) इनमें पात्रों के आपसी संवाद होते हैं।
(v) इनमें पात्रों का परस्पर द्वंद्व होता है और अंत में समाधान होता है।
(vi) इनमें पात्रों के संवादों के माध्यम से कहानी का विकास होता है।

(iii) हिंदी वेब पत्रकारिता अभी अपने शैशवकाल में है और कई चुनौतियों का सामना कर रही है। 'वेब दुनिया' हिंदी वेब पत्रकारिता की शुरुआत करने वाला प्रमुख पोर्टल था, जिसके बाद कई हिंदी समाचार-पत्रों ने अपने ऑनलाइन संस्करण शुरू किए। बीबीसी हिंदी को इंटरनेट के मानदंडों के अनुसार सर्वश्रेष्ठ माना जाता है। हालाँकि, हिंदी वेब पत्रकारिता की सबसे बड़ी समस्या फॉण्ट और कीबोर्ड मानकीकरण की कमी है। यूनिकोड फॉण्ट आने से स्थिति बेहतर हुई है, लेकिन अभी भी इसे व्यापक स्तर पर अपनाया जाना बाकी है।

(iv) विशेष लेखन की भाषा और शैली कई मामलों में सामान्य लेखन से अलग होती है। प्रत्येक क्षेत्र की अपनी विशेष तकनीकी शब्दावली होती है, जिसका प्रयोग विशेष लेखन में किया जाता है। इसके अतिरिक्त, इसमें जटिल विषयों को सरल भाषा में प्रस्तुत करने पर बल दिया जाता है, ताकि सामान्य पाठकों को समझने में कठिनाई न हो। विशेष लेखन की कोई निश्चित शैली नहीं होती, यह विषय के अनुरूप बदलती रहती है। यदि यह कोई समाचार रिपोर्ट है, तो उसकी शैली उल्टा पिरामिड होगी, जबकि फीचर लेखन के लिए कथात्मक शैली अपनाई जा सकती है। लेख या टिप्पणी की शुरुआत केस स्टडी या संदर्भ आधारित रूप में की जा सकती है।

(v) संचार के इलेक्ट्रॉनिक माध्यमों के आ जाने के बावजूद मुद्रित माध्यमों की लोकप्रियता बनी हुई है, क्योंकि इसमें स्थायित्व और विश्वसनीयता होती है। पाठक अखबार या पत्रिकाओं को अपनी सुविधा के अनुसार पढ़ सकते हैं और संदर्भ के लिए सुरक्षित भी रख सकते हैं। यह चिंतन, विश्लेषण और गंभीर लेखन का माध्यम है, जहाँ पाठक अपनी रुचि के अनुसार किसी भी समाचार को चुनकर पढ़ सकते हैं। अतः यह गहरी सोच, विश्लेषण और चिंतन का अवसर प्रदान करती है। साथ ही, पढ़ने की स्वतंत्रता और आरामदायक अनुभव इसे आज भी प्रासंगिक बनाए रखते हैं।

5. (i) रेडियो को ''श्रोताओं से संचालित माध्यम'' इसलिए कहा जाता है, क्योंकि यह पूरी तरह से ध्वनि, स्वर और शब्दों पर निर्भर होता है। इसमें दृश्य सामग्री नहीं होती, जिससे इसकी प्रभावशीलता श्रोताओं की सक्रियता पर निर्भर करती है। वे इसे अपनी इच्छानुसार रोक या दोबारा नहीं सुन सकते, जब तक कि पुनः प्रसारण न हो। रेडियो पत्रकारों को श्रोताओं की रुचि, समझ और

सुनने की आदतों को ध्यान में रखते हुए कार्यक्रम प्रस्तुत करने होते हैं। कई बार, रेडियो पर फोन-इन कार्यक्रम, श्रोताओं की राय पर आधारित चर्चाएँ और अनुरोध पर गाने बजाने जैसे कार्यक्रम भी प्रसारित किए जाते हैं, जिससे श्रोताओं की भागीदारी और अधिक बढ़ जाती है। इसलिए रेडियो को 'श्रोताओं से संचालित माध्यम' कहा जाता है।

(ii) समाचार पत्र-पत्रिकाओं में विशेष लेखन का कार्य विषय-विशेषज्ञों से करवाने के कई महत्त्वपूर्ण कारण हैं, जो निम्नलिखित हैं

- विशेष लेखन के अंतर्गत अर्थव्यवस्था, खेल, विज्ञान, विदेश नीति, रक्षा, पर्यावरण, स्वास्थ्य आदि जैसे जटिल और तकनीकी विषय आते हैं, जिनकी सटीक और गहन जानकारी होना आवश्यक होता है।
- विषय-विशेषज्ञों को अपने क्षेत्र की व्यापक समझ होती है, जिससे वे घटनाओं और नीतियों का विश्लेषण कर उनके प्रभावों को स्पष्ट कर सकते हैं अर्थात् विषय-विशेषज्ञ पाठकों को गहराई से जानकारी दे पाते हैं, क्योंकि उसके पास इस क्षेत्र का वर्षों का अनुभव होता है।
- वे इसकी बारीकियाँ समझते हैं और उनके पास विश्लेषण करने की क्षमता होती हैं।
- विशेषज्ञों द्वारा लिखे गए लेख को अधिक विश्वसनीय और प्रामाणिक माना जाता है।

(iii) कहानी को नाटक में रूपांतरित करने के लिए पहले कहानी के कथानक (कथावस्तु) को समय तथा स्थान के आधार पर विभाजित करते हैं। कथानक से चुनकर निकाली गई घटनाओं के आधार पर दृश्य बनाया जाता है। एक ही समय-स्थान पर घटी घटना को एक दृश्य माना जाता है।

अतः कथानक को समय तथा स्थान के आधार पर विभाजन करके दृश्यों को लिखा जाता है। दृश्य लिखते समय कथानक के अनावश्यक हिस्से को निकाल दिया जाता है, क्योंकि इससे नाटक की गति बाधित होती है। अतः प्रत्येक दृश्य का कथा के अनुसार तार्किक विकास किया जाता है। इसकी सुनिश्चितता के लिए दृश्य विशेष के उद्‌देश्य व उसकी संरचना पर विचार करना चाहिए। प्रत्येक दृश्य का अंत ऐसा होना चाहिए, जो अगले दृश्य से संबंधित हो।

अतः दृश्य का पूर्ण विवरण तैयार करना चाहिए, जिससे कोई आवश्यक जानकारी न रह जाए और साथ ही वह क्रमानुसार भी हो। अतः नाटक ही नहीं, बल्कि नाटक का प्रत्येक दृश्य प्रारंभ, मध्य व अंत में बँटा होता है, जो कथानक को तो आगे बढ़ाता ही है, बल्कि पात्रों और परिवेश को संवादों के माध्यम से भी प्रतिष्ठित करता है, साथ ही अगले दृश्य की भूमिका भी बनाता है।

6. (i) (b) अपने समय की आर्थिक विषमता का

(ii) (b) गुणों को गढ़ना

(iii) (a) समुद्र की आग को

(iv) (d) राम रूपी कृपाजल से

(v) (a) 1 और 2 दोनों

7. (i) पतंग लूटने की प्रक्रिया में खतरनाक परिस्थितियों का सामना करके बच्चे चुनौतियों का सामना करना सीखते हैं, वे अधिक निडर हो जाते हैं तथा उनके अंदर आत्मविश्वास भी बढ़ जाता है।

जीवन के लक्ष्यों को पाने की कोशिश में हम कई बार गिरते हैं, फिसलते हैं, निराश होते हैं, लेकिन इसके बावजूद हम अपने अंदर की लगन को कम नहीं होने देते तभी अंततः सफलता प्राप्त होती है। जीवन के रण-क्षेत्र में संघर्ष करने की प्रवृत्ति हमें सामान्यतया खेलों के माध्यम से ही प्राप्त होती है।

पतंग उड़ाना एवं लूटना भी एक प्रकार का खेल ही है, जिसमें बच्चे विषम परिस्थितियों का दृढ़ता के साथ सामना करके अपने अंदर वह जुझारूपन पैदा करते हैं, जो जीवन के वास्तविक संघर्ष में अत्यंत उपयोगी होता है। यह जुझारूपन ही उनके जीवन को एक नई दिशा प्रदान करता है तथा जीवन में संघर्ष करने एवं अपनी सफलता के प्रति आश्वस्त होने की ललक पैदा करता है।

(ii) कवि ने कविता और फूल दोनों के खिलने को समान मानते हुए भी यह कहा है कि ''कविता का खिलना भला फूल क्या जाने।'' क्योंकि फूल का खिलना एक निश्चित अवधि तक ही सीमित होता है। वह मुरझा जाता है और समाप्त हो जाता है, जबकि कविता अमर होती है। कविता बाहरी और भीतरी दोनों स्तरों पर महकती है, बिना मुरझाए प्रत्येक घर, प्रत्येक हृदय में स्थान पाती है। कविता अनंत जीवन और आनंद से युक्त होती है, वह सदैव नए अर्थ ग्रहण करके जीवित बनी रहती है।

(iii) समाज का धनी वर्ग प्रभुत्वशाली है। यह वर्ग पूँजीवादी तथा सामंती है। इसे किसी भी प्रकार के सामाजिक परिवर्तन से भय होता है। यह वर्ग शोषण की बुनियाद पर टिका होता है। कमज़ोर, वंचित तथा पिछड़े लोग इसके शिकार बनते हैं, लेकिन जब दबी-कुचली जनता अपनी शक्ति का प्रदर्शन करने लगती है, तो शोषक वर्ग भयभीत हो जाता है।

विप्लव के बादल जब घोर गर्जना करते हैं, तो धनी वर्ग अपने विनाश, मृत्यु तथा लुटने की आशंका से ग्रस्त हो जाता है। ऐसा धनी वर्ग अपने महल के शयनकक्ष में भी भयभीत दिखता है। उसे अपने अस्तित्व तथा शोषण की प्रक्रिया के अंत का बोध काँपने के लिए विवश कर देता है।

8. (i) रचनाकर्म तथा कवि-कर्म कवि के लिए समानधर्मा प्रक्रिया है। जिस प्रकार खेत में खाद्यान्न उत्पादित करने के लिए किसान बीज, जल तथा रसायनों का उपयोग करता है, उसी प्रकार एक कवि रचना के सृजन के लिए शब्द रूपी बीज को पन्नों पर डालता है। शब्दों को भाव, संवेदना के जल से सिंचित कर कल्पना के रसायन से उसे उर्वर बनाता है। रचना कल्पना के रसायन को पीकर आनंद-रस से परिपूर्ण हो जाती है। यहाँ कवि रचना के लिए कल्पना को महत्त्व प्रदान करता है। उसका मानना है कि कल्पना के रसायन से रचना अधिक परिपक्व तथा अनंतता को प्राप्त होती है।

(ii) 'हमें दोनों एक संग रुलाने हैं' पंक्ति में अपाहिज व्यक्ति और दर्शकों को एकसाथ रुलाने की बात की गई है। कार्यक्रम के प्रस्तुतकर्ता का उद्‌देश्य अपाहिज व्यक्ति की पीड़ा को दिखाकर दर्शकों की संवेदनाएँ भुनाना और कार्यक्रम को अधिक प्रभावशाली बनाना है। यह वास्तविक सहानुभूति के लिए न होकर केवल व्यावसायिक सफलता के लिए किया जाता है।

(iii) 'बात को कील की तरह ठोंकना' से अभिप्राय है बात को जबरन किसी रूप में स्थिर कर देना, बिना यह देखे कि उसमें कसाव और ताकत है या नहीं। कवि यहाँ कहना चाहते हैं कि जब भाषा को सहजता से नहीं बरता जाता और उसे जबरन जटिल बनाने की कोशिश की जाती है, तो वह अर्थहीन और निष्प्रभावी हो जाती है। भावों की सजीवता और सटीकता बनाए रखने के लिए भाषा का सरल और सहज प्रयोग आवश्यक है।

9. (i) (c) भक्तिन एक-एक पैसा कंजूसी से खर्च करती थी।

(ii) (a) गाँव में महादेवी जी के रहने का प्रबंध अपनी पूँजी से करने।

(iii) (a) उसका अपना स्वतंत्र अस्तित्व था।

(iv) (a) भक्तिन और महादेवी जी के संबंधों के

(v) (b) अपनत्व

10. (i) 'बाजार में आवश्यकता शोषण का रूप तब धारण कर लेती है, जब व्यापारी उपभोक्ताओं की आवश्यकताओं का अनुचित लाभ उठाते हैं। 'बाजार दर्शन' में लेखक बताते हैं कि कैसे संकट के समय वस्तुओं के दाम बढ़ा दिए जाते हैं, विज्ञापनों द्वारा अनावश्यक वस्तुओं को आवश्यक बना दिया जाता है और आकर्षक ऑफर के नाम पर लोगों को लूटा जाता है। उदाहरणस्वरूप, महामारी में मास्क और दवाइयों के दाम बढ़ जाना बाजार की शोषणकारी प्रवृत्ति को दर्शाता है।

(ii) सूखे की समस्या को दूर करने के लिए गाँव वालों द्वारा 'काले मेघा पानी दे' पाठ में किए गए उपायों को उचित नहीं कहा जा सकता। जब चारों ओर पानी की भारी कमी थी, तब कीमती पानी को बाल्टी भर-भरकर व्यर्थ में बहाना उचित नहीं था।

पानी को इस तरह व्यर्थ करना 'जल संकट' को और बढ़ा सकता है। यह केवल अंधविश्वास और परंपरा का हिस्सा था, जिसका वर्षा पर कोई वास्तविक प्रभाव नहीं पड़ता। वैज्ञानिक दृष्टि से यह निराधार है। इसके अतिरिक्त जल संरक्षण, तालाब खुदवाना और पानी का सही उपयोग करना अधिक व्यावहारिक उपाय होते हैं।

(iii) प्राचीन लोककलाएँ अब धीरे-धीरे विलुप्त हो रही हैं, क्योंकि औद्योगीकरण के कारण बढ़ते शहरीकरण में इन लोककलाओं की प्रासंगिकता समाप्त हो रही है। जो प्रासंगिक नहीं रह जाता, उसे समाप्त होना ही पड़ता है। प्रस्तुत कहानी में पुरानी व्यवस्था और नई व्यवस्था के टकराव से उत्पन्न इसी समस्या को व्यक्त किया गया है। आधुनिक समय में लोगों के मूल्य एवं जीवन-शैली अत्यधिक परिवर्तित हो गए हैं। अब कुश्ती जैसी कलाओं का अधिक महत्त्व नहीं रह गया है।

आज के नए दौर में क्रिकेट, फुटबॉल, तैराकी, हॉकी, जिमनास्टिक जैसे अन्य खेल अधिक लोकप्रिय हो गए हैं। 'पहलवान की ढोलक' पाठ के आधार पर कहा जा सकता है कि लुट्टन पहलवान या कुश्ती जब तक राज्याश्रित था, तब तक फला-फूला, लेकिन राज दरबार से निकल जाने के बाद उसकी स्थिति मरणासन्न हो गई। कुश्ती जैसी कलाओं के पुनर्जीवन के लिए सरकार के निवेश से ही शहरी एवं ग्रामीण नवयुवकों को विद्यालय एवं राष्ट्रीय स्तर पर अच्छे प्रशिक्षक के अंतर्गत उचित प्रशिक्षण एवं सम्मान आदि मिलना आवश्यक है। अतः ढोल बजाने के इस उत्साहपूर्ण तरीके के आधार पर यह कहना उचित ही है कि इस पाठ में लोककलाओं को संरक्षण दिए जाने का संदेश दिया गया है।

11. (i) कालिदास कहते हैं कि शिरीष पुष्प केवल भौंरों के पदों का कोमल दबाव ही सहन कर सकता है, पक्षियों का बिल्कुल नहीं। उनके अनुसार, शिरीष का फूल अत्यंत कोमल होता है, जो जरा-सा भी भार सहन नहीं कर सकता। लेकिन द्विवेदी जी इससे सहमत नहीं हैं। उनके विचार से इसे कोमल मानना भूल है। इसके फल इतने मज़बूत होते हैं कि नए फूलों के आने पर भी वे अपना स्थान नहीं छोड़ते। जब तक नए पत्ते-फल मिलकर इन्हें धक्का नहीं देते, तब तक वे अपना स्थान वहीं बनाए रखते हैं।

(ii) आधुनिक समय में तकनीकी प्रगति, शिक्षा, बदलती आर्थिक नीतियाँ एवं परिस्थितियाँ और जीवनयापन की बढ़ती आवश्यकताओं के कारण मनुष्य को व्यवसाय बदलने की आवश्यकता पड़ती है। यदि पेशा बदलने की अनुमति न हो, तो व्यक्ति अपनी रुचि और योग्यता के अनुसार कार्य नहीं कर पाएगा, जिससे उसकी प्रतिभा और उत्पादन क्षमता प्रभावित होगी। इसका दुष्परिणाम यह होगा कि समाज में बेरोजगारी, असंतोष और आर्थिक असमानता बढ़ेगी और समाज तथा देश की प्रगति बाधित होगी।

(iii) ''तप की राह रेगिस्तान को जाती होगी, मोक्ष की राह वह नहीं है'' इस कथन का आशय यह है कि केवल कठोर तपस्या और इच्छाओं के दमन से मोक्ष प्राप्त नहीं होता। यदि तपस्या का अर्थ जबरदस्ती मन को रोकना और इच्छाओं का संपूर्ण निषेध करना है, तो यह मार्ग मुक्ति की ओर नहीं जाता, बल्कि जीवन को नीरस और संकीर्ण बना देता है। सच्चा मोक्ष तो आत्मज्ञान और संतुलित जीवन में है।

12. (i) प्रस्तुत कहानी में पीढ़ियों के अंतराल की समस्या को समाज के सामने रखा गया है। अंतराल का कारण यह है कि पुरानी पीढ़ी नए बदलाव को समझना ही नहीं चाहती, स्वीकार करना तो दूर की बात है। पंत जी भी इस बात को मानते हैं कि उनके बच्चे दुनियादारी उनसे ज़्यादा अच्छी तरह समझते हैं। फिर भी वे पुराने विचारों में रहना अधिक पसंद करते हैं। रहन-सहन, पहनावा, आपसी रिश्तेदारी सभी यशोधर जी को अपने पुराने विचारों या सोच के कारण 'समहाउ इंप्रॉपर' लगते हैं। इस पूरी कहानी में नई पीढ़ी और पुरानी पीढ़ी के अंतराल को दर्शाया गया है। इस अंतर को कम करने का एक ही तरीका है–बदलाव। पुरानी पीढ़ी के लोगों को समझना चाहिए कि नई पीढ़ी बदलाव चाहती है। वह संसार में अपने नियमों के साथ जीना चाहती है और नई पीढ़ी को भी पुराने विचारों को एक सीमा तक बदलना चाहिए, जिससे पुरानी पीढ़ी दु:खी न हो और नई पीढ़ी भी पतन की ओर न जाए। समय के साथ तालमेल बिठाकर ही हम अपने आपको तथा दूसरों को प्रसन्न रख सकते हैं।

(ii) 'जूझ' पाठ में वर्णित कथन यह दर्शाता है कि खेती में कठिन परिश्रम के बावजूद किसानों को आर्थिक स्थिरता नहीं मिलती। प्राकृतिक आपदाएँ, बाजार में फसल के उचित मूल्य की अनिश्चितता और व्यापारियों द्वारा शोषण किसानों को हताश कर देता है। । इस कारण वर्तमान समय में युवा खेती छोड़कर नौकरियों की ओर आकर्षित हो रहे हैं, जहाँ वे निश्चित आय, सामाजिक सुरक्षा और सम्मान की अपेक्षा रखते हैं।

इस प्रवृत्ति को रोकने के लिए सरकार को किसानों के हित में ठोस कदम उठाने चाहिए, जैसे–उचित मूल्य दिलाना, आधुनिक कृषि उपकरण उपलब्ध कराना। साथ ही, खेती को लाभकारी बनाने के लिए युवाओं को इससे जोड़ने के प्रयास करना चाहिए, जैसे कि कृषि स्टार्टअप, जैविक खेती और कृषि से संबंधित व्यवसायों को प्रोत्साहित करना। यदि खेती को लाभदायक बनाया जाए, तो युवा पुनः कृषि की ओर आकर्षित हो सकते हैं।

(iii) सामाजिक एवं सांस्कृतिक दृष्टि से सिंधु सभ्यता के सामाजिक वातावरण को बहुत अनुशासित होने का अनुमान लगाया गया है। वहाँ का अनुशासन ताकत के बल पर नहीं था। नगर योजना, वास्तुशिल्प, मुहर, पानी या साफ़-सफ़ाई जैसी सामाजिक व्यवस्था में एकरूपता से यह अनुशासन प्रकट होता है। सिंधु सभ्यता में सुनियोजित नगर थे, पानी की निकासी की व्यवस्था अच्छी थी। सड़कें लंबी व चौड़ी थीं, कृषि भी की जाती थी, यातायात के साधन के रूप में बैलगाड़ी भी थी। प्रत्येक नगर में मुद्रा, अनाज भंडार, स्नानगृह आदि थे तथा पक्की ईंटों का प्रयोग होता था। सिंधु सभ्यता में प्रदर्शन या दिखावे की प्रवृत्ति नहीं है। यही विशेषता इसको अलग सांस्कृतिक धरातल पर खड़ा करती है। यह धरातल संसार की दूसरी सभी सभ्यताओं से पृथक् है।